2012

YEARBOOK OF CHINA AGRICULTURAL PRODUCTS PROCESSING INDUSTRIES

中国农产品加工业年鉴

科学技术部农村科技司
中国农业机械化科学研究院
中国包装和食品机械总公司
食品装备产业技术创新战略联盟
编

中国农业出版社
CHINA AGRICULTURE PRESS

内 容 简 介

本年鉴较系统地记述了我国有关农产品加工业发展的方针、政策、法律、法规和规划等贯彻执行情况；有关领导、专家对发展我国农产品加工业的论述；本领域内相关行业的发展综述；简介了相关行业经济运行情况及名、优、特、新产品；登载了农产品加工业的国内外统计资料；记载了相关的国家标准、行业标准、专利以及本行业的大事。本年鉴资料新颖、准确、科学、翔实，内容丰富，可供政府管理部门、协会、学会、中介组织、生产企业、科研教学单位的管理人员、策划人员、教育工作者和科技工作者参考。

《中国农产品加工业年鉴》编辑委员会

编　辑　部

地　　址：北京市德胜门外北沙滩1号82信箱

邮　　编：100083

电　　话：010－64882617

传　　真：010－64862464　64862459

E－mail：cpfmchy@caams. org. cn

编辑出版说明

一、为紧跟我国农产品加工业发展的时代脉搏和大力宣传主旋律，在各级领导和行业专家的支持与帮助下，我们组织编辑出版的《中国农产品加工业年鉴》（2012）与广大读者见面了，其宗旨是为我国农产品加工业的发展起到桥梁和促进作用。

二、《中国农产品加工业年鉴》由科学技术部、农业部、国家发展和改革委员会、国家林业局、国家粮食局、中华全国供销合作总社、中国机械工业联合会、中国轻工业联合会的有关主管部门及农产品加工业相关协会、学会、科研院所、大专院校等，与中国农业机械化科学研究院、中国包装和食品机械总公司、食品装备产业技术创新战略联盟联合编辑出版。

三、《中国农产品加工业年鉴》（2012）安排了 7 个部分的框架内容，每个栏目名称基本未变，其中的内容和数据均以 2011 年的基本情况为主；但根据资料的获取难易程度也有部分 2011 年前后的情况，并保持每卷年鉴的连续性，其中的政策法规及重要文件、大事记和标准均以 2012 年的基本情况为主。

四、《中国农产品加工业年鉴》记述了相关方针、政策、法律、法规和规划等贯彻执行情况；记述了有关领导、专家对发展我国农产品加工业的论述；记述了本领域相关行业的发展综述；介绍了农产品加工业经济运行情况及名、优、特、新产品；登载了农产品加工业国内外统计资料；记载了相关的国家标准、行业标准、专利以及本行业的大事。年鉴既述事，也记人，每年编辑、出版一卷。若干年后，不但可以见证我国每年的农产品加工业发展情况，而且将是系统、全面、可靠、翔实的史册和工具书。由于年鉴的权威性和正式的连续出版发行，将有益于国内外各界了解和研究我国农产品加工业现状与发展等情况，促进相互交流与合作；有益于各部门借鉴现实和历史经验，掌握全局，运筹帷幄，制定政策和发展规划，指导本行业健康发展；有益于社会各界沟通行业信息、产品信息，互相学习，取长补短，推动我国农产品加工业的发展和国民经济的腾飞。

五、本年鉴各部分所列数据，因来源渠道不同，不尽一致。全面的数据均以国家统计局提供的为准。本年鉴全国性统计数据均不包括香港、澳门两个特别行政区和中国台湾省。两区一省的相关数据，在年鉴的附录中列出。

六、为系统、准确、科学、翔实地反映我国农产品加工业现状，并力争办出本年鉴的特色，我们在编辑中继续突出了综述文章以当年国家重点抓的农产品加工业中的有关行业为主，全书内容以推动产业发展为主，国家标准、行业标准与专利以加工工艺、设备和相应的产品为主，统计数据以国家统计局经济行业分类为主，国外的统计数据以特点显著的部分发达国家和少数发展中国家为主等。

七、本年鉴的编辑、出版、发行等工作，得到了中央及各级有关部门、协会、学会、科研院所、高等院校、生产企业、社会团体的大力支持和帮助，谨此表示衷心的感谢。

目 录

第四部分 国内综合统计资料

第五部分 标准、专利

第六部分 大事记

第七部分 附 录

Contents

Part Ⅰ Special Subjects Exposition

Part Ⅱ Development Situation of Related Trades

Part Ⅲ Policies, Regulations and Important Documents

Part Ⅳ Domestic Comprehensive Statistics Materials

Part Ⅴ Standards and Patents

Part Ⅵ Chronicle of Events

Part Ⅶ Appendix

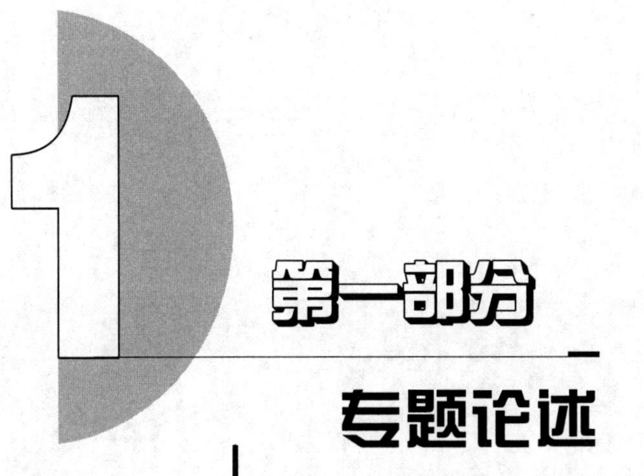

第一部分

专题论述

坚持科学发展观 推进农产品加工业快速发展

农业部副部长 高鸿宾

这次会议的主要任务是：坚持以科学发展观为指导，认真实施“十二五”规划，对2012年乡镇企业、农产品加工业和休闲农业工作做出全面安排，努力推动农村二、三产业科学发展，为促进农民就业增收作出新的更大贡献。

一、2011年农村二、三产业健康发展，为农村经济发展全局提供了重要支撑

2011年是“十二五”的开局之年，是农村二、三产业内外部形势复杂多变的一年，也是我们发展取得新成就、事业取得新突破、工作创造新业绩的一年。年初以来，全球经济“二次探底”担忧加剧，欧美外需低迷，国内通胀高企，加上用工荒、用能荒以及融资难、税负高等困难的叠加，几度造成产业和市场波动，形成了对部分企业的冲击。在严峻形势和挑战下，各级乡镇企业、农产品加工业、休闲农业部门认真贯彻中央和农业部部署，在各级党委政府的领导下，因势利导、沉着应对、开拓创新、统筹推进，有力促进了农村二、三产业的平稳健康发展。

（一）乡镇企业保持平稳发展态势

2011年全年乡镇企业增加值预计达到12.9万亿元左右，增速11%以上；吸纳新增就业人数超过240万人，农村居民人均从乡镇企业获得工资性收入达到2 400元，同比增加310元。乡镇企业在继续做出新的经济社会贡献的同时，自身结构明显优化，企业规模层次、三次产业比例、区域发展格局等，都更加趋于合理，乡镇企业各主导产业中，农产品加工业强劲增长，第三产业发展迅速。2011年国家高度重视、着力改善中小企业外部环境，各级部门在协调、争取、落实减税、减负、放贷、项目支持等优惠政策中，积极主动，抢抓机遇，突出重点，逐步突破。农民创业、东西合作、产销对接、银企合作、边贸促销等公共服务平台建设不断开创新局面，是2011年乡镇企业工作最鲜明的特色。由农民领办的农村中小企业“离土不脱农”，积极转化农村资源，开发农村人力资本，引领现代农业发展，带动农民就业增收，成为县域经济发展中最亮丽的风景。

（二）农产品加工业实现较快增长

2011年预计全年规模以上企业产值突破14万亿元，增速超过25%，从业人员达1 800多万人。加工业与农业产值比提高到1.8∶1，食品工业占农产品加工业比重从2010年底的44.3%提高到46.1%。前三季度，山东、广东、江苏、浙江、河南、福建、辽宁、四川、湖北、湖南等全国农产品加工业增加值前10强省份，其总量已占全省GDP的1/4以上。中央和地方各级财政对农产品产后净化、分类分级、烘干、预冷、储藏、保鲜、包装等初加工环节的投入明显增加。中央财政当年用于扶持农产品产地初加工的资金超过5亿元，并决定2012年新增5亿元奖补资金，由农业部、财政部共同组织实施全国农产品产地初加工惠民工程，支持农户和专业合作组织建设一批马铃薯储藏、果蔬冷藏和干制设施，以加快扭转我国产地初加工设施简陋、产后损失严重的局面。农产品加工业的快速发展，日益显现出对经济增长的显著拉动、对“三农”发展的巨大带动和对县域经济的强力支撑作用。

（三）休闲农业地位进一步提升

据不完全统计，2011年全国农家乐已超150万个，规模以上休闲农业园区超过2万个。预计2011年接待人数超过6亿人次，营业收入超过1 500亿元，带动1 500万农民受益，休闲农业在富裕农民、改造农业、建设农村和促进城乡要素双向流动中发挥着日益显著的作用。2011年，农业部与国家旅游局共同召开了两次全国会议，并共同认定了休闲农业与乡村旅游示范县38个、示范点100个。启动实施全国休闲农业服务信息“进城入户”工程，初步解决了休闲农业信息“网上查不到、电话问不到、地图找不到”的瓶颈问题。通过开展中国最有魅力休闲乡村网上投票活动，吸引了全国1 500万网民广泛参与。各地围绕加强规划引导、示范创建、公共服务、宣传推动，出台新政策、宣传新典型、打造新亮点，开展了

一系列内容丰富、形式新颖的活动。从全国来看，已经初步形成了农民积极性高、企业投入主动性强、政府推动政策力度大、社会各界关注度高的休闲农业发展新格局。从工作层面看，确立了职能定位，理清了工作思路，把握了发展规律，建立了工作体系，实现了重点工作的突破。

（四）农民就地就近创业大量涌现

据不完全统计，2011 年累计约有 520 万农民工利用在外学到的技术、积累的经验和资金，回到农村创业，平均每个创业者带动 3.8 人就业。农民创办的企业虽然规模小，但离土不离乡，积极转化农村资源，努力拓展产业空间，已成为农村二、三产业发展新的后备军。针对这一新型群体，各地按照“政府提供平台、平台整合资源、资源服务企业”的思路，搭建创业服务平台，建设创业培育基地，示范推广了一批典型。2012 年初，农业部与人力资源和社会保障部等七部门将共同出台政策性指导意见，积极推动农民创业工作成为政府重视、社会支持、农民满意的新的民生工程。

农村二、三产业的平稳健康发展，为确保 2011 年全国农民就业增收大局，为在工业化、城镇化深入发展中同步推进农业现代化，作出了新的重要贡献。成绩的取得，是各个方面共同推动的结果，凝聚着全系统的智慧和心血。一年来，农业部依靠全系统的力量，加强科学规划，加大政策协调，突出重点工作，抓住关键环节，采取有效措施，积极营造农村二、三产业发展的良好环境，为农村二、三产业健康发展提供了重要保证。工作取得明显成效的同时，也给了我们很多的启示：

1. 乡企工作，贵在创新　创新，是我们长期做乡企工作来之不易、弥足珍贵的经验。初创时期我们依靠它，突破了计划经济的“条条框框”，成就了“异军突起”；“二次创业”时期我们依靠它，明晰了产权，摆脱了社区封闭性和家族式沿袭，建立了现代企业制度；如今在新的发展时期，创新同样是乡企工作的未来希望和最大期待。近年来，我们没有秉持旧观念、固守老阵地、沿袭老办法。抓产业发展，没有抓“有心而不能为”、“离土离乡”的产业，而把重点放在农村带“农”字号的二、三产业上。抓政策支持，没有抓“华而不实、雾里看花”操作性差的政策，而是突出差异性，积极争取在中小企业政策平台中加大对农村中小企业的支持。抓规模发展，没有只盯住大企业，而是着力抓农民创办的小微企业，抓小企业专业分工形成的产业集群发展；抓农产品加工业，没有只盯住精深加工，而是着力抓产地初加工；抓休闲农业，没有引导全国低水平一哄而起，而是通过加强规范性建设，开展公共服务，营造良好环境，推动持续健康发展。总之，从“三农”最关心、最急迫、最现实的问题入手，大胆开拓，勇于创新，开辟了乡企工作的生动局面。

2. 围绕中心，服务大局　紧密围绕农业农村经济发展的中心任务，在促进农民就地就近转移上找出路，在提高农产品附加值上下工夫，在拓展农业功能上做文章，把工作重心放在能够引领全系统发展的关键事上，用重点工作带动全行业发展，这样路子就会越趟越宽。我们抓农产品产地初加工和研发体系建设，就是要延伸农业的产业链和价值链，提高产品的附加值；我们抓休闲农业，就是要更加拓展农业功能，提高农业的整体效益；我们抓农民创业，就是要实现以创业带就业，拓宽农村产业发展空间；我们抓区域合作，就是要让农村和中西部地区更多地承接产业梯度转移，培育特色优势产业。这样的工作定位、定向和定措施，使我们的工作进一步得到了领导的重视、农民和企业的欢迎以及社会的广泛支持，使我们系统的工作又呈现“柳暗花明”的景象。

3. 立足职能，重点拓展　农村二、三产业的内涵和外延都很丰富，不可能面面俱到，只能选择既急迫需要又可行可能的工作先行突破，做大示范点，做亮闪光点，做强支撑点，点创新、线延伸、面推广，逐步拓展。我们选择产地初加工惠民工程先行突破，经历了认真探究、实践摸索的过程，如果在精深加工方面做与其他部门同样的事情，立足职能的路子就永远走不开阔。抓休闲农业，没有资金，缺乏手段，但从理清思路、规范管理、示范创建、公共服务、营造氛围入手，同样开辟广阔空间，找到了实实在在的工作抓手和载体。抓乡镇企业，从促进农民创业入手，可谓雪里送炭，正逢其时。

4. 明确目标，狠抓落实　思路确定之后，在推进的过程中，努力做到重点工作目标化，工作目标方案化，实施方案规范化，看准的事情，锲而不舍、务求实效、一抓到底，在过程中体现落实，在细节中铸就成功。同时紧紧依靠和调动全系统和多方面的力量，做到全系统“一盘棋”，形成推动事业发展的强大合力。牢固树立在事业发展中培养干部、凝聚队伍、提升能力的理念，依靠队伍建设抓落实，完善绩效考核推工作，加强工作督导求实效，努力营造团结奋进、开拓创新、和谐友好的良好氛围。

总的看，我们 2010 年的工作主要是“理思路、打基础”，2011 年突出了“抓重点、求突破”，我们付出了许多努力，也收获了不少成效。农产品加工业和休闲农业实现了历史性的突破，其他重点工作有序推进。我们闯出了路子，尝到了甜头，锻炼了队伍，凝聚了力量，积累了经验，建立了工作体系，更重要的是重振了决心和信心，为农村二三产业发展作出了应有的贡献，为2012年和今后一个时期的工作奠定了良好的基础。

二、科学研判形势，准确把握2012年和今后一个时期重点任务

关于2012年农业农村经济的新形势、新任务，韩部长在讲话中进行了科学分析和研判，并做出了部署。对2012年复杂、敏感、不确定不稳定性上升的内外部形势，我们一定要有清醒的认识。要继续围绕实现“两个千方百计，两个努力确保”目标，坚持以“转型提升”为核心，推进乡镇企业质量效益稳步增长；坚持以“优化布局、创新发展”为核心，做大做强农产品加工业；坚持以“引导、规范、服务”为核心，突出打造休闲农业新亮点。紧密围绕农业农村中心工作，全力推进农村二三产业科学发展。

（一）关于乡镇企业工作

当前，乡镇企业进入了“异军突起”、“二次创业”之后的以“转型提升”为主题的新时期，从劳动力充分供应到用工难、用工贵、留人难的变化，从粗放经营到环境资源刚性约束的变化，从分散布局到园区经济和产业集群的变化等，这些都体现了新时期发展的阶段性特征，形成了乡镇企业“转型提升”的倒逼机制，要求我们必须明确战略，作出创新性的路径选择。一要坚持走差异化发展的路子。着眼产业差异化，主要是发展特色优势型和“三农”关联型产业，发展“小专精新特”产品，提升专业化分工协作水平。着眼区域差异化，就是要找准主导产业功能定位，充分利用优势，走各具特色的发展道路。着眼政策差异化，就是要针对乡镇企业与城市企业在投资主体、社区关系、支农形式、就业方式、公共资源、获得要素等方面的差异，协调落实针对乡镇企业的差异化政策措施。二要坚持走创业带就业促增收的路子。农民创业涉及亿万农民就业增收和素质提升的大局，我们一定要采取有力的政策措施，营造浓厚的创业氛围，提供良好的创业服务和辅导，把推进农民创业与乡镇企业转型提升紧密结合起来，与促进农民就业增收紧密结合起来，与推进新农村建设紧密结合起来，培育一批创业典型，建立一批农民创业基地，切实把这项工作抓好抓出成效。三要坚持走社区互动、园区集聚的路子。把农村社区和企业的优势进行整合，实现互惠双赢，探索村企共建、以企带村的文明村镇建设模式，实现企业和农村社区物质文明、精神文明建设同步发展。要积极引导企业向园区聚集，发展园区经济，发挥集群效应，推动上下游产业衔接和企业分工协作，在集聚中优化结构。四要坚持走科技创新、清洁生产的路子。大力改造升级传统产业，着力支持有实力的企业发展战略性新兴产业，高度重视技术研发，做好节能减排工作。

（二）关于农产品加工工作

近年来，农产品加工业迅速发展，成为国民经济中最具成长活力的朝阳产业。但与发达国家相比，在原料基地、加工层次、企业规模、科技研发、质量标准等一些关键环节、重点领域还有很大差距，产业核心竞争力的提升还有待根本性的突破，因此需要进一步突出重点，统筹兼顾，科学推进。一是要从我国食物消费总量日益增长、结构日益多元的需求出发，把发展农产品加工业放在农业农村经济工作的重要位置。促进农产品加工业往前延伸连接农业，往后延伸连接流通，上为一产接市场，下为三产增供给，衔接产销、沟通城乡、连接农民与市民，充分发挥农产品加工业的带动引领作用。二是要从我国农业经营规模小、产业水平和效益低的实际出发，把农产品产地初加工作为农产品加工业的重要环节。我们抓农产品加工业的切入点和突破口，应选择与农业农村经济发展和农民切实利益更加直接的产地初加工环节。以改善产地初加工设施条件为主题的惠民工程是新事、是大事，是各级农产品加工业主管部门必须一抓到底、抓出成效的重要工作。我国农产品产后损失巨大，据对粮食、马铃薯、果蔬的产后损失率和目前的单产水平测算，因储藏、加工等不当，每年的产后损失相当于浪费1.4亿亩耕地的产出。“减损即是增效”，这个理念必须强化。实施惠民工程带有全局性、长远性和战略性，是分内职责，不是权宜之计。“十二五”乃至今后较长一个时期，我们对这件大事都要常抓不懈、一以贯之。三是要从提高我国农产品竞争力和加工业可持续发展能力的需要出发，把共性技术的研发平台建设作为促进农产品加工业科技进步的工作重点。进一步整合资源、集中力量，实现“产学研用”的紧密结合，争取在重大关键共性技术的攻关、引进、集成和示范推广等方面取得突破性进展。四是要从我国农产品加工门类多、涉及部门多的特点出发，坚持把建立完善的农产品加工监测分析与预警体系作为农产品加工业健康发展的有力保障。

（三）关于休闲农业工作

休闲农业的蓬勃发展，适应了城乡居民美好生活的新期待，满足了农民就业创业的新需求，拓宽了农民增收的新渠道，正在成为现代农业和新农村建设的新亮点。各级政府和管理部门对发展休闲农业的共识越来越多，工作越来越有力，战略也越来越清晰。

2011年，江苏省与农业部签署合作协议，把休闲农业作为主导产业；广西壮族自治区确定休闲农业推进年；山东、吉林、湖南等地出台了专门的政策措施；陕西、安徽、北京、天津等地通过举办美食大赛、提供POS机金融服务等形式，丰富了休闲农业工作的内容和形式。休闲农业贯穿农村一、二、三产业，融合生产、生活和生态功能，既涉及多产业的融合，又受到多因素的影响。因此，注重结合，强化融通，明确定位就显得十分重要。为此，要注重搞好三个方面的结合：一是发展休闲农业要坚持与生态资源和农耕文化相结合。江苏嘉年华活动、安徽宁国的休闲农业系列活动、北京的沟域经济、四川的五朵金花、浙江的安吉农家乐专业村和很多地方开展的休闲观光、农事节庆等活动的成功，很大程度上依赖于资源利用最大化和农耕文化深入挖掘的有效结合。生态资源具有不可替代性，农耕文化具有渗透性。它们与产业结合，产业的竞争力会明显增强；与产品结合，产品的附加值会大大提升；与企业、农户结合，他们的财富积累也会大大加速；与生活结合，生活的内涵会更加丰富多彩。因此，要积极引导各地用生态支撑产业，用文化包装产业，不断提升休闲农业的发展内涵，使休闲农业发展具有更加旺盛与持久的生命力。二是发展休闲农业要坚持政策指导、市场引导和农民主导相结合。当前，在发展休闲农业上，各级政府抓推动、社会资本主投资、广大农民搞建设的积极性初步调动了起来，我们要因势利导、科学规划、整体推进、重点突破，努力使更多地方通过发展休闲农业把农业改造成快乐的产业，把农村建设成幸福的家园，把农民变成富裕的群体。三是发展休闲农业要坚持“搭台”与“唱戏”相结合。政府创造环境、企业创造财富、社会提供服务、市场配置资源，这是推进产业发展必须遵从的规律。因此，政府部门要着力在基础、服务、安全、环保等设施建设和从业人员培训方面下功夫，在制定发展标准、规范硬件建设和软件服务方面提要求，在出台指导意见和扶持政策方面多谋划，为休闲农业发展搭好台、造好势。农民和企业等经营主体要在提升服务能力、规范市场运作、提高品牌知名度、引领休闲消费新业态等方面下大工夫，切实增强产业的竞争力、影响力。

三、扎实做好2012年重点工作，努力实现农村二、三产业新的跨越和提升

2012年，是本届政府的收官之年，做好农村二、三产业工作意义重大。2012年乡镇企业、农产品加工业和休闲农业的发展都要力争保持速度、效益同步增长，吸纳从业人员继续增加，产业聚集度和发展水平有大幅度提高。2012年工作面临的困难更多、起点更高、难度更大、任务更重，我们一定要突出重点，按照进一步“抓落实、出成效”的目标，完成好全年的工作。

（一）休闲农业要抓好三件事

一是加强规范管理。重点抓好休闲农业发展“十二五”规划的贯彻，坚持科学布局、以农为本、规范提升的原则，加强行业指导，积极争取政策，为休闲农业创造良好的发展环境；继续开展示范创建，组织好休闲农业与乡村旅游示范县、示范点创建和最有魅力休闲乡村认定工作，引领全行业发展。完善休闲农业标准体系，推进管理和服务标准化。二是强化公共服务。重点是做大做强休闲农业“进城入户”平台，完善“魅力城乡”网的系统功能，努力办成“方便市民、服务农民”的公共服务权威平台。三是拓展工作领域。启动休闲农业创意精品推荐活动，推进创意产业发展，培育休闲农业新亮点；开展重要农业文化遗产发掘工作，筛选认定一批重要农业文化遗产，弘扬中华农业文化，实现在发掘中保护，在利用中传承。

（二）农产品加工业要抓好四件事

一是认真组织实施产地初加工惠民工程。重点是制定项目实施指导意见，搞好技术服务和人员培训，加强监督管理和工作指导，确保把好事办好。二是抓好研发体系建设。通过要素集聚、资金集中、政策集成，真正把研发体系建成资源整合的大平台、信息共享的大平台、联合攻关的大平台。三是加强监测分析与预警体系。对各行业基本情况、重要数据实行动态监测，对突出问题和潜在隐患实施预警发布，为政府、企业、行业和农民提供指导和服务。四是积极推进主食加工业发展。推动主食加工业是农业部在抓好产地初加工的同时，向农产品加工中游环节推进的又一项工作举措。目前，随着人民生活水平逐步提高、生活节奏不断加快、户均人口日趋减少的变化，营养、卫生、方便、快捷的现代主食消费理念和要求逐步形成。主食传统加工，一方面安全、卫生无法保证，另一方面粮食等主要农产品转化效率低、浪费突出，迫切需要加强引导，在提高主食加工的规模化、现代化、标准化水平上下功夫。我们一定要大胆探索，积极实践，2012年先行试点示范，组织展示交流，培育示范企业，研究完善标准，积累经验，凝聚共识，以点带面、逐步推广。

（三）乡镇企业要抓好五件事

一是推进政策落实。积极协助有关部门落实中小企业各项政策，研究提出推进行业发展的有关差异化政策建议，加强与金融、证券机构的沟通协调合作，

积极搭建政府、企业、银行、担保四方合作平台，努力改善企业的融资环境。二是促进农民创业。围绕贯彻农业部部等七部委局联合下发的指导意见，重点在上下响应互动、打造创业园区、营造创业氛围等方面下工夫，努力把农民创业工作办成农民欢迎的民生工程、德政工程。三是推动区域经济合作。要继续办好全国农产品加工业投资贸易洽谈会，力求拓展成为一个全方位合作交流的平台，把产业梯度转移和促进特色加工农产品销售作为重点加以推进。积极拓展区域经济合作的新思路，逐步扩展到特色农产品加工业和边贸促销等新领域，努力办成精品。四是引导村企互动。通过村企互动、以企带村的形式，把乡镇企业在资金、技术、管理、市场以及文化等方面的优势与农村社区在农产品、土地、劳动力、生态等方面优势加以整合，优势互补，互惠共赢，探索出几种模式在全国推广。五是抓好统计分析、融资培训、职业技能鉴定等基础工作。做好行业数据统计和经济运行预报分析，推进乡镇企业职业技能开发，进行相关工种考核鉴定，探索开展乡镇企业技能人才评价试点。举办证券融资培训，配合金融机构创新乡镇企业适用的金融产品。

为切实完成 2012 年工作和任务，我再强调几点要求：

1. 切实加强领导　各级乡镇企业、农产品加工业和休闲农业主管部门要切实加强组织领导，健全机构，充实队伍，明确责任；着力研究重大问题，力争把农村二、三产业放在本地区的经济社会全局中去推动；完善工作方法和手段，创新工作载体和抓手，不断实现工作的新突破；认真贯彻落实乡镇企业、农产品加工业和休闲农业的“十二五”规划，结合本地实际，因地制宜研究工作思路、工作原则和政策措施，科学指导本地区农村二、三产业发展。

2. 切实加强调查研究　要注重深入第一线调查研究，深入实际察实情，深入基层抓落实，深入群众解民忧，认真了解农民和企业的意愿需求；总结基层的实践创造，把基层的一些好做法好经验升华总结，变成我们指导工作的政策和措施；研究农村二、三产业发展的新情况、新问题，创新工作机制，找准解决问题的突破口；谋划重大项目，提出切实可行的合理建议，积极争取现有基本建设和财政资金项目向农村二、三产业倾斜。

3. 切实加强协同配合　要牢固树立“一盘棋”思想，增强大局意识，搞好团结协作，加强上下联动，整合各方力量，发挥整体作战能力；要加强对外沟通协作，积极争取支持配合，建立领导支持、部门配合、社会参与、行业服务、协调一致的管理服务机制。

4. 切实加强宣传引导　在信息化条件下，要善于与媒体打交道，善于利用新型媒体进行宣传。宣传工作和重点业务工作要一起研究、一起布置、一起落实。通过报纸、网络、电视等媒体和举办重大活动、典型示范等方式，做好行业发展趋势、各地新鲜经验、先进典型、农村二、三产业重要作用等方面的宣传，营造全社会共同关注、协力支持的良好氛围。

5. 切实加强体系和队伍建设　要紧紧围绕中心工作，继续深入开展创先争优活动，全面加强系统自身建设；要开阔思路、开阔眼界、开阔胸襟，不断加强学习，深入调查研究，提高能力水平，建设一支勤于学习、善于思考、乐于实践的工作队伍。要创新服务手段，改进服务方式，不断提高服务能力和指导水平。

2012 年是“十二五”时期农村二、三产业发展承上启下的关键时期，是深化改革开放、加快转变经济发展方式的攻坚时期，也是需要我国农村二、三产业大发展的重要时期，责任重大，使命光荣，我们要进一步解放思想，勇于创新，突出重点，扎实推进，为我国农业农村经济社会发展和全面建设小康社会作出新的贡献！

（本文为作者于 2011 年 12 月 29 日在“全国乡镇企业与农产品加工业工作会议”上的讲话，略有删改）

坚定信心　真抓实干
全面做好食品安全与卫生监督工作

卫生部副部长　陈啸宏

2012 年全国卫生系统食品安全与卫生监督工作会议的主要任务是：深入贯彻党的十七届五中、六中全会和中央经济工作会议精神，认真落实2012年全国卫生工作会议要求，总结回顾2011年全国食品安全与卫生监督工作，部署2012年工作。

一、2011年食品安全与卫生监督工作回顾

2011年是“十二五”规划的开局之年，中央与地方对食品安全与卫生监督的投入不断加大，仅中央财政投入卫生监督体系建设的项目经费就达到60多亿元，基层卫生监督机构基础设施和执法条件得到改善，为做好各项工作提供了有力保障。一年来，各地扎实工作，攻坚克难，奋发有为，采取一系列有力措施，着力解决人民群众关心的食品安全、饮用水安全等突出问题，加大监督执法力度。全国共监督检查各类监管对象253万多户次，监督抽检43万件样品，行政处罚案件4万余件，罚款金额近6 000万元，有效维护了人民群众健康及其权益，圆满完成了年度工作任务，为“十二五”规划的良好开局作出了积极贡献。

（一）食品安全工作取得了明显成效

1. 认真组织开展食品安全综合协调与事故查处 一是加强食品安全综合协调。各级卫生行政部门有效发挥综合协调机制的作用，充分调动各方资源，圆满完成了国务院部署为期两年的食品安全整顿工作，并通过了国务院食品安全办公室组织的评估考核验收。同时，各地进一步探索完善综合协调机制，河北省建立了食品安全全程监管、风险预警等六大长效机制，有效推动了各项工作的落实。北京、天津、河北还成立了京津冀食品安全联防联动机制。二是组织查处食品安全事故。各地持续开展问题乳粉清查和违法添加非食用物质的排查工作，开展了“瘦肉精”、“地沟油”等专项整治行动，查处了一批违法案件，严惩了一批犯罪分子。河南、甘肃查处了济源“双汇”瘦肉精事件、榆中问题乳粉等案件。台湾食品塑化剂污染事件发生后，卫生部积极配合国务院食品安全办公室及时将17种邻苯二甲酸酯类物质（塑化剂）纳入食品中非法添加物“黑名单”，北京等13个省份组织开展了应急监测，广东查处了东莞昱延公司违法添加塑化剂案件。全国大部分省份建立了食品安全事故调查处理队伍，完善了事故调查处理机制和相关工作制度。三是推进食品安全信息宣传工作。各地落实《食品安全宣传教育工作纲要（2011—2015）》要求，组织开展了形式多样的食品安全法宣传周活动。卫生部开通了国家食品安全综合信息网，及时回应“速冻面米标准”、“生乳标准”等社会关切的食品安全相关问题。广东与专业媒体合作建设食品安全网。

2. 扎实做好食品安全标准工作 一是完善食品安全标准法规与制度。各地按照卫生部规定，不断完善食品安全地方标准和企业标准备案管理制度。内蒙古、重庆等地制定公布了一批地方食品安全标准。浙江等地采取措施加强对企业的指导和服务，全年完成了7 000多个企业标准的备案工作。二是加强食品安全国家标准清理整合工作。全年审查通过食品安全国家标准124项，公布实施21项，包括真菌毒素限量、食品添加剂使用、预包装食品标签和营养标签通则等基础标准，不锈钢制品等产品标准。各地积极参与食品安全国家标准清理与制修订工作。三是进一步严格食品添加剂及其相关产品的管理。2011年制订、指定96项食品添加剂产品标准。在充分调研的基础上撤销了过氧化苯甲酰等食品添加剂。及时发布了复配食品添加剂通则，会同相关部门研究出台加强食品添加剂生产许可和监管衔接的规定。加快食品包装材料标准清理，及时公告禁止双酚A用于婴幼儿奶瓶生产。四是做好食品安全标准宣传贯彻和跟踪评价工作。在公布标准的同时主动公布标准问答，做好标准的宣传解读。并通过新闻发布会、媒体沟通会等多种形式，回答社会提出的有关食品安全标准的疑问。各地积极探索开展食品安全国家标准执行情况的跟踪评价，细化评价指标，推进标准贯彻实施。

3. 深入推进食品安全风险监测与评估 一是加强食品安全风险监测评估体系建设。成立国家食品安全风险评估中心，建立食品添加剂等6个国家食品安全风险监测参比实验室，探索建立我国食源性疾病主动监测制度。目前，已初步建立覆盖32个省级、244个地市级和716个县级的全国食品安全风险监测网络。各地高度重视食品安全风险监测与评估能力建设，广西成立了自治区食品安全风险监测评估中心，湖北新建了省级食品安全检验和毒理学评价中心。辽宁、山东、福建等东部9省市积极争取地方财政支持，加强风险监测与评估能力建设。二是及时通报监测结果，促进食品安全整顿工作开展。2011年国家食品安全风险监测共获得数据近80万个，卫生部汇总分析后，多次向国务院食品安全办公室和相关部门通报了监测情况，有力地支持了各环节监管部门的工作，受到国务院的高度重视。北京通过开展辣椒制品监测，及时发现并向卫生部报告了违法使用工业色素的问题，为在全国范围内部署开展专项打击行动提供了重要线索。江苏通过扩大哨点医院数量，并采用学生缺课监测等辅助手段加强了食源性疾病主动监测。三是积极开展食品安全风险评估，及时发布“黑名单”。组织开展食品中铝、硼、甲醛等优先风险评估

项目，对大米镉限量和高镉地区居民膳食中镉暴露水平评估进行了深入研究，为科学决策提供依据。目前已公布六批“黑名单”，共计非法食品添加物 64 种、易滥用食品添加剂 22 种。组织开展“地沟油”检验方法论证工作，国家食品安全风险评估中心和江苏积极承担任务，为全国打击“地沟油”专项行为提供了技术支持。

（二）环境卫生监督管理稳步推进

1. 加大了饮用水卫生监督监测力度　卫生部牵头，联合国家发展和改革委员会、环保部、水利部、住房城乡和建设部共同印发《全国城市饮用水卫生安全保障规划（2011—2020）》，对地方饮用水安全保障能力建设提出明确要求。各地加大饮用水卫生监测工作，已建成覆盖全国的饮用水监测体系，110 个地市和 620 个县建立的近 2 万个监测点，共上报 18 万个有效监测数据。各地积极参加国家对 1 200 多个城市市政供水水质普查工作，并对各级疾控机构饮用水监测能力开展专项调查，掌握了基本状况。各地进一步强化城市饮用水卫生监督，稳步推进农村饮用水卫生监督。贵州等地出台饮用水管理地方法规，江西积极争取财政对生活饮用水监测工作投入，山西部分县还将饮用水卫生安全列入政府目标责任制。

2. 积极开展专项监督抽检　按照卫生部的统一部署，各地对已获卫生部许可批件的 1 100 多个消毒产品和涉水产品开展监督抽检，对获得工商营业执照的餐饮具集中消毒单位 6 239 个开展专项检查，依法查处了违法违规行为。

（三）放射卫生监督管理不断推进

日本核电站核泄漏事故发生后，各地积极组织开展应对工作，22 个省、自治区、直辖市开展了食品和饮用水放射性污染监测工作，及时上报并统一发布监测信息，消除公众恐慌。各地按照“医疗质量万里行”工作要求，积极开展放射诊疗防护专项检查，针对薄弱环节，督促医疗机构整改。稳步推进医用辐射防护监测网试点工作，参加试点的省份由 2010 年的 9 个增加到 17 个。完成了全国医疗机构放射诊疗防护基本情况调查，基本摸清了全国放射诊疗机构的许可、设备、人员、诊疗人次等基础信息。

（四）推进卫生监督协管服务

食品安全事故信息报告、饮用水安全巡查、学校卫生等卫生监督协管工作，纳入国家基本公共卫生服务项目。组织制定卫生监督协管服务规范和技术规范，印发工作指导意见。各地积极响应，卫生监督协管工作稳步推进。山东在 15 个地市 74 个县区建立了基层卫生监督派出机构，配备专职卫生监督协管员 3 100多人。云南、海南、新疆等地结合辖区实际，加紧探索建立特色鲜明、职责明确、运行有效的卫生监督协管工作机制和人员队伍。

在肯定成绩的同时，我们也清醒地认识到，卫生系统的食品安全与卫生监督工作与人民群众的要求、与经济社会发展和医药卫生体制改革的要求还存在很大差距。我们还存在人员不足、水平不高，工作体制机制创新亟待加强，技术支撑能力不足，部分地方还存在观念转变不到位，工作主动性不够，卫生监督覆盖率偏低等问题。我们要认真分析面临的形势与挑战，进一步增强紧迫感和责任感，更加奋发有为地全力做好 2012 年工作。

二、突出重点，真抓实干，全面推进食品安全与卫生监督工作

2012 年食品安全与卫生监督的工作要求是：以强化能力建设为基础，以食品安全与饮用水安全为重点，依法履职、强化监管，充分调动各方积极性，做好 2012 年各项工作，有效维护人民群众健康权益。下面，我着重强调以下几项工作。

（一）食品安全工作

1. 认真做好标准的清理整合和跟踪评价工作　制定实施食品安全国家标准“十二五”规划，加快食品安全国家标准的清理整合，进一步完善标准管理机制、制度和工作程序，及时公布食品安全国家标准。各地要进一步完善标准工作制度，积极开展国家标准执行情况跟踪评价和地方标准制定工作，增强服务意识，做好标准备案工作。

2. 进一步加强食品安全风险监测、评估与预警工作　组织实施 2012 年食品安全风险监测计划和本地区的监测方案，狠抓监测质量控制。加快监测数据交换平台建设，开展风险评估与预警，及时向政府报告、向各相关部门通报食品安全隐患和监测结果。要重点抓好食源性疾病监测与报告工作，认真开展食物中毒及其他食品安全事故信息网上直报工作。加快国家食品安全风险评估中心组建进程，各地要加快地方食品安全风险监测技术支持机构的建设，尽快建立起以国家中心为龙头、地方机构为支撑的全国食品安全风险监测与评估体系。

3. 依职责做好食品安全事故调查处理工作　各地要将食品安全事故流行病学调查作为一项重要任务，按照《食品安全法》和国家、地方食品安全事故应急预案的要求，建立完善部门内部和部门间食品安全事故调查处理工作机制。要进一步加强调查队伍和技术支持能力建设，切实提高应对食源性疾病事故的工作水平。

4. 加大食品安全宣传和风险交流工作　落实《食品安全宣传教育规划（2011—2015）》，组织开展2012年食品安全宣传周各项活动。加强食品安全风险交流和解疑释惑工作，努力提高食品安全风险交流工作水平。

各地风险监测工作要突出重点，做好粮、油、肉、乳品等大宗消费食品的监测。要进一步健全应急处置机制，严肃值守纪律，严格执行24h值班制度和领导带班制度。要加强信息通报，统筹规范食品安全信息发布，提高政治敏锐性，稳妥处置食品安全监督管理相关信息，掌握主动权，打好主动仗；加强食品安全舆情监测，及时发现倾向性、苗头性问题，做到第一时间核查处理，及时回应社会关切，同时要加大正面宣传，营造良好舆论氛围。

（二）环境卫生工作

1. 大力推进饮用水卫生监督监测工作　各地要认真贯彻落实近期下发的《关于加强饮用水卫生监督监测工作的指导意见》，切实做到整体推进城乡饮用水卫生监督监测工作，按照基本公共卫生服务均等化的要求稳步提高卫生监督覆盖率。按照卫生部2012年饮用水卫生监督监测工作方案的要求，继续扩大城乡饮用水卫生监测覆盖面，为2012年7月1日全面实施《生活饮用水卫生标准》做好准备。根据饮用水卫生安全保障规划的要求，积极争取地方财政投入，统筹规划，加快监测能力建设。

2. 继续做好消毒、涉水产品和餐饮具集中消毒的监管工作　要加大涉水和消毒产品的监督抽检数量，继续提高产品抽检合格率。规范餐饮具集中消毒服务单位卫生监督工作，会同有关部门建立和完善长效监管机制，加大对违法活动的查处力度。

（三）放射卫生监督工作

要结合开展“医疗质量万里行”，继续加强对医疗机构放射诊疗防护日常监督检查的力度，督促医疗机构落实《放射诊疗管理规定》，加大查处力度，保证医患放射诊疗安全。要按照有关要求，做好服务机构资质审定和放射诊疗建设项目卫生审查工作。

（四）卫生监督协管服务

卫生监督协管服务是一项惠及全体居民的基本公共卫生服务政策，各地要高度重视，做好实施规划，加强督导管理，采取多种措施努力推进卫生监督协管任务的落实，实现2012年底50%以上的辖区开展卫生监督协管服务的目标。各地要按照有关文件要求，积极探索，创新工作机制，不断总结，完善制度。各级卫生监督机构特别是县级卫生监督机构，要会同疾控机构加强对卫生监督协管服务的业务管理和技术指导。鼓励县级卫生监督机构采取多种形式将卫生监督末梢延伸到乡镇（社区）和广大农村地区，建立县（区）—乡镇（社区）—村（街道）卫生监督协管服务联动工作机制。当前，要加强对基层医疗卫生服务机构人员的培训，尽快帮助基层医疗卫生机构全面承担起食品安全和卫生监督巡查、信息收集与报送以及协助调查等工作任务，使卫生监督服务真正惠及全体居民。

（五）卫生监督体系建设项目

1. 切实落实好基层卫生监督房屋和设备装备建设项目　2011年县级卫生监督机构建设项目已全面启动，各地要切实抓好项目的落实，解决好规划用地、配套资金、规范设计等方面的问题，严把工程质量，切实解决和改善基层执法监督存在的房屋、执法设备短缺等实际困难，把好事做好。下一步，卫生部还将积极推动省、市级卫生监督机构基础设施和执法装备建设，逐步改善卫生监督执法基础条件。

2. 继续推进卫生监督信息化建设　以国家和省级卫生监督信息业务平台为核心，以建设卫生监督日常业务系统为重点，加强卫生监督信息化工作。各地要加强卫生监督信息质量控制，充分发挥信息化在推动各项执法工作落实、促进全面履行职责和提升卫生监督效能中的重要作用。

（六）卫生监督执法人才培养

各级卫生行政部门要按照全国卫生监督员培训规划要求，使用好培训项目经费，重点做好高端人才、紧缺人才和骨干人才的培养。加强实施考核，确保培训效果。2012年，卫生部要着手建立一批国家级卫生监督培训基地，各地要结合实际情况建设省级基地。进一步完善国家级卫生监督员网络培训平台的建设，健全运行管理制度。建立和完善人才培养与激励机制，加快卫生监督员职位分级管理制度和相关政策研究，鼓励有条件的地区先行探索建立卫生监督员职位分级管理制度。

（七）卫生监督文化建设

1. 认真学习贯彻党的十七届六中全会精神，深入推进卫生监督文化建设　卫生监督队伍是一支年轻的执法队伍，在工作中逐渐形成了行为规范、科学严谨、不畏困难、勇于创新的卫生监督执法氛围。我们要努力按照十七届六中全会的要求，继续深化卫生系统和卫生监督队伍的文化建设，进一步探索提出卫生监督文化建设的核心内容。

2. 加强惩防体系建设和纠风工作　各地以加强执法稽查为抓手，继续加强廉政教育，推进惩防体系建设。按照深化行政许可制度改革的要求，加强权力运行监控，督促落实执法责任制，努力打造一支“规范履职、秉公执法、廉洁高效”的卫生监督队伍。

3. 深入开展为民服务创先争优活动 要以卫生部提出的“三好一满意”活动为抓手，充分发挥基层党组织的战斗堡垒和党员的先锋模范作用，着力在“为民服务”上下工夫。进一步强化以人为本、服务为先的理念，将执法寓于服务中，依法执法、科学执法、和谐执法，努力营造“履职尽责创先进、立足岗位争优秀”的创先争优良好氛围。2012年，卫生部将举办卫生监督执法技能大比武活动，提升工作水平。

2012年是实施“十二五”规划承上启下的重要一年，让我们按照党中央、国务院的要求，以深化医药卫生体制改革为契机，继续转变观念，坚定信心，振奋精神，真抓实干，全力做好食品安全与卫生监督各项工作。

（本文为作者2012年1月13日在“2012年全国卫生系统食品安全与卫生监督工作会议”上的讲话，略有删改）

分析形势 总结工作 扎实做好农产品质量安全监管工作

农业部副部长 陈晓华

这次会议的主要任务是，贯彻落实中央1号文件及全国农业工作会议精神，总结2011年农产品质量安全监管工作，分析当前形势，部署2012年工作。

一、充分肯定2011年农产品质量安全监管工作成效

2011年是极不寻常的一年。年初以来，全社会对农产品和食品安全的关注度前所未有，对此党中央、国务院采取了一系列重大措施强化农产品和食品安全工作。各级农业部门认真贯彻落实党中央、国务院的部署要求，紧紧围绕“两个千方百计、两个努力确保”的目标，坚持标本兼治，综合治理，全面加强农产品质量安全监管，圆满完成了各项任务，经受住了各种挑战，取得了难得的好成绩。全年没有发生重大农产品质量安全事件；农产品质量安全水平稳中有升，蔬菜、畜禽产品和水产品监测合格率分别为97.4%、99.6%和96.8%，同比蔬菜和水产品上升0.6个百分点和0.1个百分点，畜禽产品持平；体系建设进一步加强，农产品质量安全监管能力不断提升。一年来，全系统尽职尽责，开拓进取，在以下6个方面取得了重大进展：

1. 专项整治深入推进 按照国务院的部署，在全国范围内实施了6大专项治理行动。各级农业部门齐心协力，上下联动，共出动执法人员416万人次，检查生产经营单位289万个，查处问题及隐患4.1万起，整治工作取得了明显效果。“瘦肉精”整治9部门联合行动，从“瘦肉精”生产、销售、使用等各环节入手，重拳出击，重典治乱，侦破案件120余起，捣毁非法加工、仓储窝点19个，基本摧毁“瘦肉精”地下生产销售网络，是10年来打击最彻底、成效最突出的一年。推动出台新修订的《饲料和饲料添加剂管理条例》，建立部门协调联动机制和涉案线索移送与案件督办机制，组织开展“瘦肉精”清查收缴工作，督促各地建立活畜出栏无“瘦肉精”承诺制度和养殖档案制度。高毒农药整治从加大禁用力度入手，停止22种高毒农药的新增登记，注销6种高毒农药在蔬菜、水果、茶叶等上的登记，撤销10种农药的登记证和生产许可证，禁止生产、销售和使用的高毒农药种类扩大到33种。在全国蔬菜主产县全面推进高毒农药定点经营和实名购买制度，大力推进病虫害统防统治。生鲜乳整治以防反弹为重点，强化生鲜乳收购站日常监管与标准化管理，严密防范违法添加三聚氰胺、皮革水解蛋白等各类违禁物质。兽药整治以严打制售禁用药物及假劣兽药为重点，建立健全用药记录和休药期制度，加强畜禽产品兽药残留监控。水产品整治以打击非法使用硝基呋喃、孔雀石绿等违禁物质为重点，严格规范水产苗种生产行为，扩大良种生产规模，查缴养殖环节违法使用的禁用药物，及时查处不合格产品。农资打假以春季、秋季两次专项行动为重点，查处案件2.7万件，查获假劣农资3.5万t，为农民挽回直接经济损失7亿元。组织开展了放心农资下乡进村活动，全国共出动执法和科技人员16万人次，举办现场培训咨询活动8 300场次，发放明白纸、宣传资料1 800万份。

2. 突发问题应对及时有效 2011年先后发生了

"皮革奶"、"香蕉乙烯利"、"西瓜膨大剂"、"瘦肉精"等20多起质量安全突发问题。可以说，突发问题数量比任何一年都多，应急任务比任何一年都重。一年来，各级农业部门快速反应，科学应对，有力有序有效地进行处置，该请专家解读的及时解读，该重点整治的及时整治，该加强防范的严密防范，及时控制了局面，把各种突发事件的影响降至最低程度，最大限度保护了产业健康发展和农产品消费安全。同时，切实强化应急能力建设，农业部举办了应急培训，建立了舆情监测队伍，进一步强化信息通报和全国联动机制。各省也都明确了应急工作联络员，吉林新修订了应急预案，浙江、上海、新疆等地农业部门开展了应急演练，有效磨合了机制，锻炼了队伍。为了扭转突发问题频发所带来的不利局面，切实加强舆论引导，农业部启动了为期3个月的集中宣传活动，多次召开新闻通气会，陆续在主流媒体刊发新闻稿30多篇，有针对性地组织专家进行系列科普解读。配合国务院食品安全办公室开展"食品安全宣传周"、"食品安全在行动"等系列活动，编写了"农产品质量安全知识小折页"和"农产品质量安全知识百科"，有效普及了质量安全科学知识。浙江省开展了《农产品质量安全法》实施五周年主题宣传活动，发表文字报道117篇，播放广播、电视专题节目及新闻报道47次，发送宣传短信130余万条。河北省张贴《告广大养殖场户严禁使用"瘦肉精"书》42万份，印刷标语5万余条。这些集中宣传切实提高了生产经营者的法制观念和质量安全意识，也得到广大网民积极评价，李克强副总理还对此专门做出重要批示予以肯定。

3. 基层监管体系建设取得重大进展　按照党的十七届三中全会的要求，各级农业部门切实加大力度，加快推进乡镇农产品质量安全监管机构建设。农业部印发一个指导意见，配套出台5项推进措施，进一步明确了乡镇监管机构建设方式和工作职责。组织召开乡镇农业公共服务机构建设座谈会，在全国农业工作会议期间又专门召开了全国乡镇农业公共服务机构建设工作会议，韩长赋部长做了重要讲话，对加快建立健全乡镇农业公共服务机构提出了明确的目标、任务和要求。加强示范引导，在《农民日报》上进行系列报道，普及各地成功做法和典型经验。加大培训力度，编写专门培训教材，组织各省、自治区、直辖市分片区进行乡镇监管机构建设业务培训。安徽、重庆、湖南、江苏、陕西、浙江、甘肃等近半数省份制定了具体的建设规划和实施方案，不少省还以政府名义印发了加快推进乡镇监管站所建设的实施意见。经过努力，乡镇监管机构数由年初的10%迅速提高到40%。质检体系建设一期规划投资任务顺利完成，质检体系二期建设规划滚动实施。新落实资金10亿元，支持建设质检机构421个。全国县级质检站总数达到1 339个，县级质检站投资建设已接近60%，有效提升了基层检验检测装备水平。为加强检测技术岗位练兵，推进创先争优，组织开展了全国首次检测技术大比武活动，共有1 367个地县级质检机构、6 792名检测人员参加了"大比武"，极大地激发了基层同志学习钻研检测技术的热情，有效提高了基层的检测能力和技术水平。同时加强检测技术培训，制作了培训教材和培训光盘。

4. 检验监测深入开展　农业部不断扩大农产品质量安全监测范围，例行监测品种扩大到91种，监测参数增加到91种，监测范围覆盖全国144个大中城市，监测工作的客观性和针对性进一步提高，预警作用进一步增强。全年组织开展了4次例行监测，对14个农产品进行了普查，组织实施了4个药物残留监控计划，共检测样品10万多个。进一步加强分析会商，强化"检打联动"，督促地方对不合格产品进行查处和重点监管。各地结合实际，不断加大监测工作力度。重庆市加大资金投入，强化抽检力度，全年抽样总数5万个，抽检数量提高了3倍。湖北省建立了通报和约谈制度，对部、省监测中问题较多的市州进行通报，并与相关主管领导进行约谈。山东寿光市强化质量安全检测，全年市镇两级累计检测蔬菜样品4.3万个。2011年保障上海世界游泳锦标赛、深圳第26届世界大学生夏季运动会和西安世界园艺博览会等几个重大活动的农产品质量安全是农业部门一项重要任务，在总结推广以往经验的基础上，切实加大专项监测力度，狠抓基地监管，推进产销衔接，实行联防联控，顺利实现了农产品供应充足、品种丰富、质量安全的保障目标。

5. 农业标准化稳步推进　新组建全国果品标准化技术委员会和全国沼气标准化技术委员会，农业系统标委会已达18个，为标准体系建设发挥了重要技术支撑作用。标准制修订及清理工作进展顺利，新制定农业国家和行业标准494项，其中农药残留限量值299个，修改形成农药最大残留限量1 795个。深入开展标准化生产创建活动，新创建蔬菜、水果、茶叶标准园及畜禽标准化规模化养殖场、水产健康养殖示范场1 993个，新创建全国农业标准化示范县45个。召开全国农业标准化示范县建设工作座谈会，组织对"十一五"期间创建的501个全国农业标准化示范县进行了考核验收，这次会上还将对验收通过的398个县进行授牌。稳步发展"三品一标"，在提高认证门槛、加强证后监管的基础上，新认证无公害农产品、绿色食品和有机农产品2.94万个，登记保护农产品地理标志产品300个。各地不断加大力度，始终把农业标准化作为现代农业建设的重要抓手加以推进。湖南省农业厅与常德市政府实行“厅市共建”，整合资金1亿元，以当地8大优势产业为重点，市领导亲自挂帅，分片包干，全面推进农业标准化。江西南丰县实行“六制一承诺”，规范了蜜橘标准化生产安全用药。江苏、福建、内蒙古、重庆等地以“三品一标”为切入点，通过品牌化带动农业标准化，都取得非常好的成效。

6. 风险评估启动实施　开展农产品质量安全风险评估是“两法”赋予农业部门的法定职责，是及早发现风险，实施科学管理的现实需要。为加快实施风险评估，农业部启动农产品质量安全风险评估体系建设规划，建立65个部级农产品质量安全风险评估实验室，设立了农产品质量安全风险评估财政专项，推动22个省农科院成立了质量标准研究机构。针对元旦、春节期间的生产、消费特点，组织对蔬菜、水果、茶叶、畜产品、水产品等8大类食用农产品开展质量安全风险摸底评估工作，及时排查突出问题隐患。组建了农产品质量安全专家组，在16个专业领域聘任了66位专家，吉林、安徽、江西等省也相继成立了农产品质量安全专家组，充分发挥专家的“智库”作用，进一步强化农产品质量安全科学研究、风险评估、技术指导和消费引导等工作。新设立农产品质量安全科研学科群，建立1个综合性重点实验室、7个专业性实验室，启动检测技术、溯源技术等5个重大项目，着力用科技手段解决农产品质量安全问题。

二、认清当前农产品质量安全监管工作面临的形势

自2009年以来，各级农业部门持续开展了3年的专项整治，大幅度扩大检验监测范围，大规模开展了标准化生产创建活动，及时处置了一个又一个突发事件，有效化解了一大批问题和风险隐患，有力推动了农产品质量安全水平的提升，连续2年我国农产品质量安全监测合格率稳定在96%以上。可以说，我国农产品质量安全保持“总体平稳、逐步向好”的发展态势。

但是也要看到，当前问题还未彻底解决，风险隐患还未完全消除，长效机制还没有建立，形势不容乐观。从问题隐患来看，种植业蔬菜限用农药、养殖业“瘦肉精”和抗生素、渔业孔雀石绿和硝基呋喃等问题依然存在，在个别地区、个别品种和某些时段还比较突出，很容易引发农产品质量安全系统性风险和突发事件，必须下大力气采取综合措施进行根治。从监管能力看，基层监管体系建设滞后，县乡两级普遍存在“缺机构、缺人员、缺经费、缺手段”的问题，很多监管职责和任务在基层难以落实到位。从生产条件看，农业投入品种类多，质量不合格、假冒伪劣、滥用、错用问题仍然比较突出，给质量安全带来不少隐患。农业标准化生产水平低，“三园两场”覆盖面不广，生产档案记录制度未完全落实，产地准出和质量追溯实施起来制约因素多，确保农产品质量安全的难度较大。总之，农产品质量安全监管是一个长期、艰巨、复杂的任务，也可以说将伴随着农业发展的全过程。确保农产品质量安全事件不出问题，在目前条件下，困难多、压力大、任务艰巨。

对农产品质量安全，除了要面对困难、增强忧患意识外，更重要的是要坚定信心、克服畏难情绪，要看到当前诸多新的有利条件。一是中央更加重视。2011年中央领导多次对食品和农产品质量安全工作做出重要批示、指示，提出明确要求。国务院相继召开3次会议，对食品和农产品质量安全工作做出安排部署。近年中央农村工作会议，都将农产品质量安全监管作为一项重大任务进行部署。二是工作推进力度普遍加大。农业部党组连续3年将“努力确保不发生重大农产品质量安全事件”作为农业农村经济发展的中心目标，地方政府也越来越重视农产品质量安全监管工作，并在机构设置、人员配备、经费保障上给予了强有力支持。各级质量安全监管部门尽心尽力、尽职尽责，有力推动了各项工作任务的落实，积累了大量的成功经验。三是监管能力建设不断强化。目前省级农产品质量安全监管机构已基本建立，地、县、乡三级监管机构正在加快推进，监管人员的专业素质和执法水平在不断提升。四是生产经营者责任意识在逐步增强。近年来，通过加强宣传教育和技术指导，大力推进农业标准化生产，严厉打击违法犯罪行为，严格规范生产经营活动，广大生产经营者的守法意识、责任意识逐步增强，依法生产经营水平不断提高。

2012年，做好农产品质量安全监管工作，对于持续提高农产品供给保障能力、促进农业农村经济健康稳定发展、保持社会和谐稳定具有十分重要的意义。我们要进一步认清形势，正视问题，迎难而上，切实增强大局意识、责任意识和政治敏锐性，消除麻痹思想，克服畏难情绪，下更大的决心、花更大的力气、想更多的办法、用更严的措施，深入推进农产品质量安全监管工作，努力确保农业产业安全和农产品消费安全。

三、扎实做好2012年农产品质量安全监管工作

2012年，要紧紧围绕“努力确保不发生重大农产品质量安全事件”重要目标不动摇，继续坚持一手抓执法监管，坚决打击违法违规行为，着力消除问题和隐患；一手抓标准化生产，大力推动农业发展方式转变，从源头上提升农产品质量安全水平。重点抓好以下7个方面的工作：

1. 以治理整顿为抓手，坚决遏制农产品质量安全突出问题　巩固已有专项整治成果，始终保持高压严打态势，防止出现反复，特别是要不折不扣地完成好“瘦肉精”专项整治任务，毫不放松，一以贯之，务求取得实实在在的成效，力争彻底根治“瘦肉精”的危害。深入开展农产品质量安全排查治理行动，逐个行业、逐个产品地排查问题和隐患，对查出的问题隐患，要一个个地进行整治，整治一个巩固一个。种植业要以蔬菜高毒农药为重点，强化农药监督管理，严查、严打在蔬菜用药中非法添加高毒农药行为。加强农药使用管理和技术指导，严防超范围使用农药，落实安全间隔期、生产记录制度，大力推行高毒农药定点经营，推广专业化统防统治。畜牧业要继续以“瘦肉精”、三聚氰胺等非法添加为重点，会同公安、工信、食品药品等部门，从禁用物质的研制、生产、流通、销售、使用等环节入手，分兵把守，各个击破，全环节、全链条监管和查禁。同时，加强抗生素问题和饲料风险隐患排查整治，加大兽药安全性和耐药性评价，强化兽药和饲料生产使用环节监管，建立严格的养殖档案和休药期制度。渔业要抓好孔雀石绿、硝基呋喃等禁用药物的整治。在此我要特别强调，目前看，水产品质量安全问题十分突出，需要引起高度警觉，一定要像“瘦肉精”整治那样采取更严厉的措施加以解决。尤其是要抓好大菱鲆、鳜鱼、牙鲆、乌鳢、鲑鱼等5大养殖鱼和饵料鱼的安全监管，强化用药执法检查。认真清查收缴禁用药物，打击违法违规行为，建立严格的产地检查和产地准出制度。加快改进养殖技术，调整养殖密度，完善渔用药物饲料使用监督管理规范，探索建立鱼病统防统治机制。农资打假要在春耕、“三夏”、秋冬种时期开展专项行动，集中力量查办一批制售假劣农资和禁用药物的大案要案，坚决杜绝假种子、假农药、假化肥坑农害农。2012年要结合贯彻国务院种业文件和新的饲料条例，加大种子市场和饲料市场的监管。要加快健全农资打假举报奖励和省际协办机制，深入推进放心农资下乡进村活动，畅通农资经营主渠道，让农民买得放心、用得安心。

2. 以监管示范县创建为抓手，全面推进农产品质量安全监管责任落实　县级农业部门是最基本的农产品质量安全执法监管主体，县级抓好了，农产品质量安全就有了基本的保证。近两年，北京、山东、福建、陕西、上海等地探索开展了农产品质量安全监管示范县和示范乡镇创建活动，集中资金、整合资源、整体实施、规模推进，推动全面提高投入品控制能力、标准化生产能力、质量追溯和质量监测能力，取得非常好的效果。2012年中央一号文件明确提出要创建农产品质量安全监管示范县，农业部目前正在抓紧制定示范县创建的指导意见和实施方案，积极争取相关扶持政策。总的思路是先行在“菜篮子”主产区选择一部分县市进行试点，在总结经验基础上不断扩大，力争用5年左右的时间基本覆盖“菜篮子”产品主产县，推动提升监管能力，落实监管责任，保障质量安全。考核的指标包括机构人员经费的保障、监管措施的落实、标准化的发展、质量安全水平的提高等。希望各地以此为契机，努力争取党委、政府及相关部门的支持，推动农产品质量安全监管工作迈上一个新台阶。在示范县创建过程中，要积极推进农产品质量安全追溯和产地准出管理。加快制定全国统一的《食用农产品质量安全合格证明管理办法》和《农产品质量安全追溯管理规范》，统一农产品产地质量安全合格证明和追溯模式。

3. 以乡镇监管机构建设为抓手，全面提升体系队伍监管能力　乡镇是农产品生产源头把关和质量控制最前沿阵地，必须下大力气推动乡镇建立健全监管机构。2011年农业部出台了推进乡镇监管机构建设的指导意见，明确了建设任务和要求。前几天中央农村工作会议对乡镇农业公共服务机构建设作出了新部署、提出了新要求、出台了新政策，特别是“一个衔接、两个覆盖、特岗计划”等政策含金量高，必将有力推动乡镇农产品质量安全监管机构建设。各级农业部门要抓住当前难得的好机遇，按照中央和农业部党组的部署，切实加大协调推动力度，确保2012年底前所有涉农乡镇全部完成监管机构建设的硬任务。要加快建设进度，该挂牌的尽快挂牌，该赋予职能的尽快赋予职能，该充实人员的尽快充实人员，该完善条件的尽快完善条件，总之要尽快明确机构，落实职能，建立队伍，把工作开展起来。要加大投入力度，加强与编制、人事、发改、财政等部门的沟通协调，积极反映情况，主动争取支持。切实将农产品质量安全纳入全国乡镇农技推广体系建设整体规划，为每个乡镇配备必要的检测设备、工作用房和运转经费。要加强统筹协调，加快推动县级监管机构建设，积极协调将

乡镇监管机构建设上升为政府工作的重点任务，没有出台建设方案的省份要加快推动出台，已出台方案的要抓紧落实。要加强培训指导，强化岗位练兵，尽快组织编写培训教材，开展专题培训，切实提升基层农业部门依法履行农产品质量安全监管职责的意识和能力。这是2012年工作的重中之重，各地务必完成。

4. 以检验检测为抓手，积极推动农产品质量安全监管综合执法 通过近几年质检体系建设，各地监测能力不断增强。各级政府不断加大经费支持力度，农产品监测数量不断扩大，形成了良好的工作局面。但是，检测工作不是越多越好，不是层层搞就好。随着市、县两级质检机构的陆续投资建设，必须有一个统一的规划和计划，科学界定部、省、地、县四级质检机构的业务分工和工作范围。就例行监测而言，要以部级为主，省级为基础，调整监测工作重点。农业部的监测以保障大中城市消费安全为目标，稳定目前的参数和品种，确保大中城市70%的大宗食用农产品纳入监测范围。省级监测以“菜篮子”产品主要生产基地为重点，确保所有“菜篮子”主产县和主要生产基地全部纳入省级监测范围。就监督抽查而言，要以地、县两级为主，省里要做好统筹规划和年度计划。地、县两级农业部门要组织所属的质检机构、农业综合执法机构，强化执法检查和产品抽检，实施“检打联动”和联合执法，及时查处违法违规行为。地市级重中之重是把好上市产品监督抽查和县市执法监管过程中的确认检测，县市级重在生产过程中的督导检查和产品质量安全速测筛查，确保产地生产安全。农业部也要适时启动应急专项抽查和“三品一标”国家监督抽检。规范监测行为，颁布实施《农产品质量安全监测管理办法》，加快制定《农产品质量安全速测认定管理办法》，严格规范例行监测、监督抽查和速测工作。加快推进质检体系建设，落实好2012年11亿元的建设任务。启动实施农产品质检体系建设二期规划，加快投资建设地级，补充完善县级，不断提升省部级检测机构的风险评估预警能力。加大对质检机构的考核认可，实施检测人员执证上岗，探索建立职业资格考试制度。

5. 以“三品一标”为抓手，大力实施农业标准化 农业标准化当前在于解决农产品质量安全问题，长远在于提高农业效益，促进产业升级，必须始终如一的抓下去。当前条件下抓标准化，重点要抓好标准集成转化、标准化示范创建、“三品一标”公共品牌引领。对“三品一标”，要重点加强证后监管，严格认证程序，提高认证门槛，严把认证质量审核关。要抓紧建立退出机制，一旦发现问题，坚决出局，没有整改机会。积极探索无公害农产品强制认证模式，开展无公害农产品省级认证、部级备案试点。今后不能只重数量，不重质量；只重申报，不重监管。对标准制修订，要依法加快农兽药残留标准清理步伐，抓紧转化一批国际食品法典标准，制定一批执法急需的安全标准和质量要求。省级重点要制定一批质量安全控制技术规范和操作规程。地、县两级要切实将标准集成转化为符合当地生产实际的简明操作手册、生产日历、挂图、明白纸等，要让农民看得懂、真管用。大力推进标准化示范创建，不断扩大“三园两场”建设比例和规模，支持农业标准化整体推进示范创建，加大农业标准化宣传培训力度，指导农业生产者合理使用农药、兽药、肥料、饲料和饲料添加剂等农业投入品。推动食品法典和官方评议，加强国际交流与合作，提升我国在农产品质量安全国际标准方面的话语权和影响力。

6. 以应急能力建设为抓手，切实做好突发问题的科学处置 农产品质量安全突发问题直接威胁消费者身体健康和产业稳定发展，必须高度重视，加快提升应急处置和风险防范能力。要加快完善应急机制，针对地区、行业的实际情况，细化和完善应急预案，将应急处置措施细化到各个单位、各个岗位，做到有备无患。加强信息报送，健全部省联动、高效畅通的信息报送网络，提高信息报送的时效性，确保问题隐患早发现、早报告、早处置，防止因信息迟报、漏报、误报、瞒报而延误时机，酿成祸患。抓紧建立舆情监测制度，充分发挥舆论监督作用，高度重视和及时核查媒体反映的问题。充分发挥农产品质量安全专家队伍作用，主动做好热点问题解读和科普宣传，决不能等到引起消费者质疑甚至恐慌时，再去被动澄清、补救。进一步规范信息发布渠道和程序，决不允许擅自发布不客观、不全面、不准确的信息误导公众。加快健全风险评估体系，尽快明确国家农产品质量安全风险评估机构职能定位，强化风险评估实验室能力建设和考核认定，抓紧在“菜篮子”产品主产区认定一批风险评估实验站，对农产品风险隐患实施全天候地、定点动态跟踪监测。全面开展风险隐患摸底排查评估，切实将“米袋子”、“菜篮子”主要产品全部纳入风险评估和风险监测计划，要通过风险监测评估，摸清危害因子的品种、范围和危害程度，提出科学的防范措施和办法，及时指导生产和引导消费，实现科学管理、明白生产、放心消费。加强科学研究，积极争取设立农产品质量安全科技重大财政专项，抓好“农业科技促进年"农产品质量安全科技促进活动，将风险评估技术、生产关键控制技术、标准研制、高效低残留农兽药研发等科研项目一揽子纳入农业行业科技规划予以重点支持。对豇豆、水产品、抗

生素、生物毒素、植物生长调节剂等公众关注度高的产品或风险隐患，要加强跟踪研究和科学研判，提出切实可行的控制措施和办法，及时消除系统性、区域性风险。

7. *以总结推广各地成功经验为抓手，不断健全完善制度机制* 近年来各地在实践中，探索了许多各具特色的好办法，也形成了一批行之有效的监管模式。比如，在监管体系建设方面陕西形成了以市为单元大力推广的“商洛模式”，湖南形成以厅市合作、领导联系包干推进机制。在专项整治方面辽宁积极推行检测与检疫同步的“瘦肉精”监管模式，山东积极推行高毒农药定点经营、实名购药制度，浙江省大力推行农资连锁经营和“放心农资店”建设。在准出准入方面，湖北省建立了四项条件证明制度。这些办法和模式，有力地推动了监管工作不断向前发展。各级农业部门要进一步加大力度，注重挖掘、收集监管工作中的好经验、好做法，并从制度机制层面加以总结、提炼和推广，不断探索建立农产品质量安全监管长效机制。要积极推动责任落实，进一步健全责任体系，积极争取把农产品质量安全监管纳入地方政府绩效考核范围。加强横向配合和纵向联动，积极探索“分兵把守、协调配合”的监管机制。强化条件保障，整合各方面资源，提高监管和执法能力。加强与发改、财政、科技等部门的沟通，争取更多的投入和支持，健全以公共财政投入为主的农产品质量安全资金保障体系。健全管理制度，种植业要大力推行农药经营备案制度、高毒农药定点经营和实名购买制度，养殖业要利用动物检疫倒逼屠宰企业认真落实“瘦肉精”自检制度，农资管理要大力推行连锁经营、信用评级和信息化管理制度。强化机制建设，大力推动产地准出和质量追溯管理，形成倒逼机制，发挥好市场在配置资源、保障质量安全上的激励约束作用。加强风险排查和评估，加大检验监测力度，强化风险预警机制，及早发现问题隐患。

（本文为作者 2012 年 1 月 7 日在“全国农产品质量安全工作会议”上的讲话，略有删改）

增强责任感和紧迫感
开创肉菜流通追溯体系建设新局面

商务部副部长 姜增伟

今天，我们在成都召开肉菜流通追溯体系建设现场会，主要任务是总结近两年来试点工作，交流经验，研究解决存在问题，更好地推动下一步工作。最近，国务院召开第 208 次常务会议，研究部署进一步加强食品安全工作，做出了一系列重要决定，要求加快推进食品安全电子追溯系统建设。我们今天召开现场会，就是要贯彻落实国务院常务会议精神，深入推动肉菜流通追溯体系建设，为全面提高我国食品安全保障水平作出贡献。下面，我主要结合国务院常务会议精神，以及这项工作进展情况和下一步安排，讲几点意见：

一、试点工作取得的成效及经验

2010 年，面对严峻的食品安全形势，为更好地履行流通食品安全行业管理职责，在财政部的大力支持下，商务部正式启动肉菜流通追溯体系建设，分两批确定了 20 个试点城市。2012 年又新增了 15 个试点城市，初步覆盖了直辖市、计划单列市及省会城市。两年来，在试点城市政府的坚强领导下，在有关部门的大力支持下，各地按照统一要求，结合当地实际情况，科学制订工作方案，努力强化工作保障，扎实推进各项工作，取得了重要进展。目前，上海、成都、杭州、青岛、无锡等地初步建成追溯体系，运行良好，在以下几方面初显成效。

1. *打造了民心工程* 各试点城市政府都已将肉菜流通追溯体系列入为民办实事工程，成立专门领导机构，部分城市还由“一把手”市长亲自挂帅，制定推进方案，召开推进会议，由市政府领导出面动员部署。各市政府安排专项配套资金，并建立目标责任考核和督查通报机制，着力将这项百姓欢迎的民心工程建设好，努力提升政府公信力。

2. *提振了消费信心* 有了追溯体系，消费者能知道肉、菜来源，出了问题能找到责任人，就会增强消费信心，提高消费意愿。成都市肉类追溯体系运行后，屠宰企业屠宰量和批发市场交易量均有较大幅度增长。上海市农产品中心批发市场建立肉类追溯体系后，虽然准入标准大大提高，但交易量不降反升，从日均 40t 增长至 300t，最高时达到 650t，目前已在 200 多个菜市场开设 1 100 多个连锁店，实现了品牌化经营。

3. 促进了诚信经营　建成追溯体系后，一旦发生食品安全问题，可以快速定位，在第一时间找到“祸根”，从而产生市场倒逼作用，迫使生产经营者增强食品安全责任意识和诚信意识，积极落实食品安全管理制度，从源头上提高农产品质量安全水平。上海市建成追溯体系后，“瘦肉精”检出率逐年下降。宁波市及时将农残检测结果通过追溯体系反馈给产区，促使种植户合理控制药、肥使用，近年来入市蔬菜合格率不断上升。

4. 创新了监管方式　追溯体系的建设，为政府部门提供了准确、及时的监管平台，提高了政府管理效率和服务水平。成都市相关部门利用追溯体系，将网上巡查与实地抽查相结合，实时掌握肉菜流通状态，大大提高了监管效率，实现了从局部监管向全覆盖监管、部门监管向社会参与、单向监管向双向监管、人力监管向技术监管、粗放式监管向精细化监管的“五个转变”。上海市工商部门主动与商务部门对接，将是否建设追溯体系作为对企业进行工商登记的前置条件。

各地在推进试点工作过程中，努力克服各种困难，因地制宜进行探索，积累了一些经验和做法，值得认真总结和推广。

1. 探索有效的推进模式，保证试点工作顺利进行　企业和经营者是否积极并主动参与，制约着试点进程及成效。各城市在这方面进行了深入探索，形成了一些比较好的模式。第一种是采用行政手段推进。成都市规定，批发市场不建追溯体系，就不予纳入城市商业网点规划。上海市规定，肉类批发市场、大型超市必须建成追溯体系，才允许从外省市采购生猪产品。第二种是政策引导。杭州市财政 2011 年以来共安排 2 340 万元，对市区 150 个农贸市场按照追溯工作的不同情况，给予不同额度的资助，同时，对通过电子秤交易的蔬菜每千克补贴 0.2 元。乌鲁木齐市将追溯与其他扶持政策捆绑，将建设追溯体系作为享受其他政策的前提条件。第三种是互利共赢，通过解决企业关切来获取企业支持。无锡市采用物联网技术升级改造屠宰企业流水线，做到了信息从进场到出场的自动传送，帮助企业实现了内部管理的智能化。青岛、昆明等地在追溯方案设计中，尽量兼顾企业需求与追溯需求，既解决追溯问题，又帮助企业提升管理能力，实现“双赢”。第四种是采用市场化手段。上海徐汇区将使用追溯体系写进租赁合同，经营户不执行的解除租赁关系；江杨批发市场对安装使用追溯体系的经营户，实行免收 IC 卡工本费、停车费等优惠措施；农产品中心批发市场引进商业保险公司，为可追溯的猪肉提供安全保险，最高赔付额达 500 万元，为产品增信，让消费者放心。

2. 大力改造基础设施，改善追溯体系建设条件　成都市 2011 年投入近 4 000 万元，大力实施定点屠宰厂整合重组及标准化改造，建设标准化菜市场。昆明市 2011 年在主城区新建 300 个社区生鲜直销菜市场。成都、昆明两地还与银行合作，探索在屠宰企业、批发市场建立先进的电子结算系统，既具备转账结算、现金存取等基本功能，又可提供消费理财、缴费、小额贷款等特色服务，做到了“追溯卡、结算卡、返点卡”多卡合一，深受企业和经营户欢迎。乌鲁木齐市实行追溯体系建设与屠宰管理、肉菜储备、市场保供“四结合”，投入 1.06 亿元，建立了 423 个社区蔬菜副食品直销点，全部纳入追溯试点。各地配合追溯体系建设，还推动试点企业进行技术改造，提高了食品安全管理能力，改善了履行社会责任的条件。上海江杨农产品批发市场先后投入 4 650 多万元，将敞开式露天交易场所改为封闭式交易大棚，建立专门的信息、监控及检测中心，改造门禁系统，实现从进场、交易到离场全过程监控。

3. 制订标准，规范程序，努力提高招标采购质量　商务部制定了专门的建设规范和技术标准，统一了各地追溯体系建设的内容和要求；还会同财政部下发指导意见，明确了项目承办企业资质条件。各城市坚持规范运作，认真按照法定条件和程序招标，确保公正性，防止违法违规行为发生。哈尔滨市采取现场抽签方式确定采购人代表，前期参与人员全部回避，并由监察部门派员对专家评委抽取、开标、评标等进行现场全程监督。部分城市还在确保依法运作的前提下，探索创新招标方式。上海市组织全市蔬菜溯源电子秤入围招标，各区县再从入围名单中确定各自的供应商，以及采购的具体数量和价格。成都市则根据批发环节实际情况，探索由市场开办方按统一标准自行招标、自行建设，政府验收合格后给予奖励，变政府采购为企业采购。青岛市还将招标与技术研发紧密结合，通过招标过程来攻克技术难点、研发设备，缩短了设备定型时间，控制了项目成本，比预算节约 10%。

4. 完善运行保障机制，确保追溯体系有效运行　上海市探索采用政府购买服务方式，通过公开招标或资格预审等形式，择优确定专业的标准化菜市场运维服务商，提供 365 天全天候维修服务，由市、区两级政府分担运维费用。徐汇区还将追溯体系使用情况纳入“星级菜场”评选范围，对使用率低于90%的，取消评选资格。杭州市建立了追溯体系运行情况通报及考核制度，每月定期通报各市场刷卡率、监督巡查率等指标，年底进行量化考核，对先进的企业和经营户予以相应奖励。宁波市按照分级管理与属地管理相结合的原则，合理划分区（县）政府、商务部门、市场管理者、摊位经营户等主体运维职责，并将运维费用列入政府财政预算。

二、当前试点工作中存在的问题和不足

在总结肉菜流通追溯体系建设成效和经验的同时，我们也应看到，试点工作中还存在着一些问题和不足，其中有些问题必须引起高度重视，试点工作还没有完全达到预期的目的。

1. *各地工作进展不平衡，还有很大潜力可挖* 除个别城市外，各城市试点工作整体进展缓慢，工作很不平衡。首批城市中重庆、南京2012年初才完成招标，少数城市还未完成追溯体系建设任务。第二批城市中，天津、石家庄、海口还未完成招标。从省一级看，江苏、陕西两省已率先自行开展试点，但很多省、市还没有动作。

2. *部分城市软硬件技术不成熟，系统运行不稳定* 主要表现在：软件智能化程度不高，城市平台功能单一，与追溯体系运行及流通行业管理需要结合不紧密；一体化交易机、溯源电子秤等硬件设备故障多、返修率高；软硬件不匹配，导致追溯体系运行不稳定，上传到中央平台的数据不规范、不完整，加之部分经营户不习惯使用追溯设备，制约追溯功能的实现。

3. *部分城市流通基础设施不配套* 部分城市批发市场交易摊位无电源，交易方式落后，赊账情况普遍，推行电子结算难度很大。有的城市批发市场正在搬迁，追溯体系建设启动不了。有的城市标准化菜市场数量少，而现有农贸市场和社区菜市场设施简陋，改造任务非常繁重。另外，部分城市流通行业管理基础薄弱，政府对企业缺乏必要的影响力。

对上述问题，我们必须高度重视，认真分析研究，及时采取有效措施予以解决，确保全国追溯体系所需要的环境和条件，确保全国追溯体系“一盘棋”整体推进。

三、进一步增强责任感和紧迫感，努力开创工作新局面

食品安全是重大民生问题，关系人民群众身体健康和生命安全，关系社会和谐稳定。我们与各城市联手，大力推进肉菜流通追溯体系建设，是运用信息化手段解决食品安全问题的有益尝试，是一项便民利民的重大事业，是一件政府关心、媒体关注、百姓受益的大好事。党中央、国务院对此高度重视。2012年的中央1号文件、国内贸易发展规划、蔬菜产业规划等多个国家级“十二五”规划，以及国办《关于加强鲜活农产品流通体系建设的意见》、《2012年食品安全工作要点》等重要文件中，都强调要加强追溯体系建设。这次国务院常务会议关于加强食品安全工作的决定，也将加快食品安全信息化建设作为一项重要内容。国务院的决定，对我们提出了新的更高的要求，也为我们做好下一步试点工作指明了方向，提供了更加有力的支撑。下一步，要重点抓好以下几方面工作：

1. *切实发挥领导小组作用，形成各方协同推进局面* 今天，我们与各位市长签了约，正式从法律上确定了商务部与各个城市的合作关系。在这里，我拜托各城市政府一定要坚决贯彻国务院常务会议精神，严格遵守协议要求，真正将这项工作摆上重要议事日程，纳入“菜篮子”市长负责制和食品安全工作整体框架来推进，抓紧成立强有力的组织领导机构和管理机制，完善责任机制，建立稳定的经费投入和保障机制，切实做到组织领导到位、责任落实到位、资金配套到位。前期，很多城市在这方面做得不错，有的地方还扩大了追溯品种，启动了水产品、水果的追溯，我觉得很好。在食品安全上就是要全覆盖，否则百分之一的风险就会演变成百分之百的社会问题。另外，我也拜托前两批城市政府要更加重视起来，切实发挥领导小组作用，采取更加有效的措施强力推动。我还要着重强调的是，在整个追溯体系建设格局中，省级商务部门承上启下，至关重要，必须切实承担起责任，增强全局意识和责任意识。要加强统筹规划，积极争取相关政策，自行选择有条件的城市试点；试点之前也要考虑条件，条件暂时不具备的，要先做些必要的前期培育工作，打好基础。在遴选好试点城市后，要跟踪到底，在资金、政策等方面给予支持，在业务上给予指导。要履行好监督管理责任，会同财政部门加强对试点城市项目实施、资金使用的监督检查，组织好考核验收，确保项目建设质量，务必把好事办好。近期，商务部将下发文件，部署开展2011年中央财政资金项目检查。我要强调的是，资金拨付到位后，地方要切实承担起监管责任。

2. *要着力突破重点难点，扫除追溯体系建设障碍* 一是要抓紧研发攻关，突破技术难点。要抓紧抽调软件开发商、硬件供应商和系统集成企业人员进行

联合攻关，不断升级优化追溯软件，完善追溯设备性能，提高运行稳定性。商务部也将通过制定新的技术标准，细化指标参数，及时总结固化首批城市探索成果，确保后续试点城市按标准操作，采购成熟可靠、价格适中的软硬件产品。二是加大流通设施改造力度，尽快满足追溯体系建设需要。要出台专门的政策措施，推进鲜活农产品流通体系建设，尤其要重点抓好屠宰企业审核清理、标准化菜市场或生鲜超市建设。要有针对性地对试点企业进行改造，建立必要的出入场管理设施及电路、网络设施，重点抓好批发市场、屠宰企业电子结算系统建设。

3. 要严格执行标准，确保追溯管理平台互联互通　商务部制定的建设规范和有关技术标准是统一的，是避免各自为政、实现全国互联互通的基础。首先，各地必须坚决执行，绝不允许打折扣。尤其是首批城市，要抓紧对本地执行相关标准情况进行评估，发现与商务部标准不一致的，要立即进行升级改造。其次，要抓好城市平台与中央平台对接，形成完整的管理体制。中央平台和城市平台是一个有机整体，需要上下贯通、相互依托、互为补充，才能发挥整体效用。各地要在统一采集指标、统一编码规则、统一传输格式、统一接口规范的基础上，加快推进与中央平台对接，确保相关数据能及时上传中央平台，不断提高上传数据的完整性、规范性，为实现全国跨区域追溯打好基础。第三，要切实改进招标工作，强化项目实施过程质量控制。实践证明，规范运作、公开透明是改进招标的最有效措施。各地必须始终将招标工作置于有关法律法规框架之下来进行，严格执行统一的资质条件，严格遵守法定条件和程序，确保做到公开、公正、公平、透明，坚决杜绝违法违规行为。同时，要采取有效措施，加强对中标企业项目实施质量的管理，规范企业行为，做到在价格有竞争力的基础上，确保项目质量；对于实施质量差，或者相关设备质量不过关的，要采取必要的惩戒措施。我也希望市场秩序司根据今天会议精神，结合前期各地招标中的经验和问题，研究采取措施，加强对各城市招标工作指导，探索开展全国统一招标，从全国层面推动改进招标工作，强化招投标和项目实施管理，降低项目建设成本，缩短项目建设周期，提高项目建设成效。

4. 坚持政府指导、市场化运作，发挥企业主体作用　企业是追溯体系建设、运行的主体，要承担起主体责任和社会责任，自觉遵守各项标准制度，积极主动建设好本企业的追溯体系，保证长效运行。在追溯体系建设过程中，要坚持政府推动、市场化运作，综合运用经济、法律、行政等手段，调动各个方面尤其是企业的积极性，不能由政府部门大包大揽。一方面，要加大动员力度，加强与企业沟通，让企业充分认识追溯体系建设的重要意义。有了追溯体系，出了问题可以找到上家，企业可以解除自身责任，同时，如果消费者都认可追溯体系，主动选购可追溯的产品，诚信经营的企业就能获得更好的发展机会。把这些道理讲明白、讲透彻，企业自然就有了积极性。另一方面，要有专门的激励和督导措施，发挥对企业的示范引导作用。上海市在2012年项目推进中，探索由“政府主导、企业配合”转化为“政府推进、企业主体”，实行政府财政与企业各出资一半的方式，开展追溯体系建设。这种做法很好，要认真借鉴。

5. 适时向源头延伸，打造全链条追溯体系　目前，追溯体系的建设主要覆盖的是流通环节，从长远来看，要着力解决好与生产环节的对接问题，打造全链条的追溯体系，确保肉菜质量从源头上可追溯。无锡等市发挥各部门职能，按照食品卫生安全链条管理思路，加强对生产环节的监管，就是一种很好的办法。各城市也要按照国务院常务会议决定，将追溯体系建设与农副产品生产基地建设紧密结合起来，推动有条件的流通企业与种植、养殖基地挂钩，实现生产环节准出与市场准入相衔接，解决好源头信息的问题。要在流通环节大力推行索证索票、购销台账等制度，严格查证验货，引导生产基地或产区强化准出管理和源头质量控制。目前，商务部已经与农业部初步达成共识，今年将抓紧推动全过程追溯体系建设，力争有所突破。

6. 大力强化日常运行管理，拓展追溯体系功能　追溯体系能否发挥预期作用，关键在于运行。从追溯体系投入试运行起，就要及时将重心转移到加强日常管理、提高运行效率上来。首先，要抓紧将运行维护经费列入政府财政预算，切实解决经费保障问题。追溯体系的作用要不断放大，投入也必须跟上。按照中央和地方事权划分，追溯体系是为城市政府服务的，理应由城市来保障运行。其次，要建立专门的工作队伍，落实运维责任，保证软硬件有专人维护，发生故障时能及时发现、及时上报、快速响应、快速处理。第三，要细化评价指标，完善评价机制，出台配套的激励或惩罚措施，不断提高刷卡率、数据上传率。第四，要在围绕追溯需要完善核心功能的基础上，结合流通行业管理和食品安全监管需要，不断拓展功能，最大限度发挥追溯体系效用。

7. 按照商务部统一要求，在确保质量前提下加快进度　各城市要按照商务部的统一要求和部署，在确保工作质量、确保追溯体系功能作用及运行质量的前提下，抓紧工作进度。前两批城市要按商务部确定

的考核验收期限，倒排工作进度，切实加大人员和财力投入，加快软硬件安装调试进度，确保按时达到规定的覆盖率，并实现预期的追溯功能；对商务部中期评估中提出的问题，要抓紧整改，切实保证试点工作成效。第三批城市要抓紧开展调研，在摸清底数的基础上，修改完善工作方案和技术方案；抓紧成立组织领导机构，确定精干的工作推进机构，抓好动员部署和组织实施等工作。市场秩序司要加强对各城市的检查、督导，对工作进度慢的要予以批评，直至调整试点资格。各地要切实增强大局观念，树立全国“一盘棋”思想，从全国整体来考虑问题，推进工作。

深入推进追溯体系建设，有效提高肉菜供应和质量安全保障水平，促进农产品流通现代化，是时代赋予我们的光荣使命，是一项功在当代利在千秋的伟大工程，是一件利国利民的大好事，也是关系中华民族素质的大事。让我们以国务院常务会议的重要决定为指引，以这次现场会为契机，抓住机遇、开拓创新、扎实工作，把好进度关、质量关、运行关、验收关和资金使用关，确保追溯体系建设取得实效，为从根本上改善我国食品安全形势、全面建设小康社会而努力奋斗。

（本文为作者2012年6月20日在“2012年全国肉类蔬菜流通追溯体系建设试点工作现场会”上的讲话，略有删改）

认真总结工作经验
落实流通环节食品安全监管工作

国务院食品安全办公室主任 张 勇

国家工商总局召开全国工商系统流通环节食品安全监管工作会议，认真学习贯彻党的十七届五中、六中全会和中央经济工作会议精神，认真落实全国工商行政管理工作会议和全国食品安全办公室主任会议精神，总结交流2011年工作情况和经验，研究部署2012年流通环节食品安全监管重点工作，非常及时，十分重要。这里我讲几点意见：

一、2011年食品安全工作取得新的进展和成效

一年来，在党中央、国务院的正确决策部署下，在社会各方的大力支持下，各地区、各有关部门深入贯彻科学发展观，积极开展食品非法添加和滥用食品添加剂、“瘦肉精”、“地沟油”等专项整治和乳制品、食用油、肉类、酒类、保健食品等重点品种综合治理工作，严厉打击惩处食品安全违法犯罪，及时应对处置食品安全事件，加大宣教培训力度，推进诚信体系建设，不断完善食品安全监管体制机制，强化监管能力建设，组织开展督查考核，促进责任落实，较好地完成了各项工作任务，全国食品安全工作取得了新的进展和成效。这些成绩的取得，离不开工商系统同志们的辛苦努力。全国工商系统坚决执行党中央、国务院的决策部署，在各级党委、政府的领导下，按照国家工商总局的安排和要求，认真贯彻《食品安全法》，始终把保障流通环节食品安全作为服务改善民生、推动科学发展、推进加快转变经济发展方式的出发点和落脚点，作为加强和创新社会管理及开展创先争优活动的重要任务，围绕中心，服务大局，做了大量艰苦细致的工作，努力保持食品市场平稳有序，切实保护消费者合法权益，为促进经济平稳较快发展和维护社会和谐稳定作出了突出贡献。总体来看，2011年流通环节食品安全监管工作，三个方面的成绩比较明显，三个方面的特点比较突出。

（一）三个方面的成绩

1. 流通环节食品安全治理整顿工作取得新成效　各地工商部门结合流通环节食品安全的特点，有针对性地深入开展食品安全治理整顿，集中时间、集中执法力量，突出农村食品市场、乳制品市场、节日食品市场、酒类市场和食品添加剂等开展专项执法行动，着力解决食品市场存在的突出问题，治理整顿行动快、力度大、效果好，受到了广大人民群众的肯定和好评。

2. 食品市场监管执法和打击销售假冒伪劣食品违法行为取得新成果　各地工商部门突出重点品种、重点区域和重点场所，有针对性地加强食品市场监管执法，取得显著成效。各地进一步加大对食品违法案件的查办力度，严厉打击销售假冒伪劣食品等违法行为，2011年查处食品违法案件6.2万件，移送司法

机关251件，有效地震慑了违法犯罪分子。特别是各地工商部门加强预警防范和应急处置机制建设，有力有效应对和处置“染色馒头”、“一滴香”、“山寨饮料”等食品事件，切实保护消费者合法权益，维护了食品市场秩序。

3. 食品安全监管制度和长效机制建设迈出新步伐　国家工商总局先后制定了《流通环节食品安全监督管理办法》、《食品流通许可证管理办法》和流通环节食品安全监管“八项制度”。各地工商部门通过加强机制制度建设，不断创新监管手段和方式方法，流通环节食品安全监管的制度化、规范化、程序化和法治化水平提升到新的阶段，为提高食品安全保障水平发挥了重要作用。

（二）三个方面的特点

1. 进一步加强了组织领导　国家工商总局高度重视食品安全工作，始终将其作为一把手工程摆在全系统全盘工作的突出位置。周伯华局长对这项工作亲自部署、经常过问，王东峰局长一直站在指导、检查、督促和抓好责任落实、指挥应急处置的第一线。各级工商部门都形成了主要领导亲自抓、分管领导靠前抓、监管措施层层落实、监管责任层层传递的良好局面，流通环节的食品安全监管工作具有强有力的组织领导保证。

2. 进一步强化了科学监管　工商系统在开展流通环节食品安全监管工作过程中，不断深化对监管规律的认识，正确处理严格监管和促进发展、群众利益和商业利益、集中治理和日常监管等方面的关系，注重完善执法手段，加强监管力量，强化科技应用，使监管工作沿着规范化、科学化的轨道有序推进。

3. 进一步增强了大局意识　在各环节食品安全监管实践中，各级工商部门十分注重坚持大局观念和协作配合意识，联合执法中行动有力、应急处置中积极主动、日常监管中责任到位，表现出了扎实的工作作风、良好的精神风貌和强烈的责任感，对搞好全链条食品安全监管、提高监管合力发挥了不可替代的作用。

二、清醒把握形势，进一步增强做好食品安全工作的责任感和使命感

经过各地区、各有关部门的共同努力，2011年食品安全工作取得新的成效，促进了我国食品安全总体形势继续平稳向好发展。但另一方面，目前食品安全问题时有发生，违法案件总量偏大，特别是2011年相继发生“瘦肉精”、乳制品有害物质超标等问题，“地沟油”案件被查实，引起了人民群众的强烈反应，社会对食品安全普遍抱有担忧情绪。那么，应该怎样看待当前的食品安全形势？我认为，应从三个方面来把握。

第一，集中治理整顿和日常监管取得很大成效，但深层次问题尚未根本解决　从生产经营方面看，我国食品产业素质和生产经营者管理能力总体偏低。食用农产品的种植养殖，以一家一户小规模分散经营为主；食品生产经营单位总体数量很大，但市场准入门槛较低，中小企业占80%左右，小作坊、小摊贩、小餐饮还大量存在，小、散、乱问题突出；相当一部分食品生产经营单位缺乏必要的设备设施和规范的管理，不具备生产经营合格食品的基本条件。还有部分生产经营者诚信自律意识较差，故意违法现象屡禁不止。从消费方面看，地区、城乡和群体之间差异较大，低收入群众的消费水平低，部分消费者安全消费意识和能力不强，容易成为不合格食品的受害者。这些食品生产经营和消费方面的问题，将是长期影响我国食品安全的深层次因素。

第二，传统的食品安全问题尚未杜绝，新的食品安全风险又不断出现　从国际国内食品安全监管的实践来看，在市场经济条件下和工业化发展的大背景下，食品安全风险因素的种类及其发现、治理的难度都有增多和加大的趋势。具体来说，随着现代食品工业的发展，食品生产新技术、新原料被广泛应用，化学、微生物等方面的隐患大大增加。产地污染造成的食用农产品安全问题也不容忽视。食品安全领域的违法手段花样翻新，甚至一些高科技手段被用以制售假冒伪劣食品，造成食品安全标准、检测等面临很大挑战。此外，随着人民群众生活水平的提高，人们对食品安全更加关注，“燃点”越来越低，而信息透明度空前提高，社会和舆论对食品安全的关注从一般违法问题逐步延伸至一些政策性、专业性、技术性等方方面面的问题，监管部门回应社会关切的难度也不断增大。以上这些问题，使得食品安全工作愈加复杂。

第三，监管体系建设取得很大进展，但监管能力不适应实际需要的问题仍十分突出　食品安全监管的法制体制机制还有待继续完善，制度缺失、监管空白和职能交叉等问题不同程度存在，监管力量特别是基层监管执法队伍和技术装备十分薄弱，在食品安全保障体系中发挥重要作用的技术支撑能力总体不高，食品安全综合监管、科学监管仍需要大幅度加强。此外，个别地方、个别单位监管不到位、责任不落实、工作不主动、被动应付、作风飘浮等问题也没有完全杜绝，导致食品安全问题发生和社会质疑的风险不容忽视。

总之，我们要清醒看到，我国食品安全基础依然

薄弱，当前和今后相当一段时期内将是食品安全工作攻坚克难的关键阶段。一方面我们要充分认识做好食品安全工作的极端重要性，看到食品安全工作越来越受到重视、力度不断加大、成效日渐显现的良好局面，进一步增强紧迫感、责任感和必胜的决心、信心；另一方面要清醒认识做好食品安全工作的复杂性、艰巨性和长期性，以奋发有为的精神状态，打好食品安全这场攻坚战、持久战，切实把食品安全这项维护人民群众切身利益的工作抓紧抓好、抓出实效。

三、突出重点，全力抓好2012年食品安全工作

2012年是我国发展进程中极其重要的一年，各行业、各领域正在认真贯彻中央的总体部署，巩固和发展“十二五”时期开局良好势头。食品安全关系到人民群众的身体健康和生命安全，关系到党和政府的形象，关系到食品产业的健康发展，关系到社会的和谐稳定。做好2012年的食品安全工作具有特殊重要的意义。刚刚召开的中央经济工作会议上，胡锦涛总书记、温家宝总理对食品安全工作提出新的要求，强调要有效防范和坚决遏制重特大事故发生，加强食品安全监管，强化社会监督，依法打击违法违规行为。前不久我们召开全国食品安全办主任会议，国务院领导同志专门作出重要批示。我们要认真领会、坚决落实中央领导同志的重要讲话和批示精神，以更坚决的态度、更有力的措施，抓好食品安全工作。保障食品安全，需要全面加强从农田到餐桌的全产业链监管，生产、流通、餐饮消费等各个环节不可偏废。食品进入流通环节，将直接面对消费者，加强流通环节食品安全监管，是保证人民群众饮食安全重要的一道关口。同时，只有加强流通环节食品安全监管，才能对上游食品链条形成倒逼机制，促进食品生产加工企业重视和加强质量安全管理。因此，加强流通环节食品安全监管，在整个食品安全工作中占有重要地位。工商行政管理机关承担着流通环节食品安全监管的重要职责，我们希望各级工商部门，把流通环节食品安全监管置于整个食品安全保障的大格局中去思考和谋划，采取积极有效措施，解决突出问题，切实维护食品市场秩序，全力保障食品市场消费安全。

这次会议工商行政管理总局将对流通环节食品安全监管工作进行全面安排部署，我在此提几点希望：

1. 继续深化治理整顿　2012年食品安全工作的重点，是要将治理整顿引向深入，集中整治问题多发、风险隐患较多的食品生产经营重点场所，和关系人民群众日常生活的重点食品品种，严厉打击危害大、社会反映强烈的严重违法犯罪行为。希望各级工商部门要充分发挥自身优势，进一步突出重点，紧紧围绕广大农村、城乡结合部和校园周边等薄弱领域，农产品和食品批发市场、小超市、小摊贩等问题多发场所，乳制品、食用油、肉类、酒类、保健食品、食品添加剂等重点品种，扎实开展专项执法行动，依法严厉打击销售假冒伪劣食品等违法行为。尤其是对“问题乳粉”、“地沟油”、“瘦肉精”、“非法添加”等反复出现的食品安全问题，务必要保持高度警惕，采取更为有力的措施，严密防范、严厉查处，确保人民群众消费安全。

2. 进一步强化日常监管　在抓好治理整顿的同时，请各级工商部门注意总结和分析食品流通环节存在的问题，有针对性地完善监管制度，使食品销售和不合格食品、过期食品的退市等行为处于更加严密、规范的监管之下。要注意解决通过网络销售食品可能出现的质量安全问题。要健全市场巡查机制、部门间的联合执法机制、行政执法和刑事司法的衔接机制，进一步提高发现和打击违法行为的能力。要发挥乡镇工商所贴近市场、熟悉基层的优势，进一步强化基层监管体系建设，力争将食品市场的各类风险隐患发现在基层，消除在萌芽状态。

3. 严格落实食品经营者主体责任　要严格实行食品流通许可，严把食品市场主体准入关，重点强化对食品经营主体食品安全保障条件的审查，从源头上稳步提高市场主体的素质。要进一步加强对食品经营单位的现场检查，监督指导食品经营者建立健全和严格落实保障食品安全的各项规章制度，从进货、运输、储存、销售、退市等各个方面提高安全管理水平。要发挥经济户籍在食品安全管理中的基础性作用，完善食品经营主体信用档案，推进分级分类管理，促进食品经营者自觉履行食品安全的法定责任和义务，提高诚信经营和守法自律水平。要加强对食品交易场所开办者、食品展销会等集中交易活动举办者的监管，切实将其食品安全管理责任落实到位。

4. 认真做好应急处置工作　要指导基层工商部门编制和完善食品安全应急预案，健全上下通畅的信息报送体系，进一步提高突发问题防范预警能力和应对处置效率。要建立健全舆情监测和应对机制，积极高效核实处理媒体反映的问题。尤其要注意严格信息管理，发布监管执法信息前要加强与其他相关部门的协商研判，准备缜密的后续措施，有效控制可能出现的负面影响。要发挥好工商部门在调处经营单位和消费者矛盾中的特殊作用，避免消费纠纷引起对食品安全问题的炒作。

5. 努力提高监管执法能力　要以实施国家“十

二五”食品安全监管体系规划为契机，积极争取地方党委、政府的支持，加强与有关部门的沟通和协调，抓好执法队伍、执法装备、监管经费、技术支撑等保障工作，特别是要强化基层执法力量，推进监管重心下移。要通过完善监管执法责任制、加强教育培训等措施，将监管队伍的法律政策、专业技术等方面的素质提高到一个新的水平。要继续发扬工商部门一贯讲大局、重协作的优良传统，建立健全部门间的协作联动机制，在案件查办、信息通报等方面与兄弟部门密切配合，相互支持，努力形成监管合力。特别是针对部分生产经营行为和业态仍存在监管空白、边界不清等问题，一方面在执法检查中发现问题要先解决问题，另一方面要在本地政府和食品安全综合协调机构的协调下，与其他监管部门认真研究协商，理顺职责分工，不断对食品安全监管网络进行织密补漏。各级食品安全办要积极主动协调解决包括工商部门在内的各监管部门在工作实践中遇到的实际问题。

6. 积极营造社会监督良好氛围　工商部门多年来形成的“12315”消费维权体系，在广大消费者中具有较高的社会知名度和较强的社会公信力，要把维权投诉制度和有奖举报制度有机结合起来，加大消费维权的宣传力度，积极组织开展“食品安全宣传周”和“3·15”消费者权益保护日主题宣传等活动，广泛发动消费者积极反映食品安全违法犯罪线索，使广大消费者成为食品安全的信息员、监督员，引导全社会共同参与食品安全工作，努力形成“人人参与、人人维护、人人享有”食品安全的良好氛围。同时，工商部门管理的消费者协会组织，具有体系完善、社会覆盖面广的优势，要充分发挥消费者协会食品安全普法宣传教育的作用，广泛普及食品安全科普和法律知识，积极引导、增强和提高消费者的自我保护意识、法律意识和维权意识，自觉抵制假冒伪劣食品。

食品安全监管任务艰巨，责任重大，使命光荣。我们要牢固树立以人为本的理念，全面落实科学发展观，开拓创新，真抓实干，努力做好食品安全各项工作。

（本文为作者 2012 年 1 月 10 日在“全国工商系统流通环节食品安全监管工作会议”上的讲话，略有删改）

落实规划　弘扬诚信
增强食品安全保障能力

工业和信息化部总工程师　朱宏任

一、充分认识我国食品工业发展面临的形势和任务

我国已进入全面建设小康社会的关键时期，科学发展、和谐发展已经成为全社会的共同理念和行动准则。食品工业作为国民经济的支柱产业和保障民生的基础产业，必须牢固树立民生为本、安全第一的思想，切实承担起为我国 13 亿人提供安全放心、营养健康食品的重任。“十一五”以来，我国食品工业持续快速增长，2011 年，全国规模以上食品工业企业已达 3.1 万个，占全国工业产值的比重 9.1%，支柱地位不断强化。全行业技术装备水平显著提升，企业管理进一步改善，产品质量稳步提高，涌现了一批市场占有率高、带动能力强的骨干企业和企业集团，东中西部协调发展的格局已初步形成。这些成绩得益于党中央、国务院的正确领导，也是大家扎实工作、共同努力的结果，为食品工业的进一步发展奠定了良好基础，也增强了我们进一步做好工作的信心。

与此同时，也要清醒地认识到，产业发展中一些长期存在的问题虽有缓解，但要根本解决还需要一个较长的阶段。从工业组织结构看，大中型企业偏少，规模化、集约化水平低，“小、散、低”的格局没有得到根本改变，小、微型企业和小作坊仍然占全行业的 90%左右。从安全保障条件看，食品加工企业原料保障、食品加工、产品营销的有效衔接不足；国产装备在卫生保障性、成套性、可靠性和安全性等方面仍有较大提升的空间，一些关键环节的生产装备、食品品质在线监测以及分析与检测仪器等还依赖进口；食品质量标准体系尚不完善，食品安全监管机制有待健全，检（监）测技术保障能力亟须加强。从企业素质提升看，一些企业食品安全责任不落实，诚信道德

文化建设滞后，少数食品生产者道德缺失，不讲诚信，成为行业发展的害群之马。这些问题的存在制约着我国食品工业的进一步发展，也成为我们今后工作要破解的重点。

根据我国经济社会的发展要求和食品工业的地位作用，我们在制订食品工业“十二五”发展规划中提出，要深入贯彻落实科学发展观，坚持走新型工业化道路，以满足人民群众不断增长的食品消费和营养健康需求为目标，调结构、转方式、提质量、保安全，着力提高创新能力，促进集聚集约发展，建设企业诚信体系，推动全产业链有效衔接，构建质量安全、绿色生态、供给充足的中国特色现代食品工业，实现持续健康发展。在“十二五”期间推动食品工业科学发展要做好以下几方面的工作：一是着力完善食品安全体系。要制定和完善粮食、油脂、饮料、肉类、果蔬加工等重点行业的行业准入条件，着力推进标准化生产，加快建设诚信激励和失信惩戒机制，落实企业食品安全主体责任。二是着力推进行业结构调整。这是转变食品工业发展方式的重要途径，是化解我国食品工业发展不平衡的着力点。“十二五”期间，要引导和推动优势企业的兼并重组，大力培育新兴食品产业，继续推进食品工业向资源优势明显的中西部地区转移，促进食品工业集群集聚发展和新型工业化示范基地建设。三是着力增强自主创新能力。要完善自主创新机制，加快建设科技创新与服务平台，大力培养创新型人才，推进关键技术自主创新与产业化。四是着力推进食品工业企业诚信体系建设。要加强行业诚信道德建设，引导企业打造诚信文化，要建立和实施企业诚信国家标准，支持企业诚信体系必备的基础设施建设，组织企业参与诚信评价活动，做好行业质量诚信宣传，严格行业自律。五是着力提升“两化”融合水平。要大力推进食品安全可追溯体系建设，构建从农田到餐桌的可追溯信息系统，逐步实现对全程的关键信息采集、管理和监控，提高食品安全的“两化”融合水平和保障能力。

二、加快推进食品行业企业诚信体系建设

诚信是社会道德建设的前提，是食品质量安全的治本之策，更是食品企业发展的立企之本。推进食品工业企业诚信体系建设是国务院赋予工业和信息化部的一项重要工作，对这项工作，工业和信息化部党组高度重视，部长办公会多次专题研究，苗圩部长要求要把推进食品工业企业诚信体系建设作为工业和信息化部贯彻落实党中央决策和国务院部署的重点工作，作为落实食品安全的重要基础工作，作为工业和信息化部履行政府职能，管政策、管规划、管标准和在新时期加强食品行业管理的切入点和重要抓手，作为建设责任政府、服务政府、法治政府的应尽职责和重要内容，认真抓好落实。

目前，工业和信息化部已重点在乳制品、肉制品、饮料、罐头、调味品、葡萄酒等 6 个食品行业开展企业诚信建设工作。一是会同国务院 10 部门联合印发了《食品工业企业诚信体系建设工作指导意见》，建立了部门协调工作机制，组织制定了诚信管理体系标准、诚信评价准则和三年工作计划。二是制定分年度实施方案，全部启动了 31 个省（自治区、直辖市）的食品工业企业诚信体系建设工作；启动了婴幼儿配方乳粉企业 100％建立诚信管理体系工作。三是组织举办了 30 期诚信管理体系标准宣贯培训班，对 4 500 个企业、5 000 人进行了培训，在黑龙江、河南和江苏等地召开试点交流会。四是开通国家食品工业企业诚信信息公共服务平台，组织开展以“企业诚实守信、产品质量第一、生产者对消费者负责”为主题的专题活动和宣传。

经过两年来推动实践，虽然工作取得一定成效，但还突出存在一些问题：一是企业主体责任落实不到位。企业参与的积极性、主动性不够，实现企业诚信建设由“要我做”到“我要做”的转变还有差距。二是诚信建设进展还不均衡。部分地区和企业对诚信建设紧迫性认识不足，工作推动力度不够。三是工作机制建设步伐跟不上。对企业守信激励和失信惩戒措施研究不够，自律约束与社会监督的正效应还有待发挥。

食品企业诚信体系建设涉及面广，是一项系统工程和长期任务。下一步，我们将继续按照国务院食品安全委员会的工作部署，在部党组领导下，在已有工作基础上，着力做好以下方面的工作：一是加强工作指导。继续充分发挥部门协调工作机制、行业组织和专家队伍作用。2012 年组织完成 5 000 人次培训，完成在婴幼儿配方乳粉企业全部建立诚信管理体系，切实推进规模以上企业逐步建立诚信管理体系，努力推动食品行业建设诚信管理体系工作。同时，结合国务院对食品安全工作的考核，加强对地方诚信建设工作落实情况的督促和考核。二是完善制度建设。组织编写方便面、植物油等重点行业诚信管理标准实施指南；组织修订评价机构工作规则，公布第二批诚信管理体系委托评价机构。三是落实企业责任。继续加快指导企业建立和完善诚信管理制度，推动实施新版 HACCP 和 GMP 管理，结合食品安全专项整治，全面排查和严厉整治带有行业共性的隐患和“潜规则”

问题，落实企业主体责任。四是强化基础建设。完善国家食品工业企业诚信信息公共服务平台管理工作；积极支持地方、行业、企业诚信信息平台建设；形成部门间、部省间诚信信息资源共建共享机制，逐步实现企业信用状态和食品质量的可追溯。五是加快机制建设。配合有关部门研究建立企业“黑名单”制度，实施失信曝光、分类监管和市场退出机制，加大失信惩戒力度；研究在政府采购、招投标管理、公共服务、项目核准、技术改造、融资授信、有关资金政策、信用担保、社会宣传等方面参考使用诚信评价结果。六是加大诚信宣传。充分发挥舆论宣传和社会监督作用，加快形成政府指导推动、协会组织引导、企业积极参与、社会有效监督的诚信体系运行机制，促进诚信建设真正取得实效。

三、认真组织落实好食品工业“十二五”发展规划

国家发展和改革委员会、工业和信息化部组织制定的《食品工业“十二五”发展规划》，已于2011年12月底正式发布。规划对“十二五”时期食品工业发展面临的形势作出了科学分析，对目标任务作了明确部署。在此，我想就规划的组织落实强调几点：

第一，要做到分工明确责任落实　规划的实施是一个系统工程，需要各方面共同努力、集中各方资源要素才能推进实现。这当中，政府是规划落实的推动者，落实规划是各级工信部门一项重要任务。各地区要建立健全规划实施工作推进机制，抓好目标任务分解落实，明确实施责任，细化工作分工，加强目标责任的考核，确保规划的实施进度。目前，山东、河南、浙江、宁夏等20多个省（自治区、直辖市）均结合本地区实际制定了实施规划，并出台了配套政策。企业是规划落实的具体实施者和生力军，要充分发挥企业在规划实施中的主体作用。目前一些企业已经结合自身实际制定了具体的实施措施，如中粮集团制定了全面转型战略和全产业链经营计划，实现一条企业化运作、规模化种植、标准化生产、集约化经营、社会化服务的现代食品工业发展之路。行业组织是衔接规划落实的桥梁和纽带，特别是在加强行业自律，树立良好行风和推动诚信建设等方面有着不可替代的作用。面对量大面广的小微型企业，行业组织的作用显得尤为重要。总之，各地工信管理部门、相关行业协会和食品企业要科学把握当前及未来我国食品工业发展的机遇和挑战，增强危机感和紧迫感，把工作认识和行动重心统一到规划确定的重点目标和重点任务上来，团结协作，抓好规划落实。

第二，要正确把握和处理好几个关系　落实发展规划，要注重把握和处理好几个关系。一是发展速度与质量的关系。为满足国民经济和社会发展的需求，食品工业有必要保持一定的增长速度，但工作重心始终要放在发展质量上，只有把发展速度建立在提升质量的前提下，才能实现产业的可持续发展。其中保食品安全是发展质量的重要指标，是产业发展的前提和基础，是各项工作的重中之重。二是规模化与特色发展的关系。规模化发展是提高我国食品工业竞争力的一条重要途径，大企业是行业的领军和现代产业的示范，也是不断提升产业技术水平和安全质量的主要支撑。大量小微型企业的存在，是我国食品行业的现状，不仅有助于吸纳劳动力就业，也有利于满足多样化市场的需求；但小微企业往往也是食品安全问题的多发地带。坚持依法守规、诚信经营，是企业能否发展的前提。三是法制建设与道德建设的关系。法律是最基本的道德，道德是无形的法律。市场经济是法治经济，更是信用经济，诚实守信的企业文化、自我约束、自我监督的行业之风，是作为道德产业和良心产业的食品工业灵魂。在相当程度上，它决定了整个行业的发展质量，影响着企业的前景预期。要把诚信守德作为食品全行业的理念，作为企业和生产者的行为准则。

第三，要注重加强协调和政策落实　一是要针对形势变化，及时调整和修订产业政策，加强产业政策与信贷、土地、环保等政策的协调配合，进一步落实金融财税等支持政策，加大对食品工业转型升级资金支持力度，加强和改进金融服务、健全节能减排约束与激励机制、推进中小企业服务体系建设。二是要根据本地区食品工业发展的实际情况，狠抓食品安全、结构调整、节能减排等关键环节，充分利用技术改造、工业转型升级资金等已有资源，抓好重大项目和工程的推进落实，重点启动和实施基础好、带动性强的项目。三是要加强实施效果的跟踪与信息发布，加强对规划实施过程中的新情况、新问题的跟踪研究和分析，抓好规划实施评估评价，适时调整和修订实施方案。四是要通过宣贯会、座谈会、交流会、对接会等多种形式，进一步扩大规划的社会认知和影响，增强实施规划的主动性、积极性和创造性，为规划的实施和重点工作推进营造良好的舆论氛围。

“十二五”期间是我国食品工业发展的关键时期，我们要抓住难得的机遇，科学处理发展面临的各种问题，狠抓规划落实，扎实推进食品工业结构调整和发展方式转变，全面推进食品企业诚信体系建设，为我国食品工业的持续健康发展共同努力，为满足人民群

众不断增长的食品消费和营养健康需求作出更大的贡献！

（本文为作者2012年6月14日在“全国食品工业十二五发展交流会”上的讲话，略有删改）

进一步推进主食产业化 全面提升口粮供应保障水平

国家粮食局局长 任正晓

这次全国粮油加工业暨主食产业化工作会议，是组织动员全国粮食行业全面贯彻落实中央关于“稳中求进”的总基调和“稳增长、控物价、调结构、惠民生、抓改革、促和谐”的总要求，着力转变粮油加工业发展方式，进一步推进主食产业化科学发展，全面提升口粮供应保障水平的一次重要会议。下面，我就进一步推进主食产业化、全面提升口粮供应保障水平的问题讲几点意见，供大家贯彻落实这次会议精神参考。

一、全国粮食行业主食产业化发展取得显著成效

主食产业化是在我国全面放开粮食购销市场、实行粮食市场化改革的大背景下逐步形成、发展起来的。2004年5月，温家宝总理在新华社关于山东省章丘市粮食部门转变职能、发展馒头等主食生产、建立农村粮油购销兑换网点的报道上作出重要批示：“章丘粮食局的做法关键在于面向市场，转换机制，主动服务，这一点可供国有粮食企业改革参考。”国家粮食局认真落实总理批示精神，随即与山东省政府在章丘市召开现场会，总结推广山东章丘推进国有粮食企业改革和发展主食产业化的做法和经验。近些年，各地粮食部门在深化粮食流通体制改革和国有粮食企业改革的进程中，全方位、多元化地推进粮油加工业发展，通过大力开展“放心粮油”进农村、进社区和“主食厨房”工程等活动，积极推进主食加工工业化、主食经济产业化。天津市政府作出“抓好‘放心馒头’工程生产供应体系建设，让‘利达’馒头惠及更多天津百姓”的部署。西安、济南、合肥、成都、贵阳、廊坊等地积极培育主食产业化龙头企业，增加社区服务网点，不断提高主食产品质量和服务水平。河南省政府一直支持粮食部门大力发展主食产业，2012年3月还下发了《河南省人民政府关于大力推进主食产业化和粮油精深加工的指导意见》，明确由省粮食局牵头在全省范围内全面推进主食产业化发展，并制定了一系列主食产业化的推进措施和扶持政策。经过这些年的努力，全国粮食行业主食产业化的发展取得了明显成效。

1. 产品产量大幅增加，极大地丰富了城乡居民生活 据我局统计数据表明，近10年全国粮食行业的大米、小麦粉、食用植物油加工产量分别比2002年增长了3.37倍、2.13倍和2.14倍；2011年工业化主食品产值已达到1 121亿元。传统的粮油加工业由生产成品粮油为主向成品粮油、主食品种同步发展转变，各类米、面工业化制品开始走上多样化、便利化、优质化的发展轨道。目前，各类方便米饭、米粉、米糕、粥、挂面、鲜湿面、馒头等米面制品，以及各种速冻主食产品和预加工主食半成品，已走进了遍布城乡的超市和“放心粮油”网点，走进了千家万户，极大地方便和丰富了城乡居民的生活。

2. 供应体系逐步健全，口粮供应保障能力明显增强 各地粮食部门通过设立销售专卖点、利用“放心粮油”网点、军粮供应站点和粮食应急供应网点等销售平台，逐步建立健全主食供应网络体系，提高了口粮供应保障能力。天津市建成目前全国规模最大的放心馒头生产线，直接销售专卖网点达260个，产品销售覆盖全市城区和部分近郊区。山西省政府连续三年拨出专项资金，支持各市县粮油主食生产销售网点建设，已建成规范运营的市级配送中心14个，县级配送中心133个，城乡连锁店和经销店1.17万个，覆盖全省2/3以上的人口。山东省粮油主食服务网点已发展到2.2万个，建成配送中心60个，日配送能力达到3 500多t。

3. 产品质量稳步提升，企业品牌意识明显增强 《食品安全法》及相关法规实施以来，主食生产加工企业的质量意识、安全意识、诚信意识和服务意识普遍增强，产品质量稳步提升，主食产品总体合格率不

断提高。馒头、挂面等主食标准的颁布实施，进一步健全了主食产品标准体系。主食生产加工企业利用多种形式，提升企业品牌形象，提高产品市场占有率，近些年涌现了一大批获得中国名牌产品、中国驰名商标及AAA级信用的企业，如河南的三全食品、兴泰食品、思念食品、白象食品，湖南的金健米业，上海的良友食品，安徽的同福食品等都得到了社会的广泛认可。

4. 创新能力不断增强，企业和社会效益显著提高　近年来，粮食科研机构和主食产业化龙头企业立足自主研发，积极走产、学、研相结合之路，加快新产品的开发以及新工艺、新技术、新装备的研究和推广应用，对推进主食工业化快速发展起到了积极的促进作用，取得良好的经济效益和社会效益。由我国企业自主研发的优质馒头智能化生产线和饺子成型机已成功推广使用，大大提高了主食劳动生产率。据国家粮食局统计，2011年全国米面油加工及工业化主食品总产值达到1.28万亿元，占粮油加工业总产值的66.7%，三年增幅达85.5%。其中工业化主食品总产值同比增幅50%，销售收入利润率为4.8%，比粮油加工业的平均利润率高一倍。

5. 产业集聚优势凸显，对地方经济发展带动作用明显　各地积极加强政策引导，推动主食加工企业将产业链向原料主产区和重点销区延伸，向重要粮食物流节点集聚，初步形成了一批市场占有率高、生产自动化、加工标准化、配送连锁化和供应社会化的骨干企业和企业集团。部分主食产业化龙头企业通过建立种植基地，与农户签订订单，以及发展包装、物流、服务相关产业等方式，带动农民增收，吸收了下岗粮食职工再就业和扩大城镇就业，增加了上缴利税，对促进地方经济发展发挥了积极作用。河南、山东、江苏、安徽、河北、湖北、湖南、广东、广西、陕西等省、自治区的粮油主食加工业已经成为支撑省内区域经济发展的支柱产业。

我们在充分肯定主食产业化取得显著成效的同时，也应当看到目前还存在一些不容忽视的问题。一是主食产业化整体水平还不高。发达国家主食产业化率平均水平在70%左右，高的达90%以上。我国主食生产目前仍没有从根本上摆脱小作坊、摊贩式的生产经营模式，规模小，工业化、产业化程度整体偏低，龙头企业数量少。二是自主创新能力还不强。目前我国主食产业科研投入少，主要设备仍然依赖进口，大部分主食产品仍然沿用传统工艺和设备，产品保鲜时间较短。三是发展水平很不平衡。从产品结构看，面制品工业化程度相对较高，米制品工业化程度相对较低；从区域布局看，粮食主产省和经济发达地区主食产业化发展较快，其他地区相对发展滞后；从企业构成看，国有粮食企业主食产业所占比重较小。此外，一些地方还存在对发展主食产业的思想认识不一致、发展规划不协调、标准质量控制体系不健全和物流成本高、扶持政策少等问题。所有这些问题都必须引起我们的高度重视，在下一步全面推进主食产业化的进程中尽快加以克服和完善。

二、全面推进主食产业化是新时期粮油加工业发展的历史使命

近些年来，全国粮食行业的广大理论与实际工作者加强对主食产业化的理论研究与实践探索，各方面对主食和主食产业化的认识逐步趋于一致。从粮食的基本特性和当前粮食行业的产业特征来分析，主食是城乡居民为了生存、生活必须食用的主要粮食制成品，既包括米饭、馒头、面条、杂粮等主食制品，也包括大米、小麦粉等主食原料；而主食产业化，则是在构建从田间到餐桌的粮食全产业链过程中形成的、以粮食生产基地化、主食加工工业化、营销供应配送化为主要特征的、具有中国膳食特色的新型主食产业发展方式。推进主食产业化是粮食部门践行“为耕者谋利、为食者造福”行业理念的具体体现，是对传统粮油加工业发展方式和传统粮食供应保障方式的深刻变革，是粮食行业提升口粮供应能力、保障和改善民生、促进小康社会建设的行业使命。

1. 推进主食产业化是满足城乡居民饮食需求，实现“为食者造福”的现实需要　当前，我国正处于全面建设小康社会的关键时期。随着经济、社会的发展，以及工业化、城镇化进程的加快推进，人民群众的收入水平稳步提高，膳食结构和生活方式也在发生改变，对家务劳动社会化、主食供应社会化提出了新要求，对主食品质的营养化和安全性寄予了新期待。近些年来，部队官兵在米、面、油供应得到可靠保障的基础上提出了主食制成品供给的新需求，学校特别是高等院校以及企事业单位的后勤社会化改革也迈出了重要步伐。这些改变和变化，使城乡居民以及部队、学校和企事业单位对粮油食品特别是主食制品的需求，越来越呈现出社会化和多样化、优质化、营养化、方便化的趋势，自给型消费降低，商品型消费增加。这些改变和变化，要求我们加快推进粮油加工业产业升级和结构调整步伐，进一步推进主食产业化发展，促进城乡居民膳食结构、营养结构的改善和生活品质的提高，确保粮油主食的质量安全。

2. 推进主食产业化是促进种粮农民增收，实现“为耕者谋利”的有效途径　主食产业化的加快发展，

必将促进粮油加工业升级改造和产业结构、区域布局调整，从而有效引导粮食生产结构调整，延伸粮食产业链，促进粮油资源综合利用和转化增值，提高种粮综合效益。主食产业化龙头企业通过“公司＋基地＋农户”等形式，建立优质粮源基地，开展订单生产订单收购。同时主食产业可以实现粮食原料的产地加工，有利于农民就地就业，有利于建立稳固的农、工利益联结机制，让种粮农民分享粮食加工增值的收益，这是促进粮食增产和农民增收的重要途径。

3. 推进主食产业化是保证口粮有效供应，改善粮食宏观调控的必然要求　保障粮食正常供给和维护粮油市场稳定，是粮食部门最基本、最重要的职责之一。保障口粮有效供应是保障粮食安全的重中之重。当前，国际国内经济形势、粮食供求形势复杂多变，国内自然灾害呈现多发频发的趋势，稳定国内粮油市场仍面临较大压力，必须更加注重保障粮食供应，特别是保证口粮供应的能力。各级政府的粮食应急预案中都明确要求保持一定数量的成品粮储备，健全粮食应急加工网络。主食产业化的大力推进，有利于更为及时、有效地把原粮转化为成品粮和主食制品，满足应急状态下的口粮供应，从而稳定粮食市场和价格。在抢险救灾等紧急状态下，以主食供应的方式保障军粮供应和受灾地区居民的口粮供应，对于稳定人心、稳定市场、稳定社会具有更加特殊重要的意义。特别需要强调的是，保障人民解放军、武警部队的粮油供应，是党中央、国务院赋予粮食部门的行业职责和政治任务。部队官兵对军粮供应提出了“成品粮与主食熟食并重”的新要求，特别是武警后勤保障系统已经主动联合军粮供应部门开展军粮主食化的调研和试点。部队的军粮新需求就是粮食部门的新使命，因此，从履行行业职责、紧贴部队需求出发，我们也必须把推进主食产业化摆上行业发展的重要地位。

4. 推进主食产业化是实现粮食企业增效、职工增收，促进地方经济平稳较快增长的重要举措　目前，粮食企业特别是基层国有粮食企业改革和发展仍面临着诸多制约因素，多数企业还没有走出“买原粮、卖原粮”的传统经营方式。这些企业大多具有发展主食产业化所需要的场地、粮源和销售网络等优势。因地制宜开展主食产业化，不但能够充分利用企业的存量资源搞活经营，提高企业的经济效益，增加职工的收入，而且通过将粮食产业链从田头延长到餐桌，使粮食附加值大幅提升，促进粮食产业的发展，从而形成对当地经济社会发展的贡献和带动作用，使粮食主产区从根本上摆脱“产粮越多、财政越穷”的困境。因此，从一定意义上说，大力推进主食产业化发展，也是促进粮食经济和地方经济平稳较快发展的一个重要增长点。

5. 推进主食产业化是扩大下岗职工再就业，实现粮食行业振兴的战略选择　近些年来，随着粮食市场流通全面放开，一些基层粮食部门职能萎缩，基层粮食企业被边缘化，“主渠道”的地位和作用有所弱化，有的地方还出现了一些下岗粮食职工生活困难的家庭。要扭转改革改制后粮食行业的这种困境，必须突破粮食部门传统的经营模式和产业格局，大力推进主食产业化，拓宽经营领域，延伸产业链条，增加就业岗位，从而提升企业的盈利能力和积累水平，吸收更多的企业下岗职工实现再就业，从根本上消除下岗职工困难家庭“零就业”现象。企业做大了，产业发展了，队伍壮大了，粮食行业也就有了坚实的生存基础和旺盛的发展后劲，从而使粮食部门在新的发展起点上实现行业振兴，更好地肩负起粮食行业使命，为保障国家粮食安全发挥更加持续可靠的作用。

三、把进一步推进主食产业化作为调整粮油加工产业结构的突破口

当前，我国粮食加工产业正处于“调结构、转方式”的关键时期。各级粮食行政管理部门和广大粮食企业必须从惠民生、保安全、增实效、强产业的高度出发，把推进主食产业化作为调整粮油加工产业结构、转变粮油加工产业发展方式的突破口，稳健实施，全面推进。

1. 明确工作思路，坚持规划引领　主食产业化要以保障国家粮食安全、保障和改善民生为宗旨，以增强口粮供应能力和提升城乡居民生活品质为目标，以科技进步和装备创新为先导，坚持走中国特色的新型工业化道路。用产业化运行模式，加快推进以传统蒸煮米面制品为代表的主食品社会化生产和供应，努力构建多元化、多层次的现代化主食产业体系。各级粮食行政管理部门要把推进主食产业化作为发展现代粮食流通产业的一项重要工作，根据《粮食行业“十二五”发展规划纲要》和《粮食加工业“十二五”发展规划》，认真研究制订发展规划并组织实施。国家粮食局正在会同国家发展和改革委员会研究拟定《关于进一步推进主食产业化全面提升口粮供应保障能力的实施意见》，这次会议上要将《实施意见》印发与会代表征求意见、建议。各地要根据会后正式印发的《实施意见》的要求，从实际出发，明确发展目标和工作重点，把握机遇，发挥优势，充分调动各方面力量，将推进主食产业化的各项工作抓紧、抓实、抓好。

2. 积极争取支持，形成发展合力　各级粮食行

政管理部门要积极争取地方党委和政府的支持，切实加强组织领导，做到领导到位，组织到位，责任到位，措施到位。要切实履行行业管理和指导职能，对辖区内各类主食产业化企业加强政策引导，加强协调服务，加强监督管理。要及时总结和积极推广主食产业化的典型经验，从各地实际出发，积极探索大中城市和市县乡镇的多种发展模式。要认真抓好主食产业统计监测、质量标准、政策研究、行业服务等基础性工作，提升主食产业化整体水平。要加快建立部门合作、上下联动的工作机制，积极争取当地发展改革、财政、商务、工信、工商、质检等相关部门的支持，加大投入力度，形成工作合力。粮油科研单位和具有研发能力的企业，要充分利用科研资源优势，积极开展自主创新研究，引领主食产业化科学发展。中央和地方大型骨干粮油企业要积极延长产业链条，促进产业转型升级，发挥在主食产业化科学发展中的主力军作用和示范带动作用。

3. 壮大龙头企业，实现行业联动　各地要在项目、园区建设和技术升级改造等方面，加大对主食产业化龙头企业的政策支持力度，着力发展一批具有较大产能、较高科技含量和产品适销对路的大型主食加工企业；着力通过强强联合、技改扩大等方式，培育一批主食加工龙头企业；着力支持龙头企业扩大产能规模、提高产品档次、创立知名品牌；着力支持龙头企业产业链向产前和产后延伸，实现一、二、三产业融合发展；鼓励主食加工企业与其他粮食企业、机构开展协作，打造以粮食收储、加工和物流配送为一体的主食产业集群。各地要整合行业内现有的销售平台，实行行业联动，充分利用现有“放心粮油”网点、军粮供应站点和粮食应急供应网络，加快建立健全主食销售及物流配送网络，降低物流成本，扩大主食产品覆盖率。

4. 推进科技创新，强化质量安全　加大投入力度，有效整合资源，面向主食产业化需求开展生产设备和主食制品研发。推动企业与科研院所、高等院校合作，开展主食加工关键技术攻关，改进加工工艺、开发新品种、提高产品质量、延长保质货架期限，提升产业发展水平。进一步完善主食产业化标准和检验方法标准，完善主食全程质量控制体系，健全安全事故应急、追溯体系试点等制度，确保规范生产，安全配送，提高安全保障水平。进一步推进“主食产品”、“放心粮油”进农村、进社区，扩大网点范围，提高服务水平。

大力推动主食产业化科学发展，是粮食行业服务“三农”、服务民生和转变经济发展方式的一项重要任务，责任重大，使命光荣。我们要在党中央、国务院的坚强领导下，深入贯彻落实科学发展观，扎实工作，开拓创新，奋发有为，早日使放心主食走进机关、学校、部队和企事业单位，走进城乡千家万户，开创主食产业化和口粮供应保障工作的新局面。

（本文为作者 2012 年 5 月 30 日在“全国粮油加工业暨主食产业化工作会议”上的讲话，略有删改）

深入贯彻“十二字方针”
促进食品安全工作再上新水平

国家质量监督检验检疫总局副局长　蒲长城

这次会议的主要任务是，深入贯彻全国质量监督检验检疫工作会议精神，回顾 2011 年食品安全监管工作，分析当前食品安全工作面临的形势，进一步统一思想，坚定信心，以“十二字方针”为指导，促进食品安全工作上新水平。借此机会，我讲几点意见：

一、2011 年全国质检系统食品安全监管工作成效明显

2011 年，全系统按照国家质检总局的部署，紧紧围绕“抓质量、保安全、促发展、强质检”工作方针，认真履行食品生产加工和进出口环节质量安全监管职责，统一思想，转变观念，完善体系，落实责任，加强合作，狠抓落实，全年没有出现区域性、系统性的重大食品安全事故，食品安全监管队伍的整体素质和精神面貌呈现出新的气象，工作成效是明显的。主要体现在以下方面：

1. 乳品企业重审工作如期完成　乳制品生产许可重新审核工作，是党中央、国务院交给质检部门的一项艰巨任务，也是对质检部门的严峻考验。全系统

顶住层层压力、克服重重困难，集中精力奋战 3 个月，对 1 176 个乳制品生产企业进行了重新审核。通过重新审核，淘汰了 475 个生产条件差、产能不高、管理不规范、质量安全隐患多的企业，淘汰率达 40.4%。通过重新审核的 701 个企业共投入 44 亿元资金增加了检测设备，进行了环境改造，使乳制品行业的质量安全保障能力得到明显增强，推动我国乳品产业朝着标准化、规模化、现代化方向发展，对扶持民族乳品工业做大做强，重树消费者对国产乳品的信心起到了积极的作用。在这场战役中，全系统坚定信心，迎难而上，攻坚克难，经受住了考验，向老百姓交了一份满意的答卷，充分体现了质检系统的食品监管队伍，是一支敢打硬仗、能打胜仗的队伍，是一支关键时刻拉得出、打得赢的队伍。

2. *打击非法添加专项工作取得实效* 2011 年 4 月，国务院召开电视电话会议部署了严厉打击食品非法添加和滥用食品添加剂专项工作。按照党中央、国务院的决策部署，国家质检总局立即成立了专项工作领导小组，召开了全系统电视电话会议，提出了“看得重、抓得实、管得严、打得狠”的工作要求，表明了质检部门贯彻落实党中央、国务院部署的决心和信心。面对繁重的工作任务，全系统勇于攻坚克难，以不胜不休的信心和决心，不辱使命，集中精锐，重拳出击，打了一场声势浩大的打击非法添加专项整治攻坚战。经过近一年的艰苦奋战，严打态势逐步呈现，监管体系初步形成，工作卓有成效。全年共查处食品质量安全违法案件 2.37 万起，涉案货值 2.85 亿元；发现违法违规食品生产企业 9 530 个，立案查处 5 645 起，移送公安机关 271 起，依法吊销了 118 个企业生产许可证。同时，加强执法联动，在查办、移交和案件协助办理中，受到了相关部门好评。重庆市质监局查办并移送公安机关追究刑事责任的“制售伪劣豆瓣酱案、花椒案”，被公安部确定为全国严打食品药品犯罪十大典型案件。可以说打出了质检部门的威信，没有辜负党中央、国务院的期望和人民群众的众望。

3. *应对突发事件迅速得当* 应对食品安全突发事件，是 2011 年食品安全监管的一项重要工作。2011 年以来，涉及食品安全的舆情就有 1 411 条之多，其中涉及食品生产加工环节的就有 909 条。比较突出的有“瘦肉精”、染色馒头、牛肉膏、蜂蜜造假、墨汁粉条、沙琪玛中添加硼砂、雨润火腿、“地沟油”等。可以说，事件之多、频率之高，超过了以往。同时境外食品安全事件高发，如德国二噁英、日本核辐射、中国台湾塑化剂、德国肠出血性大肠杆菌、亚硝酸盐燕窝等，快速有效应对境外食品安全突发事件，严防国外受污染食品和疫情传入成为出入境检验检疫机构面临的新挑战。面对这一系列突发事件和来自公众、媒体的巨大压力，全系统始终保持高度的敏锐性，未雨绸缪、提前防范、快速反应、妥善应对。及时查明了事实真相，及时公布了调查结果，及时预警通报和处理，最大限度避免事态扩大。尤其是台湾塑化剂污染食品事件发生后，各级质检部门在总局的统一领导下，第一时间快速反应，启动应急机制，迅速组织调查，及时将结果通报了有关部门，报告了国务院并在国家质检总局网站公布。体现了一个“快”字。根据监管检查和监测情况，及时调整产品种类和范围，加大针对性。对发现的问题，及时核对筛查，排除了隐患，控制了危害。体现了一个“准”字。对查实涉嫌问题的企业，严厉查处，严查狠打，还做好了排查封堵工作。体现了一个“狠”字。在这次突发事件的应对处置中，由于我们“快、准、狠”的做法，有效避免了食品行业的一场浩劫，受到了国务院领导的充分肯定。

4. *加强监督检查及时有效* 按照国务院的统一部署，全系统在食品生产加工和进出口环节严格监督检查，认真查找影响食品安全的突出问题。全年组织开展了月饼、干海参、糕点、饮料、食品添加剂等 11 项专项检查行动；开展了乳制品、酒类、肉制品、食用植物油等 6 类重点产品的专项整治。共检查食品生产企业 143.9 万个（次），依法处理违法违规企业 14.3 万个。配合监察局行风检查，食品局会同驻总局监察局开展了食品安全专项检查，并组织开展了进出口乳制品、进口肉类、供港澳食品等专项检查或督查，保证了各项制度措施准确全面落实。同时，加快食品企业诚信体系建设，严厉惩处违规企业，对不能持续保持满足准入条件、不能保证产品质量安全和整改后仍然达不到要求的企业，一律依法严格处置，全年吊销、注销 12 061 个生产企业的 13 059 张生产许可证，促进了食品质量安全状况的有效改善。

5. *源头管理措施得到加强* 出口方面加大对出口种植、养殖备案基地的监管力度，清查出口种植、养殖备案场 4 470 个，重新公布 3 782 个，整顿效果明显。大力推进出口食品农产品质量安全示范区建设，组织考核遴选出 30 个示范区作为第二批典型示范区，召开全国出口食品农产品质量安全示范区建设工作座谈会，总结经验做法，充分发挥辐射带动作用，有效推进建设工作，不断提高出口食品质量水平。进口方面，对全国进口肉类口岸进行清理更新，将原来的 70 多个减少到的 42 个，审核上网公布的配备备案冷库 113 个，备案并上网公布进口肉类的收货人 768 个，降低了风险。全力推进进口肉类卫生证书电子核查，有效防止了假冒证书进口肉类产品。强化对美国、加拿大进口肉类产品的检验检疫措施。加强进口乳制品、水产品、保健品的风险分析，明确进口甘草等中药材检验标准，有效履行进出口植物源性食品市场准入程序，不断提高出口食品合格率和进口食品不合格检出率。

6. 风险监控机制更加完善　在加强监管的同时，坚持把风险监测作为重要的预防工作机制，作为保障食品安全 的第一道防线，不断强化风险监测的科学性、针对性和时效性，初步形成了由总局、省局、地（市）局三级食品安全风险监测体系，发挥了防患于未然的作用。比较突出的是，创新监管模式，加大乳制品监测力度，对乳制品实行“三全五查”，即：覆盖全部乳制品生产企业、覆盖全部的品种、覆盖婴幼儿配方乳粉的全部项目；开展本地检查、异地检查、风险因素排查、标签明示检查、监测过程检查。目前这项工作已监测乳制品样品 7 万多个，使我们更全面地掌握了乳制品安全状况，收到了较好的效果。系统内逐步建立检验检疫风险信息收集网络，逐步建立了以检验监管信息、风险监控信息、境外通报信息和网络舆情信息为收集对象，以信息核查、分级研判和数据统计为分析手段，以“日报”、“月刊”、警示通报和国家质检总局网站为预警载体的进出口食品安全风险收集、研判、预警体系。通过完善规章制度、成立工作队伍、建设信息化平台，实现了对进出口食品安全风险的早发现、早研判、早预警和早处置。在第一时间发现了台湾塑化剂事件、德国二噁英事件、美国美赞臣奶粉事件等食品安全突发事件，为及时采取有效控制措施奠定了基础。2011 年，共编发《风险预警日报》277 期，报道信息 2 133 条；对 132 类进出口食品化妆品中 382 种物质进行了监控，抽取样品 20 044 个，得到 107 182 条监控数据，监控样品合格率为 97.01%；对检验监管中发现的 1 629 批不合格进口食品和 100 批不合格进口化妆品予以上网公布；对 1 896 批国外通报我出口食品、化妆品信息批批组织核查。组织开展以“提供一条建议、找出一处隐患、排查一个问题”为主要内容的“三个一”活动，活动期间共收集工作建议 515 条，发现隐患 476 处，排查问题 469 个，并高度重视查出的问题，严格落实整改，着力解决进出口食品安全监管工作中的突出问题与薄弱环节。同时，不断加大正面宣传和舆论引导力度，在发现食品安全舆情后，能够第一时间作出反应，第一时间查明问题，第一时间表明态度，第一时间向媒体介绍情况，第一时间发布正面信息，赢得工作主动。山西质检局应对“六味斋地沟油”、“山西老陈醋”，安徽质检局“雨润火腿”等事件就是最好的证明。

7. 企业主体责任逐步增强　在开展各项工作的同时，能够坚持依法惩治与宣传教育并举，切实落实食品企业食品安全主体责任。“质检邀您看企业，食品安全大家行”活动搞得有声有色，仅总局层面组织的活动，参与的人民日报社、新华社、经济日报社和中央电视台等中央和地方媒体记者就达 680 人次，累计报道 300 余次。中央电视台《新闻联播》、《朝闻天下》、《东方时空》等栏目还进行了专题报道。从网络搜索引擎，搜索“质检邀您看企业”等关键词，搜索相关内容多达 507 万条，形成了全面、立体的新闻舆论态势，有力地宣传了质检部门食品安全监管工作。组织猪肉类出口企业开展“质量安全承诺制”，出口企业主动承诺，发生“瘦肉精”残留问题将自动放弃出口资格，因瘦肉精被国外通报的情况被遏制。地方质检部门也分行业、分时段、分重点地开展一系列食品安全宣传培训教育活动，逐步引导企业从过去被动的“要我负责”转变为主动的“我要负责”。通过这些宣教活动的开展，积极引导媒体和民众正确看待食品安全问题，消除食品安全误区，树立了“人民质检”形象。

8. 对外交流合作不断深化　主动配合外交和国家宏观调控，促进食品贸易健康发展。成功召开中日、中美、中 欧、中澳、中韩、中蒙等多次食品安全合作会议，就进出口食品安全监管相关问题达成共识，顺利迎接欧盟 FVO、爱尔兰食品局、韩国食药厅、日本厚生劳动省来华考察。推动实现了恢复对新加坡出口猪肉，促使以色列批准从我国进口牛肉，加拿大同意进口我国指定企业熟制禽肉。日本厚生劳动省已 3 次解除我国 12 种食品、13 个项目的命令检查措施，解除了对广东和湖南相关流域水产品禁令。成功恢复韩国、日本、蒙古三国对我国含乳加工食品的进口，促使 56 个国家和地区相继解除或调整了对中国出口乳制品的限制措施。积极推动水产品、熟制禽肉、猪肉对外出口，同德国、法国等 7 个国家签署合作备忘录。同时完成波兰、荷兰及中国台湾等 7 个国家和地区肉类与蛋制品检验检疫准入工作，加强进口三文鱼检验检疫监管，妥善处理进口三文鱼问题。在促进柬埔寨、美国、日本、印度等大米输华，加拿大可食用海豹输华等取得进展，推进德国鹿茸、蒙古五灵脂准入，组织专家对澳大利亚、荷兰、马来西亚等国进口蔬菜进行风险分析，完成了智利李子干输华准入风险评估工作。回顾一年来的工作，我深深感到，食品安全监管工作责任重、任务多、难度大，能取得明显成绩，是全国质检系统食品安全监管战线广大干部职工不懈努力、恪尽职守、团结奋斗的结果。

二、要进一步增强食品安全工作的责任感和紧迫感

过去的一年中，在食品安全监管方面，虽然取得了可喜的成绩，从总体上看，我国食品安全水平逐步上升。但是必须清醒看到，目前我国还处于社会主义初级阶段，我国作为最大的发展中国家，无论是在食品生产经营规模方面，还是在食品质量安全技术标准方面，与发达国家相比还有较大差距。食品安全状况与中央和人民群众的要求还不相适应，有损人民群众利益的食品安全事件仍然时有发生，食品安全监管形势面临严峻挑战。

1. 随着人民生活水平的提高，对食品安全将越来越关注　我国已进入全面建设小康社会的新阶段，随着人民群众生活水平的提高，对食品的认知和要求也会相应提升，不仅要吃好，更要吃得健康、吃得安全。近年来，食品安全问题屡有发生，在社会中引起较为强烈的反响，严重影响市场消费信心，人民群众对食品安全问题持“零容忍”态度。特别是在信息化条件下，食品安全问题传播快、散布广、放大效应强，一些不真实的报道和不负责任的评说，往往旦夕之间，就能家喻户晓、人人皆知，更是对食品安全监管工作带来强大的舆论压力。

2. 由于关注民生的需要，各级领导对食品安全的要求越来越高　食品安全工作是国计民生之本，社会和谐之基。食品安全问题不仅是经济问题、社会问题，更是一个严肃的政治问题，直接关系民生需要，关系社会的和谐稳定，关系党和政府的执政形象。党中央、国务院历来高度重视食品安全工作，2011 年 4 月 29 日，胡锦涛总书记亲临天津质检院视察，要求我们质检部门要“当好食品安全守卫者，把好食品安全关”。温家宝总理及李克强、王岐山副总理也就食品安全工作多次做出重要批示，对我们质检部门提出了很高的要求和殷切的期望。全面做好食品消费品安全工作，是维护人民群众生命安全、提升全民健康素质的必然要求，是维护社会稳定、促进社会和谐的现实需要，是全面履行政府职能、建设责任政府的重要举措。质检部门作为产品质量安全监管的职能部门，维护食品质量安全责无旁贷。

3. 食品供应链条变长，出现安全问题的风险越来越高　一方面，现代食品生产供应具有源头广、链条长、环节多的特点。加之，食品进口贸易增长快，食品全球供应趋势明显，全球供应链形成，食品种类繁多、工艺复杂、涉及标准范围广、可添加物质多，特别是随着科技的发展，一些新资源、新工艺不断涌现，影响食品安全的不确定因素明显增多。另一方面，与相对滞后的食品检验方法、标准的矛盾日益突出，食品安全可控难度大，发生食品安全问题的概率较高，也给我们的监管工作增加了难度。

4. 食品安全监管基础薄弱的矛盾越来越突出　我国食品生产加工行业起步晚、发展快，短短 30 年期间，食品加工行业一直呈几何倍数增长。与此同时，从业主体素质低、质量安全意识差，监督约束惩戒机制不健全等问题突出。而我们的监管体系、监管队伍、工作条件、支撑手段等方面发展滞缓，与监管工作需求还有较大差距。同时，我们质检部门负责的食品生产加工环节处于整个监管链条的中间环节，受上游影响较大，工作难度较大。此外，老百姓对我国的食品安全监管体系认识不够，对各职能部门职责分工了解不多，发生食品安全问题时，往往容易把矛头指向质检部门，也给我们的工作带来了巨大压力。

三、要以深入贯彻“十二字方针”为主线，拓展食品安全工作新局面

食品安全始终是党和政府及社会各界关注的热点。我们要不断增强使命意识，要以深入贯彻落实“抓质量、保安全、促发展、强质检”工作方针为指导和主线，开拓创新，进一步完善体系，落实责任，全面履行法律法规赋予的各项职责，狠抓工作落实，拓展食品安全工作新局面，提升食品安全监管工作水平。

1. 完善机制抓质量　一方面，要通过健全监管制度，督促企业落实质量安全主体责任。要加强对食品生产企业的技术指导，帮助企业建立实施危害分析和关键控制点体系，完善相关的质量管理制度；积极推行良好生产规范，完善质量安全控制制度；落实质量安全关键岗位责任，提升企业质量安全自控能力。要建立企业约谈制度，对发生质量安全问题的企业，约谈、企业法人或质量安全责任人，帮助企业排查隐患，分析原因，提出整改意见，督促企业妥善处理问题，落实企业主体责任。要建立企业报告制度，要求企业定期写出质量安全工作报告，深入开展自查自纠，查找薄弱环节，完善整改措施，实地检查企业各项质量安全控制制度落实情况。要适应食品全球供应发展趋势，完善责任追溯制度，全面落实进出口食品生产经营各环节主体责任，确保国内外食品生产经营行为依法合规。另一方面，我们要通过完善监管措施，使食品安全监管工作上水平。要进一步推进食品安全监管制度的法制化进程，促进监管措施的规范化，结合 48 号文件的情况，建立建成与食品安全法

相配套的法规体系，增强监管工作的科学性和实用性。各地质检部门要加强对法律法规执行情况的检查，做到有法可依，有法必依。要加强对食品企业的监督检查，定期组织对企业的日常检查，针对食品安全风险信息，加强重点食品生产企业的专项检查，督促企业严格落实全过程的质量安全控制制度。可以结合工作实际，适时组织同类企业法人或质量安全负责人进行交互检查，交流经验。要依托“金质工程”平台，建立和完善企业信用档案，详细记录企业经营、管理及履行社会责任等情况并定期更新，实行信用信息动态管理。建立完善诚信评价机制，科学设置评估项目及评判标准，定期对企业诚信状况进行评估，按企业信用情况划分等级，实施信用分级管理。

2. 严格监管保安全　一方面，打击食品违法违规行为要有新举措。各级质检部门要进一步加大食品安全违法违规问题的查处力度，做好国务院部署的乳制品、酒类、肉制品和食用植物油等重点产品的专项整治工作，将严厉打击食品非法添加和滥用食品添加剂专项工作引向深入，严查狠打，决不放松。一是要加大违法行为打击力度。要严格按照国家质检总局“四个必须”、“五不放过”、“六个严格”要求，加大对执法检查和违法违规行为的查处力度。尤其要对法律法规要求企业建立的制度，未建立、不完善或不落实的，提供虚假记录、票证，欺瞒监管部门的，一律从严从重取上限处罚。二是要加大违法行为惩戒。工作中凡发现有故意非法添加的一律吊销生产许可证，注销出口食品企业备案资格，并列入食品违法企业“黑名单”向社会公布。三是要加大违法案件查处力度。要加强对大案、要案的督查督办，健全快速反应机制，一经发现案件线索，第一时间赴现场开展执法检查，依法从重从快查处。要加强与相关部门的衔接配合，对不属于职责范围的案件，及时移送，配合好查处工作，严禁以罚代刑、有案不移。同时，风险监测和预警工作要见新成效。努力将食品生产加工和进出口环节安全风险控制从“消极、被动、事后和弥补”方式转变为“积极、主动、事前和预防”方式。要加强风险分析，发现带规律性、倾向性的问题，及时采取措施，化解风险。一是要完善风险监测工作机制。进一步研究风险监测工作机制，规范工作程序，提高风险监控结果利用率，完善风险信息报告和通报机制，真正实现“早发现、早报告、早预警、早处置”。二是要完善风险信息收集机制。继续加强风险信息专家组建设，加强对风险信息的综合、归纳、推理，争取从中发现规律性和趋势性的问题，提高风险预警的主动性与前瞻性。加快风险信息系统建设进度，规范信息报送渠道，尽快建立统一的信息管理平台，实现全系统各单位、各部门、各领域之间风险信息共通、共享、共用。三是要完善分析研判工作机制。加强对监督抽查、口岸检测、投诉举报、公众留言等信息数据的分析和研判，发现问题后，加强不合格信息核查，要有针对性地扩大监测频次和范围，并及时通报地方政府和相关部门做好相关查处工作，着力避免系统性、区域性和行业性风险。

3. 服务经济促发展　一是要积极推动出口食品质量安全示范区建设，开展区域性综合治理，为地方经济发展作出新贡献。严格出口食品源头管理，继续深入抓好进出口食品、食用农产品、供港澳蔬菜种植（养殖）基地和食品、食用农产品质量安全示范区建设工作。同时，按照“打与治、治与扶、扶与建”相结合的方针，建立健全地方政府负总责，各部门各负其责，企业负质量安全主体责任的区域整治责任体系，推动食品区域整治工作深入开展。各省要在以往开展区域整治工作的基础上，对辖区食品质量情况加强调查分析，结合实际，确定本省、自治区、直辖市2012年重点区域。国家质检总局根据各地情况，确定一批全国重点区域进行跟踪督查，对整治工作任务重、工作不规范的地区，加强督促检查指导，适时进行现场督查督办，维护地方经济社会稳定，为地方经济发展再作新贡献。二是要加大食品安全宣传教育力度，为提高全社会食品安全法律意识，为维护社会稳定作出新贡献。各级质检部门要利用质量月、食品安全宣传周等有利契机，充分采取举办讲座、发放宣传手册、张贴海报标语、设立咨询热线、召开新闻发布会等多种手段，加强法律法规、食品安全常识等内容的宣传，增强民众的维权意识，引导科学、理性消费。要定期组织开展“开放日”活动，邀请社会各界人员到监管部门、生产企业、检验机构参观观摩，增强监管工作的公开性和透明性，树立质检部门履职尽责、监管为民的良好形象，增进社会各界对食品安全的理解和支持，调动社会各界参与监管的意识，形成全民共治，齐抓共管的局面。要加强企业责任人员的培训作为工作的切入点，建立完善培训工作机制，定期组织对企业法人、质量安全责任人和检验人员进行培训。要充分利用和发挥本地区大企业的优势，灵活采取政策答疑、理论授课、经验交流、参观学习等多种形式，重点加强对政策法规、标准规范、管理制度等内容的学习、研究，增强企业人员的质量安全意识，提高企业的管理能力。要完善考核评价机制，对所有参训人员进行考核，并把考核成绩作为对企业综合评估的重要内容，有重点地加强对管理能力偏弱企业的帮扶指导。同时，要督促企业制订员工培训计划，分层次对企业员工组织培训，切实提高企业质量控制水平。三是要加大对外合作交流力度，为营造有利于维护进出口食品安全的国际环境作出新贡献。加强与欧洲、美国、日本、韩国、澳大利亚、新西兰、东南亚、非洲等主要贸易国家和地区的交流合作，完善中美、中加、中巴（西）、中阿、中智、中日、中韩、中越、中欧、中国一东盟等食品安全合作制，提升与泰国、越南、印度尼西亚等东南亚国家的合作水平，继续深化与澳新在SPS领域制度化和机制化合作，注意加强与香港、澳门和我国台湾及国际组织的交流合作，做好香港规管方案过渡期的准备工作。利用好APEC食品安全合作论坛这一平台，发挥我方的主导作用。注重学习国外的管理经验，掌握国外食品安全监管动态，拓展发展平台，营造有利进出口食品安全的国际环境。

4. 提升能力强质检 一方面，要以加强基础建设为抓手，提升食品安全监管能力。“打铁还要自身硬”，搞好食品安全工作，就要把提升能力、基层基础建设、强化监管能力作为首要任务。一是要继续推进“一转变五加强”工作。要加强食品监管工作人员配备，增强监管力量。要根据本地区食品生产企业数量、进出口食品贸易规模，合理配备监管力量；地方质监部门要积极向编制部门申请编制，编制不足的，要采取抽调事业编制或提请地方政府聘用协管人员等方式予以补充，提高食品安全监管的有效性。同时，要加强专家队伍建设。要根据食品分类，组建相关专家组，发挥专家在加强食品安全监管工作中的作用。二是要加强食品安全法规建设。要推进《进出口乳制品检验检疫监督管理办法》、《进出口酒类检验检疫管理办法》、《进出口保健品检验检疫管理办法》等法律法规的颁布实施，着手修订《进出口预包装食品化妆品标签检验规程》，制定蔬菜、茶叶、植物油等产品的管理办法以及粮食及制品、调味料、卷烟等产品的相关操作规程。三是要加快食品监管电子信息网络建设。要做好进口化妆品电子监管系统试运行和进出口食品、化妆品不合格信息管理及风险预警快速反应系统正式运行工作；要建立食品生产和进出口企业数据库，推广进口化妆品电子监管系统，提高智能化运用水平；要加强食品安全信息管理和综合利用，实现质检系统内部食品安全信息互通、资源共享。另一方面，要以推进责任制度建设为抓手，提高质检系统履职履责能力。

食品安全工作关系民生，必须严格工作纪律，提高履职履责能力，加大责任追究力度，才能监管工作切实落到实处。一是建立健全工作责任追究制度。各级质检部门要建立各层级机构责任人数据库，落实层级责任，要细化到人、到岗，延伸到食品生产企业，并完善相关责任追究制度。二是要加强履职督查工作。各级质检部门要成立督查小组，对所属机构和监管人员履职情况进行检查。国家质检总局也将专门组织力量，对各级履职情况进行抽查。对工作中发现的失职失责、玩忽职守、违法违纪的，要一查到底，依法依纪实施责任追究，绝不姑息。三是建立进出口食品全过程责任追溯体系。加强进出口食品生产企业注册管理工作，进一步落实进出口商、代理商、收货人备案管理制度，严格建立食品进口和销售记录管理制度、进出口食口企业信誉记录管理制度，逐步组织开展对国外进口食品生产企业的质量检查，有效落实境外食品企业相关责任，提高进口食品准入门槛。

新的一年，食品安全工作任重道远。我们要坚定不移地贯彻“抓质量、保安全、促发展、强质检”的方针，以旺盛的斗志，求真务实的作风，咬定青山不放松，落实好国家质检总局确定的各项任务，不断提升食品安全水平，为经济社会又好又快发展作出新的贡献。

（本文为作者2012年1月10日在“全国质检系统食品安全监管工作电视电话会议”上的讲话，略有删改）

全面提升流通环节食品安全监管效能

国家工商总局副局长　王东峰

这次全国工商系统流通环节食品安全监管工作会议的主要任务是，认真贯彻落实党的十七届五中、六中全会、中央经济工作会议及全国工商行政管理工作会议精神，总结2011年的工作，交流经验，部署2012年的任务，进一步推动流通环节食品安全工作向纵深发展，努力开创流通环节食品安全监管工作新局面。下面我讲几点意见：

一、围绕中心，服务大局，2011年流通环节食品安全监管工作取得显著成效

2011年是“十二五”开局之年。各地工商部门在当地党委、政府的领导下，牢牢把握服务科学发展这个主题和推进加快转变经济发展方式这条主线，认真贯彻党中央、国务院的决策部署和总局的要求，依法履职，加大工作力度，流通环节食品安全监管工作取得了显著成效，为保障食品市场消费安全和实现“十二五”经济社会发展良好开局，发挥了重要作用。主要是：

(一) 强化流通环节食品安全专项整顿，严厉打击销售假冒伪劣食品违法行为取得新成效

1. 组织领导有力，狠抓督查检查　国家工商总局党组和周伯华局长高度重视食品安全工作，及时研究部署。根据《国务院办公厅关于印发2011年食品安全重点工作安排的通知》，国家工商总局及时印发了《2011年流通环节食品安全整顿工作方案》，并相继召开“全国工商系统流通环节食品安全监管工作会议”、“全国工商系统严厉打击流通环节非法添加和滥用食品添加剂专项工作电视电话会议”等，明确了各项整顿工作的目标、任务和重点，提出了明确要求。国家工商总局食品司等各相关司局、直属单位分工负责，密切协作，采取了一系列有力有效措施。各地工商部门结合当地实际，加强组织领导，认真制定整顿工作方案，层层动员部署。整顿期间，周伯华局长和总局领导班子成员、各司局及各地工商部门领导干部深入一线，靠前指挥，亲自检查，强化指导，及时发现和解决存在的问题。各地工商部门普遍采取明察暗访等方式分片包干，督查检查，切实做到一级抓一级，层层抓落实。

2. 精心组织实施，专项整顿行动有力有效开展　各地工商部门按照国家工商总局下发的食品安全整顿工作方案的要求，分解整顿任务，细化整顿措施，有针对性地开展了农村食品、乳制品、食品添加剂、季节性节日性食品、食用油、酒类等专项执法行动，依法严厉打击销售假冒伪劣食品等违法行为，严肃查办违法案件，取得了显著成效。2011年1～11月，全国工商系统共出动执法人员914万人次，检查食品经营户2 213.6万户次，检查批发市场、集贸市场等56.2万个次，取缔无照食品经营4.3万户，吊销营业执照576户。广东、江苏、河南、四川、海南、天津、云南、山东、青岛始终保持高压态势，专项整顿工作行动快，力度大，效果好。西藏、青海、内蒙古、宁夏突出加强了对农牧区、清真食品的整治，社会反响良好。陕西西安对世界园艺博览会食品市场全面整治，确保了流通环节食品安全万无一失。

3. 依法查办违法案件，积极应对处置食品安全突发问题　各地工商部门加大对食品安全违法案件查办力度，积极防范和处置食品安全突发问题。先后及时依法开展对含邻苯二甲酸酯类物质的食品和食品添加剂、违法添加罗丹明B的食品、“山寨食品”、“问题燕窝”等食品市场清查，及时下架退市问题食品，并依法查处。妥善处置了“瘦肉精”、“人造假豆腐”、“染色馒头”等食品安全事件。2011年1～11月，全国工商系统共查处不符合食品安全标准的食品案件6.2万件，移送司法机关251件。上海积极应对和处置流通环节食品安全突发事件及时有序，受到地方党委政府的肯定。北京、广东、黑龙江等地清查受邻苯二甲酸酯类物质污染食品和食品添加剂力度大、措施实、效果好。浙江、重庆加大案件查办力度，严查侵害消费者合法权益的违法问题，受到群众的好评。

(二) 强化食品市场日常规范监管，切实维护食品市场秩序

1. 积极服务大局，认真做好上海第14届国际泳联世界锦标赛和深圳第26届世界大学生夏季运动会流通环节食品安全监管工作　按照党中央、国务院的部署和国务院食品安全办公室的要求，国家工商总局及时制定下发了《关于切实加强第14届国际泳联世界锦标赛流通环节食品安全监管工作的通知》和《关于切实加强第26届世界大学生夏季运动会流通环节食品安全监管等项工作的通知》，并召开专门会议进行部署。赛事所在地上海、广东工商局、深圳市场监管局和相关地工商局高度重视，密切配合，加大保障力度，为上海第14届国际泳联世界锦标赛和深圳第26届世界大学生夏季运动会成功举办作出了重要贡献。据统计，上海第14届国际泳联世界锦标赛和深圳第26届世界大学生夏季运动会期间，全国工商系统共出动执法人员47.6万人次，检查食品经营户136.1万户次，检查批发市场、集贸市场等各类市场4.86万个次。上海实施三级保障，严格监督供第14届国际泳联世界锦标赛食品流通企业落实管理责任，突出重点食品品种，加大抽检力度，第14届国际泳联世界锦标赛期间未发生一起食品安全和食源性兴奋剂事件。广东加强对深圳第26届世界大学生夏季运动会流通环节食品安全保障工作的协调和指导；深圳市场监管局充分发挥生产、流通和餐饮服务三大环节食品安全统一集中监管的优势，建立健全以大运会食品安全数据检索和视频监控为核心的可追溯体系，加大监管执法力度，圆满完成了深圳大运会食品安全保障任务。

2. 突出重点品种、重点区域，切实保障节日期间食品市场消费安全　各地工商部门始终高度重视节日食品市场的安全保障工作，突出元旦、春节、“五一”、“十一”、中秋节等节日，以市场消费量大、消费者申诉举报多，以及群众节日生活必需的食品和季节性食品为重点品种，突出重点区域，有针对性地开展专项执法检查，加强对商场、超市、批发市场、集贸市场和食品店的监督，依法查处无证无照经营以及销售过期、有毒有害和其他不合格食品行为。据统计，仅在2011年中秋节期间，全国工商系统就出动执法人员50.54万人次，检查食品经营者147.89万户次，其中检查月饼经营者61.33万户次；查处销售假冒伪劣月饼案件301件，查处不符合食品安全标准的月饼2.11万kg，有效地保护了消费者合法权益。北京、湖南、山东、吉林、海南及广州、深圳、厦门、大连等地加大节日食品市场监管力度，切实保护消费者合法权益，受到群众的好评。

3. 加大食品市场巡查力度，强化食品市场日常监管　国家工商总局先后制定下发了《关于进一步完善和规范流通环节乳制品市场准入有关工作的通知》、《关于认真做好2011年流通环节食品抽样检验工作的通知》等文件，并对加强食品市场日常监管提出了明确要求。各地工商部门以确保食品经营主体合法、食品质量合格、经营行为规范为目标，加大市场巡查力度，严格监督食品经营者落实主体责任，规范食品经营行为，做了大量艰苦细致的工作。2011年截至11月底，全国工商系统共核发食品流通许可证199.88万个，食品经营主体共计达到517万户。各地工商部门加大食品质量抽检力度，2011年共抽检食品33.2万组，合格31.2万组。江苏、湖北注重加强基层和基础工作，特别是积极推进基层工商所食品安全监管工作，着力研究解决“管什么”、“怎么管”、“管到位”的问题，总结和创造了宝贵的经验。湖南注重食品安全监管制度建设，有力地提升了流通环节食品安全日常规范化管理水平。上海、广州、大连、武汉积极探索食品安全信用分类监管，取得了积极成效。天津狠抓食品安全监管工作“三级”行政指导，有力提升了监管效能。贵州依托第三方力量，着力打造“三位一体”的流通环节食品检验检测体系，收到了事半功倍的效果。河北、甘肃全力推进食品安全抽样检验、快速检测体系规范化建设，宁波通过系统统筹、品牌统筹的方式开展抽样检验工作，均收到了良好效果。

（三）强化流通环节食品安全宣传教育培训，食品经营者守法经营意识和诚信自律水平不断提升

国家工商总局先后举办了全国工商系统流通环节食品安全领导干部研讨班和专家型人才培训班。各地工商部门采取多种方式加大教育培训力度，进一步提升了监管执法人员的政治素质、监管能力和依法行政水平。同时，各地工商部门面向社会公众、食品经营者有针对性地开展宣传教育活动，普及食品安全知识，举办食品经营者《食品安全法》培训班，促进食品经营者提高守法经营意识和诚信自律水平。据统计，仅在2011年食品安全“宣传周”期间，全国工商系统共出动执法人员37.36万人次；举办食品经营者培训班10 092个次，培训48万余人次；组织开展街头宣传咨询1.44万次，印发食品安全科普读物和宣传材料363.28万份。山东、江西及浙江杭州建立健全对食品安全监管人员执法能力和综合素质的综合考核评价机制，注重提高监管执法人员的整体素质。湖北积极探索成立“湖北省食品流通行业协会”，充分发挥协会的引导和自律作用，收到良好成效。吉林深入推进食品经营者十项自律制度，食品经营者自律水平进一步提升。宁波在商场超市推行八项制度，在小食杂店全面推行食品安全星级示范评定活动，社会收效良好。黑龙江积极创新食品安全社会监督方式和方法，注重提升监督水平。西安、哈尔滨建立食品安全有奖举报制度，充分调动群众监督的积极性。沈阳、济南推行“照前培训上岗”和行政约谈告诫制度，宣传教育效果明显。

（四）强化完善食品安全监管制度和创新监管手段，食品安全长效监管机制建设迈出新步伐

为切实构建食品安全长效监管机制，国家工商总局2011年会同商务部出台了《关于切实规范流通环节乳制品经营者履行进货查验和查验记录义务的实施意见》，制定下发了《流通环节食品安全信息公布管理办法》、《流通环节食品安全舆情处置指导意见》等规范性文件。各地工商部门认真落实总局制定的“八项制度”等规范性文件，结合当地实际，注重制度完善和手段创新工作。北京、新疆、安徽、福建、山西、广西及四川成都、福建厦门、江苏南京在流通环节食品安全信息化建设方面迈出了新步伐。浙江围绕食品安全信用分类量化评价和监管执法，强化电子监管，积极构建长效监管机制。黑龙江牵头建立部分省区市工商局食品安全监管区域协调协作机制，努力形成监管合力。江苏省制定实施《食品安全突发事件应急处置工作指导意见》，规范了食品安全应急处置操作流程。湖北及黑龙江哈尔滨、吉林长春狠抓食品安全监管责任制的建立和落实，成效显著。四川出台了《流通环节食品安全日常监督管理信息公布管理办法》和《流通环节食品抽样检验工作程序规定》，进一步提升了信息管理和抽检工作的规范化水平。

总之，一年来，在党中央、国务院和各级党委、政府的正确领导下，在国务院食品安全办公室的领导和协调及各相关部、委、局和总局各司、局与直属单位的大力支持协作下，经过全系统广大工商干部和执法人员的共同努力，流通环节食品安全监管工作取得了显著成效，经受了严峻的挑战和考验，锻炼了队伍，提升了监管水平，为保障食品市场消费安全和促进经济平稳较快发展及维护社会和谐稳定，作出了积极贡献，受到国务院食品安全办和地方党委、政府的充分肯定。这些成绩的取得来之不易，我们必须倍加珍惜，切实巩固成果，着力解决突出问题，全面加强和改进监管执法工作，务求取得新成效。

二、深化治理整顿和推进监管执法效能建设，全面提升流通环节食品安全保障水平

2012年，是实施“十二五”规划承上启下的重要一年，是我国发展历程中具有特殊重要意义的一年。做好2012年流通环节食品安全监管工作，意义十分重大。2012年流通环节食品安全监管工作的总体要求是：以邓小平理论和“三个代表”重要思想为指导，全面落实科学发展观，认真贯彻党的十七大和十七届五中、六中全会以及中央经济工作会议精神，牢牢把握稳中求进的总基调，按照全国工商行政管理工作会议的部署，以保障流通环节食品安全为目标，深化食品安全治理整顿，强化日常规范管理，着力推进流通环节食品安全监管规范化建设、食品经营者诚信自律体系建设、监管执法能力建设和长效管理机制建设，加强部门和区域协调协作，全面提升流通环节食品安全监管效能，为促进经济平稳较快发展和维护社会和谐稳定作出新的更大的贡献。

（一）加大流通环节食品安全治理整顿力度，着力解决食品市场存在的突出问题

1. 继续开展农村食品市场专项整治执法行动 要按照党中央、国务院的部署，继续将保障农村食品市场消费安全作为食品市场监管工作的重中之重，以城乡结合部、乡（村）镇、农村旅游景点、长途汽车站等为重点区域，以消费者申诉举报集中的食品和食品添加剂为重点品种，以农村批发市场、集贸市场、商场、超市、食品（杂）店为重点单位，深入开展治理整顿工作，严厉打击农村食品市场销售不合格食品、过期食品、“三无”食品和假冒、仿冒食品等违法行为，坚决依法取缔无照经营，切实维护农村食品市场秩序。

2. 继续开展乳制品市场专项整治执法行动 要严格落实国务院办公厅和国家工商总局的一系列加强乳制品监管的文件精神，认真履行流通环节乳制品监管职责，一旦发现问题乳粉要切实做到清查清缴销毁到位、案件查办到位、责任落实到位。严格乳制品特别是婴幼儿配方乳制品市场主体准入，在食品流通许可项目和注册登记经营范围中分类单项审核和管理；严格质量监管，增加对婴幼儿配方乳粉的抽样检验数量和频次；严格规范乳制品经营行为，严厉打击销售假冒伪劣和不合格乳制品违法行为，切实保障乳制品市场消费安全。

3. 继续开展打击流通环节违法添加非食用物质和滥用食品添加剂专项整治执法行动 要建立健全食品添加剂经营主体登记和台账制度，做到底数清、情况实。要将标签标识作为食品添加剂进货查验的重要内容，强化对食品添加剂质量的监管。积极推进食品添加剂经营者自律建设，严格落实各经营环节管理制度和责任制度。要狠抓案件查办工作，依法严厉查处流通环节违法添加非食用物质和滥用食品添加剂、违法销售食品添加剂的行为，始终保持严管重打的高压态势。

4. 继续开展食用油市场以及打击非法经营“地沟油”专项整治执法行动 要突出重点场所和区域，特别是批发市场和集贸市场，进一步摸清食用油经营者底数，严格检查食用油经营者特别是散装食用油经营者食用油的进货来源，全面检查经营者进货查验、检验合格证明、索证索票以及散装食用油标签标识等制度落实情况，对进货价格明显偏低和无标签标识、来源不明、无合法证照及检验合格证明的食用油要进行重点检查和严肃查处。要以集贸市场、批发市场等经营场所为重点，加大对销售假冒伪劣食用油特别是“地沟油”案件的查处力度，严厉打击非法经营“地沟油”和非正规来源食用油的行为，切实维护食用油市场秩序。

5. 继续开展对重点食品品种和重点区域、重点场所以及季节性、节日性食品市场的专项整治执法行动 要突出消费量大、消费者申诉举报多以及群众日常生活必需的食品，突出重点区域，加大执法力度，重点整治不符合食品安全标准、过度包装、搭售商品、虚假宣传及欺诈消费者等问题，严厉打击销售不合格食品和扰乱食品市场秩序的违法行为。要突出抓好节日性食品以及季节性食品的检查，特别是元旦、春节、“五一”、“十一”、中秋节等节日性食品的专项检查，切实维护节日食品市场消费安全。

6. 继续开展对酒类市场的专项整治执法行动 要严格酒类食品市场主体准入，依法监督酒类经营者落实进货查验和记录制度。以名优白酒、葡萄酒特别

是进口葡萄酒等酒类为重点品种，以酒类生产集中和销售、消费量大的地区为重点区域，加强对酒类市场的巡查，依法严厉查处销售假冒伪劣酒类违法行为，重点打击侵犯注册商标专用权和仿冒知名酒品牌特有名称、包装、装潢等的违法行为，切实规范酒类市场秩序。

（二）加大推进食品安全日常监管规范化建设力度，着力提升食品安全监管依法行政水平

1. *严格把好食品经营主体准入关，强化食品经营主体经济户籍管理和信用分类监管* 要严格依法核发食品流通许可证，坚持先证后照，依法规范营业执照核发行为。大力推进信息技术在许可管理和登记管理中的应用，建立健全登记机关与许可证发放机关信息互联互通机制，建立完善并及时更新流通环节食品经营者“经济户籍库”，并严格按照《关于对食品经营主体予以特别标注的通知》规定，对食品经营主体及时进行特别标注，切实做到食品经营主体底数清、情况明、数字准。加大食品信用分类监管力度，研究确定科学合理的分级分类标准，创新信用分类监管的方式方法和考核办法，注重监管的实效和综合信息的分析研判，不断提高监管的针对性和指导性。要在当地政府统一领导下，依法查处和取缔无照经营食品违法行为，确保食品经营主体资格合法有效。

2. *严格监管食品质量，强化食品抽样检验和快速检测工作* 要按照从入市、交易到退市全程监管的要求，强化对食品质量的监督检查。严格监督食品经营者建立和落实食品进货查验和查验记录制度。加强对食品包装、标识、生产日期、保质期和有关食品储存条件等的监督检查，严厉查处食品经营者伪造、涂改或者虚假标注食品生产日期和保质期的违法行为。强化流通环节食品抽样检验工作，科学确定食品抽样检验的范围、品种、项目和方式。加强对抽样结果的统计、分析和综合利用，有针对性地开展监管执法，并将有关情况及时通报相关职能部门和行业组织，促进源头治理和行业自律。充分运用快速检测的手段，及时发现食品安全问题，并积极妥善依法处理。加大经营者对不合格食品退市的监管力度，切实提高食品安全监管水平。

3. *严格规范食品经营行为，强化基层工商所日常巡查监管和案件查办工作* 要严格落实基层工商所食品安全日常巡查和属地监管责任制，认真落实“两图一书”监管工作要求，划分网格化责任区，切实做到任务到岗到人。要以“主体资格、经营条件、食品外观、食品从业人员、食品来源、包装装潢标识、商标广告、市场开办者责任、食品质量、经营者自律”为重点内容，强化巡查和检查。要结合当地实际，针对不同经营业态和经营场所的特点，明确具体监管内容，采取不同监管方式，提高巡查工作的针对性和有效性。要加大违法案件的查办力度，严厉查处销售假冒伪劣食品等违法行为。

（三）加大推进食品经营者诚信自律体系建设力度，着力监督食品经营者落实主体责任

推进食品经营者诚信自律体系建设对于保障流通环节食品安全至关重要。监督食品经营者诚信自律既是落实食品经营者的法定责任和义务的必然要求，又是工商部门依法监管的重要任务。各地工商部门要进一步加大推进食品经营者诚信自律体系建设力度，切实监督食品经营者把好食品的进货关、销售关和退市关，并建立健全十项自律制度。即：①食品进货查验制度；②食品进货查验记录制度；③食品质量承诺制度；④食品协议准入制度；⑤市场开办者食品安全责任制度；⑥食品安全管理制度；⑦食品退市和销毁制度；⑧食品运输、贮存及销售安全管理制度；⑨食品经营从业人员健康管理制度；⑩食品安全事故应急处置管理制度。各地工商部门要结合当地实际，制定具体工作方案，精心组织实施，指导经营者制定和落实各项自律制度，加强宣传教育，认真规范指导，突出抓好以下三个方面：

1. *严格监督食品经营者把好食品进货关* 要严格监督食品经营者建立并执行进货查验制度，食品经营者依法索取供货者的相关许可证、营业执照、销货票据等方面的资料，按批次索取所购进食品的质量检验合格报告或证明文件，确保供货者主体资格合法、购入食品来源正规可靠、质检合格报告真实有效。严格监督食品经营企业建立食品进货查验记录制度，并建档备查，食品进货查验记录应当真实、合法。严格监督乳制品经营者建立并执行进货查验制度，建立乳制品进货台账，严格监督从事乳制品批发业务的销售企业建立乳制品销售台账，切实履行法定责任和义务。

2. *严格监督食品经营者把好食品销售关* 要严格监督食品经营者建立健全内部食品安全管理制度，加强从业人员食品安全知识的培训，配备专职或者兼职食品安全管理人员。严格监督食品经营者对食品包装、标识、生产日期、保质期和有关食品储存条件等的自查自纠，定期检查食品的进、销、存质量安全情况，对即将到保质期的食品在经营场所向消费者作出醒目提示；严禁食品经营者伪造、涂改或者虚假标注生产日期和保质期；分装的食品应当标明食品的生产日期和分装日期。严格监督食品经营者按照国家有关规定向消费者出具销货凭证，并保留出具销货票据的存根备查。鼓励和引导有条件的食品经营者开展对销售食品质量的抽样检验，对发现的食品质量问题及时退市和处置，并应及时报告当地工商部门。

3. 严格监督食品经营者把好食品退市关 要严格监督食品经营者加强对所销售食品的日常管理，对发现的不符合食品安全标准的食品、超过保质期的食品等，应当立即停止经营，下架封存，依法处置或销毁。对生产企业召回的，应当如实记录并保留生产企业召回的相关票据。各级工商部门在检查中发现食品经营者应当退市而不主动退市的，要依法责令其退市或强制退市，并依法查处。要加强对退市后食品的监督管理，防止其改头换面再次销售。

（四）加大流通环节食品安全监管机制创新和能力建设力度，着力提升食品安全监管效能

要适应食品安全监管新形势、新情况和新任务的要求，结合流通环节食品安全监管实际，围绕建立健全以保障食品经营者主体合法、质量合格、行为合规为重点的流通环节食品安全监管执法机制；以严把食品进货关、销售关、退市关为重点的经营者自律机制和食品安全可追溯机制；以形成部门之间监管无缝衔接为重点的协调协作机制；以新闻媒体、广大消费者和聘请监督员为主体的社会监督机制，创新监管手段和方式方法，切实构建食品安全监管长效机制。同时，要加大学习培训教育和宣传工作力度，注重提高监管执法人员的整体素质和工作水平，切实加强监管执法能力建设，不断提升监管效能。要突出抓好以下四个方面工作：

1. 建立健全流通环节食品安全监管信息化网络体系，不断提高网上监管水平 要认真落实国家工商总局下发的《关于积极推进流通环节商品质量和食品安全信息化网络建设工作的意见》要求，按照“统一标准、整合资源、扩大功能、优化流程、信息共享”的原则，强化网络信息技术在流通环节食品经营者许可管理、注册登记、食品质量监管、市场巡查和执法办案等方面的综合应用，努力形成从国家工商总局到工商所五级纵向贯通和横向连接的信息化网络体系，努力实现食品安全网上监管的目标。同时，要加大数据的采集汇总、分析研判和综合利用，为实现网上有效监管、宏观决策提供重要支撑。

2. 建立健全流通环节食品安全电子监管体系，不断提高流通环节食品安全监管效能 要运用无线网络执法平台、移动查询终端等现代科技手段，开展市场巡查和日常监管，有效开展网上预警防范和应急处置。要加快推进流通环节食品经营主体、食品质量、食品抽样检验和案件查办数据库的建设，积极引导和指导商场、超市推进进货查验和查验记录等“两项制度”电子化管理，督促食品经营者建立健全食品采购、贮存、运输、销售、退市和食品质量管理等环节的电子监控体系，积极推动有条件的大中型商业企业、超市和批发市场、集贸市场逐步实行计算机网络化管理，并加快与基层工商所信息化网络体系的对接，切实提高监管执法效能。

3. 建立健全流通环节食品抽样检验体系，不断提高食品监管的科学技术水平 要依据食品安全法赋予的法定职责，按照当地政府的统一安排，结合工商部门的年度抽检计划，进一步完善相关制度，严格规范流通环节食品抽样检验和快速检测工作，不断健全完善流通环节食品抽样检验体系。要根据消费者申诉举报多和市场检查发现的食品质量问题，有针对性地开展跟踪检验，并把快速检测作为基层工商部门现场监管执法和发现食品质量问题的技术手段，特别是要强化基层工商所快速检测能力建设，努力提升流通环节食品抽样检验和快速检测工作的科学性、针对性和实效性。

4. 建立健全基层基础建设和能力建设体系，不断提高监管执法水平 要按照建设政治上、业务上、作风上“三个过硬”队伍的要求，切实加强食品安全监管执法队伍建设，尤其要坚持面向基层，充实一线执法力量。要加强对执法人员的学习和业务培训，特别是抓好本地区基层工商所食品安全监管人员全员培训和一线执法骨干的专题培训，切实提高执法水平。要进一步抓好执法办案经费、执法装备、快检设备的保障工作，尤其是运用高科技手段监管所需设施设备的保障工作，为提高流通环节食品安全监管效能提供坚实的物质保障。要严格监管执法的规范管理，在促进依法行政、严肃办案纪律、提升规范化管理水平上下功夫，研究采取新举措，务求取得新成效。

三、切实加强组织领导，努力提高流通环节食品安全监管工作保障水平

1. 加强组织领导，严格责任制度 各地工商部门要切实加强对新形势下流通环节食品安全监管工作重要性、长期性、复杂性和艰巨性的认识，将流通环节食品安全监管工作作为深化“创先争优”活动的重要内容，在当地党委、政府和食品安全办公室的统一领导与协调下，进一步加强对食品安全监管工作的组织领导，切实做到一把手亲自抓，分管领导具体抓，职能机构分工协作抓，建立健全齐抓共管的工作格局。要结合当地实际及时制定年度工作计划，明确目标任务和工作责任，精心组织实施。要按照《中华人民共和国食品安全法》的要求，层层强化责任制和责任追究制。进一步建立健全工商部门食品安全属地监

管领导责任制、职能机构指导和监督责任制及基层监管岗位责任制，并研究和采取有力有效措施，切实把责任制和组织领导落到实处。

2. 加强舆情处置和信息管理，严格工作程序 各地工商部门要按照总局制定下发的流通环节食品安全舆情处置指导意见和《流通环节食品安全信息公布管理办法》的要求，逐级建立健全流通环节食品安全舆情监测和处置工作制度，层层落实领导和人员，虚心接受媒体监督，积极妥善处置群众关心的食品安全热点问题，及时回应社会关切，正确引导舆论，提高舆论引导的及时性、权威性和公信力、影响力。县级以上工商部门要建立流通环节食品安全信息公布和管理制度，明确流通环节食品安全日常监管信息的公布范围、公布权限、审核批准程序、相关部门间信息通报要求等内容。要严肃工作纪律，严格工作程序，加强信息管理，既要加大宣传工作力度，又要防止不必要的炒作，切实维护社会和谐稳定。

3. 加强协调协作，严格督查检查 各地工商部门要加强内设机构之间以及与各有关部门之间的协调协作与配合，及时通报有关情况，建立健全协调协作机制，切实形成监管合力。要加强对流通环节食品安全监管工作的指导、督查和考核，一级抓一级，层层抓落实。各级领导干部要深入基层、深入一线了解监管工作的实际情况，尤其要善于及时发现存在的问题和监管的薄弱环节，有针对性地加强管理和指导，切实研究解决监管执法工作中面临的困难和问题，确保各项监管工作落到实处，取得新实效。做好2012年流通环节食品安全监管工作，任务艰巨，既有机遇又面临新的挑战。我们一定要深入贯彻落实科学发展观，坚持科学推进流通环节食品安全监管工作，加大工作力度，奋力拼搏，开拓创新，切实保障食品市场消费安全，积极促进经济平稳较快发展和维护社会和谐稳定。

（本文为作者2012年1月10日在“全国工商系统流通环节食品安全监管工作会议”上的讲话，略有删改）

转方式　调结构
加快推进粮油加工业转型升级

国家粮食局副局长　吴子丹

今天召开全国粮油加工业暨主食产业化工作会议，是在贯彻全国粮食局长会议精神、落实“十二五”规划纲要的重要时刻下召开的。对粮油加工行业的管理和指导，一直就是国家赋予粮食行政管理部门的职责任务。按照中央粮食宏观调控决策部署，近年来全国粮油加工业系统在服务粮食安全、执行“保供稳价”政策等方面发挥了重要作用。下面，围绕落实《粮油加工业“十二五”发展规划》，就转方式调结构，加快推进粮油加工业转型升级等产业发展的任务，我讲几点意见：

一、当前粮油加工业发展情况和存在的问题

（一）粮油加工业结构调整初见成效

“十一五”是粮油加工业快速发展的黄金时期，供应保障能力进一步增强。

1. 应急加工供应体系不断健全 近年来，大批具备资质的加工企业承担了“托市收购加工”、“定向供应原粮、定向加工销售”等政策性任务。目前全国确定的粮油应急加工定点企业已达到5799个，应急供应定点企业已达到16038个，较好地完成了“保供稳价”任务，并经受住了重大自然灾害和突发事件的考验。

2. 主要产品产量稳步增长 据国家粮食局2011年粮油加工业统计，大米总产量达8218万t，比2005年增加1.8倍；面粉总产量达8524万t，增加1.4倍；食用植物油总产量达2267万t，增加0.8倍。产品结构明显改善。主要以北京、天津、山东、河南、陕西、安徽、湖南、广西等省、自治区、直辖市为代表，营养健康新产品产量增长较快，主食产业化进程明显提速。

3. 粮油产品质量不断提高 产品质量抽检合格率比2005年提高了5个百分点，其中北京等大城市的小麦粉、大米抽检合格率达到99%。品牌效应显著增强，古船、五得利、福临门、北大荒、三全、思

念、白象、乐惠等一批知名品牌市场占有率迅速提升。

4. 民营、国有、外资等多元主体竞争发展格局已经形成 民营企业数量占88.9%。规模以上企业实力明显增强，有力带动了农民增收。前二十位企业大米的产量是总产量的13%，比2005年增加1.7倍；前二十位企业小麦粉的产量是总产量的17%，增加0.7倍；前二十位企业食用植物油的产量是总产量的55%，增加1.3倍。

5. 粮机装备国产化程度提高 稻谷、小麦、主食加工、玉米深加工等技术进步明显，转化增值技术等实现了产业化，数字化色选机、淀粉加工成套设备等一批具有自主知识产权的装备达到国际先进水平。江苏、湖北等省，已经初步建成了粮机装备基地。

6. 产业布局向主产区集中趋势显现 已形成一批粗具特色的黑龙江建三江、吉林长春、山东日照、安徽合肥、湖南长沙、江苏靖江、四川成都、江西吉安等100多个粮油加工产业园区。2011年粮油加工业总产值1.9万亿元，同比增幅超过25%，山东、江苏、河南、安徽、湖北、河北、广东7省的总产值都分别超过了千亿元。中粮、中纺集团等央企粮油加工业销售收入保持较高增速，良友、吉粮、京粮、重粮，及江苏、湖南、天津、江西等地方国有粮油集团实力明显增强，市场份额不断扩大。

为了粮油加工业的发展，各级粮食部门都做了大量富有成效的工作：一是高度重视加工规划的引领。国家粮食局和黑龙江、安徽、湖北、内蒙古、重庆等20多个省份都编制了“十一五”加工规划，明确了发展的目标和任务，拓宽了项目投资渠道，充分发挥了规划对行业发展的引领作用。尤其是落实《国家粮食安全中长期规划纲要》的要求，国家粮食局起草和发布了《粮油加工业“十二五”发展规划》，为引导行业发展发挥了重要作用。二是深入开展粮油加工产业政策研究。贯彻落实国家关于保供稳价、行业准入等政策精神，配合有关部门，积极参加相关玉米深加工调整整顿行动，严格控制玉米深加工用粮和产能增长初见成效，用粮同比增幅回落。开展大豆产业、稻谷加工、外资行业准入等产业政策研究。粮油加工业结构调整全面纳入新修订的《产业结构调整指导目录》，明确了行业发展方向。三是粮油加工业统计监测体系不断健全。2008年底以来实施了新的粮油加工业统计制度，并通过网络直报，统计工作取得了明显成效，体系更加健全，统计范围扩大，企业数量比2005年统计数增加了30%，承办了多批共5000余个企业申请政策性托市收购加工任务的资格审查。完成了2011年上半年玉米深加工等专项调查，为服务粮食调控发挥了基础性作用。四是各地粮油加工行业管理工作得到加强。各地结合实际，深入推进粮油加工产业发展，河南、江苏、山东、湖北、黑龙江、安徽、湖南、江西等省粮食部门积极履行行业管理职能，部分主产省还建立了以粮食局牵头协调机制，落实扶持措施，每年通过地方财政用于扶持粮油加工业发展的资金共5亿多元，在推进结构调整、加工园区建设等方面取得了突出成绩，为全国树立了很好的样板。

（二）存在的问题

1. 行业发展方式粗放 目前加工业的发展仍然依赖数量扩张，产能过剩问题突出。2011年我国稻谷加工、油料处理产能利用率分别为45%、57%，呈继续下降趋势，产能过剩主要是落后产能比重较大。企业规模化、集约化水平低；产业集中度较差，企业核心竞争力不强。

2. 区域和行业发展不平衡 主产区粮食加工、沿海地区大豆及沿江地区油菜籽加工产能扩张过快；玉米深加工用粮同比增幅8.7%，本来2011年国家控制目标是总量减少，但结果还在增长，特别是非食用玉米深加工消费需求增长过快，玉米供需趋紧矛盾逐步显现。

3. 自主创新能力不强 研发投入低，产品附加值低，资源综合利用率低；关键装备仍主要依赖国外技术，自主知识产权的核心技术少；民族产业抵御跨国资本竞争力差。

4. 粮油食品安全保障体系不够完善 食品安全检测监测能力有待加强，部分产品存在过度加工，浪费资源的现象。

5. 行业管理体制不健全 存在职能交叉，扶持政策和管理手段亟待充实，粮食生产与加工互为促进的机制有待健全。

粮油加工业转变经济发展方式已经刻不容缓，对此，我们要增强紧迫感，迎接挑战，抓住机遇，主动出击。面临保障粮食安全的新形势，要站在新的历史高度，切实增强做好粮油加工业工作的使命感和责任感。要把思想认识和行动统一到中央关于粮食工作的决策部署上来，加快推进粮油加工业结构调整，努力满足城乡居民粮油食品消费新期待。

二、加快粮油加工业“十二五”发展规划的落实

“十二五”时期是加快发展现代粮食流通产业的重要战略机遇期，是加快转变粮油加工业发展方式的

攻坚时期。根据粮食行业和食品工业“十二五”发展规划要求，2012年初国家粮食局发布了《粮油加工业“十二五”发展规划》，明确了未来发展的目标和任务。目前全国已有吉林等8个省份正式发布了粮油加工规划，有14个省已将加工内容列入了当地行业发展规划，并加大政策支持力度，为规划的落实开了个好头。

（一）“十二五”粮油加工业发展的战略思路

落实国家“十二五”规划，关键在于加快经济发展方式的转变，其内涵包括：经济发展要在转向集约型经济增长的基础上，逐步实现产业结构的优化升级，促进收入合理分配，提高人民群众生活水平和生活质量，节约能源资源，保护和改善环境等总体要求，这是国家的总体要求。结合粮油加工业发展实际，就是要由注重规模速度向以质量和效益为中心转变，由消耗传统生产要素向更多依靠科技进步、劳动者素质和管理创新转变，由外延粗放式向内涵集约式转变，要把粮油加工业真正建立在创新驱动、集约高效、环境友好、惠及民生、内生增长的基础上。按照“转方式、调结构、强创新、重质量、上水平、促升级、保安全”的要求，把思想和行动统一到中央经济工作会议强调的“稳中求进”的工作总基调上来，加快结构调整，优化布局，促进转型升级，全面推进主食产业化。要贯彻市场引导、政府扶持，统筹兼顾、协调发展，安全卫生、营养健康，创新驱动、节能减排的原则，增强粮油加工业保障供给安全的能力，努力推动“十二五”粮油加工业发展迈上新台阶。

（二）“十二五”粮油加工业发展的目标

到2015年，形成结构优化、布局合理、安全营养、绿色环保的现代粮油加工体系，结构调整取得明显改善，布局进一步合理，质量安全水平大幅提升，加工保障供给安全不断增强。产业规模和效益平稳增长，粮油加工业总产值年均增长12%左右；主食产业化的水平明显提高；企业组织结构不断优化，形成一批带动能力强、优势明显的大型加工企业和产业集聚区，及大中小型企业分工协作共同发展的格局；自主创新能力明显增强，粮机装备自主化率提高到60%左右；资源利用和节能减排成效明显。这些目标在规划中都有数字要求。

（三）“十二五”粮油加工业发展的七大任务

1. 提高口粮供给保障能力 大力发展粮油食品加工业、全面推进主食产业化。继续支持饲料加工业发展，严格限制非食用粮食深加工产能增长，确保口粮、饲料用粮供给安全。完善政府储备体系和商品粮加工体系的配套衔接，加强特大城市及重点、敏感地区的加工供应能力保障体系建设。我们要求各地都有一定的成品粮应急储备，原来是10d，现在国家提出要提高到15d。为什么要对特大城市和大中城市都有成品粮储备要求呢？也是基于前几年雨雪冰冻灾害，还有日本福岛地震带给我们的教训。出现严重自然灾害的时候，往往是道路和电力都中断，在此情况下作为一个大城市，能不能在所有外界资源都暂时中断的情况下自保，起码能坚持10d左右等待外援，这是一个很重要的问题。我国“5·12”大地震发生在山区，没有发生在人口密集的地区，如果再发生像唐山地震或者福岛地震这样的自然灾害，可能情况更为严重，所以我们必须要提高应急加工能力和应急成品粮保障能力。我们鼓励具备资质的加工企业继续承担“托市收购加工”、“定向供应原粮、定向加工销售”等保供稳价政策性任务，保护种粮农民利益和消费者利益。

2. 加快推进产业结构调整 要做大做强做优龙头企业，鼓励和引导大型粮油加工企业加快升级换代，加快淘汰落后产能，提高产业集中度，增强企业核心竞争力和抗风险能力。推进粮食产业化经营，支持龙头加工企业通过发展“订单农业”和建立优质粮油规模化生产基地，逐步实现加工原料的专用化、规模化和标准化。刚才刘满仓副省长谈到，河南省在加快土地流转，正在建千亩方、万亩方。山东省土地流转也非常快，今天来到会场的产业化龙头企业，有的一个企业的生产基地就达到了二十多万亩，像这样的做法有利于实现原料的专用化、标准化、规模化。鼓励和支持中小微型企业走“专特精新”发展道路，提高产品质量。调整产业结构的重点以山东等前10位加工业发达的省份为主。要以高质量、高附加值的产品和增强企业核心竞争力为目标，避免单纯追求产值目标的现象。我们不提产值翻多少翻，关键是增强核心竞争力。

3. 加快产品结构调整 按照“安全、优质、营养、健康、方便、美味”的要求，加快系列化、多元化、营养健康粮油食品、特别是主食产品的开发，提高优、新、特产品比重。从过去的“两白一黄”的米面油的普通产品过渡到适用于不同需要的专用制品、主食产品和预加工主食原料产品；从单一主粮加工到多种粮食和营养物的复合、强化产品；从过去简单的机械碾米、磨面加工产品到挤压膨化、分离分选、预发酵和预蒸煮冷冻等特色产品；从短链条、粗利用、低附加值产品到长链条、综合利用、高附加值产品，实现产品结构的提升。实施“食用油多元化战略”，发展具有特色的国产食用油，努力提高食用油自给水平。严格控制米面油等成品粮的

过度加工，引导过去过精过白过细消费倾向。加快推进稻壳发电或供热、米糠制油等加工副产品规模化综合利用。

4. 加快优化区域布局 按照区域主体功能定位，坚持产区为主、兼顾销区和重要物流节点的原则，形成一批具有较强竞争能力的产业聚集区。例如，长江中下游地区重点发展稻谷综合加工基地和菜籽油、米糠油、油茶籽油等特色油脂加工业；黄淮海等地区重点发展小麦、花生油加工基地；华北、西北、西南地区大力发展杂粮及薯类加工业；东北地区在发展稻谷、玉米综合加工基地的同时，要严格控制非食用玉米深加工企业的用粮增长；京、津、沪、渝等特大城市和东南部主要销区要与产区结合，发展产、购、储、调、加、销一体化的现代粮食产业集群，沿海地区要整合资源发展先进产能，继续控制大豆油加工产能过度扩张。要形成一批具有科技含量高、综合利用全、带动能力强的国家现代粮油加工基地，努力打造诸如天津临港食用油加工园区、黑龙江鹤岗稻米加工园区、郑州主食产业化园区、湖北荆州双低菜籽油加工园区等特色产业集聚区。

5. 健全粮油食品安全保障体系 加快制修订符合国情的粮油加工产品标准、生产技术规范和检测方法标准。加大对省级、重点地市级和重点企业的粮油质量及食品安全检测能力建设的支持力度，满足主管部门和企业对原辅料、半成品、成品等的农药残留、真菌毒素、重金属等指标快速检测检验的需要，加快建立粮油食品质量安全产业链可追溯体系，全面提高粮油食品安全水平。国家“十二五”规划在全国建立粮食质量安全检验监测体系，中央和地方联合投入约几十个亿，以增强粮食质量安全检测能力。

6. 推动粮油加工科技进步与创新 推广先进实用技术装备、清洁生产技术，实施节能减排与产业升级示范。推进全谷物食品开发、高效低耗节能、深度开发转化增值和副产物综合利用等新技术的研发及产业化。推进主食品加工关键装备和技术创新，加快装备数字化设计与先进制造、智能控制等自主化进程。粮食科研院所和高等院校要积极引领行业的科技创新。江苏、湖北、湖南、河南、河北、浙江、广东等省要发挥优势，做大做强粮机装备企业。

7. 完善应急加工供应体系 鼓励符合条件的粮油加工企业参与应急加工及供应体系建设，完善特大和大型城市的小包装成品粮油加工、储运配套设施和检测能力，建立快速反应、准确高效的应急加工和供应网络，以应对城乡居民和部队的粮油应急保障的需要。

为实现以上七项任务，要积极创造条件，突出重点，组织实施粮油加工业转型升级五大工程。即：粮油加工园区建设的“百园工程”、技术改造升级工程、粮油食品安全检测能力建设工程、主食产业化示范工程、粮油应急加工与供应工程。这五个工程在规划中都有具体要求。

（四）关于落实规划的要求

各省级粮食管理部门要加强与发展改革、财政和工业信息等部门的沟通协调，密切配合。结合本地实际情况，制定本地区加工发展规划或意见，加强对重点项目的协调，认真做好本规划的贯彻落实。

三、开拓创新扎实做好当前的几项重点工作

落实“十二五”粮油加工业发展规划，需要结合各地实际，采取有针对性的措施，为加快推进粮油加工业转型升级迈出实质性步伐。

1. 完善方案，全面推进主食产业化 刚才任正晓同志已全面阐述推进主食产业化的重大意义、总体要求、重点任务和措施。我们要认真领会任正晓同志的讲话，高度重视这项重要任务，明确目标，细化方案，抓好落实。主食产业化，为什么说是“从农田到餐桌”的一项重要的产业化项目呢？“从农田到餐桌”是粮食产业链条，但是我们现在就缺到餐桌的最后“一公里”，我们的主食产业化就是要解决最后“一公里”的问题。一是扎实做好《全面推进主食产业化增强口粮供应保障能力的实施意见》的编制和落实工作。《实施意见》目前已经经过国家粮食局局长办公会审议，在这次会上广泛听取意见修改完善后，正式与国家发展和改革委员会联合印发。各地要按照本意见精神，结合本地区实际，抓紧研究制定贯彻落实意见。二是要狠抓落实，明确工作责任，制订及完善具体方案，细化目标，明确进度安排，积极协调有关资金支持，认真组织实施。三是健全部门间协作配合，合力推动，加大支持力度，规范运作，严格监管，确保质量。四是加强宣传，增强广大企业推进主食产业化服务民生的责任感和使命感，形成协力推进、社会广泛支持的良好氛围。

2. 加强统筹协调，全方位积极争取政策支持 一是要取得省级政府的重视和支持，在省级政府的统一领导下，加强统筹协调，积极协调解决制约发展的突出问题。二是省级粮食局要加强行业指导、协调和服务，创新工作思路，健全粮油加工行业管理机构，努力找到实实在在的工作抓手和载体，要在抓统计、抓规划、抓政策研究的基础上，进一步抓项目、抓园区、抓企业、抓科技、抓标准。发挥

行业管理优势，会同有关部门共同推进，形成合力。三是积极协调沟通争取国家和本省（自治区、直辖市）有关部门的支持，争取相关专项资金支持力度，并争取中国农业发展银行、国家开发银行等政策性金融机构对加工企业融资授信的支持力度。落实国家现有的技术进步和改造、中小企业发展专项资金等政策措施，对符合条件的主食产业化、加工园区建设等重点项目加大支持力度，加强对重点企业规划、科技和金融对接等全方位服务。四是要转变作风，深入基层，深入企业，了解和掌握行业发展的真实情况，办实事。通过报纸等媒体和举办“粮食科技周”、“全国粮油精品展”等重大活动，做好加工重点企业、先进典型等方面的宣传，营造全社会共同支持的良好氛围。

3. 加大技术改造项目组织力度，促进粮油加工企业技术进步 2009年以来国家企业技术改造专项支持粮油加工业的项目数量达700多项，中央投资支持资金合计10多亿元。一是按照“扶强、扶优、扶大”的原则，加大对主产区应急加工体系、综合利用、食品安全检测能力建设、装备自主化等项目支持力度。二是各省级粮食局要主动加强与省级发改委、工信部门的沟通协调，建立重点技改项目库，优先支持符合规划、有前景的项目纳入地方申报计划。三是积极争取国家有关部门加大对粮油加工业技改项目的支持力度，我们初步提出了粮油加工业技改项目申报遴选工作的征求意见方案，准备在现有申报渠道的基础上，组织遴选推荐一批高水平的示范项目，围绕品种质量、节能降耗、淘汰落后、改造工艺流程、提升产品质量，提高传统产业先进产能比重等方面做工作。

4. 加大对粮油加工产业政策研究力度，加强行业管理 在国家发展和改革委员会指导下，发挥行业管理部门在规划引导、项目建设、行业准入、统计监测、标准制订等方面的作用。一是落实《产业结构调整指导目录》、《外商投资产业指导目录》。针对2011年玉米深加工用粮增速较快，与饲料养殖业争粮矛盾突出的问题，要认真贯彻国家玉米深加工调控政策，加大对重点企业和重点省的监督检查力度，遏制非食用玉米深加工产能和用量增长势头。二是深入开展稻谷、小麦加工产业政策研究。这次会上我们已经把产业政策研究初稿提供大家，我们将会同有关部门修改完善《稻谷、小麦加工产业政策》，广泛征求意见后争取早日发布，大力引导适度加工和营养健康消费，各地对行业准入技术经济条件指标要认真研究后反馈意见。健全完善粮油加工业外商投资项目管理制度和并购安全审查机制，落实“走出去”政策措施，引导企业有序集群发展，建立稳定原料来源渠道，降低产业风险。三是落实国务院关于支持农业产业化龙头企业发展的政策措施，完善国家粮食局粮油加工业83家重点企业紧密联系制度，实行动态管理，培育壮大一批大型企业，着重在产业政策研究、加工统计产销运行形势分析、园区建设和技改项目、与科研单位联合攻关等方面予以扶持。

5. 扎实做好粮油加工统计监测分析，提高真实性准确性 一是健全全国粮油加工业统计监测体系及网络直报系统，完善加工业统计制度，全面提升粮油加工统计年报、半年报和玉米深加工专项调查的数据质量，更好地服务宏观调控要求。统计数据质量是统计工作的生命，要着力提高获取统计数据的调查能力、规范化审核的能力、统计信息化、人才队伍和经费保障能力。二是当前要做好2012年上半年重点企业半年报、玉米深加工企业专项调查工作，启动主食产业化专项调查工作，提高统计数据完整性、真实性，努力扩大全社会加工统计覆盖面，与申请政策性任务资格审核要紧密结合。前不久在保供稳价任务中，有些加工企业找到我们，说为什么国家粮食局不给我们批定点原粮供应任务，为什么有的企业有，有的企业没有，我们也认真进行了核查，结果发现这些企业因为一直没有报统计报表，没有向当地粮食部门备案，因此没有享受到国家相关扶持政策。所以希望各粮油加工企业对我们的工作给予积极配合，将大家的真实情况反映上去，有利于争取国家的政策性支持。不填报加工统计报表、未通过资质审核的企业不得申请承担政策性任务。

粮油加工行业管理工作任务艰巨，责任重大。正晓同志已提出重要的要求，我们要认真学习贯彻。让我们坚定信心，解放思想，真抓实干，巩固和发展“十二五”时期开局良好势头，努力推进粮油加工业发展方式的转变，为国家的粮食安全和人民群众生活水平的提高提供坚实的保证！

（本文为作者2012年5月30日在“全国粮油加工业暨主食产业化工作会议”上的讲话，略有删改）

总结成效　分析形势
扎实推进农产品质量安全监管工作

农业部总经济师　张玉香

这次会议的主要任务是，贯彻落实全国农业工作会议和全国农产品质量安全监管工作会议精神，总结“三品一标”成效，分析当前形势，部署下一步工作。下面，我讲三点意见：

一、肯定成绩，认清形势，切实增强做好“三品一标”工作的责任感和紧迫感

近年来，各级农业部门认真贯彻党中央、国务院的部署要求，紧紧围绕“两个千方百计”、“两个努力确保”的目标，提升理念、强化举措，推动农业农村经济工作取得了举世瞩目的巨大成就，粮食实现“八连增”、农民收入实现“八连快”，农产品质量安全水平稳步提升。在这个过程中，“三品一标”工作也取得了突破性进展，作出了重要贡献。

发展“三品一标”是适应现代农业发展和国内外市场需求，提升农业标准化水平，保障农产品消费安全的战略决策。党中央、国务院高度重视这项工作，连续多年将其写入中央1号文件。这些年，各级农业部门按照中央的要求，立足当地实际、积极采取措施，有力地推动了“三品一标”发展。

1. *总量规模稳步增长*　2011年全国已认定无公害产地6.7万多个，其中种植业产地4.1万多个，面积近0.58亿 hm^2，约占全国耕地面积的45%；认证无公害农产品近7万个，产品总量3.7亿t。绿色食品企业总数达到6 622个，产品总数近1.7万个。农业系统认证的有机食品企业1 300多个，产品超过6 000个。登记保护农产品地理标志产品835个。目前，“三品一标”产品总量已占全国食用农产品商品总量的40%以上，覆盖农产品及加工食品的1 000多个品种。

2. *质量安全稳定可靠*　近几年监督抽检结果显示，“三品一标”产品合格率一直保持在较高水平。2011年，无公害农产品抽检总体合格率为99.5%，比2010年高出1.4个百分点。绿色食品产品抽检合格率99.4%，比2010年提高0.5个百分点。有机食品抽检合格率99.2%。农产品地理标志连续多年重点监测农药残留及重金属污染，合格率一直保持在100%。

3. *品牌影响不断增强*　目前，70%以上的农业产业化重点龙头企业获得“三品一标”认证登记，规模化申报主体数量不断增多。在国内大中城市，50%消费者了解无公害农产品标志，对绿色食品品牌的认知度超过80%。许多省、直辖市已将“三品一标”证书作为农产品入市销售的便捷条件，部分大中城市已建立一批“三品一标”专销网点，越来越多的绿色食品、有机食品进入国际市场，2011年出口额超过25亿美元。

4. *功能作用日益明显*　“三品一标”的发展符合我国农业生产实际。截至目前，已制定产地环境、产品质量、投入品使用准则、质量控制规范等行业标准400余项，组织地方和生产主体制定并实施生产技术规程近9万项，有力推进了农业标准化。无公害农产品产地平均种植规模超过0.1万 hm^2，带动了规模化发展；绿色食品标准化原料基地面积超过0.067亿 hm^2，带动农户1 600多万户，每年直接增加农民收入近10亿元。

这些年，在推进“三品一标”发展中，积累了许多宝贵经验，其中有几点十分重要：一是坚持服务“三农”工作大局的指导思想，紧紧围绕农业标准化、产业化推动事业发展。二是坚持打造安全优质品牌的战略思路，树立公共品牌，引导安全生产和消费。三是坚持政府推动与市场拉动相结合的发展机制，合力推动“三品一标”良性发展。四是坚持立足实际、勇于探索的创新精神，不断为事业发展注入活力。这些经验，对于做好今后“三品一标”工作具有重要的指导意义，要继续坚持并不断加以丰富和完善。

在肯定成绩的同时，也应当看到，目前“三品一标”发展仍面临一些问题。从自身管理看，主要存在3个方面的问题：一是少数生产主体责任意识不强，诚信自律不够，违规使用农业投入品，导致产品存在安全风险和隐患；无公害农产品和地理标志农产品用标率过低，绿色食品和有机食品超期、超范围用标问

题相对突出。这尽管是少数生产主体的问题，但对整体的影响不容低估，必须高度重视。二是个别工作机构存在行为不规范、制度不落实、审查不严格、检查走形式、监管不到位的现象，一定程度上纵容了生产者违法违规行为，增加了产品质量风险。三是监管能力和手段跟不上。近年来“三品一标”产品数量快速增长，产地范围不断扩大，监管任务越来越重，但现有的人员、经费和手段都明显不足，越来越不适应发展的需要。这些问题，如不及时采取措施加以防范和解决，极有可能出现质量安全问题，损害品牌形象。

在当前新形势下，“三品一标”工作机遇与挑战并存。从发展环境看，一是各级政府越来越重视。2011年，国务院相继召开3次会议，对农产品质量安全工作作出安排部署。地方政府十分重视农产品质量安全监管，将“三品一标”作为一项重点工作进行部署、落实和考核。韩长赋部长最近也对“三品一标”工作作了重要批示。我们只有高度负责，扎实工作，才能不辜负各级政府的支持和重托。二是群众期望值越来越高。随着社会进步和人民生活水平提高，人们对农产品质量安全的要求已经趋于“零容忍”，对作为国家公共安全品牌的“三品一标”更是极为关注，不允许有丝毫瑕疵。我们只有严格把关，强化监管，才能无愧于人民群众对“三品一标”品牌的信赖和厚爱。三是风险关联度越来越大。近几年，因个别农产品出现质量安全问题而造成地区性、行业性损害的事件时有发生。“三品一标”产品一旦出问题，影响的将是国家公共品牌形象和政府公信力，其危害远比普通农产品大得多。我们只有及时排查隐患，消除风险，才能确保农业部党组提出的不发生重大农产品质量安全事件目标的实现。

从功能作用看，发展“三品一标”对提升农产品质量安全水平，推进现代农业发展的作用日益凸显。一是发展“三品一标”是建设现代农业的重要抓手。现代农业与传统农业相比较，更加注重数量、质量、效益相统一，更加注重经济效益、社会效益、生态效益相统一。“三品一标”坚持的是基地化建设、标准化生产和产业化经营，遵循的是现代农业的发展理念，追求的是安全、优质、生态、环保、可持续，是推动农业发展方式转变、发展现代农业的成功模式和有效载体。我们必须牢牢抓住“三品一标”这一重要抓手，不断扩大规模总量、提高产品质量和信誉度，坚持用品牌化引领现代农业发展。二是发展“三品一标”是促进农业增效、农民增收的迫切需要。“三品一标”通过抓标准、保质量、创品牌，具有快捷入市、顺畅销售、品牌信誉、优质优价等方面的综合优势，对于促进农业增效、农民增收具有重要作用，也是一个重要载体。各地农业部门一定要坚持以“三品一标”为平台，大力实施农业品牌化战略，不断提升农业生产性效益，促进农民增收。三是发展“三品一标”是促进提升农产品质量安全水平的现实途径。当前，我国农产品质量安全水平总体稳定、逐步向好，但风险隐患依然存在，在一些个别地区、个别品种上还比较突出，还必须下大力气从源头上加以解决。“三品一标”在制度规范、技术标准等方面有明显优势，通过引领农业标准化生产，强化全程质量控制，为提升农产品质量安全水平发挥重要作用。

总的看，“三品一标”工作任务更加艰巨、责任更加重大，容不得丝毫闪失。因此，我们可以作出这样的判断：“三品一标”已由相对注重发展规模进入更加注重发展质量的新时期，由树立品牌进入提升品牌的新阶段。我们召开这次会议，就是要释放这样一个明确的信号，实现工作重心和工作重点的适度转移。为此，“三品一标”工作机构必须进一步增强风险意识和责任意识，严格按照韩部长的批示要求，切实把工作重点转到质量监管上来，严格审查，严格监管。稍有不合，坚决不批；发现问题，坚决出局。全力确保产品质量安全，着力提升品牌公信力。

二、突出重点，强化监管，扎实推动“三品一标”持续健康发展

2012年是“十二五”承上启下的关键之年，全国农业农村经济工作“两个千方百计”、“两个努力确保”的目标任务已经明确，强调要持续提高农产品供给保障能力，为实现国民经济平稳较快发展提供基础保证，对“三品一标”工作提出了新的要求。韩长赋部长在全国农业工作会议讲话中指出，我们在工作的着力点上要突出巩固、加强、优化、改革，同时强调8个方面的重点工作。前不久，韩长赋部长又强调指出，农业农村经济工作的核心词是增粮增收、稳中求进。可见，做好2012年的农业农村工作、做好2012年的农产品质量安全工作、做好2012年的“三品一标”工作意义重大。国务院最近印发的《全国现代农业发展规划》，从推进农业标准化、增强农产品质量安全保障能力的高度，对“三品一标”发展进一步提出了要求。本月初，农业部又印发了《农业部关于进一步加强农产品质量安全监管工作的意见》，明确提出当前和今后一段时期，“三品一标”的工作重点是稳步推进认证，全面强化监管。近期农业部已经启动全国“三品一标”品牌提升专项行动，就是要以“着力强化产品质量监管，不断提升品牌公信力”为主

题，严格生产管理，严格产品认证，严格证后监管，强化退出机制，加强品牌宣传，推动“三品一标”持续健康发展。应该说，下一阶段“三品一标”工作目标和思路已经十分明确，在这里，我想再强调几点：

1. 严格要求，稳步推进发展　做好“三品一标”工作是维护农产品质量安全大局的需要，是推进现代农业建设的需要。各地要准确把握发展的重点和方向，统筹协调质量、速度和效益，做到好中选优，严字当头。无公害农产品，要牢牢把握“推进农业标准化、保障消费安全”这条主线，进一步加强对生产主体质量控制能力的把关，稳步推进发展，提升产品质量。绿色食品，要坚持高标准、严要求，提高认证门槛，走精品化路线，充分发挥品牌优势和市场竞争力，保持稳定的发展态势，不断提升产业素质。有机食品，一定要立足国情，因地制宜，重在依托资源和环境优势，在有条件的地方适度发展，满足国内较高层次消费需求，积极参与国际市场竞争。农产品地理标志，要坚持立足传统农耕文化和特殊地理资源，科学合理规划发展重点，规范有序实施登记保护，确保主体权益、品质特色和品牌价值。

2. 规范认证，严把入门关口　要树立认证也是监管的理念，通过认证登记，强化申报主体质量控制能力，确保产品质量安全和品质特色。要坚持“从严从紧、积极稳妥”的原则，进一步严格认证登记程序，在工作中突出把好3个关口：一是把好质量检测关。要规范检测工作行为，切实把好产地环境和产品质量检测两道刚性闸门。二是把好现场检查关。要加强对生产过程控制的检查，确保企业规范运行，严格落实标准化生产。三是把好材料审查关。要进一步规范审查行为，确保申报材料的规范性和有效性。这里必须强调一点，能不能把好各环节关口，是能不能落实各环节责任的体现。为保证把得实、把得住，有必要建立责任追究制度，实行责任追究管理，对不负责任的行为要坚决查处。

3. 加强监管，维护品牌公信力　要把证后监管摆在更加突出的位置，严格落实责任，狠抓4项工作：一要切实加大对获证产地产品的质量监测力度。目前看，“三品一标”有些产品监管覆盖范围还很窄、监测比例还很低。下一步，要前移重心，把“三品一标”产地环境和产品质量纳入各级农业行政部门例行监测范围，加大抽检比例和频率，坚决淘汰不合格的产地和产品。二要强化证后监督检查。以投入品使用管理为重点，督促企业落实质量控制措施、生产操作规程，建立健全生产记录档案。三要加强包装标识监管。进一步健全相关管理规范，把“三品一标”包装标识管理作为一项重点工作，力争用3～5年的时间，实现无公害农产品、地理标志农产品基本包装标识上市和可追溯管理。同时，要加强执法监管，严厉打击假冒行为，净化市场环境。四要积极探索诚信分级管理。力争用2年左右的时间，全面建立健全认证登记主体质量安全诚信档案，完善监督检查记录。根据信用等级实施分类管理，坚决淘汰失信企业，并将信誉低的企业作为重点监控对象，加大检查力度。

4. 强化服务，落实标准化生产　开展“三品一标”认证登记的过程就是推进标准化生产的过程，强化“三品一标”证后监管的过程就是服务标准化生产的过程。因此，我们的工作必须紧紧围绕农业标准化，不断强化3项服务：一要强化技术服务。加快制定一批确保农业投入品规范使用和产品质量安全的技术规程，及时指导基层集成转化为简明操作手册和明白纸，让农民看得懂、用得好。二要强化培训服务。构建部、省、地、县、乡上下贯通、层次分明的培训体系，依托阳光工程、现代农业产业技术体系、全国农产品质量安全监管示范县等项目资源，开展“三品一标”生产管理培训，把培训班办到田间地头，切实提高基地和企业质量控制能力和水平。三要强化信息服务。要将认证登记相关规定、标准、程序等业务信息上网公开，为申报企业提供及时、准确、有效的信息。

5. 科学宣传，指导安全消费　要系统、持续地做好宣传工作，为“三品一标”发展创造良好的社会环境。一要科学普及知识。各地、各部门要利用多种途径和平台，经常性、系统性地宣传“三品一标”基本知识和消费常识，消除部分民众对“三品一标”认识上的偏差，让全社会了解、支持、监督、推动“三品一标”工作。二要及时公开信息。要建立退出公告机制，对被撤销证书的产地和产品，要及时通过主流媒体发布公告，告知社会公众。对日常监督检查的结果，要及时报告和通报。对社会举报的违法违规行为，一经查实要及时做出回应和提醒消费。三要注意研判舆情。要重视媒体作用，把握信息传播规律，增强新媒体应用与交流能力。对舆论突发事件或不实报道，要高度警觉、准确研判，在第一时间作出反应，将事件处理在当地，把问题化解在源头。特别是涉及科学的问题，要十分慎重，要让专家有理有据地给公众讲清楚、说明白。

三、加强领导，强化措施，确保各项工作落到实处

“三品一标”工作已成为推进农业标准化，保障农产品质量安全的重要抓手，各级农业部门要全面加

强和落实各项推进保障措施，真抓实干，务求实效。

1. 加强组织领导 "三品一标"工作，具体要靠地方推动落实。各级农业部门要高度重视，加强领导，将"三品一标"纳入农产品质量安全整体工作中谋划、推进。加强与编制、人事、发改、财政等部门沟通协调，积极反映情况，主动争取支持。要按照农业部的总体要求，结合各地实际，认真研究提出加强"三品一标"工作的具体意见，制订工作方案，明确目标任务，细化工作措施。要深入基层，加强调查研究，及时解决工作中出现的问题。

2. 加强投入保障 各级农业部门要积极争取调整农业资金使用结构，安排长期的、稳定的专项资金投入，促进"三品一标"持续健康发展。同时，要创造条件，将农业生产性投资项目实施与"三品一标"发展有机结合起来，整合资源，形成合力。鼓励有条件的地方将获得"三品一标"认证登记的产品纳入地方财政补贴和奖励范围。

3. 加强制度建设 要进一步完善相关制度，优化工作程序，改进服务方式。认真研究重点产品实施强制性认证的模式和方法，探索无公害农产品省级认证审查、部级备案发证的改革试点。根据即将修订出台的《绿色食品标志管理办法》，进一步规范完善绿色食品认证管理制度和工作运行机制。不断调整、补充、修订一批检测目录、产品标准和技术规范，进一步完善"三品一标"标准体系。

4. 加强体系建设 加强基层体系队伍建设，是2012年农产品质量安全监管工作的重中之重。各地要结合乡镇农产品质量安全监管体系建设，把"三品一标"工作体系队伍建设一并纳入到农产品质量安全监管体系建设范围，在职能、人员和条件等方面予以加强，将工作队伍培养练就成为支撑和推动农产品质量安全工作的主力军。

最后，对全国"三品一标"品牌提升专项行动，我再强调三点：一要高度重视。农业部确定的"三品一标"品牌提升专项行动，绝不是一项阶段性的活动，而是"三品一标"工作的深化和拓展。各地要高度重视，精心组织，明确责任，强化措施，做到专项行动与业务工作同部署、同落实、同检查、同考核。要加强与相关部门沟通，争取支持，增加专项行动经费。农业部将适时组织督查组对各省落实情况进行检查，并将结果予以通报。二要狠抓落实。各地要通过"三品一标"品牌提升专项行动的开展，切实加大监管检查力度，杜绝形式主义。要坚决退出一批不符合标准或有安全风险的产地和产品，坚决清理一批不合格包装标识，坚决查处一批违法违规主体，切实巩固来之不易的发展成果。三要及时总结。在专项行动实施过程中，各地要注意及时总结进展成效、典型经验，积极探索建立确保"三品一标"健康发展的长效机制。加强"三品一标"工作，从而推进农产品质量安全工作，是时代的要求，人民的期盼，我们从事的是一项光荣而重要的事业。目前，"三品一标"已步入了一个新的发展阶段，加强"三品一标"工作已经成为我国农业农村经济工作的一项重要任务，影响越来越大，关注度越来越高。全国工作系统要在农业部党组的正确领导下，在地方各级政府的统筹协调和大力支持下，紧紧把握工作的阶段性特征，积极转变工作思路，进一步开创工作新局面，为保障和提升农产品质量安全水平，推进现代农业建设作出新的、更大的贡献。

（本文为作者2012年3月29日在"全国'三品一标'工作会议"上的讲话，略有删改）

我国主食加工业发展现状特征和思路对策

农业部农产品加工局局长 张天佐

今天在这里召开主食加工业发展论坛，主要目的是分析、交流全国主食加工业发展情况，深入研讨我国主食加工业发展方向和战略，进一步凝聚共识、营造环境，促进主食加工业健康发展。下面，结合主食加工业发展，我重点介绍、交流四方面的情况：

一、主食发展变化的基本特征

主食是人类赖以生存的基本需求，在历史的长河中，人们对主食的认识在不断的深化和调整，随着经济的发展和社会的进步，主食的概念也在不断完善和升级之中。目前，大家对主食的概念已经取得了基本共识，即：一般是指供应人们一日三餐消费、满足人体基本能量需求和营养摄入需求的主要食品。就我国国情而言，改革开放之前，农业生产能力不足，温饱问题还未很好的解决，主食的概念主要强调温饱功能，营养摄入需求往往被忽视，对主食的理解也仅仅停留在馒头、包子、饺子、面条、米饭等传统的谷物主食上。实际上，能够满足营养摄入需求的，大量是谷物之外的畜禽、水产品、果蔬等食品，却长期被排除在主食之外，并冠以“副食”头衔。改革开放以来，随着经济的发展和社会的进步，以农业持续增产和农产品极大丰富为标志，主食更加强调营养的摄入和均衡，过去处于从属地位的“副食”也逐步转正为“主食”，现代主食概念和消费理念逐渐形成。可以说对主食的认识和实践，呈现出划时代深刻变化。

1. 主食的内涵和外延发生了巨大的变化　主食已经从仅强调满足人们的能量需求，向既注重满足人们的能量需求，又注重营养摄入需求转变；从仅重视馒头、面条、饺子等传统谷物主食，向既重视传统谷物主食，又重视畜禽、水产品、果蔬等营养主食转变。据分析，一个人一日三餐，谷物主食比改革开放前总量要下降50%左右，营养主食增加3倍左右。

2. 主食的消费方式发生了巨大变化　近年来，随着我国人民生活水平的逐步提高、生活节奏的不断加快、户均人口的逐步减少以及食物消费理念的转变，主食消费方式正在发生着快速变化，传统主食正在从家庭自制为主向大量依赖社会化供应转变。据典型调查，城市约70%、农村40%的谷物类主食依赖于市场采购，方便、快捷、营养、安全、卫生成为主食消费的科学理念，大型食品超市中各类预制、调理制品及菜肴等营养主食的销售旺盛。

3. 主食生产、供给方式发生了巨大变化　在消费需求拉动下，我国主食加工业发展迅速，工业化主食逐渐走上大众餐桌，主食产业正在向专业化生产、商业化配送、产业化经营的方向迈进，近些年，涌现出了一批知名品牌、规模企业、营销模式和创新业态。巨大的需求空间，蕴藏着巨大的产业发展空间，据测算，仅国内米面制品主食从加工到装备制造、物流，就可达到1万亿元的产业规模。

可以说，主食消费方式的发展变化，为我国主食加工业的发展提供了重大机遇。尽快实现主食生产的工业化、主食供应的社会化、主食营养的多样化、主食消费的便利化成为经济社会发展的客观要求，成为广大民众的迫切期望。

二、我国主食加工业发展的现状

主食加工业的发展是与人们的收入水平和生活方式密切相关的，近年来我国主食加工业不断适应收入的新变化和生活的新要求，实现了较快发展，逐渐成为农产品加工业中极富潜力和前景的新增长点。呈现了5个特点：

1. 主要行业发展较快　其中，方便食品制造行业，2010年规模以上企业现价总产值达到近2 000亿元，是2005年的3倍，名义年均增长超过25%。受大众消费习惯调整的拉动，米面制品加工的增长最快，名义年均增长39%，总产值占方便食品制造的比重提高了12个百分点；速冻食品加工名义年均增长达到30%，远高于全球年均9%的增长速度。有关数据显示，目前粮食类工业化主食产值已经超过1 000亿元。

2. 主要行业效益及经营情况良好　2010年方便食品制造行业，规模以上企业获利能力大幅度增长，实现利润比2005年提高5倍，利润名义年均增长42%。同期，产销率达到98.5%，比食品制造行业平均产销率高1个百分点以上。

3. 产业集聚趋势初步显现　各地以农产品生产和消费市场为依托，推进主食加工业集聚发展。在河南、山东、四川、河北、湖南、山西等农产品资源大省，逐步形成资源集聚型主食加工业，如在方便食品制造行业，河南总产值超过全国总量1/4，居全国第一位，仅在郑州周边就集聚了思念、三全、白象、多福多等一批品牌企业。在天津、广东、北京、上海等城市化进程较快的地区，逐步形成市场集聚型主食加工业，如北京的旗舰、嘉和一品等品牌企业，探索了主食加工的业态创新。

4. 经营主体实力和活力不断增强　主食加工企业生产能力和规模持续提升。方便食品企业2010年平均实现总产值1.4亿元，是2005年的1.7倍；人均创造的年产值达到近59万元，是2005年的2.3倍。私营企业数量增长最快，规模以上私营企业数是2005年的2.5倍，占全行业企业比重提高了15个百分点；国有及控股企业个数呈下降趋势，减少约29%。

5. 行业领域逐步明晰　主食加工业不断顺应消费新变化，涵盖的行业领域逐步清晰。目前，在国民经济分类中，主食加工主要涉及食品制造业和农副食品加工业两大行业。第一，在食品制造业中，包括方便食品制造、米面制品制造、速冻食品制造、方便面及其他方便食品制造等，基本涵盖了主食加工中的传统米面制品的加工产品（包括馒头、包子、饺子、油条、面条、米粉等，以及配餐等米面调理制品的加工产品）。第二，在农副食品加工业中，包括肉类加工、水产品加工、蔬菜加工、其他农副食品加工等，可以涵盖肉类、蔬菜等主食加工（主要包括肉类、蔬菜及生制或熟制菜肴等调理制品加工产品）。

目前，我国主食加工业发展的基本格局已经初步形成，具备了加快发展的基础条件。

三、发展主食加工业的重要意义

我国是农业大国，但并不是农业强国。农产品加工业的产值与农业产值之比只有 1.8∶1，远低于发达国家 3∶1～4∶1 的水平，农业的综合效益还远未挖掘出来。主食加工业是上游连“三农”，下游惠民生的基础产业，在“稳增长、调结构、惠民生”中具有重要作用，前景和潜力不可低估。

1. 发展主食加工业是促进农产品加工增值，实现农民持续增收的重要途径 近年来，我国农业持续丰收，粮食、肉类、水产品等主要农产品产量已位居世界首位，农业发展逐步由数量增长向提高质量效益转变。通过延长产业链，促进农业增效、农民增收的要求日益迫切。发展主食加工业，可以延长农业产业链，对促进农产品增值和实现农民增收作用十分明显。据测算，农产品加工成主食制品，一般可以实现 2～4 倍的加工增值，并可带动农民直接或间接增收。实证数据显示，一个大型速冻主食品加工企业（年产 28 万 t），每年加工消耗的农产品原料，可以带动 2.7 万 hm^2 以上的种植规模、60 万头的生猪饲养规模，相当使 40 万农民年均增收 500～800 元；企业可直接吸纳农村劳动力近万人就业，人均年收入可达 2 万元左右。有关专家算了一笔账，目前在河南省每年有 1 000万 t 小麦转化为主食制品，其增值能力是面粉的 3～4 倍，可带动 100 多万人就业，增加约 800 亿元的产值。可以说发展主食加工业将是解决“三农”问题的现实途径之一。

2. 发展主食加工业是促进消费升级，满足日益增长消费需求的必然选择 目前我国人均 GDP 已经超过 5 000 美元，消费结构变化明显，城乡居民对农产品及食品的消费需求，呈现出多样化、方便化、营养化、安全化等新特点，对农产品的需求开始由直接消费向间接加工食品消费转变，对工业化主食品的需求已经进入了一个快速的增长期。这种阶段性特征在国内市场中的表现得极为抢眼，在食品超市货架、柜台，各类生制或熟制、常温或冷藏等谷物或菜肴主食受到广大消费者的青睐，特别成为上班一族或年青一代满足“舌尖”需求的重要选择。

3. 发展主食加工业是促进食物安全，规范主体行为的重要措施 当前我国主食加工的规范化、标准化、现代化水平低。有关数据显示，发达国家居民消费的食物中，工业化食品达到了 70%～90%，而我国仅达到 15%～20%，绝大部分主食的加工、供应以小作坊、小摊贩为主，甚至不乏有部分是黑窝点加工的产品，经营不规范，主食的安全、卫生无法保证。据专家分析，从事面制主食加工的经营主体，80%是作坊式小企业，其中有部分属于无照经营。许多主食产品长期停留在作坊式制作的水平，标准和技术规程缺失严重，技术、工艺、装备研发滞后。亟待用工业化理念，规范、引领主食加工业发展，逐步实现主食加工产品的标准化、操作的规范化、技术的现代化、组织的制度化。

4. 发展主食加工业是促进结构调整，提高行业竞争力的迫切需要 目前，我国主食加工行业面临的最突出的问题，就是城乡居民日益增长的主食消费需求与主食加工业发展滞后的矛盾。除总量外，产业结构、产品结构不合理，也制约了行业快速发展。从产业结构看，米面制品及方便面等谷物主食加工比重较大，年产值占方便食品年产值近 80%；速冻食品及畜禽水产品调理制品，以及鲜切菜等蔬菜调理制品、生制或熟制菜肴调理制品等营养主食比重还很低。从产品结构看，一般产品多，中高档产品少，如挂面，中高档产品仅占 7%，绝大多数是普通产品；馒头，多数是小作坊生产的，工业化的产品少。亟待加快适应城乡居民主食消费需求变化，加大结构调整力度，提高行业竞争力。

综合判断，未来一段时期，主食消费能力迅速提高，主食消费市场日趋成熟，需求拉动效应明显增加，主食加工业将迎来持续向好的发展黄金期，前景十分看好。

四、推进主食加工业发展的思路对策

“十二五”及今后一段时期，是我国全面建设小康社会的关键时期，实现主食消费的全面小康是其中的应有之义。加快主食加工业发展是我国经济社会发展中不容回避的重大课题，在城镇化、工业化和农业现代化同步推进过程中，实现主食加工业现代化是一个重要环节。农业部高度重视主食加工业工作，在充分调研和论证的基础上，2012 年初，决定在全国实施主食加工业提升行动。实施主食加工业提升行动，一个重要目的，就是在全社会逐步树立现代主食加工及消费理念，营造良好发展环境，加强政府推动，引导社会主体参与，促进主食加工业的规范化、标准化、现代化建设，逐步提升我国主食加工业发展水平。这次利用“农洽会”的平台，举行了主食加工业提升行动的启动仪式，公布了第一批全国主食加工业示范企业，开展了主食加工技术、装备和产品的展示推介活动，召开了发展论坛。这是主食加工业具有里程碑意义的大事，全国农产品加工、乡镇企业系统，要充分认识发展主食加工业重大意义，认清形势，加强引导，整合资源，形成合力，加快推进。

基于我们的深入思考和认真谋划，我提出推进主食加工业发展的思路对策，与各位嘉宾和代表做一个分享。概括起来可以简称为“1234”的基本路径。

“1”就是实施好一个行动。即主食加工业提升行动。2012年开始启动四省、自治区的试点，在积累经验、总结实践基础上，逐步扩大提升行动的实施范围。

“2”就是明确两个目标。即一个目标是促进农民持续增收；另一个目标是满足城乡居民日益增长的消费需求。通过这两个目标，以适应广大人民群众从吃饱到吃好、吃得营养、吃得方便、吃得放心的新期待，促进农产品加工增值和消费升级。

“3”就是取得三项成效。即一是在优势农产品产地，培育主食加工产业集群，建成一批水平高、带动力强的主食加工示范企业和主食加工产业集聚区，尽快形成一批主食加工精品、名品。二是在主食加工产学研领域，研发、推广、应用一批技术创新成果，提高我国主食加工业的技术装备水平。三是在主食产加销领域，促进产加销各主体的互动和对接，尽快形成一批主食加工业战略合作联盟。

“4”就是采取4项措施。这四项措施是：

①积极营造发展环境：主食的生产和消费作为一项群众关心、社会关注的民生工程，政府部门有责任、有义务加以积极推进，加强政府推动的首要任务就是为主食加工业发展营造良好的环境。一要积极落实、协调有关政策。认真贯彻工业和信息化部、农业部联合制定印发的《粮食加工业发展规划（2011—2020年）》，推进主食加工业相关政策措施落实。加强财政、税收、金融等方面扶持政策研究，配合税务部门加快推进实施统一主食加工产品的进销项税率，对适宜纳入农产品初加工范围的主食加工产品，争取税收优惠政策；支持探索金融产品创新，开展证券融资培训，促进企业多渠道扩大融资。二要加大宣传、推介，充分利用展示、交流和各类媒体平台，加大宣传、推介，不断扩大影响，逐步树立现代主食消费理念，培育主食加工产品消费群体，引导社会主体进入主食加工业行业，促进主食加工业做大做强。三要形成工作合力，促进主食加工业发展是一项系统工程，涉及国家及地方的有关部门，要积极争取发改、工信、商务、科技、财政、税务、土地等部门的支持，充分发挥各方面的积极性和优势，形成多方联动、共同推进的工作合力。

②大力强化公共服务：一要加强主食加工业研发体系建设，充分调动产学研各方面的力量，加强主食加工业技术研发公共服务平台建设，开展主食加工关键技术研发的协作攻关，积极引导相关科研单位、大专院校建立、健全主食加工业学科，逐步建立健全主食加工业专家咨询制度，促进主食加工业共性关键技术、装备的研发、集成、推广。分领域或专题组织开展相关技术的推广、对接活动。二要促进主食加工产品的市场发育，积极倡导产消对接、企市对接，实现生产与消费、企业与市场良性互动，支持举办全国性或区域性的主食加工精品、名品的展示推介活动，总结、推广主食加工产品营销模式。三要加强职业培训，主食加工业，可以说既是民生产业，又是道德产业，关系到人民的身心健康和消费安全，对从业人员无论从技能上，还是基本素质上均有较高的要求，要加强重点工种培训规范的研究、制定，积极引导开展职业培训，提高从业人员基本素质和专业技能。

③积极引导优化布局：主食加工业必须以资源优势和市场优势为依托，面向城乡居民广泛的消费需求，加强合理布局。一要加快主食加工业主体培育，引导企业加快技术改造和产品升级，加强企业管理，发展集约经营，培育一批主食加工业示范企业。二要加大资源整合，促进产业集聚，大力发展主食加工业产业集群，建设一批农产品产地导向型和主食消费市场导向型的产业集群，通过集聚发展，实现资源的有效整合、生产要素的合理配置。三要促进产业转移和承接，随着劳动力、土地、能源、原料等要素逐渐趋紧问题凸现，主食加工业与国内的许多行业一样，面临产业梯度转移和承接，要突出特色优势产业，加强区域分工、协作，优化生产能力布局，各地要加强产业转移和承接的服务，促进区域间技术、产品、资金、人才、劳务、信息等方面合作与交流，特别要加快提升县域经济承接主食加工业的能力，把县域逐步打造成保障城乡居民消费的主食加工产业基地。

④不断规范行业发展：一要建立完善主食加工业标准体系，加强我国主食加工标准、生产操作规范的研究，梳理、提出标准体系框架，促进相关产品生产标准、检验方法标准和生产操作规范的制定、完善。积极引导企业编制一批高水平的企业标准，将一批成熟的企业标准尽快上升为行业标准。二要引导企业加强主食加工全程质量控制，落实食品安全主体责任，

加快推行良好生产操作规范（GMP）、危害分析与关键点控制和ISO质量管理与控制体系，鼓励企业开展相关认证。三要引导企业实施品牌战略，推进质量振兴，加快培育自主品牌，为自主品牌主食产品的研发、加工、流通等环节创造条件、提供便利，不断提高自主品牌产品的市场竞争力和占有率。

当前，主食加工业发展面临极为有利的形势和环境，只要我们的发展思路明确，采取的措施得力，就能在未来的发展中取得主动权。可以相信，有各级政府及有关部门的大力支持、社会各界的合力谋划、广大企业的努力奋进，我国主食加工业发展必将有一个光辉、美好的前景。

（本文为作者2012年9月6日在“2012年主食加工业发展论坛”上的讲话，略有删改）

全国质检系统食品安全监管情况

国家质量监督检验检疫总局食品生产监管司司长　郭文奇

根据会议安排，下面我简要汇报一下2011年食品生产监管工作情况和2012年的打算。

一、2011年主要工作

2011年，全国食品生产监管战线广大干部职工，在国家质量监督检验检疫总局党组正确领导下，紧紧围绕国务院2011年食品安全重点工作任务，全面贯彻落实“抓质量、保安全、促发展、强质检”的十二字方针，着力破解“12个如何”，重点突出了“四抓四重”4个方面的8项工作。

1. 抓重点，全面启动了五类重点产品的专项整治　根据国务院统一部署，在总局党组领导下，组织开展了全国乳制品、食品添加剂、酒类、肉制品和食用植物油等重点产品的专项整治。按照支树平局长提出的“看得重、抓得实、管得严、打得狠”的总体要求，对这些量大面广、风险度高的重点食品集中进行了清查摸底，风险监测，监督检查，对问题企业严打重处。全年，全国质监系统共出动监管人员123.54万人次，检查了各类食品和食品添加剂生产企业143.9万个次，发现并处理了问题企业14.3万个次，有效遏制了食品生产加工环节违法违规行为。

2. 抓焦点，妥善处置了大量食品安全突发事件　2011年，各级质监部门全力以赴、排查隐患，妥善及时地收集处理了1 400多起舆情信息、1 500多件信访投诉和公众留言。科学有效地处置了昌黎葡萄酒、台湾塑化剂、强生婴儿洗发水、问题乳粉、染色馒头、瘦肉精、地沟油和蒙牛黄曲霉毒素M_1等多起重大的食品安全事件，有效控制了事态发展，避免和消除了社会恐慌，维护了经济社会的和谐稳定。

3. 抓防控，进一步加大了风险监测工作力度　全年，各级质监部门都加大了风险监测力度，仅国家质量监督检验检疫总局就检测了115 525个风险监测样品，同比增加了82.4个百分点。在财政部门的大力支持下，对乳制品风险监测工作首次开展了“三全五查”，加大了风险监测工作的力度，增强了风险监测工作的科学性和针对性，提高了食品生产加工环节风险控制能力。

4. 抓提升，集中打了一场乳制品企业重新审核攻坚战　2011年初，根据国务院要求，举全系统之力对全国1176个乳制品生产企业进行了重新审核，淘汰了一批生产条件差、质量安全保障能力低的乳制品企业，淘汰率达40.4%。通过重新审核的701个企业共投入44亿元资金进行了生产条件改造和检测设备添置。为确保重新审核成果，国家质量监督检验检疫总局还组织了“回头看”和“回顾性”检查，对重点区域进行了督导，使乳制品行业的质量安全保障能力得到了明显提高。

5. 重规范，逐步促进了企业主体责任的落实　为了进一步落实食品生产企业的质量安全主体责任，一年来，全系统通过完善监管制度，开展监督检查、风险监测、企业约谈、加强宣传等多种措施，督促食品生产企业不断完善质量安全控制制度，依法持续保持规范的生产条件和生产行为，使企业质量安全主体责任意识大幅度提高，进一步促进了食品安全生产基础的夯实。

6. 重基础，着重推动了基层食品生产监管能力的提升　深入推进“一转变、五加强”工作，先后召开了5次片区工作会，深入省、市、县3级的34个基层单位进行了调研指导。各省、直辖市都不同程度的调整充实了食品监管队伍、增加了食品监管经费，提升了检验检测能力。国家质量监督检验检疫总局举办了首期全国食品质量安全培训班，各省、自治区、直辖市也相继开展了不同规模的食品监管业务培训，提高了基层监管人员的素质和能力，进一步促进了食品生产监管基础的夯实。

7. 重长效，不断完善了食品生产监管制度体系　结合食品安全监管的新形势、新任务，加大了法规和规范性文件的废、改、立工作。国家质量监督检验检疫总局组织制定、起草了《食品生产加工环节风险监测管理办法》《化妆品生产质量监督管理办法》《食品容器和包装材料制品生产许可通则》等十几个规章和技术文件，增强了食品生产监管工作的科学性、系统性和长效性。

8. 重宣传，积极推动了社会共治格局的形成　根据国务院食品安全委员会的要求，组织开展了食品安全宣传周的系列活动。并以宣传周为契机，深入开展了质检邀您看企业·食品安全大家行活动。国家质量监督检验检疫总局和省局各级领导还接受了央视《对话》栏目、《人民日报》、《经济日报》等主流媒体的采访，并在国家行政管理学院省部级领导食品安全培训班等重要活动中进行了宣讲，大大提升了食品安全监管工作的社会关注度，增进了社会各界对质监部门工作的理解和支持，推进了全民共管、社会共治有利格局的形成。

2011年，全国食品生产监管战线的广大干部职工紧紧围绕国家质量监督检验检疫总局党组“抓质量、保安全、促发展、强质检”的十二字方针，积极奋进，勇于担当，忍辱负重，攻坚克难，各项监管工作有序开展，监管责任逐步落实，监管水平大幅度提高，没有出现区域性、系统性、行业性的重大食品安全事故，食品生产企业主体责任意识明显增强，社会各界对食品安全监管工作的关心、理解和重视程度不断上升，食品生产加工环节质量安全形势稳定向好。但是，我们也应当清醒地看到，我国食品质量安全形势依然严峻，生产领域违法违规行为还大量存在，甚至重复反弹，食品安全形势根本好转还任重道远。我们的自身工作中也还存在着思想认识不到位、工作落实不到位、应对处置不到位、科普宣传不到位等诸多不容忽视的问题，有待我们在2012年的工作中逐步加以解决。

二、2012年工作安排

2012年，我们要在国家质量监督检验检疫总局党组的坚强领导下，认真贯彻落实全国质检工作会议、国务院食品安全办公室主任会议精神，以“抓质量、保安全、促发展、强质检”的十二字方针为指导，重点做好“五抓、五严、两推、四建”4个方面的16项工作。

（一）在抓质量方面，开展“五抓”，提升质量水平

1. 抓企业责任落实　建立和完善企业履责约谈报告制度，召开食品生产企业履责推进会，进一步督促企业定期提交质量安全工作报告，完善相关的质量管理制度，明确质量安全关键岗位责任，努力规范生产行为。同时，组织推广大型食品企业，特别是乳制品生产企业法人集体约谈、公开约谈等工作，提高企业质量安全意识，促进企业质量安全主体责任的全面落实。

2. 抓企业人员培训　2012年，我们将组织开展对大型食品企业，特别是乳制品企业法人、质量安全责任人和检验人员的培训。并要求食品企业制订员工培训计划，分层次对企业员工组织培训，切实提高食品生产企业从业人员素质，提高企业质量安全控制水平。

3. 抓监督检查　各级质监部门要根据本地区的重点食品、重点企业和重点区域制订监督检查计划，合理确定监督检查频次和范围，查找企业生产管理的薄弱环节，提出改进措施，督促企业完善管理制度，提高企业的社会责任意识和质量安全意识。开展同类企业法人或质量安全负责人的交互检查，鼓励企业之间相互学习先进经验的试点工作，共同促进行业的发展提高。

4. 抓诚信体系建设　按照工业和信息化部的企业诚信体系建设的相关要求，配合有关部门，建立完善企业信用档案和电子信息记录系统，实行信用信息动态管理；建立完善诚信评价机制，科学设置评估项目及评判标准，实施信用分级管理，进一步增进企业诚信意识，推进社会诚信体系建设。

5. 抓宣传引导　继续开展“食品安全宣传周”、“质检邀您看企业·食品安全大家行”等法律法规、监管工作和食品安全知识的宣传活动。进一步增强监管工作的公开性和透明度，树立质监部门履职尽责、监管为民的良好形象，增进社会各界对食品安全监管工作的理解和支持，推动全民共治，齐抓共管格局的形成。

（二）在保安全方面，落实“五严”，保障食品安全

1. 严格专项整治　根据国务院的部署，继续开展乳制品、食品添加剂、酒类、肉制品、食用植物油等重点食品的专项整治工作。各级质监部门也要结合本地区、本部门的工作实际，将与群众生活密切相

关、消费量大的地域性特色食品也纳入整治范围，加大对重点产品、重点企业和重点区域的整治力度，有效遏制食品安全事件的多发势头。

2. *严格风险防控* 科学制订风险监测计划，重点突出对乳制品的“三全五查”严格风险防控及对非法添加非食用物质和滥用食品添加剂的风险监测。各级质监部门，要结合本地重点工作，参考国家质量监督检验检疫总局监测计划开展本地监测工作。要进一步研究风险监测的工作机制，规范工作程序，完善风险信息通报和分析研判制度，力争“早发现、早报告、早预警、早处置”，着力避免风险隐患引发系统性、区域性和行业性问题，提高风险防控和处置能力。

3. *严查违法生产* 各级质监部门要坚持“严”字当头，从严监管的指导思想，严格按照“四个必须”、“五不放过”的要求，加大违法违规行为的查处力度，始终保持“看得重、抓得实、管得严、打得狠”的打击违法犯罪高压态势。

4. *严格生产许可* 2012 年，要继续巩固乳制品重新审核的成果，对重新审核情况再次进行检查，对不能持续保持生产许可条件的乳制品企业，要依法依规从严处理。同时，要借鉴乳制品重新审核工作的经验，研究确定一批重点食品，修订生产许可审查细则，提高准入门槛，完善许可条件，提高企业质量安全保障能力。

5. *严格查处重大案件* 全系统要继续加大案件查处力度，健全快速反应机制和与相关部门的配合通报机制。加强对大案、要案的督查督办，对不属于质量技术监督职责范围内的案件，一律及时移送有关部门处理；对已确认的案件线索，要立即向公安等部门通报，提请有关部门及早介入，并配合做好调查取证工作，坚决杜绝以罚代刑、有案不移，确保案件及时、有力查处。

（三）在促发展方面，实施“两推”，促进区域发展

1. *推进区域性综合治理* 按照“打与治、治与扶、扶与建”相结合的原则，在地方政府的领导下，确定本辖区 2012 年的食品安全重点区域，出重拳、用重典，开展综合治理，促进经济社会的和谐稳定。

2. *推进食品示范区建设* 继续深入抓好食品生产示范园区和产业园区的建设工作。严格食品源头管理，提高企业的核心竞争力，落实企业质量安全主体责任，促进区域经济的健康发展。

（四）在强质检方面，狠抓“四建”，强化自身建设

1. *建立健全规章体系* 结合《中华人民共和国食品安全法》等法律法规和食品生产加工环节监管实际，特别是国办 48 号文件的落实工作，进一步梳理完善现行的与《中华人民共和国食品安全法》配套的规章和规范性文件，做好废、改、立工作，增强监管工作的科学性和实用性。

2. *建立完善应急制度* 修订《国家质检总局食品突发事件应急预案》，建立食品质量风险监测体系，完善食品安全突发事件应急程序，组织进行地域性食品安全事件和系统性食品安全事故的应急演练，提高全系统快速响应、快速研判、及时处置、科学发布、全面应对的能力。

3. *健全检验监测体系* 进一步规范食品检验监测行为，建立和完善检验监测机构管理制度，明确检验监测机构的权利义务和责任，促进检验监测工作的规范性，更有效地发挥检验监测机构对食品生产监管工作的技术支撑作用。

4. *健全责任追究制度* 要继续推进“一转变、五加强”工作，进一步强化层级责任的落实。要继续举办食品质量安全工作培训班及相关业务研讨班，对基层一线食品监管人员进行业务培训。要配合纪检监察部门加强食品监管履职督查，对工作中的失职渎职、玩忽职守等违法违纪行为，坚决一查到底，依法依纪追究责任。

2011 年，在国家质量监督检验检疫总局党组的正确领导下，在全国食品生产监管战线广大干部职工的共同努力下，生产加工环节食品安全监管工作稳中求进，取得了可喜的成绩。2012 年，我们将继续按照国家质量监督检验检疫总局党组“抓质量、保安全、促发展、强质检”的总体要求，积极推进“五抓、五严、两推、四建”4 个方面 16 项重点工作，全面促进食品生产监管工作稳定向好的发展。

（本文为作者 2012 年 1 月 10 日在“全国质检系统食品安全监管工作电视电话会议”上的讲话，略有删改）

总结经验 突出重点 推进肉菜流通追溯体系建设

商务部市场秩序司司长 常晓村

今天，我们在这里召开座谈会，交流肉菜流通追溯体系建设试点工作，介绍了进展情况、存在问题和工作经验，也提了很好的意见和建议。从各位发言中，我们也感到，与2011年相比，大家对肉菜追溯工作的认识更深入，对问题的把握更准确，工作思路也更清晰，听了很受启发。下面，我讲几点意见：

一、肉菜流通追溯体系建设试点取得新进展

2011年7月北京会议以来，大家认真贯彻落实会议精神和姜增伟副部长讲话要求，狠抓关键环节，努力攻坚克难，开拓进取，试点工作取得了新的进展。在首批城市中，目前上海、成都、杭州、宁波、无锡、青岛、昆明等地追溯体系已投入试运行，并与中央平台对接，上传数据2600多万条。第二批城市中，济南已完成系统集成招标，合肥、南昌、哈尔滨、银川已发布招标公告，其他城市近期也将陆续开始招标。在落实试点任务的同时，经过大家共同努力，也争取到了较好的政策环境。中央层面，肉菜追溯写入了《中共中央、国务院印发〈关于加快推进农业科技创新持续增加农产品供给保障能力的若干意见〉》（中央1号文件）和国内贸易、蔬菜产业、食品安全监管体系等多个国家级“十二五”规划，以及国务院办公厅《关于加强鲜活农产品流通体系建设的意见》等重要文件。财政部连续3年安排专项资金。各试点城市也将追溯体系列入政府为民办实事项目，落实了配套的建设和运行维护资金。当然，客观来看，这项工作还存在很大难度，主要反映在：一是招标进展总体缓慢。目前，首批城市中，南京和重庆还未完成招标。二是部分企业和经营者不积极，有的还有抵触情绪，不愿意使用电子秤。三是部分地方流通基础设施较差，进行改造的工作量大、成本高。四是部分专用设备技术性能还不稳定，不能完全适应追溯需求。所有这些问题，都需要认真研究并加以解决。

二、抓好2012年肉菜流通追溯体系建设的工作重点

“十二五”时期是全面建设小康社会的关键时期，也是深化改革开放、加快转变经济发展方式的攻坚时期。适应“十二五”经济社会发展趋势，服务小康社会建设大局，是开展肉菜追溯工作必须牢牢把握的战略要求。总体看，我们面临以下有利条件：

第一，随着小康社会进程的推进，人民群众生活水平逐步改善，对食品安全的要求也会越来越高。国民经济“十二五”规划和前不久召开的中央经济工作会议提出，要把保障和改善民生放到更加突出的位置。我们建设追溯体系，就是要运用信息技术，提高流通环节食品安全保障能力，推动解决食品安全问题。这为做好肉菜追溯工作提供了强大动力。

第二，城镇化加速发展。据统计，2011年底，我国城镇人口达到6.9亿，占总人口比重为51.27%，首次超过农村人口。据专家估计，“十二五”时期，城镇化率还将以每年超过1%的速度增长，城镇人口每年要增加2 000多万人。城镇化水平的不断提高，为肉菜追溯工作提供了更广阔的空间。

第三，流通基础设施建设力度不断加大。2011年底，国务院办公厅印发《关于加强鲜活农产品流通体系建设的意见》。2012年中央1号文件又以推进农业科技创新为主体。2012年上半年，国务院还将召开全国流通工作会议，部署加快流通产业发展。这对肉菜追溯工作而言，都是利好消息，应该很好把握。

2011年，商务部印发了《关于“十二五”期间加快肉类蔬菜流通追溯体系建设的指导意见》，明确了“十二五”期间肉菜追溯工作的总体目标和主要任务。其总体目标有3个方面：一是到“十二五”末，要建立起完善的追溯制度标准体系，全面提升肉类蔬菜经营规范化、现代化水平。二是基本建成以中央、省、市3级平台为主体，全国互联互通、协调运作的追溯管理网络。三是初步建成覆盖全国百万人口以上城市及大型产地或集散地批发市场，生产与流通有效

衔接的肉类蔬菜流通追溯体系，并逐步扩展到其他农产品。围绕“十二五”总体目标，2012年要重点抓好以下工作：

1. *加大工作力度，确保两批城市全面完成试点任务* 这是2012年的一件大事，必须抓紧抓好、抓出成效。总体上，首批城市要在6月底通过考核验收，第二批城市要在10月底通过验收。各地要按照这一要求，加大统筹协调力度，倒排“时间表”，将任务分解并落实到人，确保按时完成规定的试点任务。目前还未完成招标的城市，尤其要加快进度。我们将根据各个城市进展情况，采取有针对性的督导措施。近期，就要对首批城市进行初步评估，评估结果将予以通报，并抄送试点城市政府。对于进度严重滞后的，将视情况取消试点资格。明天，首先从无锡开始评估。

2. *扩大试点范围，初步形成覆盖全国的追溯网络* 2012年，将视情况再选择十多个城市，开展第三批试点。争取覆盖有条件的直辖市、计划单列市和省会城市，初步形成与全国大市场、大流通格局相适应的全国性网络架构。每个省可以推荐一个地级以上城市，要求城区人口百万以上，年财政收入东中部100亿元、西部50亿元以上。关于申报的具体条件、时限及其他要求，财政部、商务部下发了申报指南。

3. *完善工作体制，强化追溯体系运行管理* 追溯体系从建设时起，就要对运行问题统筹安排。一是要建立以中央、省、市3级平台为主体，上下贯通、协调运作、功能互补的追溯管理工作体制，形成一支稳定的运行维护队伍。借助这样一个信息化的监管渠道和手段，商务部和各省商务部门对各个试点城市、各个流通节点追溯体系运行情况进行全过程动态监管。二是要建立完善的运行考核管理制度。商务部将制定专门的运行考核办法，确定科学的考核评价指标，加强对试点城市追溯体系运行考核。各地也要根据当地实际情况，建立完善的运行管理、软硬件维护、人财物保障等机制，保证追溯体系有效运行。

4. *加强部门衔接，探索推进全过程追溯体系建设* 追溯体系从流通环节入手，是从生产到消费的全过程追溯问题。产销衔接是否顺畅，源头信息是否准确，直接制约着追溯目标的实现。因此，必须加强与种植养殖环节衔接，形成全过程的追溯链条。2011年，商务部与农业部进行了研究，形成了总体思路。设想从试点城市的规模化种植养殖场入手，推进产地准出和销地市场准入对接，确保生产与流通环节追溯标准统一、信息互通共享。2012年，我们将抓紧推动这项工作，争取有所突破。各城市也要向生产环节延伸追溯链条，并加强与本地有稳定产销关系的产区衔接，解决好源头追溯问题。

5. *健全制度标准，为追溯体系建设提供支撑* 追溯体系是制度设计与技术应用的统一体，需要完善的法律法规和标准作支撑。目前，中央层面已建立了比较完善的规范标准体系，初步实现了全国范围内信息采集指标、编码规则、传输格式、接口规范和追溯规程“五个统一”。下一步，将以运行管理为重点，进一步完善追溯标准。还将会同农业部、国家工商行政管理总局制定《食用农产品质量安全追溯管理办法》。各地也要结合当地情况，研究制定地方性法规或规章，以及相应的制度标准，为加强肉类蔬菜流通行业管理、加快追溯体系建设提供依据。

三、推进肉菜流通追溯体系建设的几点要求

1. *省级商务部门要进一步加大工作力度* 陈德铭部长和姜增伟副部长一再强调，尽管试点的主体是城市，但省级商务部门的工作丝毫不能放松。在肉菜追溯工作中，省级商务部门要承担好以下职责：一要加强对本省肉菜追溯工作的统筹规划，推荐好试点城市。二要加大协调力度，为试点城市提供必要的资金、人才、制度设计等方面支持。三要加强政策和工作研究，对试点城市进行有效的监督和指导。四要加强项目质量管理，组织好对试点城市的考核验收。近期，重点是要组织好第三批试点申报，把真正具备条件、积极性高的城市推荐上来。同时，还要制订“十二五”肉菜追溯工作实施方案。对此，商务部专门下了通知，要求近期确定联系人，及时报送工作进展。

2. *充分调动各方面积极性* 肉菜追溯工作涉及面广，政策性、技术性很强，是一项系统工程。要做好这项工作，需要各方面积极参与。一要紧紧依靠地方政府，在政府统一领导下开展工作，落实各种保障条件，协调解决重大问题。二要坚持开放协作和共建共享理念，主动争取相关部门，尤其是财政、农业、信息化、工商、食品药品监管等部门的支持，形成商务部门牵头、各部门积极参与的工作机制。三要通过深入细致的动员和培训工作，打消企业和经营者顾虑，让经营者接受并自觉使用追溯设备。四要通过多种形式和渠道，让广大消费者认可追溯体系，主动选购追溯产品。

3. *善于学习借鉴好的做法和经验* 肉菜追溯是一项全新工作。各地在因地制宜进行探索的同时，也要加强工作交流，及时学习借鉴其他地方好做法和好经验。我们建立例会制度，就是给大家提供一个相互交流和学习的机会，下一步还将在肉菜追溯网站开辟

工作交流栏目。前期，各试点城市纷纷赴其他城市实地考察观摩，也是一种很好的学习交流方式。在此，我还要强调两点：一是实地考察前，要做好、做足功课，在深入了解本地情况和问题、形成初步思路的基础上，再去实地考察，去寻求解决答案，去印证、完善工作思路。二是对于其他地方已经解决的问题，已经探索出的成果，要结合当地实际情况，果断“拿来”，避免重复探索、重复投入。

4. 坚持规范运作，强化项目质量管理　肉菜追溯是一项民生工程，好事必须办好。2011 年以来，财政和审计部门加强了对中央财政支持项目的绩效评估和审计监督。2012 年，财政部又将肉菜追溯确定为绩效评价试点项目，选择无锡进行绩效评价。下一步，还将逐步扩展到其他城市，要求也会越来越高。为此，请大家在工作中一定要坚持规范运作，通过项目监理或第三方监管等方式，加强项目质量及资金使用管理，杜绝违法违规现象，保证项目建设质量。

（本文为作者 2012 年 2 月 21 日在“肉类蔬菜流通追溯体系试点工作座谈会”上的讲话，略有删改）

依靠科技进步　支撑食品产业快速发展

科学技术部农村科技司副司长　王　喆

食品产业涵盖了食品原料处理与储运保鲜、食用农产品初级加工与综合利用、食品精深加工与制造、食品包装与物流配送、现代餐饮与服务等领域，与营养科学、食品科学、现代医学及生物、信息、工程、新材料和先进制造等高新技术密切相关。到 2011 年底，我国食品工业总产值占农产品加工业总产值的 53%，在农产品加工业中占有十分重要的地位，成为我国国民经济的支柱产业和保障民生的基础性产业。食品产业的快速发展，有力带动了我国农业、流通服务业及相关制造业的发展，对“扩内需、增就业、促增收、保稳定”发挥了重要作用。

一、我国食品产业进入高速发展新阶段

1. 食品产业已成为我国国民经济的支柱产业和民生产业　据国家统计局数据，到 2011 年底，我国规模以上食品工业企业为 31735 个，从业人员为 683 万人；全年完成食品工业总产值 78078 亿元，同比增长 32%。预计到 2015 年，通过不断技术创新和科技进步，我国食品工业总产值将达到 15 万亿元左右，年均增长率约 15%。食品工业总产值与农业总产值之比提高到 1.7∶1。从食品产量增长速度来看，小麦粉、大米、食用植物油、鲜冷藏肉、冷冻水产品、乳制品、酱油、方便面、速冻米面食品等民生基本食品，均同比增长 20%以上。近年来，我国食品产业依靠科技进步，加强自主创新能力建设，提高装备自主化水平，加快食品工业技术进步和改造，完善食品标准体系，培育知名品牌。初步构建起从田头到餐桌的食品加工全产业链控制体系，基本实现了产业目标从解决国民的吃饱、吃好向吃的安全、营养、方便、健康方向转变，发展模式由食品产业的资源型、数量型增长向效益型、质量型提升转变。食品产业的这些变化，均与科技进步的支撑作用密切相关。在食品产业科技进步过程中，我们始终把“安全、优质、营养、健康、方便”作为发展方向，强化全产业链质量安全管理，提高食品质量水平，确保食品安全；倡导食品适度加工，保护食品有效营养成分，引导国民对食品健康消费。

2. 产业结构逐步优化，区域布局向合理化发展　2011 年，我国食品工业产业结构逐步优化，其中农副食品加工业、食品制造业、饮料制造业的工业产值分别占食品工业总产值的 57%、18%和 15%。呈现出与百姓生活息息相关的农副食品加工业比重最大，居全国食品产业之首，其次是食品制造业和饮料制造业。从食品市场消费结构来看，一是产品品种琳琅满目，食品安全成为消费者关注的重点；二是“安全、健康、营养、生态”等消费观念，成为引领食品消费的主流；三是礼品类高消费行为扩大了高端食品的市场空间，快节奏的生活需求催生了各类相适应的新兴食品市场；四是日常食品消费依然是食品市场的主体，例如 2011 年粮油类食品的销售额同比增长了 29%，肉、禽、蛋类食品的销售额同比增长了 28%。在食品工业产业结构逐步优化的同时，区域布局也趋于合理化发展。2011 年，我国东部、中部、西部、东北地区间的食品工业企业个数比例为 42∶27∶19∶13，食品工业总产值比例为 43∶25∶20∶13。

从总体来看，我国食品工业呈现出东部地区所占比重下降，中西部地区所占比重上升，东部与中西部地区的结构性差距进一步缩小。在产业政策指引下，2011年我国各地食品工业快速协调发展，各地食品园区及产业集群建设蓬勃开展，有效带动了区域经济繁荣发展。从增长速度来看，湖北、安徽、山西、江西4省的食品工业总产值增长速度超过40%；天津食品工业总产值比2010年增长超过60%，增速在全国各省、自治区、直辖市名列第一位；河南食品工业多年来稳居全国第二，2011年增长速度仍高达33%。

3. 科技创新能力逐步增强，支撑产业发展显著提高　据不完全统计，到2011年我国能够从事食品产业科技研发的高等院校和科研单位约为350个，有230多个高校设立了食品科学与工程专业，有100多所高等院校和科研单位能够培养研究生。一大批食品工业企业相继成立了研究开发中心，有20多个企业设立了博士后工作站。在食品领域已获得批准建设的国家重点实验室和国家工程实验室各4个，科学技术部已先后批准建设了肉品质量安全、蛋品、肉类、乳业、果蔬、大豆、农产品保鲜、农产品现代物流和粮食加工装备等10多个国家级工程技术研究中心，并在食品加工领域建立起了一批产业技术创新战略联盟，初步建立起一支具有较强研发能力的科研队伍，对推动产学研紧密结合、提升我国食品产业科技自主创新能力发挥了积极作用。到2011年，我国食品产业依靠科技进步，有力支撑了三次“厨房革命”和“饮食变革”。第一次，在农产品储运加工科技领域实现了以粮油综合加工与仓储技术为代表的技术突破与科技发展，为我国实现有效保障“粮袋子”充足供给和工业食品基本保障提供了有效支撑。第二次，在食品加工科技领域实现了以鲜活农产品储运保鲜与冷链及食品加工技术为代表的重点突破与发展，为我国实现全面促进“菜篮子”丰富提供了综合保障，为推动我国现代食品产业科技的持续发展奠定了基础。第三次，在通过“十五”和“十一五”期间的整体推进，实现了以现代食品加工制造技术和食品质量安全控制技术为代表的重点跨越与全面发展，对我国构建“现代餐桌子”的方便营养安全、支撑食品产业高速发展起到了积极的推进作用，为我国食品产业从农产品初级加工到食品的精深制造、从食品的数量增长到质量提升的跨越式发展奠定了基础。

二、现代食品产业高速发展对科技进步提出了新需求

1. 提高创新能力是增强食品产业核心竞争力的重大需求　与世界先进水平相比，我国食品科技自主创新能力不强，具有独立知识产权和国际先进水平的重大突破性成果缺乏，大型化、精细化和自动化的食品加工关键技术装备约60%依赖进口，特色显著的食品加工装备匮乏，食品重要检测仪器基本依赖进口。这些情况，迫切需要依靠现代食品科技创新，提高食品科技源头创新能力，推动现代食品产业结构调整和优化，增强食品产业的核心竞争力。

2. 突破节能减排技术是食品产业可持续发展的重大需求　我国食品产业中的环境污染、能源资源高消耗问题十分突出。如我国平均每吨啤酒需要耗电160kW·h，标准煤100kg，比国际水平高出近25%；我国每生产1t罐头食品的耗水量为日本的近3倍。实施现代食品科技创新，可集成低碳、降耗、节能和减排的食品加工新技术，有利于增强我国食品产业的可持续发展能力。

3. 实现食品营养健康功能是提高国民健康素质的重大需求　人民生活水平的提高以及膳食结构的调整，对食品的营养健康提出了新的更高要求。由于膳食结构不合理而引起的心脑血管疾病、糖尿病、肥胖症等“文明病”同时并存，且数量剧增。必须依靠现代食品的科技创新，开发现代食品更加营养健康的功能，有利于提高国民的健康素质。

4. 加强过程控制是提高食品产业安全水平的重大需求　食品安全问题已成为关乎国计民生、社会稳定和国际声誉的社会热点问题。三聚氰胺等重大食品安全事件的发生，引起国内外的广泛关注，解决食品安全问题已成为食品产业科技发展的重要内容，建立从食品生产源头到消费餐桌全产业链的食品质量安全控制体系，是提升我国食品安全保障能力的关键。

因此，依靠科技加快发展我国现代食品产业，对延伸农业产业链，提高农产品加工转化率、资源利用率、劳动生产率和减损增值率等，引导农业生产，推进农业增效，促进农民增收，保障农村稳定，提高城乡居民生活水平和生活质量，具有十分重要的现实意义和深远的战略意义。

三、世界食品产业科技发展的新趋势

1. 世界各国有计划地引导食品产业创新发展　从国外食品产业发展来看，世界各国纷纷制订食品产业发展计划，引导食品产业创新发展。通过食品产业发展计划，制定有利于本国食品产业发展的方向、任务、投资和政策，以保障民生需求，保护本国利益，提升竞争优势。近年来，世界各国把食品产业作为国民经济的主要支柱产业加以扶持，典型的食品产业发

展计划有英国制定的“饮食、食品和健康关联计划”“学校食品计划”；英国和美国共同制定的“高水平食品研究战略（2007—2012）”；加拿大制定的“埃尔伯特技术革新计划（2007—2012）”和欧洲食品研究“第7框架计划”等，这些计划的战略重点设立在整个食物链的营养健康、加工技术、质量安全、环境保护等重要领域。

2. 节能减排成为改造和提升食品产业的有效途径　食品产业在国际上被喻为永不衰败的“朝阳产业”，与人口、环境、能源一起列为当今国际经济和社会发展的四大战略研究主题。经济增长、人口增加、能源危机、环境恶化等问题，均给食品产业的发展带来严峻挑战，全球食品产业整体正在向多领域、多梯度、深层次、低能耗、全利用、高效益、可持续的方向发展。世界各国和跨国企业将更加注重食品加工的节能减排技术和资源高效利用技术，以现代科技为动力，推动产业升级，向节能减排、减损增值的方向发展。

3. 建立控制保障体系成为提高食品安全水平的有效手段　针对近几年发生的二噁英、疯牛病、口蹄疫、李斯特菌、丙烯酰胺、禽流感、三聚氰胺等食品安全问题，世界各国及国际组织纷纷在食品生产、加工、销售以及进出口方面采取了更加严格的管理措施，进一步规范和完善相关的法律法规和安全技术标准，建立食品安全控制保障体系，以提高食品安全控制、监测和管理水平。例如，国际标准化组织（ISO）、世界卫生组织（WHO）、联合国粮农组织（FAO）、国际食品安全当局网络（INFOSAN）等组织，分别制定和实施了HACCP（危害分析与关键点控制）、ISO22000（国际标准化组织制定）、BRC（食品技术标准，由英国零售商发起并制定）、IFS（国际食品标准，由德国零售商联盟和法国零售商和批发商联盟制定）、SQF2000（北美、日本均要求食品供应商通过SQF2000标准）、MSC（海洋管理委员会标准）、BAP（水产养殖规范）、GAP（良好的农业规范）、GMP（良好的操作规范）等。国际食品安全标准以及控制保障体系的制定和实施，对各国食品产业的健康发展产生了积极的影响。2011年美国农业部针对未来全球农业与食品产业的发展，明确提出面临粮食安全、食品安全、儿童肥胖、气候变化和可持续生物系统五大严峻挑战，确定将投资15亿美元的全面研究计划，将食品加工与食品安全再次列为最重要的重点研究领域之一。

4. 营养保健和方便休闲食品成为世界性食品的新兴产业　随着国际性国民生活水平的逐步提升，世界各国加快了健康食品的发展速度。通过加大投入力度、实施支持政策、完善保障措施等方面的扶持，在食品产业形成了营养健康、功能保健和方便休闲等基本特征。这3项基本特征，逐步成为世界性食品类的新兴产业。到2011年，全球保健食品已占食品销售额的5%。其中，欧洲保健食品的每年市场零售额约为300亿美元，美国约为200亿美元，全球约为1 000亿美元。随着人们生活节奏的加快，开袋即食的调理食品、微波食品和冷冻主食（米面制品）、冷冻蔬菜、干燥蔬菜、净菜、营养配餐和旅游休闲食品快速发展。美国、加拿大等国的食品产业，一方面引入了不同民族风味的食品加工；另一方面积极推出方便食品，如保鲜餐、速配餐、即食汤等。并在采购和销售方面不断创新，广泛应用信息和网络技术，可实现食品采购和销售的信息资源共享、信息传输和集中处理、综合信息服务等，大大提升了食品采购和销售的准确度和工作效率。例如，由美国50多个著名食品公司组成的TRANSORA网络市场，其联合采购能力达到4 000亿美元。

四、我国食品产业存在的主要问题与差距

1. 整体发展水平低，国际竞争力不强　食品工业与农业总产值之比，是衡量食品产业整体发展水平的重要指标。美国、日本和法国等发达国家食品工业与农业总产值之比一般为2.2～3.7∶1，2011年我国约为1∶1。我国食品工业虽然已跃居世界第一，并占世界食品工业总产值的1/5，但属于一次加工或初级加工的农副食品加工业比重仍占57%，属于精深加工的食品制造业和饮料制造业仅占总产值的34%，这说明我国食品工业仍属于初级食品加工为主体的资源型产业，整体发展水平依然比较落后。

2. 中小企业多，生产效能低　我国食品产业囊括的行业门类众多，由于自然因素和人为因素的分割，造成了数量众多、规模狭小、布局分散的企业格局。在总的食品企业中，规模以下企业约占94%。其中，规模以下至10人以上的企业约占15%，产品市场占有率为19%；而小作坊企业约占79%，产品的市场占有率为9%。因企业规模小、工艺技术落后、卫生条件差，导致资源消耗大，生产成本高，产品质量差，经济效益低。

3. 食品安全问题突出，发展形势依然严峻　随着经济全球化和食品国际贸易的增加，食品安全不仅是世界各国的国内问题，同时也是全球性的重大问题。近年来，我国食品出口多次遭遇食品安全问题的困扰，如出口水产品抗生素超标、出口蔬菜农残药残

超标、三聚氰胺等事件，不仅直接影响相关食品的出口，而且还对我国食品产业出口的整体形象造成不良影响。食品安全问题始终是全社会关注的热点，保障食品安全是关系我国社会主义现代化建设全局的重大任务，发展形势依然严峻。

4. *装备技术相对落后，严重影响食品产业升级* 我国食品装备的制造水平低、产品质量差，技术含量低，国内只能制造一些低端和低附加值的食品装备。技术含量高、产品质量优、带动能力强的关键装备主要依赖进口。自动化、规模化的食品加工装备缺乏，很难适应不断变化的食品市场需求。

5. *能耗排污问题严重，节能减排任务艰巨* 我国大中型食品工业企业已实现工业总产值占51%，但是70%的小企业普遍存在生产技术落后，严重存在能耗高、排污量大等问题，节能减排新技术、新工艺难以大范围推广应用。例如，日本每生产1t罐头食品的耗水量，是我国耗水量的1/3；采用高效热风干燥技术每生产1t干制食品的耗电量，是采用传统冷冻干制技术的1/30～1/20。总体来说，我国食品产业仍然属于资源高耗型产业，节能减排任务艰巨。

五、未来我国食品产业科技总体部署

（一）近期回顾

“十五”期间，科学技术部在重点启动实施的12个重大专项中，安排了“农产品深加工技术与设备研究开发”“食品安全关键技术研究”“奶业重大关键技术研究与产业化示范”3个有关食品产业科技发展的重大项目，科技专项经费投入达到5亿元，带动地方政府和企业配套资金15亿元，主要用于对产业发展具有重大影响的共性技术研究。“十一五”期间，根据《国家中长期科技发展规划纲要（2006—2020）》的精神，在科技支撑和863计划中重点安排了“食品加工关键技术研究与产业化开发”等重大项目17项，对支撑我国食品产业的高速发展起到了积极的推动作用，在整体技术水平上全面缩小了与国际先进水平的差距，这是我国食品产业在科技领域的一次跨越式发展和战略性转变。实践证明，依靠科技进步和技术创新，有效支撑我国食品产业的高速发展和产业技术水平的全面提高，已成为新阶段我国科技工作具有战略性和全局性的重要任务，食品产业的技术进步是我国民经济发展中必须高度重视和长期支持的领域性问题，这也是构建社会主义和谐社会的历史使命。

（二）“十二五”总体部署

1. *指导思想* “十二五”期间，科学技术部依据《国家中长期科技发展规划纲要（2006—2020）》，把食品产业科技作为优先发展领域之一，紧紧抓住我国食品产业已进入全面提升和高速发展的战略机遇期，围绕国民经济与社会协调发展的主线，根据产业发展的基本态势，本着“突出重点与全面发展结合”“近期安排与长远部署结合”和“整体布局与分类实施结合”的原则，立足“国家战略必争、产业发展必需、技术竞争必备、社会需求巨大”的选择依据，瞄准严重制约我国食品产业发展的重点、难点问题，聚集优势资源，以具有全局性、前瞻性和急迫性的产业共性关键技术与重大产品产业化开发研究为突破口，以产业技术创新能力建设为重要手段，立足自主研发能力和自主创新能力的提高，强化产业技术的集成创新和产业化示范作用，通过实施“面向未来，整体设计，立足现实，突出重点，合理布局，分步实施，突破关键，支撑发展”的食品产业科技发展战略，为食品产业实现跨越式发展提供强有力的科技支撑。

2. *基本思路* 总体针对与我国农业发展、居民膳食结构和饮食健康关联度高、量大面广、带动能力强、覆盖农户多、关系国计民生的食品产业科技发展的瓶颈问题，立足人类营养科学、现代医学和食品科学理论，以大量转化、深度加工、综合开发、循环利用、节能高效、生态环保和协调发展为基本内容，充分体现方便、营养、安全、健康等基本特征，围绕保障国家食品安全、增强国民健康素质、促进产业升级和低碳经济发展的重大需求，瞄准国际食品加工与安全科技发展前沿，按照全产业链整体设计新思路，重点加强“食品组分变化与生物制造基础科学问题研究、食品加工高新技术与装备等前沿核心技术的研究开发、大宗农产品与食品精深加工关键技术的集成示范”3个领域层次的统筹规划和部署。

3. *发展重点*

（1）在基础研究方面 重点加强食品组分变化规律和食品生物制造基础科学研究，增强食品生物制造技术的源头创新能力。围绕食品组分在加工过程中的变化和控制，重点研究食品组分结构与功能变化的影响因素，探索建立危害因子产生过程中组分与组分相互作用、组分与加工条件的相互作用，为食品中不安全因子的描述、预测和控制途径提供理论基础。针对传统极端食品加工过程存在的安全隐患，重点开展食品微生物群落结构与反应性能的关系及作用机制、食品生物制造过程的代谢调控及系统优化机制、食品生物制造过程的安全控制理论及技术基础研究，揭示面向健康安全的食品生物制造过程控制机制，增强我国食品生物制造原始创新能力。

（2）在研究开发方面 重点加强食品加工高新技术研究与装备开发，带动食品产业的技术升级；进一步加强食品生物工程技术研究，发挥高新技术的引领作用；着力加强食品危害物精准识别与鉴定技术，提高食品安全检测水平。

(3) 在集成示范方面 一是围绕量大面广、与亿万农户密切关联的粮油、果蔬、畜禽产品和水产品等大宗与特色农副产品大量转化和综合利用问题，突破与集成大宗农产品加工产业化关键技术，促进农产品加工转化与产后增值，提升食品质量安全综合保障水平。二是围绕方便营养、与亿万国民息息相关的传统食品、工业化主食品与中式菜肴、预制调理食品、方便食品、功能营养食品等工业化食品综合加工和精深制造问题，突破核心关键技术与装备，提升方便营养、健康安全的工业化食品的综合加工能力，全面支撑我国食品工业跨越式发展。三是围绕全面提升农产品—食品质量安全综合保障能力和食品生产、加工及流通全过程的质量与安全控制水平，重点开展食品安全溯源、监测、预警和加工过程安全控制技术研究，突破一批保障产业发展的重大共性关键技术，显著增强自主创新和国际竞争能力，为我国食品产业向营养健康、方便安全、高效低碳方向发展提供有力的科技支撑。

(4) 在人才和创新团队建设方面 针对目前食品加工与安全领域人才创新能力有待提高、人才结构和分布不够合理等问题，重点强化我国食品加工与安全领域科技创新型人才和人才队伍培养。加强具有世界水平的领军人才培养和国际一流创新团队建设；加强中青年高级专家、学科带头人以及优秀创新团队建设；加强产业实用科技人才培养和科技人才队伍建设，占领国际食品先进技术研究创新的人才高地，推动我国食品产业的技术创新。

(5) 在基地平台建设方面 针对我国食品产业领域的国家级工程研究中心和重点实验室的建设，依然存在明显不足的问题，重点加强科技创新能力建设。积极发展和建设食品加工与安全领域国家重点实验室、国家工程（技术）研究中心、国家创新平台、博士后工作站以及高新技术企业研发中心等基地平台建设；加强国家优势食品产业基地平台的合理布局，积极鼓励已经具有较大规模和实力的集团企业建立研发机构，带动食品产业竞争力的全面提升。

（三）展望未来

1. 通过重大项目的实施，必将依靠科技进步，有效支撑我国食品产业保持高速发展，推进工业食品的消费比重和农产品转化率均超过 60%。使我国食品产业科技总体上达到 21 世纪初的水平，个别领域达到世界先进水平。

2. 通过成果转化、产业化示范、技术辐射与带动作用，必将全面提升我国食品产业的技术创新能力和科技水平，显著增强食品产业发展的核心竞争力和国际市场竞争力。

3. 通过项目、人才和产业创新能力建设等统筹规划与整体实施，将有效整合已有的区域产业和资源优势，有效整合强势企业和优势科技的资源，有效整合部门间与社会的优势资源。充分发挥各方特色，有效提高食品产业的原始创新能力、集成创新能力和产业化示范能力，加速提高我国食品产业创新人才的培养能力，促进国际交流与合作，最终形成能够依靠科技进步和自主创新的提高，全面支撑和引领未来我国食品产业的持续快速发展。

我国饲料行业发展形势分析

农业部畜牧业司副司长 王宗礼

2011 年全国饲料行业形势分析会就要结束了，这次会议是“十二五”开局之年、修订后的《饲料和饲料添加剂管理条例》（以下简称《条例》）即将颁布实施之际召开的一次重要会议。这次会议，农业部畜牧业司、国家粮油信息中心、博亚和讯、禾丰集团的 4 位专家，分别从畜牧业发展、大宗原料和饲料添加剂市场、行业企业发展等方面，为我们全方位、多视角地展现了 2011 年饲料行业运行的基本特点和变化趋势，数据丰富翔实、分析鞭辟入里、观点新颖独到、引人深思。这次会议，各地饲料管理部门就行业发展、行政管理、安全监管等方面进行了广泛深入的研讨，结合《条例》修订后的重点工作，提出了许多宝贵的观点和建议。下面，我谈三点意见供大家参考。

一、2011 年饲料行业运行基本情况

2011 年，养殖业效益是近几年来最好的一年，

饲料行业运行总体平稳。各级饲料管理部门抓监管、保安全，积极应对、妥善处置突发质量安全事件，在饲料管理法规体系建设、瘦肉精等违禁药物监管、违法企业查处等多个方面取得了突破；饲料企业加强行业自律、着力推进技术创新、管理变革、克服动物疫情多发、气候异常、原料价格上涨等不利因素影响，继续保持了良好的发展势头。根据农业部重点跟踪企业统计数据和各省生产数据调度，预计 2011 年我国商品饲料总产量将达到 1.69 亿 t，同比增长 4%。其中配合饲料 1.38 亿 t，同比增长 6%；浓缩饲料2 500 万 t，同比下降 6%；添加剂预混合饲料 585 万 t，同比增长 1%。从不同品种看，猪饲料产量 6 210 万 t，同比增长 4%；蛋禽饲料 3 100 万 t，同比增长 3%；禽饲料 4 980 万 t，同比增长 5%；水产饲料1 540 万 t,同比增长 3%；反刍饲料 760 万 t，同比增长 4%。

总的看，2011 年行业总体延续了近几年来饲料行业稳健的发展趋势，在产量稳定增长的同时，行业运行主要呈现以下几方面特点：产品结构方面，受饲料原料价格持续高位运行、养殖业标准化规模养殖加快推进因素影响，商品饲料延续了“一增、一减、一持平”的变化趋势，配合饲料产量增加，比重上升至 82%；浓缩饲料产量减少，比重萎缩至 15%；添加剂预混合饲料产量、比重继续保持相对稳定。品种结构方面，猪饲料产量增幅出现回落，猪饲料、蛋禽饲料、肉禽饲料、水产饲料、反刍饲料年度增幅分别为 4%、3%、5%、3%和 4%，不同品种呈现均衡增长态势。生产经营方面，激烈市场竞争条件下，饲料企业承担高成本压力，原料、人工、管理、运输等综合生产成本全面上涨，行业平均利润水平下降，据对 10 个上市饲料企业前 3 季度财务报表统计，7 个企业的毛利率出现下滑。产业结构方面，大型饲料企业依托雄厚资金实力，采购成本优势和规模化经营优势更为显著，继续加快扩张步伐，联合并购、产业链延伸势头迅猛。据调研，目前国内排名前 10 位的饲料企业集团，均已参与产业链整合发展。区域发展方面，西北地区和东北地区新建饲料企业数量明显增多，本地企业迅速扩张崛起，大型企业集团加快布局，饲料企业“西进北上”势头明显，对原料基地的争夺更为激烈。

二、当前饲料行业发展形势

回顾 20 世纪 80 年代以来饲料工业的发展历程，三方面因素曾经起到了极其重要的作用。一是市场经济体制建立。一方面，放开了农产品市场，解除了体制束缚，促进了养殖业的大发展，为饲料工业创造了巨大的市场需求；另一方面也为饲料企业的建立和发展提供了制度保障。二是人力资源优势。人的发展积极性被充分调动起来，产生了一批勇于探索实践的企业家和管理技术人员，有大量渴望致富的农村劳动者投身养殖业，或者成为饲料行业从业人员。三是后发优势。发达国家饲料工业具有百年历史，而我国饲料工业从零起步，一批外资饲料企业在饲料工业起步之初就进入中国市场，带来了先进的技术和管理经验，为我国饲料工业学习借鉴、实现跨越式发展创造了条件。因此，我国饲料行业仅用 30 多年的时间就走过了发达国家百年的发展历程，取得了巨大的成绩，饲料产量质量持续提高、规模化产业化加快发展、抗风险能力和综合竞争力显著增强、饲料工业发展支撑体系日益完善。从总体上看，目前我国已经进入由饲料大国向饲料强国转变的重要阶段。

“十二五”时期，是我国养殖业现代化加快推进的重要时期，也是建设现代饲料工业强国的攻坚时期。同时，这一时期也将是经济走势变幻莫测、发展环境日趋复杂、矛盾风险凸显的 5 年，保障饲料有效供给和产品质量安全，平稳实现发展方式转变和行业转型升级的任务更加艰巨。从有利条件看，我国畜牧业仍处在转型升级阶段，随着畜产品消费增长和规模化标准养殖的推进，商品饲料需求在相当长的一段时间仍将持续增长，饲料工业发展仍有较大上升空间；一批饲料企业在激烈的市场竞争中逐步发展壮大，成长为具有较强资金实力、综合竞争力和抗风险能力的企业集团，部分企业已经初步完成产业链布局，行业发展主体力量正在不断壮大；饲料添加剂和饲料机械工业的蓬勃兴起，与饲料生产、教育、科研一起，构成了较为完备的现代饲料工业体系，为饲料行业发展提供了有力的支撑保障。从存在的困难看，受土地、水资源约束，我国粮食增产空间有限，饲料粮供给日趋紧张，目前能量饲料供应已经进入紧平衡状态，蛋白饲料长期依赖进口的格局难以转变，饲料行业将长期面临原料困局；由于原料来源的多样性和复杂性，饲料产品质量安全风险隐患不确定性增强，加上企业原料质量安全控制能力和意识的薄弱，增加了保障饲料质量安全的难度；万余家饲料企业中，80%是中小饲料企业，产品质量差、主要依靠价格竞争、产业整体素质仍然较低，淘汰落后产能、整顿市场秩序的任务仍然十分紧迫。

面对复杂的发展形势，饲料行业必须因势利导，牢牢把握动物性食品需求继续增长、现代养殖业加快发展的机遇，以建设中国特色饲料工业强国为目标，以转变发展方式为主线，进一步推行现代企业制度，强化科技支撑，加强监督管理，着力构建企业管理规范、产品优质安全、资源高效利用的现代饲料工业，为保障动物性产品安全充足供应提供物质基础。各级饲料行业管理部门要下力气谋划行业发展，将思路和设想转变为具体措施，不断优化饲料资源配置、加强监督管理、推进生产方式转变、促进行业协调发展，努力保证“十二五”饲料行业发展目标顺利实现。

三、2012年饲料行业行政管理重点工作

2011年11月3日，温家宝总理签署国务院令，公布了修订后的《饲料和饲料添加剂管理条例》（以下简称《条例》），并于2012年5月1日正式施行。这是《条例》颁布12年以来的第二次修订，针对当前饲料、饲料添加剂质量安全监督管理工作中存在的突出问题，修订后的《条例》强化了监管责任，新设多项管理制度，加大了对违法行为的处罚力度，为依法治饲提供了更为完善、更加有力的法律保障。为配合《条例》贯彻落实，农业部正在抓紧制定配套规章和相关技术规程，研究工作程序衔接问题，现就2012年饲料行业行政许可和管理工作谈几点要求。

1. 积极开展《条例》及其配套规章宣贯　宣贯培训是行业管理部门的重要职责。《条例》颁布后，各地饲料管理部门要以《条例》实施为契机，积极争取支持，落实监管职责，强化监管手段，提升监管能力；组织辖区内企业、养殖场户、管理人员认真开展法规培训；加大宣传力度，把《条例》贯彻到饲料生产、经营、使用每个环节，做到行业内人人知法、懂法、守法。全国饲料工作办公室也将择机召开全国饲料工作会议，统一部署《条例》实施工作。

2. 严格行政许可，提高饲料生产企业准入门槛　目前，农业部饲料添加剂和添加剂预混合饲料生产许可证专家审核委员会组织有关专家正在加紧修订生产企业准入条件，在以往准入条件基础上，增加可量化指标，从生产规模、检（化）验设备设施等方面提高饲料生产企业准入门槛。2012年《条例》正式实施后，各地饲料管理部门要统一思想、提高认识、统一标准、从严把关，严格按照新的准入条件开展企业实地审核，坚决取缔无法达到生产条件标准的企业。争取用3～5年的时间，彻底转变我国饲料企业“小、散、乱、差”的局面。

3. 实施《饲料、饲料添加剂质量安全管理规范》　实施《饲料、饲料添加剂质量安全管理规范》是此次《条例》修订新增的一项重要制度，是管理部门开展日常监督检查工作的重要依据，对于督促企业加强生产过程控制、保障饲料产品质量安全具有重要意义。近期，农业部将组织10个省部分企业参与规范试点工作，2012年将在全国继续扩大试点范围。各级饲料管理部门要抓紧时间，健全完善本地区饲料生产企业日常巡查制度，积极组织企业学习规范，切实做好规范实施准备工作。

4. 加强饲料行政许可信息管理　饲料行政许可信息系统是饲料管理部门强化监管手段的重要内容，是履行政府公共服务职能的重要举措，各级饲料管理部门要高度重视行政许可信息管理工作，按照分类指导、扎实推进的原则，抓紧时间整理本辖区企业行政许可信息，录入饲料行政许可信息管理系统，并确定专人负责信息系统数据维护更新。2012年，畜牧业司将在饲料添加剂和添加剂预混合饲料生产许可证信息查询的基础上，逐步实现全国饲料生产企业许可证信息查询功能，各单位要抓紧做好准备工作，按要求将许可信息录入数据库系统。

5. 切实加强省级饲料行政许可专家队伍建设　专家审核是饲料行政许可工作的基本要求和基础，各地饲料管理部门要加快组织省级许可审核专家队伍，选择大专院校、科研院所专家充实专家库，完善专家组审核机制体制，争取专项审核经费，充分调动专家参与行政管理工作积极性，确保农业部行政许可审核和省级行政许可审核工作顺利开展。

6. 进一步加强统计工作的组织领导　《条例》出台实施后，我们将在配套规章中进一步明确企业责任，将企业履行统计义务纳入年度备案条件。各地饲料管理部门要结合行政许可企业换证审核工作，认真梳理辖区内饲料生产企业情况，及时将企业信息录入“饲料行政许可信息管理系统”；要加大统计制度执行力度，对于不上报统计数据、上报数据不真实的企业给予相应处理；注重统计工作质量，指定专人负责统计工作，保证上报统计数据的及时、准确。

7. 加强工作落实的几点要求　抓落实是一个永恒的主题，是我们做好工作、推动发展的基本要求。不抓落实，思路是空想，目标是空谈，文件是空文。2012年将是饲料行业管理工作任务异常繁重的一年，也是为今后饲料行业发展和管理工作打基础的重要一年，抓落实就更加重要。各地饲料管理部门一要把加强学习与抓落实紧密结合。越是在任务艰巨、工作繁重的时候，越要把学习抓得紧而又紧、实而又实。大家回去后要组织系统内企业和管理部门认真开展《条例》学习，提前预热、掌握要求、领会精神，把学习成果体现在抓落实的具体工作中。二要创新抓落实的方式方法。既要继承已经实践检验过的好思路、好方法，又要积极研究新情况，探索新路子，不断创新抓工作落实的思路。三要为抓落实提供支撑保障。抓好工作落实离不开平台、手段、条件。这两年我们积极

争取项目资金，狠抓瘦肉精整治，加强企业监管，为抓工作落实提供了有力的抓手。各地要以《条例》实施为契机，按照职责分工和新增职能内容，在违禁药物监管、企业监察、专家队伍建设、行政许可审核、统计等方面积极争取专项资金投入。四要转变作风抓落实。要不断解放思想，开阔眼界，树立大局意识和全局观念。面对饲料行业发展转型期出现的各种新情况、新问题，要塌下身子深入基层开展调查研究，认真了解第一线的情况。要不折不扣地落实执行既定工作，加强政风行风建设，增强服务意识，加强对饲料企业的指导和服务，帮助他们克服生产中遇到的各种困难。要令行禁止，尤其是在一些重大问题面前，要明是非，讲奉献，履行好自己的应尽职责。总之，抓工作落实是一种责任，更是管理部门的领导干部和团队执行力最直观、最集中的体现。我们要敢于面对矛盾，善于破解难题，坚信没有克服不了的困难，沉下心来、俯下身子、一抓到底，不断提高抓工作落实的能力和水平。

（本文为作者2011年11月17日在“2011年全国饲料行业形势分析会”上的讲话，略有删改）

我国食品工业运行特点与展望

中国食品工业协会副会长兼秘书长　熊必琳

2011年国际政治经济环境复杂多变，国内改革发展任务艰巨繁重。全国食品工业在实施“十二五”规划的第一年里，认真落实中央加强和改善宏观调控，实现经济平稳较快发展的总体要求和部署，顺应市场变化，推进结构调整，抑通胀，保增长，实现生产平稳较快增长，产业规模继续扩大，市场供应较为充足，经济效益持续提高，食品安全总体稳定，可持续发展能力有所增强，全年实现现价工业总产值7.8万亿元，同比增长31.6%。较为顺利的实现了“十二五”的良好开局。

一、2011年食品工业运行特点

1. 生产增长较快，规模继续扩大　据国家统计局提供数据，2011年，全国规模以上食品工业企业增加值同比增长15.0%，高出全国工业1.1个百分点。其中农副食品加工业增长14.1%，食品制造业增长17.1%，酒、饮料和精制茶制造业增长18.9%，烟草制品业增长12.6%。截至2011年底，全国规模以上食品工业企业为31 735个；从业人员为682.8万人，比2010年底新增83.4万人。全年完成食品工业总产值为78 078.32亿元，比2010年增长31.6%。其中，农副食品加工业，食品制造业，酒、饮料和精制茶制造业，烟草制品业，采盐业的产值，分别占全国食品工业的57.3%、18.3%、15.3%、8.7%、0.5%。主要产品产量中，精制茶和白酒，增长速度超过30%；产量增长超过20%的有速冻米面食品，碳酸饮料类，包装饮用水类，鲜、冷藏肉，糖果，小麦粉，方便面，软饮料，冷冻饮品，大米等（表1）。

表1　2011年食品工业主要产品产量表

产品名称	计量单位	产量	同比增长（%）
原盐	万t	6 429.40	11.38
小麦粉	万t	11 677.79	24.08
大米	万t	8 839.54	20.41
精制食用植物油	万t	4 331.91	19.62
成品糖	万t	1 169.11	6.56
鲜、冷藏肉	万t	2 654.93	24.36
冷冻水产品	万t	609.39	18.96
糖果	万t	222.79	24.17
速冻米面食品	万t	346.45	27.14
方便面	万t	827.59	22.82
乳制品	万t	2 387.49	13.99
其中：液体乳	万t	2 060.79	13.47
罐头	万t	972.53	18.82
酱油	万t	662.49	16.39
冷冻饮品	万t	249.49	20.87
发酵乙醇(折96度，商品量)	万kL	833.73	11.45
饮料酒	万kL	6 269.73	13.69
其中：白酒（折65度，商品量）	万kL	1 025.55	30.70
啤酒	万kL	4 898.82	10.67
葡萄酒	万kL	115.69	13.02
软饮料	万t	11 762.32	22.00
其中:碳酸饮料类(汽水)	万t	1 606.61	26.46
包装饮用水类	万t	4 789.00	25.67
果汁和蔬菜汁饮料类	万t	1 920.24	8.66
精制茶	万t	176.70	37.83
卷烟	亿支	24 474.00	3.04

2. 产销衔接良好，消费能力放大　2011年，全国食品工业完成销售产值为76 540.18亿元，同比增长31.6%；产品销售率98.0%，产销平衡，衔接水平较高。食品工业产销衔接良好，与居民消费能力增加有直接关系。一方面，2011年我国人均收入进一步提高。城镇居民人均可支配收入为21 810元，增加3 075.2元，实际增长8.4%；农村居民人均纯收入为6 977元，增加1 058元，实际增长11.4%。另一方面，对食品的有效需求也进一步放大。2011年我国新增城镇人口为2 101万人，消费群体逐步增加；食品工业中精深加工的发展也进一步增加了对上游产品（如粮食、油脂、畜禽肉、食糖等）的需求。从食品消费市场的特点看，一是产品琳琅满目，品种规格齐全；二是安全、健康、营养、生态等消费观念成为引领食品消费的潮流；三是节日、庆典、礼品等消费行为扩大了高端食品的市场份额，快节奏的经济社会催生了各类新兴食品市场；四是日常食品消费依然是食品市场的主体，2011年粮油类食品的销售额增长了29.1%，肉禽蛋类增长了27.6%。

3. 努力化解成本压力，效益维持较高水平　2011年，全国规模以上食品工业企业实现主营业务收入为76 565.43亿元，同比增长31.8%；实现利润总额为5 523.2亿元，同比增长39.2%（表2）；上缴税金为6 616.7亿元，同比增长27.7%；食品工业销售利润率为7.21%，同比提高0.4个百分点。总体上看，经济效益还维持在较高水平。2011年，因国际国内大宗农副产品价格上涨较快，食品工业面临更大的价格上涨压力。全年农产品价格上涨16.6%，工业生产者购进价格上涨9.1%，其中农副产品购进价格上涨15.6%。因为各项成本上升，食品工业主营业务收入中成本支出占了78.9%，比2010年增加0.5个百分点。食品工业面对成本上升压力，通过科技进步和技术创新，加强企业管理，努力降低消耗，推进节能减排，化解了部分压力。此外，全年工业生产者出厂价格上涨幅度中，食品为7.4%，比工业平均值6%高，也转移了部分成本压力。

表2　2011年食品工业实现利润及其增长速度

指　　标	利润总额（亿元）	比2010年增长（%）
规模以上工业	54 544.0	25.4
食品工业总计	5 523.2	39.2
其中：农副食品加工业	2 373.0	40.8
食品制造业	1 100.9	49.2
酒、饮料和精制茶制造业	1 201.7	41.1
烟草制品业	819.5	22.7

4. 原料价格高位运行，通胀压力凸显　2011年，作为食品工业主要原料的各项食品价格高位运行，通胀压力凸显。全年居民消费价格总水平比2010年上涨5.4%，其中食品价格上涨11.8%，贡献率达到68.0%，成为通胀的主要动力。从分类食品价格看，猪肉价格是引领食品价格的主要推手。全年肉禽及其制品价格涨幅呈现“∧”形走势，7月同比上涨33.6%，其中猪肉价格上涨56.7%，达到全年最高涨幅。此后涨幅逐步回落，12月为16.6%，其中猪肉价格上涨21.3%。粮食价格涨幅逐月下降。1月粮食价格增长15.1%，为全年涨幅最高，12月增长6.9%，为全年涨幅最低。鲜菜价格低开高走，年底涨势突出，12月上涨11.5%。水产品价格全年上涨9.7%。油脂价格上涨6.6%。上述食品工业主要原料价格上涨表明，我国食品工业确实面临巨大的成本上升压力。

5. 中西部快速发展，区域经济格局变化　2011年，国家继续加强对区域间协调发展的政策支持，在加快经济增长方式转变和产业转型的背景下，一些省把经济的增长点放在了发展食品工业上，食品园区及产业集群建设蓬勃展开。特别是有丰富农业资源优势的中部地区6省，在相关产业政策的支持下，努力把食品工业打造成支柱产业。河南省食品工业多年来稳居全国第二，2011年增长速度仍高达32.7%；湖北、安徽、山西、江西4省2011年食品工业总产值增长速度超过40.0%。中部和西部食品工业的快速发展，促使食品工业的版图有所变化，东部占比下降，中部西部占比上升，差距进一步缩小（表3）。2011年，东部、中部、西部、东北地区食品工业总产值在全国食品工业总产值中的比重分别为42.8%、24.5%、19.6%、13.1%，2010年同期为45.1%、22.9%、19.4%、12.6%。2011年食品工业总产值排序前10位的地区是山东、河南、四川、广东、辽宁、江苏、湖北、湖南、吉林、福建，以上10个地区共完成食品工业总产值51 838.81亿元，占全国食品工业总产值的66.4%，集中度比2010年提高3.6百分点。

表3　2011年分区域食品工业主要经济指标

地区	企业数（个）	工业总产值（亿元）	同比增长（%）	销售产值（亿元）	同比增长（%）
食品工业总计	**31 735**	**78 078.3**	**31.6**	**76 540.2**	**31.6**
东部地区	13 368	33 446.4	25.4	32 972.8	25.3
中部地区	8 489	19 107.3	40.2	18 775.5	40.5
西部地区	5 894	15 333.6	33.1	14 781.0	32.9
东北地区	3 984	10 191.1	35.6	10 010.9	36.1

6. 食品安全形势总体稳定，不确定因素依然存在 2011年食品安全形势虽有波澜，但总体稳定。3月15日，央视曝光生猪屠宰发现违法添加“瘦肉精”问题，在全社会引起了巨大震动，对食品行业也起到了警示作用。国务院部署了一系列食品安全整顿工作，包括整顿违法添加非食用物质和滥用食品添加剂、农产品质量、食品进出口、食品流通、餐饮服务等。卫生、工商、质检、公安等多部门加强监管，重点整治突出问题，严肃查处一批典型案件，严厉打击了食品安全违法犯罪活动。通过健全食品安全监管体制，完善食品标准体系，加强检测监督能力，落实食品安全主体责任等措施，食品质量和安全水平保持了基本稳定。2011年，在食品安全保障能力建设方面采取的重大措施还有：安排了中央预算内投资用于食品安全风险监测能力建设，开展了食品企业诚信体系建设评价，建立国家和各级食品安全事故应急预案，组建国家食品安全风险评估中心等。这些措施积极推动食品安全形势稳定趋好，全年食品安全监督抽查的合格率一直保持在90%以上。

7. 固定资产投资加大，持续发展能力增强 2011年全国食品工业完成固定资产投资为9 790.4亿元，同比增长37.5%（表4），高出全国平均增长速度13.7个百分点，占全社会固定资产投资完成额的3.0%。当年施工项目2 4871个，其中新开工项目17 414个，新增固定资产7 064.8亿元，固定资产交付使用率达到71.82%。食品工业投资加大，有效改善了生产经营条件，扩大了生产规模，提高了食品安全监测能力，增强了食品工业可持续发展能力。在全部食品工业固定资产投资完成额中，农副食品加工业占53.2%，食品制造业占24.3%，酒、饮料和精制茶制造业占19.4%，烟草制品业占2.8%，采盐业占0.5%。从资金来源看，国家预算内资金占完成投资的0.6%，国内贷款占7.3%，利用外资占2.2%，企业自筹资金占87.2%。食品工业固定资产投资额中，自筹资金一直是最主要的部分，近几年保持在80%以上。

表4 2011年食品工业完成固定资产投资情况

	投资额（亿元）		比重（以全国总计为100）	
	自年初累计	同比增长(%)	自年初累计	2010年同期
全国总计	**301 932.9**	**23.8**	**100.0**	**100.0**
食品工业总计	9 790.4	37.5	3.2	3.0
农副食品加工业	5 229.2	44.1	1.7	1.5
食品制造业	2 386.0	23.1	0.8	0.8
酒、饮料和精制茶制造业	1 903.5	40.7	0.6	0.6
烟草制造业	271.7	37.1	0.1	0.1

8. 进出口贸易稳定，商品构成较为集中 据海关总署统计，2011年我国食品进出口总值为1 256.1亿美元，同比增长26.0%。其中出口额为530.8亿美元，同比增长23.3%；进口额为725.3亿美元，同比增长28%；逆差为194.5亿美元。2011年，我国食品进出口有两大特点：一是商品构成集中。出口水产品和蔬菜金额合计占食品出口总额的49.6%。其中，水产品出口量为378万t，同比增长16.8%；价值为169.9亿美元，同比增长28.5%；出口额居各类出口食品首位。蔬菜出口量为771.8万t，同比增长17.9%；价值为93.5亿美元，同比增长17.2%。全年进口大豆量为5 264万t，同比下降3.9%；价值为298.3亿美元，同比增长18.9%；大豆进口额占食品进口总额的41.1%。进口各类油脂量为938.2万t，同比下降4.3%；价值为113.7亿美元，同比增长29.4%。食品进口大宗商品中除粮食外，主要的还有乳制品，进口数量为90.6万t，价值为26.2亿美元，其中乳粉和乳清粉为79.9万t，价值为22.3亿美元。猪肉进口数量为46.8万t，同比增加1.3倍；价值为8.5亿美元，同比增长3.1倍。食糖进口数量为291.9万t，价值为19.4亿美元。二是主要商品进出口均价都在上扬。如水产品出口均价上涨10%，肉及肉制品出口均价上涨19.3%；粮食进口均价上涨25.5%，油料进口均价上涨23.4%。

9. 企业组织结构趋于合理，集中度进一步提高 2011年，食品工业中一批数百亿级的大型骨干企业，如中粮、光明、娃哈哈、双汇、雨润等集团，通过资源整合，兼并重组，其核心竞争力、辐射带动能力进一步得到增强，全行业生产集中度进一步提高。2011年大型食品工业企业有255个，占食品工业企业数的0.8%；实现工业总产值13752.3亿元，占全行业的17.6%；大中型企业共3 576个，实现工业总产值37 179.3亿元，占全行业的47.6%。

10. 重点行业运行情况 自2011年1月起，国家统计局调整了纳入规模以上工业统计范围的工业企业起点标准，即从年主营业务收入500万元提高到2 000万元。因此，2011年规模以上企业的数量及相关数据，与2010年的数据不完全可比。

（1）粮食加工业 粮食是最基本的生活资料，也是关系国计民生和国家经济安全的重要战略物资。2011年，粮食生产实现“八连增”，为粮食加工业快速发展提供了保障。2011年，全国规模以上粮食加工企业5 141个，实现工业总产值为8 172.72亿元，同比增长39.2%；占全国食品工业总产值的10.5%；小麦粉产量为11 677.79万t，大米产量为8 839.54

万 t,分别同比增长 24.1%和 20.4%；完成销售产值为 8 054.94 亿元，同比增长 39.3%；产品销售率 98.6%。谷物磨制企业持续向主要原料产区、重点销区和重要物流节点集中，形成了一批与优势农产品基地布局相适应的粮食加工集聚区。小麦粉生产形成“一片两线”的格局，主要生产地区集中在河南、山东、河北、安徽、江苏，以上 5 省小麦粉产量占全国小麦粉产量的 83.5%。大米重点加工地区有湖北、安徽、湖南、黑龙江、辽宁，以上 5 省大米产量占全国大米产量的 60%。

（2）食用植物油加工业　2011 年全国规模以上食用植物油加工企业 1 858 个，完成工业总产值为 7 375.6亿元，同比增长 26.4%，占全国食品工业总产值比重的 9.4%；生产食用植物油为 4 331.9 万 t，同比增长 19.6%。目前，食用油市场消费升级替代明显，油品呈现多元化发展趋势。特色油种如玉米油、橄榄油、茶油籽油、葵花籽油等销量逐年扩大。在市场拉动下，我国精炼植物油生产格局出现变化，大豆油、花生油、棉籽油等大宗食用油脂稳定发展，葵花籽油、油茶籽油、玉米油、米糠油、芝麻油、胡麻油、橄榄油等特色油脂发展较快，油脂生产趋于多元化。同时，油料副产品和综合利用水平持续提高。

（3）屠宰及肉类加工业　2011 年，我国规模以上屠宰及肉类加工企业 3 277 个，从业人员 90.5 万人，新增就业 9.7 万人；实现工业总产值为 9 233.56 亿元，同比增长 33.2%，占全国食品工业总产值的 11.8%。实现利润为 492.78 亿元，同比增长 40.2%；上交税金为 191.22 亿元，同比增长 36.3%。生产鲜、冷藏肉为 2 654.93 万 t，同比增长 24.4%。全年规模以上定点屠宰企业生猪屠宰量为 2.1 亿头，与 2010 年相比，市场鲜、冷藏肉比重增加，牛、羊、猪、禽、蛋等肉类食品结构合理，细分品种增加。2011 年屠宰及肉类加工业有两点引人关注。一是 3 月 15 日央视曝光瘦肉精事件后，社会反响巨大，也给整个食品工业敲响了食品安全的警钟。二是猪肉价格从年初起一路飙升，7 月达到峰值，猪肉价格成为 CPI 上涨的主要推手。在政府的有力干预和有关企业的共同努力下，上述两个问题得到较好的解决，对行业的影响降到了最低，没有再次出现 2008 年乳制品行业因产品安全问题给行业造成重创的局面。

（4）制糖业　2011 年，全国规模以上制糖企业 282 个，实现工业总产值为 1 070.7 亿元，生产机制糖 1 169.1 万 t，同比增长 6.6%。受价格上涨拉动，行业经济效益水平提高，实现利润为 132.8 亿元，同比增长 40%。主营业务收入利润率为 13.2%，提高 0.6 个百分点。我国制糖业因产量连年下降，供需出现缺口，导致糖价上涨，进口创出新高。2008—2011 年，全国糖产量分别为 1 449.9 万 t、1 322.9 万 t、1 104.8万 t、1 169.1 万 t，年产量降低 19.4%。因产量降低带来的供需缺口，导致糖价从 2009 年最低时不到 3 000 元/t，到 2011 年最高时上升到 7 800 元/t。2011 年制糖业销售价格平均达到 7 100 元/t。2011 年国家为平抑糖价，共 9 次投放国储糖 186.7 万 t。2011 年全国共进口食糖 291.9 万 t，进口量创 10 年新高，当年进口食糖量相当于国内糖产量的 1/4。

（5）液体乳及乳制品制造业　2011 年是乳制品制造业的恢复发展年。根据国务院办公厅《关于进一步加强乳品质量安全工作的通知》（国办发〔2010〕42 号）要求，国家有关部门对乳制品行业开展审核清理工作。经过清理整顿，行业整体技术装备水平、生产条件、管理水平等方面有了明显提升。2011 年，规模以上乳制品企业 643 个，完成工业总产值为 2 361.34亿元，同比增长 22.0%。生产液体乳为 2 060.79万 t，同比增长 13.5%；生产乳粉 138.6 万 t，同比增长 12.0%。实现利润为 148.93 亿元，同比增长 34.7%。全行业在整顿调整后得到恢复和发展。由于消费者对国产品牌的信心尚未完全恢复，洋乳粉继续大量涌入我国市场。2011 年，我国进口乳品为 90.6 万 t，同比增长 21.6%；进口金额为 26.2 亿美元，同比增长 33%。

（6）方便食品制造业　2011 年，全国规模以上方便食品企业 999 个，实现工业总产值为 2 575.46 亿元，同比增长 40.8%；实现利润 182.9 亿元，同比增长 50.0%。生产冷冻米面食品 346.45 万 t，同比增长 27.1%；生产方便面 827.59 万 t，同比增长 22.8%。方便食品是《食品工业“十二五”发展规划》拟重点发展的行业之一。我国方便食品市场需求大，品种品类众多。冷冻和常温方便米面制品、冷冻调理食品、冷冻西式点心制品、即食米饭、米粉、米线、馄饨、鲜湿面条等以及肉、菜、水产加工品等，都已进入寻常百姓生活。方便食品市场发展空间大，行业仍有较大发展潜力。根据《农产品冷链物流发展规划》中提供的数据，全国现有冷藏库近 2 万座，冷库总容量为 880 万 t，其中冷却物冷藏量为 140 万 t，冻结物冷藏量为 740 万 t；机械冷藏列车 1 910 辆，机械冷藏汽车 2 万辆，冷藏船吨位 10 万 t，年集装箱生产能力 100 万标准箱。上述设备和能力为冷冻食品的发展和冷链物流的发展提供了很好的基础，也为方便食品的质量安全提供了保障。

（7）酿酒工业　2011 年，全国酿酒生产企业有 2 095个，其中白酒 1 233 个、啤酒 497 个、黄酒 73

个、葡萄酒178个、其他酒114个；实现工业总产值为6 030.91亿元，同比增长33.3%；占全国食品工业总产值的7.7%。白酒、啤酒、黄酒、葡萄酒、其他酒制造业分别占酿酒工业的63.5%、25.7%、2.1%、5.8%、2.9%；产值比2010年分别增长41.4%、20.1%、19.54%、20.9%、32.5%。2011年酒类市场发展良好。白酒制造业全年强势发展，产品价升量增，高端市场优先发展，优质名牌热销，市场格局稳定趋好；2011年白酒产量逾1 000万t，产量增长幅度高达30.7%。葡萄酒市场呈多样化，不同档次的品种都在发展，酒庄经营模式开始流行，展现近年来最好的发展水平。进口葡萄酒份额逐步提高，黄酒市场整体向好，从区域性市场转向全国性市场，半干型黄酒产量增加，半甜型黄酒仍是市场主力，黄酒市场有加速发展趋势。

二、2012年食品工业发展展望

基于对2011年以来食品工业发展态势，中国食品工业协会对2012年食品工业发展展望作出以下分析：

1. 2012年食品工业将继续保持平稳增长　2012年是贯彻落实食品工业“十二五”发展规划的关键年。在中央各项宏观产业政策支持和调控下，在市场消费需求上升拉动下，食品工业将稳中偏快，持续平稳增长。粮食加工、屠宰及肉制品加工、植物油加工、水产品加工、蔬菜水果加工等农副食品生产加工预期稳定增长，酒类、饮料类、营养保健类、休闲食品、方便食品类加速发展。应重点加强监测屠宰及肉制品加工、植物油加工、制糖、液体乳及乳制品制造等行业运行情况，保持原料来源稳定，原料价格稳定，确保产销平衡。预计2012年食品工业保持15%的增长速度，食品工业总产值将突破9万亿元。

2. 食品市场需求持续趋旺　从食品市场消费主流看，安全、营养、功能性需求上升，高端食品市场份额扩大，日常消费、大宗食品产销平衡；市场规模持续扩大。

3. 食品进口将持续增长　除一部分食品工业所需原料仍需大量进口外，国内市场的发展对高端食品的需求将进一步增加，终端消费品中食品的进口将进一步扩大。

4. 食品工业原料价格刚性上涨可能性较大，价格下行空间有限　要特别加强对大宗原料生产及价格的监测与预警，防止因量价失衡引发大幅度波动。

5. 提高食品安全意识　加强食品安全手段建设和食品安全法制建设，让食品安全有力助推食品工业健康发展。

稳中求进　突出重点
加快粮食行业转型升级步伐

中国粮食行业协会会长　白美清

这次粮食论坛的主题是：“稳中求进，新形势下粮油市场走势和政策取向”。目的是要认真贯彻中央经济工作会议和全国人大十一届五次会议精神，全面落实科学发展观，稳中求进，突出重点，加快粮食行业转型升级步伐，更好地为新时期的国家粮食安全服务，为“稳经济、促发展、保稳定、惠民生”服务。下面就当前粮食工作的新形势、新特点及应对之策讲些看法，供大家参考。

一、正确认识当前粮食工作的新形势、新特点

2011年在党中央、国务院的正确领导下，沉着应对国际金融危机的冲击，保持了国民经济的平稳增长，是在困难的情况下取得重大成就的一年。全国粮食工作也取得了突破性的进展。概括起来有以下3个新特点：

1. 粮食总产创历史新高　2011年粮食获得全面丰收，粮食总产达到5.71亿t，比2010年增加2473万t，同比增长4.5%，这是新世纪头10年以来的第一个大丰收年，特别是水稻、小麦、玉米三大主粮上了突破5亿t的新台阶（51 045万t），这是多年来没有的。其中，水稻达到20 078万t，超过历史最高水平（1997年20 073万t）；小麦11 792万t，接近历史最高水平（1997年12 326万t）；玉米19 175万t，创历史最高水平。这是在灾害频发、耕地减少、基数

增高的情况下取得的，是来之不易、难能可贵的。这就为近期稳定粮食市场价格、保障国家粮食安全奠定了较为良好的物质基础，也为全世界的粮食综合平衡作出了应有的贡献，具有十分重要的意义和良好的影响。

2. 城镇化水平创历史新高　2011年末全国人口13.47亿人，其中城镇人口6.91亿人，占总人口的51.3%，首次超过了人口的一半。改变了我们这个文明古国多年来80%～90%的人口在农村的旧面貌，标志着中国的城镇化、工业化、现代化上了新的台阶。发达国家用一百多年才达到的水平我们仅用几十年就达到了，这是我们这个文明古国历史进程中具有里程碑意义的大事。这将对社会生活的方方面面，对粮食工作的多个环节产生重大而深远的影响。这次同2000年第五次人口普查相比，城镇人口增加2.1亿人，城镇人口比重上升13.46%，平均每年增加2 000多万人。城市人口的增长速度比整个人口的增长速度快得多。还应看到，中国的大城市多，城市群多。全国有2 000万人口左右的城市3个（上海、北京、广州），1 000万以上人口的城市5个，居世界之冠。据联合国有关人士称，到2015年全球将有27～30个人口超过1 000万人的大都市，其中亚洲占18个，中国又占多数。他们说："大家应当清楚地意识到，城市化问题重点在亚洲"。亚洲的重点在中国、印度。城镇人口是扩大内需的第一大源泉，而扩大内需的首选是吃的商品，是主粮及副食品。新的城镇化发展，对粮食的需求呈现多样化、高质化的刚性增长。这为粮食行业的发展提供无限的商机，也带来极大的压力。确保粮食供需的平衡其任务之繁重，工作之艰巨，超过以往任何时候。

3. 粮油的进口创新高　从21世纪初加入世贸以后，农产品贸易额在10年间年平均增长19%，中国已成为继欧盟、美国之后的世界第三大农产品贸易国。商务部陈德铭部长日前表示，中国不久将成为世界第一进口大国。而粮油的进口总额已提前达到世界第一。从2004年开始农产品贸易逆差逐年上升，当年进出口总额514.2亿美元，出口为233.9亿美元，进口为280.3亿美元，逆差46.4亿美元。到2011年，我国农产品进出口总额为1 556.2亿美元，同比增长27.6%，其中出口607.5亿美元，同比增长23%；进口948.7亿美元，同比增长30.8%；贸易逆差341.2亿美元，同比增长47.4%。从2004年开始，出现逆差逐年扩大之势。从粮食油料进口来看，2011年进口谷物544.7万t，比2010年略有下降，减少4.6%；但金额为20.4亿美元，上升33.8%。分品种看：全年进口稻米59.8万t，小麦125.8万t，玉米175.4万t，大麦177.6万t。油籽和油料进口方面：大豆5264万t，油菜籽126.2万t，植物油779.8万t。此外棉花还进口356.6万t，同比增长14%；食糖291.9万t，同比增长65.3%。应该看到，我国在农产品贸易上出现的逆差恐怕将成为常态，这是我国的基本国情、农情决定的。在粮油国际贸易中，是互惠共赢、互通有无的。这里说明一下，有人认为，中国玉米将大量进口，成为"大豆第二"。我认为不会这样，一是中国东北是世界三大玉米带，增产还有潜力；二是国家宏观调控上采取保饲料对玉米的需求，控制玉米加工其他产品。所以，我认为从全局、长远看，中国不会像进口大豆那样进口玉米。

以上3个特点带有全局性、趋向性与关键性，是我们观察粮食形势、分析发展趋势、研究战略决策问题需首先考虑的。从这里可以看出中国的基本粮情及走向。2012年总的讲粮食形势是好的，国家粮食安全是有保证的，稳定粮价和物价是有物质基础的。但从中远期看，隐忧增多，潜在危险加大。当前，一要警惕粮食生产周期性波动的来临，粮食生产出现下滑拐点；二要警惕国内外通胀的拉动，并与粮食生产下降相汇合，产生较大的冲击波；三要警惕突发事件的发生，使粮食市场出现大的波动。在我们过了十多年粮食较宽松日子以后，必须坚决克服思想上忽视粮食、生产上放松粮食、流通上削弱粮食、消费上浪费粮食的现象，要强调固本强基，在新时期建立起可持续、抗风险、能自主的粮食安全保障体系，这是全国上下的永恒主题，是安邦治国的头等大事。对建立这一体系的重要性、复杂性、艰巨性要有充分认识。无论如何要立足于依靠自己解决十几亿人的吃饭问题，任何地方、任何时候都不可松懈，做到万无一失。任何人、任何单位、任何企业都要肩负责任，维护这个大局，警钟长鸣，常抓不懈。全国粮油企业更要努力做好工作，为此作出更大贡献。

二、全力以赴，抓好粮食行业的转型升级，惠民生，谋发展

2012年是国民经济工作的一个转变、转型之年，也是粮食行业转变、转型之年，中央提出了"稳中求进"的总基调，这是经济工作中具有战略意义的指导方针。正如《人民日报》评论员文章指出的："'稳'既为当前攻坚克难提供基础，更为长远乘势而上创造条件"。这对粮食工作来说，更具有重要的指导意义。粮食是关系国计民生的资源性、战略性、公共性的特殊商品，是扩大内需，惠及民生的首选商品，粮食稳，才能市场稳、社会稳；粮食进，才能为整个国民

经济的前进创造条件。改革开放以后，我国基本结束了短缺经济和解决吃饭问题。但发展到现在，不论粮食生产、流通、消费等都存在不可持续、不协调、不稳定的问题。从粮食流通看，“小、散、低”的状况仍没有根本改变，许多地方仍然是“三小”（小作坊、小商贩、小集市）在起主要作用，质量低、消耗大、污染重、技术低、创新少、效益差，食品安全的状况仍令人很担心。粮油加工业中低水平的重复建设多，产能严重过剩，无序竞争激烈，旧工业化道路的种种弊端日益显现。粮油行业的出路在哪里？出路就在于把握科学发展观这个主题，以转变发展方式为主线，稳中求进，突出重点，在粮食行业的转型升级中求得新的发展，开辟出一条新路子。

1. *要向绿色、生态为特征的现代粮油业转变*

转型，是要从旧工业道路的高消耗、重污染、低效益、不可持续的模式上向绿色、生态、现代化的粮油业转型。向资源节约型、环境友好型、绿色经济型、循环经济型转变，从量的扩张向质的提升转变。升级，要在产品上升级，在管理上升级，在科技上升级，提高档次，提升水平，创特色产品、名牌产品，提高经济效益和社会效益。从经营思想、经营方式、流通方式等方面做根本的转变，这也就是要着眼于更高水平，更好的质量，更长的时间，更有实效的发展。

2. *转型中要抓好一链两网（即粮食流通链、供应链；两网即收购网、销售网）建设*　在新形势下，粮食流通、粮食供应是一个系统工程，针对粮食流通产业链残缺不全的状况，一定要注意延伸产业链，使之既有从生产到供应的系统工程，又有粮油食品安全从源头到终端的全程监控体系。这里特别强调要从加工原粮向加工主食品延伸，搞好主食品工程。主食是一日三餐不可缺的首要食品，在食品结构中居主体位置，具有食用面广、频率高、与当地主粮相匹配等特点，“一方水土养一方人”，首先表现在主食品上。当前我们要从传统家庭式、小作坊式的生产转变为现代化、标准化、特色化的生产，这是城市化、社会化的需要，是人民的迫切要求，也是杜绝不安全食品的治本之策，是具有广阔前途、广大市场的产业，是扩大内需的首选项目。中国的南北两大主食体系，60%的人口以稻米为主食，40%的人口以面粉为主食。还有玉米、杂粮等原粮也都是具有营养的原料，很有条件出名品、出精品。主食品工业化，起点要高，要求要严。要根据“安全、营养、风味、方便（快捷）”的八字原则，创造出老百姓喜爱的食品。当前米饭、稀粥、米粉、米线、米糕至今没有标准配方，没有全国性、地方性的名牌，要下决心组织攻关，抢占先机，争取早日突破早受益。主食中最有前景的是“面食三宝”（馒头、面条、水饺），这方面潜力很大，要下功夫创新技术，出精品名牌。要结合开展放心粮油活动，重点抓馒头，抓挂面，抓方便食品、冷冻食品。馒头就是中国的面包，挂面就是中国的方便面，要因地制宜，积极推广馒头工程、挂面工程、主食厨房工程。要吸取中国烹调的特点，注意研究佐料、汤料，融入中国菜的口味，做成可口的佳肴，为大众所喜爱，这有广大的市场和日益增加的需要。玉米和杂粮，现在成为人们的营养食品、养生食品、保健食品，需求越来越大，市场越来越热，关键在于加工要跟上，产业化要跟上，要让粗粮、杂粮进厨房，上餐桌。这方面也可能发展成大市场。此外，在粮食加工中，传统的做法是求白、求精，过度加工，浪费资源，减低营养成分，应积极改进，多出成果。还有粮食现代物流，四散作业，无缝对接，可以减少环节，节约成本，提高效率，但现在还未大面积推广。粮食上获奖的科技成果，许多没有得到有效应用。许多方面，都大有文章可做。我们要引起重视，要积极推广。要注意抓好收购网与销售网的建设与发展。进入粮食紧平衡的新阶段后，粮源可能出现偏紧的状况，因此，要特别注意建设新型的购销和物流网络。这方面已有一些成功的经验，如“粮站＋农村经纪人”“粮食银行”“两代一换”“万村千乡市场工程”等，应逐步网络化、规范化、数字化，还有物流通道、物流园区建设等也应积极稳妥地结合各地实际推广。

3. *在转型中把好质量安全关、理顺资金链、走上创新路*　最近我在河南、河北粮食基层进行调查，在看到粮油企业蓬勃发展的同时，也发现了一些带普遍性的问题。主要表现在3个方面：一是企业管理基本功不过硬，安全、质量隐患不少。二是产业链短、资金链断裂。不论国有、民营中小企业普遍存在贷款难，其困难程度与沿海地区的中小企业有过之而无不及。而且利率高，有的甚至集资或借民间高利贷。特别是一部分国有粮食企业下岗分流遗留问题未解决好，连“三金”都交不起，至今处于十分困难的境地。三是科技创新无能力、无设想，缺乏开拓新技术、新财源的兴趣与动力，满足现状，得过且过。这3个问题是粮油企业转型中必须过的“三关”，即“安全质量关”“资金关”“创新关”。我们一定要集中全力闯过这些关口，在发展中解决存在的困难和矛盾，才能有希望，有前途，否则就会衰败下去，甚至出现大批中小企业垮台。当前特别需要引导所有企业夯实基本功，念好企业管理这本经；要在政府领导调控下，适当减税收、活资金、降利率，使企业不断奶、不断血，资金流畅，正常循环；而狠抓创新驱动，将会使企业获得新动力、新财源。调查中大家认为这三项是当务之急，希望得到党、政府、银行和各界的支持，基层的同志说，希望党政领导在转型中给企业注入新的活力，多打几针强心针，闯过难关，迈向振兴。

4. 转型中扩大联合与合作　要在整合资源、调整结构中，推进联合。要认真贯彻互利共赢，包容发展的精神。现在米、面、玉米等三大主粮以及油脂的加工已呈现严重产能过剩的现象。要特别注意从量的扩大转为质的提升，少铺新摊子，多搞整合与联合，整合资源，重组资产，提高效益。要特别注意产、学、研、用的紧密合作，形成战略联盟，使科技成果迅速转化为生产力。从调整结构中优化资源配置，从升级换代中提升产品经济效益与社会效益，真正走上“大粮食、大流通、大名牌、大市场、大企业”的发展之路。此外，有条件的企业还要积极走出去，或西进南下，或向其他主产国家和地区发展，可以输出资金与技术，投资兴办加工企业，也可以投资办农场、建物流设施，开创新天地。走出去的成功经验说明，只要把现代技术、现代管理和当地的实际结合起来，实施当地化，融入当地社会，互利共赢，包容发展就会站稳脚跟，稳步前进。现在已有一批粮油企业走出去，打开了局面，要总结推广他们的经验。

5. 转型中要加快人才建设的步伐，加强企业领导班子的建设　转型升级要靠人才，中国粮油企业能否实现赶上世界先进水平，关键在人才。我们在关注“用工难”的同时更要关注“用才难”。粮油企业先天不足，科技含量低，企业管理人才和专业人才本来就少，据统计，2010年全国粮食行业从业人员990164人，其中有研究生5180人，仅占0.52%；大学本科生74203人，占7.49%，大专171296人，占17.3%。比起其他行业，有很大的差距。所以，培养企业经营管理和各类技术高端人才十分迫切，而培养企业领导人尤为重要。所有的粮油企业都要下决心延纳人才，培养人才，使用人才，为人才的脱颖而出创造条件。我们要全面提高粮食队伍的政治素质与业务能力，培养更多干净的人、智慧的人。这是振兴粮食行业、做强做大粮食企业的根本大计。否则转型升级就会成为空话。

2012年是龙腾之年，是“十二五”承上启下之年，在今后5～10年的战略机遇期内，将是粮食系统人才辈出、创业兴企的黄金时代，未来中国粮食现代化、产业化的领军企业、领军人物将在改革大潮中成长，在商战烽火中壮大。我们一定要始终不懈地坚持改革开放大方向，始终不懈地坚持创新驱动原动力，千万防止粮食系统沾染浮夸之风，千万防范粮食队伍堕入腐败之门，努力践行全心全意为解决13亿中国人民吃饭服务的核心价值观，开创未来粮食的新局面。

（本文为作者2012年4月19日在“第十五届中国粮食论坛”上的讲话，略有删改）

新乳业　新思路
推进乳制品工业快速发展

中国乳制品工业协会理事长　宋昆冈

“十一五”期间，我国乳业发展取得了较好成绩，奶类产量、乳制品生产、产品结构、技术装备、市场消费，都有一定进步。但由于遭受“三聚氰胺”事件的影响，发展速度明显低于上一个5年计划。到2011年底，全国奶牛存栏1 440万头，奶类总产量达3 810万t，与2005年相比分别增长18.42%和33%，奶类总产量平均年增长率为5.4%；乳制品工业总产值达2 361.3亿元，与2005年相比增长2.65倍，平均每年增长率为17.4%；乳制品产量2 387.5万t，与2005年相比增长了1.98倍，平均每年增长率为12.9%；其中液体乳产量达2 060.8万t，与2005年相比增长了1.97倍，平均每年增长率为12.4%；固态乳制品产量达326.7万t，与2005年相比增2倍，平均年增长率为13.5%；乳粉产量138.6万t，与2009年相比增长24.1%。“十一五”期间，乳制品结构发生了较大变化。2005年液体乳中，杀菌乳、灭菌乳、发酵乳所占比例分别是17.9%、66.6%、15.5%，到2011年分别变成20.2%、60.3%、19.5%；2005年乳粉中，全脂乳粉、婴幼儿乳粉的比例分别是17.5%、42.4%，到2011年分别变成30.3%、50.9%；“十一五”期间，干酪和奶油生产有了发展，但生产厂家仅是少数几家大型企业，产量仍然很小。“十一五”期间，乳制品工业整体技术装备水平有了大幅度提升，新建的一些加工厂达到世界先进水平。特别是2011年，行业经过清理整顿，重新核发生产许可证，所有企业的技术装备水平、检验能力水平又有了进一步提升。“十一五”期间，大型骨干企业的规模进一步扩大，行业的集中度进一步提升。2005年十大企业的乳品工业总产值占全行业的47.02%，2010年达到49.92%。

“十五”、“十一五”期间，我国乳业一直处于快速发展，但由于管理制度建立相对滞后、消费市场发展不同步、现代化奶源基地建设发展慢等原因，导致了加工企业建设失控、重复建设现象严重，市场出现结构性、局部性产品过剩，价格大战、恶性竞争的现象周而复始不断出现，奶源紧张与季节性、局部性过剩同时存在，原料乳掺杂使假现象时有发生，以至于爆发了“三聚氰胺”事件。“三聚氰胺”事件使中国乳业遭受历史上最严重的打击，行业信誉发生了危机，消费者信心降到了最低点，生产和销售遭受重大损失。“三聚氰胺”事件的教训是深刻的，是极其惨痛的。党中央、国务院为了保障乳制品的质量安全，重塑消费者信心，维护乳业健康稳定发展，迅速制定了一系列政策措施，对奶牛养殖、原料乳收购、产品质量安全监管、完善法规标准、行业清理整顿、企业重新核发生产许可证等各个环节进行整改和提升。经过3年来的整改，中国乳业已经发生了根本的转变。2011年底，全国所有奶站全部纳入监管，实现奶站100%持证收购，100头以上规模牛场饲养的奶牛头数已达33%，机械挤奶率达到87%以上，乳品企业自有奶源比例达到30%以上，制定并发布乳品安全国家标准68项，完成了对乳制品生产企业的清理整顿。2011年底全国共有乳制品生产企业716个，其中婴幼儿乳粉生产119个。中国乳业将以全新的面貌进入“十二五”发展时期。根据公布的国家食品工业“十二五”发展规划，乳业的发展思路是：

1. “十二五”发展基本思路　以保障产品质量安全为中心，以发展自有奶源为基础，以市场需求为杠杆，实现生产发展与市场消费同步增长；通过产品结构调整、产业布局调整，大力开发农村市场，支持特种乳制品发展，实现乳业健康持续发展。

2. 合理的、符合实际的发展速度　“十二五”发展规划，乳制品生产平均年增长速度为15%，其中固态乳制品年增长速度17%，液态乳年增长速度为14%。这个增长速度维持了“十一五”的发展速度。“十一五”期间，乳制品产量平均年增长速度为12.7%，其中液态乳平均年增长速度12.2%，固态乳制品年增长速度为15.4%。与“十五”发展规划相比，增长速度有所放缓。“十五”规划，乳制品产量平均年增长速度为20%，液态和固态一样。“十二五”规划确定的乳制品产量增长速度是依照我国奶畜发展计划和消费市场增长的趋势设定的，是合理的、是符合实际的。乳制品工业发展5年规划，是一个指导性的文件，国家并不能进行宏观调控。这个规划目标的实现是由行业的各个企业来完成的，各企业应以规划目标的速度指导企业的发展。为了能够保证这个规划目标的实现，国家有关部应认真贯彻《乳制品工业产业政策》，严格执行行业准入条件，坚决控制加工能力的快速增长，制止重复建设、无序建设现象的发生。各个企业一定要根据自己奶源基地发展情况合理规划生产能力的扩大，不做无米之炊，不拿别人的米下锅做饭。

3. 产品结构符合人们消费变化的需求　“十二五”期间，我国乳制品的结构仍应以满足国人“喝奶”为主要目标。重点发展液体乳、配方乳粉、全脂乳粉；积极发展干酪、乳清制品、乳蛋白、乳脂类产品；重视发展乳饮料、乳甜食。城镇型企业重点发展：低温乳、发酵乳、乳饮料、乳甜食。要重视乳饮料的发展，乳饮料对于扩大乳品消费发挥着重要作用。2011年，乳饮料的产量比2010年增长21.4%，远远高于液体乳的增长比例，乳饮料产量与液体乳产量的比值已达到0.86∶1，而2005年仅是0.43∶1。乳饮料发展的重点是具有健康功能的益生菌乳饮料，具有不同风味的配置型乳饮料。乳甜食将是乳品消费新的增长点，如奶油布丁等。基地型企业重点发展：常温乳、配方乳粉、全脂乳粉、干酪、乳清制品、乳蛋白、乳脂类产品。

4. 突出重点产品的发展　一是干酪。“十一五”期间我国干酪生产有了发展，但产量很少，估计年产量在1.5万t左右，2011年进口量2.9万t，比2010年增长24.8%。估计目前干酪的销量约在5万t，是一个快速成长的市场。有条件的企业应重视干酪及干酪制品的生产。二是乳清制品（乳清粉、乳糖、乳清蛋白）。乳清制品是干酪、乳蛋白制品的副产品，是生产婴儿配方乳粉的主要原料，目前全部依靠进口。2011年，进口乳清粉34.4万t，乳糖5.5万t，乳蛋白2.4万t。发展乳清制品不仅具有广阔市场，而且意义重大。

5. 建设奶源基地，发展自有奶源，仍是行业发展的重点　发展自有奶源，建设奶源基地是保障产品质量安全的重要措施，也是密切产业链的必由之路。近3年来，各企业大力发展自有奶源，建设规模化奶牛养殖场，自有奶源的比例大幅度提升，对保障产品质量安全、发展高端产品生产发挥了越来越大的作用。企业自有奶源的比例达到30%左右，有的已经超过了50%。“十二五”期间，各乳制品加工企业要继续把奶源基地建设、发展自有奶源作为企业发展的重点，争取有较大的发展，自有奶源比例争取超过50%，可控奶源比例达到100%，规模化牧场（百头以上）的奶牛比例达到70%以上。

6. 建立原料奶价格形成机制，制定奶价保护措施 原料奶收购价格是保障乳业健康发展的重要因素之一，我国乳业发展不成熟，各种支持和保障措施不完善不配套，价格因素尤其显得重要。特别是国际市场上的价格变化已在很高程度上影响着国内乳业的发展。目前我国原料奶价格是世界上高奶价国家之一，已经对奶农和加工企业造成了不利影响。各地应尽快建立有奶农、企业、政府部门参加的价格协商机制，形成与饲料价格挂钩的标准奶基准价格，同时建议政府制定保护基准价格的政策措施，当价格发生变动的时候，能够保护奶农和加工企业的利益。

7. “十二五”期间，各企业要以提高产品质量安全水平为核心 建立健全规章制度，消除产业链各环节的质量安全隐患。各企业要认真贯彻实施《食品安全国家标准 乳制品良好生产规范》（GB 12693—2010），婴幼儿配方乳粉生产企业要全面实施《危害分析与关键控制点（HACCP）体系 乳制品生产企业要求》（GB/T 27342—2009），建立产品质量安全追溯系统，产品质量全部符合法律法规及相关标准的要求。

8. 全面建立并实施企业诚信管理体系 《食品工业企业诚信管理体系建设》是我国食品工业发展史上具有里程碑意义的大事，对规范企业生产经营行为、保障产品质量安全、建设百年老店具有重要意义。按照工业和信息化的要求，所有婴幼儿乳粉生产企业必须建立并实施诚信管理体系，推荐其他乳制品生产企业建立并实施诚信管理体系。协会要求全行业所有企业全部要建立并实施诚信管理体系。目前，这项工作正在逐步展开，一部分企业已经开始建设诚信管理体系，并取得有关机构的认证。全国已有82个婴幼儿乳粉生产企业启动了诚信体系建设工作，其中54个企业通过了认证。“十二五”期间，诚信管理体系建设是行业的重点工作，各企业必须全面建设并有效实施，并通过有关机构的认证。

9. 大力开拓农村市场，扩大乳品消费 目前，农村居民乳制品消费量仅是城镇居民的1/10，是一线城市的1/14。在城镇，特别是一线城市，乳制品市场增长趋缓，广大农村成为新的消费增长点。大力拓展农村市场，是乳制品行业引导消费的重点。各企业要把销售重点从大中城市转移到农村市场，在乡镇建立销售中心，建立完善配套的冷链系统，形成农村销售网络，产品要进村入户。

10. 重视特种乳资源的开发利用 目前已经开发并初具规模的特种乳资源如山羊乳、水牛乳、牦牛乳。特别是牦牛乳为我国特有的资源。特种乳有自己的特点，为一些地方的消费者所喜好，不仅具有资源优势，而且具有市场潜力。乳制品工业产业政策对发展特种乳资源给予支持，“十二五”期间特种乳应有较大的发展。要建立和扩大特种乳生产基地，实现规模饲养、科学管理、机械挤奶、冷链完善配套，产品品种适销对路。

11. 打造国际化品牌，发展国际型企业，加快融入国际行业的速度 目前我国奶类产量居世界第三位，蒙牛、伊利两大企业已进入世界乳制品生产企业的前20位，我国是世界上乳制品生产和消费的大国，要打造国际化品牌，发展国际型企业，要融入国际乳品行业。“十二五”期间，大型骨干企业的产品要走出国门进入国际市场，以乳粉和灭菌乳为主打产品。同时大型骨干企业要走出国门，到有优势国家发展国内短缺产品，如乳清粉、干酪等，以弥补国内市场产品的短缺。

（本文为作者2012年8月25日在“中国乳制品工业协会第十八次年会”上的讲话，略有删改）

加速推进我国农产品加工业的发展

农业部农产品加工局

农产品加工业一头连着农业和农民、一头连着工业和市民，产业关联度高，行业覆盖面广，增值潜力大，是国民经济的基础性、支柱性和战略性产业，是现代农业的重要标志，是农业增效、农民增收的有效途径。近年来，我国农产品加工业发展迅速，已成为国民经济中最具成长活力的产业之一。但总体发展水平不高，产业规模大而不强、资源利用不充分、自主创新能力不足等问题还比较突出。加强我国农产品加工业发展战略研究，把握新趋势，开拓新思路，明确新任务，促进我国农产品加工业又好又快发展，对于深入贯彻党的十八大会议精神，落实农业部党组提出的“巩固、加强、优化、改革”总体要求，努力实现“两个千方百计、两个努力确保”目标，具有重要意义。

一、农产品加工业发展主要成效

“十五”以来，我国农产品总量持续增加、品种不断丰富以及消费结构逐步升级和对农产品加工制品需求强劲，促进了我国农产品加工业快速发展。

(一) 行业规模和经济效益进一步提升

2003—2011年，我国规模以上农产品加工业总产值由2.75万亿元增至15万亿元，增加4.5倍，年均增长23.7%，利润总额由1 285亿元增至9 774亿元，年均增长28.9%。农产品加工业产值与农业产值之比从0.9∶1提高到1.9∶1。2011年规模以上农产品加工企业达8万个，其中食品工业企业3.1万个，总产值7.6万亿元，同比增长31.6%；营业利润5404亿元，同比增长39.3%。

(二) 产业结构和发展布局进一步优化

食品工业产值在农产品加工业产值中的比重从2003年的45.7%提高到2011年的50.6%。优质品牌农产品及其加工制品市场占有率稳步提高，形成了一大批名牌产品和驰名商标。企业产权结构不断完善，多元化投入格局基本形成，上市企业数量大幅度提高。产业集聚趋势明显，以农业部16种优势农产品、58个优势区域和大城市郊区为依托，全国已初步形成了一批优势、特色农产品加工产业聚集区。产业梯度转移势头强劲，中西部地区农产品加工企业集群积聚加速，2011年发展增速比东部地区同比高出10个百分点。

(三) 技术创新和支撑能力进一步加强

围绕农产品加工中的共性关键技术和装备需求，组织相关科研机构开展了自主研发和引进消化吸收等方面的联合攻关，攻克了一批核心技术难题，形成了一批具有自主知识产权的新技术、新装备，提升了产业的自主创新能力和核心竞争力。我国部分农产品加工成套技术和装备正在逐步实现由进口为主向自主研发、生产转变。

(四) 吸纳就业和增收贡献进一步增强

2003—2011年，规模以上农产品加工企业从业人员由1 306万人增加到1 926万人，增长了47%，吸纳农村劳动力超过1 500万人，农民工资性收入达到2 800亿元。公司加农户、龙头带基地等多种组织形式发展，促进了一批标准化原料基地建设，带动了周边农户就业增收。在一些重点农业县（市），农产品加工业税收对本地工商税收的贡献达到70%。总的看，我国农产品加工业已具备了一定的发展基础，同时，在组织形式、投资主体、产业布局、创新能力、政策环境等方面也发生明显变化，正在进入一个新的发展阶段。

二、农产品加工业发展面临的主要问题

从产业内部看，一是大而不强。我国农产品加工业产值居世界首位，但技术装备水平总体不高，创新能力不足，质量控制体系不完善。二是产业集中度不高。企业“大群体”和“小规模”并存，小型企业和小作坊比重过大。行业内部同质化问题普遍存在，无序竞争现象比较严重。三是产业链不健全。适合加工的专用品种少，加工专用原料生产基地建设严重滞后；产地初加工原始粗放、产后损失大、质量安全难以保障；市场发育不足，物流设施薄弱，流通业态落后。四是资源利用不充分。每年有大量的秸秆、米糠、果皮、果渣、动物骨、血等加工副产物亟待深度开发利用。

从外部发展环境看，一是生产要素的制约日益突现，融资难、用地难、技术落后、人才不足等问题普遍存在。二是生产成本快速上升，原料、能源和劳动用工价格持续上涨，企业盈利能力减弱。三是节能减排压力增大，产业和环保政策门槛提高，企业技改升级成本大幅度上升。四是国际竞争加剧，跨国企业正伺机进入我国农产品加工重要行业，挤压我国农产品加工企业的发展空间；同时，发达国家加工食品贸易技术壁垒日趋体系化，制约了我国农产品“走出去”。

三、新时期促进农产品加工业发展意义重大

当前，我国工农关系、城乡关系正在发生重大变化。工业化步入发展中期、农业发展进入新阶段、城镇化率超过50%、人均GDP超过5 000美元、农民人均纯收入接近7 000元，这个阶段正是食物消费转型升级、消费结构快速变化、需求拉动最为强劲的时期。必须以满足经济社会发展变化的新要求为核心，加快推进农产品加工业发展。

(一) 发展农产品加工业是满足消费升级的客观要求

从国际经验看，工业化、城镇化快速发展的阶段，往往是食品消费结构加快变化和加工食品需求迅速上升的阶段。当前我国正处于工业化、城镇化发展的重要时期，越来越多的农村人口进入城镇，对农产品及其加工制品的需求呈刚性增长。同时，随着居民收入水平不断提高，原来以温饱型为主体的食品消费格局，正在向风味型、营养型、便捷型甚至功能型的方向转变，城乡居民对加工食品的消费需求已进入高速增长期，这些消费结构和方式的新变化，一方面，迫切要求农产品加工业扩大生产规模，提高生产能力；另一方面，要通过优化产品结构，加强质量控制，满足城乡居民日益增长的多样化、多层次要求和安全、健康消费需要。

（二）发展农产品加工业是建设现代农业的重要标志

农产品加工水平是衡量一个国家农业现代化程度的重要标志。发展农产品加工业，可以引导农业生产经营主体按照加工和销售的需要组织生产，促进产加销一体化经营，实现农业发展的专业化、标准化、规模化和集约化；可以大幅度提高农产品储藏保鲜能力，减少产后损失，实现农产品均衡供应、有效供给和质量安全保障；可以强化农业产业体系建设，推动上下游各产业、各环节融合，带动储藏、运输、包装、营销、装备制造等相关产业发展。

（三）发展农产品加工业是拓展农民就业增收的有效途径

发展农产品加工业，能够延长农业产业链、就业链和效益链，实现农产品多层次、多环节的转化增值，提高农业综合效益，增加农民收入。农产品加工业大多是劳动密集型产业，可以安置大量的农村富余劳动力，催生一大批相关配套企业、农民经纪人、农民专业合作组织和个体从业者，促进更多的农民分工分业，形成新的就业渠道，是农村劳动力转移的“天然蓄水池”。据测算，我国农产品加工业与农业产值之比每增加 0.1 个点，可以带动农民人均增收 193 元，吸纳就业 230 万人。

（四）发展农产品加工业是推进新农村建设的有力支撑

长期以来，大量的资金、人才、技术等生产要素“离农化”趋势十分明显，新农村建设面临严峻挑战。发展农产品加工业，可以促进农产品和劳动力两大优势资源的快速整合，形成农村发展的内生动力；可以推进城乡要素双向流动，为吸引现代要素流向农村和农业提供载体。另外，农产品加工业在优势产区的集群集聚，还将推动周边资源要素和人口集中，为新农村建设提供产业支撑，有效缓解“三留守”“空心村”“空心镇”等问题，形成县域经济新的增长极。

（五）发展农产品加工业是提升农产品国际竞争力的迫切需要

随着经济全球化发展，市场、资源、人才、技术、品牌、标准等要素的国际竞争更加激烈，并受汇率波动和贸易保护主义抬头等因素影响，我国农业面临更加严峻的挑战。农产品国际竞争的实质是现代农业产业体系的竞争，农产品加工业在现代农业产业体系建设中起着承上启下的作用。我国农业产业链条短，精深加工产品比例低，加工技术与装备水平落后，产业体系竞争力整体不强。当前我国农业生产成本不断上涨，原有的低成本竞争优势迅速减弱，迫切需要加快农产品加工业深度发展，提高农产品的加工层次、科技含量、质量安全水平、品牌效应和附加值，提升我国农产品的国际竞争力。

四、发展思路和工作重点

加快发展农产品加工业要以促进现代农业建设和增加农民收入为核心，以实施农产品产地初加工补助项目、推进主食加工业、培育领军企业、加快技术研发体系建设、加强行业监测分析为重点，创新工作思路，整合社会资源，强化政策扶持，完善体制机制，促进我国农产品加工业由规模数量扩张向质量提升和结构优化方向转变，由主要依靠资源消耗向技术升级和品牌竞争方向转变，由分散无序发展向集团化和集群化方向转变，全面提升我国农产品加工业发展水平。重点抓好五方面工作：

（一）大力推进农产品产地初加工

长期以来，我国农产品产地分级、储藏、保鲜、烘干等初加工环节由农户自行完成的比重超过产量的一半，有的品种高达 80%以上。由于初加工设施简陋，方法原始，工艺落后，导致我国农户储粮、蔬菜、水果、马铃薯的产后损失率分别高达 7%～11%、20%～25%、15%～20%、15%～20%，每年产后损失粮食约 250 亿 kg，蔬菜 1.4 亿 t，水果 2 200 万 t，马铃薯 1 100 万 t，直接经济损失 3000 多亿元，相当于每年有 0.1 亿 hm^2 耕地的投入和产出被浪费掉。严重侵蚀了农业增效、农民增收的基础，也给农产品的有效供给和质量安全带来了压力和隐患。

为尽快扭转我国农产品产地初加工落后局面，根据国务院领导批示，中央财政从 2012 年起安排专项资金，启动实施农产品产地初加工补助项目。以马铃薯、水果、蔬菜等主要品种的储藏、保鲜、干燥等设施建设为重点，按照不超过设施平均建设造价 30%的定额补助标准，采取“先建后补”方式，扶持农户和农民专业合作社建设初加工设施。2012年中央财政安排5亿元资金，在12个省、自治区进行试点，项目受到了基层政府和农民的极大欢迎，取得了超预期的效果。但2012年资金仅提高了实施省、自治区马铃薯、果蔬总产量1%的储藏、保鲜能力。下一步，将积极争取加大资金规模，扩大实施区域，增加奖补种类，加强指导服务，力争经过持续不断努力，基本普及科学适用的初加工设施，实现"减损增供、均衡上市、稳定价格、提高质量、保证加工、促进增收"等一举多效的目标。

（二）加快发展主食加工业

随着人民生活水平的逐步提高、生活节奏的不断加快、户均人口的日趋减少以及食物消费观念的转变，供应人们一日三餐消费、满足人体基本能量和营养摄入需要的主食产品已逐步由家庭自制为主向社会化供应为主转变。据典型调查，城市居民70%、农村居民40%左右的谷物主食已经依赖市场采购。但由于我国主食加工的规模化、现代化、标准化水平较低，绝大部分主食生产、供应以小作坊、小摊贩为主，甚至不乏有部分是黑窝点生产的产品。一方面，主食的安全、卫生无法得到保证；另一方面，粮食等主要农产品转化效率低、浪费突出、加工消耗高。

为树立主食工业化理念，营造良好发展氛围，引导工商资本发展主食加工业，农业部按照"政府引导、企业主体、多方联动、务求实效"的原则，2012年启动实施主食加工业提升行动。组织部分省、直辖市开展了试点示范，展示推介了先进技术、装备和产品，开展了相关课题研究和专题研讨，取得了初步成效。下一步，要逐步扩大实施范围，以满足城乡居民日益增长的消费需求和促进农民持续增收为目标，着力促进主食加工业的规范化、标准化、现代化建设。力争在优势农产品产地，培育主食加工产业集群，建成一批技术水平高、带动力强的主食加工示范企业和主食加工产业集聚区，尽快形成一批主食精品和名品；在主食加工领域，研发、推广、应用一批技术创新成果，提高我国主食加工业技术装备水平；开展一系列产加销主体的互动和对接活动，尽快形成一批主食加工业战略合作联盟。

（三）培育壮大一批农产品加工领军企业

拥有一大批规模化、集团化、整体竞争力强的领军企业，是农产品加工业现代化的重要标志。目前我国年销售收入过百亿元的加工企业仅有21个，过千亿元的企业有2个，进入世界500强的企业只有1个。这与我国作为农产品加工大国的地位极不相称，与建设现代农业的要求极不适应。

下一步，要把培育农产品加工领军企业作为加快发展农产品加工业的一项重要战略任务，力争在"十二五"期间形成100个产值过百亿元的大型农产品加工企业。通过兼并、重组、参股、联合等方式，整合资源要素，引导领军企业跨地区、跨行业组建产业集团。支持领军企业与上下游企业组成战略联盟，与业内中小企业建立产业联盟，实现合理分工、优势互补；与专业合作社、农民建立紧密利益联结机制，带动专业化、标准化原料基地建设。推动领军企业与资本市场对接，引导社会资金进入产业，促进企业上市。鼓励领军企业开展自主创新，树立产权保护意识，逐步形成自主产权技术支撑的发展模式。积极争取财政、税收、融资、贸易等方面政策，以农产品精深加工、综合利用、质量安全和节能减排为重点，择优支持农产品加工领军企业进行技术装备改造升级，促进企业上规模、上水平。

（四）完善提升农产品加工业技术研发体系

目前全国已有230多所高校设立了食品科学或农产品加工学院，国家级、省级和部分地市级农业科研机构成立了农产品加工研究所（室），再加上原来隶属轻工、商业、粮食等系统的科研院所，以及农产品加工骨干企业设立的技术研发机构，我国农产品加工技术研发队伍已初具规模。但由于缺乏一套整合资源的有效机制和办法，这些科研机构各自为战，信息不互通，技术重复研究等问题比较突出，很多科研成果停留在单一目标的突破上，无法实现技术和装备集成配套，严重制约了行业的转型升级和技术进步。

为充分发挥这支科研队伍的作用，近年来，我们按照"不求所有、但求所用"的原则，把这些分属于不同系统、不同层级的农产品加工科研机构有效组织起来，组建了全国农产品加工技术研发体系，分行业设立了9个专业委员会，开展了共性技术需求调研、重大关键技术筛选、成熟适用技术推广和部分关键技术的联合攻关等工作，取得了明显成效。下一步，要围绕农产品精深加工、资源综合利用、节能减排、质量安全等行业共性关键环节，以公益性行业科技等项目为抓手，整合研发体系的力量，联合攻关，协同作战，尽快解决一批制约行业发展的技术瓶颈问题。抓紧启动《农产品加工技术研发体系建设规划》，改善我国农产品加工共性技术研发、关键设备研制和中试集成等科研条件。在农产品加工企业聚集区举办成熟技术示范推广和对接活动，促进科技成果的转化应用和中小企业的升级改造。加强研发体系内部的技术交流和信息共享，培育一批领军的研发人才和创新团队。力争把这个研发体系建成"资源整合、信息共享、联合攻关、技术创新、专业化发展"的大平台。

（五）切实强化行业监测分析与预警

信息是引导行业发展的重要手段。前些年，我国农产品加工行业监测分析基本处于空白，引导行业发展信息严重匮乏，农产品加工行业盲目投资、无序发展、低水平重复建设问题比较严重。为及时、全面、准确把握行业发展动态，充分发挥信息对行业发展的引导作用，近两年来，我们按照“边建设、边运行、边出成果”的原则，建立了农产品加工行业监测分析与预警的方法制度，组建了专家分析与会商队伍，搭建了信息采集汇总平台，对重点行业、重点品种开展了监测分析，对部分行业产能结构性过剩的问题进行预警发布，在行业中产生了较大影响。下一步，围绕监测数据汇总与分析研判相结合、决策参考与行业引导相并重的工作目标，健全定期分析、动态报告、及时预警制度，进一步加强专家队伍建设，力争通过3～5年的努力，分区域、分品种对农产品加工各行业发展情况实行动态监测，对突出问题和潜在隐患实施预警发布，着力打造农产品加工行业信息公共服务平台，形成权威信息渠道，引导行业健康发展。

五、有关政策建议

（一）加大财政支持力度

积极争取扩大农产品产地初加工补助项目资金规模、实施区域和奖补设施范围；加大农产品加工技术研发体系建设和优势农产品加工重大技术推广专项的支持力度；增加农产品加工公益性行业科技等项目数量。

（二）完善税收优惠政策

扩大《农业产品征税范围注释》规定的农产品及其加工品范围，使更多产品能享受13%的增值税税率。积极推进农产品加工进、销项增值税的统一，彻底解决高征低扣问题。完善农产品初加工目录，增加享受企业所得税免征或减半征收的农产品初加工范围。

（三）加强企业融资服务

积极推进银企合作，逐步建立符合我国农产品加工企业实际需要的融资、抵押、担保、信用保证与保险等制度；推动市场准入制度的建立，开展农产品加工企业证券融资培训，搭建企业与证券、保荐、风投等机构的交流对接平台，促进有实力、有基础的企业上市融资。

（四）推进社会化服务

组建农产品加工行业协会，强化行业自律，加强创业辅导、科技服务、信息交流、政策咨询等公共服务，促进行业健康发展。积极争取各级政府的支持，搭建公共服务平台，健全服务网络，强化服务功能。积极鼓励社会力量为农产品加工业发展提供服务，支持农民专业合作组织兴办加工企业。

我国纺织工业经济运行情况与展望

中国纺织工业联合会

2011年是“十二五”开局之年，纺织工业发挥综合竞争优势，生产、销售和效益均保持较快速度增长，总体经济运行基本平稳。受原材料价格大幅度波动、国内通货膨胀、劳动力和能源动力等要素成本大幅度上涨、国际市场需求不旺、人民币升值压力加大等一系列因素影响，纺织工业主要经济指标增速逐渐放缓，中小企业生存压力增大。进入2012年，行业面临的各种压力仍难有明显的松动改善，总的形势不容乐观。

一、经济运行概况

根据国家统计局数据，2011年全国3.6万户规模以上纺织企业实现工业总产值54 786.5亿元，同比增长26.8%，增速较一季度末下降4.8个百分点；销售产值53 601.7亿元，同比增长26.86%；实现内销产值44 441.7亿元，同比增长29.5%，较一季度下降4.1个百分点。规模以上企业实现利润2 956.42亿元，同比增长25.94%。但是下半年与上半年相比，利润增速大幅度下降，主要缘于行业面临的原材料成本、用工成本、资金成本等成本要素的压力越来越大。2011年，全年规模以上企业化学纤维产量达3 362.4万t,同比增长13.9%，较一季度下降4.1个百分点；纱产量达2 894.5万t，同比增长12.4%，较一季度下降0.1个百分点；布产量达619.8万m，同比增长11.6%，较一季度下降7.8个百分点；服装产量达254.2亿件，同比增长8.1%，较一季度下降6.5个百分点。全行业500万元以上固定资产投资项目总额达 6 799.1 亿元，同比增长 36.3%，增速较一季度下降 2.2 百分点。根据中国纺织工业联合会对重点产业集群跟踪数据，2011 年规模以下企业销售收入同比增长 6.71%，利润同比增长 9.9%，远低于规模以上企业增长水平，其经营收入增长和利润增长都仅为个位数。9 个出口比重大于 20%的服装产业集群，规模以下企业的利润总额同比增长仅为 4.7%。出口方面，据海关统计，2011 年我国纺织品服装出口总额为 2541.2 亿美元，同比增长 19.9%；其中，出口价格同比提高 19.3%，出口数量同比仅增长 0.5%。从出口产品结构上看，我国出口数量下滑的品种主要与棉制品有关，包括棉纱线、棉织物、棉制床上用品、棉制服装等。只要是涉棉产品，出口的数量都呈负增长。其中原因主要与 2011 年棉花市场价格大起大落有关，给出口接单带来很大的困难；同时国内棉价高于国际棉价，也导致了我国棉制产品的国际竞争力明显下降。

从投资项目情况来看，2011 年我国纺织工业施工项目数为 19041 个，同比增长 5.25%；新开工项目数为 13715 个，同比增长 2.27%；竣工项目数 13267 个，同比增长 14.48%。其中，施工项目最多的行业是纺织业，占比为 55.11%，其余依次为纺织服装、鞋、帽制造业，施工项目数占全行业的 38.24%，化学纤维制造业施工项目数占全行业的 4.63%，纺织专用设备制造业施工项目数占全行业的 2.02%。分主要子行业来看投资项目情况：2011 年我国纺织业施工项目数为 10 493 个，同比增长 2.13%；纺织业新开工项目数为 7 551 个，同比增长 −0.05%；竣工项目数为 7350 个，同比增长 10.18%。纺织服装、鞋、帽制造业施工项目数为 7281 个，同比增长 9.14%；新开工项目数为 5312 个，同比增长 5.33%；竣工项目数为 5145 个，同比增长 20.15%。化学纤维制造业施工项目数为 882 个，同比增长 9.84%；新开工项目数为 596 个，同比增长 2.76%；竣工项目数为 549 个，同比增长 22.27%。纺织专用设备制造业施工项目数为 385 个，同比增长 11.92%；新开工项目数为 256 个，同比增长 9.87%；竣工项目数为 223 个，同比增长 19.25%。这一年，我国纺织行业经济运行继续回暖，纺织行业固定资产投资保持较快增长。2011 年我国纺织工业 500 万元以上固定资产投资项目累计实际完成投资总额 6 799.06 亿元，同比增长 36.33%，增速较 2010 年同期上升了 6.2 个百分点。纺织工业投资增速高出同期全国制造业 31.8%的增长水平 4.53 个百分点，纺织工业投资占制造业的比重为 6.63%，比 2010 年同期比重上升了 1.21 个百分点。

二、主要发展特点

1. 生产保持较快增长，同比增速逐步趋缓　1～11 月，规模以上纺织企业完成工业总产值 4.95 万亿元，同比增长 27.5%，增速较一、二、三季度分别回落 4.2 个、2.6 个和 1.5 个百分点。其中增速下滑突出的是化纤，1～11 月增长 33%，较 1～3 月、1～6 月、1～9 月分别回落 7.5 个、3.3 个和 2.5 个百分点。从主要产品看，纱产量 2 632 万 t，同比增长 12.5%，增速较前三季度加快 1.2 个百分点；布产量 568 亿 m，同比增长 13.3%，回落 0.1 个百分点；化纤 3 074 万 t，同比增长 14.9%，回落 1.2 个百分点；服装 230 亿件，同比增长 8.5%，回落 1 个百分点。值得关注的是，在生产保持增长的同时，主要产品积压严重，产销率下降。据 90 户大型棉纺企业（2 300 万锭，占全行业 20%）统计，纱库存增加 58%，布增加 41%，而同期原料库存则下降 16%。

2. 内销总体稳定增长，9 月后增速有所回落　1～11 月，服装针（纺）织品类商品零售增长 23.9%，明显高于全社会消费品零售增速（17.0%），但较1～9 月回落 0.9 个百分点，较 1～10 月回落 0.8 个点。据中华商业信息中心数据，11 月重点大型零售百货店服装销售额同比增长 10.3%，但环比下降 9%，如剔除价格因素，1～10 月服装销售量同比下降 1.8%；除运动服外，当季冬装销售量下降 14%。

3. 出口保持较快增长，出口价格提升较快　1～11 月，我国纺织品服装出口 2 319 亿美元，同比增长 21.0%，总体保持较快增长速度。其中，纺织品出口 921 亿美元，同比增长 23.3%；服装出口 1 398 亿美元，同比增长 19.5%。但三、四季度出口增速回落，1～11 月出口增速比 1～9 月回落 3 个百分点，比 1～6 月减缓 4.4 个百分点。从主要出口市场来看，我国对欧、美、日出口增速明显回落，市场份额下降。1～11 月，对美国纺织品服装出口 363 亿美元，同比增长 11%，较上半年回落 6.9 个点；对欧出口 500 亿美元，同比增长 21.4%，回落 2.8 个点；对日出口 258 亿美元，同比增长 22.7%，回落 0.7 个百分点。新兴市场增速也有下降，1～11 月对东盟出口 178 亿美元，增长 34.6%，增速较上半年下降 6.3 个百分点。由于增速下降，前三季度，我国在欧、美、日等主要市场份额分别下降 1.8 个、2.4 个、2.5 个百分点。价格提升是支撑出口保持较快增长的重要因素。据测算，1～10 月，我国纺织品服装出口价格提高 21.2%；而同期出口数量仅增长 1.1%；其中，棉纱价格提高 37.7%，而数量降低 20%；棉织物价格提高29.1%，而数量降低3.6%。

4. 投资总体增长快速，中西部增长尤为显著 1～11月，纺织全行业实际完成投资6 102亿元，同比增长34.7%，但增速逐季回落（38.5%、37.6%、36.2%、34.7%）；新开工项目1.3万个，同比增加232个，增幅仅为1.8%。分地区来看，中部、西部投资额增速分别达55.7%、51.7%，远高于东部（23%）。其中，中部地区湖北、河南、安徽分别增长74.5%、64%、63%；西部地区宁夏、新疆、内蒙古分别增长113%、99%、93%，产业转移趋势明显。

5. 企业利润保持较快增长，但增速迅速回落 1～10月，纺织行业盈亏相抵后，利润总额2404亿元，增长26.6%，较前三季度（32.5%）减缓5.9个百分点，较上半年（41.5%）减缓14.9个百分点，较一季度（53.6%）减缓27.0个百分点。亏损企业亏损额126亿元，同比增长79.2%。造成下半年企业效益增速大幅度下降的主要原因有以下几个方面：一是上年基数低开高走。2010年，行业利润总额呈现出前低后高的态势，一、二、三季度、10～11月利润额分别为361亿元、506亿元、567亿元、465亿元。这是造成2011年利润总额下半年增速迅速下滑的重要原因。二是财务成本明显增加。受资金环境趋紧、市场需求下降、产成品资金占用增加等因素影响，企业财务费用大幅度增长。1～10月，全行业产成品占用增长32%，其中棉纺织增长38%，化纤增长59%；同期企业财务费用增长33.1%，其中利息支出增速高达37.2%，较主营业务收入增速分别高出4.7个和8.7个百分点，仅利息增加直接影响企业效益减少约40亿元。三是用工成本快速上涨。近几年，纺织服装行业劳动力成本以每年20%～30%的速度增长。而目前，行业平均工资仍低于制造业20%，工资增长空间大。加上企业社会统筹呈刚性增长态势，企业用工成本快速上涨成为影响企业效益的重要因素。四是原料价格暴涨、暴跌导致产品价格大幅度波动。自2010年下半年起，棉花、化纤价格持续快速上涨，涨至2011年3月的峰值后持续震荡回落。9月国家收储政策支撑了价格下滑，目前价格基本稳定在19 500元/t左右，但国际棉价大幅度下跌，国内外棉价差拉大，直接削弱了产业竞争力。原料价格的大幅度波动，带动了相关中下游产品的价格波动。棉价下跌、原料价格的大幅度波动，对2011年纺织行业运行造成较大冲击，1～10月化纤行业亏损额增长1.34倍。特别需要说明的是统计口径的调整，使行业目前的经营困难难以全面反映。2011年规模以上工业企业统计起点标准由原来的年主营业务收入500万元提升为2 000万元，纺织规模以上企业由2010年的5.5万多户，迅速瘦身为2011年1～11月的3.59万户。减少的1.91万户，约占企业户数的35%，但利润和产值仅占10%左右，也就是说，有1/3效益较差的企业未在统计范围内。

6. 中小企业经营运行更为困难 据中国纺织工业联合会对81个重点纺织产业集群的80 122户企业统计调查，2011年1～10月，数量占比高达90%的规模以下纺织企业，工业总产值占22.3%，同比增长0.3%，远低于规模以上企业23.5%的增速；利润总额仅占20.7%，同比增长11.4%，明显低于规模以上企业22.4%的增速。可以预料，有相当一部分小企业将面临停产倒闭的窘境。目前，江浙一带还出现了好多企业转行的情况。

三、2012年发展展望

进入2012年，行业面临的各种压力仍难有明显的松动改善，总的形势不容乐观。且受到2011年初基数高、国际市场需求不振等因素影响，上半年的回落势头将更为明显。预计纺织行业将呈现以下发展态势：

1. 内需市场将保持稳定增长 在国家“稳增长、控物价、惠民生”等一系列利于稳定和扩大内需措施的作用下，2012年内需对于纺织工业发展的拉动和支撑作用将进一步加强，继续成为纺织工业发展的主要动力。但是，受国际市场低迷加大出口压力以及我国主动深化结构调整等因素影响，预计我国经济增速将有所下调，居民收入增长及消费信心可能受到影响，增加了内需增长前景的不确定性。因此，尽管2012年国内消费市场整体有望保持稳定增长，但增速较2011年将有所减缓。

2. 出口增速将延续回落趋势，出口形势仍很严峻 一是国际金融危机的影响，特别是欧元区经济可能会出现衰退，导致国际市场需求进一步萎缩。二是2011年下半年因价格下跌市场需求不稳，企业订单明显减少，必然影响一季度出口。三是来自东南亚等低成本地区的竞争日趋激烈，目前国内外棉花价差高达4 000元/t，进一步削弱我国纺织行业竞争力，如2011年我国对美出口数量下降的同时，越南则增长14%，孟加拉国增长39%，柬埔寨增长31%。四是各种贸易保护主义抬头，也对出口贸易环境带来较大的冲击，2012年上半年我国纺织出口下行压力较大。

3. 企业经营压力将继续加大 棉花等原料价格剧烈波动，用工资源紧缺，劳动力、能源等生产要素价格继续上涨，人民币汇率波动风险加大，中小企业融资环境尚未得到实质性改善等一系列不确定性因素仍然存在，纺织行业减排压力进一步凸显，春节过后农民工不返将成为突出问题，纺织企业发展压力将继续加大。

4. 纺织结构调整步伐将加快 从区域布局来看，随着中西部地区承接产业转移的政策扶持力度加大，以及纺织经济由出口推动型向扩大内需、促进消费的转型，纺织产业转移步伐将进一步加快，并更加注重产业链延伸，突出技术创新、品牌建设、产品升级换代等特点。从产业链结构看，家用纺织品、产业用纺织品将成为纺织发展新的增长点；从产品结构看，新材料、高端设备制造、节能减排技术将成为科研开发的重要领域，再生纤维、高技术纤维的开发利用力度将进一步加大。但结构调整是个长期过程，对即期的效应难以明显表现。

综合来看，2012 年纺织工业在内需支持下，仍将保持较快增长，但增速趋缓的势头或将延续。受 2011 年初基数较高、国际市场需求不振等因素影响，回落势头将会更加明显。

四、政策建议

1. 理顺优化棉花政策，稳定生产和市场供应 棉花是涉及农业和工业两方面利益的重要资源。近年来国内棉花市场的剧烈波动，国内外棉价差距进一步加大，严重削弱了产业竞争力，不仅对纺织工业造成了严重不良影响，也对稳定国内棉花种植加工、保护农民利益十分不利。因此，有必要加强对棉花政策的研究，调整和优化相关政策，一是加强国储棉收储放储及进口棉政策的联动，提高棉花宏观调控的及时性、准确性和前瞻性建设，加大利用国家结构性减税的机会解决企业多年来呼吁的“高增低扣”问题，可以 300 万 t 国储棉放储先行一步；实行征 17%抵扣 17%，国家用 20 亿元左右的财力既可以减少纺织企业的税负，也相当于间接补贴了农民，最终达到提高中国棉花竞争力，实现农业和工业双赢的效果。

2. 稳定退税等贸易政策，营造有利政策环境 纺织工业是我国传统的、具有明显竞争力的优势产业，但目前比较优势正在逐步淡出，目前又面临着成本大幅度上涨，国际竞争加剧，贸易保护抬头，部分订单向其他国家和地区转移倾向的严峻形势，要稳定出口退税等相关政策，继续巩固我国纺织工业的国际竞争力。

3. 积极落实国家政策，切实减轻税费负担 纺织工业是我国传统的劳动密集型产业，就业占工业的 12%以上，实现我国经济的“稳中求进”，保持纺织工业的稳定至关重要。要在增值税政策、结构性减税、地方税费减免、中小企业融资、社保统筹等方面切实加大对纺织工业的扶持政策。

4. 加大资金支持力度，加强引导科技创新和品牌建设 “十二五”是我国纺织工业转型升级的关键时期，加大对纺织产业技术改造、淘汰落后产能、节能减排、基础技术研究和关键技术突破、品牌建设等方面的资金支持力度，落实相关扶持政策，引导企业加大创新和结构升级投入。

我国纺织机械行业经济运行情况

中国纺织机械器材工业协会

2011 年是“十二五”起始之年，中国纺织机械行业注重结构调整，促进增长方式转变，推进产业技术升级，整体经济运行状况良好。运行质量稳步提升，经济效益明显提高，继续发挥行业竞争优势，应对生产要素成本、资源环境成本上涨风险及通胀压力，保持了平稳健康的发展态势。与此同时，部分地区形势欠佳，行业发展仍旧需要深挖技术创新潜力。

一、经济运行情况

1. 多项指标保持增长 2011 年，纺织机械行业实现产品销售收入 1 050.13 亿元，同比增长 27.07%；资产总额为 821.69 亿元，同比增长 14.86%；企业数为 682 户，与 2010 年持平；从业人员平均人数为 13.43 万人，同比增长 5.17%（表 1）。工业销售产值为 1 073.67 亿元，同比增长 27.44%；产销率为 97.36%，同比下降 0.48 个百分点；产成品资金占用为 43.43 亿元，同比增长 22.97%。行业固定资产投资额为 129.61 亿元，同比增长 26.26%；纺织机械行业固定资产投资额占纺织业固定资产投资额的比重为 3.61%，纺织机械的固定资产投资增速放缓。

表 1　2011 年纺机行业产业规模情况

指标名称	单位	2011 年	2010 年	同比增长（%）
企业户数	户	682	682	0
产品销售收入	亿元	1 050.13	826.41	27.07
资产合计	亿元	821.69	715.41	14.86
全部从业人员平均人数	万人	13.43	12.77	5.17

2. *成本费用大幅度增加*　2011 年，纺织机械行业成本费用总额为 970.61 亿元，同比增长 25.37%。其中，产品销售成本为 878.78 亿元，同比增长 24.87%；产品销售成本占成本费用总额的比重为 90.54%，占比下降了 0.36 个百分点。营业费用为 26.85 亿元，同比增长 26.45%；营业费用占成本费用总额的比重为 2.77%，占比增加了 0.02 个百分点。管理费用为 54.98 亿元，同比增长 30.99%；管理费用占成本费用总额的比重为 5.66%，占比增加了 0.24 个百分点。财务费用为 10 亿元，同比增长 38.44%；财务费用占成本费用总额的比重为 1.03%，占比增加了 0.1 个百分点。纺织机械行业成本费用呈加快趋势。

3. *利润上涨伴随亏损面扩大*　2011 年，纺织机械行业实现利润总额为 71.43 亿元，同比增加 17.88 亿元；亏损企业亏损额为 2.93 亿元，同比增加 310.9 万元；亏损面为 9.09%，同比增加 3.52 个百分点；人均利润为 53 205.6 元/人，同比增加 11 256.71 元/人（表 2）。

表 2　2011 年纺机行业盈利情况

指标名称	单位	2011 年	2010 年	同比增长（%）
企业户数	户	682	682	0
亏损户数	户	62	38	63.16
利润总额	亿元	71.43	53.55	33.39
亏损企业亏损总额	亿元	2.93	2.90	1.07
亏损面	%	9.09	5.57	63.20
人均利润	元/人	53 205.60	41 948.89	26.83

4. *纺织机械大省优势突出*　江苏、浙江、山东为我国纺织机械主要的生产省份，2011 年实现产品销售收入分别为 307.43 亿元、123.15 亿元、260.34 亿元，这 3 省实现产品销售收入合计占全国的比重为 65.79%。产品销售收入集中度同比增长 1.85 个百分点。江苏、浙江、山东 3 省的利润总额分别为 26.13 亿元、10.09 亿元、14.39 亿元。其累计利润总额合计占全国的比重为 70.85%，累计利润总额集中度比 2010 年同期增长 2.62 个百分点。

二、进出口情况

据海关统计，2011 年，我国纺织机械进出口累计总额为 76.10 亿美元，同比增长 25.6%。其中，纺织机械出口为 22.45 亿美元，同比增长 27.81%；进口为 53.64 亿美元，同比增长 24.7%（表 3）。

表 3　2011 年纺织机械进出口情况

指标名称	累计数量（万台）	累计金额（亿美元）	数量同比增长（%）	金额同比增长（%）
进出口总计	**2 062.92**	**76.10**	**16.97**	**25.60**
其中：进口	293.29	53.64	−21.00	24.70
出口	1 769.62	22.45	27.09	27.81

1. *出口情况*　2011 年，我国纺织机械出口 22.45 亿美元，同比增长 27.81%（表 4）。其中，针织机械出口额为 6.13 亿美元，同比增长 27.81%，占比 27.31%，位居第一，其后依次为辅助装置及零配件、印染后整理机械、纺纱机械、化纤机械、织机、非织造布机械和织造准备机械。辅助装置及零配件、印染后整理机械低于整体涨幅。纺织机械产品出口涉及 170 个国家和地区，出口金额前 5 位的国家和地区分别为印度、日本、孟加拉国、印度尼西亚和巴基斯坦（表 5），所占比重占全部出口额的一半。出口到印度总额为 5.23 亿美元，同比增长 47.55%，占全部出口总额的 23.31%。2011 年，全国 31 个省、自治区、直辖市均有纺织机械产品出口，出口总额排名前 5 位的省、直辖市包括浙江、江苏、上海、广东、北京，占出口总额的 84.55%。浙江出口总额排在第一位，为 5.88 亿美元，同比增长 36.63%，占比为 26.18%。

表 4　2011 年出口纺织机械分类情况

产品名称	累计金额（亿美元）	所占比重（%）	金额同比增长（%）
总计	**22.45**	**100.00**	**27.81**
针织机械	6.13	27.31	27.81
辅助装置及零配件	5.64	25.12	22.11
印染后整理机械	3.40	15.13	5.60
纺纱机械	2.66	11.84	39.55
化纤机械	2.04	9.07	46.01
织机	1.63	7.27	54.74
非织造布机械	0.75	3.35	68.24
织造准备机械	0.21	0.91	53.83

表5　2011年出口纺织机械前5位国家和地区情况

国家、地区名称	累计金额（亿美元）	所占比重（%）	金额同比增长（%）
总　计	**22.45**	**100.00**	**27.81**
印　度	5.23	23.31	47.55
日　本	1.69	7.54	29.39
孟加拉国	1.57	6.99	13.67
印度尼西亚	1.58	7.02	35.90
巴基斯坦	1.15	5.13	26.35
其他国家和地区	11.23	50.00	21.26

2. 进口情况　2011年，我国共从61个国家和地区进口纺织机械，进口总额为53.64亿美元，同比增长24.7%（表6）。从进口产品类别看，针织机进口排在第一位，进口总额为11.43亿美元，同比增长12.16%，占进口总额的21.31%。2011年，我国纺织机械进口的主要国家和地区以日本、德国、意大利、瑞士和中国台湾省为主（表7），进口前5位国家或地区的贸易总额为46.05亿美元，同比增长27.46%，占进口总额的85.84%。其中，以进口日本纺织机械居首位，进口额为17.36亿美元，同比增长23.39%，占比达到32.37%。2011年，全国31个省、自治区、直辖市中，有29个省、自治区、直辖市有不同数量的进口。江苏、浙江、广东、福建、山东位列进口总额的前5名，占进口总额的83.05%。江苏进口总额排在第一位为16.09亿美元，同比增长27.27%，占比为29.99%。

表6　2011年纺织机械进口额按产品类别划分

产品分类名称	累计金额（亿美元）	所占比重（%）	金额同比增长（%）
总　计	**53.64**	**100.00**	**24.70**
针织机械	11.43	21.31	12.16
纺纱机械	9.80	18.28	45.07
辅助装置及零配件	9.53	17.76	25.17
化纤机械	7.27	13.55	57.89
织机	6.95	12.95	8.20
印染后整理机械	6.75	12.59	11.06
织造准备机械	1.27	2.36	53.50
非织造布机械	0.65	1.21	23.00

表7　2011年纺织机械进口主要国家和地区情况

国家（地区）	累计金额（亿美元）	所占比重（%）	金额同比增长（%）
总　计	**53.64**	**100.00**	**24.70**
日　本	17.36	32.37	23.39
德　国	16.90	31.51	33.59
意大利	6.66	12.41	18.48
瑞　士	2.76	5.14	47.06
中国台湾省	2.37	4.42	24.04
其他国家和地区	7.59	14.16	10.25

三、固定资产投资情况

据国家统计局公布的数据，2011年我国纺织机械行业实际完成投资额为129.61亿元，同比增加65.13%（表8）；当年以来到目前为止施工项目总数为385个，同比增加83.33%。其中新开工项目数256个，同比增加85.51%。截至12月底，已实现竣工项目数223个，同比增加97.35%，占施工项目总数的57.92%，表明该行业投资项目进展较好。

表8　我国纺织机械行业固定资产投资情况

年份	实际完成投资(亿元)	施工项目数（个）	新开工项目数（个）	竣工项目数（个）
2010	78.49	210	138	113
2011	129.61	385	256	223
同比增长(%)	65.13	83.33	85.51	97.35

注：2011年固定资产投资数据统计范围除了500万元及以上城镇项目以外，新添加农村项目（不包括农户），但减去2010年不足500万元的几个相同项目的打捆数据，与2010年统计数据口径略有不同，故同比增长率数据仅供参考。

四、产业集群发展情况

目前，我国纺织机械行业集群有3个，分别是山西晋中市（榆次）、浙江绍兴齐贤镇和山东胶南王台镇（表9）。从中国纺织机械器材工业协会的相关调研情况显示，两个集群在2011年都保持了平稳的发展，一个集群发展形势较为严峻。

表9　中国纺织机械行业产业集群

集群名称	集群所在地	主营产品
中国纺织机械名市	山西晋中市（榆次）	棉纺细纱机
中国纺织机械名镇	浙江绍兴齐贤镇	加弹机、电脑横机、经编机、无梭织机
中国纺织机械名镇	山东胶南王台镇	喷气、喷水织机

1. 中国纺织机械名市——山西晋中市（榆次）　从山西晋中地区纺织机械商会的调查数据显示，该集群在2011年的细纱机销售数量同比下降41.81%，细纱机长车与2010年同期相比翻了一番，集群内共有企业25户，开工企业占比20%，其余企业处于停产和半停产状态。2011年，集群实现工业总产值10.4亿元，同比下降30.66%；实现利润0.3亿元，

同比下降47%。分析2011年榆次地区纺织机械发展所呈现出的前涨后跌趋势，尤其是下半年下跌趋势明显，究其原因既有欧债危机持续蔓延的外部因素，也有棉价下滑、银根紧缩等不利因素的影响，造成棉纺行业的内外销受到极大影响，是该集群目前较为低迷的原因。与此同时，配套供应不足、人工成本增大造成企业人工缺乏、企业资金运作有捉襟见肘之势，企业的自主研发能力不强也制约着该地区纺织机械的发展。

2. 中国纺织机械名镇——浙江绍兴齐贤镇　对浙江绍兴齐贤镇的调查显示，集群内共有企业490户，规模以上的纺织机械企业10户。2011年，集群内实现工业总产值73.28亿元，同比增长5.66%；实现利润7.33亿元，同比增长5.66%；该集群内主要纺织机械产品，例如加弹机同比增长68%、电脑横机同比增长76%、无梭织机同比增长9.44%、经编机同比增长27%。齐贤镇加大对公共服务平台建设的支持力度，先后搭建了融资担保、联动服务、创业培训等服务平台，正在筹建纺机研究院、信息网络等服务平台。服务平台和相关制度的不断健全完善，使纺织机械产业集群发展的氛围和环境进一步改善。同时又注重对服务的引导，鼓励企业组建技术中心。加速形成有利于技术创新和科技成果迅速转化的有效运行机制。目前，全镇共认定各级技术中心20个。有实力的企业还瞄准当今国际最为先进的纺织机械技术，建立了自己专属的研究所，联姻高院建立产学研合作，实现技术创新在纺织机械产业集群内的整体效应。

3. 中国纺织机械名镇——山东胶南王台镇　对山东胶南王台镇的调查显示，集群内共有企业256户，其中会员企业59户。2011年，集群内实现工业总产值148.6亿元，同比增长11.11%；实现利润3.15亿元，同比增长11.11%；该集群内主要纺织机械产品，例如喷气织机同比增长18%、喷水织机同比增长16%、棉纺用粗细纱机同比增长11.42%。

我国造纸工业经济运行状况

中国造纸协会

一、全国纸及纸板生产及消费情况

（一）产销规模

2011年全国纸及纸板生产企业有3 500多个，全国纸及纸板生产量为9 930万t，较2010年9270万t增长7.12%。消费量为9752万t，较2010年9 173万t增长6.31%；人均年消费量为73kg（按13.4亿人计），比2010年增长5kg。2011年比2001年生产量增长210.31%，消费量增长164.78%。2001—2011年，纸及纸板生产量年均增长11.99%，消费量年均增长10.23%。

（二）主要产品2011年生产及消费情况

1. 新闻纸　2011年新闻纸生产量为390万t，较2010年增长−9.3%；消费量为389万t，较2010年增长−8.04%。2001—2011年生产量年均增长率8.47%，消费量年均增长率7.6%。

2. 未涂布印刷书写纸　2011年未涂布印刷书写纸生产量为1 730万t，较2010年增长6.79%，增幅回落0.49个百分点；消费量为1 687万t，较2010年增长6.10%，增幅回落0.11个百分点。2001—2011年生产量年均增长率9.95%，消费量年均增长率9.72%。

3. 涂布印刷纸　2011年涂布印刷纸生产量为725万t，较2010年增长13.28%，增幅增加4.81个百分点；消费量为599万t，较2010年增长9.11%，增幅回落9.46个百分点。2001—2011年生产量年均增长率18.75%，消费量年均增长率10.89%。

4. 生活用纸　2011年生活用纸生产量为730万t，较2010年增长17.74%，增幅增加10.84个百分点；消费量为674万t，较2010年增长18.87%，增幅增加11.69个百分点。2001—2011年生产量年均增长率10.46%，消费量年均增长率9.95%。

5. 包装用纸　2011年包装用纸生产量为620万t，较2010年增长3.33%，增幅回落1.02个百分点；消费量为632万t，较2010年增长3.27%，增幅回落0.99个百分点。2001—2011年生产量年均增长率4.48%，消费量年均增长率3.09%。

6. 白纸板　2011年白纸板生产量为1 340万t，较2010年增长7.2%，增幅回落1.5个百分点；消费量为 1 322 万 t，较 2010 年增长 5.42%，增幅回落 2.68 个百分点。2001—2011 年白纸板生产量年均增长率 16.14%，消费量年均增长率 12.81%。其中，2011 年涂布白纸板生产量为 1290 万 t，较 2010 年增长 7.50%，增幅回落 1.59 个百分点；消费量为1 272 万 t，较 2010 年增长 5.65%，增幅回落 2.82 个百分点。2001—2011 年涂布白纸板生产量年均增长率 17.83%，消费量年均增长率 14.17%。

7. 箱纸板　2011 年箱纸板生产量为 1 990 万 t，较 2010 年增长 5.85%，增幅回落 2.82 个百分点；消费量为 2 073 万 t，较 2010 年增长 6.53%，增幅回落 1.04 个百分点。2001—2011 年生产量年均增长率 15.77%，消费量年均增长率 14.29%。

8. 瓦楞原纸　2011 年瓦楞原纸生产量为 1 980 万 t，较 2010 年增长 5.88%，增幅回落 3.16 个百分点；消费量为 1991 万 t，较 2010 年增长 5.40%，增幅回落 2.05 个百分点。2001—2011 年生产量年均增长率 12.68%，消费量年均增长率 10.78%。

9. 特种纸及纸板　2011 年特种纸及纸板生产量为 210 万 t，较 2010 年增长 16.67%，增幅回落 3.33 个百分点；消费量为 179 万 t，较 2010 年增长 9.15%，增幅回落 4.74 个百分点。2001—2011 年生产量年均增长率 12.44%，消费量年均增长率 7.73%。

二、主要生产经济指标完成情况

据国家统计局统计，2011 年规模以上造纸生产企业为 2 620 个，从业人员 70.85 万人；工业总产值为（当年价）6 911 亿元，同比增长 23.1%；工业销售产值为（当年价）6 740 亿元，同比增长 21.6%；主营业务收入为 6 714 亿元，同比增长 21.54%；产销率为 97.5%，较 2010 年的 98.2%下降 0.7 个百分点；产成品存货为 288 亿元，同比增长 27.7%；利税总额为 557 亿元，同比增长 8.44%，其中利润总额为 362 亿元，同比增长 6.2%；资产总计为 6 990 亿元，同比增长 17.58%；资产负债率为 59.07%，较 2010 年增加 1.19 个百分点；负债总额为 4 129 亿元，同比增长 19.99%；在统计的 2 620 个造纸生产企业中，亏损企业有 287 个，占 10.95%。

三、纸浆生产和消耗情况

2011 年全国纸浆生产总量为 7 723 万 t，较 2010 年 7 318 万 t 增长 5.53%。2011 年全国纸浆消耗总量为 9 044 万 t，较 2010 年 8 461 万 t 增长 6.89%，其中木浆为 2 144 万 t，较 2010 年增长 15.33%，比例占 24%；非木浆为 1 240 万 t，较 2010 年增长 −4.39%，比例占 14%；废纸浆为 5 660 万 t，较 2010 年增长 6.69%，比例占 62%。木浆中，进口木浆比例上升 1 个百分点；废纸浆中，进口废纸浆比例下降 1 个百分点，国产废纸浆比例与 2010 年持平；非木浆中，稻麦草浆比例比 2010 年下降 2 个百分点；竹浆比例与 2010 年持平；苇（荻）浆比 2010 年上升 1 个百分点，蔗渣浆比例比 2010 年上升 1 个百分点。2011 年纸浆总消耗量比 2001 年增长 203%，其中国产纸浆消耗量 2011 年比 2001 年增长 210%。

四、纸及纸板、纸浆、废纸及纸制品进出口情况

（一）进出口总体情况

2011 年纸及纸板进口量为 331 万 t，比 2010 年 336 万 t 降低 1.49%；出口量为 509 万 t，比 2010 年 433 万 t 增长 17.55%。出口量比进口量多 178 万 t。纸浆进口量为 1 445 万 t，比 2010 年 1137 万 t 增长 27.09%；出口量为 9.91 万 t，比 2010 年 8.1 万 t 增长 22.35%。废纸进口量为 2 728 万 t，比 2010 年 2 435万 t 增长 12.03%；出口量为 0.36 万 t，比 2010 年出口量略有增长。纸制品进口量为 17 万 t，比 2010 年 18 万 t 降低 5.56%；出口量为 243 万 t，比 2010 年 228 万 t 增长 6.58%。2011 年进口纸及纸板、纸浆、废纸、纸制品合计 4 521 万 t，较 2010 年3 926 万 t 增长 15.16%；用汇为 239.54 亿美元，较 2010 年 187.83 亿美元增长 27.53%。2011 年进口纸及纸板平均价格为 1 261.54 美元/t，比 2010 年1 132.52 美元/t 增长 11.39%；进口纸浆平均价格为 825.86 美元/t，比 2010 年 775.51 美元/t 增长 6.49%；进口废纸平均价格为 255.39 美元/t，比 2010 年 219.8 美元/t 增长 16.19%。2011 年出口纸及纸板、纸浆、废纸、纸制品合计 762.27 万 t，较 2010 年 669.18 万 t 增长 13.91%；创汇为 132 亿美元，较 2010 年 97 亿美元增长 36.08%。2011 年出口纸及纸板平均价格为 1 261.04 美元/t，比 2010 年 1093.5 美元/t 增长 15.32%；出口纸浆平均价格为 2 323.8美元/t，比 2010 年 1 727.18 美元/t 增长 34.54%；出口废纸平均价格为 215.79 美元/t，比 2010 年 191.8 美元/t 下降 12.51%。2011 年纸及纸板进出口总量中，进口量较大的品种有箱纸板、涂布白纸板、涂布印刷纸、未涂布印刷书写纸、特种纸及纸板，合计进口量为 279 万 t，约占纸及纸板总进口量的 84%。出口量较大的品种有

涂布印刷纸、涂布白纸板、未涂布印刷书写纸、生活用纸、特种纸及纸板，合计为 469 万 t，约占纸及纸板总出口量的 92%。

2011 年纸浆进口量较 2010 年增长 27.09%，废纸进口量较 2010 年增长 12.03%，年平均价格有所上涨，进口纸浆平均价格上涨 50.35 美元/t，涨幅 6.49%；进口废纸平均价格上涨 35.59 美元/t，涨幅 16.19%，但从 6 月开始进口纸浆和进口废纸的价格都开始回落，到 12 月时分别为 752.94 美元/t 和 234.83 美元/t，已经低于 2010 年的年平均价格。纸及纸板进口量略有下降，出口量较 2010 年略有增长且大于进口量。

（二）主要产品 2011 年进出口情况

1. 新闻纸　2011 年出口量大于进口量，净出口量为 1 万 t。

2. 未涂布印刷书写纸　2011 年出口量大于进口量，净出口量为 43 万 t。

3. 涂布印刷纸　2011 年出口量大于进口量，净出口量为 126 万 t。其中，铜版纸 2011 年出口量大于进口量，净出口量 108 万 t。

4. 生活用纸　2011 年出口量大于进口量，净出口量为 56 万 t。

5. 包装用纸　2011 年进口量大于出口量，净进口量为 12 万 t。

6. 白纸板　2011 年出口量大于进口量，净出口量为 18 万 t。其中，涂布白纸板 2011 年出口量大于进口量，净出口量 18 万 t。

7. 箱纸板　2011 年进口量大于出口量，净进口量为 83 万 t。

8. 瓦楞原纸　2011 年进口量大于出口量，净进口量为 11 万 t。

9. 特种纸及纸板　2011 年出口量大于进口量，净出口量为 31 万 t。

五、生产布局与集中度

2011 年我国东部地区 12 个省、自治区、直辖市，纸及纸板产量占全国纸及纸板产量比例为 71.7%，比 2010 年提高 0.1 个百分点；中部地区 9 个省、自治区比例占 20.4%，比 2010 年降低 0.3 个百分点；西部地区 10 个省、自治区、直辖市，比例占 7.9%，比 2010 年降低 0.4 个百分点。东部地区仍然是我国造纸工业的主要生产区域，重点省、自治区、直辖市和重点造纸企业生产集中度有所提高，纸及纸板和纸浆年产量超过百万吨的企业增加了 2 个。

六、造纸企业经济类型结构与规模结构

根据国家统计局提供的 2011 年 1～12 月规模以上造纸生产企业的相关数据分析，2011 年国有及国有控股企业有 65 个，占 2.48%，较 2010 年 2.15% 增加 0.33 个百分点；“三资”企业有 334 个，占 12.75%，较 2010 年 11.12%增加 1.63 个百分点；集体及其他企业有 2221 个，占 84.77%，较 2010 年 86.73%减少 1.96 个百分点。在造纸企业主营业务收入总额中，国有及国有控股企业占 11.53%，较 2010 年 12.38% 减少 0.85 个百分点；“三资”企业占 29.41%，较 2010 年 28.79%增加 0.62 个百分点；集体及其他企业占 59.06%，较 2010 年 58.83% 增加 0.23 个百分点。在利税总额中，国有及国有控股企业占 7.48%，较 2010 年 13.58%减少 6.1 个百分点；“三资”企业占 26.95%，较 2010 年 29.04% 减少 2.09 个百分点；集体及其他企业占 65.57%，较 2010 年 57.38%增加 8.19 个百分点。其中，利润总额中，国有及国有控股企业占 4.54%，较 2010 年 11.36%减少 6.82 个百分点；“三资”企业占 28.86%，较 2010 年 32%减少 3.14 个百分点；集体及其他企业占 66.59%，较 2010 年 56.64%增加 9.95 个百分点。

2011 年我国规模以上造纸生产企业数量为 2620 个，亏损企业数为 287 个，其中国有及国有控股企业占 8.71%，“三资”企业占 21.60%，集体及其他企业占 69.69%。在 2620 个规模以上造纸生产企业中，大中型造纸企业 435 个，占 16.60%；小型企业 2185 个，占 83.40%；在纸及纸板产品主营业务收入中，大中型企业占 64.25%，小型企业占 35.75%；在利税总额中，大中型企业占 62.66%，小型企业占 37.34%；在利润总额中，大中型企业占 63.62%，小型企业占 36.38%。

七、环境保护

根据环境保护部统计，2010 年制浆造纸及纸制品产业（统计企业 5 570 个，比 2010 年减少 201 个）用水总量为 123.39 亿 t，其中新鲜水量为 46.15 亿 t，占工业总耗新鲜水量 543.95 亿 t 的 8.48%。重复用水量为 77.24 亿 t，水重复利用率为 62.59%，比 2010 年提高 5.55 个百分点。万元工业产值（现价）新鲜水用量为 89.6t，比 2010 年减少 18.2t，降低 16.9%。造纸工业 2010 年废水排放量为 39.37 亿 t，

占全国工业废水总排放量211.86亿t的18.58%，比2010年降低0.2个百分点。造纸工业废水排放达标量为37.8亿t，占造纸工业废水排放总量的96.01%，比2010年提高2.48个百分点。排放废水中化学需氧量（COD）为95.2万t，比2010年109.7万t减少14.5万t，占全国工业COD总排放量365.6万t的26.04%，比2010年减少2.89个百分点。万元工业产值（现价）化学需氧量（COD）排放强度为18kg，比2010年降低28%。排放废水中氨氮为2.5万t，比2010年2.74万t减少0.24万t，占全国工业氨氮总排放量24.54万t的10.19%，比2010年减少0.99个百分点。造纸工业废水处理设施年运行费用为64.9亿元，比2010年增加13.9亿元，增长27.25%。

2 第二部分

相关行业发展概况

油料加工业

一、基本情况

2011年，我国油菜籽、大豆、花生、棉籽、葵花籽、芝麻、油茶籽、亚麻籽八大油料产量由1990年的3 524.6万t上升到5 817万t，共增长65%，平均年增长3.2%；其中棉籽产量为1 188万t，大豆产量为1 448.5万t。2011年我国国产油料的榨油量（除大豆、花生、芝麻和葵花籽4种油料部分直接食用外）为1 091.8万t，与2011年食用油的总供给量2 865.1万t差距较大。在国家多项惠农政策的支持和鼓励下，我国油料生产发展较快，但其发展速度仍跟不上人民生活水平不断提高的需求。为满足食用油市场供应日益增长的需求，我国在提高国内油料产量的同时，增加了油脂油料的进口数量，并呈现不断加速上升的趋势。我国食用油的自给率已由21世纪初的60%下降到目前的38%左右。

2011年，我国食用油市场年度总供给量为2 865.1万t，其中包括国产油料和进口油料生产的食用油，为2 050.8万t，直接进口各种食用油合计814.3万t。2011年我国食用油的食用消费量为2 515万t，工业及其他消费为250万t，出口为12.4万t，合计年度需求总量为2 777.4万t，年度结余量为87.7万t。2011年我国进口油脂油料的总折油为1 773.3万t，自给率为38.1%。随着国产油脂油料和进口油脂油料数量的快速增加，我国居民食用油的可供应量和人均年占有量得到了快速增长。我国居民人均年消费占有量由1996年的7.7kg上升到2011年的21.2kg，已经达到世界人均水平。这已经接近和提前超过了《国家粮食安全中长期规划纲要（2008—2020年）》中预测的“到2020年我国居民人均年食用油消费量为20 kg，消费总量将达到2 900万t”的指标。随着人民生活水平的进一步提高，城镇化进程的加快，我国食用油的消费量还将呈刚性增长，应该早作准备。《国家粮食安全中长期规划纲要（2008—2020年）》中提出，到2020年我国食用油自给率不低于40%。而目前我国食用油的自给率只有38%左右，如果不采取有效措施，要达到不低于40%的自给率是有难度的。提高我国食用油自给率的最有效途径是：在耕地上，油料生产发展的重点应放在“冬抓休闲地，春抓撂荒地”上；在油料品种的发展上，重点应放在扩大油菜、花生和葵花的种植上，放在扶持和发展以油茶为代表的木本油料和其他特种油料上；在育种上，重点应放在提高单位面积产量和油料的含油率上；在资源利用上，要把米糠和玉米胚芽等作为重要的油料资源，充分加以利用。现在最大的问题是，种植油料的比价效益低，难以调动种植油料的农民的生产积极性。如果再不研究解决调动种植油料的农民的生产积极性，我国食用油的自给率还有可能会进一步下降，从而危及国家食用油供应的安全。

我国人均耕地少，水资源匮乏，加上为确保我国粮食自给率在95%左右的红线不能逾越以及人口增加和食用油消费的刚性增长，我国的食用油供应必须在进一步发展油料生产，增加油料产量的同时，充分利用国际市场。现在看来，靠我国自己的耕地和水资源来解决中国人的吃油问题是不现实的。为此，要想方设法在国外，加快建立完整的油脂油料供应链，增强对海外油脂油料的控制力，以保障我国食用油供应的安全。

二、科研、新产品与新技术

1. 由舒城县安徽华银茶油有限公司和武汉工业学院联合研发的“茶叶籽油低温压榨、精制技术研究”项目，于2012年6月成功获得省级成果鉴定。此项成果是自2009年起用3年时间研发的，获批了相关实用新型专利9项，发明专利受理1项。成果是在对传统设备、工艺技改、创新基础上，采用自主研发的“低温快速烘干、叶轮式剥壳及仁壳分离、螺旋挤压膨化、滚筒式过滤、真空脱水、隔膜压滤精制”等技术，成功开发出既用于油茶籽油、又可生产茶叶籽油的螺旋压榨新装备。所生产的茶叶籽油符合国家食用油要求，保持了天然品质。此项技术工艺先进、能耗低，比热榨浸出工艺节约生产成本近20%，市场价值提高近两倍。此次由相关专家组成的鉴定委员会认为：茶叶籽油低温压榨、精制生产技术达到国内领先水平；通过茶叶籽制油，提升了茶园资源的综合利用水平，具有良好的推广应用前景，建议企业进一步扩大生产规模和加大宣传力度。

2. 由江苏迈安德食品机械有限公司承担的“大

型智能化油脂制取成套装备”项目鉴定会，于2012年7月6～8日在广西惠禹粮油工业有限公司召开，会议由中国粮油学会胡承淼秘书长主持。会上，与会专家现场考察了由迈安德食品机械有限公司设计、制造、安装调试的广西惠禹粮油工业有限公司6 000t/d大豆膨化预浸成套生产线。与会专家听取了项目组的工作报告、技术报告、技术经济分析报告、项目查新和产品检测报告、用户意见等，审查了有关技术文件，并通过质疑、答辩、评议后得出鉴定结论：该项目整体技术达到国际先进水平。中国粮油学会常务副理事长王瑞元在会后表示：“作为我国自行研发设计的大型油脂工程，迈安德能做得这么好，非常了不起”。

3. 由山东龙大植物油有限公司承担的“新一代花生油省油技术研发”项目，于2012年8月17日通过鉴定。该技术已通过SGS（瑞士通用公证行）和中国标准化研究院验证，多项试验证明采用新技术的花生油在50%用量的情况下，其翻炒性、粘锅度和消费者口感评价普遍达到甚至超过正常用量的同类产品。该项目整体技术填补了国内空白，达到国际先进水平。业内人士表示，这种以保留卵磷脂为特色的新技术在花生油市场具备很强的竞争力，花生油市场或将进入“省油时代”。此项新技术的核心在于保留了花生原有的卵磷脂。因为卵磷脂可以增强油的扩散性，细化油滴，从而使其更均匀地包裹在食材表面；不含卵磷脂的花生油在食材表面呈点状分散分布，必须用更多的油才能保证烹饪的效果，而采用新技术以后油滴在食材表面是膜状分布，自然就不需要那么多油，这就是新技术省油的秘诀。山东龙大植物油有限公司表示，其新一代压榨花生油是在传统压榨花生油生产工艺基础上进行技术创新的，解决了传统工艺中保留花生卵磷脂后出现的“高温加热变色”和“产品存放周期短”两大难题，并已申请国家专利。

三、关注重点

1. 产业布局　一是按照“坚持产区为主、兼顾销区和重要物流节点”的原则，优化食用植物油加工业的布局。二是食用植物油加工企业要布局重点、规模、重点工程以及对大豆、油菜籽、花生、棉籽和其他油料加工提出的具体布局和发展方向来规划发展蓝图。三是警惕产能过剩，严格控制盲目投资和低水平重复建设，促进食用植物油加工业有序、健康和协调发展。

2. 产业结构调整　一是大力培育和发展食用植物油加工业龙头企业，鼓励和引导大型食用植物油加工企业兼并重组，不断提高集中度。二是推进产业化经营，提升优质油料基地建设规模化和标准化水平，逐步实现加工原料的专用化、规模化和标准化。三是鼓励和支持企业改造升级，提高产品质量，增强市场竞争能力。四是强化环保、卫生、能耗、出品率、安全等指标的约束作用，加大对技术水平低、卫生质量和安全环保不达标、高能耗、高污染等产能的淘汰力度。五是鼓励建设一线多能、多油料品种加工项目，提高设备利用率。

3. 产品结构调整　一是加快系列化、多元化、营养健康食用植物油产品的开发，提高优、新、特产品的比重，强化质量安全，加强品牌建设。二是大力提倡适度加工，严格控制食用植物油的过度加工。三是坚持多油并举，大力推进食用植物油加工品种多元化。四是扩大专用油比重，提高油料综合利用水平，开发油料蛋白等产品。

4. 资源有效利用　一是优先选择日处理能力150t以上的稻谷加工企业，配备米糠膨化保鲜装备，为米糠制油提供稳定的原料。二是依托稻谷、玉米主产区大型粮油加工企业、加工园区和产业集聚区，大力发展米糠油、玉米油等特色油脂加工。三是在长江中游及淮河以南地区，大力发展油茶籽油等木本植物油加工，以增强食用植物油的供给能力。为利用好国产非转基因大豆的资源优势，要充分利用我国非转基因大豆适用于蛋白食品的资源优势，提高专用大豆加工产品的比重，支持发展建设大豆食品加工基地，加快推进传统豆制品工业化和豆粉类、发酵类、蛋白类等新兴豆制品产业化。

5. 安全营养、节能减排　一是食用植物油加工企业要始终把确保产品质量、实施节能减排、做到安全文明生产作为企业工作的重中之重。二是以“安全、优质、营养、健康、方便”为宗旨，强化全产业链质量安全管理，大力倡导适度加工，合理控制食用植物油的加工精度，提高产品出品率。三是按规定完成单位产值二氧化碳排放减少17%以上和单位产值能耗降低10%以上的指标要求。

6. 安全保障体系建设　一是完善粮油加工业技术标准体系，加快制（修）订符合国情的粮油加工重点产品标准、生产技术规范和检测方法标准。二是加大粮油食品安全检验监督能力建设，满足企业对原辅料、半成品、成品等的理化、微生物、农药残留、真菌毒素、重金属等指标快速检验的需要。三是加快推行食品安全管理体系（GB/T 22000）、危害分析和关键点控制（HACCP）、良好操作规范（GMP）等质量管理与控制体系建设；四是建立粮油食品质量安全产业链可追溯体系和企业诚信管理体系。

7. *科技进步与创新* 一是在食用植物油加工领域推广适度加工先进实用技术装备、综合利用和质量安全技术，应用清洁生产技术实施节能减排与产业升级。二是推进高效低耗节能加工，深度开发转化增值和副产品综合利用等新技术的研发及产业化。三是在江苏、湖北、湖南、河北、河南等地发展食用植物油加工大型成套设备，提高关键装备的配套水平和智能化水平。

8. *粮油加工园区建设* 推动粮油加工业向专业化、规模化、集约化方向发展，在全国重点建设60个粮油加工示范园区，并明确鼓励和支持粮食产业化龙头企业创建粮油加工园区，使之成为粮食产业化发展的新型载体，形成集粮食收购、储藏、运输、加工、销售、配送为一体的现代化粮食产业集群。对此，食用植物油加工龙头企业、大型企业和企业集团应积极参与，推进粮油加工园区建设。

9. *粮油应急加工及供应体系建设* 鼓励符合资质条件的食用植物油加工企业积极参与国家粮油应急加工及供应体系建设，以保障国家应对自然灾害或突发事件时粮油应急供应的需要。

四、工程建设

1. 2012年2月，湖北通城油茶精深加工产业园正式奠基。该产业园建成后将集观光、旅游、科研、加工于一体。届时年产值将达30亿元，实现利税6亿元，可带动4万余户农民家庭投入油茶种植业，年户平均增收8 000余元。该产业园征地20hm^2，计划投资1.9亿元，建成万吨油茶籽冷榨生产线10条，3 000t油茶籽油精炼生产线4条，万吨茶籽粕浸出生产线8条，4 000t功能强化油生产线1条，1 000t化妆品油、注射用油生产线1条，5 000t茶皂素及系列产品生产线1条，万吨饲用蛋白饲料生产线4条，还有3.5万t国家食用油储备库、油茶品种园、观赏园等。

2. 2012年2月，甘肃中加农产品科技开发有限公司奠基仪式在民乐生态工业园区举行，民乐县1万t大豆蛋白深加工项目正式启动。甘肃中加农产品科技开发有限公司1万t大豆蛋白深加工项目是民乐县重点招商引资项目，位于民乐县生态工业园区。项目总投资4.6亿元，项目建成达标后，年可实现销售收入4亿元，利润1.2亿元，税金1 560万元。该项目的实施，对带动民乐农产品深加工产业起到带头作用，也为生态农业发展注入了新的活力。

3. 2012年4月，河南三源粮油食品有限公司一期工程——年产20万t花生油项目建成投产，庆典仪式在桐柏县隆重举行。河南三源粮油公司占地面积23.3 hm^2，拥有花生油、山茶油和花生蛋白生产线，生产线全部建成达产后，年可生产清香花生油40万t、山茶油1万t、花生蛋白10万t，年销售收入超过40亿元，利税超过3.6亿元。一期工程总投资16亿元，年产20万t花生油。公司计划在“十二五”期末，以花生良种研发、培育、推广种植为基础，以年产40万t低温冷榨清香花生油生产为龙头，配套建设年产20万t蛋白、60万t饲料、60万t饮料及食品深加工项目，形成完整的产业链。

4. 2012年5月，由上海深日油墨有限公司投资建设的河南汝南县大地油脂有限公司油脂加工项目开工建设。项目总投资1.5亿元，其中固定资产投资8 500万元。目前该项目已全部建成，正在试生产。该项目年加工原料12万t，其中日加工花生（油菜籽）400 t，日加工大豆300t，年产大豆浓缩蛋白10万t，预计项目正式投产，实现产值8亿元，利税8 000万元，安排社会就业人员200多人。

5. 2012年6月，由湖南17个油脂企业共同组建的湖南省油脂集团在澧县正式挂牌成立。湖南盈成油脂（集团）工业有限公司作为油脂龙头企业之一，发起并联合安乡、临澧、汉寿、鼎成4个油菜专业合作社和6个松散型企业，下辖4个全资子公司和2个控股子公司共同组建湖南省油脂集团。

五、标准化工作

1. 全国粮油标准化技术委员会一届十七次工作会议于2012年8月11～14日在西宁召开，来自全国各大专院校、粮油质检机构、科研院所和大型粮油食品企业的代表和特邀的21个省、自治区、直辖市的国家粮食质量监测中心的负责人参加了会议，国家粮食局标准质量中心的领导到会祝贺并讲话。全国粮油标准化技术委员会的委员对各粮油标准起草工作组提交的菜籽油、橄榄油、橄榄果渣油、油茶籽油等23项标准进行了严格的审议；各有关省、自治区、直辖市国家粮食监测中心负责人研究讨论了《国家粮油标准研究验证测试机构管理暂行办法》。

2. 由全国粮油标准化技术委员会油料及油脂技术工作组、国家饮料及粮油制品质量监督检验中心（武汉）、武汉工业学院联合主办，武汉天天好生物制品有限公司、武汉百信正源生物技术工程有限公司协办的《花生肽》、《玉米肽》标准制定启动会暨中国植物多肽产业发展研讨会，于2012年8月28日在武汉召开，中国粮油学会常务副理事长、油脂分会会长王瑞元等出席会议并讲话。随着科学的发展和人们生活品质的改善，自20世纪初起，科学家开始关注一类由氨基酸组成，比蛋白小、结构简单、生理活性强的物质，它们与蛋白没有本质的区别，但又不同于蛋白，这类物质称作肽或多肽，它们都是生产和发展功能性食品的基料。在其后的研究中，把其中的一部分功能明确，将调节生物生理功能的多肽称作生物活性肽或功能肽。中国粮油学会常务副理事长、油脂分会会长王瑞元说，我国油料资源十分丰富，油料蛋白是生产各种植物肽的优质原料。《大豆肽粉》国家标准已于2008年制定和获批，"玉米肽"已被卫生部批准为新资源食品，"花生肽"作为新资源食品已经上报卫生部。可以预示，不久的将来，"米糠肽"、"油菜籽肽"等油料蛋白肽都将继续被批准为新资源食品。2012年，《花生肽》、《玉米肽》粮油行业标准，已列入国家粮食局标准质量管理办公室下达的2012年粮油行业标准制订计划。

六、行业工作

1. 中国粮油学会油脂分会2012年第一次会长办公（扩大）会议于2012年4月9日在山东省济宁市香港大厦隆重召开，中国粮油学会油脂分会会长王瑞元主持会议并作重要发言。王会长首先向与会代表通报了2011年我国食用植物油的产需状况，就学习贯彻《粮油加工业"十二五"发展规划》提出了建议。会议研究落实2012年中国粮油学会油脂分会各项工作，重点部署中国粮油学会第十四届国际谷物科技与面包大会暨国际油料与油脂科技发展论坛及中国粮油学会油脂分会第21届学术交流年会暨产品展示会等各项事宜。会议就增设分会轮值会长，增设副秘书长、常务理事及理事等事项进行提名和表决。会议决定第21届学术交流年会暨产品展示会在安徽省马鞍山市召开，时间定于2012年9月。会后，代表们参观了山东济宁黄淮粮油机械集团公司。

2. 由安徽省粮食行业协会、国都期货有限公司主办的2012中国油脂（油料）形势高层论坛于2012年5月20日在合肥召开。中国粮油学会常务副理事长、油脂分会会长王瑞元，国家粮油信息中心分析预测处处长张立伟等国内权威和知名专家在论坛上演讲。来自北京、上海、黑龙江、河南、湖北及安徽等地的专家、学者参加了本次论坛。王瑞元会长作了《我国食用油市场的产需情况与发展趋势》的报告，张立伟处长作了《2012年国内外油脂油料供需状况及价格走势分析》的演讲。

3. 由中国粮油学会油脂分会、马鞍山市人民政府联合主办的中国粮油学会油脂分会第21届学术年会暨中国（马鞍山）食用油产业发展论坛于2012年9月20日在马鞍山市海外海皇冠假日酒店开幕，本次年会的主题为"安全诚信、合作共赢"。中国粮油学会常务副理事长、油脂分会会长王瑞元，中国粮油学会秘书长胡承淼，中国粮油学会油脂分会常务副会长李子明、左恩南、姚专等领导出席开幕式。市长张晓麟出席开幕式并致辞，副市长高晓平代表市政府与中国粮油学会油脂分会签订合作框架协议。左恩南在致辞中说，中国粮油学会油脂分会，认真贯彻和落实党中央和国务院有关方针政策，充分发挥职能作用，坚持服务宗旨，团结和引领广大油脂科研、生产单位和会员单位，在科研、教学、生产、经营以及国际合作方面取得可喜的成绩。当前，国内国际经济形势复杂多变，油脂企业也面临着诸多的困难和问题，但只要我们携起手来，坚持科学发展、稳中求进，加快行业转型升级，就能够在困难中求生存，在挑战中找到发展的机遇，用智慧和勤劳书写中国油脂行业更加灿烂的篇章。

4. 由中国粮油学会和国际谷物科技协会（ICC）共同举办的第十四届国际谷物科技与面包大会暨国际油料与油脂科技发展论坛于2012年8月7～9日在北京国际会议中心召开。大会由中国粮油学会朱长国理事长主持并致辞，国家粮食局任正晓局长、中国科学技术协会沈爱民部长等领导出席会议并作了重要讲话；国际谷物科技协会秘书长罗兰德先生、国家粮食局张桂凤副局长和来自世界36个国家和地区的专家学者参加了会议。本次大会的主题是"科技创新与健康粮油"。会议交流了全球谷物和油脂产业科技发展的情况，探讨国际上谷物和油脂科技、经贸发展的方向和重点，展示全球谷物、油脂产业科技发展的成果，推进全球谷物和油脂产业的合作和可持续发展，保障食品营养和安全。大会安排了9场专题报告会和ICC会员专场会，3场小型研讨会，新技术、新成果展览会，奖励优秀专家学者等。

5. 第十二届中国国际粮油产品及设备技术展览会于2012年10月16～18日在山东济南舜耕国际会展中心举办。大会以全面推进主食产业化发展、加快粮油产业结构调整步伐为亮点，除继续展出各类米、面、杂粮、食用油产品及粮油加工、仓储、物流、检化验等机械设备外，将重点做好对主食产业化产品、技术及配套设备的组展工作力度，借助展会平台，交流促进主食产业化科学发展的好经验，帮助各类主食产业化龙头企业做大做强。同时，重质量、树品牌——继续组织"粮油参展产品金奖评选活动"，帮助科技含量高、产品质量好、符合产业发展趋势的参展产品树立品牌形象，扩大市场份额。

（武汉工业学院食品学院　何东平）

大豆加工业

一、基本情况

（一）资源概况

1. 世界大豆生产情况　2011年世界大豆总产量为23 230万t，同比增长4.1%。世界大豆主产国有美国、巴西、阿根廷、中国、印度和加拿大等（表1）。表1中6个国家的大豆总产量，约占世界总产量的90.3%，基本构成了世界大豆产量的主要市场份额。

表1　2011年世界大豆主产国生产情况

国别	收获面积（$\times10^3hm^2$）	单产（kg/hm^2）	总产量（万t）	同比增长（%）	占世界比例（%）
美　国	29 956	2 983	8 938	－2.2	38.5
巴　西	23 500	2 508	5 894	2.8	25.4
阿根廷	17 055	1 903	3 245	4.7	14.0
中　国	7 889	1 836	1 449	－3.9	6.2
印　度	10 270	1 057	1 086	8.1	4.7
加拿大	1 472	2 547	375	7.1	1.6

注：表中数据来自于美国农业部资料。

2. 我国大豆生产情况　根据中国农业统计资料显示，2011年我国大豆播种面积为788.9万hm^2，同比增长－7.4%；单位面积产量为1 836kg/hm^2，同比增长3.7%；总产量为1 448.5万t，同比增长－3.9%。产量较大的省、自治区为黑龙江、内蒙古、安徽、河南、吉林、江苏、四川等地，约占全国总产量的73.1%（表2）。

表2　2011年我国大豆主产区生产情况

主产省份	播种面积（$\times10^3hm^2$）	单产（kg/hm^2）	总产量（万t）	同比增长（%）	占世界比例（%）
黑龙江	3 202	1 691	541.3	－7.5	37.4
内蒙古	688	1 996	137.2	2.8	9.5
安　徽	886	1 213	107.5	－10.3	7.4
河　南	446	1 975	88.0	1.9	6.1
吉　林	305	2 585	78.8	－9.0	5.4
江　苏	220	2 622	57.6	－3.7	4.0
四　川	225	2 133	48.0	－9.6	3.3

注：表中数据来自于农业部《2011年中国农业统计资料》。

（二）加工业概况

1. 世界大豆加工概况　根据美国农业部2011年公布的世界大豆供需平衡和豆油、豆粕主产国产量报告显示，2011/2012年度世界大豆压榨量为22 411万t，同比增长1.4%；世界豆油总产量为4 240万t，同比增长2.7%；世界豆粕总产量为1 7930万t，同比增长2.7%。其中，世界各主要大豆加工国2011/2012年度大豆压榨量、豆油和豆粕产量见表3。

表3　2011/2012年度世界豆油、豆粕主要生产国加工情况

主要加工国	压榨量		豆　油		豆　粕	
	产量（万t）	同比增长（%）	产量（万t）	同比增长（%）	产量（万t）	同比增长（%）
美　国	4 477	－0.2	895	3.3	3 722	4.5
巴　西	3 600	0.6	704	2.2	2 844	1.9
阿根廷	3 750	－0.2	684	－7.8	2 794	－4.6
中　国	5 910	7.5	1 091	10.6	4 800	10.2

2. 我国大豆加工概况　根据国家粮油信息中心资料，2011/2012年度我国大豆压榨量为5 910万t，同比增长7.2%。其中生产大豆粕4 841万t，生产大豆油1 096万t。压榨产能严重过剩，平均开工率不足50%。另据天下粮仓信息研究部调查统计，2011/2012压榨年度（2011年10月1日至2012年9月30日），我国大豆年产能总量达到12 750万t，较2010/2011压榨年度的年产能总量11 930万t增加820万t，增幅6.9%。2011/2012年我国新增大豆压榨产能将高达3 000万t以上，且新上项目规模普遍在2 000t/d以上。其中2011年新增大豆压榨产能1 750万t，2012年新增产能1 250万t。我国油厂主要聚集在沿海地区，特别是环渤海、长三角及珠三角地区，其中环渤海地区压榨产能最为集中，占全国压榨产能的40%以上，市场竞争十分激烈。国家粮油信息中心监测显示，截至2011年底，我国日压榨大豆500t以上的企业有140多个，日压榨大豆能力达到31.5万t，年加工大豆能力接近9 500万t，其中日压榨能力超过1 000t的企业数量达到110个，占总体数量的78.6%。与此同时，2011年港口地区大豆库存基本维持在600万t以上的历史高位而难以下降，显示港口下游需求承接能力疲软。据有关分析机构不完全统计，2011年我国建成投产的大型大豆压榨项目有20多个，日压榨大豆能力超过6万t，年新增大豆压榨能力超过1 800万t，再次创下历史纪录。其中，天

津投产项目有4个，共计产能450万t/年；山东投产项目2个，共计产能240万t/年；江苏投产项目3个，共计产能300万t/年；广西及广东投产项目各1个，产能均为120万t/年。此外，2011年我国拟建大豆加工项目产能达255万t，辽宁、河南及山东拟建项目各1个，产能分别为90万t、45万t和120万t。另据统计数据显示，仅山东省日压榨能力1 000t以上的企业就有35个，总产能超过2 800万t/年，居全国第一；其次是江苏省，大豆压榨产能1 700万t/年；再次是广东省，大豆压榨产能1 300万t/年。

随着我国对蛋白消费需求的不断加速，国内大豆压榨产能也在不断扩张。截至2011年底，国内大豆日加工压榨能力已经达到32.16万t，年加工压榨能力达到1.16亿t。其中，值得注意的是目前中粮集团仍有8 000t/d的在建项目，完工后产能将达到3.05万t/d；金光油8 000t/d在建项目，完工后达到1.16万t/d。分地区来看，山东省产能最大，达到9.41万t/d，其次是江苏、黑龙江、广东等地。从各集团机构来看，目前益海嘉里、中粮集团、九三集团、中纺集团仍是市场的主力（表4）。益海嘉里目前占据市场12.7%的压榨产能，中粮集团也有9.29%的压榨产能。目前，压榨格局将演变成外资、国企和民营企业三足鼎立局面。

表4 2011/2012年我国大豆压榨企业产能排序

序号	企业名称	压榨能力（万t/年）	占全国产能比重（%）	企业数量（个）
1	益海嘉里	1 587	12.70	17
2	中粮集团	1 161	9.29	13
3	九三集团	828	6.62	9
4	中纺集团	660	5.28	9
5	渤海集团	630	5.04	4
6	嘉吉公司	495	3.96	5
7	来宝公司	480	3.84	5
8	东凌集团	375	3.00	2
9	邦基公司	369	2.95	4
10	汇福集团	300	2.40	1
11	阳光集团	200	1.58	6
12	达孚集团	129	1.03	2
合计		**7 214**	**57.69**	**77**

2011年，国产大豆60%用于食品加工，40%用于压榨产油。根据国产大豆16.5%的出油率，国产大豆总共出油89.1万t，产生的缺口只能依靠进口大豆和食用油来填补。目前，外商垄断我国80%的大豆进口量，大豆压榨能力占国内总能力的60%以上。其中新加坡的丰益集团占据国内小包装食用油市场份额50%以上。外资粮商在我国的豆油流通加工以及销售环节已高度垄断。而食用油行业关系国计民生，预计政府对食用油的调控将会不断加强，未来国内油脂业将会面临新的洗牌。受全球经济前景黯淡及欧洲危机阴霾不散的影响，市场恐慌心理较为普遍，下游企业补库意愿不强，采购十分谨慎，如有油粕抛售现象可能引发连锁反应，进一步打击市场信心，加之国内油厂数量众多，产能严重过剩，无序抛售可能引发压榨行业的大震荡，行业洗牌或在所难免。大豆深加工主要是从大豆中提取油脂、大豆异黄酮、大豆分离蛋白、大豆乳清蛋白、大豆低聚糖、大豆磷脂、大豆蛋白肽、脱脂豆粉、食用纤维素等，目前的传统工艺多采用硅藻土过滤、板框过滤或离心分离，这种方法劳动强度大，分离精度低，产品收率低，后续操作水洗量大，废水排放量大。未来我国落后产能和规模效益偏低的企业将逐渐被市场淘汰，大豆加工规模将向大型化和集团化方向发展。

二、科研、新产品、新技术

1. 由中国农业大学和北京德宝群兴农业科技有限公司联合承担的“大豆蛋白与抗营养因子检测技术体系研究”课题于2011年4月2日通过鉴定，教育部科技发展中心主持了鉴定会。本课题针对大豆中不同蛋白和抗营养因子的生物化学特点和（或）特征性生理学活性，建立了高通量的分析化学或免疫学检测方法，改进大豆异黄酮的高效液相色谱检测方法，制备了针对各种大豆主要抗原蛋白的单克隆抗体构建特异的ELISA检测试剂盒，新建了离子色谱电化学法检测大豆寡糖等。并以肥大细胞为模型，建立了各种大豆抗原蛋白的致敏性细胞模型，经检验该方法适用于分析大豆抗原蛋白致敏性。综合各种大豆抗营养因子的化学检测、免疫学检测和细胞模型检测方法，构建了大豆蛋白与抗营养因子检测技术体系。与国内外常规的检测方法相比，该检测体系具有种类齐全、高通量、高灵敏度和特异性的特点。鉴定结论为：“该成果建立的检测方法和研制出的试剂盒具有自主知识产权，灵敏度高、特异性强，总体达到国际先进水平。鉴定委员会一致同意通过鉴定。建议进一步对抗体检测试剂盒开展中试工艺的研究，加快成果的推广应用。”本课题组所建立的大豆蛋白与抗营养因子检测技术体系，可以广泛应用于大豆种质的选育、饲料抗原性分析、大豆加工工艺改进、饲料配方设计等生产实践领域，以及食物和饲料过敏机制、大豆主要抗营养因子副作用的分子基础等相关基础研究领域。

2. 由谷神集团承担的山东省自主创新成果转化重大专项“醇法大豆浓缩蛋白生产及功能性转化”项目于2011年7月29日在陵县通过山东省科学技术厅

验收，山东省科学技术厅主持了验收会。验收专家委员会听取了项目承担单位关于项目执行工作总结、项目执行技术报告、项目经费使用报告等汇报，审查了项目验收的相关材料，考察了现场，并经质询答疑，形成如下验收意见：一是谷神集团自主开发的醇法大豆浓缩蛋白，运用乙醇代替酸碱作溶媒，具有环保、节能等优点，产品的乳化性、增稠性、胶凝性、吸油性等性能优于原始工艺提取法，已建成年产 20 000t 醇法改性大豆浓缩蛋白生产线 1 条，同时副产大豆糖蜜 9 000t。二是产品的工艺装备技术水平均达到国内领先水平，完成合同的各项指标，顺利通过验收。项目实施过程中申请 6 项专利，其中 3 项发明专利、3 项实用新型专利，制定 1 项企业技术标准。

3. 由宁波中科八益新材料股份有限公司研发的"大豆基无醛木材工业用胶黏剂"项目于 2011 年 7 月 30 日在宁波市通过了新产品鉴定。鉴定委员会专家考察了产品生产线，听取了产品研发、生产和应用情况的报告，审阅了相关鉴定材料，经过充分的讨论形成如下鉴定意见：一是该公司提供的鉴定技术文件和资料完整、规范，符合新产品鉴定要求。二是该产品采用中国科学院宁波材料技术与工程研究所和宁波中科八益新材料股份有限公司共同研发的"大豆基无醛胶合板胶黏剂"科学技术成果，以豆粕为原料生产不含甲醛的大豆基无醛胶黏剂，已建成 1 条年产 2 万 t 的胶黏剂生产线，并实现规模化生产。三是该产品已在数家胶合板和实木复合地板生产企业应用，生产过程无污染，在现有生产工艺条件下所生产的胶合板和实木复合地板性能符合国家相关标准要求，具有良好的市场前景。鉴定委员会一致认为，宁波中科八益新材料股份有限公司生产的大豆基无醛木材工业用胶黏剂技术先进，性能优良，达到了国际先进水平，市场前景良好，同意该产品通过新产品鉴定。

三、国内外市场概况

(一) 国内市场

1. 大豆供需平衡分析　据美国农业部资料显示，2011/2012 年度我国大豆总供给量为 6 950 万 t，同比增长 3.1%；总需求量为 6 985 万 t，同比增长 5.6%（表 5）。由于 2011/2012 年度我国大豆供需有 35 万 t 的缺口，所以该年度供应相对紧张。

2. 豆油供需平衡分析　据美国农业部资料显示，2011/2012 年度我国豆油总供给量为 1 262 万 t，同比增长 5.7%；总需求量为 1 196 万 t，同比增长 0.8%；总需求量小于总供给量 66 万 t，则该年度供需环境相对宽松（表 6）。

表 5　2011/2012 年度我国大豆市场供需平衡情况

单位：万 t

	2010/2011 年度	2011/2012 年度	同比增长（%）
产量	1 508	1 449	−3.9
进口量	5 234	5 501	5.1
总供给量	6 742	6 950	3.1
压榨量	5 500	5 910	7.5
食品与其他用量	1 095	1 050	−4.1
出口量	19	25	31.6
总需求量	6 614	6 985	5.6

表 6　2011/2012 年度我国豆油市场供需平衡情况

单位：万 t

	2010/2011 年度	2011/2012 年度	同比增长（%）
产量	1 004	1 082	7.8
进口量	190	180	−5.3
年度供给量	1 194	1 262	5.7
食用消费量	1 074	1 090	1.5
年度国内消费	1 182	1 190	0.7
出口量	5	6	20.0
年度需求量	1 186	1 196	0.8

3. 豆粕供需平衡分析　据美国农业部资料显示，2011/2012 年度我国豆粕总供给量为 4 631 万 t，同比增长 5.6%；总需求量为 4 487 万 t，同比增长 2.3%；总需求量小于总供给量 144 万 t，则该年度供需环境相对宽松（表 7）。

表 7　2011/2012 年度我国豆粕市场供需平衡情况

单位：万 t

	2010/2011 年度	2011/2012 年度	同比增长（%）
生产量	4 356	4 611	5.9
进口量	29	20	−31.0
年度供给量	4 385	4 631	5.6
饲用消费量	4 255	4 310	1.3
年度国内消费量	4 338	4 412	1.7
出口量	47	75	59.6
年度需求量	4 385	4 487	2.3

(二) 国际市场

1. 世界大豆供需平衡分析　据美国农业部公布的供需报告显示，2011/2012 年度世界大豆总供应量（包括产量和进口量）为 34 506 万 t，同比增长 −2.2%；总需求量（包括国内消费量和出口量）为 37 025万 t，同比增长 7.7%；总需求量大于总供给量 2 519 万 t，则该年度供需环境相对持紧（表 8）。主要出口国有美国、阿根廷、巴西等；主要进口国和地区有中国、欧盟 27 国等。

表 8 2011/2012 年度世界大豆供需平衡情况

单位：万 t

	2010/2011 年度	2011/2012 年度	同比增长 (%)
产量	26 418	25 428	−3.7
进口量	8 868	9 076	2.3
总供给量	35 286	34 506	−2.2
压榨量	22 111	22 521	1.9
国内消费量	25 148	27 980	11.26
出口量	9 241	9 045	−2.1
总需求量	34 389	37 025	7.7

2. 世界豆油供需平衡分析　据美国农业部公布的供需报告显示，2011/2012 年度世界豆油总供应量（包括产量和进口量）为 5 114 万 t，同比增长 1.6%；总需求量（包括国内需求量和出口量）为 5 133 万 t，同比增长 1.7%；总需求量大于总供给量 19 万 t，则该年度供需环境相对紧张（表 9）。主要出口国有美国、阿根廷、巴西、欧盟 27 国等；主要进口国有中国、印度、巴基斯坦等。

表 9 2011/2012 年度世界豆油供需平衡情况

单位：万 t

	2010/2011 年度	2011/2012 年度	同比增长 (%)
产量	4 129	4 240	2.7
进口量	903	874	−3.2
总供给量	5 032	5 114	1.6
国内需求量	4 100	4 205	2.6
出口量	947	928	−2.0
总需求量	5 047	5 133	1.7

3. 世界豆粕供需平衡分析　据美国农业部公布的供需报告显示，2011/2012 年度世界豆粕总供应量（包括产量和进口量）为 23 691 万 t，同比增长 2.7%；总需求量（包括国内需求量和出口量）为 23 576万 t，同比增长 2.9%；总需求量小于总供给量 115 万 t，则该年度供需环境相对宽松（表 10）。主要出口国有美国、阿根廷、巴西、印度等；主要进口国有中国、欧盟 27 国等。

表 10 2011/2012 年度世界豆粕供需平衡情况

单位：万 t

	2010/2011 年度	2011/2012 年度	同比增长 (%)
产量	17 459	17 930	2.7
进口量	5 616	5 761	2.6
总供给量	23 075	23 691	2.7
国内需求量	17 072	17 678	3.5
出口量	5 830	5 898	1.2
总需求量	22 902	23 576	2.9

四、质量管理与标准化工作

（一）质量管理

1. 豆制品产品质量国家监督抽查　国家质量监督检验检疫总局对 2011 年豆制品产品质量进行了国家监督抽查，对天津、辽宁、吉林、黑龙江、上海、江苏、浙江、安徽、江西、山东、河南、湖北、湖南、重庆、四川、贵州 16 个省、直辖市 158 个企业生产的 160 种豆制品产品进行了监督抽查，抽查产品包括腐乳、豆豉等发酵性豆制品和豆腐干等非发酵性豆制品。本次抽查依据《食品安全国家标准　食品添加剂使用标准》（GB 2760—2011）、《非发酵性豆制品及面筋卫生标准》（GB 2711—2003）、《发酵性豆制品卫生标准》（GB2712—2003）、《食品中可能违法添加的非食用物质和易滥用的食品添加剂品种名单（第一批）》（食品整治办 2008 年 3 号）和经备案现行有效的企业标准及产品明示质量要求，对豆制品产品的总砷、铅、黄曲霉毒素 B_1、苯甲酸、山梨酸、糖精钠、甜蜜素、安赛蜜、脱氢乙酸、合成着色剂、二氧化硫残留量、甲醛次硫酸氢钠、碱性嫩黄、碱性橙Ⅱ、菌落总数、大肠菌群、致病菌（沙门氏菌、金黄色葡萄球菌、志贺氏菌）等 19 个项目进行了检验。抽查发现有 18 种产品不符合标准的规定，涉及菌落总数、大肠菌群、苯甲酸、山梨酸、脱氢乙酸、甜蜜素项目。

2. 酱油产品质量国家监督抽查　国家质量监督检验检疫总局对 2011 年酱油产品质量进行了国家监督抽查，抽查了北京、天津、河北、内蒙古、辽宁、吉林、黑龙江、上海、江苏、浙江、福建、江西、山东、湖北、湖南、广东、四川、陕西 18 个省、自治区、直辖市 244 个企业生产的 270 种酱油产品。本次抽查依据《酿造酱油》（GB 18186—2000）、《酱油卫生标准》（GB 2717—2003）、《食品安全国家标准　食品添加剂使用标准》（GB 2760—2011）等强制性国家标准及相应产品标准的要求，对酱油产品的氨基酸态氮、铵盐、总酸、总砷、铅、黄曲霉毒素 B_1、苯甲酸钠、山梨酸、对羟基苯甲酸酯类、菌落总数、大肠菌群、致病菌（沙门氏菌、金黄色葡萄球菌、志贺氏菌）12 个指标进行了检验。抽查发现有 11 种产品不符合标准的规定，涉及氨基酸态氮、总砷、苯甲酸、对羟基苯甲酸酯类、菌落总数、大肠菌群项目。

3. 酱产品质量国家监督抽查　国家质量监督检验检疫总局对 2011 年酱产品质量进行了国家监督抽查，抽查了北京、天津、河北、内蒙古、辽宁、吉林、黑龙江、江苏、上海、浙江、山东、湖北、湖南、广东、江西、四川、陕西 17 个省、自治区、直辖市134个企业生产的145种酱产品。本次抽查依据《酱卫生标准》（GB 2718—2003）等强制性国家标准及相应产品标准的要求，对酱产品的总酸（以乳酸计）、氨基酸态氮、总砷（以As计）、铅（以Pb计）、黄曲霉毒素B_1、苯甲酸钠、山梨酸、对羟基苯甲酸酯类、糖精钠、安赛蜜、甜蜜素、大肠菌群、致病菌（沙门氏菌、金黄色葡萄球菌、志贺氏菌）13个项目进行了检验。抽查发现有11种产品不符合标准的规定，涉及氨基酸态氮、大肠菌群、甜蜜素、苯甲酸钠、山梨酸项目。

（二）标准化工作

1. 国家质量监督检验检疫总局、国家标准化管理委员会于2011年6月16日批准发布了《粮油检验　大豆异黄酮含量测定　高效液相色谱法》（GB/T 26625—2011）。本标准规定了高效液相色谱法测定大豆异黄酮（大豆苷、黄豆黄素、染料木苷、大豆黄素、黄豆黄素苷元、染料木素）含量的原理、试剂与材料、仪器与设备、试剂制备与保存、操作步骤、结果计算与表示、精密度的要求；本标准适用于大豆、豆奶粉、豆豉中大豆异黄酮含量的测定。本标准由国家粮食局提出，由全国粮油标准化技术委员会归口，本标准自2011年11月1日起实施。

2. 商务部于2011年7月7日批准发布了《大豆磨浆机产品型号编制方法》（SB/T 10234—2011），本标准规定了大豆磨浆机的分类和类别代号及型号编制方法，本标准适用于以砂轮为磨片的大豆磨浆机。批准发布了《黄豆复合调味酱》（SB/T 10612—2011），本标准规定了黄豆复合调味酱的术语和定义、要求、生产加工过程的卫生要求、试验方法、检验规则以及标签、包装、运输和储存，本标准适用于黄豆复合调味酱的生产、检验和流通。上述两项标准自2011年11月1日起实施。

3. 商务部于2011年8月10日批准发布了《豆制品现场加工管理技术规范》（SB/T 10630—2011），本标准规定了豆制品现场加工管理的术语和定义、环境条件、原辅料的采购与储存、加工过程、成品的存放和销售、人员卫生与健康要求等，本标准适用于国内各种豆制品的现场加工及销售门店；批准发布了《卤制豆腐干》（SB/T 10632—2011），本标准规定了卤制豆腐干的术语和定义、技术要求、生产加工过程、检验方法、包装标签和流通过程要求，本标准适用于卤制豆腐干；批准发布了《豆浆类》（SB/T 10633—2011），本标准规定了豆浆的术语和定义、技术要求、生产加工过程、检验方法、包装标识和流通过程要求，本标准适用于豆浆、调制豆浆及豆浆饮料。上述3项标准自2011年12月1日起实施。

4. 农业部于2011年9月2日批准发布了《大豆及制品中磷脂组分和含量的测定高效液相色谱法》（NY/T 2004—2011）。本标准规定了高效液相色谱法测定大豆及制品中磷脂组分和含量的方法；本标准适用于大豆及制品（豆腐、豆浆、腐乳等）中磷脂酰胆碱、磷脂酰乙醇胺、磷脂酰肌醇的测定。本标准自2011年12月1日起实施。

5. 国家质量监督检验检疫总局、国家标准化管理委员会于2011年12月30日批准发布了《大豆原种生产技术操作规程》（GB/T 17318—2011）。本标准规定了大豆原种生产技术要求；本标准适应于大豆原种生产。本标准由农业部提出并归口，本标准自2012年4月1日起实施。

五、行业管理

1. 由中国食品工业协会豆制品专业委员会和淮南市人民政府联合主办的全国豆制品精品展销会，于2011年9月14日在淮南市举行，市委书记杨振超、市长曹勇、中国食品工业协会豆制品专业委员会会长王薇和常务副会长卫祥云、市人大常委会副主任王玉成、副市长王有军、市政协副主席吴健等出席开幕式。王有军在致辞中说，这次全国豆制品精品展销会既是2011年全国豆制品行业年会和豆腐寻根之旅的重要活动，也是第十八届中国豆腐文化节的重要组成部分，同时也为全国豆制品行业知名企业会聚“豆腐故里”，搭建了展示、交流的平台，必将为“弘扬豆腐文化，做大做强豆腐产业”作出贡献。这次共有来自上海、四川、浙江、广东等11个省、直辖市的全国豆制品行业知名企业参展，参展产品包括豆制品、豆奶、豆制品机械、大豆原料等品质上乘的品种1 000多个，参展共4d。

2. 全国大豆食品加工技术与市场发展高峰论坛暨2011中国豆制品行业年会于2011年9月14～16日在淮南市召开。全国豆制品行业专家、业内人士齐聚淮南，就豆制品行业的发展、大豆食品与公众营养、大豆食品对人类的贡献等几方面各抒己见。会议期间召开了全国大豆食品加工技术与市场发展高峰论坛、2011年中国食品工业协会豆制品专业委员会理事会议，组织了祭拜豆腐始祖刘安活动，此外，大会还对中国豆制品行业质量安全示范单位、2011全国即食豆腐干品鉴获奖企业、全国豆制品行业优秀服务企业等进行了颁奖授牌，中国食品工业协会豆制品专业委员会会长王薇、中国食品工业协会豆制品专业委员会常务副会长卫祥云、中国食品工业协会豆制品专业委员会副会长李里特、安徽省农业委员会副巡视员陈文浩，淮南市副市长谌伟等出席会议。

3. 由中国食品工业协会主办的2011中国食品工业发展与食品安全优秀成果博览会于2011年11月25日在北京全国农业展览馆召开，来自全国20余个省、自治区、直辖市及港台地区的骨干食品企业和欧、美等跨国食品公司200多个参加会议。十届全国人大常委会副委员长顾秀莲、中国食品工业协会会长石秀诗、国务院食品安全委员会办公室主任张勇、全国人大教科文卫委员会副主任委员任茂东、卫生部副部长陈啸宏、国家质量监督检验检疫总局副局长蒲长城、国家统计局副局长许宪春、国家食品药品监督管理局副局长边振甲、工业和信息化部消费品工业司司长王黎明，卫生部监督局副局长陈锐、中国食品工业协会副会长兼秘书长熊必琳等出席开幕式。2011中国食品工业发展与食品安全优秀成果博览会的参展企业，为广大消费者带来了粮食加工、果蔬加工、食用油、肉制品、乳制品、豆制品、调味品等十几个类别的上千种知名产品。中国食品工业协会豆制品专业委员会常务理事单位（准）益海嘉里食品营销有限公司、会员单位安徽淮南碗碗香豆业有限公司作为我国大豆食品行业的优秀企业积极参与了此次活动，并喜获“1981—2011中国食品工业突出贡献企业”称号。

4. 首届中国大豆食品蛋白加工企业峰会于2011年12月23日在北京召开。会上，中国大豆协会副会长刘登高指出，目前我国专门从事大豆食品蛋白加工的企业近60个，规模以上有影响力的企业约20个，大豆食品蛋白加工在我国已成为一个新兴产业，出口量已占世界市场份额的50%。我国大豆具有非转基因、高蛋白的优势，属于是食品级大豆，除了直接食用外，主要用于食品、食品蛋白加工企业及保健药品生产。与会专家和企业代表认为，中国大豆产业的发展前途光明，国产大豆加工业到了再次创业的关口，要立足创业自强，坚守实业之心、创业之志；要着力自主创新，把科技作为第一生产力，把人才作为第一资源，把品牌作为第一形象，把提升民族自主创新能力作为第一追求，让国产非转基因大豆加工业成为国之基石；要坚持科学发展，掌握国产大豆市场话语权，把企业做强做久；要恪守诚信为本、质量为先的宗旨，践行社会责任，建设质量强国，担负起国产大豆加工业发展的重任，为促进国内大豆加工事业的繁荣，为国家食品战略安全而奋力前行。

（中国包装和食品机械总公司行业办公室　王国扣）

淀粉加工业

一、基本情况

（一）资源概况

根据有关资料报道，2011年全国玉米总产量达到19 175.0万t，比2010年增长8.20%（表1）。

表1　2011年我国玉米主产区产量

单位：万t

省　区	2010年	2011年	同比增长(%)
河　北	1 508.7	1 639.6	8.68
山　西	766.0	854.6	11.57
内蒙古	1 465.6	1 632.1	11.36
辽　宁	1 150.5	1 360.3	18.24
吉　林	2 004.0	2 339.0	16.72
黑龙江	2 324.4	2 675.7	15.11
山　东	1 932.0	1 978.6	0.24
河　南	1 634.7	1 696.5	3.78
陕　西	532.2	550.7	3.48
其　他	4 406.9	4 447.9	0.09
总　计	**17 725.0**	**19 175.0**	**8.20**

2011年我国玉米消费情况所占比重为：饲用占58.82%，工业用占29.72%，食用占8.76%。2011年世界玉米产量82 396.5万t，其中美国为31 616.5万t，占世界总产量的38.37%；中国为19 175万t，占世界总产量的23.27%。

（二）加工业概况

根据中国淀粉工业协会不完全统计，2011年我国淀粉总产量达2 245.74万t，同比增长13.79%。其中，玉米淀粉为2 082.28万t，同比增长9.48%；木薯淀粉为90.05万t，同比增长154.55%；马铃薯淀粉为57.85万t，同比增长154.2%；其他淀粉为15.56万t。

1. 我国淀粉及深加工品产量和品种情况　在国内玉米供需形势趋紧的背景下，2011年国家针对玉米深加工行业的调控措施频繁出台，致使玉米淀粉的增长幅度较2010年出现了小幅度下降，但由于2011年木薯和马铃薯都是丰收年，产量大幅度增长，故2011年总淀粉产量的增幅超过了2010年。由于下游产品市场的需求较高，深加工产品都有较大幅度的增长（表2、表3）。

表2　2011年我国淀粉产量和品种情况

品　种	产量（万t）	占总淀粉（%）	同比增长（%）
玉米淀粉	2 082.28	92.72	9.48
木薯淀粉	90.05	4.01	154.55
马铃薯淀粉	57.85	2.58	154.20
甘薯淀粉	10.45	0.69	22.94
小麦淀粉等	5.11		70.90
合　计	**2 245.74**	**100.00**	**13.79**

表3　2011年我国淀粉深加工品产量与品种情况

主要品种	产量（万t）	占深加工（%）	同比增长（%）
变性淀粉	140.14	10.66	13.11
结晶葡萄糖	279.61	21.27	10.66
液体淀粉糖	798.06	60.70	21.66
糖　醇	96.95	7.37	13.30
合　计	**1314.76**	**100.00**	**17.59**

2. *淀粉产量分布及生产规模情况*　从我国地区生产情况统计，山东仍然占据着我国玉米淀粉总产量的首位（42.56%）；其次是吉林和河北，分别占全国玉米淀粉总产量的19.23%和14.21%，该3省玉米淀粉产量之和，占全国玉米淀粉总产量的81.43%。全国玉米淀粉产量10万t/年以上的企业为41个，玉米淀粉总产量为1 948万t，占玉米淀粉总产量的93.56 %（表4）。

表4　2011年我国淀粉产量分布及生产规模情况

地　区	淀粉产量（万t）	占总产量（%）	玉米淀粉生产规模情况	
			企业数（10万t/年）	企业最大产量（万t/年）
山东	955.77	42.56	15	260.78
吉林	431.80	19.23	6	199.17
河北	319.07	14.21	10	56.89
河南	121.50	5.41	5	31.00
陕西	119.80	5.33	3	85.00
广西	67.56	3.01		
其他16省、自治区	230.24	10.25	2	84.56
合　计	**2 245.74**	**100.00**	**41**	

注：其他16省、自治区为：山西、内蒙古、辽宁、黑龙江、江苏、江西、湖北、四川、广东、海南、云南、甘肃、宁夏、青海、新疆、贵州。

二、市场及进出口情况

2011年由于原料价上涨，玉米淀粉的市场略见萎缩，深加工品市场发展态势良好，总体看，企业利润情况略好于2010年。2011年我国玉米淀粉等13种产品的进出口情况，从总量看，2011年进口总量为1 166 562t，同比增长3%；出口总量为1 088 616t，同比下降10%（表5）。从进口的品种看，木薯淀粉的进口量逐年攀升，2011年创了历史最高，仅此一个品种，所耗的外汇占了玉米淀粉等13个品

表5　2011年我国淀粉及部分深加工品进出口情况

品　名	进口量（t）	同比增长（%）	出口量（t）	同比增长（%）
玉米淀粉	4 241	−62	226 190	−38
木薯淀粉	867 822	18	550	150
马铃薯淀粉	23 147	−84	6 046	3
小麦淀粉	596	基本持平	10 671	基本持平
山梨醇	2 068	−30	48 343	−27
甘露糖醇	562	102	7 128	15
肌醇	19	100	3 478	基本持平
葡萄糖及葡萄糖浆，果糖<20%	1 109	17	558 782	8
葡萄糖及糖浆，20%≤果糖≤50%，转化糖除外	20 900	18	14 649	26
果糖及果糖浆，果糖>50%，转化糖除外	3 777	58	56 174	−23
糊精及其改性淀粉	238 089	13	105 595	4
未列名淀粉	2 201	−29	44 510	−7
化学纯果糖	2 031	4	6 500	157
合　计	**1 166 562**	**3**	**1 088 616**	**−10**

种总外汇的60%。马铃薯淀粉由于对欧盟“双反”（反倾销期中复审和反补贴）的胜利，2011年进口量比2010年有较大幅度下降。从出口的品种看，甘露糖醇以及糖浆类等50%以上出口量同比有所增长。但从总体看，由于2011年出口总量减少，且大部分品种的到岸价上涨，全行业未能创汇。

三、生产技术发展情况

（一）生产规模

我国淀粉加工业的发展已呈现出集约化、规模化（表6、表7)。2011年，玉米淀粉年产100万t以上的企业尽管只有5个，但合计产量占总产量的39.63%；变性淀粉年产5万t以上的企业有8个，产量占总产量的64.50%；结晶葡萄糖年产20万t以上的企业有3个，产量占总产量的51.14%；液体淀粉糖年产100万t以上的企业4个，产量占总产量的56.83%。

表6 2011年我国玉米淀粉生产规模

项 目	2010年	2011年	同比增长（%）
年产100万t以上企业（个）	5	5	持平
年产100万t以上企业总产量（万t）	731.38	825.25	12.83
占全国玉米淀粉总产量（%）	38.45	39.63	3.07
年产40万t以上企业（个）	8	9	12.50
年产40万t以上企业总产量（万t）	474.21	553.25	16.67
占全国玉米淀粉总产量（%）	24.93	26.57	6.58

表7 2011年我国部分淀粉深加工品生产规模

	项 目	2010年	2011年	同比增长（%）
变性淀粉	年产5万t以上企业（个）	8	8	持平
	年产5万t以上企业总产量（万t）	80.32	90.39	18.57
	占全国总产量（%）	64.83	64.50	8.08
	年产3万t以上企业（个）	5	5	持平
	年产3万t以上企业总产量（万t）	19.48	20.54	5.44
	占全国总产量（%）	15.72	14.66	−6.74
	年产1万t以上企业（个）	12	12	持平
	年产1万t以上企业总产量（万t）	18.38	22.00	19.70
	占全国总产量（%）	14.83	15.70	5.83
结晶葡萄糖	年产20万t以上企业（个）	3	3	持平
	年产20万t以上企业总产量（万t）	135.21	143.00	5.76
	占全国总产量（%）	53.51	51.14	−4.43
	年产10万t以上企业（个）	5	6	20.00
	年产10万t以上企业总产量（万t）	58.86	89.35	51.80
	占全国总产量（%）	23.29	31.96	37.23
	年产5万t以上企业（个）	5	4	−20.00
	年产5万t以上企业总产量（万t）	35.57	26.58	−25.28
	占全国总产量（%）	14.07	9.51	−32.40
	年产2万t以上企业（个）	2	6	200.00
	年产2万t以上企业总产量（万t）	7.38	19.78	168.02
	占全国总产量（%）	2.92	7.07	142.12
液体葡萄糖	年产50万t以上企业（个）	2	4	100.00
	年产50万t以上企业总产量（万t）	240.30	453.54	88.74
	占全国总产量（%）	40.81	56.83	39.26
	年产10万t以上企业（个）	12	10	−8.34
	年产10万t以上企业总产量（万t）	244.46	213.84	9.78
	占全国总产量（%）	41.51	26.79	−1.45
	年产5万t以上企业（个）	8	14	75.00
	年产5万t以上企业总产量（万t）	53.21	98.58	85.27
	占全国总产量（%）	9.04	12.35	36.62

(二)新工艺、新技术、新产品与新装备

随着深入贯彻科学发展观，自主创新的速度明显加快，根据中国淀粉工业协会对20多个企业的调查统计，2011年这些企业获得专利99项，有17项科研成果通过鉴定，有5项成果获得省级科技进步奖。现将行业在产品、工艺、技术等方面的创新情况举例如下：

1.“甘薯颗粒全粉生产工艺和品质评价指标的研究与应用”项目由中国农业科学院农产品加工研究所完成并通过成果鉴定。该成果采用一步热处理制备甘薯颗粒全粉工艺，简化了流程，与传统工艺相比，明显降低了细胞破损率和游离淀粉率，既改善了产品品质，又节省了设备投资，且降低了能耗，具有创新性。

2. 由国家粮食局武汉科研设计院承担的“籼米淀粉基脂肪替代品生产技术的中试研究”项目已通过验收。该项目在执行期间，对籼米加工过程中的副产品——碎米进行深加工，开展了籼米碎米淀粉分离技术、酶处理技术、超细粉碎技术等关键技术的研究，开发除了籼米淀粉基质脂肪替代品生产工艺和技术，完成了6套中试生产线的推广应用，取得了良好的经济和社会效益。

3. 江西雨帆农业发展有限公司研制的新产品“YF518阳离子交联淀粉”，是一种新型的复合变性淀粉，主要用于造纸行业作添加剂，其生产成本较湿法工艺大幅度降低，且无“三废”排放，产品性能优异，可与国外同类产品相媲美。

4. 由江南大学主持、浙江顶立胶业有限公司参与完成的农业科技成果转化资金项目“木材用淀粉胶生产工业中试”通过验收，该项目是在已有实验室研究的基础上，以淀粉为主要原料，通过进一步优化和完善工艺路线及配方，解决了木材用淀粉胶干湿强度相对偏低、储藏稳定性差等问题，并建立了3 000t/年木材用淀粉胶中试生产线，项目的社会和经济意义重大。

5. 由黑龙江省农产品加工工程技术研究中心承担的“模拟移动分离床工业化生产小麦麸皮低聚木糖技术研究”项目通过了省级鉴定。该项目研究了以小麦麸皮为原料，利用超声波、模拟移动床色谱等新工艺和新技术生产低聚木糖，使低聚木糖的纯度达到95.68%，提取时间缩短了1/3。

6. 由西王集团有限公司完成的“酶法脱胶玉米胚芽油精炼与开发”项目通过省级鉴定。该项目采用酶法脱胶技术，减少了80%的氢氧化钠用量，避免了产生皂脚而造成的环境污染，与传统工艺相比，提高了产品得率，产品各项指标均达到了国家标准，且符合环保、低碳的发展理念，具有较好的经济效益和社会效益。

7.“十一五”科技支撑计划课题“糖的发酵及分离精制关键技术”由保龄宝生物股份有限公司、山东大学、中国科学院微生物研究所等共同完成并通过部级验收。课题成功研发了高纯度低聚果糖和半乳糖、超高纯度低聚异麦芽糖等多个糖品；完成了功能糖生产用酶提取及固定化、连续离子交换及纳滤回收废酸碱、淀粉糖节能生产等多项共性关键技术开发。其中4个糖品、5项新技术已完成产业化转化，糖组分分离效率和产品纯度大大提升，生产综合耗能大幅度降低，“三废”减排能力提高，超过60%的酸碱得到回收利用。

四、存在的主要问题

(一)玉米淀粉工业发展速度仍未得到有效控制

近几年，玉米淀粉的产量年递增率都在两位数，消费的玉米量也是年年递增，2011年增长率虽较前几年有所下降，但仍然是增长。国家发展和改革委员会和环境保护部《关于2010年玉米深加工清理情况》和《开展玉米深加工调整整顿专项行动的通知》中要求全国工业玉米消耗量2011年减少550万t，实际上仅玉米淀粉一项工业用玉米不但未减少反而增加了261万t。

(二)低碳经济和循环经济发展力度不够

玉米深加工过程中，除淀粉以外还有30%的副产品，目前只有少数企业用胚芽制玉米油，大多数均以干燥作饲料处理，未作深加工。薯类淀粉也一样，薯渣、汁液也都没有开发利用。

(三)自主创新能力较弱

大中型淀粉加工企业设有研发中心的不足50%，就全行业而言比例是很低的，研发经费的投入也少，因此从行业整体看，创新能力较弱。

(中国淀粉工业协会　董延丰)

制糖工业

一、制糖期基本情况

我国有15个省、自治区产糖，沿边境地区分布，主产糖区集中在我国北部、西北部和西南部。甘蔗糖产区主要分布在广西、云南、广东、海南及邻近省、自治区；甜菜糖主要分布在新疆、黑龙江、内蒙古及邻近省、自治区。与糖料种植相关的人员近4 000万人。2011/2012年度制糖期全国食糖总产量中，甘蔗糖占91.25%，甜菜糖占8.75%。我国的食糖生产销售年度为10月1日至翌年的9月30日，开榨时间由北向南各不相同。甜菜糖厂一般在9月底或10月初开机生产；甘蔗糖厂中，湖南省10月底或11月初开榨，广西、广东、海南等省、自治区11月初或12月初开榨，云南省12月底或翌年1月初开榨。2011/2012年度制糖期自2011年9月19日博天集团望奎分公司正式开机生产，至2012年5月13日临沧南华南伞糖业有限公司最后一个停机，历时238d，比上制糖期少开工6d。截至2012年9月，全国开工制糖生产企业（集团）共有48个（较上制糖期增加1个），开工糖厂270个（较上制糖期减少1个）。其中甜菜糖生产企业（集团）5个，糖厂37个；甘蔗糖生产企业（集团）43个，糖厂233个；另有炼糖企业11个。本制糖期食糖产量超过40万t的企业集团已经发展到11个，食糖产量占全国食糖总产糖量的70.23%。

2011/2012年度制糖期全国食糖产量为1 151.76万t，其中优级和一级白砂糖1 026.06万t，精制糖33.4万t，绵白糖41.74万t，赤砂糖和红糖31.18万t，原糖及其他19.38万t。本制糖期，全国糖料种植面积178.04万hm^2，同比增加5.47%，其中甘蔗种植面积155.92万hm^2，同比增加4.32%，甜菜种植面积22.13万hm^2，同比增加14.33%。全国糖料入榨量9 724.04万t，其中甘蔗入榨量8 836.15万t，甜菜入榨量887.89万t。2011/2012年度制糖期食糖产量、播种面积、开工糖厂数见表1。

表1　2011/2012年度制糖期全国糖料播种面积、食糖产量基本情况

主产区	糖料播种面积（万hm^2）	实际入榨糖料量（万t）	产糖量（万t）	开工糖厂数（个）
全国累计	**178.04**	**9 724.04**	**1 151.76**	**270**
甘蔗糖合计	**155.92**	**8 836.15**	**1 051.02**	**233**
广　东	14.87	1 119.00	114.91	29
其中：湛江	13.00	969.91	99.36	22
广　西	104.13	5 767.00	694.20	103
云　南	30.44	1 600.31	201.36	73
海　南	5.28	262.15	30.88	20
福　建	0.27	18.37	2.09	2
其　他	0.93	69.32	7.58	6
甜菜糖合计	**22.13**	**887.89**	**100.74**	**37**
黑龙江	7.75	263.00	28.38	11
新　疆	8.75	422.00	47.17	14
内蒙古	3.11	111.40	13.71	4
其　他	2.52	91.49	11.48	8

2011/2012年度制糖期全国糖料收购价较上制糖期有所提高，其中甘蔗平均收购价格（地头价，不含运输及企业对农民各种补贴费用等，下同）为493元/t，每吨增加17元，其中广西甘蔗平均收购价格为502元/t；甜菜平均收购价格为481元/t，每吨增加108元。2011/2012年度制糖期全国制糖行业主要技术指标：甘蔗平均单产59.4t/hm^2，甜菜平均单产43.5t/hm^2。甘蔗平均含糖分13.71%，甜菜平均含

糖分 14.88%。甘蔗糖产糖率 11.89%，甜菜糖产糖率 11.37%。

二、市场概况

（一）国内食糖市场

2011/2012 年度制糖期全国食糖产量为 1 151.76 万 t，较上制糖期增加 106.34 万 t，增幅为 10.17%。其中，甘蔗糖产量为 1 051.02 万 t，较上制糖期增加 84.98 万 t；甜菜糖产量为 100.74 万 t，较上制糖期增加 21.36 万 t。本制糖期食糖消费量 1 330 万 t，比上制糖期减少 28 万 t，同比下降 2.06%，年人均食糖消费量为 10.13kg。食糖消费结构基本稳定，食糖消费总量中民用消费为 36%（餐饮消费与零售业终端销售商品糖比例为 1：4），工业消费比例为 64%。

2011/2012 年度制糖期，全国食糖综合平均价格为 6 608 元/t，较上制糖期下跌 673 元/t，工业累计销售平均价格为 6 372 元/t，较上制糖期下跌 730 元/t。本制糖期全国制糖行业销售收入 775 亿元（其中综合利用产品销售收入 41 亿元），同比减少 9.45 亿元；实现利税总额 75.89 亿元，同比减少 96.92 亿元。农民种植糖料收入同比增加 68 亿元。2011/2012 年制糖期行业运行特征：

1. *糖料生产进入新一轮增长期，农民收入继续增长*　2011/2012 年度制糖期，农民种植糖料的积极性进一步提高，糖料生产进入新一轮增长期，食糖产量达到 1 152 万 t，较上制糖期增加 107 万 t。农民种植糖料收入进一步增长，增加 68 亿元。

2. *食糖消费继续下降*　2011/2012 年度制糖期食糖替代品产量保持较大幅度增长，2011 年淀粉糖总产量 1 280 万 t，较上年增长 50.6%；食糖消费量达到 1 330 万 t，较上制糖期减少 28 万 t。

3. *国际食糖市场价格回落，食糖进口量增加*　2011/2012 年度制糖期纽约原糖价格在每磅* 18.81～28.35 美分，与国内食糖价格存在明显差异，食糖进口量增加，截至 2012 年 8 月底达到 367 万 t，创历史最高水平。期初的食糖走私违法活动进一步加剧了国内食糖市场供求压力。

4. *国家宏观调控措施效果明显*　国家和地方及时采取了收储食糖措施，对市场价格起到稳定作用。海关总署开展的打击食糖走私专项行动，遏制了食糖走私势头，维护了市场秩序，国内食糖市场运行基本稳定。

（二）国际食糖市场综述

2011/2012 年度制糖期国际食糖市场供求关系依旧保持供大于求，国际食糖市场总体延续了 2010/2011 年度制糖期后期的震荡下行态势，食糖价格逐步向理性回归。受巴西食糖产量下调预期影响，纽约原糖价格一度突破了 26 美分/lb，但随后因巴西官方和市场方面普遍预期巴西食糖生产将呈现恢复性增长，纽约原糖价格而震荡下滑至 18.86 美分/lb 的两年低点。总体而言，除欧债危机等宏观层面动荡对 2011/2012 年度制糖期国际食糖市场运行产生影响外，天气因素依然是困扰国际食糖市场运行的主要因素，尤其被巴西反常天气所左右。

进入 2012/2013 年度制糖期，国际糖业组织（ISO）预测全球食糖产量将增长 2.3%，达到 1.77 亿 t（原糖值），全球食糖消费量将增长 1.9%，达到 1.72 亿 t，全球食糖库存消费比将从 2011/2012 年度制糖期的 37.60%上升到 40%。另据 F.O. Licht 预测，2012/2013 年度制糖期全球食糖产量基本维持上制糖期 1.77 亿 t 的水平。国际糖业组织预测，巴西食糖生产呈恢复性增长，加上中国、澳大利亚等国食糖增产将抵消印度、泰国和欧盟食糖减产，预计 2012/2013 年度制糖期全球的食糖供给过剩量，将从 2011/2012 年度制糖期的 520 万 t 上升到 590 万 t 左右。2012/2013 年度制糖期供给过剩仍将是国际食糖市场运行的主基调。2012/2013 年度制糖期巴西、印度和泰国等食糖主产国产量尚有很多不确定因素。虽然印度尼西亚等极少数国家会相应增加食糖进口，但是中国和俄罗斯将收缩其食糖进口，其他食糖消费国的进口量有所增加但并不能完全消耗过剩的食糖，新制糖期国际食糖价格运行仍将处于供给过剩压力之下。巴西食糖生产成本将是国际食糖市场的一个重要支撑。未来欧美等主要经济体经济形势好转，尤其是美国实施的第三轮量化宽松货币政策可能会导致美元走势疲软，进而会对以美元为计价货币的国际食糖市场形成支撑。综上所述，2012/2013 年度制糖期国际食糖市场仍将面临供给过剩的压力，食糖价格的运行前景不容乐观。预计，新制糖期全球食糖价格将在一个相对合理的价格区间内运行。

（三）食糖进出口贸易

2011/2012 年度制糖期，我国食糖进口已连续 4 个制糖期递增。本制糖期食糖进口量达到 426.13 万 t，创历史最高水平。我国食糖进出口贸易情况分别见表 2、表 3。

---

* 磅为非法定计量单位，1lb（磅）=0.453 592kg。

表 2　2002—2012 年全国食糖进口与贸易方式统计表

单位：万 t

年 份	合 计	一般贸易	来料加工	进料加工	保税仓库进出境货物	边 贸	其 他
2002	118.31	80.77	1.12	35.24			1.18
2003	77.51	61.74	1.30	14.17			0.30
2004	121.43	99.26	1.19	18.63			2.35
2005	138.97	85.04	5.67	41.29			6.97
2006	136.54	99.30	3.50	20.72	12.93		0.09
2007	119.34	99.18	1.59	13.28	5.22		0.07
2008	77.99	61.91	1.97	8.89	3.67		1.55
2009	106.45	83.02	0.17	9.93	12.77		0.56
2010	176.61	163.91	0.87	10.89	0.04	0.07	0.83
2011	291.94	276.68	0.97	13.27	0.06		0.96
2012	242.58	234.59	0.66	7.11	0.02		0.20

注：2012 年度统计数字截至 8 月底。

表 3　2002—2012 年全国食糖出口与贸易方式统计表

单位：万 t

年 份	合 计	一般贸易	来料加工	进料加工	保税仓库进出境货物	边 贸	其 他
2002	32.58	1.77	0.87	29.82			0.12
2003	10.32	2.15	0.88	5.71		1.29	0.29
2004	8.52	1.92	0.87	5.26			0.47
2005	35.83	2.21	4.16	29.11			0.35
2006	15.45	2.49	3.06	9.61			0.29
2007	11.05	2.24	2.80	5.98			0.03
2008	5.84	1.76	2.15	1.51			0.42
2009	6.39	2.21	0.90	3.15			0.13
2010	9.43	5.65	0.91	1.99		0.25	0.63
2011	5.94	1.79	0.99	2.17		0.03	0.96
2012	3.35	1.23	0.60	1.30			0.22

注：2012 年度统计数字截至 8 月底。

三、行业工作

1. 中国糖业协会四届四次常务理事会暨 2011/2012 年度制糖期全国食糖产销工作会议于 2011 年 11 月 1～2 日在海南省海口市召开。会议通过相互交流、分组讨论，总结了 2010/2011 年度制糖期各产区食糖产销工作，通报了 2011/2012 年度制糖期各产区糖料种植及产量预计情况；分析研究了 2011/2012 年度制糖期全国糖料生产及食糖产销形势，对新制糖期食糖供求平衡、产销工作、政府调控工作提出建议；通报了新制糖期国家对食糖行业宏观调控的思路和原则；分析和展望了我国经济运行态势和全球食糖形势。

2. 国家工商行政管理总局于 2011 年 9 月 8 日印发了《关于认真做好流通环节糖精市场专项整治工作的通知》（办字［2011］127 号），并组织山东、贵州、广西、吉林、云南、江西 6 个省、自治区工商部门开展了流通环节糖精市场整治工作。至 2011 年 11 月 18 日，对山东等 6 个省、自治区流通环节糖精市场整治工作圆满结束。在本次专项整治行动中，山东等 6 个省、自治区的工商局进一步加强了与中国糖业协会的沟通，根据中国糖业协会提供的案件线索，结合打击非法添加非食用物质和滥用添加剂专项行动工作部署，依法开展市场排查和违法案件查处工作，有效维护了流通环节糖精经营秩序。

3. 为进一步做好 2011/2012 年度制糖期食糖产

销平衡工作，确保国内食糖市场平稳运行，中国糖业协会于2012年2月8日在北京组织召开了大型食品企业座谈会。各用糖企业汇报了2011年的用糖情况、淀粉糖等替代品使用情况，并针对当前经济运行给企业发展创造的机遇和挑战、国家储备糖使用过程中出现的问题等在会上进行了广泛交流。国家有关部委领导认真听取了各企业的汇报，同时介绍了国家对食糖行业宏观调控的原则和思路，并解答用糖企业关心的问题。

4. 中国糖业协会和广西糖业协会于2012年2月24日在广西南宁联合召开了广西2012年食糖交易会暨中国糖业协会商业流通会员会议。会上，国家有关部委领导就当前宏观经济形势和食糖产销情况，2011年消费品运行状况和2012年工作计划，糖料收购首次政府统一定价的政策背景、意图和运行情况等作了详细介绍。广西、云南、广东、海南等省、自治区食糖主产区糖业协会分别通报了2011/2012年度制糖期食糖产销情况和产量预测，并对国家宏观调控提出了意见和建议。

5. 为确保我国糖业持续健康稳定发展，中国糖业协会于2012年3～5月对大型制糖企业（集团）的生产经营情况进行了调研，以了解制糖企业（集团）运营情况、发展规划、主要困难和诉求以及对国家宏观调控政策的意见和建议。调研组走访了广西、云南、广东和甜菜糖产区的21个重点制糖企业（集团），广西、云南和广东以及广东湛江当地糖业协会负责人陪同参加了调研。调研组向企业介绍了中国糖业协会近期所做的工作，听取了企业领导对企业及行业发展的规划、意见和建议，探讨了行业发展思路，并就当前食糖走私等严重影响行业发展的热点问题的处置办法达成了共识。

6. 按照国务院、国家发展和改革委员会、海关总署对打击食糖走私工作的相关要求和部署，2012年4月11日，中国糖业协会在北京召开了由广西糖业协会、云南糖业协会、广东糖业协会和湛江糖业协会理事长出席的打击食糖走私专题工作会议。会议决定成立“打击食糖走私工作小组”，中国糖业协会副理事长兼秘书长闫卫民任组长。会议决定向全行业下发《关于加强行业自律、坚决打击食糖走私违法行为的通知》，要求全行业企业进一步增强法律意识，加强企业自律，规范生产经营行为。会议还下发了《关于对揭发检举查办食糖走私行为予以奖励的公告》，并在中国糖业协会和各主产区协会同时设立24h举报电话，对揭发检举查办食糖走私行为的有功人员或单位将按照具体奖励细则予以奖励。

7. 中国糖业协会四届三次理事长工作会议于2012年5月28日在陕西召开。会议听取并审议了协会秘书处工作汇报和糖精限产限销工作报告，并对目前食糖走私、国家宏观调控以及下阶段行业发展的重要问题进行了深入的研究和讨论。会议重点讨论并通过了协会秘书处提交的相关决议、决定，还研究了协会副理事长、理事单位调整、增补及其他有关事宜。

8. 为了加强行业信息队伍建设，进一步做好食糖信息统计工作，中国糖业协会秘书处于2012年7月23日在成都组织召开了全国信息员工作会议。会议肯定了这些年来信息工作取得的成绩以及信息工作对于行业发展的重要性，并对下阶段如何完善协会信息体系建设提出了工作思路和总体要求。

9. 中国糖业协会成立20周年庆祝大会于2012年9月8日在北京隆重举行。商务部、国家质量监督检验检疫总局、国务院国有资产监督管理委员会、海关总署、国家农业发展银行、中国食品科学技术学会、中轻食品工业管理中心、兄弟协会代表分别到会祝贺并讲话。会上，为2011年度中国轻工业制糖行业十强企业举行了授牌仪式，为在近20年来为中国糖业作出突出贡献的35名优秀人物举行了颁奖典礼。

10.2012年9月9日，中国糖业协会四届三次理事扩大会议在北京举行。会上，全国各主产省、自治区糖业协会负责人汇报了2011/2012年度制糖期产销情况、2012/2013年度制糖期产销预期和对国家宏观调控的意见和建议。大会审议并通过了《关于〈中国糖业协会2011年工作报告〉的决议》、《关于〈维护糖料种植区域稳定，防止盲目扩大产能若干问题〉的决定》、《关于〈进一步加强打击食糖走私活动〉的决定》、《关于〈变更中国糖业协会副理事长人选〉的表决》等有关决议。

11.2012中国轻工业企业信息化发展论坛暨表彰大会于2012年9月21日在北京召开。会议对2012年全国轻工业信息化与工业化深度融合示范企业及先进个人进行了表彰。制糖行业广西来宾永鑫小平阳糖业有限公司、广西农垦糖业集团股份有限公司、广西糖网食糖批发市场有限责任公司、云南鲲鹏农产品电子商务批发市场有限公司、新疆绿翔糖业有限责任公司5个单位获得全国轻工业信息化与工业化深度融合示范企业称号。

（中国糖业协会　胡志江　王让梅）

蔬菜加工业

一、基本情况

（一）资源情况

我国是蔬菜大国，面积和总产量都占全世界的40%以上，均居世界第一位。我国的蔬菜产业发展已逐步由规模扩张型向质量效益型转变，2011年我国蔬菜生产种植面积、单产、总产实现同步增长，蔬菜播种面积为19 63.92万hm²，同比增长3.3%；蔬菜产量达67 929.7万t，同比增长4.4%，我国人均占有蔬菜量为480kg以上。蔬菜产量较大的前10个省、自治区依次是：山东省9 180.9万t，同比增长1.7%；河北省7 384.3万t，同比增长4.4%；河南省6 709.7万t，同比增长1.29%；江苏省4 586.9万t，同比增长8.3%；四川省3 573.6万t，同比增长4.9%；湖北省3 358.6万t，同比增长7.3%；湖南省3 337.4万t，同比增长6.9%；广东省2 851万t，同比增长4.9%；辽宁省2 832.5万t，同比增长6.2%；广西壮族自治区2 246.4万t，同比增长5.5%。2011年，山东依然是我国蔬菜生产最大的省份，播种面积179.12万hm²，单产51 256kg/hm²，产量为9 180.9万t。蔬菜产量的不断提升，为蔬菜加工业的发展奠定了良好的基础。

（二）加工业概况

2011年，蔬菜价格的忽涨忽跌，影响了蔬菜加工业的发展。蔬菜大丰收，价格低，促进蔬菜加工业发展；蔬菜歉收，价格高，则遏制蔬菜加工的发展。2011年，我国蔬菜当中大蒜、马铃薯、洋葱都大丰收，辣椒歉收，也不同程度地影响了这几种蔬菜加工业的发展。在加工技术及装备方面，我国的蔬菜产业技术与装备水平正在逐步提升，在加工规模上，我国已形成了一批具有较强市场竞争能力的产业集团，在强化特色蔬菜产后处理、发展深加工、延长产业链、提高附加值、加快特色蔬菜质量标准体系建设、规范行业标准、提升产品市场竞争力、培育名牌产品等方面都取得了快速发展。国家大宗蔬菜产业技术体系正式启动以来，蔬菜产业技术体系按照从生产中来、到生产中去、与国家其他科研计划项目密切衔接的运行机制，整合国内优势研究力量，围绕我国蔬菜产业中品种、栽培、病虫防控、设施设备、采后处理与加工、产业经济等各个环节的技术需求进行综合攻关研究。2011年，我国许多地市新建和续建了蔬菜深加工基地。

2011年，山东省金乡县申报的“金乡县大蒜深加工特色产业”项目通过专家评审，获得省财政700万元的扶持。近年来，金乡县充分利用大蒜产业优势，大力扶持大蒜深加工企业，逐步在全县形成了以大蒜生产、销售、服务等市场化、规模化、集约化和链条化的生产经营群体，目前金乡全县拥有大蒜、蔬菜加工企业700多个，年加工能力50万t以上。大蒜深加工产业初具规模，华光集团、宏泰冷藏、东运冷藏、成功果蔬、天马冷藏等一批大蒜深加工企业，立足产地优势，加大科技投入，开发生产了大蒜素胶囊、大蒜油、大蒜多糖、蒜粒、蒜粉、蒜茸、蒜泥、黑蒜等各类大蒜深加工产品40多个品种，依托宏大农产品研发检测有限公司为服务平台，产品先后出口到欧美、中东、东南亚等130多个国家和地区。

2011年第一季度，辽宁省葫芦岛市兴岛蔬菜加工有限公司对日出口炒制洋葱产品180t，价值36万美元，分别比去年同期增长300.6%和262.4%。葫芦岛市兴岛蔬菜加工有限公司是以洋葱深加工为主导产业的中日合资公司，采用“公司＋基地＋农户”的经营模式，年处理洋葱1.7万t，所有产品全部出口日本，是东北地区唯一一家专门从事蔬菜泥深加工的企业，也是葫芦岛市唯一一家对日出口炒制蔬菜产品的企业。2012年，日本对我国炒制蔬菜产品需求量不断增加，公司通过加快品种改良和技术更新、引进技术人才等措施，不断完善炒制洋葱生产过程的各个环节，确保了产品质量和数量符合日本市场销售量不断增加的需求。

由宁波市久久红食品有限公司承担的“余姚市小曹娥加工型蔬菜生产基地建设”项目，于2011年12月2日通过了竣工验收，验收会由宁波市农业产业化办公室主持。验收组听取了项目建设单位关于项目建设情况的汇报，实地察看了基地建设，审阅了项目财务决算审计报告等相关档案材料，并对有关问题进行了讨论和评议，验收组认为：该项目已按批准内容基本建成，基本符合设计标准和技术规范，项目财务决算已经审计，竣工资料基本齐全，基本具备了竣工验收条件，达到了项目建设预期目标。新建生产用房599.1m²，蔬菜加工生产线车间625.9 m²，引进自动化生产技术、产品自动化检测系统、育苗大棚温控、湿度自动监测系统等。项目总投资 608 万元，其中宁波市财政补助 120 万元，余姚市财政配套 120 万元。项目建设取得了较好的经济、社会效益。通过项目建设，公司形成年产加工型蔬菜 10.6 万 t 的规模，年销售收入从 6 159 万元增加到 8 200 万元，年利润从 253 万元增加到 360 万元；辐射带动农户 5 000 余户，推广高产高效生态安全种植模式，对提升余姚加工型蔬菜产业发展作用较为明显。

中国辣椒看西南，西南辣椒看贵州。贵州辣椒由于香味浓郁，口味独特，在全国市场价格也是最高的，贵州辣椒产品名气在全国乃至全球都享有很好的声誉。在 2012 年原料因旱大幅度减产的情况下，凡是以辣椒为原料的加工企业都承受着较大的成本压力，贵州众辣椒加工企业面临利润削薄困境，不但未上调成品价格，反而仍旧选用本地最好的辣椒原料加工，宁愿少赚也不亏心。

二、国内外市场概况

（一）国内市场

2011 年，由于蔬菜供需不平衡、自然环境的影响，蔬菜价格表现出不稳定的现象。2011 年初，由于雨雪天气影响，在国家统计局监测的 7 种蔬菜中，油菜、黄瓜、豆角的涨幅均超过 10%。其中，黄瓜价格涨幅最高，达 19.9%，豆角价格也涨了 16.5%。9～10 月，由于国内蔬菜主产地的气温高于往年同期，蔬菜生长环境较为适宜，长势良好，市场供应充足，导致秋季蔬菜价格大幅度回落。物价部门的监测数据显示，与 10 月初相比，监测的 30 种蔬菜的零售价格有多数下降，跌幅一般在 10%～30%，其中以青菜、大白菜等叶菜类降价最为突出，平均零售价格从每 500g 为 3.62 元下降至 2.98 元，下降幅度为 17.68%，与去年同期相比，降幅达到 35.5%。在经历了 2010 年的姜蒜价格飞涨之后，2011 年突现姜蒜价格大跌的现象。

（二）国际市场

2011 年，我国蔬菜出口量 973 万 t，同比增长 15.2%；出口额 117.5 亿美元，同比增长 17.7%。进口量 16.7 万 t，同比增长 11.5%；进口额 3.3 亿美元，同比增长 16.7%。贸易顺差 114.2 亿美元，同比扩大 17.7%。2011 年我国口岸蔬菜出口大幅度增长的主要原因：一是国内蔬菜价格回归合理区间，推动了出口量快速增加。2011 年，我国全面加强蔬菜等农副产品的价格调控，加之国内蔬菜种植面积、产量小幅度提升，蔬菜供应增加，下半年起国内蔬菜价格向合理区间回归，蔬菜市场逐步稳定，为出口奠定良好基础，出口量随之快速增长。二是蔬菜出口企业不断加强质量控制，突破贸易壁垒并积极开拓新兴市场。近年来国内蔬菜出口企业不断加强出口蔬菜产品质量控制，逐步突破以日本为代表的技术壁垒限制，对日本、韩国等传统国际市场出口大幅度增长；同时，蔬菜出口企业不断加大新兴市场拓展步伐，在巩固原有市场的基础上，通过实地考察市场、资信调查等手段加大营销力度，拉动了对东盟、拉丁美洲和非洲的出口。

蔬菜出口的特点：一是一般贸易方式出口占绝对主导。以山东为例，2011 年山东口岸以一般贸易方式出口蔬菜 383.1 万 t，同比增长 20.7%，占同期山东口岸蔬菜出口总量的 98.3%。同期，以加工贸易方式出口 6.5 万 t，同比增长 6%。二是东盟、日本和韩国为主要出口市场。以山东为例，2011 年山东口岸对东盟、日本和韩国分别出口蔬菜 110 万 t、69.3 万 t 和 55.9 万 t，分别同比增长 33.5%、12.4%和 7.9%，对上述 3 个市场出口量合计占同期山东口岸蔬菜出口总量的 60.4%；同期，对欧盟出口 27.8 万 t，同比增长 7.9%；对美国出口 21.9 万 t，同比增长 4.3%。三是私营企业在出口中地位趋于稳固。以山东为例，2011 年山东口岸私营企业出口蔬菜 245 万 t，同比增长 29%，占同期山东口岸蔬菜出口总量的 64.1%。同期，外商投资企业出口 123.8 万 t，同比增长 9.6%，占 31.8%。

三、质量管理与标准化工作

（一）质量管理

根据国务院食品安全委员会的要求，2011 年农业部在全国范围内开展了蔬菜农药残留超标问题专项治理行动，加强蔬菜生产环节的用药指导，强化农药投入品的监督管理，进一步提升蔬菜质量安全水平。这次专项整治的工作目标是：杜绝在蔬菜生产过程中使用禁用高毒农药行为，蔬菜农药残留例行监测合格率保持在 95%以上，白菜类、绿叶类、豆类、葱蒜类蔬菜合格率提高 3 个百分点以上，不合格样品中禁（限）用农药残留检出率降低 5 个百分点，确保蔬菜质量安全水平稳步提升，农药产品质量市场监测合格率提高 1 个百分点。专项整治重点内容包括：专项整治的重点产品是以白菜类、绿叶类、豆类、葱蒜类蔬菜为重点，突出豇豆、豆角、芹菜、菜心、普通白菜等蔬菜产品，重点检测甲胺磷、对硫磷、甲基对硫磷、久效磷、磷胺、克百威、甲拌磷、特丁硫磷、氧乐果、水胺硫磷等农药残留是否超标；专项整治重点区域是蔬菜生产优势区域、蔬菜标准园所在县，特别是南菜北运和北方设施蔬菜生产重点省、自治区；专项整治重点单位是农药生产经销企业、蔬菜生产企业、农民专业合作经济组织、蔬菜标准园和种植大户。2011年蔬菜监测结果显示，全国蔬菜合格率为97.9%，比去年同期提高1.0个百分点，表明我国蔬菜质量安全总体继续向好。

（二）标准化工作

2011年，有关部门发布蔬菜生产、蔬菜加工制品、蔬菜加工机械等技术标准22项，其中国家标准14项，农业行业标准6项，国内贸易行业标准2项（表1）。

表1　2011年有关部门发布蔬菜加工相关标准情况

标准号	标准名称	标准号	标准名称
GB/Z 26573—2011	菠菜生产技术规范	GB/T 28063—2011	菜豆荚斑驳病毒检疫鉴定方法
GB/Z 26577—2011	大葱生产技术规范	GB/T 28071—2011	黄瓜绿斑驳花叶病毒检疫鉴定方法
GB/Z 26578—2011	大蒜生产技术规范	GB/T 28073—2011	南芥菜花叶病毒检疫鉴定方法
GB/Z 26581—2011	黄瓜生产技术规范	NY/T 1982—2011	丝瓜等级规格
GB/Z 26582—2011	结球甘蓝生产技术规范	NY/T 1983—2011	胡萝卜等级规格
GB/Z 26583—2011	辣椒生产技术规范	NY/T 1984—2011	叶用莴苣等级规格
GB/Z 26584—2011	生姜生产技术规范	NY/T 1985—2011	菠菜等级规格
GB/Z 26586—2011	西兰花生产技术规范	NY/T 1987—2011	鲜切蔬菜
GB/Z 26587—2011	香菇生产技术规范	NY/T 2103—2011	蔬菜抽样技术规范
GB/Z 26588—2011	小菘菜生产技术规范	SB/T 10237—2011	切菜机产品型号编制方法
GB/Z 26589—2011	洋葱生产技术规范	SB/T 10583—2011	净菜加工和配送技术要求

四、行业工作

1. 由农业部、科学技术部、商务部、中国国际贸易促进委员会、环境保护部、国家质量监督检验检疫总局、中华全国供销合作总社、国家外国专家局、中国农业科学院、国家旅游局、国家标准化管理委员会、山东省人民政府共同举办的第十二届中国（寿光）国际蔬菜科技博览会于2011年4月20日至5月7日在山东寿光举行。本届菜博会以科学发展观为指导，以促进农业稳定发展、农民持续增收、农村更加繁荣为宗旨，以农业科技成果和蔬菜文化展示为主要内容，促进现代农业成果的交流与转化，为推动现代农业发展和农民群众增收致富打造平台；展区总面积达35万m^2，设8个展厅（馆）、4个蔬菜规模化种植温室、蔬菜博物馆、采摘园及广场展位区，展位达2 000个。展会期间还举办了第二届中华农圣文化节、现代农业专题论坛、现代农业实用技术培训活动等。另外，大会还选择部分农业高新技术企业、知名种子公司基地、农产品交易市场、农业观光园区等为本届菜博会的分展区，以丰富菜博会的展览内容，展示寿光农业产业化、标准化、国际化和园区建设水平。

2. 农业部于2011年5月6日发布了《蔬菜生产信息监测管理办法（试行）》，安排1 000万元财政资金，专项用于建立蔬菜生产信息监测网络。采取全面统计与抽样调查相结合的方法监测蔬菜生产信息，对各省、自治区、直辖市等37个省级单位的蔬菜生产情况进行全面统计，对200个蔬菜生产重点县抽样调查，监测大白菜、黄瓜、番茄、辣椒等20类主要蔬菜品种的播种面积、产量、上市档期、产地批发价等信息。在监测的基础上，定期组织专家会商蔬菜生产形势，形成月度、季度、年度分析报告，并及时发布。遇灾害性天气、价格异常波动等突发事件，加大了调度频率。生产信息监测体系将和现有的市场价格监测体系相得益彰，构成一个完整的蔬菜产业信息监测体系，引导农民合理安排生产，提供生产、流通两重信息，从而有效规避产业风险。据蔬菜生产信息网监测信息显示，2011年9月北方冬储大白菜面积增加，15个省、自治区、直辖市大白菜面积约72万hm^2，同比增长3.9%；设施蔬菜生产面积约147.3万hm^2，同比增长10.9%。海南、广东、广西、四川、湖北、湖南6个南菜北运蔬菜主产区秋冬蔬菜种植面积354.7万hm^2，同比增长3.7%。10月蔬菜供应充足，品种丰富，蔬菜产量约160万t，同比增长1.7%。受季节性波动的影响，部分品种产地批发价出现下跌，环比下降1.8%。11月蔬菜供应充足，产量约180万t，同比增长3.6%。产地批发价环比总体稳中略降，喜温蔬菜上涨、喜凉蔬菜下降。12月价格稳中有升，但不会出现大的波动，供应充足、品种丰富。

3. 国家发展和改革委员会于2011年5月10日发布了《关于完善价格政策促进蔬菜生产流通的通

知》（发改价格［2011］958 号）。通知要求，一是实施优惠价格政策扶持蔬菜生产经营；二是运用价格调节基金支持蔬菜生产流通；三是加强市场收费管理；四是强化价格监督检查；五是完善菜农利益保护机制；六是配合落实相关政策。通知要求，各地价格主管部门要在当地党委和政府领导下，进一步加强调查研究，认真分析蔬菜产供销过程中出现的新情况、新问题，及时提出对策建议，努力促进蔬菜生产供应，保持市场价格基本稳定。

4.2011 年长江流域蔬菜经济技术协作交流会于 2011 年 6 月 8～9 日在重庆市举行。交流会由中国园艺学会长江蔬菜协会、重庆市农业委员会、重庆市农业科学院、潼南县政府共同主办，来自长江流域的浙江、上海、湖南等地科研院所、生产管理部门的蔬菜专家、学者参加了交流会。长江蔬菜协会理事长吕家龙教授致开幕词，重庆市农业委员会副主任张洪松作主题报告。会议就保障蔬菜市场的均衡供应、解决卖菜难和买菜贵问题、统筹推进从生产到销售等环节的建设与管理创新、继续抓好“菜篮子”建设、畅通蔬菜运输渠道、进一步完善价格监测机制、加强质量安全监控、继续做大做强蔬菜加工业等进行了深入交流。与会专家还围绕提高大中城市蔬菜基地建设和生鲜食品供给能力、增加农民收入、促进蔬菜产销健康发展为主题，进行了深入研讨，参会代表还参观了重庆市潼南县蔬菜基地，交流学习蔬菜产业发展经验。

5.2011 年入秋以来，随着部分鲜活农产品集中大量上市，内蒙古马铃薯、甘肃洋葱等先后出现卖难问题。山东泰安、济南、枣庄、临沂、日照等地又发生大白菜滞销，河北等其他大白菜主产区也面临较大销售压力，价格已同比下降 50%左右，有的地方已跌破成本价。对此，2011 年 11 月 24 日，农业部办公厅下发《关于做好大白菜滞销卖难应对工作的紧急通知》，要求各地农业部门务必高度重视，采取积极有效措施。要求北方人口 100 万以上的城市，研究建立冬春蔬菜储备制度，大城市农业部门在当地政府领导下，把出现滞销的大白菜、马铃薯、洋葱等作为优先储备品种，切实发挥政府储备对于平抑菜价大幅度波动的调节作用。鼓励农业产业化龙头企业积极收购大白菜，延伸产业链条，拓展销售渠道；动员参加“农超对接”试点、享受政府补助的超市敞开供应一批特价大白菜。各地农业部门要加强对批发市场的指导，支持批发市场对大白菜经销商提供便捷、周到的服务；鼓励经销商到主产区采购后运往主销区销售，确保大白菜的有效交易；加强对农户的技术指导与服务，积极争取政府支持和财政投入，尽快帮助菜农收获、储藏大白菜，加强对主产区的跟踪监测，切实加大信息发布力度，引导实现产销对接，努力促进大白菜等鲜活农产品市场平稳运行。

（山东省农业机械科学研究所　孙众沛）

茶叶加工业

一、我国茶叶在世界上的地位

根据国际茶叶委员会统计资料，2011 年世界茶叶总产量为 421.7 万 t，比 2010 年增长 1.32%；世界茶叶消费总量为 403.8 万 t，比 2010 年增长 1.84%。国际茶叶委员会发布，2011 年中国茶叶产量为 155 万 t，同比上升 5.08%，占全球茶叶总产量的 36.75%，低于中国国内发布的数字。2011 年中国茶叶出口量为 32.26 万 t，仅次于肯尼亚，是位居世界茶叶出口第二位的产茶国。根据中国食品土畜进出口商会茶叶分会提供的数据，在国际市场上，我国绿茶长期保持绝对优势，2010 年产量占全球绿茶总产量的 81.46%，出口量占全球绿茶总贸易量的 79.12%，已实现连续 10 年量价齐增。

二、我国茶叶生产情况

因去冬今春持续低温雨雪天气和干旱的影响，使 2011 年全国春茶的开采时间普遍推迟 15d 左右，在浙江省北部茶区甚至推迟 1 个月，是近 10 年来开采最迟的一年。受干旱和后期高温的影响，全国春茶生产提前 5d 左右结束，也是近年来结束最早的年份。然而，就是在上述不利自然条件下，经过整个茶叶行业的共同努力，2011 年茶叶生产仍然获得增产增收的良好业绩。现根据《2012 年中国农村统计年鉴》与《2011 年中国农业统计资料》等资料提供数据，对有关情况分析如下：

（一）茶园面积

2011 年，全国茶园面积和开采面积统计情况见

表1。从表1可以看出，我国茶园面积仍处于上升趋势，全国茶园面积较2010年增加14.25万hm^2，同比增长7.23%，特别是贵州、湖北、四川等省增长更快。加之近几年来我国新茶园一直处于快速发展状态，新茶园也随之陆续投产，2011年投产茶园增加15.33%。特别以云南、贵州、四川、广西等产茶省、自治区增加更为显著，已成为我国茶园面积前4位的省份。

表1 2011年全国茶园面积统计

省份	茶园总面积（khm^2）			采摘面积（khm^2）		
	2010年	2011年	同比增长（%）	2010年	2011年	同比增长（%）
全国总计	**1 970.1**	**2 112.6**	**7.23**	**1 426.1**	**1 644.7**	**15.33**
江苏	32.4	32.3	−0.31	27.6	26.7	−3.30
浙江	177.9	182.0	2.30	159.9	164.4	2.81
安徽	133.5	138.0	3.37	119.6	122.3	2.26
福建	201.2	211.3	5.02	178.3	186.0	4.32
江西	56.8	59.0	3.87	43.2	45.3	4.86
山东	18.3	18.8	2.73	12.1	12.7	4.96
河南	65.2	78.5	20.40	59.9	71.9	20.03
湖北	214.6	243.0	13.23	155.9	154.7	−0 80
湖南	97.0	102.5	5.67	79.6	83.3	4.65
广东	40.8	41.1	0.74	33.9	37.2	9.73
广西	50.0	53.8	7.60	41.4	45.7	10.39
海南	1.2	1.1	−8.30	1.1	1.0	−9.10
重庆	32.3	34.7	7.43	23.8	25.4	6.72
四川	218.9	239.2	9.27	148.5	167.2	12.59
贵州	167.2	196.4	17.46	73.6	95.8	30.16
云南	367.7	380.0	3.35	209.2	290.3	38.77
陕西	85.4	90.8	6.32	54.3	90.8	67.22
甘肃	0.7	10.0	132.86	4.1	4.0	−2.40

（二）茶叶产量

2011年，全国及各产茶省、自治区、直辖市茶叶总产量及各类茶叶产量统计见表2。从表2可以发现，2011年我国茶产业发展的另一大特点，即各主要产茶省的茶叶产量均增长明显，从而带动了全国茶叶总产量的增加。2011年全国茶叶总产量达到162.3万t，较2010年增长10.04%，其中云南、广西、贵州、湖南、广东、湖北等茶叶主产省、自治区茶叶产量增长显著。在我国所生产的茶类中，红茶是2011年产量增加最快的茶类，同比增幅达66.85%。这是因为自前两年福建开发出金骏眉红茶一炮打响，带动了全国高档红茶的开发，也促进了市场上红茶消费的快速增长，在全国各茶区形成了红茶热。黑茶也是2011年全国生产量快速增长的茶类，同比增幅达53.17%。这是由于随着茶叶与人体健康宣传的深入，消费者增强了黑茶具有降血压等人体生理效应认识，加之黑茶产区新产品开发的多样化，增加了黑茶的市场销售量，促进了黑茶产量的增长。同时，除黄茶本来产量就很少外，青茶（乌龙茶）和白茶的增长也都在全国总产量增幅水平以上。然而，2011年绿茶的增幅为8.72%，增长速度已在逐步放缓，这说明我国茶叶生产正朝着各茶类平衡的方向发展，特种茶类的发展受到重视，发展较快。

表2 2011年全国茶叶产量统计

省份	干毛茶总产量（t）			绿茶产量（t）		红茶产量（t）	
	2010年	2011年	同比增长（%）	2011年	同比增长（%）	2011年	同比增长（%）
全国总计	**1 475 069**	**1 623 214**	**10.04**	**1 137 646**	**8.72**	**113 679**	**66.85**
江苏	14 861	14 580	−1.89	12 028	−1.99	2 353	0.21
浙江	162 746	169 724	4.29	163 794	4.29	1 330	4.31
安徽	83 276	87 598	5.19	81 412	5.75	4 228	2.45

（续）

省　份	干毛茶总产量（t）			绿茶产量（t）		红茶产量（t）	
	2010 年	2011 年	同比增长（%）	2011 年	同比增长（%）	2011 年	同比增长（%）
福　建	272 616	295 976	8.57	106 376	3.84	22 707	68.54
江　西	29 808	32 734	9.82	24 696	8.00	4 450	6.79
山　东	11 924	10 704	−10.23	10 704	−10.23		
河　南	42 732	49 447	15.71	44 352	14.23	5 095	30.51
湖　北	165 709	184 165	11.14	148 509	8.31	19 374	25.70
湖　南	117 678	132 787	12.84	67 426	11.06	15 401	−6.97
广　东	53 319	59 637	11.85	25 300	8.03	1 279	18.87
广　西	39 158	44 410	13.41	32 830	0.30	5 626	957.52
海　南	1 227	1 241	1.14	1 112	0.60	83	9.21
重　庆	25 237	27 895	10.53	22 302	18.84	2 856	1.38
四　川	169 276	186 207	10.00	147 168	9.32	2 584	71.13
贵　州	52 262	58 381	11.71	47 850	16.68	881	2.20
云　南	207 341	238 337	14.95	172 411	16.00	25 433	
陕　西	25 052	28 430	13.48	28 430	13.48		
甘　肃	836	944	12.92	944	12.92		

省　份	青茶产量（t）		黑茶产量（t）		白茶产量（t）		黄茶产量（t）		其他茶产量（t）	
	2011 年	同比增长（%）	2011 年	同比增长（%）	2011 年	同比增长（%）	2011 年	同比增长（%）	2011 年	同比增长（%）
全国总计	**199 747**	**11.00**	**63 459**	**53.17**	**14 267**	**16.83**	**391**	**−0.76**	**94 024**	**−25.71**
江　苏									199	−17.43
浙　江			3 067	4.28					1 533	4.29
安　徽	70	18.64					201		1 687	−11.44
福　建	157 450	6.54			7 815	138.55			1 628	−37.55
江　西	1 040	4.21	46		211		15		2 276	36.37
山　东										
河　南										
湖　北	3 948		8 492		95	94.00			3 747	71.56
湖　南	3 535	−7.10	37 652	51.22	3	−99.95	14	75.00	8 756	−25.09
广　东	27 252	17.27			5 798		8			
广　西	336	223.08	789	60.37					4 829	−8.84
海　南									46	
重　庆	29	−91.76							2 708	−17.99
四　川	4 061	21.81	13 040	−0.61	262	291.04	145	144.00	18 947	15.54
贵　州	43	−28.33	4		83		8		9 512	−7.28
云　南	1 983	839.81	369						38 142	−34.80
陕　西										
甘　肃										

（三）茶叶农业产值

据农业部门发布的信息，2011 年全国茶叶农业总产值达到近 729 亿元，较 2010 年增加 121 亿元，增幅超过 20.00%。其原因是：与往年相比，全国茶叶总产量增加，茶叶品质明显提高，消费需求进一步增长，加之生产成本大幅度上涨，带动了茶叶价格特别是春季名优茶价格的上扬，故茶农增收明显。

（四）茶叶出口

根据中国食品土畜进出口商会茶叶分会提供的数据，2011年，我国茶叶出口量为32.26万t，同比上升6.66%；出口金额为9.65亿美元，同比上升23.08%。出口数量和金额双双再创历史新高。几种主要茶类的出口状况见表3所示。

表3　2011年我国茶叶出口量统计

出口茶类	出口量（万t）	同比增长（%）	出口金额（万美元）	同比增长（%）
总　计	**32.26**	**6.66**	**96 500**	**23.08**
绿　茶	25.74	9.93	70 600	24.62
红　茶	3.56	−2.76	10 800	36.22
乌龙茶	1.79	−9.04	7 412	3.81
花　茶	0.73	−0.20	4 632	16.07
普洱茶	0.43	−6.66	2 955	12.70

从表3可以看出，2011年我国绿茶出口量为25.74万t，占全国总出口量的79.79%，出口金额为7.06亿美元，占全国出口金额的73.16%。绿茶出口量和出口金额分别较2010年增加9.93%和24.62%，这说明保持绿茶出口稳定增长，是保证我国茶叶出口健康发展的动力。从表3还可看出，除绿茶外，2011年其他茶类出口量同比均为持平或下降，而出口单价有所上升，出口金额增幅较大。其中，2011年我国出口红茶量为3.56万t，同比下降2.76%。这从另一个侧面说明，我国当前国内形成的红茶热，红茶产量的迅速增加，所增加的红茶产量，全部被国内所消费。

应该指出的是，我国虽然是世界上产茶国中唯一能够生产各种茶类的国家，但目前国际茶叶消费市场以红茶为主，我国红茶出口面临肯尼亚、印度、斯里兰卡等红茶主产国的强力竞争，出口量长期徘徊不前甚至逐年下滑。乌龙茶等其他茶类的资源优势难以转化为市场优势，特种茶尚未成为国际茶叶消费的主流产品，我国绿茶出口一枝独秀的格局仍然存在。如何充分发挥我国多种茶类资源优势，积极拓展特种茶市场，将其打造为引领世界茶叶消费潮流的饮品，是我国茶叶出口领域应积极应对和今后发展的方向。

三、茶事动态

1. 在赴中国海南省参加金砖国家领导人会晤前夕，2011年4月7日，俄罗斯总统梅德韦杰夫在莫斯科哥尔克总统官邸接受中国中央电视台《环球视线》主持人独家专访，在谈到中俄两国人民的友好关系时，梅德韦杰夫端起杯子喝了一口茶，并告诉主持人是“绿茶”。主持人问“您特别喜欢中国茶吗?”梅德韦杰夫回答“爱喝中国龙井茶”。

2. 贵州省是近年来我国茶叶生产发展速度最快的省份。5月31日中共中央政治局常委、全国政协主席贾庆林在贵州省委书记、省人大常委会栗战书等陪同下，冒雨到贵州省松桃县万亩生态茶园调研，看着满山长势喜人的茶树，脸上露出满意的微笑，对贵州所取得的成绩表示肯定。2011年11月14日，中共中央政治局委员、国务院副总理回良玉也在省委书记、省人大常委会栗战书等陪同下，到松桃县万亩生态茶园考察，寄希望贵州茶产业做大做强。

3. 据悉，欧盟于2011年10月1日起对中国输欧茶叶采取新的进境检验措施，主要包括：一是所有从中国进口的茶叶必须通过欧盟指定的口岸进入（DPE）；二是所有货物必须有常规入境文件（CED）才会被允许进入指定口岸（DPE）；三是欧盟对10%的货物进行农药检验，如果该批货物被抽中检验，则要100%抽样检测（每一个麻袋）；四是该法规同样适用于没有重量限制的样品等；五是进口商承担所有相关检验和入境文件准备的费用。另据了解，此次欧盟抽样检测的农药残留项目（使用欧盟标准）主要包括噻嗪酮（0.05mg/kg）、吡虫啉（0.05mg/kg）、三唑磷（0.02mg/kg）、氰戊菊酯（0.05mg/kg）、高氰戊菊酯（0.05mg/kg）、氯氰菊酯（0.5mg/kg）、溴丙磷（0.1mg/kg）、氟乐灵（0.1mg/kg）、三唑酮（0.2mg/kg）。

4. 农业部种植业管理司于2011年6月在四川省峨眉山主办了全国茶叶生产座谈会，浙江、福建、云南、湖北、四川、重庆等茶叶重点产区18个省、自治区、直辖市农业相关部门负责人参加了会议。会议提出，“十二五”期间，我国茶叶生产要在坚持“稳定面积，提高单产、质量和效益”的基础上，调优茶类结构，力争“十二五”期末全国茶园面积控制在220万 hm^2 以内，茶叶每667m^2 产量在70kg以上，绿茶、红茶、乌龙茶和其他茶的比例由目前的70%、7%、12%和11%调整为65%、10%、13%和12%，并提出了实现上述目标的措施。

（中国农业科学院茶叶研究所　权启爱）

蜂产品加工业

一、基本概况

中国蜂蜜产量和出口量一直位居世界前列。近年，我国蜂蜜产量保持在 30 万 t 左右，20%～25%出口；蜂王浆产量约 3 500t，出口量为 30%～40%；年产 500t 蜂胶产品基本用于内销。1999—2011 年蜂蜜产量年均增长率约为 4.6%，远高于同期世界蜂蜜产量 2%的年均增长率。近年来，随着我国经济社会的快速发展以及人们消费需求结构的变化，整个农业产业无论是生产方式还是区域布局，无论是从业人员结构还是产业功能，都发生了巨大的变化。蜂产业也不例外，产业发展方式转变的趋势十分明显，具体呈现出五大转变趋势：分散生产向规模化、组织化经营转变，粗放管理向科学化、标准化生产转变，无序放养向基地化生产、区域化布局转变，单一化开发向产品多样化、功能多元化转变，支撑条件薄弱向技术系统化、装备机械化转变。

由浙江省江山市养蜂产业化协会申报的"江山蜂协"集体商标，经国家工商行政管理总局商标局正式核准注册，成为江山市成功注册的第一件集体商标。同时，蜂产品专业商标品牌基地被评为省十大专业商标品牌基地。"江山蜂协"集体商标成功注册后，将促进江山蜂产业提升。以中国蜜蜂之乡——江山为例，全市现有各类蜂产品企业 30 多个，产品远销欧洲、美国、日本等 28 个国家和地区。目前已注册蜂产品商标 115 件，国际商标 25 件，拥有中国驰名商标 1 件、浙江省著名商标 3 件，江山蜂产业已成为品牌领军行业，养蜂规模和综合效益连续 18 年位居全国之首。

二、生产及出口情况

（一）蜂蜜

1. 出口情况　2011 年我国对全球 58 个国家和地区出口蜂蜜近 10 万 t，同比减少 1.2%；出口总额为 2.01 亿美元，创历史最好记录。平均单价达 2 017 美元/t，为历史新高。2011 年我国蜂蜜对欧盟出口激增，全年出口为 5.3 万 t，创汇逾亿美元，同比分别增长 3%和 18%，分别占我国蜂蜜出口总量和总金额的 53%和 50%。日本自 1994 年以来连续 18 年是我国蜂蜜的第一大出口国，2011 年出口量为 2.98 万 t，出口总额为 6 781 万美元，为历史最低水平，同比分别减少 13.9%和 4.4%，占我国蜂蜜出口总量的 34.3%和出口总金额的 38.9%。对美国及其他国家出口增幅较大。

2. 出口市场的变化

（1）对欧盟出口激增　欧盟是世界蜂蜜生产、消费和贸易重要市场，地区蜂蜜产量居世界第二，进出口蜂蜜数量和总额均居世界第一。尽管受欧债危机影响，欧盟蜂蜜市场需求萎缩，但由于阿根廷蜂蜜因生物碱和转基因花粉事件对欧出口锐减，出让部分市场份额，使我国蜂蜜 2011 年对欧盟出口激增，全年出口量为 5.3 万 t，创汇逾亿美元，同比分别增加了 3%和 18%，分别占我蜂蜜出口总量和总金额的 53%和 50%。

（2）对日本出口下降　日本是我国蜂蜜出口的最大市场，自 1994 年以来已连续 18 年成为我国蜂蜜第一大出口国别市场。2011 年对该市场出口量和出口额分别约为 2.98 万 t 和 6.78 万美元，占当年我国蜂蜜出口总量的 34.3%和出口总额的 38.9%。日本大地震灾区为日本洋槐蜂蜜主产区，受大地震影响，特别是消费者对核辐射的恐慌，日本市场增加了对我国洋槐蜜尤其是洋槐成熟蜜的需求，而我国 2011 年洋槐蜂蜜丰收，顺应满足了这一市场需求。然而，总体需求仍有所减少，2011 年我国全年对日出口蜂蜜数量为历史较低水平，数量和金额同比分别减少 13.9%和 4.4%。

（3）对美国出口同比增幅较大　美国是世界最大的食品工业用蜂蜜消费市场之一，食品工业用蜂蜜约占其蜂蜜消费总量的 45%。2011 年 12 月 13 日，美国商务部发布公告，决定对中国蜂蜜产品生产企业通过轻微改变和后续加工向美国继续出口的蜂蜜大米糖浆产品发起反规避调查，中国涉案企业为安徽某保健食品有限公司。据悉，2011 年 8 月 12 日，美国蜂蜜生产者协会和苏氏蜂蜜协会向美国商务部提出申请，指控中国蜂蜜产品生产企业通过轻微改变和后续加工规避对华蜂蜜产品实施的反倾销税令，要求美商务部对此发起反规避调查。2011 年我国蜂蜜对美出口量为 1 300t，创汇 250 万美元，同比分别增加 124.5%和 184.3%。

（4）对其他市场出口增幅较大　以阿联酋、阿曼、巴林、卡特尔、科威特和沙特6国组成的海湾合作委员会，其潜在市场巨大。2011年，我国对该地区出口蜂蜜2 373t，同比增加61.92%。

2011年9月，欧盟法院对德国蜂农就蜂蜜含转基因花粉上诉作出裁决，要求所有含转基因花粉的蜂蜜在销售前需向政府有关部门申请特殊批准。由于全球，特别是美洲转基因作物的大量商业化种植，此裁决对全球蜂蜜贸易尤其是主要出口国阿根廷等国家的蜂蜜出口产生直接影响。迄今，仅德国进口商对此仍有明确要求。

3. 我国蜂蜜出口问题

(1) 受利益驱使和市场需求等内外因素影响，符合各项指标的非真实性蜂蜜充斥市场，尤其是欧洲市场。一家欧盟客户凭借几代人从事蜂蜜业务的专业经验判断，认为中国蜂蜜无法通过其感官（味道和气味）检测。2011年5月，一个欧盟主要蜂蜜客户通过权威实验室对欧洲市场上的100多个中国蜂蜜样品进行掺假检测结果显示，所有样品均非真实性蜂蜜。欧盟民间实验室近年来持续对我蜂蜜开展的掺假蜂蜜分析方法的市场推广活动，仍需引起各有关方面的关注和警示。

(2) 以散装为主，普遍售价低。虽然2011年我国蜂蜜出口均价达2 017美元/t，创历史新高，但与阿根廷等国同类蜂蜜相比，每吨差价仍达数百美元，有的甚至达到近千美元之多。

(二) 蜂王浆

1. 蜂王浆产销情况　2011年我国蜂王浆总产量为2 800～3 000t，比2010年的4 000t左右下降25%～30%。2011年蜂王浆国际国内市场总销量在3 200t左右。其中，内销量为1 900t左右，出口量为1 300t左右。2010年底全国蜂王浆库存750t～850t，而2011年全国蜂王浆库存不到400～600t。我国蜂王浆生产技术成熟，产量逐年提高，多年来基本上是供过于求，每年都有相当数量的库存。2011年出现了多年未见的大幅度减产现象，其中蜂王浆产区湖北比2010年略有下降，安徽、江苏及西北的青海等地区减产明显，有的地区减幅达50%以上。

2. 蜂王浆出口情况　2011年我国蜂王浆出口稳定，出口金额为3 674万美元，同比下降6%，占保健品出口金额的18%。其中，鲜王浆出口量为620t，同比增长了3%；出口金额为1 431万美元，同比增长17%；蜂王浆冻干粉出口量为205t，同比下降7%；出口金额为1 433万美元，同比增长6%；蜂王浆制剂出口大幅减少，出口数量为566t，同比减少18%；出口金额为808万美元，同比减少9%。其中，鲜浆出口单价为23美元/kg，同比增长13%；蜂王浆冻干粉出口单价为70美元/kg，同比增长14%；蜂王浆制剂出口单价为14美元/kg，同比增长10%。

出口价格上升的主要因素是人民币汇率累计上升约7%，生产成本上升超过10%，企业利润空间被进一步压缩。另外市场结构有较大调整，也造成价格的波动。

3. 国际市场的出口需求　2011年对日本出口蜂王浆及干粉折算总量为644t，约占我国出口总量1 229t的52%。2011年与2007年同比下降14个百分点，出口量减少306t。对其他市场的出口占比由2007年的34%上升到2011年的48%，出口总量由481t增加到585t，增长22%。欧盟市场需求增长，西班牙、德国、法国是主要出口市场。2011年，我国对欧盟出口王浆产品增幅显著，总量达323t。其中，干粉出口量为35t，同比增长58%。王浆和干粉出口市场仍维持28个国家与地区，新兴市场中对泰国出口增长较快。

4. 经过市场洗礼淘汰，经营队伍趋向集中　2011年，经营王浆出口的企业为41个，比2010年的45个减少4个，出口额百万美元以上的企业为6个，比2010年增加3个。经营干粉出口企业为36个，比2010年的45个减少9个，出口额百万美元以上的企业为6个，比2010年增加2个。经营花粉出口的企业为46个，比2010年减少6个，出口额百万美元以上的企业为3个，2010年为无。经营制剂出口的企业为40个，比2010年减少7个。出口额百万美元以上的企业为2个。经营蜂蜡出口的企业为66个，出口百万美元以上企业共计12个，有2个出口额接近千万美元。2011年王浆出口排名前5位企业为杭州蜂之语、江山恒亮、南京豪瑞、杭州康力保、浙江惠灵。出口干粉排名前5位的企业为杭州蜂之语、江山恒亮、湖北扬子江、南京豪瑞、青海新铠。出口制剂排名前5位的企业为江山恒亮、三精医药、北京一品全、哈尔滨医保、无锡盛融。

(三) 蜂胶

2011年我国蜂胶市场可谓喜忧参半。喜的是蜂胶打假取得一定的阶段性成果，政府主管部门的监管力度明显加强，假冒伪劣蜂胶产品在一定程度上得到遏制。忧的是蜂胶打假尚未形成长效机制，假冒伪劣产品有死灰复燃的趋势，规范生产经营企业并未享受到打假带来的实惠，蜂胶市场混乱局面未得到根本扭转。近年来，我国毛胶的年产量维持在300～400t，蜂胶原料产量与实际需求缺口较大，优质蜂胶原料处于供不应求的状况。2011年，我国毛胶产量总体未见增长。中央电视台曝光假蜂胶事件以来，全国各地毛胶的收购价格均比打假前有不同程度的上涨，幅度在30%～200%，大多涨幅在100%左右。但我国当前毛胶质量普遍较差，含胶量低（仅20%）的占总量的30%，含胶量一般（30%～40%）的占50%～60%，含胶量高（50%～60%）的仅占5%～10%。蜂胶乙醇提取物是蜂胶保健食品的主要原料，也是蜂胶产品质量与安全的关键所在。2011年，我国提纯蜂胶产量约为150t。由于蜂胶提取加工企业没有“身份证”，生产资质认证无主管部门，使得大多数蜂胶提取物加工企业处于停产和半停产状态。

中国蜂产品协会蜂胶专业委员会2011年8月对全国主要蜂胶生产经营企业通过座谈和调查问卷的方式，进行“中央电视台曝光假蜂胶事件”以来的蜂胶市场状况的评估。结果认为市场环境明显好转的占27.3%，没有好转的占31.8%，好转一时的占22.7%；认为假蜂胶已死灰复燃的占45.5%；认为蜂胶打假以来，正规的蜂胶保健食品销售增长的占4.5%，销售持平的占40.9%，销售减少的占50.0%；认为蜂胶打假以来，没有保健食品批文（含进口蜂胶产品）的违法蜂胶产品少了的占45.5%，认为还有很多的占40.9%；认为树胶代替蜂胶或掺入树胶的假冒伪劣蜂胶产品还有很多的占50.0%，这些产品仍占以蜂胶产品名义销售的产品总量的50%左右；认为蜂胶打假以来正规企业的市场经营环境明显改善的占36.4%，改善一般的占36.4%，没有改善的占27.3%；认为打假以来当地政府主管部门的监管查处力度明显加强的占68.2%，查处力度一般的占27.3%。根据国家食品药品监督管理总局部署，2011年起，含蜂胶原料保健食品生产企业，必须建立原料采购记录和供应商档案，以确保蜂胶原料可随时追溯源头。

综上所述，蜂胶打假取得了一定的阶段性成果，表现为政府主管部门，尤其是食品药品监督管理部门的监管查处力度明显加强，违法和假冒伪劣蜂胶产品在一定程度上得到遏制。但同时，受打假造成的市场负面影响，正规蜂胶保健食品的销售量总体减少20%～30%，打假初期减少达50%，但产品质量有所提升。由于打假缺少标准依据和技术手段，加上监管体制不完善、职责不清和诚信缺失等多方面的原因，蜂胶产品打假尚未形成长效机制。已出现打假热闹一时，风头一过，老方一贴，假蜂胶死灰复燃的状况。因此，蜂胶产品的打假可谓任重道远，亟须建立长效机制，做到标本兼治。

（四）蜂花粉

1. *生产情况* 2011年蜂花粉产量在4 500t左右（不含蜂农自留饲料部分），其中油菜花粉生产因天气原因，影响到产量，比往年减产30%，产量在2 000t左右。由于前期价格急升，后期天气好转，蜂农生产花粉的积极性提高，茶花粉和杂花粉产量在2 500t以上，比2010年增产25%以上。

2. *贸易情况* 2011年蜂花粉出口量为1 787t，同比增长10%。花粉出口额为895万美元，同比大增63%。平均价为4.81美元/kg。韩国出口量较大，2011年出口量在1 000t以上。

三、科研、新技术、新设施

（一）科研动态

1. *蜂胶* 蜂胶具有抗氧化、抗炎、抑菌、抗病毒、护肝、抗肿瘤及免疫调节等多种生物学活性，体内外试验验证蜂胶及其主要活性成分生物学活性作用的分子机制是本年度研究的热点，论文数量占总数的51.38%。2011年共发表涉及蜂胶的中文研究性论文99篇，其中综述23篇；博士论文1篇，硕士论文4篇。据Pubmed、Elsevier、Springerlink等数据库公布的数据显示，2011年共发表涉及蜂胶的英文研究性论文191篇，除6篇会议论文外，其余均为公开发表，其中综述类10篇；出版蜂胶相关英文著作1部。涉及蜂胶中化学成分的分离鉴定、活性成分检测方法的建立、药理活性、提取工艺、质量控制、产品开发以及在农业、畜牧业、水产、口腔保护、化妆品等方面的应用。

2. *蜂王浆* 2011年有关蜂王浆的研究硕果累累，尤其是在蜂王浆中特异性组分的分离鉴定、蜂王浆的质量标准、基因和蛋白质组研究、生理药理活性及作用机制等方面都获得了一些重大突破。特别是针对蜂王浆免疫调节的作用研究、蜂王浆修复组织损伤作用的研究、蜂王浆美容功效的研究、蜂王浆调节生长、延长寿命的研究等方面，都取得了有意义的突破。2011年国内外发表的有关蜂王浆的研究性论文和综述共计49篇。其中成分测定占10%，产品质量评估占8%，分子生物学研究占20%，功能验证占27%，产业发展等占35%。

（二）国家蜂产业技术体系开展的工作

2011年，国家蜂产业技术体系专家开展了“蜜蜂优质高效养殖技术研究与示范”和“蜂产品质量安全与增值加工技术研究与示范”，开展联合攻关，已建立中华蜜蜂规模化饲养研究基地39个、西方蜜蜂规模化定地饲养管理技术研究基地20个、西方蜜蜂规模化转地饲养管理技术研究基地10个，初步形成中华蜜蜂规模化饲养技术方案、西方蜜蜂规模化定地饲养技术模式和西方蜜蜂规模化转地饲养技术模式，中华蜜蜂人均饲养60～100群，西方蜜蜂定地人均饲养60～80群，转地人均饲养80～100群。设计了尾翼升降平台装卸放蜂车、机械化装卸蜂箱设备、轴针式自控蜜蜂饲喂器、双王群饲养箱顶饲喂器、中华蜜蜂养殖箱、蜂王浆机械化生产挖浆机、蜂王浆机械化生产幼虫器等7种蜂机具。建立了蜂资源评价技术体系，初步建立了蜜蜂资源核心种质库，共计收集优良地方良种标本10 949群，开展地方优良蜂资源评价22 349群，已保存优良蜂资源700份。初步建立中华蜜蜂地方良种选育基地18个，多数选育基地收集种用群60～100群。推广绿色蜂药1万群以上。完成了青藏高原东部地区熊蜂资源调查任务，探明了其分布特性。蜜蜂油菜授粉示范区增产效益10%以上。完成了蜜蜂为梨树授粉的现状调查，提出了增产研究方案。完成了溯源性识别分析技术研究，搜集了蜂蜜样品315个，形成蜂产品中兽药残留检测方法技术文本2个，形成蜂胶真伪鉴别技术2种，完成蜂胶真伪评价行业标准1个，形成了蜂花粉真空脉动干燥新工艺1套。初步构建了国家现代蜂产业技术体系网站、蜜蜂病虫害监测风险评估预警系统，完善了蜜蜂饲养技术数据库、蜜蜂育种与授粉功能试验室数据库、蜜蜂主要病虫害防控体系网站，建立了中国蜂产品加工企业数据库。在山西、河北、江苏、湖北、四川、重庆、安徽、福建、山东、云南、河南、江西、北京、黑龙江、辽宁、吉林、海南、广西、广州、陕西、宁夏、浙江等省、自治区、直辖市，开展了各类培训观摩等学术交流会共167次以上，培训蜂农、技术人员、管理人员21 955人次。通过制作明白纸、发放实用养蜂小册子、技术光盘、专题片等形式科技下乡，现场解答问题，帮助蜂农解决技术难题。

2011年，及时组织本体系专家深入生产实际，部署养蜂生产的有关具体工作，及时制定了春季低温冻害对蜂群、蜜源植物影响的应急技术方案和椴树流蜜期延后的应急技术方案，处理了四川80多箱蜜蜂整箱突然死亡事件、牡丹江泥石流事件、海南“纳沙”台风和蜜蜂大量死亡事件、广东蜜蜂突发性事件6起，对山东飞机喷药防治美国白蛾造成蜜蜂损失和平湖蜂群卵不孵化现象进行调查，提出应对措施。海南专家在海口永兴镇建立海南蜂业科技“110”龙头服务站，琼中县建立海南蜂业科技“110”服务站，解答蜂农求助电话上千次，出车到现场处理问题30多次。

2011年，积极组织体系专家为政府提供建议和规划。体系专家参与了农业部《养蜂生产管理办法（试行）》（征求意见稿）修改工作、农业部兽医局组织的《兽医实用手册》中蜂病部分、《动物疫病病原生物学》蜜蜂寄生虫病部分的编写工作，参加了农业部兽医局组织的动物疫病国家标准建议研讨会和《蜜蜂蜂箱小甲虫诊断标准》的国家标准专家论证会，参加了世界动物卫生组织标准修订审评会和“国际蜂王浆标准”制定讨论会、世界动物卫生组织国际动物卫生标准规则修订评议等会议，发挥了专家的业务特长。

2011年，本体系利用各种形式和手段加强蜂业宣传工作，提高全民对蜂业重要作用的认识，同时呼吁各级政府加强对蜂业的重视，把养蜂事业的发展视为推动农业增产增收和保护生态平衡的重要举措。继北京之后，山西省晋城市阳城县政府和沁水县政府先后出台并实施了对蜂农的扶持性政策，推动了当地蜂农的养蜂积极性。为进一步建立健全蜂业抗风险机制，北京专家初步制定了《北京蜂业气象干旱指数保险条款（试行）》，拟待审核通过后开始试行推广。

中国农业科学院蜜蜂研究所蜂产品溯源体系项目在全国开展了8个蜂产品质量追溯制试点推广，包括四川、北京、浙江、湖北、河南、江苏、安徽、云南。蜂产品质量控制的关键在源头，四川邛崃市虫鑫养蜂专业合作社就是四川溯源体系项目养蜂农户源头生产的一个试点，合作社养蜂农户生产记录通过电子扫描，把信息传递到质量监控中心和收购商。蜂产品生产质量以追溯码（电子条纹码）为信息传递工具，以产品电子标签为载体，以电子网络查询码系统为服务手段，实现蜂产品从生产源头、加工储运、零售市场全过程的质量溯源。通过追溯系统可以全面控制蜂产品的质量安全，对蜂产品生产、加工、流通、消费各个环节进行跟踪服务，通过产品可追溯标识，可以追溯出现质量问题的任何环节。

（三）养蜂移动平台研制成功

养蜂专用车（也称养蜂移动平台）是养蜂机械化的集中体现。养蜂生产、蜂群运输、蜂花粉干燥、蜂王浆冷藏、蜂蜜储运等，都集中到了专用车功能之中。该养蜂专用车上配有起吊电动葫芦、滑动工作平台、遮阳网、蜂箱移动滑轮、逆变电源、汽油发动机、喷水装置、与水泵配套的水管（便于蜂群喷水、人员洗澡等），工作、生活梯子、水箱、储物间、工具箱、蜜蜂踏板（分3种颜色，黄、绿、白）、狗舍等。养蜂专用车上除汽车电源外，还专配小型汽油发电机组，可随时供电并储存，还可选配太阳能发电机组。车上配备储电瓶，可供生活中电视、电扇、冰柜等生活电器用电，也能使用电动甩浆机、电动摇蜜机、花粉干燥箱等专用生产机械。还有太阳能发电机组、车载液晶卫星电视、卫星天线、紫外线消毒灯、GPS导航、附加电瓶等可供选配。近期获得国家工业和信息化部行文批准，已具备批量生产、销售的条件。

据2011年试用的结果证明，养蜂人使用养蜂车，每户每年可多采2～3个蜜源，全年可赶15～20个场地，可提高经济收入6万～10万元；使用养蜂专用车，由于多赶场地减少了支出，仅运费每年就可节省3万～4万元；尤其有了养蜂专用车，养蜂人可自行决定转移场地时间，有充分自主和自由空间，不再为找车烦恼，也不为无花可采伤心，完全可以自行控制和掌握放蜂路线，有利避开打农药等事项威胁。由于有了生产空间便于密闭或无菌操作，可明显提高蜂产品的质量，具有极强的灵活性和机动性。同时，该养蜂专用车的专用机件，便于安装，方便拆卸，可根据生产需要，灵活决定使用用途，或养蜂或运蜂，也可装载、运输别的物品，一车多功能多用途，非常适合转地养蜂者。

四、标准化工作

1. 审定标准　2011年6月24～25日在南京召开了2011年度检验检疫食品专业行业标准第一次审定会。会议审议了由江苏、上海等10个直属检验检疫局负责起草的《出口蜂蜜中大米糖浆的检测方法　高效液相色谱—串联质谱法》等20项检验检疫行业标准。这20项检验检疫行业标准中有5项是检测蜂产品的方法标准：一是由江苏检验检疫局负责起草的《出口蜂蜜中大米糖浆的检测方法　高效液相色谱—串联质谱法》（2011B152）；二是由江苏检验检疫局负责起草的《出口蜂蜜中大米糖浆的检测方法　实时荧光PCR法》（2011B153）；三是由江苏检验检疫局负责起草的《出口蜂蜜中稳定碳同位素测定方法　液相色谱/元素分析—同位素比值质谱联用法》（2011B154）；四是由江苏检验检疫局、河南检验检疫局负责起草的《出口蜂胶中杨树胶特征物检测方法　液相色谱—飞行时间质谱法》（2011B155）；五是由江苏检验检疫局负责起草的《出口蜂蜜中β-呋喃果糖苷酶的测定》（2010B131）。会议提出，根据蜂产品品质检测工作的需要，建议尽快制定出口蜂产品标准，将真伪产品判别指标标准化。

2. 颁布标准　2011年颁布的蜂产品标准有以下4项：包括《进出口蜂王浆中四环素类兽药残留量检测方法　液相色谱—质谱/质谱法》（SN/T 2800—2011）、《食品安全国家标准　蜂蜜》（GB 14963—2011）、《进出口蜂王浆中磺胺类药物残留量测定方法　放射受体分析法》（SN/T 2799—2011）、《进出口蜂王浆中苯酚残留量的测定方法　高效液相色谱法》（SN/T 2798—2011）。

3. 参加国际会议　2011年12月10～14日，受中国蜂王浆国际标准制定国内工作组委托，以医保商会副会长刘张林为团长的中国代表团，参加了在土耳其伊斯坦布尔召开的蜂王浆国际标准制定工作组（WG13）第三次国际会议。此次会议的主要目的是递交委员会稿件（CD稿），并讨论蜂王浆定义、多国取样数据对比、检测方法、标准等相关内容。代表团通过本次会议解决了第一次南京会议和第二次巴黎会议上存在的分歧，法国、意大利等欧洲国家在蜂王浆定义及糖分细分指标方面与中方代表团基本达成一致。中方代表团总结了前两次会议的经验教训，坚持用数据说话，会前准备的各种试验数据和应对预案起到了重要作用。在翔实数据的支撑下，中方代表团在国际蜂王浆标准的水分、10-HAD、蛋白质、酸度等指标和检验方法上以及储存温度条件等指标上，与各方达成共识。

4. 新增机构　黑龙江省蜂产品标准研究所在虎林市虎头镇挂牌成立。黑龙江省蜂产品标准研究所的落成必将对虎林蜂产品高质量、高标准、快发展起到积极促进作用，肩负起服务虎林及全省蜂产品研发、检测的重任。虎林质监系统将以此为新的起点，面向绿色蜂产品检验、检测需求，加快先进仪器设备及专业技术人员配备，全面提升检测能力，为助推虎林经济发展作出更大贡献。

五、行业信用建设

2011年蜂产品协会继续开展了行业企业信用评价工作。在企业自愿申报的基础上，坚持“公平、公正、公开”的原则，经第三方专业评价机构——中国出口信用保险公司认真、客观的评估和信用评价工作委员会审议，第四批企业信用等级评价结果经公示最终确定，并报送商务部信用办及国资委协会办备案（表1）。

表1　中国蜂产品行业企业第四批信用等级评价结果名单

序号	申报单位	信用级别	证书编号
1	上海森蜂园蜂业有限公司	AA	201105501104040
2	北京知蜂堂蜂产品有限公司	A	201105500104041
3	北京蜜蜂堂科技发展有限公司	A	201105500104042
4	北京农科瑞奇蜂业科技有限公司	A	201105500104043

（中国农业科学院蜜蜂研究所　闫继红）

食用菌加工业

2011年，我国食用菌行业推进食用菌产业化进程明显加快，食用菌产业链逐步拓展，经济效益稳步提升。各省、自治区、直辖市均把发展食用菌产业作为当地的特色农业、创汇农业、循环农业等重要项目来抓。在各级政府的大力支持下，食用菌产业已成为许多地区现代农业建设的亮点和高效产业的样板，成为促进农民增收的高效产业，为推进农业现代化建设和新农村建设发挥了积极作用。

一、基本情况

（一）产量产值

1. 产量　据中国食用菌协会统计，2011年全国食用菌产量呈现稳步增长态势，全国总产量达2 571.7万t，同比增长13.7%。产量排在前10位的省份分别为：山东319.5万t，河南249.2万t，黑龙江248.0万t，福建212万t，江苏210.2万t，河北205.4万t，辽宁155.8万t，四川140.0万t，湖北132.3万t，吉林122.8万t。产量排名前6位的产品品种分别为：平菇563.3万t，香菇501.8万t，黑木耳346.1万t，金针菇249.3万t，双孢菇246.2万t，毛木耳143.5万t。这6个品种食用菌的总产量占当年全国食用菌总产量的70.3%。

2. 产值　据中国食用菌协会统计，2011年全国食用菌总产值达1 543.2亿元，同比增长14.1%。从全国食用菌产值分布情况看，2011年年产值排名前10位的省份分别为：山东182.6亿元，河南149.8亿元，黑龙江137.1亿元，河北119.9亿元，江苏116.1亿元，福建110.3亿元，辽宁95.1亿元，湖北93.5亿元，浙江85.0亿元，广东79.1亿元。这10个省份的产值之和占总产值的75.7%。

（二）出口创汇

1. 出口量　根据中国海关总署统计资料，2011年我国食（药）用菌出口总量为52万t，同比增长5.9%。据中国食用菌协会不完全数据，2011年我国食用菌出口量总量为286.4万t，同比增长88.3%，增幅明显。出口量排名前10的省份依次为：河南112万t，湖北50.4万t，福建27.3万t，广东23.9万t，辽宁18.7万t，山东17.8万t，河北11.2万t，江苏8.5万t，黑龙江7.6万t，浙江5.0万t。

2. 创汇　根据中国海关总署统计数字，2011年我国食用菌出口创汇总额达24.1亿美元，同比增长37.3%。据中国食用菌协会不完全统计，2011年我国食用菌出口创汇额为31.7亿美元，同比增长40.3%，增幅明显。创汇排名前10的省份依次为：湖北7.4亿美元，福建7.3亿美元，河南3.2亿美元，广东3.2亿美元，辽宁2.9亿美元，山东2.5亿美元，浙江1.5亿美元，黑龙江1.2亿美元，河北0.9亿美元，江苏0.8亿美元。

二、科研、新产品、新技术

1. 863计划课题“冬虫夏草菌丝体发酵”项目成果展示推介会于2011年2月7日在福建省莆田市举行。该项目由中国科学院微生物研究所与东方中科生命科学有限责任公司共同承担，通过采集青藏高原不同区域冬虫夏草标本和菌种，筛选高侵染活性及广谱性的冬虫夏草菌菌株，将冬虫夏草菌丝体原料进行提纯、浓缩，获取可溶性、易吸收的精华。据了解，该课题的成功研究，对于资源再利用、环境保护等方面具有重大意义。

2. 为落实中国食用菌协会关于“大力发展循环经济，促进食用菌产业全面发展”的工作任务，2011年中国食用菌协会专家委员会组织河南、浙江、山东、湖北等食用菌协会对东宁、平泉、灵宝、金堂等食用菌主产基地县进行了“食用菌生产、食用菌基料利用（农林废弃物的利用）、食用菌菌糠综合利用”三方面的调查，在此基础上撰写了《积极发展低碳经济——食用菌循环经济调查报告》和《食用菌循环经济产业化建设示范项目》建议书。经申报，得到了中央财政资金支持。该项目从食用菌行业整体发展的全局出发，以突出特色、区域发展为原则，由中国食用菌协会研究提出了绿色环保示范县（乡镇）名单；根据当地食用菌产业基础、区域优势、资源特点与实际状况，规划指导环保绿色食用菌示范县（乡镇）发展的规模、模式、目标，对推动食用菌行业循环经济建设与发展具有积极意义。

3. 全国第十届食用菌新产品新技术展销会于2011年7月9日在内蒙古通辽举办。来自全国食用菌业界专家、食用菌主产基地县领导、企业负责人与新闻媒体等600多人参加了展销会。展销会期间，共有120多个食用菌设备、菌需物资等企业300多项新产品、新技术参加了展示展销。这次活动从科技研发、工厂化生产模式、品牌建设及推广、龙头企业培养等多层面、多视角进行了交流研讨，为推进食用菌产业的健康可持续发展助力。

4. 为了更好地促进微生物技术在健康领域内的产业化发展，由中国科学院微生物研究所携同北京中科心益生物科技有限公司共同成立的大型经济真菌联合研发中心挂牌仪式，于2011年8月28日在中国科学院微生物研究所举行。该中心主要从事以真菌、微生物领域高科技技术成果的研究及转化，并向社会广泛普及微生物科学知识，通过公益服务承担社会责任。该中心主任文华安在挂牌仪式上介绍说，微生物与人类的生存和生活息息相关，随着科技的发展，人类对微生物领域的了解和研究越来越深入，很多国家已经在广泛运用微生物技术实现绿色地球战略。此外，微生物研究与我们密切相关的还有生物制药和人类健康方面的显著成果。例如灵芝、虫草等真菌类物质的药用价值不断被挖掘出来，野生菌对改善肠道及人体其他组织的药用保健功效也开始被人们广泛接受，香菇多糖已经被开发成临床药品。文华安指出，大型经济真菌联合研发中心的成立，目的是应用中国科学院微生物研究所在科研技术及人才方面的优势，促进微生物技术在健康领域内的产业化发展。

5. 以“松茸保护与人类健康”为主题的2011年国际松茸学术研讨会于2011年9月5日在昆明市召开，这是中国、朝鲜、美国、加拿大以及日本等松茸研究者、全球主要产地专家首次举行的专业性学术交流会，内容涉及松茸的保护、营养价值及人类学的意义，希望建立更为广泛的国际合作与交流机制。会议形成《2011年国际松茸学术研讨会宣言》，并将国际松茸学术研讨会作为全球松茸研究的交流平台固定下来，在主产国轮流主办，通过这一形式建立起政府、学术界、企业界之间沟通的桥梁，并利用松茸研究最新成果服务于松茸保护和开发。

三、市场流通情况

随着食用菌生产能力的提高，食用菌流通形成了以批发市场、集贸市场为载体，以农民经纪人、运销商贩、中介组织、加工企业为主体，以产品集散、现货交易为基本流通模式，以原产品和初加工产品为营销客体的基础流通格局。目前，全国各类食用菌批发市场已接近100个，其中常年交易、规模较大的批发市场60多个，年交易额超亿元的60多个。这些市场纵横交错，配套成龙，成为全国食用菌流通的中心，全国50%～80%的食用菌通过批发市场上市交易，市场的产品集散、价格形成、信息中心和调节供求功能得到了一定的体现。但随着食用菌市场流通主体的迅速增加，食用菌产销格局将出现新的变化，这种变化对食用菌市场流通和市场建设与管理提出了更高要求。目前，我国食用菌市场流通领域缺乏整体规划，市场流通领域建设与管理远远滞后于生产环节，不仅存在缺乏现代市场流通的设施设备、技术落后、信息不畅、管理水平低等问题，还存在一些地方各自为政、无序竞争、恶性竞争等现象，制约着食用菌生产与市场的有效对接，不利于资源跨区域的市场流通。主要表现在：

（一）市场流通投资主体多元化、渠道混杂无序、竞争机制不健全

我国食用菌产业起步晚，但发展迅猛，致使各种社会资本和力量蜂拥而上，众多投资主体造成食用菌收购、批发环节旺市推波助澜，哄抬价格；弱市袖手旁观，甚至打压价格，剧烈的价格波动严重损害了生产者的积极性。食用菌零售供应网络不健全，经营模式单一，物流技术落后，产品质量安全保障体系不完善，给亿万消费者的食品安全和身体健康带来了隐患。另外，市场调控、指导、服务功能不全，在引导食用菌生产、形成市场价格、调节产品供求等方面的作用有待进一步发挥。具体表现为：一是“两头大中间小”，即产量逐年增大，消费量逐年增大，但在中间经销环节市场流通规模小。目前在一些大中型城市搞批发销售的基本上是家庭作坊式销售配送，销售队伍不够强大，不适应食用菌生产及消费需求。如果在经销环节上有较大的突破，食用菌的产品价格及需求空间还将增大。二是在全国缺少强大的网络营销体系支撑市场面。三是食用菌产品市场缺乏对消费群体的细化。四是面对全球金融危机，内需市场更需拓展。如上海大山合集团有限公司、辽宁田园实业有限公司开始加大对国内市场的开发力度，而且取得了可喜成效。这些出口企业转向国内市场时，凭借多年在做出口时搞营销渠道和网络的经验，很快在国内建立起强有力的网络营销体系，进而拉动市场需求，促进产品流通，提升产业整体发展水平。

（二）体系建设缺乏科学规划和政策指导，市场重复建设和功能缺失并存

食用菌批发市场在地区间发展不平衡，市场交易不活跃。由于国家宏观层次缺乏统一规划，导致食用菌专业市场存在一定的盲目重复建设，自发建立形成的市场流通渠道缺乏有机联系和系统整合，地方保护和壁垒林立，信息交流渠道不畅通，各自为政现象突出。一些市场基础设施条件差，政府资金投入不足，扶持市场发展的政策措施不到位。市场缺少适合食用菌市场管理的专门规章标准，监管比较薄弱，市场准入门槛低，交易规则不完善，服务功能不全，无法有效发挥市场在食用菌市场流通体系中的上下衔接作用。

（三）市场信息对生产、流通、消费等引导作用不完善、不准确

目前，由于缺乏完善的信息收集、整理和发布体系，生产与消费之间、区域之间的信息衔接主要由市场来完成，而市场自身的松散性决定了信息的收集加工能力低下，生产、流通存在很大的信息局限性和盲目性。我国还没有完善的食用菌价格形成机制，也缺乏权威的市场信息发布体系，信息监测和处理系统建设滞后。面对不断变化的国际国内食用菌市场，建设公益性食用菌市场信息服务系统迫在眉睫。市场信息的滞后极易引起不同季节和不同品种市场价格波增大，生产者看见今年食用菌市场价格好，明年就大量生产；明年价格一不好，后年就不生产。市场“顺向信息”的引导而产生的生产规模不稳定，必将导致价格起伏波动。加之各地都在发展食用菌生产，产业调控困难，特别是由于气候影响造成鲜品集中上市，挤压市场带来的市场价格波动的可能性增大。工厂化设施栽培的食用菌市场价格也会出现较大波动，关键是工厂化设施栽培品种单一但数量可观，产品挤压局部市场的可能性比较大。

（四）流通品牌标准未建立，流通方式水平亟须提高

从20世纪90年代开始，我国实施品牌战略，而食用菌产业在全国知名品牌很少，在全行业知名的品牌也不多。食用菌产业要做大做强，必须走发展品牌战略之路。食用菌行业的发展需要品牌的引领，需要加大支持力度，需要全行业参与。目前食用菌流通的主要模式，是按照“产地收购—产地市场集散—销地市场集散—城乡商贩零售”的路径进行现货交易，处于原始的市场交换基础流通状态，必须加快连锁经营、电子商务等现代物流模式以及网上交易、代理制、拍卖等现代化流通手段探索。连锁经营的优势就是生产与连锁企业共享品牌和信誉，提供统一的管理和服务，实现食用菌产品由集市向超市、由本地向外地、由国内向国外的流通发展。而我国食用菌无标生产、加工、流通以及假冒伪劣的现象仍然存在。在构建食用菌生产标准体系、食用菌包装标准化和流通领域标准化等方面还有许多不足，特别是一些非规范认证机构和乱认证行为的出现，不断扰乱食用菌标准化工作的正常进行。

（五）国内市场开发提升空间巨大，但任务艰巨

虽然我国食用菌产业发展迅速，并且成为世界食用菌生产大国，但仍具有巨大的市场空间。与其他国家相比，我国食用菌人均消费量不足3kg，而欧美国家食用菌人均消费量在5～6kg，日本、韩国等国家人均食用菌消费量更高。随着人们生活水平的不断提高和对食用菌认识的不断深入，国内市场对食用菌及其产品需求量会越来越大。据有关专家预计，未来5年国内食用菌市场年销售额增长率为15%左右。拉动我国食用菌消费量增长的主要因素：一是我国进入老年化社会推动健康食品的需求增加；二是收入水平提升拉动居民购买能力增加；三是城市化进程加快带动餐饮品需求增加；四是食品安全问题备受关注使绿色食品更受青睐。由此可见，我国的食用菌市场需求潜力巨大，发展前景广阔。但改变消费习惯、开发新的消费市场任务也很艰巨。要通过饮食理念的改变调整，侧重中、小城市食用菌市场开发，引导食用菌进酒家餐馆、上百姓餐桌，从而加快我国食用菌市场和产业的发展。

四、质量管理与标准化工作

（一）质量管理

针对2010年12月“北京小学生查出蘑菇‘漂白隐患’”的报道，中国食用菌协会组织工作人员到北京新发地农贸批发市场进行了现场调查，撰写了《关于新发地农贸批发市场食用菌市场调查报告》，提出了加强食用菌食品安全的建议。制定了《中国食用菌协会行业自律公约》，组织会员单位签订了关于保障食品安全的“联名倡议书”，有效推动了食用菌食品安全工作符合《关于征求食用菌食品安全国家标准修订意见的函》的要求，对《食用菌卫生标准》和《银耳卫生标准》等两项食品安全国家标准，征求了相关专家和会员单位的修订意见，并将修订意见的书面材料递交卫生部。参与了《食用菌标准汇编》的整理、编辑等工作。

（二）标准化工作

截至2011年底，我国现行的食用菌国家标准有29项，其中产品标准20项，基础标准1项，方法标准8项。食用菌行业标准有67项，多以产品和方法标准为主。从现行标准分析看，食用菌标准存在体系不完善，覆盖面窄，采标率差，技术含量低，与技术创新、产业发展和市场需求存在脱节等问题，食用菌标准管理的系统性也有待增强。由食用菌行业专家组建的食用菌标准化技术委员会，是我国食用菌产业结构转型、产业升级和可持续发展的需要。中国食用菌协会食用菌标准化技术委员会，是在全面提升食用菌产业的新形势下产生的技术性工作组织，其目的：一是充分发挥生产、科研、教学和监督检验、经销等方面的专家作用，更好地开展食用菌领域的标准化工作，建立起系统科学、配套实用、先进规范的现代食用菌标准体系。二是制定食用菌协会标准，为向食用菌行业标准、国家标准过渡做好充分的准备。

五、行业工作

（一）召开常务理事（扩大）会议，总结部署工作

中国食用菌协会于2011年3月24日在北京召开了“中国食用菌协会第五届第一次常务理事（扩大）会议”，会议由中国食用菌协会会长张祥茂、常务副会长陆解人主持，相关领导出席了会议。会上，陆解人做了题为《稳固成效、科学发展，为社会主义新农村作出新贡献》的工作报告。大会根据全国食用菌行业发展的新形势，按照规定程序修订了《中国食用菌协会章程》，总结了协会2010年工作，明确了2011年工作的基本思路是以科学发展为主题，以推进食用菌产业化建设为核心，在继续推进“小蘑菇新农村行动计划”的基础上，建立起一批以市场为导向，以经济效益为中心，实行区域化布局、专业化生产、规模化建设、系列化加工、社会化服务的集科研、文化、教育于一体的食用菌产业化发展示范县，以此带动食用菌产业化发展，使食用菌产业走上自我发展、自我积累、自我约束、自我调节的良性发展轨道。同时，积极办好各种节、会活动，开展国际合作与交流，扩大中国食用菌协会在行业内和国际上的影响力，不断开拓创新，与时俱进。

（二）大力推进产业化发展示范县工作

中国食用菌协会于2011年5月12日印发了《关于推进全国食用菌产业化基地示范县（区）建设的通知》，在行业内开展产业化基地示范县建设活动。此项工作得到全国各主产基地县的响应，在严格按照文件要求的条件下，各主产基地县积极申报，后经协会审核、确定，2011年度全国食用菌产业化发展示范县共计20个。这些食用菌产业化示范县在生产规模、科技进步、标准化生产、龙头企业带动、循环经济建设、文化建设、市场建设和政府支持等方面达到建设要求。中国食用菌协会将积极跟踪示范县的发展，认真总结经验，做好示范县的宣传推广工作。

（三）努力开拓市场，强化服务功能

1. 中国食用菌协会于2011年9月8日在河北省平泉县举办了首届中华菌文化节活动，国际蘑菇学会副主席、中国食用菌协会会长张祥茂、河北省承德市市长赵风楼、河北省平泉县县委书记董正国、平泉县县长蔡福浩等领导以及来自俄罗斯、日本、韩国、及中国台湾等地的20多位专家、600多名嘉宾参加了开幕式，平泉县建设的中华菌文化博览中心展示内容丰富，宣传形式多样，引起了参会嘉宾极大的兴趣。文化节期间还召开了中国食用菌协会食用菌文化委员会筹备会议，讨论了食用菌文化委员会工作细则，并确定了委员会领导机构人选，中国食用菌协会已将食用菌文化委员会申请上报民政部。首届食用菌文化节的召开，充分展示了食用菌产业的深厚文化底蕴，加深了人们研究食用菌、开发利用食用菌的浓厚兴趣。

2. 中国食用菌协会于2011年7月9日在内蒙古通辽举办了全国第十届食用菌新产品新技术展销会。来自国内食用菌业界专家、食用菌主产基地县领导、企业负责人与新闻媒体等600多人参加了展销会。这次活动从科技研发、工厂化生产模式、品牌建设及推广、龙头企业培养等多层面、多视角进行了交流研讨，为推进食用菌产业的健康可持续发展助力。国内相关媒体如新华社、中央电视台、《农民日报》《中国食品报》《中国食品质量报》及韩国《食用菌》月刊等媒体到会参与报道。

3. 中国食用菌协会于2011年4月和10月分别举办了第十四期、第十五期“菌类园艺工”国家职业资格培训班，来自河北、山东、内蒙古等13个省、自治区、直辖市的代表参加了培训。全体学员通过考试，获得了人力资源和社会保障部颁发的职业资格证书，培训活动受到全体学员的好评，培训效果显著。同时中国食用菌协会还与河南西峡县、黑龙江东宁县开展了联合培训工作，全年组织培训班38期，参加培训人员近2万人，取得了良好的培训效果，为食用菌产业在当地发展储备了技术力量。同时，为推行食用菌行业的持证上岗奠定了基础。

（四）加强交流合作，提升社会影响力

1. 中国食用菌协会常务副会长陆解人于2011年10月4～11日赴法国参加了国际蘑菇学会执委会，会上听取了国际蘑菇学会主席格雷格·西莫的工作报告和财务报告，陆解人汇报了2012年在北京召开的第十八届国际食用菌大会的筹备工作情况。执委会对中国筹备会议的工作比较满意并予以充分肯定。2012年大会是自国际蘑菇学会办会60年以来首次选址中国。届时将有约40个国家、300多名国外代表参加会议。

2. 中国（滨州）食用菌产业发展大会暨滨州优质农产品展销会和第七届中国国际食用菌烹饪大赛

(邹平杯)邀请赛，于 2011 年 9 月 28～30 日分别在滨州市国际会展中心和邹平县芳绿菇仙园隆重举办。国际蘑菇学会副主席、中国食用菌协会会长张祥茂，农业部农村经济研究中心党组书记陈建华，山东省政府办公厅副主任高洪波，中国烹饪协会副秘书长乔杰，阿尔巴尼亚前驻华大使塔希尔以及科威特商会会长侯赛因等领导和嘉宾出席了“一会一赛一展”活动。中国食用菌产业发展大会取得丰硕成果，在涉农项目签约仪式上 6 个现场签约项目总投资额 4.52 亿元。“一会一赛一展”活动吸引了众多媒体的关注，新华社、《人民日报》《农民日报》《中国食品报》《中国网》人民网等新闻媒体对活动进行了全程报道。

3. 由中国食用菌协会主办、江苏安惠生物科技有限公司承办的全国“小蘑菇 大产业”健康万里行活动，分别于 2011 年 4 月、9 月、11 月在山西晋城、湖北武汉、福建厦门举办，这项活动在全国各地产生了积极的影响，该活动普及了食用菌专业知识，传播了食用菌饮食文化和健康理念，促进了全社会关心食用菌、重视食用菌、消费食用菌，提升了食用菌行业在全国各地的影响力。

4. 由中国食用菌协会主办、中国食用菌商务网等单位承办的全国第四届食用菌工厂化生产会议暨全国第七届菌需物资展销会，于 2011 年 11 月在山西晋城召开，这次大会对全国食用菌工厂化现状、市场需求、产品营销、生产设备、人才技术、政府优惠政策等方面进行了相互交流、学习。会议肯定了近年来食用菌工厂化生产取得的成果，肯定了工厂化生产的先进技术、标准化生产对食用菌产业整体技术进步、装备设施提档升级的引领作用。

(五) 重视行业宣传，营造良好氛围

1. 中国食用菌协会常务副会长陆解人、副会长李尚元等于 2011 年 5 月到北京海淀区走访了北京上庄绿农蘑菇种植专业合作社，对合作社开发的集食用菌采摘、观光、餐饮于一体的“上庄蘑菇宴”作了详细了解，对北京上庄绿农蘑菇种植专业合作社与北京沃尔玛、家乐福、华堂、美廉美等大型超市开展的农超对接给予了充分肯定。考察期间，陆解人专门接受了中央 7 套每日农经栏目“关于食用菌产业现状和食用菌餐饮消费”等内容的采访，全面介绍了食用菌餐饮和食用菌产业的发展现状，使更多的观众了解了食用菌行业。本节目已于 2011 年 6 月 1 日《每日农经》栏目播出。

2. 中国食用菌协会常务副会长陆解人于 2011 年 4 月接受了中央电视台央视网食品频道的专题采访，介绍了食用菌行业 5 年来的发展情况，宣传了食用菌行业在各地经济发展过程中起到的巨大作用，强调了以食用菌产业化基地建设为核心，加强食品安全监督工作，共同打造食品安全的良好环境等。

(中国食用菌协会　戚俊)

乳制品制造业

一、基本情况

(一) 原料乳生产

2011 年全国奶类产量为 3 810.7 万 t，同比增长 1.7%。其中，牛奶产量为 3 657.8 万 t，同比增长 2.2%。牛奶产量前 5 位的省、自治区分别为内蒙古 908.2 万 t，同比增长 0.3%，占全国的 24.8%；黑龙江 543.1 万 t，同比增长 −1.7%，占全国的 14.9%；河北 458.9 万 t，同比增长 4.3%，占全国的 12.6%；河南 306.6 万 t，同比增长 5.4%，占全国的 8.4%；山东 268.9 万 t，同比增长 6.2%，占全国的 7.4%。牛奶产量增长最快的是上海 29.1 万 t，同比增长 17.8%(表 1、表 2)。

表 1　2011 年全国奶类总产量前 5 位的省、自治区情况

地 区	产量(万 t)	同比增长(%)	占全国比例(%)
全国总计	**3 810.7**	**1.7**	**100.0**
内蒙古	931.4	−1.5	24.4
黑龙江	550.4	−1.5	14.4
河　北	466.9	4.0	12.3
河　南	321.1	4.3	8.4
山　东	279.0	2.7	7.3

表 2　2011 年全国牛奶产量前 5 位的省、自治区情况

地 区	产量(万 t)	同比增长(%)	占全国比例(%)
全国总计	**3 657.8**	**2.2**	**100.0**
内蒙古	908.2	0.3	24.8
黑龙江	543.1	−1.7	14.9
河　北	458.9	4.3	12.6
河　南	306.6	5.4	8.4
山　东	268.9	6.2	7.4

（二）经济运行状况

2011年，全国规模以上乳制品企业（即年主营业务收入2 000万元及以上工业企业）有640个，其中内资企业543个，占总数的84.8%；港澳台商投资企业18个，占总数的2.8%；外商投资企业79个，占总数的12.3%。

2011年全国规模以上企业共完成工业总产值2 361.1亿元，同2010年相比增长了21.1%。其中内资企业完成1 450.4亿元，同比增长20.6%，占全行业的61.4%；港澳台商投资企业完成72.6亿元，同比增长160.9%，占全行业的3.1%；外商投资企业完成838.1亿元，同比增长16.5%，占全行业的35.5%。

2011年全国规模以上企业实现工业销售产值2 301.2亿元，同比增长22.3%。其中内资企业1 429.4亿元，同比增长22.2%，占总值的62.1%；港澳台商投资企业69亿元，同比增长162.5%，占总值的3%；外商投资企业802.8亿元，同比增长17.1%，占总值的34.9%。

2011年全行业流动资产合计848.8亿元，同比增长19.7%；固定资产合计471.6亿元，同比增长－1.1%。其中，不同类型企业固定资产合计分别为：内资企业309亿元，同比增长－3.9%，占全行业的65.5%；港澳台商投资企业28.0亿元，同比增长178%，占全行业的5.9%；外商投资企业134.6亿元，同比增长－7.3%，占全行业的28.6%。全行业资产总计1 579.3亿元，同比增长14.1%。其中内资企业968.2亿元，同比增长17.9%，占61.3%；港澳台商投资企业76.1亿元，同比增长180.9%，占4.8%；外商投资企业535亿元，同比增长－0.1%，占33.9%。

2011年全国乳制品企业负债合计902.8亿元，同比增长17.7%；资产负债率57.2%，比2010年增加1.7个百分点。其中内资企业负债555.1亿元，同比增长14.9%；负债率57.3%，同比降低1.5个百分点。港澳台商投资企业负债38.5亿元，同比增长211.2%；负债率50.6%，同比增长4.9个百分点。外商投资企业负债309.2亿元，同比增长13.7%；负债率57.8%，同比增加7个百分点。

2011年全行业工业产品销售率为97.5%，比2010年提高0.9个百分点。其中内资企业为98.6%，比2010年提高1.2个百分点；港澳台商投资企业为95.1%，比2010年提高0.6个百分点；外商投资企业为95.8%，比2010年提高0.5个百分点。

2011年全行业利税总额为271.2亿元，同比增长3.9%。其中利润177.7亿元，同比增长0.4%；税金93.5亿元，同比增长11.1%；利润占利税的比重为65.5%。内资企业利税总额为155.8亿元，同比增长13.8%。其中，利润103.7亿元，同比增长14.4%；税金52.1亿元，同比增长12.5%；利润占利税总额的比重为66.6%。港澳台商投资企业利税总额为10.0亿元，同比增长184.5%。其中，利润6.5亿元，同比增长199.7%；税金3.5亿元，同比增长151.5%；利润占利税总额的比重为65.0%。外商投资企业利税总额为105.4亿元，同比增长－12.7%。其中，利润67.5亿元，同比增长－19.8%；税金37.9亿元，同比增长3.7%；利润占利税总额的比重为64.0%。

2011年全行业人均完成利税111 172元/年，其中内资企业90 073元/年，港澳台商投资企业135 467元/年，外商投资企业165 764元/年。全行业人均利润72 851元/年，其中内资企业59 951元/年，港澳台商投资企业87 686元/年，外商投资企业106 232元/年。全行业成本费用利润率为8.27%，其中内资企业7.68%，港澳台商投资企业10.81%，外商投资企业9.14%。

2011年全行业亏损企业数92个，企业亏损率为14.4%。其中内资企业69个，占内资企业总数的12.7%；港澳台商投资企业6个，占港澳台商投资企业总数的33.3%；外商投资企业17个，占外商投资企业总数的21.5%。全行业亏损企业亏损总额9.2亿元，同比增长5.5%。其中内资企业4.9亿元，同比增长－17.5%，占全行业的52.9%；港澳台商投资企业1.2亿元，同比增长551.1%，占全行业13.2%；外商投资企业3.1亿元，同比增长18.5%，占全行业的33.9%。

2011年全国规模以上企业共生产乳制品2 387.5万t，同比增长14.0%；产量前5位的省、自治区为：内蒙古383.2万t，同比增长11.8%，占全国的16.1%；山东311.7万t，同比增长19.3%，占全国的13.1%；河北269.0万t，同比增长16.2%，占全国的11.3%；黑龙江178.3万t，同比增长4.7%，占全国的7.5%；陕西160.2万t，同比增长9.4%，占全国的6.7%（表3）。

表3 2011年全国乳制品产量前5位的省、自治区情况

地区	产量（万t）	同比增长（%）	占全国比例（%）
全国总计	**2 387.5**	**14.0**	**100.0**
内蒙古	383.2	11.8	16.1
山　东	311.7	19.3	13.1
河　北	269.0	16.2	11.3
黑龙江	178.3	4.7	7.5
陕　西	160.2	9.4	6.7

其中，液体乳 2 060.8 万 t，同比增长 13.5%。产量前 5 位省的分别为内蒙古 309.7 万 t，同比增长 13.7%，占全国的 15.0%；山东 286.3 万 t，同比增长 19.3%，占全国的 13.9%；河北 259.5 万 t，同比增长 17.0%，占全国的 12.6%；河南 157.2 万 t，同比增长 26.0%，占全国的 7.6%；陕西 126.9 万 t，同比增长 14.1%，占全国的 6.2%（表 4）。

表 4　2011 年全国液体乳产量前 5 位省、自治区情况

地 区	产量（万 t）	同比增长（%）	占全国比例（%）
全国总计	**2 060.8**	**13.5**	**100.0**
内蒙古	309.7	13.7	15.0
山　东	286.3	19.3	13.9
河　北	259.5	17.0	12.6
河　南	157.2	26.0	7.6
陕　西	126.9	14.1	6.2

其中，乳粉产量为 138.6 万 t，同比增长 13.6%。乳粉生产主要分布于黑龙江和内蒙古及西部地区，其中产量前 5 位的省、自治区为：黑龙江 49.3 万 t，同比增长 26.6%，占总产量的 35.6%；内蒙古 34.7 万 t，同比增长 19.2%，占总产量的 25.0%；陕西 11.4 万 t，同比增长 14.8%，占总产量的 8.2%；广东 7.9 万 t，同比增长 15.6%，占总产量的 5.7%；新疆 5.0 万 t，同比增长－2.4%，占总产量的 3.6%（表 5）。

表 5　2011 年全国乳粉产量前 5 位的省、自治区情况

地 区	产量（万 t）	同比增长（%）	占全国比例（%）
全国总计	**138.6**	**13.6**	**100.0**
黑龙江	49.3	26.6	35.6
内蒙古	34.7	19.2	25.0
陕　西	11.4	14.8	8.2
广　东	7.9	15.6	5.7
新　疆	5.0	－2.4	3.6

2011 年全国完成乳制品工业产值最多的 5 个省、自治区分别为：内蒙古 385.6 亿元，同比增长 11.6%，占全国的 16.3%；黑龙江 370 亿元，同比增长 17.2%，占全国的 15.7%；山东 223.9 亿元，同比增长 13.5%，占全国的 9.5%；河北 177.7 亿元，同比增长 26.2%，占全国的 7.5%；广东 144.5 亿元，同比增长 20.9%，占全国的 6.1%（表 6）。

2011 年全国乳制品规模以上企业年平均人数为 243 948 万人，应付薪酬总额 94.3 亿元（表 7）。

表 6　2011 年全国规模以上乳制品产值前 5 位的省、自治区情况

地 区	产量（万 t）	同比增长（%）	占全国比例（%）
全国总计	**2 361.1**	**21.1**	**100.0**
内蒙古	385.6	11.6	16.3
黑龙江	370.0	17.2	15.7
山　东	223.9	13.5	9.5
河　北	177.7	26.2	7.5
广　东	144.5	20.9	6.1

表 7　2011 年全国乳制品行业企业状况分布情况

类 别	年平均人数（人）	应付薪酬总额（亿元）
全国总计	**243 948**	**94.3**
其中：内资企业	172 998	66.6
港澳台商投资企业	7 370	3.6
外商投资企业	63 580	24.1

（三）产品结构

2011 年，全行业乳粉产量约 138.6 万 t。据中国乳制品工业协会对 94 个会员单位（工业总产值占全行业的 87.6%）的统计，在乳粉类产品中，全脂乳粉占 30.1%，全脂加糖乳粉占 4.2%，脱脂乳粉占 2.5%，婴幼儿乳粉占 45.2%，中老年乳粉占 5.8%，调味乳粉占 3.5%，其他乳粉占 8.7%。

2011 年，全国奶油产量约 6 万 t；干酪产量约 1.5 万 t，其中原干酪约占 36.3%，加工干酪约占 63.4%；炼乳产量约 17.8 万 t，其中甜炼乳约占 68.8%，无糖炼乳约占 31.2%。

2011 年，全国液体乳产量为 2 060.8 万 t，其中巴氏杀菌乳约占 11.8%，灭菌乳约占 60.4%，调制乳约占 8.8%，发酵乳约占 19.0%。

（四）大型骨干企业

2011 年，完成工业总产值前 10 位的企业工业总产值达 1 488 亿元，占全国规模以上企业工业总产值的 63%（表 8）；销售收入前 10 位的企业销售收入达 1 456 亿元，占全国规模以上企业总销售收入的 62.9%（表 9）；利税总额前 10 位的企业完成利税总额 194 亿元，占全国规模以上企业利税总额的 71.6%（表 10）；利润总额前 10 位的企业利润总额 126 亿元，占全国规模以上企业利税总额的 70.7%；乳粉产量前 10 位的企业总产量 60 万 t，占全行业的 43.1%（表 11）；液体乳产量前 10 位的企业总产量达 943 万 t，占全国规模以上企业液体乳总产量的 45.7%（表 12）。

表 8　2011 年乳制品生产企业工业总产值位居前列的企业

单位名称	工业总产值（万元）	单位名称	工业总产值（万元）
内蒙古蒙牛乳业（集团）股份有限公司	4 425 738	西安银桥生物科技有限责任公司	336 853
内蒙古伊利实业集团股份有限公司	3 473 633	新希望乳业控股有限公司	309 279
杭州娃哈哈集团有限公司	2 673 064	黑龙江乳业集团	287 085
维维集团股份有限公司	891 570	济南佳宝乳业有限公司	281 920
光明乳业股份有限公司	800 735	北京三元食品股份有限公司	279 792
雀巢（中国）有限公司	602 823	统一企业（中国）有限公司	274 710
美赞臣营养品（中国）有限公司	579 994	圣元营养食品有限公司	253 710
多美滋婴幼儿食品有限公司	544 775	广东雅士利集团有限公司	253 050
黑龙江省完达山乳业股份有限公司	450 123	哈尔滨太子乳品工业有限公司	242 121
黑龙江飞鹤乳业有限公司	442 185	明一（福建）婴幼儿营养品有限公司	235 970

资料来源：中国乳制品工业协会。

表 9　2011 年乳制品生产企业销售收入位居前列的企业

单位名称	销售收入（万元）	单位名称	销售收入（万元）
内蒙古蒙牛乳业（集团）股份有限公司	3 738 784	新希望乳业控股有限公司	338 090
内蒙古伊利实业集团股份有限公司	3 679 655	北京三元食品股份有限公司	307 025
杭州娃哈哈集团有限公司	2 629 600	西安银桥生物科技有限责任公司	291 407
光明乳业股份有限公司	1 178 878	黑龙江乳业集团	247 900
维维集团股份有限公司	882 654	圣元营养食品有限公司	246 245
雀巢（中国）有限公司	535 230	哈尔滨太子乳品工业有限公司	242 121
美赞臣营养品（中国）有限公司	530 561	统一企业（中国）有限公司	240 974
黑龙江省完达山乳业股份有限公司	520 120	明一（福建）婴幼儿营养品有限公司	232 824
多美滋婴幼儿食品有限公司	509 671	广东雅士利集团有限公司	229 340
黑龙江飞鹤乳业有限公司	350 000	济南佳宝乳业有限公司	212 840

资料来源：中国乳制品工业协会。

表 10　2011 年利税总额位居前列的企业

单位名称	利税总额（万元）	单位名称	利税总额（万元）
杭州娃哈哈集团有限公司	598 200	黑龙江飞鹤乳业有限公司	46 000
内蒙古蒙牛乳业（集团）股份有限公司	423 812	明一（福建）婴幼儿营养品有限公司	36 363
内蒙古伊利实业集团股份有限公司	321 862	北京双娃乳业有限公司	32 267
美赞臣营养品（中国）有限公司	175 194	圣元营养食品有限公司	31 211
多美滋婴幼儿食品有限公司	97 333	香飘飘食品有限公司	27 779
光明乳业股份有限公司	82 714	山东亚奥特乳业有限公司	23 941
维维集团股份有限公司	65 432	济南佳宝乳业有限公司	23 120
雀巢（中国）有限公司	65 157	西安银桥生物科技有限责任公司	20 985
广东雅士利集团有限公司	56 906	哈尔滨太子乳品工业有限公司	19 127
统一企业（中国）有限公司	54 942	山西古城乳业集团有限公司	17 967

资料来源：中国乳制品工业协会。

表 11　2011 年乳粉产量位居前列的企业

单位名称	产量（t）	单位名称	产量（t）
内蒙古伊利实业集团股份有限公司	107 427	黑龙江摇篮乳业股份有限公司	33 969
黑龙江省完达山乳业股份有限公司	92 378	哈尔滨太子乳品工业有限公司	30 265
北京双娃乳业有限公司	75 633	广东雅士利集团有限公司	28 925
雀巢（中国）有限公司	65 622	圣元营养食品有限公司	28 523
黑龙江飞鹤乳业有限公司	47 156	黑龙江兴安岭乳业有限公司	27 862
黑龙江乳业集团	43 640	杭州娃哈哈集团有限公司	22 749
明一（福建）婴幼儿营养品有限公司	42 488	江西美庐乳业集团有限公司	16 358
多美滋婴幼儿食品有限公司	40 976	山西古城乳业集团有限公司	15 056
美赞臣营养品（中国）有限公司	40 755	光明乳业股份有限公司	14 648
西安银桥生物科技有限责任公司	40 735	安徽益益乳业有限公司	12 852

资料来源：中国乳制品工业协会。

表 12　2011 年液体乳产量位居前列的企业

单位名称	产量（t）	单位名称	产量（t）
内蒙古蒙牛乳业（集团）股份有限公司	3 406 771	黑龙江乳业集团	259 548
内蒙古伊利实业集团股份有限公司	2 616 227	南京卫岗乳业有限公司	211 400
光明乳业股份有限公司	793 388	山西古城乳业集团有限公司	180 033
维维集团股份有限公司	533 192	山东得益乳业股份有限公司	172 063
西安银桥生物科技有限责任公司	420 989	宁夏夏进乳业集团股份有限公司	123 372
北京三元食品股份有限公司	395 385	徐州绿健乳业有限责任公司	117 004
新希望乳业控股有限公司	350 429	吉林省乳业集团广泽有限公司	85 509
黑龙江省完达山乳业股份有限公司	319 649	天津海河乳业有限公司	71 401
山东亚奥特乳业有限公司	312 099	河南科迪乳业股份有限公司	69 416
济南佳宝乳业有限公司	277 410	山东银香大地乳业有限公司	57 400

资料来源：中国乳制品工业协会。

二、市场状况

（一）原料乳收购价格

2011 年，由于国内通胀原因，奶牛饲养成本有所增长，原料乳生产成本居高不下，全国原料乳收购价格又有所增长，全国的平均价格约为 3.5 元/kg（表 13）。

表 13　2011 年全国部分企业原料乳收购价格　　单位：元/kg

单位名称	（2010 年平均）	2011 年平均	单位名称	（2010 年平均）	2011 年平均
北京三元食品股份有限公司	（3.23）	3.42	黑龙江飞鹤乳业有限公司	（3.35）	3.54
雀巢（中国）有限公司	（2.81）	3.12	黑龙江摇篮乳业股份有限公司	（3.17）	3.17
达能乳业（北京）有限公司	（3.70）	3.74	哈尔滨太子乳品工业有限公司	（3.26）	3.32
天津海河乳业有限公司	（3.60）	3.60	哈尔滨乳多宝乳业有限责任公司	（2.90）	3.00
天津津河乳业有限公司	（3.51）	3.49	黑龙江省农垦龙王食品有限责任公司	（2.30）	3.20
山西古城乳业集团有限公司	（3.48）	3.56	哈尔滨惠佳贝食品有限公司	（3.28）	2.85
山西田仁乳业有限责任公司	（3.00）	3.20	黑龙江华丹乳业有限公司	（3.10）	3.30
内蒙古伊利实业集团股份有限公司	（3.42）	3.62	黑龙江省富裕明星食品有限公司	（3.06）	3.25
内蒙古蒙牛乳业（集团）股份有限公司	（3.53）	3.61	黑龙江辰鹰乳业有限公司	（2.53）	2.84
本溪木兰花乳业有限公司	（3.24）	3.58	光明乳业股份有限公司	（3.95）	3.46
辽宁澳珍乳业有限公司	（3.20）	3.60	维维集团股份有限公司	（3.30）	3.35
吉林省乳业集团广泽有限公司	（3.43）	3.29	南京卫岗乳业有限公司	（3.52）	3.57
黑龙江省完达山乳业股份有限公司	（3.04）	3.30	徐州绿健乳业有限责任公司	（2.85）	2.91
黑龙江乳业集团	（3.20）	3.40	杭州娃哈哈集团有限公司	（3.08）	3.18

（续）

单位名称	(2010年平均)	2011年平均	单位名称	(2010年平均)	2011年平均
宁波市牛奶集团有限公司	(3.73)	4.09	洛阳巨尔乳业有限公司	(3.05)	3.30
浙江熊猫乳品有限公司	(3.50)	2.96	焦作市博农乳业有限责任公司	(3.00)	3.20
瑞安市百好乳业有限公司	(3.24)	3.39	河南仰韶奶业有限公司	(3.00)	3.20
安徽益益乳业有限公司	(4.00)	4.00	湖南阳光乳业股份有限公司	(3.30)	3.50
滁州市奶业有限责任公司	(2.61)	2.98	广东燕塘乳业股份有限公司	(4.06)	4.62
明一（福建）婴幼儿营养品有限公司	(3.00)	3.20	深圳市晨光乳业有限公司	(4.52)	4.76
福建长富乳品有限公司	(3.87)	4.20	广西皇氏甲天下乳业股份有限公司	(4.16)	4.65
江西美庐乳业集团有限公司	(3.08)	3.60	广西灵山百强水牛奶乳业有限公司	(7.20)	7.50
江西牛牛乳业有限责任公司	(3.60)	3.80	新希望乳业控股有限公司	(3.26)	3.45
济南佳宝乳业有限公司	(3.04)	3.55	四川菊乐食品有限公司	(3.20)	3.40
圣元营养食品有限公司	(2.81)	2.93	贵阳三联乳业有限公司	(3.45)	3.75
山东亚奥特乳业有限公司	(3.50)	3.50	云南皇氏来思尔乳业有限公司	(2.83)	2.89
山东得益乳业股份有限公司	(3.31)	3.46	西藏高原之宝牦牛乳业股份有限公司	(5.60)	6.60
威海金宝乳业有限公司	(2.86)	2.85	西安银桥生物科技有限责任公司	(3.45)	3.66
山东百慧乳业有限公司	(3.00)	3.00	陕西关山乳业有限责任公司	(2.67)	3.20
山东德正乳业有限公司	(2.65)	2.73	陕西红星乳业有限公司	(3.40)	3.60
临沂盛能乳业有限责任公司	(3.50)	3.50	兰州庄园牧场股份有限公司	(3.50)	3.45
山东凤祥乳业有限公司	(3.08)	3.28	甘肃临泽雪莲乳品有限责任公司	(2.47)	2.95
河南科迪乳业股份有限公司	(2.84)	3.13	宁夏夏进乳业集团股份有限公司	(3.18)	3.34
河南花花牛乳业有限公司	(2.61)	3.40	宁夏红果乳业有限公司	(3.05)	3.03
河南三剑客奶业有限责任公司	(3.35)	3.45	新疆乳旺乳业有限公司	(3.33)	3.58
河南三色鸽乳业有限公司	(3.08)	3.58	新疆伊源乳业股份有限公司	(2.30)	2.55

资料来源：中国乳制品工业协会。

（二）进出口

1. 进口　2011年，国际乳制品价格继续上涨，但我国乳制品进口量仍继续快速增长，液体乳类产品增长迅猛，乳粉进口增速放缓。其中，脱脂乳粉、调味乳粉增长很快，而全脂乳粉与2010年比略有减少。2011年1～12月，我国乳制品累计进口量达90.6万t，货值26.2亿美元，同比分别增长21.6%和33.0%。其他乳制品（乳糖、零售包装婴幼儿乳粉、干酪素、乳清蛋白粉等）累计进口量15.8万t，货值11.7亿美元，同比分别增长16.0%和32.4%。其中，液体乳进口量为4.1万t，货值6 049万美元，同比分别增长155.1%和114.6；乳粉进口量为45万t，货值16.5亿美元，同比分别增长8.6%和18.5%；进口乳清粉34.4万t，货值5.7亿美元，同比分别增长30.1%和65.6%；进口奶油3.6万t，货值1.8亿美元，同比分别增长52.1%和101%；进口干酪2.9万t，货值1.4亿美元，同比分别增长24.8%和31.9%（表14）。

表14　2011年乳制品进口情况

产品名称		数量（t）	同比增长（%）	金额（万美元）	同比增长（%）
液体乳		40 541	155.1	6 049	114.6
乳粉	脱脂乳粉	129 869	46.7	45 569	66.3
	全脂乳粉	318 031	−2.0	117 844	6.7
	调味乳粉	1 687	105.7	1 132	14.5
	合　计	**449 587**	**8.6**	**164 545**	**18.5**
炼　乳		4 913	50.4	1 155	56.3
酸　乳		2 546	106.7	892	112.5
乳清粉		344 244	30.1	57 102	65.6
奶　油		35 676	52.1	18 369	101.0
干　酪		28 605	24.8	13 908	31.9
乳品合计		**906 112**	**21.6**	**262 020**	**33.0**

数据来源：中国海关。

2011年进口的其他乳制品中，乳糖类产品5.5万t，同比增长10.7%；货值6 950万美元，同比增长48.5%。零售包装婴幼儿乳粉进口量为7.8万t，同比增长17.9%；货值8.6亿美元，同比增长

25.2%（表15）。

表15　2011年其他乳制品进口情况

产品名称	数量(t)	同比增长(%)	金额(万美元)	同比增长(%)
乳糖类	55 142	10.7	6 950	48.5
零售包装婴幼儿乳粉	78 281	17.9	86 142	25.2
酪蛋白类	10 094	27.9	10 576	53.8
白蛋白类	14 233	19.9	13 173	67.6
合　计	**157 749**	**16.0**	**116 841**	**32.4**

数据来源：中国海关。

2. **出口**　2011年我国乳制品出口有所恢复，但仍然低迷。2011年1～12月，共出口乳制品4.3万t，同比增长28.3%；出口金额7 966万美元，同比增长81.3%。其他乳制品累计出口量4 576t，同比增长－5.2%；货值2 637万美元，同比增长9.8%。其中，液体乳出口2.5万t，同比增长11.9%；货值2 061万美元，同比增长28.8%。乳粉出口9 327t，同比增长214.1%；货值3 711万美元，同比增长293.6%。炼乳出口3 130t，同比增长－9.1%；货值599万美元，同比增长1.5%。奶油出口3 359t，同比增长10.5%；货值1 193万美元，同比增长22.7%。其他乳制品中酪蛋白类出口3 933t，同比增长0.4%；货值2 330万美元，同比增长5.1%（表16、表17）。

表16　2011年乳制品出口情况

产品名称		数量(t)	同比增长(%)	金额(万美元)	同比增长(%)
液体乳		25 169	11.9	2 061	28.8
乳粉	脱脂乳粉	199	5.3	91	31.9
	全脂乳粉	6 562	982.9	2 360	1 089.7
	调味乳粉	2 566	18.0	1 260	86.5
	合　计	**9 327**	**214.1**	**3 711**	**293.6**
炼　乳		3 130	－9.1	599	1.5
酸　乳		851	－27.6	79	－30.8
乳清粉		1 150	158.0	146	82.3
奶　油		3 359	10.5	1 193	22.7
干　酪		339	72.5	177	87.0
乳品合计		**43 325**	**28.3**	**7 966**	**81.3**

数据来源：中国海关。

表17　2011年其他乳制品出口情况

产品名称	数量(t)	同比增长(%)	金额(万美元)	同比增长(%)
乳糖类	320	－54.3	80	8.4
零售包装婴幼儿乳粉	303	71.1	207	109.9
酪蛋白类	3 933	0.4	2 330	5.1
白蛋白类	20	－40.9	20	73.1
合　计	**4 576**	**－5.2**	**2 637**	**9.8**

数据来源：中国海关。

2011年1～12月，全国进出口乳制品数量逆差86.3万t，进出口货值逆差25.4亿美元，分别比2010年度增长21.2%和31.9%。

三、行业工作

（一）企业清理整顿

据国家质量监督检验检疫总局通报，到2011年3月底，全国乳制品及婴幼儿配方乳粉企业生产许可重新审核工作已全部结束。根据各地质量技术监督部门上报的数据，截至3月31日，全国1 176个乳制品企业中（其中，婴幼儿配方乳粉企业145个），有643个企业通过了生产许可重新审核（其中，婴幼儿配方乳粉企业114个），107个企业停产整改，426个企业未通过审核。各地质量技术监督部门依法注销未通过审核企业的乳制品生产许可证，未通过审核和停产整改的企业一律停止生产乳制品。

截至7月底已经获得生产许可证的企业计688个。其中婴幼儿配方乳粉生产企业117个，占申请企业数的58.5%。有432个企业被注销生产许可证，占申请企业数的36.7%；还有56个企业尚在停产整顿之中。本次共发生产许可证803个，其中乳粉生产资格的企业370个，巴氏杀菌乳280个，灭菌乳285个，调制乳248个，发酵乳361个，炼乳13个，干酪40个，奶油34个，婴幼儿配方乳粉117个。

（二）经营准入管理

2011年3月21日，国家工商行政管理总局印发了《关于进一步完善和规范流通环节乳制品市场主体准入有关工作的通知》（工商食字［2011］67号），该通知要求在食品流通许可项目中对乳制品进行分类单项审核和管理。在原有项目基础上，对“食品流通许可证”经营项目进行调整，增设乳制品（含婴幼儿配方乳粉）或乳制品（不含婴幼儿配方乳粉）。今后，对申办“食品流通许可证”涉及上述新增相关经营项目的，由申请者依法提出申请，由其核发机关按照条件审核，并依法核发“食品流通许可证”。其中，对申请并核准经营婴幼儿配方乳粉的，在其“食品流通许可证”经营项目中标注“乳制品（含婴幼儿配方乳粉）”；对申请并核准经营除婴幼儿配方乳粉以外的乳制品的，在其“食品流通许可证”经营项目中标注“乳制品（不含婴幼儿配方乳粉）”。从2011年4月1日起，凡申请乳制品经营的，一律按照上述规定和要求依法受理、核准和核发“食品流通许可证”及营业执照。对已从事乳制品经营的，要求经营者在2011年7月底前主动到工商行政管理部门申请变更许可项目和经营范围。凡在2011年7月底前未向工商行政管理部门申请乳制品项目许可和变更登记的，一律不得经营乳制品，对在乳制品项目许可和变更登记中不含婴幼儿配方乳粉的，一律不得经营婴幼儿配方乳粉。

（三）质量抽查

2011 年，乳制品的质量安全状况有了进一步提升，可以说是历史上产品质量情况最好的时期。这主要得益于行业的清理整顿、技术装备及检验技术水平的提升，奶源基地建设加快、自有奶源比扩大、原料乳质量提升，企业管理加强与完善以及政府加强监管等。据有关部门监督抽查结果，乳制品的质量安全状况是好的、稳定的、可靠的。2011 年，收集到的国家质量监督检验检疫总局 5 批抽检结果、2 个省级质检局的 2 批抽检结果以及中国乳制品工业协会的 8 批抽检结果，共抽检产品 1 093 个，合格品 1 082 个，合格率达 98.99%；不合格产品 11 个，除了 2 个黄曲霉毒素 M_1 超标、1 个菌落总数超标、1 个大肠菌群数超标外，其余 7 个为微量元素、营养素等营养指标不达标。其中，中国乳制品工业协会在 2011 年初进行了 2 次市场调查抽检，共计抽查了 43 个品牌的婴儿配方乳粉的产品，检测项目包括维生素、矿物质、强化营养素、微生物、环境污染及真菌毒素指标、违禁添加物质等 26 项，检测结果显示所有样品全部符合现行的国家强制性标准要求，产品质量稳定可靠。从 5 月开始，中国乳制品工业协会对 17 个市场主流品牌婴幼儿配方乳粉产品进行 6 次月抽检，品牌有圣元、欧世蒙牛、完达山、雀巢、飞鹤、雅士利、三元、施恩、聪尔壮、明一、阳光宝宝、伊利、贝因美、摇篮、古城、太子乐、惠天力，检测项目包括主要营养素及理化指标、微生物、环境污染及真菌毒素、违禁添加物指标等共计 17 项。检测结果为所有抽检样品全部符合国家标准，再次表明了国内市场上主流品牌婴幼儿配方乳粉质量是稳定可靠的。

（四）海外发展

2011 年，一些国内企业在国外寻找发展机会，寻求在海外建立生产基地。2010 年 8 月，光明乳业斥资 3.82 亿元人民币成功收购了新西兰信联乳业 51%的股份。收购信联，光明原本是想将其作为奶源海外供应基地，由于中国乳品行业平均毛利率日渐微薄，利润相对丰厚的中高端婴幼儿奶粉市场成为乳业巨头必争之地，光明也改变了策略，决定将信联打造成高端产品的供应地。在光明主导下投建的新西兰信联乳业 2 号工厂 2011 年 11 月 22 日正式竣工投产，其将成为光明乳业高端婴幼儿奶粉的生产基地。2011 年 3 月，澳优乳业出资 1 600 万欧元（约合 1.5 亿元人民币）收购荷兰海普诺凯乳业集团 51%股权，从而成为这家拥有 110 余年历史的老牌乳业企业的控股股东，澳优也以此扩展了国际产业链，为公司产品的国际化销售铺平了道路。海普诺凯乳业集团是全球最早的婴幼儿奶粉制造企业之一。该集团不仅是荷兰唯一的有机奶粉生产商，也是荷兰最大的羊奶粉生产商、第三大黄油生产商、第四大奶粉加工厂。

（五）行业年会

2011 年 8 月 19～21 日，中国乳制品工业协会第十七次年会暨第十一次乳品技术精品展示会在四川成都市召开。来自全国乳制品行业的企业家、专家、技术人员、管理人员、地方行业协会以及同乳制品行业密切相关行业的代表近 3 000 人出席了会议。会议围绕“用科学发展观统领乳品行业的发展，转变发展模式，提升发展质量，保障产品质量安全，扩大乳制品消费，引导行业走上持续、健康、稳定的发展之路”为主题，总结了一年来，行业在国务院及政府有关部门的领导和大力支持下，在行业全体员工的共同努力下，行业的整顿改革、升级改造、奶源基地建设、乳制品生产与消费、产品质量安全、行业发展环境等方面所取得的成就；分析了行业形势和目前所面临的挑战以及存在的困难；提出今后行业发展的重点仍是围绕着保障产品质量安全，规范行业发展秩序，优化行业发展环境，提升企业经营管理水平，提振市场信心。会议邀请国内外的专家就行业的发展、国内外市场形势、新产品、新技术等作了报告。共 5 个论坛专场，内容包括乳品企业管理与文化理念创新、乳品国内外市场与发展趋势论坛、乳品加工技术、工艺和产品创新论坛、检测技术专场。第十一次乳品技术精品展示会共有约 200 个国内外知名企业参加展出，展出面积 1.5 万 m^2，展出展位 513 个。

（中国乳制品工业协会　岳增君）

烟草加工业

2011 年，全国烟草行业在党中央、国务院、工业和信息部的领导下，坚持以科学发展为主题，以加快转变发展方式为主线，紧紧围绕“卷烟上水平”基本方针和战略任务，扎实有效地推进各项工作，全面完成了年初确定的目标任务，实现“十二五”时期良好开局。全行业实现税利 7 529.6 亿元，同比增加 1 382.9亿元，同比增长 22.5%。上缴国家财政 6 001.2亿元，同比增长 22.8%。

一、基本情况

1. *烟叶生产保持稳定发展，烟叶工作水平整体提升* 在外部环境复杂多变和遭受严重自然灾害的情况下，2011 年烟叶工作继续保持了稳定发展。一是及时调整政策，努力增加烟农收益。针对农副产品价格持续上涨、劳动力成本大幅度上升带来的影响，在各有关部门大力支持下，国家烟草专卖局认真研究政策措施，烟叶收购价格总体水平比 2010 年提高 12.0%，相应提高生产投入补贴标准，较好地稳定了烟农种烟积极性；全年烟叶收购上等烟比例为 56.1%（同比提高 11.1 个百分点），中等烟比例同比减少 3.3 个百分点，下低等烟比例同比减少 7.7 个百分点。

2. *烟叶等级结构明显改善，有效供给明显增加* 推动特色烟叶开发工作深入开展，积极推进专业化分级、散叶收购试点工作，严格规范操作程序，确保散叶收购质量。认真开展烟叶基层站创优活动，加快烟叶工作信息化步伐，加强烟叶收购监督管理，促进了烟叶工作水平整体提升。卷烟流通企业按照“营造环境、尊重市场、引导消费、增强能力”的要求，深入开展按订单组织货源、工商协同营销、精准营销工作，全面推广“135”工作法，高度重视零售终端建设，较好地发挥了市场营销对培育知名品牌的基础和引领作用。加强规划、健全机构、整合资源、统一标准，积极推进现代物流建设，为快捷有效服务零售客户提供了有力保障。

二、科研、新产品、新技术

烟草基因组计划重大专项取得重大突破，烟草育种研究有序推进。2011 年是烟草基因组计划重大专项的开局之年，完成了“培养一支队伍，绘制两张图谱，建立三个平台，取得四个突破”的任务目标。

1. 行业知识产权工作在 2011 年取得新进展，全行业更加注重核心发明专利的创造和运用，行业申请和获得授权的烟草技术类专利分别达到 1 857 件和 1 485件，同比增长 50.9%和 66.6%。其中，发明专利的申请和授权数量分别达到 661 件和 289 件，同比增长 31.9%和 77.3%。

2. 从香原料开发、提高物理保润性能、通过加香加料提高烟叶使用价值 3 个方面，推进了重大专项的实施。完成卷烟保润机制及其应用技术研究项目，建立了卷烟物理保润和感官保润评价方法体系，初步提出中式卷烟保润系统解决方案，为开展中式卷烟保润提供了有力指导；完成中式卷烟风格感官评价方法研究项目，建立了科学、系统、规范的卷烟风格特征评价方法，为卷烟增香保润、品类构建提供了技术支撑。

3. “七匹狼”品牌专用制丝生产线建设和综合评审工作，实现卷烟风格质量与工艺装备的有效衔接，在突出专有性、体现高质量与高品质、强化精细化和智能化、保证品牌发展的可持续性 4 个方面取得明显突破。启动了金桥、红塔山品牌专用制丝线建设项目。完成低风速气流梗丝膨胀等成套设备开发工作，在关键工序主机设备研发方面取得新进展。

4. 完成 16 000 支/min、800 包/ min 超高速引进机型的图纸转化和国产样机制造装配工作，其中卷接机已在上海烟草集团公司完成交验；制订并下达了具有自主知识产权超高速卷接包设备研究实施方案，启动超高速卷接包机组自主技术创新工作，努力谋求超高速卷接包装备设计、制造技术的实质性突破。

三、国内外市场概况

（一）国内市场

烟叶产区坚持以整县推进为抓手，以基地单元建设为载体，以创新生产组织形式为工作重点，大力推进现代烟草农业建设。全国启动了 32 个现代烟草农业示范县建设，以云南滇东现代烟草农业示范区为代表，大规模推进、高标准实施取得重大进展。

1. *加大支持力度，提升整体水平* 一是进一步加大投入，加强烟田基础设施建设，共安排 75 亿元专项资金，建设项目 30.3 万件。在抓好现有工程项目建设同时，启动土地整理和大型水源工程建设试点，努力改善烟区生产条件。二是尊重烟农主体地位，创新生产组织形式，烟农专业合作社建设迈出可喜步伐，专业化服务水平进一步提高，烟田基础设施管护长效机制初步建立。全国共有烟农专业合作社 11 746 个，其中工商注册烟农专业合作社 3 728 个，涌现了一批以湖南宁乡、湖北十堰等为代表的专业合作社典型。三是烟叶工作水平整体提升，基地建设取得重大进展。按照“品牌导向明确、工商协同密切、质量明显提高、供应长期稳定”的要求，工业企业的积极性明显提高，商业企业的主动性明显增强，工商之间协调合作明显加强，品牌发展有效引导基地建设的新机制初步建立。全国共落实基地单元 149 个，18

个工业公司全部参与基地单元建设。特色优质烟叶开发扎实推进，更加注重生态环境，合理调整开发布局，全国共安排特色优质烟叶开发基地单元104个，种植面积10.1万 hm^2。加大特色品种推广力度，红花大金元、翠碧一号、KRK26品种种植规模同比增加1.5万 hm^2。高度重视基础性课题研究，加快推进科技专项实施，推动各类香型协调发展，全面提高特色优质烟叶生产水平。

2. *扩大和提升品牌，减害降焦取得明显进展* 按照“532”“461”品牌发展要求，加强工商合作，加大培育力度，充分发挥市场导向作用，有力促进了重点品牌加快成长、价值提升。一是重点品牌规模持续扩大。全年有13个品牌销量超过100万箱，其中红塔山、白沙、红金龙、红河、双喜、红旗渠超过200万箱，重点品牌市场主导作用进一步显现，影响力进一步增强，为实现“532”目标奠定了坚实基础。二是重点品牌价值大幅度提升。全年有15个品牌商业批发销售收入超过200亿元，其中中华品牌超过760亿元，云烟、芙蓉王、红塔山、利群、白沙超过400.0亿元，重点品牌对行业发展的贡献度明显提高，“461”品牌发展格局初步形成。三是减害降焦取得明显进步。全国卷烟焦油量实测平均值降至11.9mg/支，烟气一氧化碳量平均值降至12.9mg/支，同比分别下降0.3mg/支和0.8mg/支。焦油量8mg/支以下卷烟累计生产87.5万箱，同比增长24.3%；累计销售88.8万箱，同比增长24.5%。长白山、中南海、红双喜（上海）、七匹狼、娇子等牌号低焦油产品产量超过5万箱，为实现减害降焦目标迈出了可喜的一步。

（二）国外市场

1. *烟叶* 2011年统计数据显示，中国、巴西、印度、美国、马拉维、印度尼西亚、阿根廷、意大利、巴基斯坦等世界主要烟叶生产国，烟叶产量占全球烟叶生产总量的78%以上；而中国、巴西、印度、美国4国的烟叶产量占65%，其中中国占42%。烟叶出口大国有巴西、美国、津巴布韦、中国、印度、马拉维、赞比亚等，这些国家的烟叶出口量占全球烟叶出口总量的55%以上。中国既是烟叶生产大国，又是烟叶消耗大国，而美国既是烟叶出口大国，又是烟叶进口大国。世界前7大烤烟生产国分别为中国、巴西、印度、美国、津巴布韦、坦桑尼亚和阿根廷，占全球烤烟生产总量的85%以上。2011年，中国的烤烟生产量占全球烤烟生产总量的近52.6%，巴西占15.6%，印度占6.1%，美国占3.8%，津巴布韦占2.9%，坦桑尼亚占2.7%，阿根廷占1.9%。

2. *卷烟*

（1）菲莫国际公司（Philip Morris International Inc.） 2011年，菲莫国际公司继续实施并购重组，投资4 200万美元收购约旦国际烟草和卷烟公司（ITCC），投资2 000万美元收购位于荷兰的瑞典火柴雪茄烟公司；充分发挥其在印度尼西亚、菲律宾、韩国、日本市场的竞争优势，全力向亚洲市场扩张；着力培育维护重点卷烟品牌，积极发展其他烟草制品；有效控制成本费用，切实加强风险管理。菲莫国际公司2011年全年销售卷烟9 153亿支，比2010年增长1.7%，其中在亚洲市场销售3 133亿支，比2010年增长11%。其重点卷烟品牌基本保持增长趋势，其中万宝路（Marlboro）销量达3 001亿支，比2010年增长0.9%；蓝星（L&M）销量901亿支，比2010年增长1.7%；邦德街（Bond Street）销量450亿支，比2010年增长2%；百乐门（Parliament）销量394亿支，比2010年增长12.1%；菲利普·莫里斯（Philip Morris）销量393亿支，比2010年增长1.4%；切斯特菲尔德（Chesterfield）销量367亿支，比2010年增长0.6%；拉克（Lark）销量337亿支，比2010年增长17.5%。菲莫国际公司的其他烟草制品销量比2010年增长7.2%。在重点卷烟品牌和其他烟草制品销售规模持续增长的带动下，2011年菲莫国际公司取得了非常优异的经营业绩，作为世界第一大跨国烟草公司的地位得到进一步巩固提升。2011年菲莫国际公司全年销售收入达763.5亿美元，比2010年增长12.7%；缴纳税收452.5亿美元，比2010年增长11.7%；实现利润136.1亿美元，比2010年增长18.7%。

（2）英美烟草公司（British American Tobacco） 2011年，英美烟草公司围绕“努力成为全球烟草行业领导者”的愿景目标，继续以培育四大“全球驱动品牌”为核心，全力推进品牌扩张和业务增长；以构建卓有成效的组织结构为基础，持续提高生产运营效率和成本控制水平；以互惠、负责任的产品管理和良好企业行为规范为基本准则，积极履行企业社会责任。2011年全年销售卷烟7 050亿支，比2010年下降0.4%，但其4个“全球驱动品牌”销量达2 260亿支，比2010年增长8.1%；其他国际性品牌销量达3 710亿支，比2010年增长4%。在4个全球驱动品牌中，登喜路（Dunhill）销量480亿支，比2010年下降1%；健牌（Kent）销量670亿支，比2010年增长11.6%；好彩（LuckyStrike）销量300亿支，比2010年增长13.2%；波迈（PallMall）销量810亿支，比2010年增长9.5%。2011年英美烟草公司全年实现销售收入461.2亿英镑（739.8亿美元），比2010年增长5.2%；实现税收307.2亿英镑（492.8

亿美元），比2010年增长6%；实现利润47.2亿英镑（75.7亿美元），比2010年增长9.3%。

（3）日本烟草公司（Japan Tobacco Inc.） 2011年，日本烟草公司国内业务受税收政策调整和日本大地震的影响，卷烟销量出现了剧烈波动和大幅度下滑，全年仅销售卷烟1 084亿支，比2010年下降23.2%；占国内市场的份额也降至55.6%，比2010年降低8.9个百分点，这也是自日本取消烟草专卖体制后日本烟草公司市场份额最低的一年。2011年全年日本烟草公司卷烟销量为5 341亿支，比2010年下降6.2%。在2011财政年度，日本烟草公司烟草业务销售收入为57 532亿日元（692.1亿美元），比2010年增长1.4%；缴纳税收37 084亿日元（446.1亿美元），比2010年增长2.4%；实现利润3 690亿日元（44.4亿美元），比2010年增长10%。除烟草业务外，日本烟草公司还经营食品、药品等非烟业务，2011财政年度其非烟业务销售收入为4 414亿日元（53.1亿美元），比2010年下降3.6%；占日本烟草公司总销售收入的比重为7.1%，比2010年下降0.4个百分点。其非烟业务总体处于亏损状态，2011财政年度亏损总额为169亿日元（2.0亿美元）。

（4）帝国烟草公司（Imperial Tobacco Group PLC） 2011年，帝国烟草公司充分运用其在品牌资产、全系列烟草制品组合、160多个国家的市场销售网络以及3.8万个国际化员工的优势，着力推进可持续的销售增长、最优化的成本管理和高效率的现金利用等战略举措，取得了较为良好的经营绩效。2011年帝国烟草公司全年销售卷烟3 021亿支，比2010年下降2.1%；销售细切烟丝（折算成卷烟）413亿支，比2010年增长3.8%。帝国烟草公司2011年确定的四大关键战略品牌（Key Strategic Brands）销量（含细切烟丝折算卷烟量）达960亿支，比2010年增长4%；其中大卫·杜夫（Davidoff）销量180亿支，比2010年增长6%；金高卢（Gauloises Blondes）销量290亿支，比2010年增长2%；威斯（West）销量250亿支，比2010年下降2%；JPS销量240亿支，比2010年增长12%。在卷烟销量下降的同时，帝国烟草公司其他烟草制品业务快速发展，2011年其细切烟丝和卷烟纸销量分别增长4%和5%，雪茄烟销量（不含欧盟市场）增长4%，鼻烟销量增长30%。通过巩固提升卷烟品牌竞争优势、全面发展全系列烟草制品，帝国烟草公司2011年全年烟草业务销售收入达212.8亿英镑（341.3亿美元），比2010年增长5.3%；缴纳税收140.4亿英镑（225.2亿美元），比2010年增长6.7%；实现利润25.8亿英镑（41.3亿美元），比2010年增长3.5%。此外，帝国烟草公司还经营物流业务，2011年物流配送服务收入为9.3亿英镑（14.9亿美元），比2010年下降0.4%；实现利润6 700万英镑（1.1亿美元），比2010年增长86.1%。

（5）奥驰亚集团（Altria Group） 奥驰亚集团是美国第一大烟草公司，下属菲莫美国公司、美国无烟气烟草公司和约翰·米德尔顿雪茄烟公司3家全资子公司从事烟草业务，同时还经营酒类和金融业务。2011年奥驰亚集团共销售卷烟1 351亿支，比2010年下降4%，占美国卷烟市场的份额为49%，比2010年下降0.8个百分点。其中万宝路销量1 172亿支，比2010年下降3.8%；占美国卷烟市场的份额为42%，比2010年下降0.6个百分点。其销售无烟气烟草制品7.4亿盒，比2010年增长1.4%；其中哥本哈根（Copenhagen）和斯考尔（Skoal）两个品牌销量6.4亿盒，占美国无烟气烟草制品市场的份额达49%，比2010年提高1个百分点。其销售雪茄烟12.5亿支，与2010年持平；占美国雪茄烟市场（不含小雪茄烟）的份额达29.8%，比2010年提高0.4个百分点。奥驰亚集团2011年全年烟草业务销售收入为236亿美元，比2010年下降0.6%。其中，卷烟为214亿美元，比2010年减少1.1%；无烟气烟草制品为16.3亿美元，雪茄烟为5.7亿美元，比2010年分别增长4.8%和1.3%。奥驰亚集团2011年全年烟草业务实现税收71.6亿美元，比2010年下降3.9%；实现利润65.9亿美元，比2010年增长2.7%。

（6）雷诺美国公司（Reynolds American Inc.） 雷诺美国公司是美国第二大烟草公司，英美烟草公司拥有其42.0%的股份，下属R.J.雷诺烟草公司、美国鼻烟公司、圣塔菲天然烟草公司和尼可维姆尼古丁替代品公司。近年来，雷诺美国公司积极实施烟草产品转型发展战略，大力推进无烟气烟草制品和尼古丁替代产品的研发和市场推广。2011年，雷诺美国公司共销售卷烟729亿支，比2010年下降6%。其中骆驼（Camel）品牌销量212亿支，比2010年下降1.8%；波迈（PallMall）品牌销量217亿支，比2010年增长8%。尽管卷烟销量在下降，但雷诺美国公司其他烟草制品却保持上升趋势。2011年销售湿润鼻烟4.1亿盒，比2010年增长7.3%；占美国鼻烟市场的份额为31.5%，比2010年提高1.2个百分点。雷诺公司2011年全年实现烟草销售收入85.4亿美元，与2010年基本持平；缴纳税收41.1亿美元，比2010年下降5.4%；实现利润24亿美元，比2010年下降1.3%。

（7）印度ITC公司（ITC Limited） 2011年全年烟草业务实现销售收入1 982.7亿卢比（约44.1

亿美元)，比2010年增长14.7%；缴纳税收936亿卢比（约20.8亿美元)，比2010年增长16.3%；实现利润600.1亿卢比（约13.3亿美元)，比2010年增长17.5%。

(8) 韩国烟草人参公社（KT&G） 2011年2月，已完成在俄罗斯建厂。2011年，韩国烟草人参公社共销售卷烟935亿支，比2010年增长1.3%；其中在韩国市场销售532亿支，比2010年增长0.4%；占韩国卷烟市场的份额为59.1%，比2010年提高0.7个百分点；出口卷烟403亿支，比2010年增长2.3%。其中，爱喜（ESSE）品牌出口量已超过200亿支，在国际市场上的影响力逐步增加。韩国烟草人参公社2011年全年实现销售收入24 908亿韩元（约22.6亿美元，已缴纳税收后的销售收入)，与2010年持平；实现利润9 332亿韩元（约8.5亿美元)，比2010年增长0.9%。公司2010年缴纳税收33 636亿韩元（约29.5亿美元)。

(9) 埃及东方烟草公司（Eastern Company S.A.E） 东方烟草公司是埃及目前唯一的卷烟制造商，在非洲、中东地区烟草市场具有较强影响力。受埃及政治经济局势剧烈动荡的影响，2011年东方烟草公司业务有所下滑，全年生产卷烟800亿支，比2010年下降3.6%；在埃及国内销售卷烟580亿支，比2010年下降10.7%；出口卷烟4.2亿支，比2010年下降43.1%。此外，其在埃及销售水烟（Moassel）1.7万t，比2010年增长6.2%；出口水烟1 717t，比2010年下降12.2%。由于烟草税收和价格大幅度提高，其2011年全年销售收入达287.9亿埃及镑（约48.4亿美元)，比2010年增长52.3%；缴纳税费144.4亿埃及镑（约24.3亿美元)，比2010年增长71.9%；实现利润8亿埃及镑（约1.3亿美元)，比2010年下降18.6%。

四、质量管理与标准化工作

1. 高度重视质量监督检测机构建设 全行业产品质量安全意识显著提高，标准和检测水平迅速提升，质量安全工作进一步加强，严格添加剂、烟用材料的行业市场准入质量和标准条件，对禁止使用的有关材料、添加剂严格把关，确保令行禁止，质量监督有效性不断提高，卷烟产品质量合格率为100%。省级局质检机构建设得到全面重视，监管能力和水平不断提高；工业企业内设检测机构建设得到进一步加强，明确工作职责，完善标准体系，加强能力建设，健全规章制度，使卷烟产品质量安全责任落实到位，质量安全内控标准日趋完善，检测能力持续提高，工作机制和制度建设不断健全，风险预见、评估和处置能力不断提高。

2. 圆满完成2011年度质量监督抽检工作任务 全年共印发28个各类通知，安排布置并完成了各类产品监督检验（包括市场抽检和专项检测）36次，抽检各类样品达8 387个。其中对卷烟产品进行了两次市场监督检验和两次交叉检验。

3. 履约工作稳步推进 下发了《中国烟草总公司关于进一步加大卷烟包装警语标识力度的通知》，组织行业相关专家开展了两次新的卷烟包装警语标识审定工作，审定包装标识共1 747个，涉及在中国境内销售的大多数卷烟品牌和规格。烟草成分信息披露的准备工作有效推进。

4. 全国各级烟草质检机构全年共承接、完成了委托的40多万批次的真假烟鉴别检验 行业质检机构在各级专卖部门和烟机公司、烟机生产企业的大力协助下，组织有关专家，对假冒伪劣烟机进行了质量鉴别，共鉴别检验烟机28台（套)。

5. 高度重视产品安全标准体系建设，进一步完善行业标准体系 紧紧围绕质量安全工作，进一步完善了以卷烟安全为核心的标准化保障体系。组织制订并印发了《烟草行业产品安全标准体系表》指导性技术文件，为构建行业的产品安全标准体系奠定了基础。全年共发布56项行业标准，报批4项国家标准，现行有效的烟草类国家、行业标准达558项。分两批下达了本年度标准制修订项目计划，确定本年度标准制修订项目共91项。组织开展了2012年度行业标准项目申报工作并完成了专家评审。

6. 进一步完善行业标准化工作体系 为加强技术标准的基础性研究，进一步提高标准研制工作的质量和水平，有效支撑有关分标委的工作，2011年在行业内组建了首批共6个标准研究室，涉及烟草工艺、打叶复烤、国际标准等专业领域。完成了全国烟草标准化技术委员会物流分技术委员会的换届及卷烟标准分技术委员会部分委员的调整工作；启动了全国烟草标准化技术委员会换届有关筹备工作。对福建南平、广东南雄等12个国家级烟叶标准化生产示范区建设项目进行了验收，并印发了通报。联合国家标准化管理委员会组织对第四至第六批国家级烟叶标准化生产示范区进行了表彰奖励，为示范区建设画上了一个圆满的句号。

7. 查处重大制售假冒商标卷烟案件4 000余起 2011年，卷烟打假坚持“端窝点、断源头、破网络、抓主犯”的方针，继续加大卷烟源头打假和打击假烟网络力度，全国共查处案值5万元以上制售假烟案件4 000余起，捣毁大型制假窝点近300个，破获重大售假网络700多个。针对卷烟打假出现的新情况，国家烟草专卖局与公安部联合举办了全国互联网涉烟案件执法工作培训班，提高各级专卖管理人员查办案件能力，直接督办查处“2·24”利用互联网非法销售卷烟系列案件等多起大案要案。

五、行业工作

1. 确定“十二五”时期行业改革发展目标任务 2011年是“十二五”开局之年，1月18～19日全国烟草工作会议在北京召开。会议提出“十二五”时期行业改革发展总体要求和主要目标：坚持以科学发展为主题，以加快转变发展方式为主线，以全面推进“卷烟上水平”为主要任务，在坚持和完善专卖体制前提下，更加注重深化改革，更加注重结构调整，更加注重技术进步，更加注重共同发展；全面实现“532”“461”品牌发展目标，全面建设现代烟草，全面提高中国烟草整体竞争实力。行业以培育“532”“461”知名品牌为重点，充分发挥市场导向作用，重点品牌保持加快发展态势，有力促进行业整体效益较快增长。有15个品牌销量超过100万箱，其中“红塔山”、“白沙”、“双喜”超过300万箱；有9个品牌商业批发销售收入超过400亿元，其中“云烟”、“芙蓉王”、“双喜”超过600亿元，“中华”超过1 000亿元。以“532”“461”知名品牌为主导的品牌发展格局加快形成。广东双喜与上海红双喜两大品牌合作发展，实现双喜品牌文化内核统一。

2. 17个省级烟草工业公司全面完成改制 2011年9月27日，贵州中烟工业有限责任公司挂牌成立。至此，行业17个省级工业公司全部完成改制，全面建立由董事会、经理层和监事构成的公司法人治理结构，标志着卷烟工业企业从组织机构上已整体完成从传统工厂制向现代企业制的转变。该项工作历时近4年，按照“在探索中起步，在实践中完善”的要求，广东中烟工业公司于2007年11月率先更名为广东中烟工业有限责任公司，成为全国烟草行业首家完成改制的省级工业公司。

3. 低焦油卷烟产品开发取得明显成效 在低焦油卷烟成为时代潮流和国际趋势的形势下，行业积极打造具有发展潜力和市场竞争力的低焦油卷烟品牌，提升了行业核心竞争实力。2011年，低焦油卷烟（焦油量8mg/支及以下）发展迅速，质量明显提高，呈现良好发展势头，至11月，低焦油卷烟产销量持续增长，实现产量333.7万箱，同比增长4.2倍；实现销量327.1万箱，同比增长4.1倍。

4. 努力构建行业现代卷烟零售终端 2011年，行业致力于为零售客户提供优质服务，更加重视零售终端建设，全年卷烟平均零售毛利率达到10%。10月召开的广西柳州全国卷烟销售网络建设现场会提出，要全面推进现代卷烟零售终端建设，按照“发展同向、工作同心、服务同步、利益同体”的总体要求，坚持以卷烟流通企业为主体，以提高零售客户培育品牌能力为目标，以营造公平竞争市场环境为主要任务，加强指导，规范运作，有序推进，努力促进零售终端建设水平全面提升。

（郑州烟草研究院 王英元）

酿 酒 工 业

一、基本情况

（一）总体概况

酿酒产业是我国的传统产业，也是我国食品工业的重要组成部分。据不完全统计，2011年全行业现有企业总数2万多个，从业人数达350万人。同样是由于传统产业，酿酒行业整体规模化水平、技术进步等方面与高新企业相比还存在很大差距，使得规模以上企业的数量占行业总量的比重不大。国家统计局统计制度改革后，从2011年开始，规模以上工业企业统计标准由过去的年主营业务收入500万元提高到2 000万元。2011年与2010年同期相比，酿酒行业进入统计规模的企业数量减少比例为23.83%。总体上讲，2011年我国酿酒行业总体情况良好，主要表现在：

1. 白酒行业 白酒发展形势较好，健康饮酒、理性饮酒的消费理念逐渐深入人心，消费者的品牌意识进一步增强，高端白酒品牌传播国际化趋势明显，中端白酒消费量大幅度提升，低端白酒品牌化步伐逐渐加快；个性化、功能性产品需求加大，低度、优质的白酒成为当前的主要消费方向。

2. 啤酒行业 啤酒继续保持世界第一大国的地位，城市的啤酒消费趋于平衡，农村市场快速崛起；

较发达的地区增速变缓，欠发达的地区增长提速，啤酒的单位产品效益逐年提升，单位产品效益偏低的情况正在得到改善。

3. 葡萄酒行业　经过近几年的市场培育和文化推广，葡萄酒越来越受消费者青睐，国内葡萄酒的消费总量逐步提升，但是现在我国葡萄酒的年人均消费水平仅为世界平均水平的 6%，还有很大的上升空间。

4. 果露酒行业　果露酒消费量继续保持现有的发展速度，少数全国性品牌的强势地位逐步加强，大部分产品继续保持地域性格局。

5. 黄酒行业　黄酒养生保健功能逐渐被国内消费者所认识，而且档次、价格和消费趋势有明显提升，随着国际贸易的不断扩大，黄酒出口量继续增长，消费空间和行业利润逐步提升。

6. 乙醇行业　随着国民经济的快速发展，乙醇工业继续保持增长态势，行业利润达到近几年来的最好水平。燃料乙醇受国家政策导向，产量平稳发展。

7. 酒业市场　伴随国内酒企业集团化步伐加快，品牌集中度强化和消费观念转变的影响，我国葡萄酒和烈酒市场呈现更加繁荣的景象。白酒市场稳中有增，啤酒市场主要消费群体继续向品牌集中，黄酒市场逐步走出江浙沪地区并向外围扩延，果露酒市场发展势头良好。

8. 酿酒原料　由于行业人、财、物成本压力的逐步增加，以及食品安全门槛的大幅度提高，拥有自己原料生产基地的酿酒生产企业越来越多，大型白酒企业已经基本拥有了自己可控的原料生产基地，国内啤酒原料种植区域逐步成形，葡萄酒企业纷纷在酿酒葡萄优质产区建立了原料基地，黄酒行业优质原料基地已经超过 3.33 万 hm^2，果露酒行业建设原料基地的意识进一步强化。

（二）经济运行状况

根据国家统计局对销售收入 2 000 万元以上的工业企业的统计，到 2011 年底，酿酒行业规模以上企业 2 254 个，全年饮料酒及发酵乙醇生产量为 710.346 亿 L，工业总产值 6 699 亿元，主营业务收入 6 631 亿元，利税总额 1 518 亿元，其中利润 807 亿元。全行业平均亏损面 10.91%（亏损面＝亏损企业数量/全部企业数量），亏损深度 3.60%（亏损深度＝亏损额/利润总额）。据不完全统计，2011 年酿酒行业主营业务收入过百亿元的企业超过了 10 个。其中几家上市公司的数据显示，2011 年五粮液集团销售收入 487 亿元（其中宜宾五粮液股份有限公司 2011 年实现营业收入 202.26 亿元），泸州老窖销售收入 285 亿元，青岛啤酒销售收入 231 亿元，华润雪花销售收入 221 亿元，贵州茅台销售收入 203 亿元，燕京啤酒销售收入 172 亿元，江苏洋河销售收入 129 亿元，烟台张裕销售收入 124 亿元。

1. 生产稳定增长，增速继续加快　2011 年全年酒类产品（含饮料酒和发酵乙醇）累计产量 710.346 亿 L，比上年同期增加 84.075 亿 L，同比增长 13.42%（规模以上企业的标准提高后，上年同期规模以上企业产量相应调整为 626.271 亿 L）；累计完成工业总产值 6 699 亿元，同比增长 33.21%。全行业产量同比增速加快（表 1）。

表 1　2011 年酿酒各子行业产量增长情况

酿酒各子行业	产量（亿 L）	同比增加（亿 L）	同比增长（%）
饮料酒	626.973	75.510	13.69
其中：白　酒	1 02.555	24.092	30.70
啤　酒	489.882	47.224	10.67
葡萄酒	11.569	1.333	13.02
黄　酒	31.000	1.000	3.33
发酵乙醇	83.373	8.564	11.45

数据来源：国家统计局。

全国 32 个省中，饮料酒及发酵乙醇总产量排在前 5 名的省分别是山东、河南、四川、广东和江苏，5 省合计产量 309.2 亿 L，占行业比重 42.97%，所占比重较 2010 年同期上升了 2.68 个百分点，这说明区域集中度进一步提高。从增长水平看，除江苏地区产量同比略有下降外，山东、河南、四川、广东等地区的发酵乙醇及饮料酒产量均保持高于行业平均值的增长态势。

2. 消费需求旺盛，支撑行业发展　国家统计局公布的数据显示，2011 年我国社会消费品零售总额累计达 18.12 万亿元，同比增长 17.1%，增速呈现稳中加快的趋势。其中，粮油食品、饮料、烟酒类的限额以上零售额为 1.03 万亿元，同比增长 25.3%，增速高于全社会平均水平，显示出了我国内需市场稳定的增长势头。同期，我国规模以上酿酒企业实现销售产值 6 489 亿元，同比增长 32.11%，高于社会消费品零售总额的增长速度和粮油、食品、饮料烟酒的平均增长速度，旺盛的市场需求，支撑了酿酒行业的高速发展。

3. 利润同比大幅度增长，行业效益持续向好　2011 年，受消费需求旺盛、产业结构调整和单品提价影响，行业利润同比大幅度增长，经济效益显著提高。行业 2011 年实现利润 807 亿元，同比增长 41.97%，增速与 2010 年平均水平 32.66%相比提高了 9.31 个百分点；与全国规模以上工业企业平均利润增速 25.40%相比，高出 16.57 个百分点；上交税金711亿元，同比增长28.80%，增速比2010年平均水平17.09%提高了11.71个百分点。其中，根据财政部门测算，2011年酒类产品消费税同比增长22.30%。2011年行业亏损企业总计246个，亏损额29亿元，行业平均亏损面10.91%，亏损深度3.60%，均保持在较低的水平。

4. 进口酒类市场繁荣，进出口总额双增长　伴随消费升级和国民经济形势不断好转，我国消费市场快速增长，酒类产品进出口贸易也保持了较高的增长速度。国外酒商日益重视中国酒类市场，我国酒类进出口总额稳步扩大。“十一五”期间，我国酒类产品进出口贸易总额由2006年的6.43亿元增加到2010年的18.67亿元，增长1.9倍，其中出口额5年间增加1.89倍，进口额5年间增加1.91倍。2011年我国酒类产品进出口贸易延续高速增长态势，根据海关总署公布的数据，全年酒类产品进出口贸易总额为29.31亿美元，同比增长56.95%。其中，出口额4.86亿美元，同比增长51.31%；进口额24.45亿美元，同比增长58.12%。虽然进出口金额同比增长都在50%～60%，但进口金额却是出口金额的5倍。同样的增速，不同的基数，对于我国酒类行业总体上讲，进口酒对我国国内酒类市场的冲击力逐渐加大。

5. 资本运作加快，企业向规模化、集团化发展　2011年白酒行业并购速度继续加快，业内整合、并购事件层出不穷。联想集团2011年买下了湖南武陵酒、河北乾隆醉酒业，意向收购孔府家，海航控股贵州怀酒。2012年，上海瑞业、鼎晖投资内蒙古河套，维维股份找到贵州醇，联想旗下资本再度与白酒企业洽谈。各路资本纷纷涌入了白酒行业，前几年有帝亚吉欧、轩尼诗、绝对伏特加等外资的注入，也有天士力集团、奇声音响等业外资本涌入，同时还有华泽集团、首都酒业、中粮集团等业内资本的运作和整合。各路资本的涌入和资本运作的加快，一方面表明了我国白酒行业发展前景喜人，另一方面也标志白酒行业企业集团化、规模化发展步伐加快，进入了资本运作的高峰期，在大量资本涌入白酒行业的同时，白酒企业要把握好发展方向和脉搏。与此同时，我国啤酒行业集团化、规模化、现代化和信息化也正在走向成熟。除产品制造外，品牌和资本越来越显现其重要性。外资对我国啤酒行业的影响已经向纵深发展，表现出了积极的作用，加快了我国啤酒业与国际接轨的步伐。从全国范围看，啤酒销量持续增加，但竞争加剧、啤酒企业经济效益呈现规模效应、增长趋势变缓、西部地区的增长速度高于东部地区的增长速度。资本不断介入我国酒类行业，为行业带来的不仅仅是资金，随之而来的还有新的观念、新的竞争模式，也将提升酒类企业的现代化进程，促进企业体制和运营机制的改变。而我国啤酒行业在进入资本竞争时代不到10年，就形成了现在的格局。

6. 产业升级促进产业发展　随着消费者对酒类产品要求的逐步提高，我国酿酒产业升级步伐也在逐渐加快，主要体现在以下几个方面：一是企业发展模式向质量效益型转变，我国酒企业在充分发挥品牌、技术、品质、人才等方面优势的基础上，更加注重产品质量和品种，满足不同消费者消费需求。二是企业自主创新能力增强，传统的白酒、黄酒行业通过关键技术的研发和推广，联合设备类企业开发适合本企业的自主技术和装备，啤酒、葡萄酒、果露酒、乙醇等自动化生产水平较高的行业通过建立国家重点实验室、重点技术中心等方式提高创新水平。三是低碳环保发展意识又上新台阶，低碳环保已经是全球的共同发展方向，酿酒企业在提高出酒率、废水综合利用等多方面实现了新的技术突破。四是企业“两化”融合加快，现在更多的企业在加速实施信息化步伐，研发出了适合行业特点的信息共享平台和信息管理平台等多个项目，促进了行业整体的“两化”进度。五是酿酒工业园区和产业基地成为转型升级的载体，如四川打造的“中国白酒金三角”“邛崃名酒工业园”“泸州名酒工业园”，新疆、宁夏、甘肃等地方大力建设优质酿酒葡萄基地和葡萄酒生产基地，为酒企业发展提供了便捷的环境和优惠措施。

从上述经济运行情况可以看出，我国酒类骨干企业依靠强大的经济实力和科研实力，深入开展科学技术研究，通过产品结构的调整，满足了广大消费者的需要，增强了企业的竞争力，也提高了企业的经济效益。全行业正朝着科技创新、理念创新、经营创新、文化创新的创新型酿酒产业方向发展。

二、科技工作

1. 科学技术奖励情况　2011年10月20日，科学技术部国家科学技术奖励工作办公室以国科奖字[2011]59号文批准设立“中国酿酒工业协会科学技术奖”（国家科学技术奖励办公室第66号公告），奖励在我国酿酒行业生产技术、设计装备、信息化管理、节能减排、环境保护领域的科学研究、技术创新与开发、科研成果推广和实现高新技术产业化中作出突出贡献的组织和个人，以此调动全行业科学技术工作者的积极性和创造性，加速酿酒行业科学技术事业的发展，提升酿酒行业技术水平。2012年2月16日，中国酿酒工业协会组织召开了“2011年度中国酿酒工业协会科学技术奖”评审会议，共有54个单位申报了72个项目，按项目申报类别来分，申报技术发明奖12个，申报技术进步奖60个。按专业类别来分，白酒24个，啤酒15个，黄酒15个，葡萄酒6个，果露酒4个，酒精2个，综合6个。评审专家根据《中国酿酒工业协会科学技术奖评审细则》等文件规定，经过评审委员会专业组评审、评审委员会专业组组长审议、奖励委员会审定、网上公示等，对符合申报条件的72个项目进行了审议，最后产生了获奖名单，并在中国酿酒工业协会四届五次理事会上颁奖。

2. 科技工作情况 2011年，中国白酒169计划取得重大进展，该计划采用微生物生态学、分子酶学、分子生物学等现代生物技术手段，围绕白酒产业共性的、关键的科学与技术问题进行创新性研究，建立了以风味化学物定向的功能微生物和酶技术的平台。完成了不同类型白酒特征香味物质研究、白酒微生物研究、呈香物质阈值的测定和白酒健康因子的确定，对白酒中异味化合物以及白酒风味定向功能微生物方面等基础理论的研究都取得了重大突破。2011年，中国酿酒工业协会启动了白酒158计划，开始了中国白酒机械化的系统研究。召开了中国白酒158计划项目实施筹备会议、中国白酒158项目现场会等多次会议。研究内容包括制曲、发酵工艺研究、蒸馏工艺等多方面的机械化研究、调酒计算机集成制造技术研究和灌装、包装、成品库、智能管理的研究等。计划在全国60%规模以上白酒企业推广实施，力争降低劳动强度60%以上，节煤35%，节水45%，提高优质品率15%以上，最终目的是提升白酒生产机械化水平。

三、质量管理与标准化工作

（一）质量管理

1. 国家质量监督检验检疫总局于2011年12月24日公布了2011年白酒产品质量国家监督抽查结果，本次抽查了北京、河北、山西、辽宁、吉林、黑龙江、江苏、安徽、江西、山东、湖北、湖南、广东、广西、重庆、四川、贵州、甘肃、青海、宁夏、新疆等21个省、自治区、直辖市189个企业生产的200种白酒产品，产品合格率为95%。抽查依据《蒸馏酒及配制酒卫生标准》（GB 2757—1981）、《食品安全国家标准 食品添加剂使用标准》（GB 2760—2011）等相关产品标准和经备案现行有效的企业标准及产品明示质量要求，对白酒产品的甲醇、铅、锰、糖精钠、安赛蜜、甜蜜素、酒精度、总酸、总酯、己酸乙酯、乙酸乙酯、固形物12个项目进行了检验。抽查发现有10种产品不符合标准的规定，涉及糖精钠、安赛蜜、甜蜜素、酒精度、总酸、总酯、己酸乙酯、固形物项目。

2. 国家质量监督检验检疫总局于2011年12月24日公布了2011年葡萄酒产品质量国家监督抽查结果，本次共抽查了北京、天津、河北、辽宁、吉林、山东、河南、甘肃、宁夏、新疆10个省、自治区、直辖市157个企业生产的160种葡萄酒产品，产品合格率为93.75%。抽查依据《发酵酒卫生标准》（GB 2758—2005）、《食品安全国家标准 食品添加剂使用标准》（GB 2760—2011）等相关产品标准和经备案现行有效的企业标准及产品明示质量要求，对葡萄酒产品的酒精度、干浸出物、甲醇、总二氧化硫、铅、苯甲酸、山梨酸、糖精钠、甜蜜素、安赛蜜、柠檬黄、苋菜红、胭脂红、诱惑红、日落蓝、亮蓝、菌落总数、大肠菌群、肠道致病菌19个项目进行了检验。抽查发现有10种产品不符合标准的规定，涉及产品菌落总数超标、酒精度不合格、山梨酸含量超标、干浸出物不足。

3. 国家质量监督检验检疫总局于2011年12月24日公布了2011年黄酒产品质量国家监督抽查结果，本次共抽查了上海、江苏、浙江、安徽、福建、江西、山东7个省、直辖市80个企业生产的80种黄酒产品，产品合格率为98.75%。抽查依据《食品安全国家标准 食品添加剂使用标准》（GB 2760—2011）、《发酵酒卫生标准》（GB 2758—2005）、《黄酒》（GB/T 13662—2008）、《地理标志产品 绍兴酒（绍兴黄酒）》（GB/T 17946—2008）、《食品卫生检验方法 理化部分》（GB/T 5009—2003）和经备案现行有效的企业标准及产品明示质量要求，对黄酒产品的非糖固形物、酒精度、氨基酸态氮、铅、苯甲酸、山梨酸、糖精钠、甜蜜素、安赛蜜、菌落总数、大肠菌群、沙门氏菌、志贺氏菌、金黄色葡萄球菌14个项目进行了检验。抽查发现有1种产品不符合标准的规定，涉及菌落总数超标、氨基酸态氮含量不足。

4. 国家质量监督检验检疫总局于2011年12月24日公布了2011年果酒、配制酒（露酒）产品质量国家监督抽查结果，本次共抽查了北京、天津、辽宁、吉林、黑龙江、上海、江苏、浙江、安徽、山东、河南、湖北、湖南、陕西、青海、宁夏、新疆17个省、自治区、直辖市88个企业生产的90种果酒、配制酒（露酒）产品，产品合格率为95%。抽查依据《蒸馏酒及配制酒卫生标准》（GB 2757—1981）、《发酵酒卫生标准》（GB 2758—2005）、《露酒》（QB/T 1981—1994）等相关产品标准和经备案现行有效的企业标准及产品明示质量要求，对果酒、配制酒（露酒）产品的酒精度、干浸出物、总二氧化硫、铅、甲醇、苯甲酸、山梨酸、糖精钠、甜蜜素、安赛蜜、柠檬黄、日落黄、胭脂红、苋菜红、诱惑红、亮蓝、菌落总数、大肠菌群、肠道致病菌 19 个项目进行了检验。抽查发现有 5 种产品不符合标准的规定，涉及酒精度不合格、日落黄超标和苯甲酸超标。

（二）标准化工作

1. 标准发布　2011 年 7 月 20 日，国家质量监督检验检疫总局和国家标准化管理委员会公布了 2011 年第 10 号公告，《酱香型白酒》（GB/T 26760—2011）和《小曲固态法白酒》（GB/T 26761—2011）两项国家标准正式发布，于 2011 年 12 月 1 日实施。2011 年 12 月 5 日，国家质量监督检验检疫总局和国家标准化管理委员会公布了 2011 年第 19 号公告，《山葡萄酒》（GB/T 27586—2011）和《露酒》（GB/T 27588—2011）两项国家标准正式发布，于 2011 年 6 月 1 日实施。

2. 参与起草工作　2011 年中国酿酒工业协会会同全国酿酒标准化技术委员会等单位共同完成了我国酒类标准体系，参与起草的国家标准有《酒精生产企业节水评价方法》《白酒风味物质阈值品评指南》《白酒感官分析与评价术语》《白酒感官品评导则》《葡萄酒和咖啡中赭曲霉毒素 A 限量》《葡萄酒厂生产卫生规范》《产地葡萄酒识别技术导则》《品种葡萄酒识别技术导则》《黄酒中氨基甲酸乙酯控制措施指南》《啤酒单位产品能源消耗限额》《啤酒企业综合消耗技术指标和评价方法》《取水定额啤酒制造业》12 项，参与起草的行业标准有《酒类产品流通术语》《白酒基酒流通技术规范》《白酒运输、贮存技术规范》《葡萄酒运输、贮存技术规范》《葡萄酒原酒流通技术规范》5 项。这些标准的制定和实施，可有力推动我国酒类行业健康有序的发展。

四、行业工作

1. 中国酿酒工业协会于 2011 年 3 月 15 日组织召开了葡萄酒产业高层座谈会，参加会议的有国家有关政府部门、地方葡萄酒行业主管部门、葡萄酒行业知名企业高层管理人员。会议针对葡萄酒行业最近两年来遇到的新问题和困难，以及来自产业内部和外部的机遇挑战，如何面对新的形势，促使产业更好地发展进行了研究、探讨。中国酿酒工业协会听取了企业关于规范进口葡萄酒市场管理、葡萄酒产区和葡萄基地建设、进口葡萄酒对我国葡萄酒市场的影响及应对措施等方面的建议。会后，将会上收集到的意见和建议进行了汇总，并同有关政府部门进行了沟通和协调，逐一进行落实。

2. 由中国酿酒工业协会举办的中国酿酒产业两化融合、两型企业战略推进主题论坛于 2011 年 4 月 25 日在北京召开。会上，中国酿酒工业协会理事长王延才指出，“两化融合”是我国酿酒产业信息化和工业化的高层次深度结合，必须致力于流程的可视化、标准化和自动化，实现信息系统之间的集成；必须致力于建立具有良好的开放性、可扩展性、可配置性和柔性的信息系统，以及能够支撑企业组织结构、运营模式、兼并收购等的战略举措，使企业发展战略得以实现。全行业要从生产、流通、消费等各个环节入手，强调“减量化、再利用、资源化”，减少资源消耗和污染排放。葡萄酒行业要推广生产废水深度处理技术，达到废水直接排放；COD 低于 80mg/L、氨氮 10mg/L、单位产品排水量 2.5m^3。黄酒行业要提高生产自动化装备水平，有效降低能源指标，机械化黄酒生产蒸汽回收 80%以上，废水排放实行 100%处理达标或纳入城市污水管网。乙醇行业要推进浓醪发酵技术、离心清液回用、糟液全糟处理等节能减排技术；浓醪发酵技术发酵终了时乙醇含量在 15%（V/V）左右，推广范围达 50%以上企业；通过节水、节电、节汽技术，节约综合能耗 0.3t/万 L 标准煤。

3. 由中国酿酒工业协会举办的 2011 中国国际酒业技术装备博览会于 2011 年 4 月 26～28 日在北京中国国际展览中心举行，来自国内外白酒、啤酒、葡萄酒、黄酒、果露酒等领域的酿酒机械同台参展，国内外知名品牌同台竞技，共同展示了各酒种酿造新技术、新产品、新工艺和新装备，展出面积 10 000m^2 以上。其中“中国传统白酒和黄酒酿造装备现代化技术”和“葡萄现代种植和酿造技术”将是本届展会的一大亮点，国际、国内知名企业将在此领域集中展示最新产品和技术。本届展会以“创新、低碳、环保”为主题，通过丰富多彩的技术交流、高峰论坛、贸易、联谊等活动，为中外名酒、生产企业与制酒设备、原辅料、包装材料、配套企业提供一个展示品牌形象、促进贸易合作的高端平台。本次展会充分体现了产品与装备全方位互动、企业与观众零距离交流、厂商与客户立体式沟通，搭建了一个客户采购的服务平台，为促进我国酿酒装备行业的快速、健康发展发挥了重要作用。

4. 中国酿酒工业协会、中国轻工业联合会信息中心于 2011 年 10 月 19～21 日联合举办的 2011 年全国酿酒行业信息化工作会议在云南省丽江市召开。来自全国 26 个省、自治区、直辖市的白酒、啤酒、黄酒、葡萄酒、酒精及装备、媒体、省市协会代表参加了会议。会上，工业和信息化部信息化推进司领导就制造业信息化发展方向、国家对企业信息化建设的政策支持、酿酒行业信息化未来走向等作了专题演讲。中国酿酒工业协会副理事长兼秘书长王琦同志作了题为大力推进信息化与工业化深度融合，促进酿酒行业转变经济发展方式和产业转型升级的工作报告。赛捷软件、IBM、赛腾公司分别从企业信息化建设、企业管理咨询、酒类产品溯源等角度作了专题技术讲座。有关企业介绍了企业信息化建设经验，会上还颁发了“2010—2011年度中国酿酒工业协会优秀信息员”证书。

5. 由中国酿酒工业协会和国际酒精政策中心（ICAP）共同举办的全国酒类行业诚信自律活动研讨会于2011年12月6日在北京召开。会议旨在深入贯彻《中国酿酒产业“十二五”发展规划》中提出的“倡导行业诚信自律、构建良好市场秩序”的目标，进一步增进我国酒类行业诚信意识，树立负责任的行业形象而举办的。中国酿酒工业协会理事长王延才指出，当前行业诚信体系建设方面存在着一些不足，信用缺失引发的矛盾和问题纠纷经常发生，食品安全、制假售假、骗税逃税、串货销售等不讲诚信、欺诈行为，已成为制约行业健康、和谐发展的一大障碍。缺乏诚信所引发的矛盾和问题不仅破坏了市场经济的正常秩序，也严重损害了行业的整体形象和利益。基于此，中国酿酒工业协会拟在行业内开展一系列包括诚信自律宣传、广告及营销自律准则起草发布、全行业企业社会责任调查等活动，力争为营造行业诚信经营的良好环境，促进酿酒行业又好又快健康发展作出努力。国际酒精政策中心（ICAP）作为中国酿酒工业协会的合作单位，参与和支持行业自律以及社会责任等相关工作的开展。中国酿酒工业协会王琦秘书长介绍了酿酒行业诚信自律的发展情况以及近期计划开展的主要工作。国际酒精政策中心（ICAP）中国区主任俞学群、中国广告协会副会长高怀忠等分别介绍了行业自律的重要性，提出自律帮助企业获得成功和获得消费者信任的必要性。

（本文由中国酿酒工业协会提供资料，本编辑部汇总整理）

蚕丝加工业

一、基本情况

（一）蚕桑生产

1. 产量　2011年全国桑园面积84.4万hm^2，同比增加4.6%；蚕茧发种量1 627万张，比2010年增加31万张，同比增加3.7%；全年收购桑蚕茧约66.1万t，同比增长3.1%。蚕农售茧收入约224.4亿元。柞蚕茧总产量7.5万t，比2010年增加5%。2011年蚕茧全年均价33.96元/kg，高于2010年7.4%。2011年我国蚕桑生产格局基本稳定，东部苏、浙、粤、鲁4省桑园面积和蚕茧产量占全国的比例下降到25%和30%左右，而西部桂、川、渝、滇、陕5省、自治区市桑园面积和蚕茧产量占全国的比例均升到近60%。以广西为主的西部地区，作为我国最大蚕桑生产区的地位得到进一步巩固。全国每667m^2桑园平均收益1 250元，效益大幅度提高，每担蚕茧净利润至少在80元以上，同比提高约25%。

2. 资源分布　我国蚕茧产地分布广，但主产地较集中。2011年蚕茧产量在6万t以上的省、自治区有5个，分别是广西、江苏、浙江、四川、广东，产量之和占我国蚕茧总产量的65%左右，其中广西蚕茧产量继续领先全国，占全国产量的1/4多。蚕茧产量在6万t以下1万t以上的有山东、安徽、云南、陕西、重庆、湖北、河南7省、直辖市，产量之和占总产量的25%左右。蚕茧产量在1万t以下的有江西、山西、湖南、贵州4省，产量之和占总产量的3%左右。值得注意的是，广西作为蚕茧生产第一大省，全年蚕茧产量继续呈现稳步增长态势，而东部主产区江苏蚕茧产量同比下降达到14.86%。近年来，东部沿海地区受当地工业化进程不断加快，工业环境污染加重，蚕桑生产比较效益下降，土地流转成本上涨，农村劳动力缺乏等因素的影响，江苏、浙江等主产区蚕茧生产受到明显制约。

（二）加工量、产值、利税、固定资本投资

2011年全国生丝产量10.8万t，同比增长8.7%。2011年茧丝价格长期高位运行，全年生丝价格稳定在32万～34万元/t。绢丝3.86万t，同比增长19.05%；蚕丝及交织物7.05亿m，同比增长5.45%。据国家统计局对2 084个规模以上工业企业统计，2011年丝绸工业实现总产值2 037.88亿元，同比增长25.97%；主营业务收入1 972.43亿元，同

比增长 22.68%；利润 94.91 亿元，同比增长 27.89%。其中缫丝加工实现利润 29.17 亿元，同比增长 51.37%；丝织加工实现利润 37.04 亿元，同比增长 21.42%；丝印染加工实现利润 5.15 亿元，同比增长 4.03%；丝制品制造实现利润 8.5 亿元，同比增长 15.4%；丝针织实现利润 15.05 亿元，同比增长 24.18%。

近年来，东部沿海地区受当地原料供应减少、生产成本不断增加等因素的影响，缫丝企业调整转型步伐明显加快，企业数量和加工能力均出现大幅度减少。据浙江省经济信息化委员会统计，2011 年度全省缫丝企业生产准产证复审合格的企业共有 86 个，总生产能力为 20.69 万绪，其中自动缫 19.97 万绪，占总能力的 96.5%，立缫 7 240 绪，占总能力的 3.5%。复审结果显示，与两年前相比，浙江缫丝企业数减少 36 个，减少幅度为 29.5%；加工能力减少 10.11 万绪，减少幅度为 32.9%。从规模看，4 000 绪以上企业仅有 9 个。从浙江缫丝业十多年变化轨迹看，1998 年全省缫丝加工企业和加工能力分别为 407 个和 108.8 万绪，2011 年企业数量和加工能力均下降了 80%左右。

二、新技术、新成果

1. 天然彩色桑蚕茧丝产品的开发取得成功　天然彩色桑蚕茧丝产品是近百年来茧丝绸行业一直期盼的产品，多年来国内外为此进行了长期的探索，虽然在部分领域取得了一些进展，但始终无法规模化生产。由于面料色牢度、手感不好，无法制成服装、家纺产品走进人们的生活。我国茧丝绸行业龙头企业鑫缘茧丝绸集团股份有限公司与苏州大学密切合作，经过 10 年的不懈攻关，以蚕品种为突破口，创制了天然色彩的优质原料茧，并在国内率先进行了天然彩色蚕茧的饲育、收烘、缫丝、织造及精练生产加工关键技术研发与产业化，在天然彩色桑蚕茧丝产品的开发利用方面走在了世界的前列。天然彩色茧保留了优质动物蛋白纤维分子结构间隙大、通气性强、轻柔、保暖、吸放湿性优良、衣着舒适的特性；天然彩色茧丝中蕴藏着来自桑叶中的类胡萝卜素、叶黄素色素和黄酮色素等物质，具有良好的抑菌抗菌、抗氧化和阻挡紫外线的性能；具有较为广阔的开发前景。开发天然彩色茧丝绸系列产品，迎合了高贵、时尚、健体的真丝绸产品发展趋势和市场消费需求，填补了国内纯天然彩色茧丝绸的空白。天然彩色蚕丝本身含有符合生态标准的天然色素，其深加工产品不需要染色，可避免因印染对环境带来的污染。

2. 蚕蛹蛋白纤维纱线开发成功　蚕蛹蛋白纤维是综合利用高分子技术、生物工程技术和化纤纺丝技术，从蚕蛹中萃炼出优质蛋白 PC，与天然纤维素共混后，制成的新型生物质纤维。在加工过程中，采用高科技工艺，使蛋白质富集在纤维表面，形成皮芯结构的蛋白质纤维。蛋白 PC 中含有 18 种氨基酸，每种氨基酸的含量都在 15mg/g 以上，其中丝氨酸、苏氨酸、色氨酸、酪氨酸等对人体皮肤十分有益，可保持肌肤表皮细胞活性，延缓肌肤氧化衰老。而纤维的皮芯结构又能保证氨基酸与皮肤充分接触，最大限度地发挥呵护肌肤的特殊功效。蚕蛹蛋白纤维虽然具有不少优良特性，但也存在可纺性较差的缺点。因此，在产品开发过程中，重点研究了蚕蛹蛋白纤维的预处理工艺，通过多次对比试验，有效地改善了纤维的可纺性，保证了纺纱过程的顺利进行，成功开发了蚕蛹蛋白纤维纯纺和蚕蛹蛋白与莫代尔、POREL 混纺纱线，而且同配比、同纱支纱线的质量在条干 CV 值、粗节、棉结和单纱强力等各方面都大大优于同行水平。该纱线可用于生产高档服装面料、T 恤、内衣、床上用品等产品，目前已有厂家采用蚕蛹蛋白纤维纯纺纱开发了高档针织内衣。蚕蛹蛋白产品保留了真丝织物的优点，又克服了真丝织物娇嫩、色牢度差、易缩、易皱、易泛黄、遇强碱易脆损等缺陷，产品柔软细腻、透气舒适、亲肤美肤、环保健康、染色绚丽，具有较好的市场前景。

3. 桑、柞茧丝资源综合开发和利用取得突破性进展　全国蚕业资源综合利用的科研、开发以及产业化方面已取得突破性进展。桑葚饮料，桑叶饲料，桑皮纤维混纺织物，废弃的桑树条被用于造纸、制成的地板优于普通木材，种植食用菌和沼气等，已在全国不断推广应用；蚕沙提取叶绿素、丝素丝胶化妆品与医疗卫生用品、丝绵与丝绒家纺产品、蚕蛹、蚕蛾制备的药品保健品等已实现产业化生产，批量进入市场，年产值达数亿元。桑树已开始种植于华北、西北地区，作为防风固沙、保护生态环境的树种。

4. 桑蚕丝无偶氮增重技术研发项目完成验收　浙江嵊州市正和丝业有限公司“符合‘SVHC 指令’的桑蚕丝无偶氮增重技术研发”项目完成验收。该项目采用甲基丙烯酰胺进行接枝增重，并经不含可分解致癌芳香胺染料染色，研究了引发剂、乳化剂、温度、浴比等对接枝增重的影响，经处理后的桑蚕丝保持了原有的品质，并提高了其织物的抗皱性、悬垂性等。该项目在接枝工艺技术上有创新，处于国内同类产品领先水平。经比较，本项目产品使用增重剂（甲基丙烯酰胺）对蚕丝进行增重。增重后的蚕丝变重变粗，重量可达原重量的 1.67 倍，比现有产品（未经增重产品）省蚕丝原料33%，而产品性质基本相同。

5. 真丝绸染料从竹叶中提取，染色效果好　南通大学研发成功一种竹叶染料及提取方法和用途，用这种方法提取竹叶染料十分方便，采用碱性水溶液可以从植物中提取到更多的有色成分，制得的染料对真丝绸染色效果好。该方法采用0.25～0.3mol/L氢氧化钠溶液为提取剂，料液比为1∶35～1∶40，进行两次提取，第一次提取剂的用量为提取剂总用量的60%，滤渣再进行第二次提取，第二次提取剂的用量为提取剂总用量的40%；每次提取的温度均为100℃，每次提取的时间均为50～60min，合并两次提取液即得产品，作为真丝绸染色剂应用。用这种方法提取竹叶染料十分方便，采用碱性水溶液可以从植物中提取到更多的有色成分，制得的染料对真丝绸染色效果好。

6. 数字化提花和印花在丝绸业开始应用　数码喷墨是近年来发展很快的纺织品印花技术。20世纪90年代，随着电子分色、配色等CAD技术在纺织染整业上的应用，日本、荷兰等国把用于纸张的数码喷墨印刷技术成功地移植到织物上。我国的数码喷墨印花技术近年来发展也很快，杭州、山东、北京等地在桑丝绸印花上已经广泛应用该技术。由于减少了制版工艺，大大缩短了生产周期，可最大限度地满足个性化、小批量、快速交货的要求。数码喷射印花的缺点是产量低、成本高，生产企业如何使用数码喷射印花机打样，再用常规设备四分色印花，并保证两者的附样率是急需解决的难题。该课题被列入国家科技攻关滚动计划，研究人员通过数码喷射和四分色协同印花分色系统的共同平台的研究，通过CAD/CAM协同分色软件、关键参数和生产工艺的协同性以及喷射印花墨水和四分色印花专用染料的配套应用有机地结合起来，实现了数码喷射印花机快速打样与四分色印花规模化、低成本、少污染、高品质的加工生产。

7. 全真丝数码双面织锦提花技术取得突破　数码丝织技术是指运用现代计算机技术、先进的纹织CAD/CAM技术，对传统丝绸织锦技术进行创新，将从前烦琐、繁重的手工设计与操作全部实现计算机化、智能化，达到丝织技术的数码化，同时，依靠现代大幅面、高精度的电子提花龙头使设计师的创意得到真实、完美的再现。数码双面织锦提花技术是在充分汲取传统丝绸织锦技术精华的基础上，运用数码丝织技术和艺术创新而成。全真丝数码双面织锦提花技术可表现的题材非常丰富，包罗古今书画名作、风景名胜图片等，图案的精细程度很高，经纬交织次数高达2.3万次/cm^2，保证了正面画与背面画的精细如一，同时双面织锦的正、背面纹样和色彩可以完全不同，具有前所未有的视觉效果。

8. 浙江开发出蚕丝人造皮肤　浙江的科研人员利用蚕丝生产出一种新型的人造皮肤，用于治疗皮肤大面积缺损。日前，这一成果已通过专家验收，并获得了国家发明专利。据报道，这种新型人造皮肤的样子颇像馄饨皮，用手拉却韧性十足，是提取蚕丝中的蛋白生产而成，具有丝绸般的光滑平整和柔韧特性。目前中国多采用猪皮、异体人皮材料治疗皮肤缺损，这些人造皮肤功能单一、应用范围较窄。美国、日本等国虽然成功找到了利用胶原蛋白或甲壳素等原材料生产人造皮肤的方法，但由于价格昂贵难以在中国大规模应用。

三、国内市场概况

（一）国内市场

近年来，随着我国扩大内销的一系列政策的实施，丝绸内销的增长强劲，消费量已经占到整个丝绸量的40%左右。据商务部统计，丝绸产品全年的销售额增长了20%，特别是真丝家纺的销售有大幅度提高，有效拉动丝绸内销市场稳步增长，也给茧丝绸业发展带来了新的机遇。全国蚕丝被年产量已达800万条以上，年增长幅度在20%以上，年消耗蚕丝1.5万t左右。目前，内销市场消化茧丝量已达到35%左右，并呈逐年增长趋势，已成为我国茧丝绸行业新的经济增长点。

（二）国外市场

2011年真丝绸商品出口额达35.36亿美元，同比增长8.55%。2011年全国丝类出口量为1.67万t，同比下降14.09%；出口额达6.87亿美元，同比上升5.91%。真丝绸缎出口数量为2.19亿m，同比下降20.56%；出口额为10.68亿美元，同比增长6.36%。丝绸制成品出口4.38亿件（套），同比增长101.96%；出口额为17.79亿美元，同比增长10.95%。

真丝绸商品出口额排名前5位的省、直辖市依次为浙江、江苏、广东、上海和四川。5省、直辖市全年出口额共计29.39亿美元，占真丝绸商品出口总额的83.11%，其中高居首位的浙江出口额为13.64亿美元，占出口总额的38.57%。5省、直辖市中只有上海出口额同比下降6.3%，为3.12亿美元，其余4省的出口额均有增长。美国、印度、意大利、日本和中国香港成为真丝绸商品出口额排名前5位的市场，出口额合计占全球出口总额的56.31%。

进口方面，我国2011年丝制品及服装进口总额2.86亿美元，同比增加10.26%，占纺织品及服装进口总额的0.98%；其中丝制品进口总额1.16亿美元，同比增加11.16%，占纺织品进口总额163.71亿美元的0.71%；1～12月丝制服装进口总额0.68亿美元，同比增加47.41%，占服装进口总额22.75亿美元的2.98%；显示我国丝制纺织品和服装外贸形势良好。

四、质量管理与标准化工作

1.《纺织品 丝绸术语》（GB/T 26380—2011）等国家、行业标准发布实施　国家质量监督检验检疫总局、国家标准化管理委员会于2011年5月12日发布2011年第6号公告，批准发布192项国家标准，其中丝绸国家标准2项，均为新制定标准。工业和信息化部于2011年5月18日发布2011年第13号公告，批准发布了多项纺织标准，其中丝绸行业标准5项。

2.《桑蚕丝针织服装》等7项丝绸行业标准即将实施　工业和信息化部以2011第43号文发布公告，批准发布了85项纺织行业标准。其中有《桑蚕丝针织服装》等7项丝绸行业标准，并于2012年7月1日起实施。标准文本由中国标准出版社出版。

3.《生丝电子检测试验方法》国际标准项目组国际会议在意大利举行　由我国主导起草的《生丝电子检测试验方法》国际标准项目组第二次国际会议近日在意大利科莫举行，来自中国、意大利、法国、瑞士、印度和日本的ISO注册专家和代表共20余人参加了会议。会议由ISO/TC38/SC23/WG05召集人主持，意大利丝绸协会会长代表会议承担方和东道主致欢迎词。会议完成了既定议程，取得了圆满成功。本次会议是既《生丝电子检测试验方法》国际标准项目组2010年7月在杭州成功召开第一次国际会议之后，由我国具体承办的又一次重要会议。

4.广西桑蚕饲养标准通过专家审定　《农村桑蚕饲养技术规程》地方标准通过了广西农业厅、广西标准化协会、广西蚕业站等部门技术专家审定。据了解，广西产茧量从2005年起连续6年居全国第一，2011年广西蚕农已达80多万户，桑园面积达20多万hm^2，蚕茧产量达21.43万t，占全国产量的1/3。但由于没有农村桑蚕饲养方面的标准，严重制约地方养蚕业的发展。针对这一情况，广西象州县质监局于2011年年初申请对《农村桑蚕饲养技术规程》起草、立项。在标准的制定过程中，有关专家、技术人员、标准管理人员搜集了相关的国家标准和大量的文献资料进行参考，并深入到农户跟踪收集桑蚕饲养全程信息，对前期准备、桑叶采选、饲养、上蔟与采茧等各项技术指标进行了多次验证。这一地方标准对规范农民饲养桑蚕、提高鲜茧质量具有重要的指导意义。

5.怡莲蚕丝被荣获中国驰名商标　创于2001年的怡莲蚕丝被，是国内最早将民间流行的蚕丝被商品化的品牌之一，经过10余年的精耕细作，怡莲蚕丝被已是中国10大蚕丝被品牌、北京市著名商标。2011年，经国家工商行政管理总局认证，怡莲品牌荣获中国驰名商标，标志着怡莲成为蚕丝被品类中的领军品牌。长期以来，蚕丝被领域中存在着假冒伪劣、以次充好等不良现象，某些不良商贩的欺诈行径更是深深地伤害了整个蚕丝被产业。而怡莲多年来，无论市场环境如何变幻，始终坚持真材实料、以真心面对消费者，始终站在产业的最前沿，大力宣传和推广蚕丝被。

五、行业管理

1.茧丝绸行业“十二五”发展纲要发布　商务部国家茧丝绸协调办公室发布了《茧丝绸行业“十二五”发展纲要》（简称《纲要》），《纲要》明确，首先，保持行业经济总量稳步提升。“十二五”期间，年均蚕茧产量65万t左右，丝及丝绵产品总产量达12万t以上，蚕桑经济收入超过200亿元，蚕农人均收入不断提高，丝绸工业总产值达2 000亿元以上，真丝绸商品出口保持在35亿美元以上。其次，突破一批关键技术及装备。初步建立产、学、研、用相结合的行业技术创新和服务体系，行业生产效率明显提升。到2015年，数字化智能自动缫丝技术得到广泛应用，新增真丝绸制造设备中无梭织机比重达90%以上，优势企业基本实现信息化管理。再次，强化自主品牌发展。积极推动企业终端产品开发和自主品牌建设，重点打造10个具有民族特色和国际影响力的自主知名品牌。最后，促进行业节能减排。加快节能、降耗、减排新技术、新装备在茧丝绸行业的推广应用。到2015年，烘茧和丝绸印染领域单位增加值能耗比“十一五”末降低20%以上，丝绸工业单位增加值用水量降低30%以上，缫丝企业实现污水零排放，茧丝绸固体废弃物综合利用率提高到80%以上。《纲要》强调，“十二五”期间要优化产业区域布局，促进东中西部协调发展；提高蚕桑生产水平，夯实行业发展基础；提升行业技术装备水平，增强产业核心竞争力；完善公共服务平台，提升行业运行质量；加快研发综合利用技术，提高资源利用效率；统筹国内外两个市场，拓宽贸易渠道；弘扬民族特色，打造中国丝绸品牌。

2.蚕茧收购质量监督检查工作　为稳定蚕茧质

量、保护蚕茧资源，促进蚕茧收购加工企业切实履行质量义务，检查并指导企业规范收购加工行为，打击收购加工活动中的严重质量违法行为，中国纤维检验局及时作出安排部署，印发《关于做好2011年非棉纤维质量监督检查工作的通知》，通知中确定江苏、浙江、安徽、山东、河南、湖北、广东、广西、重庆、四川、云南、陕西12个主产省、自治区、直辖市的41个市（州、地）区域为2011年蚕茧质量监督检查重点区域，要求各地机构配合地方商务部门开展鲜茧收购质量保证能力考核工作，加强茧站质量保证能力监督检查。强调要重点开展好春茧收购加工质量监督检查，集中查处收购毛脚茧、过潮茧，未分类分等置放，压级压价、掺杂掺假、以次充好等质量违法行为。坚决打击收购毛脚茧、过潮茧及收购中压级压价、损害茧农利益等严重质量违法行为。据统计，春茧收购期间，全系统共出动执法人员2 200人次，检查茧站760个，同比增幅达12%，其中茧站质量保证能力符合率为78.2%。监督检查桑蚕鲜茧总量2.1万t，现场抽查检验桑蚕鲜茧1 200批次，占监督检查蚕茧总量的90%以上，建立并更新企业质量档案共4 100件，占到应建档企业总数的76.6%。通过几年来纤检机构坚持不懈地开展蚕茧收购质量监督工作，2011年多数产区的蚕茧收购加工行为得以规范，收购秩序比较稳定，质量监管效果明显。

3. 商务部加强市场研判，促进茧丝绸行业稳定运行　2011年6月中下旬以来，受国际市场需求减弱、部分企业资金紧缺、棉花等大宗纺织原料价格下滑，以及春蚕集中上市、市场炒作增加等因素影响，国内茧丝市场价格持续快速下跌。据商务部监测，2011年7月25日，中国茧丝交易市场干茧、生丝现货价格分别为9.62万元/t和32.01万元/t，比当年最高价格分别回落30.9%和20.8%，但仍比2010年同期价格分别高出8.9%和7.5%。茧丝价格的基本稳定是茧丝绸行业平稳运行的基础。2011年以来茧丝价格波动幅度加大，既不利于工业生产和出口的稳定增长，更不利于蚕茧生产的稳定和蚕农收入的提高，势必影响企业生产经营和行业的健康发展。针对茧丝市场波动，商务部高度重视，采取积极措施，维护市场的基本稳定。一是加强市场监测，密切跟踪市场供求和价格变化，及时预测预警，做好信息服务。二是加强正面宣传和引导，稳定行业信心，加大国内外市场开拓力度，扩大消费需求。三是根据市场变化，做好启动国家储备调控的准备，确保行业稳定运行。

4. 国家茧丝绸质检中心将落户南充　由四川南充质量技术监督局参与筹建的国家茧丝绸质量监督检验中心日前有了新进展，国家质量监督检验检疫总局、中国纤维检验局已原则同意南充筹建国家检测中心，南充市政府明确批示，同意筹建该中心，并在土地划拨和资金等方面给予必要支持，国家茧丝绸质量监督检验中心落户南充指日可待。由于诸多因素影响，南充高档丝纺产品、高附加值产品和新、特、优产品不多，提升产品档次、提高产品质量成为南充新一轮茧丝绸纺织服装产业发展的必然选择。而依托科学的检测机构为其提供技术服务显得尤为必要。该中心建成后，将极大地丰富南充作为成渝经济区北部中心城市和“中国绸都”内涵，并将对提高南充市茧丝绸产品质量起到重要作用。

5. 四川省全面推行电脑收茧　四川省于2010年底就开始进行电子收茧软件开发。为确保电子收茧能在春茧收购期间投入使用，该省一方面积极与四川航天金穗高技术有限公司合作开发电脑收购软件；另一方面加快展开蚕农基础数据搜集和硬件采购安装工作，还专门组织公司全体职工进行了系统的电脑收茧培训。电脑收茧可谓一举多得：除了收茧方便，还可用IC卡管理蚕农信息、兑付茧款，确保蚕农售茧资金的安全，也能及时准确地从电脑系统中了解乡镇、村组的蚕桑生产情况。同时，按照国家税务总局及省、州、县税务局的要求，实现增值税纳税服务。此外，还可以充分利用电脑收购软件与移动搭建的网络平台，及时向蚕农传达蚕茧收购政策、栽桑养蚕新技术，使科技推广和政策宣传更加便捷、及时。

6. 农业部《蚕种管理办法》修改讨论会召开　为积极配合做好农业部《蚕种管理办法》的修改工作，根据农业部农农（经作）［2011］4号文件精神，2011年5月19日下午，广西蚕业技术推广总站在南宁组织召开了农业部《蚕种管理办法》修改讨论座谈会。会议认真总结了农业部《蚕种管理办法》自2006年6月28日颁布实施以来，对我国及广西蚕业发展和蚕种管理发挥的重大作用。同时针对农业部《蚕种管理办法》中实施过程中存在的不足和需修改完善的地方，与会专家、领导结合广西蚕业生产实际，畅所欲言，逐条进行了充分讨论完善，提出了许多宝贵的修改意见和建议。

7. 浙江首次评出十大蚕丝被品牌　近几年来，丝绸行业的重要产品蚕丝被得到了较快发展，蚕丝被产量大幅度增长，产品进入了千家万户。为了给老百姓购买质量可靠的蚕丝被提供参考，浙江省丝绸协会举办了这次评选活动。其中，包括杭州天蚕丝绸有限公司的家蚕品牌在内的杭州4个品牌的蚕丝被，入选了浙江十大蚕丝被品牌。

（中国农业科学院蚕业研究所　梁培生）

饲料加工业

2011年，我国养殖业效益是近几年来最好的一年，饲料行业运行总体平稳。全国商品饲料总产量达到1.81亿t，实现工业总产值6 348亿元，商品饲料产量和质量合格率再创历史新高。各级饲料管理部门抓监管、保安全，积极应对、妥善处置突发质量安全事件，在饲料管理法规体系建设、瘦肉精等违禁药物监管、违法企业查处等多个方面取得了突破；饲料企业加强行业自律、着力推进技术创新、管理变革，克服动物疫情多发、气候异常、原料价格上涨等不利因素影响，继续保持了良好的发展势头，使饲料行业发展基础得到了进一步巩固和加强。2011年我国饲料工业经济运行情况，展现了如下特点：

一、商品饲料总产量再创新高

2011年，全国商品饲料总产量为18 063万t，同比增长11.5%。其中，配合饲料产量为14 915万t，同比增长15%；浓缩饲料产量为2 543万t，同比下降4%；添加剂预混合饲料产量为605万t，同比增长4.5%。配合饲料、浓缩饲料、添加剂预混合饲料三者比例由2010年的22.4∶4.6∶1发展为24.7∶4.2∶1。

二、产品质量不断提高

2011年，全国共检查饲料生产企业、经营单位和养殖场户14 802个（次），抽检饲料、动物尿液24 727批次。饲料产品总体合格率达到95.5%，较2010年提高1.62个百分点。瘦肉精、三聚氰胺等违禁药物和违禁添加物检出率逐年下降，动物性产品质量安全水平明显提高。

三、产品结构持续调整

1. 配合饲料　2011年猪配合饲料产量为5 050万t，同比增长22.8%；蛋禽配合饲料产量为2 520万t，同比增长8.7%；肉禽配合饲料产量为4 898万t,同比增长12.5%；水产配合饲料产量为1 652万t,同比增长12.1%；反刍动物配合饲料产量为535万t，同比增长8.5%；其他配合饲料产量为260万t，同比增长17.2%。

2. 浓缩饲料　2011年猪浓缩饲料产量为1 443万t，同比下降3.6%；蛋禽浓缩饲料产量为515万t，同比下降10.0%；肉禽浓缩饲料产量为330万t，同比增长1.5%；水产浓缩饲料产量为10万t，同比增长65.5%；反刍动物浓缩饲料产量为211万t，同比下降2.2%；其他浓缩饲料产量为34万t，同比增长4.6%。

3. 添加剂预混合饲料　2011年猪预混合饲料总产量为337万t，同比增长0.1%；蛋禽预混合饲料产量为138万t，同比增长18.9%；肉禽预混合饲料产量为56万t，同比下降0.4%；水产预混合饲料产量为22万t，同比下降3.0%；反刍动物预混合饲料产量为30万t，同比增长51.3%；其他预混合饲料产量为22万t，同比下降20.4%。

从饲料品种看，2011年猪饲料产量为6 830万t，同比增长14.9%；蛋禽饲料产量为3 173万t，同比增长5.5%；肉禽饲料产量为5 283万t，同比增长11.6%；水产饲料产量为1 684万t，同比增长12.1%；反刍动物饲料产量为775万t，同比增长6.5%；其他饲料产量为316万t，同比增长12%。

四、区域分布协调发展

2011年我国东部地区（指北京、天津、河北、上海、江苏、浙江、福建、山东、广东、海南、辽宁）饲料总产量为9 417万t，占全国饲料总产量的52.1%；中部地区（指山西、安徽、江西、河南、湖北、湖南、黑龙江、吉林）饲料总产量为5 221万t，占全国饲料总产量的28.9%；西部地区（指内蒙古、广西、重庆、四川、贵州、云南、陕西、甘肃、青海、宁夏、新疆、西藏）饲料总产量为3 424万t，占全国饲料总产量的19.0%；与2010年相比，东部地区增长11.0%，中部地区增长10.5%，西部地区增长14.4%。2011年，有6个省饲料产量超千万吨，分别是广东为2 095万t，同比增长11.4%；山东为2 050万t，同比增长12.7%；河南为1 262万t，同比增长9.4%；辽宁为1 216万t，同比增长8.3%；河北为1 150万t，同比增长5.9%；湖南为1 006万t，同比增长10.0%。这6个省饲料产量之和达8 779

万 t,占全国总产量的 48.6%。

五、行业规模持续扩大

2011 年，全国饲料工业总产值为 6 348 亿元，同比增长 14.8%。全国商品饲料工业总产值为 5 761 亿元，同比增长 16.7%；饲料添加剂总产值为 445 亿元，同比增长 21.8%；动物源性饲料总产值为 93 亿元，同比增长 24.1%；饲料机械设备总产值为 49 亿元，同比增长 43%。

六、企业数量增速放缓

2011 年，全国各类饲料企业总数为 15 354 个，增长 293 个，增长幅度为 1.9%，增长速度分别比 2010 年低 0.5 个百分点，比 2009 年低 6.2 个百分点。其中，饲料加工企业为 10 915 个，比 2010 年度增加 72 个；饲料添加剂企业为 1 396 个，比 2010 年减少 29 个；单一饲料原料企业为 2 000 个，比 2010 年增加 223 个；动物源性饲料企业为 986 个，比 2010 年增加 36 个；饲料加工机械企业为 57 个，比 2010 年减少 9 个。从企业性质看，国有企业为 221 个，同比减少 14 个，下降幅度为 6.0%；集体企业为 122 个，同比减少 63 个，下降幅度为 34.1%；私营企业为 7 998个，同比增加 59 个，增长幅度为 0.7%；联营企业为 354 个，同比增加 11 个，增长幅度为 3.2%；股份制企业为 5 801 个，同比增加 344 个，增长幅度为 6.3%；港澳台企业为 173 个，同比减少 5 个，下降幅度为 2.8%；外商企业为 332 个，同比增加 11 个，增长幅度为 3.4%；其他企业为 353 个，同比减少 50 个，下降幅度为 12.4%。

七、集团化企业加快发展

1. 年产过百万吨企业情况　2011 年，我国年产百万吨的饲料加工企业为 18 个，产量达 6 775 万 t，占全国饲料总产量的 38.0%，同比增长 12.9%，高出全国平均增长速度 1.4 个百分点。

2. 年产过 50 万 t 企业情况　2011 年，我国年产饲料 50 万 t 以上的饲料加工企业为 33 个，产量达 7 805万 t，占全国饲料总产量的 43%，同比增长 14.3%，高出全国平均增长速度 2.8 个百分点。

3. 年产过 10 万 t 以上企业情况　2011 年，饲料加工企业的单产规模不断增加，年产 10 万 t 以上的企业数量从 2010 年度的 283 个增加到 360 个，增长 77 个，产量达 6 171 万 t，占全国饲料总产量的 34%。

八、饲料添加剂产量稳步增长

2011 年，饲料添加剂产品总量为 629.0 万 t，同比增长 9.9%。其中 2011 年氨基酸总产量为 90.1 万 t,同比增长 26.3%。Ⅰ型氨基酸产量为 89.5 万 t，同比增长 26.5%。主导氨基酸增长主要是吉林，赖氨酸产量达到 50 万 t，同比增长 43%。其次分别是内蒙古产量为 13.5 万 t，同比增长 623.4%；宁夏产量为 14.2 万 t，同比增长 51.2%。Ⅱ型氨基酸产量为 0.6 万 t，同比下降 2.4%。在氨基酸中，蛋氨酸产量为 1.3 万 t；赖氨酸产量为 71.6 万 t（含 65%赖氨酸），同比增长 12.0%；苏氨酸产量为 16.5 万 t，同比增长 152.9%；色氨酸产量为 1 089t，同比下降 6.9%。2011 年维生素总产量为 72.2 万 t，同比增长 15.4%。Ⅰ型维生素产量为 61.2 万 t，同比增长 18.9%。2011 年矿物元素及其络合物总产量为 403.9 万 t，同比增长 5.0%。其中，磷酸氢钙（含磷酸二氢钙）产量为 320 万 t，同比增长 3.3%；硫酸铜产量为 2.6 万 t，同比增长 9.2%；硫酸亚铁产量为 15.6 万 t，同比增长 11.6%；硫酸锌产量为 11.2 万 t,同比下降 22.1%；硫酸锰产量为 7.1 万 t，同比增长 4.1%。

九、饲料机械设备大型化趋势明显

2011 年，我国饲料加工机械设备生产总量为 29 741台（套），同比增加 3 439 台（套），同比增长 13.1%。其中成套机组为 1 874 台（套），同比增加 242 台（套），增长幅度为 14.8%；单机生产为 27 867台，同比增加 3 197 台，增长幅度为 12.5%。在成套机组中，时产 10t 以上的设备为 869 台（套），同比增加 267 台（套），增长幅度为 44.4%；时产 5～10t 的设备为 300 台（套），同比增加 54 台（套），增长幅度为 22%；时产 1～5t 的设备 705 台（套），同比减少 79 台（套），下降幅度为 10.1%。在单机设备中，粉碎机产量为 13 645 台，同比增加 1 117 台，增长幅度为 8.9%；混合机产量为 7 167 台，同比增加 1 019 台，增长幅度为 16.6%；制粒机产量为 6 932 台，同比增加 938 台，增长幅度为 15.6%；其他机械产量为 123 台。

十、行业从业人员素质提高

2011 年，饲料行业企业年末职工人数为 68.2 万人，同比增长 9.8%。其中大专以上学历的职工人数为27万人，占职工总人数的39.5%。其中，博士1 853人，同比增长6.6%；硕士8 038人，同比增长7.2%；大学本科85 488人，同比增长10.1%；大学专科173 149人，同比增长21.0%；其他学历413 379人，同比增长5.6%。技术工种68 797人，同比增长2.4%。

（本文由中国饲料工业协会信息中心和农业部畜牧业司饲料处提供资料，本编辑部汇总整理）

水产品加工业

一、基本情况

（一）生产情况

据《中国渔业统计年鉴》显示，2011年我国水产品总产量为5 603.21万t，同比增长4.28%，占世界水产品总产量的35%左右。其中，海水产品产量2 908.05万t，占总产量的51.9%，同比增长3.95%；淡水产品产量2 695.16万t，占总产量的48.1%，同比增长4.65%。在国内渔业生产中，鱼类产量3 304.07万t，甲壳类产量570.69万t，贝类产量1 266.65万t，藻类产量163.65万t，头足类产量69.53万t，其他产量113.86万t。总产量中，养殖产量4 023.26万t，占我国水产品总产量的71.8%，占全球养殖水产品总量的67%；捕捞产量1 579.95万t，占水产品总产量的28.2%，占全球捕捞总量的17%。

（二）水产品加工

1. 生产规模　2011年，我国水产品加工企业为9 611个，比2010年减少151个，同比下降1.55%。年加工能力为2 429.37万t，同比增长1.71%。水产品加工业冷库为9 173座，同比增长15.09%。其中，冻结能力为67.77万t/d，同比增长38.03%；冷藏能力为427.7万t/次，同比增长4.78%；制冰能力为23.97万t/d，同比下降2.88%。

2. 加工产量与产值　2011年，我国水产品加工总量为1 782.78万t，同比增长9.16%。淡水加工产品为305.14万t，同比增长8.1%。海水加工产品为1 477.64万t，同比增长9.38%。冷冻水产品为1 103.72万t，同比增长9.84%。其中，冷冻品为545.29万t，同比下降1.39%；冷冻加工品为558.43万t，同比增长23.58%。鱼糜制品及干腌制品产量为259.79万t，同比增长7.04%。其中，鱼糜制品为104.01万t，同比增长8.13%；干腌制品为155.78万t，同比增长6.33%。藻类加工制品为96.96万t，同比增长2.51%。罐制品为26.56万t，同比增长9.24%。鱼粉产量为182.15万t，同比增长22.01%。鱼油制品产量为4.8万t，同比增长23.71%。其他水产加工品为108.8万t，同比下降4.22%。2011年我国水产品加工总产值为2 688.05亿元，同比增长13.97%。

二、科研、新产品、新技术

1. 由中国水产科学研究院南海水产研究所承担的海南省重点科技计划项目“合浦珠母贝贝肉、贝壳高值化综合利用新技术的研究”于2011年3月22日通过鉴定。该项目通过对合浦珠母贝开珠后贝肉和贝壳高值化综合利用，研究了合浦珠母贝贝肉、贝壳的深加工技术。以合浦珠母贝贝肉为原料，根据栅栏效应理论将贝肉加工成高水分的休闲风味食品，利用生物技术研制了贝肉营养液等产品，将贝肉水解后的残渣进一步发酵生产复合氨基酸肥；以合浦珠母贝壳为原料，研究了碳酸钙和多功能饲料添加剂——丙酸钙的生产技术，实现了对合浦珠母贝开珠后废弃贝肉和贝壳的高值化零废弃综合利用。

2. 由广东海洋大学承担的“水产加工企业废水气浮络合萃取技术研究及应用”项目，于2011年11月20日通过成果鉴定。鉴定专家认为，该项目利用自有气浮络合萃取专利技术，解决了碱性条件下使用P204作为络合剂产生严重乳化的问题，大大提高了萃取分配系统性能，该方法应用于从水产品加工废水中提取蛋白等营养成分，蛋白回收率大于90%，悬浮物低于95mg/L，动物脂肪油含量小于11mg/L，出水透视度大于1 000mm，pH为7～8，达到生产用水标准。签定委员会认为，该成果操作方法简单、快速，成本低廉，整体技术达到国内领先水平，既提高了企业经济效益，又消除了废水对环境的污染，减小环保压力，产业化应用前景广阔，对提高海洋资源附加值、促进海洋资源的可持续发展具有十分重要的意义。

3. 由大连獐子岛渔业集团股份有限公司与大连

工业大学合作完成的“贝类精深加工关键技术研究及产业化”项目，于2011年荣获国家科学技术进步二等奖。项目科研团队对贝类精深加工关键技术进行了系统的研究，建立了贝类热加工食品质构控制、低温真空渗透调味及阶段式杀菌新技术，使贝类食品的色泽、弹性、质构等方面有了极大的提升，开发了鲍鱼、虾夷扇贝等系列贝类热加工食品，并将技术成果在多个企业进行了推广应用。除了贝类热加工食品以外，还对贝类多糖进行了研究，在贝类活性多糖的提取、分离纯化、结构解析和生物活性评价等方面进行了系统集成。獐子岛渔业在金贝广场设立了贝类多糖生产线，不仅给企业带来了巨大的经济效益，同时也为整个贝类加工提供了产业化示范，提升了我国海洋水产加工产业的现代化程度和国际竞争力。

4. 由中国水产科学研究院东海水产研究所研究开发的“软烤海珍制品技术”，于2011年在福建省福鼎市叶东贵食品有限公司推广应用。作为948项目“水产品温和加工关键技术引进”内容，“软烤海珍制品技术”在国内外水产品加工领域首次运用栅栏效应理论和微生物预报技术，通过设置多个温和的栅栏协同作用，达到杀灭和抑制有害微生物的目的，保证食用、储藏和流通过程中的质量安全。同时，产品不经过高温杀菌，有效地保证了水产品特有的色泽、质地和风味，产品各项指标均达到了国际先进水平。

5. 由中国水产科学研究院渔业机械研究所欧阳杰等发明的“一种冷冻鱼糜加工中提高鱼糜得率的工艺方法”，于2011年获得国家发明专利授权，专利授权号为ZL200910055750.8。本发明涉及冷冻鱼糜的加工，包括洗鱼、采肉、预喷淋、漂洗、喷淋、精滤、脱水、斩拌工序。其特征在于对所述预喷淋、漂洗、喷淋、脱水4道加工工序中至少2道的排水分别采用固液分离方法回收鱼糜，分离出的固体进入本道、次道或后道工序；分离出的液体进入废水处理工序，或再进行一次固液分离方法回收鱼糜，收集的鱼糜作为产成品单独输出。本方法通过及时对各生产工序的排水分别处理，能够保证回收鱼糜的品质，提高回收鱼糜的品相和得率，减轻了废水处理压力。

6. 由中国水产科学研究院渔业机械研究所沈建等发明的“一种鱼糜生产过程的脱水工序中抑制温升的方法”，于2011年获得国家发明专利授权，专利授权号为ZL200910056473.2。本发明所述脱水工序，包括将鱼糜通过进料箱送进脱水螺杆，分布于旋转轴外的螺旋叶片间，然后电机带动螺杆旋转，使鱼糜在螺杆内逐步被挤压出多余水分，最后脱水完成的鱼糜从出料箱排出。其特征是当工序进行到电机带动螺杆旋转、鱼糜在螺杆内逐步被挤压出多余水分时，同时增加使用导热装置冷却鱼糜的步骤，使鱼糜在被挤压脱水的同时被冷却，对脱水中因为挤压鱼肉产生的升温起到很好的抑制作用，并能有效地对最终鱼糜成品进行温度调控，有效地提高了鱼肉的加工品质。

7. 由中国水产科学研究院黄海水产研究所尚德荣等发明的“水产品中无机砷的测定方法”，于2011年获得国家发明专利授权，专利号为ZL 200810013738.6。该发明专利研究出高效液相色谱—氢化物发生原子荧光联用（HPLC-HG-AFS）形态分析技术测定水产品中无机砷的方法，通过阴离子交换色谱柱对砷酸盐［As（Ⅴ）］、亚砷酸盐［As（Ⅲ）］、一甲基砷化合物（MMA）、二甲基砷化合物（DMA）和砷糖（AsS）吸附能力的不同，实现了将不同价态砷依次洗脱，与HPLC-HG-AFS联用仪进行分析测定；本发明既能准确测定水产品中无机砷（iAs），同时也能测定有机砷一甲基砷化合物（MMA）、二甲基砷化合物（DMA）和砷糖（AsS）。可应用于水产品中砷形态测定。该项发明先后为农业部的藻类产品质量安全普查、农产品质量安全风险评估、科学技术部社会公益研究专项、国家科技支撑计划等项目起到技术支撑作用，为管理部门制定和执行水产品相关安全法规提供了科学依据。

三、国内外市场

（一）国内贸易

2011年初我国长江中下游地区江苏、安徽、江西、湖北和湖南5省遭遇罕见干旱灾害，据不完全统计5省受旱养殖面积约93.33万hm^2，损失成鱼和鱼种70多万t，水产苗种300多亿尾，进入6月后部分地区又连续发生强降雨，旱涝急转导致渔业生产再次受灾，20余万hm^2养殖面积受灾，损失水产品近30万t。相关省份部分受灾严重的水产品市场供应一度偏紧，价格持续上扬，并带动全国淡水产品价格自4月起连续多个月持续较大幅度上涨。虽然灾后恢复生产有序进行，但由于补苗较晚，集中上市期有所推迟，淡水产品的较高价位一直持续到9月，直到10月后才逐步回落。生产成本持续增加推动水产品价格上涨。据对全国80个水产品批发市场成交价格统计，2011年水产品批发市场综合平均价格18.24元/kg，同比上涨4.97%。其中海水产品综合平均价格33.07元/kg，同比上涨5.56%；淡水产品综合平均价格12.26元/kg，同比上涨4.23%。另据对可比的38个水产品批发市场成交数据统计，成交量630万t，同比增长4.57%；成交额1 244.8亿元，同比增长10.66%。

（二）进出口贸易

据海关数据统计，2011 年我国水产品进出口总量为 816.1 万 t，进出口总额为 258.1 亿美元，同比分别增长 13.9%和 26.7%。其中，进口量为 424.9 万 t，进口额为 80.2 亿美元，同比分别增长 11.2%和 22.7%；出口量为 391.2 万 t，出口额为 177.9 亿美元，同比分别增长 17.1%和 28.7%。水产品出口额占我国农产品出口总额的比重为 29.3%，较 2010 年提高 1.1 个百分点。同时，按照联合国粮农组织最新预测，2011 年全球水产品出口额有望实现 1 200 亿美元。据此推算，我国水产品出口额占全球水产品出口总额的比重将达到 14.8%，连续 10 年位居全球首位。贸易顺差 97.8 亿美元，比 2010 年增加 24.8 亿美元。

1. 一般贸易出口保持强势，出口价格呈增长态势

（1）优势养殖出口品种仍占一般贸易主导地位 2011 年，水产品一般贸易出口量为 270.4 万 t，出口额为 124.6 亿美元，同比分别增长 20.5%和 32.3%，产品出口价格普遍高于 2010 年。贝类、对虾、罗非鱼、鳗鱼、大黄鱼、小龙虾和斑点叉尾鮰等养殖水产品仍是一般贸易主要出口品种，出口额之和占一般贸易出口总额的 50.2%。其中，贝类出口量价齐增，出口量增长 18.5%，出口单价上涨 25%；对虾出口量增长 7%，出口单价上涨 15%；罗非鱼出口量在波动中实现小幅度增加，出口价格先涨后跌，目前仍处低位运行；鳗鱼、大黄鱼、小龙虾和斑点叉尾鮰出口量下降，但出口单价同比分别上涨 37%、29%、78%和 72%。干海参制品出口增速明显，出口额达到 4 035 万美元，是 2010 年的 18 倍。捕捞产品中，墨鱼、鱿鱼及章鱼制品、蟹制品、鲭鱼、鲳鱼、沙丁鱼、金枪鱼等出口量额均有较大幅度增长，部分产品出口额甚至较 2010 年翻了几番。其中，鱿鱼及章鱼制品、蟹制品出口量同比分别增长 8.1%和 89.7%，单价同比分别上涨 23%和 19%。

（2）来进料加工出口平稳增长，冻鱼片仍是来进料加工贸易主要产品 2011 年我国水产品来进料加工贸易出口量为 120.8 万 t，出口额为 53.3 亿美元，同比分别增长 10.3%和 20.9%，来进料加工贸易出口额占水产品出口总额的比重为 29.95%，较 2010 年下降 1.9 个百分点。进料加工出口量为 89.8 万 t，出口额为 38.8 亿美元，同比分别增长 8.8%和 20.8%；来料加工出口量为 30.97 万 t，出口额为 14.5 亿美元，同比分别增长 14.7%和 21.3%。冻鱼片仍是来进料加工贸易主要出口产品，出口额为 32 亿美元，占来进料加工贸易出口总额的 60%。

2. 市场多元化，新兴市场份额增加 2011 年我国水产品出口市场格局继续发生细微变化。日、美、欧、韩依然是最重要的出口市场，但出口增速明显放缓，四大市场出口额合计增长 19.1%，低于整体增幅 9.6 个百分点，所占份额同比也下降 5 个百分点。近几年一直表现不俗的东盟、中国台湾和中国香港市场 2011 年市场表现依然较为抢眼，东盟取代韩国成为我国第四大出口市场，对中国香港出口额也已接近韩国。对中国台湾出口经过近年连续高速增长后，2011 年增幅有所放缓，但仍高于整体增速。另外，对非洲、大洋洲和南美洲等新兴市场出口均保持较强增长态势，出口额同比分别增长 97.1%、41.2%和 40.6%。

3. 沿海主要省份出口均大幅增长，福建省表现最为突出 山东、福建、广东、辽宁、浙江、海南、江苏、广西等沿海省份仍是我国水产品主要出口省份，出口额之和占全国水产品出口总额的 94.6%。其中山东继续稳居我国水产品出口第一大省位置。福建凭借蟹肉罐头、鱿鱼制品等产品及对中国台湾出口的增加，出口额同比增长 54.5%，继 2010 年后继续位居我国第二大出口省份。山东、福建两省出口额之和占全国水产品出口总额的近一半。内陆省份中，湖北省由于主打产品小龙虾和斑点叉尾鮰产量下降，出口量大幅度下降。

4. 水产品进口量额双增，美国跃升为我国第二大进口市场 2011 年我国水产品进口量为 424.9 万 t，进口额为 80.2 亿美元，同比分别增长 11.2%和 22.7%。其中，来进料加工原料进口量为 152.2 万 t，进口额为 32.8 亿美元，同比分别增长 17.2%和 34.3%。鱼粉进口量为 121 万 t，进口额为 17.5 亿美元，同比分别增长 16.6%和 5.2%。供国内食用水产品进口量为 151.7 万 t，进口额为 29.8 亿美元，同比分别增长 2.1%和 22.9%。俄罗斯依然是我国第一大水产品进口国，进口量和进口额均保持平稳增加。自美国进口水产品的数量和金额均大幅度增长，超过秘鲁成为我国第二大水产品进口国。受核泄漏危机影响，2011 年我国自日本进口水产品量额均大幅度下降。

（三）市场需求分析及预测

2011 年水产品出口继续保持较快增长态势，主要得益于以下几个方面：一是近年来我国不断推广健康养殖模式，加强质量安全监管工作力度，水产品品质和质量安全水平均不断提高，同时作为负责任渔业大国，我国积极配合相关国家和国际组织开展水产品合法性认证，产品国际市场竞争力不断增强。二是日本地震导致其自身水产品供应趋紧，增加了水产品进

口，同时部分之前从日本进口水产品的国家也将订单转向我国。三是我国积极推进市场多元化战略，取得明显效果，同时一些多边和双边贸易协定的积极效应也逐渐显现。四是我国外贸政策基本稳定，外贸企业克服困难的信心和能力不断增强。值得注意的是，2011年水产品出口额虽有较大增幅，但同时包括劳动力在内的国内生产成本也在大幅度增加，且人民币不断升值，企业实际利润增加有限，行业内互相压价、恶性竞争现象依然存在。加强技术创新，加快转型升级，调整产品结构，提高产品附加值仍是水产品国际贸易今后很长一段时间的发展方向和努力目标。

四、质量管理与标准化工作

1. 深入开展水产品禁用药物和物质问题安全整治　农业部在巩固两年整治成果的基础上，2011年进一步集中力量深入开展水产品禁用药物和物质问题等6个专项治理行动，严厉打击违法违规行为，不断健全长效监管机制，努力确保不发生重大农产品质量安全事件。针对水产品质量安全存在的问题和隐患，农业部进一步加大执法监管力度。一是突出整治重点，抓住最突出的问题和隐患，找准薄弱环节，有针对性的采取措施。二是强化源头治理，联合有关部门形成监管合力，采取综合治理措施，从源头上杜绝禁用药物和非法添加物流入农用环节。三是确保整治措施落实到基层，将工作重心下移，把各项工作做实、做深入，确保采取的措施取得实效。四是严厉惩治犯罪，重点做好农业行政执法与刑事司法的衔接，及时移送涉嫌犯罪案件，对于发现的问题，追根溯源。

2. 组织开展水产品药物残留快速检测产品验证工作　为推动水产品质量安全现场执法，实施水产品产地准出和市场准入，切实加强水产品质量安全监管，农业部办公厅于2011年4月28日发布《关于组织开展水产品药物残留快速检测产品验证工作的通知》（农办渔［2011］42号），组织开展水产品药物残留快速检测产品验证筛选工作。本次快检产品验证筛选工作按照各省、自治区、直辖市及计划单列市渔业主管部门及水产品质检机构组织推荐，农业部组织开展资质核查、现场验证，公开发布验证结果。

3. 专题研究水产品质量安全追溯试点工作　为深入推进水产品质量安全管理和重点水产品种的专项整治，研究制订重点水产品种建立产地准出和质量安全追溯制度工作方案，2011年12月13日农业部渔业局在北京召开座谈会，专题研究水产品质量安全追溯试点工作。会议决定：一是以可追溯体系作为产地准出和市场准入的技术支撑，逐步完善水产品质量安全管理的长效机制；二是以龙头企业为试点，打造质量安全信得过水产品牌；三是加强资源统筹，与工商、食品安全委员会办公室等有关部门定期协调，利用倒逼机制保障市场流通环节水产品质量安全；四是推进国家法律法规建设，完善市场准入制度；五是通过正面引导，评比考核的方式促进质量安全管理水平的提高；六是对产地覆盖面广，具有代表性的重点水产品品种（鳜鱼、斑点叉尾鮰、乌鳢、大菱鲆、鳗鱼和海参等）加大监管力度，重点突破。

4. 渔业标准化知识培训班在桂林举办　为了进一步提高渔业标准制（修）订质量，普及渔业标准化知识，2011年5月16～18日，全国水产标准化技术委员会（以下简称“水标委”）在桂林市举办了渔业标准化知识培训班。部分渔业行政管理人员、全国水标委及各分技委委员、承担国家标准和行业标准主要起草人员，以及质检机构和渔业相关科研、教学和生产单位的人员参加了培训。此期培训重点讲授了《标准化工作导则　第一部分：标准的结构和编写》（GB/T 1.1—2009）、《标准化工作指南　第二部分：采用国际标准》（GB/T 20000.2—2009）和渔业标准制（修）订程序及注意事项等内容。培训期间，还安排了分组交流，各分技委秘书长分别介绍了各渔业专业领域标准化开展情况，解答了学员们提出的有关问题，培训结束时进行了统一考试。

5. 关于干海参铝超标问题　中国水产流通与加工协会向卫生部食品安全综合协调与卫生监督局致函——《关于协调解决干海参铝残留量超标问题的函》，希望通过卫生部从正确执行和采用标准的角度，给予法规和技术层面支持，来解决长期困扰海参生产企业的铝超标问题及干海参生产加工和流通中面临的被动局面。2011年初，卫生部食品安全综合协调与卫生监督局就此作出了复函——《卫生部监督局关于干海参铝含量标准问题的复函》，并抄报国家质量监督检验检疫总局食品生产监管司。复函提出，根据《中华人民共和国食品安全法》《食品添加剂使用卫生标准》（GB 2760—2007）和《食品中污染物限量》（GB 2762—2005）的有关规定，使用硫酸铝钾等含铝食品添加剂的食品，应当符合相关标准的规定。对未使用含铝食品添加剂的干海参等食品，不适用《食品添加剂使用卫生标准》和《食品中污染物限量》。

6. 加强进口三文鱼检验检疫管理　为保护我国消费者健康和公共卫生安全，加强对进口三文鱼的检验检疫工作，国家质量监督检验检疫总局发布《关于加强进口三文鱼检验检疫的公告》（2011年第9号）。公告要求：一是各出入境检验检疫机构要按照《中华人民共和国进出境动植物检疫法》及其实施条例和有关规定，对进口养殖三文鱼实施进境检疫审批。二是各出入境检验检疫机构要按照《中华人民共和国食品安全法》及其实施条例、《中华人民共和国进出境动植物检疫法》及其实施条例、《关于做好进口食品境外出口商或代理商备案准备工作的通知》（国质检食函［2009］618号）等法律法规规定，对进口冰鲜三文鱼境外出口商及代理商、国内收货人及代理商做好备案管理。三是对进口冰鲜三文鱼加强现场查验，官方卫生证书等证单不符合规定，或货证不符者不得入境。

五、行业管理

（一）成立加工副产物利用工作委员会

2011年10月31日，经农业部、民政部批准，中国水产流通与加工协会副产物利用工作委员会在青岛成立，并同期举办了首届中国渔业加工副产物综合利用研讨会。会上，专家们就水产品加工副产物的开发利用进行了深入讨论和交流。中国水产流通与加工协会副产物利用工作委员会副会长、中国海洋大学教授李八方在演讲中重点讲述了我国水产品加工副产物利用现状与发展。中国水产流通与加工协会副产物利用工作委员会执行会长兼秘书长、贝尔特董事长曹荣军以水产加工企业的技术升级与创新发展的思路及探讨为题，从鱼、虾、贝、藻等几大类水产品，尤其是海洋水产品的副产物利用状况等进行了分析，并对当前我国蓝色经济大发展的局面以及国家对环保、低碳、循环经济等的高度重视方面进行了阐述和分析。作为工作委员会的执行会长兼秘书长单位，青岛贝尔特生物科技有限公司长期致力于从来自于海洋的鱼、虾、贝、藻等产品的副产物中提取软骨素、胶原蛋白、甲壳素等海洋生物制品，凭借国际领先的生产技术和产品的纯净高效，成为海洋生物产业的引领者，目前在烟台海阳建设的海洋生物产业园已经全面开始生产，园区全部建成后将成为亚洲最大海洋生物及生物医药生产基地。

（二）举办专业研讨会

1. 举办第三届中国对虾产业发展论坛　2011年4月8～9日，中国水产流通与加工协会联合国家虾产业技术体系、湛江市人民政府在广东省湛江市举办了第三届中国对虾产业发展论坛，围绕“整合全球产业资源，引领对虾产业升级”为主题展开深入研讨。论坛邀请了对虾生产国（泰国、印度尼西亚和印度）、贸易国（美国）以及我国对虾产业行业代表，互通对虾国际产业信息，透析国际对虾贸易行情，探讨产业发展趋势，提升我国对虾产业的国际地位和竞争力。本次论坛在业界引起了高度关注，与前两届论坛相比规模更大，报告内容更丰富、更具有实践指导意义。

2. 举办首届大宗淡水鱼产业发展峰会　2011年6月17～18日，中国水产流通与加工协会联合国家大宗淡水鱼类产业技术体系、湖南省畜牧水产局，在湖南长沙举办了以“加强现代淡水渔业建设，推进淡水渔业可持续发展”为主题的大湖股份·首届大宗淡水鱼产业发展峰会。大会共设产业现状、养殖、质量安全、加工、市场五大主题，17位权威专家应邀作大会报告，精彩纷呈，满足了众多企业、行业相关人员对产业不同方面发展的诉求。

（中国水产流通与加工协会　陈丽纯）

林产品加工业

一、经济林、竹及花卉产业

2011年，新造经济林面积121.83万hm^2，比2010年增长9.67%。各类经济林产品总量达到1.34亿t。水果产量为11 471万t，比2010年增长3.99%，其中苹果、柑橘和梨分别为3 101万t、2 412万t和1 534万t；干果产量为927万t，比2010年增长24.81%；林产饮料产品的产量为159万t，比2010年增长14.15%；林产调料产品的产量为59万t，比2010年增长17.28%；林产工业原料产量172万t，比2010年增长2.58%；油茶籽产量为148万t，比2010年增长35.51%；竹笋干、食用菌等森林食品产量为293万t；木本药材的产量为144万t。2011年，竹材产量为15.39亿根，比2010年增长7.64%，其中毛竹10.26亿根，篙竹5.13亿根，分别占全部竹材产量的66.64%和33.36%。村及村以下各级组织和农民生产竹材8.98亿根，占全部竹材产量的58.35%。2011年，花卉种植面积86.22万hm^2，切花切叶142亿支，盆栽植物29亿盆，观赏苗木121亿株，草坪4.08亿m^2。具有一定规模的花卉市场为4 100多个，花卉企业4.24万个，其中大中型花卉企业为7 900多个；花卉从业人员433万人，花农117万户；控温温室面积和日光温室面积分别为3 332万m^2和15 095万m^2。

二、木材生产及林产工业

1. 木材产量稳定　2011年，天然林资源保护工程二期启动实施，东北、内蒙古等重点国有林区木材产量调减，集体林区木材产量普遍增长。总体来看，2011年木材产量为8 145.92万m^3，与2010年产量基本持平。从木材产品结构看，原木产量为7 449.64万m^3，比2010年减少0.85%；薪材产量为696.28万m^3，比2010年增长20.8%。从木材生产单位看，林业系统内生产的木材为2 033.87万m^3，比2010年减少24.09%，占全部木材产量的24.97%，其中系统内国有林场、事业单位生产木材1 220.12万m^3；系统外企、事业单位采伐自营林地的木材301.68万m^3，同比增长13.4%，占全部木材产量的3.7%；乡（镇）集体企业及单位生产木材产量为535.68万m^3，同比增长26.43%，占全部木材产量的6.58%；村及村以下各级组织和农民个人生产的木材为5 274.7万m^3，同比增长11.74%，占全部木材产量的64.75%。

2. 锯材产量持续增长　2011年，全部锯材产量4 460.25万m^3，比2010年增长19.81%。

3. 人造板产量快速增长　2011年，人造板产量达到20 919.29万m^3，比2010年增长36.19%，增长速度进一步加快。在全部人造板产量中，胶合板为9 869.63万m^3，比2010年增长38.24%，占全部人造板产量的47.18%；纤维板为5 562.12万m^3，比2010年增长27.73%，占全部人造板产量的26.59%，其中中密度纤维板产量为4 973.41万m^3；刨花板产量为2 559.39万m^3，比2010年增长102.45%，占全部人造板产量的12.23%；其他人造板为2 928.15万m^3（细木工板占69.47%），比2010年增长12.52%，占全部人造板产量的14.00%。另外，人造板表面装饰板产量为2.66亿m^2，单板产量为3 173万m^3。从分省情况看，人造板生产主要集中在东、中部地区，山东、江苏、广西、河南、河北、安徽、福建和广东8省、自治区产量均超过700万m^3,8省、自治区人造板产量共计17 121.5万m^3，占全国人造板总产量的81.85%，其中山东突破6 000万m^3，江苏突破3 000万m^3，广西突破2 000万m^3。

4. 木竹地板产量快速增长　2011年，全部木竹地板产量达到6.29亿m^2，比2010年增长31.29%。在木竹地板产量中，实木木地板1.22亿m^2，占全部木竹地板产量的19.44%；复合木地板3.57亿m^2，占全部木竹地板产量的56.70%；其他木地板1.03亿m^2，占全部木地板产量的16.40%；竹地板0.47亿m^2，占全部木地板产量的7.46%。木竹地板产量最大的省份是江苏省，产量达到1.83亿m^2。

5. 木制家具产量呈持续增长态势　2011年，全国木制家具总产量2.48亿件，比2010年增长15.84%。

6. 木浆产量稳定增长　2011年，纸和纸板总产量9 930万t，比2010年增长7.12%；纸浆产量7 723万t，比2010年增长5.53%，其中木浆产量823万t,比2010年增长16.24%。

7. 林化产品产量持续增长　2011年，全国松香类产品产量141.3万t，比2010年增长6.02%，其中松香产量为125.37万t，同比增长3.96%；松节油产量14.54万t，同比增长13.06%；栲胶产量9 129t，同比下降16.44%；紫胶产量2 046t，同比下降1.63%。

三、木材产品市场供给与消费

（一）木材产品供给

木材产品市场供给由国内供给和进口两部分构成。国内供给包括商品材、农民自用材和农民烧柴、木质纤维板和刨花板；进口包括进口原木、锯材、单板、人造板、家具、木浆、木片、纸和纸制品、废纸及其他木质林产品。2011年木材产品市场总供给为50 003.99万m^3，比2010年增长15.78%。

1. 商品材　2011年，全国商品材产量为8 145.92万m^3，比2010年增长0.7%；其中，原木产量7 449.64万m^3，比2010年下降0.85%，薪材（不符合原木标准的木材）696.28万m^3，比2010年增长20.8%。

2. 农民自用材和烧柴　根据测算，农民自用材和烧柴折合木材供给量为4 036.98万m^3，其中农民自用材为1 205.7万m^3，农民烧柴为2 831.28万m^3。

3. 木质纤维板和刨花板　2011年，木质纤维板产量为5 486.26万m^3，比2010年增长29.2%；木质刨花板产量为2 516.76万m^3，比2010年增长107.64%。木质纤维板和刨花板折合木材供给13 650.41万m^3，扣除与薪材产量的重复计算部分，木质纤维板和刨花板相当于净增加木材供给13 545.97万m^3。

4. 进口　2011年，我国木质林产品进口折合木材 22 375.12 万 m^3，其中原木 4 232.58 万 m^3，锯材（含特形材）2 811.83 万 m^3，单板和人造板 234.32 万 m^3，纸浆及纸类（木浆、纸和纸板、废纸和废纸浆、印刷品）13 734 万 m^3，木片 1 181.76 万 m^3，家具、木制品及木炭 180.62 万 m^3。

5. 其他　2011 年，超限额采伐、上年库存等形式形成的木材供给约为 1 900 万 m^3。

（二）木材产品消费

木材产品市场消费由国内消费和出口两部分构成。国内消费包括工业与建筑用材消费、农民自用材和烧柴消费；出口包括出口原木、锯材、单板、人造板、家具、木浆、木片、纸和纸制品、废纸及其他木质林产品。2011 年木材产品市场总消费为 49 991.91 万 m^3，比 2010 年增长 15.78%。

1. 工业与建筑用材消费　据国家统计局和有关部门统计，按相关产品木材消耗系数推算，2011 年我国建筑业与工业用材折合木材消耗量为 38 907.76 万 m^3，比 2010 年增长 22.63%。其中，建筑业用材（包括装修与装饰）12 801.08 万 m^3，比 2010 年增长 25.24%；家具用材（指家具的国内消费部分，出口家具耗材包括在出口项目中）9 252.06 万 m^3，比 2010 年增长 42.49%；造纸业用材 14 491.6 万 m^3，比 2010 年增长 13.45%；煤炭业用材 1 061.79万 m^3，比 2010 年增长 4.16%；车船制造、铁路、化纤等其他部门用材 1 301.23 万 m^3，比 2010 年增长 6.69%。

2. 农民自用材和烧柴　根据产量测算（即“十一五”统计数与实际消耗量的比例推算），农民自用材消耗量为 1 205.7 万 m^3，农民烧柴消耗量为 2 831.28万 m^3。由于农民自用材消耗中有很大一部分用于农民建房，约合 1 085.13 万 m^3，扣除这部分与建筑用材消耗的重复计算后，农民自用材和烧柴消耗量为 2 951.85 万 m^3。

3. 出口　2011 年，我国木质林产品出口折合木材 8 580.01 万 m^3，其中原木 1.44 万 m^3，锯材 126.66 万 m^3，单板和人造板 3 060.25 万 m^3，纸浆及纸类（木浆、纸和纸板、废纸和废纸浆、印刷品）1 934.92 万 m^3，家具 3 180.73 万 m^3，木片、木制品和木炭 276.01 万 m^3。

（三）木材产品市场供需的特点

2011 年，我国木材产品市场供需的主要特点表现为：木材产品总供求快速增长，但国内实际供给增幅远小于进口增幅，国内实际需求增幅远大于出口增幅；木材产品总体价格水平波动中较大幅度上扬。

1. 木材产品供给总规模快速增长，但进口总量增速远高于国内实际供给增速　从国内供给看，2011 年原木、农民自用材和烧柴产量有所下降外，薪材、木质纤维板和刨花板等木材产品产量大幅度增加，国内木材产品实际供给增长 11.25%。同时，原木、锯材、木浆、废纸、木片等产品进口量大幅度增长，木材产品进口总量增幅达 21.89%。

2. 木材产品总需求大幅度增长，但出口增幅远小于国内需求增幅　2011 年，尽管实施房地产调控政策，我国宏观经济仍然保持较快的增长速度，建筑用材、造纸用材和家具用材的需求均快速增长，木质林产品国内需求增速达 17.02%；同时，尽管受欧债危机的影响，国际经济复苏缓慢，国际市场对木质林产品的需求有所回升，在主要出口木质林产品中，除家具出口小幅度下降外，胶合板、纸和纸板、纤维板等产品的出口量均有较大幅度增长，木材产品出口总规模增长 10.16%。

3. 木材产品总体价格水平在波动中较大幅度上扬　2011 年，木材价格水平经历了一个高位—回落—反弹—回落—反弹的震荡过程，市场价格总体价格水平高于 2010 年水平。受木材价格变动的影响，加上国内通货膨胀和生产成本增加的推动，锯材、胶合板、木制家具、纸和纸板等木材产品价格均较大幅度上扬。

四、主要林产品价格

根据国家统计局统计，2011 年全国林产品生产价格平均上涨了 14.62%，其中一季度上涨了 13.21%，二季度上涨了 18.43%，三季度上涨了 13.98%，四季度上涨了 12.87%；全国木材生产价格平均上涨了 9.68%，其中一季度上涨了 5.84%，二季度上涨了 10.13%，三季度上涨了 9.9%，四季度上涨了 12.83%。

1. 原木　根据国家统计局社会经济调查总队调查的月度数据，2011 年加工用原木的购进价格从年初的 1 828.2 元/m^3 开始回落，5 月降至 1 707.4 元/m^3，然后价格开始迅速提升，到 6 月达到了 1 902.5 元/m^3 的高位，然后又缓慢上扬到 9 月的 1 966.4元/m^3，之后迅速下跌到 10 月的 1 797.8 元/m^3，随后缓慢回升到年末的 1 878.0 元/m^3。

2. 锯材　2011 年，普通锯材的全年平均购进价格为 2 400.1 元/m^3，比 2010 年上升了 4.93%。从 1 月的 2 456.5元/m^3 开始波动，下降到 2 月的2 301.9 元/m^3，然后开始缓慢攀升到年末的 2 481.8 元/m^3。

3. 人造板　2011 年，胶合板、纤维板、刨花板的平均出厂价格分别为 1 291.6 元/m^3、879.9 元/m^3 和 762.7 元/m^3，比 2010 年分别提高了 4.12%、

4.74%和3.42%。从各月出厂价格走势看，胶合板价格基本平稳，从年初的1 220.2元/m^3，小幅上升到5月的1 300元/m^3的水平，6月价格迅速上扬到1 443.5元/m^3，7月回落到1 332.9元/m^3，8月回落到1 262.6元/m^3后小幅度平稳上升，年末价格为1 296.9元/m^3；纤维板价格小幅度平稳上升，从年初的818.3元/m^3，持续上涨至年末的972.4元/m^3；刨花板价格前半年小幅度波动，后半年保持平稳，1月价格最低，为654.8元/m^3，2月上升到822.1元/m^3，之后小幅度波动，到5月达到了价格的最高点873.2元/m^3，6月价格回落到725.3元/m^3，之后价格微幅波动至年末的726.6元/m^3。

4. 木浆　2011年机械木浆平均出厂价格为3 688.8元/t，比2010年下降了1.5%。化学木浆的平均出厂价格为4 522.2元/t，比2010年下降了4.7%。从各月的出厂价格走势看，机械木浆的价格变动幅度较小，从年初的3 578.9元/t开始缓慢上升，上升到6月的3 849.4元/t，7月开始下降，8月开始上扬，至9月达到3 940.1元/t的最高水平，随后逐步回落到年末的3 521.2元/t；化学木浆价格波动幅度较大，年初在4 917.2元/t的水平，小幅度波动后，5月达到5 218.5元/t左右，6月价格开始下降，到9月降至4 001.4元/t的最低点，之后价格小幅度攀升，到12月价格回升到4 096元/t。从购进价格来看，机械木浆和化学木浆的年均价格分别为4 893.1元/t和5 530.1元/t。机械木浆的价格波动较小，年初的价格为4 935.6元/t，2月价格下滑到4 690.8元/t，之后价格基本平稳在4 800元/t的水平，8月价格回落到了4 792.1元/t的低点后开始回升，到10月达到了5 082.7元/t，年末时价格回落到了4 893.1元/t。化学木浆前半年价格基本平稳，从1月的5 531.1元/t稳步上升到8月的最高点5 713.4元/t,然后开始迅速下滑到9月的5 083.1元/t,之后继续上扬，到12月达到了5 465.2元/t。

五、主要林产品进出口

1. 林产品进出口贸易快速增长，但增速明显回落；出口增速远低于进口增速，贸易逆差进一步扩大；在全国商品进出口贸易中，林产品出口所占比重微降，进口所占比重略升　2011年，林产品进出口贸易总额为1 203.33亿美元，比2010年增长28.25%。其中，林产品出口550.34亿美元，比2010年增长18.82%，增速回落8.72个百分点，低于全国商品出口20.32%的增长速度，占全国商品出口额的2.90%，比2010年降低了0.04个百分点；林产品进口652.99亿美元，比2010年增长37.45%，增速回落2.68个百分点，高于全国商品进口24.99%的增长速度，占全国商品进口额的3.75%，比2010年提高了0.34个百分点。林产品贸易逆差为102.65亿美元，比2010年扩大了90.75亿美元。

2. 林产品进出口贸易仍然维持木质林产品为主的产品格局，但非木质林产品的比重有所提高　2011年，林产品进出口贸易总额中，木质林产品占67.28%，比2010年下降了2.14个百分点；林产品出口额和进口额中，木质林产品所占比重分别为73.69%和61.88%，分别比2010年下降了1.13个和2.27个百分点。

3. 林产品贸易市场主要分布于亚洲、北美洲和欧洲，但出口市场中，北美洲和欧洲的份额下降、亚洲和拉丁美洲的份额提高；进口市场中，北美洲和欧洲的份额上升，亚洲、非洲和拉丁美洲的份额下降。从主要贸易伙伴看，美国、日本仍为最主要的出口市场，但美国的份额有所下降；进口市场以美国、加拿大、俄罗斯及东南亚地区为主，但俄罗斯的份额继续下降　2011年，林产品出口总额中各洲所占份额依次为：亚洲43.97%、北美洲24.51%、欧洲20.37%、非洲3.96%、拉丁美洲3.78%、大洋洲3.41%，与2010年相比，亚洲和拉丁美洲分别提高了1.60个和1.17个百分点，北美洲和欧洲分别下降了2.52个和1.04个百分点；林产品进口总额中各洲所占份额分别为：亚洲44.44%、北美洲21.38%、欧洲18.8%、拉丁美洲7.17%、大洋洲5.55%、非洲2.66%，与2010年相比，北美洲的份额提高了1.26个百分点，拉丁美洲和非洲的份额分别下降了0.69个和0.53个百分点。从主要贸易伙伴看，前5位出口贸易伙伴依次是美国、日本、中国香港、英国和德国，占44.42%的市场份额，比2010年减少了2.37个百分点，其中美国和英国的份额分别减少了2.25个和0.54个百分点；前5位进口贸易伙伴分别为美国、泰国、印度尼西亚、马来西亚和加拿大，集中了54%的市场份额，比2010年提高了2.44个百分点，其中加拿大、马来西亚和泰国的份额分别提高了1.05个、0.52个和0.98个百分点，俄罗斯的份额下降了0.46个百分点。

（国家林业局发展规划与资金管理司　刘建杰　于百川）

农作物秸秆加工业

一、基本情况

2011年，我国粮食总产达到57 120.8万t，比2010年增加2 473.1万t，同比增长4.5%，再创历史新高，粮食总产实现历史罕见的“八连增”，并连续5年超过50 000万t。作为粮食生产附属产物的秸秆，产量也达到历史新高。如何有效地利用秸秆，避免焚烧秸秆造成环境污染，实现秸秆经济效益、社会效益和生态效益，成为农作物秸秆加工业的关键问题。在国家和各级政府的共同努力下，2011年我国秸秆综合利用效果显著，各地根据实际需要重点推广了保护性耕作、秸秆快速腐熟还田、秸秆养畜、秸秆生物反应堆等技术，投资建立了秸秆直燃发电、秸秆沼气、秸秆气化、秸秆成型燃料等秸秆利用技术项目，综合利用效果显著。

（一）主要成就

1. *保护性耕作技术推广有了新的突破* 保护性耕作技术可有效地改善土壤结构，提高土壤有机质含量，减少水分蒸发，增强蓄水保墒保肥能力。2011年，农业部投入引导资金2 620万元，新建示范县79个，续建示范县79个，滚动建设示范县26个县，保护性耕作面积突破571.553万hm^2，比2010年增加139.868万hm^2，增长幅度达到32.4%，增幅显著。目前，全国拥有免耕播种机达71.79万台（套），机械化免耕播种面积达到1 257.269万hm^2，秸秆机械化粉碎还田面积达到3 168.69万hm^2，机械深耕作业面积达到2 896.603万hm^2，为保护性耕作技术的推广提供了保证。

2. *秸秆养畜发展形势喜人* 秸秆养畜是推动种养殖业有机结合、发展农业循环经济的关键环节，是保障动物性食品供给、降低粮食安全压力的必然选择，是治理秸秆焚烧的长效手段，是促进农民增收、加快建设社会主义新农村的现实途径。2011年，秸秆捡拾打捆机保有量1.35万台，青饲料收获机保有量2.53万台，秸秆捡拾打捆面积143.551万hm^2，比2010年增长31.331万hm^2，增幅27.92%；机械化青储秸秆7 837.32万t。

3. *秸秆能源化利用技术发展迅速* 被成为第四能源的秸秆等农林废弃物已经被称作生物质能资源，是我国秸秆利用发展趋势。目前，我国秸秆的能源化利用主要有秸秆发电、秸秆沼气、秸秆气化、秸秆压块、秸秆制乙醇等技术。秸秆发电是秸秆能源化最有效途径，国家电网公司、五大发电集团等大型国有、民营以及外资企业纷纷投资参与中国生物质发电产业的建设运营。截至2011年底，我国生物质能发电装机容量达到436万kW。国内各级政府核准的生物质能发电项目累计超过了170个，已经有50多个项目实现了并网发电，投资总额超过600亿元。生物质成型燃料技术发展迅速，河南、江苏、北京、吉林、湖北、山东、黑龙江、辽宁等省、直辖市共建成年产万吨以上成型燃料厂100余处，年生产能力达300万t，实现了生物质成型燃料的规模化生产。秸秆沼气、秸秆气化、秸秆乙醇等技术在我国已经进行小范围的示范，在一些地区已经初见成效。

（二）存在问题

2011年我国秸秆利用在保护性耕作技术、秸秆养畜、秸秆能源化利用技术等方面取得了好的成就，但是由于政策、资金、技术及认识等方面的差距，致使我国秸秆利用仍然存在一些突出的问题。首先，表现在焚烧秸秆现象屡禁不止。据中华人民共和国环境保护部《气象卫星监测作物秸秆焚烧专报（2011年第03期）》，仅6月6～12日一周，利用风云一号等卫星共监测到河南、安徽、江苏、四川等省的焚烧作物秸秆火点844个（不包括云覆盖下的着火点信息）。其中，安徽420个，涉及13个地区41个县；河南278个，涉及13个地区43个县；江苏113个，涉及12个地区30个县；湖北14个，涉及2个地区5个县；四川10个，涉及2个地区6个县；山东5个，涉及2个地区3个县；山西3个，涉及1个地区1个县；河北1个，涉及1个地区1个县。其次，秸秆利用运输成本过高，造成秸秆在有些地方利用率偏低，尤其是交通不便利的乡镇。再次，有些地区人们对秸秆利用意识不强，造成秸秆随意被丢弃或者焚烧现象严重。

（三）成效显著的地区

在各级政府的指导下，全国各地加大了秸秆综合利用工作的力度，秸秆利用普遍取得了良好的效果，天津、江苏、陕西等地区农作物秸秆综合利用效果较为突出。

1. *天津* 天津为了促进生态市建设、城乡一体化建设和沿海都市型农业的发展，以文明生态村创建工程为平台，以推广各类秸秆综合利用模式为载体，把推进秸秆综合利用与农业增产、农民增收，发展农业循环经济和建设社会主义新农村紧密结合起来，有效地利用258.85万t秸秆，实施了秸秆肥料化利用、秸秆饲料化利用、秸秆能源化利用三大工程，建立起秸秆禁烧监督管理、秸秆收集处理、秸秆综合利用科技支撑、秸秆综合利用产业及技术四大服务体系，实现了秸秆的综合利用率70.1%。其中，用于肥料的秸秆资源量48.88万t，用于饲料的秸秆资源量41.63万t，用于燃料的秸秆资源量79.21万t，用于食用菌基料的秸秆资源量0.02万t，用于造纸原料的秸秆资源量11.74万t，废弃及焚烧的秸秆资源量77.37万t。

2. 江苏　根据江苏省农业委员会、农业机械化管理局和财政厅下发的《关于做好2011年农作物秸秆综合利用示范县和推进县建设的通知》和全省秸秆机械化还田推进工作会议要求，省财政共投入1.5亿元，建设53个示范县和24个推进县，完成稻麦秸秆机械化还田作业面积158.67万hm^2，还田率达34.8%，超额完成省定目标任务25.33万hm^2，还田率超目标4.8个百分点。其中，夏季完成作业面积112万hm^2，还田率达48.5%；秋季完成作业面积46.67万hm^2，还田率达20%。据统计，77个示范推进县中有51个县（市、区），全年共新增大中型拖拉机11 312台、秸秆还田机9 081台；组织技术培训班2 636期，受训人员31万人次；组织现场演示会2 339场次，参加观摩人数近30万人次；印发各类宣传材料370余万份。其中，苏州市全年秸秆综合利用率达到95.6%，稻麦机械化还田率72%，苏州实现了夏秋两季秸秆焚烧火点江苏省唯一一个为零的城市。

3. 陕西　陕西为了西安世博园的顺利召开，省政府办公厅印发了《关于做好西安世博园会期间秸秆禁烧工作的通知》，省财政投资2 000万元，按照“综合统筹，板块推进，持续发展，整体提升”的思路，着重围绕秸秆利用重点区和禁烧区53个县，秸秆综合利用机械拥有量22万台，全省秸秆机械化综合利用规模达到140万hm^2，年加工秸秆饲草能力达到800万t，秸秆机械化综合利用面积占全省小麦、玉米种植面积的57%，比2002年提高了37%。省政府确定的重点区和禁烧区小麦、玉米秸秆机械化综合利用水平达到92%。西安、咸阳两市实现了秸秆零焚烧，为2011西安世界园艺博览会倡导的生态文明、绿色生活、人与自然和谐相处作出了贡献。

二、新产品和新技术

秸秆利用技术是秸秆综合利用发展瓶颈之一，国家以及各级政府为了解决秸秆焚烧带来的问题及秸秆利用率偏低等问题，组织开展了一系列技术研究项目，在秸秆工业化生产、秸秆乙醇、秸秆还田、秸秆煤等方面取得了突出成就，有力地推动了农作物秸秆的综合利用，提高了农作物秸秆的经济价值和社会价值。

1. 由泗阳蓝阳托盘制造厂开发的“秸秆环保托盘整体模压/连续快速成型技术及装备开发”项目，于2011年1月获得了由科学技术部、国家科学技术奖励工作办公室等多家国家单位主办的首届中国农业科技创新创业大赛初创项目组第二名。该项目以农作物秸秆为主要原料加聚氨酯树脂胶黏剂，连续、快速、热模压生产整体结构的货物出口包装用托盘。在项目装备的机构、生产工艺、配套设备、专用模具、托盘产品结构等方面拥有22件核心专利技术，获得授权15件，其中发明专利5件，实用新型10件，5件发明专利已处于公开阶段。该项目技术处于国际领先水平。项目产品生产过程中不产生“三废”，使用后可100%回收利用，丢弃可自然风化，为农林废弃物工业化高效利用开辟了一条全新的道路，成为资料循环利用型绿色包装发展的重要方向。

2. 科学技术部农村司组织专家于2011年3月对由河南天冠集团、浙江大学、上海天之冠可再生能源公司、郑州大学4个单位承担的国家科技支撑计划“秸秆乙醇关键技术研究及产业化示范”项目进行了项目验收。该项目通过对纤维乙醇原料的预处理、综合用酶的生产、共酵菌株的构建、发酵液的治理、原料的收购储运等关键技术的突破性研究，以降低秸秆乙醇生产成本，实现生物质能源的“非粮替代”，深入推进我国生物质能源产业的发展。项目建成了年产3 000t秸秆纤维乙醇工业化生产示范线，顺利生产出秸秆纤维乙醇产品，产品质量合格率达到100%，项目整体技术水平在国内处于领先地位。

3. 由黑龙江八一农垦大学自主研发出以秸秆为原料的“水稻植质钵育机械化栽培新技术”，于2011年6月成功解决了制约北方水稻大幅度增产以及水稻生产机械化过程中的关键瓶颈技术，为北方水稻提供了新的高产模式，适宜大面积推广。经专家鉴定该项技术处于国际先进水平。该技术在国际上首创了可降解植质育秧盘，代替了原来的不可降解容易造成白色污染的塑料育秧盘，同时价格也降低到原有塑料秧盘的1/10，经济环保，实现了循环利用。同时采用植质秧盘可节省60%左右的育秧土，有效保护了土壤资源；该项目同时创新了一种秧盘单元体与钵苗整体切裂摆插新工艺，开创了水稻钵苗摆栽新途径，成功解决了制约北方水稻大幅度增产的技术瓶颈，为水稻高产提供了新的高产模式。该项目实施期间，试验示范面积达 0.33 万 hm^2。经有关部门测定平均每 $667m^2$ 产量达到750kg以上，增产150kg左右。该项目是对我国现有水稻栽培模式和机械化作业方式的革新。

4. 北京中机科通机械设备有限公司于2011年8月成功研发出将秸秆转化成煤的新型能源技术——第二代新型秸秆成煤技术。该技术经国家煤炭质量监督检验中心检验，具有密度大、易点燃、热值高、耐燃烧等特点，不仅无烟无尘燃烧时间长，二氧化碳排放量少，燃烧后的灰烬还可制成富含钙、镁、磷、钾、钠等元素的热性速效有机肥。据检测报告显示，用第二代秸秆成煤技术生产的秸秆煤，在热值和燃烧时长上可与天然煤媲美，燃烧时无烟无尘，硫化物的排放量只有天然煤的5%～10%。如对灰分进行再处理，提取的纳米二氧化碳、三氧化铁还是重要化工产品。

5. 2011年11月，中国科学院合肥物质研究院专家利用离子束诱变技术，改变水稻茎秆细胞结构，使之在田间脆而不易倒伏，成熟收获时普通收割机耕过，这种“脆秆”随即“粉身碎骨”，就地还田肥地。在合肥市肥西县开展了大面积田间生产试验，其表现出生长能力强、抗倒伏的特点，产量增加5%左右；抗病虫性没有明显变化；成熟期机械收割，其秸秆容易粉碎，粉碎的秸秆长度85%以上小于5cm，最长不超过10cm。经计量统计，燃油损耗较对照品种约降低15%，解决了秸秆还田的难题。同时，脆秆水稻十分适宜家畜饲用，是畜牧业很好的饲料来源，对我国实现农业低碳目标具有良好应用前景。

6. 河南省科学技术厅受科学技术部委托，组织专家对驻马店市上蔡豫胜香饽饲草有限责任公司承担的国家星火计划项目“农作物秸秆开发与利用”于2011年12月进行了验收。项目主要是将农作物秸秆经过加工设备的变频调速、熟化工艺、高温消毒灭菌工艺，模块挤压工艺以及机械隐形等先进技术工艺，将秸秆等废物加工成优质模块包装饲料，供牛、羊冬季饲用，不仅实现了资源的再利用，也解决了规模化养殖占地多和饲料不足的难题，保证了饲料淡季不淡。项目实施两年来，自筹资金1 250万元，科学技术部支持资金40万元，建起饲料加工总厂1个，分厂3个，秸秆收购站点6个。收购秸秆4.7万t，同时还建立了2个食用菌种植基地，1个食用菌加工厂，形成了“公司+农户”的运营模式，实现了农业生态循环经济。加工优质模块饲料4.5万t，实现销售收入1 792万元，实现利税270万元，带动农民增收465万元。

7. 由中国农业机械化科学研究院承担的“玉米籽实与秸秆收获关键技术装备”项目获2011年国家科技进步二等奖。项目围绕发挥玉米作为粮食、饲料、能源和工业原料的多重功能需要，突破籽实与秸秆收获机械瓶颈，重点针对目前玉米区域种植行距变化大影响机械化收获问题，创制并产业化了玉米籽实、青饲、秸秆收获全价值利用的10种新设备，其中7种机型进入国家支持推广农业机械产品目录，适合于现有拖拉机动力配套及自走作业；项目成果创新性强，填补了国内空白，整机工作性能达到了国际同类产品水平，替代进口，成为玉米跨区收获的主导机型；创造产值2.18亿元，利润5 769.6万元；申请专利12项；全面提升我国玉米籽实与秸秆收获装备技术水平。

三、政策促进与行业管理

秸秆综合利用的提高不仅需要国家各级政府大力支持，还需要社会各种力量的鼎力支持。国家及各地政府在政策制定、举办召开的各种活动中都倾注了相当的关注，在产业政策支持、科研开发支持等方面都采取了重大举措，保障了秸秆产业的良好发展。

（一）政策促进

1. 农业部于2011年9月2日颁布了《全国畜牧业发展第十二个五年规划（2011—2015年）》，提出要重点发展秸秆养畜示范工程，包括秸秆养畜联户、规模场秸秆养畜、秸秆青黄储饲料专业化生产、秸秆成型饲料产业化加工四大示范工程，实现粮食主产区牛羊增产、农业增效、农牧民增收、环境友好的可持续发展目标。

2. 国家发展和改革委员会、农业部、财政部于2011年11月29日联合颁布了《“十二五”农作物秸秆综合利用实施方案》，提出了当前面临的形势及存在问题，明确了“十二五”指导思想、基本原则和总体目标，指出要重点发展肥料化、饲料化、基料化、原料化、燃料化五大重点领域，明确了要开展循环型农业示范、原料化示范、能源化利用示范、棉秆综合利用专项、秸秆收储运体系、产学研技术体系六大工程，同时，还提出了加强组织领导、完善政策措施、加快技术创新、强化宣传引导4条保障措施。

3. 农业部于2011年12月2日颁布了《农业部关于进一步加强农业和农村节能减排工作的意见》，

明确提出大力推广秸秆粉碎还田、快速腐熟还田、过腹还田、覆盖免耕等技术，推进秸秆肥料化利用，因地制宜建设一批秸秆沼气集中供气工程、秸秆固化成型和秸秆生物炭生产技术示范点，为农村居民提供生物质商品燃料，推进农作物秸秆能源化利用。发展秸秆青储、氨化，推进秸秆饲料化利用。发展以秸秆为原料的食用菌产业，推进秸秆基料化利用。

4. 农业部于2011年12月30日颁布了《全国农业和农村经济发展第十二个五年规划》，提出了加快农业资源利用与生态环境保护工作，明确了到2015年底，农作物秸秆综合利用率力争达到80%以上。

（二）主要行业活动

1. 由农业部组织的2011年保护性耕作项目培训班于2011年3月14～16日在山东青岛举办，来自北京、天津、河北等省、直辖市农机部门和新疆生产建设兵团、黑龙江农垦总局农业机械部门保护性耕作项目负责人、2011年部级新建保护性耕作项目县技术负责人、2009年保护性耕作创新项目承担单位，以及保护性耕作专家、创新项目验收专家等150余人参加了本次培训。农业部农业机械化管理司要求各省要把保护性耕作目标任务纳入工作目标责任考核内容。要以农业部《保护性耕作技术要点》和管理规范等文件为依据，在重点把握不翻地和秸秆留茬两项核心技术的基础上，因地制宜地制定本地实施规范，推广农民易接受的简便易行的技术路线。

2. 2011年第六届中国（江苏）国际农业机械展览会于2011年4月7～9日在南京举行。为了提高农作物秸秆综合利用水平，本届农机展充分展示了农作物秸秆的有效利用途径，专门设立了秸秆综合利用及创意展区。该展区共有19个企业参展，产品包括秸秆固化成型设备、直燃式秸秆气化炉、秸秆纤维成套设备、多功能铡草机、沼气沼液出料车、草帘（草绳）机等29种型号。在展览的同时，还举办了秸秆综合利用创意大赛。来自江苏省内有关高校、科研院所、企事业单位及个人的30余件作品参选，其新颖的技术原理与思路，完整的工艺模型与样板，精美的秸秆手工制品，深受观众好评。

3. 亚太经济合作组织农业生态环境与秸秆综合利用研修班于2011年6月12～22日在北京举行。该研修班由农业部对外经济合作中心主办，共27名中外代表参加了研修班，其中来自亚太经济合作组织成员印度尼西亚、马来西亚、菲律宾、泰国和越南的官员、专家16名，来自国内部分省市农村能源办、相关企业代表11名。研修班期间听取了农业部环境保护科研监测所、中国农业工程研究设计院、中国农业科学院、中国农业大学、北京化工大学、中国农村能源行业协会以及北京环境科学院的专家学者报告，组织国外学员赴江苏参观考察，听取江苏省农村能源办介绍农作物秸秆综合利用情况，实地参观了南京江宁区及南通市的秸秆制沼气集中供气工程、上峰村秸秆气化站等秸秆利用企业设施等，达到良好效果，各成员代表纷纷感叹改革开放给中国带来的巨大变化，表示中国的发展经验和农作物秸秆综合利用技术值得他们国家借鉴。

4. 2011年生物质固体成型燃料与燃烧技术国际研讨会于2011年11月10～12日在北京召开，该会议由农业部能源环保技术开发中心、波兰西里西亚科技大学主办，会议邀请了国家相关部委领导，瑞典、波兰、德国等国家以及国内高等院校、科研院所、企业等从事生物质能领域管理、研发和技术推广应用的领导、专家、学者、企业家等100多人进行研讨、技术交流和成果展示推广。会议就生物质成型燃料产业发展政策、技术、示范推广以及市场运作模式等进行了广泛而深入的交流、研讨，就加强国际合作、走引进来与走出去相结合的国际合作战略达成广泛共识。与会专家学者建议要进一步推动我国农作物秸秆等生物质能源化开发利用，促进我国生物质固体成型燃料产业化进程。

（天津市农业机械与农业工程学会　辛永波　宋樱　胡伟）

食品与包装机械制造业

一、基本情况

2011年，我国食品和包装机械行业认真贯彻党中央、国务院一系列重大决策，面对国内外环境约束因素增多等诸多困难和挑战，积极贯彻食品和包装机械行业“十二五”规划精神，全力推进行业目标的实施。凝心聚力，奋力拼搏，继续保持了行业经济运行的较好态势，全行业主要经济指标超过全国机械工业的平均增速。据不完全统计，2011年我国食品和包装机械行业完成产品销售收入2 200亿元左右（按全行业7 000家企业计），同比增长20.55%，超过全国机械工业的平均增长速度13.9%。规模以上企业产品销售收入增速幅度达到32%，拉动行业平稳运行的作用明显。其中，食品机械产品销售收入为990亿元，同比增长10.71%；包装机械产品销售收入为1 210亿元，同比增长30%（表1）。从2011年产品销售收入来看，食品机械产品销售收入同比增长有所下滑，但下滑幅度较大；而包装机械增速依然强劲，增长幅度较大。

表1　2011年我国食品和包装机械产品销售情况

名　称	2010年（亿元）	2011年（亿元）	同比增长（%）
加工机械与装备销售额	1 825.00	2 200.00	20.55
其中：食品机械销售额	894.25	990.00	10.71
包装机械销售额	930.75	1 210.00	30.00

2011年，我国食品和包装机械行业进出口额为72.85亿美元，同比增长20.65%。其中，进口额48.11亿美元，同比增长22.08%；出口额为24.74亿美元，同比增长17.98%。在进出口额中，食品机械进口额为11.81亿美元，占食品和包装机械进口额的24.5%，同比增长21.25%；包装机械进口额36.30亿美元，占食品和包装机械进口额的75.5%，同比增长22.35%。进口的食品机械产品中，进口额较大的有烟草加工机械、水过滤净化机械、饮料机械、屠宰和肉类机械、烹调和加热食品机械、糕点加工机械、通心粉面条机械、糖果机械、可可粉机械、巧克力机械、水果加工机械、坚果加工机械和蔬菜加工机械等。进口的包装机械产品中，进口额较大的有打包机械、饮料及液体食品灌装机械、纸或纸板加工机械、纸或纸板的整理机械和其他灌装机械等。食品机械出口额为10.72亿美元，占食品和包装机械出口总额的43.3%，同比增长13.44%；包装机械出口额为14.02亿美元，占食品和包装机械出口总额的56.7%，同比增长21.70%（表2）。出口的食品机械产品中，出口额较大的有水过滤净化机械、饮料加工机械、烹调和加热食品机械、糕点加工机械、通心粉面条机械、酿酒机械、屠宰与肉类加工机械。出口的包装机械产品中，出口额较大的有打包机械、热收缩包装机械、饮料及液体食品灌装机械、制造纸浆制品的机械、制造纸制品或纸板制品的机械、容器封装机械、贴标机械、包封机械、饮料充气机械等。由表2看出，在进出口贸易中，我国食品和包装机械进出口额同比增长较快。除食品机械出口额外，其余指标均超过20%。

表2　2011年我国食品和包装机械进出口情况

名　称	2010年（亿元）	2011年（亿元）	同比增长（%）
加工机械与装备进出口额	60.38	72.85	20.65
其中：食品机械出口额	9.45	10.72	13.44
包装机械出口额	11.52	14.02	21.70
食品机械进口额	9.74	11.81	21.25
包装机械进口额	29.67	36.30	22.35

二、科研、新产品、新技术

1.“十一五”国家科技支撑计划“功能型食品的研制与开发”项目于2011年2月15～16日在北京通过项目验收。项目验收采取汇报答辩的方式进行，验收专家组在认真审阅项目验收报告的基础上进行了质询和讨论。从总体来看，该项目较好地完成了合同书规定的各项任务和指标，项目经费使用合理，成效显著。在功能性食品创制方面取得了一系列重要突破，获得一大批技术突破和新产品、新装置，对引领功能性食品发展作出了重要贡献。

2.“十一五”国家科技支撑计划“食品安全关键技术”项目于2011年3月1日在北京通过项目验收。验收专家对照项目任务合同书，在审阅项目相关材料、听取该项目组汇报并进行质询的基础上，一致同意该项目验收。该项目制（修）订国家标准（草案）203项、行业和地方标准135项，研发出165项实验室检测方法和相关技术，研制出34种相关检测设备；形成了15个食品安全示范区和130余个示范基地，申请专利328项。评审专家认为该项目示范效果明显，具有较高的技术水平和实用价值。

3.“十一五”国家科技支撑计划“长江柑橘带橙汁加工关键技术研究与产业化开发”项目于2011年3月16日在北京通过项目验收。会议期间，验收专家组审阅了项目验收材料，听取了有关项目课题任务完成情况及经费使用情况的汇报，并对汇报进行质疑和讨论。从验收情况看，该项目集成了一批橙汁加工关键技术研究成果，创造了一批橙汁加工新产品、新装备，为橙汁加工提供了重要技术支撑。

4.863计划“食品低能耗联合干燥技术与设备”课题于2011年4月14日在北京通过课题验收。课题共研发了15种物料的工业化应用高效节能组合干燥工艺技术，成功研制了微波冻干组合干燥设备、连续式微波真空组合干燥设备和热泵干燥机3项重大装备，集成建设了水产、蔬菜和水果等8条示范生产线。课题实施期间，共申请专利32项，其中发明专利28项，已获授权专利13项，制定产品标准9项。

课题研发的食品低能耗联合干燥技术装备，大幅度缩短干燥时间、降低能耗、节约成本，提升了我国食品和农产品干燥行业的高科技含量，为今后微波冻干、微波真空干燥、热风干燥等组合干燥技术的示范推广及产业化应用奠定了基础。

5．“十一五”国家科技支撑计划“调理肉制品加工关键技术研究与产业化示范”项目于2011年5月26日在郑州通过了项目验收。会议期间，验收专家组审阅了项目验收材料，听取了有关项目任务完成情况及经费使用情况的汇报。验收专家组认为，通过对该项目的实施，研发了一批制约产业发展的关键技术，创制了一批关键设备、装置和产品，建立了一批产业化示范生产线，为调理肉制品加工产业发展提供了重要科技支撑。

三、质量管理与标准化工作

1．据不完全统计，2011年我国批准发布了食品和包装机械产品标准102项，其中国家标准28项，占标准总数的27.5%；机械行业标准42项，占41.2%；轻工行业标准18项，占17.6%；内贸行业标准11项，占10.8%；农业行业标准3项，占2.9%。上述标准中，产品标准90项，占标准总数的88.2%；通用标准（含安全标准）12项，占11.8%。这些标准的批准发布，对于规范企业行为、维护市场秩序、提高产品质量、提升市场竞争力等具有积极的推动作用。

2．2011年国家质量监督检验检疫总局发布了电热食品加工机械产品质量国家监督抽查结果，通过对北京、上海、江苏、浙江、山东、广东6个省、直辖市90个企业生产的90种电热食品加工机械进行抽查，抽样合格率为91.12%，抽查产品包括电炸炉、电热铛、电蒸锅、电烤炉、烧烤炉、电磁灶产品等。抽查中，对电热食品加工机械的标志和说明、触及带电部件的防护、输入功率和电流、泄漏电流和电气强度、稳定性和机械危险、机械强度、结构、内部布线、电源连接和外部软线、外部导线用接线端子、接地措施、连接15个项目进行了检验。抽查发现有8种产品不符合标准规定，涉及电源连接和外部软线、接地措施、输入功率和电流、内部布线、结构、外部导线用接线端子、触及带电部件的防护、标志和说明等项目。

四、行业活动

1．中国食品和包装机械工业协会第五届二次理事会于2011年6月在青岛召开。这次会议的主题是：总结一年来中国食品和包装机械工业发展情况及协会工作，研究分析面临的形势，部署“十二五”及2011年的重点工作任务，凝聚全行业力量，共同开创食品和包装机械工业发展新局面。会上，中国食品和包装机械工业协会理事长李树君作了题为《凝心聚力、拼搏奋进、开创食品和包装机械行业“十二五”发展新局面》的主题报告。会议作了协会2010年工作总结和2011年工作计划，通报了开展行业信用等级评价情况，审议了理事调整方案及会员发展报告，发布了中国食品和包装机械行业“十二五”发展规划，对中国食品和包装机械行业专家委员会的改选情况作了说明等。

2．农业部农产品加工局于2011年9月在新疆举办了农产品加工节能减排干燥技术装备示范推广会。此次会议，以“直热式太阳能果蔬干燥设备”科研成果为依托，深入探讨太阳能干燥技术在农产品干燥中的应用前景。该套设备通过对辣椒、番茄、四季豆、茄子等果蔬干燥试验，干燥效果良好，产品色泽纯正，大大节约能耗。

3．由中国食品和包装机械工业协会、慧聪食品工业网于2011年11月联合主办的2010—2011年度中国食品工业十大评选颁奖盛典在北京钓鱼台国宾馆隆重举行。活动揭晓了2010—2011年度食品加工机械十大知名品牌、包装机十大知名品牌、食品添加剂十大知名品牌、辅助设备及部件十大知名品牌、灌装机十大知名品牌、喷码机十大知名品牌、贴标机知名品牌和优秀采购经理人8大奖项的获奖名单。

4．第十二届国际食品加工和包装机械展览会于2011年12月在北京举办，会议由中国食品和包装机械工业协会、中国包装和食品机械总公司、中展集团北京华港展览有限公司共同主办。本届展览会以“环保、智能、绿色、安全”为主题，展示了肉类机械、饮料灌装机械、包装机械等，涵盖了从设计、生产、包装到配送等产业链的各个环节。该展览会是食品和包装机械行业规模最大、层次最高、展品覆盖面最广、参展商及专业观众最多的专业性国际展会。

5．首届亚洲食品装备论坛于2011年12月在长沙举行。本次论坛由亚洲农业工程学会和中国食品科学技术学会食品机械分会联合主办，亚洲农业工程学会主席、中国食品科学技术协会食品机械分会理事长李树君发表主题为《发展食品装备制造业，支撑食品工业发展》的主旨演讲，提出我国食品和包装机械工业的发展思路。论坛邀请了科学技术部农村技术开发中心主任贾敬敦、工业与信息化部装备司装备处处长韩行、湖南省科学技术厅副厅长杨治平、中国食品科学技术学会副秘书长郭勇等24位主题演讲嘉宾，来自亚洲各国行业科研机构、院校、企业等相关专家、学者参加了会议，就食品安全与装备安全、自动化控制技术及产品、食品装备节能技术研究、“十二五”食品装备发展方向和重点等进行研讨。

（本文由中国食品和包装机械工业协会提供资料，由本编辑部汇总整理）

棉花加工机械制造业

一、生产情况

随着棉花质量检验体制改革逐步引向深入，棉花加工企业的更新改造带动了棉花加工机械制造业的巨大变革。截至2011年底，获得棉花加工机械生产许可证的65个企业已有20个通过换证，部分企业纷纷转产或倒闭，大多数专业制造企业仍在进行棉花加工机械的生产和研发。据中国棉花协会棉花加工分会统计，截至2011年底获得棉花加工生产许可证的锯齿轧花机生产企业有20个，参与此次调查的棉花加工机械生产企业有6个，占市场份额的85%以上。按照工业总产值计算，参加此次调查的棉花加工机械制造企业总人数为1 725人；固定资产净值13 689万元，完成工业总产值40 112万元，利税总额11 208万元。2011年度，排名前6位的棉花加工机械制造企业共生产轧花机1 312台，400型打包机182台，皮棉清理机1 590台，籽棉清理机741台，锯齿剥绒机829台（表1）。

表1　2011年棉花加工机械制造企业生产情况

单位名称	工业总产值（万元）	销售额（万元）	利税总额（万元）	固定资产净值（万元）	职工总人数（名）	轧花机（台）	400型打包机（台）
山东天鹅棉业机械股份有限公司		40 322	6 614	3 046	513	553	47
南通棉花机械有限公司	15 020	13 200	698	3 113	426		135
邯郸金狮棉机有限公司	13 152	16 586	1 764	4 649	460	139	
山东华棉机械有限公司	7 880	6 500	1 100	460	150	320	
启东市供销机械有限公司	2 860	2 520	632	1 221	96	150	
山东效民机械有限公司	1 200	1 200	400	1 200	80	150	
合　计	**40 112**	**80 328**	**11 208**	**13 689**	**1 725**	**1 312**	**182**

二、产品生产许可证工作

根据《中华人民共和国工业产品生产许可证管理条例》、《中华人民共和国工业产品生产许可证管理条例实施办法》的精神，结合我国棉花加工机械产品生产、销售与使用等各个环节产品质量与安全管理工作形势的需要，积极组织筹备棉花加工机械产品生产许可证期满换证工作。截至2011年12月31日，已取得棉花加工机械产品生产许可证的企业数量为20个。其中，生产400型棉花打包机的企业为12个，生产200型棉花打包机的企业为2个，生产锯齿轧花机的企业为9个，生产皮棉清理机的企业有9个，生产籽棉清理机的企业为8个。

三、棉花质量检验体制改革情况

2011年度（起止时间为当年9月1日至翌年8月31日），全国新体制棉花细绒棉公证检验涉及的产棉省共14个，涉及加工企业1 736个，比2010年度增长12.6%，检验量2 448.9万包、553.3万t，分别比2010年度增长106.8%、106.2%，均创历史新高。2011年度新体制棉花细绒棉公证检验的高峰期比2010年度提前，次高峰期检验量比重增大。高峰期从9月下旬开始，比2010年提前约2周；10月至翌年1月的合计检验量446.4万t，约占全年度检验量的80.6%，比2010年减少7.1个百分点；2～4月合计检验量94.3万t，约占全年度检验量的17.1%，比2010

年增加 7.1 个百分点；高峰期与次高峰期过渡期间，检验量没有如往年一样出现先下降后回升的走势。

四、标准化工作

（一）标准化水平不断提升，标准的有效性进一步增强

2011 年，全国棉花加工标准化技术委员会紧紧围绕棉花加工工业标准体系，开展重点领域的标准制（修）订工作。全年共申报立项国家标准制（修）订计划 5 项，行业标准制（修）订计划 6 项。其中，强制性国家标准 1 项，推荐性标准 10 项；制定标准 9 项，修订标准 2 项。从类别看，涵盖了基础通用标准 1 项，产品标准 5 项，管理标准 5 项。从标准立项的领域来看，加大了棉包物流与信息化、新产品新技术以及传统领域缺失标准的申报力度，积极调整优化标准体系结构，基本解决了标准缺失、老化等问题。在各委员单位和标准起草小组的积极配合下，全国棉花加工标准化技术委员会在标准完成方面也取得了可喜的成绩。2011 年共审定、报批标准 5 项，其中国家标准 1 项，行业标准 4 项。

（二）广泛参与项目研究，以项目实施带动标准化制（修）订工作

1. 国家质量监督检验检疫总局科技司于 2011 年 11 月 25 日在北京组织召开了质检公益性行业科研专项“轧花企业粉尘检测方法研究及标准制定”项目验收会，该项目由中华全国供销合作总社郑州棉麻工程技术设计研究所、中国棉花协会棉花加工分会、中棉工业有限责任公司共同承担，该项目是中华全国供销合作总社系统承担的第一个国家质检公益项目。评审专家一致通过该项目验收，认为项目开展了对国内棉花加工企业粉尘检测的研究，详细分析了轧花企业粉尘的产生、扩散特点和主要危害，为制定粉尘检测方法国家标准提供了关键技术支持。同时，在该项目的研究过程中，形成了《轧花企业粉尘检测方法》（GB/T 29367—2012）。

2. 中国机械工业联合会于 2011 年 12 月 13 日在北京组织召开了“十一五”国家科技支撑计划项目“籽棉货场就地自动开松输送技术及装备研究开发”课题成果鉴定会，该课题由中国农业机械化科学研究院主持，邯郸金狮棉机有限公司、中棉工业有限责任公司参加。该课题研究历时 3 年，完成了籽棉开松输送成套设备的研发，制定了《籽棉货场安全技术规范》（GH/T 1072—2011）。通过项目研究，形成了适合我国国情的籽棉存储、场地压模所适用的堆垛尺寸，实现了籽棉货场开松的机械化，降低了能耗，缩短了籽棉堆放时间，降低了劳动强度，确保了棉花加工成套设备的生产效率，降低了棉花加工成本，填补了国内籽棉开松作业装备空白。

3. 从 2009 年 9 月起，全国棉花加工标准化技术委员会与中国铁道科学研究院共同开展了“棉花铁路运输火灾防治试验研究”项目。项目研究历时两年，每月对新疆库尔勒、阿克苏、乌鲁木齐等地发往内地的棉花进行了共同监测，开展环境温湿度、棉包内部回潮率、温湿度变化与棉花铁路运输火灾事故的相关性研究。从根本上大大减少了棉花铁路运输火灾事故的发生，降低了事故造成的人身伤害，确保了棉花企业与纺织企业的经济利益，保障了棉花资源的安全稳定。2011 年，该项目已进入后期收尾阶段，全国棉花加工标准化技术委员会正在积极编写项目总结材料，为项目验收做准备。

（三）站在行业的高度，做好标准化的指导与服务工作

在标准研究过程中，全国棉花加工标准化技术委员会发现《国民经济行业分类》（GB/T 4754—2002）没有棉花加工业的科目分类，而是将棉花加工业分列于“其他农产品初加工活动”和“其他未列明的农林牧渔机械的制造及机械修理活动”。这给棉花加工标准制（修）订及有关项目的申报与实施带来诸多不便。经过系统学习和讨论，全国棉花加工标准化技术委员会提出重新定义“棉花加工业”，并将其分为棉花初加工、棉花加工机械制造、棉副产品精深加工和棉花仓储物流信息化 4 个方面。经过全国棉花加工标准化技术委员会两年的努力，“棉花加工业”在《国民经济行业分类》（GB/T 4754—2011）中已有了明确的位置和定义，这对我国长达 65 年左右的棉花加工业来说，是一个历史性的突破。

（中国棉花协会棉花加工分会　尹青云　岳淮）

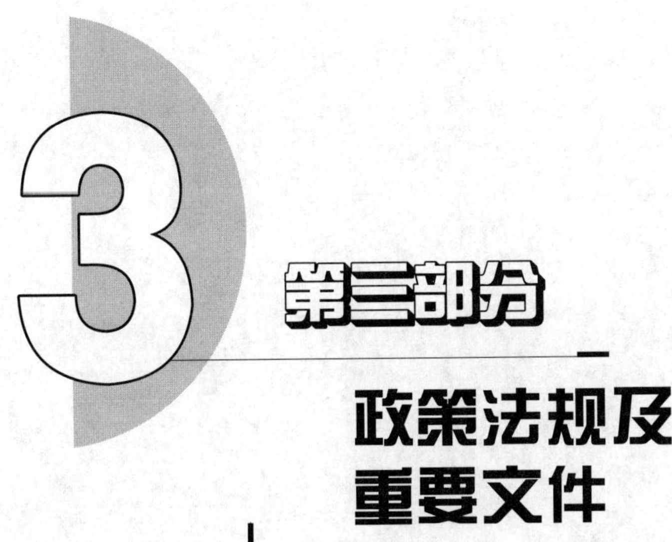

第三部分 政策法规及重要文件

粮食科技“十二五”发展规划

（国家粮食局 国粮展［2012］4号 2012年1月11日）

根据《国家粮食安全中长期规划纲要（2008—2020年）》、《全国新增1000亿斤粮食生产能力规划（2009—2020年）》、《粮食现代物流发展规划》、《国家中长期科学和技术发展规划纲要（2006—2020年）》、《农业及粮食科技发展规划（2009—2020年）》和《粮食行业“十二五”发展规划纲要》（国粮展［2011］224号）的任务要求，制定本粮食科技“十二五”发展规划。

一、“十一五”粮食科技创新能力明显增强

1. *粮食科技投入增加* “十一五”时期，粮食科技总投入61.47亿元，其中中央财政投入7.05亿元，地方财政投入2.21亿元，企业投入23亿元，其他投入29.21亿元。比“十五”时期有明显增长。

2. *粮食科技创新体系初步形成* 储运、深加工、装备等5个国家工程实验室，14个国家粮食局工程中心构成多层面的粮食科技创新平台。地方科研院所承担国家科技任务的水平明显提高，企业创新能力不断增加。

3. *科技支撑作用显著增强* 粮食信息化建设有力推进，粮食行业电子政务体系逐步完善。电子、信息、生物技术以及部分装备技术初步具备工程化能力。节能减排、生物技术研究成果具备了产业化应用条件。大型粮食加工成套设备制造技术提升较快，粮食储藏技术已达到国际先进水平。

“十一五”时期，共取得了科技成果457项，其中国家科技进步奖5项。《粮食储备“四合一”新技术研究开发与集成创新》项目获得国家科技进步一等奖。连续举办了5届全国粮食科技活动周科普宣传活动，取得良好的社会效益。

二、面临的形势与需求

从国际形势看，“十二五”时期世界科技始终保持加速发展的态势，科学技术孕育着新的突破，以智能、绿色、可持续为特征的新产业蓄势待发。科学技术快速发展将引发粮食流通产业发生深刻变革，我们必须妥善应对挑战，充分利用全球科技创新的新资源，下大力气解决影响我国未来粮食产业发展的科技问题和关键技术问题，支撑粮食流通产业发展的能力进一步增强。

从国内形势看，党的十七大把提高自主创新能力、建设创新型国家作为国家发展战略的核心，必将推动我国经济结构转型加快。工业化、城镇化、农业现代化的同步推进，必将带动粮食产业技术向绿色、智能、环保方向的发展深化。绿色储粮技术、高效节能增效技术、信息技术将融入到粮食流通产业的各个领域，以科技为先导，实现粮食流通产业现代化，增强粮食产业的竞争力和整体水平，成为产业发展的主流趋势。

“十二五”时期，粮食科技的发展仍然处在可以大有作为的重要战略机遇期，未来五年我们必须科学判断国内外科技发展的新趋势，准确把握粮食流通产业发展的客观需求，解决好制约产业发展突出技术问题，努力实现粮食流通产业跨越式发展。一是保障粮食食品安全的需求，在农户储粮、绿色储运、清洁加工等各环节提升技术水平；二是满足“低碳经济”的需要，通过技术改造，淘汰落后产能，提高粮食流通效率；三是按照培育产业新的增长点的要求，加强信息技术、生物技术等一批高新技术在粮食储藏、物流、加工、检测等流通环节应用开发，促进交叉学科的技术融合，培育新兴产业。

三、指导思想、目标和原则

1. *指导思想* 深入贯彻落实科学发展观，以科学发展为主题，加快转变经济发展方式为主线，坚持“自主创新、重点跨越、支撑发展、引领未来”的指导方针，以保障国家粮食安全为中心，以促进粮食流通现代化为重点，以产业发展的需求为导向，以关键技术创新为突破，支撑粮食行业发展方式的转变和推动粮食产业结构升级，走可持续发展道路。使科技创新成为粮食行业发展的强大动力和产业支撑。

2. *发展目标* 到2015年，粮食科技自主创新能

力进一步增强，科技创新体系建设进一步完善，粮食产业科技水平显著提高，形成一批具有自主知识产权的创新性成果。以信息、生物、新材料技术等高新技术成果提升传统产业，以节能低碳技术、先进装备技术改造传统产业，在高新技术产业化应用方面取得一批突破性技术成果，粮食科技支撑流通产业发展的能力明显提高。加大科研成果产业化推广力度，将一批先进成熟技术在产业化应用上先行先试，实现一批企业技术创新的集成示范。培育若干新兴产业骨干企业的示范工程。

“十二五”期间，力争在储粮虫霉发生为害生态机理、绿色储藏、物理特性、品质特性及机理、规律等基础理论研究方面，形成一批具有独立知识产权的创新性成果。力争在“973”、“863”国家重大基础和应用专项计划中有所突破。争取粮食行业国家科研经费投入达到 2 亿元。建立和完善人才培养条件和机制，健全创新平台的体系和运行机制，利用项目、基地、条件，促进各领域学科带头人脱颖而出，培养一支稳定的高水平的人才队伍。

3. 基本原则

——战略导向　瞄准世界科技前沿、跟踪国际先进水平、紧密联系市场的需求，统筹、完善基础性科研工作，在涉及国家粮食安全的技术环节和重要关键技术上形成具有独立知识产权的核心竞争力。扩大国产化技术的市场份额。

——市场配置　以企业为主体，产学研相结合为主导，强化科技人才、资金的市场化配置，集中社会的科技资源优势，攻克粮食产业发展中的技术难题，建立共享、开放、竞争的科技运行机制，促进社会科技资源向粮食科技集聚，形成社会化粮食科技创新，提升行业科技竞争力。

——统筹兼顾　处理好战略发展与民生科技的关系、产业技术升级与培育新兴产业的关系、粮食产业现代化与传统技术改造的关系、项目研发与创新能力建设的关系，注重当前与长远、国家与地方、基础与转化、科研与市场的结合，全面提升粮食科技高技术产业化水平。

——人才优先　注重在实践中发现人才，在项目中培养人才，不拘一格使用人才。鼓励科研人员自由命题，注重跨学科、交叉学科人才的引进和培养，以人才设置项目，以人才带动科技，以人才促进发展。

四、主要任务

结合粮食行业的发展现状，把握前沿技术与粮食行业发展需求，充分利用社会科技资源与自身优势，突出重点，切实做好粮食科技工作，全面提升粮食科技水平，推动行业科学发展。

（一）优先发展的技术领域

1. 推广信息技术带动产业现代化　发展基于物联网技术的现代粮食流通体系，加大物联网等信息化技术在粮食宏观调控中的应用，在粮食收购品质检测、储粮环境控制、库存品质监管、有害物质防控等方面，加大物联网技术研发。开展对快速收购检测技术、清仓查库技术、粮油数量质量在线监测技术的开发集成与示范。研发感知粮食温度、湿度、品质、数量和粮堆中气体、霉菌、害虫的图像的粮食专用传感器，利用专用传感器等技术，逐步实现对粮食库存信息的智能化监控；加大 RFID、全球定位系统、地理信息系统等技术在粮食流通领域的应用。在重点区域开展粮食物流信息采集、追溯技术、公共物流信息平台的应用示范，实现粮食物流的信息资源共享，构建统筹、协调、高效、有序的现代粮食流通体系。

2. 培育生物技术促进可持续发展　推动生物技术应用，研究绿色储粮技术体系。从有害生物特性基础研究入手，开展绿色储粮、有害物质防控和消减技术的研究。开展生态环境、温度与粮食品质关系研究，实现对粮食霉菌、害虫的实时监测。注重和培育绿色储粮生物技术的产业化应用，以及低温储粮技术的集成示范。开发可替代化学物的高效菌株、酶制剂技术，通过生物技术实现加工副产品的综合利用。

3. 推广节能减排技术改造传统产业　加大节能减排低碳技术研究和推广，研发储藏、干燥等方面的绿色、节能、降耗新技术。开展能源优化利用、传热传质模型、数字化设计及水热控制分析技术研究，大幅提高粮食干燥机热能效率。以企业为主体，大力推广高效的保温技术、能源梯级利用技术、余热回收利用技术、烘干工艺改进烘干热源改造、烟气、污水处理技术。推广“四散”化运输，以提高效率方式节省运输能耗。开展地源水源热泵、浅层地能、太阳能、自然低温的控温储藏技术研究。通过应用、推广综合利用技术，逐步淘汰污染大、效能低的工艺和设备。

4. 推动先进制造技术应用　开发装备智能控制和在线监测技术，开展绿色储粮技术和装备的集成示范，开发全自动散粮成套接卸输送装备，采用新材料、新工艺，提高粮食加工装备设计和制造水平。开展装备智能控制技术、装备机械安全技术、装备机械卫生技术、装备可靠性技术、装备产品质量评价方法、装备人机工程技术研究开发。

5. 加快主食品工业化技术发展　研发具有自主知识产权的规模化、智能化成套粮食加工和精准加工装备，开发多品种、营养化、高品质的米制品、面制品工业化生产技术和装备。研发营养健康型传统主食成套设备。研发主食品保质保鲜物流、配送技术装备，研发粮油食品卫生安全快速检测技术和仪器。开展相关产品质量标准研究。

6. 加强基础研究完善粮食基础理论体系 开展粮食流通环节的生物技术与粮食质量安全基础性、公益性研究。开展粮食流通重要储粮害虫、种群动态与生态控制等基础研究，加强储粮真菌毒素产生机理、粮食发热霉变机理、品质特性及化学机理、物理特性与生态环境关系的规律研究，建立粮食品质特性基础数据库。开展粮食功能性成分的营养及安全评价体系研究。完善生态储粮技术理论框架，开展储粮生态区域理论研究。

7. 强化标准规范的技术支持 开展服务于产业结构升级的行业装备能耗标准、排放标准、行业节能管理规范和行业节能评价体系研究。开展引导行业高技术发展的粮食信息技术标准（信息的产生、识别、采集、分类编码、存储、处理、传输、交换、显示、打印）和信息安全标准研究。制定安全、合理的国家标准，提高粮食流通监控监管水平。

（二）重点工作

1. 开展优先发展领域的技术攻关，全面提高粮食现代化技术水平 在粮食流通主要领域和重要区域大力推动信息化技术的应用，带动产业技术的升级；以公益院所、大学和国家工程实验室为依托，积极培育粮食相关生物技术的研发与应用，促进粮食产业绿色、健康、可持续发展；推广粮食流通环节节能减排技术，改造和淘汰传统落后的工艺技术，支撑产业的绿色、环保、节能、高效发展。为发展主食品工业化、标准化、规模化提供技术支持，满足社会消费需求。

2. 整合粮食科技资源，强化科技创新能力建设 通过体制机制创新，加强粮食科技社会化科技创新体系建设。发挥科研院所、大学、企业优势和技术特长，形成优势互补，形式灵活的创新团队。强化国家、省、企业三级创新能力，坚持产学研相结合，构建以企业为主体、市场为导向的技术创新体系。完善粮食科技创新体制机制建设。扩大省部（局）合作、部部（局）合作试点范围。对重要示范项目建立省部（局）会商制度。充分利用现有资源建设完善能力强、效率高、运转好、机制优的创新平台。争取增加粮食流通领域国家工程实验室、国家重点实验室、国家工程技术中心数量。逐步构建体系完整的国家粮食工程实验室、重点实验室、工程技术中心。鼓励引入第三方专业服务和开展业务外包。

3. 加强科技成果转化，推动产业化应用 完善应用开发和成果转化及产业化的技术推广体系，进一步加强科技成果中试熟化及应用示范工作；优先推广市场应用前景好、产业发展急需的技术成果；鼓励科研单位与企业合作开展科技攻关，建立促进成果转让的激励体制；积极支持以企业为主体，科研单位参与的有产业化前景的研发项目；积极推进粮食高新技术的产业化示范，对成熟的技术成果扩大试点示范，促进高新技术示范连线、连片、连区的产业化集成应用。

4. 加强粮食基础性工作，培育自主创新能力 充分利用院所开发专项及国家科技计划，有计划、有步骤、扎实稳定地推进粮食基础研究工作，积极培育新兴产业。加强粮食基本分子生物学、化学、物理学研究和粮食生态内在品质基础数据研究。支持产业发展急需的关键技术应用基础研究，不断增强行业自主创新能力。加强人才队伍建设，完善机制，引进高层次人才，培养复合型人才，发挥地方粮食科研院所在区域粮食产业发展中的支撑作用。

5. 营造良好创新环境，推动粮食科学普及工作 加强自主知识产权的创造、运用、保护和管理。发展创新文化，营造科学民主、学术自由、严谨求实、开放包容的创新氛围。加强科研诚信建设，鼓励自主探索、提倡学术争鸣，维护科研道德。以节约粮食、反对浪费、主食营养安全、农户储粮减损等组织开展社会科普工作，激励科研人员、学生、教师、企业参与科普活动，积极开展粮食科技活动周等科普活动。

（三）实施粮食科技工程

1. 基于物联网的粮食宏观调控关键技术与设备创制 结合粮食系统的特点，运用传感器技术、物联网技术、云计算技术和仿真技术，通过粮食智能化收储、储粮生态调控、智能化监控管理等关键技术研究及产业化示范，实现粮仓粮食霉菌、害虫的预测预警和粮库信息的追踪与评估，提高粮库精准管理和智能控制能力，保证粮食产后绿色储藏和安全管理。

2. 节能增效绿色储粮关键技术研究与示范 开展不同储粮生态区域节能储藏技术研究，开展清洁能源和节能技术在储藏领域的应用研发，新型高效节能干燥技术与装备研发，开展粮食储运能效评价体系的研究与示范。利用现代传热传质技术、能源优化利用技术、组合干燥技术、数字化设计分析技术和先进制造、信息化和智能测控方法，解决粮食储藏、干燥的节能减损问题、粮食物流减损及加工节能问题。开展粮食品质与安全生态因子变化临界检测控制技术与装备研发，生物技术在储粮过程的应用研究等。通过粮食高效节能干燥、储藏节能减排、生物技术应用等关键技术的研究，开发系统和装备，形成技术示范体系。

3. 粮食质量安全保障关键技术研究与示范　研究粮食收购、储藏、加工、运输等环节的质量与安全检测、监管与控制技术。开展粮食中主要化学污染物转化降解规律及检测新技术的研发，系统研究粮食中污染物的转化降解规律，并开发粮食中主要内源毒素与抗营养因子检测与控制、粮食制品有害物质的控制、粮食质量安全现场检测技术与设备，进行产业化示范。重点解决粮食生产和储运中可能造成的农药、重金属、有机污染物等有害化学物质的污染问题，构建粮食及其制品的流通质量安全检测与控制技术研发体系。

4. 成品粮应急供应关键技术与设施设备研发　针对成品粮储藏技术和设施现状，开展成品粮储藏品质劣化理论研究及实用技术研究。研究开发成品粮储备库新仓型、仓房保温保湿新材料及自动化信息管理技术，研究节能、绿色储藏新技术和装备，研究害虫生物防治技术，研究开发成品粮快速自动进出仓技术装备及在途跟踪及追溯装备和技术。研究开发成品粮品质保障、新陈度等品质快速鉴别技术和追溯关键技术。研究开发物流仿真系统及应急调度辅助决策系统，解决应急成品粮供应问题。

5. 基于生物技术的粮食储运化学物替代技术开发与示范　开展储粮害虫化学防治生物替代研究，开发微生物源、植物源生物杀虫剂，寻找储粮害虫特异性靶标，实现“第三代杀虫剂”在储粮中的应用；开展储粮有害真菌化学防治生物替代技术，发掘储粮条件下有效的微生物源等防霉、真菌毒素脱毒生物活性物质；开展粮油加工中化学物替代技术，高效温和、与环境兼容生物技术手段替代改造落后的传统工艺技术，并开发可替代化学物的高效菌株、酶制剂等替代、减少粮油加工过程中的化学物；开展粮油加工生物转化技术研究，利用现代微生物技术、发酵工程技术对粮油加工过程中副产物进行资源化综合转化，利用酶制剂及发酵技术，制备糖、糖醇；开展粮油生物检测技术研究，开发快速、高通量的现场及在线检测技术。

6. 粮食精准加工关键技术与装备研发　利用数字设计、先进制造、信息化、智能测控等方法，提升粮食清理、小麦制粉、稻谷加工、低菌面粉生产、连续真空制面、杂粮主食化物理改性和面条智能干燥技术装备的整体水平。提高设备运行效率，降低单位产量能耗，建立粮食精准加工体系，达到粮食加工损失减少20%以上的目标。

7. 主食食品工业化关键生物技术研究及工艺设备开发　研究粮食食品生物技术、主食品工业化新技术、非热杀菌技术、食品组分的生物修饰与改性技术等，围绕米制、面制、薯类及其他杂粮等主食品，重点研发馒头、方便米饭、营养早餐、休闲豆制品等主食规模化、自动化、连续化、智能化、生产技术及设备并开展产业化示范。

五、保障措施

（一）加大研究投入，建立稳定的投入机制

完善以政府投入为引导，企业投入为主体，各类投资者共同参与、利益共享和风险共担的科技投资体系。对长期从事基础性、公益性粮食科研活动建立稳定的资金支持机制。提高公益性科研机构运行经费保障水平，争取建立粮食科技创新基金。全面落实税收减免、企业研发费用加计扣除、高新技术优惠等政策。实施知识产权质押等鼓励创新的金融政策。各级粮食行政主管部门要帮助企业及各级创新平台，加快落实国家已经明确的对科技创新支持政策，并积极争取各级财政、金融、税务进一步加大对粮食科技的政策、投入、补贴支持。推进各级各类的粮食科技创新平台建立稳定长效投入和运行机制，积极争取相关政策和社会投入的支持，形成稳定有效的社会合作和人才培养的机制。

（二）完善粮食科技创新体系，促进政产学研用结合

发挥政府的主导作用，市场对配置资源的基础性作用，企业的创新主体作用，国家级科研院的骨干和引领作用，大学的基础和生力军作用。充分发挥地方粮食科研院所在区域粮食产业发展中的支撑作用，强化地方院所在成果转化和推广应用方面的骨干地位。加快科技成果的转化和推广普及。鼓励企业不断提高产品技术水平、增加技术产品的市场竞争能力和抗风险能力。鼓励国有大型企业不断加大研发投入，通过国家相关政策激发中小企业创新活力。

（三）调动地方院所积极性，建立农村粮食产后技术服务体系

依靠省地（市）粮食科研院所的地域优势和技术优势，通过科学储粮专项，积极培育地方院所服务“三农”的技术能力。各地应鼓励结合地方农村特点和发展需要，开展适用于农村粮食收购、储藏、运输、加工等技术和设备的研发活动。定期深入农村，针对农户需求开展储粮技术服务和指导，基层粮食企业要根据售粮农民的需求，适时地进行粮食质量、储藏技术的宣传和指导，逐步建立面向农村的技术服务体系。

（四）开展广泛的技术交流，促进国际技术合作

支持各类学术交流和跨领域的学术合作，利用多种学术形式搭建交流平台，广泛吸引国内外科研机构、院校、企业等参与粮食科技创新。鼓励科研单位和科研人员的科技外事合作和交流，鼓励各级粮食科研单位开展国际合作。支持科研人员参加国际科技交流项目和活动，学习和引进国际先进技术，解决我国粮食发展的重要问题。鼓励对外技术输出和工程服务。

（五）实施人才战略，依托国家人才计划以及重大科研项目培养领军人才和创新团队

加强粮食科技人才队伍建设，在公益类院所、大学重点培养基础理论研究、行业应用研究的创新人才，在地方院所和企业培养一批技术成果应用人才。形成衔接有序、梯次配备、优势互补的合理人才结构。在国家千人计划中，积极引进粮食科技人才，引进社会高层次人才，重点打造复合型人才，发挥科技领军人才在科技创新中的重要作用，集中力量占领学术制高点。

（六）加强规划实施的组织领导

重视本规划与行业规划及其他专项规划的协调，发挥规划的指导性作用。注重年度计划与本规划的衔接，建立健全规划实施协调和评估机制。国家粮食局负责规划实施的综合协调，各有关省级粮食局、科研单位和企业（集团）要认真贯彻落实国家各项政策，扎实推进各项规划工作。各行业科研单位、粮食流通与加工国家工程实验室、国家粮食局工程中心及其相关大型企业研发机构等是本规划的实施载体，要细化落实本规划提出的主要任务，确保本规划目标任务的顺利完成。

粮食流通基础设施“十二五”建设规划

（国家粮食局　国粮展［2012］3号　2012年1月11日）

本规划根据《国家粮食安全中长期规划纲要（2008—2020年）》、《全国新增1 000亿斤粮食生产能力规划（2009—2020年）》、《粮食现代物流发展规划》（发改经贸［2007］2136号）、《粮油仓储设施建设方案》（发改经贸［2009］2875号）和《粮食行业“十二五”发展规划纲要》（国粮展［2011］224号）等要求，并结合我国粮食流通设施现状编制。本规划包括粮油仓储烘干设施建设、仓房维修改造、粮食现代物流、农户科学储粮专项等四个方面。

一、主要成就和存在问题

“十一五”时期，粮食流通基础设施建设累计投入资金约800亿元，其中中央补助投资约100亿元，粮油仓储、物流设施建设、仓房维修改造和农户储粮各项工作都取得了显著成绩，为国家粮食安全提供了有力的保障。

“十一五”时期，中央和地方政府积极筹措资金，加大了对粮油仓储设施建设和改造力度。全国共投入建设资金约360亿元，其中中央补助投资约80亿元，地方政府和企业投资约280亿元。共建设仓容6 400万t，油罐1 000万t，烘干能力3 000万t，维修改造仓房约1.1亿t。截至2010年底，全国粮食仓储企业有效仓容达到3.49亿t、油罐罐容1 410万t、粮食烘干能力1.1亿t。与2005年相比，分别增长34%、194%和58%，基本能够满足粮油收购储备需要。

“十一五”时期，特别是2007年全国《粮食现代物流发展规划》发布实施后，各地工作取得长足进展。五年间国家共安排中央补助投资约15亿元，带动地方政府和企业投资约390亿元，在主要跨省粮食物流通道上陆续建设了一批以大连北良港、上海外高桥粮食物流中心、舟山国际粮油集散中心等为代表的重大项目，东北各港粮食发运能力和东南沿海接卸能力显著增加，长江通道初步形成，黄淮海流出通道重要节点建设开始启动，陕西、甘肃、新疆等西部地区也初步形成了一批重要物流节点，上述项目建成后使全国新增中转能力1.2亿t以上，新增散粮中转设施接收能力28万t/h，粮食物流效率明显提高。

“十一五”时期，在试点的基础上，2010年正式启动了农户科学储粮专项。总投资约24亿元，其中中央补助投资7.06亿元，地方配套和农户自筹约16.6亿元。为全国25个省（自治区、直辖市）200万农户配置新型小粮仓，可为农民存储粮食约79亿斤，每年减少储粮损失约5.1亿斤，预计可为农民直接增收5亿元。这是建国以来第一次大规模对农户储粮设施建设给予中央财政资金支持。专项实施取得了良好的社会和经济效益，减损增收效果显著，深受广大农民欢迎。

"十一五"时期，国家粮食局组织开展了《植物油库建设标准》、《粮食物流园区总平面设计规范》、《粮食仓房维修改造技术规程》等25项粮食工程建设标准制修订工作，其中9项为国家标准、16项为行业标准。散粮汽车、吸粮机等散粮运输装卸设备得到了进一步推广和应用。集粮食仓储、物流、加工、信息和交易等功能为一体的粮食物流园区发展迅速。

当前，粮食流通基础设施建设存在的主要问题是：粮油仓储物流设施建设地区间进展不平衡，应急保障能力等薄弱环节有待加强；基层粮库仓储设施陈旧老化严重，急需维修改造提升功能；粮食物流"瓶颈"尚未突破，跨省散粮运输比例不高；新仓型、新技术、新工艺等研发推广力度不够，制约设施建设水平。

二、发展目标和基本原则

（一）发展目标

到2015年，粮食流通基础设施基本满足粮食增产、保障供给的要求。完善粮食仓储体系，达到现代化水平；基层粮库设施条件得到明显改善，基本消除长期露天储粮，并建立维修改造长效机制；主要跨省粮食流出通道设施能力显著增强，初步实现散粮火车"入关"运行，散粮流通比例明显提高；改善农户储粮条件，减少粮食产后损失。

（二）基本原则

1. 统筹规划，合理布局　统筹全国和各地区各类设施建设规模和布局，统筹中央企业与地方企业设施布局，合理引导企业投资方向，加强资源整合，避免盲目扩张和低水平重复建设。

2. 调整结构，提升功能　根据地区发展、产业布局、技术进步等方面的要求，进一步完善现有仓储设施和仓型结构，按照建设现代化粮库和发展粮食现代物流的要求，完善设施，提升功能。

3. 科技支撑，节能减排　按照节能减排和绿色储粮的要求，着力推进新仓型、新材料、新设备、新技术、新工艺在粮食流通基础设施建设中的应用，提高建设质量和技术水平。协同运作，提高效益。加强与有关部门和地方的衔接和配合，做好项目建设和设施管理，进一步完善投资管理机制，优化项目布局，提高投资效益和建设效果。

三、主要任务和项目布局

（一）加强粮油仓储烘干设施建设

完善中央和地方储备设施，优化全国粮油仓储设施布局，推广应用粮库信息化管理系统，实现仓房设施标准化、技术装备现代化。在粮食主产区、西部地区和后备基地新建仓容2 000万t。针对收纳、中转、储备等不同粮食仓储需求合理选用仓型，推广先进实用的新技术、新材料、新装备。新建烘干能力800万t，维修烘干能力2 500万t，淘汰一批技术落后的烘干设施，使全国烘干能力保持在1.1亿t以上，其中东北地区9 100万t以上，南方地区2 000万t以上。在东北地区改进烘干工艺和控制技术，节能减排，降低烘干成本，减少环境污染，保证烘后品质。在南方地区推广经济适用的烘干设备。在农垦系统水稻产区推广低温烘干技术。

在36个大中城市建设成品粮应急低温储备仓100万t，长三角、珠三角、京津唐、成渝等地区要优先满足成品粮储备应急保障需要。制定成品粮应急低温储备仓设计要点和实施方案，2012年选择个别条件较成熟的城市先行试点，2013—2015年全面推进36个大中城市的成品粮应急低温储备仓建设。

专栏1　粮油仓储烘干设施建设项目

新建仓储设施	粮食主产区、西部地区和后备基地	建设仓容2 000万t
粮食烘干设施	东北主产区、南方稻谷和油菜籽产区	新建烘干能力800万t，其中东北地区500万t，南方地区300万t；维修2 500万t
粮食应急储备仓容	36个大中城市	建设成品粮应急低温储备仓100万t

（二）推进粮食仓房维修改造

维修改造仓容1亿t以上，粮食主产区基本消除长期露天储粮，同时积极争取支持西部地区和主销区仓房维修。重点对仓房防潮防雨、保温隔热进行维修改造，配置必要的粮情检测、机械通风、环流熏蒸等储粮设施和装卸输送设备，配置检化验仪器，推广低温储粮、气调储粮等绿色储粮新技术。

专栏2　仓房维修改造项目布局

地区	仓容（万t）	地区比例（%）
总　计	**10 000**	**100.0**
一、主产区	7 500	75.0
1. 东北地区	1 500	15.0
2. 黄淮海地区	3 000	30.0
3. 长江中下游地区	3 000	30.0
二、其他地区	2 500	25.0

(三)推进粮食现代物流发展

1. *打通“北粮南运”主通道* 在东北地区建设80个大型粮食装车点，以及与其相衔接的华北、华东、中南、西南等地区建设60个大型粮食卸车点，并加强与公路集并的衔接，建设中转仓容150万t。完善东北地区粮食铁水联运物流系统，配套建设东南沿海港口和长江、珠江流域主要物流节点的粮食中转和接卸设施。开展东北地区糙米“入关”集装化（集装箱或集装袋）运输试点和大宗成品粮储运技术示范。

2. *完善黄淮海等主要通道* 建设原粮物流节点项目50个和中转仓容150万t，完善黄淮海通道、长江流域通道和京津通道、华东通道、华南通道的中转和接卸发放设施，发展黄淮海地区的散粮汽车运输以及长江、珠江、大运河、淮河等流域的散粮船舶运输。

3. *加强西部通道建设* 根据粮食增产能力和流量，主要依托西部地区现有粮库、批发市场和加工企业，沿西部地区主要铁路干线建设物流节点项目50个、中转仓容100万t及相关设施，提升西部地区粮食中转、发放设施能力。

4. *建立全国粮食物流公共信息平台* 组建大型粮食物流企业，发展第三方物流，利用现有政策性粮食交易平台系统和全国粮食动态信息系统以及大型企业现有物流网络系统，建立全国粮食物流配送、交易和管理信息平台，实现粮食物流信息资源共享，统一协调粮食运输工作。

专栏3 粮食现代物流项目

东北地区散粮“入关”主要通道项目	东北地区80个大型粮食装车点；稻谷和玉米流入地区60个大型粮食卸车点。建设中转仓容150万t，建设散粮火车接收发放设施
黄淮海等主要通道项目	在黄淮海、长江流域流出通道和京津、华东、华南流入通道建设原粮物流节点项目50个。建设中转仓容150万t，配置散粮汽车、内河船舶
西部通道重要物流项目	西安、宝鸡、兰州、武威、银川、吴忠、西宁、乌鲁木齐、伊犁、贵阳、昆明、太原等地区建设粮食物流节点项目50个。 建设中转仓容100万t，建设接收发放设施
全国粮食物流公共信息平台	国家粮食交易中心、各省级粮食局、中央直属粮食企业以及大型港口、大型粮食贸易和加工企业等建立全国粮食物流配送、交易和管理信息平台

全国主要粮食物流通道示意图（略）

(四)继续实施农户科学储粮专项

为全国800万农户配置标准化储粮装具，使项目地区农户储粮损失率降低到2%以下。在粮食主产区开展种粮大户新型储粮设施建设试点，重点在湖北、吉林等地农场和种粮大户建设1 000套示范性小型钢板仓。逐步建立以国家级专业科研机构为依托，以省级科研机构为支撑，以基层粮库（站）为基础的农户科学储粮技术服务体系，加强对农户储粮装具使用技术指导。

专栏4 农户科学储粮专项

农户科学储粮装具	配置标准化储粮装具800万套，其中主产区465万套，其他地区335万套
种粮大户储粮设施	在主产区建设一批示范性小型钢板仓（单仓储粮100t以上）及相应配套设施

专栏5 农户科学储粮专项布局

地 区	规划农户数量（万户）	建设内容
总　计	**800**	
粮食主产区	465	
其中：东北地区	200	钢骨架矩形仓160万套、钢网式干燥仓40万套
其他地区	265	彩钢板组合仓245万套、热浸镀锌板仓20万套
产销平衡区	260	彩钢板组合仓250万套、木骨架金属网仓10万套
粮食主销区	75	彩钢板组合仓75万套

(五)加强新技术研发与推广应用

针对收纳、集并、中转、储备等不同功能需求进一步优化平房仓、浅圆仓和立筒仓设计；在适宜的地方选用钢板仓，推广应用新型装卸输送设备，提高机械化程度；改进烘干设施工艺技术，降低烘干成本和环境污染，保证烘后品质；在储备粮库推进低温储粮、气调储粮等安全绿色储粮新技术；进行糙米流通新技术、集装单元化、大宗成品粮储运技术的示范；进行RFID、物联网技术的应用试点，推进粮食物流信息化管理；加快研究开发适宜种粮大户需求的小型钢板仓以及相应的清杂、干燥、检测、运输等技术和设备；继续完善粮食工程建设标准体系，争取制修订《粮食钢板筒仓设计规范》、《粮食钢板筒仓施工与质量验收规范》等20项建设标准和设计规范，提高设施建设水平。

四、项目总投资测算

为完成上述建设项目，初步测算总投资479亿元

(不含土地费用)，其中粮油仓储烘干设施建设173亿元，仓房维修改造90亿元，粮食现代物流建设118亿元，农户科学储粮专项98亿元。

(一) 粮油仓储烘干设施建设

重点在《全国新增1 000亿斤粮食生产能力规划》确定的800个增产大县增加粮食收储仓容、烘干能力，投资173亿元。

1. 新建储备仓容1 000万t，按照平房仓60%、浅圆仓20%、钢结构保温仓等其他仓型20%的比例测算，投资74亿元。

专栏6　主要仓型投资测算表

项目名称	平房仓	浅圆仓	保温钢板仓
新建项目(万元/万t)	800	1 000	400
扩建项目(万元/万t)	500～600	700～800	200～300

2. 报废重建储备仓容1 000万t，投资58亿元。

3. 新增年烘干能力800万t，维修烘干能力2 500万t，投资10.8亿元。

专栏7　烘干设施建设投资测算表

建设内容	烘干能力(万t/a)	单位造价(万元/套)	投资(亿元)
总计	**3 300**		**10.8**
新建烘干设施	800	360	5.8
维修改造烘干设施	2 500	50	5.0

注：新建烘干设施平均按500t/d(烘干能力5万t/年)计算，约160套。维修改造烘干设施平均按200～300t/d(烘干能力2.5万t/年)计算，约1 000套。

4. 按照国家粮食安全应急预案要求，建设成品粮应急低温储备仓100万t，按3 000万元/万t计算，投资30亿元。

(二) 仓房维修改造

维修改造仓容1亿t，按90万元/万t计算，投资90亿元。

(三) 粮食现代物流项目

粮食现代物流项目投资118亿元。

1. “北粮南运”通道建设投资68亿元。其中：关外80个大型粮食装车点，按5 500万元/个计算，投资44亿元；关内60个大型粮食卸车点，按4 000万元/个计算，投资24亿元。

2. 其他100个物流节点项目投资40亿元。其中：黄淮海等粮食物流主要通道节点项目50个，按4 000万元/个计算，投资20亿元；西部地区物流节点项目50个，按4 000万元/个计算，投资20亿元。

3. 全国粮食物流公共信息平台建设投资10亿元。

(四) 农户科学储粮专项

为粮食主产区和主要产粮县800万农户建设标准化粮仓(装具)，并适当示范推广种粮大户储粮小型钢板仓1 000个，投资98亿元。

专栏8　项目建设投资汇总表

项目名称	建设规模	投资(亿元)
总　计		**479**
一、粮油仓储烘干设施建设		173
1. 新建储备仓容	1 000万t	74
2. 报废重建储备仓容	1 000万t	58
3. 烘干设施新建	800万t,维修2 500万t	11
4. 成品粮应急低温储备仓	100万t	30
二、仓房维修改造	1亿t	90
三、粮食现代物流设施建设	80个大型粮食装车点和60个大型粮食卸车点，100个物流节点等	118
四、农户科学储粮专项	800万农户、部分种粮大户	98

五、保障措施

(一) 加大投资力度

各地要按照粮食工作省长负责制的要求，加大对符合条件的重要粮食仓储、物流、应急保障等流通基础设施建设的投入，并建立稳定的长效机制。积极引导多渠道社会资金投向粮食流通基础设施建设领域，国家将继续给予支持。适当对粮食净流出省(自治区)和新疆、西藏以及青海、四川、甘肃、云南四省藏区等中央明确给予政策支持地区的粮食流通基础设施建设给予倾斜。建立国家和地方各级政府支持仓房维修改造的长效机制，中央对于仓房维修改造予以支持，争取将资金补助扩大到全国各省(自治区、直辖市)，各地要制订年度计划，加大地方财政支持力度。

(二) 完善支持政策

加强粮食与发展改革、财政、铁路、交通等部门的协作，创新粮食物流机制，按照《国务院办公厅关于促进物流业健康发展政策措施的意见》(国办发[2011] 38号)精神，整合现有粮食物流资源，推进仓储、码头设施社会化和运输服务市场化。完善粮食运输补贴和税收优惠政策，引导铁、水合理分流，不断提高散粮运输的比例。支持粮食物流园区有序发展，研究推进国家级示范园区建设。按照《“十二五”农户科学储粮专项建设规划》和《农户科学储粮专项管理办法》要求，积极推进农户科学储粮专项建设。逐步建立国家和地方各级政府支持农户科学储粮的长效机制，采取政府补贴、市场化购置的方式，为农户配置科学储粮装具。积极争取有关部门将标准化农户科学储粮装具及简易仪器设备等纳入农机具补贴范围。

（三）引导多渠道投资

除政府投资外，充分调动企业等各方面积极性，对法律法规未禁入的领域，积极引导民营等社会资本以独资、合资、合作、联营、项目融资等方式投入建设。同时，加强对各类投资主体建设项目的统筹协调，合理布局并实现资源共享。

（四）严格项目管理

严格执行工程建设项目审批、招投标、监理、合同管理、资金管理和竣工验收的各项规定，进一步理顺管理机制，加强项目建设管理，严格遵守粮食工程建设标准和技术规范，确保工程质量，确保资金使用安全和投资效益。

（五）组织好规划的实施

加强规划实施的组织领导和统筹协调，发挥规划对粮食流通基础设施建设的指导作用。注重年度计划与本规划的衔接，建立健全规划实施协调和评价评估机制。各省级粮食行政管理部门要根据本规划要求和本地实际，编制本地区的设施建设规划，明确发展目标，细化具体任务，制定保障措施，抓好本规划贯彻落实，确保本规划目标任务的顺利完成。

马铃薯加工业“十二五”发展规划

（工业和信息化部　农业部　2012年1月12日）

前　言

马铃薯是世界上仅次于小麦、水稻、玉米的第四大粮食作物，也是粮、菜、饲料和工业原料兼用的经济农作物。自1995年以来，我国马铃薯种植面积和总产量均居世界首位。马铃薯加工业是随着我国农副产品加工业和食品工业发展而兴起的新兴行业，加工量和产值逐年递增。“十一五”期间，马铃薯加工业得到迅猛发展，正逐步由粗放加工、数量扩张的初级阶段转向精深加工、质量提升的发展阶段，对推动“三农”及相关产业发展、扩大就业和提高城乡居民生活水平作出了重要贡献。“十二五”是我国全面建设小康社会的关键时期，是深化改革开放、加快转变经济发展方式的攻坚时期，马铃薯加工业将步入新的发展阶段。为落实《国民经济和社会发展第十二个五年规划纲要》和《“十二五”工业转型升级规划》，指导未来五年马铃薯加工业产业结构调整和发展方式转变，实现产业可持续发展，特编制《马铃薯加工业“十二五”发展规划》，规划期为2011—2015年。

一、“十一五”主要成就和“十二五”面临形势

（一）“十一五”主要成就

“十一五”期间，我国马铃薯加工业依托不断扩大的市场需求，努力适应竞争与机遇并存的发展环境，积极克服各种自然灾害和国际金融危机等不利影响，保持强劲的发展势头，产业规模持续扩大，产业结构不断优化。

1. *种植规模逐年扩大*　“十一五”期间，我国马铃薯种植业平稳发展，种植面积和总产量逐年增长。2010年，种植面积达520.5万hm^2，总产量达8 153万t，比2005年分别增长了6.6%和15%，基本满足我国居民食用消费和马铃薯加工业原料供应需求。

2. *加工产业迅速发展*　“十一五”期间，马铃薯加工业发展迅速。2010年，全国规模以上马铃薯加工企业150余家，马铃薯加工产品产量、工业总产值、工业增加值、销售收入、利税分别达140万t、197.4亿元、60亿元、192.7亿元、25.8亿元，比2005年分别增长49.0%、98.6%、89.2%、107.2%、110.8%，年均增长分别为8.3%、14.7%、13.6%、15.7%、16.1%。变性淀粉、全粉、薯片加工企业数量显著增加，规模以上企业均由2005年的10家左右上升到2010年的25家以上。马铃薯加工业的快速发展拉动相关装备制造业每年增加产值10余亿元，淀粉、变性淀粉、全粉等马铃薯加工产品作为重要的工业原辅料，支撑了食品、造纸、纺织、医药、化工等产业的发展。

3. *产品结构不断优化*　“十一五”期间，马铃薯加工业的产品结构进一步优化。2010年，马铃薯加工业消耗马铃薯692万t，比2005年提高28.4%，年均增长5.1%。以品种计，马铃薯加工产品的产量

为：淀粉45万t，变性淀粉16万t，全粉5万t，冷冻薯条11万t，各类薯片30万t，粉丝、粉条、粉皮30万t（以干基计）。

专栏1 “十一五”期间马铃薯加工业主要产品产量（万t）

产品	2010年	2011年	累计增长（%）	年均增长（%）
淀粉	40	45	12.5	2.4
变性淀粉	10	16	60.0	9.8
全粉	2	5	150.0	20.1
冷冻薯条	5	11	120.0	17.1
各类薯片	16	30	200.0	24.6
粉丝、粉条、粉皮	25	30	20.0	3.7

马铃薯全粉、变性淀粉、冷冻薯条、各类薯片食品等深加工产品占加工产品总量的比例达到45.2%，比2005年提高15.9个百分点，基本满足消费者日益增长的多层次需求。

4. 产业集中度逐步提升 “十一五”期间，我国马铃薯加工业结构调整、技术进步步伐加快，一批具有较强竞争实力和技术优势的骨干企业发展壮大。马铃薯淀粉前5强生产企业2005年产量占总产量的15%，2010年占23%，产业集中度逐步提升。新兴产业变性淀粉、全粉、薯条和薯片加工业在企业数量高速增长的同时，仍保持了较高的产业集中度，前5强生产企业产量占总产量在40%以上。

5. 技术水平不断提高 “十一五”期间，通过组织实施一批与马铃薯加工密切相关的食品加工重大科技专项，在食品用马铃薯蒸汽去皮及水力切条、提高马铃薯淀粉提取率和节水率、变性淀粉生产应用技术开发等关键技术领域取得了突破。马铃薯变性淀粉品种由10多种增加到30多种；马铃薯加工产出率、副产物利用率均有所提高。研制出一批包括马铃薯蒸汽脱皮装置、大型滚筒干燥装置、马铃薯全粉加工生产线等技术含量较高的加工装备，部分装备已实现整机出口。

6. 质量体系逐渐完善 随着全社会对食品质量安全的日益重视和《中华人民共和国食品安全法》及其实施条例的颁布实施，“十一五”期间，马铃薯加工业食品安全水平和产品质量不断提高。通过ISO质量管理体系、危害分析和关键控制点（HACCP）认证的马铃薯加工企业不断增加，规模以上的马铃薯冷冻薯条、薯片、全粉加工企业60%通过了质量管理体系认证，比“十五”末增加30个百分点。同时，马铃薯相关国家标准的制（修）订工作得到加强，“十一五”期间制（修）订马铃薯加工相关标准35项。

(二)“十二五”面临形势

1. 发展机遇

(1) 维护粮食安全为马铃薯加工业创造了良好的发展空间　粮食安全问题是关系经济安全和国计民生的重大问题，《国家粮食安全中长期发展规划纲要（2008—2020年）》明确将马铃薯作为保障粮食安全的重点作物，摆在关系国民经济和“三农”稳定发展的重要地位。同时，规划纲要对马铃薯加工业的发展提出了新的要求。

(2) 消费结构升级为马铃薯加工业拓宽应用领域提供了契机　“十二五”时期是我国全面建设小康社会的关键时期，生活水平的改善、城镇化率的提高、工业技术的发展，将直接带动消费需求不断升级和消费市场不断扩大，促进高附加值马铃薯精深加工产品生产和销售的快速增长。同时，马铃薯淀粉、变性淀粉和全粉作为天然高分子化合物，具有良好的安全性、营养性、功能性，市场潜力较大，将在食品加工领域得到越来越广泛的应用，满足消费者日益增长的健康安全需求。

(3) 经济全球化为马铃薯加工业提供了国际化发展机遇　随着经济全球化的深入发展，一方面，发达国家先进的马铃薯加工技术和装备、新型产品等加速向中国市场推广，并被我国马铃薯加工企业引进、吸收和再创新；另一方面，发展中国家、新兴市场国家对马铃薯精深加工产品和技术需求的增加，为我国马铃薯加工业扩大国际市场、开展国际交流与合作创造了有利条件。我国独特的马铃薯资源优势、产业优势在亚太、拉美和非洲地区拥有广阔的市场需求和发展前景。

(4) 科技进步为马铃薯加工业转型升级提供了技术支撑　生物技术、信息技术、自动控制技术等新兴技术的推广和应用，将进一步推动马铃薯育种、种植、储运、加工、清洁生产等领域的技术升级，为马铃薯加工业实现可持续发展提供有力的技术支撑。

2. 面临挑战

(1) 原料保障压力增大　我国马铃薯总产量虽位居世界首位，但发展水平有待提高，主要表现在：脱毒种薯比例和单产水平较低，马铃薯加工用原料的稳定供应面临挑战；生产条件差，收获及储运装备相对落后，马铃薯出现伤痕、腐烂而造成损失的现象突出；加工专用薯种缺乏，原料质量参差不齐，小规模种植、分散经营的马铃薯种植“小农业”与规模化生产、市场化运作的马铃薯加工“大生产”矛盾突出，规模化、机械化种植方式缺乏，产业化基地建设薄弱。随着马铃薯加工业的快速发展，对马铃薯加工原料尤其是高品质加工专用薯的原料需求将不断提升，原料供应压力逐渐增大。

(2) 产业结构不尽合理　我国马铃薯加工业结构虽有改善，但仍不尽合理，主要表现在：初级加工产品比重较大，高科技含量、高附加值产品种类和产量尚待扩大；技术装备先进、实现规模化生产的企业偏少，设备简陋、工艺落后、质量和出品率低的落后产能还占较大比例；副产物综合利用的研究开发还处于起步阶段，循环经济产业链尚未形成，制约着马铃薯加工业的健康发展。

(3) 企业创新能力不强　我国马铃薯加工业科技研发投入仍相对偏低，目前仅占销售收入的 0.4%左右，大大低于发达国家 2%～3%的平均水平，设有研发中心的企业不足 30%。面对快速增长的消费需求和国外新型产品和先进技术的竞争压力，企业自主创新能力亟待加强。

(4) 可持续发展要求提高　按照建设资源节约、环境友好型社会的要求，资源环境约束日益强化，运用新技术、新工艺、新材料、新装备推动马铃薯加工业实现节能减排、资源综合利用的要求不断提高，加快转变发展方式尤为迫切。

二、指导思想、基本原则和发展目标

(一) 指导思想

以邓小平理论和“三个代表”重要思想为指导，全面贯彻落实科学发展观，坚持以加快转变发展方式为主线，依靠科技进步和自主创新，推进马铃薯加工业结构调整和产业升级。发展结构合理、技术领先、环境友好、标准健全、质量安全、转化能力强的马铃薯加工产业体系，实现可持续发展，为保障我国粮食安全、食品安全和满足多层次多样化的消费需求作出贡献。

(二) 基本原则

1. 注重协调发展，强化原料保障　按照良种化、规模化科学种植，集约化、规范化系统管理，智能化、信息化储藏物流的理念和模式升级传统马铃薯种植业及储运业，大力培育集育种、种植、储藏、运输、加工及产品营销为一体的马铃薯加工产业集群，鼓励建设自有原料生产基地或发展订单式农业的运作模式，实现马铃薯加工业与种植业、储运业之间的优化布局、协调发展。

2. 严格控制质量，保障产品安全　参照国际标准及规范，结合我国国情，建立统一、规范的马铃薯加工产品质量安全检测和监控体系，提升企业自身质量安全管理能力，加快淘汰落后产能，完善市场准入管理，落实企业主体责任，建立健全企业质量管理体系，保障马铃薯加工产品质量安全。

3. 坚持科技创新，促进产业升级　瞄准国际马铃薯加工技术与产业发展前沿，以产学研合作为依托，开发具有自主知识产权的技术和装备，推动马铃薯加工业科技创新和技术人才培养，加快高新技术成果产业化的步伐，进一步提高产品科技含量和附加值，促进产业优化升级。

4. 推行清洁生产，发展循环经济　坚持可持续发展和循环经济的理念，大力发展马铃薯加工清洁生产技术与装备，提高产品的出品率及加工副产物的综合利用率，提高马铃薯资源综合利用水平。保护耕地、节约集约用地，促进节能减排，降低资源消耗及污染物排放，保护生态环境。

(三) 发展目标

1. 原料保障　到 2015 年，马铃薯种植面积达到 800 万 hm^2，单产达到 18.75t/hm^2，总产量达到 1.5 亿 t，脱毒马铃薯种植面积占总种植面积的 50%以上，内蒙古、甘肃、黑龙江等马铃薯加工集中区域的专用薯种植比例达 20%以上。

2. 储运体系　在马铃薯主产区推广建设和匹配与仓储需求相符的规范化地下、半地下马铃薯储窖，解决薯农存贮和冻烂损耗问题，减轻薯价阶段性波动对马铃薯加工业造成的不利影响。在马铃薯主要加工地区新建万吨级以上大型气调储库 50～60 个，提升加工产品品质，延长加工期，提高产能利用率。基本建成与我国马铃薯加工业相配套的马铃薯储藏及运输体系，储藏运输过程的损失控制在 10%以下。

3. 加工能力　到 2015 年，马铃薯加工业总产值达到 350 亿元，利税 45 亿元，年加工转化马铃薯 1 400 万 t。

4. 产品结构　到 2015 年，马铃薯淀粉产量达到 90 万 t，粉条、粉丝、粉皮 35 万 t，变性淀粉 25 万 t，全粉 20 万 t，冷冻薯条 16 万 t，各类薯片 45 万 t，新型马铃薯方便食品、休闲食品等 20 万 t，高附加值马铃薯精深产品产量占比由 2010 年的 45%提高到 50%。

5. 自主创新　加大研发中心建设力度，到 2015 年，拥有研发中心的企业占马铃薯加工企业总数的 50%以上，企业研发投入占销售收入的比重提高到 0.8%以上。

6. 产业集群　到 2015 年，规模化马铃薯加工企业达 200 家以上，培育 20 家具有较强竞争力的、销售收入达 3 亿元以上的马铃薯加工企业。加快产业集群发展，打造 2～3 个分工合作、优势互补、销售收入达 10 亿元以上的马铃薯产业集群。

7. 质量安全　建立健全我国马铃薯加工产品标准体系、质量控制和检测体系、企业诚信管理体系和产品安全信息及质量安全可追溯体系。

8. 节能减排　到2015年，单位工业增加值能耗降低30%，单位工业增加值用水量降低30%，工业固体废弃物综合利用率达到80%以上，主要污染物排放减少，其中化学需氧量（COD）减少15%。

专栏2　马铃薯加工业发展主要目标

指　　标	2010年	2015年	年均增长（%）
原料保障			
总产量（万t）	8 153	15 000	13.0
种植面积（万 hm^2）	520.5	800	9.0
单位面积产量（t/hm^2）	15.7	18.75	3.6
专用薯占比（%）	6.5	20	20.6
储运体系			
储藏损失（%）	15	10	
万吨级气调储库（个）	30～40	80～100	
加工利用			
总产值（亿元）	192.7	350	12.7
利税（亿元）	25.8	45	11.8
加工马铃薯（万t）	692	1 400	15.1
产品结构			
马铃薯精深产品占比（%）	45.2	50	
质量安全			
制（修）订标准（项）	[35]	[50]	
规模以上企业建立诚信体系占比（%）		100	
自主创新			
科技投入占销售收入比重（%）	0.4	0.8	
企业结构			
规模以上企业（个）	150	200	
淀粉前5强企业产量占总产量比例（%）	23	30	
节能减排			
单位工业增加值能耗降低（%）			[30]
单位工业增加值用水量降低（%）			[30]
工业固体废物综合利用率（%）			[80]
COD减少（%）			[10]

注：[　]表示5年累计数。

三、重点任务

（一）强化原料供应保障

促进马铃薯种植业的种薯脱毒化、品种专业化、种植规模化和机械化，保障加工专用薯的种植面积及单产的稳步增长。加大对马铃薯原种生产补贴、规模化集约经营和高产创建的支持力度，推广应用脱毒种薯和配套高产栽培技术。鼓励马铃薯加工企业发展“公司+基地”的经营模式，建立稳固的马铃薯种薯繁育及种植基地，与薯农建立合理的利益分配机制和稳定的购销关系，逐步实现马铃薯种植业的产业化运作。建立马铃薯加工供求调节机制，加快马铃薯储藏、物流体系建设，确保优质加工专用薯原料的稳定供给。

（二）推动产业结构调整

优化行业区域布局，在马铃薯主产区及其周边地区，发展马铃薯淀粉和全粉加工。在大中城市及其周边地区，发展薯片、薯条、变性淀粉及其他高附加值产品。鼓励跨区域整合，发挥区域优势，建立完善的原料供应和产业链上下游合作体系。优化行业组织结构，加快淘汰落后产能，提高产业集中度，促进企业信息化的集成应用。优化加工产品结构，提高马铃薯加工量，提高马铃薯精深加工产品的比例，加大高附加值、高技术含量新型产品的推广力度。

（三）提高自主创新能力

提高企业自身研发能力，加强科研人才培养及研发队伍建设，推进企业与大专院校、科研院所的合作与交流，推进建设一批科技创新能力强、科技成果转化快的马铃薯加工科技创新平台、科研开发基地和产业化示范生产基地，全面提升我国马铃薯加工业的自主创新能力。

专栏3　马铃薯加工业科技创新体系建设

名　　称	内　　容
马铃薯加工关键技术研究开发	(1) 满足不同食品加工特殊需求的高附加值马铃薯食用变性淀粉生产技术； (2) 马铃薯膨化食品、马铃薯泥、方便食品等高附加值及主食化食品的开发及应用； (3) 马铃薯加工鲜切菜肴保鲜、方便化工艺技术开发及应用； (4) 高分子量、高能量运动食品（野战食品）的研发和生产； (5) 高效吸水或保水剂、水处理剂的研发、生产和推广应用； (6) 开发膳食纤维等高附加值产品和副产物综合利用技术； (7) 低含油量、健康油炸薯制品加工技术的开发及应用； (8) 马铃薯大宗产品综合加工技术及智能控制装备的研发； (9) 推动组建马铃薯加工产品研发中心、马铃薯加工工程实验室。
马铃薯加工高效综合利用和产业化示范	(1) 加工副产物综合利用技术。马铃薯渣转化为饲料等成本低、可行性高的副产物综合利用技术的产业化示范，薯条加工副产物综合利用技术产业化示范。 (2) 生产线技术改造。采用先进技术装备，降低单位增加值能耗，提高生产效率。
马铃薯加工人才培养基地建设	以马铃薯加工领域的重点院校和科研院所为主体，联合大型马铃薯加工企业，构建1～2个符合我国马铃薯加工发展需求的人才培养基地，为马铃薯加工行业输送基础扎实、实践经验丰富、创新能力强的应用型人才。

针对我国马铃薯原料和加工产品的特点，开发高水平的马铃薯加工专用和成套设备，提升国产设备的可靠性、稳定性、成套性以及工艺材质和自动化水平，部分核心技术达到国际先进水平。

（四）完善质量体系建设

加强食品安全教育，加快企业诚信体系建设，完善马铃薯加工业质量安全控制体系的建设，完善马铃薯加工标准体系建设，制修订马铃薯加工原料、产品、流程、检测方法、环保等相关标准50项；推进马铃薯加工安全、质量检测公共平台建设，配置必备仪器设备，提高马铃薯加工产品的安全、质量监控水平；强化马铃薯加工产品的质量监管，推动企业建立产品可追溯制度和不合格产品召回制度，提高行业质量安全管理水平。

（五）加强企业品牌建设

培育和扶持一批规模较大、自主创新能力较强、拥有核心技术、盈利能力强、诚信度较高的马铃薯加工企业；鼓励有实力的企业进行兼并、重组，提高产业集中度和品牌知名度；加强企业品牌建设工作，重视对知识产权的保护，培育3～5个在国际市场上具有一定知名度和竞争优势的自主品牌，提升我国马铃薯加工企业的综合竞争力。

（六）实施可持续发展战略

加大马铃薯加工行业节能降耗、减排治污工作的推进力度，鼓励马铃薯加工企业建立与加工规模相适应的污水处理和综合利用基础设施。加快马铃薯清洁生产技术的开发和推广，确保污染物排放和节能降耗达到国家相关标准要求。提高资源利用率，加快开发马铃薯加工副产物综合利用技术，加快绿色环保、资源循环利用等先进实用技术和装备的研发和推广，促进行业可持续发展。

四、主要行业发展方向

（一）马铃薯淀粉、全粉加工业

鼓励企业通过建立原料基地和引入订单式农业运作模式，强化马铃薯淀粉、全粉加工原料供应保障；通过产业整合和技术创新，加快淘汰落后产能，提高产能和资源利用率；所有企业拥有与其加工规模相配套的污染物处理能力，提升工艺技术水平、产品质量水平、节能减排水平；提高产业集中度、品牌知名度。到2015年，马铃薯淀粉优级品率提高至60%以上；推广全旋流、全自控式先进工艺装备，合理规模在淀粉3 000t/月以上。加大全粉生产应用技术研发和市场开发力度，拓宽应用领域；尽快制订全粉类产品的国家标准或行业标准，制（修）订原料使用和贮藏标准；优化区域布局，强化基地建设，普及专用品种。

（二）马铃薯冷冻薯条、薯片等加工业

大力发展冷冻薯条、薯片加工业，满足人民群众日益增长的多元化消费需求；加大国产化冷冻薯条、薯片加工装备的研发力度，提升自主化装备水平及所占比例；培育一批技术含量高、符合市场需求、具有较强竞争力的骨干企业，打造自主品牌；切实保障薯条、薯片等大众化食品的原辅料品质和安全，加强生产技术研发，保障产品质量安全；因地制宜，在发展薯类保鲜加工制品的同时，发展以淀粉、全粉为原料的复合类加工制品，丰富花色品种；加强同品种开发和农业种植企事业单位合作，大力开发、推广专用品种，提升仓储、物流水平。

（三）马铃薯新型产品加工业

重点发展科技含量和附加值高的变性淀粉系列产品（食品添加剂、精细化工产品、双降解产品、医药辅料产品、膳食纤维产品等）以及马铃薯深加工食品（方便休闲食品、膨化烘焙食品、功能食品品等），鼓励发展薯类保鲜制品、半成品等马铃薯产品加工业，形成高端产品与低端产品、终端产品与半成品相结合的马铃薯加工产品结构，满足不同层次、不同领域的消费需求。

五、政策措施

（一）加强政策引导和协调

健全和完善相关政策和技术标准体系，加强部门间配合以及产业政策的衔接。进一步完善产业、环保、土地、财税、金融、流通、工商等相关政策，加强部门间配合以及产业政策的衔接，加大对马铃薯加工业的支持力度，为行业发展创造有利的政策环境。引导马铃薯加工行业区域间协调发展和产业聚集，推动产业布局优化，推进技术开发和市场开发。

（二）加大财政和金融支持力度

加大中央和地方财政支持力度，充分利用现有财政政策及资金渠道，对马铃薯加工产业和产业集群公共服务平台建设、企业技术改造、节能减排、清洁生产、重点装备自主化和自主品牌建设等重点项目给予支持。扩大马铃薯原种生产补贴和高产创建示范规模，扶持马铃薯种植业发展，提高马铃薯产量，保障原料供给。加大对马铃薯仓贮能力建设的支持力度，保障薯业增产增效。中国农业发展银行及商业银行对符合国家产业政策和贷款条件的马铃薯加工项目和企业技术改造提供信贷支持，对实力强、资信好、效益佳的企业优先安排贷款，增加授信额度；支持符合条件的马铃薯工业企业通过在银行间债券市场发行短期融资券、中期票据、中小企业集合票据等方式拓宽融资渠道，募集生产经营资金。

（三）加强产品质量安全管理

按照食品安全管理理念，深入开展食品安全专项整治，全面清理生产过程中使用非法添加物和滥用食品添加剂行为，加快建立健全产品召回及退市制度。加快马铃薯加工产品质量安全检（监）测能力建设，建立无缝隙覆盖的质量安全检（监）测体系。各相关部门要切实承担马铃薯加工产品安全监管工作的责任，建立从生产、加工、流通到消费各环节全程监管的部门协同机制，完善产品质量安全保障体系。

（四）鼓励兼并重组和淘汰落后

鼓励经营规模大、带动能力强的马铃薯加工龙头企业，遵循资源配置和市场规律，实施企业兼并重组，继续在流动资金、债务核定、职工安置等方面给予支持。各相关部门要加快建立产业退出机制，明确淘汰标准，量化淘汰指标，坚决淘汰落后产能，优化产业结构。

（五）支持科技创新和技术改造

增加科技投入，加强马铃薯开发利用基础研究，支持一批重大关键技术和设备的研发，促进自主知识产权技术的开发和产业化；推动组建马铃薯加工技术及装备研发中心和马铃薯加工工程实验室；引导和推动马铃薯加工企业建立科技创新平台和研发基地，鼓励与高校及科研院所联合成立研究开发中心和产业技术创新战略联盟，培育科技人员。在相关项目建设、课题安排上给予政策和资金支持。

（六）推进企业诚信建设

深入推进食品工业企业诚信体系建设，引导和支持企业建立诚信管理制度、实施国家标准；组织企业参与诚信评价活动，做好行业质量诚信宣传，严格行业自律；积极支持企业诚信体系必备的基础设施建设，鼓励社会资源向诚信企业倾斜。在市场采购、招投标管理、公共服务、项目核准、技术改造、融资授信、社会宣传等环节参考使用企业诚信相关信息及评价结果，对诚信企业给予重点支持和优先安排。

（七）发挥行业组织作用

充分发挥行业组织联系政府和企业的桥梁纽带作用，鼓励行业组织积极参与国家、地方有关政策法规、食品质量安全标准的制（修）订。加强对马铃薯加工业发展重大问题的调查研究，组织企业及时反映行业情况、问题和诉求。强化对马铃薯加工业相关信息的统计和发布，构建完善的信息网络平台和发布渠道，更好地为企业服务。

六、规划组织实施

工业和信息化部会同农业部统筹负责本规划的组织实施。推动形成部门、地方、行业组织分工协作、共同推进的工作机制，加强对规划实施的统一领导、精心组织，建立规划实施动态评估机制，及时做好产业发展形势的分析和信息发布工作，落实各项任务和工作措施。各地相关部门要按照职责分工，结合本地实际，抓紧制定与本规划相衔接的实施方案，落实相关配套政策。相关行业协会要充分发挥桥梁和纽带作用，积极参与相关工作，协同推动本规划的贯彻落实。

粮油加工业“十二五”发展规划

（国家粮食局 国粮展［2012］5号 2012年1月13日）

根据《国家粮食安全中长期规划纲要（2008—2020年）》、《全国新增1 000亿斤粮食生产能力规划（2009—2020年）》、《粮食行业“十二五”发展规划纲要》（国粮展［2011］224号）和《食品工业“十二五”发展规划》（发改产业［2011］3229号）的要求，为加快发展现代粮食流通产业，完善现代粮油加工体系，加快结构调整，推进转型升级，实现粮油加工业健康协调发展，充分发挥加工对保障国家粮食安全的重要作用，特制定本规划。

一、发展成就和存在问题

“十一五”时期，粮油加工业平稳较快发展，供给保障能力进一步增强。一是产量稳定增长，产品结构明显改善。2010年，大米、小麦粉、食用油和玉米淀粉产量分别比2005年增长了150%、116%、74%和48%。专用米、专用小麦粉、专用植物油及糙米、营养强化小麦粉、特种植物油等一批营养健康新产品的产量增加较快。二是产品质量不断提高，品牌效应显著增强。2010年，大米、小麦粉、食用植物油产品总体合格率达到95%左右，比2005年提高了5个百分点。一批粮油产品知名品牌对行业影响力和市场占有率迅速提升。三是多元主体已经形成，集约化程度不断提升。国有和国有控股、民营、外资等企业共同发展，相互竞争的格局已经形成。从2005年到2010年，在全国稻谷、小麦和食用植物油加工企业中，前二十位企业产量由382万t、865万t、728万t分别上升到1 054万t、1 333万t、1 694万t，增幅176%、54%、132%。四是技术进步明显，装备国产化程度提高。稻谷、小麦、玉米深加工等转化增值技术、油菜籽膨化压榨节能技术等实现了产业化。一批具有自主知识产权的淀粉加工成套装备、数字化色选机等装备达到国际先进水平。五是龙头企业作用突出，集聚效应初步显现。粮油加工龙头企业积极推行产业化经营，有力带动农民增收。产业布局向主产区集中趋势明显，涌现出一批具有特色的粮油加工产业园区或集聚区。

同时，我们也清醒地看到粮油加工业发展仍面临亟待解决的问题：一是发展方式仍然粗放。粮油加工业发展主要依赖规模扩张，产能结构性过剩，产业竞争力不强，区域发展不平衡。二是产业结构不合理。企业规模化、集约化水平低，布局不合理。初级加工产品多，产业链延伸不足。行业管理、服务滞后。三是自主创新能力不强。以企业为主体的技术创新体系尚未完全建立，核心技术和装备的研发落后于世界先进水平。粮油食品安全保障体系不够完善，成品粮过度加工问题突出。四是节能减排任务艰巨。资源综合利用率较低，能耗、水耗和污染物排放指标偏高。

二、指导思想和基本原则

（一）指导思想

以科学发展为主题，以加快转变经济发展方式为主线，坚持走中国特色的新型工业化道路，积极推进结构调整，优化产业布局，促进转型升级，强化质量安全，增强粮油加工业保障供给安全的能力和科技创新能力，发展现代粮油加工体系，实现健康协调发展。

（二）基本原则

1. 市场引导，政府扶持　充分发挥市场配置资源的基础性作用，形成优胜劣汰的良性发展机制。加强政府对粮油加工业发展的规划引导和行业服务，努力构建有利于企业发展的外部环境。

2. 统筹兼顾，协调发展　妥善处理产能增加与质量提高、规模扩张与结构优化、原料供应与产能需求的关系，严格控制盲目投资和低水平重复建设，引导粮油加工业有序、健康和协调发展。

3. 安全卫士，营养健康　以“安全、优质、营养、健康、方便”为宗旨。强化全产业链质量安全管理，提高准入门槛，大力倡导适度加工，合理控制成品粮加工精度，提高产品出品率。

4. 创新驱动，节能减排　不断提高企业自主创新能力，重点推进装备自主化和关键技术产业化。加快企业技术改造，淘汰技术水平低、高耗能、高污染的落后工艺和设备。

（三）发展目标

到2015年，形成结构优化、布局合理、安全营养、绿色环保的现代粮油加工体系，产业结构取得明显改善，质量安全水平显著提升，加工保障供给安全和科技创新的能力不断增强。

——产业规模和效益平稳增长，规模以上粮油加工企业总产值年均增长12%。

——企业组织结构不断优化，形成一批辐射带动能力强、具有竞争优势的大型加工企业、企业集团和产业集聚区，及大中小型企业分工协作、共同发展的格局。

——自主创新能力明显增强，粮油加工关键设备自主化率提高到60%左右。

——资源利用和节能减排成效明显。稻壳、米糠、玉米胚等副产物综合利用率明显提高；粮油加工业单位产值二氧化碳排放减少17%以上，单位产值能耗降低10%以上。

三、重点任务

（一）提高供给保障能力

大力发展粮油食品加工业、饲料加工业，确保口粮、饲料用粮供给安全。有效利用粮油资源，加强副产物综合利用，提升精深加工转化水平和产品科技含量。加强特大城市及重点、敏感地区供应渠道网点建设，保障城乡居民粮油食品安全。稳定大豆生产能力，挖掘油菜籽、花生、棉籽、葵花籽等国产优质油料生产潜力，积极发展油茶籽等木本油料的生产，推进食用植物油生产多样化发展，提高我国食用植物油自给能力，满足市场需求。

（二）加快产业结构调整

大力培育粮食产业化龙头企业，鼓励和引导大型企业兼并重组，不断提高产业集中度，增强企业的核心竞争力和抗风险能力。推进粮食产业化经营，提升优质粮油基地建设规模化和标准化水平，逐步实现加工原料的专用化、规模化和标准化。鼓励和支持中小型企业改造升级，提高产品质量，增强市场竞争力。依据国家产业结构调整指导目录，强化环保、卫生、能耗、出品率、安全等指标的约束作用，加大对技术水平低、卫生质量和安全环保不达标、高能耗、高污染或产能严重过剩行业落后产能的淘汰力度。

（三）加快产品结构调整

加快系列化、多元化、营养健康粮油食品的开发，提高优、新、特产品的比重，强化质量安全，加强品牌建设。大力发展符合国家产业结构调整指导目录鼓励类的粮油加工产品，严格控制大米、小麦粉和食用植物油的过度加工；实施“主食品工业化示范工程”，积极发展工业化生产的米粉（米线）、方便米饭、馒头、挂面、鲜湿面条等米面制品；扩大速冻米面制食品规模，开发多种规格和品味的新产品；加快推进稻壳发电或供热、米糠制油、碎米制糖、麸皮制纤维食品、饼粕开发蛋白资源等。

（四）健全安全保障体系

完善粮油加工业技术标准体系，加快制修订符合国情的粮油加工重点产品标准、生产技术规范和检测方法标准。加大粮油食品安全检验监测能力建设支持力度，建立无缝衔接的粮油食品质量安全监管体系，满足企业对原辅料、半成品、成品等的理化、微生物、农药残留、真菌毒素、重金属等指标快速检验的需要。加快推行食品安全管理体系（GB/T 22000）、危害分析和关键点控制（HACCP）、良好操作规范（GMP）等质量管理与控制体系，严格产地环境、投入品使用等全程监控，建立粮油食品质量安全产业链可追溯体系，全面提高粮油食品质量安全水平。加快建立粮油加工业企业诚信管理体系。

专栏1 粮油加工业急需制修订的标准

米面油制品	制修订大米、小麦粉、专用米、专用小麦粉、专用油等标准，满足粮油加工专用化需要；制修订全谷物食品产品标准，满足人们对营养健康食品需求。
方便食品	制修订方便米饭、方便米粥、鲜湿面条等传统主食品标准，为主食工业化提供技术支撑。
粮油食品安全检测	加快研究制订方便、快速、准确粮油加工质量安全检测方法新标准，如添加物（增筋剂、漂白剂、矿物油等）快速鉴别以及食用植物油保真防掺伪快速测定方法；加快制订粮油食品可追溯体系以及粮油机械等标准；积极转化采用国际标准和国外先进标准。

（五）推动科技进步与创新

推广适度加工先进实用技术装备、综合利用和质量安全技术，应用清洁生产技术，实施节能减排与产业升级示范，实现资源合理利用。推进全谷物食品、高效低耗节能加工、深度开发转化增值和副产物综合利用等新技术的研发及产业化。推进深加工关键技术创新与装备产业化，提高关键装备智能化水平。鼓励构建产业技术创新战略联盟，加快全谷物食品、主食品工业化、粮油食品安全、薯类及杂粮、豆类食品开发等工程实验室和工程技术研究中心的建设。

（六）促进产业集聚发展

充分利用现有资源和区位优势，推进企业适度集聚发展，形成一批具有较强竞争力的国家级现代粮油加工基地或产业集聚区。鼓励和支持粮食产业化龙头企业创建粮油加工园区，延伸产业链条，向专业化、规模化、集约化方向发展。打造一批科技含量高、综合利用全、带动能力强的粮油加工园区，实现加工与相关业务的对接和整合，使之成为粮食产业化发展的新型载体，形成集粮食收购、储藏、运输、加工、销售、配送等为一体的现代粮食产业集群。

（七）完善应急加工供应体系

抓紧改造一批粮油应急加工企业和供应网点，鼓励符合资质条件的粮油加工企业参与粮油应急加工及供应体系建设，完善小包装成品粮油加工、储运配套设施和质量安全检测能力，建立快速反应、准确高效的应急加工和供应网络，以应对自然灾害或突发事件时粮油应急保障的需要。

四、完善产业布局

按照区域主体功能定位，综合考虑不同区域与产业基础、资源、发展潜力和市场需求等因素，坚持产区为主、兼顾销区和重要物流节点的原则，优化粮油加工业布局，形成协调发展、优势互补、特色明显的新格局。

（一）稻谷加工业

在长江中下游、东北等稻谷主产区和长三角、珠三角、京津唐等大米主销区建设或重组一批年加工稻谷 20 万 t 以上的龙头企业，扶持年加工稻谷 100 万 t 的大型企业集团。重点发展优质营养健康大米、专用米等及米制主食品、方便食品，米糠、稻壳和碎米综合利用。到 2015 年，专用米、营养强化米、留胚米、发芽糙米等营养健康新产品所占比重提高到 10%以上；日处理稻谷 200t 以上企业的产量比重提高到 60%以上。

稻谷加工业布局示意图（略）

（二）小麦加工业

在华北、华东、西北等小麦主产区和京津、珠三角等地区，扶持建设一批年加工小麦 30 万 t 以上的加工产业园区，培育若干个年加工小麦 150 万 t 以上的企业集团。重点发展专用小麦粉、营养强化粉、预配粉、全麦粉等，加快推进传统面制主食品产业化。到 2015 年，各种专用小麦粉等产品所占比重提高到 25%以上；日处理小麦 400t 以上企业的产量比重提高到 65%以上。

小麦加工业布局示意图（略）

（三）食用植物油加工业

引导生产要素集聚，促进上下游一体化发展。依托现有资源，打造天津滨海新区临港、山东日照港、江苏张家港、广东新沙港、广西防城港、长江沿线、黑龙江等一批具有国际竞争力的现代食用植物油加工园区或集聚区。坚持多油并举，大力推进食用植物油加工品种多元化，着力发展油菜籽、花生、棉籽、油茶籽等国产油料加工，扩大专用油比重，提高油料综合利用水平，开发油料蛋白等产品。

食用植物油加工业布局示意图（略）

（四）玉米加工业

继续严格控制玉米深加工过快增长，到“十二

专栏 2　食用植物油加工业布局和发展方向

大豆加工	严格控制大豆油加工新建项目，引导加快整合资源，鼓励内资企业兼并重组，淘汰落后产能。沿海地区要进一步压缩产能，提高生产效率；充分发挥东北非转基因大豆优势，提升大豆油加工产业带水平，提高国产大豆加工原料利用率，积极发展大豆深加工。
油菜籽加工	在长江流域中下游等油菜籽主产区改扩建一批年加工油菜籽能力 10 万 t 以上、吨料溶剂消耗 1.5kg 以下的项目；在西部油菜籽集中产地建设一批年加工 5 万 t 以上、吨料溶剂消耗 2kg 以下的项目。鼓励建设多油料品种加工项目，推广菜籽脱皮膨化制油技术，提高菜籽蛋白利用价值。
花生加工	在山东、河南和河北等主产区，在淘汰落后产能的基础上，发展高含油花生加工，改扩建、新建一批年加工花生仁 5 万 t 以上、吨料溶剂消耗 2kg 以下的项目。继续发展以浓香花生油为代表的特色花生油，适度开发花生蛋白制品。
棉籽加工	在新疆、湖北、河北等棉籽主产区和山东、河南、安徽、湖南、江苏、陕西等棉籽集中产区，新建、改扩建一批年加工棉籽能力 7.5 万 t 以上、吨料溶剂消耗 2kg 以下的项目。开发用于煎炸食品的专用棉籽油，推广棉籽脱酚技术，提高棉籽蛋白利用价值。
其他油料加工	在湖南、江西、广西等主产区，建设年加工 5 万 t 以上油茶籽项目，浙江、广东、福建、湖北、安徽等集中产区建设年加工 3 万 t 以上油茶籽项目，鼓励企业建设原料基地。支持企业利用葵花籽、油葵、油茶籽、芝麻、油橄榄、红花籽、亚麻籽、沙棘籽、紫苏籽、月见草籽等特种油料富含功能成分的特点，生产营养健康的功能性油脂。大力推广米糠和玉米胚等集中制油，为国家增产食用植物油。推广米糠膨化保鲜技术设备，采取“分散保鲜、集中榨油（浸出）”或“分散榨油、集中精炼”模式，明显提高米糠利用率。

五”末玉米深加工总产能和总消费量控制在合理水平。在东北、黄淮海等玉米主产区，加大兼并重组、淘汰落后和环保核查力度，积极开发玉米食品，适度发展小品种氨基酸（赖氨酸、谷氨酸除外）、多元醇、功能性发酵制品等产品，支持采用非粮原料生产生物发酵产品。

专栏3 玉米深加工业已采取的调控政策

《关于加强生物燃料乙醇项目建设管理促进产业健康发展的通知》（发改工业［2006］2842号）	禁止新建生物燃料乙醇项目。
《关于促进玉米深加工业健康发展的指导意见》（发改工业［2007］2245号）	玉米深加工用粮总量不得超过玉米产量的26%。玉米深加工项目实行核准制。
《国务院关于稳定消费价格总水平保障群众基本生活的通知》（国发［2010］40号）	各省（自治区、直辖市）人民政府对玉米深加工企业进行全面清理，关停违规建设的玉米深加工企业。
《关于取消部分商品出口退税的通知》（财税［2010］57号）	取消包括酒精、玉米淀粉等部分商品出口退税。
《国家发展改革委办公厅关于对玉米深加工已建和在建项目进行清理的紧急通知》（发改产业［2010］2708号）	对各地玉米深加工企业进行全面排查，对已建、在建玉米深加工项目进行全面清理。

玉米加工业布局示意图（略）

（五）薯类加工业

在东北、华北、西北和西南等马铃薯重点产区，建设一批年加工鲜马铃薯6万t以上的加工项目；在中西部地区，建设一批年加工鲜甘薯4万t以上的加工项目。鼓励发展薯条、薯片及以淀粉、全粉为原料的各种方便食品、膨化食品、保鲜制品。

薯类加工业布局示意图（略）

（六）大豆食品加工业

在东北、黄淮海等大豆主产区和大城市主销区，充分利用我国非转基因大豆适用于蛋白食品的资源优势，提高专用豆加工产品的比重，支持发展建设大豆食品加工基地，加快推进传统豆制品工业化和豆粉类、发酵类、蛋白类等新兴豆制品产业化。

（七）杂粮加工业

在西北、西南和东北等地区建设以主食荞麦粉等为主的加工基地或青稞加工基地。在西北等地区建设以燕麦片、燕麦粉等为主的加工基地。在东北、华北和西北地区建设地方特色杂粮杂豆食品加工基地。加强杂粮加工专用设备和关键技术研发，提高杂粮加工规模和技术水平，加快开发系列化传统食品、健康方便新食品。

杂粮加工业布局示意图（略）

（八）主食品加工业

在北京、天津、山东、陕西、河北等地建设一批年产0.75万t以上优质面制主食品加工示范基地，支持具备基础条件和资源优势的河南省建设全国主食产业化示范园区（或集聚区）；在上海、广东、江西、湖北、湖南、云南、广西等地建设一批年产1.25万t以上优质米制主食品加工示范基地。用于工业化米面制食品的占米面产品总量比例提高到20%以上。

（九）以粮食为原料的饲料加工业

在东南沿海地区和大城市郊区重点发展高附加值的饲料加工业；在东北等地区大力发展饲料原料和饲料加工业；在西部地区根据生态建设和退耕还草的布局安排，加快发展浓缩饲料和饲料添加剂工业。

（十）粮油装备制造业

在江苏、湖北、浙江、湖南等地重点发展稻米加工成套装备；在江苏、河北、河南、陕西等地发展小麦粉加工、面制品、焙烤食品、速冻食品等成套装备；在广东、广西、上海、湖北、河南、江苏等地发展米粉（米线）、方便米饭和挂面、馒头加工成套装备；在江苏、湖北、湖南、河南等地发展食用油加工大型成套设备，提高关键装备的配套水平；在东南沿海地区重点发展饲料成套装备制造业。

五、重点工程

（一）加工园区建设

优先选择粮油主产区或交通枢纽城市（港口），依托大型产业化龙头企业，改扩建或新建一批以粮油规模化加工为核心，以发展循环经济为重点的粮油加工园区，形成区域优势明显、产业特色突出、功能布局优化、结构层次合理、品牌形象突出、服务平台完备的现代化粮油加工基地和产业集聚区。建设60个粮油加工示范园区，力争淘汰落后产能540万t左右。示范项目成品粮出率提高2%左右，能耗降低5%左右。

专栏 4 粮油加工园区建设

稻谷加工园区	大米及其制品深加工年加工稻谷 20 万 t 以上）；副产物综合利用（稻壳发电、米糠制油等）；仓储、物流设施；产品研发中心、质检中心。
小麦加工园区	专用粉生产及面制品工业化（年加工小麦 30 万 t 以上）；副产物综合利用；仓储、物流设施；产品研发中心、质检中心。
玉米加工园区	玉米深加工改造升级（年加工玉米 60 万 t 以上）；副产物综合利用、循环经济；仓储、物流设施；产品研发中心、质检中心。
食用油加工园区	油料加工（年加工油料能力 20 万 t 以上，一线多能）；饼粕及油脚综合利用；仓储、物流设施；产品研发中心、质检中心。
杂粮加工基地	优质杂粮基地建设；杂粮（豆）优选加工；杂粮功能性食品加工及食品配料生产。每个基地形成年处理杂粮 10 万 t 左右。
马铃薯加工基地	薯种培育；种植示范基地建设；马铃薯全粉及淀粉深加工；薯类食品开发；废水综合利用。每个基地年加工鲜马铃薯 6 万 t 以上。

（二）技术改造升级

加大对粮油加工企业技术改造扶持力度，鼓励和支持粮油加工企业加大投入，开发新产品，更新设备，采用先进实用的高效、低耗、节能、环保、安全技术，降低成本，提高效益。提高粮油加工与综合利用的技术水平和关键装备制造自主化水平，力争淘汰落后产能 300 万 t 左右。

专栏 5 技术改造升级

稻谷和小麦加工生产线技术改造；营养强化米及米制品系列开发等；面粉后处理高效混合与预配粉，各种专用粉生产；稻壳及麸皮等副产物综合利用等；米糠膨化保鲜集并系统（优先选择 150t/d 以上的稻谷加工企业，配备米糠膨化保鲜设备，为米糠制油提供稳定原料。
玉米系列食品开发与生产；玉米深加工新工艺、新设备以及节能减排技术应用。
杂粮及薯类加工改造，采用先进、适用的技术装备，提高产品质量，降低能耗，加强薯渣和工业废水的环保处理。
油菜籽、棉籽、葵花籽、花生、大豆等油料加工技术改造；油料蛋白开发及副产物综合利用；食用油灌装及配套设施；油茶籽、亚麻籽、核桃、红花籽、沙棘籽、月见草籽等特种油料加工技术改造。

（三）粮油食品安全检测

支持粮油加工企业食品安全检测能力建设，对原料、过程检验等技术改选，建立质量可追溯体系，完善粮油加工标准体系。

专栏 6 粮油食品安全检测

粮油加工企业食品安全检测能力建设	升级检测设备，扩大食品安全检测范围，增加原料检验、生产过程动态监测、产品出厂检测等先进检测设备，加强农药残留、重金属、真菌毒素、食品添加剂及其他污染物分析检测能力建设，建立全产业链质量安全溯源体系。结合园区建设，建立区域性质量检测技术中心。
完善粮油加工标准体系	制修订粮油加工重要产品、粮机设备、检测方法等标准。

（四）主食品工业化示范

选择部分中心城市，建设一批主食品工业化示范项目，新增主食品工业化年产能力 275 万 t，实现传统主食生产工业化、产品标准化和配送社区化，提高主食品安全水平。

专栏 7 主食品工业化示范

面制主食品工业化示范	年产 0.75 万 t 优质馒头面制主食品加工配送中心；蒸制面食（速冻、鲜湿食品）工业化示范工程。
米制主食品工业化示范	年产 1.25 万 t 方便米饭、米粉（米线）工业化示范项目及配送系统。

（五）粮油应急加工与供应

改造一批粮油应急加工企业和应急供应网点，加大对大中城市及其他重点地区粮油加工、供应等应急设施的建设、改造和维护力度，建立和完善高效、灵活、快捷、可靠的粮油应急加工体系。

专栏 8 粮油应急加工与供应

粮油应急加工企业技术改造	粮油应急加工设备更新（包括稻谷、小麦应急加工设备完善，组合式移动式加工机组配备）；临时动力（柴油发电机组）的配备；原粮库房、低温成品库房、油库改造；配套附属设施（质检、计量、烘干、包装、配送等）建设。
粮油应急供应网点建设	依托信誉较好的超市、商场、连锁店等零售网点及军粮供应站（点）、放心粮油店，配备必要的设施，搞好对接。

以上五类粮油加工重点投资项目，初步估算投资需求 457 亿元。

专栏 9 粮油加工业升级工程投资汇总表

序号	项目类别	数量（个）	项目投资（亿元）
	总 计	**7 650**	**457**
1	加工园区建设	60	150
2	技术改造升级	1 440	170
3	粮油食品安全检测	1 000	80
4	主食品工业化示范	150	15
5	粮油应急加工与供应	5 000	42

六、行业准入

（一）建设项目核准与备案

按照国务院关于固定资产投资的有关规定执行，玉米深加工项目继续实行核准制，大豆油加工从严控制，严格粮油加工业市场准入。为确保国家粮食安全和产业安全，对区域或全国粮食供求平衡影响明显、规模较大的粮油加工新建或改扩建项目，按照政府核准的投资项目目录及相关规定执行。

（二）企业资质

从事粮油加工的企业必须具备一定的经济实力和抗风险能力，现有净资产不得低于拟建项目所需资本金的2倍，总资产不得低于拟建项目所需总投资的2.5倍，资产负债率不得高于65%，项目资本金比例不得低于项目总投资30%，金融、中介机构评定信用等级须达到A级（含）以上，拟建项目申请固定资产贷款的信用等级须达到A级（含）以上。

（三）行业竞争

粮油加工业是关系国计民生的基础性产业，适度公平竞争有利于形成良好的产业发展环境。企业要严格遵守相关法律规定，防止滥用市场支配地位或达成垄断协议，扰乱市场秩序。对单个企业或集团稻谷、小麦、食用油、玉米深加工能力或实际年加工量达到全国总量一定规模以上，粮食行政管理部门要依法对其生产经营行为进行重点监测。

（四）外商投资管理

外商投资粮油加工项目，按照坚持对外开放和保障粮食安全的原则，严格执行国家相关法律法规、外商投资产业指导目录及相关规定，进一步健全粮油加工业的外商投资准入制度。严格按照《国务院办公厅关于建立外国投资者并购境内企业安全审查制度的通知》，做好并购安全审查工作。

（五）资源节约和环境保护

大力开发和推广节能节粮节水技术设备，加快淘汰粮油加工高能耗、高粮耗、污染环境的工艺装备。发展循环经济，提高副产物综合利用率。积极推广清洁生产，烟尘、粉尘、废水污染物等排放须符合相关国家标准和地方法规。排放未达标企业整改后仍不符合环保标准要求的，责令停止生产。从事粮油加工的企业必须具备国家规定的安全生产条件，建立健全安全生产责任制，认真开展安全生产标准化工作，并严格执行建设项目安全设施“三同时”制度。

七、保障措施

（一）加强规划引导和行业指导

做好粮油加工业发展规划与国家、地区发展规划的衔接，统筹加工业发展规模和布局，以规划引导项目建设，有效避免盲目扩张和低水平重复建设。加强对粮油加工业产业政策指导、协调和服务，落实国家产业结构调整指导目录，加快制定稻谷、小麦、食用油加工业准入条件，健全全社会粮油加工业产能产量和用粮统计监测预警体系，促进粮油加工业健康发展，保障国家粮食安全。

（二）加大投入力度

对符合条件的粮油加工园区建设、技术改造升级、食品安全、关键装备自主化、主食品工业化、应急加工体系、重大技术创新与产业化等重点项目，采取国家贴息或补助方式支持，积极引导社会资金投向粮油加工领域。切实落实好国务院明确的关于农产品初加工业税收、金融信贷等优惠政策。

（三）强化科技支撑

鼓励大型粮油加工企业与高校及科研院所建立产业技术创新战略联盟，加大人才培养力度，加快科技成果转化和推广。加大对行业公益性、基础性科研工作的支持力度，加强粮油加工业技术创新体系和科技创新平台建设。

（四）实施“走出去”战略

鼓励有实力的粮油加工企业和装备制造企业开展对外投资合作，建立并完善国内供求偏紧的粮油品种境外产业链体系，建设大豆、棕榈油等生产加工基地和仓储物流设施。扩大粮油加工业国际合作，提升核心技术的研发能力，积极引进先进管理经验和技术，逐步降低大型关键装备依赖进口程度。鼓励粮油加工装备骨干企业大力开拓国际市场，鼓励企业参与对外援助和国际合作项目，扩大优势粮机产品的出口。

（五）发挥行业协会等有关中介组织作用

充分发挥中国粮食行业协会等有关中介组织在政府和企业间的桥梁纽带作用，加强粮油加工业信息沟通、行业自律、诚信建设、专业培训、贸易促进、技术咨询等方面的服务。

（六）组织好规划的实施

积极发挥规划对粮油加工业发展的指导作用，建立健全规划实施统筹协调和评价评估机制。各省级粮食行政管理部门要加强与发展改革、财政等有关部门的沟通协调，密切配合，确保规划目标顺利实现。要落实工作责任，健全工作机制，切实履行规划指导、行业管理、政策落实、协调服务职能，努力争取政策扶持与资金支持。结合本地实际情况，制定本地区粮油加工业发展规划，加强对重点项目的协调，制定推进本地粮油加工业健康发展有关指导意见，认真做好本规划的贯彻落实。

全国蔬菜产业发展规划

（国家发展和改革委员会　农业部　2012 年 1 月 16 日）

前　　言

蔬菜是城乡居民生活必不可少的重要农产品，保障蔬菜供给是重大的民生问题。改革开放以来，我国蔬菜产业发展迅速，在保障市场供应、增加农民收入等方面发挥了重要作用。同时，必须看到，蔬菜产业发展还存在市场价格波动大、产品质量不稳定等突出问题。党中央、国务院高度重视蔬菜产业发展，2010 年国务院出台三个文件，对加强蔬菜生产流通、保障市场供应等工作提出了一系列要求，同时要求制定全国蔬菜产业发展规划。

国家发展和改革委员会、农业部会同商务部、水利部、财政部、国土资源部、统计局等部门及部分省（自治区、直辖市）组成了规划编制工作小组。工作小组进行了大量调查研究，总结了我国蔬菜产业发展成就和经验，梳理和探寻了蔬菜产销存在的问题及原因，分析了未来十年对蔬菜产业发展的需求，研究提出了对策措施，并在反复论证的基础上，编制了《全国蔬菜产业发展规划（2011—2020 年）》（以下简称《规划》）。

《规划》编制和实施的目的是引导各种要素向优势区域集聚，促进生产流通发展、保障市场供应；推进标准化生产，提高产品质量安全水平；加强信息监测体系建设，引导生产和流通；发展壮大农民专业合作社和农业龙头企业，提高组织化程度和产业化水平；加强体制机制建设，抑制市场和价格波动。为此，《规划》在分析蔬菜产业发展现状的基础上，明确了产业发展的指导思想、基本原则和发展目标；对大中城市提高蔬菜供应保障能力提出了要求；划定了产业优势区域，选定了产业发展重点县 580 个；提出了生产、流通及质量安全体系发展重点，并制定了相应的保障措施。

《规划》与《全国新增 1 000 亿斤粮食生产能力规划（2009—2020 年）》（国办发［2009］47 号）、《农产品冷链物流发展规划》、《全国农产品质量安全检验检测体系建设规划》等作了衔接。

本规划是未来十年蔬菜产业发展的基本依据。

第一章　发展现状

第一节　基本情况

改革开放以来，蔬菜产业总体保持平稳较快发展，由供不应求到供求总量基本平衡，品种日益丰富，质量不断提高，市场体系逐步完善，总体上呈现良好的发展局面。

1. *生产持续发展*　我国是世界上最大的蔬菜生产国和消费国。20 世纪 80 年代中期蔬菜产销体制改革以来，随着种植业结构调整步伐的加快，全国蔬菜生产快速发展，产量大幅增长，上市基本均衡，供应状况发生了根本性改变。播种面积由 1990 年的近 1 亿亩增加到 2010 年的 2.3 亿亩左右，产量由 2 亿 t 提高到 5 亿 t[1]，人均占有量由 170kg 左右增加到 370kg 左右，常年生产的蔬菜达 14 大类 150 多个品种，逐步满足了人们多样化的消费需求。

2. *布局逐步优化*　随着工业化、城镇化的推进，以及交通运输状况的改善和全国鲜活农产品“绿色通道”的开通，在农业部编制的《全国蔬菜重点区域发展规划（2009—2015 年）》的指导下，生产基地逐步向优势区域集中，形成华南与西南热区冬春蔬菜、长江流域冬春蔬菜、黄土高原夏秋蔬菜、云贵高原夏秋蔬菜、北部高纬度夏秋蔬菜、黄淮海与环渤海设施蔬菜等六大优势区域，呈现栽培品种互补、上市档期不同、区域协调发展的格局，有效缓解了淡季蔬菜供求矛盾，为保障全国蔬菜均衡供应发挥了重要作用。

3. *质量显著提高*　自 2001 年“全国无公害食品行动计划”实施以来，农产品质量安全工作得到全面加强，蔬菜质量安全水平明显提高。据农业部农产品质量安全例行监测结果，近三年蔬菜农残监测合格率稳定在 95％以上，比 2000 年提高 30 多个百分点，蔬菜质量总体上是安全、放心的。在蔬菜质量安全水平提高的同时，商品质量也明显提高，净菜整理、分级、包装、预冷等商品化处理数量逐年增加，商品化处理率由“十五”末的25%提高到40%，提升了15个百分点。

4. 加工业快速发展　我国蔬菜加工业发展迅速，特色优势明显，促进了出口贸易。据农业部不完全统计，2009年全国蔬菜加工规模企业10 000多家，年产量4 500万t，消耗鲜菜原料9 200万t，加工率达到14.9%。另据统计，2010年，我国番茄酱产量150多万t、占世界总产量的近40%；脱水食用菌57万t、占世界总产量的95%，均居世界第一位。

5. 科技水平不断提高　我国蔬菜品种、生产技术不断创新与转化，显著提高了产业科技含量和生产技术水平。全国选育各类蔬菜优良品种3 000多个，主要蔬菜良种更新5～6次，良种覆盖率达90%以上；设施蔬菜达到5 000多万亩，特别是日光温室蔬菜高效节能栽培技术研发成功，实现了在室外零下20℃严寒条件下不用加温生产黄瓜、番茄等喜温蔬菜，其节能效果居世界领先水平；蔬菜集约化育苗技术快速发展，年产商品苗达800多亿株以上。此外，蔬菜病虫害综合防治、无土栽培、节水灌溉等技术也取得明显进步。

6. 市场流通体系不断完善　自1984年山东寿光建立全国第一家蔬菜批发市场以来，蔬菜市场建设得到快速发展，经营蔬菜的农产品批发市场2 000余家，农贸市场2万余家，覆盖全国城乡的市场体系已基本形成，在保障市场供应、促进农民增收、引导生产发展等方面发挥了积极作用。据不完全统计，70%蔬菜经批发市场销售，在零售环节经农贸市场销售的占80%，在大中城市经超市销售的占15%，并保持快速发展势头。

第二节　重要意义

蔬菜产业已经从昔日的“家庭菜园”逐步发展成为主产区农业农村经济发展的支柱产业，具有较强国际竞争力的优势产业，保供、增收、促就业的地位日益突出。

1. 满足食物需求　蔬菜是人类的基本食物来源之一，提供人体健康所必需的维生素、膳食纤维和矿物质。鲜食为主、需求量大的传统饮食习惯，决定了蔬菜在我国城乡居民膳食结构中具有特殊重要的地位。蔬菜生产在保障城乡居民基本消费需求和提高生活质量方面发挥了重要作用。

2. 增加农民收入　蔬菜商品率高，比较效益高，是农民收入的重要来源之一。据国家统计局统计，2010年全国蔬菜播种面积占农作物播种面积的11.9%，总产值1.2万亿元，占种植业总产值的33%。另据农业部测算，2010年蔬菜对全国农民人均纯收入贡献830多元，占农民人均收入的14%。

3. 促进城乡居民就业　蔬菜产业属劳动密集型产业，转化了数量众多的城乡劳动力。据不完全统计，2010年，与蔬菜种植相关的劳动力1亿多人，与蔬菜加工、贮运、保鲜和销售等相关的劳动力8 000多万人。

4. 平衡农产品国际贸易　加入世界贸易组织后，我国蔬菜比较优势逐步显现，出口增长势头强劲，在平衡农产品国际贸易方面发挥了重要作用。据中国海关统计，2010年我国出口蔬菜836.37万t，比2000年增长1.61倍；出口额96.91亿美元，比2000年增长3.7倍；贸易顺差94.14亿美元，居农产品之首，比2000年增长3.69倍，而同期农产品贸易逆差达231亿美元。

第三节　存在问题

蔬菜具有鲜活易腐、不耐贮运，生产季节性强、消费弹性系数小，高投入、自然风险与市场风险大等特点。当前，在新的形势下，还存在一些突出问题。

1. 蔬菜价格波动加剧　一是受成本增加等因素影响，蔬菜价格涨幅呈加大趋势。据国家统计局统计，2007至2010各年，鲜菜价格同比分别上涨7.3%、10.7%、15.4%、18.7%，2010年鲜菜价格上涨幅度是居民消费品平均价格上涨幅度3.3%的近6倍，一些大城市的涨幅更高。二是受极端天气等因素影响，年际间蔬菜价格波动加大。如2008年受南方早春低温雨雪冰冻灾害的影响，2月上旬全国25种主要蔬菜平均批发价同比上涨95.3%。三是受信息不对称影响，时常发生不同区域同一种蔬菜价格“贵贱两重天”的情况。四是受市场环境等多种因素影响，品种间蔬菜价格差距拉大。受大城市近郊蔬菜生产萎缩的影响，一旦出现运输困难等突发情况，难以及时保障蔬菜供应，容易引发市场和价格大幅波动，产区“卖难”和销区“买贵”同时显现。再加上，目前还缺乏足够的政策调控，在生产、流通、安全、信息监测等方面资金投入不够；在蔬菜保险、税收、补贴、支持性价格、批发市场用地等方面政策不完善、不配套；支持政策不均衡、不稳定。特别是，还有不少城市“菜篮子”市长负责制弱化，措施不落实，在工业化、城镇化的同时，对蔬菜产销基础设施建设重视不够，出现了自给率大幅下降，加剧了蔬菜市场价格的波动。

2. 质量安全隐患仍然突出　我国蔬菜质量总体是安全的、食用是放心的，但局部地区、个别品种农药残留超标问题时有发生。2010年豇豆、韭菜农残超标等质量安全问题，曾一度引发消费恐慌，给当地蔬菜生产造成重大损失。杀虫灯、防虫网、黏虫色板、膜下滴灌等生态栽培技术控制农残效果明显，但普及率较低；蔬菜标准体系初步建立，但标准化生产推进力度不大，生产采标率低，农药使用不够科学，容易引起农残超标；监管手段弱，监测与追溯体系不健全，产地环境、农药、化肥、地膜等投入品和产品质量等关键环节监管不足，蔬菜生产经营规模小、环节多、产业链长也加大了监管难度，致使部分农残超标蔬菜流入市场。

3. 基础设施建设滞后 蔬菜基础设施脆弱，严重影响生产和流通发展，极易造成市场供应和价格波动。近些年，大量菜地由城郊向农区转移，农区新建菜地水利设施建设跟不上，排灌设施不足，致使露地蔬菜单产不稳；温室、大棚设施建设标准低、不规范，抗灾能力弱，容易受雨雪冰冻灾害影响，2008年、2009年分别损毁60万亩、88万亩，加剧了市场供需矛盾。在蔬菜的生产、流通环节存在采后处理不及时，田头预冷、冷链设施不健全，贮运设施设备落后、运距拉长等问题，难以适应蔬菜新鲜易腐的特点；产销信息体系不完善，农民种菜带有一定的盲目性，造成部分蔬菜结构性、区域性、季节性过剩，损耗量大幅增加，给农民造成很大损失。根据有关部门测算，果蔬流通腐损率高达20%～30%，每年损失1 000多亿元。农产品市场结构和布局不完善，市场基础设施薄弱，现代化水平低，批发市场设施简陋，分级、包装以及结算、信息系统等设施设备配套完善比例低；县乡农贸市场以街为市、以路为集的特征仍然明显，城市农贸市场和社区菜店数量不足、摊位费高，早、晚市在一些城市受到限制，造成一些居民买菜难、买菜贵。

4. 科技创新与转化能力不强 由于投入少、研究资源分散、力量薄弱等原因，蔬菜品种研发、技术创新与成果转化能力不强，难以适应生产发展的需要。育种基础研究薄弱，蔬菜种质资源收集、整理、评价及育种方法、技术等基础研究不够；育种目标与生产需求对接不够紧密，在商品品质、复合抗病性、抗逆性等方面的育种水平与国外差距较大，难以适应设施栽培、加工出口、长途贩运蔬菜快速发展的需要；育种成果转化机制不灵活，科研单位与企业衔接合作不够密切，制约了成果的推广应用。据不完全统计，我国每年进口蔬菜种子8 000多t，销售额占全国蔬菜种子销售总额的25%，尤其是春夏大白菜、白萝卜及设施栽培的红果番茄、茄子、彩色甜椒、青花菜、水果型黄瓜等种子主要依赖进口，影响蔬菜产业安全。与此同时，良种良法不配套，栽培技术创新不够、储备不足，基层蔬菜技术推广服务人才短缺、手段落后、经费不足，技术进村入户难，生产中存在的问题越来越突出。如烟粉虱、根结线虫、番茄黄花曲叶病毒、十字花科根肿病等蔬菜病虫害发生面积越来越大、危害越来越重；过量施用化肥，有机肥施用不足，加上连作引起的土壤盐渍化、酸化不断加重，影响蔬菜产业的持续发展；农村青壮年劳动力大量转移，劳动成本大幅上涨，轻简栽培技术集成创新也亟待加强。

第二章 总体要求

第一节 指导思想

深入贯彻落实科学发展观，以市场需求为导向，以科技创新为支撑，以体制机制创新为保障，加快转变蔬菜产业发展方式，着力完善城市郊区与优势产区基地布局，着力加强蔬菜基地基础设施建设，着力加强市场流通体系建设，着力加强质量安全体系建设，不断提高蔬菜生产经营专业化、规模化、标准化、集约化和信息化水平，努力构建生产稳定发展、产销衔接顺畅、质量安全可靠、市场波动可控的现代蔬菜产业体系，更好地满足城乡居民生活水平日益提高的需要。

第二节 基本原则

促进蔬菜产业发展，必须坚持以下基本原则：

1. 坚持市场调节与政府调控相结合 在国家统筹规划和宏观调控下，以地方为主开展“菜篮子”工程建设。在充分发挥市场机制作用的基础上，加大政府对“菜篮子”工程基础设施的投入力度，为“菜篮子”稳定发展和保障居民消费提供良好的公共服务。

2. 坚持统筹兼顾协调发展 既要保证蔬菜生产，又要稳定粮食种植面积；既要稳定发展城郊蔬菜生产，又要加大优势区域蔬菜基地建设力度；既要防止市场供应短缺，又要防止生产过剩；既要使菜价总体保持合理水平，维护消费者尤其是城镇中低收入居民的利益，又要不断优化结构，提高生产效益，增加农民收入。

3. 坚持能力建设和机制创新并重 注重生产要素集成和资源整合，在改造升级原有生产基地的基础上，重点规划建设一批高起点、高标准的新基地，稳定提高产量，确保质量。进一步建立风险控制、产销衔接和市场预警机制，增强科技支撑能力，提高“菜篮子”产品生产、流通的规模化、标准化和组织化程度，促进“菜篮子”长期稳定发展。

4. 坚持生产发展和环境保护相协调 积极推进

生产方式转变，既重视生产能力提高，又重视农业生态环境保护，建设环境友好型、资源节约型农业，实现“菜篮子”产品生产可持续发展。

第三节 发展目标

未来十年我国人口数量仍处在上升期，随着城乡居民生活水平的不断提高和农村人口向城镇转移加快，商品菜需求量将呈现刚性增长趋势。2010 年，我国人均蔬菜占有量为 370kg。据测算，到 2020 年，我国新增人口近 1 亿人，人均蔬菜占有量在现有基础上增加 30kg，蔬菜加工品增加 1 000 万 t，届时我国蔬菜总需求量为 58 950 万 t，比 2010 年增加 8 950 万 t。满足消费总需求和新增需求主要通过提高单产和减少损耗解决。

1. 保障市场供给　通过稳面积、增单产、调结构、降损耗，实现数量充足、品种多样、供应均衡，防止价格大起大落。全国蔬菜播种面积保持基本稳定，单产水平年均提高 1 个百分点以上，2015 年达到 2 300kg/亩，2020 年达到 2 500kg/亩以上；蔬菜损耗率年均降低 1 个百分点以上。

2. 合理调整结构　在保障总量供求基本平衡的同时，进一步调整品种结构，优化区域布局，提高淡季供应能力。在品种结构上，根据需求适当增加叶菜类蔬菜；在区域结构上，逐步形成合理的运输半径；在上市季节上，提高淡季蔬菜供应能力。

3. 提高产品质量　全面提高蔬菜质量安全水平，产品符合国家农产品质量安全标准和国家食品安全标准。2015 年蔬菜商品化处理率提高到 50%，2020 年提高到 60%。

4. 完善流通体系　蔬菜批发市场、菜市场、社区菜店等市场网店逐步健全，功能进一步完善，产销关系更加紧密，逐步形成立足蔬菜主产区和主销区，覆盖城乡、布局合理、流转顺畅、竞争有序、高效率、低成本、低损耗的现代蔬菜流通体系。

5. 增加农民收入　2015 年蔬菜对全国农民人均纯收入贡献额达到 1 000 元，2020 年达到 1 300 元。

第三章 生产区域布局

按照提高大城市蔬菜自给能力和提高全国蔬菜均衡供应能力相结合的原则统筹生产布局。

第一节 大城市生产布局

合理布局大城市蔬菜生产基地，稳定提高自给能力和应急供应能力。全国 36 个大城市（包括直辖市、计划单列市、省会城市等，见附表 1），按照提高蔬菜特别是叶类菜自给率（自产蔬菜占本市常住人口蔬菜消费总量的比例）的要求，规划确定常年菜地最低保有量。确因辖区内耕地资源制约等原因无法达到常年菜地最低保有量的，在城市周边地区建立紧密型外埠生产基地补足。在此基础上，进一步加强对老菜地的保护，并实行更为严格的占补平衡和补偿机制，根据需要适当增加蔬菜种植面积。发挥区位、技术和市场优势，重点发展设施栽培，主要生产不耐贮运的叶类蔬菜和地方特色蔬菜，力求全年均衡上市。其他大中城市，也要根据当地实际，合理安排蔬菜生产，稳步提高自给能力。

第二节 优势区域生产布局

1. 六大优势区域　综合考虑地理气候、区位优势等因素，将全国蔬菜产区划分为华南与西南热区冬春蔬菜、长江流域冬春蔬菜、黄土高原夏秋蔬菜、云贵高原夏秋蔬菜、北部高纬度夏秋蔬菜、黄淮海与环渤海设施蔬菜六个优势区域，重点建设 580 个蔬菜产业重点县（市、区），提高全国蔬菜均衡供应能力。规划期内，提高全国蔬菜均衡供应和防范自然风险、市场风险的能力。重点县（市、区）的蔬菜播种面积保持基本稳定，单位面积产量和总产量的增幅高于全国平均水平。

（1）华南与西南热区冬春蔬菜优势区域　包括 7 个省（自治区），分布在海南、广东、广西、福建和云南南部、贵州南部以及四川攀西地区，共有 94 个蔬菜产业重点县（市、区）。本区域冬春季节气候温暖，有“天然温室”之称，1 月（最冷月）平均气温≥10℃，可进行喜温果菜露地生产。

——发展目标　94 个蔬菜产业重点县（市、区），到 2015 年蔬菜总产量 2 500 万 t，外销量 1 500 万 t；2020 年总产量 2 600 万 t，外销量 1 600 万 t。

——目标市场　“三北”、长江流域及港澳地区冬春淡季市场。

——主要产品与上市期　豇豆、菜豆、丝瓜、苦瓜、西甜瓜、番茄、辣椒、茄子等，华南地区集中在 12月至翌年 3 月上市，西南热区集中在 1～4 月上市。

（2）长江流域冬春蔬菜优势区域　包括 9 个省（直辖市），分布在四川、重庆、湖北、湖南、江西、浙江、上海和江苏中南部、安徽南部，共有 149 个蔬菜产业重点县（市、区）。本区域冬春季节气候温和，1 月份平均气温≥4℃，可进行喜凉蔬菜露地栽培，是我国最大的冬春喜凉蔬菜生产基地。

——发展目标　149 个蔬菜产业重点县（市、区），2015 年蔬菜总产量 5 400 万 t，外销量 2 700 万

t；2020年蔬菜总产量5 600万t，外销量2 800万t。

——目标市场 "三北"、珠江三角洲和港澳地区冬春淡季市场。

——主要产品与上市期 结球甘蓝、花椰菜、莴笋、芹菜、芥菜、大白菜、萝卜、普通白菜、芥蓝、蒜苗等喜凉蔬菜，集中在11月至翌年4月上市。

(3) 黄土高原夏秋蔬菜优势区域 包括7个省（自治区），分布在陕西、甘肃、宁夏、青海、西藏、山西及河北北部地区，共有54个蔬菜产业重点县（市、区）。本区域适宜蔬菜生产的多为海拔800m以上的高原、平坝和丘陵山区，昼夜温差大，夏季凉爽，7月平均气温≤25℃，无需遮阳降温设施可生产多种蔬菜。

——发展目标 54个重点县（市、区），2015年蔬菜总产量2 000万t，外销量1 200万t；2020年蔬菜总产量2 100万t，外销量1 300万t。

——目标市场 华北、长江下游、华南及港澳地区的夏秋淡季市场。

——主要产品与上市期 洋葱、萝卜、胡萝卜、花椰菜、大白菜、芹菜、莴笋、结球甘蓝、生菜等喜凉蔬菜，以及茄果类、豆类、瓜类、西甜瓜等喜温瓜菜，集中在7～9月上市。

(4) 云贵高原夏秋蔬菜优势区域 包括5个省（直辖市），分布在云南、贵州和鄂西、湘西、渝东南与渝东北地区，共有38个蔬菜产业重点县（市、区）。本区域适宜蔬菜生产的多为海拔高度800～2 200m的高原、平坝和丘陵山区，夏季凉爽，有"南方天然凉棚"之称，7月平均气温≤25℃，无需遮阳降温设施可生产多种蔬菜。

——发展目标 38个重点县（市、区），2015年蔬菜总产量1 000万t，外销量600万t；2020年蔬菜总产量1 100万t，外销量650万t。

——目标市场 华南、长江下游、华北及港澳地区夏秋淡季市场。

——主要产品与上市期 结球甘蓝、萝卜、大白菜、芹菜、胡萝卜、花椰菜、青花菜、生菜等喜凉蔬菜以及辣椒、番茄、菜豆、西甜瓜等喜温瓜菜，集中在7～9月上市。

(5) 北部高纬度夏秋蔬菜优势区域 包括4省（自治区），分布在吉林、黑龙江、内蒙古、新疆和新疆建设兵团，共有41个蔬菜产业重点县（市、区）。本区域纬度较高，夏季凉爽，7月平均气温≤25℃，无需遮阳降温设施可生产多种蔬菜。

——发展目标 41个重点县（市、区），2015年蔬菜总产量1 800万t，外销量1 000万t；2020年蔬菜总产量1 900万t，外销量1 100万t。

——目标市场 京津、长江中下游夏秋淡季市场。

——主要产品与上市期 番茄、辣椒、黄瓜、菜豆、大白菜、洋葱等蔬菜，集中在6～10月上市。

(6) 黄淮海与环渤海设施蔬菜优势区域 包括8个省（直辖市），分布在辽宁、北京、天津、河北、山东、河南及安徽中北部、江苏北部地区，共有204个蔬菜产业重点县（市、区）。本区域冬春光热资源相对丰富，距大城市近，适宜发展设施蔬菜生产。

——发展目标 204个重点县（市、区），2015年蔬菜总产量15 300万t，外销量10 700万t；2020年蔬菜总产量16 300万t以上，外销量11 600万t。

——目标市场 除当地市场外，主要销往长江流域和北部沿边地区的冬春淡季市场。

——主要产品与上市期 番茄、黄瓜、辣椒、茄子、菜豆、西葫芦、西甜瓜、结球甘蓝、芹菜、芦笋、韭菜、食用菌等，日光温室蔬菜集中在10月至翌年6月上市；塑料大棚喜温果菜集中在4～6月和9～11月上市，塑料棚喜凉蔬菜集中在1～3月上市。

21世纪以来，我国食用菌、西甜瓜生产发展迅速，消费量越来越大，在上述蔬菜优势区已经涵盖，各地应一并规划发展。

2. *蔬菜产业重点县选择标准* 本规划重点依托全国580个蔬菜产业重点县进行建设。选县原则和标准如下：

(1) 选县原则 为发挥比较优势、均衡全国蔬菜供应，以各省（自治区、直辖市）发展和改革委员会、农业部门联合上报的2009年分县（市、区）蔬菜生产数据为基础，按照地域优势明显、生产规模大且在冬春（12月、1月、2月）、夏秋（7～9月）淡季蔬菜外销量较大、统筹兼顾特殊地区的原则，对蔬菜产业重点县进行筛选。

(2) 选县标准 按照蔬菜生产面积、外销量和人均占有量由大到小排序，筛选全国蔬菜产业重点县。考虑到露地蔬菜与设施蔬菜品种、复种指数、单产水平、调出量差异较大，采用不同标准分类筛选。

——露地蔬菜产业重点县。以解决全国冬春、夏秋两个淡季蔬菜供应为核心，在广东、广西、福建、海南、云南、贵州、四川、重庆、湖北、湖南、江西、浙江、上海、山西、陕西、甘肃、宁夏、青海、西藏、新疆、内蒙古、吉林、黑龙江等23个省（自治区、直辖市）及江苏中南部、安徽南部、河北北部[2]冬春季或夏秋季露地蔬菜生产优势明显的区域筛选重点县。

筛选条件为：播种面积≥10万亩、外销量≥10万t、人均占有量≥350kg，选定368个县。

——*设施蔬菜产业重点县* 以解决冬春淡季蔬菜供应为主，在全国范围内筛选设施蔬菜产业重点县。筛选条件为：日光温室与大中棚面积≥3万亩、外销量≥15万t、人均占有量≥350kg，选定204个县。

——*特殊地区蔬菜产业重点县* 考虑到全国蔬菜产业发展规划，既要突出重点，也要适当兼顾各地区蔬菜消费需求，增加以下8个县（市）：西藏自治区的白朗县、日喀则市、堆龙德庆县；青海省的大通县、乐都县；上海市的崇明县、青浦区、金山区。

根据上述原则和标准，31个省（自治区、直辖市）共有580个县（市、区）入选为全国蔬菜产业重点县。其中，36个大城市市辖区26个，粮食大县285个，其他县（市、区）269个（详见附表2）。

第四章 生产发展重点

发展蔬菜生产是保障市场稳定供应的基础。在优势产区和大中城市郊区，重点加强菜地基础设施建设，着重品种选育、集约化育苗、田头预冷等关键环节，加大科技创新和推广力度，健全生产信息监测体系，壮大农民专业合作组织，促进蔬菜生产发展，提高综合生产能力。

第一节 加快蔬菜品种选育与技术创新

进一步加大蔬菜品种选育力度，促进现代生物技术和常规技术有机结合，加强种质资源创新，改进育种方法，培育一批优质、抗病、高产、抗逆性强的蔬菜优良品种，以提升国内优势品种，替代部分进口品种。重点培育适合设施栽培的耐低温弱光、抗病、优质的黄瓜、番茄、辣椒、茄子、西甜瓜等专用品种，适宜春、夏、秋等不同季节露地栽培的白菜、萝卜、结球甘蓝、菠菜等系列品种，适合出口、加工的番茄、胡萝卜、洋葱等专用品种，适应不同市场和饮食文化需求的芥菜、莲藕、食用菌等特色蔬菜品种。支持科研单位与种子企业紧密结合，推进育繁推一体化。

按照良种良法相配套的原则，加快栽培技术集成创新步伐，推出一批安全优质、省工节本、增产增效的实用栽培技术，重点研究连作障碍治理技术，制定适合不同生态区、不同栽培方式的技术模式，在菜地土壤次生盐渍化、酸化治理等方面取得重大突破；研究重大病虫害综合防治技术，掌握根结线虫、粉虱、韭蛆、番茄黄化曲叶病毒病、十字花科根肿病等蔬菜病虫害发生规律，集成安全、有效的防控措施；研究轻简栽培技术，开发土地耕整、精量播种、水肥一体、设施环境调控等设施设备，促进农机农艺结合，减轻劳动强度，提高劳动效率，全方位增强科技对蔬菜产业发展的支撑能力。

第二节 加强蔬菜集约化育苗场建设

2020年前，在蔬菜优势产区和大中城市郊区，加强蔬菜集约化育苗示范场建设，改善设施条件，规范操作技术，推动蔬菜育苗向专业化、商品化、产业化方向发展。主要建设育苗日光温室（北方）、钢架大棚（南方），配套遮阳降温、防寒保温、通风换气、水肥一体、育苗床架、基质装盘、播种、催芽等设施设备，重点推广茄果类、瓜类、甘蓝类等蔬菜穴盘集约化育苗技术，提高蔬菜育苗安全性和标准化水平。

第三节 改善菜地基础设施条件

按照统一规划、合理布局、集中连片的原则，改造升级原有生产基地，适当规划新建一批高标准高起点的生产基地，保障市场稳定供应。加强以水利设施和温室、大棚为重点的菜地基础设施建设，完善机耕道、电网配套，增加低毒、低残留、高效及生物农药施用比例，增施有机肥，逐步建成能排能灌、土壤肥沃、通行便利、抗灾能力较强的高产稳产蔬菜生产基地，切实提高综合生产能力。

露地蔬菜产业重点县要加强高标准的生产基地建设，改善蔬菜生产条件。主要完善灌排设施，灌排渠沟网络分设，泵房和田间贮水池齐全，根据条件和可能，推进水肥一体化高效节水灌溉设施建设。同时，建设路面硬化的田间主干道和支道，配备生产用电设施，配套农资、农机具库房及田头贮肥（沼液）池或堆肥场。

设施蔬菜产业重点县要通过建设高效节能日光温室（北方）、钢架大棚（南方），提高蔬菜持续均衡生产能力。灌溉系统尽可能采用管道输水和微灌等高效节水技术，配备田间贮水池和排灌泵房，完善排水系统，有条件的地方采用水肥一体化设施。完善田间道路、供电及其他设施。

在搞好菜地灌排设施建设的同时，加强水源及配套渠道等工程建设，提高灌排保障能力。在灌溉设施配套较差的地区，加强小微型灌溉工程或配套设施建设，配备小型抗旱应急机具，提高抗旱保收能力；在水资源紧缺地区，积极推广高效节水灌溉和雨洪集蓄利用技术，提高水资源利用效率和水源保障能力；在降雨较多较集中的蔬菜生产区域，加强防洪排涝设施建设，提高抗洪排涝能力。

第四节 加大田头预冷等商品化处理设施建设力度

把田头预冷等商品化处理设施作为蔬菜生产基地建设主要内容之一，加大支持力度，加快建设步伐，切实提高蔬菜商品质量、减少损耗。在外销量较大的产地和大中城市郊区，按菜地面积和商品化处理需求，配置相应的预冷设施、整理分级车间、冷藏库，以及清洗、分级、包装等设备，提高产品档次和附加值，扩大销售半径，增强市场调剂能力。

第五节 健全蔬菜技术推广服务体系

加强蔬菜技术推广服务能力建设，完善服务设施，强化服务手段，增加工作经费，提高人员素质，切实提升新成果转化率和实用技术到位率。在全国蔬菜优势产区和大中城市郊区重点县，增强蔬菜技术推广服务能力，配建一定面积的培训服务用房，配置必要的培训、田间小气候观测、品质速测等设施设备和交通工具，配备蔬菜栽培、植保、土肥等专业技术人员，提高技术推广服务水平。建设县域性蔬菜新品种新技术示范展示基地，开展引进试验、示范展示工作，加快科技成果转化。建设一批蔬菜植保专业化服务组织，配备施药机械和交通工具，推进蔬菜病虫害统防统治。

第六节 建立蔬菜生产信息监测发布体系

在全国蔬菜优势产区和大中城市郊区，建立由蔬菜生产信息监测重点县、省级数据处理中心、部级数据处理中心组成的蔬菜生产信息监测体系，引导农民合理安排生产，增强政府调控的主动性和前瞻性以及生产主体的应对能力。重点建设网络信息平台，配置网络服务器和终端设备，开发生产信息监测软件；开展蔬菜生产信息监测，对全国大宗蔬菜的播种面积、产量、上市期和产地价格信息进行采集、分析、预测和发布，提供及时、准确、全面的生产和预警信息，合理错开播种期和收获期，防止盲目生产，避免集中大量上市或脱销断档，促进生产稳定发展、市场平稳运行。

第七节 开发利用沼渣沼液

按照“政府扶持、因地制宜、综合利用、循环发展”的原则，沼气和沼渣、沼液利用工程建设向蔬菜优势区域倾斜，促进人畜粪便、菜地废弃物转化利用，实现畜、沼、菜有机结合和循环发展。通过沼渣、沼液的合理使用，改良菜地土壤，减轻病虫危害，提高蔬菜产品品质和产量。

第八节 培育农民专业合作社

在全国蔬菜优势产区和大中城市郊区，扶持一批农民专业合作社和规模化生产主体，重点建设集约化育苗、统防统治、商品化处理等设施，开展统一种苗供应、统一病虫害防控、统一加工、统一销售等方面的服务，逐步解决一家一户生产管理、技术推广、产品销售、质量监管难的问题，提高蔬菜生产的组织化程度和产业化水平。

第五章 流通发展重点

现代蔬菜流通体系是有效连接生产和消费的桥梁，具有较强的公益性。要提高对农产品批发市场、农贸市场（含社区菜市场）公益性的认识，加大政府投入和政策扶持力度。应重点支持批发市场、零售网点、冷链物流、信息监测体系设施建设，提高组织化程度，促进产销衔接，保障蔬菜流通顺畅，大幅度降低蔬菜腐损率。

第一节 健全农产品批发市场体系

蔬菜产销批发市场具有一定的公益性。要在现有基础上，统筹考虑城市人口、蔬菜基地规模、交通区位、物流走向，加快完善以大型销地批发市场为中心，产地蔬菜批发市场为依托的农产品批发市场体系，保障蔬菜供应、稳定市场价格。在蔬菜优势区域核心生产基地根据需要新建和改造一批产地蔬菜批发市场，在大中城市规划布局一批与产地市场相衔接的大型销地批发市场，在交通物流结点规划布局一批集散型批发市场，重点建设冷藏保鲜、加工配送、电子结算、信息与追溯平台、质量安全检测、交易厅棚和废弃物处理等流通基础设施，建成灵敏、安全、规范、高效的蔬菜物流和信息平台。

第二节 增加城市农贸市场和社区菜店等零售网点

全面推进农贸市场、社区菜店基础设施、管理等方面升级改造，重点建设交易厅（棚）、档口、追溯平台、给排水设施等基础设施，积极推进城乡菜市场标准化建设。各地要改造或建设一批公益性农贸市场，在居民社区配建或改造一批公益性社区菜店和标准化菜市场，增加零售网点，降低零售环节经营成本，稳定蔬菜价格。新建城市居住区要严格按照相关规定，配套建设社区菜市场或相应的商业设施，不得随意改变用途。规范发展早市、晚市和周末农贸市场，为流动菜贩、直销菜农提供便利条件，方便居民购买。

第三节 强化产销衔接

大中城市根据本地消费需求，主动与优势产区加强协作，建立蔬菜供应保障基地。引导农产品批发市场向上下游延伸经营链条，与农产品生产基地和零售客户建立直接购销关系，开展对团体、超市配送服务；支持大型连锁超市与农民专业合作社等开展“农超对接”。着力扩大对接规模，力争“十二五”末，经超市销售的蔬菜比例提高至30%。另外，要进一步引进和规范电子商务交易。

协调食品加工企业与主产区建立长期稳定的合作关系，在上市旺季进行深加工，制成腌制蔬菜、脱水蔬菜、速冻蔬菜与保鲜蔬菜等，缓解集中上市压力，增加蔬菜附加值，特别是出现蔬菜“卖难”时尽可能减少农民的经济损失。

第四节 加强蔬菜冷链物流体系建设

重点加强分级、包装、预冷等设施建设，提高优势产区蔬菜预冷等商品化处理能力；发展保温、冷藏运输，稳定商品质量、减少损耗；完善主销区蔬菜冷链配送设施建设，发展具有集中采购、跨区域配送能力的现代化蔬菜配送中心。鼓励大型农产品批发市场、连锁超市、蔬菜流通企业购置预冷、低温分拣加工、冷藏运输工具、冷藏等冷链设施设备，加大冷库等冷链物流基础设施建设力度，积极培育具有一定规模的专业化蔬菜冷链物流服务企业。

第五节 完善蔬菜流通信息网络平台

与生产信息平台相结合，完善覆盖全国主要批发市场的蔬菜流通信息公共服务平台，规范信息采集标准，健全信息工作机制，加强采集点、信息通道、网络中心相关基础设施建设，定期收集发布蔬菜价格、供求等信息。大中城市建立蔬菜市场监测预警体系，完善蔬菜信息监测、预警和发布制度。

第六节 培育农产品流通主体

鼓励农产品个体经销商进行企业化改制，引导农产品批发市场和农产品连锁企业建立现代企业制度。积极培育大型蔬菜流通企业，提高蔬菜流通组织化、产业化水平。鼓励依托农民专业合作社，积极培育农民经纪人队伍，提高农民的产品销售规模和议价能力。

第七节 完善大中城市蔬菜储备制度

华北、东北、西北等地区人口在100万以上的大城市（含济南、青岛、淄博、郑州、洛阳等）要建立和完善冬春蔬菜储备制度，在每年秋菜上市到次年春季蔬菜大量上市期间，采取政府给予适当补贴和支持、骨干流通企业实行市场化运作的办法，建立符合当地实际的耐贮藏、易周转的蔬菜动态储备，确保储备蔬菜调得进、存得好、销得出，满足冬春季节应急调控需要。其他存在季节性供应紧缺的大中城市，参照上述要求，建立适合本地区的蔬菜储备制度，确保重要的耐贮藏蔬菜品种5～7d的动态库存。

第六章 质量安全体系发展重点

蔬菜质量安全事关人民群众身体健康和生命安全，事关产业稳定发展和农民持续增收。要标本兼治，在抓好标准化生产的同时强化执法监管。大规模开展标准化生产创建活动，大力推广生态栽培技术和高效低毒农药，推进标准化生产和病虫害统防统治，构建质量安全控制长效机制；加强执法监管能力建设，建立健全检验检测、质量追溯、风险预警和应急反应处置体系，大力发展安全优质品牌产品，进一步提高蔬菜质量安全水平，保障蔬菜消费安全。

第一节 推进标准化生产

以蔬菜标准园创建和农业标准化示范县（区）建设为抓手，在蔬菜优势产区和大中城市郊区大规模开展标准化生产创建活动，示范带动蔬菜产品质量全面提升和效益提高。完善和健全标准体系，加快标准制修订和推广应用，重点制定农药残留、重金属等污染物限量安全标准及其检测方法，完善产地环境、投入品、生产过程及产品分等分级、包装贮运等标准，尤其要尽快制定先进、实用、操作性强的蔬菜生产技术规程，并加大宣传培训力度，引导和规范农民生产行为，实现科学安全用药。大力推广生态栽培技术，大面积采用防虫网、粘虫色板、杀虫灯、性诱剂、膜下滴灌等物理、生物防控病虫害措施，减少化学农药使用，增加有机肥施用量。推进病虫害统防统治，鼓励开展高效低毒农药使用补贴，加快高毒农药替代步伐。尽快构建质量安全管理长效机制，健全投入品管理、生产档案、产品检测、基地准出和质量追溯等五项制度，不断提高蔬菜产品质量安全水平。着力推进品牌建设，建立“以奖代补”机制，引导产品分等分级、包装标识，鼓励发展无公害、绿色、有机和地理标志产品，积极倡导良好农业生产方式，加大产品推介宣传力度，提升品牌知名度，提高安全优质蔬菜市场占有率。

第二节 完善检验检测体系

结合实施《全国农产品质量安全检验检测体系建设规划（2011—2015 年）》，健全县级农产品检测机构，配备检测仪器，保障运行经费；逐步建立乡镇或区域性农产品质量安全监管公共服务机构，加大蔬菜生产基地、批发市场和集贸市场抽检力度，加强蔬菜质量安全执法监督管理。鼓励和支持龙头企业、农民专业合作组织建立蔬菜质量安全检测点，加强生产基地自检，指导安全期采收，严把基地产出关。鼓励和支持农产品批发市场建立蔬菜质量安全检测点，加大批发市场自检力度，严把市场准入关。在加强政府监测和企业自检的同时，充分利用社会检测资源，发挥第三方检测机构的作用，加快形成标准统一、职能明确、上下贯通、运行高效、参数齐全和支撑有力的蔬菜质量安全检验检测体系。

第三节 健全质量追溯体系

建立国家级“菜篮子”产品质量安全追溯信息平台，地方根据属地管理职责建立省市县各级“菜篮子”产品质量安全追溯信息分中心（站），从蔬菜龙头企业和农民专业合作组织入手，探索建立覆盖蔬菜生产和流通环节的全程质量追溯体系，实现生产档案可查询、流向可追踪、产品可召回、责任可界定。按照“统一标准、分工协作、资源共享”的原则，统一质量安全信息采集指标、统一产品与产地编码规则、统一传输格式、统一接口规范，完善并督促落实生产档案、包装标识、索证索票、购销台账、信息传送与查询等管理制度，实现生产、加工、流通各环节有效衔接。制定《食用农产品质量安全追溯管理办法》，明确蔬菜产销主体的质量安全责任。鼓励推广使用产地证明或质量认证等合格证明，建立产地准出和市场准入机制。地方政府完善质量安全追溯奖励机制，对建立产品追溯体系的生产、流通企业和农民专业合作组织给予补贴。

第四节 建立风险预警和应急反应处置体系

建立覆盖各级农业行政管理部门、生产基地和批发市场的固定风险监测点的国家“菜篮子”产品质量安全风险监测预警信息平台，实现监测数据的及时采集、分类查询、信息共享。建立反应快速、跨区联动的蔬菜质量安全应急反应体系，及时实施突发事件情况调查、形势分析、影响评估，加强应急监测和管理。开展蔬菜产地环境监测与适宜性评价，依法、科学、及时划定蔬菜禁止生产区域。对产地环境、投入品和蔬菜产品中风险隐患大的危害因素，加强风险评估，科学划定风险等级，实现风险及时预警、及早防范和重点控制。完善应急预案，健全快速反应机制，加强应急管理人员、应急处理专家等队伍建设，搞好应急物资储备，开展风险防控与应急处理知识培训及演练，不断提高蔬菜质量安全风险防控和应急处置能力。

第五节 加强质量安全监管

认真落实《食品安全法》和《农产品质量安全法》，完善“地方政府负总责，生产经营者负第一责任，相关部门各负其责”的责任体系。强化质量安全监管能力建设特别是提高乡镇基层农产品质量安全监管服务能力。加强农药生产、销售、使用监管，推进放心农资下乡进村，推行高毒农药定点经营和实名购买制度，地方政府可在试点并总结经验的基础上，对农药实行专营，在蔬菜生产上依法禁止使用高毒农药。继续深化蔬菜农药及农药残留专项整治，加大农业投入品和蔬菜产品例行监测和监督抽查力度，完善检打联动、联防联控的工作机制，将质量安全措施和责任落实到各环节和各参与主体，逐步建立健全农产品质量安全监管长效机制。

第七章 资金筹措与管理

多渠道筹集资金，逐步构建政府投资为引导、农民和企业投资为主体的多元投入机制，采取多种方式吸引社会资金发展蔬菜产业，确保规划实施取得明显成效。规划所需资金坚持“三结合、三为主”的原则，即政府和市场相结合，以市场主体投入为主；中央和地方相结合多层次多渠道筹措资金，以地方为主；现有投资渠道与新设专项相结合，以现有渠道为主。

第一节 中央资金

主要通过协调整合现有资金渠道安排。一是预算内固定资产投资，在种子工程、农产品质量安全体系建设、农村沼气、节水灌溉增效示范、大型灌区续建配套和节水改造、冷链体系建设、信息平台建设等专项投资中，加大对蔬菜产业投入力度。二是财政资金，充分利用现有的农业综合开发、现代农业生产发展、农村物流服务体系发展、农业标准化整体推进示范县（区）建设、园艺作物标准园创建、小型农田水利设施建设补助、农业行业科研专项、重大农业技术推广、农民专业合作组织等专项资金，对蔬菜产业予以支持。现有资金渠道要根据蔬菜产业发展的新要求，优化投资结构，突出重点，着力解决关键性问题。

根据资金可能，积极研究开辟新的支持渠道，在中央预算内投资中安排一定资金，按照以地方、企业、农民投入为主，中央适当补助的原则，支持非城市郊区的蔬菜产业重点县，建设种苗繁育和田头预冷等降低损耗、提高产量和质量急需的基础设施，在安排上向为大城市保障供应贡献大、潜力大的地区倾斜，重点建设海南、广西、云南、四川南菜北运基地等。

第二节　地方资金

各级地方人民政府要进一步加大对蔬菜产业发展的扶持力度，切实落实"菜篮子"市长负责制，多渠道筹措资金，建立稳定的投资渠道。一是进一步完善新菜地开发建设基金征收使用管理政策，进一步提高大城市新菜地开发建设基金收取标准和征缴率，新菜地开发建设基金必须全部用于建设新菜地和发展蔬菜生产。二是统筹使用土地出让收入，加大对蔬菜生产设施建设的支持力度。三是协调现有可用于蔬菜产业发展的各方面资金渠道，加大对蔬菜生产设施建设、良种研发、技术推广、质量安全体系、冷链体系、公益性批发市场、农贸市场、农民专业合作组织、龙头企业等方面的扶持力度。四是结合本地实际情况，新增蔬菜产业发展专项资金渠道，并根据发展需要逐年增加资金规模，包括：(1) 蔬菜生产奖励资金，加大对蔬菜生产大户的奖励扶持力度；(2) 蔬菜生产基地建设、标准园创建和标准化整体推进示范县（区）建设专项资金，逐步扩大覆盖范围，加大对优势区域蔬菜产业大县扩能、提质、增效的扶持力度；(3) 蔬菜全程质量安全可追溯体系建设资金，加大对质量安全体系建设的支持；(4) 对蔬菜生产与运销专业合作社、龙头企业贷款给予财政贴息；(5) 对参加保险的农民给予保险费用补助；(6) 生产风险调节资金；(7) 其他资金。

第三节　信贷资金

鼓励银行业金融机构加大对蔬菜产业发展的信贷支持力度，改进金融服务。扩大蔬菜生产信贷资金规模，健全农村金融体系，拓宽融资渠道，引导更多的信贷资金投向蔬菜产业。加大对带动农户多、有竞争力、有市场潜力的龙头企业、农民专业合作社的信贷支持力度；积极倡导担保和再担保机构在风险可控的前提下，大力开发支持龙头企业、农民专业合作社的贷款担保业务品种。鼓励政策性金融机构在业务规定的范围内，按照风险可控的原则，加大对蔬菜生产的信贷支持，并对流通体系建设提供中长期信贷支持。增加商业性、合作性金融对蔬菜产业的贷款规模，大力发展小额信贷，鼓励发展适合蔬菜产业的微型金融服务，提高蔬菜产业发展重点环节建设的融资能力。

第四节　社会资金

农民是投入主体，要鼓励和引导农民增加资金和劳务投入。同时，进一步优化投资环境，出台配套投资政策，吸引、鼓励、规范境内外企业、经济组织、个人，以及大型蔬菜产销企业、对口帮扶和社会捐助等其他社会资金投资蔬菜产业。

第五节　资金管理

国务院有关部门进一步加强信息沟通和工作协商，加大投入力度、加强资金管理，合力推进蔬菜产业发展。地方各级政府要加强各渠道资金的统筹和协调整合工作，集中连片、整体推进，提高蔬菜专业化、规模化和产业化水平；严格资金管理，提高资金使用效率和综合效益。

第八章　保障措施

在充分发挥市场机制作用的基础上，加强组织领导，强化"菜篮子"市长负责制，加大政府投入和调控力度，完善相关扶持政策，创新体制机制，确保规划实施，进一步促进蔬菜生产发展、加强产销衔接，保障市场供应、抑制市场波动。

第一节　强化"菜篮子"市长负责制

建立健全"菜篮子"市长负责制考核评价体系，将新菜地开发建设基金征收与使用、常年菜地保有量、重要蔬菜产品自给率、调节稳定蔬菜价格的政策措施、蔬菜产品质量合格率等重要指标进行量化，加强蔬菜生产、流通、质量安全体系等各环节的综合考核。制定落实"菜篮子"市长负责制具体工作方案，出台有力的政策措施，增加财政性资金投入、加强信息服务、强化市场监管，促进生产发展、调节生产流通、稳定市场价格。

第二节　完善扶持政策

进一步完善相关扶持政策，改善蔬菜产业发展环境。

——各级政府将蔬菜生产基地和市场建设纳入国民经济和社会发展规划，加大扶持力度。

——鼓励地方政府对公益性较强的批发市场、农贸市场和社区菜市场给予补贴和政策扶持，适时回收部分市场产权和经营权，由政府主导建设管理部分重要菜市场，掌握调控菜价的主动权。支持在居民区建立蔬菜直销点。

——严格执行鲜活农产品运输“绿色通道”政策，确保所有收费公路对整车合法装载鲜活农产品的车辆免收通行费，混装的其他农产品不超过车辆核定载质量或车厢容积20%的车辆，比照整车装载鲜活农产品车辆执行；对超限超载幅度不超过5%的鲜活农产品运输车辆，比照合法装载车辆执行。

——在蔬菜生产上尽快建立自然风险保险制度，逐步扩大在大中城市郊区和主产区的覆盖面，有条件的地方实现全覆盖。

——落实支持性价格政策，农产品批发市场、农贸市场的用水、用电、用气与工业同价，蔬菜冷链设施的冷库用电实行工业用电价格。规范和降低农产品批发市场、农贸市场的摊位费等相关收费，必要时按法定程序将政府投资建设的农产品市场摊位费纳入地方政府定价目录管理，清理超市向供应商收取的违反国家相关法律法规的通道费。

——对农产品批发市场用地符合土地利用总体规划的，应纳入年度土地利用计划，优先保障供应，土地招拍挂出让前，所在区域有工业用地交易地价的，可以参照市场地价水平、所在区域基准地价和工业用地最低价标准等确定出让底价，土地出让后严禁擅自改变用途从事商业性房地产开发，确需改变用途、性质或者进行转让的，应当符合土地利用总体规划并经依法批准。

——依法完善价格调节基金管理，增强价格调控监管能力。

第三节 健全信息监测发布预警制度

根据部门职责分工，协调配合，尽快建立覆盖主产区和主要批发市场的蔬菜产销信息监测预警体系，健全管理制度，定期收集和发布主要蔬菜生产、供求、价格等信息。农业、商务、价格、统计等行政主管部门及相关行业协会要共同建立信息沟通和发布制度。按照公开、透明的原则，加强舆论引导，通过主流媒体及时发布相关信息，引导蔬菜种植户、经营者合理安排生产和经营活动，稳定市场预期。加大对捏造、散布虚假价格信息的新闻媒体、经营者或个人的监督查处力度，防止不实信息误导市场。加强蔬菜统计工作，完善指标体系和统计标准，改进统计方法，统一统计口径，提供更加全面可靠的统计数据。

第四节 建立蔬菜供给应急保障机制

大城市人民政府要制定和完善本地区的蔬菜市场供应应急预案，保障城市居民基本生活和社会稳定。充分发挥价格调节基金的作用，个别品种、局部地区蔬菜供过于求时，支持农民专业合作组织、龙头企业、批发市场等产地收购，异地远销，保护农民利益；供不应求时，支持流通企业跨区域调运、促进增加生产，平抑市场价格。坚持贮菜于库、贮菜于棚、贮菜于地相结合，既要重视白菜、萝卜等大宗蔬菜的储备，又要重视发展设施蔬菜、速生菜，增强应急供应能力。支持海南等重点蔬菜生产基地建设，建立省际蔬菜应急协调机制，协同应对极端灾害性天气等。依托蔬菜运输、贮藏保鲜、流通等骨干企业，逐步建立并完善蔬菜应急调运体系。完善蔬菜应急投放制度，规范应急投放程序，确保投放渠道畅通。

第五节 严格蔬菜市场监管

根据《价格违法行为行政处罚规定》和《反价格垄断规定》，加强对蔬菜生产、流通、销售过程中价格行为的监管，严厉查处价格欺诈、哄抬价格、串通涨价、价格垄断等价格违法行为，以及其他不执行国家价格政策的价格违法行为，重大案件向社会公开曝光。进一步规范集贸市场和超市收费行为。研究将政府投资建设的农产品批发市场和农贸市场的摊位费列入地方政府定价目录，实行政府指导价或政府定价管理。对没有纳入定价目录的摊位费，要在清理高额经营权承包费和提供政府补贴的前提下，推动降低摊位费标准。

第六节 加强组织领导

国务院有关部门按照职责分工，密切合作，加强指导和协调，加大支持力度。各地要重视和加强组织领导，因地制宜确定发展重点，加大本级财政支持力度，落实各项政策措施，切实采取有效措施推进规划实施。根据本规划确定的建设任务，按照“菜篮子”市长负责制的要求，大中城市人民政府编制蔬菜产业发展规划，全国蔬菜产业重点县编制实施方案，由省级人民政府或其授权部门审批并监督实施。按照国办发［2010］18号文件要求，进一步完善“菜篮子”食品管理部际联席会议制度，由农业部牵头，会同有关部门加强督导，确保规划实施取得明显成效。

附件：按行政区划重点县布局

综合考虑行政区划、各地区主要时节调出品种等因素，将全国蔬菜产区划分为华南区、长江区、西南区、西北区、东北区和黄淮海与环渤海区六大区，重点建设580个蔬菜产业重点县（市、区），提高全国蔬菜均衡供应能力。其中，华南区、长江区是保障元旦、春节期间全国蔬菜供应的重点区域；西南区、西北区、东北区是保障夏季和中秋、国庆期间全国蔬菜供应的重点区域；黄淮海与环渤海区是均衡全国全年蔬菜供应的重点区域。

1. 华南区　该区包括广东、广西、福建、海南4省（自治区）共74个重点县（市、区）。本区域冬春季节气候温暖，有“天然温室”之称，适宜喜温果菜露地生产。外销品种主要是豆类、瓜类、茄果类，外销时间主要是12月至翌年3月，主要销往“三北”、长江流域及港澳地区。

2. 长江区　该区包括四川、重庆、湖北、湖南、安徽、江西、江苏、浙江、上海9省（直辖市）共188个重点县（市、区）。本区域冬春季节气候温和，适宜喜凉蔬菜露地栽培。外销品种主要是甘蓝类、白菜类、根茎类，外销时间主要集中在11月至翌年4月，主要销往“三北”、珠江三角洲和港澳地区。

3. 西南区　该区包括云南、贵州2省共47个重点县（市、区）。云南北部、贵州北部地区适宜蔬菜生产的多为海拔高度800m～2 200m的高原、平坝和丘陵山区，夏季凉爽。外销品种主要是根菜类、绿叶菜类、白菜类、茄果类，外销时间主要集中在7～9月，主要销往华南、长江下游、华北地区。另外，云南南部、贵州西南部等地区冬春气候温暖，适宜发展豆类、茄果类、瓜类蔬菜生产。

4. 西北区　该区包括宁夏、甘肃、山西、陕西、新疆、青海、西藏等7省（自治区）共57个重点县（市、区）。本区域适宜蔬菜生产的多为海拔800m以上的高原、平坝和丘陵山区，夏季凉爽，适宜露地种植甘蓝类、绿叶菜类、根菜类、茄果类、豆类、瓜类等多种品种，外销时间主要集中在7～9月，主要销往华北、长江下游、华南及港澳地区。其中，西藏、青海2省、自治区主要用于保障本地供应，满足外来游客消费需要。

5. 东北区　该区包括黑龙江、吉林、内蒙古3省（自治区）29个重点县（市、区）。本区域纬度较高，夏季凉爽，适宜露地蔬菜种植。外销品种主要是茄果类、瓜类、豆类等，外销时间主要集中在6～10月，主要销往京津、长江中下游地区。

6. 黄淮海与环渤海区　该区包括河北、河南、山东、北京、天津、辽宁等6省（直辖市）共185个重点县（市、区）。本区域冬春光热资源相对丰富，交通便利，适宜发展设施蔬菜生产，夏秋季可种植露地蔬菜。外销品种丰富，产品销往全国各地。

[1] 国家统计局根据数据质量抽查，对蔬菜播种面积和产量进行重新测算。2010年全国蔬菜播种面积、产量分别为2.85亿亩、6.51亿t。国家统计局反映，这些数据是逐级上报的全面统计，由于无法做到逐户调查，一般只能通过基层估计上报，大多倾向于多报，现有统计产量可能有18%左右虚报。因此，国家统计局将目前蔬菜播种面积和产量分别修订为2.3亿亩、5亿t。

[2] 江苏中南部包括：南京、无锡、常州、苏州、南通、扬州、泰州、镇江；安徽南部包括：芜湖、安庆、巢湖、宣城；河北北部包括：张家口、承德。

附表1：36个大城市名单（略）

附表2：580个蔬菜产业重点县（略）

制糖行业“十二五”发展规划

（工业和信息化部　农业部　商务部　2012年1月19日）

前　言

食糖既是人民生活的必需品，也是食品工业及下游产业的重要基础原料，与粮、棉、油等同属关系国计民生的大宗产品。制糖行业作为传统的农产品加工业，与糖料种植紧密相关，且主要集中在广西、云南、广东、海南、新疆、黑龙江等地区，已成为边疆少数民族地区经济的支柱产业。

“十二五”时期是我国全面建设小康社会的关键时期，是深化改革开放、调整经济结构、加快转变经济发展方式的攻坚时期，也是我国制糖行业发展的重要时期。“十二五”时期，制糖行业要以基本满足国内需求为目标，通过自主创新和技术进步实现产业升级转型，加快产业结构调整，推进糖料生产、食糖加工和流通环节的协调发展，全面提升行业综合竞争能力。

根据《中华人民共和国国民经济和社会发展第十二个五年规划纲要》和《工业转型升级规划（2011—2015年）》，为更好地满足经济和社会发展的需要，增强制糖行业综合竞争力，特编制《制糖行业“十二五”发展规划》，规划期为2011—2015年。

一、“十一五”主要成就和“十二五”面临形势

（一）“十一五”主要成就

1. 食糖生产和消费量逐年扩大 “十一五”期间，年均产糖量1 176.4万t，食糖累计产量5 882万t，年均消费量1 287.8万t，食糖累计消费量6 439万t，食糖累计产量和消费量分别比“十五”期间增长32%和31.6%，国产食糖占消费总量的91%，基本满足了国内消费需求。“十一五”期间，制糖行业工业销售收入2 489亿元，利税总额398亿元，分别比“十五”期间增加1 158亿元和194亿元，增幅分别为87%和95%。

2. 糖料生产和农民收入稳步增长 “十一五”期末，全国糖料种植面积达到2 859万亩，比“十五”期末增加513万亩，增长22%。“十一五”期间，农民种植糖料总收入达到1 397亿元，比“十五”期间增加726亿元，增长108%。制糖企业加大了对糖料生产的补贴和支持力度，全行业累计投入54.8亿元，促进了糖料生产稳步增长。

3. 产业集群和骨干企业初步形成 “十一五”期间，制糖行业逐步向优势地区集中和转移，产糖省区数量从18个减少到15个，广西、云南、广东、海南、新疆、黑龙江等六个主产省区食糖产量占全国总产量的比重达98%。制糖行业骨干企业实力不断增强，2009/2010年度制糖期，年产食糖超过40万t的企业已达到10家，产量占全国食糖总产量的67%，生产集中度进一步提高。

4. 制糖装备和技术水平不断提高 “十一五”期间，自行设计、制造、安装了日处理甘蔗1.6万t和日处理甜菜3 000t的制糖生产线；研制推广了高效撕解机、全自动离心机等高效新型设备；应用推广了甘蔗压榨、煮糖、能源管理等自动化控制系统。低碳低硫制糖新工艺、烟道气余热利用技术、甜菜干法输送技术、制糖过程集成控制系统、制糖用水深度处理与循环利用技术达到或接近国际先进水平。

5. 综合利用和节能减排成效显著 “十一五”期间，以甘蔗渣、甜菜废丝、糖蜜等为原料的综合利用产品达80余种，综合利用生产规模不断扩大，初步实现了专业化、集约化生产，经济效益普遍提高。2010/2011年度制糖期综合利用产品销售达到42亿元，比2005/2006年制糖期提高16亿元。节能降耗、清洁生产水平进一步提高，“十一五”期末全行业处理百吨糖料耗标煤5.31t，比“十五”期末的5.99t下降11%；2010年全行业COD排放总量为18.01万t，比2005年的35.96万t下降50%，提前三年完成了国家“十一五”期间COD排放下降10%的目标。

6. 现代食糖流通体系初步建立 “十一五”期间，食糖流通领域加大了整合力度，逐步形成了一批年销售食糖百万吨以上规模的食糖流通企业。信息化技术在电子商务批发市场得到广泛应用，有效降低了食糖交易成本，促进了食糖消费。食糖期货市场的发展，为企业提供了套期保值的机会。集传统现货交易、电子商务批发市场、期货市场于一体的现代食糖流通体系初步建立。

7. 宏观调控保障行业平稳运行 “十一五”期间，国家继续实行一系列政策措施，促进了制糖行业平稳运行和持续发展。通过进一步实施结构调整战略，重点支持糖料生产优势区域制糖企业的技术改造，淘汰一批生产规模小、资源消耗高、技术水平低的制糖企业，进一步优化了制糖行业产业布局；运用收储和投放国家储备糖调控市场供求关系，加大对食糖市场宏观调控力度，维护了食糖生产和市场供给的基本稳定；加强工业短期储存食糖的政策引导，鼓励相关银行参与主产糖省区食糖储存，有效缓解了生产企业因食糖季产年销导致的资金紧缺状况；加强对糖精等高倍化学合成甜味剂限产限销的管理，有效扩大了食糖消费，保障农民种植糖料收入的稳定增长。

（二）“十二五”面临形势

1. 发展的机遇 食糖需求将保持稳步增长。“十一五”期间，我国食糖人均年消费增长5.6%，但目前食糖人均年消费量仅为10.6kg，与国际人均年消费量24.5kg的水平仍有很大的差距。《国民经济和社会发展第十二个五年规划纲要》明确提出，要建立扩大消费需求的长效机制，通过积极稳妥推进城镇化、深化收入分配制度改革等措施，增强居民消费能力，营造良好的消费环境。

“十二五”时期，我国工业化、城镇化进程进一步加快，城镇人口不断增加，食品工业仍将保持高速增长，食糖需求刚性增长趋势明显。宏观经济政策有利于促进产业体系不断完善。

“十二五”期间，国家鼓励农产品主产区和优势产区集中发展粮食、棉花、油料、糖料等大宗农产品，培育多元化的农业社会化 服务组织。在保证农民合理分享农产品加工、流通增值收益的前提下，支持发展农业产业化和新型农村合作组织。土地承包经营权流转政策，有利于引导和鼓励制糖骨干企业参与糖料专业合作组织的建设，发展多种形式的适度规模经营，增加对糖料种植环节的投入，提高糖料生产经营专业化、规模化、集约化水平。国际糖业发展格局面临调整。

随着新一轮世界贸易组织（WTO）农业谈判的

深入，将进一步促进国际食糖生产和贸易格局的调整，糖料种植和食糖生产将进一步向气候适宜、生产成本低的优势国家转移。随着发达国家和地区贸易保护和补贴不断减少，国际食糖价格将趋于合理，有利于我国糖料种植和食糖生产的稳定发展，保障国内食糖市场有效供给。

2. 面临的挑战　糖料生产基础条件不足，良种良法应用推广缓慢。我国糖料生产主要集中在旱坡和丘陵地区，水利灌溉基础薄弱，种植规模化程度低，实现机械化难度大，单位面积生产投入多、产出不高，比较效益差，竞争能力不强。我国自主繁育、具有独立知识产权的糖料优良品种难以满足制糖行业快速发展的需求，科研投入不足、资源分散导致糖料良种良法应用推广缓慢。台糖公司甘蔗品种和德国KWS公司甜菜品种已经占到甘蔗和甜菜种植面积的80%和90%。种植品种的过度单一和依赖进口，增加了糖料种植风险，严重威胁到产业的稳定发展。制糖行业创新能力不强，技术装备水平有待提高。我国制糖企业技术装备水平与发达国家相比存在较大差距，特别是高效节能设备开发应用能力比较差，生产企业自动化控制水平低，产品质量不稳定，资源消耗高于国际同行业水平。产品标准相对落后，传统加工工艺革新缓慢，产品品种单一，缺乏市场竞争能力。

食糖流通体系需要进一步完善。现有食糖市场体系发育不平衡，金融资本对食糖市场运行影响加大，以促进食糖现货物流为目标的现代物流体系建设相对滞后。流通领域资源整合、兼并重组步伐缓慢，与制糖行业快速发展不相适应。商业流通环节服务功能、品牌意识较弱，“蓄水池”作用和调控市场供求平衡能力不强。

二、“十二五”发展的指导思想、基本原则和主要目标

（一）指导思想

“十二五”时期，制糖行业要坚持以科学发展为指导，以基本满足国内食糖市场需求、服务农业为发展目标，发挥技术创新和技术改造在产业结构调整中的驱动作用，强化企业在技术创新、产业转型升级中的主体地位，引导资金、人才、技术等资源向优势地区和企业聚集，推进现代产业体系建设，提升制糖行业综合竞争能力，保障食糖供给安全，促进我国制糖行业健康、稳定、持续发展。

（二）基本原则

1. 立足基本自给，强化原料保障　坚持以国产食糖基本满足国内需求的发展原则，加快糖料生产规模化经营的步伐，通过良种良法推广和水利化建设，提高糖料保障能力，积极推进糖料生产机械化，培育和扶持糖料生产社会化服务体系，推动南北糖料甘蔗和甜菜种植协调发展，提高糖料保障能力。

2. 坚持内涵发展，加快产业升级　加快以制糖企业为龙头的产学研体系建设，促进科技成果向生产力转化，实现糖料生产从单一依靠扩大面积向依靠科技、提高单产和含糖分方向转变；发挥骨干企业在产业化中的带头作用，依靠科技创新和技术改造增加产品科技含量和附加值，大力发展糖料综合利用产品，加快产业集群建设，促进产业转型升级。

3. 加强宏观调控，促进国内市场稳定　密切关注国际经济环境和食糖市场的变化趋势，结合国内食糖生产的实际情况，加强制糖行业宏观调控管理，促进国内食糖供给和市场价格相对稳定。

（三）主要目标

“十二五”期间，制糖行业发展要以保障食糖基本自给为目标，坚持内涵发展，促进区域协调，逐步改善产业配套环境，维护食糖生产和市场供给的基本稳定。“十二五”制糖行业发展的主要目标是：

食糖年产量1 600万t左右；

食糖年生产能力达到1 800万t；

日处理糖料能力达到121万t，其中，日处理甘蔗糖料能力105万t，日处理甜菜糖料能力16万t；

厂均日处理糖料能力提高到4 500t；

甘蔗糖标准煤消耗低于5t/百t糖料；

甜菜糖标准煤消耗低于6t/百t糖料；

化学需氧量排放总量比2010年下降10%。

三、重点任务

（一）转变糖料发展方式，强化原料供应保障

引导糖料种植农民以土地使用权入股土地经营组织，鼓励制糖企业参与土地资源整合，加快实现糖料生产向规模化经营转变；积极推进糖料生产机械化，研制推广适应性强、简单灵活、轻型的种植收获机械，提高劳动生产率，解决农村劳动力不足制约糖料发展的问题；加大科技投入，整合社会科技资源，开展糖料良种选育工作，筛选“高产、高糖、适应性广”的糖料新品种，解决糖料品种单一、退化严重的问题；引导制糖企业加大对糖料生产基地的水利设施改造，改良灌溉模式，实现糖料生产的基本补水和初步灌溉，提高糖料单产，增加糖料产量；支持和鼓励以制糖企业为龙头组建农业服务公司，加大工业反哺农业的力度，从糖料种植、田间管理、病虫害防治、收割等环节提供有偿服务。

（二）加快产业布局调整，促进产业结构优化

重点稳定和发展广西、云南、海南等主产省区甘蔗糖及新疆、黑龙江、内蒙等主产省区甜菜糖的生产，促进甘蔗糖、甜菜糖协调发展。稳步推进糖料种植和食糖生产向具备发展潜力的地区转移，促进制糖行业可持续发展。发挥食糖主产省的产业集群优势，优化区域经济发展，推动糖料种子经营、田间生产、病虫害防治、糖料播种收获、现代物流等适应地方发展条件的社会化服务体系建设，全面提高制糖行业的综合竞争力，巩固和扩大制糖行业在地区经济发展中的作用和影响。继续实施大集团战略，鼓励和支持食糖主产省区的骨干制糖企业实施强强联合、跨地区兼并重组，提高产业集中度，扩大生产经营规模和经营范围。推动品牌建设，提升品牌价值和效应，加快发展拥有国际知名度和核心竞争力的大型企业。科学引导、合理布局原糖加工企业建设，发挥食糖主销区辐射范围广、交通便利、靠近港口的优势，提高核心区域原糖加工能力，支持原糖加工企业提高加工技术水平、完善仓储设施和物流配套。

（三）提高自主创新能力，加快科技成果转化

加快食糖加工新技术、新材料、新工艺、新装备的研发和应用，加强企业技术改造，提升工艺技术水平，提高市场竞争能力。支持制糖企业提高装备水平、优化生产流程，重点攻克糖能联产技术、传统工艺改造技术、清洁生产、节能减排及综合利用等共性关键技术。鼓励制糖企业增强新产品开发能力，提高产品技术含量和附加值，加快产品升级换代。鼓励以制糖企业为主体构建行业创新联盟和行业技术创新服务平台，建设和完善针对性强、面向行业发展实际的企业技术中心和工程中心，依托科研院所，开展联合技术攻关、科研成果推广及技术服务，加快科技成果转化，力争使我国制糖行业在“十二五”期间生产技术水平接近或达到国际先进水平。

专栏　制糖行业技术进步和技术改造投资方向

名　称	内　容
低碳低硫制糖新工艺	利用锅炉排放烟道气中的 CO_2 或酒精生产过程产生的 CO_2，经净化提纯后，替代传统亚硫酸法中部分 SO_2，应用于蔗汁或糖浆的澄清过程。改造传统的亚硫酸法制糖工艺，可提高产品质量和产糖率，同时减少 CO_2 和 SO_2 排放。
全自动连续煮糖技术	对煮糖过程实现自动控制，实现煮糖过程的连续化和自动化，解决我国糖厂间断煮糖生产波动大、不稳定的问题。具有能耗低、生产效率高等优点。
制糖生化助剂开发及应用	采用无毒、无污染的制糖复合酶制剂、生物絮凝剂和复合澄清剂，结合石灰磷酸清净工艺、微砂快速絮凝技术等形成一种新的生化清净技术，提升产品品质，促进制糖行业节能降耗和清洁生产。
糖厂热能集中优化及控制系统	将自动控制、优化技术、信息技术应用于糖厂热能管理，实现蒸发、煮糖等主要热能消耗工段的网络化自动控制；通过热力模型进行热力方案优化，最终实现热力系统的优化控制，使热力系统高效稳定运行。
锅炉烟道气余热利用技术	利用锅炉烟道气余热作热源，干燥用作锅炉燃料的蔗渣，降低蔗渣水分，提高其热值。此技术可使干燥后的蔗渣进入锅炉燃烧时，放出更多的热量，最终达到节能降耗的目的。
采用高压大容量热力机组热电联产技术	采用高压、大容量热力机组替代原有低压、小容量热力机组，提高糖厂热效率，降低能源消耗。
制糖生产过程两化融合	利用信息技术改造提升制糖行业，使企业的经营管理、生产控制得到最大限度的优化，包括原料进厂检验、生产全程自动控制、产品在线检测、管理过程信息化和信息化集成应用等。
近红外在线检测技术	利用近红外对样品进行定量分析，具有快速、简便、便捷、不破坏样品、无需添加任何试剂等优点，实现甘蔗或甜菜质量、中间制品、食糖及副产品质量指标在线实时检测。

（四）加强综合利用和节能减排，加快淘汰落后产能

加快综合利用技术研发，提高废弃物综合利用率和综合利用水平，重点发展蔗渣发电、制浆造纸、糖蜜深加工、废醪液制备生物有机肥及液态肥等项目，减少废弃物排放。加大节能减排投入，严格节能减排考核制度，重点抓好甘蔗糖主产区和甜菜糖产区节能减排工作，推进全行业节能减排均衡发展，确保“十二五”期间全行业节能减排目标的实现。全面推广清洁生产标准，采用制糖生产过程工艺用水的循环利用系统和制糖废水生化及深度处理技术，减少新鲜水的用量，降低废水及 COD 的排放。重点应用和推广低碳低硫制糖新工艺、全自动连续煮糖、烟道气余热利用、制糖过程两化融合控制系统等技术。研发和推广闭合循环用水技术，甜菜干法输送、高参数热电站改造等一批先进适用性技术。逐步淘汰开工率不足50%，日处理甘蔗能力小于 1 000t、甜菜能力小于800t 的制糖企业。

（五）调整和优化产品结构，提高质量管理水平

采用先进的无硫澄清和精制技术，保留蔗汁中丰富的多酚类抗氧化活性成分和天然蔗香风味，开发无硫高附加值的咖啡专用蔗糖、速溶糖、液体保健糖浆、有机糖等特种糖品及营养强化糖、抗氧化活性物质、医药蔗糖等高值化特种产品。不断完善和制定食糖分类、生产工艺过程的操作规范、食糖生产质量管理、制糖行业清洁生产、节能与综合利用等一系列基础性国家标准。制糖企业要建立从原辅材料到产成品统一、规范的安全检测和监控体系，提升企业质量管理水平。

（六）加强现代流通体系建设，维护食糖市场稳定

充分发挥大型流通企业的示范作用，鼓励流通企业跨地区、跨行业重组，向集团化、规模化方向发展，加快现代物流体系建设，充分发挥商业流通环节的蓄水池作用，引导骨干流通企业参与食糖市场调控工作。建立健全法律法规，完善食糖批发市场各项规章制度，提供优质便捷的交易服务平台，保障食糖批发市场有序发展。发挥期货市场发现价格、套期保值的基本功能，严厉打击恶意炒作行为，维护国内食糖市场稳定。

（七）推进企业诚信体系建设，提高食糖安全水平

“十二五”期间，选择有条件的省区和重点制糖企业集团，积极稳妥地推进企业诚信体系建设的试点工作，通过建立长效机制，落实企业主体责任，健全和完善各项诚信管理制度，通过关键岗位人员签订诚信承诺、企业领导履行诚信职责、生产过程建立诚信档案等具体环节的管理，全面提高食糖安全保障能力。

四、政策措施

（一）加强产业政策引导

严格执行《部分工业行业淘汰落后生产工艺装备和产品指导目录（2010年本）》，严格制糖企业新建和技术改造项目的审批程序，加强产业政策与信贷、土地、环保等政策的协调配合，淘汰落后产能，防止低水平重复建设，增强制糖行业的可持续发展能力。

（二）加大财政支持力度

充分利用现有财政政策及资金渠道，对制糖企业、原糖加工企业的技术改造、节能减排、清洁生产、自主品牌建设等重点项目给予支持。加大对糖料生产专用设备购置的支持力度，通过农机合作社的形式逐步推广，以机械投入带动糖料主产区的规模种植和机械化生产。

（三）加快标准制修订工作

加快对制糖企业建设项目设计规范的修订，提高行业准入门槛，避免低水平重复建设；加强食糖产品质量标准的制修订工作，全面改善食糖产品质量，提升制糖企业质量保障能力；严格新产品企业标准备案制度，不断规范和提升新产品标准级别，强化产品质量监督管理，提高食糖质量水平。

（四）继续加强对糖精等高倍化学合成甜味剂的管理

严格执行《产业结构调整指导目录（2011年本）》，加强对糖精等高倍化学合成甜味剂限产限销的管理，有效遏制化学合成甜味剂对食糖市场的冲击，保护农民种植糖料的根本利益。加强对甜叶菊等低热量、高甜度天然甜味剂的研究和生产，鼓励和支持企业提高甜叶菊的研发能力，扩大生产加工规模，并给予研发、生产和加工必要的政策支持。科学引导甜味剂的合理消费，改善食品安全状况，保障人民健康，提高人民生活水平。

（五）发挥行业协会作用

充分发挥行业协会的组织、协调作用，加强行业研究，组织行业调研，及时反映行业情况、问题和企业诉求，引导企业落实规划，使行业协会的作用在贯彻国家产业政策、行业信息统计发布、技术咨询服务、产品标准制定、行业自律、产业协调、国际交流与合作等方面得到充分的发挥，促进行业有序发展。

纺织工业“十二五”发展规划

（工业和信息化部　2012年1月19日）

前　　言

纺织工业作为国民经济传统支柱产业、重要的民生产业和国际竞争优势明显的产业，在繁荣市场、吸纳就业、增加农民收入、加快城镇化进程以及促进社会和谐发展等方面发挥了重要作用。“十一五”时期，纺织工业在党中央国务院一系列方针政策指导下，深入实践科学发展观，坚持结构调整和产业升级，积极有效应对国际金融危机的冲击，全面完成了各项目标和任务。行业规模持续增长，创新能力不断增强，产业结构有所优化，质量效益大幅提高，节能减排效果明显，国际竞争力进一步增强。

“十二五”是我国全面建设小康社会的关键时期，是深化改革开放、全面调整经济结构、加快转变经济发展方式的攻坚时期，也是推进纺织工业由大变强的重要时期。《纺织工业“十二五”发展规划》以科学发展观为指导，全面落实《国民经济和社会发展第十二个五年规划纲要》和《工业转型升级规划（2011—2015年）》，提出了“十二五”纺织工业发展的指导思想、发展目标、重点任务和政策措施，突出了结构调整、自主创新、品牌建设和可持续发展等重点内容，是未来五年纺织工业发展的指导性文件和实现纺织强国目标的行动纲领，也是纺织工业各行业和各地区编制规划的重要依据。

一、“十一五”回顾和“十二五”形势

（一）“十一五”取得的成就

1. 规模和效益持续增长 2010年，全国纺织工业规模以上企业完成工业总产值47 650亿元，“十一五”期间年均增长18.2%；就业人数1 148万人，年均增长2.1%；实现主营业务收入46 510亿元，年均增长19.2%；工业增加值年均增长12.6%，利润总额2 875亿元，年均增长27.7%。2010年，规模以上企业实现纱产量2 717万t，“十一五”期间年均增长13.4%；化纤产量3 090万t，年均增长13.2%。化纤、纱、布、呢绒、丝织品、麻纺织品、服装等产量均居世界第一。全行业纤维加工总量达到4 130万t，年均增长9.0%，占全球纤维产量的比重超过50%。2010年，我国纺织品服装出口额2 065亿美元，“十一五”期间年均增长11.9%；一般贸易比重由2005年的69.7%提高到2010年的74.4%；占全球纺织品服装贸易额的比重超过30%。

2. 产业结构有所优化 “十一五”期间，服装、家纺、产业用三大类终端产品纤维消费量的比例由“十五”末的54∶33∶13调整为51∶29∶20，产业用纺织品应用领域不断扩大。化纤在纺织原料中的比重达到70%，比“十五”末提高5个百分点，化纤产品差别化率达到46%，提高了15个百分点，基本满足了纺织工业对原料快速增长的需求。中西部地区固定资产投资年均增长27.2%，占全行业的比重由2005年的23%提高到2010年的48%，纺织工业从东南沿海向中西部地区梯度转移的进程加快。

3. 自主创新和技术装备水平不断提高 纺织行业自主创新能力不断提高，多项高新技术取得实质性突破，一批自主研发的科技成果和先进装备在行业中得到广泛应用。碳纤维T300、芳纶1313、芳砜纶、超高分子量聚乙烯、聚苯硫醚和玄武岩等高性能纤维实现了产业化突破。全行业有22项科技成果获得国家科学技术奖，其中“年产45 000t粘胶短纤维工程系统集成化研究”、“高效短流程嵌入式复合纺纱技术及其产业化”获一等奖。国产纺织机械产品市场份额由2005年的61.7%提高到2010年的78.1%。截至2010年底，纺织行业国家认定企业技术中心达到38个。技术装备更新速度加快，落后产能在市场机制作用下逐步退出，全行业工艺技术装备水平和生产效率稳步提高。三分之一规模以上企业的技术装备达到国际先进水平，2010年规模以上企业新产品产值比2005年提高了2.4倍，高于产值增长率，全员劳动生产率达到11.0万元/（人·年），比2005年增长1.1倍。

4. 节能减排和循环利用成效明显 一批节能减排和资源循环利用新技术在全行业得到广泛应用。差别化直纺和新型纺丝冷却技术在化纤行业开始推广，高效短流程印染前处理技术在棉及棉混纺织物上得到普遍应用，废水余热回收、中水回用、丝光淡碱回收等资源综合利用技术在行业中推广应用比例已达到50%。纺织纤维再利用开发技术不断升级，2010年再利用纺织纤维产量突破400万t，以可再生、可降解的竹浆粕、麻秆浆粕为原料的粘胶纤维实现产业化生产。“十一五”节能减排的目标任务全面完成。纺织行业单位增加值综合能耗累计下降约32%，百米印染布新鲜水取水量由4.0t下降到2.5t，印染行业水回用率由7%提高到15%，纺织行业单位增加值污水排放量累计下降幅度超过40%。

5. 品牌建设初见成效 加快品牌建设已在全社会形成共识，品牌建设的内生动力明显加强，品牌发展环境不断改善。“十一五”期间，我国纺织工业已经从加工制造向产品设计和创意转型，初步形成了一批设计创意园区。纺织品服装出口由加工生产（OEM）向设计生产（ODM）和品牌生产（OBM）转变，纱线、面料、辅料等中间产品的品牌价值也得到市场认可，我国纺织服装自主品牌逐步走向国际市场。获得服装服饰类中国名牌143个，家纺类中国名牌45个，国内消费者对服装家纺自主品牌认知度有所提高。

（二）“十二五”发展面临的形势

1. 发展的机遇 从国际看，国际市场将从金融危机中缓慢复苏，纺织品服装市场需求继续保持增长

趋势，但消费将更加趋于理性。美、欧、日三大发达经济体仍将是我国纺织品服装出口的主要市场，新兴经济体的需求潜力将进一步释放，这将有利于我国纺织工业开拓多元化市场。新能源、新材料、环保产业在全球范围内蓬勃发展，为纺织工业开创新的消费领域和新的市场提供了机遇。国际金融危机加速了科技创新和低碳技术发展的进程，信息技术、生物技术等高新科技和传统纺织工业的结合日益紧密，可再生原料、清洁生产和循环利用技术的开发应用对纺织工业发展产生深远影响，为缩短与纺织强国之间的差距和抢占产业发展的战略制高点创造了条件和机遇。经济全球化深入发展，发达国家具有优势的先进技术、高端纺织机械装备制造、研发设计能力等呈现出向新兴经济体加速转移的趋势，国际纺织产业格局将进一步调整。我国纺织工业经过多年的调整升级，在吸收新技术成果和提高创新能力等方面具备了良好的基础，纺织企业国际化水平不断提高，有条件更好地利用两个市场、两种资源，在更高层次上参与国际竞争。

从国内看，“十二五”时期，我国将全面建设小康社会以顺应各族人民过上更好生活的新期待，国内消费者对纺织品服装消费需求将不断升级，国内市场对纺织工业的发展将提出更高要求。目前，占人口54%的农村居民人均衣着支出是城镇居民的18%，城镇化率的提高将直接带动衣着消费的更快增长。随着纺织工业新材料、新技术的应用，以产品创新所引领的绿色、低碳、文明、时尚的生活方式，将进一步挖掘出我国内需的巨大潜力。国家区域发展总体战略和主体功能区战略的实施将加快纺织工业转型升级。我国纺织工业80%左右的产能集中在东部地区，随着经济发展和资源环境约束加剧，东部地区转型升级和产业转移的步伐将加快。西部大开发、中部崛起和东北振兴等国家区域发展战略的实施，促使中西部地区承接产业转移的条件日益完善。“十二五”期间，抓住机遇推进纺织产业转移，有利于形成东中西部纺织产业优势互补、协调发展的新格局，将进一步保持和提升我国纺织工业国际竞争力。加快培育和发展战略性新兴产业为纺织工业的发展创造了新的有利条件。高技术纤维及其复合材料、高端纺织技术装备制造、部分产业用纺织品等作为战略性新兴产业的组成部分，将得到较快发展。同时，战略性新兴产业的发展将进一步扩大纺织产品在交通、新能源、医疗卫生、安全防护、环境保护、航空航天等领域的应用。我国是世界劳动年龄人口数量最多的国家，发展吸纳就业能力强的现代产业体系是“十二五”时期的重要任务之一。纺织工业直接就业人口超过2 000万人，每年使用国产天然纤维近900万t，直接关系到至少1亿农民的生计。纺织工业作为重要的民生产业，将在增加就业、解决“三农”问题和促进城镇化建设等方面继续发挥重要作用。

2. 面临的挑战 从国际看，“十二五”时期，我国纺织工业面临发达国家在产业链高端、发展中国家在产业链低端的双重竞争将更加激烈。发达国家凭借技术、品牌和供应链整合的优势，占据着市场的主动地位。其他发展中国家凭借劳动力成本、资源、贸易环境等比较优势，纺织工业将会得到快速发展。同时，部分发展中国家货币贬值加速，将与我国在中低端产品市场展开更加激烈的竞争。国际金融危机爆发以来贸易保护主义抬头，主要发达国家纷纷通过动用贸易救济或增加技术贸易壁垒等手段，限制他国产品进口。2009年以来，针对我国的各类贸易摩擦案件频发，未来几年国际贸易环境的不确定性仍然较大，人民币汇率问题也将是影响我国纺织工业国际竞争力的重要因素。我国纺织原料对外依存度较高，棉花的对外依存度为30%左右，化学纤维原料乙二醇、对二甲苯、己内酰胺、丙烯腈等的对外依存度均超过50%。而且受自然气候变化、游资投机炒作和石油市场波动等因素影响，纺织工业平稳运行存在较大风险。

从国内看，在经济转型升级过程中，受劳动环境和待遇的制约，以及人口老龄化进程加快，纺织工业劳动力结构性短缺问题日趋严重，随着产业转移步伐加快，中西部地区本地就业数量增加，向东部纺织企业输出的劳动力数量逐步减少，东部企业劳动力短缺明显。同时，随着资源节约型、环境友好型社会加快推进，对纺织工业节能减排、淘汰落后提出更高要求。纺织工业自身存在的问题仍然突出，主要是：科技创新能力不足，高技术纤维和新型装备技术与国际先进水平有一定差距；自主品牌建设步伐滞后，提高产品附加值和完善产业价值链形势紧迫；节能减排和淘汰落后产能任务艰巨，先进技术推广和技术改造工作有待加强；同质化重复建设现象依然存在，区域布局调整和优化的任务繁重；国内棉花管理体制仍需进一步理顺，制约纺织工业科学发展的体制机制等问题仍然较多。“十二五”时期，必须科学判断和准确把握发展趋势，充分利用各种有利条件，加快转型升级，着力推动纺织工业进入创新驱动的发展轨道。

二、指导思想和发展目标

（一）指导思想

以邓小平理论和“三个代表”重要思想为指导，

深入贯彻落实科学发展观，适应国内外形势新变化，按照《国民经济和社会发展第十二个五年规划纲要》要求，坚持以加快转变经济发展方式为主线，以结构调整和产业升级为主攻方向，以自主创新、品牌建设和两化融合为重要支撑，以扩大内需和改善民生为根本出发点，以完善价值链和实现可持续发展为重要着力点，发展结构优化、技术先进、绿色环保、附加值高、吸纳就业能力强的现代纺织工业体系，为实现纺织工业强国奠定更加坚实的基础。

（二）发展目标

1. 行业保持平稳增长　规模以上纺织企业工业增加值年均增长 8%，工业增加值率提高 2 个百分点。至“十二五”末，全行业出口总额达到 3 000 亿美元，年均增长 7.5%。全行业纤维加工总量达到 5 150万 t，年均增长 4.5%。全行业就业人数保持在 2 000万人左右。

2. 产业结构进一步优化　至“十二五”末，服装、家纺、产业用三大类终端产品纤维消费量的比例达到 48∶27∶25。新产品开发能力进一步增强，产品品种更加丰富，内销比重逐步提高，满足高中低不同消费层次需求。中西部地区纺织工业总产值占全国的比重达到 28%。化纤产业集中度进一步提高，年产值超过 100 亿元的企业（集团）超过 20 家。

3. 创新能力明显增强　规模以上企业全员劳动生产率年均增长 10%左右，研究与试验发展经费支出占主营业务收入比重超过 1%。掌握一批高新技术纤维开发应用和先进纺织装备研发制造核心技术，棉纺、化纤和服装等行业主流工艺、技术和装备达到国际先进水平。

4. 品牌建设实现新突破　产品质量水平进一步提高，品牌建设能力明显增强。形成具有国际影响力的品牌 5～10 个，国内市场认知度较高的知名品牌 100 个。年销售收入超百亿的品牌企业 50 家，品牌产品出口比重达到 25%。

5. 节能减排和资源循环利用再上新台阶　单位工业增加值能源消耗比 2010 年降低 20%，工业二氧化碳排放强度比 2010 年降低 20%，单位工业增加值用水量比 2010 年降低 30%，主要污染物排放比 2010 年下降 10%。初步建立纺织纤维循环再利用体系，再利用纺织纤维总量达到 800 万 t 左右。

专栏 1　“十二五”时期纺织工业发展的主要指标

类别	指　标	2010 年	2015 年	年均增长（%）
行业增长	工业增加值（规模以上）			8
	出口总额（亿美元）	2 065	3 000	7.5
	纤维加工总量（万 t）	4 130	5 150	4.5
结构调整	服装、家纺、产业用纺织品纤维消费量的比重（%）	51∶29∶20	48∶27∶25	
	其中：服装纤维消费量年均增长			3.0
	家纺纤维消费量年均增长			3.0
	产业用纺织品纤维消费量年均增长			10.0
	规模以上企业出口交货值占销售产值的比重（%）	18.6	14	[−4.6]
	中西部地区纺织工业总产值占全国的比重（%）	17	28	[11]
技术进步	劳动生产率（规模以上）			10
	研究与试验发展经费支出占主营业务收入比重（规模以上，%）	＜1	＞1	
可持续发展	单位工业增加值能耗降低			[20]
	工业二氧化碳排放强度降低			[20]
	单位工业增加值用水量降低			[30]
	主要污染物排放降低			[10]
	再利用纺织纤维总量（万 t）	400	800	14.9

注：1. [ ] 号内为 5 年累计数；
2. 主要污染物指化学需氧量和氨氮。

三、重点任务

（一）增强自主创新能力

1. 完善行业科技创新机制　加快建立以市场为导向、企业为主体、科研院所和高校为支撑、产学研用紧密结合的纺织行业科技创新机制。加强纺织工业领域国家级工程研究中心和重点实验室建设，开展基础性、前瞻性和战略性科学研究。探索具有纺织行业特点的产学研用新模式，鼓励企业和科研院所、高校共建实验室，在高新技术纤维、染整后整理关键技术及环境友好染整制剂开发利用、高性能产业用纺织品、纤维回收利用、节能环保等重点领域推动建立纺织产业技术联盟。加强各类创新主体在知识产权管理方面的能力建设，建立行业知识产权信息服务平台，完善知识产权的有偿共享和交易机制等。

2. 强化产业基础科学研究　支持科研院所和高校开展纺织行业基础科学研究，开展纤维材料功能优化设计、成型基本理论研究，加强高性能纤维、可再生纤维及新型仿生纤维的科学研究。开展梳理理论以及纺纱织造在线监测控制系统的基本理论研究，开展生物酶、等离子体等技术在印染领域应用的理论性研究，开展纺织机械结构运动力学分析、机械振动分析和可靠性工程技术研究，以及流体力学、电学、光学等基础理论在纺机行业上的应用。通过跨学科理论研究，为纺织工业科技创新提供基础支撑。

3. 提高企业自主创新能力　引导企业加大研发投入，部分优势纺织企业研发经费内部支出占主营业务收入比重提高到3%以上。支持骨干企业在海外设立或收购兼并研发机构。支持纺织企业参与国家科技计划和重大工程项目，加强国家级和省级企业技术中心建设，促进先进技术在行业内的有效推广应用。探索适合纺织中小企业提高创新能力的模式和有效的支持手段。鼓励纺织产业链上下游企业加强合作，加强产学研用联合，提高协同创新能力，提高纺织行业劳动生产率和新产品产值率。

4. 加强纺织标准体系建设　编制和修订纺织工业相关标准，提升纺织标准的国际化水平，强化标准实施工作，建立与我国纺织科技和产业发展水平相适应的纺织标准体系。加快研究制定纺织新材料、生态纺织品、高性能产业用纺织品、纤维再生利用等方面的产品标准和检测方法标准。完善服装和家用纺织品相关新标准，如计算机辅助设计（CAD）技术标准、服装用人体测量国际标准、色彩标准等。制修订产业用纺织品产品标准、应用标准和测试方法标准。完善纺织机械安全标准和新一代纺织成套设备技术标准。建立并完善棉纺、印染、化纤等节能减排与资源综合利用标准，推动产品标准的贯彻实施，鼓励企业积极采用国际先进的产品标准和质量管理标准，促进我国纺织产品的质量、安全、节能、环保等指标逐步达到国际先进标准水平。建立和完善产品检验检测体系，加强纺织品安全、环保、有害物质检测。密切跟踪纺织品服装国际技术法规和标准的变化，建立国际贸易技术壁垒的快速应对机制。

专栏2　纺织工业科技创新工程

建设纺织行业创新服务平台　推动建设国家级纺织领域工程研究中心和重点实验室，依托科研院所和骨干企业建立一批行业共性技术创新服务平台。

发展纺织产业技术联盟　在高新技术纤维、环境友好染整制剂开发利用、染整后整理关键技术、高性能产业用纺织品、纤维回收利用、节能环保等重点领域推动建立一批纺织产业技术联盟，针对原料、工艺、装备、应用、产品开发、配套材料等各环节进行产业链协同创新。

组织实施纺织行业科技专项　组织实施新型纤维材料、高端纺织装备和高性能产业用纺织品的科技专项。

（二）加快技术升级步伐

1. 运用先进技术改造传统纺织工业　广泛利用材料、电子、生物工程和信息等先进技术，提高纺织工业产品开发、质量保证、节能降耗、清洁生产等能力。针对纺织装备、工艺、管理等薄弱环节，对棉纺、毛纺、麻纺、丝绸、针织等传统行业加强挖潜改造，提高棉、毛、麻、丝等天然纤维的加工技术和产品开发水平，提高原料使用效率，改善产品性能。加强高仿真化学纤维的产品开发和应用，提高差别化、功能性纤维的应用比例。加大智能装备、节能减排、清洁生产先进技术的推广应用，扩大绿色环保和技术含量高的产品比重，丰富产品品种，满足多层次不断增长的消费需求。

2. 促进纺织与战略性新兴产业的结合　抓住战略性新兴产业加快发展的机遇，立足已有产业基础，大力发展高新技术纤维及其复合材料、高端纺织装备制造、高性能产业用纺织品，形成工艺、技术及装备等产业化配套技术和规模化生产能力，提高纺织工业中战略性新兴产业的比重。同时，通过产业链协同创新，加强纺织产品在战略性新兴产业领域的应用性开发，扩大纺织产品在新材料、新能源、节能环保等战略性新兴产业领域的应用，促进纺织工业与战略性新兴产业的紧密结合、互动发展。

3. 提升行业信息化应用水平　推广应用面向生产制造层面的制造执行系统（MES）、自动监测和动态精细化管理系统，以企业资源计划系统（ERP）为核心的信息系统的集成应用。利用新一代信息通讯技术，特别是物联网技术，在纺织行业生产制造、供应链环节推广使用条形码和射频识别（RFID）技术。初步建立面向国内主要纺织专业市场的电子商务公共服务平台体系，面向供应链和行业宏观决策层面的纺织宏观经济决策支持和知识库系统。

4. 促进纺织企业实现两化深度融合　引导龙头企业开展基于研发设计、生产制造、经营管理、销售服务等全流程的信息系统集成建设。中小纺织企业依托社会化服务体系，按照行业特点和关键需求，开展信息化建设。纺织、化纤和印染等前道生产企业重点推进生产制造系统的信息化应用，并与生产经营系统进行集成应用。服装、家纺等终端产品企业重点推进经营系统的建设，重点提升设计研发和供应链管理的信息化水平。纺织装备企业重点提升产品的自动化、数字化、网络化和智能化水平。

（三）加强质量管理和品牌建设

1. 提高质量水平　贯彻《质量发展纲要》，全面加强质量管理，提高纺织品服装的质量水平，在国内外消费市场确立可信赖的质量信誉。鼓励采用新技术、新工艺、新设备、新材料，促进产品品种更新和质量水平提升。建立健全从技术创新、产品研发、生产制造、储运销售、技术服务等全员、全过程、全方位的企业质量管理体系。推广先进的质量管理技术与方法，完善产品质量责任制度，积极开展质量体系和环保体系认证。加强质量诚信体系建设，引导和推动企业牢固树立“诚信至上、以质取胜”的理念。

2. 提升设计水平　加大研发设计投入，着力培养纺织品服装设计师队伍，提升品牌设计创意水平。利用现代科技手段，吸收传统文化，学习借鉴世界时尚文化，提升自主品牌文化价值。深入研究消费需求和时尚潮流，围绕花色、品种、款式、功能等加强产品开发创新。支持自主品牌企业建设从原料到终端制品的产业链集成创新技术中心，加强面料与终端产品设计师之间的深度沟通与协作，形成创意资源的无缝对接。鼓励品牌企业加强国际交流，在发达国家和地区设立设计中心和产品开发中心。加强企业产品研发设计中心和行业创意园区建设，重点培育一批具有较大规模和较强影响力的纺织品服装设计创意中心。

3. 加强营销创新　加强市场的开发与培育，不断完善和创新营销模式。根据纺织产品市场需求，充分挖掘我国内需潜力，大力发展生产性服务业，拓展新领域，发展新业态，培育新热点，推进规模化、品牌化、网络化经营。加强销售网络建设，科学设计规划销售渠道，大力发展品牌连锁店、专卖店、专业店、电子商务等符合现代流通发展趋势的新型终端模式，建立多层次的品牌销售渠道。应用信息网络技术建立面向供应链上下游合作的信息系统，促进销售环节和生产过程的优化，建立科学高效的物流配送体系，提高市场快速反应能力。鼓励具备条件的品牌企业到海外投资设厂，逐步建立纺织品服装品牌海外销售渠道，大力开拓国际市场。

4. 强化品牌管理　制定品牌发展战略，提高品牌在研发、设计、生产、销售、物流、服务以及宣传推广各环节的整合能力。充分开发品牌无形资产，通过引进和受让品牌资产来实现品牌的扩张和延伸。支持有实力的企业积极推进品牌国际化，通过收购或入股海外品牌，形成国际化品牌，并随着创新能力的提升逐步形成国际化的中国原创品牌。鼓励企业积极开展品牌推广宣传活动，扩大市场知名度和美誉度。加强知识产权保护，引导企业积极进行国内外商标注册、专利申请，为企业品牌寻求法律保护。

5. 实施品牌建设重点工程　以服装和家纺行业为重点实施品牌建设工程。制定我国服装家纺品牌发展战略，建立品牌企业统计、跟踪、评价体系，建立我国纺织服装品牌数据库。按照“公开、公平、公正”原则，开展品牌企业评价工作，重点跟踪和培育创新能力强、市场覆盖面广、市场占有率高、企业盈利能力强的100家左右服装家纺品牌企业。加快推进我国服装家纺品牌国际化进程，争取尽快形成一批国际化服装家纺品牌。

专栏3　纺织工业品牌建设工程

重点推进服装、家用纺织品行业品牌建设。加强企业设计研发中心建设，推广计算机辅助设计工艺系统应用。采用自动化、数字化、信息化生产工艺技术，加强信息化集成系统、大规模定制技术的开发应用，提高产品质量。创新营销模式，建立快速反应体系，推进规模化、品牌化、网络化经营。建立品牌统计、评价、跟踪体系，开展服装家纺品牌企业创建工程。

（四）加强节能减排和资源循环利用

1. 提高节能减排管理水平　大力推进企业能源三级计量管理，建立纺织行业能源监控和服务机构，加强企业能源合同管理，加强行业能效的对标达标，制定行业碳排放核算指南，组织开展绿色企业评价活动。推进印染、粘胶等重点行业的清洁生产审核，组织对企业进行可持续发展能力诊断。

2. 推广节能降耗减排新技术　加快绿色环保、资源循环利用及节能减排等先进适用技术和装备的研发和推广应用。组织实施节能、降耗、减排的共性、关键技术开发和产业化应用示范。推进重点行业和重点企业实施节能减排改造，运用信息技术对生产过程中的能源消耗、废物排放进行实时监控，提高智能化管理水平。

3. 加强资源再生循环及利用　按照“减量化、再利用、资源化”理念，逐步建立健全纺织制品回收再利用循环体系，制定相关法规和标准，设立纺织制品回收再利用管理和监控体系。组织制定纺织制品回收再利用的循环经济发展规划和技术路线图。鼓励企业加快高效、低成本纺织制品回收再利用技术的开发和推广。加强对纺织制品再生循环利用的宣传教育。

4. *加快淘汰落后产能和污染减排治理* 完善行业准入条件或产业政策，严格新建项目环境评价、节能评估和土地审批，遏制生产能力的盲目扩张。严格执行《产业结构调整指导目录》、《部分工业行业淘汰落后生产工艺装备和产品指导目录（2010年本）》，在重点地区和重点行业按照等量置换或减量置换原则，建立健全新建项目与淘汰落后、污染减排相衔接的项目管理机制，完善淘汰落后产能和污染减排的监督审核制度，加快推进棉纺织、化纤、印染等行业落后产能退出，“十二五”期间淘汰落后的印染产能60亿m。加大《印染行业准入条件》和《粘胶纤维行业准入条件》的贯彻实施，加强污染综合治理，“十二五”末，纺织工业主要水污染物排放总量削减比例不低于10%。

专栏4　纺织工业节能减排可持续发展重点工程

实施低碳节能工程 服装企业蒸汽改善装置推广工程、空压系统能源优化工程、棉纺企业能源系统优化技术推进工程、新型高效节能纺丝冷却装置及技术等。

绿色环保关键技术推广 重点推广数码印花技术、小浴比染色技术、生物退浆精炼技术、清洁制溶解浆技术、纤维原液染色技术、针织物平幅水洗技术、活性炭纤维吸附废气技术等低污染低排放技术。

资源再生循环技术的研发和应用 推广丝光淡碱回收技术、废水余热回收利用技术、废旧纺织制品回收再利用技术、聚酯瓶再生纤维生产技术等。

（五）发展现代产业集群

1. *继续促进产业集聚发展* 科学规划纺织产业园区布局，完善纺织产业园区准入门槛，培育优势主导产业，引导同类及关联度高的企业入园集聚发展。加强纺织产业园区基础建设，营造良好的招商引资环境，提高土地集约使用效率，提高污染集中治理和资源循环利用能力。加快建设与主导产业相关的生产服务体系、公共服务体系、纺织原料和产品专业市场，提高专业配套服务能力和效率。

2. *加快公共服务体系建设* 围绕技术创新、产品研发、质量检测和认证、教育培训、信息化服务、电子商务、工业设计、现代物流配送等主要内容，进一步完善产业集群公共服务体系建设，提高公共服务平台的质量检测、产品研发、人才培训等功能的专业化和市场化水平，建设50个纺织行业中小企业公共服务示范平台。支持专业市场经营管理模式创新，在硬件设施、专业化服务、品牌培育、电子商务、市场秩序等方面提高水平，提升产业流通效率。鼓励服务创新，发展投融资、技术转让、法律服务、市场推广等新型服务功能。加强诚信建设，重视区域品牌的建设和保护，积极发挥行业协会、商会和中介组织的作用，加强集群内企业的行业自律。

3. *推动产业集群升级* 根据区域资源禀赋和产业基础优势，依托特色产业集群，建设一批主导产品突出、竞争力强的纺织产业区域品牌。在纺织产业集群内部，以龙头骨干企业和知名自主品牌为纽带，以中小企业“专、精、特、新”的专业化分工为依托，建设体现纺织行业大中小企业协作发展优势的新型工业化产业示范基地30个。东部地区产业集群在加速产业升级的同时，促进形成以一站式采购中心、国际商贸中心、总部基地等为主体的产业集群新组织形式，建立10个以总部经济为主导的国际化创新型纺织产业集群。促进创意产业集聚发展，形成10个具有创意功能的纺织服装园区。

（六）优化产业区域布局

1. *推进纺织产业有序转移* 根据国家主体功能区的规划，发挥不同区域的比较优势，考虑资源禀赋、消费市场、产业基础、环境容量、运输条件等因素，以提高产业区域布局的科学性、协调性和可持续性为原则，引导纺织产业有序转移，促成东中西部协调发展的区域布局。按照市场规律加强协调整合，避免各自为政，形成跨区域的产业链上下游、价值链各环节相协调的区域布局。产业转移要和产业升级相结合，与地区资源承载能力和环境容量相协调，杜绝落后生产能力和污染项目向中西部地区转移。

2. *东部地区加速产业升级* 东部地区发挥技术、人才和市场等方面的优势，以占据国际纺织产业发展的制高点为目标，加速推进产业升级。重点发展高技术、高附加值、时尚化、差异化终端产品的研发、生产和营销，用高新技术改造传统产业，提升现有纺织产业集群水平。在东部中心城市，推进建设时尚创意中心、营销中心和研发中心。鼓励东部企业实施总部基地与中西部地区生产制造中心的协作发展，鼓励东部地区和中西部地区政府、行业组织、企业合作探索和创新产业转移模式，通过委托管理、投资合作等形式共建产业园区，建设3～5个纺织行业产业转移合作示范区。

3. *中部地区完善现代制造体系* 中部地区利用资源优势和产业基础，科学规划，优化环境，积极承接产业转移。重点发展棉纺、服装、家用纺织品、产业用纺织品、麻纺和丝绸产品的加工制造，逐步建立比较完整的纺织产业制造体系。大幅提高中部人口密集省份纺织业在全国的比重，提高劳动力在当地就业的比例，通过中部纺织产业规模和能力的提升，使中部地区在巩固我国纺织工业国际竞争优势中发挥更大作用。

4. 西部地区发展特色产业　西部地区发挥资源、能源、劳动力、民族文化等优势，抓住西部大开发战略机遇，适度发展棉纺、毛纺、丝绸、民族文化产品等特色产业。新疆积极提升棉纺产业，坚持高起点，建成优质棉纱、棉布和棉纺织品生产基地，并适度向产业链下游延伸。大力吸引民营资本和东部资金投资纺织业，推动产业优化升级。边境口岸地区结合周边市场需要，建设一批纺织服装加工基地。

5. 东北地区发展优势产业　东北地区利用特色原料资源、产业基础和资源枯竭型城市的富余劳动力，结合东北老工业基地振兴战略，发展优势纺织产业。积极推动亚麻种植基地建设，利用亚麻等资源发展特色纺织品，并结合边贸需求发展纺织服装加工业。发展劳动密集型的服装加工业和袜业，大力发展碳纤维、产业用纺织品工业，充分发挥中心城市的辐射作用，加大纺织品服装自主品牌建设。

（七）提高国际化水平

1. 优化国际贸易结构　巩固美国、欧盟和日本等传统市场份额，通过质量、设计和品牌的提升，提高产品附加值，优化品种结构，提高品牌产品出口比重。引导企业开发适合新兴市场国家和地区需求的产品，开辟新的营销渠道，提高向新兴经济体出口贸易的比重，鼓励探索与发展中国家的多样化双边和多边贸易模式。

2. 实施“走出去”战略　支持纺织企业“走出去”，充分利用两种资源、两个市场，整合资源，延伸产业链，开拓市场渠道。鼓励和引导优势企业“走出去”，通过新设、并购、参股等形式建设境外生产研发基地、设立境外合作区、建立营销网络等，同时通过境外商标注册、品牌收购和推广等手段开展品牌国际化建设，培育具有较强核心竞争力的国际化纺织企业，推进跨国公司发展，实现企业生产要素在全球范围内的优化配置。

3. 推进国际交流合作　在绿色环保、节能减排、标准互认、社会责任等方面，加强与国外纺织行业相关机构和企业之间的合作。利用国际先进技术和智力资源，实现引进技术的消化吸收和再创造，推动我国纺织标准体系与国际接轨，实现社会责任体系的国际互认。加强与贸易相关方的沟通理解，减少贸易摩擦。积极开展多边、双边政府间对话及行业交流活动等，鼓励跨国公司在我国设立产品研发和设计中心，促进在纺织技术、品牌、人才等方面的交流和合作。

（八）加强人力资源建设

1. 建设行业领军人才队伍　采取学校教育和市场应用相结合、培养和引进相结合等方式，依托重大项目、重点实验室和国家工程中心等平台，为纺织行业培养一批科技领军人才。以企业家和职业经理人为重点，培养造就一支具有全球战略眼光、市场开拓精神、管理创新能力和社会责任感的优秀企业家和企业经营管理人才队伍。

2. 壮大创新型人才队伍　根据纺织行业转型升级的需要，壮大全国纺织服装企业所急需的研发、设计、生产、销售、管理等方面的专门技术人才队伍，重视跨学科复合型人才及创新型人才培养。充分发挥高等院校、职业学校及公共服务平台作用，在科技研发、工程化、工业设计、企业管理、市场营销、现代物流、电子商务等领域加大人才培养开发力度。提高高等院校服务于行业的能力，支持高等院校进行教育教学改革，加强重点学科建设，重视提高实践能力。开展纺织行业各类专业人才的知识更新和继续教育，依托高等院校、科研院所和有实力的大型企业，建设一批纺织行业继续教育和工程创新训练基地。建立和完善与国际接轨的工程师认证认可制度，提高工程技术人才职业化、国际化水平。纺织行业规模以上企业专业技术人才比重提高到15%。

3. 培养专业技能人才　依托大型骨干企业（集团）、重点职业院校和专业培训机构，建设一批示范性高技能人才培养基地和公共实习培训基地。加强校企合作，采取定向培养、委托培养、短期培训等多种方式，在一般技能培训的基础上，特别加强先进装备和工艺、信息技术、环境保护、现代管理等方面的教育和培训。企业要建立健全职工在岗培训制度，支持优秀工人到培训基地学习、实习，同时采取有效措施，创造良好的生活工作环境，进一步稳定职工队伍。加强和推动职工培训及职业技能鉴定工作，面向纺织企业培训专业技术人才，组织全国性职业技能竞赛，完善人才考核体系。

4. 创新纺织人才管理机制　改善纺织行业的人才环境，提高专业技术人员的待遇，保证专业技术人才队伍的稳定性。依托行业中介组织，搭建纺织行业人才服务战略联盟，促进人才的合理流动，为毕业学生提供就业信息。支持企业采取股权激励、期权分配、技术入股等方式，建立鼓励创新的分配激励机制。实施产学研用合作培养人才的创新机制，以企业为主体，采用高等院校和科研单位共建科技创新平台方式，培养高层次创新人才。

（九）优化组织结构及提高管理水平

1. 推进企业兼并重组　支持有实力的纺织企业实施产业链上下游的兼并重组，体现东中西部优势互补的跨地区兼并重组，生产制造、设计研发和品牌连锁等不同类型企业之间的兼并重组，境内外合作的兼并重组。推动以优势纺织企业为主体实施的兼并重组，优化存量资产，促进规模化、集约化经营。促进形成一批有竞争力的大型化纤企业、纺机企业、产业用纺织品企业、供应链管理能力强的纺织企业、连锁经营的品牌服装家纺企业。

2. 提高重点行业集中度　通过技术创新、管理创新、资本创新，发展壮大一批具有知识产权、品牌和资源整合能力强的纺织大企业、大集团。鼓励有实力的化纤企业向上游延伸，并积极利用海外资源，整合发展自用原料，通过兼并重组和自身发展，形成20家以上年产值超过100亿元且具有明显竞争优势的大型化纤企业，其中3～4家产值突破500亿元。纺机行业形成3～5家具有国际竞争优势的大型集团化纺机企业。产业用纺织品行业形成一批从纤维原料开发、材料加工、终端制品生产和研究为一体的大型骨干企业，年销售规模达到10亿元以上企业达到20家。提高家纺和服装品牌经营企业的市场集中度，形成营销网络覆盖全国且年销售收入超过100亿元的品牌服装家纺企业20家，其中部分企业具备品牌国际连锁实力。

3. 增强中小企业活力　通过提高创新能力、与大企业协作发展、利用产业集群平台等方式，发展一批专业化分工明显、特色化经营的纺织行业“小巨人”企业，培育一批具备“专、精、特、新”特征的纺织中小企业。支持中小企业加快技术改造，大幅提高设计创意、产品质量、节能减排和清洁生产水平。产学研用联合侧重研发中小企业适用技术，促进中小企业共享技术成果并扩大推广应用面。鼓励和支持管理咨询服务机构为中小企业提供服务，提高纺织中小企业管理水平。

4. 提升企业管理水平　加强纺织行业现代企业制度建设，依法建立完善的法人治理结构，提高科学决策水平。加强企业在管理理念、体制机制、管理制度、组织形式、企业文化等方面的创新。加强企业的基础管理，设备、工艺、操作、原料和现场等管理实现精细化、标准化、信息化。加强质量管理，建立从技术创新、产品研发、生产制造、储运销售、技术服务的全面质量管理体系。加强营销管理，认真研究国内外消费市场的需求和变化，重视客户关系管理，加强营销网络建设。

四、重点领域

（一）发展新型纺织纤维材料产业

加快发展差别化纤维、高技术纤维和生物质纤维技术及产业化。采用先进适用技术改造提升传统工艺、装备和生产自动化控制水平，扩大产品的差别化比重，实现常规化纤产品的优质化。大力发展涤纶长短纤仿棉技术，高仿真仿棉纤维占涤纶比重达到15%，积极推广纤维纺丝液着色技术，有色纤维比重达到5%～10%，并发展多元化聚酯产品。鼓励发展碳纤维（PAN）、芳纶纤维、聚苯硫醚纤维、玄武岩纤维、超高分子量聚乙烯纤维、聚酰亚胺纤维，促进高性能纤维及其复合材料的产业化，扩大应用领域。大力发展生物质纤维，实现新溶剂法纤维素纤维、聚乳酸纤维、生化法聚对苯二甲酸丙二醇酯（PTT）纤维、生物法多元醇的产业化，积极开展应用领域的产品开发。“十二五”末，化学纤维占纤维加工总量的比重达到76%，化学纤维差别化率由2010年的46%提高到60%以上。

专栏5　新型纺织纤维发展重点

通过分子结构改性、共混、异形、超细、复合等技术，发展涤纶、锦纶、腈纶、丙纶、氨纶以及纤维素纤维的差别化产品，加快发展仿棉涤纶和仿毛纤维的开发。通过改造和提升传统化纤工艺、装备及生产自动化控制水平，实现聚酯涤纶、粘胶等大型成套装备的多样化、高效化生产。积极推广纤维纺丝液着色技术，加强化纤与下游应用的联合开发，注重多功能复合纤维的开发。

突破新型溶剂法、离子液体法、熔融法等关键技术，实现生物质纤维产业化，实施聚乳酸纤维材料（PLA）、溶剂法纤维素纤维、生物法多元醇、可再生多类速生林材应用技术产业化、生化法PTT纤维、多类蛋白纤维系列技术等生物质纤维及生化原料产业化。

加快提升高性能纤维产业化水平，推进碳纤维（PAN基）、芳纶纤维、聚苯硫醚纤维、玄武岩纤维、超高分子量聚乙烯纤维、聚酰亚胺纤维、高强高模聚乙烯醇纤维等关键技术的开发和产业化，强化下游应用的开发能力。

（二）发展高端纺织装备制造业

紧密围绕纺织工业结构调整和产业升级，加快各类高端纺织装备的研发制造和产业化，包括：高新技术纤维成套工艺技术装备，功能性差别化纤维成套工艺技术装备，全流程智能型纺织自动化生产线，高性能纺纱和织造设备，产业用预成型智能织造装备，新型非织造布成套装备，绿色环保低碳纺织机械产品，高端纺织技术装备专用基础件等。提升传统纺织机械的生产效率和自动控制水平，增强产品可靠性。加强纺织机械企业的技术改造，提高“两化”融合水平，促进纺织机械企业的工艺技术进步和提高机床数控化率。到2015年，主要纺织机械产品30%以上达到同期国际先进技术水平，其中纺纱机械、化纤机械等主要产品达50%以上。

专栏6 纺织装备发展重点

差别化、高新技术纤维装备 万吨级聚苯硫醚（PPS）长短纤维成套生产线、芳纶1313及1414纤维生产成套设备、碳纤维成套生产线、聚对苯基并双刲唑纤维（PBO）纺丝成套生产线、聚酰亚胺纤维纺丝设备等；日产150t及以上锦纶聚合装备及技术；万吨级新溶剂法纤维素纤维工业化生产设备、聚乳酸纤维工业化装备；棉型、毛型等仿真化纤和功能性差别化纤维成套技术设备。

高性能纺纱和织造设备 重点发展自动连续化棉纺成套设备、全自动转杯纺纱机、喷气涡流纺纱机、棉、毛制条设备、新型苎麻设备、节能自动化制丝设备；发展具有原创技术的智能型高速剑杆织机、高速经编机、地毯织机、毛巾织机、双层织机等，实现高速喷气织机产业化；发展电脑调线圆纬机、高性能电脑横机、多轴向经编机、超宽幅特种织机等。

新型非织造成套设备 重点发展新型纺粘法非织造布生产线、聚苯硫醚熔喷设备、新型水刺成套生产设备、非织造布后整理成套设备、超细纤维合成革基布后处理联合机、多功能气流成网联合机等生产线。

新型印染和后整理设备 重点发展在线检测与控制系统、自动化筒子纱染色生产物流系统、超声波水洗机、新型毛织物染整设备等。

纺织机械关键配套件 重点发展高性能纤维专用的喷丝板、高速卷绕头、高频加热牵伸辊、高精度纺丝计量泵、高速锭子、高性能钢领、喷嘴、针织用针等。

新型节能减排技术和设备 重点发展纺纱系统节能电机、节能空调、喷气织机节气技术、化学剂浓度在线检测与配送系统、定型机热能实时监控系统等节能减排技术与设备。

纺织机械先进制造技术 推广新型节能环保铸造、热处理、表面处理工艺及设备，高精化、柔性化、多功能复合加工制造技术和设备等纺织机械先进制造技术。

（三）发展高性能产业用纺织品

开发原创核心技术，以新能源、医疗卫生、环境保护、建筑交通、航空航天等领域的应用为重点，集中推动非织造、经编和立体成型编织、功能后整理、复合加工等共性关键技术开发及产业化。配合下游市场需求，加大产业用纺织品在工程领域应用的专业指导，扩大高端产品在重点领域的推广应用。产业用纺织品纤维加工量到2015年达到1 290万t，占全行业纤维加工总量的比例达到25%。

专栏7 高性能产业用纺织品发展重点

开发和提升非织造成型、织造成型、复合加工及功能性后整理技术水平，提高高端产业用纺织品应用比重，满足国民经济重点领域需求。

土工与建筑用纺织品 发展高强、定伸长、生态相容性好以及智能型土工布；推广补强防裂材料、阻燃、隔热、隔声材料在建筑领域的应用。

过滤与分离用纺织品 组织高性能过滤材料推广示范，提高耐高温、耐腐蚀袋式除尘滤料性能水平和使用寿命，扩大在电力、钢铁等领域应用；推广中空纤维膜材料在水处理中的应用，降低成本，提高寿命。

高端医用防护纺织品 解决高效薄型阻隔材料、高效导湿吸水材料、医用抗菌敷料的加工技术，重点开发手术衣、医用防护口罩、抗菌敷料和生物活性敷料等产品；提高医用防护阻隔与舒适性能，扩大在医院重点防护区域使用。

交通工具用纺织品 提高内饰材料轻量、阻燃、环保强吸附、防臭等功能性水平，研究安全气囊的纤维、面料、制品加工一条龙产业化技术，实现规模化生产。

安全防护用纺织品 重点研究采用芳纶、聚酰胺纤维、高强聚乙烯等高性能纤维，开发救生抢险、消防、防刺防弹、防生化等绳带和服装产品。

复合骨架材料 开发新型纤维立体编织技术，提高骨架材料强力与成型性能。

（四）传统纺织分行业

提高棉、毛、麻、丝天然纤维资源利用水平，加强高效、节能新型纺纱、织造工艺技术的研发和产业化推广，实现纺织产品的多样化和高档化。棉纺紧密纺纱达到2 000万锭，棉纺无梭织机占有率达到65%，复合纺、赛络纺、嵌入纺等新型毛纺技术推广应用比例达到60%以上，织物自动监测和分析技术应用比例达到10%。加快新型染色、印花、多功能后整理、自动控制及在线监测等技术在印染行业的推广应用，丰富纺织面料的品种，提高面料质量的稳定性和附加值。加强服装企业信息化集成制造系统和大规模定制技术的开发与应用，推广服装和家纺企业自动化、数字化、信息化生产工艺技术，计算机辅助设计（CAD）普及率达到50%，计算机辅助制造（CAM）达到25%。

专栏8 传统纺织分行业发展重点

棉纺织 加强嵌入式纺纱、多组分纤维复合混纺、新结构纱线加工等技术的研发，推广原料精细管理和计算机自动配棉，提升纺纱过程质量控制、织物自动检测和分析技术，重点推广紧密纺、低扭矩环锭纺、喷气、涡流纺等新型纺纱，自动络筒，无梭织机织造以及无PVA上浆、预湿上浆等工艺技术。

毛纺织 重点推广复合纺、赛络纺、嵌入纺等新型毛纺技术，半精纺毛纺加工技术的应用规模达到120万锭，推广羊毛羊绒低温染色技术、新型小浴比（1∶10及以下）染色技术等。

麻纺织 突破嵌入式纺纱、苎麻牵切纺及相应的配套设备研制技术，重点推广苎麻生物脱胶技术，推广麻类纤维与多种纤维混纺、交织及高档针织工艺技术。

丝绸 推广高效智能自动缫丝机、绢纺新工艺及其成套设备、无梭织机等关键技术装备，加快丝绸印染和后整理技术的开发和应用，扩大丝绸数码印花技术的使用范围，推广特宽幅、高经密、大提花装饰绸缎产品加工技术。

针织　发展新型成型编织、超薄超细面料针织加工等新技术，推广新型差别化与功能性化学纤维针织产品的开发。

染整　突破生物酶精练、棉织物低温漂白技术，针织物冷轧堆前处理技术，新型纤维、多组分纤维面料以及高仿真面料的染整和特殊功能整理技术；推进环境友好型染化料助剂的开发应用，加快具有永久有机污染特征助剂，如全氟辛烷磺酸环酰氟（PF-OA）等的替代和淘汰；推广生物酶退浆、涂料连续轧染、气流染色、数码印花等少水及无水印染加工技术；推广染液助剂自动配送系统、自动调浆系统及全流程在线监测技术。

服装　提高计算机辅助设计系统（CAD）、计算机辅助制造系统（CAM）、电脑控制自动吊挂系统（FMS）、智能仓储配送系统、射频识别技术（RFID）的普及率，推广大规模定制技术，提高服装企业自动化、数字化、信息化及快速反应能力和水平。

家纺　发展家纺专用原料加工应用技术，如各种高仿真、功能性和生物质纤维材料在家纺行业的应用，扩大信息化技术在家纺行业的应用面。推广弱捻纱巾被产品和一浴多色节能环保技术。

五、主要政策和保障措施

（一）进一步完善产业政策体系

修订和完善重点行业准入条件，加强对资源消耗高和污染物排放量大项目的准入管理。引导纺织企业按照《产业结构调整指导目录》理性投资，促进转型升级。鼓励纺织工业向中西部转移，发挥纺织工业在区域经济协调发展中的作用。研究完善高污染企业和落后产能退出机制和保障措施，加大淘汰落后产能的力度。

（二）充分发挥财税政策作用

在高端装备制造、新材料等战略性新兴产业专项规划中将纺织机械、新型纤维材料及高性能产业用纺织品作为重点予以支持。建立鼓励纺织企业技术改造的长效机制，优先支持与节能减排、淘汰落后、兼并重组、产业转移相结合的技术改造项目，支持利用高新技术改造传统产业。发挥国家和省级科技计划、高技术产业化、企业创新能力建设等科技专项资金作用，重点支持纺织技术创新服务平台建设，促进纺织工业关键技术及其装备领域实现突破。发挥中小企业发展专项资金作用，重点支持纺织产业集群区内产品研发、检验检测、技术推广、品牌创建等公共服务平台建设。研究制定稳定纺织劳动密集型产业的财税政策，进一步减轻企业负担。

（三）用好金融支持政策

优先支持新型纺织纤维材料、高端纺织装备、产业用纺织品、品牌服装和家用纺织品企业上市融资，积极支持企业创新能力和品牌运作能力。支持符合条件的企业通过发行企业债券、中小企业集合债券、短期投融资券等拓宽融资渠道和提高融资能力。鼓励担保机构为中小纺织企业提供信用担保和融资服务。

（四）改善贸易环境

保持纺织品服装出口退税政策的相对稳定，确保及时足额退税。进一步改善进出口管理、通关便利化、外汇管理等贸易环境，加强对重点出口市场的跟踪监测，及时发布进出口数据和监测预警信息。不断丰富和发展外汇市场产品，为企业规避汇率风险提供更多市场工具。支持纺织企业"走出去"，重点支持企业在国外建立原料基地、研发中心和营销网络，支持与国际品牌持有人及渠道商开展直接合作。支持专业中介机构为企业境外投资和应对贸易摩擦提供政策信息咨询和法律援助。支持商会、协会和企业参加国际展会，扩大国际交流与合作。

（五）强化行业标准工作

加强纺织行业标准制定修订工作，基本解决标准缺失和滞后问题，提升标准的整体水平。促进产业链上下游之间的标准协调配套，加强产业用纺织品与医疗、建筑、交通、水利、农业等下游应用领域相关标准和使用规范的衔接。加大采用国际标准的力度，加快通用基础标准和方法标准等与国际接轨，支持行业标准化组织参与国际标准的制定修订，扩大在国际标准化领域的话语权。加强标准化技术机构建设，为标准化工作提供有力组织保障。完善并提升纺织行业公共服务体系建设，加强质量、认证、检测、培训、信息、展会等公共服务功能。强化公共服务平台的检测功能，加快产品质量检测体系建设，完善检测标准和手段，提高现有检测机构的专业水平和认证等级，为提高行业产品质量水平创造条件。

（六）加强纺织原料保障

完善棉花供需宏观调控机制，改进棉花进口配额管理，促进国内外棉价基本接轨。加强棉花、羊毛、麻类等纺织原料的品种改良和优质原料基地建设，稳定棉花种植面积。鼓励纺织企业向原料种植延伸，促进天然纤维原料的产业化生产。鼓励符合条件的企业适度发展乙二醇、己内酰胺、对二甲苯、丙烯腈、人纤木浆等原料项目建设，支持以生物质为原料的化学纤维开发及产业化。研究推广木棉等天然木本纤维的种植和应用。

（七）发挥行业协会作用

充分发挥纺织行业协会、商会作为政府和企业的桥梁纽带作用，加强行业研究、规划和管理咨询服务，组织行业调研，及时反映行业情况、问题和诉求，推广行业先进技术，提升行业创新能力，注重加大知识产权保护力度。加强纺织行业统计分析和信息发布，强化对行业经济运行质量和效益指标的动态监测分析。加强行业协会网络平台建设，完善信息发布渠道，更好地为企业服务。加强行业自律，加大中国纺织服装行业社会责任管理体系（CSC9000T）推广力度。进一步提升纺织专业展会的国际影响力，增进国际交流与合作。引导企业落实规划和产业政策，促进行业有序发展。

六、加强规划组织实施

工业和信息化部统筹负责本规划的组织实施。加强规划在实施过程中相关部门之间的信息沟通和政策协调，探索有效的协调机制。加强规划宣传，增强社会各方面实施规划的主动性和积极性。加强对规划的动态评估，对规划实施的阶段成果进行监测，及时掌握实施进度和存在的问题，适时对规划内容进行调整，促进规划目标如期实现。各地区要按照规划确定的目标、任务和政策措施，结合当地实际抓紧制定落实方案。相关行业协会及中介组织要充分发挥桥梁和纽带作用，积极参与相关工作，协同推动本规划的贯彻落实。对于规划提出的节能减排和淘汰落后等目标任务要纳入地方规划体系，加强落实和监督管理。

全国粮食市场体系建设与发展“十二五”规划

（国家粮食局　国粮政［2012］13号　2012年1月21日）

为加强对全国粮食市场体系建设与发展的指导，加快建设统一开放、竞争有序的粮食市场体系，充分发挥粮食市场在组织粮食流通、合理配置粮食资源、服务粮食宏观调控、保障粮食安全等方面的重要作用，根据《国家粮食安全中长期规划纲要（2008—2020年）》、《全国新增1 000亿斤粮食生产能力规划（2009—2020年）》、《粮食行业“十二五”发展规划纲要》，制定本规划。

一、主要成就和存在的问题

“十一五”时期，全国各类粮食经营企业共收购粮食131 569万t，占同期全国粮食总产量的50%以上，全国统一的粮食竞价交易系统共交易政策性粮油24 562万t。2010年，全国各类粮食批发市场的粮油成交量14 000万t，粮食期货合约交易量约6.7亿手，交易总金额近30.3万亿元。国家有关部门积极投入资金用于支持骨干粮食批发市场开展信息系统和质量检验检测系统建设，提升市场的综合服务功能。各地加强对粮食市场体系建设的规划指导和政策资金扶持，加快推进粮食市场建设与发展。粮食物流等相关基础设施的投入使用，为粮食市场发展创造了良好条件。国家颁布了粮食流通管理的相关法规和相关配套的管理制度，各地建立健全了粮食市场监管的组织机构，为加强市场监管提供了法律依据和制度保障，规范了粮食经营者和管理者行为，维护了正常的粮食市场秩序，切实保护了售粮农民利益。

到“十一五”末，全国具有粮食收购资格的经营者8.75万家，受企业委托或与企业合作的农村粮食经纪人36.2万人。各地放心粮油生产企业已建立各类销售网点17万多个，其中城镇网点11万多个、农村网点6万多个。全国各类粮食批发市场400余家，国家粮食交易中心22家，建立了全国统一的粮食竞价交易系统。有两家从事粮食交易的期货市场，品种涵盖小麦、早籼稻、玉米、大豆、豆粕、豆油、菜籽油等。我国涵盖粮食购销多个环节、多元市场主体、多种交易方式、多层次市场结构的粮食市场体系已基本形成，在配置粮食资源、服务宏观调控中发挥重要作用。

“十二五”时期，是加快现代粮食流通产业发展的重要战略机遇期，是构建国家粮食安全保障体系的攻坚期，粮食市场体系建设与发展面临着难得的机遇。同时，国际国内市场联系日趋紧密，国际市场粮食供求和价格变化对国内市场稳定影响加大。我国粮食市场体系建设中仍然存在着一些亟待解决的问题：粮食收购、零售、批发市场的经营者组织化程度较低，市场竞争力较弱；粮食市场的功能定位、综合服务水平和基础设施水平有待提高；粮食市场监测、预测、预警体系和信息发布机制还不健全，市场信息对粮食生产、流通的引导作用有待进一步加强；相关政策措施和发展环境有待进一步改善。

二、指导思想、基本原则和发展目标

（一）指导思想

以科学发展为主题，以加快转变经济发展方式为主线，按照《粮食行业“十二五”发展规划纲要》的总体要求，强化政策支持，加强规范管理，促进各类粮食市场健康有序、又好又快发展，保护粮食生产者、消费者和经营者利益，充分发挥市场配置粮食资源的基础性作用，服务国家粮食宏观调控，加快健全和完善现代粮食市场体系。

（二）基本原则

1. *统筹规划，分步实施* 统筹规划粮食收购、零售、批发、期货市场的建设与发展。根据各类市场发展的实际需要，因地制宜，合理设置发展目标，有计划、分步骤地推进各类市场建设与发展。

2. *转变方式，持续发展* 立足于对现有市场资源的重组整合，充分发挥国家粮食交易中心和区域性、专业性粮食批发市场的辐射带动作用。调整市场布局，优化结构，坚持走资源节约型的可持续发展道路。

3. *加强指导，突出重点* 针对各类市场的不同特点和功能，加强对粮食市场建设与发展的分类指导。对在掌握粮源、组织流通、衔接产销、保障供应等方面发挥重要作用的市场，给予积极支持和重点投入，健全粮食市场功能，提高综合服务水平。

4. *完善制度，加强监管* 认真贯彻《粮食流通管理条例》和《中央储备粮管理条例》，加快粮食市场管理规章制度建设。依法规范市场交易行为，维护粮食市场正常流通秩序，创造良好的市场发展和经营环境。

（三）发展目标

到2015年，形成以粮食收购市场和零售市场为基础、批发市场为骨干、粮食期货交易稳步发展，统一开放、竞争有序的现代粮食市场体系。

——*粮食收购服务体系更加高效规范* 国有粮食企业的市场竞争力稳步提升，多元收购主体继续健康发展，形成粮食收购主渠道与多渠道并举、覆盖面广、方便农民售粮的收购服务体系，收购服务水平不断提高，粮食收购市场秩序进一步规范。

——*粮食零售供应网络更加健全* 粮食零售供应网点在满足城乡居民多元消费需求和应急供应方面的作用得到充分发挥，形成网点方便、质量安全、诚信规范的零售供应网络。

——*粮食批发市场体系更加完善* 粮食批发市场的服务功能进一步提升，形成以国家粮食交易中心为龙头、区域性批发市场为骨干、城镇成品粮市场为基础，多层次的粮食批发市场体系。

——*粮食期货交易的功能进一步发挥* 粮食现货与期货市场的联动性稳步增强，粮食期货交易发现价格和规避风险的机制更加健全。

——*粮食市场信息体系建设步伐明显加快* 粮食市场信息的覆盖面更广、服务性更强、预测更加准确及时，市场信息的导向作用进一步增强。

三、主要任务

（一）构建高效的粮食收购服务体系，规范粮食市场秩序

充分发挥国有粮食企业在粮食收购中的主渠道作用，服务农民售粮和国家粮食宏观调控。引导各类具有资质的市场主体从事粮食收购活动，发挥粮食经纪人搞活粮食流通的积极作用。加强粮食收购市场服务与监管，严格执行收购市场准入制度，规范粮食收购行为，严厉打击损害售粮农民和其他粮食生产者利益等违法违规行为，监督粮食收购者履行法定义务和执行国家粮食收购法律、政策和标准。引导各类收购主体提高服务意识，鼓励开展“公司+农户”等形式的粮食订单收购。

（二）完善粮食零售供应网络，加强市场监督管理

大力发展以超市、便民连锁店为主要形式的城乡粮油供应网点，积极发挥城镇集贸市场在粮食供应中的作用，建立满足居民日常粮食消费需求的零售供应网络。大中城市要确定一批用得上、实力强、效率高的粮食应急供应网点，确保粮食应急供应。加快推进农村粮油超市、连锁店和农村集贸市场发展，方便农村居民生活。鼓励和支持粮食连锁经营、电子商务等现代流通方式向农村延伸。规范粮食零售市场管理，健全粮食零售经营者诚信档案制度，配合工商等监管部门严厉打击以次充好、短斤少两、质量不合格等坑害消费者行为，确保零售市场粮食质量安全。以深入开展“放心粮油”进农村、进社区活动为重点，进一步扩大“放心粮油”覆盖范围，切实提高城乡口粮质量安全水平。

（三）全面提升市场服务功能，健全现代粮食批发市场体系

根据粮食宏观调控的需要，继续选择部分大型区域性粮食批发市场，组建国家粮食交易中心。以国家粮食交易中心为依托，加快健全全国统一粮食竞价交易系统，扩大交易系统的市场联网范围，完善统一交易规则。积极推进中央储备粮及其他政策性粮油进入国家粮食交易中心交易。引导区域性、专业性粮食批发市场积极组织开展跨区域的大宗粮食品种的交易，充分发挥其在粮食产销衔接中的作用。加强产销区粮食市场信息对接，组织好粮食购销，在服务主产区农民增收、满足主销区粮食需求方面发挥积极作用。加快大中城市成品粮批发市场建设，构建大中城市口粮供应保障系统，确保城市居民粮食消费需求。根据大中城市特别是特大型城市人口构成和粮食消费需求状况，重点选择120家左右的大中型成品粮批发市场，予以重点指导和政策扶持。成品粮批发市场要建立经营商户粮食经营诚信档案制度，强化入市粮食的质量与卫生检验检测，严格市场管理，健全市场信息监测系统和质量检测系统，确保口粮质量安全，保护消费者利益。全面提升粮食批发市场功能，不断提高批发市场在提供粮食价格信息、资金结算、物流配送等方面的综合服务水平，加快粮食批发市场基础设施改造升级。创新市场交易方式，降低交易成本，增加交易透明度，不断增强市场服务能力。健全市场管理制度，提高粮食批发市场管理水平和从业人员素质，建设管理规范的粮食批发市场。

（四）完善粮食期货交易，发展粮食期货市场

稳步发展粮食期货交易，逐步增加粮食期货交易品种，引导粮食企业和农民专业合作组织利用期货市场规避风险。研究制定国有粮食企业进行套期保值的相关规定，增强现货市场与期货市场的联动性，健全粮食市场形成价格机制。

（五）加快粮食市场信息体系建设，发挥信息导向作用

适应粮食市场发展的需要，充分吸收和利用现代信息技术的成果，加快粮食市场信息体系建设和换代升级。建立健全粮油市场供需平衡分析体系，构建市场信息分析预测模型，提高市场信息工作水平。促进各类信息机构的交流与合作，健全粮油市场信息收集与发布体系，发挥好市场信息导向作用。

四、政策措施

（一）加强对粮食市场体系建设的规划和指导

国家粮食行政管理部门要继续加强对粮食市场体系建设的规划指导，抓好规划的实施工作。各级粮食行政管理部门要根据国家有关规划的要求，从本地实际情况出发，研究制定本地区粮食市场体系建设规划，并做好与相关规划的衔接工作。要按照转变经济发展方式的要求，结合当地粮食资源条件，加快推进市场结构优化和调整重组，防止重复建设、资源浪费和无序竞争。要加强对开展网上竞价交易业务的粮食批发市场建设的规划和管理。各地要充分重视粮食市场建设的重要性，把建设粮食市场体系作为发展现代粮食流通产业的一项重要工作，切实抓紧抓好。

（二）大力培育和发展多元市场主体

推动国有粮食企业改革和发展，建立现代企业制度。鼓励国有粮食企业实施跨行业、跨区域重组，培育若干个具有国际竞争力的国有粮食企业。积极培育和发展多种所有制粮食市场主体从事粮食经营活动，搞活粮食流通。积极发展农民专业合作组织，提高市场组织化程度。培育农村粮食经纪人队伍，推进粮食经纪人职业资格培训，提升从业人员素质。引导多元主体投资粮食市场建设。

（三）积极扶持粮食市场发展

粮食批发市场具有公益性质，要给予积极扶持。重点支持全国统一竞价交易系统和大中城市成品粮批发市场信息系统、质量检验检测系统建设。结合《粮食现代物流发展规划》，将部分区位优势明显、交易数量较大的粮食批发市场纳入国家粮食物流通道建设规划，争取资金支持，加强粮食批发市场的物流基础设施建设。积极推进中央政策性粮进入国家粮食交易中心公开进行交易、地方政策性粮进入规范的粮食批发市场进行交易。要积极争取发展改革、财政、国土资源、交通运输、铁道、商务、金融、税务、工商等部门的支持，对符合国家规划和地方规划要求的粮食市场给予重点扶持，在基础设施建设、进场交易客户税费、物流运输等方面给予优惠政策。

（四）完善粮食市场管理相关规章制度

认真贯彻《粮食流通管理条例》和《中央储备粮管理条例》，加快粮食市场管理规章制度建设，完善粮食收购市场准入和退出制度。加快健全粮食质量标准和检验检测体系，加强质量安全监督抽查，严把粮食质量安全关，严禁不符合质量和卫生标准的粮食流入口粮市场。抓紧制定《粮食批发市场管理办法》，规范粮食批发市场交易行为，加强对粮食批发市场监督管理。各级粮食行政管理部门要与有关部门密切配合，加强粮食市场监管，发挥各类粮食行业协会在引导市场行业自律、诚信建设等方面的积极作用，切实维护粮食流通市场秩序。

粮食加工业发展规划

（工业和信息化部　农业部　2012 年 2 月 24 日）

粮食加工业是粮食产业和食品工业的重要组成部分，是连接粮食生产、流通与消费的重要环节，在保障国家粮食安全、推进全面建设小康社会和构建和谐社会中具有重要战略地位。大力发展粮食加工业，对加快新农村建设，发展现代农业、现代粮食流通和食品工业，不断改善城乡居民生活、加快形成城乡经济社会一体化新格局具有重要意义。为完善现代粮食加工体系，提高产业整体发展水平，促进粮食加工业健康发展，根据《国家粮食安全中长期规划纲要（2008—2020 年）》（简称《纲要》）要求，特编制《粮食加工业发展规划（2011—2020 年）》。规划所指粮食加工业包括稻谷加工业、小麦加工业、玉米加工业、薯类加工业、大豆食品加工业、杂粮加工业、传统主食品加工业、饲料加工业以及粮机装备制造业。

一、发展现状及面临形势

“十一五”时期，我国粮食加工业持续快速发展，产业规模和企业实力明显提高，市场供给能力不断增强，产品质量和安全水平不断改善，产品结构和花色品种基本满足了消费需求。2010 年规模以上粮食加工企业 1.83 万个，工业总产值 2.6 万亿元（占食品工业总产值近 40%），销售收入 2.3 万亿元，利税总额 2 895.9 亿元，年末从业人员 300 万人，分别比 2005 年增长了 70%、264%、232%、290%和 60%。

（一）发展现状

1. *产品产量持续增长，品种结构得到优化*　粮食加工主要产品产量持续增加，有效保障了国内消费需求，为应对国际金融危机做出了积极贡献。2010 年，规模以上加工企业的大米、小麦粉、玉米淀粉、饲料产量分别比 2005 年增长了 150%、116%、48%、38%，年均增长分别为 20.1%、16.6%、8.2%、6.7%。产品结构进一步优化，专用粉、专用米产量不断增加。优质米和一级大米产量 5 838 万 t，占大米总产量的 80%；小麦特制一等粉、特制二等粉和专用粉产量 5 968 万 t，占小麦粉总产量的 79%；配合饲料产量 1.3 亿 t，占饲料总产量的 80%。

2. *产业布局渐趋合理，加工主体多元化格局呈现*　产业布局向主产区集中。2010 年，东北 3 省（辽宁、吉林、黑龙江）和长江中下游 6 省（江苏、安徽、江西、湖北、湖南和四川）大米加工产能和实际产量分别占全国的 82%和 80%；黄淮海 6 省（山东、河南、河北、江苏、安徽、湖北）小麦粉产能和实际产量分别占全国的 76%和 83%；辽宁、吉林、黑龙江、内蒙古、山东、河北、河南、安徽等？8 个省、自治区的玉米加工产能和实际产量分别占全国的 89.7%和 88%。2010 年，东部、中部、西部地区配合饲料产量分别占全国的 52%、30%和 18%。

民营企业占主导地位的加工主体多元化格局呈现。2010 年，民营企业、外商及港澳台商企业、国有及国有控股企业实现销售收入分别占总量的 66%、25%和 9%；大米产量分别占总量 87%、1%和 12%，小麦粉产量分别占总量的 87%、5%和 8%，玉米加工产量分别占总量的 66%、26%和？8%。

3. *加工规模不断扩大，龙头企业加快发展*　2010 年，日处理稻谷 200t 以上的大米企业达 1 129 家，是 2005 年的 3.9 倍；日处理小麦 400t 以上的小麦粉加工企业达 427 家，是 2005 年的 3.1 倍；年产 10 万 t 以上的饲料企业达 504 家，是 2005 年的 2.6 倍。大型粮食加工企业实力不断壮大，玉米加工业前 10 强企业销售收入占全行业的 38%，饲料加工业前 10 强企业（集团）销售收入占全行业的 21%，其中最大的饲料生产企业年产量超过 1 000 万 t，进入世界饲料行业十强。

4. *食品安全管理加强，产品质量明显提升*　产品质量标准体系不断完善，截止到“十一五”末，制修订粮食加工标准 400 余项，2003 年以前的标准全部得到更新。全面实行食品质量安全（QS）生产许可证制度，大型企业基本通过了质量管理体系（ISO9000）、危害分析与关键控制点（HACCP）认证。食品和饲料安全检验检测体系框架基本形成，建立了 905 个中央和地方各级粮食质量检验机构、200 个国家粮食质量监测站（中心）、30 个省部级饲料质量检验检测中心。全面开展食品、饲料质量安全专项整治，加大产品质量监督抽查力度。产品质量明显提高，涌现出一批具有较高市场占有率和一定竞争力的名牌产品。

5. 关键技术取得突破，装备水平明显提高 一批重大关键技术与设备开发取得明显成效，攻克了一批稻谷、小麦、玉米、大豆等深加工关键技术，稻壳、米糠、玉米胚和小麦胚等副产物综合利用技术取得新突破。大型粮食加工成套设备制造技术提升较快，日处理稻谷 150t、小麦 1 000t 和年处理玉米 30 万 t、饲料 20 万 t 等成套设备与工艺达到国际先进水平。

(二) 主要问题

1. 产业结构不够合理，发展方式仍较粗放 粮食加工业总体上仍处于依赖资源投入的数量扩张阶段，整体发展水平不高，粮食加工企业规模偏小，生产经营方式粗放，市场竞争能力不强。日处理能力在 100t 以下的稻谷加工企业占 65.2%，200t 以下的小麦加工企业占 90.4%。布局分散，区域发展不平衡，初加工产能相对过剩，稻谷、小麦加工行业产能利用率只有 43%和 60%左右。产品仍以初加工为主，专用型、功能性产品偏少，综合效益低，2010 年糙米、留胚米、营养强化米产量仅占全国大米产量的 3%，专用小麦粉、全麦粉产量仅占总量的 11%；部分大米、小麦粉产品过度加工，造成粮食资源浪费和营养成分流失。

2. 质量保障体系不够完善，食品安全有待加强

粮食加工产品质量标准体系不健全，技术要求偏低，部分产品缺乏统一标准。食品质量安全检测能力薄弱，从原料到产品的质量追溯体系尚未建立。部分企业法制和诚信意识淡薄，违规使用食品添加剂、掺杂使假、以次充好的现象依然存在，食品安全事件时有发生，食品安全水平有待提高。

3. 科技研发基础薄弱，自主创新能力不足 粮食加工科技研发重视不够，投入不足。2010 年，粮食加工业科技投入仅占销售收入的 0.2%左右，大大低于发达国家 2%～3%的平均水平。基础研究薄弱，国家工程技术中心、工程实验室和企业研发中心等创新平台数量较少，自主创新能力不足。创新人才和经营管理人才不足，关键技术装备的开发大多处于仿制阶段，科技成果储备少、转化慢，产品技术含量低，高品质产品少，制约粮食加工产业升级。

4. 加工产业链条较短，综合利用水平偏低 稻壳、米糠、麸皮等粮食加工副产物综合利用率较低，产业链不完整，缺乏深度开发利用，产品附加值低。稻壳用于发电和直接填烧锅炉的比例仅 30%左右；米糠用于制取食用植物油的比例不足 10%，杂粮、大豆等加工副产物的有效利用率低。

5. 政策支持力度不足，加工调控机制尚不完善 粮食加工业发展缺乏总体规划和统一指导，支持粮食加工业发展的政策力度不够，粮食加工调节粮食供求的市场化机制尚不完善。粮食加工业发展滞后于粮食生产，粮食加工引导生产、促进流通和消费、调节供求的功能未能得到充分发挥。局部区域粮食供求总量和品种结构矛盾凸显，粮食加工终端产品调控能力不强。粮食应急加工体系建设刚刚起步，应急加工、物流、供应等环节不够完善，难以满足自然灾害、突发事件对粮食应急供应的要求。

(三) 面临形势

1. 发展机遇

(1) 市场需求持续增长 随着人口增长、生活水平提高和城镇化进程加快，我国粮食消费需求在总量上将继续保持刚性增长的趋势。我国人均 GDP 已超过 4 000 美元，对粮食的需求从温饱型向营养健康型转变，粮食消费进一步多样化，居民粮食消费趋向安全、优质、营养、方便；消费结构升级加快，粮食加工业发展空间较大。

(2) 粮食供给稳步提高 随着国家实施《全国新增 1 000 亿斤粮食生产能力建设规划（2009—2020 年）》，到 2020 年我国粮食综合生产能力将增加 1 000 亿斤，总量达到 11 000 亿斤以上。同时，各地积极发展现代农业，实现规模化种植，推进粮食生产核心区基地建设，粮食加工业的原料供给更加丰富，为粮食加工业更好地满足市场需求创造有利条件。

(3) 科技支撑能力增强 随着信息、生物等高新技术在粮食加工领域的推广应用，粮食加工科技支撑能力逐渐增强。不仅可保证食品营养、安全、卫生、方便，降低生产成本，而且凸显节能降耗和环保优势，为发展现代粮食加工业提供强有力的科技支撑。

(4) 宏观环境继续改善 随着国家加大强农惠农政策支持力度，粮食加工业日益受到国家和有关部门的高度重视。自 2004 年以来，历年中央一号文件均提出要加快发展包括粮食加工业在内的农产品加工业。2008 年农产品初加工税收目录调整后，降低了粮食加工企业的税负。2009 年《国务院关于进一步促进中小企业发展的若干意见》对粮食加工中小企业发展给予重点支持。粮食加工业发展的宏观环境逐渐改善。

2. 面临挑战

(1) 非食用加工需求增长较快 受生物燃料过度开发、金融投机行为等因素影响，粮食加工转化的需求增长过快，使粮食供求矛盾加剧。同时，气候变化等因素加剧了粮食产量波动，原料稳定供给的不确定性增强。

（2）生产成本压力增大　随着劳动力、原材料、能源价格上涨，粮食加工企业的生产成本压力增大，利润空间进一步缩小。同时，国际金融、能源市场对粮食市场的影响越来越大，国内粮食价格波动更加频繁，增加了国内粮食加工企业的经营风险。

（3）市场竞争更加激烈　经济全球化促进了国外先进技术、资金和管理机制向国内粮食加工等领域转移，有利于推动我国粮食加工产业发展。同时，大型跨国粮食加工企业依靠资本、技术、管理以及国际化经营等方面的优势，逐步加快进入我国小麦、稻谷加工等领域，国内粮食加工领域竞争加剧，内资粮食加工企业面临生存危机的挑战。

（4）节能环保任务艰巨　部分粮食加工行业单位产品的能耗、水耗和污染物排放仍然较高，与国际先进水平以及加快建设资源节约型、环境友好型社会的要求相比，仍有较大差距，节能减排和环保治理任务艰巨。

二、指导思想、基本原则和发展目标

（一）指导思想

以邓小平理论和"三个代表"重要思想为指导，深入贯彻落实科学发展观，以科学发展为主题，以加快转变发展方式为主线，以调整结构为主攻方向，坚持走新型工业化道路。优化产业布局和结构，强化质量安全，加快淘汰落后产能，不断增强供给能力、科技创新能力和市场竞争能力，逐步完善现代粮食加工体系。

（二）基本原则

1. 市场导向，政府引导　充分发挥市场优化资源配置的基础性作用，形成优胜劣汰的良性发展机制。加强政府规划指导，加大对粮食加工业科技创新、技术改造和公共服务平台的投入力度，合理引导和控制粮食的非食用加工转化。

2. 统筹兼顾，协调发展　妥善处理产能增加与质量提高、产业集中度提升与结构优化、原料供应与产能需求的关系，严格控制盲目投资和低水平重复建设，引导粮食加工业有序、健康和协调发展。

3. 安全卫生，营养健康　以"安全、优质、营养、健康"为宗旨。强化质量安全管理，提高准入门槛，倡导适度加工，合理控制加工精度，提高出品率。

4. 创新驱动，节能减排　不断提高企业自主创新能力，重点推进关键技术和装备自主化、产业化。加快技术改造，淘汰技术水平低、能耗高、污染重的落后工艺和设备，降低单位产品能耗、物耗，减少污染物排放。

5. 综合利用，绿色环保　遵循循环经济的理念，提高粮食资源综合加工及转化利用水平。推行低消耗、低排放、高效率的加工模式，加大环境保护力度，推广低碳技术，推进清洁生产。

（三）发展目标

到2020年，形成安全营养、优质高效、绿色生态、布局合理、结构优化、协调发展的现代粮食加工体系，产业发展水平明显提升，产品质量和食品安全水平不断提高，粮食加工供应和应急保障能力明显增强。其中，稻谷、小麦加工业接近或达到世界先进水平，饲料加工业由大到强的转变。

1. 产业规模稳步增长　到2015年，粮食加工业总产值达到3.9万亿元，2020年达到6.9万亿元（按2010年价格计算），年均增长12%，效益不断提高。形成一批销售收入100亿元以上的大型粮食加工企业集团，建成一批粮食加工产业园区，培育一批知名品牌。

2. 保障能力不断增强　满足粮食消费需求，确保2015年和2020年口粮供给不低于5 150亿斤和5 050亿斤，饲料用粮不低于4 000亿斤和4 550亿斤，严格控制玉米深加工占玉米消费总量的比例。健全粮食应急加工体系及高效供应网络，到2015年大中城市及重点地区的应急加工及供应覆盖面稳步提高，到2020年形成覆盖全国的粮食应急加工及供应体系。

3. 质量安全水平显著提升　粮食加工业标准体系日趋完善，到2020年制（修）订粮食加工业标准1 000项以上。加工企业质量安全管理制度更加健全，企业普遍建立诚信管理体系。产品质量明显提高，到2015年和2020年大米、小麦粉总体合格率分别达98%和99.5%以上，饲料产品合格率分别达到93%和95%以上。

4. 技术装备水平显著提高　粮食加工技术和装备自主化研发和应用水平明显提升，到2015年和2020年，粮食加工业技术进步贡献率分别达到40%和45%，加工关键设备自主化率达到60%以上和80%；分别建成6个和10个国家工程实验室或工程技术研究中心，20个和30个行业公共技术创新服务平台。

5. 节能减排取得明显成效　粮食加工副产物综合利用率明显提高，到2020年，米糠综合利用率达到35%左右。粮食加工业单位产值能耗比2010年降低20%以上，单位工业增加值用水量降低30%，主要污染物排放符合国家相关标准，单位产值二氧化碳排放比2010年降低20%以上。

专栏1 粮食加工业发展的主要目标

类 别	指 标	2015年	2020年
行业规模	总产值年均增长率（%）	12	12
供给保障	口粮供应（kg/人）	>187	>178
	饲料用粮（kg/人）	>145	>161
质量安全	制修订标准（个）	280	1 000
	饲料产品合格率（%）	>93	>95
科技进步	技术进步贡献率（%）	40	45
	关键设备自主化率（%）	60	80
	米糠综合利用率（%）	20	35
节能减排	单位产值能耗比2010年降低（%）	>10	>20
	单位工业增加值用水量比2010年降低（%）	15	30
	单位产值二氧化碳排放比2010年降低（%）	>10	>20

三、重点任务

（一）加强宏观调控，确保粮食有效供给

1. 大力发展粮食食品加工业，积极发展饲料加工业　按照确保口粮、饲料粮供给，不与粮争地，不与人争粮的要求，从严控制玉米非食用深加工的盲目发展，严格控制以粮食为原料的生物质能源加工业发展，促进粮食食品加工、饲料加工和深加工协调发展。建立和完善粮食加工引导生产、满足消费、调节供求的长效机制，保障粮食供应，稳定粮食价格。建立高效便捷的现代成品粮供应体系，加强大中城市及重点地区供应渠道网点建设；结合“万村千乡工程”和“放心粮油示范工程”，积极开拓农村市场，在农村推广连锁经营和优质服务，保障城乡居民食用安全。

2. 健全粮食应急加工和供应体系　在长三角、珠三角、环渤海、成渝等地区的特大城市、省会城市，以及其他重点地区，依托大型粮食加工企业、各级粮食储备库和现代粮食加工物流园区，加强小包装成品粮地方储备、加工企业商业储存相结合的粮食应急加工、供应和储运体系建设，确定一批大中型粮食加工企业作为应急加工指定企业，合理布局应急供应网点，加快建设粮食安全应急预警信息系统，确保调得出、用得上。

（二）推进结构调整，加快转变发展方式

1. 加快企业组织结构调整　培育壮大龙头企业，合理引导企业兼并重组，适度提高产业集中度，发展拥有知名品牌和核心竞争力的大型企业，改造提升具有创新能力的中小型企业。形成以大型企业为龙头，区域性、专业型企业为支柱，中小型企业为基础，合理分工、协调发展的格局。推进粮食产业化经营，实现规模化种植、标准化生产、产业化经营，促进上下游产业的联合和一体化发展。

2. 推进产品结构调整与升级　推行系列化、优质化、方便化粮食食品，着力发展专用米、专用粉、全麦粉等新型营养健康产品，加快推动方便食品、速冻食品及主食品工业现代化和产业化，积极发展市场潜力大、附加值高、科技含量高的方便食品、休闲食品。加快研发新产品，丰富花色品种，提高优、新、特产品的比例。

3. 加快淘汰落后产能　充分发挥市场机制，强化卫生、环保、安全、能耗的约束作用，建立产业退出机制，逐步淘汰一批工艺落后、设备陈旧、卫生质量安全和环保不达标、能耗物耗高的落后产能。到2020年，分别淘汰稻谷加工落后产能3 000万t，小麦加工产能1 500万t，玉米淀粉加工产能300万t，饲料加工落后产能1 500万t。

（三）加强自主创新，提升技术装备水平

1. 推进关键技术创新与产业化　应用现代技术，加强粮食资源深度开发和副产物综合利用、主食品工业现代化、健康谷物食品加工与绿色储藏、饲料资源开发和现代饲料加工等关键共性技术研发，加快推动高新技术产业化示范，提升粮食加工业整体技术水平。

专栏2 粮食加工业重点推广的先进实用技术

1. 高效节能小麦加工新工艺及新设备　强化物料分级与磨撞均衡出粉技术、小麦剥皮制粉等工艺，面粉配粉及散运技术；推广面粉品质改良技术和营养强化技术。

2. 高效节能稻谷加工新工艺和设备　稻谷低温干燥、产地脱壳、糙米调质、低温升碾米（出机米粒温度升高低于常规碾米机）等先进实用技术。

3. 主食品工业化生产技术及设备　推广馒头、挂面、油条、风干方便面、速冻水饺等主食工业化生产技术；推广米饭、米粉、米糕的工业化生产技术。

4. 玉米、杂粮、薯类加工新技术新设备　玉米干法加工技术、方便食品非油炸技术，开发多种早餐和休闲食品。杂粮、杂豆精选技术；绿豆粉丝、红豆沙、马铃薯全粉、红薯粉条等生产新工艺与装备。

5. 大豆食品及深加工技术　先进实用的豆制品加工工艺和设备，传统豆制品和新兴豆制品工业化生产技术与设备，大豆蛋白功能性产品改性技术。

6. 副产物综合利用技术　稻壳发电及热能利用等技术装备；棉籽壳、玉米芯生产木糖醇、食用菌新技术，玉米芯残渣生产纤维乙醇新技术；麸皮、米糠、豆渣加工膳食纤维新技术；玉米胚芽、米糠、小麦胚芽生产保健食用油等加工新技术；玉米皮、玉米蛋白、玉米胚芽提取回收低聚糖、植物甾醇、玉米黄素、叶黄素等高附加值产品新技术。

7. 节能减排和清洁生产技术　玉米深加工中末端高浓有机废水的好氧生物脱氮处理技术；低温厌氧＋多环流好氧废水处理技术；高浓度糖醇废水沼气发电技术；管束干燥机废气回收综合利用技术；生产用水的封闭循环利用技术等节能减排和清洁生产新技术。

2. 加快企业技术装备改造升级　加大信息技术应用，推广先进实用技术装备，采用新型清洁生产技术，实施节能减排。推进粮机装备自主化，依托骨干企业，建设成套设备制造基地，提高关键设备大型化、智能化水平，重点发展稻谷、小麦、玉米深加工大型高效节能节水设备，加强主食品工业化成套装备的自主创新。

专栏3　粮食加工业技术改造方向

1. 淘汰落后工艺设备　逐步淘汰不符合食品安全卫生要求、工艺技术落后、设备简陋、环保和安全不达标，能耗高，出品率低，质量差的小型稻谷、小麦加工机组；淘汰小麦湿法清理技术；淘汰落后的玉米酒精生产工艺等。

2. 规模化集约化加工　技术改造或建设一批日处理300t及以上稻谷加工成套生产线，完成配套技术与设备集成；建设一批日处理1 000t及以上小麦清洁生产专用粉成套生产线配套集成等；建设一批日处理1 200t及以上玉米深加工清洁生产与综合利用示范生产线及配套技术设备集成；以及粮食加工食品安全质量保障体系建设。

3. 副产物综合利用　积极发展稻壳生物质能源产业化开发，建设稻壳发电和热能利用循环经济项目；推进米糠资源的集中利用，建设一批米糠预处理保鲜、集中制油、糠蜡综合利用、深度开发米糠蛋白、多糖等产品新技术示范项目；推进玉米皮、玉米蛋白、玉米胚芽、玉米芯等资源的深度利用，深度开发玉米黄素、叶黄素、低聚糖等产品新技术示范项目。

4. 节能减排和环境保护　支持玉米深加工清洁生产；污染物减排集成技术、过程节水与废水回用技术、废弃物资源化和高值化利用技术；大豆蛋白的功能改性，无污染的醇法浓缩蛋白项目的开发，鼓励大豆分离蛋白企业开展乳清水的综合利用。

专栏4　粮食加工业重点突破的关键技术

1. 稻谷、小麦高效节能加工新技术新装备、清洁生产与全程质量控制技术　解决大米和面粉生产中有害霉菌等污染物残存问题，开发智能化、数字化在线监控技术及设备等。低电耗碾米技术节能10%，提高出品率2%。

2. 主食品工业化新技术　针对传统主食品原料、加工、配方、品质评价等进行系统研究，围绕米制、面制、薯类及其他杂粮等主食品的研发，开发馒头、方便米饭、热风烘干方便面、糙米食品、营养早餐、婴幼儿米粉等规模化、自动化、连续化生产技术及设备。

3. 谷物健康食品的加工与保藏技术　研究速食糙米、发芽糙米、燕谷米、全麦粉及制品、全谷物健康食品、发酵米面制食品等关键技术，研究开发各种改良的方便化谷类食品与食品配料。研发杂粮高效配粉技术、杂粮粉的挤压物理改性加工技术、蒸煮方便食品加工技术等。

4. 粮食加工副产物的增值转化技术　研发高效节能干燥、功能成分高效提取与生物酶法转化、修饰、双螺杆挤压改性与重组技术等。

5. 淀粉深度转化加工技术　食用变性淀粉和淀粉糖产品开发应用技术、高活性生物酶制剂、新型氨基酸，有机酸产品、功能性淀粉糖、多元醇和特种功能发酵制品等高成长性、高附加值产品开发应用技术；新型分离技术：工业色谱柱分离技术、高效膜分离技术、高效结晶技术等；生物炼制技术：高效微生物菌种定向改造及新型发酵菌株和新型酶品种的构建及选育技术；发酵、酶转化过程优化控制技术。

6. 粮食及其制品加工的质量安全检测控制技术　建立对添加物高通量的现场检测和实验室确证检测技术，农药残留、真菌毒素快速自动筛查、高通量检测技术；粮食食品中食源性病原微生物的分子溯源技术和食源性病原微生物检测的预警预报系统等。

专栏5　粮食加工业重点研究的现代技术

1. 主食食品生物技术　应用食品生物技术提高粮食高效综合利用的技术水平，研发主食品深加工中新型食品酶与高效催化技术、微生物发酵调控与优化技术、食品组分的生物修饰与改性技术、食品安全生物检测技术、食品生物保鲜与包装技术。

2. 现代高效分离技术　研究生物酶解、超声波、微波和强电场现代高效辅助萃取、超临界流体萃取、双水相萃取、膜分离、模拟移动床色谱、高速逆流色谱、大孔树脂吸附分离等现代高效分离技术。

3. 非热杀菌技术　开展应用于方便米饭、方便米粉、豆奶等主食和植物饮料等粮食加工产品中的高压杀菌、高压脉冲电场杀菌、高压脉冲光杀菌、高压静电场杀菌、瞬间强光杀菌、辐照杀菌、高密度CO_2杀菌等非热杀菌技术研究。

4. 现代食品干燥技术　研究喷雾冷冻干燥、真空低温干燥、组合干燥等现代食品干燥技术。解决干燥过程中存在产品易变性、耗能高等问题。

5. 谷物及其淀粉物理改性技术　开展微粉化、超高压、挤压等物理改性技术研究。

3. 加强技术创新服务平台建设　建设粮食加工国家工程实验室和工程技术研究中心，搭建公共科技服务平台。以企业为主体构建产业技术创新战略联盟，加强产学研结合，提高自主创新能力。

（四）健全保障体系，提高食品安全水平

1. 加强粮食加工质量标准体系建设　严格执行《食品安全法》，加快制修订符合国情的粮食加工产品标准，限制粮食过度加工。完善粮食食品质量安全检测体系，加强企业和检测机构产品安全监测能力建设。推进加工企业HACCP、GB/T 22000和GMP（良好操作规程）等质量管理体系，严格执行国家标准和技术规范。建立健全信息可得、成本可算、风险可控的“从农田到餐桌”全过程质量安全追溯体系，强化对农药残留、重金属、微生物等污染物指标检测，完善粮食加工质量安全监管体系。

2. *加强诚信体系建设* 建立粮食加工企业诚信管理体系、企业诚信信息征集和披露体系、企业诚信评价体系。提高企业质量诚信和质量安全责任意识，企业普遍建立诚信道德规范和依法生产经营的管理规章制度。

(五) 促进集聚发展，提高综合利用节能减排水平

1. *促进产业集聚* 以粮食生产核心区为重点，依托大型加工龙头企业、重要粮食物流节点和粮食战略装（卸）车点，加强粮食综合加工、仓储、物流、质检、信息处理等设施建设，打造一批各具特色的现代粮食加工园区。引导加工企业向粮食加工园区集聚，促进上、下游关联企业专业化协作配套，培育产业集群，推进集约化经营、规模化发展。

2. *发展循环经济，提高副产物综合利用率* 鼓励和引导企业采用先进工艺和设备，延长粮食加工产业链，提高成品粮出品率和米糠、碎米、稻壳、胚、麸皮等副产物综合利用水平，拓宽粮食加工转化增值空间，提高资源综合效益。

3. *大力开发和推广节能节水节粮技术设备* 加快淘汰粮食加工高能耗、高粮耗、污染环境的工艺装备，减少污染物排放。在发酵、酿酒等粮食深加工领域，重点推广低碳技术，推行清洁生产，加强废弃物回收利用，实现污染物达标排放和主要污染物的总量控制，促进形成资源节约、环境友好的现代粮食加工业。

4. *建立健全安全生产责任制* 认真开展安全生产标准化工作。积极推广清洁生产，烟尘、粉尘、废水污染物等排放须符合相关国家标准和地方法规。

四、产业布局和发展方向

坚持产区为主、兼顾销区，综合考虑区域主体功能定位、资源禀赋、发展潜力和市场空间等因素，优化粮食加工业布局，形成协调发展、优势互补、特色鲜明的新格局。

(一) 稻谷加工业

在长江中下游、东北稻谷主产区和长三角、珠三角、京津唐等大米主销区以及重要物流节点，大力发展稻谷加工产业园区，重组和建设一批年处理稻谷 20 万 t 以上的大型龙头企业，培育若干个年处理稻谷 100 万 t 以上的大型企业集团。提高优质米、专用米、发芽糙米、留胚米、营养强化米等产品比重，大力发展米制主食品、方便食品、休闲食品等米制食品。积极发展稻壳生物质能源及建筑材料；充分利用米糠资源，开发米糠油、米糠蛋白、谷维素、糠蜡、肌醇、膳食纤维等产品；有效利用碎米资源，开发小品种氨基酸、新型酶制剂、多元醇等产品。引导建立农户自留口粮，科学合理加工和供应的新模式，推广新型高效加工设备，提高出米率，确保产品质量安全。

(二) 小麦加工业

结合国家优质小麦生产基地建设和消费需求，在黄淮海、西北、长江中下游等地区建设强筋、中强筋、弱筋专用粉生产基地，重组和建设一批年处理小麦 30 万 t 以上的加工产业园区，培育若干个年处理小麦 150 万 t 以上的大型企业集团。提高蒸煮、焙烤、速冻等面制食品专用粉、营养强化粉、全麦粉等产品所占比例，加快推进传统面制主食品工业化。鼓励有条件的企业利用麦胚生产麦胚油、胚芽食品，并根据市场需求利用麸皮生产膳食纤维、低聚糖等产品。适度控制出口导向型小麦谷朊粉生产。

(三) 玉米加工业

国内玉米要优先满足饲料业发展需要。适度发展黑龙江、吉林、辽宁、内蒙古、河北、河南、山东、安徽等省区的玉米加工业，控制玉米非食用深加工产能和用粮规模过快增长，推进技术先进、产品销路好、经济效益高的玉米深加工企业的更新改造，未经核准不得新建或改扩建玉米非食用深加工项目，统筹区域原料供求平衡，东北地区玉米净输出量（含出口）保持在合理水平。实施严格的环保标准，继续控制味精、柠檬酸、赖氨酸、苏氨酸、色氨酸、酒精等产品产能的扩张，加大兼并重组力度，加快淘汰落后产能。积极开发营养、健康、休闲、方便玉米食品，稳步增加淀粉糖、多元醇（糖醇）产品生产，推动替代进口的食品级和医药级氨基酸及其衍生物、高附加值酶制剂、有机酸、功能性淀粉糖等产品开发，提高玉米加工副产物综合利用水平。支持采用非粮原料替代玉米生产发酵产品。

(四) 薯类加工业

在东北、华北、西北和西南地区，发展一批年处理鲜马铃薯 6 万 t 以上的加工基地；在中、西部地区，发展一批年处理鲜甘薯 4 万 t 以上的加工基地；在广西、广东和海南等省区，适度发展年处理鲜木薯 20 万～30 万 t 的加工厂和变性木薯淀粉生产基地。重点发展薯类淀粉和副产物的深加工及高技术含量、高附加值的变性淀粉系列产品。大力发展薯类系列食品、保鲜制品、半成品，鼓励发展薯条、薯片和以淀粉、全粉为原料的各种方便食品、膨化食品。积极发展木薯淀粉发酵生产氨基酸及燃料乙醇，提高薯渣等副产物综合利用水平。

（五）大豆食品加工业

加快推进传统豆制品工业化，促进豆制品生产标准化、规模化和优质化，形成具有特色的豆制品加工产业区。支持东北大豆产区建设大豆食品加工基地、黄淮海大豆产区发展大豆深加工；鼓励沿海地区加强对大豆加工副产品综合利用，建设一批优质饲用蛋白、精制磷脂等生产基地。充分利用我国非转基因大豆资源优势，重点发展各种传统大豆制品和豆粉类、发酵类、膨化类、蛋白类等新兴大豆制品。扩大功能性大豆蛋白在肉制品、面制品等领域的应用。着力研发传统豆制品新产品、大豆蛋白的功能改性、大豆膳食纤维及多糖和新兴豆制品加工技术。

（六）杂粮加工业

在西北、西南地区建设以主食为主的荞麦加工基地和青稞加工基地。在西北等地区建设以燕麦片、燕麦米、燕麦主食面粉等为主的加工基地。在东北、华北和西北地区建设以速食快餐等为主的谷子和糜子、小米主食面粉、杂豆类主食面粉和红小豆、绿豆等杂豆加工基地。在东北和华北等地区建设高粱米和高粱主食面粉加工基地。

（七）主食品加工业

在北方地区大力推动面制主食品工业现代化，建设一批日产 30t 以上优质面制主食品加工示范基地。在南方地区大力发展米制主食品工业现代化，建设一批日产 50t 以上优质米制品主食品加工示范基地。加快方便主食等新产品开发，向多品种、营养化、高品质方向发展，快速发展蒸煮食品、速冻食品，重点发展方便米饭、米粉（米线）、汤圆、粽子、米制食品以及馒头、面条、饺子、包子、油条、煎饼等面制食品的工业化生产。优化工艺和配方，明显提升产业化水平，提高优良品牌的市场占有率。加快推进大中城市主食品加工配送中心建设，增强食品安全检测、信息管理、冷链配送等功能。加强相关产品质量和标准体系建设，突破产品保鲜、品质评价、现代物流配送等关键技术，开发成套设备，提高工业化主食品质量和市场竞争力。

（八）饲料加工业

东部沿海地区和大城市郊区重点发展附加值高和创汇能力强的饲料加工业、饲料添加剂工业和饲料装备工业；东南沿海地区和大城市郊区重点发展高附加值的饲料加工业；西部地区加快发展以玉米为原料的饲料加工业，积极发展浓缩饲料和饲料添加剂工业。在稳定发展浓缩饲料、精料补充料和饲料添加剂及添加剂预混合饲料的基础上，加快发展配合饲料，实现饲料品种系列化、结构多样化。大力开发和利用秸秆资源，缓解饲料用粮压力。积极开发新型饲料资源以及高效安全的饲料添加剂，加快饲料产品的更新换代。

（九）粮机装备制造业

鼓励采取产业集群的发展模式，在江苏、湖北、浙江、湖南等地重点发展稻谷加工成套装备制造；在江苏、河北、河南、陕西等地发展小麦加工、馒头、鲜湿面条、热风干燥方便面、焙烤食品、速冻食品等成套加工装备制造；在广东、广西、上海、湖北等地发展米粉（米线）、方便米饭加工机械装备制造。增强共性关键装备的自主创新和信息化的融合，提高装备制造业的综合竞争力。通过引进、消化、吸收国际先进技术与装备，实现关键装备的自主化。重点支持有一定基础、市场前景广阔、技术含量高、规模较大的关键设备自主化发展。

五、重点工程

结合《全国新增千亿斤粮食生产能力规划》，以市场需求为导向，充分利用现有设施，重点实施粮食加工园区建设、技术改造、粮食食品和饲料安全检测、主食品工业化、粮食应急加工与供应等五大工程，从而大幅提升我国粮食加工业总体发展水平，显著提高粮食加工食品质量安全水平，保障国家粮食安全。

（一）加工园区建设工程

依托粮食加工企业和重要粮食物流节点，围绕稻谷、小麦、玉米、大豆、薯类与杂粮等品种，以主产区、特大城市为核心，以粮食规模化加工、副产物综合利用与仓储物流、公铁水运输、贸易信息处理等设施建设为重点，推进实施百园工程，改扩建或新建、重组 100 个以上粮食加工园区、加工基地，实现生产的集约化、规模化、自动化，形成功能完善、布局合理、技术先进、资源节约、环境友好的集群化发展和产业链协调发展的新格局。

在粮食生产能力的核心区、特大城市郊区及主要粮食物流节点，整合和建设稻谷、小麦、大豆加工园区，大力发展循环经济，加强副产物综合利用，同时，通过资源整合，淘汰一批落后产能，提高园区的辐射能力和服务功能。在玉米主产区，按国家政策规定，严格控制玉米深加工产能扩张，积极发展玉米食品深加工，提高玉米产品的附加值和市场竞争力，推进玉米产业的协调发展。在中西部地区，充分利用当地资源，建设马铃薯、甘薯、木薯及杂粮（豆）加工基地（园区），提高加工规模水平，做大特色产业，带动当地经济发展。

专栏6　粮食加工园区（基地）建设工程

项目名称		建设内容	数量（个）
稻谷加工园区		仓储、物流设施建设；稻壳发电或直接燃烧锅炉；米糠制油；米制品及副产品深加工；原料基地建设；有选择地开发生产发芽糙米、速煮糙米、留胚米和蒸谷米、米制品工业化等。主产区每个园区形成年加工稻谷能力20万t以上。	55（30）
小麦加工园区		仓储设施建设；物流设施建设；专用粉、全麦粉生产、副产品综合利用及面制品工业化。每个园区形成年加工小麦能力30万t以上。	28（16）
玉米加工园区		稳步增长淀粉糖、多元醇（糖醇）、结晶果糖加工；高附加值氨基酸及其衍生物、聚氨基酸等产品加工；有机酸及聚乳酸、乳酸衍生物、新型酶制剂等开发；大型特种玉米变性淀粉加工；玉米胚油及其副产物加工；仓储物流设施建设；玉米食品开发等。每个园区形成年加工玉米能力60万t以上。	12（10）
大豆加工园区		大豆蛋白生产及豆制品加工；大豆低聚糖和异黄酮等功能因子的提取；仓储及物流设施建设。每个园区形成年加工大豆能力5万～10万t。	5（4）
薯类及杂粮加工基地	马铃薯、甘薯加工	薯种培育；种植示范基地建设（重点示范工业品种脱毒种薯、汁水施肥技术）；马铃薯全粉及淀粉深加工；甘薯综合加工；薯类食品开发；废水综合利用。	6
	木薯加工	薯种培育；基地建设；木薯淀粉深加工；废水综合利用。每个基地（园区）形成年加工木薯能力20万t。	2
	杂粮加工	优质杂粮基地建设；杂粮（豆）优选加工；杂粮功能性食品加工及食品配料生产。每个基地（园区）形成年处理杂粮能力10万t。	6
合　计			**114（60）**

（二）技术改造工程

鼓励现有粮食加工企业在生产能力、产品品种、资源利用技术及管理等方面进行整合，支持一批大中型粮食加工企业进行节能减排技术进步和改造升级，推进粮油加工企业工艺改进、技术装备升级、新产品开发、副产物综合利用、粮食加工装备自主化和高新技术产业化。通过技术进步和技术改造，推动重点粮食加工企业发展成为经济效益好、生产效率高、竞争力强、符合新型工业化要求的骨干企业。

1. 关键技术开发和粮机装备自主化发展　推进粮食加工高效节能、全谷物健康食品开发、副产物综合利用转化增值、质量安全控制等重大关键技术的研发和成果转化，建立示范。重点选择一批具有一定基础、市场前景广阔、技术含量高、产业关联度高、能够填补国内空白的大型高效节能装备给予扶持，创建知名品牌，逐步扩大其国内外市场份额。主要包括砻谷机、碾米机、抛光机、色选机等稻谷加工大型高效节能设备，小麦脱皮机、磨粉机、清粉机等成套制粉设备，日处理300t以上稻谷、1 000t以上小麦加工关键设备、日产50t以上发芽糙米、留胚米、营养强化米等新型营养健康食品加工设备；主食品工业化成套设备，日产5t以上优质馒头、50t挂面、米粉（米线）、方便米饭、鲜湿面条生产成套装备，大型双螺杆挤压食品加工设备，产品品质和安全快速检测仪器，规模化新型营养健康食品加工等成套装备以及新型膜分离设备，连续模拟移动床设备，节能高效蒸发浓缩设备，高效结晶设备，高速无菌罐装设备等关键共性设备的研发与制造自主化。重点开发饲料加工液体喷涂设备、高效除尘设备、超微粉碎设备以及饲料运输专用设备、饲料制粒调质设备等。

2. 新型饲料开发利用　为保证国家食物安全，提升养殖业规模化、集约化水平，推动养殖业快速发展，重点开发新型饲料资源和新型饲料添加剂，推进粮食加工业副产物综合利用，推动青贮、微贮玉米和麦秸秆饲料化开发利用，提高配合饲料比例。

3. 资源综合利用能力提升　采用先进适用技术装备改造生产线，促进产品升级换代，完善安全生产设施，提高成品粮出品率和资源利用率，降低能耗，提高生产效率。重点开发专用米、速煮糙米、专用粉、全麦粉、留胚米等新产品，加强米糠、稻壳、麸皮、玉米皮、玉米胚等副产物的综合利用，提高经济效益。搞好玉米、大豆深加工系列产品的开发，提升深加工产品层次和技术水平，加强污水、废气的综合治理以及副产物的综合利用。改进薯类加工工艺和设备，扩大生产规模，提高主要产品出品率，开发薯类新产品，搞好薯渣及废水的综合利用。

专栏7 粮食加工业技术改造工程

项目名称		主要内容
稻谷加工技术改造		生产线技术改造。采用先进、适用的技术装备，完善安全生产设施，降低单位能耗，提高出米率和生产效率。精制米加工灌装。采用先进设备，对大米进行后处理，自动灌装。产品升级换代。采用先进技术，加工发芽糙米、速煮糙米、留胚米、蒸谷米和营养强化米。稻壳生物质能、保温材料等开发利用。米糠制油、系列产品开发。
小麦加工技术改造		生产线技术改造。更新设备，改进工艺。面粉后处理高效混合与预配粉技术的应用，各种专用粉、全麦粉的生产。副产品综合利用。
玉米加工技术改造		生产线技术改造。采用先进、适用的技术装备，完善安全生产设施，降低单位能耗，提高生产效率。玉米食品加工；淀粉深度开发（变性淀粉、生物化工醇、结晶果糖、功能性淀粉糖、高附加值氨基酸及其衍生物、聚氨基酸等、L-乳酸等有机酸、聚乳酸、多元醇、新型酶制剂和特种功能发酵制品等新型发酵产品）。玉米胚、蛋白、玉米皮、玉米浸泡水等副产品综合利用。
大豆加工技术改造		大豆制品工业化改造升级。大豆蛋白开发及功能因子的提取，副产品综合利用。
薯类加工技术改造		生产线技术改造。采用先进、适用的技术装备，完善安全生产设施，降低单位能耗，提高生产效率。薯渣工业水综合利用。
饲料加工技术改造		液体喷涂设备、高效除尘设备、超微粉碎设备、饲料散装运输专用设备、饲料制粒调质设备。
粮食加工关键机械设备自主化示范	大型高效节能粮机设备制造	日处理300t以上稻谷砻谷机、碾米机、抛光机，稻谷、杂粮加工新型色选机等设备，日处理1 000t以上的小麦加工关键主机。规模化新型营养健康食品加工设备开发，日产50t以上留胚米、发芽糙米、营养强化米等加工设备。时产50t面粉后处理高效混合成套设备。玉米深加工色谱柱分离、膜分离和MVR等高效分离浓缩设备、高效结晶设备；新型高效大型生物反应器，包括大型液体发酵生物反应器关键技术研究与集成、大规模固态纯种发酵反应器放大技术、大型厌氧和微耗氧发酵平台技术与设备；微波远红外真空组合干燥设备，1 000kg/h以上的大型双螺杆挤压加工装备，大型高效撞击磨粉设备。
	主食品工业化装备制造	日产30t传统主食品工业优质馒头、饺子、油条等成套设备。日产50t挂面节能成套设备。无菌保鲜米饭、米线（米粉）、热风干燥方便面、速冻冷藏食品等工业化生产专用设备。
	粮食加工品质及质量检测仪器制造	重点开发稻谷整精米率自动检测仪、稻谷品质判定仪、大米鲜度判定仪、大米食味计、大米精度和面粉粉色测定仪，油脂氧化稳定性检测仪等设备。生物传感器及反应器配套部件，如在线生物传感器（面向淀粉糖、氨基酸、有机酸等）的开发，在线取样技术和装置等。推进粮食、主食品加工品质检测仪器产业化开发。

（三）粮食食品、饲料安全检测能力建设工程 支持年加工稻谷、小麦10万t及以上、玉米30万t

专栏8 粮食食品和饲料安全检测能力建设工程

项目名称	建设内容	备 注
粮食加工标准体系建设	制修订粮食加工产品、加工过程良好操作规范、质量安全控制规范、粮机设备、检测方法、安全生产管理规范等标准1 000项。	项目建成后，粮食加工重点企业检测实验室配置率达到重点企业数的80%；粮食加工集团型企业建立食品安全应急监测技术中心，达到集团企业总数的95%；粮食加工主产品食品安全监控到70%的市场份额，全行业产品质量合格率提高2～3个百分点。完成对全国905个专业性粮食食品安全检验机构的检测能力升级，使我国粮食标准与国际标准接轨，提高国际竞争力。
粮食加工企业食品安全检测能力建设	重点搞好大中型粮食加工企业食品安全检测试验室建设和设备改造升级，集团企业食品安全监测应急技术中心设备配置建设，增加原料检测、生产过程检测、成品检测监测仪器设备，及农药残留、重金属、真菌毒素、微生物、食品添加剂及其他污染物快速检测设备等。升级检测设备，扩大食品安全检测范围，重点配置食品安全相关的检测设备和快速分析仪器。配置近红外分析仪、气相色谱、液相色谱、原子吸收、原子荧光、酶标仪等必备仪器设备。建设区域性企业技术中心。	
全国专业性粮食食品检验机构检测能力升级	为全国专业性粮油食品检验机构配置先进的粮食检测仪器设备，优先支持粮食主产区和加工园区检验机构的检测能力建设。配置农药残留、重金属、真菌毒素、食品添加剂及其他污染物快速分析监测仪器设备，对检测环境、网络系统设施进行配套改造升级。	
全国饲料检测机构检测能力升级	升级检测设备，扩大饲料安全检测范围，配置相关安全检测设备和快速分析仪器，制定重金属、生物毒素、致病微生物等检测方法和饲料加工等标准160项。	

及以上和饲料10万t及以上的大中型企业产品质量安全监测能力建设；选择重点加工企业，配备原粮收购快速检测仪器、在线检测检验仪器、监控系统和溯源系统、饲料快速检测仪器；新建国家粮食加工食品安全卫生检测实验室，对现有食品安全检测中心实验室改造升级；健全并完善粮食食品加工、饲料加工标准体系。

（四）主食品工业化工程

专栏9 主食品工业化工程

项目名称	建设内容	备注
面制主食品工业化工程	新建日加工30t优质机制馒头、面条、饺子、油条等生产线，打造蒸制面食品生产基地，产品向速冻、鲜湿食品及营养早餐延伸；建立物流配送系统。	2015年前建200个传统主食生产工业化、标准化、社区配送示范项目；2015—2020年再建设200个示范项目。项目建成后，基本满足城乡居民消费需要。
米制方便主食品工业化工程	年产2万t无菌保鲜方便米饭、方便米粉，建立生产基地和配送中心示范，产品向冷冻米饭及营养早餐延伸，建立物流配送系统。	
杂粮主食品工业化工程	新建年产1.2万t杂粮挂面生产线和杂粮早餐谷物生产线，建立生产基地。	
国家级米、面制品及杂粮主食品工程技术研究平台	组建米面制主食、杂粮食品工程研究中心、工程技术研究中心或工程实验室，从事米面制主食品的基础和应用研究，重点研究方便米饭、米饭、馒头等面制主食品的抗老化与防霉保鲜技术以及速冻面制食品生产技术、智能化馒头加工成套技术等。	

推进主食品生产工业化、现代化、标准化，提高主食品安全水平。开发方便主食品，建设米、面制食品生产基地，产品向餐饮配餐、半生鲜食品及营养早餐延伸；建立和完善物流配送系统。组建食品工程研究中心或工程实验室，加大主食品的基础和应用研究，重点研究主食品抗老化与防霉保鲜技术、速冻食品生产技术、传统食品工业化生产专用设备、特色杂粮食品方便化加工技术设备、智能化加工成套技术与设备等。

（五）粮食应急加工与供应能力提升工程

加强大中城市及重点地区粮食应急加工及供应、储运等设施建设，以应对因异常气候、地震及突发事件造成的区域性粮食供给紧张。在不断完善大中城市、重点地区粮食应急加工及供应体系的同时，增加偏远地区粮食应急加工及供应网点设施建设的投入。改造建设一批能够应对突发事件的粮食应急加工项目及必要的配套仓储、物流设施，重点完善成品粮储备及发运设施和检测设备。针对偏远或易受灾地区交通不便的实际情况，增加小型粮食应急加工网点建设的投入，用于小型粮食加工机组、发电设备的购置以及仓储设施建设。加强粮食应急加工企业信息化建设，准确掌握库存粮食的质量、数量情况，并利用网络系统，保持应急加工企业与供应企业的信息畅通，实现粮食应急加工供应高效、快捷。

专栏10 粮食应急加工与供应工程

项目名称	建设内容	备注
应急加工与供应网点建设	改造、完善现有1 700家粮食应急加工企业加工、仓储、物流设施，以及供应企业网点设施条件，改善成品粮油储备及发运条件。	通过加大资金投入，到2015年，大中城市和重点地区粮食应急加工供应能力覆盖面稳步提高，到2020年，形成覆盖全国的粮食应急加工及供应体系。
应急加工与供应网点信息化建设	建立和完善粮食应急加工企业信息化管理系统，建立集粮食信息网、电子商务网、政务管理网和粮食数据库“三网一库”为一体的粮食安全应急预警系统。	
应急加工与供应网点仓储设施建设	小型粮食加工机组、发电设备的购置以及临时仓储设施建设。	

六、政策措施

（一）健全保障粮食安全的加工调控机制

建立健全新形势下引导生产、促进流通、以工促农、动态调节供求、保障粮食安全的粮食加工和消费调控机制。充分发挥粮食加工骨干企业在宏观调控中的作用，引导粮食加工企业参与执行国家调节供求、稳定市场和价格、保护农民利益的调控政策。各地按照粮食生产流通相关法律法规，指导和监督粮食加工经营企业执行最低和最高库存标准。加强对大型粮食加工企业的政策引导，支持粮食应急加工和供应体系设施建设，发挥其物流和网络优势，维护市场供应稳定有序。按照国务院关于固定资产投资的有关规定，及时修订《政府核准的投资项目目录》中相关的粮食加工类项目。为确保国家粮食安全和产业安全，对区域或全国粮食供求平衡影响明显、规模较大的粮食深加工新建或改扩建项目，按照《政府核准的投资项目目录》及相关规定执行。

（二）加强产业政策指导

及时修订完善《产业结构调整指导目录》和《外商投资产业指导目录》粮食加工业相关内容，依法淘汰落后产能，建立落后产能退出机制，保持合理的粮食加工产能结构和规模，尽快制定稻谷、小麦、饲料等粮食加工产业政策以及准入条件，明确行业进入门槛，防止加工产能盲目扩张和无序竞争。采取有效措施依法处理企业兼并重组过程中职工的劳动关系，妥善安置淘汰落后产能企业职工，维护职工权益。从事粮食加工的企业必须具备国家规定的安全生产条件，并严格执行建设项目安全设施“三同时”制度，排放未达标企业整改后仍不符合环保标准要求的，责令停止生产。严格规范对外商投资粮食加工企业的管理，各地投资主管部门要严格按照《外商投资产业指导目录》、《外商投资者并购境内企业安全审查制度》及相关法律法规和产业政策，对外商投资建设稻谷、小麦、玉米加工等粮食加工类项目和并购粮食加工企业等项目进行项目核准等环节的监管，不得放宽标准和越权审批。进一步完善粮食贸易市场准入制度。支持企业公平竞争，防止部分企业滥用市场支配地位或达成垄断协议，扰乱市场秩序。对单个企业或集团稻谷加工、小麦加工、玉米深加工能力达到全国总量的10%、10%、15%以上，或实际年加工量达到全国总量的15%、15%、20%以上的，有关部门要依法对其生经营行为进行重点监测。

（三）加大财税支持力度

加大中央和地方财政对粮食加工业的支持力度，研究利用现有政策和资金渠道，对有优势、有特色、有基础、有前景的粮食加工园区建设、企业技术改造、食品安全监测检测能力建设、应急加工体系建设、主食品工业化示范等重点工程给予一定的资金支持，进一步发挥粮食加工业保障国家粮食安全和服务“三农”的作用。完善现代农业生产发展资金、农业结构调整资金、粮食风险基金、农业产业化资金、农业综合开发、中小企业发展专项等资金投向和项目选择协调机制，综合应用投资补助、财政贴息、财政救助、股份投资等方式，适当向粮食加工企业倾斜，积极推进粮食产业化经营。健全和完善国家支持粮食加工业发展的各项税收优惠政策，落实完善农产品初加工企业所得税优惠政策。完善粮食加工业增值税抵扣办法，逐步取消不合理的行政事业性收费。对粮食加工企业开展的鼓励类项目建设所需引进，且国内不能生产的自用设备及其相关技术，除《国内投资项目不予免税的进口商品目录》所列商品外，免征进口关税。粮食加工企业开发新技术、新产品、新工艺发生的研究开发费用，可以按照相关税收法律法规，在计算应纳税所得额时加计扣除。

（四）加大金融支持力度

鼓励金融机构在有效防范风险的基础上，加大对实力强、资信好、效益佳的粮食加工企业信贷支持力度，对符合国家产业政策的粮食加工项目、粮食加工企业技术改造和并购重组，积极给予中长期贷款支持。积极拓宽粮食加工企业的直接融资渠道，支持符合条件的粮食加工企业债券、公司债券、短期融资券等非金融企业债务融资工具以及在证券市场公开发行股票；完善粮食加工企业参与套期保值交易的相关政策，鼓励和引导粮食加工企业参与期货市场的套期保值，提高粮食加工企业的风险管理意识和管理水平；鼓励和支持担保机构对符合条件的粮食加工企业申请提供有效担保。

（五）增加科技创新投入

重视传统主食品科技创新，加强粮食加工质量标准体系的基础研究、成套设备自主化开发和高技术产业化，全面改造和提升粮食加工业。通过国家科技支撑计划、国家高技术研究发展计划（863计划）、农业科技成果转化专项、现代农业产业体系建设专项等，加大对粮食加工业科技创新的支持力度。重点加强高效节能关键技术装备开发、健康谷物食品研究开发、副产物综合利用等。鼓励大中型粮食加工企业建立研发机构，与高校、科研院所联合成立研究开发中心和产业技术创新战略联盟，加大对自主创新成果产业化的研发投入。

（六）健全食品安全和诚信体系

各级政府要切实承担粮食加工食品安全监管工作的责任，建立从生产、加工、流通到消费全过程监管的部门协同机制和体系，支持加工企业食品安全检（监）测能力建设，完善食品安全监测保障体系，加快制（修）订粮食加工业标准和技术规范，科学引导，遏制过度加工。大力实施品牌战略，加快培育自主品牌，提高自主品牌竞争力。依法加强对企业诚信体系建设的指导，加大政策实施力度，形成规范的企业质量信用评价制度和产品质量信用记录发布制度，把严重失信的企业列入黑名单，公开曝光并加强监管。积极支持企业诚信体系必备基础设施建设，鼓励社会资源向诚信企业倾斜，把企业诚信相关信息及评价结果作为政府采购、项目核准、技改支持、融资授信、品牌建设等的重要参考。加强诚信队伍建设，鼓励企业培养食品安全和诚信管理人才。

(七) 完善信息监测预警制度

国家粮食局会同有关部门建立并完善社会粮食加工业统计体系和信息服务，建立全面、系统、准确的粮食加工业统计信息报告制度、产能监测预警机制和发布平台，提高加工统计信息的质量和公信力。依法对重点粮食加工企业经营活动进行调查，组织开展粮食供需平衡情况调查，适时开展全国范围粮食加工企业普查，及时、准确、全面把握粮食加工业运行情况和变化趋势。加强粮食加工业统计队伍建设。

(八) 积极实施“走出去”战略

鼓励粮食加工业企业“走出去”，开拓国际市场，符合条件的企业可申请相应财政资金支持。加大对粮食加工企业“走出去”的金融支持力度，合理确定贷款期限，创新担保形式和保险险种。支持具备条件的企业到境外投资建设粮食生产基地、物流设施、购销网络，实现优势互补，互利共赢，共同发展。广泛开展国际交流与合作，积极引进先进的管理经验和技术。鼓励粮食加工装备制造企业积极开拓国际市场，提升国产粮机装备的国际竞争力。

(九) 倡导节粮和健康消费

充分利用全国爱粮节粮宣传周、世界粮食日等平台，加大节约粮食、反对浪费的宣传力度，提高全社会爱粮节粮意识，减少损失浪费。加大对普及科学用粮和营养健康知识社会公益宣传的支持力度，引导消费者调整膳食结构，鼓励增加全谷物营养健康食品的摄入，促进粮食科学健康消费。优化加工用粮生产结构，控制粮食不合理加工转化。积极推广加工节粮新技术、新工艺、新装备，有效利用粮食资源。提高成品粮出品率、副产物综合利用率，重点抓好酿酒、发酵等领域和米糠、碎米、稻壳、胚、麸皮等副产物的综合利用。

(十) 发挥行业组织作用

充分发挥行业协（学）会和有关中介组织在政府和企业间的桥梁纽带作用，加强信息沟通、国际交流、标准制（修）订、专业培训、贸易促进、技术咨询、产业发展、诚信建设等方面的服务，宣传贯彻国家产业政策，及时反映行业发展情况和问题，积极向政府部门反映行业问题和企业诉求，并提出工作建议。为企业提供优质服务，要求企业执行国家法律法规和制度标准，维护市场秩序，履行社会责任，保障产品产量安全。

附录：名词解释

粮食：指谷物及其成品粮、豆类和薯类。

粮食加工：指以原粮为原料，通过加工处理转化为成品粮、半成品粮、食品、饲料及其他非食用产品的活动。

粮食初加工（一次加工）：根据粮食籽粒结构特点，采用物理方法实现的粮食籽粒结构组分的分离，加工产品与原料相比未发生化学性质的改变。

粮食深加工：采用化学、物理或生物等方法，对原粮或初加工产品进行二次以上加工，产生化学性质、分子结构改变的过程。

非食用加工：指不以直接食用或饲料等间接食用为目的的粮食加工，如生产燃料乙醇等。

饲料用粮：指饲料企业、养殖企业生产饲料所消费的粮食和农户直接喂养禽畜、水产所消费的粮食。

工业用粮：指工业、手工业用作原料或辅助材料所消费的粮食。

主食品：指供应居民一日三餐消费、满足人体基本能量和营养摄入需求的主要食品。我国传统主食品包括面制主食品和米制主食品，如馒头、面条、饺子、油条、包子、米饭、方便米饭、方便米粉等。

主食品工业化：指按照一定的规范和标准，由机械化生产代替手工制作，要求实现产品标准化、操作规范化、生产机械化、工艺科技化、组织制度化。

副产物综合利用率：指粮食加工副产物（稻壳、米糠、麦麸、次粉、玉米胚、小麦胚、蛋白粉、玉米浆、薯渣等）经过一次以上加工的数量占副产物总量的比例。

设计生产能力：指企业设计日处理原料能力，其中：大米加工企业为日处理稻谷能力，按每天开工两班16h计算；小麦粉加工企业为日处理小麦能力，按每天开工三班24h计算；玉米加工企业为日处理玉米的能力，按每天开工三班24h计算；饲料加工企业为日生产饲料成品的能力，按每天开工两班16h计算。年生产能力按日处理原料能力×250d计算。

粮食加工园区：指以粮食规模化精深加工为核心，遵循循环经济的理念，将粮食加工的主产品、副产物通过精深加工提高附加值，延长产业链，集加工与原粮基地、粮食收购、仓储、物流、运输、销售、贸易、信息处理、研发等设施为一体，实现作业机械化、自动化，形成集约化、系统化、高效率、低成本的粮食现代化加工产业园区（基地）。

粮食现代物流通道：指具有较大流量的粮食物流路径，是粮食现代物流体系的重要组成部分。根据我国粮食产销区分布和粮食物流的特点，国家已陆续规划建设东北玉米、稻谷、大豆流出；黄淮海小麦、玉米流出；长江中下游稻谷流出和玉米、大豆流入；西南玉米、大豆流入；东南沿海和京津塘玉米、大豆流入等六大粮食现代物流通道，进一步沟通国内外粮食市场的联系，形成覆盖全国的粮食现代物流网络。

肉类工业“十二五”发展规划

（工业和信息化部　农业部　2012年2月24日）

前　言

肉类工业包括屠宰加工和肉制品加工两个部分，是重要的民生产业和传统支柱产业，对促进“三农”发展、保障消费需求、带动城镇就业起到重要作用，承担着为我国13亿人口提供安全放心、营养健康肉类食品和增强人民体质的重要任务。自1993年国务院制定食物结构改革与发展纲要以来，为解决食物消费中优质蛋白质食物所占比重较低的问题，我国大力发展畜牧业和肉类工业，成效显著。“十一五”期间，我国肉类工业总产值突破1万亿元，肉类总产量约占世界总量的1/4。“十二五”时期是我国全面建设小康社会的关键时期，是深化改革开放、加快转变经济发展方式的攻坚时期，肉类工业将进入新的发展阶段。为落实《国民经济和社会发展第十二个五年规划纲要》和《工业转型升级规划（2011—2015年）》，指导未来五年肉类工业发展方式转变和产业结构调整，实现持续健康发展，特编制《肉类工业“十二五”发展规划》，规划期为2011—2015年。

一、“十一五”主要成就和“十二五”面临形势

（一）“十一五”主要成就

“十一五”期间，我国肉类工业克服国际金融危机、自然灾害、动物疫病危害和畜禽原料价格大幅波动等不利因素，积极调整产业结构，转变发展方式，在产业结构、技术装备、产品质量等方面都得到新的提升：

1. 肉类总产量增长，肉制品比重有所提高　2010年，我国肉类总产量达到7 925.8万t，肉制品总产量达到1 200万t，与2005年相比，分别增长了14.2%和34.8%。肉制品产量在肉类总产量中所占比重达到15.1%，增加3.6个百分点。在肉类总产量中，猪肉5 071万t，禽肉1 656万t，牛肉653万t，羊肉398万t，杂畜肉146万t，其比重为：猪肉64.0%、禽肉20.9%、牛羊肉13.2%、杂畜肉2%，产品结构逐步改善。

2. 产品销售保持增长，企业经济效益提高　2010年我国肉类商品市场交易总额为11 489.3亿元，比2005年增长158%。其中，规模以上肉类工业企业销售收入总额6 770亿元，利润总额304亿元，分别增长195%和287.8%。其中，肉制品加工规模以上企业销售收入2 886亿元，利润150.2亿元，分别增长38.7%和215.7%。

3. 产业集中度提升，区域布局渐趋合理　“十一五”期间，全国肉类工业产业集中度进一步提升。2010年，规模以上肉类工业企业总数达到4 054家，比2005年增长64.3%；资产总额达到2 940亿元，增长157%；销售收入总额6 770亿元，增长195%，占全国肉类市场交易总额的58.9%，比2005年增加了7.4个百分点。“十一五”期间，肉类产业进一步向畜禽主产区、西部地区和少数民族地区集中。全国规模以上肉类工业企业资产呈三大梯度分布：以鲁、豫、川、辽、苏、吉、皖、蒙、黑、冀等10个主产省（自治区）为第一梯度，工业资产2 263亿元，比上年增长30%，占全国总量的77%；以闽、浙、鄂、京、湘、粤、沪、晋、津、桂等10个省（直辖市）为第二梯度，工业资产512.4亿元，比上年增长27.5%，占总量的17.4%；以渝、赣、陕、云、新、甘、贵、青、宁、藏、琼等11个省（自治区、直辖市）为第三梯度，工业资产164亿元，比上年增长43.9%，占总量的5.6%。西部地区肉类工业投资增长明显加快。

4. 企业技术进步加快，质量安全管理加强　“十一五”期间，通过实施国家科技支撑计划、高技术研究发展计划（863计划）及公益性行业科研专项，在屠宰加工技术与装备、肉制品加工技术与装备、肉品质量安全控制与溯源技术、副产物综合利用与清洁生产技术等方面实现了重大突破，推动了整个行业的科技进步。在引进国外先进技术和设备的同时，国内自主开发和生产的肉类加工技术装备的市场份额逐渐扩大。随着《中华人民共和国食品安全法》

及其实施条例等法律法规的颁布实施，肉类食品安全监管得到了加强，企业生产经营行为得到了进一步规范，生产条件和经营环境更加符合食品安全和卫生要求。同时，通过在肉类行业开展食品工业企业诚信体系建设试点工作，企业质量安全自律意识增强，企业质量安全主体责任得到了进一步落实，企业自身质量安全保障能力进一步提升。

(二)“十二五”面临形势

肉类工业是关系人民群众身体健康和生活质量的重要领域。“十二五”时期，我国肉类消费需求继续扩大，居民消费结构加快升级，城镇化率不断提高，为肉类工业发展提供了良好机遇。同时，由于资源环境约束增强、食品安全形势更加严峻等因素，肉类工业将在增供应、稳价格、调结构、保安全和加快转变发展方式等方面面临多重挑战。

1. 发展机遇

——*产业发展市场空间广阔* “十一五”末，我国人均GDP超过4 000美元，肉类消费需求正处在稳步增长阶段，特别是农村的肉类消费市场，还有较大的增长空间。“十二五”时期，国家将继续坚持扩大内需的方针，为肉类加工业发展创造良好的市场条件。

——*农牧业政策环境较为有利* 为解决肉类工业的原料供应问题，国家在发展农牧业方面采取了一系列政策措施。主要包括：继续实施生猪调出大县奖励；继续实施动物防疫补贴政策；继续扶持畜禽标准化规模养殖；建立草原生态保护补助奖励机制；扶持猪、牛、羊等主要牲畜的生物育种，促进品种改良等多种专项措施。同时，在加大农村农业投入、改革农村金融服务、完善农业保险政策、扶持农民专业合作组织等相关领域，还采取了多项综合性政策措施，为保障肉类工业的原料供应创造了有利的政策环境。

——*工业技术基础明显增强* 通过引进发达国家的先进设备、工艺和技术，我国部分肉类工业龙头企业的装备已经基本达到世界先进水平。国产肉类加工机械在“十一五”期间得到快速发展，自主研发的装备水平与国际差距缩小；屠宰自动化生产线、肉类食品冷加工等成套技术与装备实现了重大跨越，从长期依赖进口转变为基本实现自主化并成套出口，为肉类工业的结构调整和发展方式转变创造了必要的技术基础。

——*食品安全保障能力提升* 为确保食品质量安全，国家明确提出要大力推进食品工业企业诚信体系建设和产品质量安全可追溯体系建设等。“十二五”期间，肉类加工企业将建立以确保产品质量安全、防范失信风险为核心的企业诚信管理体系，提升企业诚信经营能力和质量管理水平；应用信息技术对肉类加工装备及生产线进行更新改造，实现在线快速检测和各环节管理信息的采集、衔接和监控；应用现代物流技术，加快冷链物流的标准化，从而为提高肉类加工和流通过程的质量安全风险控制能力创造更好的技术基础和管理条件。

2. 面临挑战

——*消费需求持续增长，稳定供应难度加大* “十一五”期间，我国人均肉类占有量始终低于2005年人均59.2kg的水平。“十二五”期间人口数量将以年均0.7%的速度增长，此外，每年还将有近千万的农村居民转变为城镇居民，加上居民经济收入增长、农村消费市场扩大等因素的影响，预计肉类食品消费需求将年增140万t左右，肉类原料稳定供应面临挑战。

——*资源环境约束增强，影响原料稳定供给* “十二五”期间，我国粮食安全特别是饲料资源将继续对畜牧业发展产生重大影响，蛋白饲料原料供应不足仍将是制约畜牧业发展的关键因素之一，同时还存在牧区载畜量猛增造成的草原生态环境破坏需要恢复和大中型畜禽养殖场周边环境污染有待治理等问题。在农户散养为主的饲养方式下，肉用畜禽产量受市场价格和动物疫情影响波动很大，难以适应新时期肉类食品生产对原料均衡稳定供应的要求。

——*消费结构升级加快，产品结构亟待调整* 随着城乡居民经济收入的增加，肉类食品消费结构升级的速度将明显加快。目前，我国冷加工及冷链物流设施不足，白条肉、热鲜肉仍占全部生肉上市量的60%左右，冷鲜肉和小包装分割肉各自仅占10%，肉制品产量只占肉类总产量的15%，与发达国家肉类冷链流通率100%、肉制品占肉类总产量比重50%的水平相比差距很大，不能适应城乡居民肉食消费结构升级的要求。“十二五”期间，继续扩大冷鲜肉、小包装分割肉和肉制品的生产比重，加快改变白条肉、热鲜肉为主的供给结构，是我国肉类工业面临的主要任务之一。

——*食品安全形势严峻，淘汰落后产能迫切* 目前，肉类加工的产业集中度和技术装备水平较低，80%以上的企业还处于小规模、作坊式，手工或半机械加工的落后状态，具备必要的产品检测能力、能够采用现代技术装备、建立完善食品安全管理体系的企业数量较少，肉品质量安全存在着诸多隐患，肉类食品安全事件屡有发生，与人民群众日益提高的食品安全要求不相适应，亟须在“十二五”时期加快产业结构调整，淘汰落后产能，通过发展规模化、标准化、现代化的生产方式，提高全行业的质量安全管理水平。

——节能减排任务艰巨，亟须转变发展方式　由于大多数肉类工业企业规模较小，技术水平和投资能力较低，节能减排措施难以落实，大量畜禽皮、毛、骨、血等资源综合利用水平不高，资源、能源消耗和污染排放较大，不能适应可持续发展的要求，亟须通过开发和推广资源综合利用技术和清洁生产技术，加快转向资源节约型、环境友好型的发展方式。

二、指导思想、基本原则和发展目标

（一）指导思想

深入贯彻落实科学发展观，坚持走新型工业化道路，以加快转变经济发展方式为主线，促进产业结构调整，加快科技进步和自主创新，实施品牌战略，提高质量效益，保障消费需求；大力推进畜禽养殖、屠宰加工、制品加工和肉品流通的紧密衔接，促进城乡统筹和区域经济的协调发展；坚持安全发展，确保肉品质量安全；坚持清洁发展，保护生态环境；坚持节约发展，减少资源消耗。实现肉类工业发展与人口资源环境相协调，增强肉类工业的可持续发展能力。

（二）基本原则

1. 坚持依托农牧业，反哺农牧业，强化产业基础　按照“工业反哺农业”的要求，以“专业化生产、标准化管理、规模化经营”的理念和模式改造传统农牧业，加快传统分散饲养方式向现代集约饲养方式的转变，建立稳固的环保型畜禽原料生产基地，保护耕地、节约集约用地，实现肉类工业与农牧业的协调发展，促进农业增产、农民增收和产业转型，确保肉类加工原料的稳定供给。

2. 坚持市场导向，确保质量安全，调整产品结构　根据国内外市场对肉类食品日益增长的消费需求，建立统一、规范的肉类食品安全标准体系、检测检验体系和企业诚信管理体系，不断提高产品质量，开发名特优新产品，创建优势品牌，实行分类分级和优质优价，促进消费结构升级。

3. 坚持科技进步，加快改造升级，增强竞争能力　按照现代化、规模化、集约化、信息化的发展方向，积极采用先进适用技术改造传统肉类工业，促进资金、技术、人才等要素向优势产区、优势企业和优势产品集中，提高企业自主创新能力，加快由作坊式手工加工向工厂化机械加工方式的转变，加快科技成果推广应用和产业化步伐，加快信息化和工业化的深度融合，增强企业市场竞争力。

4. 坚持产业整合，优化资源配置，发展循环经济　推广循环经济发展模式，通过企业兼并重组，加快由传统组织结构向现代组织结构的转变，提高产业集中度和专业化分工协作水平，延伸产业链，促进畜禽养殖、屠宰加工、制品加工、肉品流通各环节的有机结合与相互协调，大力发展畜禽资源深度加工和转化增值，提高资源综合利用水平和产业综合经济效益，促进节能减排，保护生态环境。

（三）发展目标

1. 肉类产量稳步增长　到2015年，肉类总产量达到8 500万t。

2. 产品结构更趋合理　在稳步发展猪肉生产的同时，加快发展禽肉和牛羊肉生产。到2015年，猪肉、禽肉、牛肉、羊肉、杂畜肉的产量分别达到5 360万t、1 780万t、690万t、500万t和170万t，占比分别为63∶21∶8∶5.9∶2.1。

积极发展冷鲜肉加工和肉制品生产。到2015年，县级以上城市热鲜肉销售比例降到50%以下，冷鲜肉占比提高到30%。肉制品产量达到1 500万t，比2010年增长25%，占肉类总产量的比重达到17%以上。中西式肉制品结构从现在的45∶55调整为50∶50。

3. 质量安全得到保障　到2015年，大中型肉类工业企业全面建立ISO9000、ISO22000等食品质量安全管理体系，全面推进企业诚信管理体系建设；肉类冷链流通率提高到30%以上，冷藏运输率提高到50%左右，流通环节产品腐损率降至8%以下；肉类食品质量抽检合格率达到97%以上；不合格产品全部进行无害化处理。产品质量安全进一步得到保障。

4. 产业结构明显优化　到2015年，全国手工和半机械化生猪屠宰等落后产能淘汰50%以上，其中大中城市和发达地区力争淘汰80%以上。屠宰加工企业进一步向畜禽主产区转移。规模以上肉类工业企业数量达到5 000家，占行业内企业总数的比例达到50%，工业总产值达到9 000亿元（按2010年不变价格计算），年均增长12.4%，销售额占全行业市场交易总额的80%左右。销售收入100亿元（按2010年不变价格计算）以上的大企业集团达到10家以上。

5. 技术进步步伐加快　到2015年，大中型企业生产装备应用信息技术的比重达到50%以上；应用先进适用技术更新改造肉类加工业技术装备，重点企业关键技术达到国际先进水平。

6. 节能减排全面推进　到2015年，所有肉类工业企业建成与加工规模相适应的污水处理配套设施，加强水资源的循环利用。全面推广畜禽资源综合利用技术和清洁生产技术，“三废”排放达到国家标准。通过技术改造，单位产值能耗比2010年降低16%，单位工业增加值用水量降低30%；全行业副产物综合利用率达到80%；主要污染物化学需氧量和氨氮排放量分别减少15%和10%。

三、主要任务和重点工程

（一）建立原料安全供给体系

适应我国畜禽养殖资源条件和肉类工业发展要求，以肉类工业结构调整引导农牧业生产，促进畜禽养殖的标准化、规模化，发展优质、安全的肉用畜禽养殖基地，建立可溯源的原料安全供给体系。实施畜禽标准化规模养殖工程。以“工厂化生产、标准化管理、规模化经营”的产业模式改造传统畜禽养殖业。以大中型肉类工业企业为依托，按照“公司＋畜禽养殖专业化组织”的模式和“利益共享、风险共担”的市场化原则，与畜禽养殖专业化组织建立合理的利益分配机制和稳固的购销关系，建立畜禽原料质量安全的可追溯体系，保障优质、安全肉用畜禽的稳定供给。

（二）加快屠宰企业的标准化改造与升级

按照《全国生猪屠宰行业发展规划纲要（2010—2015年）》确定的目标和原则，加快淘汰手工作坊和半机械化的小型屠宰厂（场），应用现代化屠宰工艺技术，促进屠宰企业的标准化改造与升级。实施屠宰加工标准化改造与升级工程。按照我国畜禽养殖区域布局和肉类工业发展的要求，促进屠宰行业的产业结构调整。对符合定点屠宰设置规划的定点厂（场），推动其对屠宰加工、肉品品质检验、冷藏运输、无害化处理和污水处理等进行标准化改造，并建立肉品质量安全管理体系，完成ISO9000认证；对具备较好基础的定点屠宰厂（场），引导其通过ISO22000认证，建立质量安全可追溯体系，为肉品质量安全提供技术和管理保障。

（三）实施肉类加工品牌化战略

根据我国不同区域的消费需求和对外出口的需要，按照“变大为小、变粗为精、变生为熟、变裸品为包装品、变废为宝、变害为利”的原则，大力发展肉类精深加工，优化产品结构，创建知名品牌。通过实施品牌化战略，加快推进肉类产品分类分级和优质优价，逐步解决产品同质化、单一化和低水平恶性竞争问题。实施肉类工业品牌化工程。积极开发市场需求大、科技含量高的优质新产品，提高精深加工产品的比重，提高产品附加值和市场竞争力。积极培育和扶持知名品牌，鼓励企业创建驰名商标、名牌产品、地理标志产品，重点培育冷鲜肉、优质牛羊肉、禽肉和肉制品品牌，提高产品档次和品牌知名度。加强对我国优良传统肉类食品资源的挖掘，培育一批在国内外市场上具有较强竞争优势的民族特色或区域特色品牌，推动传统肉类食品的工业化生产和品牌化经营，提升我国传统肉类食品的市场竞争力。

专栏1　肉类工业品牌化工程

1. 指导企业制修订品牌建设方案　针对区域资源条件和企业特点，明确企业理念和品牌定位；确立以诚信为基础、以产品质量和特色为核心的品牌形象和建设目标。制修订品牌建设方案，明确工作重点、实施步骤和保障措施。

2. 支持企业利用优势品牌整合产业链　支持企业通过联合、兼并、收购等方式整合产业链，培育一批技术创新能力、管理能力和产业整合能力强的龙头企业，形成以优势企业为主导的产业链。建立覆盖畜禽养殖、屠宰加工、制品加工、冷链物流、终端销售各环节的全过程质量控制体系，增强企业标准化管理、质量检验检测、风险预警和应急处置能力。建立以确保产品质量安全、防范失信风险为核心的企业诚信管理体系，将以诚信为基础、以产品质量和特色为核心的企业品牌文化理念落实到产业链的各职能部门和各工作环节。

3. 增强优势品牌的市场影响力和竞争力　建立肉类产品质量追溯与召回机制，加强检测监管，防止不合格产品流入市场。严厉打击假冒伪劣产品，加强名、优、特、新肉类食品商标的注册管理和知名商标知识产权的保护。利用信息技术建立企业监管体系，实行商标备案和监测评估。通过政策扶持和引导，加快优势品牌的建立与推广，增强其市场影响力和核心竞争力，促进产业结构调整和产业集中度的提高。

（四）增强自主创新能力

按照国家关于加强自主创新的战略部署，加快推进以企业为主体、市场为导向、产学研相结合的产业创新体系建设。提高肉类加工机械装备的自主化水平，重点发展对行业有重大带动作用、具有自主知识产权的核心技术。应用信息技术、生物技术等更新改造肉类加工技术装备，推动重点企业关键技术达到国际先进水平。加快完善企业科技人才培养机制，为增强自主创新能力提供人才保障。实施肉类工业科技创新工程。加快肉类产业科技创新基地建设，为我国肉类工业的持续健康发展提供强有力的科技支撑。加快肉类加工装备制造业发展，在积极引进、消化、吸收国外先进设备和关键技术的同时，着力提高我国肉类加工装备国产化率和整体发展水平，改变自主创新能力弱、技术装备水平低、成套性和稳定性差等现状。积极利用信息技术改造传统肉类产业，推动企业信息化集成应用和模式创新。加快开发和推广畜禽资源综合利用与清洁生产技术，提高企业的经济效益、社会效益和生态效益。加强企业科技人才培养和员工技术培训，不断提升员工技术水平。

专栏2 肉类工业科技创新工程

1. 加强科技创新基地建设 扶持新建科技创新基地/平台，重点滚动支持已建科技创新基地/平台。培育肉类食品科技人才队伍，重点突破一批重大共性关键技术，包括肉类精深加工技术、肉类品质改良与保障技术、地方特色肉制品一体化加工关键技术、新型肉制品添加剂制造技术等。形成若干技术创新能力强的肉类加工产业集群，为我国肉类加工业的持续健康发展提供强有力的科技支撑。

2. 积极发展屠宰和肉类加工装备制造业 在积极引进、消化、吸收国外先进设备和关键技术的同时，着力提高我国肉类加工业装备国产化率和整体发展水平，重点开发高效成套屠宰设备，大型真空斩拌机、真空滚揉机和真空定量灌肠机等肉类加工设备，冷鲜肉、中式传统肉制品、低温肉制品、功能性肉制品、发酵肉制品等肉制品加工设备，建设一批现代化示范生产线。

3. 利用信息技术改造传统产业 根据屠宰和肉类加工工艺过程的特点和需求，积极采用先进的智能化称重、分级、信息和通讯技术，优化和监控生产过程，加速分类、切割、贴标、追溯和检验等工作流程，提高流程监控的自动化水平和透明度，降低生产成本。运用在线检测、快速检测等技术和设备，加强肉类产品质量安全检测，增强生产各环节的管理责任和信息衔接，建立产品质量可追溯体系，提高肉类食品质量安全风险控制能力。大中型企业生产装备应用微电子和信息技术的比重达到50%以上。

4. 加快推广畜禽资源综合利用技术和清洁生产技术 推广以畜禽骨、血、皮等副产物为原料生产保健品、药品、食品配料等产品的综合开发利用技术；推广病害畜禽及其产品无害化处理技术；推广肉类产品冷冻、冷藏设备节能降耗技术；推广屠宰加工废水回收与综合利用、污染物减排技术；推广风送系统、现代化生猪屠宰成套设备等清洁生产技术，实现节能、节水、减排。

5. 加强企业技术培训和职业教育 大力开展多层次、多形式、多领域的技术培训、技术练兵和技术比武，不断提升员工的技术水平。

（五）全面建设企业诚信管理体系

全面推进以保障食品质量安全、防范失信风险为核心的肉类工业企业诚信管理体系建设，加强以守法、履职、诚信为核心的企业诚信文化建设，建立健全诚信管理制度，提升企业的诚信经营能力和质量管理水平，使肉类食品质量能够满足增强国民体质、改善营养供给的需要。实施肉类工业企业诚信建设工程。肉类工业企业要在建立健全肉类食品安全标准体系、质量安全控制体系和诚信管理体系的基础上，有效运行覆盖全产业链的质量安全追溯系统，切实加强进货管理、生产过程管理、产品检验管理、广告宣传管理、合同管理、产品追溯与召回管理。通过建立企业诚信教育、失信因素识别、内部信息采集、自查自纠改进和失信惩戒公示等机制，强化事前控制，确保事后追溯，落实食品安全事故责任追究制度，构建食品安全长效机制。

（六）建立冷链物流配送体系

根据肉类工业发展的需要，利用信息化技术和供应链管理技术，建立现代冷链物流配送体系。推动肉类食品电子商务发展，提高物流效率，降低物流成本，增强企业竞争力。实施肉类工业冷链物流建设工程。着力培育一批以大中城市为销售重点的区域性肉品加工配送企业。跨区域销售的肉类工业企业全部配置与流通范围相适应的冷链设施。应用现代物流技术和节能减排技术改造冷库、冷藏运输设备等基础设施。加强大型冷藏保鲜设施建设，增加冷藏运输车辆和工具的配备，对肉类食品专业批发市场按照冷链物流配送的要求进行标准化改造，建成肉品分割配送中心，建立无断链的肉类冷链物流体系。

（七）积极培育产业集群

根据畜禽养殖区域布局规划和屠宰行业发展规划，以肉类加工为主导，促进饲料、养殖、屠宰、加工、包装、冷链物流以及机械装备、食品添加剂、调味品等相关领域在内的符合循环经济要求的肉类加工绿色产业集群发展。

实施肉类工业绿色产业集群工程。按照生态工业物质流动模式和提高能源、资源利用率的基本要求，着力实现园区内主导产业与相关产业的共生和资源的循环利用，实行管理创新，减少资源消耗、提高资源利用率、减少污染排放。构建新的产业组织模式和管理机制，不断提升肉类加工产业循环经济体系建设水平和运行的整体协调性。

专栏3 肉类工业绿色产业集群工程

1. 减少能源消耗 按照生态工业物质流动模式和提高能源、资源利用效率的基本要求，进行肉类加工园区循环经济体系的建设或改造规划，优化产业布局，着力实现园区内主导产业与相关产业的共生和循环、资源能源的循环利用和梯级利用，特别是减少能源和水资源消耗。

2. 有效利用资源 加强对畜禽血液、脏器、骨组织、皮毛绒等副产物资源的综合开发利用，实现全行业副产物综合利用率达到80%。研究开发畜禽副产物增值利用技术、副产物有效成分的高效分离提取技术、产品纯化及回收技术、产品精制技术，开发生化药物等高附加值产品，发展绿色环保加工处理技术，实现经济、生态和社会效益的统一。

3. 减少污染排放 研究开发屠宰加工污水减排技术、加工废水差异化回收综合利用技术、冷冻冷藏设备冷却水回收技术、冲洗用水等流量控制技术，开发并集成水污染物减排技术。单位产值能耗比2010年降低16%，单位工业增加值用水量降低30%，主要污染物COD和NH_3 - N减排分别达到15%和10%。

4. 实行管理创新 结合肉类加工绿色产业集群工程，构建新的产业组织模式和管理机制，不断提升肉类加工产业循环经济体系建设和运行的整体协调性。

四、区域布局

（一）屠宰与肉类分割加工

根据农业部对生猪、肉牛、肉羊及禽类养殖的区域布局规划和商务部《全国生猪屠宰行业发展规划纲要（2010—2015年）》，积极推动畜禽主产区发展与屠宰紧密衔接的肉类分割加工业。在稳步发展猪肉产品生产的同时，重点发展牛羊肉和禽肉生产，提高其在肉类总量中的比重。结合各地具体情况和条件，扩大冷鲜肉和小包装分割肉生产，稳定冻肉生产、降低热鲜肉的产销比重，形成以市场需求为导向、布局合理、特色鲜明的畜禽屠宰和肉类分割加工新格局。进一步调整生产结构和区域布局，在沿海、东北、中部、西南四大地区的生猪主产县以及地方猪的主产地，发展与生猪屠宰紧密衔接的分割加工及副产品加工；在中原、东北、西北、西南四大地区的肉牛主产县，发展与肉牛屠宰紧密衔接的分割加工及副产品加工；在中原、中东部、西北、西南四大地区的肉羊主产县，发展与肉羊屠宰紧密衔接的分割加工及副产品加工；在华北、长江中下游、华南、西南、东北、西北等地区的优势区域，发展与地方鸡屠宰紧密衔接的分割加工及副产品加工；在长江中下游、东南沿海、西南、黄淮海、东北松花江等地区的优势区域，发展与地方鸭、地方鹅屠宰紧密衔接的分割加工及副产品加工。在满足国内肉食需求的基础上，着重发展沿海地区、东北地区的生猪分割加工，适度发展对东南亚和俄罗斯等周边国家和地区的出口；着重发展新疆的肉牛和肉羊分割加工；着重发展农牧交错带、西北和西南地区的肉羊分割加工，适度发展对中东、西亚、东南亚和南亚各国的羊肉出口；着重发展华北地区、长江中下游地区和华南地区的禽类分割加工，适度发展对东亚及港澳地区的禽肉出口。

（二）肉制品加工

加快扩大低温肉制品的生产，发展肉类产品的精深加工，开发低温肉制品、调理肉制品和速冻方便肉制品；进一步扩大腌腊制品、酱卤制品、熏烧烤制品、干制品等中式肉制品生产。结合我国具有地方特色的畜禽生产布局，相应调整产业投资方向，大力推动传统中式肉制品的工业化生产，努力把西式产品注重营养、方便和中式产品注重色、香、味、形的饮食文化特点结合起来，培育和发展一批在国内外市场上具有竞争优势的民族特色品牌，提升我国传统肉制品的市场竞争力。结合大中城市和东部沿海发达地区屠宰企业的外移，利用原有屠宰厂的基础设施进行技术改造，转型为适合当地消费特点的肉制品及副产品加工企业；结合畜禽屠宰与肉类分割加工区域布局结构的调整，在畜禽主要产区新建肉制品及副产品加工企业，创建优势品牌的产业集群，扩大销售市场。结合我国具有地方特色的畜禽生产，相应调整产业投资的区域布局，通过建设保种繁育基地、实施标准化生产等措施，大力推动传统肉制品的工业化生产，培育优势品牌，提升我国传统肉类食品的市场竞争力。

（三）冷库及冷链物流配送体系

按照节能环保、资源节约、安全运行的要求，以市场为导向，构建现代化冷库和冷链物流配送网络。对现有的冷库设施和冷链物流系统进行技术改造升级，加快淘汰落后的制冷设备、水循环设备。结合屠宰及肉类加工企业的区域布局，积极采用先进技术，新建一批技术新、效率高、规模大、跨区域的冷链物流配送中心。

为有效保障肉类食品的品质，根据不同产品特点，加强冷链物流配送体系的建设。其中，猪肉冷链物流体系建设，重点发展中部、华南到沿海地区，以及东北到京津地区的冷链物流；同时，要加快大中城市猪肉冷链配送的发展，推广品牌冷鲜肉消费。牛羊肉冷链物流体系建设，重点发展中部到京津、环渤海和长三角地区，西北到中亚、中东，以及西南到华南的冷链物流。

五、政策措施

（一）完善产业政策法规体系

加强宏观调控，健全和完善相关法律法规和技术标准体系，进一步完善产业、科技、环保、土地、财税、金融、流通、工商等相关政策，加强部门间配合以及产业政策的衔接，加大对肉类加工业的支持力度，为行业发展创造有利的政策环境。鼓励地方政府和大型肉类加工企业根据本规划制定本地区肉类产业或本企业发展实施方案。

（二）加大财政和金融支持力度

加大中央和地方财政支持力度，充分利用现有财政政策及资金渠道，对肉类加工产业和产业集群公共服务平台建设、企业技术改造、企业诚信体系建设、肉制品安全、节能减排、重点装备自主化以及自主品牌建设等重点项目给予支持。中国农业发展银行及商业银行对符合国家产业政策和贷款条件的肉类加工项目和企业技术改造提供信贷支持，对实力强、资信好、效益佳的企业优先安排贷款，增加授信额度；支持符合条件的肉类加工企业通过在银行间债券市场发行短期融资券、中期票据、中小企业集合票据等方式拓宽融资渠道，募集生产经营资金。

（三）鼓励兼并重组和淘汰落后

鼓励经营规模大、带动能力强的肉类加工龙头企业，遵循资源配置和市场规律，实施企业兼并重组；继续在流动资金、债务核定、职工安置等方面给予政策支持。各级政府要建立企业退出机制，明确淘汰标准，量化淘汰指标，加快淘汰落后产能，优化产业结构。

（四）加强产品质量安全管理

按照食品安全管理理念，建立以风险监测、预警分析为基础的肉类食品安全保证体系。深入开展食品安全专项整治，大力整顿肉类加工企业，全面清理生产过程中使用非法添加物和滥用食品添加剂行为，加快建立健全产品召回及退市制度。加快肉类食品质量安全检（监）测能力建设，建立无缝隙覆盖的质量安全检（监）测体系。各级政府要切实承担安全监管责任，建立从生产、加工、流通到消费各环节全程监管的部门协同机制，完善肉类食品质量安全保障体系。

（五）加快推进企业诚信体系建设

深入推进肉类食品工业企业诚信体系建设，引导和支持企业建立诚信制度、实施国家标准；组织企业参与诚信评价活动，做好行业质量诚信宣传，严格行业自律；积极支持企业诚信体系必备的基础设施建设，鼓励社会资源向诚信企业倾斜。在政府采购、招投标管理、公共服务、项目核准、技术改造、融资授信、社会宣传等环节参考使用企业诚信相关信息及评价结果，对诚信企业给予重点支持和优先安排。

（六）充分发挥行业组织作用

充分发挥行业组织联系政府和企业的桥梁纽带作用，鼓励行业组织积极参与国家、地方有关政策法规、食品安全标准的制修订工作。加强行业自律，推动行业诚信建设，宣传、普及食品安全知识。加强对肉类加工业发展重大问题的调查研究，组织企业及时反映行业情况、问题和诉求。强化对肉类加工业相关信息的统计和发布，构建完善的信息网络平台和发布渠道，更好地为企业服务。

六、规划组织实施

工业和信息化部、农业部会同有关部门共同组织本规划的实施，形成部门、地方、行业组织分工协作、共同推进的工作机制，加强对规划实施的统一协调、精心组织，建立规划实施动态评估机制，及时做好产业发展形势的分析和信息发布工作，落实各项任务和工作措施。各地相关主管部门要按照职责分工，结合本地实际，抓紧制定与本规划相衔接的实施方案，落实相关配套政策。相关行业协会要充分发挥桥梁和纽带作用，积极参与相关工作，协同推动本规划的贯彻落实。

食品安全国家标准“十二五”规划

（卫生部　卫监督发［2012］40号　2012年6月11日）

根据《食品安全法》及其实施条例和国家食品安全监管相关规划，为做好食品安全国家标准工作，完善食品安全国家标准体系，制定本规划。

一、食品安全标准现状

（一）建设成效

食品安全国家标准属于强制性国家标准，是保护公众身体健康、保障食品安全的重要措施，是实现食品安全科学管理、强化各环节监管的重要基础，也是规范食品生产经营、促进食品行业健康发展的技术保障。各部门、各地高度重视食品安全标准制定、修订工作。近年来，我国食品安全标准工作取得明显成效。《食品安全法》公布施行前，我国已有食品、食品添加剂、食品相关产品国家标准2 000余项，行业标准2 900余项，地方标准1 200余项，基本建立了以国家标准为核心，行业标准、地方标准和企业标准为补充的食品标准体系。

《食品安全法》公布施行后，食品安全标准工作力度逐步加大，又取得了新进展，主要有：一是完善食品安全标准管理制度。公布实施食品安全国家标准、地方标准管理办法和企业标准备案办法，明确标准制定、修订程序和管理制度。组建食品安全国家标准审评委员会，建立健全食品安全国家标准审评制度。二是加快食品标准清理整合。重点对粮食、植物油、肉制品、乳与乳制品、酒类、调味品、饮料等食品标准进行清理整合，废止和调整了一批标准和指标，初步稳妥处理现行食品标准间交叉、重复、矛盾的问题。三是制定公布新的食品安全国家标准。已制定公布269项食品安全国家标准，包括乳品安全国家标准、食品添加剂使用、复配食品添加剂、真菌毒素限量、预包装食品标签和营养标签、农药残留限量以及部分食品添加剂产品标准，补充完善食品包装材料标准，提高了标准的科学性和实用性。四是推进食品安全国家标准顺利实施。积极开展食品安全国家标准宣传培训，组织开展标准跟踪评价，指导食品行业严格执行新的标准。五是深入参与国际食品法典事务。担任国际食品添加剂和农药残留法典委员会主持国，当选国际食品法典委员会亚洲区域执行委员，主办国际食品添加剂法典会议、农药残留法典会议，充分借鉴国际食品标准制定和管理的经验。

（二）存在问题和制约因素

受食品产业发展水平、风险评估能力等因素制约，现行食品安全标准还存在一些突出问题，主要表现在：一是标准体系有待进一步完善。《食品安全法》公布前，各部门依职责分别制定农产品质量安全、食品卫生、食品质量等国家标准、行业标准，标准总体数量多，但标准间既有交叉重复、又有脱节，标准间的衔接协调程度不高。二是个别重要标准或者重要指标缺失，尚不能满足食品安全监管需求，例如部分配套检测方法、食品包装材料等标准缺失。三是标准科学性和合理性有待提高。目前标准总体上标龄较长，食品产品安全标准通用性不强，部分标准指标欠缺风险评估依据，不能适应食品安全监管和行业发展需要，影响了相关标准的科学性和合理性。四是标准宣传培训和贯彻执行有待加强。食品安全标准指标多、技术性强、强制执行要求高，社会高度关注，需要进一步完善标准管理制度和工作程序，改进征求意见的方式方法，做好标准的宣传解读和解疑释惑等工作。

食品安全国家标准工作的制约因素有：一是食品安全国家标准的基础研究滞后，风险评估工作尚处于起步阶段，食品安全暴露评估等数据储备不足，监测评估技术水平有待提高。二是保障机制有待建立完善，目前专门的食品安全国家标准技术管理机构缺乏，人员力量严重不足，标准工作经费严重不足，与当前标准制定、修订工作不相适应，在一定程度上影响了标准工作的质量。三是标准专业人才队伍建设有待加强。我国食品安全标准研制基础薄弱，专业人才不足且较分散，研制标准的能力和水平不能适应当前的工作需要。

二、指导思想、基本原则和目标

（一）指导思想

以邓小平理论和“三个代表”重要思想为指导，深入实践科学发展观，认真贯彻实施《食品安全法》及其实施条例，坚持“预防为主、科学管理”的原则，以保障公众身体健康为宗旨，以食品安全风险评估为基础，积极借鉴国际经验，加快我国食品标准清理整合，制定科学合理、安全可靠的食品安全国家标准，基本构建保障人民群众健康需要、符合我国国情的食品安全国家标准体系。

（二）基本原则

1. 坚持依法制定食品安全国家标准的原则　食品安全国家标准要体现《食品安全法》立法宗旨，以保护公众健康为出发点和落脚点，落实食品安全法律法规要求，涵盖与人体健康密切相关的食品安全要求。

2. 坚持以风险评估为基础的科学性原则　食品安全国家标准要以食品安全风险评估结果为依据，以对人体健康可能造成食品安全风险的因素为重点，科学合理设置标准内容，提高标准的科学性和实用性。

3. 坚持立足国情与借鉴国际标准相结合的原则　制定食品安全国家标准应当符合我国国情和食品产业发展实际，兼顾行业现实和监管实际需要，适应人民生活水平不断提高的需要，同时要积极借鉴相关国际标准和管理经验，注重标准的操作性。

4. 坚持公开透明的原则　完善标准管理制度，注重在标准制定、修订过程中广泛听取各方意见，拓宽征求意见的范围和方式，鼓励公民、法人和其他组织积极参与食品安全国家标准制定、修订工作，保障公众的知情权和监督权。

（三）主要目标

——清理整合现行食品标准　到2015年基本完成食用农产品质量安全标准、食品卫生标准、食品质量标准以及行业标准中强制执行内容的清理整合工作，基本解决现行标准交叉、重复、矛盾的问题，形成较为完善的食品安全国家标准体系。

——加快制定、修订食品安全国家标准　进一步提高食品安全国家标准的通用性、科学性和实用性，建立基本符合我国国情的、与产业发展和食品安全监管工作相适应的食品安全国家标准体系。

——完善食品安全国家标准管理机制　建立程序规范、公开透明、政府主导、部门配合、全社会共同参与的食品安全国家标准管理体制和工作机制，提高食品安全国家标准审评工作的科学性和公正性。

——强化标准宣传贯彻和实施工作　大力开展食品安全国家标准的宣传培训，促进各部门、各单位学习贯彻食品安全国家标准，督促食品生产经营单位认真实施食品安全国家标准，进一步改善食品安全状况。

三、主要任务

（一）全面清理整合现行食品标准

对现行食用农产品质量安全标准、食品卫生标准、食品质量标准以及行业标准中强制执行内容进行清理，解决标准间交叉、重复、矛盾等问题。对涉及食品安全的指标和强制执行的质量指标进行比较分析，确定标准清理的原则和方法并开展清理工作。到2013年底，基本完成对现行2 000余项食品国家标准和2 900余项食品行业标准中强制执行内容的清理，提出现行相关标准或技术指标继续有效、整合和废止的清理意见。2015年底前基本完成相关标准的整合和废止工作。

（二）加快制定、修订食品安全基础标准

按照“边清理、边完善”的工作原则，在对现行食品标准开展清理的同时，积极借鉴国际组织和国外食品安全标准，加快制定、修订食品安全国家标准，完善我国食品安全国家标准体系，解决食品安全重要标准不足和标准不配套等问题，提高标准的科学性。重点做好食品中污染物、真菌毒素、致病性微生物等危害人体健康物质限量，农药和兽药残留限量，食品添加剂使用、食品营养强化剂使用，预包装食品标签和营养标签，食品包装材料及其添加剂等食品安全基础标准制定、修订工作。2015年年底前，修订食品污染物、真菌毒素、农药和兽药残留等限量标准和食品添加剂使用、食品营养强化剂使用标准，制定食品中致病性微生物限量标准、食品生产经营过程的指示性微生物控制要求、即食食品微生物控制指南，科学设置食品产品中的微生物指标、限量和控制要求，完善食品容器、包装、加工设备材料标准和食品容器、包装材料用添加剂使用等食品相关产品标准。

（三）完善食品生产经营过程的卫生要求标准

按照加强食品生产经营过程安全控制的要求，做好食品生产经营规范标准制定、修订工作，强化原料、生产过程、运输和贮存、卫生管理等要求，规范食品生产经营过程，预防和控制食品安全风险。2015年底前，制定公布食品、食品添加剂生产企业卫生规范、经营企业卫生规范、保健食品良好生产规范等20余项食品安全国家标准，基本形成食品生产经营全过程的食品安全控制标准体系。按照食品类别、生产经营方式等特点，进一步细化食品生产经营过程中控制食品污染的要求和规定。

（四）合理设置食品产品安全标准

根据食品不同特性和可能存在的风险因素，以风险评估为依据，将肉类、酒类、植物油、调味品、婴幼儿食品、乳品、保健食品等主要大类食品以及食品添加剂产品标准作为食品产品安全标准工作的优先领域，制定食品安全基础标准不能涵盖的危害因素限量要求和食品安全相关的强制性质量指标，标准制定中将侧重通用性和覆盖面，避免标准间的重复和交叉。2015年底前，制定、修订肉类、酒类、植物油、调味品、婴幼儿食品、乳品、食品添加剂、保健食品、水产品、粮食、豆类制品、饮料等主要大类食品产品安全标准，制定已有国际标准或已有进口贸易但我国尚缺失相关标准的食品产品安全标准。

（五）建立健全配套食品检验方法标准

以食品安全国家标准规定的限量指标配套检测方法为重点，建立完整配套的食品检验方法与规程标准体系。2015年底前，重点制定、修订食品中各类污染物、真菌毒素、致病性微生物、农药和兽药残留以及食品添加剂和食品相关产品等分析检测方法标准，进一步完善食品毒理学安全性评价程序和检验方法等标准。

（六）完善食品安全国家标准管理制度

按照食品安全国家标准要科学合理、安全可靠的要求，进一步完善食品安全国家标准管理制度和工作程序。健全食品安全国家标准广泛征求意见的机制，保障反馈意见渠道畅通。2012年底前，公布食品安全国家标准跟踪评价规范等相关制度。2013年底前，完善食品安全国家标准立项、制定、修订、征求意见、标准审评、审评委员会委员管理、标准公布以及标准申报、咨询和解释等管理制度和工作程序，加强标准制定、修订过程中的风险沟通与交流，使标准制定、修订工作更加公开、透明。

（七）加强食品安全国家标准的宣传和贯彻实施

加大食品安全国家标准公布实施后的宣传、培训、咨询和跟踪评价等工作力度，促进食品安全国家标准的贯彻实施。重点做好食品安全国家标准宣传和标准相关科普知识的宣传，特别是技术性强、公众普遍关注标准的宣传和解读，及时解答各方关注的标准问题，督促行业、企业主动执行食品安全国家标准，监管部门依法、依标准做好食品安全监管，开展食品安全国家标准跟踪评价，掌握标准执行情况和存在的问题，适时修订完善食品安全国家标准。

（八）开展食品安全国家标准的相关研究

根据食品安全标准制定、修订工作需要，系统开展食品安全国家标准相关基础研究工作，增强食品安全国家标准的科学性和实用性。2015 年底前，基本完成食品安全风险评估原则在食品安全国家标准制定中的应用研究、国际食品安全标准追踪比较研究、食品中微生物指标体系设置研究、主要功能类别食品添加剂使用原则等基础研究，并在标准工作中积极转化和应用研究成果。

（九）提高参与国际食品法典事务的能力

根据食品安全国家标准体系建设需要，积极参与国际食品法典委员会工作，学习和借鉴国际食品标准管理经验，同时参与国际食品法典标准制定、修订工作，维护我国食品贸易利益。到 2015 年，实现全面参与国际食品法典委员会各项活动，动态跟踪食品法典标准工作，全面了解世界贸易组织（WTO）主要贸易成员食品安全标准体系，跟踪其食品安全法规、标准工作进展，做好 WTO/SPS 通报及评议工作，参与或牵头与我国食品贸易利益密切相关的国际食品标准制定、修订和相关技术交流，不断完善国际食品添加剂法典委员会和农药残留法典委员会主持国、亚洲地区执行委员工作。

四、保障措施

（一）建立食品安全国家标准协调配合工作机制

由卫生部、发展改革委、科技部、工业和信息化部、财政部、农业部、商务部、工商总局、质检总局、粮食局、食品药品监管局、国家标准委、国家认监委、国务院食品安全办等部门建立食品安全国家标准会商机制，加强协调配合，共同研究食品安全国家标准体系建设重大问题，协商落实食品安全国家标准规划各项工作，细化分解本规划确定的任务，明确具体工作的目标，确保各项工作有序开展。卫生部牵头本规划的组织实施，会同各相关部门开展标准清理和制定、修订工作。食品各相关监管部门要积极配合，参与食品国家、行业标准的清理，提供日常监测和监督检查数据，敦促行业和企业按照食品安全国家标准组织生产经营，及时收集、汇总食品安全国家标准在执行过程中存在的问题，并及时通报卫生部门。行业部门要主动参与和配合标准体系建设，配合做好标准制定、修订和标准宣传、行业引导等工作。

（二）加大对食品安全国家标准建设的投入

国家财政要继续加大对食品安全国家标准制定、修订工作经费的支持力度，重点支持开展本规划确定的重点标准制定、修订工作，保障经费投入，同时严格监管标准工作经费使用，确保经费使用高效、合规。充分利用现有食品标准研制机构和行业组织，设立各类标准的技术性平台，参与标准制定和修订、宣传和技术咨询等工作。

（三）加强食品安全标准的人才队伍建设

加强国家食品安全风险评估中心和食品安全国家标准审评委员会秘书处建设，引进优秀领军人才，增加标准研制和管理工作人员配备，充实食品安全标准技术力量。加强对重点科研院校、技术机构专业人才的标准化培训，加快培养一支数量足、水平高的从事标准研制的专家队伍，做好食品安全标准制定、修订工作。

（四）督促落实各项工作任务

根据食品安全监管和标准管理要求，卫生部会同有关部门及时、科学、动态调整规划，制定年度实施计划，认真组织落实好规划。同时，及时组织对本规划工作任务进行检查，加强督促检查和效果评估，确保每项任务落实到位。

国家食品安全监管体系“十二五”规划

（国务院办公厅　国办发〔2012〕36 号　2012 年 6 月 28 日）

为进一步加强食品（包括食用农产品，下同）安全监管工作，不断完善国家食品安全监管体系，保障人民群众身体健康和生命安全，促进食品行业健康发展，根据《中华人民共和国食品安全法》、《中华人民共和国农产品质量安全法》、《中华人民共和国国民经济和社会发展第十二个五年规划纲要》和党中央、国务院有关决策部署，制定《国家食品安全监管体系“十二五”规划》（以下简称《规划》）。

一、食品安全监管体系现状

（一）工作成效

近年来，各地区、各有关部门认真贯彻落实党中央、国务院决策部署，不断强化食品安全监管措施，积极完善食品安全监管体制机制，推动健全食品安全法规标准体系，加强检验检测和风险监测评估能力建设，严格实行生产经营许可制度，全面加强进出口食品安全监管，深入开展专项整治和执法检查，严厉打击食品安全违法犯罪行为，食品安全科技支撑能力逐步提高，食品安全水平稳中有升，食品安全形势总体稳定并趋于好转。

1. 食品安全监管体制机制不断完善　在长期管理实践中形成的统一协调与分工负责相结合的食品安全监管体制机制不断发展完善。2010 年 2 月，国务院设立食品安全委员会统筹指导食品安全工作；设立国务院食品安全办作为食品安全委员会的办事机构，加强对全国食品安全工作的综合协调和督查指导。各省（自治区、直辖市）成立了由政府负责同志牵头的食品安全委员会等议事协调机构。农业、卫生、工商、质检、食品药品监管等部门注重食品安全监督管理内设机构建设，监管力量不断加强。

2. 食品安全法律法规和标准体系初步形成　食品安全法及其实施条例、农产品质量安全法、刑法修正案（八）、乳品质量安全监督管理条例等相关法律法规公布实施，为加强食品安全监管、严厉打击违法犯罪行为提供了有力的法律依据。有关部门系统开展了法规清理和配套规章、规范性文件制修订工作。组建食品安全国家标准审评委员会，制定食品安全标准审查制度，初步建立了食品安全标准体系。我国已有食品、食品添加剂、食品相关产品国家标准近 1 900 项；食品安全法实施后，及时开展标准清理整合工作，新公布食品安全国家标准 185 项，清理农药兽药残留限量指标 2193 项。积极参与国际标准的制修订工作，在国际食品法典委员会第 29 届会议上，我国当选为国际食品添加剂法典委员会和农药残留法典委员会主持国。

3. 食品安全监督执法成效明显　各地区、各有关监管部门不断加强食品安全日常监督执法，并针对食品生产经营各环节、领域的重点难点问题开展了系统治理整顿，陆续组织开展了严厉打击食品非法添加和滥用食品添加剂、“瘦肉精”、“地沟油”违法犯罪等专项工作和乳制品、食用油、肉类、酒类、保健食品等重点品种综合治理，查处了一批典型案件，严惩了违法犯罪分子，消除了大量食品安全隐患。

4. 食品安全风险监测和评估工作有序开展　建立了国家食品安全风险监测制度。由 1 个国家级、31 个省级、288 个地市级监测技术机构组成的食品污染物和有害因素监测网，1 个国家级、31 个省级、226 个地市级和 50 个县级监测技术机构组成的食源性致病菌监测网，对食品中农药残留、兽药残留、重金属、生物毒素、食品添加剂、非法添加物质、食源性致病生物等方面的 154 项指标开展监测，初步掌握了我国主要食品中化学污染物和食源性致病菌污染的基本状况。依托传染病网络直报系统和 312 个医疗机构建立了食物中毒、食源性疾病监测报告系统。建立了国家农产品质量安全例行监测制度，监测范围覆盖 31 个省（自治区、直辖市）的 144 个主要大中城市。初步建立了进出口食品、食用农产品及饲料安全风险监控体系。建立了国家食品安全和农产品质量安全风险评估制度，成立了国家食品安全风险评估专家委员会和农产品质量安全风险评估专家委员会，开展了我国主要食品和食用农产品中重金属和农药兽药残留的风险评估，并积极参与国际食品安全风险评估相关工作。

5. 食品安全检验检测能力逐步提高　“十一五”期间，中央财政安排 55.1 亿元专门用于支持农业、质检、粮食、食品药品监管系统的食品安全检验机构建设，强化了检验仪器配备，各系统的检验能力得到提高。截至 2010 年年底，隶属于农业、商务、卫生、工商、质检、粮食、食品药品监管等 7 个部门、具备食品检验能力的检验机构达到 6 300 多家（其中专门食品检验机构近 1 000 家），拥有检验人员 6.4 万名。

6. 食品安全应急管理能力不断加强　各地区、各有关部门高度重视突发食品安全事件应对工作，不断完善应急预案，加强应急队伍建设，组织开展应急演练，建立快速反应机制，及时有效处置了多起食品安全事件，最大限度地减轻了事件造成的影响和损失。同时，密切监测食品安全舆情，迅速组织核查问题线索，及时稳妥发布信息回应社会关切。圆满完成了四川汶川特大地震等抗灾救灾以及北京奥运会等重大活动的食品安全保障任务。

7. 食品行业诚信体系建设逐步推进　研究制定了《食品工业企业诚信体系建设工作指导意见》及实施方案，发布了《食品工业企业诚信管理体系建立及实施通用要求》和《食品工业企业诚信评价准则》，食品行业诚信体系建设工作已拓展到各省（自治区、直辖市），启动了乳制品、肉类食品、葡萄酒、调味品、罐头、饮料行业诚信建设试点工作。开展了“餐饮服务食品安全百千万示范工程”。实施了食品经营主体信用分级监管。建成了产品质量信用记录发布平台，发布了《信用基本术语》、《企业质量信用等级划分通则》等 9 项国家标准。

8. 宣传教育和社会监督得到加强　深入开展了食品安全普法宣传工作，广泛宣传政府及有关部门加强食品安全工作的重大部署和政策措施，集中宣传食品安全专项治理行动及其成效，及时曝光典型案例及查处进展情况，增强了社会公众消费信心，震慑了违法犯罪分子。建立了食品安全有奖举报制度，公布举报投诉电话，受理并核查了大量食品质量安全问题。

（二）主要问题

当前，在食品安全监管体制机制、法律法规、政策标准、监测评估、检验检测、人才队伍、技术装备等方面，还存在一些亟待解决的问题；食品行业产业化、规模化、集约化程度不高，基础薄弱，产地环境污染问题较为严重；企业主体责任落实不够，质量安全控制投入不足，管理能力不强，行业诚信道德体系建设滞后；危害食品安全的违法犯罪行为屡禁不止，食品安全风险隐患依然较多，食品安全事故时有发生，食品安全监管面临的形势依然复杂严峻。

1. 监管体制机制尚不健全　我国的食品管理体系主要是围绕保障食品供给建立起来的，食品安全监管能力明显滞后。食品安全监管体制以分段监管为主、品种监管为辅，监管环节较多，在实践中还存在监管职能不清、责任不明等问题。综合协调机制仍待完善，一些地方还没有建立综合协调机制、明确办事机构；各监管环节衔接不够紧密，监管力量分散，缺乏信息、资源共享机制，监管效率较低。一些地方政府监管责任制及责任追究制不完善，监管责任落实不到位。

2. 监管能力较为薄弱　各级食品安全监管部门尤其是基层单位，存在人员不足、装备滞后、一线执法快速检测能力较低等问题。食品安全检验检测能力不能满足食品安全监管需要，特别是中西部地区和基层还存在大面积空白，专业技术人员不足，仪器设备配置和实验室环境条件不能适应检测需要，一些检验机构仪器设备利用率不高，信息难以共享，高端检测仪器设备大量依赖进口，难以为保障食品安全提供全方位的技术支撑。此外，食品安全事件应急处置中信息报送、发布不畅，部门间、区域间协调联动不够，应急队伍装备落后，快速反应能力有待进一步提高。

3. 法规和标准体系有待完善　食品安全法配套法规规章还不健全，相关法律法规之间衔接不畅，对食品安全违法犯罪行为的惩处力度仍需加大。地方性法规制定滞后，大部分地区尚未制定针对食品生产加工小作坊、食品摊贩的管理办法。统一的食品安全标准体系尚未完全形成，部分食品卫生标准、质量标准、食用农产品质量安全标准以及行业标准存在缺失、滞后、重复以及相互矛盾的问题，食品安全标准整合及制修订任务繁重，相关投入尚不能满足实际工作需要。

4. 风险监测评估和科技支撑能力仍需提高　我国食品安全风险监测、评估工作起步较晚，风险监测体系有待进一步完善，监测网点数量、监测范围、监测技术机构数量和能力等与实际需要仍有较大差距。食品安全风险评估能力仍然薄弱，专业技术人员缺乏，系统性风险防范能力有待加强。对食品安全规律的系统性研究不够深入，食品安全管理理论与方法、检验检测技术与设备、过程控制技术等领域的研究相对不足，科研成果应用前安全性评估不够，基础数据缺乏，食品安全隐患识别能力不强。

5. 食品安全宣传教育亟待加强　一些食品生产经营单位及其从业人员法制观念不强，责任意识淡薄，主体责任不落实，甚至不讲诚信、见利忘义、违法犯罪，针对食品生产经营单位及其从业人员的食品安全宣传教育仍需加强。食品安全培训体系尚不健全，培训机构和师资较少，培训内容缺乏针对性，对各级监管执法人员的专业培训普遍不足。公众食品安全意识和食品安全基础知识水平仍需提高，食品安全科普宣传力度亟待加大。

二、指导思想、建设原则和建设目标

（一）指导思想

以邓小平理论和“三个代表”重要思想为指导，深入贯彻落实科学发展观，坚持以人为本、预防为主、提升能力、标本兼治，健全体制机制，落实各方责任，加大投入力度，优化整合资源，强化科技支撑，推进诚信体系建设，不断提高依法监管、科学监管、全程监管的能力，推动食品安全水平稳步提高，切实保障人民群众饮食安全，促进食品行业健康发展，为实现全面建成小康社会的宏伟目标作出应有贡献。

（二）建设原则

1. 统筹规划、合理布局　对全国食品安全监管体系建设进行总体部署，统筹食品产业发展与食品安全监管，统筹不同区域、不同环节、不同层级的食品安全监管能力建设。合理布局食品安全监管资源，重点加强市、县两级监管能力及农村、城乡结合部等薄弱地区监管能力建设，加大对监测、检验等能力建设投入力度。

2. 整合资源、突出重点　有效整合存量资源，挖掘潜力，提高效率，促进食品安全监管队伍、信息、监测、检验、科技、宣教等资源共享，提高食品安全监管整体能力。突出建设重点，科学配置增量资源，坚持节约高效，避免重复建设。

3. 规范建设、科学监管　在广泛调研、深入研究基础上，科学制定相关能力建设标准，健全监督机制，督促各地区、各有关部门依照标准严格执行，保

障食品安全监管体系建设与运行的规范化。加大食品安全监管领域科研攻关力度，借鉴国际先进技术和经验，积极推广应用先进适用的技术和方法。

4. 分级负责、分步实施　按照现行事权划分原则，合理确定各级政府及相关部门建设任务。地方各级政府要加强领导，各监管部门各司其职、各负其责，严格按照《规划》总体要求，结合实际制定周密计划，分级分步组织实施，有序推进各项任务的落实。

5. 政府引导、社会参与　发挥政府政策引导作用，调动行业企业、新闻媒体、社会公众等各方面积极性，提高公众食品安全科普知识普及水平，共同参与食品安全监管体系建设。

（三）建设目标

到"十二五"期末，基本建立起适合我国国情，预防为主、全程覆盖、责任明晰、协同高效、保障有力的食品安全监管体系，米、面、油、蔬菜、肉、乳品、蛋、水产品等重点食品质量安全状况持续稳定良好，食品安全水平显著提升，城乡居民饮食安全得到切实保障。具体目标如下：

1. 县级以上地方政府均建立健全食品安全综合协调机制，并明确办事机构。省、市、县三级食品安全监管队伍全面完成装备配备的标准化建设，监管执法水平明显提高。食品安全事故防范处置能力进一步增强，重大食品安全事故得到有效防范和处置。

2. 食品安全标准体系进一步完善。基本完成现行食用农产品质量安全标准、食品卫生标准、食品质量标准和有关食品行业标准中强制执行标准的清理整合工作。

3. 风险管控水平明显提高，基本建立起以风险评估为基础的防御体系。食品污染物和有害因素监测覆盖全部县级行政区域，监测点由 344 个扩大到 2 870 个；监测样本量从 12.4 万个/年扩大到 287 万个/年。食源性疾病监测网络哨点医院由 312 个扩大到 3 120 个，流行病学调查、资料汇总单位由 274 个扩大到 3 236 个。在优势农产品主产区建立食用农产品质量安全风险监测点，蔬菜、水果、茶叶、生鲜乳、蛋、水产品和饲料国家级例行监测和监督抽检数量达到每万吨 3 个样品，出栏畜禽产品达到每万头（只）3 个样品，监测抽检范围扩大到全国所有大中城市和重点产区。

4. 国家级风险评估机构建设成为人才结构合理、技术储备充分、具有较强科学公信力和国际影响力的食品安全权威技术支持机构，能够全面承担食品安全风险监测、评估、预警和交流等方面的技术保障工作。

5. 食品安全检验能力显著提高，满足监管工作需要，以国家级检验机构为龙头，省级检验机构为骨干，市、县级检验机构为基础，布局合理、全面覆盖、协调统一、运转高效的食品安全检验检测体系进一步完善。检验仪器设备自主化水平明显提升，基层检验机构和食品生产企业检验仪器设备自主化比重显著提高，部分自主化高端产品进入省级、国家级检验机构。

6. "三品一标"（指无公害农产品、绿色食品、有机农产品、农产品地理标志，下同）产品产地认定面积占食用农产品产地总面积的比例从 30%提高到 60%。

7. 向我国出口食品的境外食品生产企业均经国家出入境检验检疫部门注册；向我国出口食品的境外出口商和代理商均经国家出入境检验检疫部门备案。

8. 食品生产经营者安全信用档案全面建立，规模以上食品生产企业、所有食品经营者和中型以上餐馆、学校食堂、中央厨房、集体用餐配送单位信用档案实现电子化。

9. 乳品电子追溯系统覆盖所有婴幼儿配方乳粉和原料乳粉生产经营单位。肉类蔬菜电子追溯系统覆盖全国城区人口 100 万以上以及西部城区人口 50 万以上城市。酒类产品电子追溯系统覆盖试点产品生产经营单位。保健食品电子追溯系统覆盖所有保健食品生产经营单位。

10. 食品生产经营者诚信守法意识和质量安全管理水平、公众食品安全意识和认知水平显著提高。各级食品安全监管人员每人每年接受食品安全集中专业培训不少于 40h；各类食品生产经营单位负责人、主要从业人员每人每年接受食品安全培训不少于 40h；公众食品安全基本知识知晓率达到 80%以上，中小学生食品安全基本知识知晓率达到 85%以上。

三、总体布局与主要任务

"十二五"期间，着力建成较为完善的法规标准、监测评估、检验检测、过程控制、进出口食品安全监管、应急管理、综合协调、科技支撑、食品安全诚信和宣教培训等 10 个体系。

（一）法规标准体系

——加强食品安全法律法规体系建设　继续推进法规清理工作，加快食品安全法和农产品质量安全法的配套法规、规章和规范性文件的制修订，促进法律法规有效衔接。完成食品召回、退市食品处置、食品安全可追溯、突发食品安全事件应急处置、食品安全事故调查处理、食品安全风险监测评估、食源性疾病报告、食品从业人员管理、食品安全诚信和新资源食品、保健食品、食品添加剂、酒类、畜禽屠宰、进出口食品、粮食、食品相关产品监管等方面的行政法规和规章制修订。推动食品安全地方立法，加快制定食品生产加工小作坊和食品摊贩管理等地方性法规。加强食品安全行政执法与司法的衔接，完善食品安全刑事侦查和立案标准等相关配套规定，提高刑事责任追究效率。坚持有法必依、执法必严、违法必究，加大打击震慑力度，依法从重惩处食品安全违法犯罪行为。

——*完善食品安全标准体系* 加强食品安全标准制修订工作，尽快完成现行食用农产品质量安全、食品卫生、食品质量标准和食品行业标准中强制执行标准的清理整合工作，加快重点品种、领域的标准制修订工作，充实完善食品安全国家标准体系。各地要根据监管需要，及时制定食品安全地方标准。鼓励企业制定严于国家标准的食品安全企业标准。推进食品安全标准管理机构建设，完善标准管理制度，严格食品安全国家标准审评，加强标准制定中的风险评估工作，提高标准科技水平。加强对食品安全标准的宣传贯彻和跟踪评价，促进标准落实。积极推动标准研究中的国际合作，持续开展与国际食品法典及相关国家、地区食品安全标准的系统对比研究，参与国际食品标准制修订工作。建立保障人民群众健康需要、适应我国国情并与国际接轨的食品安全标准体系。

（二）监测评估体系

——*完善风险监测体系* 依据食品安全法，整合各部门监测资源，建立统一的国家食品安全风险监测体系，对食源性疾病、食品污染以及食品中的有害因素进行统一、有计划的监测。完善卫生部牵头、相关部门密切配合的食品安全风险监测工作机制，统一制定实施国家食品安全风险监测计划，统一监测管理体系和工作程序，统一规范监测数据的报送、归集、分析和发布。依据农产品质量安全法，完善相关制度措施，加强食用农产品质量安全风险监测、例行监测和监督抽检工作。实现食品安全风险监测与食用农产品质量安全风险监测数据共享。完善数据报送网络和报送方式，逐步实现数据电子化实时报送，提高报送时效性，促进数据在各部门间的共享、共用。严格质量控制，保证数据的代表性、连续性、系统性。加强对监测数据的评价分析，重点强化食源性疾病发病趋势及病因分析，提高发现食品安全系统性风险的能力。推动监测与监管的联动衔接，将监督抽检数据纳入监测数据统一分析，实现监测结果向监督执法环节及时反馈，提高监督执法的针对性和时效性。

——*健全风险评估体系* 提高食品和食用农产品风险评估能力，健全风险评估制度和工作机制，强化风险评估人才队伍建设，建立科学有效的评估方法，系统开展总膳食调查和食物消费量调查，逐步提高食品安全危害识别、危害特征描述、暴露评估以及风险特征描述的整体能力，充分发挥风险评估对食品安全监管的支撑作用。

——*科学开展食品安全风险预警* 建立健全食品安全风险预警制度和机制，加强风险预警相关基础建设，完善风险预警渠道。以现有资源为基础构建和完善预警所需信息数据库，逐步提高预警能力。在综合分析研判监管执法、风险监测、风险评估、风险交流等信息基础上，分层次、多渠道地开展科学有效的风险预警。

（三）检验检测体系

——*完善食品安全检验检测体系* 建立有效的食品安全检验检测机制，增强检验技术服务的独立性，使各类检验机构向所有食品安全监管部门提供同等检测服务；科学统筹、合理布局新建检验机构，避免重复建设。结合分类推进事业单位改革，有序推进政府所属食品检验机构社会化。通过政策引导和政府购买服务等多种方式，促进第三方食品检验机构发展。食品生产经营者按有关要求提高自检能力。严格检验机构资质认定和管理，提高检验结果的公信力。推进食品检验信息共享，要求承担政府委托食品检验任务的检验机构逐步连接入网，推动检验报告、数据电子化，实现实时调取、查询。

——*强化食品安全监督抽检* 加大监督抽检经费保障力度，科学制定监督抽检计划，切实保障食品安全监督管理需要。根据风险监测结果、重大食品安全隐患、投诉举报线索等，确定监督抽检重点，加大对专供婴幼儿及其他特定人群食品和原粮、米、面、油、蔬菜、肉、乳品、蛋、水产品等大宗食品的监督抽检力度。加强统筹协调，强化地域间、部门间监督抽检计划的协商、结果通报和信息共享，减少重复抽检。规范食品快检设备和技术认定，明确快检设备生产资质要求，加强基层监管队伍快检设备的配备和应用，提高抽检针对性和效率。

——*推进检验仪器设备自主化* 重点支持检验仪器设备自主化项目，通过集中招标、市场换技术等办法，采取自主创新和引进、吸收消化再创新等方式，力争在高性能检验仪器设备自主化方面有所突破，着力缓解我国中高端检验仪器设备长期依赖进口、价格昂贵、维护成本高等问题。

（四）过程控制体系

——*加强食品产业链全过程的质量安全控制，提高各环节监管能力* 严格市场准入，严把食品生产经营许可关。强化食品安全源头管理，继续推进全国农产品产地安全状况调查和评价，加快食用农产品禁止生产区域划分工作，实施农产品产地环境安全分级管理。强化农业生产过程质量控制，实施良好农业规范，严格控制禁限用农药、兽药等农业投入品的生产、销售和使用，积极发展生态农业；大力推进农业标准化生产，扎实推动农产品质量安全监管示范县和农业标准化生产示范创建工作，使全国优势农产品主产区规模以上生产主体基本实现标准化，大幅度提高无公害农产品生产面积，增加“三品一标”产品总量规模，依法落实农产品质量安全监管责任。严格生猪定点屠宰准入，对定点屠宰企业关键生产环节开展实时监控，促进屠宰企业规范化生产；加强对牛、羊、禽类屠宰的监管。在食品生产加工环节推行良好生产规范、危害分析与关键控制点体系和食品防护计划；完善生产加工环节食品风险监测和排查制度，加强食品生产系统性和区域性质量安全问题的防控和处置。加强现代物流体系建设，强化食品集中交易批发市场的建设和监管，加强产销对接，提高食品储存、运输、流通的质量安全控制。加强餐饮服务环节量化分级管理，积极推行餐饮服务食品安全操作规范，强化加工制作的过程控制要求；在餐饮服务单位全面推行餐厨废弃物规范化处理。制定各环节监督检查操作规范，将进货查验、生产经营记录、出厂检验作为企业落实主体责任和监管部门实施过程监管的主要内容，细化监督检查要求。完善食品退市、召回制度，加强对问题食品处理过程的监督。

——*鼓励食品生产经营企业获得相关认证，严格认证管理* 完善产业政策，推进结构优化，不断提高食品产业现代化、规模化、标准化水平。加强食品质量安全溯源管理，建立健全追溯制度，强化食用农产品种植养殖、食品生产加工、食品流通、餐饮服务、食品进出口等环节生产经营记录，加强各环节衔接，确保食品质量安全可追溯。运用物联网等技术建立食品安全全程追溯管理系统，统筹规划各类食品安全追溯系统建设，统一追溯编码要求，保证追溯链条的完整性和兼容性。逐步建立全国互联互通的食品安全验证验票管理体系，推动建立资质证明、检验报告等电子查询系统。

（五）进出口食品安全监管体系

加强进出口食品安全监管，完善进出口食品风险监测制度，强化进出口食品质量安全监测，保障进出口食品安全。进一步完善基于风险分析、符合国际惯例的进口食品安全监管体系。严格实施准入制度，加强对出口国食品安全体系的检查、评估，有效实施进口食品生产企业注册和境外出口商或代理商备案制度，确保相关企业依照我国食品安全国家标准生产向我国出口的食品。健全国外食品生产企业、进出口商和销售商信誉记录，完善进口食品追溯体系，推进进口预包装食品标签管理系统的应用，有效实施对进口食品的追溯管理。进一步健全源头备案、过程监督和产品抽检的出口食品安全监管体系，加强出口食品质量安全示范区建设。加强与主要贸易国家、地区在进出口食品安全法规标准、监管措施、信息共享等方面的交流合作。

（六）应急管理体系

——*制定完善应急预案* 地方各级人民政府、各食品安全监管部门要尽快制定并不断完善本地区、本部门的食品安全应急预案，严格落实预案规定的日常防控、舆情监测、隐患排查、紧急处置、事故调查、信息发布等制度措施，组织开展食品安全应急演练。

——*加强应急处置能力建设* 建立健全应急指挥决策系统、食品安全事故报告系统、预警信息发布系统，强化应急物资储备，提高应急检验技术水平和应急处置效率。加强应急队伍建设，建设以食品安全监管队伍为基本力量，以各级疾病预防控制和医疗救治队伍为专业力量，以协管员、信息员和志愿者为补充力量的食品安全应急队伍体系。

（七）综合协调体系

逐步完善食品安全监管体制，明晰各相关部门监管职责，消除职责交叉和监管空白；健全食品安全监管综合协调机制，加强综合协调能力建设，提高监管效能。强化中央与地方及部门之间、地区之间的协调联动，推进食品安全信息化建设，健全资源共享、联合执法、信息通报、隐患排查、应急联动、事故处置等机制；建立健全公安机关与食品安全监管部门办案协作机制，推动公安机关建立专门的食品安全案件侦办队伍。选择若干市、县开展综合执法试点，通过相对集中监督执法人员和设备等方式，充分整合各部门食品安全监管执法力量，促进解决基层监管力量薄弱和分散的问题。完善考核评价体系，加强对地方政府和部门食品安全工作的监督检查和考核评价。制定食品安全违法违纪责任追究办法，严格落实监管责任。

强化县级以上地方人民政府对食品安全工作的属地管理责任，加强对食品安全监管工作的领导、组织和协调，将食品安全监管工作纳入本地区经济社会发展规划和政府工作考核目标，制定并组织实施食品安全监管工作年度计划；切实加大投入，加强食品安全监管队伍建设，配备与食品安全监管职责相适应的人员，保障经费和工作条件，提升各级、特别是基层监管队伍装备配备水平。加强对重点食用农产品产区、重点食品生产经营企业及婴幼儿食品、食品添加剂等重点品种的监管；强化对农村、城乡结合部等食品安全薄弱地区的监管，推进市县两级农产品质量安全监管机构能力建设，尽快建立和完善乡镇农产品质量安全监管公共服务机构；加强餐厨废弃物综合治理，推进资源化利用。

（八）科技支撑体系

完善我国食品安全科技支撑体系，加强科技支撑能力建设，提高科研水平，为食品安全科学监管提供理论指导和技术支撑。加大支持力度，加快解决食品安全领域科技难题。推动食品安全学科建设，强化食品安全专业教育，加强科技人才培养，建设具有自主创新能力的专业化食品安全科研队伍。整合行政部门、大专院校、科研院所、行业企业等各方面科技资源，集中力量打造高水平食品安全科技平台。加强食品安全领域科技资源的统筹协调，促进科研仪器设备、科学数据等的开发、共享和高效利用。加强国际交流合作，及时引进、吸收、利用国际先进技术成果；增强食品安全科技研究的自主创新能力，提高自主化水平。建设食品安全科技数据库，收录食品安全基础数据和科研成果，实现食品安全科研信息共享。进一步加强食品安全科技综合示范建设，推动食品安全科研成果的运用，加强科研成果使用前的安全性评估。建立国家食品安全专家库，利用现代信息通信手段，为各级食品安全监管工作提供技术咨询。

（九）食品安全诚信体系

强化食品生产经营者第一责任人意识和诚信意识，督促食品生产经营者细化并落实主体责任。依托组织机构代码实名制和身份证信息，全面建立并动态更新各类食品生产经营者的食品安全信用档案，细化完善档案记录信息，逐步实现信用档案电子化和全国联网。加快食品生产经营行业诚信体系建设，完善信用信息的征集、披露、使用制度，推进信用信息共享，健全奖惩机制。建立实施“黑名单”制度，及时向社会公布生产经营者的食品安全信用信息，对有不良信用记录的生产经营者增加监督检查频次，在融资信贷、用地等方面予以限制；对信用良好的企业，在技改投入、品牌培育等方面予以支持。充分发挥行业协会作用，加强行业管理，规范、引导、督促行业自律，营造食品安全诚信环境，培育食品安全诚信文化。

（十）宣教培训体系

贯彻落实《食品安全宣传教育工作纲要（2011—2015年）》，建立比较完善的食品安全宣教工作机制。通过多种形式开展经常性科普宣教，普及食品安全知识，提升公众食品安全基本知识知晓率。对各级政府及监管部门负责人、食品安全监管人员加强法律法规、标准、科学知识、监管专业技术、应急处置能力等培训。加强各类食品生产经营单位从业人员培训。加强对各级检验机构、特别是市县级检验机构技术人员的专业技术培训。加强医疗卫生机构有关人员食源性疾病诊疗技术培训。鼓励有专业技术能力的大专院校、科研院所、医疗卫生机构、行业组织等开展食品安全相关培训。建立有效的风险交流机制，畅通交流渠道，强化政府、企业、公众、媒体等之间的交流。加强与世界卫生组织、联合国粮农组织、世界贸易组织、国际食品法典委员会等国际组织和相关国家、地区的食品安全交流与合作。鼓励和支持社会监督。加强食品安全信息发布和解疑释惑工作，积极引导社会舆论，支持媒体科学、准确、客观地进行相关报道，更好地发挥舆论监督作用。认真核实、查处媒体反映的食品安全问题，对发现重大线索的新闻媒体给予奖励和表彰。充分发挥群众监督作用，设立乡村、社区食品安全协管员、信息员；畅通消费者投诉举报和批评、建议渠道，推行有奖举报制度，逐步建立统一的食品安全举报电话，健全食品安全投诉的快速受理、高效处置机制。

四、重点建设项目

“十二五”期间，针对食品安全监管体系的薄弱环节和突出问题，着力建设9个涉及全局、部门和地区难以独立解决的重点项目。

（一）食品安全国家标准建设

加强食品安全标准制修订能力建设，加快清理整合现行食品安全相关标准，统一公布为食品安全国家标准；重点做好食品添加剂标准、食品包装材料标准、食品生产经营规范、餐饮服务环节食品安全控制标准、农药和兽药残留标准、致病微生物标准、食品污染物标准、检验方法标准和重点产品标准等的制修订工作。

（二）监测评估能力建设

逐步增设食品和食用农产品风险监测网点，扩大监测范围、监测指标和样本量，使风险监测逐步从省、市、县延伸到社区、乡村，覆盖从农田到餐桌全过程。建立统一的国家食品安全风险监测数据库，及时、完整收录食品污染物和有害因素、食用农产品质量安全、粮食质量安全、食品生产加工和进出口食品风险、保健食品质量安全、餐饮消费环节食品风险、食源性疾病等监测数据、有毒有害物质及其毒理学数据和总膳食调查数据。改善国家级风险评估机构工作保障条件，通过有效措施吸引优秀专业人才，重点加强食品安全风险监测参比实验室、监测质量控制、风险监测数据采集与分析、评估预警技术研究与应用、信息技术应用、国际交流与合作等领域的能力建设。

（三）检验检测能力建设

统筹考虑地域分布和实际监管工作需要，按照“提高现有能力水平、按责按需、填平补齐、避免重复建设、实现资源共享”的原则，制定并实施各级食品安全检验机构能力和装备配备标准，以提升现有检验机构能力水平为主，统筹、强化各级食品安全检验能力，特别是加快最急需、最薄弱环节以及中西部地区和基层食品安全检验能力建设，重点解决“检不出、检得慢”的问题。总体上，使若干国家级食品安全检验机构达到国际先进水平，具有较强的科研开发和仲裁检验能力；各省（自治区、直辖市）具备较高的食品安全检验分析能力和一定的研发能力，具备我国食品安全国家标准要求的全项目确证检验能力；各市（地、州）基本具备按食品安全检验方法标准开展检验的能力，具备对当地主要食品种类、重要食品质量安全项目的实验室检验能力及快检能力；各县（市、区）具备对常见食品微生物、重金属、理化指标的实验室检验能力及现场定性速测能力。具体建设任务通过有关部门制定的食品安全检验检测能力专项建设规划落实。

积极稳妥地推进县级检验资源整合，鼓励省、市级检验资源根据实际情况进行整合。选择若干市、县试点探索食品检验资源优化整合的有效模式，实现统一利用人员设备，统一计划安排检验任务，统一归口管理检验经费，共享检验信息。对于在检验资源整合方面取得成效的地区，国家在建设资金上给予优先支持。

（四）监管队伍装备标准化建设

制定实施食品安全监管执法装备配备标准，强化省、市、县三级监管队伍和食品安全事故应急处置专业队伍标准化配备，结合本地实际，按照填平补齐、适用适宜的原则，配备现场快速检测设备、现场执法与调查取证设备、通信设备等，满足各有关部门依法履行监管职责的需要。特别要加强县级监管队伍快检设备配备，为一线执法人员开展日常监管提供技术支撑。

充分依托现有资源，针对食品安全事件的特殊性，加强稀缺检测试剂、急救药品等应急物资储备。加强国家食品安全应急物资紧急生产和配送的能力储备，缓解重要应急物资峰值需求，减轻经常性储备压力；完善应急物资调拨与紧急配送体系，确保应急物资及时供应。

（五）食品安全追溯系统建设

按照循序渐进原则，先行在婴幼儿配方乳粉和原料乳粉、肉类、蔬菜、酒类产品、保健食品等方面实现电子追溯，并逐步拓展到其他重点食品品种。

1. *婴幼儿配方乳粉和原料乳粉电子追溯系统*

建设全国联网的婴幼儿配方乳粉和原料乳粉电子追溯系统，实现从奶源、采购、生产、出厂、运输直至销售终端全程实时追踪监控，确保在任何环节都能对产品快速辨别真伪。推进生产流通企业电子信息追溯设施建设。选定统一的追溯手段和技术平台，识别、记录和交换追溯信息，并与执法信息平台衔接，实现重要数据在企业、市场与政府部门间的共享；建设统一的信息查询系统，便于消费者、政府部门等各方面查询。

2. *生鲜农产品质量安全追溯系统* 以蔬菜、肉类和淡水鱼等“菜篮子”产品为重点追溯对象，建设国家、省、市、县四级农产品质量安全追溯信息管理平台，实现跨部门、跨地域追溯信息共享，形成互联互通、协调运作的追溯工作网络。在生产环节，积极引导生鲜农产品重点产区及“三品一标”产品和“三园两场”（蔬菜、水果、茶叶标准园，畜禽养殖标准示范场、水产健康养殖场）等标准化示范区建设，在所有生鲜农产品重点产区及标准化示范区全面推行农产品标识准出和生产档案信息化管理。在流通环节，支持有条件的城市从建设肉类蔬菜流通追溯体系入手，强化农产品标识准入管理，推进索证索票、购销台账电子化。以统一追溯技术标准为手段，加强产地准出与市场准入衔接，实现各环节追溯信息互通共享，打造从种植养殖源头到消费终端的全过程追溯体系。

3. *酒类电子追溯系统* 按照“企业主导、政府推动、便捷追溯、品牌示范”的原则，应用互联网等技术，建立全国酒类电子追溯系统；选择若干品牌知名度高的酒类商品开展溯源试点工作，并逐步推广。在生产环节初步建立酒品防伪与追溯管理的一体化解决方案，在流通环节健全批发过程信息管理网络，在零售与消费服务环节健全经营者履责和消费者监督的复核机制，为在全程建立信息关联、责任衔接、查证可信的酒类流通物联网打下基础，初步实现酒类商品来源可追溯、去向可查证、责任可追究。

4. *保健食品电子追溯系统* 在试点基础上，建成全国统一、全面覆盖的保健食品质量安全电子追溯系统。运用信息化手段，建设国家、省、市、县四级追溯管理平台，实现生产经营各环节信息互联互通，实施产品许可、生产许可、索证索票、购销台账电子化管理，形成从原材料采购、生产、运输直至销售终端的全过程电子追溯链条，实施全过程监控。引导、督促企业落实生产经营各项制度，鼓励生产企业开展电子防伪和质量安全追溯体系建设。建立统一的信息查询和投诉系统，鼓励社会各方面查询与监督。

（六）国家食品安全信息平台建设

加强食品安全监管信息化建设的顶层设计，根据国家重大信息化工程建设规划的统一部署，建立功能完善、标准统一、信息共享、互联互通的国家食品安全信息平台（见下图）。国家食品安全信息平台由一个主系统（设国家、省、市、县四级平台）和各食品安全监管部门的相关子系统共同构成。主系统与各子系统建立横向联系网络。

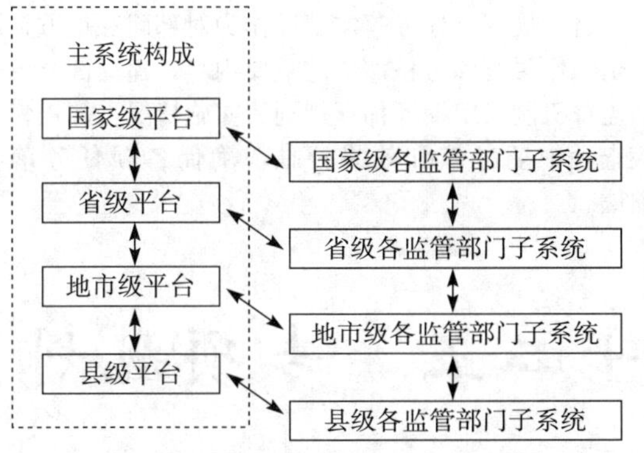

国家食品安全信息平台示意图

国家级平台依托国家食品安全风险评估中心建设；省、市、县三级平台按照国家统一的技术要求设计，由同级食品安全办组织建设。各级科技、工业和信息化、环境保护、农业、商务、卫生、工商、质检、粮食、食品药品监管等部门根据职能分工和主系统功能要求建设子系统。国家食品安全信息平台主系统与各子系统对接，并延伸到信息使用终端。主系统要实现对各子系统数据的实时、全权调用，可实时向各类终端发布预警等信息。各子系统通过主系统实现信息共享。各地区、各有关部门可根据工作需要在该平台基础上扩展功能。

国家食品安全信息平台建设要按照分步实施、逐步融合的原则，充分利用现有信息资源，采取主系统和子系统共同规划设计、各有关单位分头组织建设的方式进行。“十二五”期间，优先开展监测检验、监管执法、法规标准等方面的信息化建设。

（七）食品安全科技支撑能力建设

通过国家科技计划、基金或专项等渠道，加大食品安全科技研发投入，集中力量重点开展7个方面的科技攻关。一是在食品安全管理理论与方法研究方面，重点研究食品安全战略、监管体制机制、法规制度、标准体系、关键政策等，确立我国食品安全综合评价指标体系。二是在食品安全风险评估研究方面，重点研究风险评估技术，开展新技术、新工艺、新材料的风险评估和高风险污染物暴露评估，建立相关评估模型和数据库，获得我国污染物暴露评估国家参数。三是在食品安全标准研究方面，重点开展重要污染物、真菌毒素、致病微生物等相关基础性研究和食品添加剂技术必要性研究。四是在检验检测技术和装备研发方面，重点研究食品和食用农产品中有毒有害物质及非法添加物检测技术，研发新型快速检测、在线监测控制、食物中毒综合诊断技术和设备。五是在食品安全预警、溯源技术研究方面，重点研发食品安全预警系统、溯源防伪信息数据系统和食源性疾病溯源系统。六是在农业标准化生产和全程质量控制技术方面，重点开展食用农产品产地环境安全评价指标体系、产地环境污染因素修复与净化、大宗食用农产品重金属、霉菌和生物毒素等控制技术研究，开发高效低毒、低残留农药等新型农业投入品。七是在食品生产流通过程控制技术方面，开展具有生物累积效应的食品污染物在食物链中的迁移转化规律及控制技术研究和耐药菌耐药机理研究，研发食品生产加工和流通储存过程中有害物质的风险控制技术和装备。

（八）食品安全培训能力建设

依托各级行政学院、党校或大专院校、科研院所等单位加强食品安全培训，开展对地方各级政府相关负责同志和食品安全监管部门负责同志、业务骨干的食品安全定期轮训。加强培训能力建设，充实师资力量，开展科学研究、决策咨询，编写食品安全培训教材，开设食品安全培训系列课程，增加专业教学设备，配备相关实验仪器和模型，建设必要的食品安全事故应急处置实物与模拟训练系统。

（九）食品安全科普宣传能力建设

加强食品安全科普资源建设，整合科普挂图、科普影视作品、科普展览、科普宣传册等优质科普资源，为开展经常性和应急科普宣传提供充足的科普资源储备。基于互联网搭建食品安全科普资源支撑平台，开设食品安全网络科普宣传栏目，为基层组织开展食品安全科普宣传提供权威、便捷的数字化科普资源共享服务。着力打造一批精品科普栏目、节目、宣传片，充分利用报刊、广播、电影、电视、互联网、手机等各类媒介，加大食品安全科普宣传力度。建立食品安全科普专家库，定期为社会各界提供科学、权威、及时的食品安全科普知识。利用“科学家与媒体面对面”平台，提高媒体科学传播能力，及时解疑释惑。

五、保障措施

（一）加强组织领导

各地区、各有关部门要从落实科学发展观、构建和谐社会的高度，充分认识加强食品安全监管体系建设对于保障和改善民生、加快转变经济发展方式、全面履行政府社会管理和公共服务职能的重要意义，加强组织领导，细化分解《规划》任务，明确建设任务分工和进度安排，按计划、有步骤地抓紧抓好各项工作，确保如期、全面实现各项目标。

（二）保障经费投入

建立与食品安全监管职责相匹配的财政经费投入保障机制，各级政府要加大对食品安全监管体系建设投入力度，发挥政策导向作用，引入市场机制，积极引导社会各方面资金投入。中央投入向中西部地区和基层倾斜。严格监督管理项目建设经费，确保资金高效、合规使用。

（三）完善政策措施

根据食品安全法等法律法规的要求，制定相关的配套政策和实施细则，加强政策之间的衔接协调，保障《规划》顺利实施。制定落实优惠政策，鼓励相关地区、行业和企业积极参与《规划》重点项目的建设。

（四）强化指导衔接

切实发挥《规划》对“十二五”期间食品安全监管体系建设的总体指导作用，加强相关国家专项规划、部门规划和地方规划与《规划》的有效衔接。各地区、各有关部门要结合各自职责，密切配合，确保食品安全监管年度工作计划与《规划》衔接，认真贯彻落实《规划》的各项任务和要求。

（五）严格督查评估

将《规划》任务落实情况作为对部门和地方食品安全工作督查和考核评价的重要内容，建立健全评估和监督机制，定期评估《规划》实施情况，加强督促检查、中期考核和效果评估，确保各项任务落实到位。

食品产业科技发展“十二五”专项规划

（科学技术部　国科发计［2012］960号　2012年10月10日）

本规划以《国家中长期科技发展规划纲要(2006—2020年)》、《国家“十二五”科学和技术发展规划》、《“十二五”食品工业发展规划》和《“十二五”农业与农村科技发展规划》为依据，以大宗食用农产品加工与物流、食品精深制造和质量安全为重点，提出食品产业“十二五”科技发展的总体思路、发展目标和主要任务。

一、形势与需求

食品产业是涵盖食用农产品初级加工与储运保鲜、食品加工与精深制造、产品物流与质量安全控制各环节的现代制造业。是与营养科学、食品科学、现代医学及生物、信息、工程、新材料和先进制造等新技术密切关联，与国民营养健康息息相关的民生产业和基础产业。21世纪以来，我国食品产业进入了高速发展时期。2010年总产值突破6万亿元，占GDP的4.6%。预计未来5～10年食品产业仍将保持快速增长的态势，成为拉动内需、增加就业、保障民生和促进经济增长的重要产业。

“十一五”期间，我国食品产业科技取得了显著的成效，食品科学等基础性研究得到整体发展，食品工程化加工新技术与新设备取得重要突破，大宗食用农副产品加工转化、工业化食品综合加工和食品质量安全控制等重大共性关键技术水平明显提高，对促进食品产业高速发展，实现从农产品与食品初级加工到精深制造与高效利用的转变发挥了积极的支撑作用。但与世界先进水平相比尚存在较大差距。我国食品企业整体规模小，增长方式亟待改变；自主创新能力弱，原始创新成果少；关键技术装备落后，长期高度依赖国外；食品质量安全问题突出，成为社会热点问题；节能减排技术开发滞后，科技支撑明显不足。

面对人口与食品、资源与环境等多重压力，世界食品产业科技正在向多领域、多梯度、高技术、智能化、深层次、精加工、低能耗、低排放、全利用、高效益、可持续的方向发展。食品质量安全保障已进入从农田到餐桌全产业链过程控制和全程干预技术快速发展的新阶段。食品营养、安全、方便、健康成为了食品产业发展的主题。“十二五”期间，必须切实加强我国食品产业基础科学与新技术研究，提高食品产业源头创新能力。大力开展食品产业重大共性技术与核心关键技术及装备开发研究，提升我国食品产业核心竞争力，支撑食品产业可持续发展。

二、总体思路与发展目标

（一）总体思路

依据促进食品产业升级、保障食品质量安全和低碳经济发展的重大科技需求，瞄准国际食品产业科技发展前沿，坚持以产品创制为向导，以企业为主体，产学研紧密结合，加强基础研究，强化自主创新，突破技术瓶颈，支撑食品产业发展。重点加强大宗食用农产品大量转化与高效利用、工业化食品综合加工与精深制造及农产品现代物流三个方面的技术创新，重点开展食品科学和营养科学等基础理论研究，大力加强前沿新技术与装备的开发研究，积极推进食品产业科技重大共性关键技术的集成创新与新产品创新，引领和带动食品产业技术升级，为我国食品产业向营养、安全、方便、高效和低碳方向发展提供有力的科技支撑。

（二）发展目标

显著增强食品产业基础理论研究水平和能力；突破一批食品产业前沿技术和核心关键技术，形成一批专利和标准。开发一批食品制造的新工艺、新产品和新装备。建立一批产业化示范基地，培育一批具有较强国际竞争力的企业集团。构建食品产业科技创新平台，形成以企业为主体的食品产业科技创新体系。大幅度提升食品产业自主创新能力和核心竞争力，为全面提高我国食品质量安全的综合保障水平，加速迈入世界先进国家行列的进程注入强劲动力。

三、主要任务

（一）食品组分变化规律与食品科学基础研究

围绕食品营养、安全和绿色制造主题，重点开展食品加工过程中组分结构变化规律、分子营养与重要生物活性因子靶向作用机制、食品生物工程代谢组学、食品加工过程中危害物的产生机制与质量安全过程干预控制理论等基础性研究，为营养安全食品的分子设计与绿色制造控制技术发展提供理论基础。

（二）食品工程化加工制造新技术研究与装备开发

以突破食品工程化制造关键技术和装备为核心，重点开展新型杀菌与非热加工、高效节能组合干燥、质构重组与超微化加工、深低温急冻与食品冷链物流等食品工程化重大共性关键技术与装备开发研究，实现核心装备开发和创新能力的显著提升。

（三）食品生物工程技术研究与产品创制

以增强我国食品生物制造核心竞争力为目标，重点开展优良品微生物高通量筛选、蛋白质分子修饰与功能改造、油脂生物炼制等食品生物工程前沿技术研究，突破食品细胞工程、发酵过程和酶工程等食品生物工程新技术，创制系列新产品。

（四）食品危害物精准识别与监控技术设备开发研究

以食品加工过程中质量安全过程控制与全程干预为重点，重点开展食品表征属性与器官品质识别技术和设备开发、食品痕量有害物质精准检测新技术等精准识别与鉴定技术研究，系统研究开发特征指纹、基因芯片、生物和仿生快速检测技术、开发食品感官品质识别装备传感器、可视芯片仪等快速便携监测设备。

（五）大宗食用农产品综合加工关键技术集成与产业化示范

围绕粮油、果蔬、畜禽水产品和林特产品等大宗与特色农副产品大量转化和综合利用问题，突破高效分离、定向重组、联合干燥、智能包装技术，集成综合加工与清洁生产等共性关键技术，开发一批规模化、自动化生产装备和重大新产品，提高我国农产品加工转化能力，促进农产品资源高效转化增值。

（六）食品精深加工与先进制造关键技术开发与新产品创制

围绕传统食品、方便食品、中式菜肴、发酵食品、营养功能食品等工业化食品综合加工和精深制造问题，突破标准化工业加工、连续化工程制造、智能化过程控制、新材料与新包装等核心关键技术，集成具有节能减排特征的食品先进制造技术与装备，形成技术体系和产品标准，创新系列产品，实现产业化示范。

（七）食品质量安全加工过程干预与控制关键技术设备开发

针对食品产业的重大质量安全问题，重点开展食品原料中危害物残留减控、加工过程的有害物质控制、储藏流通过程中有害微生物测控等食品质量安全过程控制与全程干预重大共性关键技术研究和设备开发；突破食品致敏原分子识别与脱敏、高精度快速在线检测、有害物抑制与智能化监控等共性关键技术。

（八）食用农产品物流共性关键技术与装备开发研究与产业化

以粮食、果品、蔬菜、畜禽、水产品等典型食用农产品为重点，系统开发物流环境精准调控、绿色包装与贮运保鲜、产品品质控制与数字仓储、智能装卸与信息化管理、可视化质量安全监测等核心技术与配套设施；开发新材料、新工艺和新装备，集成优化食用农产品绿色供应链综合保障技术，实现产业化示范。

四、政策与保障措施

（一）加强食品产业科技的顶层设计

建立多部门和地方政府共同参与的组织管理体系，成立组织实施领导小组和总体专家组，明确各自的职责分工。建立政府引导和大型食品企业集团参与的科技投入机制，形成政府引导下的多渠道投融资机制和政策环境。

（二）强化食品企业的创新主体作用

充分发挥食品企业在技术创新中的主体作用，建立产品创制与市场开发为向导、产学研紧密结合的协同创新机制，强化产业技术创新战略联盟作用，推进产学研融入式合作模式，促进科技资源共享和科技成果向现实生产力转化，有效提高食品产业的原始创新能力、集成创新能力和产业化示范带动能力。

（三）加强食品产业科技创新能力与平台建设

制定优惠政策，吸引和鼓励资本市场、企业及社会积极参与食品产业创新中心建设，形成一批有重要影响和支撑能力的国家重点实验室和国际工程技术中心及区域科技创新平台；通过项目、人才和产业创新基地建设的统筹实施，有效整合强势企业和优势科技资源，充分发挥部门、地方、企业和科技等各方特色，整体推进我国食品产业科技创新能力建设。

（四）加强食品产业人才培养和创新团队建设

着力推进食品产业科技创新型人才培养和创新团队建设工作，加强领军人才培养和国际一流创新团队建设，加强中青年高级专家、学科带头人及优秀创新团队建设，加强产业实用科技人才培养，提升我国食品产业技术创新能力。

（五）加强食品科技国际交流合作

加强我国食品产业界与国外一流科研机构、著名大学的合作，推进参与国际重大科技合作计划。重点建设中—美、中—加、中—欧等具有国际水平的国际联合实验室（研究中心）；结合“千人计划”等，吸引海外杰出科技人才或者优秀创新团队来华工作，促进食品产业科技人员的国家交流与合作。

中国烟草控制规划

（工业和信息化部等　2012年12月21日）

吸烟导致多种疾病，严重危害公众健康，是我国面临的最突出的公共卫生问题之一。近年来，我国烟草控制工作取得了积极进展，吸烟率出现下降趋势，公众对烟草危害健康的认识有所提高。但是我国吸烟人数多，烟草产量大，烟草危害重，烟草控制工作面临严峻挑战。加强烟草控制任务非常紧迫、意义十分重大。为全面推进我国烟草控制工作，减少烟草危害，保护公众健康，特制定本规划。规划期为2012—2015年。

一、我国烟草控制工作总体情况

我国是世界卫生组织《烟草控制框架公约》（以下简称《公约》）缔约方之一。自2006年1月9日《公约》对我国生效以来，我国烟草控制工作扎实稳步推进，较好地履行了《公约》规定的责任和义务。

（一）成立领导小组，建立履约机制

2007年4月，国务院批准成立了“烟草控制框架公约履约工作部际协调领导小组”（以下简称领导小组）。目前领导小组由工业和信息化部、卫生部、外交部、财政部、海关总署、工商总局、质检总局、烟草局等8个部门组成。工业和信息化部为组长单位，卫生部、外交部为副组长单位。在国务院的正确领导下，领导小组有效协调解决履约工作中的重大问题，及时提出履约相关法律法规调整意见，研究制定烟草控制有关政策，认真评估履约工作进展情况，积极参与《公约》相关议定书谈判和《公约》相关实施准则制定，较好地完成了我国控烟履约工作的阶段性任务。

（二）完善法律法规，健全政策体系

全国人大常委会在批准《公约》时作出声明“在中华人民共和国领域内禁止使用自动售烟机”。《国民经济和社会发展第十二个五年规划纲要》提出“全面推行公共场所禁烟”。卫生部修订《公共场所卫生管理条例实施细则》，作出“室内公共场所禁止吸烟，室外公共场所设置的吸烟区不得位于行人必经的通道上”等规定。国家烟草局、国家质检总局制定了《中华人民共和国境内卷烟包装标识的规定》，对烟草危害健康警语的内容、面积、轮换等作出明确规定。财政部、国家税务总局印发《关于调整烟产品消费税政策的通知》和《关于进口环节消费税有关问题的通知》，较大幅度地提高了国产和进口卷烟消费税。此外，国家有关部门印发了《关于2011年起全国医疗卫生系统全面禁烟的决定》、《关于进一步加强学校控烟工作的意见》、《关于严格控制电影、电视剧中吸烟镜头的通知》等，进一步健全完善了我国控烟法律法规和政策体系。

专栏1 我国公共场所禁烟相关法律法规

1. 全国性法律法规 《中华人民共和国烟草专卖法》第五条规定：国家和社会加强吸烟危害健康的宣传教育，禁止或者限制在公共交通工具和公共场所吸烟，劝阻青少年吸烟，禁止中小学生吸烟。《中华人民共和国未成年人保护法》第十一条规定：父母或者其他监护人应当引导未成年人进行有益身心健康的活动，预防和制止未成年人吸烟。第三十七条规定：任何人不得在中小学校、幼儿园、托儿所的教室、寝室、活动室和其他未成年人集中活动的场所吸烟。《公共场所卫生管理条例》第二条将公共场所划分为七大类28项。具体是指：①宾馆、饭馆、旅店、招待所、车马店、咖啡馆、酒吧、茶座；②公共浴室、理发店、美容店；③影剧院、录像厅（室）、游艺厅（室）、舞厅、音乐厅；④体育场（馆）、游泳场（馆）、公园；⑤展览馆、博物馆、美术馆、图书馆；⑥商场（店）、书店；⑦候诊室、候车（机、船）室、公共交通工具。

2. 部门规章和规定 《关于在公共交通工具及其等候室禁止吸烟的规定》第三条规定：除特别指定区域外，在下列公共交通工具及其等候室禁止吸烟：各类旅客列车的软卧、硬卧、软座、硬座、旅客餐车车厢内；各类客运轮船的旅客座舱、卧舱及会议室、阅览室等公共场所，长途客运汽车；民航国内、国际航班各等客舱内；地铁、轻轨列车，各类公共汽车、电车（包括有轨电车）、出租汽车，各类客渡轮（船）、游轮（船）、客运索道及缆车；各类车站、港口、机场的旅客等候室、售票厅及会议室、阅览室等公共场所；铁路、交通、民航的卫生主管部门和建设部的城建主管部门根据实际需要，确定的其他禁止吸烟场所。《公共场所卫生管理条例实施细则》第十八条规定：室内公共场所禁止吸烟。公共场所经营者应当设置醒目的禁止吸烟警语和标志。室外公共场所设置的吸烟区不得位于行人必经的通道上。公共场所不得设置自动售烟机。公共场所经营者应当开展吸烟危害健康的宣传，并配备专（兼）职人员对吸烟者进行劝阻。

3. 2006年以来部分地方性条例和规定 《北京市公共场所禁止吸烟范围若干规定》、《上海市公共场所控制吸烟条例》、《四川省公共场所卫生管理办法》、《广州市控制吸烟条例》、《杭州市公共场所控制吸烟条例》、《银川市公共场所控制吸烟条例》、《哈尔滨市防止二手烟草烟雾危害条例》、《天津市控制吸烟条例》等。

（三）开展控烟宣传，创建无烟环境

重点针对政府机关、医院、学校开展了创建“无烟单位”活动。结合世界无烟日主题发布年度控烟报告，采取多种形式加强吸烟危害健康的宣传工作。组织了全国戒烟大赛，深入开展中国烟草控制大众传播活动，充分调动媒体和社会公众积极参与烟草控制。成功举办了“无烟奥运”、“无烟世博”。明确要求卷烟零售户在柜台醒目位置摆放“禁止中小学生吸烟、不向未成年人售烟”的警示牌，做到不向未成年人出售烟草制品。严格限制烟草广告。

（四）规范烟草生产，打击非法贸易

专栏2 我国烟草市场总体情况

1. 我国卷烟市场增速趋缓、非法卷烟得到有效控制 中国是全球最大的烟草市场，烟草制品消费量约占全球总量的1/3。2006—2010年，中国卷烟销量年均增长3.7%，比菲莫国际、英美烟草、日本烟草、帝国烟草等四大跨国烟草公司加权平均增速低0.2个百分点，总体上呈逐年减缓趋势。同时，我国非法卷烟占国内市场的比重基本控制在4%以内，在全球处于领先水平。

2. 全球卷烟非法贸易非常严重 根据国际防痨和肺部疾病联合会撰写的《取缔全球卷烟非法贸易将增加税收、挽救生命》数据，2009年非法卷烟占全球卷烟市场的比重为11.6%，其中低收入国家为16.8%，中等收入国家为11.8%，高收入国家为9.8%。非法卷烟导致政府税收损失至少每年405亿美元。

加大烟草产业结构调整力度，严格控制新增投资，减少卷烟企业和品牌数量，防止盲目生产和过度竞争。认真执行烟草专卖法律法规，烟叶种植和卷烟生产严格执行国家指令性计划，禁止超计划生产。依法加强卷烟价格管理，严格限制“天价烟”上市销售。烟草专卖部门与公安、司法、海关、工商、质检等部门密切配合，建立联合打假打私机制，有效整顿和规范烟草市场秩序。2006—2010年，我国共查处案值5万元以上制售假烟案件3.1万余起，查获假烟385.4万件，依法拘留犯罪嫌疑人37 024人，其中追究刑事责任18 321人。

二、我国烟草控制面临的形势

近年来，我国坚持从实际出发，认真履行《公约》规定的责任和义务，烟草控制工作取得了积极进展。但是，当前和未来一个时期，我国烟草控制面临的形势依然十分严峻，存在许多亟待解决的矛盾和问题。

专栏 3　我国烟草流行情况

1. 成年男性吸烟率较高　我国成年男性吸烟率 1996 年为 63.0%，2002 年为 57.4%，2010 年为 52.9%，虽然呈现下降趋势，但目前仍处于高平台期。成年女性吸烟率 1996 年为 3.8%，2002 年为 2.6%，2010 年为 2.4%，总体保持较低水平。据推算，目前我国成年吸烟者总数超过 3.0 亿，其中男性 2.9 亿，女性 0.1 亿。

2. 青少年吸烟较为严重　我国 13～18 岁青少年吸烟率为 11.5%，其中男性为 18.4%，女性为 3.6%。尝试吸烟率为 32.4%，其中男性为 44.1%，女性为 19.9%。据推算，我国 13～18 岁青少年吸烟者约为 1 500 万，尝试吸烟者超过 4 000 万。

3. 二手烟暴露较为普遍　我国约有 7.4 亿非吸烟者遭受二手烟暴露，其中成年人 5.6 亿，青少年 1.8 亿，二手烟暴露率达 72.4%。公共场所是二手烟暴露最为严重的地方，其中餐厅二手烟暴露率达 88.5%，政府办公楼二手烟暴露率达 58.4%。

4. 戒烟意愿和服务不足　吸烟者中不打算戒烟的比例很高，达 44.9%。戒烟率略有上升，戒烟人数增加，但复吸比例高，戒烟成功率较低。目前的戒烟服务能力远远不能满足需要。与国际控烟先进国家相比，戒烟治疗、咨询及药物还没有纳入基本医疗保障体系，专业的戒烟治疗和咨询机构有限、能力不足。

5. 烟草危害后果严重　我国每年有超过 100 万人死于吸烟相关疾病。据估算，如目前的吸烟状况不改变，预计到 2050 年，这个数字将突破 300 万。

（一）吸烟人口数量众多，烟草危害后果严重

我国吸烟者人数众多，吸烟和二手烟暴露十分普遍。目前成年吸烟人数超过 3.0 亿，男性吸烟率达 52.9%，居于世界前列。青少年吸烟状况不容乐观，现有 13～18 岁青少年吸烟者约 1 500 万，尝试吸烟者超过 4 000 万，青少年吸烟率达 11.5%。公共场所、工作场所吸烟现象严重，有 7.4 亿非吸烟者遭受二手烟暴露，暴露率达 72.4%。吸烟和二手烟暴露导致癌症、心血管疾病和呼吸系统疾病等大量发生，每年死于吸烟相关疾病的人数超过 100 万，吸烟产生的医疗费用不断增加。

（二）宣传教育亟须加强，公众认识有待提高

我国控烟宣传教育覆盖面不够广、针对性不够强，社会公众对烟草危害的认识不足，大多数人未能全面了解吸烟对健康的危害，尤其是对吸烟或二手烟暴露会引起中风、冠心病以及多种恶性肿瘤等严重疾病的知晓率低，相当数量的人尤其是青少年没有充分认识到吸烟的具体危害和致瘾性。此外，“以烟送礼”、“以烟待客”现象较为普遍，尚未形成不送烟、不敬烟、不吸烟的社会风气。

专栏 4　我国烟草危害认知状况

1. 吸烟引起具体危害的知晓率低　2010 年全球成人烟草调查结果显示，目前我国 3/4 以上被调查人群未能全面了解吸烟对健康的危害，其中对吸烟会引起肺癌的知晓率为 77.5%，引起脑卒中的知晓率为 27.2%，引起冠心病的知晓率为 27.2%，而同时知晓吸烟会引起中风、冠心病和肺癌三种疾病的比例更低，仅为 23.2%。2/3 以上的被调查人群不了解二手烟暴露的危害，对二手烟会引起成人冠心病、儿童肺部疾病和成人肺癌的知晓比例分别为 27.5%、51.0%和 52.6%，而知晓二手烟会引起三种疾病的比例仅为 24.6%。

2. 我国控烟宣传教育力度不够　一是覆盖面不够广，社区、学校和农村存在大量薄弱环节；二是针对性不够强，对青少年、妇女等重点人群的宣传教育较少；三是宣传深度不够，烟草使用的具体危害和致瘾性揭示力度较弱；四是烟草的群体性消费、交际性消费普遍存在，对控烟宣传教育的接受度较低；五是经费和人力投入不足，控烟宣传效果不佳。

3. 卷烟包装健康危害警示作用不强　2010 年全球成人烟草调查结果显示，86.7%的吸烟者在卷烟包装上能看到“吸烟有害健康，戒烟可减少对健康的危害”或“吸烟有害健康，尽早戒烟有益健康”的健康警语，但其中 63.6%的吸烟者表示不会考虑戒烟。

（三）烟草行业涉及面广，转产替代任务艰巨

烟草税收是我国财政收入的来源之一，在国家财政收入中占有一定比重。2010 年，烟草行业缴纳各项税费 4 988 亿元，占全国财政收入总额的比重约为 6.0%。同时，全国现有 130 多万种烟农户、500 多万卷烟零售户和 50 多万烟草工商企业从业人员，与烟草生产经营直接相关的劳动人口超过 2 000 万，烟草行业在保障就业、增加收入方面具有一定作用。尤其是目前我国 80%以上的烟叶生产和 50%以上的卷烟生产均集中在老少边穷地区，这些地区经济社会发展对烟草行业依赖度很高，实现烟草转产和发展烟草替代种植需要一个较长的过渡阶段。

专栏 5　我国烟草行业总体状况

1. 烟草税收　2010 年，烟草行业缴纳各项税费 4 988 亿元，其中：烟叶税 76 亿元，消费税 2 811 亿元，增值税 1 023 亿元，城市建设维护税、教育费附加、所得税、国有资本收益等其他税费 1 078 亿元。烟草税费约占全国财政收入总额的 6.0%。

2. 烟叶种植　2010 年,我国共有种烟农户 132 万户,户均种烟收入 25 100 元。全国烟叶产量 4 673 万担,其中云南烟叶产量占全国总量的 39.9%,贵州占 14.8%,四川占 8.7%。

3. 卷烟生产　2010 年，全国共有 30 家具有法人资格的卷烟工业企业，卷烟生产点有 99 个。全国卷烟产量 4 750 万箱，其中云南卷烟产量占全国总量的 16.0%，四川和重庆占 6.0%，贵州占 5.0%。

4. 卷烟零售　2010 年，我国共有卷烟零售户 508 万户，户均售烟收入 16 370 元。

(四)基础工作较为薄弱,控烟能力有待增强

现有控烟法律法规较为分散,执法机制尚待完善,还没有公共场所禁止吸烟的全国性法律规定。控烟网络不健全,控烟政策力度不够,控烟措施的针对性、有效性有待提高,整体合力有待加强。控烟专业队伍较为薄弱,控烟投入明显不足,预防吸烟和促进戒烟的综合服务体系建设较为落后。科学、权威、完整的烟草监测体系尚未建立,支撑控烟决策的基础信息较为匮乏。

三、烟草控制的指导思想、基本原则和主要目标

烟草控制关系亿万人民的健康,是重要的民生工程,也是一项艰巨复杂的系统工程,涉及面广、难度很大。推进我国烟草控制工作,必须科学判断和准确把握经济社会发展趋势和烟草控制形势,充分利用各种有利条件,加快解决突出矛盾和问题,有计划有重点地全面推进烟草控制工作。

(一)指导思想

推进我国烟草控制工作要以邓小平理论、“三个代表”重要思想、科学发展观为指导,坚持以保障人民健康为中心,以减少烟草需求和控制烟草供给为主线,以全面推行公共场所禁烟为重点,以完善控烟法规、深化控烟宣传、加强烟草危害警示、提高烟草价税、广泛禁止烟草广告、促销和赞助为抓手,着力推进创建无烟环境、预防青少年吸烟、转变吸烟习俗、提供戒烟服务、打击非法贸易等重点专项工程,持续降低人群吸烟率,有效减少烟草危害,全面提高公众健康水平。

(二)基本原则

1. *依法控烟,全面履约* 逐步建立国家和地方公共场所禁烟法律法规体系,不断强化控烟执法机制和能力建设,加快推进烟草控制工作法制化、规范化进程。全面履行《公约》明确规定的责任和义务,在减少烟草需求、供应和危害等方面不断取得新进展。

2. *政府主导,各界参与* 把控烟作为各级政府的重要职责,广泛调动和鼓励社会公众参与控烟,强化政府监管和社会监督,建立“政府主导、部门配合、各界参与、有序推进”的控烟机制,增强控烟合力,营造全社会参与控烟的良好氛围。

3. *多措并举,协调推进* 综合运用法律、经济、行政、教育、卫生等多种手段,注重各项政策措施的衔接配合,坚持减少烟草需求和减少烟草供应并举、预防青少年吸烟和促使吸烟者戒烟并举、规范合法烟草生产和打击烟草非法贸易并举,多层面、全方位、大力度协调推进我国控烟工作。

4. *突出重点,务求实效* 结合国情,立足当前,着眼长远,循序渐进,优先抓好重点领域、重点场所和重点人群控烟工作,改进控烟手段,健全控烟网络,完善控烟机制,加大控烟力度,着力解决突出矛盾和问题,确保各项控烟措施取得实效。

(三)主要目标

1. *吸烟率持续降低* 坚持“预防为主、防治结合”的方针,防止青少年吸烟,促使吸烟者戒烟,力争青少年吸烟率从2010年的11.5%逐步下降到8.5%以下,成年人吸烟率由2010年的28.1%下降到25%以下,其中:成年男性吸烟率有较大幅度下降,成年女性吸烟率维持较低水平并有所下降。

2. *公共场所禁烟全面推行* 加快创建无烟环境,室内公共场所、室内工作场所和公共交通工具全面推行禁烟,切实减少二手烟危害,力争使二手烟暴露率从2010年的72.4%逐步下降到60%以下。

3. *公众对烟草危害健康的认识显著提高* 深化控烟教育宣传,促使吸烟和被动吸烟有害健康成为广泛共识,公众对吸烟会导致肺癌、心脏病和脑卒中以及吸二手烟会导致成人肺癌、成人心脏病和儿童肺部疾病的知晓率从2010年低于25%逐步提高到60%以上。

4. *烟草制品非法贸易得到有效遏制* 始终保持烟草打假打私高压态势,有效控制烟草制品非法贸易量,力争把非法卷烟占国内市场的比重控制在4%以内,继续保持全球领先水平。

四、我国烟草控制的主要任务

结合我国经济社会发展的现实条件和未来趋势,实现烟草控制目标,必须重点抓好以下工作任务。

(一)全面推行公共场所禁烟

1. *健全公共场所禁烟法律法规* 评估我国公共场所控烟法律法规的实施成效,研究制定全国性公共场所禁烟法律规定。推动地方加快公共场所禁烟立法进程,制定出台公共场所禁烟法规。修订完善部门控烟规章和措施,加快构建多部门综合控烟政策体系。

2. *加大公共场所禁烟执法力度* 按照“主体明确、权责清晰、监督有力、运行高效”的要求,严格执行公共场所禁烟法律法规。加强执法队伍建设,探索执法模式,提高执法水平,不断加大执法力度。鼓励民间组织、舆论媒体和社会公众积极参与,实行违规投诉举报制度和责任追究制度,加大公共场所禁烟监督检查力度。

3. *加快无烟环境创建步伐* 全面启动无烟环境

创建工程，率先创建无烟医疗卫生机构、无烟学校、无烟办公楼。不断扩大公共场所禁止吸烟覆盖范围，努力实现大型活动无烟，逐步实现室内公共场所、公共交通工具和室内工作场所全面禁止吸烟。

专栏6　无烟环境创建工程

1. 创建无烟医疗卫生系统　发挥卫生部门示范带头作用，全面贯彻落实卫生部等四部门联合印发的《关于2011年起全国医疗卫生系统全面禁烟的决定》，巩固无烟医疗卫生系统创建成果，实现全国所有卫生行政部门和医疗卫生机构全面禁烟。

2. 创建无烟学校　全面贯彻落实教育部办公厅、卫生部办公厅发布的《关于进一步加强学校控烟工作的意见》，在中等职业学校和中小学及托幼机构室内及校园全面禁烟，高等学校教学区、办公区、图书馆等场所室内全面禁烟。

3. 创建无烟办公楼　开展"无烟机关"、"无烟企业"、"无烟单位"创建活动，推动政府机关、企事业单位和社会团体室内场所全面禁烟。

4. 大型活动实现无烟　将大型运动会、体育赛事、博览会（展览会）等活动办成无烟活动。

（二）深入开展控烟宣传教育

1. 积极营造全社会参与的控烟氛围　广泛调动政府部门、民间组织和社会公众等各方力量，精心制作影像、音频、文字、图片等各类材料，宽领域、全覆盖、多形式、高强度地加强宣传教育，为推动全民控烟提供有力的舆论支撑和社会基础。

2. 进一步丰富控烟宣传教育的内容与形式　要充分利用电视、广播、报纸、期刊、杂志、网络等各种媒体，突出控烟主题，以警示烟草危害、转变吸烟习俗为目标，有效提高社会公众对吸烟危害健康的认识，着力培养不送烟、不敬烟、不吸烟的社会风气，引导公众减少消费需求，自觉远离烟草。

专栏7　控烟宣传教育重点工程

1. 预防青少年吸烟　编写揭示烟草危害、预防青少年吸烟的宣传教育读本；拍摄以青少年为主要受众的介绍烟草危害和禁止吸烟的科教电影；将控烟宣传教育纳入各级各类学校健康教育计划；将烟草危害健康、戒烟、劝阻青少年吸烟等知识纳入相关教师培训内容。

2. 转变吸烟习俗　充分利用各类媒体和学校、社区、街道等宣传栏，广泛播放或张贴"送烟等于送危害"等公益广告，积极营造"不送烟、不敬烟、不吸烟"的社会风气。

3. 开展中国烟草控制大众传播活动　在全国范围内组织开展有关控烟的大型活动和控烟宣传报道作品征集评选活动，持续开展控烟公益讲座。

3. 强化控烟宣传教育的针对性和有效性　针对重点潜在吸烟人群，要组织开展"预防青少年吸烟"、"女性远离烟草"、"转变吸烟习俗"等专项宣传教育活动。发挥各领域知名公众人物的示范带动作用，提高控烟宣传教育的影响力。要强化对控烟宣传教育工作的评估、考核和奖励，保障控烟宣传教育持久深入开展。

（三）广泛禁止烟草广告、促销和赞助

1. 广泛禁止烟草广告发布　禁止利用广播、电影、电视、报纸、期刊发布以及在各类等候室、影剧院、会议厅堂、体育比赛场馆等公共场所发布烟草广告。禁止变相发布烟草广告。进一步修订完善《广告法》和《烟草广告管理暂行办法》，将禁止发布烟草广告媒介和场所的范围扩大到互联网、图书、音像制品、博物馆、图书馆、文化馆等公共场所以及医院和学校的建筑控制地带、公共交通工具。

2. 广泛禁止烟草企业促销和赞助行为　广泛禁止烟草企业以支持慈善、公益、环保事业的名义，或者以"品牌延伸"、"品牌共享"等其他方式进行烟草促销。电影和电视剧中不得出现烟草的品牌标识和相关内容，不得出现不符合国家有关规定的吸烟镜头。禁止烟草企业采用任何虚假、误导、欺骗手段或可能对烟草制品特性、健康影响、释放物信息产生错误印象的手段推销烟草制品。禁止任何形式的烟草企业冠名赞助活动。禁止采用直接或间接的奖励手段鼓励购买烟草制品。

（四）不断强化卷烟包装标识健康危害警示

1. 加强卷烟包装标识管理　全面评估《中华人民共和国境内卷烟包装标识的规定》的实施效果，进一步改进卷烟包装标识。制定警示作用更强的卷烟包装标识样本，严格卷烟包装标识的审批和监管。严厉查处违反卷烟包装标识规定的行为。

2. 完善烟草危害警示内容和形式　严格执行卷烟包装标识健康警语定期轮换使用规定。增加说明烟草危害健康具体后果的警语，并标明警告主体或依据，提高健康警语的权威性和有效性。实施《公约》"烟草制品的包装和标签"条款要求的健康危害警示。

3. 提高健康危害警示效果　按照"大而明确、醒目和清晰"的要求，通过扩大警语占用面积、加大警语字体、增强颜色对比度等，切实提高烟草危害警示效果。逐步实施卷烟包装印制戒烟服务热线等相关信息，积极提供戒烟咨询和帮助。

（五）切实加强烟草税收、价格和收益管理

1. 加强烟草制品税收管理　按照"抑制烟草生产供应，保证国家财政收入"的总体要求，严格烟草税收征管，确保烟草企业依法按时足额纳税。规范地方政府行为，防止为片面追求地方高税收对烟草企业采取不适当的鼓励、支持和保护措施。

2. 加强烟草制品价格管理　完善烟草制品价格形成机制，利用价格杠杆实现控烟目标。严格执行国家对烟草制品调拨价、批发价的统一管理，逐步加强对烟草制品零售价的指导力度，防止烟草经营主体利用价格手段促销烟草制品和追求高额利润。

3. 加强烟草企业收益管理　严格控制烟草企业成本费用，加大监督检查力度，防止不合理开支。完善国有资本经营预算，坚持按第一类标准对国有烟草企业收取国有资本收益。加强对烟草企业税后利润的使用管理，防止烟草企业盲目扩大生产能力。

（六）建立完善烟草制品成分管制和信息披露制度

1. 制订烟草制品成分管制措施　加大烟草制品检测力度，加强烟草控制科学和技术研究，借鉴国际先进经验和做法，提出检测烟草制品成分和燃烧释放物的方法、标准和程序，制订符合我国实际的烟草制品成分管制措施。

2. 加强烟草制品质量监督和检测检验　加强烟草实验室和烟草质检中心建设，改进检测检验方法，提升检测检验水平。全面加强烟草制品所使用烟叶、辅助材料、添加剂等的质量监控，不断扩大烟草制品成分和燃烧释放物的检测范围和检测内容。

3. 完善烟草制品信息披露制度　修订烟草制品国家标准，研究烟草制品成分和燃烧释放物，完善向政府主管部门和向社会公开披露信息的有关规定。加强对信息披露的监管，防止烟草企业发布虚假、误导、欺骗性信息，维护社会公众对烟草危害的知情权。

专栏8　烟草制品成分和释放物信息检测和数据库建设工程

1. 推动烟草实验室能力建设　充分利用现有烟草检验检测资源，促进国家级烟草质检中心能力提升，加强对烟草制品中有害成分检验方法的研究，提升检测技术水平。

2. 加强国际技术交流　跟踪烟草制品成分及释放物管制方面的经验及成果，组织实验室和有关专家，积极参与世界卫生组织烟草实验室网络（TobLabNet）和第九条、第十条工作组的工作。

3. 逐步建立烟草制品成分和释放物信息披露数据库　根据公约准则的建议，在技术允许的条件下，逐步披露烟草制品设计参数、组成成分和释放物方面的信息。要求烟草制品生产商和进口商向政府逐步披露有关烟草制品的特点。根据披露政策要求，不断更新和完善信息披露数据库，打造信息披露支撑平台，推动履约工作开展。

（七）有效打击烟草制品非法贸易

1. 巩固完善联合打假打私机制　加强烟草、公安、海关、司法、工商、质检等部门协调配合和地区之间相互支持，共同打击烟草制假、售假、走私等各种违法犯罪行为。对收缴的走私烟、假烟实施销毁，防止流入市场。加强国际及港澳特区合作，有效打击跨国、跨境烟草制品非法贸易活动。

2. 始终保持打假高压态势　坚持把“端窝点、断源头、破网络、抓主犯”作为烟草打假的突出重点，持续加大打假工作力度，摧毁生产源头制假能力，切断制假原辅材料供应链，消除流通环节运输分销假烟网络，加大对犯罪人员抓捕追刑力度，加强对零售市场的监管，最大限度地减少烟草制品非法贸易量。

专栏9　打击烟草制品非法贸易工作重点

1. 打击生产源头制假活动　坚持把打击假烟生产源头作为烟草打假的重中之重，巩固和扩大制假重灾区打假成果，密切关注制假活动新动向，严防制假转移扩散。

2. 打击制假原辅材料供应链　适时组织开展打击非法经营烟叶违法犯罪活动专项行动，有效切断制假窝点的烟叶来源。

3. 打击利用互联网等信息网络非法经营烟草专卖品　烟草、通信、公安、工商等部门密切配合，有效加强对互联网涉烟活动的监管和查处。

4. 打击利用物流运输非法经营烟草专卖品　烟草、交通、邮政、民航等部门密切配合，加大对铁路货运站、汽运中转站、机场、港口等运输枢纽及高速公路的监管检查力度，有效切断非法烟草专卖品运输通道。

3. 有效提高打假打私能力和水平　积极利用现代信息技术和手段，健全情报网络，完善举报制度，拓宽案件来源。加强行政执法与刑事司法的衔接，营造良好执法环境，提高涉烟刑事案件办理质量。加强烟草专卖执法队伍建设，开展专卖法律法规、业务知识和职业道德培训，提高依法行政、文明执法的能力和水平。

（八）积极提供戒烟服务

1. 健全戒烟服务体系　鼓励医院设立规范的戒烟门诊，提供临床戒烟服务。加强戒烟服务公共设施建设，建立覆盖全国的戒烟门诊协作网络，加强合作交流，推动资源共享。建立免费的戒烟热线，提供简便可行的戒烟建议和各种戒烟服务信息。

2. 提高戒烟服务能力　完善临床戒烟指南，编制戒烟培训教材，加强对医务人员的培训，提高戒烟服务的质量和水平，促进戒烟服务的专业化、规范化。支持开展戒烟药物和戒烟技术研究开发并推广应用。

3. 加强戒烟服务管理　卫生行政部门对各级各类医疗机构开展戒烟服务进行统筹规划和监督管理。逐步探索实行戒烟服务产品和服务准入管理。

专栏 10　提升戒烟服务能力重点专项

1. 编制中国临床戒烟指南　根据国内外实践和科学证据，编写和发布中国临床戒烟指南，指导临床医务工作者开展戒烟实践。

2. 全面开展戒烟知识培训　编写标准化戒烟培训教材，全面开展对医务人员的戒烟知识培训，提高戒烟服务质量和水平。

3. 建立戒烟门诊和戒烟热线协作网络　建立“覆盖广泛、资源共享、信息互通、协调互动”的戒烟门诊协作网络，制定并推广戒烟门诊操作规范，建立免费戒烟热线网络。

（九）加快建设烟草监测监控信息系统

1. 建立烟草流行监测信息系统　借鉴国际标准和做法，建立统一、规范、权威的烟草流行监测体系，开展专项调查和研究，在居民健康调查项目中，增加烟草使用情况的调查内容。准确掌握不同性别、不同年龄、不同职业、不同地区人群吸烟率状况，充分了解烟草消费的人口特征和行为心理特征，科学预测烟草流行变化趋势、消费模式、影响因素及后果，加强烟草危害研究，为制定烟草控制政策、评估烟草控制效果提供系统全面、准确可靠的信息支撑。

2. 完善烟草制品生产销售监测体系　利用现代技术手段，在烟草制品包装上印制信息识别代码，实现全过程、全方位跟踪和监控。建立烟草制品生产流通预测预警和分析报告系统，准确把握烟草市场需求和供应动态，有效监测烟草制品生产、销售行为。

专栏 11　烟草流行监测专项实施计划

1. 建立国家及省级烟草流行监测体系　争取 2013 年底，初步建立国家和省、自治区、直辖市两级烟草流行监测体系。

2. 组织烟草流行监测专业培训　全面组织对监测体系人员的专业培训。

3. 开展烟草流行情况调查　在全国各省、自治区、直辖市抽取样本，全面开展烟草流行专项调查。

4. 开发和应用监测结果　分析整理监测结果，将监测结果广泛应用于学术研究、舆论宣传、社会监督和政策评价，向决策部门提交控烟工作进展报告，并向社会公众广泛传播。

五、保障措施

本规划是我国烟草控制工作的行动纲领。要采取切实有力的保障措施，探索体制机制创新，确保完成规划提出的各项任务，实现规划目标。

（一）加强组织领导和统筹协调

1. 加强履约机制建设　要充分发挥履约工作部际协调领导小组的作用，加强与相关部门的协调配合。要针对我国烟草控制工作的新形势、新挑战、新任务，进一步完善《烟草控制框架公约》履约协调机制。要加强履约成员单位队伍建设，培养、充实专门人才，保证控烟工作的持续性和稳定性。

2. 进一步强化控烟职责　要充分认识加强烟草控制工作的重要性、紧迫性和艰巨性，切实增强责任感和使命感，将烟草控制摆上重要议事日程，纳入部门重点工作。要加强对本规划实施工作的组织领导，细化工作方案，明确实施步骤，推进控烟工作。同时要积极引导新闻媒体、社会组织和广大公众参与烟草控制，创造良好控烟环境。

（二）加大控烟工作的投入力度

1. 建立烟草控制资金投入保障机制　要加大财政资金投入力度，支持烟草控制工作，确保政府在烟草控制工作中的主导地位。要鼓励社会资金支持控烟工作，开辟多渠道资金来源，建立多元化的烟草控制投入机制。

2. 保障重点任务和基础性工作的开展　要提高烟草控制资金的使用效益，严格执行财经制度，重点支持无烟环境创建、控烟宣传教育、打击烟草制品非法贸易、提升戒烟服务能力、烟草制品成分管制和信息披露等重点专项工程。要加强烟草控制基础性工作的投入，重点加强烟草流行监测信息系统建设、人才队伍建设和烟草控制政策效果评估等工作。

（三）进一步加强烟草行业管理工作

1. 加强卷烟和烟叶生产总量控制　要合理确定烟叶和卷烟生产计划指标，严格按照计划组织烟叶收购和卷烟生产，严肃查处违反计划管理的生产经营行为。

2. 严格实施烟草专卖和许可证制度　从事烟草专卖品生产、销售、进出口业务必须依法取得许可证，运输烟草专卖品必须依法取得准运证。要加强对卷烟销售市场的监督检查，坚决取缔无证经营。

3. 加大烟草产业结构调整力度　要继续推进烟草行业改革，压缩烟草企业和卷烟品牌数量，控制新增投资和生产能力。鼓励烟叶产区发展烟叶替代作物，压缩烟叶种植区域，努力为转产烟农提供切实可行的支持和帮助。要努力降低地方财政对烟草产业的依赖度，严格限制各种鼓励烟草发展的扶持政策，促进烟草产业转型发展。

（四）加强控烟工作交流与合作

1. 积极参与烟草控制国际事务　积极参加《公约》缔约方会议和相关国际会议，更加有效地参与烟草控制政策、规则、标准的研究和制定。加强全球性、区域性烟草控制合作。

2. 加强国内烟草控制协作交流　促进政府部门、科研教育、医疗卫生、新闻媒体、社会组织等机构间的合作与交流，广泛听取社会各界的意见和建议，加强与港澳特区在烟草控制方面的合作与交流，不断总结烟草控制经验，持续改进烟草控制措施，全面推进烟草控制工作。

六、规划实施

本规划由工业和信息化部、卫生部、外交部、财政部、海关总署、工商总局、质检总局、烟草局会同有关部门负责实施。各相关部门要认真做好规划宣传贯彻工作，加强政策协调和信息沟通，及时解决规划实施过程中遇到的问题，确保各项任务和措施落到实处。各地相关部门要精心组织，分解目标任务，落实相关配套措施，积极推进本地区烟草控制工作。新闻媒体要发挥舆论导向和监督作用，积极营造良好氛围，引导公众参与烟草控制活动。相关研究机构要充分发挥烟草控制监测网络的作用，加强信息搜集和分析，协同推进规划的贯彻落实。

关于支持农业产业化龙头企业发展的意见

（国务院　国发〔2012〕10号　2012年3月6日）

各省、自治区、直辖市人民政府，国务院各部委、各直属机构：

农业产业化是我国农业经营体制机制的创新，是现代农业发展的方向。农业产业化龙头企业（以下简称龙头企业）集成利用资本、技术、人才等生产要素，带动农户发展专业化、标准化、规模化、集约化生产，是构建现代农业产业体系的重要主体，是推进农业产业化经营的关键。支持龙头企业发展，对于提高农业组织化程度、加快转变农业发展方式、促进现代农业建设和农民就业增收具有十分重要的作用。为加快发展农业产业化经营，做大做强龙头企业，现提出如下意见：

一、总体思路、基本原则和主要目标

（一）总体思路　坚持为农民服务的方向，以加快转变经济发展方式为主线，以科技进步为先导，以市场需求为坐标，加强标准化生产基地建设，大力发展农产品加工，创新流通方式，不断拓展产业链条，推动龙头企业集群集聚，完善扶持政策，强化指导服务，增强龙头企业辐射带动能力，全面提高农业产业化经营水平。

（二）基本原则　坚持家庭承包经营制度，充分尊重农民的土地承包经营权，健全土地承包经营权流转市场，引导发展适度规模经营；坚持遵循市场经济规律，充分发挥市场配置资源的基础性作用，尊重企业与农户的市场主体地位和经营决策权，不搞行政干预；坚持因地制宜，实行分类指导，探索适合不同地区的农业产业化发展途径；坚持机制创新，大力发展龙头企业联结农民专业合作社、带动农户的组织模式，与农户建立紧密型利益联结机制。

（三）主要目标　培育壮大龙头企业，打造一批自主创新能力强、加工水平高、处于行业领先地位的大型龙头企业；引导龙头企业向优势产区集中，形成一批相互配套、功能互补、联系紧密的龙头企业集群；推进农业生产经营专业化、标准化、规模化、集约化，建设一批与龙头企业有效对接的生产基地；强化农产品质量安全管理，培育一批产品竞争力强、市场占有率高、影响范围广的知名品牌；加强产业链建设，构建一批科技水平高、生产加工能力强、上中下游相互承接的优势产业体系；强化龙头企业社会责任，提升辐射带动能力和区域经济发展实力。

二、加强标准化生产基地建设，保障农产品有效供给和质量安全

（四）强化基础设施建设　切实加大资金投入，

强化龙头企业原料生产基地基础设施建设。支持符合条件的龙头企业开展中低产田改造、高标准基本农田、土地整治、粮食生产基地、标准化规模养殖基地等项目建设，切实改善生产设施条件。国家用于农业农村的生态环境等建设项目，要对符合条件的龙头企业原料生产基地予以适当支持。

（五）推动规模化集约化发展 支持龙头企业带动农户发展设施农业和规模养殖，开展多种形式的适度规模经营，充分发挥龙头企业示范引领作用。深入实施“一村一品”强村富民工程，支持专业示范村镇建设，为龙头企业提供优质、专用原料。支持符合条件的龙头企业申请“菜篮子”产品生产扶持资金。龙头企业直接用于或者服务于农业生产的设施用地，按农用地管理。鼓励龙头企业使用先进适用的农机具，提升农业机械化水平。

（六）实施标准化生产 龙头企业要大力推进标准化生产，建立健全投入品登记使用管理制度和生产操作规程，完善农产品质量安全全程控制和可追溯制度，提高农产品质量安全水平。鼓励龙头企业开展粮棉油糖示范基地、园艺作物标准园、畜禽养殖标准化示范场、水产健康养殖示范场等标准化生产基地建设。支持龙头企业开展质量管理体系和无公害农产品、绿色食品、有机农产品认证。有关部门要建立健全农产品标准体系，鼓励龙头企业参与相关标准制订，推动行业健康有序发展。

三、大力发展农产品加工，促进产业优化升级

（七）改善加工设施装备条件 鼓励龙头企业引进先进适用的生产加工设备，改造升级贮藏、保鲜、烘干、清选分级、包装等设施装备。对龙头企业符合条件的固定资产，按照法律法规规定，缩短折旧年限或者采取加速折旧的方法折旧。对龙头企业从事国家鼓励发展的农产品加工项目且进口具有国际先进水平的自用设备，在现行规定范围内免征进口关税。对龙头企业购置符合条件的环境保护、节能节水等专用设备，依法享受相关税收优惠政策。对龙头企业带动农户与农民专业合作社进行产地农产品初加工的设施建设和设备购置给予扶持。

（八）统筹协调发展农产品加工 鼓励龙头企业合理发展农产品精深加工，延长产业链条，提高产品附加值。在确保口粮、饲料用粮和种子用粮的前提下，适度发展粮食深加工。认真落实国家有关农产品初加工企业所得税优惠政策。保障龙头企业开展农产品加工的合理用地需求。

（九）发展农业循环经济 支持龙头企业以农林剩余物为原料的综合利用和开展农林废弃物资源化利用、节能、节水等项目建设，积极发展循环经济。研发和应用餐厨废弃物安全资源化利用技术。加大畜禽粪便集中资源化力度，发挥龙头企业在构建循环经济产业链中的作用。

四、创新流通方式，完善农产品市场体系

（十）强化市场营销 支持大型农产品批发市场改造升级，鼓励和引导龙头企业参与农产品交易公共信息平台、现代物流中心建设，支持龙头企业建立健全农产品营销网络，促进高效畅通安全的现代流通体系建设。大力发展农超对接，积极开展直营直供。支持龙头企业参加各种形式的展示展销活动，促进产销有效对接。规范和降低超市和集贸市场收费，落实鲜活农产品运输“绿色通道”政策，结合实际完善适用品种范围，降低农产品物流成本。铁道、交通运输部门要优先安排龙头企业大宗农产品和种子等农业生产资料运输。

（十一）发展新型流通业态 鼓励龙头企业大力发展连锁店、直营店、配送中心和电子商务，研发和应用农产品物联网，推广流通标准化，提高流通效率。支持龙头企业改善农产品贮藏、加工、运输和配送等冷链设施与设备。支持符合条件的国家和省级重点龙头企业承担重要农产品收储业务。探索发展生猪等大宗农产品期货市场。鼓励龙头企业利用农产品期货市场开展套期保值，进行风险管理。

（十二）加强品牌建设 鼓励和引导龙头企业创建知名品牌，提高企业竞争力。支持龙头企业申报和推介驰名商标、名牌产品、原产地标记、农产品地理标志，并给予适当奖励。整合同区域、同类产品的不同品牌，加强区域品牌的宣传和保护，严厉打击仿冒伪造品牌行为。

五、推动龙头企业集聚，增强区域经济发展实力

（十三）培育壮大龙头企业 龙头企业要完善法人治理结构，建立现代企业制度。落实《国务院关于促进企业兼并重组的意见》（国发〔2010〕27号）的相关优惠政策，支持龙头企业通过兼并、重组、收购、控股等方式，组建大型企业集团。支持符合条件的国家重点龙头企业上市融资、发行债券、在境外发行股票并上市，增强企业发展实力。积极有效利用外

资，在符合世贸组织规则前提下加强对外商投资的管理，按照《国务院办公厅关于建立外国投资者并购境内企业安全审查制度的通知》（国办发〔2011〕6号）的规定，对外资并购境内龙头企业做好安全审查。

（十四）推动龙头企业集群发展 积极创建农业产业化示范基地，支持农业产业化示范基地开展物流信息、质量检验检测等公共服务平台建设。引导龙头企业向优势产区集中，推动企业集群集聚，培育壮大区域主导产业，增强区域经济发展实力。

六、加快技术创新，增强农业整体竞争力

（十五）提高技术创新能力 鼓励龙头企业加大科技投入，建立研发机构，加强与科研院所和大专院校合作，培育一批市场竞争力强的科技型龙头企业。通过国家科技计划和专项等支持龙头企业开展农产品加工关键和共性技术研发。鼓励龙头企业开展新品种新技术新工艺研发，落实自主创新的各项税收优惠政策。鼓励龙头企业引进国外先进技术和设备，消化吸收关键技术和核心工艺，开展集成创新。发挥龙头企业在现代农业产业技术体系、国家农产品加工技术研发体系中的主体作用，承担相应创新和推广项目。

（十六）加强技术推广应用 健全农业技术市场，建立多元化的农业科技成果转化机制，为龙头企业搭建技术转让和推广应用平台。农业技术推广机构要积极为龙头企业开展技术服务，引导龙头企业为农民开展技术指导、技术培训等服务。各类农业技术推广项目要将龙头企业作为重要的实施主体。

（十七）强化人才培养 落实《国家中长期人才发展规划纲要（2010—2020年）》的要求，培养一大批具有世界眼光、经营管理水平高、熟悉农业产业政策、热心服务"三农"的新型龙头企业家。鼓励龙头企业采取多种形式培养业务骨干，积极引进高层次人才，并享受当地政府人才引进待遇。有关部门要加强对龙头企业经营管理和生产基地服务人员的培训，组织业务骨干到科研院所学习进修。鼓励和引导高校毕业生到龙头企业就业，对符合基层就业条件的，按规定享受学费补偿和国家助学贷款代偿等政策。

七、完善利益联结机制，带动农户增收致富

（十八）大力发展订单农业 龙头企业要在平等互利的基础上，与农户、农民专业合作社签订农产品购销合同，协商合理的收购价格，确定合同收购底价，形成稳定的购销关系。规范合同文本，明确双方权责关系。要加强对订单农业的监管与服务，强化企业与农户的诚信意识，切实履行合同约定。鼓励龙头企业采取承贷承还、信贷担保等方式，缓解生产基地农户资金困难。鼓励龙头企业资助订单农户参加农业保险。支持龙头企业与农户建立风险保障机制，对龙头企业提取的风险保障金在实际发生支出时，依法在计算企业所得税前扣除。

（十九）引导龙头企业与合作组织有效对接 引导龙头企业创办或领办各类专业合作组织，支持农民专业合作社和农户入股龙头企业，支持农民专业合作社兴办龙头企业，实现龙头企业与农民专业合作社深度融合。鼓励龙头企业采取股份分红、利润返还等形式，将加工、销售环节的部分收益让利给农户，共享农业产业化发展成果。

（二十）开展社会化服务 充分发挥龙头企业在构建新型农业社会化服务体系中的重要作用，支持龙头企业围绕产前、产中、产后各环节，为基地农户积极开展农资供应、农机作业、技术指导、疫病防治、市场信息、产品营销等各类服务。

（二十一）强化社会责任意识 逐步建立龙头企业社会责任报告制度。龙头企业要依法经营，诚实守信，自觉维护市场秩序，保障农产品供应。强化生产全过程管理，确保产品质量安全。积极稳定农民工就业，大力开展农民工培训，引导企业建立人性化企业文化和营造良好的工作生活环境，保障农民工合法权益。加强节能减排，保护资源环境。积极参与农村教育、文化、卫生、基础设施等公益事业建设。龙头企业用于公益事业的捐赠支出，对符合法律法规规定的，在计算企业所得税前扣除。

八、开拓国际市场，提高农业对外开放水平

（二十二）扩大农产品出口 积极引导和帮助龙头企业利用普惠制和区域性优惠贸易政策，增强出口农产品的竞争力。加强农产品外贸转型升级示范基地建设，扩大优势农产品出口。在有效控制风险的前提下，鼓励利用出口信用保险为农产品出口提供风险保障。提高通关效率，为农产品出口提供便利。支持龙头企业申请商标国际注册，积极培育出口产品品牌。

（二十三）开展境外投资合作 引导龙头企业充分利用国际国内两个市场、两种资源，拓宽发展空间。扩大农业对外合作，创新合作方式。完善农产品进出口税收政策，积极对外谈判签署避免双重征税协议。对龙头企业境外投资项目所需的国内生产物资和

设备，提供通关便利。

（二十四）完善国际贸易投资服务 切实做好龙头企业开拓国际市场的指导和服务工作，加强国际农产品贸易投资的法律政策研究，及时发布市场预警信息和投资指南。完善农产品贸易摩擦应诉机制，积极应对各类贸易投资纠纷。进一步完善农产品出口检验检疫制度，继续对出口活畜、活禽、水生动物以及免检农产品全额免收出入境检验检疫费，对其他出口农产品减半收取检验检疫费。

九、狠抓落实，健全农业产业化工作推进机制

（二十五）强化组织领导 各地区、有关部门要深刻认识新形势下支持龙头企业发展加快推进农业产业化经营的重要意义，牢固树立扶持农业产业化就是扶持农业、扶持龙头企业就是扶持农民的观念，把发展农业产业化作为我国农业农村工作中一件全局性、方向性的大事来抓。各地区、有关部门要按照本意见精神，结合本地区、本部门实际，抓紧研究制定贯彻落实意见。强化各级农业部门的农业产业化工作职能，明确负责农业产业化工作机构，保障工作经费，加强队伍建设。完善农业产业化部门间协商工作机制，强化协作配合，落实责任分工，形成工作合力。

（二十六）落实政策措施 各级财政要多渠道整合和统筹支农资金，在现有基础上增加扶持农业产业化发展的相关资金，切实加大对农业产业化和龙头企业的支持力度。中小企业发展专项资金要将中小型龙头企业纳入重点支持范围，国家农业综合开发产业化经营项目要向龙头企业倾斜。农业发展银行、进出口银行等政策性金融机构要加强信贷结构调整，在各自业务范围内采取授信等多种形式，加大对龙头企业固定资产投资、农产品收购的支持力度。鼓励农业银行等商业性金融机构根据龙头企业生产经营的特点合理确定贷款期限、利率和偿还方式，扩大有效担保物范围，积极创新金融产品和服务方式，有效满足龙头企业的资金需求。大力发展基于订单农业的信贷、保险产品和服务创新。鼓励融资性担保机构积极为龙头企业提供担保服务，缓解龙头企业融资难问题。中小企业信用担保资金要将中小型龙头企业纳入重点支持范围。全面清理取消涉及龙头企业的不合理收费项目，切实减轻企业负担，优化发展环境。

（二十七）加强指导服务 健全农业产业化调查分析制度，建立省级以上重点龙头企业经济运行调查体系，加强行业发展跟踪分析。完善重点龙头企业认定监测制度，实行动态管理。建立健全主要农产品生产信息收集和发布平台，无偿为龙头企业的生产经营决策提供所需信息。发挥龙头企业协会的作用，加强行业自律，规范企业行为，服务会员和农户。认真总结龙头企业带动农户增收致富、发展现代农业的好经验好做法，大力宣传农业产业化发展成就，对发展农业产业化成绩突出的单位和个人按照国家有关规定给予表彰奖励，营造全社会关心支持农业产业化和龙头企业发展的良好氛围。

新饲料和新饲料添加剂管理办法

（农业部公告 2012年第4号 2012年5月2日）

第一条 为加强新饲料、新饲料添加剂管理，保障养殖动物产品质量安全，根据《饲料和饲料添加剂管理条例》，制定本办法。

第二条 本办法所称新饲料，是指我国境内新研制开发的尚未批准使用的单一饲料。

本办法所称新饲料添加剂，是指我国境内新研制开发的尚未批准使用的饲料添加剂。

第三条 有下列情形之一的，应当向农业部提出申请，参照本办法规定的新饲料、新饲料添加剂审定程序进行评审，评审通过的，由农业部公告作为饲料、饲料添加剂生产和使用，但不发给新饲料、新饲料添加剂证书：

（一）饲料添加剂扩大适用范围的；

（二）饲料添加剂含量规格低于饲料添加剂安全使用规范要求的，但由饲料添加剂与载体或者稀释剂按照一定比例配制的除外；

（三）饲料添加剂生产工艺发生重大变化的；

（四）新饲料、新饲料添加剂自获证之日起超过3年未投入生产，其他企业申请生产的；

（五）农业部规定的其他情形。

第四条 研制新饲料、新饲料添加剂，应当遵循科学、安全、有效、环保的原则，保证新饲料、新饲

料添加剂的质量安全。

第五条 农业部负责新饲料、新饲料添加剂审定。

全国饲料评审委员会（以下简称评审委）组织对新饲料、新饲料添加剂的安全性、有效性及其对环境的影响进行评审。

第六条 新饲料、新饲料添加剂投入生产前，研制者或者生产企业（以下简称申请人）应当向农业部提出审定申请，并提交新饲料、新饲料添加剂的申请资料和样品。

第七条 申请资料包括：

（一）新饲料、新饲料添加剂审定申请表；

（二）产品名称及命名依据、产品研制目的；

（三）有效组分、化学结构的鉴定报告及理化性质，或者动物、植物、微生物的分类鉴定报告；微生物产品或发酵制品，还应当提供农业部指定的国家级菌种保藏机构出具的菌株保藏编号；

（四）适用范围、使用方法、在配合饲料或全混合日粮中的推荐用量，必要时提供最高限量值；

（五）生产工艺、制造方法及产品稳定性试验报告；

（六）质量标准草案及其编制说明和产品检测报告；有最高限量要求的，还应提供有效组分在配合饲料、浓缩饲料、精料补充料、添加剂预混合饲料中的检测方法；

（七）农业部指定的试验机构出具的产品有效性评价试验报告、安全性评价试验报告（包括靶动物耐受性评价报告、毒理学安全评价报告、代谢和残留评价报告等）；申请新饲料添加剂审定的，还应当提供该新饲料添加剂在养殖产品中的残留可能对人体健康造成影响的分析评价报告；

（八）标签式样、包装要求、贮存条件、保质期和注意事项；

（九）中试生产总结和“三废”处理报告；

（十）对他人的专利不构成侵权的声明。

第八条 产品样品应当符合以下要求：

（一）来自中试或工业化生产线；

（二）每个产品提供连续3个批次的样品，每个批次4份样品，每份样品不少于检测需要量的5倍；

（三）必要时提供相关的标准品或化学对照品。

第九条 有效性评价试验机构和安全性评价试验机构应当按照农业部制定的技术指导文件或行业公认的技术标准，科学、客观、公正开展试验，不得与研制者、生产企业存在利害关系。

承担试验的专家不得参与该新饲料、新饲料添加剂的评审工作。

第十条 农业部自受理申请之日起5个工作日内，将申请资料和样品交评审委进行评审。

第十一条 新饲料、新饲料添加剂的评审采取评审会议的形式。评审会议应当有9名以上评审委专家参加，根据需要也可以邀请1至2名评审委专家以外的专家参加。参加评审的专家对评审事项具有表决权。

评审会议应当形成评审意见和会议纪要，并由参加评审的专家审核签字；有不同意见的，应当注明。

第十二条 参加评审的专家应当依法履行职责，科学、客观、公正提出评审意见。

评审专家与研制者、生产企业有利害关系的，应当回避。

第十三条 评审会议原则通过的，由评审委将样品交农业部指定的饲料质量检验机构进行质量复核。质量复核机构应当自收到样品之日起3个月内完成质量复核，并将质量复核报告和复核意见报评审委，同时送达申请人。需用特殊方法检测的，质量复核时间可以延长1个月。

质量复核包括标准复核和样品检测，有最高限量要求的，还应当对申报产品有效组分在饲料产品中的检测方法进行验证。

申请人对质量复核结果有异议的，可以在收到质量复核报告后15个工作日内申请复检。

第十四条 评审过程中，农业部可以组织对申请人的试验或生产条件进行现场核查，或者对试验数据进行核查或验证。

第十五条 评审委应当自收到新饲料、新饲料添加剂申请资料和样品之日起9个月内向农业部提交评审结果；但是，评审委决定由申请人进行相关试验的，经农业部同意，评审时间可以延长3个月。

第十六条 农业部自收到评审结果之日起10个工作日内作出是否核发新饲料、新饲料添加剂证书的决定。

决定核发新饲料、新饲料添加剂证书的，由农业部予以公告，同时发布该产品的质量标准。新饲料、新饲料添加剂投入生产后，按照公告中的质量标准进行监测和监督抽查。

决定不予核发的，书面通知申请人并说明理由。

第十七条 新饲料、新饲料添加剂在生产前，生产者应当按照农业部有关规定取得生产许可证。生产新饲料添加剂的，还应当取得相应的产品批准文号。

第十八条 新饲料、新饲料添加剂的监测期为5年，自新饲料、新饲料添加剂证书核发之日起计算。

监测期内不受理其他就该新饲料、新饲料添加剂提出的生产申请和进口登记申请，但该新饲料、新饲料添加剂超过3年未投入生产的除外。

第十九条 新饲料、新饲料添加剂生产企业应当收集处于监测期内的产品质量、靶动物安全和养殖动物产品质量安全等相关信息，并向农业部报告。

农业部对新饲料、新饲料添加剂的质量安全状况组织跟踪监测，必要时进行再评价，证实其存在安全问题的，撤销新饲料、新饲料添加剂证书并予以公告。

第二十条 从事新饲料、新饲料添加剂审定工作的相关单位和人员，应当对申请人提交的需要保密的技术资料保密。

第二十一条 从事新饲料、新饲料添加剂审定工作的相关人员，不履行本办法规定的职责或者滥用职权、玩忽职守、徇私舞弊的，依法给予处分；构成犯罪的，依法追究刑事责任。

第二十二条 申请人隐瞒有关情况或者提供虚假材料申请新饲料、新饲料添加剂审定的，农业部不予受理或者不予许可，并给予警告；申请人在1年内不得再次申请新饲料、新饲料添加剂审定。

以欺骗、贿赂等不正当手段取得新饲料、新饲料添加剂证书的，由农业部撤销新饲料、新饲料添加剂证书，申请人在3年内不得再次申请新饲料、新饲料添加剂审定；以欺骗方式取得新饲料、新饲料添加剂证书的，并处5万元以上10万元以下罚款；构成犯罪的，依法移送司法机关追究刑事责任。

第二十三条 其他违反本办法规定的，依照《饲料和饲料添加剂管理条例》的有关规定进行处罚。

第二十四条 本办法自2012年7月1日起施行。农业部2000年8月17日发布的《新饲料和新饲料添加剂管理办法》同时废止。

葡萄酒行业准入条件

（工业和信息化部公告 2012年第22号 2012年6月13日）

为进一步加强葡萄酒行业管理，规范葡萄酒行业投资行为，防止盲目投资和低水平重复建设，引导产业合理布局，保障葡萄酒质量安全，促进行业健康有序发展，根据《中华人民共和国食品安全法》及有关法律法规和产业政策要求，制定本准入条件。

本准入条件所称的葡萄酒生产是指以鲜葡萄、葡萄汁或葡萄酒原酒为原料，经酿造、灌装等工艺生产葡萄酒产品的过程（其中，葡萄酒原酒生产是指以鲜葡萄或葡萄汁为原料，经发酵生产含有一定酒精度的葡萄酒原酒的过程；酒庄酒生产是指具有与其生产相匹配的可控稳定的酿酒葡萄种植园，且具备生产优质葡萄酒的酿造、灌装、陈酿等全过程生产设备与质量控制条件的葡萄酒生产形式）。

一、企业（项目）布局与规模

（一）企业（项目）布局

1. 新建和改扩建葡萄酒生产企业（项目）必须符合国家法律法规、产业政策和行业发展规划要求，符合本地区城乡建设规划、生态环境规划、土地利用总体规划和用地标准，严格执行节能评估和审查及环境影响评价制度。

2. 新建和改扩建葡萄酒生产企业（项目）选址应符合《葡萄酒厂卫生规范》（GB 12696），其酿酒葡萄种植基地应建在环境功能符合食品加工要求、无危及葡萄酒生产卫生安全的区域。

（二）企业（项目）规模

1. 以鲜葡萄或葡萄汁为原料生产葡萄酒产品（不包括葡萄酒原酒）的新建企业（项目），其年生产能力应不低于1 000kL。

2. 新建葡萄酒原酒生产企业（项目），其年生产能力应不低于3 000kL。以购入葡萄酒原酒（包括进口葡萄酒原酒）为原料生产葡萄酒产品的新建和改扩建企业（项目），其年生产能力应不低于2 000kL。

3. 新建酒庄酒生产企业（项目）年生产能力应不低于75kL。

4. 鼓励现有企业通过兼并、重组等方式，合理整合资源，采取措施改造升级，实现规模经济。

国家标准《葡萄酒》（GB 15037）中规定的特种葡萄酒生产企业（项目）不受上述条款准入规模限制。

二、原料保障

（一）葡萄酒生产企业（项目）应具有与其生产

能力相适应且可控、稳定的原料保障能力，并能出具相关证明。原料应符合食品安全相关标准并具备可追溯性。

（二）企业（项目）原料保障能力应不低于生产能力的50%。其中，葡萄酒原酒及特种葡萄酒生产企业（项目）原料保障能力应不低于其生产能力的70%；酒庄酒生产企业自有的酿酒葡萄原料保障能力应不低于其生产能力的70%。

三、工艺与装备

（一）工艺和质量控制要求

1. 企业（项目）应具备与生产相配套的工艺、方法和相关操作规范，所采用的工艺技术合理，检验技术手段准确可靠。鼓励采用先进适用的工艺技术，提高葡萄酒品质。

2. 企业（项目）应严格执行《葡萄酒》（GB 15037）、《食品安全国家标准 预包装食品标签通则》（GB 7718）、《食品安全国家标准 食品添加剂使用标准》（GB 2760）、《发酵酒卫生标准》（GB 2758）、《预包装饮料酒标签通则》（GB 10344）、《葡萄酒厂卫生规范》（GB 12696）、《食品中污染物限量》（GB 2762）及相关标准的规定，鼓励企业执行《葡萄酒企业良好生产规范》（GB/T 23543）。

（二）生产和检验设备

1. 企业（项目）应根据生产需要配备原料处理、发酵、澄清、贮酒、冷处理、灌装等葡萄酒生产设备以及废水处理设施。

2. 企业（项目）应配备满足生产和质量控制要求的检验设备。

四、质量安全

（一）企业（项目）应严格遵守《中华人民共和国食品安全法》及其实施条例的相关规定，建立健全食品质量安全管理体系，配备专职质量检验人员，并做好相关记录。

（二）鼓励企业实施《食品安全管理体系 食品链中各类组织的要求》（GB/T 22000）、《食品工业企业诚信管理体系（CMS）建立及实施通用要求》（QB/T 4111）等相关标准，建立并运行诚信管理体系，提高企业质量安全管理水平。

（三）企业应严格按照相关标准组织生产，执行食品安全国家标准及相关的国家标准或行业标准。鼓励地方、企业制定更为严格的企业和地方标准，做好达标备案工作。

（四）企业应严格按照相关标准对其产品进行检验，检验记录至少保存2年。

（五）企业生产所需容器、包装材料和产品标签应符合食品安全国家标准和相关法律、法规的要求。

（六）企业要加快建立和实施产品质量安全可追溯体系，实现从原辅料到产品全过程的可追溯性。

五、节能降耗与环境保护

（一）企业（项目）应遵守《中华人民共和国节约能源法》、《中华人民共和国清洁生产促进法》，积极开展节能减排和清洁生产工作，对生产全过程实施有效控制，按要求实施清洁生产审核，并通过评估验收。

（二）新建和改扩建葡萄酒生产企业（项目）应严格执行《中华人民共和国环境影响评价法》，依法向环境保护行政主管部门报批环境影响评价文件。按照环境保护“三同时”的要求，建设与项目相配套的环境保护设施并依法申请项目竣工环境保护验收。

（三）企业（项目）能耗、水耗应达到国家或地方要求的限额指标。企业（项目）应严格执行有关污染物排放标准，鼓励企业进行环境管理体系认证。

（四）企业（项目）应积极采用先进节能、节水以及清洁生产技术、装备，改造淘汰能耗高、污染严重的技术与设备，不断提高节能减排和防控污染的能力。

（五）企业（项目）应建立自行监测制度，确保具备对排放污染物开展自行监测的能力。

六、安全生产及劳动者权益保障

（一）企业（项目）应符合国家法律、法规和相关标准对安全生产的规定。建立健全安全生产责任制，认真开展安全生产标准化工作。新建和改扩建企业（项目）的安全生产设施投资应纳入建设项目预算，并按照国家有关规定和要求进行安全评价和安全设施竣工验收。

（二）企业（项目）必须配备劳动保护和工业卫生设施，鼓励企业进行职业健康安全管理体系认证。

（三）企业（项目）应严格遵守国家相关法律法规，切实保障劳动者合法权益。依法参加养老、失业、医疗、工伤、生育等保险，并为从业人员足额缴纳相关保险费用。

七、监督与管理

（一）新建和改扩建葡萄酒生产企业（项目）要在省级投资或工业管理部门备案，项目建设必须符合本准入条件。对不符合准入条件的新建和改扩建企业（项目），相关部门不予备案；国土资源管理部门不予办理土地使用手续；城乡规划和建设、卫生、安全监管等部门不予办理有关手续；金融机构不提供任何形式的新增授信支持；电力监管机构要监督供电企业依法实施停、限电措施；质检部门不予办理生产许可证。

（二）新建和改扩建企业（项目）投产前，要经省级工业、投资、土地、安全监管等行政部门按照本准入条件及相关规定进行检查。经检查不符合本准入条件的，不得投入试生产。

（三）各级工业和安全监管、环保、质检等部门负责本辖区葡萄酒生产企业（项目）执行本准入条件的情况进行监督检查。督促现有企业按照本准入条件要求，加快技术改造和结构调整，达到准入条件要求。

（四）国家相关管理部门依据本准入条件制定相应的配套和监管措施。相关行业协会协助做好葡萄酒生产行业监督和管理工作。

八、附　　则

（一）本准入条件适用于中华人民共和国境内的葡萄酒生产企业（项目）。

（二）本准入条件所涉及的法律、法规、政策、标准等如有修订，按修订后的规定执行。

（三）本准入条件内容需调整时，由工业和信息化部会同相关部门适时修订并公布。

（四）本准入条件由工业和信息化部负责解释。

（五）本准入条件自2012年7月1日起施行。

关于加强食品安全工作的决定

（国务院　国发［2012］20号　2012年6月23日）

各省、自治区、直辖市人民政府，国务院各部委、各直属机构：

食品安全是重大的民生问题，关系人民群众身体健康和生命安全，关系社会和谐稳定。党中央、国务院对此高度重视，近年来制定实施了一系列政策措施。各地区、各部门认真抓好贯彻落实，不断加大工作力度，食品安全形势总体上是稳定的。但当前我国食品安全的基础仍然薄弱，违法违规行为时有发生，制约食品安全的深层次问题尚未得到根本解决。随着生活水平的不断提高，人民群众对食品安全更为关注，食以安为先的要求更为迫切，全面提高食品安全保障水平，已成为我国经济社会发展中一项重大而紧迫的任务。为进一步加强食品安全工作，现作出如下决定。

一、明确加强食品安全工作的指导思想、总体要求和工作目标

（一）指导思想　以邓小平理论和“三个代表”重要思想为指导，深入贯彻落实科学发展观，从维护人民群众根本利益出发，进一步加强对食品安全工作的组织领导，完善食品安全监管体制机制，健全政策法规体系，强化监管手段，提高执法能力，落实企业主体责任，提升诚信守法水平，动员社会各界积极参与，促进我国食品安全形势持续稳定好转。

（二）总体要求　坚持统一协调与分工负责相结合，严格落实监管责任，强化协作配合，形成全程监管合力。坚持集中治理整顿与严格日常监管相结合，严厉惩处食品安全违法犯罪行为，规范食品生产经营秩序，强化执法力量和技术支撑，切实提高食品安全监管水平。坚持加强政府监管与落实企业主体责任相结合，强化激励约束，治理道德失范，培育诚信守法环境，提升企业管理水平，夯实食品安全基础。坚持执法监督与社会监督相结合，加强宣传教育培训，积极引导社会力量参与，充分发挥群众监督与舆论监督的作用，营造良好社会氛围。

（三）工作目标　通过不懈努力，用3年左右的时间，使我国食品安全治理整顿工作取得明显成效，违法犯罪行为得到有效遏制，突出问题得到有效解决；用5年左右的时间，使我国食品安全监管体制机

制、食品安全法律法规和标准体系、检验检测和风险监测等技术支撑体系更加科学完善，生产经营者的食品安全管理水平和诚信意识普遍增强，社会各方广泛参与的食品安全工作格局基本形成，食品安全总体水平得到较大幅度提高。

二、进一步健全食品安全监管体系

（四）完善食品安全监管体制　进一步健全科学合理、职能清晰、权责一致的食品安全部门监管分工，加强综合协调，完善监管制度，优化监管方式，强化生产经营各环节监管，形成相互衔接、运转高效的食品安全监管格局。按照统筹规划、科学规范的原则，加快完善食品安全标准、风险监测评估、检验检测等的管理体制。县级以上地方政府统一负责本地区食品安全工作，要加快建立健全食品安全综合协调机构，强化食品安全保障措施，完善地方食品安全监管工作体系。结合本地区实际，细化部门职责分工，发挥监管合力，堵塞监管漏洞，着力解决监管空白、边界不清等问题。及时总结实践经验，逐步完善符合我国国情的食品安全监管体制。

（五）健全食品安全工作机制　建立健全跨部门、跨地区食品安全信息通报、联合执法、隐患排查、事故处置等协调联动机制，有效整合各类资源，提高监管效能。加强食品生产经营各环节监管执法的密切协作，发现问题迅速调查处理，及时通知上游环节查明原因、下游环节控制危害。推动食品安全全程追溯、检验检测互认和监管执法等方面的区域合作，强化风险防范和控制的支持配合。健全行政执法与刑事司法衔接机制，依法从严惩治食品安全违法犯罪行为。规范食品安全信息报告和信息公布程序，重视舆情反映，增强分析处置能力，及时回应社会关切。加大对食品安全的督促检查和考核评价力度，完善食品安全工作奖惩约束机制。

（六）强化基层食品安全管理工作体系　推进食品安全工作重心下移、力量配置下移，强化基层食品安全管理责任。乡（镇）政府和街道办事处要将食品安全工作列为重要职责内容，主要负责人要切实负起责任，并明确专门人员具体负责，做好食品安全隐患排查、信息报告、协助执法和宣传教育等工作。乡（镇）政府、街道办事处要与各行政管理派出机构密切协作，形成分区划片、包干负责的食品安全工作责任网。在城市社区和农村建立食品安全信息员、协管员等队伍，充分发挥群众监督作用。基层政府及有关部门要加强对社区和乡村食品安全专、兼职队伍的培训和指导。

三、加大食品安全监管力度

（七）深入开展食品安全治理整顿　深化食用农产品和食品生产经营各环节的整治，重点排查和治理带有行业共性的隐患和“潜规则”问题，坚决查处食品非法添加等各类违法违规行为，防范系统性风险；进一步规范生产经营秩序，清理整顿不符合食品安全条件的生产经营单位。以日常消费的大宗食品和婴幼儿食品、保健食品等为重点，深入开展食品安全综合治理，强化全链条安全保障措施，切实解决人民群众反映强烈的突出问题。加大对食品集中交易市场、城乡结合部、中小学校园及周边等重点区域和场所的整治力度，组织经常性检查，及时发现、坚决取缔制售有毒有害食品的“黑工厂”、“黑作坊”和“黑窝点”，依法查处非法食品经营单位。

（八）严厉打击食品安全违法犯罪行为　各级监管部门要切实履行法定职责，进一步改进执法手段、提高执法效率，大力排查食品安全隐患，依法从严处罚违法违规企业及有关人员。对涉嫌犯罪案件，要及时移送立案，并积极主动配合司法机关调查取证，严禁罚过放行、以罚代刑，确保对犯罪分子的刑事责任追究到位。加强案件查处监督，对食品安全违法犯罪案件未及时查处、重大案件久拖不结的，上级政府和有关部门要组织力量直接查办。各级公安机关要明确机构和人员负责打击食品安全违法犯罪，对隐蔽性强、危害大、涉嫌犯罪的案件，根据需要提前介入，依法采取相应措施。公安机关在案件查处中需要技术鉴定的，监管部门要给予支持。坚持重典治乱，始终保持严厉打击食品安全违法犯罪的高压态势，使严惩重处成为食品安全治理常态。

（九）加强食用农产品监管　完善农产品质量安全监管体系，加快推进乡镇农产品质量安全监管公共服务机构建设，开展农产品质量安全监管示范县创建，着力提高县级农产品质量安全监管执法能力。严格农业投入品生产经营管理，加强对食用农产品种植养殖活动的规范指导，督促农产品标准化生产示范园（区、场）、农民专业合作经济组织、食用农产品生产企业落实投入品使用记录制度。扩大对食用农产品的例行监测、监督抽查范围，严防不合格产品流入市场和生产加工环节。加强对农产品批发商、经纪人的管理，强化农产品运输、仓储等过程的质量安全监管。加大农产品质量安全培训和先进适用技术推广力度，建立健全农产品产地准出、市场准入制度和农产品质量安全追溯体系，强化农产品包装标识管理。健全畜禽疫病防控体系，规范畜禽屠宰管理，完善畜禽产品检验检疫制度和无害化处理补贴政策，严防病死病害畜禽进入屠宰和肉制品加工环节。加强农产品产地环境监管，加大对农产品产地环境污染治理和污染区域种植结构调整的力度。

（十）加强食品生产经营监管 严格实施食品生产经营许可制度，对食品生产经营新业态要依法及时纳入许可管理。不能持续达到食品安全条件、整改后仍不符合要求的生产经营单位，依法撤销其相关许可。强化新资源食品、食品添加剂、食品相关产品新品种的安全性评估审查。加强监督抽检、执法检查和日常巡查，完善现场检查制度，加大对食品生产经营单位的监管力度。建立健全食品退市、召回和销毁管理制度，防止过期食品等不合格食品回流食品生产经营环节。依法查处食品和保健食品虚假宣传以及在商标、包装和标签标识等方面的违法行为。严格进口食品检验检疫准入管理，加强对进出口食品生产企业、进口商、代理商的注册、备案和监管。加强食品认证机构资质管理，严厉查处伪造冒用认证证书和标志等违法行为。加快推进餐饮服务单位量化分级管理和监督检查结果公示制度，建立与餐饮服务业相适应的监督抽检快速检测筛查模式。切实加强对食品生产加工小作坊、食品摊贩、小餐饮单位、小集贸市场及农村食品加工场所等的监管。

四、落实食品生产经营单位的主体责任

（十一）强化食品生产经营单位安全管理 食品生产经营单位要依法履行食品安全主体责任，配备专、兼职食品安全管理人员，建立健全并严格落实进货查验、出厂检验、索证验票、购销台账记录等各项管理制度。规模以上生产企业和相应的经营单位要设置食品安全管理机构，明确分管负责人。食品生产经营单位要保证必要的食品安全投入，建立健全质量安全管理体系，不断改善食品安全保障条件。要严格落实食品安全事故报告制度，向社会公布本单位食品安全信息必须真实、准确、及时。进一步健全食品行业从业人员培训制度，食品行业从业人员必须先培训后上岗并由单位组织定期培训，单位负责人、关键岗位人员要统一接受培训。

（十二）落实企业负责人的责任 食品生产经营企业法定代表人或主要负责人对食品安全负首要责任，企业质量安全主管人员对食品安全负直接责任。要建立健全从业人员岗位责任制，逐级落实责任，加强全员、全过程的食品安全管理。严格落实食品交易场所开办者、食品展销会等集中交易活动举办者、网络交易平台经营者等的食品安全管理责任。对违法违规企业，依法从严追究其负责人的责任，对被吊销证照企业的有关责任人，依法实行行业禁入。

（十三）落实不符合安全标准的食品处置及经济赔偿责任 食品生产经营者要严格落实不符合食品安全标准的食品召回和下架退市制度，并及时采取补救、无害化处理、销毁等措施，处置情况要及时向监管部门报告。对未执行主动召回、下架退市制度，或未及时采取补救、无害化处理、销毁等措施的，监管部门要责令其限期执行；拒不执行的，要加大处罚力度，直至停产停业整改、吊销证照。食品经营者要建立并执行临近保质期食品的消费提示制度，严禁更换包装和日期再行销售。食品生产经营者因食品安全问题造成他人人身、财产或者其他损害的，必须依法承担赔偿责任。积极开展食品安全责任强制保险制度试点。

（十四）加快食品行业诚信体系建设 加大对道德失范、诚信缺失的治理力度，积极开展守法经营宣传教育，完善行业自律机制。食品生产经营单位要牢固树立诚信意识，打造信誉品牌，培育诚信文化。加快建立各类食品生产经营单位食品安全信用档案，完善执法检查记录，根据信用等级实施分类监管。建设食品生产经营者诚信信息数据库和信息公共服务平台，并与金融机构、证券监管等部门实现共享，及时向社会公布食品生产经营者的信用情况，发布违法违规企业和个人“黑名单”，对失信行为予以惩戒，为诚信者创造良好发展环境。

五、加强食品安全监管能力和技术支撑体系建设

（十五）加强监管队伍建设 各地区要根据本地实际，合理配备和充实食品安全监管人员，重点强化基层监管执法力量。加强食品安全监管执法队伍的装备建设，重点增加现场快速检测和调查取证等设备的配备，提高监管执法能力。加强监管执法队伍法律法规、业务技能、工作作风等方面的教育培训，规范执法程序，提高执法水平，切实做到公正执法、文明执法。

（十六）完善食品安全标准体系 坚持公开透明、科学严谨、广泛参与的原则，进一步完善食品、食品添加剂、食品相关产品安全标准的制修订程序。加强食品安全标准制修订工作，尽快完成现行食用农产品质量安全、食品卫生、食品质量标准和食品行业标准中强制执行标准的清理整合工作，加快重点品种、领

域的标准制修订工作，充实完善食品安全国家标准体系。各地区要根据监管需要，及时制定食品安全地方标准。鼓励企业制定严于国家标准的食品安全企业标准。加强对食品安全标准宣传和执行情况的跟踪评价，切实做好标准的执行工作。

（十七）健全风险监测评估体系 加强监测资源的统筹利用，进一步增设监测点，扩大监测范围、指标和样本量，提高食品安全监测水平和能力。统一制定实施国家食品安全风险监测计划，规范监测数据报送、分析和通报等工作程序，健全食品安全风险监测体系。加强食用农产品质量安全风险监测和例行监测。建立健全食源性疾病监测网络和报告体系。严格监测质量控制，完善数据报送网络，实现数据共享。加强监测数据分析判断，提高发现食品安全风险隐患的能力。完善风险评估制度，强化食品和食用农产品的风险评估，充分发挥其对食品安全监管的支撑作用。建立健全食品安全风险预警制度，加强风险预警相关基础建设，确保预警渠道畅通，努力提高预警能力，科学开展风险交流和预警。

（十八）加强检验检测能力建设 严格食品检验检测机构的资质认定和管理，科学统筹、合理布局新建检验检测机构，加大对检验检测能力薄弱地区和重点环节的支持力度，避免重复建设。支持食品检验检测设备国产化。积极稳妥推进食品检验检测机构改革，促进第三方检验检测机构发展。推进食品检验检测数据共享，逐步实现网络化查询。鼓励地方特别是基层根据实际情况开展食品检验检测资源整合试点，积极推广成功经验，逐步建立统筹协调、资源共享的检验检测体系。

（十九）加快食品安全信息化建设 按照统筹规划、分级实施、注重应用、安全可靠的原则，依托现有电子政务系统和业务系统等资源，加快建设功能完善的食品安全信息平台，实现各地区、各部门信息互联互通和资源共享，加强信息汇总、分析整理，定期向社会发布食品安全信息。积极应用现代信息技术，创新监管执法方式，提高食品安全监管的科学化、信息化水平。加快推进食品安全电子追溯系统建设，建立统一的追溯手段和技术平台，提高追溯体系的便捷性和有效性。

（二十）提高应急处置能力 健全各级食品安全事故应急预案，加强预案演练，完善应对食品安全事故的快速反应机制和程序。加强食品安全事故应急处置体系建设，提高重大食品安全事故应急指挥决策能力。加强应急队伍建设，强化应急装备和应急物资储备，提高应急风险评估、应急检验检测等技术支撑能力，提升事故响应、现场处置、医疗救治等食品安全事故应急处置水平。制定食品安全事故调查处理办法，进一步规范食品安全事故调查处理工作程序。

六、完善相关保障措施

（二十一）完善食品安全政策法规 深入贯彻实施食品安全法，完善配套法规规章和规范性文件，形成有效衔接的食品安全法律法规体系。推动完善严惩重处食品安全违法行为的相关法律依据，着力解决违法成本低的问题。各地区要积极推动地方食品安全立法工作，加强食品生产加工小作坊和食品摊贩管理等具体办法的制修订工作。定期组织开展执法情况检查，研究解决法律执行中存在的问题，不断改进和加强执法工作。大力推进种植、畜牧、渔业标准化生产。完善促进食品产业优化升级的政策措施，提高食品产业的集约化、规模化水平。提高食品行业准入门槛，加大对食品企业技术进步和技术改造的支持力度，提高食品安全保障能力。推进食品经营场所规范化、标准化建设，大力发展现代化食品物流配送服务体系。积极推进餐饮服务食品安全示范工程建设。完善支持措施，加快推进餐厨废弃物资源化利用和无害化处理试点。

（二十二）加大政府资金投入力度 各级政府要建立健全食品安全资金投入保障机制。中央财政要进一步加大投入力度，国家建设投资要给予食品安全监管能力建设更多支持，资金要注意向中西部地区和基层倾斜。地方各级政府要将食品安全监管人员经费及行政管理、风险监测、监督抽检、科普宣教等各项工作经费纳入财政预算予以保障。切实加强食品安全项目和资金的监督管理，提高资金使用效率。

（二十三）强化食品安全科技支撑 加强食品安全学科建设和科技人才培养，建设具有自主创新能力的专业化食品安全科研队伍。整合高等院校、科研机构和企业等科研资源，加大食品安全检验检测、风险监测评估、过程控制等方面的技术攻关力度，提高食品安全管理科学化水平。加强科研成果使用前的安全性评估，积极推广应用食品安全科研成果。建立食品安全专家库，为食品安全监管提供技术支持。开展食品安全领域的国际交流与合作，加快先进适用管理制度与技术的引进、消化和吸收。

七、动员全社会广泛参与

（二十四）大力推行食品安全有奖举报 地方各

级政府要加快建立健全食品安全有奖举报制度，畅通投诉举报渠道，细化具体措施，完善工作机制，实现食品安全有奖举报工作的制度化、规范化。切实落实财政专项奖励资金，合理确定奖励条件，规范奖励审定、奖金管理和发放等工作程序，确保奖励资金及时兑现。严格执行举报保密制度，保护举报人合法权益。对借举报之名捏造事实的，依法追究责任。

（二十五）加强宣传和科普教育 将食品安全纳入公益性宣传范围，列入国民素质教育内容和中小学相关课程，加大宣传教育力度。充分发挥政府、企业、行业组织、社会团体、广大科技工作者和各类媒体的作用，深入开展"食品安全宣传周"等各类宣传科普活动，普及食品安全法律法规及食品安全知识，提高公众食品安全意识和科学素养，努力营造"人人关心食品安全、人人维护食品安全"的良好社会氛围。

（二十六）构建群防群控工作格局 充分调动人民群众参与食品安全治理的积极性、主动性，组织动员社会各方力量参与食品安全工作，形成强大的社会合力。支持新闻媒体积极开展舆论监督，客观及时、实事求是报道食品安全问题。各级消费者协会要发挥自身优势，提高公众食品安全自我保护能力和维权意识，支持消费者依法维权。充分发挥食品相关行业协会、农民专业合作经济组织的作用，引导和约束食品生产经营者诚信经营。

八、加强食品安全工作的组织领导

（二十七）加强组织领导 地方各级政府要把食品安全工作摆上重要议事日程，主要负责同志亲自抓，切实加强统一领导和组织协调。要认真分析评估本地区食品安全状况，加强工作指导，及时采取有针对性的措施，解决影响本地区食品安全的重点难点问题和人民群众反映的突出问题。要细化、明确各级各类食品安全监管岗位的监管职责，主动防范、及早介入，使工作真正落实到基层，力争将各类风险隐患消除在萌芽阶段，守住不发生区域性、系统性食品安全风险的底线。国务院各有关部门要认真履行职责，加强对地方的监督检查和指导。对在食品安全工作中取得显著成绩的单位和个人，要给予表彰。

（二十八）严格责任追究 建立健全食品安全责任制，上级政府要对下级政府进行年度食品安全绩效考核，并将考核结果作为地方领导班子和领导干部综合考核评价的重要内容。发生重大食品安全事故的地方在文明城市、卫生城市等评优创建活动中实行一票否决。完善食品安全责任追究制，加大行政问责力度，加快制定关于食品安全责任追究的具体规定，明确细化责任追究对象、方式、程序等，确保责任追究到位。

绿色食品标志管理办法

（农业部令　2012年第6号　2012年7月30日）

第一章　总　　则

第一条 为加强绿色食品标志使用管理，确保绿色食品信誉，促进绿色食品事业健康发展，维护生产经营者和消费者合法权益，根据《中华人民共和国农业法》、《中华人民共和国食品安全法》、《中华人民共和国农产品质量安全法》和《中华人民共和国商标法》，制定本办法。

第二条 本办法所称绿色食品，是指产自优良生态环境、按照绿色食品标准生产、实行全程质量控制并获得绿色食品标志使用权的安全、优质食用农产品及相关产品。

第三条 绿色食品标志依法注册为证明商标，受法律保护。

第四条 县级以上人民政府农业行政主管部门依法对绿色食品及绿色食品标志进行监督管理。

第五条 中国绿色食品发展中心负责全国绿色食品标志使用申请的审查、颁证和颁证后跟踪检查工作。

省级人民政府农业行政主管部门所属绿色食品工作机构（以下简称省级工作机构）负责本行政区域绿色食品标志使用申请的受理、初审和颁证后跟踪检查工作。

第六条 绿色食品产地环境、生产技术、产品质量、包装贮运等标准和规范，由农业部制定并发布。

第七条　承担绿色食品产品和产地环境检测工作的技术机构，应当具备相应的检测条件和能力，并依法经过资质认定，由中国绿色食品发展中心按照公平、公正、竞争的原则择优指定并报农业部备案。

第八条　县级以上地方人民政府农业行政主管部门应当鼓励和扶持绿色食品生产，将其纳入本地农业和农村经济发展规划，支持绿色食品生产基地建设。

第二章　标志使用申请与核准

第九条　申请使用绿色食品标志的产品，应当符合《中华人民共和国食品安全法》和《中华人民共和国农产品质量安全法》等法律法规规定，在国家工商总局商标局核定的范围内，并具备下列条件：

（一）产品或产品原料产地环境符合绿色食品产地环境质量标准；

（二）农药、肥料、饲料、兽药等投入品使用符合绿色食品投入品使用准则；

（三）产品质量符合绿色食品产品质量标准；

（四）包装贮运符合绿色食品包装贮运标准。

第十条　申请使用绿色食品标志的生产单位（以下简称申请人），应当具备下列条件：

（一）能够独立承担民事责任；

（二）具有绿色食品生产的环境条件和生产技术；

（三）具有完善的质量管理和质量保证体系；

（四）具有与生产规模相适应的生产技术人员和质量控制人员；

（五）具有稳定的生产基地；

（六）申请前三年内无质量安全事故和不良诚信记录。

第十一条　申请人应当向省级工作机构提出申请，并提交下列材料：

（一）标志使用申请书；

（二）资质证明材料；

（三）产品生产技术规程和质量控制规范；

（四）预包装产品包装标签或其设计样张；

（五）中国绿色食品发展中心规定提交的其他证明材料。

第十二条　省级工作机构应当自收到申请之日起十个工作日内完成材料审查。符合要求的，予以受理，并在产品及产品原料生产期内组织有资质的检查员完成现场检查；不符合要求的，不予受理，书面通知申请人并告知理由。

现场检查合格的，省级工作机构应当书面通知申请人，由申请人委托符合第七条规定的检测机构对申请产品和相应的产地环境进行检测；现场检查不合格的，省级工作机构应当退回申请并书面告知理由。

第十三条　检测机构接受申请人委托后，应当及时安排现场抽样，并自产品样品抽样之日起二十个工作日内、环境样品抽样之日起三十个工作日内完成检测工作，出具产品质量检验报告和产地环境监测报告，提交省级工作机构和申请人。

检测机构应当对检测结果负责。

第十四条　省级工作机构应当自收到产品检验报告和产地环境监测报告之日起二十个工作日内提出初审意见。初审合格的，将初审意见及相关材料报送中国绿色食品发展中心。初审不合格的，退回申请并书面告知理由。

省级工作机构应当对初审结果负责。

第十五条　中国绿色食品发展中心应当自收到省级工作机构报送的申请材料之日起三十个工作日内完成书面审查，并在二十个工作日内组织专家评审。必要时，应当进行现场核查。

第十六条　中国绿色食品发展中心应当根据专家评审的意见，在五个工作日内作出是否颁证的决定。同意颁证的，与申请人签订绿色食品标志使用合同，颁发绿色食品标志使用证书，并公告；不同意颁证的，书面通知申请人并告知理由。

第十七条　绿色食品标志使用证书是申请人合法使用绿色食品标志的凭证，应当载明准许使用的产品名称、商标名称、获证单位及其信息编码、核准产量、产品编号、标志使用有效期、颁证机构等内容。

绿色食品标志使用证书分中文、英文版本，具有同等效力。

第十八条　绿色食品标志使用证书有效期三年。

证书有效期满，需要继续使用绿色食品标志的，标志使用人应当在有效期满三个月前向省级工作机构书面提出续展申请。省级工作机构应当在四十个工作日内组织完成相关检查、检测及材料审核。初审合格的，由中国绿色食品发展中心在十个工作日内作出是否准予续展的决定。准予续展的，与标志使用人续签绿色食品标志使用合同，颁发新的绿色食品标志使用证书并公告；不予续展的，书面通知标志使用人并告知理由。

标志使用人逾期未提出续展申请，或者申请续展未获通过的，不得继续使用绿色食品标志。

第三章　标志使用管理

第十九条　标志使用人在证书有效期内享有下列权利：

（一）在获证产品及其包装、标签、说明书上使用绿色食品标志；

（二）在获证产品的广告宣传、展览展销等市场营销活动中使用绿色食品标志；

（三）在农产品生产基地建设、农业标准化生产、产业化经营、农产品市场营销等方面优先享受相关扶持政策。

第二十条 标志使用人在证书有效期内应当履行下列义务：

（一）严格执行绿色食品标准，保持绿色食品产地环境和产品质量稳定可靠；

（二）遵守标志使用合同及相关规定，规范使用绿色食品标志；

（三）积极配合县级以上人民政府农业行政主管部门的监督检查及其所属绿色食品工作机构的跟踪检查。

第二十一条 未经中国绿色食品发展中心许可，任何单位和个人不得使用绿色食品标志。

禁止将绿色食品标志用于非许可产品及其经营性活动。

第二十二条 在证书有效期内，标志使用人的单位名称、产品名称、产品商标等发生变化的，应当经省级工作机构审核后向中国绿色食品发展中心申请办理变更手续。

产地环境、生产技术等条件发生变化，导致产品不再符合绿色食品标准要求的，标志使用人应当立即停止标志使用，并通过省级工作机构向中国绿色食品发展中心报告。

第四章 监督检查

第二十三条 标志使用人应当健全和实施产品质量控制体系，对其生产的绿色食品质量和信誉负责。

第二十四条 县级以上地方人民政府农业行政主管部门应当加强绿色食品标志的监督管理工作，依法对辖区内绿色食品产地环境、产品质量、包装标识、标志使用等情况进行监督检查。

第二十五条 中国绿色食品发展中心和省级工作机构应当建立绿色食品风险防范及应急处置制度，组织对绿色食品及标志使用情况进行跟踪检查。

省级工作机构应当组织对辖区内绿色食品标志使用人使用绿色食品标志的情况实施年度检查。检查合格的，在标志使用证书上加盖年度检查合格章。

第二十六条 标志使用人有下列情形之一的，由中国绿色食品发展中心取消其标志使用权，收回标志使用证书，并予公告：

（一）生产环境不符合绿色食品环境质量标准的；

（二）产品质量不符合绿色食品产品质量标准的；

（三）年度检查不合格的；

（四）未遵守标志使用合同约定的；

（五）违反规定使用标志和证书的；

（六）以欺骗、贿赂等不正当手段取得标志使用权的。

标志使用人依照前款规定被取消标志使用权的，三年内中国绿色食品发展中心不再受理其申请；情节严重的，永久不再受理其申请。

第二十七条 任何单位和个人不得伪造、转让绿色食品标志和标志使用证书。

第二十八条 国家鼓励单位和个人对绿色食品和标志使用情况进行社会监督。

第二十九条 从事绿色食品检测、审核、监管工作的人员，滥用职权、徇私舞弊和玩忽职守的，依照有关规定给予行政处罚或行政处分；构成犯罪的，依法移送司法机关追究刑事责任。

承担绿色食品产品和产地环境检测工作的技术机构伪造检测结果的，除依法予以处罚外，由中国绿色食品发展中心取消指定，永久不得再承担绿色食品产品和产地环境检测工作。

第三十条 其他违反本办法规定的行为，依照《中华人民共和国食品安全法》、《中华人民共和国农产品质量安全法》和《中华人民共和国商标法》等法律法规处罚。

第五章 附 则

第三十一条 绿色食品标志有关收费办法及标准，依照国家相关规定执行。

第三十二条 本办法自2012年10月1日起施行。农业部1993年1月11日印发的《绿色食品标志管理办法》［1993农（绿）字第1号］同时废止。

农产品质量安全监测管理办法

（农业部令 2012年第7号 2012年8月14日）

第一章 总 则

第一条 为加强农产品质量安全管理，规范农产品质量安全监测工作，根据《中华人民共和国农产品质量安全法》、《中华人民共和国食品安全法》和《中华人民共和国食品安全法实施条例》，制定本办法。

第二条 县级以上人民政府农业行政主管部门开展农产品质量安全监测工作，应当遵守本办法。

第三条 农产品质量安全监测，包括农产品质量安全风险监测和农产品质量安全监督抽查。

农产品质量安全风险监测，是指为了掌握农产品质量安全状况和开展农产品质量安全风险评估，系统和持续地对影响农产品质量安全的有害因素进行检验、分析和评价的活动，包括农产品质量安全例行监测、普查和专项监测等内容。

农产品质量安全监督抽查，是指为了监督农产品质量安全，依法对生产中或市场上销售的农产品进行抽样检测的活动。

第四条 农业部根据农产品质量安全风险评估、农产品质量安全监督管理等工作需要，制定全国农产品质量安全监测计划并组织实施。

县级以上地方人民政府农业行政主管部门应当根据全国农产品质量安全监测计划和本行政区域的实际情况，制定本级农产品质量安全监测计划并组织实施。

第五条 农产品质量安全检测工作，由符合《中华人民共和国农产品质量安全法》第三十五条规定条件的检测机构承担。

县级以上人民政府农业行政主管部门应当加强农产品质量安全检测机构建设，提升其检测能力。

第六条 农业部统一管理全国农产品质量安全监测数据和信息，并指定机构建立国家农产品质量安全监测数据库和信息管理平台，承担全国农产品质量安全监测数据和信息的采集、整理、综合分析、结果上报等工作。

县级以上地方人民政府农业行政主管部门负责管理本行政区域内的农产品质量安全监测数据和信息。鼓励县级以上地方人民政府农业行政主管部门建立本行政区域的农产品质量安全监测数据库。

第七条 县级以上人民政府农业行政主管部门应当将农产品质量安全监测工作经费列入本部门财政预算，保证监测工作的正常开展。

第二章 风险监测

第八条 农产品质量安全风险监测应当定期开展。根据农产品质量安全监管需要，可以随时开展专项风险监测。

第九条 省级以上人民政府农业行政主管部门应当根据农产品质量安全风险监测工作的需要，制定并实施农产品质量安全风险监测网络建设规划，建立健全农产品质量安全风险监测网络。

第十条 县级以上人民政府农业行政主管部门根据监测计划向承担农产品质量安全监测工作的机构下达工作任务。接受任务的机构应当根据农产品质量安全监测计划编制工作方案，并报下达监测任务的农业行政主管部门备案。

工作方案应当包括下列内容：

（一）监测任务分工，明确具体承担抽样、检测、结果汇总等的机构；

（二）各机构承担的具体监测内容，包括样品种类、来源、数量、检测项目等；

（三）样品的封装、传递及保存条件；

（四）任务下达部门指定的抽样方法、检测方法及判定依据；

（五）监测完成时间及结果报送日期。

第十一条 县级以上人民政府农业行政主管部门应当根据农产品质量安全风险隐患分布及变化情况，适时调整监测品种、监测区域、监测参数和监测频率。

第十二条 农产品质量安全风险监测抽样应当采取符合统计学要求的抽样方法，确保样品的代表性。

第十三条 农产品质量安全风险监测应当按照公布的标准方法检测。没有标准方法的可以采用非标准方法，但应当遵循先进技术手段与成熟技术相结合的原则，并经方法学研究确认和专家组认定。

第十四条 承担农产品质量安全监测任务的机构应当按要求向下达任务的农业行政主管部门报送监测数据和分析结果。

第十五条 省级以上人民政府农业行政主管部门应当建立风险监测形势会商制度，对风险监测结果进行会商分析，查找问题原因，研究监管措施。

第十六条 县级以上地方人民政府农业行政主管部门应当及时向上级农业行政主管部门报送监测数据和分析结果，并向同级食品安全委员会办公室、卫生行政、质量监督、工商行政管理、食品药品监督管理等有关部门通报。

农业部及时向国务院食品安全委员会办公室和卫生行政、质量监督、工商行政管理、食品药品监督管理等有关部门及各省、自治区、直辖市、计划单列市人民政府农业行政主管部门通报监测结果。

第十七条 县级以上人民政府农业行政主管部门应当按照法定权限和程序发布农产品质量安全监测结果及相关信息。

第十八条 风险监测工作的抽样程序、检测方法等符合本办法第三章规定的，监测结果可以作为执法依据。

第三章 监督抽查

第十九条 县级以上人民政府农业行政主管部门应当重点针对农产品质量安全风险监测结果和农产品质量安全监管中发现的突出问题，及时开展农产品质量安全监督抽查工作。

第二十条 监督抽查按照抽样机构和检测机构分离的原则实施。抽样工作由当地农业行政主管部门或其执法机构负责，检测工作由农产品质量安全检测机构负责。检测机构根据需要可以协助实施抽样和样品预处理等工作。

采用快速检测方法实施监督抽查的，不受前款规定的限制。

第二十一条 抽样人员在抽样前应当向被抽查人出示执法证件或工作证件。具有执法证件的抽样人员不得少于两名。

抽样人员应当准确、客观、完整地填写抽样单。抽样单应当加盖抽样单位印章，并由抽样人员和被抽查人签字或捺印；被抽查人为单位的，应当加盖被抽查人印章或者由其工作人员签字或捺印。

抽样单一式四份，分别留存抽样单位、被抽查人、检测单位和下达任务的农业行政主管部门。

抽取的样品应当经抽样人员和被抽查人签字或捺印确认后现场封样。

第二十二条 有下列情形之一的，被抽查人可以拒绝抽样：

（一）具有执法证件的抽样人员少于两名的；

（二）抽样人员未出示执法证件或工作证件的。

第二十三条 被抽查人无正当理由拒绝抽样的，抽样人员应当告知拒绝抽样的后果和处理措施。被抽查人仍拒绝抽样的，抽样人员应当现场填写监督抽查拒检确认文书，由抽样人员和见证人共同签字，并及时向当地农业行政主管部门报告情况，对被抽查农产品以不合格论处。

第二十四条 上级农业行政主管部门监督抽查的同一批次农产品，下级农业行政主管部门不得重复抽查。

第二十五条 检测机构接收样品，应当检查、记录样品的外观、状态、封条有无破损及其他可能对检测结果或者综合判定产生影响的情况，并确认样品与抽样单的记录是否相符，对检测和备份样品分别加贴相应标识后入库。必要时，在不影响样品检测结果的情况下，可以对检测样品分装或者重新包装编号。

第二十六条 检测机构应当按照任务下达部门指定的方法和判定依据进行检测与判定。

采用快速检测方法检测的，应当遵守相关操作规范。

检测过程中遇有样品失效或者其他情况致使检测无法进行时，检测机构应当如实记录，并出具书面证明。

第二十七条 检测机构不得将监督抽查检测任务委托其他检测机构承担。

第二十八条 检测机构应当将检测结果及时报送下达任务的农业行政主管部门。检测结果不合格的，应当在确认后二十四小时内将检测报告报送下达任务的农业行政主管部门和抽查地农业行政主管部门，抽查地农业行政主管部门应当及时书面通知被抽查人。

第二十九条 被抽查人对检测结果有异议的，可以自收到检测结果之日起五日内，向下达任务的农业行政主管部门或者其上级农业行政主管部门书面申请复检。

采用快速检测方法进行监督抽查检测，被抽查人对检测结果有异议的，可以自收到检测结果时起四小时内书面申请复检。

第三十条 复检由农业行政主管部门指定具有资质的检测机构承担。复检不得采用快速检测方法。复检结论与原检测结论一致的，复检费用由申请人承担；不一致的，复检费用由原检测机构承担。

第三十一条 县级以上地方人民政府农业行政主

管部门对抽检不合格的农产品，应当及时依法查处，或依法移交工商行政管理等有关部门查处。

第四章　工作纪律

第三十二条　农产品质量安全监测不得向被抽查人收取费用，监测样品由抽样单位向被抽查人购买。

第三十三条　参与监测工作的人员应当秉公守法、廉洁公正，不得弄虚作假、以权谋私。被抽查人或者与其有利害关系的人员不得参与抽样、检测工作。

第三十四条　抽样应当严格按照工作方案进行，不得擅自改变。抽样人员不得事先通知被抽查人，不得接受被抽查人的馈赠，不得利用抽样之便牟取非法利益。

第三十五条　检测机构应当对检测结果的真实性负责，不得瞒报、谎报、迟报检测数据和分析结果。检测机构不得利用检测结果参与有偿活动。

第三十六条　监测任务承担单位和参与监测工作的人员应当对监测工作方案和检测结果保密，未经任务下达部门同意，不得向任何单位和个人透露。

第三十七条　任何单位和个人对农产品质量安全监测工作中的违法行为，有权向农业行政主管部门举报，接到举报的部门应当及时调查处理。

第三十八条　对违反抽样和检测工作纪律的工作人员，由任务承担单位作出相应处理，并报上级主管部门备案。违反监测数据保密规定的，由上级主管部门对任务承担单位的负责人通报批评，对直接责任人员依法予以处分、处罚。

第三十九条　检测机构无正当理由未按时间要求上报数据结果的，由上级主管部门通报批评并责令改正；情节严重的，取消其承担检测任务的资格。检测机构伪造检测结果或者出具检测结果不实的，依照《中华人民共和国农产品质量安全法》第四十四条规定处罚。

第四十条　违反本办法规定，构成犯罪的，依法移送司法机关追究刑事责任。

第五章　附　　则

第四十一条　本规定自2012年10月1日起施行。

关于进一步推进主食产业化　增强口粮供应保障能力的指导意见

（国家粮食局　国粮展［2012］164号　2012年8月24日）

各省、自治区、直辖市、计划单列市、新疆生产建设兵团及黑龙江省农垦总局粮食局，中国储备粮管理总公司、中粮集团有限公司、中国华粮物流集团公司、中国中纺集团公司：

为认真贯彻落实中共中央、国务院关于加快推进农业科技创新持续增强农产品供给保障能力的精神，全面实施粮食行业“十二五”发展规划纲要、粮油加工业“十二五”发展规划，加快转变粮食产业发展方式，促进粮油加工产业转型升级，适应城乡居民对主食口粮消费的新需求，我局研究决定在“十二五”期间进一步推进主食产业化发展，全面提升城乡居民口粮供应保障能力。国家发改委对推进主食产业化高度重视，会同我局共同研究并提出以下指导意见。

一、充分认识推进主食产业化的重要意义

主食是城乡居民生活必须食用的主要粮食制成品，既包括米饭、馒头、面条、杂粮等主食制品，也包括大米、小麦粉等主食原料。主食产业化，则是在构建从田间到餐桌的粮食全产业链过程中形成的，以粮食生产基地化、主食加工工业化、营销供应社会化为主要特征的，具有中国膳食特色的新型主食产业发展方式。

近年来我国主食产业经历了工业化起步、规模化扩张、产业化发展提速等阶段，初步形成了主体多元化、原料产品规模化、主食产品多样化、

产供销一体化、工艺科技化、品牌特色化的发展新格局。当前主食产业化呈现了蓬勃发展的良好态势。但与世界发达国家和地区主食产业化水平相比还有很大差距，也存在着产业化程度偏低、装备和技术落后、主食品安全有待加强、市场占有率不高等亟待解决的问题。

在我国全面建设小康社会的进程中，推进主食产业化具有重要意义：一是适应城乡居民消费方式升级，保障军需民食新需求，保障粮油主食品安全的重要“民生工程”；二是推动粮食产业结构调整、加快粮油加工业转型升级、振兴粮食行业的重要举措；三是提升粮油产品的附加值和市场竞争力，推动农民增收、企业增效的有效手段；四是转变粮食产业发展方式，增强口粮供应保障能力，促进新型工业化、城镇化和农业现代化协调发展的重要途径。

二、指导思想、基本原则和主要目标

（一）指导思想 以科学发展为主题，以加快转变经济发展方式为主线，以保障国家粮食安全、保障和改善民生为宗旨，以增强口粮供应保障能力，提升城乡居民生活品质为目标，以科技进步和装备创新为先导，坚持走中国特色的新型工业化道路，用产业化运行模式，加快推进以传统蒸煮米面制品为代表的主食产业化进程，努力构建多元化、多层次的现代化主食产业体系。

（二）基本原则 坚持市场导向、政府引导、企业运作的原则；坚持机制创新、主体多元、互利共赢的原则；坚持优质营养、健康美味、经济便捷的原则；坚持科技支撑、质量安全、装备先进的原则；坚持因地制宜、突出特色、稳步推进的原则。

（三）主要目标 到2015年，主食工业化的比例明显提高，其中面制主食品工业化的比例提高到30%左右，米制主食品工业化的比例提高到20%左右；优化和改进传统主食生产工艺，加工装备自主化率达到60%以上；食品安全水平明显提升，培育一批市场占有率高的知名品牌；培育壮大一批自主创新能力强、集约化程度高、处于行业领先地位的大型主食产业化龙头企业，形成一批相互配套、功能互补、联系紧密的主食产业化集聚示范区；建立军民融合、平战结合、宜军宜民、应急保障有力的军粮主食供应体系。使成品粮应急加工和供应体系更加健全，主食产业化发展水平明显提升，口粮供应保障能力明显增强。

三、加快推进主食产业结构调整和发展

（四）加快开发主食新产品，推进产业升级 大力发展主食加工业，丰富花色品种，提高优、新、特产品的比重，促进传统米面和杂粮主食的工业化、方便化、大众化，提高即食性，保证品质；加快系列化、多元化、营养化、专用化的主食原料产品开发，提高米制食品专用米、面制食品专用粉、全麦粉、营养强化粉等的比重，大力倡导适度加工，提倡科学健康消费；大力发展各种馒头、面条（挂面、鲜湿面条）、饺子等面制主食品，提升产品档次；积极发展方便米饭、米粉（米线）、米粥等米制主食品，提高规模化生产水平；积极开发多种规格和风味的速冻、即食米面及杂粮主食制品，扩大规模，改进工艺，提高节能降耗水平。

（五）实施主食产业化工程，发挥示范作用 发挥骨干企业的优势，在北京、天津、河北、山东、河南、陕西等地建设或改造一批优质面制主食加工示范基地；在东北地区和上海、安徽、江西、湖南、广东、广西、重庆、四川、贵州、云南等地建设和改造一批优质米制主食加工示范基地；在华北、西北、西南等地区发展以杂粮为主的主食、方便食品。实现主食生产工业化、产品标准化和配送社区化。建设和改造一批规范化、机械化、规模化的大型主食生产加工中心，支持建立一体化主食冷链物流配送体系试点，有效增强其加工、配送及质量安全保障能力。

（六）培育主食产业化企业，推进集聚发展 鼓励龙头企业大力发展粮食订单农业，建立生产基地，带动优质、专用粮食生产结构调整，形成种植、收储、加工和市场营销一条龙的全产业链发展模式。引导龙头企业与农户、合作社有效对接，形成稳定的购销关系，共享发展成果。支持通过兼并、重组、收购、控股、联营等方式，组建一批具有核心竞争力的大型集团。科学规划，合理布局，依托大型加工企业，加强粮油食品加工、仓储、物流设施及质量检验检测、信息处理等公共服务平台建设，打造一批各具特色的现代主食加工园区，引导企业向园区集聚。支持粮食大省向粮食强省发展，支持河南等省建设主食产业化集聚示范区，培育产业集群，推进集约化经营、规模化发展。

（七）创新流通方式，完善主食供应体系 整合粮食行业资源，鼓励主食产业化企业与“放心粮油店”、军粮供应站、粮油应急供应点等相结合，充分利用现有供应网点，增加网点经营业务，减少布点成

本，互惠互利。以现有大型主食加工、小麦加工、稻谷加工、粮油仓储企业和军粮供应企业为主体，充分挖掘和利用现有土地、厂房、人才、技术和销售网络等资源优势，实现企业强强联合或低成本扩张。鼓励现有主食加工优势企业，建设新型物流配送网络，优化网点布局。探索新型商业模式，创新主食流通方式，鼓励大力发展连锁经营、直营店、配送中心、放心粮店、放心主食专卖店、厂店对接、校企对接和电子商务，积极开展直营直供。

（八）加强科技创新，提高核心竞争力　有效整合粮食科技资源，建立协同创新机制，推动产学研紧密结合，面向产业需求，通过国家主食产业化科技重大项目等，从原料配方、工艺选择、工艺指标等对主食成分的结构和品质影响的机理上深入研究，着力推进传统主食品现代加工、全谷物食品加工、抗老化保鲜、超高压加工、挤压加工、质量评价方法和质量安全溯源等关键技术和装备的创新与产业化，提升主食加工业整体技术水平。鼓励龙头企业加大主食科研领域的投入，建立企业研发中心，培育市场竞争力强的科技型龙头企业。加强面制、米制主食国家企业技术中心、国家工程实验室、工程（技术）研究中心等创新平台和产业创新联盟建设。

（九）加快企业技术进步和改造，提高装备水平　鼓励和支持拥有一定基础的自主品牌企业加大技术进步和技术改造力度，支持新工艺、新技术、新材料、新装备的推广应用和新产品的产业化，优化生产流程，适当借鉴和引进国外先进技术和设备，加快提升企业工艺、装备水平和核心竞争力。支持小企业改善生产条件，提高技术水平，开发“专、精、特、新”产品。在速冻主食品领域，加快节能减排技术改造，加快推广高效节能新工艺新设备。加强具有自主知识产权的主食装备研发，加快推进馒头、鲜湿面条、方便米饭、杂粮主食、速冻主食等加工装备自主化，推动生产过程智能化和生产装备数字化，提高自动化水平，依托骨干企业，扶持建设一批主食加工成套装备制造基地。

（十）健全主食质量安全保障体系，确保消费安全　完善主食质量标准体系建设，加快制修订具有中国特色的主食产品标准、卫生标准、安全生产技术规范和检测方法标准，严格粮油食品质量标准实施，强化食品安全全程控制，确保产品质量安全。加强主食安全检验监测能力建设，满足企业对原辅料、半成品、成品等的农药残留、真菌毒素、重金属等质量安全指标快速检验的需要，构建制度完善、风险可控、监管有效的主食质量安全保障体系。加快粮油食品安全风险监测管理系统和信息化网络建设，建立健全粮油食品安全数据库和预警体系，预防和控制粮油食品安全风险。支持建立主食质量安全追溯体系试点及召回退市制度，全面提高主食加工和流通安全保障水平。支持示范省份开展以示范基地和粮油质检机构为核心的产业化主食质量安全保障体系和监管工作，保证产品质量安全。

（十一）实施品牌带动战略，丰富主食文化内涵　引导主食加工企业由做产品向做品牌并举转变，以优势骨干企业为主体，通过自主创新、品牌经营、商标注册、专利申请等手段，培育一批拥有自主知识产权、核心技术和较强市场竞争力的全国性知名品牌。发挥品牌扩散效应和聚合效应，推进品牌整合，扩大知名品牌市场占有率，提升企业核心竞争力。践行“为耕者谋利，为食者造福”的理念，丰富和发展主食文化的科学内涵，将品牌培育与产品开发和技术创新紧密结合，提高品牌附加值。

（十二）完善应急供应体系，服务宏观调控　将主食产业化体系建设与成品粮应急加工及供应体系建设相结合，加强大中城市及重点地区供应渠道网点建设。积极开拓城乡市场，推广连锁经营和开展优质服务，保障城乡居民及部队的主食供应和食用安全。在环渤海、长三角、珠三角、成渝等地区的特大城市、省会城市，以及其他重点地区，依托大型加工企业，完善应急加工、供应和储运体系，合理布局应急供应网点，确保应急时主食产品的有效供给。

四、狠抓落实，加强组织领导和统筹协调

（十三）强化组织领导　推进主食产业化是政府引导的民生工程，国家发展改革委加强对主食产业化政策的指导和协调。国家粮食局负责指导意见的组织实施，具体部署，落实有关政策，扎实推进各项工作。省级粮食行政管理部门要与发展改革等部门加强指导意见实施的沟通协调和支持配合，切实落实责任，细化目标任务，确保指导意见目标任务的顺利完成。各级粮食行政管理部门要把主食产业化作为发展现代粮食流通产业工作中一件带全局性、方向性的大事来抓，大力争取各级政府的支持，切实加强对主食产业化发展工作的组织领导，把主食产业化纳入地方经济社会整体发展总体和专项规划。建立健全部门间沟通协商的工作机制，强化协作配合，落实责任分工，形成工作合力。结合“放心粮油进农村进社区工程”、“主食厨房工程”、“早餐工程”、“万村千乡市场工程”、“农村义务教育学生营养改善计划”、“军粮供应主食平台建设工程”等项目的实施，相关部门形成

强有力的协作机制，研究解决发展中的重大问题，确保主食产业化的顺利推进。

（十四）落实优惠政策 贯彻落实国家有关支持龙头企业发展的相关政策，筛选一批主食产业化企业，推荐纳入国家重点支持的农业产业化龙头企业范围。加大对主食产业化企业和产业园区建设的资金支持力度。积极引导社会资金投入到主食产业化领域。农发行等政策性金融机构应加大对龙头企业固定资产投资、农产品收购、融资授信的支持力度。认真落实国家有关农产品初加工企业税收优惠政策，研究修订主食加工增值税政策。

（十五）加强行业指导 国家粮食局加强对粮油加工业及主食产业化发展的指导、协调和服务，组织实施主食产业化示范工程，完善全国粮油加工业统计调查体系，实施主食产业化专项调查，为研究制定产业政策提供依据。省级粮食行政管理部门要落实行业规划和本指导意见，统筹主食产业化推进，科学布局，以规划引导重点项目和重点园区建设，认真总结和借鉴各地主食产业化的典型经验，按照本意见精神，结合本地区实际，抓紧研究制定贯彻落实意见。发挥粮食行业协会、粮油学会等中介组织的作用，加强行业自律，规范企业行为，服务会员和农户。各级粮食行政管理部门要会同有关部门，加强宣传引导，营造全社会关心支持主食产业化和龙头企业发展的良好氛围，促进主食产业化健康、协调、持续发展。各地要将本地区推进主食产业化规划，以及实施过程中遇到的新情况、新问题及时报送国家粮食局。

4 第四部分

国内综合统计资料

国内综合统计资料
简要说明

1. 本部分统计资料主要包括农林牧渔业主要产品产量、农产品加工机械拥有量及农产品加工行业固定资产投资情况、按国民经济行业分类统计有关农产品加工业现状、农产品加工业主要产品产量、农产品加工业主要产品出口创汇情况、农产品加工业部分行业与企业排序，以及我国西部地区综合统计等7部分统计数据。

2. 香港和澳门特别行政区的统计是构成国家统计总体的一部分，但根据中华人民共和国“香港特别行政区基本法”和“澳门特别行政区基本法”的有关原则，香港、澳门与内地是相对独立的统计区域。根据各自不同的统计制度和法律规定，独立进行统计工作。本部分中所涉及的统计数据均未包括香港、澳门特别行政区和台湾省。这三部分相关统计数据，另在本年鉴附录中列出。

3. 本部分统计资料数据，除已注明“资料来源”之外，其余均采用国家统计局公布的数据。

4. 本部分采用的统计数据，基本上以2011年数据为主，为了保持与上卷年鉴提供数据的连续性，有一部分统计数据是在上卷基础上，延续列出。

5. 本部分有关表中所示“规模以上企业”是指年产品销售收入2000万元以上的企业。

6. 本部分有关表中所示工业产值、工业增加值、工业产品销售产值、利税总额等数据未单独标注者，均按当年价格计算（当年价格即为现行价格）。

7. 本部分统计资料数据所使用的计量单位，均采用国际统一标准计量单位。对有关行业未按国际统一标准计量单位提供的数据，编辑部均按国际统一标准计量单位进行了相应换算。

8. 本部分中同一类、同一行业统计数据，由于管理渠道、统计范围、数据采集方法、时间等略有不同，加之有些行业与相关管理部门交叉较多，因此数据也略有不同。但来自同一系统的数据基本上还是一致的。

9. 本部分统计资料中，依据国家统计局、农业部、国家林业局、中国食品工业协会、中国轻工业联合会、中国纺织工业联合会等部门、行业提供的相关数据，开辟了“我国西部地区综合统计”专栏。

10. 本部分统计资料中符号使用说明：“空格”表示该项统计指标数据不详或无该项数据；“*”或“①”表示本表下有注解。

11. 由于时间短促，难免有误，请给予批评指正。

农林牧渔业主要产品产量统计

表1 我国主要农产品产量（2007—2011年） 单位：万t

年份	粮食						
	合计	谷物				豆类	薯类
		小计	稻谷	小麦	玉米		
2007	50 160	46 632	18 603	10 930	15 230	1 720	2 808
2008	52 871	47 847	19 190	11 246	16 591	2 043	2 980
2009	53 082	48 156	19 510	11 512	16 397	1 930	2 996
2010	54 648	49 637	19 576	11 518	17 725	1 897	3 114
2011	57 121	51 939	20 100	11 740	19 278	1 908	3 273

年份	棉花	油料				麻类	
		小计	花生	油菜籽	芝麻	小计	黄红麻
2007	762.4	2 569	1 303	1 057	55.7	72.8	9.9
2008	749.2	2 953	1 429	1 210	58.6	62.5	8.4
2009	637.7	3 154	1 471	1 366	62.2	38.8	7.5
2010	596.1	3 230	1 564	1 308	58.7	31.7	6.9
2011	658.9	3 307	1 605	1 343	60.5	29.6	7.5

年份	糖料			茶叶	烟叶	
	小计	甘蔗	甜菜		小计	烤烟
2007	12 188	11 295	893	116.5	239.5	218
2008	13 419	12 415	1 004	125.8	283.8	262
2009	12 277	11 559	718	135.9	306.6	281
2010	12 009	11 079	930	147.5	300.4	273
2011	12 516	11 443	1 073	162.3	313.2	287

年份	水果						蔬菜*
	合计	苹果	柑橘	梨	葡萄	香蕉	
2007	18 136	2 786	2 058	1 290	670	780	56 452
2008	19 220	2 985	2 331	1 354	715	784	59 240
2009	20 396	3 168	2 521	1 426	794	883	61 824
2010	21 401	3 326	2 645	1 506	855	956	65 099
2011	22 768	3 599	2 944	1 580	907	1 040	67 930

* 蔬菜产量含菜用瓜。

表 2　各地区主要农产品产量（2011 年）

单位：万 t

地　区	一、粮　食								
	总　产	其中:夏收粮食	1. 谷　物						
			总　产	(1) 稻　谷				(2) 小　麦	
				总产	早稻	中稻	晚稻	总产	其中:春小麦
全国总计	**57 120.8**	**12 638.7**	**51 939.4**	**20 100.1**	**3 275.4**	**13 308.1**	**3 516.5**	**11 740.1**	**644.4**
北　京	121.8	28.4	119.3	0.2		0.2		28.4	
天　津	161.8	54.2	159.5	10.7		10.7		54.2	3.6
河　北	3 172.6	1 290.1	3 032.3	60.2		60.2		1 276.1	1.9
山　西	1 193.0	242.2	1 138.4	0.5		0.5		240.3	0.2
内蒙古	2 387.5		2 012.2	77.9		77.9		170.9	170.9
辽　宁	2 035.5	43.7	1 933.5	505.1		505.1		3.7	3.7
吉　林	3 171.0		3 015.3	623.5		623.5		1.3	1.3
黑龙江	5 570.6		4 858.2	2 062.1		2 062.1		103.8	103.8
上　海	122.0	28.3	119.6	88.9		88.9		24.1	
江　苏	3 307.8	1 117.2	3 186.4	1 864.2		1 864.2		1 023.2	
浙　江	781.6	64.8	704.6	104.0	68.3	490.5	90.3	27.0	
安　徽	3 135.5	1 221.2	2 974.0	1 387.1	137.2	1 113.3	136.6	1 215.7	
福　建	672.8	33.9	533.2	514.1	122.8	284.4	106.9	0.8	
江　西	2 052.8	8.9	1 964.3	1 950.1	785.6	266.3	898.2	2.2	
山　东	4 426.3	2 104.7	4 194.9	104.0		104.0		2 103.9	
河　南	5 542.5	3 131.5	5 308.1	474.5		474.5		3 123.0	
湖　北	2 388.5	425.8	2 249.2	1 616.9	197.1	1 169.8	250.1	344.8	
湖　南	2 939.4	58.5	2 779.5	2 575.4	806.4	864.4	904.6	10.2	
广　东	1 361.0	106.5	1 178.5	1 096.9	527.4		569.5	0.3	
广　西	1 429.9	27.1	1 333.2	1 084.1	530.4	81.8	471.9	0.2	
海　南	188.0	29.0	155.4	145.1	73.9		71.3		
重　庆	1 126.9	156.3	799.2	493.5		493.5		42.4	
四　川	3 291.6	577.0	2 753.7	1 527.1	0.7	1 526.0	0.4	436.0	2.2
贵　州	876.9	210.4	615.6	303.9		303.9		50.4	
云　南	1 673.6	251.2	1 368.9	668.7	25.8	626.1	16.7	98.9	
西　藏	93.7		91.0	0.6		0.6		24.9	5.7
陕　西	1 194.7	455.1	1 069.8	84.5		84.5		410.9	
甘　肃	1 014.6	319.5	750.9					247.5	112.0
青　海	103.4		59.4					35.4	35.4
宁　夏	359.0	65.5	309.7	70.8		70.8		63.0	42.1
新　疆	1 224.7	587.7	1 171.7	80.6		60.6		576.6	161.5

（续）

地　　区	一、粮　　食						
	1. 谷　　物				2. 豆　　类		
	（3）玉米	（4）谷子	（5）高粱	（6）其他谷物	总　　产	（1）大豆	（2）杂豆
全国总计	**19 278.1**	**156.7**	**205.1**	**459.3**	**1 908.4**	**1 448.5**	**459.9**
北　　京	90.3	0.3	0.1		1.2	1.1	0.1
天　　津	94.4		0.2		1.7	1.7	—
河　　北	1 639.6	43.5	5.0	7.9	35.7	29.5	6.2
山　　西	854.6	26.2	5.4	11.4	24.4	16.2	8.2
内 蒙 古	1 632.1	27.8	60.9	42.5	171.3	137.2	34.1
辽　　宁	1 360.3	22.1	36.3	6.0	37.0	34.1	2.9
吉　　林	2 339.0	10.2	37.9	3.3	101.3	78.8	22.5
黑 龙 江	2 675.8	3.5	11.1	1.9	577.8	541.3	36.5
上　　海	2.8			3.8	1.5	0.9	0.6
江　　苏	226.2			72.9	82.8	57.6	26.2
浙　　江	14.6			14.0	31.6	14.0	17.6
安　　徽	362.6		0.2	8.5	115.0	107.5	7.5
福　　建	16.6		0.6	1.0	19.9	15.3	4.6
江　　西	10.5		0.5	1.0	28.7	20.7	8.0
山　　东	1 978.7	5.8	1.6	1.0	43.3	40.6	2.7
河　　南	1 696.5	5.3	0.3	8.5	95.2	88.0	7.2
湖　　北	276.2		1.4	9.8	39.5	23.9	15.6
湖　　南	188.5		1.1	4.3	41.1	23.5	17.6
广　　东	78.9	0.1		2.3	18.2	13.5	4.7
广　　西	244.7	0.7	0.7	2.8	28.9	20.1	8.8
海　　南	10.3				2.3	0.9	1.4
重　　庆	257.0		4.6	1.6	43.5	18.7	24.8
四　　川	701.6		17.8	71.2	96.2	48.0	48.2
贵　　州	243.7	0.2	11.6	5.8	22.0	7.1	14.9
云　　南	598.2		0.3	2.9	125.7	24.3	101.4
西　　藏	2.8			62.8	2.4	0.1	2.3
陕　　西	550.7	10.5	2.9	10.3	44.6	37.7	6.9
甘　　肃	425.6			77.8	34.8	15.8	19.0
青　　海	15.2			8.9	7.1		7.1
宁　　夏	172.4	0.4		3.2	4.7	3.2	1.5
新　　疆	517.7	0.1	4.6	12.0	29.1	27.1	2.0

（续）

地区	一、粮食		二、油料						三、棉花
	3. 薯类*								
	总产	其中:马铃薯	总产	1. 花生	2. 油菜籽	3. 芝麻	4. 胡麻籽	5. 向日葵	总产
全国总计	**3 273.0**	**1 765.8**	**3 306.8**	**1 604.6**	**1 342.6**	**60.5**	**35.9**	**231.3**	**658.9**
北京	1.3		1.4	1.3				0.1	
天津	0.6		0.7	0.5				0.1	7.2
河北	104.6	47.9	141.8	128.9	3.0	1.0	2.9	5.3	65.3
山西	30.2	24.9	18.7	2.2	0.6	0.5	6.0	5.6	6.3
内蒙古	204.0	196.5	133.9	3.1	24.0	0.2	3.2	103.0	0.2
辽宁	65.0	39.8	119.8	116.5	0.1	0.2		2.6	0.1
吉林	54.5	49.5	69.6	36.0		1.4		31.1	1.2
黑龙江	134.7	134.7	23.3	5.7	0.1			6.9	
上海	0.8		1.9	0.2	1.6				0.5
江苏	38.6		144.1	36.9	105.2	1.8			24.7
浙江	45.4	22.8	39.9	5.4	33.6	0.9			3.2
安徽	46.5		213.8	84.3	122.8	6.2			37.8
福建	119.7	28.7	27.5	25.7	1.6	0.2			
江西	59.9	1.0	113.6	43.7	66.7	3.2			14.3
山东	188.1		341.0	338.6	2.2	0.1			78.5
河南	139.3		532.4	429.8	77.3	24.1		1.1	38.2
湖北	99.8	68.1	304.7	68.7	220.4	14.6		0.9	52.6
湖南	118.8	35.6	215.3	31.9	181.9	1.4			22.7
广东	164.2	20.2	91.9	90.8	0.8	0.3			
广西	67.8	17.9	50.1	47.5	1.6	0.6		0.5	0.2
海南	30.3	0.1	9.9	9.8		0.2			
重庆	284.2	116.1	46.5	10.1	35.1	0.7		0.6	
四川	441.7	216.5	278.4	62.7	214.4	0.5	0.4		1.5
贵州	239.3	189.4	78.9	6.1	71.8			0.8	0.1
云南	178.9	159.5	60.7	7.0	51.8			1.0	
西藏	0.4	0.4	6.4		6.3				
陕西	80.3	65.6	58.9	9.3	38.4	2.4	0.3	4.6	6.7
甘肃	228.9	228.9	63.5	0.3	33.1		13.8	11.5	7.6
青海	36.9	36.9	33.3		32.7		0.6		
宁夏	44.5	44.5	18.4		0.1		7.5	10.3	
新疆	24.0	20.5	66.8	1.3	15.2		1.2	45.4	289.8

* 薯类产量按5∶1折粮计算，下同。

（续）

地区	四、麻类					五、糖料		
	总产	1. 黄红麻	2. 苎麻	3. 大麻	4. 亚麻	总产	1. 甘蔗	2. 甜菜
全国总计	**29.60**	**7.52**	**15.84**	**1.58**	**3.94**	**12 516.5**	**11 443.5**	**1 073.1**
北京								
天津								
河北	0.07	0.07				46.5		46.5
山西	0.02			0.02		32.4		32.4
内蒙古						157.7		157.7
辽宁	0.02					7.8		7.8
吉林	0.02			0.01		16.3		16.3
黑龙江	1.20				1.16	274.9		274.9
上海						1.1	1.1	
江苏	0.18		0.17			9.6	9.6	
浙江	0.03	0.02				71.1	71.1	
安徽	2.58	1.40	0.37	0.50		21.6	21.6	
福建	0.04	0.03				55.9	55.9	
江西	0.99	0.10	0.89			62.8	62.6	
山东	0.03	0.02						
河南	4.35	4.35				26.7	26.7	
湖北	2.89	0.03	2.85			32.5	32.5	
湖南	4.22	0.06	4.16		0.01	72.2	72.2	
广东	0.04	0.04				1 390.0	1 390.0	
广西	1.23	1.08	0.15			7 269.9	7 269.9	
海南	0.10	0.10				387.8	387.8	
重庆	1.45	0.01	1.28	0.16		11.8	11.8	
四川	6.10	0.19	5.89			87.9	87.7	0.2
贵州	0.06		0.04			43.6	43.6	
云南	1.05			0.60	0.12	1 898.8	1 898.8	
西藏								
陕西	0.07		0.02	0.04		0.2	0.2	
甘肃	0.21			0.21		18.1		18.1
青海								
宁夏								
新疆	2.64				2.64	518.9		518.9

(续)

地区	六、烟叶		七、蔬菜、瓜类			
	总产	其中：烤烟	1. 蔬菜（含菜用瓜）	2. 瓜类		
				总产	(1) 西瓜	(2) 甜瓜
全国总计	**313.2**	**287.0**	**67 929.7**	**8 684.9**	**6 889.3**	**1 278.5**
北京			296.9	37.8	35.5	1.2
天津			431.3	29.7	24.4	3.2
河北	0.68	0.42	7 384.3	514.1	389.8	75.9
山西	1.10	1.10	981.9	62.5	54.2	6.3
内蒙古	1.54	1.27	1 440.2	254.6	181.7	66.3
辽宁	2.98	2.64	2 832.5	236.4	129.4	57.1
吉林	7.23	3.04	971.4	165.1	111.6	49.9
黑龙江	8.53	7.75	789.9	225.6	145.6	58.3
上海			408.2	47.7	37.0	9.0
江苏	0.02		4 586.9	488.5	382.1	59.5
浙江	0.29		1 815.6	312.9	264.3	22.8
安徽	3.10	3.02	2 214.0	604.8	510.9	44.5
福建	14.33	14.22	1 623.4	81.9	66.9	8.8
江西	4.55	4.45	1 165.7	192.9	158.0	11.1
山东	8.78	8.72	9 180.9	1 362.3	1 079.8	198.0
河南	29.25	29.24	6 709.7	1 580.5	1 346.7	219.9
湖北	14.10	9.65	3 358.6	333.4	277.1	41.5
湖南	24.65	23.35	3 337.4	338.9	301.6	33.3
广东	5.63	5.06	2 851.0	109.2	79.0	10.1
广西	2.91	2.20	2 246.4	279.2	255.5	23.1
海南			469.1	95.5	69.6	5.0
重庆	9.36	7.59	1 408.0	40.2	38.4	1.1
四川	24.93	20.04	3 573.6	124.7	109.8	1.8
贵州	34.32	32.50	1 250.1	48.5	40.6	2.7
云南	105.57	101.82	1 340.0	71.0	60.3	2.0
西藏			60.1	0.4	0.3	
陕西	7.78	7.67	1 432.5	254.5	200.4	38.2
甘肃	1.21	0.99	1 320.6	189.6	144.0	22.0
青海	0.17		144.6	3.1	3.0	
宁夏	0.21	0.21	438.7	164.8	151.7	12.6
新疆			1 866.2	434.3	240.1	193.1

表 3 我国玉米主产区生产情况（2010—2011 年） 单位：万 t

地 区	2010 年	2011 年	同比增长（%）
河 北	1 508.7	1 639.6	8.68
山 西	766.0	854.6	11.57
内 蒙 古	1 465.6	1 632.1	11.36
辽 宁	1 150.5	1 360.3	18.24
吉 林	2 004.0	2 339.0	16.72
黑 龙 江	2 324.4	2 675.7	15.11
山 东	1 932.0	1 978.6	0.24
河 南	1 634.7	1 696.5	3.78
陕 西	532.2	550.7	3.48
其 他	4 406.9	4 447.9	0.09
总 计	**17 725.0**	**19 175.0**	**8.20**

表 4 各地区水果产量（2011 年） 单位：t

地 区	水 果	其 中					
		苹 果	梨	柑 橘	桃	猕猴桃	葡 萄
全国总计	**140 833 016**	**35 984 832**	**15 794 801**	**29 440 355**	**10 983 028**	**1 255 374**	**9 067 464**
北 京	830 681	104 626	161 712		404 280	15	41 552
天 津	329 468	55 256	39 276		57 828		122 956
河 北	12 050 753	2 926 425	4 068 629		1 526 760	212	1 125 481
山 西	5 553 130	3 339 390	590 119		441 367	346	259 294
内 蒙 古	468 409	105 730	77 229				74 116
辽 宁	5 743 860	2 396 805	1 401 586		568 329	90	672 695
吉 林	606 328	144 152	133 363		1 295		142 394
黑 龙 江	542 336	113 984	40 224				62 120
上 海	402 242	42	31 671	146 846	92 284	661	95 429
江 苏	2 685 837	616 738	729 747	51 025	500 892	4 290	392 234
浙 江	3 994 242		385 684	1 944 436	383 242	16 745	527 356
安 徽	2 417 902	411 238	1 004 351	28 843	424 137	976	259 177
福 建	6 059 326	306	197 218	3 004 118	236 575	3 817	111 966
江 西	3 876 539		134 816	3 567 102	49 944	13 336	33 152
山 东	14 884 962	8 379 378	1 227 380		2 401 492	2 872	985 070
河 南	8 335 824	4 203 235	1 005 027	39 443	1 085 727	289 315	500 852
湖 北	5 217 789	9 903	462 901	3 309 737	690 156	13 327	151 896
湖 南	5 298 949		150 889	4 204 175	124 446	45 487	118 860
广 东	12 050 549		73 849	3 786 809	85 022		
广 西	9 438 050		241 557	3 549 753	190 028	2 488	272 250
海 南	3 081 697			45 385			
重 庆	2 209 126	5 711	303 782	1 533 332	87 466	7 463	54 055
四 川	6 519 527	456 775	923 356	3 194 008	449 343	100 001	243 379
贵 州	795 243	21 668	195 363	208 140	100 495	16 967	80 351
云 南	4 053 898	252 886	364 142	450 390	193 759	1 083	356 139
西 藏	9 858	5 453	1 170	499	1 119		399
陕 西	13 326 763	9 029 316	881 483	342 801	567 449	735 748	363 839
甘 肃	3 295 096	2 276 003	333 848	3 505	183 199	136	124 666
青 海	13 511	5 773			979		97
宁 夏	724 650	408 903	28 900		26 203		140 965
新 疆	5 016 470	715 136	605 731		109 212		1 754 725

（续）

地区	其中					
	红枣	柿子	香蕉	菠萝	荔枝	龙眼
全国总计	**5 246 762**	**3 187 239**	**10 399 962**	**1 191 062**	**1 897 179**	**1 443 010**
北京	11 031	46 990				
天津	34 026	7 712				
河北	1 253 857	470 458				
山西	577 772	107 102				
内蒙古						
辽宁	110 298					
吉林						
黑龙江						
上海	1 312	1 287				
江苏	11 738	133 589				
浙江		50 434				
安徽	17 993	135 262				
福建	19	178 157	869 735	39 095	147 278	250 005
江西		19 089				
山东	1 016 000	162 118				
河南	401 262	496 033				
湖北	31 340	57 391				
湖南	26 385	18 331				
广东		135 063	3 848 889	769 137	1 063 782	654 801
广西	21 271	672 793	2 057 463	29 341	531 924	473 648
海南			1 892 265	316 684	134 229	41 028
重庆	4 972	13 180	1 850	505	310	3 309
四川	13 831	46 797	36 499		5 987	11 970
贵州	1 461	12 456	5 900	1	209	381
云南	12 109	61 600	1 687 361	36 299	13 460	7 868
西藏						
陕西	637 270	341 867				
甘肃	119 354	19 529				
青海						
宁夏	65 477					
新疆	1 057 983					

表 5　各地区茶叶产量（2011 年）　　单位：t

地　区	茶　叶	其			中			
		绿茶	青茶	红茶	黑茶	黄茶	白茶	其他茶叶
全国总计	**1 623 214**	**1 137 646**	**199 747**	**113 679**	**63 459**	**391**	**14 267**	**94 024**
北　京								
天　津								
河　北								
山　西	8							8
内蒙古								
辽　宁								
吉　林								
黑龙江								
上　海								
江　苏	14 580	12 028		2 353				199
浙　江	169 724	163 794		1 330	3 067			1 533
安　徽	87 598	81 412	70	4 228		201		1 687
福　建	295 976	106 376	157 450	22 707			7 815	1 628
江　西	32 734	24 696	1 040	4 450	46	15	211	2 276
山　东	10 704	10 704						
河　南	49 447	44 352		5 095				
湖　北	184 165	148 509	3 948	19 374	8 492		95	3 747
湖　南	132 787	67 426	3 535	15 401	37 652	14	3	8 756
广　东	59 637	25 300	27 252	1 279		8	5 798	
广　西	44 410	32 830	336	5 626	789			4 829
海　南	1 241	1 112		83				46
重　庆	27 895	22 302	29	2 856				2 708
四　川	186 207	147 168	4 061	2 584	13 040	145	262	18 947
贵　州	58 381	47 850	43	881	4	8	83	9 512
云　南	238 337	172 411	1 983	25 433	369			38 142
西　藏	8	2						6
陕　西	28 430	28 430						
甘　肃	944	944						
青　海								
宁　夏								
新　疆								

表 6　我国农垦系统主要农产品产量（2010—2011 年）

项　目	产　量（万 t）		
	2010 年	2011 年	同比增减（%）
一、粮食	2 953.30	3 198.70	8.31
夏收粮食	274.30	269.60	−1.71
1. 稻谷	1 514.10	1 711.80	13.06
其中：早稻	50.70	50.40	−0.59
2. 小麦	335.91	327.30	−2.56
其中：春小麦	146.60	138.90	−5.25
3. 玉米	809.20	910.20	12.48
4. 谷子	0.89	1.16	30.34
5. 高粱	7.74	6.93	−10.47
6. 大豆	195.11	155.70	−20.19
7. 薯类（折粮）	39.10	41.10	5.12
二、棉花	143.93	163.80	13.81
三、油料	80.34	82.70	2.99
其中：花生	9.24	10.70	16.30
油菜籽	39.02	42.10	7.95
向日葵	26.90	25.70	−4.46
四、糖料	766.92	818.50	6.74
其中：甘蔗	510.32	506.90	0.67
甜菜	256.60	311.60	21.43
五、麻类	1.87	1.62	−35.83
六、烟叶	0.41	0.47	14.63
七、药材	1.84	4.49	144.02
八、蔬菜、瓜类	1 259.56	1 304.20	3.54
九、其他农作物			
十、水果	323.40	337.20	4.26
十一、茶叶	4.63	4.54	−1.94
十二、干胶	32.78	32.09	−2.10
十三、剑麻（折纤维）	3.21	3.36	4.67

表 7　各地区农垦系统主要农产品产量（2011 年）　单位：万 t

地　区	粮　食	棉　花	油　料	糖　料	大　豆	干胶（t）
全国总计	**3 198.70**	**163.8**	**82.70**	**818.50**	**155.70**	**320 900**
北　京	0.41				0.003	
天　津	1.69	0.17	0.002		0.01	
河　北	42.05	2.70	0.24	0.27	0.39	
山　西	3.07	0.02	0.02	0.89	0.02	
内蒙古	169.31	0.01	26.35	2.08	19.09	
辽　宁	131.27		2.45	0.13	1.53	
吉　林	74.08		1.43		0.95	
黑龙江	2 036.98		2.89	83.42	123.98	
上　海	30.89	0.02	0.02		0.03	
江　苏	91.05	0.45	0.21		0.13	
浙　江	1.24	0.01	0.01		0.19	
安　徽	37.07	0.59	0.25		2.73	
福　建	7.02		0.44	2.92	0.20	
江　西	51.14	0.97	2.61	0.58	0.33	
山　东	4.50	0.57	0.03		0.27	
河　南	27.33	0.33	0.94		1.27	
湖　北	87.74	8.29	9.38	1.02	1.36	
湖　南	60.03	1.39	5.73	6.10	0.26	
广　东	6.18		0.82	202.89	0.04	13 766
广　西	1.46		0.31	217.02	0.04	192
海　南	14.40		0.58	32.52	0.05	172 592
重　庆	0.04					
四　川	0.40					
贵　州	0.60		0.08			
云　南	5.63		0.02	43.88		134 303
西　藏						
陕　西	7.61	0.11	0.10		0.10	
甘　肃	25.10	0.89	1.48	0.21		
青　海	3.34		1.33			
宁　夏	32.48		0.82	0.01		
新疆（兵团）	167.29	129.31	17.87	205.92	2.40	
新疆（农业）	22.23	7.37	1.10	6.86	0.31	
新疆（畜牧）	54.94	10.62	5.20	11.79		
热作两院	0.14					
广　州						
南　京						
昆　明						
哈尔滨						

表 8　我国农垦系统茶、桑、果、林生产情况（2010—2011 年）

指　　标	单 位	2010 年	2011 年	同比增长（%）
一、年末实有茶园面积	khm^2	31.3	30.4	−2.90
茶叶总产量	万 t	4.6	4.5	−2.20
二、年末实有桑园面积	khm^2	1.5	1.6	6.70
三、年末实有果园面积	khm^2	371.9	380.0	2.20
水果总产量	万 t	323.4	337.2	4.30
其中：苹果	万 t	40.6	40.4	−0.50
梨	万 t	53.6	36.9	−31.20
柑橘	万 t	22.8	26.4	15.80
四、年末实有橡胶园面积	khm^2	469.4	462.4	−1.50
当年橡胶开割面积	khm^2	320.6	308.3	−3.80
每公顷产干胶	kg	1 023.0	1 041.2	1.80
全年干胶总产量	万 t	32.8	32.1	−2.10
五、当年造林面积	khm^2	88.2	66.4	−24.70
用材林	khm^2	19.0	13.2	−30.70
经济林	khm^2	11.6	10.1	−12.70
防护林	khm^2	56.3	40.6	−27.80
薪炭林	khm^2	0.3	0.3	
特种用材林	khm^2	1.0	0.5	−50.00

表 9　我国热带、亚热带作物产量（2011 年）

项　　目	单位	总计	福建	广东	广西	海南	云南
一、橡胶总产量（干胶片）	t	750 853		15 474	213	371 754	363 412
二、咖啡豆总产量（干咖啡豆）	t	65 385				269	65 116
三、椰子（按果实计）	万个	23 909		104		23 765	40
四、腰果总产量（干果）	t	245				245	
五、香料作物（折香料油计）	t	1 130					1 130
其中：香茅草（折香料油计）	t	799					799
六、剑麻（番麻）（折纤维计）	t	100 284		33 318	61 565	5 401	0.1

表 10　我国棉花主产区生产情况（2010—2011 年）

地　　区	面积（万 hm^2）			产量（万 t）		
	2010 年	2011 年	同比增长（%）	2010 年	2011 年	同比增长（%）
全国总计	**484.87**	**503.78**	**3.90**	**596.1**	**658.9**	**65.35**
新　疆	146.06	163.81	12.15	247.9	289.8	16.90
山　东	72.41	75.26	3.94	72.4	78.5	8.43
河　南	44.72	39.67	−11.29	44.7	38.2	−14.54
河　北	56.95	63.25	11.06	57.0	65.3	14.76
湖　北	47.18	48.87	3.58	47.2	52.6	11.44
江　苏	26.08	23.92	−8.28	26.1	24.7	−5.36
安　徽	31.60	35.04	10.89	31.6	37.8	19.62
湖　南	22.70	19.24	−15.24	22.7	22.7	
主产区总计	447.70	469.06	4.77	549.6	609.6	10.94
主产区占全国比重（%）	92.57	93.11	0.58	92.2	92.52	0.35

表 11　各地区蔬菜产量（2010—2011 年）　　单位：万 t

地　　区	2010 年	2011 年	同比增长（%）
全国总计	**65 099.4**	**67 929.7**	**4.35**
北　京	303.0	296.9	－2.02
天　津	419.3	431.3	2.86
河　北	7 073.6	7 384.3	4.39
山　西	909.1	981.9	8.01
内蒙古	1 350.9	1 440.2	6.61
辽　宁	2 668.2	2 832.5	6.16
吉　林	1 078.7	971.4	－9.95
黑龙江	723.8	789.9	9.13
上　海	398.1	408.2	2.55
江　苏	4 234.0	4 586.9	8.33
浙　江	1 788.8	1 815.6	1.50
安　徽	2 137.4	2 214.0	3.59
福　建	1 563.3	1 623.4	3.84
江　西	1 115.3	1 165.7	4.52
山　东	9 030.7	9 180.9	1.66
河　南	6 624.3	6 709.7	1.29
湖　北	3 131.5	3 358.6	7.25
湖　南	3 112.9	3 337.4	6.87
广　东	2 718.6	2 851.0	4.87
广　西	2 129.4	2 246.4	5.49
海　南	442.4	469.1	6.02
重　庆	1 309.5	1 408.0	7.52
四　川	3 408.3	3 573.6	4.85
贵　州	1 202.0	1 250.1	3.99
云　南	1 255.0	1 340.0	6.77
西　藏	58.1	60.1	3.35
陕　西	1 384.0	1 432.5	3.50
甘　肃	1 235.5	1 320.6	6.89
青　海	141.6	144.6	2.11
宁　夏	407.4	438.7	7.68
新　疆	1 734.4	1 866.2	7.60

表 12　我国主要林产品产量（2007—2011 年）　　单位：万 t

年　份	木材（万 m^3）	生　漆	油桐籽	油茶籽	松　脂	核　桃	橡　胶
2007	6 976.6	1.29	36.13	93.91	96.56	62.99	58.84
2008	8 108.3	1.55	37.10	98.99	84.92	82.86	54.79
2009	7 068.3	2.05	36.73	116.93	104.66	97.94	61.89
2010	8 090.0	2.00	43.40	109.20	111.60	128.44	69.10
2011	8 145.9	1.89	43.77	148.00	115.66	165.55	75.08

表 13 各地区主要林产品产量（2011 年） 单位：t

地　区	生漆	油桐籽	油茶籽	乌桕籽	五倍子	棕片	松脂	竹笋干	核桃	板栗	紫胶（原胶）
全国总计	**18 867**	**437 702**	**1 480 044**	**36 024**	**17 648**	**53 758**	**1 156 612**	**581 871**	**1 655 508**	**1 896 603**	**3 075**
北　京									17 109	32 082	
天　津									905	757	
河　北									96 891	206 241	
山　西									87 528	1 270	
内蒙古											
辽　宁									124 915	118 320	
吉　林									41 096	980	
（吉林集团）									(3 767)		
黑龙江									557		
（龙江集团）											
上　海								190			
江　苏			4					2 794	4	26 255	
浙　江		80	48 860			451	1 950	148 810	19 618	75 575	
安　徽	244	2 374	31 608	180	64	1 096	6 467	16 959	15 227	148 680	
福　建	24	21 821	81 899	523	85	14 257	80 553	129 793	16	86 646	12
江　西	638	12 562	427 212	292	310	2 473	79 864	10 909	796	28 534	
山　东									73 244	279 474	
河　南	2 045	115 872	22 375	11 075	4 075		2 712	146	80 483	250 072	
湖　北	7 547	17 395	82 916	12 298	3 337	3 622	35 194	10 737	89 452	288 878	250
湖　南	958	43 400	516 808	1 319	1 589	7 220	35 777	26 974	14 562	87 830	41
广　东	192	7 191	60 393	605		2 646	190 459	33 221		11 853	420
广　西	32	75 525	151 503	77	142	3 247	533 620	26 003	982	73 100	
海　南	1		38				5 886	575			
重　庆	1 011	13 575	3 854	5 688	2 441	626	407	24 579	10 743	8 954	
四　川	663	23 923	4 649	1 253	555	1 658	6 686	128 841	176 710	26 097	62
贵　州	2 707	68 136	32 550	2 164	1 348	3 294	6 631	12 498	17 664	23 486	4
云　南	584	16 129	5 447	79	109	9 999	169 652	7 818	339 809	53 082	2 286
西　藏									4 436		
陕　西	2 190	19 664	9 928	471	3 421	3 147	754	1 016	142 680	68 558	
甘　肃	31	55			172	22		8	59 975	3 879	
青　海									756		
宁　夏									242		
新　疆									239 108		

表 14　我国主要牲畜饲养情况（2007—2011 年）　　单位：万头（只）

年　份	合　计	大　牲　畜　年　底　存　栏　头　数				
		牛	马	驴	骡	骆　驼
2007	12 309	10 595	703	689	299	24.2
2008	12 251	10 576	682	673	296	24.0
2009	12 357	10 726	679	648	279	24.8
2010	12 239	10 626	677	640	270	25.6
2011	11 966	10 361	671	648	260	27.3

年　份	肉猪出栏头数	牛出栏头数	猪年底存栏头数	羊年底存栏只数			羊出栏只数
				合　计	山　羊	绵　羊	
2007	56 508	4 360	43 990	28 565	14 337	14 228	25 571
2008	61 017	4 446	46 291	28 085	15 229	12 856	26 172
2009	64 527	4 602	46 983	28 453	15 800	12 653	26 588
2010	66 686	4 717	46 460	28 088	14 204	13 884	
2011	66 170	4 671	46 767	28 236	14 274	13 962	26 662

表 15　我国主要畜产品产量（2007—2011 年）

年　份	总产量（万 t）	肉　类　产　量（万 t）				奶类产量（万 t）		禽蛋产量（万 t）
		猪　牛　羊　肉				总产量	其中:牛奶	
		小　计	猪　肉	牛　肉	羊　肉			
2007	6 865.7	5 283.8	4 287.8	613.4	382.6	3 633.4	3 525.2	2 529.0
2008	7 278.7	5 614.0	4 620.5	613.2	380.3	3 718.5	3 555.8	2 702.2
2009	7 649.9	5 915.5	4 890.5	635.5	389.5	3 734.6	3 520.9	2 740.6
2010	7 925.8	6 123.2	5 071.2	653.1	398.9	3 748.0	3 575.6	1 965.2
2011	7 957.8	6 093.7	5 053.1	647.5	393.1	3 810.7	3 657.9	2 811.4

年　份	蜂蜜(万 t)	蚕　茧（万 t）		绵羊毛（万 t）			山羊毛总产（t）	羊绒总产（t）
		总　产	其中:桑蚕茧	总　产	细羊毛	半细羊毛		
2007	35.4	94.7	87.9	36.3	12.4	10.7	38 382	18 483
2008	40.0	90.9	83.1	36.8	12.4	10.5	44 406	17 184
2009	40.2	83.2	76.1	36.4	12.7	11.3	49 453	16 964
2010	18.3	87.3	68.9	38.7	12.3	11.5	42 714	18 519
2011	43.1	91.6	83.6	39.3	13.3	12.0	44 047	17 989

表 16 各地区奶类产量（2010—2011 年） 单位：万 t

地 区	2010 年		2011 年	
	奶类产量	其中：牛奶	奶类产量	其中：牛奶
全国总计	**3 748.0**	**3 575.6**	**3 810.7**	**3 657.9**
北 京	64.1	64.1	64.0	64.0
天 津	69.3	69.0	69.4	69.1
河 北	449.1	439.8	466.9	458.9
山 西	74.9	73.2	75.9	74.6
内 蒙 古	945.7	905.2	931.4	908.2
辽 宁	126.7	121.2	131.9	124.5
吉 林	44.6	43.5	46.0	45.2
黑 龙 江	558.8	552.5	550.4	543.1
上 海	24.7	24.7	29.1	29.1
江 苏	57.3	57.3	59.2	59.2
浙 江	20.3	20.3	19.9	19.9
安 徽	20.5	20.5	22.5	22.5
福 建	15.7	15.4	15.8	15.5
江 西	11.9	11.4	12.3	11.8
山 东	271.6	253.1	278.9	268.9
河 南	307.9	290.9	321.1	306.6
湖 北	30.4	14.0	34.8	14.2
湖 南	7.8	7.8	8.1	8.1
广 东	14.5	14.2	14.5	14.2
广 西	8.2	8.2	8.9	8.9
海 南	0.2	0.2	0.2	0.2
重 庆	8.0	8.0	8.0	8.0
四 川	70.3	69.8	71.7	71.2
贵 州	4.6	4.6	4.9	4.9
云 南	54.1	50.4	56.6	52.4
西 藏	29.4	23.3	29.8	23.8
陕 西	177.6	137.5	182.4	140.5
甘 肃	36.3	36.3	37.7	37.0
青 海	26.3	26.2	28.5	26.9
宁 夏	84.5	84.5	96.0	96.0
新 疆	132.8	128.6	133.9	130.5

表 17 我国农垦系统主要畜产品产量（2010—2011 年） 单位：万 t

项 目	2010 年	2011 年	同比增长（%）
1. 肉类总产量	256.4	278.9	8.8
其中：猪肉	148.9	162.1	8.9
牛肉	22.6	24.7	9.5
羊肉	18.9	20.5	8.4
2. 牛奶	366.1	405.9	10.9
3. 羊毛	2.7	2.8	2.0
4. 蜂蜜	0.9	0.7	−14.3
5. 禽蛋	39.7	44.0	10.9

表 18　我国水产品产量（2007—2011 年）

单位：kt

年　份	总产量	1. 海水产品	其　中		2. 内陆产品	其　中	
			捕　捞	养　殖		捕　捞	养　殖
2007	47 475	25 509	11 360	13 073	21 966	2 256	19 710
2008	48 956	25 983	11 496	13 403	22 973	2 248	20 725
2009	51 164	26 816	11 786	14 052	24 349	2 184	22 165
2010	53 730	27 975	12 036	14 823	25 755	2 289	23 465
2011	56 032	27 932	12 419	15 513	26 951	2 232	24 719

表 19　各地区水产品产量（2011 年）

单位：kt

地　区	总产量	1. 海水产品	其　中		2. 内陆产品	其　中	
			捕　捞	养　殖		捕　捞	养　殖
全国总计	**56 032**	**27 932.7**	**12 419.4**	**15 513.3**	**26 951.6**	**2 232.3**	**24 719.3**
北　京	61.2				53.7	3.9	49.8
天　津	352.1	30.4	17.1	13.3	313.8	11.0	302.8
河　北	1 067.1	463.3	251.8	211.5	503.9	99.3	404.6
山　西	36.1				36.1	1.1	35.0
内蒙古	122.9				122.9	30.5	92.4
辽　宁	4 514.7	3 496.8	1 061.6	2 435.2	4 514.7	45.9	810.8
吉　林	172.8				172.8	20.1	152.7
黑龙江	319.7					54.2	265.5
上　海	287.3	21.5	21.5		165.8	5.7	160.1
江　苏	4 759.7	1 410.5	568.1	842.4	3 338.8	333.7	3 045.1
浙　江	5 158.1	3 875.1	3 030.2	844.9	5 158.1	98.5	949.7
安　徽	1 995.5				1 995.1	319.3	1 676.2
福　建	6 037.4	5 078.1	1 916.6	3 161.5	775.8	84.8	691.0
江　西	2 172.7				2 172.7	244.3	1 928.4
山　东	8 138.3	6 519.2	2 384.4	4 134.8	1 491.1	135.4	1 355.7
河　南	654.8				654.8	38.4	616.4
湖　北	3 562.2				3 562.2	206.0	3 356.2
湖　南	1 999.4				1 999.4	96.4	1 903.0
广　东	7 625.3	4 108.3	1 352.6	2 655.7	7 625.3	128.4	3 314.7
广　西	2 892.3	1 589.1	665.3	923.8	1 299.2	123.3	1 175.9
海　南	1 602.4	1 240.4	1 050.3	190.1	1 602.4	21.0	341.0
重　庆	275.6				275.6	13.0	262.6
四　川	1 121.5				1 121.5	59.2	1 062.3
贵　州	108.8				108.8	13.7	95.1
云　南	342.4				342.4	24.1	318.3
西　藏	0.4				0.4	0.4	
陕　西	81.8				81.8	7.1	74.7
甘　肃	12.9				12.9		12.9
青　海	3.3				3.3	0.1	3.2
宁　夏	105.4				105.4	0.2	105.2
新　疆	111.6				111.6	13.5	98.1

表 20　我国沿海地区海洋捕捞水产品产量（按种类分）（2011 年）　单位：kt

地　区	海洋捕捞产量	1. 鱼类					
			带　鱼	鳀　鱼	蓝圆鲹	鲐　鱼	鲅　鱼
全国总计	**12 419.4**	**8 639.9**	**1 118.2**	**766.6**	**561.7**	**563.2**	**467.9**
天　津	17.1	10.2		1.2		2.1	0.3
河　北	251.8	132.3	5.8	28.8		0.1	5.3
辽　宁	1 061.6	644.9	19.3	94.6		44.9	75.3
上　海	21.5	11.2	0.5				0.1
江　苏	568.1	341.7	62.5	2.3		18.7	10.6
浙　江	3 030.2	2 105.1	469.4	51.3	118.5	231.4	68.7
福　建	1 916.6	1 449.6	167.2	77.9	218.9	127.4	50.8
山　东	2 384.4	1 621.2	84.3	468.6		82.9	191.3
广　东	1 452.6	1 036.8	133.6	28.8	111.3	31.5	27.9
广　西	665.3	388.3	20.9		70.6	13.7	2.2
海　南	1 050.3	898.7	144.7	13.1	42.4	10.3	35.2

地　区	1. 鱼类						
	鲳　鱼	小黄鱼	海　鳗	金线鱼	沙丁鱼	石斑鱼	金枪鱼
全国总计	**358.5**	**399.5**	**359.3**	**323.1**	**140.2**	**95.1**	**43.3**
天　津		3.5					
河　北	1.9	7.7					
辽　宁	5.7	111.8	0.1	0.1	2.7	3.0	
上　海	0.1	0.2	0.4				
江　苏	37.7	33.8	8.8		2.2		
浙　江	115.1	107.2	79.6	2.5	31.5	1.4	7.3
福　建	60.6	12.6	67.8	10.8	12.7	18.4	3.3
山　东	30.7	85.5	23.8		7.8		
广　东	55.6	20.8	76.9	83.1	59.9	28.8	16.8
广　西	11.8		13.9	36.4	12.9	5.9	
海　南	39.1	16.6	87.9	190.2	10.5	37.4	15.9

注：海洋捕捞产量不含远洋。

（续）

地区	2. 甲壳类						
		虾	毛 虾	对 虾	鹰爪虾	蟹	其中：梭子蟹
全国总计	**2 091.3**	**1 473.3**	**529.6**	**125.6**	**290.5**	**617.9**	**366.2**
天 津	2.2	1.5	0.1	0.1		0.7	0.4
河 北	52.3	39.2	10.5	1.9	1.6	13.1	9.3
辽 宁	202.4	143.9	39.4	4.2	9.2	58.5	26.0
上 海	9.9	2.5		0.8	0.7	7.5	3.1
江 苏	123.3	49.8	22.5	9.1	10.7	73.5	63.2
浙 江	723.5	589.4	215.6	26.2	163.0	144.1	81.5
福 建	295.5	172.4	58.3	20.2	39.6	123.1	76.9
山 东	284.3	240.9	101.1	7.9	35.1	43.4	20.4
广 东	227.8	149.9	48.9	40.4	18.4	77.9	45.8
广 西	118.1	66.8	27.7	17.2	7.8	51.3	29.8
海 南	41.9	17.0	5.4	3.5	4.3	24.9	9.6

地 区	3. 贝类	4. 藻类	5. 头足类			6. 其他类	
				鱿 鱼	章 鱼		海 蜇
全国总计	**584.1**	**27.4**	**695.3**	**390.4**	**126.1**	**381.5**	**190.1**
天 津	3.1		1.5	1.2	0.3		
河 北	18.5		10.3	1.0	6.9	38.4	24.9
辽 宁	103.9	1.0	60.7	40.1	7.8	48.6	12.4
上 海			0.1			0.2	0.1
江 苏	53.1	1.5	19.5	12.4	4.5	28.9	17.7
浙 江	16.6	2.5	146.9	86.6	32.3	25.6	1.9
福 建	49.5	1.8	103.5	54.4	13.9	16.7	11.3
山 东	187.5	2.1	158.1	96.0	28.6	131.3	53.2
广 东	63.9	5.6	79.5	32.1	19.9	38.9	21.5
广 西	60.4		47.2	23.5	6.8	51.4	46.1
海 南	27.5	12.8	67.9	43.0	4.9	1.5	0.9

表 21 我国沿海地区海水养殖水产品产量（按品种分）（2011 年） 单位：kt

地区	海水养殖产量	1. 鱼类					
			鲈鱼	鲆鱼	大黄鱼	美国红鱼	石斑鱼
全国总计	**15 513.3**	**964.2**	**122.9**	**111.6**	**80.2**	**64.8**	**59.5**
天津	13.3	3.5		1.9			0.4
河北	311.5	12.8	0.2	3.5			
辽宁	2 435.2	61.2	1.6	37.4			
上海							
江苏	842.4	53.5	0.4	2.7			
浙江	844.9	35.2	9.6	1.5	2.2	10.1	0.2
福建	3 161.5	188.5	17.9	2.4	73.2	12.9	15.8
山东	4 134.8	160.9	35.4	61.5		7.2	
广东	2 655.7	367.1	45.9	0.8	4.8	27.7	27.4
广西	923.8	38.9	9.2			4.9	2.7
海南	190.1	42.6	2.7			1.9	13.1

地区	1. 鱼类					2. 甲壳类	
	鲷鱼	军曹鱼	鰤鱼	河鲀	鲽鱼		虾
全国总计	**56.3**	**37.2**	**13.3**	**11.6**	**8.5**	**1 127.2**	**895.4**
天津				0.2		9.8	9.8
河北						19.4	17.8
辽宁				4.6		29.0	27.6
上海							
江苏				0.2	1.3	91.7	59.6
浙江	3.7	0.2	0.3	0.1	0.4	91.9	43.3
福建	20.7	0.7	3.3	1.5	0.5	108.9	64.7
山东	0.4			4.7	5.9	101.6	75.5
广东	22.5	25.4	8.9	0.4	0.2	374.1	323.9
广西	6.7	0.2				193.3	179.9
海南	2.2	10.8	0.8			107.4	93.4

（续）

地 区	2. 甲壳类						
	虾				蟹	梭子蟹	青 蟹
	南美对白虾	斑节对虾	中国对虾	日本对虾			
全国总计	**665.6**	**60.7**	**41.6**	**50.9**	**231.8**	**92.9**	**121.5**
天 津	9.8						
河 北	9.7		4.9	3.2	1.6	1.6	
辽 宁	11.9		12.8	2.0	1.5	1.5	
上 海							
江 苏	15.3	0.7	3.5	1.8	32.1	28.4	2.0
浙 江	27.4	1.1	1.9	1.2	48.7	22.1	26.3
福 建	43.7	5.9	3.5	8.6	44.2	16.5	25.1
山 东	32.5	1.9	7.8	27.7	26.1	20.1	0.2
广 东	262.9	37.3	7.3	6.3	50.2	2.6	40.8
广 西	162.1	11.5		0.2	13.4		13.3
海 南	90.2	2.2			13.9		13.7

地 区	3. 贝类	牡 蛎	蛤	扇 贝	蛏	贻 贝	蚶
全国总计	**11 543.6**	**3 756.3**	**3 613.3**	**1 306.1**	**744.8**	**707.4**	**293.2**
天 津							
河 北	272.6		27.4	234.4		0.5	6.8
辽 宁	1 915.4	133.4	983.3	319.8	28.0	39.9	44.8
上 海							
江 苏	667.8	29.7	372.3		92.1	45.5	21.6
浙 江	665.5	150.4	58.8	2.2	218.2	56.9	109.2
福 建	2 227.0	1 475.5	295.3	9.3	204.9	69.1	40.0
山 东	3 243.8	575.6	1 340.1	655.8	174.6	403.4	9.6
广 东	1 841.1	973.9	309.9	82.6	25.9	83.1	57.6
广 西	689.2	416.2	217.1	2.1	1.1	8.9	2.9
海 南	21.2	1.4	9.3				0.7

（续）

地区	3. 贝类				4. 藻类		
	螺	蛏	鲍	江珧		海带	裙带菜
全国总计	**203.3**	**744.8**	**76.8**	**30.1**	**1 601.8**	**908.2**	**134.2**
天津							
河北							
辽宁		28.0	2.1		311.4	201.8	109.6
上海							
江苏	55.9	92.1			24.5	1.7	
浙江	11.7	218.2			45.5	11.3	
福建	2.8	204.9	60.4	16.0	628.5	474.8	0.6
山东	14.2	174.6	8.4		507.3	215.5	23.6
广东	82.8	26.0	5.3	14.1	66.1	3.1	0.4
广西	34.0	1.1					
海南	1.9		0.6		18.6		

地区	4. 藻类		5. 其他				
	江蓠	紫菜		海参	海胆（kg）	海水珍珠（kg）	海蜇
全国总计	**151.4**	**102.7**	**276.5**	**137.8**	**6 756 194**	**10 101**	**69.7**
天津							
河北			6.8	4.0			2.2
辽宁			118.2	55.0	1 177 947		53.8
上海							
江苏		22.7	5.0	0.3			1.6
浙江	0.3	22.2	6.8	0.2			1.2
福建	87.6	48.5	8.5	7.1			0.2
山东	2.0		121.2	71.0	3 660 000		8.9
广东	50.6	9.3	7.4	0.2	1 918 247	7 445	1.7
广西			2.4			756	0.1
海南	10.9		0.3			1 900	

表 22　各地区农垦系统水产品养殖面积与产量（2011 年）　单位：hm²、t

地　区	水产养殖面积	水产品总产量	其中：养殖产量	对虾养殖面积	对虾产量
全国总计	**309 579**	**1 267 386**	**1 103 808**	**19 636**	**45 635**
北　京					
天　津	668	7 390	7 390	200	
河　北	13 867	77 183	70 687	8 240	14 214
山　西	8	6	6		
内蒙古	2 348	1 616	1 553		
辽　宁	75 099	401 798	305 618	4 548	6 574
吉　林	976	1 263	1 092		
黑龙江	26 311	28 535	22 163		
上　海	3 241	33 342	33 342		
江　苏	4 988	46 586	30 286	548	3 945
浙　江	1 032	5 355	3 757	621	2 167
安　徽	1009	4 565	4 228		
福　建	2 147	33 389	25 846	164	737
江　西	18 444	36 546	25 428		
山　东	4 534	5 606	2 826	3 060	582
河　南	519	5 375	5 210		
湖　北	46 071	366 347	366 347		
湖　南	50 320	76 545	64 103		
广　东	3 953	31 306	31 306	1 446	10 184
广　西	1 363	15 721	15 721	272	1 820
海　南	5 462	40 131	38 629	537	5 412
重　庆	28	306	306		
四　川	5	14			
贵　州	48	27	27		
云　南	1 160	5 046	5 046		
西　藏					
陕　西	33	42	42		
甘　肃	339	70	70		
青　海					
宁　夏	7 020	10 134	10 134		
新疆（兵团）	35 186	30 897	30 412		
新疆（农业）	3 300	1 840	1 840		
新疆（畜牧）	72	310	310		
热作两院	19	83	83		
广　州					
南　京	8	12			
昆　明					

表 23　我国按人口平均的主要农畜产品产量（2007—2011 年）　单位：kg/人

年份	粮食	棉花	油料	水果	茶叶	猪、牛、羊肉
2007	381	5.8	19.5	137.6	0.88	40.1
2008	399	5.7	22.3	144.7	0.95	40.3
2009	398	4.8	23.2	153.2	1.01	44.3
2010	409	4.5	24.2	160.0	1.10	45.7
2011	425	4.9	24.6	169.4	1.21	45.3
年份	**禽蛋**	**牛奶**	**水产品**	**糖料**	**烤烟**	**黄红麻**
2007	19.1	26.7	36.0	92.5	1.65	0.08
2008	20.3	26.8	37.0	101.1	1.98	0.06
2009	20.5	26.4	38.4	91.4	2.10	0.06
2010	20.6	26.7	40.2	89.8	2.04	0.05
2011	20.9	27.1	41.7	93.1	2.13	0.06

表 24　我国城乡居民家庭人均食品消费量比较（2007—2011 年）　单位：kg/人

年份	粮食		蔬菜		食用油(植物油)		猪牛羊肉		家禽		水产品	
	农村	城市	农村	城市	农村	城市	农村	城市	农村	城市	农村	城市
2007	199.5	77.6	98.9	117.8	5.1	9.6	14.9	22.1	3.9	9.7	5.4	14.2
2008	199.1		99.7	123.2	5.4	10.3	13.9	22.7	4.4	8.0	5.3	7.8
2009	189.3	81.3	98.4	120.5	5.4	9.8	15.3	24.2	4.3	10.5	5.3	7.9
2010	181.4	81.5	93.3	116.1	5.3	8.8	15.8	24.5	4.2	10.2	5.2	8.0
2011	170.7	80.7	89.4	114.6	7.5	9.3	16.3	24.6	4.5	10.6	5.4	14.6

表 25　我国城镇和农村人口人均食品消费支出情况（2007—2011 年）　单位：元/人

项目	2007 年	2008 年	2009 年	2010 年	2011 年
全国人均	**2 508.51**	**2 850.48**	**2 960.56**	**3 301.18**	**3 623.91**
城镇居民	3 628.03	4 259.81	4 478.54	4 804.71	5 506.33
农村居民	1 388.99	1 598.75	1 636.04	1 800.67	1 651.29
人均增长	344.05	341.97	110.08	340.62	322.73
城镇居民增长	516.11	631.78	218.73	326.17	701.62
农村居民增长	172.00	209.76	37.29	164.53	−149.38

资料来源：表中数据来自 2012 年《中国统计年鉴》。

表 26　我国人口增长情况（2007—2011 年）　单位：万人

项目	2007 年	2008 年	2009 年	2010 年	2011 年
人口数	132 129	132 802	133 474	133 972	134 735
增长人数	681	673	672	498	644
其中：城镇人口	59 379	60 667	62 186	66 558	69 079
农村人口	72 750	72 135	71 288	67 414	65 656

农产品加工机械拥有量及农产品加工行业固定资产投资情况

表 27　农业部系统农产品初加工机械年末拥有量（2011 年）

地　区	农产品初加工动力机械		初加工作业机械（万台）	畜牧养殖机械（万台）	渔业机械（万台）	林果机械（万台）
	万台	（万 kW）				
全国总计	**1 421.7**	**8 692.2**	**1 286.6**	**637.7**	**301.6**	**21.20**
北　京	0.7	6.5	0.7	1.0	1.4	0.50
天　津	2.4	8.8	0.7	0.6	5.3	0.02
河　北	99.3	890.4	48.8	12.1	4.4	0.20
山　西	22.9	185.7	17.5	7.7	0.1	0.30
内蒙古	10.3	91.3	6.9	23.0	0.2	0.20
辽　宁	20.8	129.9	15.1	18.7	6.2	0.70
吉　林	15.3	143.9	12.9	11.6	0.6	0.04
黑龙江	13.3	140.3	6.0	21.1	0.4	0.20
上　海	0.4	3.4	0.4	0.2	2.4	0.10
江　苏	25.2	241.3	23.1	10.9	53.0	0.70
浙　江	20.3	138.0	52.8	5.7	20.7	2.10
安　徽	47.2	338.2	49.9	7.2	5.3	2.20
福　建	61.6	208.3	62.1	3.4	14.7	1.50
江　西	62.1	635.1	45.8	7.5	8.3	1.30
山　东	101.7	892.9	49.1	18.3	11.9	0.90
河　南	81.6	582.9	52.1	22.2	2.9	0.20
湖　北	88.3	446.9	99.5	37.6	30.6	1.30
湖　南	129.5	692.7	125.9	24.7	11.3	1.00
广　东	28.2	232.0	23.9	10.5	87.4	1.40
广　西	86.9	452.9	79.9	34.7	6.2	0.40
海　南	2.4	27.4	2.4	0.6	6.5	0.10
重　庆	94.9	325.9	104.6	49.5	5.5	0.60
四　川	139.3	589.2	169.3	60.0	12.9	0.40
贵　州	110.8	473.2	112.2	37.9	0.1	0.40
云　南	79.9	402.1	78.2	134.9	1.3	0.10
西　藏	1.3	5.1	1.3	1.1	1.9	
陕　西	38.9	190.7	23.4	31.9	0.8	0.60
甘　肃	27.0	121.3	14.3	18.7	0.1	0.01
青　海	1.4	14.1	2.7	1.8		
宁　夏	2.5	25.7	2.0	14.0	0.6	2.10
新　疆	5.1	56.2	2.9	8.4	0.5	1.80

表 28　我国农产品加工行业固定资产投资情况（2011 年）　单位：亿元、%

行　业	投资额	新增固定资产	固定资产交付使用率（平均值）
合　计	**23 724.7**	**17 179.0**	**72.7**
农副食品加工业	5 233.7	3 864.1	73.8
食品制造业	2 404.9	1 839.1	76.5
饮料制造业	1 910.1	1 345.2	70.4
烟草制品业	268.6	125.6	46.8
纺织业	3 656.1	2 809.0	76.8
纺织服装、鞋、帽制造业	2 268.7	1 789.8	78.9
皮革、毛皮、羽毛（绒）及其制品业	931.1	751.7	80.7
木材加工及木、竹、藤、棕、草制品业	1 900.3	1 505.7	79.2
家具制造业	1 196.4	905.2	75.7
造纸及纸制品业	1 922.6	1 251.7	65.1
印刷业和记录媒介的复制	876.2	704.9	80.5
橡胶制品业	1 156.6	787.0	68.1

表 29　我国农产品加工行业新增固定资产后主要产品新增生产能力（2010—2011 年）

产品名称	单　位	2010 年	2011 年
轮胎外胎	万条/年	6 697	9 744
轮胎内胎	万条/年	4 739	2 055
化学纤维	t/年	2 120 522	4 855 546
棉 纺 锭	锭	9 730 125	11 104 767
毛 纺 锭	锭	203 285	357 351
啤　酒	万 t/年	290	376
白　酒	万 t/年	175	199
其 他 酒	万 t/年	56	26
卷　烟	箱 /年	1 083 600	1 097 000
机制纸浆	万 t/年	234	214

表 30　我国农产品加工行业 50 万元以上施工、投产项目数（2011 年）

行　业	施工项目（个）		全部建成投产项目（个）	项目建成投产率（%）
	总　计	其中：新开工		
合　计	**63 539**	**45 341**	**44 081**	**67.1**
农副食品加工业	14 184	10 121	9 619	67.8
食品制造业	5 839	4 011	3 951	67.7
饮料制造业	4 369	3 010	2 861	65.5
烟草制品业	251	148	117	46.6
纺织业	10 285	7 372	7 351	71.5
纺织服装、鞋、帽制造业	7 200	5 275	5 177	71.9
皮革、毛皮、羽毛（绒）及其制品业	2 804	1 912	1 946	69.4
木材加工及木、竹、藤、棕草制品业	6 768	5 213	5 009	74.0
家具制造业	3 733	2 625	2 564	68.7
造纸及纸制品业	3 758	2 651	2 541	67.6
印刷业和记录媒介的复制	2 417	1 719	1 680	69.5
橡胶制品业	1 931	1 284	1 265	65.5

表 31 林业系统森工固定资产投资完成情况（2010—2011 年） 单位：万元

项 目	2010 年	2011 年	同比增长（%）
一、森工固定资产投资完成额（按构成划分）	3 590 261	9 173 704	155.52
1. 基本建设	2 782 241	3 684 213	32.42
2. 更新改造	588 752	1 629 149	176.71
3. 其他投资	219 268	3 860 342	166.06
二、当年新增固定资产	2 118 058	4 734 472	123.53

表 32 林业系统各地区森工固定资产投资完成情况（2011 年） 单位：万元

地 区	合 计	基本建设	更新改造	其他投资
全国总计	**9 173 704**	**3 684 213**	**1 629 149**	**3 860 342**
北 京	162 619	77 988	1 720	82 911
天 津				
河 北	17 884	15 985		1 899
山 西	8 906		8 906	
内 蒙 古	322 498	223 265	16 577	82 656
辽 宁	9 365	2 240	2 150	4 975
吉 林	246 524	177 759	37 186	31 579
黑 龙 江	1 154 068	596 884	22 317	234 867
上 海	54 954		372	54 582
江 苏	112 444	4 086	3 390	194 968
浙 江	23 950	3 727	1 086	19 137
安 徽	155 834	36 170	7 007	112 657
福 建	85 512	19 450	16 899	49 163
江 西	41 735	25 803	880	15 052
山 东	310 042	20 159	11 558	278 325
河 南	732	732		
湖 北	13 081	9 279		3 802
湖 南	208 500	80 551	14 507	113 442
广 东	1 550	1 550		
广 西	5 046 262	1 652 982	1 399 611	1 993 669
海 南	21 151	10 228	487	10 436
重 庆	5 296	5 296		
四 川	13 499	6 459	7 040	
贵 州	381 500	26 326	8 355	346 819
云 南	311 000	84 510	44 305	182 185
西 藏	6 670	3 430	1 285	1 955
陕 西	41 513	18 135	653	22 725
甘 肃	35 605	10 844	150	24 611
青 海	21 246	11 065	1 540	8 641
宁 夏	1 500	1 500		
新 疆	85 365	7 797	3 540	74 028
局直属单位	272 899	250 013	17 628	5 258
大兴安岭	228 279	217 173	11 106	

表 33　我国农垦系统固定资产投资完成情况（2010—2011 年） 单位：万元

项　目	2010 年	2011 年	同比增长（%）
固定资产投资总额	18 112 207	24 412 601	34.79
当年新增固定资产	13 916 743	13 332 570	24.54

表 34　我国水产行业固定资产投资完成情况（2010—2011 年） 单位：亿元

项　目	2010 年	2011 年	同比增长（%）
一、投资总额	202.9	371.3	82.99
二、本年新增固定资产	138.4	296.4	114.16
三、固定资产交付使用率（%）	68.2	79.9	17.16

资料来源：表中数据来自 2012 年《中国统计年鉴》。

按国民经济行业分类统计
农产品加工业现状

表 35　我国农产品加工业规模以上工业企业主要指标（2011 年）

行　业	单位数（个）	工业总产值（亿元）	资产总计（亿元）	主营业务收入（亿元）	利润总额（亿元）	从业人员年平均人数（万人）
合　计	**100 139**	**147 231.37**	**101 265.17**	**167 038.63**	**1 1901.47**	**2 471.60**
农副食品加工业	20 895	44 126.10	19 725.22	43 848.58	2 795.22	360.71
食品制造业	6 870	14 046.96	8 511.61	13 875.73	1 232.25	176.86
饮料制造业	4874	11 834.84	9 441.18	11 774.80	1 315.37	136.76
烟草制品业	148	6 805.68	6 169.25	6 666.90	840.52	19.93
纺织业	22 945	32 652.99	19 993.34	32 288.52	1 956.81	588.83
纺织服装、鞋、帽制造业	11 759	13 538.12	7 468.30	13 214.41	951.98	382.41
皮革、毛皮、羽毛（绒）及其制品业	6 081	8 927.54	4 260.10	8 747.22	714.70	259.75
木材加工及竹、藤、棕、草制品业	8 193	9 002.30	3 797.46	8 804.01	643.39	128.68
家具制造业	4 255	5 089.84	2 951.98.	4 946.76	341.04	106.42
造纸及纸制品业	7 073	12 079.53	10 933.74	11 807.01	760.41	146.75
印刷业和记录媒介的复制	3 789	3 860.99	3 147.31	3 784.27	349.78	70.98
橡胶制品业	3 266	7 330.66	4 865.68	7 279.95	435.74	93.53

表 36 我国农产品加工业规模以上工业企业主要经济效益指标(2011 年)

行业	总资产贡献率（%）	资产负债率（%）	流动资产周转次数（次/年）	工业成本费用利润率（%）	产品销售率（%）
平均值	**25.03**	**49.41**	**3.02**	**9.82**	**98.13**
农副食品加工业	21.08	54.03	4.05	6.81	98.07
食品制造业	21.92	49.72	3.20	9.75	98.21
饮料制造业	24.43	49.63	2.39	12.77	97.53
烟草制品业	83.52	24.19	1.72	26.79	100.50
纺织业	16.39	56.22	3.07	6.41	98.21
纺织服装、鞋、帽制造业	19.64	52.55	2.84	7.81	97.46
皮革、毛皮、羽毛（绒）及其制品业	25.27	47.92	3.30	8.92	97.77
木材加工及竹、藤、棕、草制品业	26.69	45.41	4.93	7.97	97.44
家具制造业	18.23	52.31	2.96	7.44	97.78
造纸及纸制品业	11.97	57.39	2.45	6.78	97.81
印刷业和记录媒介的复制	16.78	47.65	2.29	10.11	98.25
橡胶制品业	14.48	55.86	2.99	6.33	98.48

表 37 我国农产品加工业国有及国有控股工业企业主要指标（2011 年）

行业	单位数（个）	工业总产值（亿元）	资产总计（亿元）	主营业务收入（亿元）	利润总额（亿元）	从业人员年平均人数（万人）
合计	**2 369**	**15 188.45**	**15 496.33**	**15 822.46**	**1 566.50**	**146.57**
农副食品加工业	614	2 397.24	1 664.41	2 504.35	113.87	17.96
食品制造业	284	815.56	842.54	860.41	44.92	13.29
饮料制造业	271	1 949.39	2 696.24	2 201.62	424.59	25.61
烟草制品业	117	6 761.21	6 126.24	6 623.51	835.86	18.93
纺织业	275	769.96	993.06	875.40	33.91	25.21
纺织服装、鞋、帽制造业	124	183.59	170.47	204.42	9.92	7.34
皮革、毛皮、羽毛（绒）及其制品业	15	26.60	32.92	35.73	2.27	0.65
木材加工及竹、藤、棕、草制品业	116	206.83	213.81	188.19	8.55	5.35
家具制造业	21	88.85	71.02	88.92	12.45	1.15
造纸及纸制品业	127	838.64	1 322.75	810.94	21.45	10.43
印刷业和记录媒介的复制	305	444.21	573.82	452.37	55.90	9.86
橡胶制品业	100	889.96	789.05	976.60	2.81	10.79

表 38 我国农产品加工业国有及国有控股工业企业主要经济效益指标（2011 年）

行　　业	总资产贡献率（%）	资产负债率（%）	流动资产周转次数（次/年）	工业成本费用利润率（%）	产品销售率（%）
平均值	**18.04**	**54.68**	**1.91**	**9.49**	**98.31**
农副食品加工业	11.93	71.04	2.32	4.70	97.15
食品制造业	9.89	62.33	2.10	5.25	97.73
饮料制造业	26.71	42.96	1.41	24.64	99.90
烟草制品业	83.97	24.00	1.72	26.99	100.52
纺织业	7.09	62.08	1.92	3.81	97.32
纺织服装、鞋、帽制造业	9.01	64.81	1.78	4.91	99.88
皮革、毛皮、羽毛（绒）及其制品业	9.19	37.24	1.77	6.42	98.77
木材加工及竹、藤、棕、草制品业	7.94	62.15	2.04	4.40	93.63
家具制造业	23.87	57.73	2.23	14.93	99.14
造纸及纸制品业	6.09	63.19	1.59	2.58	97.69
印刷业和记录媒介的复制	14.24	38.85	1.67	13.51	99.21
橡胶制品业	6.56	70.44	2.36	1.71	98.82

表 39 我国农产品加工业外商投资和港澳台商投资工业企业主要指标（2011 年）

行　　业	单位数（个）	工业总产值（亿元）	资产总计（亿元）	主营业务收入（亿元）	利润总额（亿元）	从业人员年平均人数（万人）
合　计	**18 238**	**41 677.79**	**31 210.79**	**41 330.00**	**2 888.26**	**751.17**
农副食品加工业	2 014	8 997.10	5 502.70	9 289.23	518.38	63.28
食品制造业	1 223	4 606.39	3 258.17	4 618.42	434.89	52.70
饮料制造业	744	3 556.62	2 887.42	3 579.54	290.26	37.29
烟草制品业	3	4.78	9.11	4.99	1.25	0.18
纺织业	4 307	6 857.41	5 153.03	6 618.93	412.60	147.49
纺织服装、鞋、帽制造业	3 938	4 843.71	2 997.11	4 683.00	352.15	166.39
皮革、毛皮、羽毛（绒）及其制品业	1 931	3 918.84	2 136.82	3 792.08	307.08	140.42
木材加工及竹、藤、棕、草制品业	639	949.80	636.02	927.71	64.61	14.70
家具制造业	1 007	1 496.35	1 104.30	1 462.46	86.72	39.30
造纸及纸制品业	1 162	3 418.27	4 831.64	3 345.66	220.83	36.66
印刷业和记录媒介的复制	589	905.11	924.12	880.41	104.87	20.57
橡胶制品业	681	2 123.41	1 770.35	2 127.57	94.62	32.19

表 40　我国农产品加工业外商投资和港澳台商投资工业企业主要经济效益指标（2011 年）

行　　业	总资产贡献率（%）	资产负债率（%）	流动资产周转次数（次/年）	工业成本费用利润率（%）	产品销售率（%）
平 均 值	**15.69**	**49.15**	**2.21**	**9.79**	**98.69**
农副食品加工业	14.66	62.00	2.26	5.78	98.50
食品制造业	20.50	50.95	2.52	10.26	98.98
饮料制造业	18.53	53.36	2.69	8.79	99.81
烟草制品业	21.24	15.76	0.97	30.99	103.57
纺织业	12.71	52.06	2.25	6.51	97.29
纺织服装、鞋、帽制造业	17.73	51.21	2.37	8.12	96.80
皮革、毛皮、羽毛（绒）及其制品业	21.13	46.69	2.70	8.77	97.27
木材加工及竹、藤、棕、草制品业	15.73	48.73	2.54	7.43	97.19
家具制造业	12.56	54.78	2.09	6.22	98.10
造纸及纸制品业	8.09	55.56	1.62	6.79	97.76
印刷业和记录媒介的复制	15.80	43.25	1.56	13.34	99.01
橡胶制品业	9.61	55.43	2.49	4.52	99.99

表 41　我国农产品加工业私有工业企业主要指标（2011 年）

行　　业	企业数（个）	工业总产值（亿元）	资产总计（亿元）	主营业务收入（亿元）	利润总额（亿元）	从业人员年平均人数（万人）
合 计	**60 105**	**65 785.20**	**31 372.87**	**70 344.78**	**4 948.71**	**1 038.74**
农副食品加工业	13 130	20 023.54	6 826.48	19 650.31	1 355.64	174.59
食品制造业	3 658	4 849.75	2 318.33	4 744.15	393.97	66.69
饮料制造业	2 539	3 336.42	1 624.17	3 196.94	287.60	39.40
烟草制品业	5	4.30	7.16	4.52	0.37	0.07
纺织业	14 883	16 464.33	8 560.79	16 166.37	982.62	272.94
纺织服装、鞋、帽制造业	6 060	6 039.93	2 816.18	5 919.32	390.61	151.07
皮革、毛皮、羽毛（绒）及其制品业	3 273	3 540.62	1 384.74	3 477.54	269.14	84.22
木材加工及竹、藤、棕、草制品业	6 065	6 023.59	1 971.07	5 919.71	445.29	83.65
家具制造业	2 485	2 593.18	1 302.70	2 522.26	191.42	47.63
造纸及纸制品业	4 182	4 604.78	2 235.59	4 512.39	309.52	61.21
印刷业和记录媒介的复制	1 978	1 643.03	1 028.50	1 612.80	125.53	26.11
橡胶制品业	1 847	2 701.66	1 297.16	2 618.47	197.14	31.16

表 42 我国农产品加工业私有工业企业主要经济效益指标（2011 年）

行　　业	总资产贡献率（%）	资产负债率（%）	流动资产周转次数（次/年）	工业成本费用利润率（%）	产品销售率（%）
平 均 值	**24.02**	**51.58**	**4.04**	**8.19**	**98.20**
农副食品加工业	29.10	44.32	6.03	7.48	98.02
食品制造业	25.84	43.52	4.41	9.25	97.89
饮料制造业	29.55	44.71	4.28	10.14	96.78
烟草制品业	9.42	71.09	0.84	8.56	102.78
纺织业	19.36	58.31	3.53	6.52	97.93
纺织服装、鞋、帽制造业	21.98	52.45	3.58	7.15	97.87
皮革、毛皮、羽毛（绒）及其制品业	30.98	51.67	4.37	8.44	98.21
木材加工及竹、藤、棕、草制品业	35.02	41.60	6.68	8.26	97.75
家具制造业	22.76	49.12	3.76	8.32	97.60
造纸及纸制品业	22.28	56.49	3.99	7.42	97.96
印刷业和记录媒介的复制	19.33	54.97	3.12	8.48	97.98
橡胶制品业	22.58	50.69	3.92	8.30	97.67

表 43 我国农产品加工业大中型工业企业主要指标（2011 年）

行　　业	企业数（个）	工业总产值（亿元）	资产总计（亿元）	主营业务收入（亿元）	利润总额（亿元）	从业人员年平均人数（万人）
合　计	**18 854**	**91 032.48**	**65 980.23**	**90 397.23**	**7 180.12**	**1 524.09**
农副食品加工业	2 509	19 319.32	10 740.49	19 438.54	1 303.32	185.65
食品制造业	1 402	8 336.41	5 519.63	8 327.68	812.38	112.97
饮料制造业	956	7 659.87	6 959.40	7 765.31	997.34	93.91
烟草制品业	98	6 474.28	5 926.40	6 345.83	803.40	18.65
纺织业	4 653	17 896.37	12 591.55	17 797.33	1 147.47	370.77
纺织服装、鞋、帽制造业	3 466	8 031.11	5 182.38	7 822.65	652.75	257.90
皮革、毛皮、羽毛（绒）及其制品业	1 917	5 584.53	2 892.94	5 456.35	489.57	201.49
木材加工及竹、藤、棕、草制品业	731	2 359.38	1 369.76	2 292.61	184.06	43.03
家具制造业	890	2 506.30	1 716.86	3 442.41	172.90	64.81
造纸及纸制品业	1 032	6 389.04	7 857.92	6 245.33	419.08	77.51
印刷业和记录媒介的复制	546	1 514.28	1 552.57	1 484.60	170.85	34.41
橡胶制品业	654	4 961.59	3 670.33	4 978.59	272.84	62.99

表 44 我国农产品加工业大中型工业企业主要经济效益指标（2011 年）

行业	总资产贡献率（%）	资产负债率（%）	流动资产周转次数（次/年）	工业成本费用利润率（%）	产品销售率（%）
平均值	**23.62**	**50.28**	**3.52**	**10.58**	**98.24**
农副食品加工业	18.31	58.52	3.13	7.06	98.20
食品制造业	22.12	50.63	2.93	10.73	99.01
饮料制造业	25.24	50.48	2.05	14.89	97.95
烟草制品业	83.54	24.27	1.71	26.97	100.56
纺织业	15.21	55.63	2.76	6.76	98.37
纺织服装、鞋、帽制造业	18.79	52.70	2.36	9.11	97.03
皮革、毛皮、羽毛（绒）及其制品业	24.92	46.54	2.94	9.81	97.59
木材加工及竹、藤、棕、草制品业	21.61	48.68	3.41	8.69	97.29
家具制造业	16.15	54.92	2.44	7.59	97.86
造纸及纸制品业	9.40	58.42	1.96	6.93	97.70
印刷业和记录媒介的复制	15.93	44.04	1.82	12.65	98.60
橡胶制品业	12.18	58.58	2.77	5.72	98.67

表 45 制糖期全国制糖行业主要经济技术指标（2011/2012 年度）

行业实现销售收入（亿元）	实现利税总额（亿元）	平均含糖（%）		平均单产（t/hm^2）		平均产糖率（%）	
		甘蔗糖	甜菜糖	甘蔗糖	甜菜糖	甘蔗糖	甜菜糖
775	75.89	13.71	14.88	59.4	43.5	11.89	11.37

资料来源：表中数据由中国糖业协会提供。

表 46 我国食品和包装机械经济运行情况（2007—2011 年）

年份	类别	年销售情况（亿元）		占食品工业比重（%）	占机械工业比重（%）
		销售收入	同比增长（%）		
2007	**总计**	**987.15**	**19.17**	**3.02**	**1.33**
	其中：食品机械	503.45	19.17		
	包装机械	483.70	19.17		
2008	**总计**	**1 262.00**	**27.84**	**3.16**	**1.39**
	其中：食品机械	620.66	23.28		
	包装机械	641.34	32.59		
2009	**总计**	**1 484.00**	**17.59**	**2.99**	**1.38**
	其中：食品机械	756.80	21.93		
	包装机械	727.20	13.39		
2010	**总计**	**1 825.00**	**22.98**	**2.89**	**1.27**
	其中：食品机械	894.25	18.16		
	包装机械	930.75	27.99		
2011	**总计**	**2 200.00**	**20.55**	**2.82**	**1.30**
	其中：食品机械	990.00	10.71		
	包装机械	1 210.00	30.00		

表 47 我国机械工业、食品工业、食品与包装机械行业经济增长情况（2007—2011 年）

单位：亿元

类　别	2007 年	2008 年	2009 年	2010 年	2011 年	年均增长（%）
机械工业	74 000.00	90 700.00	107 404.47	143 846.00	168 900.00	27.04
同比增长（%）	35.24	22.57	18.42	33.93	25.06	
食品工业	32 666.00	40 320.00	49 696.78	63 100.00	78 078.32	26.63
同比增长（%）	27.90	23.43	23.26	26.97	31.60	
食品与包装机械	987.15	1 262.00	1 423.58	1 825.00	2 200.00	21.71
同比增长（%）	19.17	27.84	12.80	28.20	20.55	

注：表中数据为年销售收入。

表 48 林业系统农产品加工业总产值（2010—2011 年）

行　业	工业总产值（万元）		
	2010 年	2011 年	同比增长（%）
总计	**115 613 617**	**162 359 243**	**40.43**
1. 非木质林产品加工制造业	9 123 246	15 286 908	67.56
2. 木材加工及竹、藤、棕、草制品业	49 944 331	67 891 581	35.93
锯材、木片加工业	7 817 800	11 610 726	48.52
人造板制造业	26 639 470	37 162 883	39.50
木制品制造业	11 767 815	14 785 099	25.64
竹、藤、棕、草制品制造业	3 719 246	4 332 873	16.50
3. 木、竹、藤家具制造业	16 354 583	23 231 559	42.05
4. 木、竹、苇浆造纸	29 187 530	39 591 936	35.65
5. 林产化学产品制造业	3 286 800	5 754 278	75.07
6. 木、竹、藤工艺品制造业	2 539 547	3 243 777	27.79
7. 其他	5 177 580	7 359 204	42.14

表 49 林业系统农产品加工业国有独立核算大中型工业企业主要经济效益指标（2011 年）

指 标 名 称	单　位	2011 年
总资产贡献率	%	2.7
资本保值增值率	%	101.7
资产负债率	%	63.1
流动资产周转率	次/年	0.6
成本费用利润率	%	13.6
全员劳动生产率	元/人	20 582
产品销售率	%	86.9

表 50　林业系统各地区农产品加工业总产值（2011 年）　单位：万元

地区	总计	非木质林产品加工制造业	木材加工及竹、藤、棕、草制品业				
			合计	锯材、木片加工业	人造板制造业	木制品制造业	竹、藤、棕、草制品制造业
全国总计	**162 359 243**	**15 286 908**	**67 891 581**	**11 610 726**	**37 162 883**	**14 785 099**	**4 332 873**
北　京	49 848		49 848		28 560	21 288	
天　津	13 710		9 150		9 150		
河　北	3 028 988	702 200	2 022 035	128 282	1 830 685	48 507	14 561
山　西	397 777	362 892	31 631	11 036	19 068	1 477	50
内蒙古	570 268	4 509	470 557	369 847	80 428	20 011	271
辽　宁	3 849 361	462 829	1 986 974	620 455	699 185	651 256	16 078
吉　林	5 539 921	2 352 483	2 178 028	365 732	960 260	851 601	435
黑龙江	2 997 485	93 552	1 894 681	840 980	556 343	491 909	5 449
上　海	2 917 905	85 018	798 008	33 844	255 293	508 871	
江　苏	14 345 255	576 645	8 373 108	1 622 321	5 194 701	1 378 857	177 229
浙　江	18 991 362	1 679 905	6 056 685	567 233	1 522 746	2 958 663	1 008 043
安　徽	6 310 090	559 298	4 842 487	606 761	2 937 229	686 420	612 077
福　建	19 976 194	3 601 945	6 634 328	557 924	2 672 548	2 155 905	1 247 951
江　西	4 477 893	589 650	2 340 927	491 502	836 725	890 442	122 258
山　东	16 969 486	958 907	11 584 601	1 777 284	9 031 940	642 539	132 838
河　南	3 615 247	482 762	1 857 811	514 355	1 201 442	108 219	33 795
湖　北	3 529 559	528 725	1 276 642	120 860	707 520	383 415	64 847
湖　南	5 628 997	448 044	2 489 610	791 805	913 211	462 340	322 254
广　东	28 197 315	90 081	4 527 099	374 457	2 508 023	1 384 719	259 900
广　西	10 176 944	474 871	5 000 759	963155	3 315 466	618 979	103 159
海　南	1 254 969	283 537	120 395	52 189	53 600	12 049	2 557
重　庆	816 468	99 426	245 383	45 868	65 759	76 947	57 009
四　川	5 462 462	131 284	1 802 923	355 879	1 106 554	207 429	133 061
贵　州	607 896	72 307	336 903	101 957	184 733	41 330	8 883
云　南	1 418 052	255 365	517 098	207 570	229 246	76 992	3 290
西　藏	12 370		12 312	11 901	350	26	35
陕　西	245 694	11 196	190 241	16 423	154 986	12 723	6 109
甘　肃	41 598	3 412	6 467	2 203	2 020	1 510	734
青　海	42		42	42			
宁　夏	231 652	176 258					
新　疆	457 381	199 546	40 310	12 985	25 025	2 300	
大兴安岭	227 054	261	194 538	45 876	60 087	88 575	

（续）

地　区	木质、竹、藤家具制造业	木、竹、苇浆造纸及纸制品业	林产化学产品制造业	木、竹、藤工艺品制造业	其　他
全国总计	**23 231 559**	**39 591 936**	**5 754 278**	**3 243 777**	**7 359 204**
北　京					
天　津	4 560				
河　北	189 173	14 898	17 195	2 325	81 162
山　西	329		948		1 977
内 蒙 古	1 374		890	83	92 855
辽　宁	1 035 780	51 786	3 472	31 641	276 879
吉　林	292 996	538 048	27 544	30 664	120 158
黑 龙 江	305 902	364 383	11 446	50 580	276 941
上　海	732 909	1 169 118	119 635	12 916	301
江　苏	708 547	2 427 357	807 782	99 063	1 352 753
浙　江	2 499 683	7 198 882	152 946	1 387 903	15 358
安　徽	425 312	54 112	63 928	255 543	109 410
福　建	2 028 350	5 610 197	598 209	561 610	931 555
江　西	712 143	232 583	357 227	132 912	112 451
山　东	1 476 700	1 797 106	25 318	236 334	890 520
河　南	428 436	503 578	21 304	36 935	284 421
湖　北	456 234	876 250	35 457	70 118	286 133
湖　南	774 027	570 034	982 885	101 173	263 224
广　东	8 407 102	14 428 631	664 269	65 881	14 252
广　西	567 235	1 806 299	1 390 512	709	936 559
海　南	42 122	707 319	2 879	96 526	2 191
重　庆	176 132	130 220	12 774	39 710	112 823
四　川	1 863 295	906 766	21 182	13 775	723 237
贵　州	68 068	67 572	18 737	4 277	40 032
云　南	16 015	81 798	388 463	1 660	157 653
西　藏					58
陕　西	8 717			1 370	34 170
甘　肃	6 539			69	25 111
青　海					
宁　夏		54 999			395
新　疆	900				216 625
大兴安岭	2 979		29 276		

表 51 我国水产品加工业发展情况（2010—2011 年）

项目	单位	2010 年	2011 年	同比增长（%）
一、水产品加工企业	个	9 762.0	9 611.0	−1.55
水产品加工能力	万 t/年	2 388.5	2 429.4	1.71
二、水产品冷库	座	7 970.0	9 173.0	15.09
冻结能力	万 t/d	49.1	67.8	38.03
冷藏能力	万 t/次	408.2	427.7	4.78
制冰能力	万 t/d	24.7	24.0	−2.83
三、水产品加工总量	万 t	1 633.2	1 782.8	9.16
其中：淡水加工产品	万 t	282.3	305.1	8.10
海水加工产品	万 t	1 350.9	1 477.6	9.38
（一）水产品冷冻	万 t	1 004.9	1 103.7	9.84
其中：冷冻加工品	万 t	451.9	558.4	23.58
（二）鱼糜制品及干腌制品	万 t	242.7	259.8	7.04
其中：鱼糜制品	万 t	96.2	104.0	8.13
干腌制品	万 t	146.5	155.8	6.33
藻类制品	万 t	94.6	96.9	2.51
（三）罐制品	万 t	24.3	26.6	9.24
（四）饲料	万 t			
其中：鱼粉	万 t	149.3	182.2	22.01
（五）鱼油制品	万 t	3.9	4.8	23.71
（六）其他水产加工品	万 t	113.6	108.8	−4.22
其中：助剂和添加剂	万 t	8.0	7.4	−7.27
珍珠	kg	544 346.0	174 284.0	−67.98
四、用于加工的水产品总量	万 t	1 778.3	1 981.0	11.40
其中：淡水产品	万 t	427.3	457.3	7.01
海水产品	万 t	1 351.0	1 523.8	12.79

资料来源：表中数据来自 2012 年《中国渔业统计年鉴》。

表 52 我国水产品加工业加工能力、产量及产值（2008—2011 年）

年份	加工企业数（个）	年加工能力（万 t）	水产品加工总产量		折合水产品原料（万 t）	总产值（亿元）	占水产品总产值比率（%）
			总产量（万 t）	同比增长（%）			
2008	9 971	2 197.5	1 367.8	2.24	1 637.4	1 971.0	37.88
2009	9 635	2 209.2	1 477.3	8.74	1 822.2	2 026.6	36.02
2010	9 762	2 388.5	1 633.2	10.55	1 778.3	2 358.6	36.72
2011	9 611	2 429.4	1 782.8	9.16	1 981.0	2 688.1	35.52

表 53 我国沿海省、自治区、直辖市水产品加工业生产情况（2011 年）

单位：万 t

地　区	水产品加工企业		水产品加工品总量	其　中					
	企业数（个）	年加工能力		冷冻水产品	鱼糜及干腌制品	罐制品	鱼粉	鱼油制品	其他
全国总计	**9 611**	**2 429.4**	**1 782.8**	**1 103.7**	**259.8**	**26.6**	**182.2**	**4.8**	**108.8**
天　津	5	0.2	0.1	0.1					
河　北	259	55.9	13.1	5.4	1.1	0.6	5.8		0.2
辽　宁	876	248.9	196.9	130.0	13.9	1.8	6.9	0.2	16.4
上　海	19	5.5	1.9	1.9					
江　苏	994	149.5	127.8	54.6	5.9	1.3	62.3		1.8
浙　江	2 216	242.4	223.5	169.6	27.2	2.6	17.9	0.1	4.0
福　建	1 094	325.0	273.7	125.9	58.6	4.9	31.9	2.3	15.2
山　东	1 948	792.7	562.5	362.6	67.7	5.8	35.5	2.0	60.1
广　东	1 155	261.9	143.8	98.2	20.0	5.1	17.3		2.9
广　西	214	96.6	61.1	53.1	3.1		0.3		4.6
海　南	40	37.3	50.5	43.0	2.8		1.5		2.2
11 省份小计	8 820	2 215.9	1 654.9	1 044.4	200.3	22.1	179.4	4.6	107.4
占全国比率（%）	91.77	91.21	92.83	94.63	77.10	83.08	98.46	95.83	98.71

表 54 我国乡镇企业规模以上农产品加工企业基本情况（2011 年）

项　目	单　位	2011 年
企业个数	个	93 132
从业人员	万人	1 751
工业总产值	万元	893 099 108
营业收入	万元	864 008 364
利润总额	万元	53 847 555
上交税金	万元	20 148 992

资料来源：表中数据由农业部农产品加工局提供。

表 55 轻工业系统农产品加工业分行业主要经济指标（2010 年）

单位：亿元

行　业	企业单位数（个）		工业总产值	主营业务收入	利税总额	流动资产年均余额	固定资产净值年均余额	出口交货值
	合　计	其中亏损						
轻工业总计	**131 534**	**12 095**	**135 117**	**132 989.9**	**14 652.4**	**47 108.5**	**25 976.6**	**20 509.9**
有关农产品加工行业小计	70 583	5 813	80 988.6	79 951.2	7 428.5	25 241.2	16 440.6	12 155.7
1. 农副食品加工业	25 612	1 644	34 928.0	34 668.3	3 244.8	8 879.3	5 493.8	1 982.5
2. 食品制造业	9 152	960	11 350.6	11 133.5	1 473.2	3 597.9	2 515.7	744.5
3. 饮料制造业	6 371	588	9 152.6	9 165.7	1 718.0	3 986.8	2 540.2	181.3
4. 制盐	177	11	284.4	285.5	48.2	202.9	161.6	1 982.5
5. 皮革、毛皮、羽毛制品业	8 854	718	7 897.5	7 738.9	864.4	2 446.8	963.8	2 311.6
6. 木、竹、藤、棕草制品业	2 039	145	927.1	900.5	93.8	195.8	140.5	214.1
7. 家具制造业	5 934	619	4 414.8	4 304.8	417.7	1 519.5	741.8	1 203.2
8. 造纸及纸制品业	10 270	1 070	10 434.1	10 201.8	1 075.9	4 151.5	3 797.6	666.0
9. 轻工专用设备制造业	2 174	58	1 599.7	1 550.2	39.5	260.7	85.6	143.0

表 56　轻工业系统食品工业分行业主要经济指标（2010 年）

单位：亿元

行　业	企业单位数（个）		工业总产值	主营业务收入	利税总额	流动资产年均余额	固定资产净值年均余额	从业人员（万人）
	合　计	其中亏损						
食品工业合计 *	**41 312**	**3 203**	**65 715.7**	**55 253.0**	**6 484.1**	**16 666.9**	**10 711.3**	**694.3**
一、农副食品加工业	25 612	1 644	34 928.1	34 668.3	3 244.8	8 879.3	5 493.8	369.0
谷物磨制	6 494	191	6 226.9	6 268.9	557.9	1 167.7	931.4	52.3
饲料加工	3 696	271	5 649.5	5 557.9	485.2	1 092.4	673.6	42.9
植物油加工	2 408	192	5 971.3	5 984.9	506.8	2 393.4	818.7	29.7
其中：食用植物油加工	2 269	178	5 880.1	5 896.1	498.7	2 365.3	804.5	28.7
制糖业	307	25	804.7	771.6	153.6	516.1	327.8	14.8
屠宰及肉类加工	4 021	308	7 315.5	7 470.5	669.6	1 444.2	1 099.0	95.8
水产品加工	2 438	227	3 117.0	2 951.4	271.1	934.4	487.1	50.1
蔬菜、水果及坚果加工	3 647	218	2 784.2	2 697.9	288.8	627.9	508.0	45.1
其他农副食品加工	2 601	212	3 058.9	2 965.1	311.9	703.2	648.2	38.4
二、食品制造业	9 152	960	11 350.6	11 133.5	1 473.2	3 597.9	2 515.7	175.9
焙烤食品制造业	1 547	146	1 275.9	1 262.5	153.6	316.9	273.7	28.7
糖果、巧克力及蜜饯制造业	901	52	898.1	904.7	157.3	326.7	190.4	16.5
方便食品制造业	1 354	129	1 911.1	1 862.3	222.3	474.3	364.8	32.5
液体乳及乳制品制造业	784	147	1 949.5	1 939.8	261.1	709.2	439.9	23.4
罐头制造业	967	133	894.1	863.0	78.3	317.3	192.2	19.3
调味品、发酵品制造业	1 289	140	1 655.4	1 601.7	203.5	530.4	413.9	21.8
其他食品制造业	2 310	223	2 766.5	2 699.5	397.2	923.1	640.7	33.7
三、饮料制造业	6 371	588	9 152.6	9 165.7	1 718.0	3 986.8	2 540.2	130.0
酒精制造业	188	29	478.5	466.4	51.5	173.0	162.5	4.1
酒的制造业	2 738	303	4 623.7	4 658.1	1 138.1	2 453.2	1 358.3	72.8
软饮料制造业	1 889	194	3 301.6	3 324.7	427.2	1 128.3	882.8	39.7
精制茶加工业	1 556	62	748.8	716.6	101.2	232.3	136.6	13.4
四、制盐业	177	11	284.4	285.5	48.2	202.9	161.6	9.4

* 食品工业合计数据中未包括烟草加工业统计数据，表中数据由中国轻工业信息中心提供。

表 57　我国食品工业总产值增长情况（2007—2011 年）

单位：亿元

类　别	2007 年	2008 年	2009 年	2010 年	2011 年
总计	**32 425.61**	**42 373.0**	**49 570.1**	**61 273.84**	**76 813.58**
农副食品加工业	17 496.18	23 917.0	27 961.0	34 928.07	44 126.10
食品制造业	6 070.96	7 717.0	9 219.2	11 350.64	14 046.96
饮料制造业	5 082.34	6 250.0	7 465.0	9 152.62	11 834.84
烟草加工业	3 776.23	4 489.0	4 924.9	5 842.51	6 805.68

表 58 我国焙烤食品糖制品行业主要产品产销情况（2010 年）

行业	产量（万 t）		工业销售产值（亿元）		出口交货值（亿元）	
	2010 年	同比增长（%）	2010 年	同比增长（%）	2010 年	同比增长（%）
糖果巧克力	179.8	19.29	586.6	24.43	39.2	11.16
糕点面包	150.4	39.86	425.0	32.31	9.3	−13.61
饼干	455.8	26.57	905.9	37.21	20.2	31.52
冷冻饮品	245.5	5.61	259.3	27.30	1.1	−5.25
蜜饯	139.5	41.00	279.3	41.45	22.6	40.20
方便面及其他方便食品	688.1	22.92	950.2	21.55	13.0	11.91

资料来源：表中数据由中国焙烤食品糖制品工业协会提供。

表 59 我国饮料行业主要经济指标（2010—2011 年）

指标	单位	2010 年	2011 年	同比增长（%）
企业单位数	个	6 371.0	4 874.0	−23.50
总产量	万 t	9 983.7	11 762.3	17.82
工业总产值	亿元	9 152.6	11 834.8	29.31
主营业务收入	亿元	9 165.7	11 774.8	28.47
利润总额	亿元	991.3	1 315.4	32.69
职工人数	万人	130.0	136.8	5.23
资产总计	亿元	7 852.8	9 441.2	20.23
负债合计	亿元	3 954.3	4 685.3	18.49

注：表中数据来自 2012 年《中国统计年鉴》，以上数据为规模以上工业企业的经济指标。

表 60 我国酒精工业主要经济指标（2010—2011 年）

指标	单位	2010 年	2011 年	同比增长（%）
企业单位数	个	198.0	221.0	11.62
产品产量	万 kL	748.0	833.7	11.45
工业总产值	亿元	503.2	668.3	32.81
主营业务收入	亿元	503.5	631.4	25.40
利润总额	亿元	27.4	36.9	34.67
税金总额	亿元	23.1	27.3	18.18
行业总资产	亿元	400.9	447.7	11.67
出口总量	万 kL			

资料来源：表中数据由中国酿酒工业协会酒精分会提供。

表 61　我国乳制品行业主要经济指标（2010—2011 年）

指　标	单　位	2010 年	2011 年	同比增长（%）
全年奶牛存栏	万头	1 260.0	1 440.2	14.30
全年奶类总产量	万 t	3 748.0	3 810.7	1.67
其中：牛奶产量	万 t	3 575.6	3 657.8	2.30
全国乳制品产量	万 t	2 160.0	2 387.5	10.53
其中：液态奶	万 t	1 846.0	2 060.8	11.64
干乳制品	万 t	314.0	326.7	4.04
乳制品工业总产值	亿元	1 949.5	2 361.1	22.25
主营业务收入	亿元	1 882.0	2 301.3	22.28
乳制品加工利润总额	亿元	177.0	177.7	0.40
城镇居民人均消费	kg	26.7	23.4	−12.36
乳制品进口量	万 t	66.9	90.6	35.43
乳制品进口额	亿美元	17.7	26.2	48.02
乳制品出口量	万 t	3.1	4.3	38.71
乳制品出口额	亿美元	0.4	0.8	100.00

资料来源：表中数据由中国奶业协会、中国乳制品工业协会提供。

表 62　轻工业系统农产品加工机械重点企业主要经济指标（2010 年）

行　业	企业数（个）	工业总产值（亿元）	主营业务收入（亿元）	利润总额（亿元）	从业人员（万人）
轻工机械合计	**2 193**	**1 621.3**	**1 684.8**	**111.6**	**26.30**
农产品加工机械合计	**1 340**	**1 010.1**	**874.4**	**67.0**	**16.16**
食品及包装机械	445	320.1	271.6	22.9	5.6
农副食品加工机械	454	349.4	305.1	23.6	5.6
制浆造纸机械	313	252.1	224.1	16.8	3.5
制革制鞋机械	55	36.4	28.6	13.6	0.69
其他日用品加工机械	73	52.1	45.1	23.9	0.77

资料来源：表中数据由中国轻工业协会信息中心提供。

表 63　我国烟草工业主要经济指标（2010—2011 年）

指　标	单　位	2010 年	2011 年	同比增长（%）
企业数	个	151.0	148.0	−1.99
工业总产值	亿元	5 842.5	6 805.7	16.49
主营业务收入	亿元	5 628.2	6 666.9	18.46
利润总额	亿元	734.0	840.5	14.51
职工人数	万人	21.1	19.9	−5.69
资产总计	亿元	5 484.0	6 169.3	12.50
负债合计	亿元	1 318.7	1 492.4	13.17

表 64　我国纺织工业主要经济指标（2010—2011 年）

指　标	单　位	2010 年	2011 年	同比增长（%）
企业数	个	33 384.0	22 945.0	−31.27
工业总产值	亿元	28 507.9	32 652.9	14.54
主营业务收入	亿元	28 110.1	32 288.5	14.86
利润总额	亿元	1 697.9	1 956.8	15.25
职工人数	万人	647.3	588.8	−9.04
资产总计	亿元	18 789.9	19 993.3	6.40
负债合计	亿元	10 670.3	11 240.9	5.35

表 65 我国纺织服装、鞋、帽制造业主要经济指标（2010—2011 年）

指 标	单 位	2010 年	2011 年	同比增长（%）
企业数	个	18 547.0	11 750.0	−36.65
工业总产值	亿元	12 331.2	13 538.1	9.79
主营业务收入	亿元	11 988.6	13 214.4	10.22
利润总额	亿元	851.9	951.9	11.74
职工人数	万人	447.0	382.4	−14.45
资产总计	亿元	7 026.1	7 468.3	6.29
负债合计	亿元	3 590.6	3 924.5	9.30

表 66 我国皮革工业经济运行情况（2010—2011 年）

指 标	单 位	2010 年	2011 年	同比增长（%）
企业数	个	8 854.0	6 081.0	−31.32
工业总产值	亿元	7 897.5	8 927.5	13.04
主营业务收入	亿元	7 738.9	8 747.2	13.03
利润总额	亿元	611.5	714.7	16.88
职工人数	万人	276.4	259.8	−6.01
资产总计	亿元	3 907.4	4 260.1	9.03
负债合计	亿元	1 987.8	2 041.5	2.70

注：表 63 至表 66 中数据来自 2012 年《中国统计年鉴》。

表 67 我国家具行业经济运行情况（2010—2011 年）

指 标	单 位	2010 年	2011 年	同比增长（%）
家具总产值	亿元	4 147.1	5 195.6	25.29
家具销售产值	亿元	4 048.9	5 085.8	25.61
家具出口交货值	亿元	1 182.6	1 281.1	8.34

资料来源：表中数据由中国家具工业协会提供。

表 68 我国造纸工业主要经济指标（2010—2011 年）

指 标	单 位	2010 年	2011 年	同比增长（%）
企业数	个	3 724	3 500	−16.02
工业总产值	亿元	5 850	6 911	18.14
主营业务收入	亿元	5 630	6 714	19.25
利税总额	亿元	500	557	11.40
利润总额	亿元	327	362	10.70
资产总计	亿元	5 934	6 990	17.80
资产负债率	%	58.66	59.07	0.70
从业人员平均人数	万人	73.73	70.85	−3.91

资料来源：表中数据来自 2012 年《造纸信息》第 6 期。

表 69 我国新闻出版产业基本情况（2009—2010 年）

	类 别	单 位	2009 年	2010 年	同比增长（%）
总计	图书、期刊、报纸总印张	亿印张	2 701.1	2 935.4	8.67
	折合用纸量	万 t	625.0	679.1	8.67
	其中：书籍用纸量	万 t	73.4	78.9	7.49
	课本用纸量	万 t	59.4	63.6	7.07
	期刊用纸量	万 t	39.1	42.5	8.70
	报纸用纸量	万 t	453.0	487.3	7.57
	图片用纸量	万 t	0.127	0.068	−46.46
图书	图书出版总量	种	301 719.0	328 387.0	8.84
	其中：新版图书	种	168 295.0	189 295.0	12.48
	重版重印图书	种	133 423.0	139 092.0	4.25
	总印数	亿册（张）	70.4	71.7	1.85
	总印张	亿印张	565.5	606.3	7.21
	折合用纸量	万 t	132.9	142.5	7.22
	定价金额	亿元	848.0	936.0	10.38
期刊	期刊出版总数	种	9 851.0	9 884.0	0.33
	平均期印数	万 册	16 457.0	16 349.0	−0.66
	总印数	亿 册	31.5	32.2	2.22
	总印张	亿印张	166.2	181.1	8.97
	折合用纸量	万 t	39.1	42.5	8.70
	定价金额	亿元	202.4	217.7	7.56
报纸	出版种数	种	1 937.0	1 939.0	0.05
	平均期印数	万 份	20 837.2	21 437.7	2.88
	总印数	亿 份	439.1	452.1	2.96
	总印张	亿印张	1 969.4	2 148.0	9.07
	折合用纸量	万 t	453.0	494.1	9.07
	定价金额	亿元	351.7	367.7	4.55
音像制品及电子出版物	出版种数	种	25 384.0	32 727.0	28.93
	出版数量	亿盒（张）	3.92	6.83	74.23
	发行数量	亿盒（张）	3.84	6.06	57.81
	发行金额	亿 元	19.99	27.53	37.72
出版物进出口	出 口				
	图书、期刊、报纸	种次	900 344.0	954 954.0	6.07
	出口数量	万册（份）	885.2	945.6	6.82
	出口金额	万美元	3 437.7	3 711.0	7.95
	进 口				
	图书、期刊、报纸	种次	811 265.0	879 714.0	8.44
	进口数量	万册（份）	2 794.5	2 881.9	3.13
	进口金额	万美元	24 505.3	26 008.6	6.13

表 70 我国 119 个书刊印刷企业（含其他印刷）主要经济指标（2011 年）

指标		单位	2010
工业总产值		亿元	107.0
工业销售产值		亿元	110.0
工业增加值		亿元	36.0
主营业务收入		亿元	113.0
实现利税		亿元	10.6
实现利润		亿元	3.8
人均创利税		元/人	20 425.0
人均工资		元/人	35 296.0
主要产品	照相排字	亿字	39.6
	书刊印刷	万令	2 904.0
	胶印印刷	万对开色令	14390.0
	书刊装订	万令	3 197.0

资料来源：表中数据来自 2012 年《印刷工业》第 10 期。

表 71 我国 68 个印刷机械企业主要经济指标（2010—2011 年）

指标	单位	2010 年	2011 年	同比增长（%）
工业总产值	万元	673 209.0	781 302	16.06
工业销售产值	万元	682 896.0	757 504	10.93
工业增加值	万元	203 473.0	228 603	12.35
产品销售收入	万元	676 416.0	745 209	10.17
利润总额	万元	64 017.0	61 466	−3.98
成本费用总额	万元	604 101.0	665 384	10.14
出口交货值	万元	59 255.0	70 524	19.02
新产品产值	万元	371 274.0	459 811	23.85
经济效益综合指数	%	178.5	176.9	−1.49
总资产贡献率	%	10.6	9.0	−1.55
资产保值增值率	%	104.8	105.0	0.21
资产负债率	%	48.8	46.2	−2.56
流动资金年周转率（次）	次/年	1.1	1.0	−0.04
成本费用利润率	%	10.6	9.2	−1.36
全员劳动生产率	元/人	114 452.0	127 761.1	11.63
产品销售率	%	101.4	96.9	−4.49

资料来源：表中数据来自 2012 年《印刷工业》第 3 期。

表 72　我国橡胶工业主要经济指标（2010—2011 年）

指　　标	单　位	2010 年	2011 年	同比增长（%）
企业数	个	378.0	412.0	8.99
工业总产值	亿元	2 669.2	3 122.1	16.97
工业增加值	亿元			
销售收入	亿元	2 645.3	3 110.3	17.58
实现利润	亿元	106.7	98.1	−9.03
实现利税	亿元	182.6	177.3	−2.95
出口交货值	亿元	694.6	882.5	27.05
橡胶总消耗量	万 t	645.0	690.0	6.98

资料来源：表中数据来自 2012 年《中国橡胶》第 6 期。

表 73　我国橡胶工业全部独立核算工业企业主要经济指标（2009—2010 年）

行　　业	企业数（个）		工业总产值（万元）	
	2009 年	2010 年	2009 年	2010 年
橡胶制品业	4 587	4 720	47 746 989	47 678 635
其中：1. 轮胎制造业	432	431	23 232 904	23 060 090
2. 力车胎制造业	101	112	791 101	822 892
3. 橡胶板管带制造业	958	1 009	6 055 869	6 061 131
4. 橡胶零件制造业	1 000	1 025	4 589 936	4 575 889
5. 再生橡胶制造业	232	232	1 531 209	1 527 745
6. 橡胶靴鞋制造业	724	711	4 705 964	4 710 637
7. 日用橡胶制品业	287	303	2 249 063	2 332 676
8. 其他橡胶制品业	778	814	4 226 502	4 226 502
9. 橡胶制品翻修业	75	83	364 443	391 108
其中：轮胎翻修业	75	83	364 443	391 108
橡胶工业专用设备制造业	201	207	1 309 887	1 323 105

行　　业	工业销售产值（万元）		出口交货值（万元）	
	2009 年	2010 年	2009 年	2010 年
橡胶制品业	46 904 225	46 802 751	9 129 296	8 954 936
其中：1. 轮胎制造业	22 965 634	22 759 101	5 253 409	5 156 145
2. 力车胎制造业	770 386	903 191	83 938	107 681
3. 橡胶板管带制造业	5 897 238	5 882 605	481 495	460 700
4. 橡胶零件制造业	4 409 483	4 438 798	615 374	626 295
5. 再生橡胶制造业	1 493 591	1 496 994	15 657	21 782
6. 橡胶靴鞋制造业	4 654 464	4 612 653	1 259 697	1 174 961
7. 日用橡胶制品业	2 232 180	2 304 290	852 021	872 528
8. 其他橡胶制品业	4 127 066	4 024 299	566 210	533 350
9. 橡胶制品翻修业	354 485	380 820	1 495	1 495
其中：轮胎翻修业	354 485	380 820	1 495	1 495
橡胶工业专用设备制造业	1 271 678	1 285 860	75 863	82 238

资料来源：表中数据来自 2011 年《中国橡胶工业年鉴》。

表 74　我国中药行业经济效益情况（2011 年）

行　业	工业总产值（亿元）	产品销售产值（亿元）	实现利润（亿元）	出口总额（亿美元）
全国医药工业合计	**15 707.0**	**15 255.00**	**1 577.00**	**445.00**
其中：中药工业	4 381.0	4 252.22	436.86	9.97
中成药工业	3 500.0	3 378.67	372.44	2.30
中药饮片工业	881.0	873.55	64.42	7.67
中药工业占我国医药工业比例（%）	27.89	27.87	27.70	2.24

表 75　我国农产品加工业能源消费总量和主要能源品种消费量（2010 年）

行　业	能源消费总量（万 t 标准煤）	煤炭消费量（万 t）	焦炭消费量（万 t）	原油消费量（万 t）	汽油消费量（万 t）	煤油消费量（万 t）	柴油消费量（万 t）	燃料油消费量（万 t）	天然气消费量（亿 m^3）	电力消费量（亿 kW・h）
合　计	**19 916.5**	**12 010.8**	**31.0**	**0.60**	**165.7**	**2.5**	**285.2**	**98.5**	**11.9**	**3 522.8**
农副食品加工业	2 644.3	1 699.7	9.5	0.11	38.9	0.5	56.8	9.8	0.9	424.4
食品制造业	1 508.5	1 210.9	3.0	0.01	15.7	0.2	30.5	13.8	2.8	184.7
饮料制造业	1 130.4	792.4	0.7		9.6	0.1	15.9	8.3	1.7	132.3
烟草加工业	228.9	80.1			0.7		4.5	1.1	0.6	45.9
纺织业	6 204.5	2 618.0	5.1	0.02	26.9	0.5	44.6	22.5	1.7	1 276.7
纺织服装、鞋、帽制造业	748.4	233.8	3.8	0.03	17.8	0.3	34.3	5.3	0.3	151.6
皮革、毛皮、羽毛（绒）及其制品业	392.2	75.1	0.2	0.05	8.4	0.2	13.7	5.9		89.7
木材加工及竹、藤、棕草制品业	1 035.6	432.6	1.8	0.22	9.3	0.2	18.1	0.3	0.3	212.2
家具制造业	209.7	33.8	1.5	0.01	8.2	0.1	14.5	0.6	0.4	44.5
造纸及纸制品业	3 961.9	4 281.6	2.2	0.12	11.3	0.2	28.4	19.6	1.5	535.4
印刷业和记录媒介复制	390.9	44.7	0.3	0.01	8.3	0.1	13.6	2.1	0.8	95.5
橡胶制品业	1 461.2	508.1	2.9	0.02	10.8	0.1	10.3	9.2	0.9	329.9

农产品加工业主要产品产量

表 76　我国农产品加工业主要产品产量（2010—2011 年）

产品名称	单　位	2010 年	2011 年	同比增长（%）
纱	万 t	2 717.0	2 870.2	5.64
布	亿 m	800.0	814.1	1.76
机制纸及纸板	万 t	9 832.6	11 010.9	11.98
成品糖	万 t	1 117.6	1 187.4	6.25
卷烟	亿支	23 752.6	24 474.0	3.04

（续）

产品名称	单　位	2010 年	2011 年	同比增长（%）
罐头	万 t	980.5	1 093.4	11.51
啤酒	万 kL	4 490.2	4 834.5	7.67
原盐	万 t	7 037.8	6 742.2	−4.20
精制食用植物油	万 t	3 878.5	4 331.8	11.69
中成药	万 t	215.4	259.5	20.47
合成橡胶	万 t	319.5	367.1	14.90
橡胶轮胎外胎	万条	77 611.8	83 566.2	7.67

表 77　轻工业系统农产品加工业主要产品产量（2009—2010 年）

产　品	单　位	2009 年	2010 年	同比增长（%）
原盐	万 t	6 003.1	7 037.8	17.24
成品糖	万 t	1 321.2	1 117.6	−15.41
糖果	万 t	139.6	179.9	28.87
糕点	万 t	98.1	150.5	53.41
饼干	万 t	303.3	455.6	50.21
方便面	万 t	569.3	688.2	20.89
罐头	万 t	745.1	980.5	31.59
乳制品	万 t	1 924.1	2 157.8	12.15
其中：液体乳	万 t	1 738.6	1 959.5	12.71
味精	万 t	236.2	250.6	6.10
酱油	万 t	503.3	595.7	18.36
饮料酒	万 kL	5 066.5	5 668.1	11.87
其中：白酒（折 65°）	万 kL	678.9	886.5	30.58
啤酒	万 KL	4 151.8	4 490.2	8.15
黄酒	万 KL	106.3	134.1	26.15
葡萄酒	万 KL	86.7	108.8	26.64
软饮料	万 t	8 115.2	9 953.4	22.65
其中：碳酸饮料	万 t	1 297.8	1 265.2	−2.51
果汁及果汁饮料	万 t	1 414.6	1 734.5	22.61
瓶（罐）装饮用水	万 t	3 216.7	4 249.6	32.11
冷冻饮品	万 t	238.4	245.6	3.02
轻革	亿 m^2	5.9	7.5	27.12
皮鞋	亿双	35.5	41.9	18.03
皮革服装	万件	5 477.8	6 176.5	12.76
毛皮服装	万件	250.1	311.6	24.59
家具	亿件	6.1	7.7	26.23
其中：木制家具	万件	20 505.7	26 072.6	27.15
软体家具	万件	3 683.4	4 731.1	28.44
纸浆	万 t	1 934.5	2 231.0	15.33
机制纸及纸板	万 t	8 965.1	9 832.6	9.68
其中：新闻纸	万 t	428.7	402.1	−6.20
纸制品	万 t	4 023.2	4 845.9	20.45

资料来源：表中数据由中国轻工业协会信息中心提供。

表 78 我国粮油工业主要产品产量（2010—2011 年） 单位：万 t

产　品	2010 年	2011 年	同比增长（%）
大　米	7 294.8	8 839.5	20.41
其中：特等米	2 284.4		
标准一等米	3 553.3		
标准二等米	964.0		
糙米	86.2		
小麦粉	7 528.6	11 677.8	24.08
其中：特制一等粉	3 351.7		
特制二等粉	2 035.4		
标准粉	1 225.5		
专用粉	580.8		
全麦粉	74.6		
食用植物油	3 154.4	4 331.9	19.62
按品种分：大豆油	1 160.2		
菜籽油	512.5		
花生油	130.5		
棕榈油	181.6		
棉籽油	76.8		
按等级分：一级油	1 353.6		
二级油	90.1		
三级油	187.5		
四级油	642.5		
其　他			

表 79 我国淀粉产量及品种情况（2010—2011 年） 单位：万 t

品　种	2010 年	2011 年	同比增长（%）	占总淀粉（%）
合　计	**1 973.58**	**2 245.74**	**13.79**	**100.00**
玉米淀粉	1 901.97	2 082.28	9.48	92.72
木薯淀粉	35.38	90.05	154.55	4.01
马铃薯淀粉	22.76	57.85	154.20	2.58
甘薯淀粉	8.50	10.45	22.94	0.47
小麦淀粉	2.99	5.11	70.90	0.22

表 80　我国淀粉深加工品产量（2010—2011 年）

单位：万 t

主要品种	2010 年	2011 年	同比增长（%）	占深加工品（%）
合　计	**1 118.08**	**1 314.76**	**17.59**	**100.00**
变性淀粉	123.89	140.14	13.11	10.66
结晶葡萄糖	252.67	279.61	10.66	21.27
液体淀粉糖	655.98	798.06	21.66	60.70
糖　醇	85.57	96.95	13.30	7.37

表 81　我国淀粉产量分布及生产规模情况（2011 年）

地　区	淀粉产量（万 t）	占淀粉总产量（%）	玉米淀粉生产规模情况	
			年产 10 万 t 以上企业数（个）	企业最大淀粉产量（万 t/年）
合　计	**2 245.74**	**100.00**	**41**	
山　东	955.77	42.56	15	260.78
吉　林	431.80	19.23	6	199.17
河　北	319.07	14.21	10	56.89
河　南	121.50	5.41	5	31.00
陕　西	119.80	5.33	3	85.00
广　西	67.56	3.01		
其他 16 个省（自治区）合计	230.24	10.25	2	84.56

注：其他 16 个省（自治区）为山西、内蒙古、辽宁、黑龙江、江苏、江西、湖北、四川、广东、海南、云南、甘肃、宁夏、青海、新疆、贵州。

表 82　我国玉米淀粉生产规模情况（2010—2011 年）

项　目	单位	2010 年	2011 年	同比增长（%）
年产 100 万 t 以上的企业	个	5	5	持平
年产 100 万 t 以上的企业总产量	万 t	731.38	825.25	12.83
占全国玉米淀粉总产量	%	38.45	39.63	3.07
年产 40 万 t 以上的企业	个	8	9	12.50
年产 40 万 t 以上的企业总产量	万 t	474.21	553.25	16.67
占全国玉米淀粉总产量	%	24.93	26.57	6.58

表 83　我国部分淀粉深加工品生产规模情况（2010—2011 年）

类别	项　目	单位	2010 年	2011 年	同比增长（%）
变性淀粉	年产 5 万 t 以上的企业	个	8	8	持平
	年产 5 万 t 以上的企业总产量	万 t	80.32	90.39	18.57
	占全国总产量	%	64.83	64.50	−8.08
	年产 3 万 t 以上的企业	个	5	5	持平
	年产 3 万 t 以上的企业总产量	万 t	19.48	20.54	5.44
	占全国总产量	%	15.72	14.66	−6.74
	年产 1 万 t 以上的企业	个	12	12	持平
	年产 1 万 t 以上的企业总产量	万 t	18.38	22.00	19.70
	占全国总产量	%	14.83	15.70	5.83
结晶葡萄糖	年产 20 万 t 以上的企业	个	3	3	持平
	年产 20 万 t 以上的企业总产量	万 t	135.21	143.00	5.76
	占全国总产量	%	53.51	51.14	−4.43
	年产 10 万 t 以上的企业	个	5	6	20.00
	年产 10 万 t 以上的企业总产量	万 t	58.86	89.35	51.80
	占全国总产量	%	23.29	31.96	37.23
	年产 5 万 t 以上的企业	个	5	4	−20.00
	年产 5 万 t 以上的企业总产量	万 t	35.57	26.58	−25.28
	占全国总产量	%	14.07	9.51	−32.40
	年产 2 万 t 以上的企业	个	2	6	200.00
	年产 2 万 t 以上的企业总产量	万 t	7.38	19.78	168.02
	占全国总产量	%	2.92	7.07	142.12
液体葡萄糖	年产 50 万 t 以上的企业	个	2	4	100.00
	年产 50 万 t 以上的企业总产量	万 t	240.30	453.54	88.74
	占全国总产量	%	40.81	56.83	39.26
	年产 10 万 t 以上的企业	个	12	10	−8.34
	年产 10 万 t 以上的企业总产量	万 t	244.46	213.84	−9.78
	占全国总产量	%	41.51	26.79	−1.45
	年产 5 万 t 以上的企业	个	8	14	75.00
	年产 5 万 t 以上的企业总产量	万 t	53.21	98.58	85.27
	占全国总产量	%	9.04	12.35	36.62

表 84 我国食品添加剂主要产品产量（2010—2011 年） 单位：万 t

产品名称	2010 年	2011 年	同比增长（%）
总 计	**705.00**	**762.00**	**8.10**
食用香精香料	12.02	13.10	9.00
食用着色剂	35.34	37.11	5.00
高倍甜味剂	12.00	11.00	−8.33
糖醇类甜味剂	115.00		
防腐抗氧保鲜剂	24.53	26.00	6.00
增稠乳化品质改良剂	60.27	67.50	12.00
其他种类	447.90		
味 精	256.40		

资料来源：表中数据由中国食品添加剂和配料协会提供。

表 85 我国饮料行业主要产品产量（2010—2011 年）

产品名称	单位	2010 年	2011 年	同比增长（%）
软饮料总产量	万 t	9 641.2	11 762.3	22.00
其中：碳酸饮料	万 t	1 270.4	1 606.6	26.46
果汁及果汁饮料	万 t	1 767.2	1 920.2	8.66
瓶（罐）装饮用水	万 t	3 810.8	4 789.0	25.67
饮料酒总产量（不含果露酒）	万 kL	5 515.0	6 270.0	13.69
其中：白酒	万 kL	784.7	1 025.6	30.70
啤酒	万 kL	4 426.5	4 898.8	10.67
葡萄酒	万 kL	102.4	115.7	13.00
黄酒	万 kL	300.0	310.0	3.33

资料来源：表中数据来自 2012 年《饮料工业》第 3 期与中国酿酒工业协会。

表 86 我国牛奶与乳制品产量（2010—2011 年）

产品名称	单位	2010 年	2011 年	同比增长（%）
牛奶	万 t	3 575.6	3 657.8	2.30
乳制品	万 t	2 160.0	2 387.5	10.53
其中：液态奶	万 t	1 846.0	2 060.8	11.64
干乳制品	万 t	314.0	326.7	4.04
城镇居民人均消费	kg	26.7	23.4	−12.36

表 87 我国饮料行业各地区主要产品产量（2011 年）

单位：t

地　区	软饮料	碳酸饮料	果汁及果汁饮料	瓶（罐）装饮用水	其他饮料
全国总计	**117 623 207**	**16 066 054**	**19 202 366**	**47 889 966**	**83 157 000**
北　京	3 818 698	701 060	600 261	1 196 619	1 320 758
天　津	4 680 787	1 103 142	107 822	1 708 831	1 760 992
河　北	2 677 260	82 218	447 689	766 305	1 381 048
山　西	835 459	179 965	368 166	39 410	247 918
内蒙古	2 045 485	89 704	481 338	650 894	823 549
辽　宁	3 971 439	1 093 717	314 702	992 637	1 570 383
吉　林	6 235 434	466 742	398 680	5 136 458	233 554
黑龙江	2 394 606	810 681	799 687	621 455	162 783
上　海	2 681 671	932 216	218 060	972 097	559 298
江　苏	4 003 316	641 589	623 997	623 784	2 113 946
浙　江	8 561 657	547 754	815 611	2 839 632	4 358 660
安　徽	1 611 393	372 521	74 355	452 458	712 059
福　建	4 247 863	501 115	356 632	1 169 347	2 220 769
江　西	2 133 224	430 844	380 953	886 410	435 017
山　东	5 897 219	571 449	1 255 657	2 680 268	1 389 845
河　南	8 333 669	676 392	1 652 324	3 345 740	2 659 213
湖　北	6 220 254	667 803	1 265 865	1 307 051	2 979 535
湖　南	2 181 782	248 417	275 217	1 218 002	440 146
广　东	20 149 853	3 309 057	3 262 242	8 257 254	5 321 310
广　西	5 451 372	281 800	83 567	4 374 977	711 028
海　南	421 089	74 592	87 477	239 274	19 746
重　庆	2 983 523	402 160	1 386 007	849 968	503 619
四　川	6 446 554	1 160 323	1 527 172	3 456 780	302 279
贵　州	1 095 097		235 649	840 182	19 266
云　南	2 450 237	146 372	282 929	1 664 668	356 258
西　藏	102 178			87 821	14 357
陕　西	3 835 360	500 068	953 298	909 499	1 472 295
甘　肃	929 854		499 825	262 863	167 166
青　海	123 843		74 000	49 843	
宁　夏	73 243		71 145		2 098
新　疆	1 029 769	74 354	402 039	289 437	263 939

资料来源：表中数据来自 2012 年《饮料工业》第 4 期。

表 88　我国烟草工业主要产品产量（2010—2011 年）

年　份	烟叶（万 t）	烤烟（万 t）	卷烟（亿支）
2010	300.40	273.00	23 752.70
2011	313.20	287.00	27 474.00
同比增长（%）	4.26	5.13	3.04

资料来源：表中数据由农业部、国家烟草专卖局提供。

表 89　我国酒精工业产品产量（2010—2011 年）　单位：万 kL

年　份	2010 年	2011 年	同比增长（%）
产　量	748.0	833.7	11.46

资料来源：表中数据由中国酿酒工业协会提供。

表 90　我国酒精工业各地区产品产量（2010—2011 年）　单位：万 kL

地　区	2010 年	2011 年	同比增长（%）
全国总计	**748.00**	**833.73**	**11.46**
天　津			
河　北	17.52	21.53	22.89
山　西	5.21	5.22	0.19
内蒙古	117.47	59.77	−49.12
辽　宁	0.51	1.10	115.69
吉　林	123.13	147.98	20.18
黑龙江	78.62	101.10	28.59
江　苏	92.73	88.00	−5.10
浙　江	0.05	0.02	−62.26
安　徽	21.08	19.74	−6.36
山　东	45.42	50.09	10.27
河　南	84.79	167.17	97.16
湖　北	2.86	2.71	−5.24
湖　南	0.94	3.29	250.00
广　东	12.11	15.83	30.72
广　西	68.06	69.54	2.17
海　南	0.21	0.08	−64.29
四　川	50.13	52.55	4.83
贵　州			
云　南	18.73	17.15	−8.44
陕　西	1.93	3.26	68.91
甘　肃	1.47	1.33	−9.52
宁　夏			
新　疆	5.13	6.27	22.22

资料来源：表中数据由中国酿酒工业协会酒精分会提供。

表 91　我国各地区啤酒产量（2010—2011 年）　　单位：万 kL

地　区	2010 年	2011 年	同比增长（%）
全国总计	**4 426.8**	**4 898.9**	**10.7**
北　京	164.6	164.8	0.10
天　津	32.0	33.2	3.8
河　北	133.1	160.3	20.4
山　西	31.4	42.7	36.0
内蒙古	113.5	116.4	2.6
辽　宁	234.7	262.2	11.7
吉　林	133.1	148.5	11.6
黑龙江	178.6	222.4	24.5
上　海	65.4	50.9	−22.2
江　苏	250.7	234.7	−6.4
浙　江	281.0	281.1	
安　徽	152.6	167.5	9.8
福　建	185.0	196.5	6.2
江　西	118.1	129.5	9.7
山　东	542.4	647.6	19.4
河　南	396.3	428.8	8.2
湖　北	166.2	198.3	19.3
湖　南	103.2	130.9	26.8
广　东	414.2	482.2	16.4
广　西	138.1	150.6	9.1
海　南	16.1	10.1	−37.3
重　庆	71.9	77.3	7.5
四　川	176.3	192.1	9.0
贵　州	32.7	36.2	10.7
云　南	54.4	75.8	39.3
西　藏	13.3	18.2	36.8
陕　西	94.3	99.0	5.0
甘　肃	66.8	64.9	−2.8
青　海	8.6	8.9	3.5
宁　夏	14.1	16.2	14.9
新　疆	44.1	51.1	15.9

资料来源：表中数据来自 2012 年《啤酒科技》第 4 期。

表 92 我国罐头工业产值与产品产量（2010 年）

总产量（万 t）	同比增长（%）	总产值（亿元）	同比增长（%）
918.4	16.08	798.4	33.98

资料来源：表中数据由中国罐头工业协会提供。

表 93 我国各地区白酒产量（2010—2011 年）

单位：万 kL

地　区	2010 年	2011 年	同比增长（%）
全国总计	**784.70**	**1 025.60**	**30.70**
北　京	18.80	20.60	9.70
天　津	4.50	4.30	−4.53
河　北	21.30	32.40	51.97
山　西	11.10	14.60	31.77
内蒙古	38.60	52.30	35.58
辽　宁	56.90	68.10	19.59
吉　林	28.30	42.40	49.68
黑龙江	10.40	20.90	100.96
上　海	0.73	1.10	37.82
江　苏	53.90	67.90	26.06
浙　江	2.03	2.10	3.45
安　徽	32.30	39.50	22.30
福　建	3.67	3.30	−10.08
江　西	11.29	14.60	29.32
山　东	84.58	99.20	17.29
河　南	80.66	105.30	30.55
湖　北	22.76	29.80	30.93
湖　南	10.10	12.90	27.72
广　东	8.46	10.00	18.20
广　西	5.35	7.30	36.45
海　南	0.68	0.42	−0.82
重　庆	12.79	17.30	35.26
四　川	224.37	309.40	37.90
贵　州	16.74	24.70	47.55
云　南	5.35	5.90	10.28
陕　西	7.13	8.00	12.20
甘　肃	3.42	2.97	−13.16
青　海	2.06	1.71	−16.99
宁　夏	2.20	1.54	−30.00
新　疆	8.05	5.26	−34.66

表 94 我国各地区葡萄酒产量（2010—2011 年） 单位：万 kL

地 区	2010 年	2011 年	同比增长（%）
全国总计	**102.40**	**115.70**	**13.02**
北 京	1.02	1.22	20.13
天 津	6.00	4.11	−31.51
河 北	9.90	9.37	−5.31
山 西	0.06	0.19	216.67
内蒙古	0.65	0.85	31.43
辽 宁	2.26	2.02	−10.57
吉 林	18.00	20.65	14.72
黑龙江	1.31	2.15	64.41
上 海	0.14	0.12	−11.80
江 苏	0.20		
福 建	0.01		
江 西	0.16	0.44	175.00
山 东	38.33	44.61	16.36
河 南	15.01	17.69	17.89
湖 北	0.03	0.05	66.67
湖 南	2.29	2.44	6.75
广 西	0.19	0.24	27.67
重 庆	0.02		
四 川	0.03	0.05	66.67
贵 州	0.01	0.01	
云 南	1.53	2.39	56.11
陕 西	1.19	1.53	28.18
甘 肃	0.98	1.41	43.87
宁 夏	1.01	2.52	149.50
新 疆	2.28	1.63	−28.95

资料来源：表中数据由中国酿酒协会葡萄酒分会提供。

表 95 我国饲料工业产品产量（2008—2011 年） 单位：万 t

年 份	饲料产量	其中：1. 配（混）合饲料	2. 浓缩饲料	3. 预混合饲料
2008	13 667	10 590	2 531	546
2009	13 999	10 696	2 708	595
2010	15 600	12 600	2 450	595
2011	18 063	14 915	2 543	605

资料来源：表中数据由全国饲料工作办公室提供。

表 96 我国饲料工业各地区产品产量（2011 年） 单位：万 t

地 区	总 产 量	配合饲料总产量	浓缩饲料总产量	预混合饲料总产量
全国总计	**18 063**	**14 915**	**2 543**	**605**
北 京	342	267	23	51
天 津	254	165	63	26
河 北	1 150	967	169	14
山 西	313	210	97	6
内蒙古	315	217	93	5
辽 宁	1 216	822	370	24
吉 林	460	299	156	5
黑龙江	683	348	309	27
上 海	152	117	14	21
江 苏	824	767	28	29
浙 江	516	492	5	19
安 徽	419	360	43	16
福 建	620	582	12	27
江 西	550	431	78	42
山 东	2 050	1891	92	67
河 南	1 262	978	247	37
湖 北	528	466	48	13
湖 南	1 006	866	90	50
广 东	2 095	2 010	32	53
广 西	807	767	32	8
海 南	197	192	1	5
重 庆	208	163	38	7
四 川	885	752	103	29
贵 州	72	38	33	
云 南	370	271	95	4
西 藏				
陕 西	410	227	169	14
甘 肃	135	79	55	1
青 海	9	9		
宁 夏	72	44	27	2
新 疆	141	119	18	4

表 97 2011/2012 年度制糖期糖料与食糖生产情况

地 区	糖料种植面积（khm^2）	糖料入榨量（万 t）	产糖量（万 t）	开工工厂数（个）
全国总计	**1 780.42**	**9 724.04**	**1 151.75**	**279**
甘蔗糖合计	**1 559.16**	**8 836.15**	**1 051.02**	**233**
广 东	148.67	1 119.00	114.91	29
其中：湛江	130.00	969.91	99.36	22
广 西	1 041.33	5 767.00	694.20	103
云 南	304.41	1 600.31	201.36	73
海 南	52.76	262.15	30.88	20
福 建	0.27	18.37	2.09	2
四 川				
其 他	0.93	69.32	7.58	6
甜菜糖合计	**221.26**	**887.89**	**100.74**	**37**
黑龙江	77.51	263.00	28.38	11
新 疆	87.47	422.00	47.17	14
内蒙古	31.07	111.40	13.71	4
其 他	25.21	91.49	11.48	8

资料来源：表中数据由中国糖业协会提供。

表 98 我国食用菌产量、产值、出口情况（2011 年）

地 区	产 量（t）	产 值（万元）	出口量（t）	创 汇（万美元）	主要品种产量（t）		
					香 菇	平 菇	双孢菇
全国总计	**25 717 365**	**15 432 439**	**520 000**	**240 700**	**5 017 888**	**5 633 396**	**2 462 112**
北 京	158 249	122 308	6	3	45 293	52 334	3 586
天 津	157 000				72 000	30 000	5 000
河 北	2 053 993	1 198 604	115 800	9 331	165 920	885 135	37 759
山 西	175 706	124 851			9 800	99 800	7 800
内 蒙 古							
辽 宁	1 558 119	951 473	187 264	28 608	715 142	239 291	26 478
吉 林	1 228 050	685 000	12 500	1 000	30 000	280 000	20 000
黑 龙 江	2 480 283	1 370 966	76 000	11 877	107 860	116 630	
上 海	88 154	93 771			5 281		13 792
江 苏	2 101 823	1 160 560	83 540	5 758	133 839	622 139	519 281
浙 江	1 160 000	850 000	50 000	15 000	480 000	100 000	45 000
安 徽							
福 建	2 120 637	1 103 472	272 620	73 000	411 689	43 129	373 961
江 西	768 000	279 000	3 100	1 200	107 560	196 320	142 370
山 东	3 195 262	1 825 757	177 659	24 728	207 688	1 260 030	334 119
河 南	2 491 834	1 497 567	1 120 000	32 390	775 326	697 506	264 665
湖 北	1 322 467	935 270	504 226	74 000	1 047 926	112 172	9 270
湖 南	720 000	550 000	16 000	3 600	155 600	137 620	51 100
广 东	735 334	591 080	239 080	31 980	25 850	179 980	6 890
广 西	930 777	608 800	6 672	1 230	104 760	131 268	505 107
海 南							

（续）

地　区	产　量（t）	产　值（万元）	出口量（t）	创　汇（万美元）	主要品种产量（t）		
					香　菇	平　菇	双孢菇
重　庆							
四　川	1 359 650	501 600			93 600	225 500	81 000
贵　州							
云　南	135 000	270 000					
西　藏							
陕　西	603 424	454 360			319 254	108 542	3 134
甘　肃	122 500					90 000	9 000
青　海							
宁　夏							
新　疆	51 103	58 000			3 500	26 000	2 800

地　区	主　要　品　种　产　量（t）						
	金针菇	草　菇	黑木耳	毛木耳	银　耳	滑　菇	猴头菇
全国总计	**2 492 572**	**300 696**	**3 460 637**	**1 434 992**	**332 853**	**637 252**	**150 631**
北　京	18 035	303	1 877				
天　津	20 000		500				
河　北	478 646	2 601	41 971		346	42 364	
山　西	9 050	370	16 600	1 350	11	80	85
内蒙古							
辽　宁	33 837	10	57 277			276 315	85
吉　林	20 000		860 000			10 000	150
黑龙江	87 560		1 724 190			196 800	109 770
上　海	31 923	3399					
江　苏	410 718	24 667	7 494	37 785	5		156
浙　江	177 000	4 000	179 000	4 000			2 000
安　徽							
福　建	54 468	24 593	26 546	239 402	310 571	11 461	27 971
江　西	69 200	9 213	39 400	32 280		157	210
山　东	485 228	32 269	110 713	277 872	7 901		2 605
河　南	90 627	48 244	177 319	238 556	4 634		
湖　北	26 135	52	48 305	2 690	2 135		14
湖　南	103 000	6 000	13 050	21 870	6 350		1 820
广　东	197 868	137 920		6 889			5 731
广　西	24 249	7 035	38 080	42 548			
海　南							
重　庆							
四　川	125 300		25 000	528 550	900		
贵　州							
云　南							
西　藏							
陕　西	1 728	20	93 315			75	30
甘　肃	20 000						
青　海							
宁　夏							
新　疆	8 000			1 200			3

（续）

地区	主要品种产量（t）							
	鸡腿菇	白灵菇	杏鲍菇	茶薪菇	小平菇	姬菇	袖珍菇	灰树花
全国总计	**342 253**	**310 227**	**523 017**	**424 296**	**171 377**	**787 647**	**202 376**	**5 258**
北京	1 314	6 218	16 466	2 800			1 408	844
天津		22 000	5 000	500		1 000		
河北	50 196	155 116	148 090	14 479		25 150	100	
山西	1 500	7 400	7 350	650	9 700	1 550	95	
内蒙古								
辽宁	3 295	875	9 605		1 250	5 320	5 000	3
吉林	600	100	120		50			
黑龙江	4 766		990		106 100	860		
上海			6 864				6 258	
江苏		1 775	27 375	790		2 315	50	
浙江	10 000	10 000	51 000	25 000	10 000	10 000	40 000	
安徽								
福建	29 804	48	52 720	261 613			60 953	287
江西	16 390		31 320	84 620	5 760	2735	3 820	223
山东	120 296	17 152	41 534	8 557	8 557	36535	5 082	
河南	42 357	75 907	18 375	3 427				
湖北	83	476	2 653	188		30 603	8 230	1
湖南	5 210	2 500	35 200	8 660	2 980	70 220	22 160	3 800
广东	21 313	1 450	56 600	9 210		2 807	7 821	
广西	8 565		758	3 252			41 399	
海南								
重庆								
四川	25 400		9 200			198 000		
贵州								
云南								
西藏								
陕西	564	210	1 797	550	160	552		100
甘肃								
青海								
宁夏								
新疆	600	9 000						

（续）

地区	主要品种产量(t)									
	竹荪	姬松茸	松茸	牛肝菌	羊肚菌	灵芝	天麻	茯苓	大球盖菇	榆黄菇
全国总计	**45 454**	**20 136**	**791**	**11 320**	**50**	**110 027**	**89 237**	**70 823**	**42 276**	**3 655**
北京										
天津						1 000				
河北						6 120				
山西		10		60	25	75	20	25		
内蒙古										
辽宁				80		5 000	30		6 100	3 655
吉林		50	30	150		1 500	1 800			
黑龙江		790				967				
上海										
江苏										
浙江						8 000	3 000	2 000		
安徽										
福建	42 775	12 472				2 155		5 826	25 422	
江西	1 200	220				5 380		300	10 230	
山东						17 947				
河南	289					8 760	21 823	2 505		
湖北	25	705		202		1 588	3 220	23 015		
湖南	605	4 400		90	25	9 200	5 520	26 200		
广东	110	682				39 498		530		
广西	450	307				1 676		10 422	524	
海南										
重庆										
四川										
贵州										
云南			761	10 738						
西藏										
陕西		500				1 161	53 824			
甘肃										
青海										
宁夏										
新疆										

（续）

地区	主要品种产量(t)								
	猪苓	红菇菇	真姬菇	长根菇	金福菇	大杯蕈鲍	鲍鱼菇	北虫草	其他菇
全国总计	**12 777**	**3 777**	**44 365**	**1 076**	**7 243**	**8 526**	**4 607**	**56 236**	**895 509**
北京			2 739						5 032
天津									
河北									
山西									2 300
内蒙古									
辽宁								55 120	14 351
吉林									3 500
黑龙江									23 000
上海			9 685						10 952
江苏									313 434
浙江									
福建			30 116	1 076	3 652	8 526	4 607		54 794
江西			1 825		11			35	7 221
山东									221 177
河南									21 514
湖北									2 779
湖南									
广东								1 080	33 105
广西		3 777			3 580				3 019
海南									
重庆									
四川									47 200
贵州									
云南									123 501
西藏									
陕西	12 777							1	5 130
甘肃									3 500
青海									
宁夏									
新疆									

资料来源：1. 表中数据由中国食用菌协会提供。

2. 本统计资料不包括内蒙古、重庆、贵州、青海、安徽、宁夏等省、自治区、直辖市的数据。

3. 表中出口创汇全国总计数据为海关总署统计，各地出口创汇数据为中国食用菌协会统计。

4. 表中产品数据均按鲜品统计，干品折鲜品比例按 1：10 计算。

表 99 我国农垦系统农产品加工业主要产品产量（2010—2011 年）

产　品	单 位	2010 年	2011 年	同比增长（%）
粮食商品量	万 t	2 605.2	2 820.9	8.28
粮食商品率	%	88.21	88.19	−0.02
食用植物油	万 t	193.1	227.6	17.88
机制糖	万 t	205.8	206.9	0.58
乳制品	万 t	283.9	267.8	−5.70
其中：液体奶	万 t	247.6	235.3	−4.97
饮料酒	万 t	144.4	156.8	8.59
其中：葡萄酒	万 t	7.5	6.0	−20.77
纱	万 t	51.2	52.8	3.24
布	亿 m	6.5	7.0	7.25
配（混）合饲料	万 t	483.1	584.6	21.01
机制纸及纸板	万 t	61.7	55.5	−10.11

表 100 农垦系统各地区农产品加工业主要产品产量（2011 年）

地　区	混配合饲料（t）	机制纸及纸板（t）	纱（万 t）	布（万 m）	机制糖（t）	饮料酒（t）	乳制品（t）	食用植物油（t）
全国总计	**5 846 315**	**554 816**	**52.82**	**69 503**	**2 069 886**	**1568 299**	**2 678 149**	**2 276 083**
北　京		3 500				20	239 343	
天　津		5878				38 565	63 665	
河　北	217 853	94 454	0.01	8 176		4 642	469 077	30 813
山　西	11 868						770	
内蒙古	35 741	1 830				1 349	23 414	66 970
辽　宁	115 955	3 415				375 009	124 505	23 237
吉　林		6 800				23		
黑龙江	420 026	36 144			37699	60 675	282 439	1 126 424
上　海	150 249					98 300	768 445	
江　苏	100 451		2.66		656 209			12 989
浙　江	286 462			31 244		60	6 690	
安　徽	62 944		0.96			5 554	18 350	2 938
福　建	8 200	66 865		1 946		5 098	2 880	820
江　西	27 890	47 337	3.00	2 029		42 755	700	14 478
山　东	370							
河　南	89 500	2 430	1.36	23		4 440	12 922	2 721
湖　北	1 075 913	32 974	19.60	20 462		366 060	91 788	571 528
湖　南	1 044 861	38 670	3.70	234	4 349	4 412	5 486	3 516
广　东	5 167	17 547			437 270	2 638	87 951	1 960
广　西	378 082	59 331			675 545	14 528	3 415	468
海　南					29 575	149		70
重　庆	465 800						195 888	
四　川						7 164	2 189	
贵　州	21 070						43 566	
云　南					61 501	400		
西　藏								

（续）

地　区	混配合饲料（t）	机制纸及纸板（t）	纱（万 t）	布（万 m）	机制糖（t）	饮料酒（t）	乳制品（t）	食用植物油（t）
陕　西							3 670	1 980
甘　肃	10 080					178 035		
青　海								
宁　夏	25 986					166 275	19 816	13
新疆（兵团）	1 195 036	135 218	19.30	5 389	167 738	187 980	122 403	398 827
新疆（农业）	14 377		2.23			4 168	539	10 490
新疆（畜牧）	79 134	2 423					57 876	5 841

表 101　我国森林工业主要产品产量（2010—2011 年）

主要产品	单位	2010 年	2011 年	同比增长（%）
锯材	万 m^3	3 722.6	4 460.3	19.82
木片（实积）	万 m^3	1 871.5	2 237.3	19.55
人造板	万 m^3	15 360.8	20 919.3	36.19
胶合板	万 m^3	7 139.7	9 869.3	38.23
纤维板	万 m^3	4 354.5	5 562.1	24.73
刨花板	万 m^3	1 264.2	2 559.4	102.45
其他人造板	万 m^3	2 602.4	2 928.2	12.52
胶合木	万 m^3			
木竹地板	万 m^2	47 917.2	62 908.3	31.29
卫生筷子	标准箱			
人造板表面装饰板	万 m^2	29 534.9	26 577.2	－10.01
热固性树脂装饰层压板	万 m^2			
单板	万 m^3	2 723.5	3 173.2	16.51
林产化学产品				
松香类产品	t	1 332 798	1 413 041	6.02
松节油类产品	t	158 403	181 729	14.73
樟脑	t	11 588	12 965	11.88
冰片	t	963	665	－30.94
栲胶类产品	t	10 925	9 129	－16.44
紫胶类产品	t	3 804	2 966	－22.03
木材热解产品			805 955	
其中：木炭	t	399 660	418 054	4.60
活性炭	t	192 369		
软木制品				
其中：软木砖	t			
软木纸	t			

表 102 各地区森林工业主要产品产量（2011 年）

单位：万 m^3

地 区	锯材	木片（实积）	人 造 板					木地板（万 m^2）	人造板表面装饰板（万 m^2）
			合计	胶合板	纤维板	刨花板	其他人造板		
全国总计	**4 460.3**	**2 237.3**	**20 919.3**	**9 869.6**	**5 562.1**	**2 559.4**	**2 928.2**	**62 908.3**	**26 577.2**
北 京			20.4		20.4			177.4	
天 津			3.5	0.1		3.4		11.3	201.6
河 北	180.8	26.2	1 253.8	446.2	306.8	223.7	277.1	40.0	1 040.1
山 西	6.5	2.1	58.1	0.1	18.9	14.2	24.8		0.1
内蒙古	570.4	13.9	87.8	26.7	15.8	25.9	19.3	8.9	
辽 宁	236.4	61.2	271.2	80.2	92.7	36.5	61.8	2 414.6	
吉 林	145.9	16.9	354.6	123.6	92.6	99.7	38.7	3 117.7	1 140.2
黑龙江	307.9	29.6	278.4	123.5	41.4	83.3	30.1	536.9	183.0
上 海	1.6	1.6	24.2	7.8	16.4			3 383.5	47.5
江 苏	83.8	103.5	3 639.0	2 010.3	656.1	528.1	444.5	18 342.4	93.5
浙 江	300.5	51.9	594.6	195.5	128.1	18.3	252.7	11 486.2	17 678.9
安 徽	227.9	59.2	896.7	425.3	252.6	35.3	183.6	5 234.6	200.2
福 建	169.1	116.7	846.3	299.8	176.7	204.8	165.0	1 941.4	111.5
江 西	200.9	60.9	286.8	90.7	96.7	17.4	82.1	2 169.2	848.6
山 东	554.2	1 025.1	6 161.6	3 502.8	1 303.6	946.8	408.5	4 378.7	223.3
河 南	149.6	172.1	1 473.1	600.9	429.3	69.4	373.5	292.8	0.6
湖 北	70.2	19.8	333.2	50.3	216.1	14.4	52.4	2 881.3	1 215.5
湖 南	271.5	53.6	518.8	202.2	86.5	42.9	187.2	1 617.6	3.1
广 东	152.6	132.4	772.5	200.5	415.0	99.5	57.5	3 492.0	3 078.2
广 西	364.4	171.7	2 078.5	1 233.9	647.6	54.5	142.5	103.2	510.4
海 南	24.6	4.6	28.8	11.7	8.4	8.7		16.0	
重 庆	22.9	3.3	39.6	15.4	17.8	0.4	5.9	4.2	
四 川	174.7	34.7	587.5	145.6	337.9	24.4	79.6	916.6	0.9
贵 州	73.0	9.4	65.1	42.2	6.7	0.1	16.0	55.3	
云 南	136.1	23.7	138.5	31.2	83.8	7.1	16.5	259.1	
西 藏	8.8		0.2	0.2				0.1	
陕 西	2.4	0.5	69.7	1.5	67.8	0.2	0.2		
甘 肃	1.6		0.7		0.7				
青 海									
宁 夏									
新 疆	6.1	15.1	11.5	0.4	11.0		0.1		
大兴安岭	15.6	27.9	14.9	0.5	15.5	0.3	8.5	27.3	

（续）

地区	单板	松香类产品（t）	松节油类产品（t）	樟脑（t）	冰片（t）	栲胶类产品（t）	紫胶类产品（t）	木材热解产品（t）	
								木炭	活性炭
全国总计	**3 173.2**	**1 413 041**	**181 729**	**12 965**	**665**	**9 129**	**2 966**	**805 955**	**418 054**
北京									
天津									
河北	405.6					1 350		395	
山西									
内蒙古	7.9					1 251			
辽宁	1.5							10 017	9 997
吉林	26.9							8 300	8 300
黑龙江	18.5							8 555	8 555
上海									
江苏	1 062.1							35	35
浙江	0.7	15 757	10 000					129 139	21 877
安徽	37.4	4 101	1 024					38 717	36 004
福建	2.4	81 747	11 721	1 149			12	160 698	1 336
江西	15.4	98 798	38 248	395	4			46 771	12 740
山东	767.3								
河南	56.2	2 591						5 700	5 700
湖北	35.2	13 832	3 396						
湖南	6.0	28 506	5 817	27	270	11	4	42 863	34 910
广东	25.5	89 546	6 719	2 339	391		587	8 108	8 108
广西	680.2	855 732	46 235			6 417		87 432	86 682
海南	1.2	3 180	149					3 009	3 009
重庆		750						1 850	1 850
四川	1.0	3 190	17 010	55			43	5 000	5 000
贵州	0.8	5 402	745					42 436	42 280
云南	18.6	209 909	40 647				2 320	105 027	105 027
西藏								48	48
陕西	0.5		18			100			
甘肃									
青海									
宁夏									
新疆									
大兴安岭	2.3							101 855	26 596

表 103 我国水产品加工产品的主要种类与产量（2008—2011 年）

单位：万 t

年份	冷冻制品	干制品	腌熏制品	鱼糜及其制品	动物蛋白饲料	罐制品	其他
2008	850.9	111.6		81.9	148.0	22.0	62.4
2009	941.1	138.8		84.8	136.5	22.1	61.2
2010	1 004.9	146.5		96.2	149.3	24.3	113.6
2011	1 103.7	155.8		104.0	182.2	26.6	108.8

表 104 纺织工业主要产品产量（规模以上企业）（2010—2011 年）

产品名称	单位	2010 年	2011 年	同比增长（%）
化学纤维	万 t	2 952.1	3 362.4	13.90
纱	万 t	2 575.2	2 894.5	12.40
布	亿 m	555.4	619.8	11.60
服装	亿件	235.2	254.2	8.10
全行业加工总量	万 t			

资料来源：表中数据由工业和信息化部提供。

表 105 我国皮革行业主要产品产量（2010—2011 年）

主要产品	单位	2010 年	2011 年	同比增长（%）
轻革	亿 m^2	7.50	8.50	13.33
皮鞋	亿双	36.78	42.70	16.09
皮革服装	万件	6 237.00	5 469.00	−11.99
毛皮服装	万件	312.00	304.00	−2.56
皮革皮包、袋	亿只	7.80		

资料来源：表中数据由中国皮革工业协会提供。

表 106 我国家具工业主要产品产量（2010—2011 年） 单位：万件

产品名称	单位	2010 年	2011 年	同比增长（%）
总计	**万件**	**64 404.7**	**69 648.8**	**8.14**
木质家具	万件	21 387.8	24 774.6	15.84
软体家具（含床垫沙发）	万件	4 104.5	4 286.2	4.43
金属家具	万件	34 456.3	36 344.1	5.48

资料来源：表中数据由中国家具工业协会提供。

表 107 我国家具工业分地区主要产品产量（2011 年） 单位：万件

地区	家具	地区	家具
全国总计	**69 895.6**	河南	3 409.8
北京	750.2	湖北	166.4
天津	628.2	湖南	484.9
河北	873.2	广东	16 264.4
山西	2.4	广西	296.0
内蒙古	135.1	海南	18.0
辽宁	2 090.0	重庆	357.1
吉林	192.8	四川	1 566.2
黑龙江	307.1	贵州	19.3
上海	1 977.9	云南	16.3
江苏	2 210.2	西藏	
浙江	18 087.9	陕西	108.9
安徽	276.7	甘肃	5.7
福建	11 194.5	青海	
江西	945.9	宁夏	7.0
山东	7 408.6	新疆	94.7

资料来源：表中数据由中国家具工业协会提供。

表 108 我国造纸工业纸浆消耗情况（2010—2011 年） 单位：万 t

品种	2010 年		2011 年		同比增长（%）
	消耗	所占比例（%）	消耗	所占比例（%）	
纸浆消耗量	**8 461**	**100.00**	**9 044**	**100.00**	**6.89**
1. 木浆	1 859	22.00	2 144	24.00	15.33
其中：进口木浆	1 151	14.00	1 330	15.00	15.55
国产木浆	708	8.00	814	9.00	14.97
2. 非木浆	1 297	15.00	1 240	14.00	−4.39
3. 废纸浆	5 305	63.00	5 660	62.00	6.69
其中：国产废纸浆	3 213	38.00	3 478	38.00	7.62
进口废纸浆	2 029	26.00	2 182	24.00	4.30

资料来源：表中数据来自 2012 年版《造纸信息》第 6 期。

表 109 我国废纸回收利用情况（2007—2011 年）

年份	废纸回收量（万 t）	废纸回收率（%）	废纸浆用量（万 t）	废纸浆利用率（%）	废纸进口量（万 t）
2007	2 765.0	37.93	4 017.0	59.34	2 256
2008	3 137.0	39.53	4 439.0	60.31	2 421
2009	3 762.0	43.90	4 939.0	62.62	2570
2010	4 016.0	43.80	5 305.0	62.70	2 610
2011	4 347.0	44.57	5 660.0	62.58	2 728

资料来源：表中数据来自中国造纸工业 2007—2011 年度报告；废纸浆＝废纸量×0.8。

表 110 我国各类造纸纤维原料所占比重（2010—2011 年） 单位：万 t

名称	木浆		草类纤维		废纸浆		总量	
	2010 年	2011 年	2010 年	2011 年	2010 年	2011 年	2010 年	2011 年
我国造纸纤维原料消耗量	1 859	2 144	1 297	1 240	5 305	5 660	8 461	9 044
造纸纤维原料中所占比重（%）	22	24	15	14	63	62	100.0	100.0

资料来源：表中数据来自 2012 年《造纸信息》第 6 期。

表 111 我国机制纸及纸板主要品种产量（2010—2011 年） 单位：万 t

品种	2010 年	2011 年	同比增长（%）
纸及纸板合计	**9 270**	**9 930**	**7.12**
一、纸			
1. 新闻纸	430	390	−9.30
2. 未涂布印刷书写纸	1 620	1 730	6.79
3. 涂布印刷纸	640	725	13.28
4. 生活用纸	620	730	17.74
5. 包装用纸	600	620	3.33
二、纸板			
1. 白纸板	1 250	1 340	7.20
2. 箱纸板	1 880	1 990	5.85
3. 瓦楞原纸	1 870	1 980	5.88
三、特种纸及纸板	180	210	16.67
四、其他纸及纸板	180	215	19.44

资料来源：表中数据来自 2012 年《造纸信息》第 6 期。

表 112 我国纸和纸板消费结构情况（2009—2010 年） 单位：万 t

产品名称	2009 年					2010 年				
	生产量	进口量	出口量	消费量	比重（%）	生产量	进口量	出口量	消费量	比重（%）
机制纸及纸板	8 640	334	405	8 569	100.0	9 270	336	433	9 173	100.0
1. 新闻纸	480	2	21	461	5.4	430	4	11	423	4.6
2. 未涂布印刷书写纸	1 510	38	51	1 497	17.5	1 620	41	71	1 590	17.3
其中：书写印刷纸										
书写纸										
3. 涂布纸	590	36	163	463	5.4	640	45	136	549	6.0
其中：铜版纸	500	31	132	399	4.6	555	38	113	480	5.2
4. 生活用纸	580	5	56	529	6.2	620	8	61	567	6.2
5. 包装用纸	575	15	3	587	6.9	600	17	5	612	6.7
6. 白纸板	1 150	71	61	1 160	13.5	1 250	77	73	1 254	13.7
其中：涂布白纸板	1 100	71	61	1 110	13.0	1 200	77	73	1 204	13.1
7. 箱纸板	1 730	86	7	1 809	21.1	1 880	80	14	1 946	21.2
8. 瓦楞原纸	1 715	46	3	1 758	20.5	1 870	24	5	1 889	20.6
其中：高强度瓦楞原纸										
9. 特种纸和纸板	150	27	33	144	1.7	180	31	47	164	1.8
10. 其他纸和纸板	160	8	7	161	1.9	180	9	10	179	1.9

资料来源：表中数据来自 2011 年《中国造纸年鉴》。

表 113　我国造纸工业主要产品生产及消费情况（2010—2011 年）

单位：万 t

产品名称	生产量			消费量		
	2010 年	2011 年	同比（%）	2010 年	2011 年	同比（%）
总　量	**9 270**	**9 930**	**7.12**	**9 173**	**9 752**	**6.31**
1. 新闻纸	430	390	−9.30	423	389	−8.04
2. 未涂布印刷书写纸	1 620	1 730	6.79	1 590	1 687	6.10
3. 涂布印刷纸	640	725	13.28	549	599	9.11
其中：铜版纸	555	640	15.32	480	532	10.83
4. 生活用纸	620	730	17.74	567	674	18.87
5. 包装用纸	600	620	3.33	612	632	3.27
6. 白纸板	1 250	1 340	7.20	1 254	1 322	5.42
其中：涂布白纸板	1 200	1 290	7.50	1 204	1 272	5.65
7. 箱纸板	1 880	1 990	5.85	1 946	2 073	6.53
8. 瓦楞原纸	1 870	1 980	5.88	1 889	1 991	5.40
9. 特种纸及纸板	180	210	16.67	164	179	9.15
10. 其他纸及纸板	180	215	19.44	179	206	15.08

资料来源：表中数据来自 2012 年《造纸信息》第 6 期。

表 114　我国纸和纸板生产、消费及进口量与人均消费量（2007—2011 年）

年　份	纸和纸板总产量（万 t）	纸和纸板总消费量（万 t）	纸和纸板进口量（万 t）	人均消费量（kg）
2007	7 350	7 290	401	55
2008	7 980	7 935	359	60
2009	8 391	8 331	352	64
2010	9 270	9 173	336	69
2011	9 930	9 752	231	73

资料来源：表中数据来自 2012 年《造纸信息》第 6 期。

表 115　我国 119 个重点书刊印刷（含其他印刷）企业主要产品产量（2009—2011 年）

年　份	照相排字（亿字）	书刊印刷（万令）	胶印印刷（万对开色令）	书刊装订（万令）
2009	36.2	2 623	10 723	3 916
2010	33.7	2 768	13 837	2 800
2011	39.6	2 904	14 390	3 197
同比增长（%）	17.51	4.91	4.00	14.18

资料来源：表中数据来自 2012 年《印刷工业》第 10 期。

表 116 我国纸和纸板人均消费量与美国的比较（2007—2011 年）

单位：kg/（人·年）

年 份	2007 年	2008 年	2009 年	2010 年	2011 年
我国人均消费量	55	60	64	69	73
美国人均消费量	288	266	234	240	

表 117 我国橡胶工业主要产品产量（2010—2011 年）

产品名称	单 位	2010 年	2011 年	同比增长（%）
轮 胎	万条	43 000.0	45 600.0	6.05
摩托车胎	万条	14 800.0	16 000.0	8.11
自行车胎	万条	39 000.0	38 000.0	−2.6
电动自行车胎	万条	14 500.0	16 000.0	10.30
输送带	万 m^2	36 500.0	42 000.0	15.10
胶 鞋	万双	800 000.0	760 000.0	−5.00
安全套	亿只	70.0	67.0	−4.30
助 剂	万 t	76.0	82.0	7.89
炭 黑	万 t	337.0	380.0	12.76
再生胶	万 t	270.0	300.0	11.11
骨架材料	万 t	246.7	261.5	5.99

注：表中数据由中国橡胶工业协会提供。

表 118 我国人均主要工农业产品产量（2007—2011 年）

产品名称	单 位	2007 年	2008 年	2009 年	2010 年	2011 年
粮 食	kg	380.61	399.13	398.70	408.66	424.97
棉 花	kg	5.78	5.66	4.80	4.46	4.90
油 料	kg	19.49	22.29	23.70	24.16	24.60
糖 料	kg	92.48	101.31	92.20	89.80	93.12
茶 叶	kg	0.88	0.95	1.02	1.10	1.21
水 果	kg	137.62	145.10	153.20	160.14	169.39
猪牛羊肉	kg	40.09	42.38	44.32	45.79	45.34
水产品	kg	36.02	36.96	38.50	40.20	41.69
布	m	51.24	53.60	55.60	59.80	60.57
机制纸及纸板	kg	59.13	63.34	64.73	73.50	81.92
纱	kg	15.69	16.03	17.93	20.31	21.35

农产品加工业主要产品出口创汇情况

表 119　我国海关出口农产品及加工品数量与金额（2010—2011 年） 单位：万美元

产品名称	单位	2010 年		2011 年	
		数量	金额	数量	金额
活猪	万头	172	33 854	156	45 205
活家禽	万只	696	2 610	723	2 862
牛肉	万 t	2	10 909	2	11 959
猪肉	万 t	11	33 201	8	32 610
冻鸡	万 t	10	20 828	11	26 823
水海产品	万 t	243	880 218	288	1 098 377
鲜蛋	百万个	1 298	8 789	1 285	12 107
谷物及谷物粉	万 t	120	66 066	116	75 346
稻谷和大米	万 t	62	41 868	52	42 698
玉米	万 t	13	3 335	14	4 658
蔬菜	万 t	655	798 093	772	934 993
鲜或冷藏蔬菜	万 t	421	377 180	505	397 112
橘、橙	t	814 322	52 098	792 721	63 686
苹果	t	1 112 953	83 163	1 034 635	91 433
松子仁	t	7 027	15 928	9 633	15 390
大豆	万 t	16	11 825	21	16 154
花生及花生仁	万 t	19	24 176	17	25 977
食用植物油（含棕榈油）	t	92 461	12 262	121 602	20 804
食糖	t	94 348	6 386	59 389	5128
天然蜂蜜	t	101 138	18 251	99 894	20 147
茶叶	t	302 525	78 412	322 580	96 510
辣椒干	t	44 535	11 500	63 107	17 954
猪肉罐头	t	41 932	10 604	45 108	12 567
蘑菇罐头	t	329 621	46 185	326 575	55 514
啤酒	万 L	19 410	11 234	22 091	13 068
肠衣	t	74 961	82 930	86 443	109 991
填充用羽毛、羽绒	t	32 087	36 676	32 796	55 204
药材	t	226 056	63 177	196 620	73 847
烤烟	t	90 784	43 862	103 496	47 757

（续）

产品名称	单位	2010年		2011年	
		数量	金额	数量	金额
纸烟	万条	9 841	31 154	11 490	37 684
锯材	万 m^3	53	34 043	54	35 895
生丝	t	8 509	33 885	7 122	36 672
山羊绒	t	2 740	21 963	2 492	25 818
棉花	t	6 453	921	25 698	7 873
中式成药	t	13 910	19 621	14 693	23 305
烟花、爆竹	t	301 104	55 346	327 232	65 686
松香及树脂酸	t	249 802	48 675	231 153	59 334
新的充气橡胶轮胎	万条	36 962	1 038 816	39 733	1 476 221
纸及纸板（未切成形）	万 t	380	379 120	450	516 390
棉纱线	t	525 104	225 100	392 909	225 621
丝织物			99 883		106 734
棉机织物			1 138 650		1 395 850
亚麻及苎麻机织物	万 m	25 593	61 049	25 978	74 931
合成短纤及棉混纺机织物	万 m	250 072	230 696	255 738	302 182
地毯	万 m^2	56 690	195 635	56 237	232 365
塑料编织袋（周转袋除外）	万条	567 830	81 819	629 812	96 981
纺织机械及零件			175 657		224 832
家具及其零件			3 298 649		3 794 178
非针织或钩编织物制服装			4 916 935		5 736 320
针织或钩编织服装			5 969 974		7 151 789
皮鞋	万双	100 179	1 044 897	91 208	1 094 792
橡胶或塑料底布鞋（包括球鞋）	万双	179 274	563 721	185 862	708 435
足球、篮球、排球	万个	22 691	44 215	19 384	43 161
竹编结品	t	39 775	14 601	39 171	20 058
藤编结品	t	18 689	12 050	16 142	11 485
草编结品	t	35 675	16 783	28653	16 965
柳编结品	t	88 320	41 918	69 452	45 695

表 120　我国农产品进出口状况（2010—2011 年）　　单位：亿美元

项　目	2010 年	2011 年
农产品进出口额	1219.9	1 556.2
农产品出口额	494.2	607.5
农产品进口额	725.7	948.7

资料来源：表中数据来自 2012 年《农业展望》第 5 期。

表 121 我国农产品主要品种进出口贸易（2010—2011 年）

单位：亿美元、%

排名	主要品种	出口额 2011 年	占比	2010 年	同比	主要品种	进口额 2011 年	占比	2010 年	同比
1	农产品	607.5	100.0	494.2	22.9	农产品	948.7	100.0	725.7	30.7
2	水产品	177.9	29.3	138.4	28.6	油　籽	314.9	33.2	265.4	18.6
3	蔬　菜	117.5	12.0	99.9	17.6	畜产品	134.0	14.1	96.6	38.7
4	其　他	73.0	9.9	59.0	23.8	棉麻丝	103.2	10.9	63.3	63.0
5	畜产品	59.9	9.1	47.5	26.2	植物油	102.6	10.8	82.3	24.6
6	水　果	55.2	4.5	43.6	26.7	水产品	80.2	8.5	65.4	22.5
7	饮料类	27.4	2.9	21.7	26.3	其　他	63.7	6.7	47.1	35.3
8	粮食制品	17.9	2.5	14.7	21.5	饮品类	34.0	3.6	22.4	51.6
9	油　籽	15.2	2.1	12.5	22.1	水　果	31.1	3.3	20.3	53.1
10	糖料及糖	12.9	1.6	10.6	21.5	糖料及糖	21.8	2.3	10.7	104.1
11	坚　果	9.7	1.6	9.3	4.2	谷物粮食	20.4	2.2	15.3	33.8
12	干　豆	9.4	1.3	8.4	12.7	薯类粮食	14.0	1.5	12.1	16.4
13	谷物粮食	8.1	1.2	6.9	17.1	粮食制品	8.3	0.9	6.6	27.2
14	药　材	7.3	0.8	6.2	17.4	饼　粕	5.5	0.6	5.2	6.7
15	棉麻丝	4.9	0.4	3.9	26.8	干　豆	4.0	0.4	2.7	45.7
16	植物油	2.5	0.4	1.7	47.8	坚　果	3.8	0.4	4.7	−18.8
17	饼　粕	2.5	0.4	4.8	−47.9	蔬　菜	3.3	0.3	2.8	16.6
18	精　油	2.3	0.4	1.9	19.0	精　油	1.6	0.2	1.2	35.2
19	花　卉	2.2	0.4	2.0	9.8	花　卉	1.3	0.1	1.0	24.7
20	调味香料	1.5	0.2	1.2	22.5	药　材	1.0	0.1	0.6	64.8
21	薯类粮食	0.2		0.2	9.2	调味香料	0.1		0.1	36.5

资料来源：表中数据来自 2012 年《农业展望》第 5 期。

表 122 我国海关进口农产品及加工品数量与金额（2010—2011 年）

单位：万美元

产品名称	单位	2010 年 数量	2010 年 金额	2011 年 数量	2011 年 金额
谷物及谷物粉	万 t	571	152 726	545	204 380
小麦	万 t	123	31 584	126	42 369
稻谷和大米	万 t	39	27 136	60	40 764
大豆	万 t	5 480	2 508 123	5 264	4 983 418
食用植物油	万 t	687	602 672	657	771 400
食糖	万 t	177	90 578	292	194 340
天然橡胶（包括乳胶）	万 t	186	566 688	210	937 982
合成橡胶（包括乳胶）	万 t	157	426 976	144	536 174
原木	万 m^3	3 435	607 109	4 233	827 313
锯材	万 m^3	1 476	386 864	2 156	571 189
纸浆	万 t	1 137	881 779	1 445	1 193 963
羊毛及毛条	万 t	33	204 299	33	292 468
棉花	万 t	284	565 586	336	946 874
纺织用合成纤维	万 t	37	94 468	35	111 691
聚酯纤维	万 t	14	22 627	12	23 841
聚丙烯腈纤维	万 t	20	55 681	20	67 875
纸及纸板（未切成形）	万 t	331	369 641	328	407 612
制冷设备用压缩机	万台	1 339	106 683	1 307	113 409

表 123 我国蔬菜进出口情况（2011 年） 单位：万 t、亿美元

进 口	2011 年		同比增长（%）	
	数 量	金 额	数 量	金 额
进出口总计	788.7	96.8	17.72	17.19
出 口	772.0	93.5	17.86	17.17
进 口	16.7	3.3	11.33	17.86

资料来源：表中数据来自国家统计局。

表 124 我国畜产品进出口情况（2011 年） 单位：万美元、%

产品名称	单位	出 口		进 口		出口同比（%）		进口同比（%）	
		数量	金额	数量	金额	数量	金额	数量	金额
活 猪	万头	15 634.0	45 204.7			−7.38	33.53		
活家禽	万只	1 033.0	2 862.4	14.0	4 565.9	8.46	9.67	40.03	42.30
鲜冻牛肉	万 t	2.2	11 959.3	2.0	9 488.4	−0.76	9.63	−15.24	12.56
鲜冻猪肉	万 t	8.1	32 610.2	46.8	84 742.5	−26.73	−1.78	132.56	306.17
冻 鸡	万 t	10.9	26 822.7	38.5	80 395.7	4.56	28.79	−25.22	−12.50
鲜冻兔肉	万 t	0.9	3 449.4			−12.90	−13.42		
鲜 蛋	百万个	78.0	12 107.1		95.4	−0.57	23.69	−2.72	−15.72
乳 品	万 t	4.3	7 966.2	90.6	262 019.5	28.33	81.29	21.57	33.04
天然蜂蜜	万 t	9.9	20 147.1	0.2	1 290.6	−1.23	10.39	12.74	34.45
猪 鬃	万 t	0.8	10 214.6		10.1	−0.61	7.05	−77.30	−44.13
肠 衣	万 t	8.6	109 990.5	10.3	19 266.8	15.32	32.63	16.34	29.29
羽毛羽绒	万 t	3.3	55 203.6	0.8	10 819.7	2.21	50.52	−5.49	42.35
皮 张	t	142.0	202.6	31 618.0	47 821.3	22.65	27.90	−9.05	25.01
山羊绒	t	2 492.0	25 816.3	5 598.0	5 986.2	−9.04	17.56	−14.00	6.80
兔 毛	t								
羊 毛	万 t	2.1	11 280.3	32.2	285 944.5	16.81	63.35	1.32	45.67
猪肉罐头	万 t	4.5	12 566.7		127.3	7.57	18.51	−26.29	20.99
饲料用鱼粉	万 t		33.2	121.0	175 038.2	−78.11	−85.92	16.55	5.20
配合饲料	万 t	85.3	150 687.7	11.8	21 594.7	14.10	22.19	15.60	20.41

资料来源：表中数据来自 2012 年《中国畜牧业》第 2 期。

表 125 我国主要粮食产品进出口情况（2011 年） 单位：万 t

主要粮食产品	进口	出口	顺差
谷物	544.7	121.5	-423.2
稻谷	59.8	51.6	-8.2
小麦	125.8	32.8	-93.0
玉米	175.4	13.6	-161.8
大麦	177.6		
大豆	3 357.7	14.9	-3 342.8

资料来源：表中数据来自 2012 年《世界农业》第 4 期。

表 126 我国饲料及相关产品进出口情况（2011 年） 单位：t

产品品种	进口量	同比增长（%）	出口量	同比增长（%）
动物饲料	177 998	15.60	862 718	14.10
宠物饲料	5 802	-9.26	111 145	8.44
制成的饲料添加剂	36 518	27.25	546 509	11.93
蛋氨酸	118 558	10.37	1 388	5.69
赖氨酸	8 870	15.77	107 535	-27.04
肉骨粉	92 618	-28.75	109	113.73
菜籽粕	923 713	0.18	8 223	-84.95
棉籽粕	28 608	3 555.18	50 233	-32.95
鱼粉	1 210 063	16.55	441	-78.11
豆粕	224 250	19.45	406 319	-60.01
玉米	1 752 506	11.47	135 724	6.73

资料来源：表中数据来自 2012 年《饲料广角》第 4 期。

表 127 我国油脂、油料进出口情况（2007—2011 年） 单位：万 t

年份	进口折油	大豆油	菜籽油	棕榈油	大豆	油菜籽	出口折油	净进口折油
2007	1 510	282	38	548	3 080	83	36	1 475
2008	1 614	250	27	528	3 744	130	39	1 575
2009	2 057	239	133	644	4 255	329	21	2 036
2010	2 113	134	99	570	5 480	160	24	2 089
2011		114	55	591	5 284	126		

资料来源：表中数据由中国粮油学会油脂分会提供。

表 128　我国林产品进出口数量（2010—2011 年）

产品名称		贸易	单位	2010 年	2011 年
原木	针叶原木	出口	m^3	174	41
		进口		24 274 023	31 465 280
	阔叶原木	出口	m^3	28 208	14 339
		进口		10 073 466	10 860 568
	合计	出口	m^3	28 382	14 380
		进口		34 347 489	42 325 848
锯材		出口	m^3	539 433	544 194
		进口		14 812 175	21 606 705
单板		出口	m^3	158 158	246 914
		进口		109 517	200 231
特形材		出口	t	302 159	254 144
		进口		10 513	13 442
刨花板		出口	m^3	165 527	86 786
		进口		539 368	547 030
纤维板		出口	m^3	2 569 456	3 291 031
		进口		400 071	306 210
胶合板		出口	m^3	7 546 940	9 572 461
		进口		213 672	188 371
木制品		出口	t	1 858 712	1 876 915
		进口		43 652	55 484
家具		出口	件	298 327 198	289 157 492
		进口		4 361 353	5 497 244
木片		出口	t	5 342	5 094
		进口		4 631 704	6 565 328
木浆		出口	t	14 433	31 520
		进口		11 299 952	14 354 611
废纸		出口	t	621	2 853
		进口		24 352 214	27 279 353
纸和纸制品		出口	t	5 157 993	5 997 827
		进口		3 536 533	3 477 712
木炭		出口	t	63 398	67 463
		进口		175 518	188 697
松香		出口	t	249 801	231 148
		进口		3 589	2 659

（续）

产品名称		贸易	单位	2010年	2011年
水果	柑橘类	出口	t	933 089	901 557
		进口		105 275	131 739
	鲜苹果	出口	t	1 122 953	1 034 635
		进口		66 882	77 085
	鲜　梨	出口	t	437 804	402 778
		进口		13	527
	鲜葡萄	出口	t	89 359	106 477
		进口		81 744	122 909
	山竹果	出口	t	1	4
		进口		90 918	83 573
	鲜榴莲	出口	t	4	11
		进口		172 205	210 938
	鲜龙眼	出口	t	1 177	1 704
		进口		291 336	338 846
坚果	核　桃	出口	t	12 086	17 952
		进口		25 918	22 837
	板　栗	出口	t	37 002	37 767
		进口		11 983	9 197
	松子仁	出口	t	7 027	9 633
		进口		503	2 481
	开心果	出口	t	3 382	5 178
		进口		52 781	24 952
干果	梅干及李干	出口	t	954	1 157
		进口		5 635	9 065
	龙眼干、肉	出口	t	283	264
		进口		62 036	77 370
	柿　饼	出口	t	6 505	4 657
		进口			
	红　枣	出口	t	7 686	6 873
		进口		51	37
	葡萄干	出口	t	39 850	47 959
		进口		13 855	20 624
果汁	柑橘类果汁	出口	t	22 563	20 541
		进口		71 364	78 156
	苹果汁	出口	t	788 409	613 912
		进口		464	819

表 129 我国林产品进出口金额（2010—2011 年）

单位：千美元

产品名称		贸易	2010 年	2011 年
总计		**出口**	**46 316 686**	**55 033 714**
		进口	**47 506 554**	**65 299 100**
原木	针叶原木	出口	51	38
		进口	3 240 796	4 864 608
	阔叶原木	出口	10 475	6 730
		进口	2 830 298	3408 524
	合计	**出口**	**10 526**	**6 768**
		进口	**6 071 094**	**8 273 132**
锯材		出口	342 001	360 493
		进口	3 878 172	5 721 322
单板		出口	210 865	273 559
		进口	88 064	118 568
特形材		出口	433 189	377 244
		进口	19 708	29 668
刨花板		出口	41 387	56 411
		进口	114 283	122 232
纤维板		出口	1 114 253	1 435 693
		进口	124 654	107 114
胶合板		出口	3 402 140	4 339 929
		进口	116 042	119 681
木制品		出口	4 114 612	4 536 235
		进口	121 953	156 709
家具		出口	16 157 214	17 118 709
		进口	387 711	546 457
木片		出口	558	726
		进口	673 817	1 159 600
木浆		出口	11 344	34 119
		进口	8 774 104	11 852 421
废纸		出口	119	616
		进口	5 352 897	6 967 452
纸和纸制品		出口	7 554 688	10 454 553
		进口	4 610 590	5 055 272
木炭		出口	35 748	39 094
		进口	22 952	44 877
松香		出口	486 750	593 328
		进口	8 830	8 577

（续）

产品名称		贸易	2010年	2011年
水果	柑橘类	出口	615 797	726 457
		进口	106 072	148 576
	鲜苹果	出口	831 627	914 326
		进口	75 932	115 830
	鲜　梨	出口	243 263	285 559
		进口	75	1 043
	鲜葡萄	出口	104 943	162 273
		进口	189 471	324 280
	山竹果	出口	1	1
		进口	147 018	145 837
	鲜榴莲	出口	1	4
		进口	149 562	234 304
	鲜龙眼	出口	711	2 451
		进口	193 182	314 287
坚果	核　桃	出口	24 536	47 654
		进口	48 596	55 204
	板　栗	出口	73 434	75 865
		进口	22 090	17 893
	松子仁	出口	159 277	153 902
		进口	5 619	21 990
	开心果	出口	7 334	10 889
		进口	203 136	116 623
干果	梅干及李干	出口	3 844	4 943
		进口	4 942	8 274
	龙眼干、肉	出口	1 742	1 674
		进口	64 630	86 455
	柿　饼	出口	13 896	11 100
		进口		1
	红　枣	出口	17 447	22 611
		进口	90	58
	葡萄干	出口	69 960	102 067
		进口	23 010	34 943
果汁	柑橘类果汁	出口	16 064	19 946
		进口	109 036	172 899
	苹果汁	出口	747 088	1 081 240
		进口	606	1 087
其他		出口	9 459 801	11 782 556
		进口	9 727 522	23 016 281

表 130　轻工业系统农产品加工业主要出口产品情况（2010 年）

主要产品名称	单　位	出口产品		同比增长（%）	
		数　量	金　额	数　量	金　额
轻工业产品出口总额	**万美元**		**35 546 540**		**29.08**
有关农产品加工业产品合计	**万美元**		**10 290 401**		**9.08**
纸浆	万 t、万美元	8.1	13 995	−6.89	53.86
纸张	万 t、万美元	330.7	285 757	1.55	13.87
纸制品	万 t、万美元	218.1	450 279	18.06	32.63
香料香精	万 t、万美元	4.1	41 127	21.40	47.84
制盐	万 t、万美元	143.3	8 183	16.57	26.74
糖	万 t、万美元	9.4	6 386	47.68	89.76
乳品	万 t、万美元	3.4	4 394	−8.18	−22.64
罐头	万 t、万美元	261.2	265 231	15.24	10.29
可可制品	万 t、万美元	6.0	21 262	37.68	64.13
调味品、发酵品	万 t、万美元		228 347		22.65
冷冻饮品	万 t、万美元	0.8	2 305	0.16	43.87
酒精及酒	万美元		52 682		36.65
软饮料	万美元		100 371		11.68
茶	万 t、万美元	30.3	78 413	−0.14	11.22
其他食品、饮料	万 t、万美元	535.0	1 085 524	8.93	22.78
皮革及其制品	万美元		3 442 703		33.28
毛皮及其制品	万美元		199 547		52.22
木制品及其他天然植物制品	万美元	80.6	162 238	6.22	5.40
家具	万美元		3 372 388		29.95
轻工机械	万美元		281 562		38.12
羽绒制品	万美元		187 707		26.10

表131 轻工业系统农产品加工业主要进口产品情况（2010年）

主要产品名称	单位	进口产品		同比增长（%）	
		数量	金额	数量	金额
轻工业产品进口总额	**万美元**		**9 508 520**		**31.13**
有关农产品加工业产品合计	**万美元**		**1 814 382**		**−53.75**
纸浆	万t、万美元	1 136.9	881 775	−16.84	28.83
纸张	万t、万美元	297.8	271 270	−1.64	15.16
纸制品	万t、万美元	23.2	100 520	21.92	28.67
香料香精	万t、万美元	2.4	42 923	9.14	13.98
制盐	万t、万美元	276.6	12 888	89.78	86.47
糖	万t、万美元	176.6	90 578	65.92	139.09
乳品	万t、万美元	74.5	196 952	24.85	91.61
罐头	万t、万美元	2.3	2 710	33.59	35.66
可可制品	万t、万美元	6.8	34 815	32.64	67.38
调味品、发酵品	万t、万美元		18 315		31.17
冷冻饮品	万t、万美元	0.6	2 242	40.59	40.45
酒精及酒	万美元		157 004		49.20
软饮料	万美元		21 902		20.68
茶	万t、万美元	1.3	4 764	205.20	177.78
其他食品、饮料	万t、万美元	912.2	598 024	−1.41	30.82
皮革及其制品	万美元		561 924		34.48
毛皮及其制品	万美元		25 393		24.23
木制品及其他天然植物制品	万美元	1.9	3 106	−13.93	15.74
家具	万美元		173 970		34.20
轻工机械	万美元		421 228		49.22
羽绒制品	万美元		5 910		202.45

资料来源：表130、表131中数据由中国轻工业信息中心提供。

表 132　我国淀粉及部分深加工品进出口情况（2011 年）　　单位：t

主　要　品　种	进口量	同比增长（%）	出口量	同比增长（%）
玉米淀粉	4 241	－62	226 190	－38
木薯淀粉	867 822	18	550	150
马铃薯淀粉	23 147	－84	6 046	3
小麦淀粉	596	基本持平	20 671	基本持平
山梨醇	2 068	－30	48 343	－27
甘露糖醇	562	102	7 128	15
肌醇	19	100	3 478	基本持平
葡萄糖及葡萄糖浆，果糖<20%	1 109	17	558 782	8
葡萄糖及葡萄糖浆，20%≤果糖≤50%，转化糖除外	20 900	18	14 649	26
果糖及果糖浆，果糖>50%，转化糖除外	3 777	58	56 174	－23
糊精及变性淀粉	238 089	13	105 595	4
未列名淀粉	2 201	－29	44 510	－7
化学纯果糖	2 031	4	6 500	157
合　　计	**1 166 562**	**3**	**1 088 616**	**－10**

表 133　我国食糖进出口与贸易方式（2009—2011 年）　　单位：万 t

进　口

年　份	合　计	一般贸易	来料加工	进料加工	保税仓库进出境	其他
2009	106.45	83.02	0.17	9.93	12.77	0.56
2010	176.61	163.91	0.87	10.89	0.04	0.83
2011	291.94	276.68	0.97	13.27	0.06	0.96

出　口

年　份	合　计	一般贸易	来料加工	进料加工	边　贸	其他
2009	6.39	2.21	0.90	3.15		0.13
2010	9.43	5.65	0.91	1.99	0.25	0.63
2011	5.94	1.79	0.99	2.17	0.03	0.96

资料来源：表中数据由中国糖业协会提供。

表 134 我国乳制品进口情况（2011 年） 单位：万 t、万美元

产品名称		进口		同比增长（%）	
		数量	金额	数量	金额
乳制品合计		**90.61**	**262 020**	**21.6**	**33.0**
液体乳		4.05	6 049	155.1	114.6
乳粉	合计	44.96	164 545	8.6	18.5
	脱脂乳粉	12.99	45 569	46.7	66.3
	全脂乳粉	31.80	117 844	−2.0	6.7
	调味乳粉	0.17	1 132	105.7	14.5
炼乳		0.49	1 155	50.4	56.3
酸乳		0.25	892	106.7	112.5
乳清粉		34.42	57 102	30.1	65.6
奶油		3.57	18 369	52.1	101.0
干酪		2.86	13 908	24.8	31.9
其他乳制品合计		15.77	116 841	16.0	32.4
乳糖类		5.51	6 950	10.7	48.5
零售包装婴幼儿乳粉		7.83	86 142	17.9	25.2
酪蛋白类		1.01	10 576	27.9	53.8
白蛋白类		1.42	13 173	19.9	67.6

表 135 我国乳制品出口情况（2011 年） 单位：万 t、万美元

产品名称		出口		同比增长（%）	
		数量	金额	数量	金额
乳制品合计		**4.33**	**7 966**	**28.3**	**81.3**
液体乳		2.52	2 061	11.9	28.8
乳粉	小计	0.93	3 711	214.1	293.6
	脱脂乳粉	0.02	91	5.3	31.9
	全脂乳粉	0.66	2 360	982.9	1 089.7
	调味乳粉	0.26	1 260	18.0	86.5
炼乳		0.31	599	−9.1	1.5
酸乳		0.09	79	−27.6	−30.8
乳清粉		0.12	146	158.0	82.3
奶油		0.34	1 193	10.5	22.7
干酪		0.03	177	72.5	87.0
其他乳制品合计		0.46	2 637	−5.2	9.8
乳糖类		0.03	80	−54.3	8.4
零售包装婴幼儿乳粉		0.03	207	71.1	109.9
酪蛋白类		0.39	2 330	0.4	5.1
白蛋白类			20	−40.9	73.1

资料来源：表 134、表 135 数据由中国乳制品工业协会提供。

表 136 我国罐头产品主要类别及品种出口情况（2010 年）

单位：t、万美元

产品名称	出口量	出口额
肉类罐头合计	46 027	11 433
水产类罐头合计	122 624	62 407
蔬菜类罐头合计	1 925 806	191 993
番茄酱罐头（重量≤5kg）	295 844	30 864
番茄酱罐头（重量>5kg）	729 758	49 674
小白蘑菇罐头	265 107	35 490
芦笋罐头	60 499	11 266
甜玉米	36 832	3 632
竹笋罐头	137 562	13 754
清水马蹄罐头	46 895	3 626
蚕豆罐头	56 150	2 586
干果类罐头合计	20 533	7 342
水果类罐头合计	786 960	70 988
果酱、果冻、果泥、果膏罐头	44 081	3 009
菠萝罐头	50 506	3 835
柑橘罐头	336 244	28 034
梨罐头	57 063	5 182
杏罐头	15 507	1 337
桃罐头	143 704	14 093
草莓罐头	24 725	2 849
什锦水果罐头	78 293	8 577
荔枝罐头	30 059	2 892
龙眼罐头	2 108	275
狗猫饲料罐头	8 506	1 419

资料来源：表中数据来自 2011 年《中国轻工业年鉴》。

表 137 我国罐头产品出口情况（2009—2010 年）

年份	出口量（t）	同比增长（%）	出口金额（万美元）	同比增长（%）
2009	2 514 100	－10.37	299 400	－16.21
2010	2 612 301	3.91	265 231	－11.41

资料来源：表中数据由中国罐头工业协会提供。

表 138 我国蜂蜜生产及出口情况（2008—2011 年）

年份	世界产量（万 t）	我国产量（万 t）	占世界比例（%）	出口量（万 t）	出口率（%）	出口创汇（万美元）
2008	107.3	40.00	37.28	8.49	21.25	14 720
2009	149.6	36.70	24.53	7.19	19.59	12 600
2010	151.1	18.30	12.11	10.10	55.19	18 252
2011	151.1	43.10	28.52	9.90	22.97	20 147

表 139　我国蜂产品出口情况（2010—2011 年）

主要产品	数量、金额、单价	2010 年	2011 年	同比增长（%）
金额总计	**金额（万美元）**	**21 712**	**23 819**	**9.7**
蜂　蜜	数量（t）	101 107	99 894	−1.2
	金额（万美元）	18 249	20 147	10.4
	平均单价（美元/kg）	1.81	2.02	11.6
鲜王浆	数量（t）	602	620	3.0
	金额（万美元）	1 223	1 431	17.0
	平均单价（美元/kg）	20.4	23.0	13.0
鲜蜂王浆冻干粉	数量（t）	220	205	−7.0
	金额（万美元）	1 352	1 433	6.0
	平均单价（美元/kg）	61.4	70	14.0
鲜蜂王浆制剂	数量（t）	690	566	−18.0
	金额（万美元）	888	808	−9.0
	平均单价（美元/kg）	12.7	14.0	10.2

资料来源：表中数据来自 2012 年《中国蜂业》第 4 期。

表 140　我国水产品进出口贸易情况（2008—2011 年）

年　份	出口量（万 t）	出口额（亿美元）	进口量（万 t）	进口额（亿美元）
2008	296.5	106.1	388.4	54.1
2009	294.2	107.0	373.7	52.6
2010	333.9	138.3	382.2	65.4
2011	391.2	177.9	424.9	80.2

注：2011 年我国水产品进出口总量达 816.1 万 t，进出口总额达 258.1 亿美元，实现贸易顺差 97.7 亿美元，出口额继续位居大宗农产品首位，占全国农产品出口总额的 29.28%，比上年提高 1.28%。

表 141　我国食品和包装机械进出口情况（2007—2011 年）　单位：万美元

项　目	2007 年	2008 年	2009 年	2010 年	2011 年
进出口总额	**356 700**	**486 614**	**417 400**	**603 800**	**728 500**
食品机械进出口	115 300	156 685	141 500	191 900	225 300
食品机械进口	62 000	80 885	76 000	97 400	118 100
食品机械出口	53 300	75 800	65 500	94 500	107 200
包装机械进出口	241 400	329 929	275 900	411 900	503 200
包装机械进口	165 200	231 529	194 600	296 700	363 000
包装机械出口	76 200	98 400	81 300	115 200	140 200

资料来源：表中数据由中国食品和包装机械工业协会提供。

表 142 我国鞋类产品进出口情况（2010—2011 年）

进出口	单位	2010 年		2011 年	
		数量	金额	数量	金额
出口	亿双、亿美元	101.1	356.3	101.7	417.2
进口	万双、亿美元	4 455.0	11.2	4 797.0	15.5

资料来源：表中数据来自海关总署。

表 143 我国纺织品服装出口情况（2010—2011 年）

产品名称	单位	2010 年	2011 年	同比增长（%）
纺织品服装出口总额	**亿美元**	**2 065.74**	**2 478.89**	**20.00**
其中：纺织品	亿美元	770.29	946.69	22.90
服装	亿美元	1 295.18	1 532.20	18.30

资料来源：表中数据来自海关总署。

表 144 我国家具工业主要产品进出口情况（2011 年）

单位：万美元

进口					
主要产品	单位	数量	同比增长（%）	金额	同比增长（%）
家具	万美元			225 791.7	29.68
木家具	万件	449.9	25.58	40 186.7	43.36
金属家具	万件	48.5	15.45	7 006.3	53.87
塑料家具	万件	41.9	193.76	912.9	45.32
竹藤柳条及类似材料制家具	万件	1.8	43.06	62.9	8.88
其他材料制家具	万美元			18 359.0	23.88
坐具及其零件	万美元			148 160.9	27.51
牙科、理发椅及其零件	万美元			464.3	−1.75
医用家具	万件	2.7	−12.88	9 670.1	12.46
弹簧床垫	万个	3.1	1.78	968.4	28.74
出口					
主要产品	单位	数量	同比增长（%）	金额	同比增长（%）
家具	万美元			3 888 188.2	15.31
木家具	万件	20 159.0	−0.87	1 132 098.1	7.24
金属家具	万件	26 312.8	4.44	508 384.5	21.72
塑料家具	万件	3 161.6	9.01	54 054.0	20.21
竹藤柳条及类似材料制家具	万件	223.9	16.43	6 234.7	38.55
其他材料制家具	万美元			412 280.7	38.19
坐具及其零件	万美元			1 701 902.3	13.91
牙科、理发椅及其零件	万美元			7 157.6	37.91
医用家具	万件	343.4	11.81	34 715.9	20.52
弹簧床垫	万个	533.8	−2.79	31 360.2	38.26

资料来源：表中数据由中国家具工业协会提供。

表 145　我国皮革工业主要产品进出口情况（2011 年）　　单位：万美元

主要产品	单位	数量	同比增长（%）	金额	同比增长（%）
		出口			
皮面皮鞋	万双	91 208	−8.9	10 947 923	4.7
旅行用品及箱包	万美元			23 943 491	32.9
皮革服装	万件	1 368	−25.7	669 701	−21.7
毛皮服装	万件	257	−12.6	1 248 221	20.5
皮革手套	万双	62 535	1.3	1 117 446	19.9
足、篮、排球	万个	19 384	−14.6	431 610	−2.4
生皮	kt	7	53.3	7 761	110.4
成品及半成品革	kt	42	−6.1	445 028	9.1
靴鞋零件及类似品	kt	362	17.3	2 348 136	19.3
制革、制鞋机械	万台	67	3.8	165 802	31.6
总计	**万美元**			**41 325 118**	**20.7**
		进口			
主要产品	单位	数量	同比增长（%）	金额	同比增长（%）
生皮	kt	1 218	−1.0	2 783 592	36.9
成品及半成品	kt	951	−0.3	4 060 877	4.0
靴鞋零件及类似品	kt	18	−14.7	264 528	−2.9
制革、制鞋机械	k台	2.23	−6.3	56 742	34.8
制革机械零件	t	205	−12.5	7 045	16.5
旅行用品及箱包	万美元			1 359 709	48.6
皮革服装	万件	45	119.2	122 282	97.9
皮面皮鞋	万双	2 037	30.6	901 808	57.6
皮革手套	万双	299	66.6	12 529	37.4
毛皮服装	万件	4	84.6	33 277	221.2
足球、篮球、排球	万个	105	−29.3	4 644	−8.2
总计	**万美元**			**9 607 034**	**22.6**

表 146　我国纸浆、废纸、纸、纸板、纸制品进出口情况（2010—2011 年）　单位：万 t

产品名称	进口量			出口量		
	2010 年	2011 年	同比（%）	2010 年	2011 年	同比（%）
一、纸浆	1 137	1 445	27.09	8	10	22.35
二、废纸	2 435	2 728	12.03			350.00
三、纸及纸板	336	331	−1.49	433	509	17.55
1. 新闻纸	4	1	−75.00	11	2	−81.82
2. 未涂布印刷书写纸	41	40	−2.44	71	83	16.90
3. 涂布印刷纸	45	37	−17.78	136	163	19.85
其中：铜版纸	38	30	−21.05	113	138	22.12
4. 包装用纸	17	18	5.88	5	6	20.00
5. 箱纸板	80	93	16.25	14	10	−28.57
6. 白纸板	77	79	2.60	73	97	32.88
其中：涂布白纸板	77	79	2.60	73	97	32.88
7. 生活用纸	8	9	12.50	61	65	6.56
8. 瓦楞原纸	24	17	−29.17	5	6	20.00
9. 特种纸及纸板	31	30	−3.23	47	61	29.79
10. 其他纸及纸板	9	7	−22.22	10	16	60.00
四、纸制品	18	17	−5.56	228	243	6.58
总计	**3 926**	**4 521**	**15.16**	**669**	**762**	**13.91**

资料来源：表中数据出自 2012 年《造纸信息》第 6 期。

表 147　我国印刷机械进出口统计（2010—2011 年）　单位：万美元

产品名称	出口			进口		
	2010 年	2011 年	同比增长（%）	2010 年	2011 年	同比增长（%）
合　计	**109 600**	**125 100**	**14.1**	**229 500**	**254 000**	**10.6**
印前机械	12 000	15 100	25.2	10 600	10 100	0.5
印刷机械	61 400	75 800	23.4	171 500	190 900	11.4
印后机械	16 300	18 700	14.8	14 500	24 400	68.1
辅机、零件	19 900	15 500	−21.8	32 900	28 500	−13.5

资料来源：表中数据出自 2012 年《印刷工业》第 3 期。

表 148　我国机械工业产品进出口情况（2007—2011 年）　单位：亿美元

项　目	2007 年	2008 年	2009 年	2010 年	2011 年
产品进出口总额	3 568	4 373	3 767	5 138	6 312
产品进口总额	1 631	1 948	1 958	2 553	3 094
产品出口总额	1 907	2 425	1 809	2 585	3 218

表 149　我国中药行业进出口情况（2010—2011 年）　单位：亿美元、%

年　份	行　业	进出口		出口		进口	
		总　额	同比增长（%）	总　额	同比增长（%）	总　额	同比增长（%）
2010	全国医药合计	601.97	13.26	397.33	20.73	204.64	1.11
	中药合计	26.32	23.86	19.44	22.78	6.88	26.94
2011	全国医药合计	733.00	21.77	445.00	12.00	288.00	40.73
	中药合计	30.47	15.77	23.32	19.96	7.15	3.92

表 150　我国橡胶工业制品出口量与出口额（2009—2010 年）

产品名称	单　位	2009 年		2010 年	
		出口量	出口额	出口量	出口额
新充气橡胶轮胎	万条、万美元	2 956 932	768 561	36 968	1 038 786
其中：机动小客车用新充气轮胎	万条、万美元	1 113 836	319 915	13 761	404 979
客、货机动车辆新充气轮胎	万条、万美元	1 426 779	351 675	4 931	504 869
航空器用的新充气轮胎	万条、万美元	299	375	1	424
摩托车用的新充气轮胎	万条、万美元	34 703	8 172	1 972	13 347
自行车用的新充气轮胎	万条、万美元	62 054	14 514	11 363	19 610
其他新人字形等胎面充气轮胎	万条、万美元	11 977	2 470	316	3 003
未列名新充气轮胎	万条、万美元	80 951	21 170	1 024	28 184
橡胶内胎	万条、万美元	144 614	37 036	39 342	44 777
其中：客、货运机动车辆用橡胶内胎	万条、万美元	53 003	14 445	4 794	17 033
自行车用橡胶内胎	万条、万美元	34 350	11 947	20 633	15 161

（续）

产品名称	单位	2009年		2010年	
		出口量	出口额	出口量	出口额
航空器用橡胶内胎	万条、万美元	10	13	0.1	4
未列名橡胶内胎	万条、万美元	57 251	10 631	13 916	12 579
翻新轮胎	万条、万美元	4 093	618	71	1 097
汽车用旧轮胎	万条、万美元	1 433	214	1 308	162
实心或半实心轮胎、胎面及轮胎衬带	t、万美元	39 622	8 943	53 481	13 039
橡胶输送带、三角带、传动带	t、万美元	118 280	33 768	178 628	53 169
橡胶卫生医疗用品	t、万美元	8 590	5 273	9 347	6 868
外科手套及其他手套	万双、万美元	359 373	32 356	83 675	39 972
橡胶杂件	t、万美元	316 793	97 910	370 500	133 136
橡胶管	t、万美元	80 876	29 025	127 375	49 388
橡胶医疗用衣着用品	t、万美元	3 121	1 284	2 976	1 888
未硫化橡胶板、片、带及制品	t、万美元	17 989	4 534	21 822	5 068
硫化橡胶线、绳、板、片、带及型材	t、万美元	131 616	17 124	147 511	24 777
硬质橡胶及制品	t、万美元	12 412	2 825	83 348	6 938
再生胶等	t、万美元	47 791	3 497	83 348	6 938
胶鞋	万双、万美元				
其中：防水鞋靴	万双、万美元	8 312	34 558	8 068	46 441
滑雪鞋、防护鞋等	万双、万美元	183 859	1 105 372	168 406	296 800
运动鞋、网球鞋、篮球鞋等	万双、万美元	595 487	412 813	179 324	563 740

资料来源：表中数据来自2011年《中国橡胶工业年鉴》。

表151 我国橡胶工业制品进口量与进口额（2009—2010年）

产品名称	单位	2009年		2010年	
		进口量	进口额	进口量	进口额
新的充气橡胶轮胎	万条、万美元	75 146	43 240	1 035	60 043
其中：机动小客车用新充气橡胶轮胎	万条、万美元	39 419	21 024	539	31 412
客、货机动车辆用新充气橡胶轮胎	万条、万美元	17 225	8 429	58	11 788
航空器用的新充气橡胶轮胎	万条、万美元	2 817	2 168	5	2 685
摩托车用的新充气橡胶轮胎	万条、万美元	26	13	2	41
自行车用的新充气橡胶轮胎	万条、万美元	1 264	892	320	1 167
其他新人字形等胎面充气轮胎	万条、万美元	97	52	0.2	113
未列名新充气橡胶轮胎	万条、万美元	1 828	861	102	1 122
橡胶内胎	万条、万美元			204	219
其中：客、货运机动车辆用橡胶内胎	万条、万美元	138	56	4.3	56
航空器用橡胶内胎	万条、万美元		1		2
自行车用橡胶内胎	万条、万美元	63	54	76	92
未列名橡胶内胎	万条、万美元	96	44	124	69

（续）

产品名称	单位	2009年		2010年	
		进口量	进口额	进口量	进口额
翻新轮胎	万条、万美元	26	22	0.4	115
汽车用旧轮胎	万条、万美元	2 271	112	238	145
实心或半实心轮胎、胎面以 及轮胎衬带	t、万美元	3 103	1 933	3 929	2 178
橡胶输送带、三角带、传动带	万 m、万美元	18 303	20 131	16 083	28 220
橡胶卫生医疗用品	t、万美元	2 512	3 481	2 634	3 793
外科手套及其他手套	万双、万美元	96 953	3 568	1 384	5 227
橡胶杂件	t、万美元	48 365	121 334	64 187	168 759
橡胶管	t、万美元	27 394	36 560	44 679	56 444
橡胶医疗用衣着用品	t、万美元	404	593	431	827
未硫化橡胶板、片、带及制品	t、万美元	1 224 550	193 062	1 003 170	323 621
硫化橡胶线、绳、板、片、带及型材	t、万美元	75 663	29 441	93 650	44 461
硬质橡胶及制品	t、万美元	776	2 060	988	1 602
再生胶等	t、万美元	13 824	1 231	19 035	1 989
胶鞋	万双、万美元				
其中：防水鞋靴	万双、万美元		164	10	143
滑雪鞋、防护鞋等	万双、万美元		8 369	254	3 246
运动鞋、网球鞋、篮球鞋等	万双、万美元	419	10 869	761	13 350

资料来源：表中数据来自 2011 年《中国橡胶工业年鉴》。

表 152　我国胶鞋产品进出口情况（2010 年）

单位：双、万美元

产品名称	进口		出口	
	数量	金额	数量	金额
装金属护头的塑料或橡胶制外底及鞋面的防水鞋靴	8 892	18.1	1 527 816	645.9
橡胶、塑料制底及面的中、短统防水靴	29 624	26.1	92 827 987	42 968.6
其他橡胶或塑料制外底及鞋面的防水靴	176 269	98.8	1 687 887	7 638.1
橡胶或塑料制外底及鞋面的滑雪靴	139 516	276.0	3 698 441	3 211.1
橡胶或塑料制外底及鞋面的其他运动鞋靴	406 738	1 031.6	90 917 299	98 113.3
鞋面条带栓塞在鞋底上的鞋	315 728	410.0	337 988 770	103 960.1
其他橡胶、塑料短统靴（过踝）	296 393	1 038.2	87 610 575	64 829.2
其他橡胶、塑料鞋靴（橡胶或塑料制外底及鞋面）	153 620	490.8	29 833 195	22 891.9
纺织材料制鞋面的运动鞋靴（橡胶或塑料制外底）	420 254	1 459.1	65 458 476	74 462.9
纺织材料制鞋面的其他鞋靴	4 409 895	11 891.4	751 401 925	540 113.2

资料来源：表中数来自 2011 年《中国橡胶工业年鉴》。

表 153　我国天然橡胶、合成橡胶进口情况（2008—2011 年）

产　品	2008 年		2009 年		2010 年		2011 年	
	数量（万 t）	金额（万美元）	数量（万 t）	金额（万美元）	数量（万 t）	金额（万美元）	数量（万 t）	金额（万美元）
天然橡胶	168.2	420 937	171.0	281 371.4	186.0	567 000	210.0	938 000
合成橡胶	120.2	334 000	147.2	300 041.5	156.5	427 000	144.5	536 000

农产品加工业部分行业与企业排序

表 154　轻工业系统农产品加工业分行业主要经济指标（2010 年）

序号	按工业总产值排序			序号	按工业销售产值排序		
	行　业	工业总产值（亿元）	行业占轻工系统比重（%）		行　业	工业销售产值（亿元）	行业占轻工系统比重（%）
	全国轻工行业合计	**135 116.6**	**100.00**		**全国轻工行业合计**	**131 890.2**	**100.00**
1	农副食品加工业	34 928.1	25.85	1	农副食品加工业	34 228.9	25.95
2	食品制造业	11 350.6	8.40	2	食品制造业	11 049.5	8.38
3	造纸及纸制品业	10 434.1	7.72	3	造纸及纸制品业	10 246.3	7.77
4	饮料制造业	9 152.8	6.77	4	饮料制造业	8 915.3	6.76
5	皮革、毛皮、羽毛（绒）及其制品业	7 897.5	5.84	5	皮革、毛皮、羽毛（绒）及其制品业	7 724.8	5.86
6	家具制造业	2 414.8	3.27	6	家具制造业	4 305.2	3.26
7	木竹藤棕草制品业	927.1	0.69	7	木竹藤棕草制品业	901.1	0.68
8	制盐	284.4	0.21	8	制盐	270.9	0.21

序号	按利税总额排序			序号	按利润总额排序		
	行　业	利税总额（亿元）	行业占轻工系统比重（%）		行　业	利润总额（亿元）	行业占轻工系统比重（%）
	全国轻工行业合计	**14 652.4**	**100.00**		**全国轻工行业合计**	**9 983.7**	**100.00**
1	农副食品加工业	3 244.8	22.15	1	农副食品加工业	2 343.6	23.47
2	饮料制造业	1 718.0	11.73	2	食品制造业	1 015.5	10.17
3	食品制造业	1 473.2	10.05	3	饮料制造业	991.3	9.93
4	造纸及纸制品业	1 075.9	7.34	4	造纸及纸制品业	727.1	7.28
5	皮革、毛皮、羽毛（绒）及其制品业	864.4	5.90	5	皮革、毛皮、羽毛（绒）及制品业	611.5	6.12
6	家具制造业	417.7	2.85	6	家具制造业	281.6	2.82
7	木竹藤棕草制品业	93.8	0.64	7	木竹藤棕草制品业	60.3	0.6
8	制盐	48.2	0.33	8	制盐	26.9	0.27

（续）

序号	按出口交货值排序			序号	按主营业务收入排序		
	行　业	出口交货值（亿元）	行业占轻工系统比重（%）		行　业	主营业务收入（亿元）	行业占轻工系统比重（%）
	全国轻工行业合计	**20 509.9**	**100.00**		**全国轻工行业合计**	**132 989.9**	**100.00**
1	皮革、毛皮、羽毛（绒）及制品业	2 311.6	11.27	1	农副食品加工业	34 668.3	26.07
2	农副食品加工业	1 982.5	9.67	2	食品制造业	11 133.5	8.37
3	家具制造业	1 203.2	5.87	3	造纸及纸制品业	10 201.8	7.67
4	食品制造业	744.5	3.63	4	饮料制造业	9 165.7	6.89
5	造纸及纸制品业	666.0	3.25	5	皮革、毛皮、羽毛（绒）及制品业	7 738.9	5.82
6	木竹藤棕草制品业	214.1	1.04	6	家具制造业	4 304.8	3.24
7	饮料制造业	181.3	0.88	7	木竹藤棕草制品业	900.5	0.68
8	制盐	1.1	0.01	8	制盐	285.5	0.21

序号	按资产总计排序			序号	按全部从业人员平均人数排序		
	行　业	资产总计（亿元）	行业占轻工系统比重（%）		行　业	从业人员（万人）	行业占轻工系统比重（%）
	全国轻工行业合计	**85 544.4**	**100.00**		**全国轻工行业合计**	**2 427.9**	**100.00**
1	农副食品加工业	16 731.4	19.56	1	农副食品加工业	369.0	15.20
2	造纸及纸制品业	9 655.3	11.29	2	皮革、毛皮、羽毛（绒）及制品业	276.4	11.38
3	饮料制造业	7 852.8	9.18	3	食品制造业	175.9	7.24
4	食品制造业	7 229.4	8.45	4	造纸及纸制品业	157.9	6.50
5	皮革、毛皮、羽毛（绒）及制品业	3 907.4	4.57	5	饮料制造业	130.0	5.36
6	家具制造业	2 639.1	3.09	6	家具制造业	111.7	4.60
7	制盐	539.6	0.63	7	木竹藤棕草制品业	26.4	1.09
8	木竹藤棕草制品业	393.1	0.46	8	制盐	9.4	0.39

资料来源：表中数据由中国轻工业信息中心提供。

表 155　轻工业系统农产品加工业分行业进出口总额（2010 年）

序号	按出口总额排序			序号	按进口总额排序		
	行　业	出口总额（亿美元）	行业占轻工系统比重（%）		行　业	进口总额（亿美元）	行业占轻工系统比重（%）
	全国轻工行业合计	**3 554.7**	**100.00**		**全国轻工行业合计**	**950.9**	**100.00**
1	皮革、毛皮、羽毛（绒）及其制品业	344.3	9.69	1	食品、饮料	267.9	28.18
2	家具	337.2	9.49	2	纸浆、纸及纸制品	138.8	14.60
3	食品饮料	335.7	9.44	3	皮革、毛皮、羽毛（绒）及其制品业	58.7	6.18
4	纸浆、纸及纸制品	84.3	2.37	4	轻工机械	42.1	4.43
5	轻工机械	28.2	0.79	5	家具	17.4	1.83
6	木制品及其他天然植物制品	16.2	0.46	6	制盐	1.3	0.14
7	制盐	0.8	0.02	7	木制品及其他天然植物制品	0.3	0.03

资料来源：表中数据由中国轻工业信息中心提供。

表 156 我国白酒十大品牌（2011 年）

序号	品牌	生产企业
1	五粮液	四川宜宾五粮液集团有限公司
2	茅　台	贵州茅台酒厂有限责任公司
3	剑南春	四川剑南春股份有限公司
4	国窖 1573	泸州老窖集团有限责任公司
5	杏花村	山西杏花村汾酒集团有限责任公司
6	郎　酒	四川郎酒集团有限责任公司
7	水井坊	四川全兴股份有限公司
8	古井贡酒	安徽古井贡酒股份有限公司
9	西凤酒	陕西西凤酒股份有限公司
10	洋河大曲	江苏洋河集团有限公司

注：资料来源于中国酒类流通协会，表中排名不分先后。

表 157 我国酿酒行业十强企业（2011 年）

序号	企业名称
1	四川宜宾五粮液集团有限公司
2	中国贵州茅台酒厂有限责任公司
3	泸州老窖集团有限责任公司
4	江苏洋河酒厂股份有限公司
5	华润雪花啤酒（中国）有限公司
6	北京燕京啤酒集团公司
7	烟台张裕集团有限公司
8	湖北稻花香集团
9	安徽迎驾集团股份有限公司
10	劲牌有限公司

资料来源：表中信息由中国轻工业联合会信息中心提供。

表 158 我国啤酒产量 20 万 kL 以上企业（2011 年）

序号	企业名称	产量（万 kL）
1	华润雪花啤酒（中国）有限公司	1 032.9
2	青岛啤酒集团有限公司	728.3
3	百威英博啤酒投资（中国）有限公司	566.7
4	北京燕京啤酒集团有限公司	550.1
5	河南金星啤酒集团有限公司	194.7
6	重庆啤酒集团有限责任公司	180.7
7	广州珠江啤酒集团有限公司	129.3
8	四平金士百啤酒集团公司	48.2
9	江苏大富豪啤酒有限公司	44.7
10	三得利啤酒（中国）投资有限公司	43.6
11	河北蓝贝酒业集团有限公司	40.2
12	新疆乌苏啤酒有限责任公司	37.1
13	云南澜沧江酒业集团有限公司	32.3
14	南昌亚洲啤酒有限公司	21.7
15	烟台啤酒青岛朝日有限公司	21.2

注：全国 20 万 kL 以上啤酒企业总产量 3 671.5 万 kL，占全国总产量 4 898.8 万 kL 的 75.0%（国家统计局数据）。

资料来源：表中数据来自 2012 年《饮料工业》第 4 期。

表 159　我国啤酒销售收入 3 亿元以上企业（2010 年）　单位：万元

序号	企业名称	销售收入	序号	企业名称	销售收入
1	青岛啤酒集团有限公司	1 961 415	17	江苏大富豪啤酒有限公司	74 391
2	华润雪花啤酒（中国）有限公司	1 878 004	18	云南澜沧江啤酒企业(集团)有限公司	68 214
3	北京燕京啤酒集团有限公司	1433 701	19	山东威海卫酒业集团有限公司	67 959
4	河南金星啤酒集团有限公司	510 551	20	海南亚洲太平洋酿酒有限公司	66 067
5	百威（武汉）国际啤酒有限公司	485 924	21	南昌亚洲啤酒有限公司	51 054
6	重庆啤酒（集团）有限责任公司	345 201	22	上海亚太酿酒有限公司	48 381
7	英博雪津啤酒有限公司	317 718	23	烟台啤酒青岛朝日有限公司	46 592
8	广州市珠江啤酒集团有限公司	316 269	24	河南蓝牌集团商丘啤酒有限公司	45 663
9	河北蓝贝酒业集团有限公司	168 730	25	兰州黄河嘉酿啤酒有限公司	44 085
10	金威啤酒（中国）有限公司	161 786	26	浙江英博石梁啤酒有限公司	44 035
11	山东新银麦啤酒有限公司	123 044	27	河南维雪啤酒有限公司	41 120
12	三得利啤酒(中国)投资有限公司	112 460	28	山东华狮啤酒有限公司	37 844
13	哈尔滨啤酒集团有限公司	84 775	29	大连大雪啤酒股份有限公司	37 366
14	英博双鹿啤酒集团有限公司	80 298	30	浙江英博浙东啤酒有限公司	33 361
15	湖北金龙泉啤酒集团公司	78 760	31	百威啤酒（唐山）有限公司	31 332
16	四平金士百啤酒有限公司	75 772			

资料来源：表中数据来自 2011 年《啤酒科技》第 4 期。

表 160　我国葡萄酒产量前 10 位省、直辖市主要经济运行情况（2010 年）

地　区	产量总计 (kL)	同比增长 (%)	工业总产值 (万元)	同比增长 (%)	工业销售产值 (万元)	同比增长 (%)
山　东	375 440.9	9.60	1 666 269.3	30.08	1 660 549.3	29.98
吉　林	208 284.0	−5.71	197 817.7	15.47	187 245.7	17.41
河　南	150 305.6	46.40	130 994.0	30.56	130 784.6	30.89
河　北	99 526.34	−12.34	263 568.1	9.57	193 788.9	−13.73
天　津	63 466.1	26.21	113 679.0	−3.80	112 631.4	−10.36
新　疆	33 465.7	206.01	126 121.2	125.91	106 317.9	143.77
湖　南	22 888.0	46.76	9 519.8	0.94	9 460.1	0.30
宁　夏	21 886.7	119.11	19 473.0	17.12	17 639.8	167.90
甘　肃	16 751.3	−14.03	135 674.6	37.13	118 281.3	43.42
云　南	15 288.0	153.26	59 989.0	211.00	53 106.2	534.53
合　计	1 007 302.8		2 723 105.7		2 589 805.2	
占行业比重（%）	92.51		87.98		87.86	

资料来源：表中数据来自 2011 年《中国轻工业年鉴》。

表 161　我国饮料工业 20 强企业（2011 年）

序　　号	企　业　名　称
1	杭州娃哈哈集团有限公司
2	康师傅饮品控股有限公司
3	统一企业（中国）投资有限公司
4	北京汇源饮料食品集团有限公司
5	农夫山泉股份有限公司
6	惠尔康集团有限公司
7	杭州中萃食品有限公司
8	华润怡宝食品饮料（深圳）有限公司
9	椰树集团有限公司
10	红牛维他命饮料有限公司
11	河北承德露露股份有限公司
12	深圳百事可乐饮料有限公司
13	厦门银鹭食品集团有限公司
14	国投中鲁果汁股份有限公司
15	广东健力宝集团有限公司
16	深圳达能益力泉饮品有限公司
17	乐百氏（广东）食品饮料有限公司
18	上海百事可乐饮料有限公司
19	四川蓝剑饮品集团有限公司
20	深圳市景田食品饮料有限公司

资料来源：表中信息由中国饮料工业协会提供。

表 162　我国饮料行业按产量分地区前 8 位情况（2010 年）

名　次	地　区	产量（万 t）	占全国总产量（%）
1	广　　东	1 769	17.71
2	河　　南	702	7.03
3	浙　　江	686	6.87
4	山　　东	536	5.37
5	吉　　林	505	5.06
6	四　　川	496	4.97
7	天　　津	449	4.49
8	湖　　北	438	4.38

资料来源：表中数据由中国饮料工业协会提供。

表 163　我国碳酸饮料分地区产量前 6 位情况（2010 年）

名　次	地　区	产量（万 t）	占全国总产量（%）
1	广　　东	245.0	19.37
2	上　　海	103.3	8.16
3	天　　津	93.0	7.35
4	北　　京	72.6	5.74
5	湖　　北	63.4	5.01
6	江　　苏	62.1	4.91

资料来源：表中数据由中国饮料工业协会提供。

表 164 我国乳制品生产企业销售收入居前列的企业（2011 年） 单位：万元

序 号	企 业 名 称	销售收入
1	内蒙古蒙牛乳业（集团）股份有限公司	3 738 784
2	内蒙古伊利实业集团股份有限公司	3 679 655
3	杭州娃哈哈集团有限公司	2 629 600
4	光明乳业股份有限公司	1 178 878
5	维维集团股份有限公司	882 654
6	雀巢（中国）有限公司	535 230
7	美赞臣营养食品（中国）有限公司	530 561
8	黑龙江完达山乳业股份有限公司	520 120
9	多美滋婴幼儿食品有限公司	509 671
10	黑龙江飞鹤乳业有限公司	350 000
11	新希望乳业控股有限公司	338 090
12	北京三元食品股份有限公司	307 025
13	西安银桥生物科技有限责任公司	291 407
14	黑龙江乳业集团	247 900
15	圣元营养食品有限公司	246 245
16	哈尔滨太子乳品工业有限公司	242 121
17	统一企业（中国）有限公司	240 974
18	明一（福建）婴幼儿营养品有限公司	232 824
19	广东雅士利集团有限公司	229 340
20	济南佳宝乳业有限公司	212 840

资料来源：表中数据由中国乳制品工业协会提供。

表 165 我国液体乳产量位居前列的企业（2011 年） 单位：万 t

序 号	企 业 名 称	产 量
1	内蒙古蒙牛乳业（集团）股份有限公司	340.7
2	内蒙古伊利实业集团股份有限公司	261.6
3	光明乳业股份有限公司	79.3
4	维维集团股份有限公司	53.3
5	西安银桥生物科技有限责任公司	42.1
6	北京三元食品股份有限公司	39.5
7	新希望乳业控股有限公司	35.0
8	黑龙江省完达山乳业股份有限公司	31.9
9	山东亚奥特乳业有限公司	31.2
10	济南佳宝乳业有限公司	27.7
11	黑龙江乳业集团	25.9
12	南京卫岗乳业有限公司	21.1
13	山西古城乳业集团有限公司	18.0
14	山东得益乳业有限公司	17.2
15	宁夏夏进乳业集团股份有限公司	12.3
16	徐州绿键乳业有限责任公司	11.7
17	吉林省乳业集团广泽有限公司	8.6
18	天津海河乳业有限公司	7.1
19	河南科迪乳业股份有限公司	6.9
20	山东银香大地乳业有限公司	5.7

资料来源：表中数据由中国乳制品工业协会提供。

表 166　我国产量 11 万 kL 以上酒精企业和产量 16 万 t 以上燃料乙醇企业（2010 年）

产量 11 万 kL 以上酒精企业		
序号	企业名称	产量（万 kL）
1	梅河口市阜康酒精有限责任公司	51.02
2	吉林省新天龙酒业有限公司	37.33
3	中粮生化能源（肇庆）有限公司	21.10
4	潍坊英轩实业有限公司	18.79
5	江苏花厅酒业有限公司	17.46
6	大庆博润生物科技有限公司	12.40
7	承德避暑山庄企业集团有限责任公司	11.50
8	山西纪元玉米产业有限公司	11.10
产量 16 万 t 以上燃料乙醇企业		
序号	企业名称	产量（万 t）
1	河南天冠企业集团有限公司	55.9
2	吉林燃料乙醇有限公司	48.0
3	安徽丰原生化股份有限公司	46.6
4	中粮生化能源（肇庆）有限公司	20.3
5	广西中粮生物质能源有限公司	16.0

资料来源：表中数据来自 2011 年《中国轻工业年鉴》。

表 167　我国蜂产品行业第四批信用等级评价结果（2011 年）

序号	企业名称	信用级别	证书编号
1	上海森蜂园蜂业有限公司	AA	201105501104040
2	北京知蜂堂蜂产品有限公司	A	201105501104041
3	北京蜜蜂堂科技发展有限公司	A	201105501104042
4	北京农科瑞奇蜂业科技有限公司	A	201105501104043

资料来源：表中信息由中国蜂产品协会提供，排名不分先后。

表 168　我国纺织工业各行业“企业竞争力”排名前列企业（2011/2012 年度）

棉纺织业			
序号	企业名称	序号	企业名称
1	山东魏桥创业集团有限公司	11	佛山市致兴纺织服装有限公司
2	鲁泰集团	12	安徽华茂集团有限公司
3	百隆东方股份有限公司	13	海宁八方布业有限公司
4	溢达中国控股有限公司	14	江苏联发纺织股份有限公司
5	淄博银仕来纺织（集团）有限公司	15	华芳集团棉纺有限公司
6	嵊州盛泰色织科技有限公司	16	河南新野纺织集团股份有限公司
7	德州华源生态科技有限公司	17	黑牡丹（集团）股份有限公司
8	许昌裕丰纺织有限公司	18	石家庄常山纺织集团有限责任公司
9	无锡市第一棉纺织厂	19	淄博兰雁集团有限责任公司
10	天虹纺织集团有限公司	20	际华三五四二纺织有限公司

（续）

印　染　业

序号	企　业　名　称	序号	企　业　名　称
1	盛虹集团有限公司	6	浙江富润控股集团有限公司
2	济宁如意印染有限公司	7	华纺股份有限公司
3	浙江航民股份有限公司	8	浙江美欣达印染集团股份有限公司
4	宜兴乐祺纺织集团有限公司	9	浙江宝纺印染有限公司
5	青岛凤凰印染有限公司	10	福建众和股份有限公司

毛纺织、毛针织

序号	企　业　名　称	序号	企　业　名　称
1	内蒙古鄂尔多斯羊绒集团有限责任公司	6	临沂绿因工贸有限公司
2	山东南山纺织服饰有限公司	7	山东康平纳集团有限公司
3	山东如意科技集团有限公司	8	宁波雅戈尔毛纺织染整有限公司
4	江苏阳光集团有限公司	9	天宇羊毛工业（张家港保税区）有限公司
5	江苏丹毛纺织股份有限公司	10	江苏云蝠服饰股份有限公司

麻　纺　业

序号	企　业　名　称	序号	企　业　名　称
1	浙江金鹰集团有限公司	6	铜陵华源麻业有限公司
2	湖南华升企集团公司	7	江西恩达家纺有限公司
3	黑龙江兰西朝阳亚麻纺织工业有限公司	8	克山金鼎亚麻有限责任公司
4	金达集团控股有限公司	9	湖南瑞亚高科集团有限公司
5	湖北精华纺织集团有限公司	10	诸城市德利源纺织有限公司

丝　绸　业

序号	企　业　名　称	序号	企　业　名　称
1	恒力集团有限公司	6	浙江元丰纺织股份有限公司
2	绍兴怡华纺织有限公司	7	信城集团（福建）有限公司
3	浙江台华新材料股份有限公司	8	福建龙峰纺织科技实业有限公司
4	苏州志向纺织科研有限公司	9	嘉兴市鸣业纺织有限公司
5	江苏新民纺织科技股份有限公司	10	浙江三志纺织有限公司

针　织　业

序号	企　业　名　称	序号	企　业　名　称
1	宁波申州针织有限公司	6	泉州海天材料科技股份有限公司
2	江苏东渡纺织集团有限公司	7	江苏 AB 集团股份有限公司
3	青岛即发集团控股有限公司	8	北京铜牛集团有限公司
4	上海嘉麟杰纺织品股份有限公司	9	常州老三集团有限公司
5	安莉芳（中国）服饰有限公司	10	上海针织九厂

（续）

服装业			
序号	企业名称	序号	企业名称
1	雅戈尔集团股份有限公司	11	贵人鸟股份有限公司
2	波司登股份有限公司	12	浙江步森集团有限公司
3	红豆集团有限公司	13	红黄蓝集团有限公司
4	际华集团股份有限公司	14	罗蒙集团股份有限公司
5	报喜鸟集团有限公司	15	浙江巴贝领带有限公司
6	北京爱慕内衣有限公司	16	湖南省忘不了服饰有限公司
7	迪尚集团有限公司	17	郑州领秀服饰有限公司
8	新郎希努尔集团股份有限公司	18	江苏虎豹集团有限公司
9	烟台南山服饰有限公司	19	郑州市娅丽达服饰有限公司
10	太子龙控股集团有限公司	20	比音勒芬服饰股份有限公司
化纤业			
序号	企业名称	序号	企业名称
1	桐昆集团股份有限公司	11	广东新会美达锦纶股份有限公司
2	浙江荣盛控股集团有限公司	12	义乌华鼎锦绒股份有限公司
3	浙江海利德新材料股份有限公司	13	安徽皖维集团有限责任公司
4	江苏恒力化纤股份有限公司	14	长乐力恒锦纶科技有限公司
5	福建三宏再生资源科技有限公司	15	中国石化集团四川维尼纶厂
6	江苏霞客环保色纺股份有限公司	16	裕鑫集团有限公司
7	浙江华峰氨纶股份有限公司	17	苏州龙杰特种纤维股份有限公司
8	烟台泰和新材料股份有限公司	18	福建百宏聚纤科技实业有限公司
9	新凤鸣集团股份有限公司	19	江苏三房巷集团有限公司
10	江苏盛虹科技股份有限公司	20	江苏文凤化纤集团有限公司

资料来源：此排名由中国纺织工业协会等10个专业协会于2012年10月10日发布，表中排名按主营业务收入由高到低排序。

表169 我国家具十大品牌生产企业（2011年）

序号	品牌	生产企业
1	华丰家具	大连华丰家具集团有限公司
2	联邦家具	广东联邦家私集团有限公司
3	南洋胡氏家具	天津南洋胡氏家具制造有限公司
4	华日家具	廊坊华日家具股份有限公司
5	双叶家具	双叶家具实业有限公司
6	光明家具	黑龙江光明集团家具股份有限公司
7	华鹤家具	华鹤集团有限公司
8	喜梦宝家具	厦门喜梦宝家具连锁有限公司
9	曲美家具	北京曲美家具集团有限公司
10	月星家具	月星集团有限公司

资料来源：表中信息由中国家具工业协会提供。

表 170 我国皮革行业 10 强企业（2011 年）

序 号	企业名称
1	新百丽鞋业（深圳）有限公司
2	威海市金猴集团有限责任公司
3	奥康集团有限公司
4	安踏（中国）有限公司
5	乔丹（中国）有限公司
6	福建保蓝德箱包皮具有限公司
7	康奈集团有限公司
8	甘肃宏良皮业股份有限公司
9	雪豹集团公司
10	浙江中辉皮草有限公司

资料来源：表中信息由中国轻工业联合会提供。

表 171 我国纸及纸板产量 100 万 t 以上的省、自治区 直辖市（2010—2011 年）

单位：万 t

地 区	产 量		
	2010 年	2011 年	同比增长（%）
山 东	1 634.4	1 825.1	11.67
浙 江	1 382.2	1 531.6	10.81
广 东	1 492.8	1 495.8	0.20
河 南	932.1	1 181.9	26.80
江 苏	1 056.4	1 118.8	5.91
河 北	401.0	534.2	32.72
福 建	429.6	529.7	23.30
湖 南	369.5	426.8	15.51
四 川	350.4	369.2	5.37
安 徽	196.7	257.9	31.31
湖 北	191.7	249.3	30.05
广 西	192.3	235.5	22.46
江 西	196.2	219.4	11.82
重 庆	164.6	177.9	8.08
天 津	94.7	125.9	32.95
海 南	51.3	112.8	119.88
合 计	**9 135.9**	**10 391.8**	**13.75**

资料来源：表中数据来自 2012 年《造纸信息》第 6 期。

表 172 我国重点造纸企业产量排名前 30 名企业（2010—2011 年）

序号	企业名称	产量（万 t）		
		2010 年	2011 年	同比增长（%）
1	玖龙纸业（控股）有限公司	723.0	760.0	5.12
2	山东晨鸣纸业集团股份有限公司	327.4	361.4	10.41
3	理文造纸有限公司	354.3	353.9	−0.09
4	华泰集团有限公司	164.2	254.7	55.12
5	山东太阳纸业股份有限公司	224.0	242.3	8.15
6	金东纸业（江苏）有限公司	231.0	220.1	−4.71
7	中国纸业投资总公司	244.9	210.0	−14.24
8	宁波中华纸业有限公司	148.7	152.7	2.63
9	中冶纸业集团有限公司	138.5	131.2	−5.31
10	山东博汇纸业股份有限公司	100.1	116.4	16.21
11	荣成纸业（中国）控股有限公司	110.2	115.8	5.10
12	山东世纪阳光纸业集团有限公司	59.1	96.1	62.77
13	浙江景兴纸业股份有限公司	84.9	96.0	13.05
14	安徽山鹰纸业股份有限公司	92.5	89.4	−3.35
15	芬欧汇川（中国）纸业有限公司	80.0	88.0	10.00
16	海南金海浆纸业有限公司	26.5	86.9	227.94
17	河南漯河银鸽实业集团有限公司	84.2	84.4	0.24
18	福建联盛纸业有限公司	54.4	79.8	46.74
19	山东泉林纸业有限责任公司	70.6	76.2	7.96
20	东莞建晖纸业有限公司	69.2	75.7	9.45
21	吉安集团股份有限公司	67.5	69.6	3.14
22	新乡新亚纸业集团股份有限公司	58.2	68.3	17.35
23	金红叶纸业集团有限公司	37.5	66.3	76.72
24	金华盛纸业（苏州工业园区）有限公司	62.0	62.9	1.55
25	福建优兰发集团实业有限公司	50.3	57.9	15.01
26	山东贵和纸业集团有限公司	54.0	55.7	3.07
27	山东华金集团有限公司	50.8	55.9	10.10
28	大河纸业有限公司	40.6	52.1	28.20
29	广州造纸集团有限公司	61.3	49.3	−19.52
30	保定市三联纸业有限公司	47.4	46.8	−1.31

资料来源：表中数据来自 2012 年《造纸信息》第 6 期与 2012 年《中华纸业》第 11 期。

表 173 我国印刷机械行业实现销售收入前 10 名企业（2011 年）

序 号	企 业 名 称	销售收入（万元）
1	北人集团公司	103 523
2	上海高斯图文印刷系统（中国）有限公司	60 165
3	天津长荣印刷设备有限公司	57 366
4	上海光华印刷机械有限公司	42 178
5	陕西北人印刷机械有限责任公司	37 165
6	辽宁大族冠华印刷科技股份有限公司	35 631
7	中山市松德包装机械股份有限公司	24 739
8	江西中景集团有限公司	24 186
9	江苏昌昇集团股份有限公司	21 596
10	潍坊华光精工设备有限公司	18 577

资料来源：表中信息来自 2012 年《印刷工业》第 3 期。

表 174 我国印刷机械行业出口交货值前 10 名的省、直辖市（2011 年）

序 号	企 业 名 称	出口交货值（万元）
1	上海市	67 700
2	广东省	49 300
3	浙江省	48 900
4	江苏省	33 200
5	天津市	30 600
6	山东省	17 100
7	辽宁省	8 100
8	重庆市	4 100
9	北京市	3 800
10	河南省	3 400

资料来源：表中信息来自 2012 年《今日印刷》第 4 期。

表 175 我国橡胶工业协会会员企业按销售收入排序（2011 年） 单位：万元

轮胎行业			力车胎行业		
序号	企 业 名 称	销售收入	序号	企 业 名 称	销售收入
1	杭州中策橡胶有限公司	2 545 173	1	厦门正新橡胶工业有限公司	403 555
2	佳通轮胎（中国）有限公司	1 868 792	2	杭州中策橡胶有限公司	241 098
3	三角集团有限公司	1 683 275	3	山东新东岳集团有限公司	101 060
4	中国正新橡胶公司	1 594 165	4	天津万达集团公司	90 189
5	山东玲珑橡胶有限公司	1 100 394	5	江苏飞驰股份有限公司	89 695
6	双钱集团股份有限公司	1 086 243	6	青岛喜盈门双驼轮胎有限公司	84 191
7	风神轮胎股份有限公司	1 023 085	7	四川远星橡胶有限公司	80 604
8	兴源集团有限公司	1 003 110	8	山东正兴轮胎有限公司	64 213
9	青岛双星轮胎工业有限公司	846 066	9	重庆威星橡胶工业有限公司	58 736
10	固铂成山（山东）轮胎有限公司	755 997	10	徐州汉邦轮胎有限公司	35 555

（续）

胶鞋行业			炭黑行业		
序号	企业名称	销售收入	序号	企业名称	销售收入
1	际华 3537 工厂	202 120	1	江西黑猫炭黑股份有限公司	395 462
2	际华 3517 工厂	176 693	2	河北龙星化工股份有限公司	190 323
3	四川资阳市征峰胶鞋厂	69 561	3	山东华东橡胶材料有限公司	103 932
4	青岛环球集团公司	63 278	4	苏州宝化炭黑有限公司	99 786
5	秦皇岛 3544 工厂	45 613	5	大石桥市辽滨炭黑厂	96 555
6	浙江荣光集团有限公司	39785	6	曲靖众一精细化工股份有限公司	87 938
7	际华 3539 工厂	31 661	7	山西永东化工有限公司	74 814
8	上海回力鞋业有限公司	30 380	8	石家庄市新星化炭有限公司	74 760
9	鹤壁飞鹤股份有限公司	22 625	9	河北大光明实业集团有限公司	73 728
10	青岛福客来鞋业有限公司	20100	10	台湾中橡公司	70 768
乳胶行业			橡胶制品行业		
序号	企业名称	销售收入	序号	企业名称	销售收入
1	北京华腾橡塑乳胶制品有限公司	25 708	1	安徽中鼎控股集团有限公司	520 417
2	桂林乳胶厂	24 680	2	际华 3517 厂橡胶制品有限公司	174 367
3	镇江苏惠乳胶制品有限公司	18 808	3	宁波拓普集团有限公司	167 764
4	张家港大裕橡胶制品有限公司	17 934	4	凯迪西北橡胶有限公司	75 382
5	福建三信织制有限公司	16 876	5	贵航股份红阳密封件公司	67 729
6	安徽豪杰塑胶制品有限公司	14 733	6	中南橡胶集团有限责任公司	51 314
7	广州广橡有限公司双一乳胶厂	14 189	7	衡水橡胶股份有限公司	50 763
8	江苏爱德福乳胶制品有限公司	13 983	8	上海华问橡胶制品有限公司	44 875
9	上海科邦医用乳胶有限公司	13 095	9	自贡市富源车辆部件有限公司	28 379
10	北京瑞京乳胶制品有限公司	12 893	10	南京金三力橡塑有限公司	25 119

资料来源：表中信息由中国橡胶工业协会提供。

表 176　我国中成药按出口金额排序前 10 名企业（2011 年）

序号	企业名称	序号	企业名称
1	北京同仁堂股份有限公司	6	天津天士力国际营销控股有限公司
2	漳州片仔癀药业股份有限公司	7	厦门虎标医药有限公司
3	广州市医药进出口公司	8	北京同仁堂科技发展股份有限公司
4	天津中新药业集团股份有限公司	9	上海中华药业有限公司
5	倍力（南宁）药业有限公司	10	兰州佛慈制药股份有限公司

我国西部地区综合统计

表 177　我国西部地区主要农产品产量（2010—2011 年）　单位：万 t

主要农产品	2010 年	2011 年	同比增长（%）
一、粮食作物	14 436.4	14 776.5	2.36
（一）谷　物	12 179.5	12 335.2	1.28
稻　谷	4 503.6	4 371.7	−2.93
小　麦	2 120.3	2 157.1	1.74
玉　米	5 146.9	5 361.7	4.17
谷　子	42.8	39.6	−7.48
高　粱	110.2	103.4	−6.17
（二）豆　类	559.4	610.3	9.10
大　豆	339.8	339.4	−0.12
杂　豆	219.6	270.9	23.36
（三）薯　类	1 697.5	1 830.9	7.86
马铃薯	1 163.2	1 292.6	11.12
二、油料作物	829.3	895.9	8.03
花　生	142.6	147.4	3.37
油菜籽	466.1	524.6	12.55
芝　麻	4.4	4.4	
胡麻籽	27.1	27.0	−0.37
向日葵籽	176.7	177.5	0.45
三、棉　花	264.3	306.2	15.85
四、麻　类	12.1	12.8	5.79
黄红麻	1.3	1.3	
五、糖　料	9 698.4	10 007.1	3.18
甘　蔗	9 028.1	9 312.0	3.14
甜　菜	670.3	695.1	3.70
六、烟　叶	183.4	188.0	2.51
烤　烟	169.5	174.3	2.83
七、茶　叶	51.9	58.5	12.72
八、水　果	6 084.1	6 551.9	7.69

表 178　我国西部地区主要农产品单位面积产量（2010—2011 年）

单位：kg/hm²

主要农产品	2010 年	2011 年	同比增长（%）
一、粮食作物	4 271.6	4 341.6	1.64
（一）谷　物	4 934.0	4 953.4	0.39
稻　谷	6 555.2	6 341.0	3.27
小　麦	3 434.2	3 552.2	3.44
玉　米	5 171.6	5 224.5	1.03
谷　子	1 571.2	1 882.9	19.84
高　粱	3 837.3	3 988.8	3.95
（二）豆　类	1 627.4	1 831.3	12.54
大　豆	1 833.5	1 958.4	6.81
杂　豆	1 386.3	1 693.9	22.19
（三）薯　类	2 991.7	3 157.0	5.53
马铃薯	2 889.6	3 084.0	6.73
二、油料作物	1 866.3	1 997.5	7.03
花　生	2 295.6	2 338.5	1.87
油菜籽	1 677.3	1 875.6	11.82
芝　麻	1 083.8	1 257.1	15.99
胡麻籽	1 226.7	1 211.2	—1.26
向日葵籽	2 581.2	2 550.9	—1.17
三、棉花	1 671.9	1 741.5	4.16
四、麻类	2 034.3	2 222.8	9.27
黄红麻	2 311.3	2 492.0	7.82
五、糖料	63 877.6	64 473.6	0.93
甘　蔗	64 449.6	65 008.5	0.87
甜　菜	57 059.3	58 071.4	1.77
六、烟叶	2 180.1	2 017.1	—7.48
烤　烟	2 184.5	2 007.7	—8.09

表 179 我国西部地区茶叶产量（2011 年）

单位：t

地区	茶叶总产量	其中						
		绿茶	青茶	红茶	黑茶	黄茶	白茶	其他茶
全国总计	**1 623 214**	**1 137 646**	**199 747**	**113 679**	**63 459**	**391**	**14 267**	**94 024**
地区小计	**584 612**	**408 867**	**6 452**	**37 380**	**14 202**	**153**	**345**	**74 144**
占全国比重（%）	36.02	35.94	3.23	32.88	22.38	39.13	2.42	78.86
内蒙古								
广西	44 410	32 830	336	5 626	789			4 829
重庆	27 895	22 302	29	2 856				2 708
四川	186 207	147 168	4 061	2 584	13 040	145	262	18 947
贵州	58 381	47 850	43	881	4	8	83	9 512
云南	238 337	172 411	1 983	25 433	369			38 142
西藏	8	2						6
陕西	28 430	28 430						
甘肃	944	944						
青海								
宁夏								
新疆								

表 180 我国西部地区水果产量（2011 年）

单位：t

地区	水果总产量	其中					
		苹果	柑橘	梨	香蕉	菠萝	荔枝
全国总计	**22 768.2**	**3 598.5**	**2 944.00**	**1 579.5**	**1 040.00**	**119.10**	**189.70**
地区小计	**6 551.8**	**1 328.4**	**928.20**	**378.8**	**378.80**	**6.55**	**55.20**
占全国比重（%）	28.78	36.92	31.53	23.98	36.43	5.50	29.10
内蒙古	301.4	10.6		7.7			
广西	1 223.0		355.00	7.4	205.70	2.90	53.20
重庆	261.1	0.6	153.30	30.4	0.19	0.05	0.03
四川	776.6	45.7	319.40	92.3	3.65		0.60
贵州	128.0	2.2	20.80	19.5	0.59		0.02
云南	476.4	25.3	45.00	36.4	168.70	3.60	1.35
西藏	1.4	0.5	0.05	0.1			
陕西	1 587.1	902.9	34.30	88.1			
甘肃	519.1	227.6	0.35	33.4			
青海	4.4	0.6					
宁夏	237.3	40.9		2.9			
新疆	1 036.0	71.5		60.6			

（续）

地区	其中					
	龙眼	桃	猕猴桃	葡萄	红枣	柿子
全国总计	**144.30**	**1 098.30**	**125.50**	**906.70**	**542.70**	**318.70**
地区小计	**49.70**	**190.70**	**86.50**	**346.50**	**193.30**	**116.90**
占全国比重（%）	34.46	17.36	68.90	38.21	35.61	36.68
内蒙古				7.40		
广　西	47.40	19.00	0.25	27.20	2.10	67.30
重　庆	0.30	8.70	0.75	5.40	0.50	1.30
四　川	1.20	44.90	10.00	24.30	1.40	4.70
贵　州	0.04	10.00	1.70	8.00	0.15	1.20
云　南	0.79	19.40	0.11	35.60	1.21	6.20
西　藏		0.10		0.04		
陕　西		56.70	73.57	36.40	63.70	34.20
甘　肃		18.30	0.01	12.50	11.90	2.00
青　海		0.10		0.01		
宁　夏		2.60		14.10	6.50	
新　疆		10.90		175.50	105.80	

表 181　我国西部地区主要林产品产量（2011 年）

产　品	单　位	全国产量	地区产量	占全国比重（%）
木　材	万 m^3	8 145.9	2 938.9	36.08
竹　材	万根	153 929.5	48 150.8	31.28
紫　胶	t	3 075	2 352	76.49
生　漆	t	18 900	7 218	38.19
油桐籽	t	437 700	367 007	83.85
乌桕籽	t	36 024	9 732	27.02
五倍子	t	17 648	8 188	46.40
棕　片	t	53 758	21 993	40.91
松　脂	t	1 156 600	717 750	62.06
竹笋干	t	581 871	200 763	34.50
核　桃	t	1 655 500	993 105	59.99
板　栗	t	1 896 603	257 156	13.56
油茶籽	t	1 480 000	207 931	14.05

表 182　我国西部地区主要畜产品产量（2010—2011 年）

产品名称	单　位	2010 年	2011 年	同比增长（%）	占全国比重（%）
一、肉类总产量	万 t	2 363.7	2 363.8		29.70
猪　肉	万 t	1 511.3	1 500.0	−0.75	29.68
牛　肉	万 t	230.5	230.5		35.60
羊　肉	万 t	231.6	228.3	−1.42	58.08
禽　肉	万 t	330.3	340.2	3.00	19.91
兔　肉	万 t	31.7	33.9	6.94	46.37
二、其他畜产品产量					
奶　类	万 t	1 577.8	1 589.7	0.75	41.72
牛　奶	万 t	1 482.6	1 508.3	1.73	41.24
蜂　蜜	万 t	9.2	9.5	3.26	22.04
禽　蛋	万 t	379.2	390.6	3.01	13.89
山羊毛	t	23 011.9	24 760.9	7.60	56.21
羊　绒	t	12 882.4	12 839.8	−0.33	71.38
绵羊毛	t	267 194.0	271 444.9	1.59	69.06
细羊毛	t	94 252.3	103 525.3	9.84	77.93
半细羊毛	t	49 345.7	51 328.3	4.02	42.73

表 183　我国西部地区水产品产量（2010—2011 年）

单位：kt

产品名称	2010 年	2011 年	同比增长（%）	占全国比重（%）
水产品总产量	**4 795.3**	**5 178.9**	**7.99**	**9.24**
按海水、内陆分				
海水产品产量	1 544.5	1 593.2	3.15	5.48
内陆水产品产量	3 250.8	3 585.6	10.29	13.30
按生产性质分				
捕捞产量	933.8	954.3	2.20	6.04
养殖产量	3 861.5	4 224.5	9.40	10.50

表 184　我国西部地区人均主要农产品、畜产品、水产品产量（2010—2011 年）

单位：kg/人

产品名称	2010 年	2011 年	同比增长（%）
一、主要农产品			
（一）粮　食	396.8	409.0	3.07
1. 谷　物	334.8	341.4	1.97
稻　谷	123.8	121.0	−2.26
小　麦	58.3	59.7	2.40
玉　米	141.5	148.4	4.88
谷　子	1.2	1.1	−8.33
高　粱	3.0	2.9	−3.33
2. 豆　类	15.4	16.9	9.74
大　豆	9.3	9.4	1.08
杂　豆	6.0	7.5	25.00
3. 薯　类	46.7	50.7	8.57
马铃薯	32.0	35.8	11.88
（二）油　料	22.8	24.8	8.77
花　生	3.9	4.1	5.13
油菜籽	12.8	14.5	13.28
芝　麻	0.1	0.1	
胡麻籽	0.7	0.7	
向日葵籽	4.9	4.9	
（三）棉　花	7.3	8.5	16.44
（四）麻　类	0.3	0.4	33.33
黄红麻			
（五）糖　料	266.6	277.0	3.90
甘　蔗	248.1	257.7	3.87
甜　菜	18.4	19.2	4.35
（六）水　果	167.2	181.3	8.43
（七）烟　叶	5.0	5.2	4.00
烤　烟	4.7	4.8	2.13
二、畜产品			
（一）猪牛羊肉	54.2	54.2	
猪　肉	41.5	41.5	
牛　肉	6.3	6.4	1.59
羊　肉	6.4	6.3	−1.56
（二）奶　类	43.4	44.0	1.38
牛　奶	40.7	41.7	2.46
（三）禽　蛋	10.4	10.8	3.85
三、水产品	13.2	15.0	13.64
鱼　类	9.9	10.9	10.10
虾蟹类	0.9	0.9	

表 185　我国西部地区农林牧渔业总产值、增加值及构成（2010—2011 年）

名　称	总产值		增加值	
	2010 年	2011 年	2010 年	2011 年
一、绝对数（亿元）				
合　计	**17 653.1**	**21 094.5**	**10 701.3**	**12 771.1**
1. 农业	10 020.6	11 669.0	6 529.2	7 618.2
2. 林业	722.5	884.6	505.8	617.7
3. 牧业	5 842.9	7 287.6	3 078.0	3 839.8
4. 渔业	512.5	621.6	335.1	406.7
二、构成（%）				
农林牧渔业合计	**100.0**	**100.0**	**100.0**	**100.0**
1. 农业	56.8	55.3	61.0	59.7
2. 林业	4.1	4.2	4.7	4.8
3. 牧业	33.1	34.5	28.8	30.1
4. 渔业	2.9	2.9	3.1	3.2
三、西部占全国的比重（%）				
农林牧渔业总产值合计	**25.5**	**25.9**	**26.4**	**26.9**
1. 农业	27.1	27.8	27.6	28.2
2. 林业	27.8	28.3	28.9	29.1
3. 牧业	28.1	28.3	30.7	30.9
4. 渔业	8.0	8.2	8.6	8.9

表 186　我国西部地区林业产业总产值（2011 年）

单位：万元

地　区	总　计	第一产业	第二产业	第三产业
全国总计	**305 967 308**	**110 561 944**	**166 883 963**	**28 521 401**
地区小计	**51 401 154**	**25 650 840**	**20 059 819**	**7 242 036**
占全国比重（%）	16.80	23.20	12.02	25.39
内蒙古	2 178 434	1 190 042	635 051	353 341
广　西	16 723 081	5 600 639	10 232 068	890 374
重　庆	3 265 221	1 915 837	821 574	527 810
四　川	14 440 422	5 311 699	5 549 384	3 579 339
贵　州	2 406 879	1 809 187	685 141	912 551
云　南	6 893 883	5 046 399	1 557 823	289 661
西　藏	183 850	168 601	12 818	2 431
陕　西	3 258 288	2 786 660	254 652	216 976
甘　肃	1 926 727	1 699 294	75 039	152 394
青　海	124 369	122 476	42	1 851
宁　夏	951 370	643 542	231 652	76 176
新　疆	4 368 083	3 671 358	457 593	239 132

表 187　我国西部地区林业系统森林工业固定资产投资（2011 年）

单位：万元

地　区	总　计	其中：基本建设	更新改造	其他投资	本年新增固定资产
全国总计	**9 173 704**	**3 654 213**	**1 629 149**	**3 860 342**	**4 734 472**
地区小计	**6 271 954**	**2 051 609**	**1 483 056**	**2 737 289**	**3 126 849**
占全国比重（%）	68.37	56.14	91.03	70.91	66.04
内蒙古	322 498	223 265	16 577	82 656	179 342
广　西	5 046 262	1 652 982	1 399 611	1 993 669	2 316 175
重　庆	5 296	5 296			3 896
四　川	13 499	6 459	7 040		11 544
贵　州	381 500	26 326	8 355	346 819	381 500
云　南	311 000	84 510	44 305	182 185	122 904
西　藏	6 670	3 430	1 285	1 955	6 670
陕　西	41 513	18 135	653	22 725	16 876
甘　肃	35 605	10 844	150	24 611	27 451
青　海	21 246	11 065	1 540	8 641	17 623
宁　夏	1 500	1 500			1 500
新　疆	85 365	7 797	3 540	74 028	41 378

表 188　我国西部地区林业系统农产品加工业总产值（2011 年）

单位：万元

地　区	非木质林产品加工制造业	木材加工及竹、藤、棕、草制品业			
		合　计	锯材木片加工业	人造板制造业	木制品制造业
全国总计	**15 286 908**	**67 891 581**	**11 610 726**	**37 162 883**	**14 785 099**
地区小计	**1 428 174**	**8 622 995**	**2 046 830**	**5 164 567**	**1 058 047**
占全国比重（%）	9.34	12.70	11.61	13.90	7.16
内蒙古	4 509	470 557	369 847	80 428	20 011
广　西	474 871	5 000 759	963 155	3 315 466	618 979
重　庆	99 426	245 383	45 868	65 759	76 747
四　川	131 284	1 802 923	355 879	1 106 554	207 429
贵　州	72 307	336 903	101 957	184 733	41 330
云　南	255 365	517 098	207 570	229 246	76 992
西　藏		12 312	11 901	350	26
陕　西	11 196	190 241	16 423	154 986	12 723
甘　肃	3 412	6 467	2 203	2 020	1 510
青　海		42	42		
宁　夏	176 258				
新　疆	199 546	40 310	12 985	25 025	2 300

地　区	木材加工及竹、藤、棕、草制品业					其　他
	竹、藤、棕、草制品业	木质、竹、藤家具制造业	木、竹、苇浆造纸及纸制品业	林产化学产品制造业	木、竹、藤工艺品制造业	
全国总计	**4 332 873**	**23 231 559**	**39 591 936**	**5 754 278**	**3 243 777**	**7 359 204**
地区小计	**312 551**	**2 708 275**	**3 047 654**	**1 832 558**	**61 653**	**2 339 518**
占全国比重（%）	7.21	11.66	7.70	31.85	1.90	31.79
内蒙古	271	1 374		890	83	92 855
广　西	103 159	567 235	1 806 299	1 390 512	709	936 559
重　庆	57 009	176 132	130 220	12 774	39 710	112 823
四　川	133 061	1 863 295	906 766	21 182	13 775	723 237
贵　州	8 883	68 068	67 572	18 737	4 277	40 032
云　南	3 290	16 015	81 798	388 463	1 660	157 653
西　藏	35					58
陕　西	6 109	8 717			1 370	34 170
甘　肃	734	6 539			69	25 111
青　海						
宁　夏			54 999			395
新　疆		900				216 625

表 189　我国西部地区森林工业主要产品产量（2011 年）

地　区	锯材（万 m^3）	木片（万实积 m^3）	胶合板（万 m^3）	纤维板（万 m^3）	刨花板（万 m^3）	木地板（万 m^2）	人造板表面装饰板（万 m^2）	单板（万 m^3）
全国总计	**4 460.3**	**2 237.3**	**9 869.6**	**5 562.1**	**2 559.4**	**62 908.3**	**26 577.2**	**3 173.2**
地区小计	**1 360.6**	**272.3**	**1 497.8**	**1 188.4**	**112.9**	**1 347.4**	**511.3**	**709.0**
占全国比重（%）	30.50	12.17	15.18	21.37	4.41	2.14	1.92	22.34
内蒙古	570.4	13.9	26.7	15.8	25.9	8.9		7.9
广　西	364.4	171.7	1 233.9	647.6	54.5	103.2	510.4	680.2
重　庆	22.9	3.3	15.4	17.8	0.4	4.2		
四　川	174.9	34.7	145.6	337.9	24.4	916.6	0.9	1.0
贵　州	73.0	9.4	42.2	6.7	0.1	55.3		0.8
云　南	136.1	23.7	31.2	83.8	7.1	259.1		18.6
西　藏	8.8		0.2			0.1		
陕　西	2.4	0.5	1.5	67.8	0.2			0.5
甘　肃	1.6		0.7					
青　海								
宁　夏								
新　疆	6.1	15.1	0.4	11.0	0.3			

地　区	松香类产品（t）	松节油类产品（t）	樟脑（t）	冰片（t）	栲胶类产品（t）	紫胶类产品（t）	木材热解产品（t）	
							小计	木炭
全国总计	**1 413 041**	**181 729**	**12 965**	**665**	**9 129**	**2 966**	**805 955**	**418 054**
地区小计	**1 074 983**	**104 655**	**55**		**7 768**	**2 363**	**241 784**	**240 887**
占全国比重（%）	76.08	57.59	0.42		85.09	79.67	29.99	57.62
内蒙古					1 251			
广　西	855 732	46 235			6 417		87 423	86 682
重　庆	750						1 850	1 850
四　川	3 190	17 010	55			43	5 000	5 000
贵　州	5 402	745					42 436	42 280
云　南	209 909	40 647				2 320	105 027	105 027
西　藏							48	48
陕　西		18			100			
甘　肃								
青　海								
宁　夏								
新　疆								

表 190 我国西部地区农垦系统主要农产品加工企业产品产量（2011 年）

地 区	配混合饲料（t）	机制纸及纸板（t）	纱（万 t）	布（万 m）	机制糖（t）	饮料酒（t）	乳制品（t）	食用植物油（t）
全国总计	**5 846 315**	**554 816**	**52.82**	**69 503**	**2 069 886**	**1 568 299**	**2 678 149**	**2 276 083**
地区小计	**2 225 338**	**199 002**	**21.53**	**5 389**	**904 784**	**559 899**	**472 776**	**484 589**
占全国比重（%）	38.06	35.87	40.76	7.75	43.71	35.70	17.65	21.29
内蒙古	35 741	1 830				1 349	23 414	66 970
广 西	378 082	59 331			675 545	14 528	3 415	468
重 庆	465 800						195 888	
四 川						7 164	2 189	
贵 州	21 070						43 566	
云 南					61 501	400		
西 藏								
陕 西							3 670	1 980
甘 肃	10 082					178 035		
青 海								
宁 夏	25 986					166 275	19 816	13
新疆（兵团）	1 195 036	135 418	19.30	5 389	167 738	187 980	122 403	398 827
新疆（农业）	14 377		2.23			4 168	539	10 490
新疆（畜牧）	79 134	2 423					57 876	5 841

表 191 我国西部地区轻工业系统农产品加工业产品产量（2010 年）

地 区	纸 浆（万 t）	机制纸、纸板（万 t）	纸制品（万 t）	原 盐（万 t）	机制糖（万 t）	糖 果（万 t）	方便面（万 t）
全国总计	**2 231.0**	**9 832.6**	**4 845.9**	**7 037.8**	**1 117.6**	**179.9**	**688.2**
地区小计	**326.9**	**1 019.5**	**486.5**	**1 713.2**	**949.8**	**12.3**	**73.2**
占全国比重（%）	14.65	10.37	10.04	24.34	84.99	6.84	10.64
内蒙古	11.8	28.8	66.4	278.4	12.0		3.4
广 西	99.9	199.0	78.3	8.8	705.5	4.5	4.5
重 庆	21.1	185.8	82.8	165.5	1.9	0.4	10.6
四 川	78.6	341.9	152.3	764.1	3.8	5.8	14.7
贵 州	39.9	20.2	12.3		1.0	0.2	1.8
云 南	16.9	34.8	25.0	96.4	179.8	1.0	1.4
西 藏			1.5				
陕 西		86.6	34.6	41.0		0.3	32.2
甘 肃	0.6	11.6	14.4	16.6	0.7		0.9
青 海				167.7			
宁 夏	27.8	78.9	4.2				
新 疆	30.3	31.9	14.7	174.7	45.1	0.1	3.7

（续）

地　区	乳制品（万 t）	液体乳（万 t）	罐头（万 t）	味精（万 t）	冷冻饮品（万 t）	饮料酒（万 kL）	软饮料（万 kL）	饼干（万 t）
全国总计	**2 157.8**	**1 959.5**	**980.5**	**250.6**	**245.6**	**5 668.1**	**9 953.4**	**455.6**
地区小计	**701.1**	**614.8**	**221.3**	**70.8**	**69.7**	**1 169.8**	**2 189.7**	**45.5**
占全国比重（%）	32.49	31.38	22.57	28.25	28.38	20.64	21.99	9.99
内蒙古	345.4	309.9	0.2	34.3	39.1	151.6	263.7	0.4
广　西	11.2	10.7	47.9	0.1	2.8	149.2	342.3	0.6
重　庆	12.6	12.6	6.9	7.6	7.9	90.8	349.9	1.1
四　川	58.0	53.9	52.0	4.9	11.5	389.8	495.9	41.3
贵　州	4.4	4.4	1.2		3.1	48.7	68.6	
云　南	31.0	30.4	2.5		0.8	62.6	186.1	0.1
西　藏	0.7	0.5				13.3	8.4	0.1
陕　西	147.9	132.8	1.7	1.4	0.9	105.8	215.8	1.8
甘　肃	14.3	13.3	8.6			71.5	138.4	
青　海	11.9	11.8				13.7	15.3	
宁　夏	13.4	10.7		20.4		19.6	13.8	
新　疆	50.3	23.8	100.3	2.1	3.6	53.2	91.5	0.1

地　区	轻　革（万 m^2）	皮　鞋（万双）	皮革服装（万件）	毛皮服装（万件）	天然皮革、手提包、袋（万个）	家　具（万件）
全国总计	**74 934.3**	**419 308.3**	**6 176.5**	**311.6**	**74 726.1**	**77 032.7**
地 区 小 计	**6 047.7**	**14 718.1**	**114.9**	**11.4**	**152.4**	**2 445.3**
占全国比重（%）	8.07	3.51	1.86	3.66	0.2	3.17
内 蒙 古				0.3		122.0
广　西	2 819.5	2 111.1			59.0	266.5
重　庆	25.1	4 165.4	0.8		92.8	700.7
四　川	2 723.9	8 298.1	111.5			1 100.0
贵　州						25.3
云　南						23.9
西　藏		2.6			0.6	
陕　西		129.2	0.2			63.5
甘　肃	192.5		1.8	5.1		5.4
青　海	1.2	4.2	0.6			0.3
宁　夏				6.0		2.3
新　疆	285.5	7.5				135.4

资料来源：表中数据由中国轻工业信息中心提供。

其　他

表 192　我国农产品质量安全例行监测情况（2010—2011 年）　单位：%

监测产品种类	2010 年	2011 年	同比增减
	合格率	合格率	
蔬　菜	96.8	97.4	0.6
畜禽产品	99.6	99.6	持平
水产品	96.7	96.8	0.1

资料来源：表中数据由农业部提供。

表 193　轻工业系统农产品加工行业十大质量品牌当选企业（2010 年）

产品类别	品　牌	生产企业名称
大　米	北大荒	黑龙江北大荒米业有限公司
	五　常	黑龙江五常市健洋有限公司
	金　健	湖南金健米业股份有限公司
	金　佳	江西金佳谷物有限公司
	梧　桐	黑龙江泰丰粮油食品有限公司
	玉　珠	江西樟树粮油公司
	白　湖	安徽白湖农工商集团有限责任公司
	粮　丰	黑龙江省饶河镇粮丰米业公司
	金　苗	内蒙古赤峰市金苗米业有限责任公司
	顿　岗	河南新蔡顿岗米业有限公司
黄酒、保健酒	古越龙山	浙江古越龙山绍兴酒股份有限公司
	嘉　善	浙江嘉善黄酒股份有限公司
	绍兴黄酒	浙江古越龙山绍兴酒股份有限公司
	沈永和	上海沈永和酒业有限公司
	积德泉	长春积德泉酿酒厂有限公司
	女儿红	浙江绍兴女儿红酿酒有限公司
	塔　牌	浙江塔牌绍兴酒有限公司
	海　神	安徽海神黄酒集团有限公司
	小角楼	四川小角楼酒业有限公司
	即墨老酒	山东即墨黄酒厂有限公司
白　酒	五粮液	四川五粮液集团有限公司
	茅　台	贵州茅台酒厂（集团）有限责任公司
	剑南春	四川剑南春集团有限责任公司

（续）

产品类别	品　牌	生产企业名称
白　酒	汾　酒	山西杏花村汾酒集团有限责任公司
	竹叶青	山西杏花村汾酒集团有限责任公司
	白水杜康	陕西杜康酒业集团有限公司
	国窖 1573	泸州老窖股份有任公司
	水井坊	成都水井坊有限公司
	杏花村	杏花村汾酒集团有限责任公司
	古井贡酒	安徽古井贡酒股份有限公司
啤　酒	百威啤酒	百威（武汉）国际啤酒有限公司
	青岛啤酒	青岛牌酒集团有限公司
	珠江啤酒	广州市珠江啤酒集团有限公司
	雪花啤酒	华润雪花啤酒（中国）有限公司
	燕京啤酒	北京燕京啤酒集团公司
	哈尔滨啤酒	哈尔滨啤酒集团有限公司
	雪　津	英博雪津啤酒有限公司
	金威啤酒	金威啤酒（中国）有限公司
	中　华	浙江钱江啤酒集团
	黄河啤酒	兰州黄河企业集团公司
红　酒	张裕葡萄酒	烟台张裕葡萄酿酒有限公司
	长城葡萄酒	中国长城葡萄酒有限公司
	王朝葡萄酒	天津王朝葡萄酿酒有限公司
	新天葡萄酒	新天国际葡萄酒业股份有限公司
	威龙葡萄酒	河北威龙葡萄酒业有限公司
	云南红	云南红酒业有限公司
	印象干红	云南印象酒业有限公司
	通化干红	通化天池葡萄酒有限责任公司
	香格里拉	云南香格里拉酒业股份有限公司
	欧立嘉葡萄酒	欧立嘉酿酒有限公司
方便米面制品	康师傅	天津顶益国际食品有限公司
	华　丰	武汉金鼎食品有限公司
	统一 100	统一企业集团
	今麦郎	今麦郎食品集团有限公司
	福满多	福满多方便面有限公司
	公仔面	东莞旭窿实业有限公司
	UFO	广东顺德日清食品有限公司
	五谷道场	中粮五谷道场食品有限公司

（续）

产品类别	品牌	生产企业名称
方便米面制品	华　祥	陕西华祥食品（集团）有限公司
	科迪方便面	科迪食品集团股份有限公司
饮　料	百事可乐	广州百事可乐饮料有限公司
	可口可乐	可口可乐饮料有限公司
	娃哈哈	杭州娃哈哈集团有限公司
	统　一	统一企业（中国）投资有限公司
	健力宝	广东健力宝集团有限公司
	汇源果汁	北京汇源饮料食品集团有限公司
	蒙冠鑫	内蒙古生命源饮品有限公司
	鲜橙多	佛山华健饮料有限公司
	农夫果园	农夫山泉股份有限公司
	红牛饮料	海南红牛维他命饮料有限公司
饮用水	怡　宝	怡宝食品饮料（深圳）有限公司
	农夫山泉	农夫山泉股份有限公司
	景　田	深圳景田实业集团公司
	屈臣氏	广州屈臣氏食品饮料有限公司
	雀巢饮用水	上海雀巢饮用水有限公司
	娃哈哈	杭州娃哈哈集团有限公司
	宝鼎山泉	重庆市鼎湖爱森山泉饮用水有限公司
	崂　山	青岛崂山矿泉水有限公司
	世明泉	黑龙江华远世明泉天然苏打水饮品有限公司
	乐百事	乐百事（广东）食品饮料有限公司
食用油	胡姬花	嘉里粮油（青岛）有限公司
	鲁　花	山东鲁花集团有限公司
	金龙鱼	辽宁营口渤海油脂工业有限公司
	多　力	上海佳格食品有限公司
	海　狮	上海市油脂公司
	金名旺	佛山市南海区冠粮食品有限公司
	盛　洲	厦门中盛粮油集团有限公司
	红蜻蜓	重庆红蜻蜓食用油有限公司
	福临门	中粮粮油有限公司
	刀　唛	深圳南顺油脂有限公司
月　饼	好利来月饼	好利来北京食品工业园
	安琪月饼	深圳安琪食品有限公司

（续）

产品类别	品　牌	生产企业名称
月　饼	杏花楼月饼	上海杏花楼企业股份有限公司
	荣　华	佛山市顺德区苏氏荣华食品有限公司
	元祖月饼	上海元祖食品有限公司
	金九饼业	广东金九饼业有限公司
	华　大	肇庆市华大食品有限公司
	金海港月饼	吴川市大海港城酒楼
	金　源	龙海金源发食品有限公司
	双金龙饼业	吴川市双金龙饼业有限公司
饼　干	达　能	上海达能饼干食品有限公司
	卡　夫	卡夫集团
	康师傅饼干	杭州顶园食品有限公司
	好吃点	福建达利食品集团有限公司
	嘉　顿	香港嘉顿公司
	徐福记	东莞徐福记食品有限公司
	丹卓蓝罐	深圳全记十力贸易有限公司
	嘉士利	广东嘉士利食品有限公司
	太　平	纳贝斯克食品（苏州）有限公司
	旺　旺	旺旺食品集团
速冻食品	三全速冻食品	郑州三全食品股份有限公司
	龙凤速冻食品	浙江龙凤食品有限公司
	思念速冻食品	郑州思念食品有限公司
	湾仔码头	美国通用磨坊食品公司
	科迪速冻食品	河南科迪速冻食品有限公司
	大清花	郑州思念食品有限公司
	安　井	福建安井食品股份有限公司
	大　娘	江苏大娘食品有限公司
	佑　康	杭州佑康食品有限公司
	五　羊	广州冷冻食品有限公司
肉制品	双　汇	河南省漯河市双汇实业集团有限责任公司
	德　大	大连汇聚德肉制品有限公司
	新　昌	山东新昌集团有限公司
	喜　旺	青岛喜旺食品有限公司
	鹏中宝	江门市鹏中宝食品有限公司
	金　锣	山东临沂新程金锣肉制品集团有限公司

（续）

产品类别	品 牌	生产企业名称
肉制品	汇 通	河南汇通肉食品股份有限公司
	草原兴发	内蒙古草原兴发食品有限公司
	科尔沁	内蒙古科尔沁牛业股份有限公司
	得利斯	得力斯集团有限公司
乳制品	惠 氏	上海惠氏营养品有限公司
	伊 利	内蒙古伊利实业集团股份有限公司
	美赞臣	美赞臣（广州）有限公司
	雅 培	雅培营养品（广州）生产厂有限公司
	天友乳业	重庆天友乳业股份有限公司
	蒙 牛	内蒙古蒙牛乳业（集团）股份有限公司
	完达山	黑龙江省完达山乳业股份有限公司
	瑞士·羊羊 100	青岛瑞士生物科技有限公司
	多美滋	多美滋婴幼儿食品有限公司
	雀 巢	黑龙江省双城雀巢有限公司
休闲食品	蜡笔小新	蜡笔小新（福建）食品工业有限公司
	好丽友	好丽友食品有限公司
	喜之郎	广东喜之郎集团有限公司
	雅士利	上海雅士利食品有限公司
	新宝堂	广东村村通科技有限公司
	雅 客	成都雅客食品有限公司
	顶呱呱	新疆（阿拉尔）顶呱呱食品开发有限公司
	箭 牌	箭牌口香糖（广州）有限公司
	佳 宝	广东佳宝集团有限公司
	派 派	山东鲁派食品有限公司
茶 业	八马茶业	厦门八马茶业有限公司
	大益茶业	云南昆明大益茶业集团
	海湾茶业	云南安宁海湾茶业有限责任公司
	恒 福	广州市恒福茶业有限公司
	君 山	湖南省君山银针茶叶有限公司
	日 春	福州日春茶叶有限公司
	玉 典	饶平县浮滨镇玉典茶叶加工厂
	天福茗茶	福建天福集团
	叙府茶叶	四川叙府茶叶有限公司
	天 方	安徽天方茶叶集团有限公司

（续）

产品类别	品　牌	生产企业名称
中成药	哈　药	哈药集团有限公司
	中泰药业	山东中泰药业有限公司
	华　佗	山东德俊堂药业有限公司
	海　王	深圳海王药业有限公司
	云南白药	云南白药集团股份有限公司
	心　正	江西心正药业有限责任公司
	中一药业	广州中一药业有限公司
	宛　西	河南省宛西药业股份有限公司
	三　九	三九医药股份有限公司
	百年乐	广西百年乐药业有限公司
皮　鞋	奥　康	浙江奥康鞋业股份有限公司
	百　丽	深圳百丽鞋业有限公司
	红蜻蜓	浙江红蜻蜓鞋业股份有限公司
	康　奈	康奈集团有限公司
	印心鸟	浙江印心鸟鞋业有限公司
	森　达	江苏森达集团有限公司
	金　猴	威海市金猴集团有限责任公司
	富贵鸟	富贵鸟股份有限公司
	依斯高	依斯高（中山）服装有限公司
	蜘蛛王	蜘蛛王集团有限公司

资料来源：表中信息由中国轻工业信息中心提供。

表 194　我国粮油加工行业第三批获 AAA 级、AA 级、信用等级企业（2011 年）

信用等级	企　业　名　称	信用等级	企　业　名　称
AAA	中储油脂工业东莞有限公司	AAA	安徽渡民粮油有限公司
AAA	中粮东洲粮油工业（广州）有限公司	AAA	安徽牧马湖农业开发集团有限公司
AAA	费县中粮油脂工业有限公司	AAA	安徽省开州粮贸有限公司
AAA	北京古船米业有限公司	AAA	河南斯美特食品有限公司
AAA	北京艾森绿宝油脂有限公司	AAA	河南富贵食品有限公司
AAA	德天御生态科技（北京有限公司）	AAA	扶沟县乐涛面业有限公司
AAA	黑龙江省万源粮油食品有限公司	AAA	孝感市伟业春晖米业有限责任公司
AAA	黑龙江省人和米业有限公司	AAA	湖南盛湘粮食购销集团有限公司
AAA	黑龙江省香兰米业集团有限公司	AAA	四川仁寿碧海粮业有限公司
AAA	金坛市江南春米业有限公司	AAA	四川省川粮粉业有限公司
AAA	江苏江南面粉集团	AAA	宝鸡祥和面粉有限责任公司
AAA	天津市佳丰油脂有限责任公司	AA	北京本乡良实面业有限责任公司
AAA	蚌埠市兄弟粮油食品科技有限公司	AA	安徽皖一食品有限公司
AAA	安徽太海粮油贸易有限公司	AA	怀远县华康粮油贸易有限公司
AAA	蚌埠市香飘飘粮油食品科技有限公司	AA	四川省川粮米业股份有限公司
AAA	巢湖市裕丰粮油贸易有限公司	AA	陕西来富油脂有限公司
AAA	安徽省怀远县鑫泰粮油有限公司	AA	伊犁域珠农业科技有限公司

注：表中信息由中国粮食行业协会提供。

表 195　我国大米加工 50 强企业（2011 年度）

序号	企业名称	序号	企业名称
1	中粮集团有限公司	26	绿都集团股份有限公司
2	湖北兴农粮食产业发展有限公司	27	泉州金穗米业有限公司
3	益海嘉里投资有限公司	28	江苏双兔食品股份有限公司
4	湖北国宝桥米集团	29	湖南盛湘粮食购销集团有限公司
5	福娃集团有限公司	30	黑龙江省万源粮油食品有限公司
6	江西省粮油集团有限公司	31	河南方欣米业集团股份有限公司
7	北镇市五峰米业加工有限公司	32	湖北省宏发米业公司
8	湖北省粮油集团有限责任公司	33	湖北梅园米业有限公司
9	黑龙江省北大荒米业集团有限公司	34	湖南浩天米业有限公司
10	江苏省农垦米业有限公司	35	东莞市太粮米业有限公司
11	吉林省德春农业集团股份有限公司	36	黄冈东坡粮油集团有限公司
12	吉林裕丰米业股份有限公司	37	湖南粮食集团有限责任公司
13	上海乐惠米业有限公司	38	上海垠海贸易有限公司
14	庆安鑫利达米业有限公司	39	福建天下农庄食品发展有限公司
15	江西万羊贡米集团	40	江西金农米业集团有限公司
16	湖南金键米业股份有限公司	41	湖南银光粮油股份有限公司
17	鹤岗市三江平原米业集团有限公司	42	黑龙江泰丰粮油食品有限公司
18	江西金土地粮油股份有限公司	43	宜兴市粮油集团大米有限公司
19	湖北洪森粮油集团	44	辽宁中稻股份有限公司
20	洪湖市洪湖浪米业有限责任公司	45	口口香米业股份有限公司
21	吉林丰盛米业有限公司	46	桂林绿苑米业有限公司
22	安徽槐祥工贸集团有限公司	47	宁夏兴唐米业集团有限公司
23	重庆市人和米业有限责任公司	48	河南山信粮业有限公司
24	莆田市东南香米业发展有限公司	49	山东美晶米业有限公司
25	安徽省稼仙米业集团有限公司	50	黑龙江省人和米业有限公司

表196　我国小麦粉加工50强企业（2011年度）

序号	企　业　名　称	序号	企　业　名　称
1	五得利面粉集团有限公司	26	四川仁吉粉业集团有限公司
2	中粮集团有限公司	27	山东永乐食品有限公司
3	今麦郎食品有限公司	28	新乡市新良粮油加工有限责任公司
4	益海嘉里投资有限公司	29	河北凯发面业集团有限公司
5	南顺（香港）集团	30	开封市天丰面业有限责任公司
6	北京古船食品有限公司	31	广东白燕粮油实业有限公司
7	东莞市穗丰食品有限公司	32	内蒙古恒丰食品工业集团股份有限公司
8	河北金沙河面业有限责任公司	33	白象食品集团河南面业有限公司
9	江苏三零面粉有限公司	34	江苏淮安新丰面粉有限公司
10	江苏江南面粉集团	35	安徽瑞福祥食品有限公司
11	河南省大程面粉实业有限公司	36	济南民天面粉有限责任公司
12	安徽皖王面粉集团有限公司	37	潍坊风筝面粉有限责任公司
13	江苏省银河面粉有限公司	38	河南一加一面粉有限公司
14	新疆天山面粉集团有限责任公司	39	郑州金苑面业有限公司
15	发达面粉集团有限公司	40	维维六朝松面粉产业有限公司
16	天津市利金粮油股份有限公司	41	山东峰宇面粉有限公司
17	山东利生面业（集团）有限公司	42	菏泽华瑞食品有限责任公司
18	安徽良夫面粉有限公司	43	河南中鹤现代农业开发集团有限公司
19	陕西陕富面业有限责任公司	44	安徽凤宝粮油食品集团有限公司
20	杭州恒天面粉集团有限公司	45	河南神人助粮油有限公司
21	滨州泰裕麦业有限公司	46	湖北三杰粮油食品集团
22	山东半球面粉有限公司	47	丹阳市苏中实业有限公司
23	甘肃红太阳面业集团有限公司	48	林州市金泓面业有限公司
24	丹阳市同乐面粉有限公司	49	宝鸡祥和面粉有限责任公司
25	陕西老牛面粉有限公司	50	河北黑马粮油工业有限责任公司

表 197 我国植物油加工 50 强企业（2011 年度）

序号	企业名称	序号	企业名称
1	益海嘉里投资有限公司	26	河南懿丰油脂有限公司
2	中粮集团有限公司	27	湖北奥星粮油工业有限公司
3	九三粮油工业集团有限公司	28	嘉祥县嘉冠油脂化工有限公司
4	中国中纺集团公司	29	安徽大平工贸（集团）有限公司
5	中储粮油脂有限公司	30	龙口新龙食油有限公司
6	山东鲁花集团有限公司	31	西安邦淇制油科技有限公司
7	三河汇福粮油集团有限公司	32	青岛长生集团股份有限公司
8	上海良友海狮油脂有限公司	33	邦基三维油脂有限公司
9	山东三星集团有限公司	34	重庆红蜻蜓油脂有限责任公司
10	山东香驰粮油有限公司	35	河南阳光油脂集团有限公司
11	西王集团有限公司	36	丹阳市正大油脂有限公司
12	广州东凌粮油股份有限公司	37	陕西八鱼渭南油脂工业有限公司
13	仪征方顺粮油工业有限公司	38	山东高唐蓝山集团总公司
14	湖南巴陵油脂有限公司	39	九江市嘉盛粮油工业有限公司
15	邦基正大（天津）粮油有限公司	40	江苏新海油脂有限公司
16	洪湖市洪湖浪米业有限责任公司	41	钦州大洋粮油有限公司
17	厦门中盛粮油集团有限公司	42	湖北宏凯工贸发展有限公司
18	天津龙威粮油工业有限公司	43	山东新良油脂有限公司
19	山东龙大植物油有限公司	44	广东鹰唛食品有限公司
20	浙江新市油脂股份有限公司	45	莒南县金胜粮油实业有限公司
21	河南爱厨植物油有限公司	46	山西忠民集团有限公司
22	福建康宏股份有限公司	47	大丰市佳丰油脂有限责任公司
23	金利油脂（苏州）有限公司	48	南通一德实业有限公司
24	襄樊万宝粮油有限公司	49	湖南盈城油脂工业有限公司
25	江苏金太阳油脂有限责任公司	50	丹东市帕斯特谷物有限公司

资料来源：表 195、表 196、表 197 信息来自中粮协［2012］5 号文《关于发布 2011 年度重点粮油企业专项调查结果的通知》。

表 198 我国轻工业系统列入国家 500 强的农产品加工企业（2011 年）

序号	500 强企业中名次	企 业 名 称	地 区	营业收入（万元）
农副食品加工业				
1	59	新希望集团有限公司	四 川	4 606 739
2	72	山东六和集团有限公司	山 东	4 021 600
3	201	西王集团有限公司	山 东	1 516 118
4	210	九三粮油工业集团有限公司	黑龙江	1451 776
5	230	三河汇福粮油集团有限公司	河 北	1310 000
6	291	正邦集团有限公司	江 西	1 067 240
7	292	广西农垦集团有限责任公司	广 西	1 066400
8	361	双胞胎集团股份有限公司	江 西	769 310
9	395	山东渤海实业股份有限公司	山 东	628 286
10	456	辽宁禾丰牧业股份有限公司	辽 宁	494 994
11	493	青岛九联集团股份有限公司	山 东	423 361
食品加工制造业				
1	33	光明食品（集团）有限公司	上 海	7 553 083
2	64	杭州娃哈哈集团有限公司	浙 江	4 320 417
3	109	天津天狮集团有限公司	天 津	2 789 021
4	122	内蒙古伊利实业集团股份有限公司	内蒙古	2 432 355
5	155	中国盐业总公司	北 京	1 987 505
6	272	上海良友（集团）有限公司	上 海	1 144 470
7	286	北京二商集团有限责任公司	北 京	1 086 407
8	296	广西南华糖业集团有限公司	广 西	1 053 710
9	418	佑康食品集团有限公司	浙 江	570 652
10	460	龙大食品集团有限公司	山 东	787 874

（续）

序号	500强企业中名次	企 业 名 称	地 区	营业收入（万元）
		酿 酒 工 业		
1	89	四川省宜宾五粮液集团有限公司	四 川	3 503 882
2	173	青岛啤酒股份有限公司	山 东	1 802 611
3	227	北京燕京啤酒集团公司	北 京	1330 815
4	236	中国贵州茅台酒厂有限责任公司	贵 州	1 275 297
		肉 食 品 加 工 业		
1	60	江苏雨润食品产业集团有限公司	江 苏	4 514 916
2	74	河南省漯河市双汇实业集团有限责任公司	河 南	4 007 021
3	105	临沂新程金锣肉制品有限公司	山 东	2979 822
4	344	诸城外贸有限责任公司	山 东	810 983
5	383	唐人神集团股份有限公司	湖 南	676 854
6	406	北京顺鑫农业股份有限公司	北 京	608 711
7	414	四川高金食品股份有限公司	四 川	584 300
8	453	河南众品食业股份有限公司	河 南	497 386
		烟 草 加 工 业		
1	41	红塔烟草（集团）有限责任公司	云 南	5 590 222
2	48	上海烟草（集团）公司	上 海	5 288 138
3	54	湖南中烟工业有限责任公司	湖 南	5 067 304
4	56	红云红河烟草（集团）有限责任公司	云 南	5 023 748
5	102	浙江中烟工业有限责任公司	浙 江	3 013 689
6	104	湖北中烟工业有限责任公司	湖 北	2 994 300
7	131	河南中烟工业有限责任公司	河 南	2 284 989
8	171	山东中烟工业有限责任公司	山 东	1820 133
9	176	贵州中烟工业有限责任公司	贵 州	1743 064
10	298	广西中烟工业有限责任公司	广 西	1048 719
11	332	龙岩烟草工业有限责任公司	福 建	864 040
12	340	江西中烟工业有限责任公司	江 西	848 703
13	389	厦门烟草工业有限责任公司	福 建	652 049
14	449	黑龙江烟草工业有限责任公司	黑龙江	502 220
15	462	张家口卷烟厂有限责任公司	河 北	484 902

（续）

序号	500强企业中名次	企业名称	地区	营业收入（万元）
纺织品、服装、鞋帽（含皮草、毛、绒等）加工业				
1	112	雅戈尔集团股份有限公司	浙江	2 743 700
2	134	红豆集团有限公司	江苏	2 232 759
3	149	海澜集团有限公司	江苏	2 073 022
4	234	杉杉投资控股有限公司	上海	1 288 597
5	246	内蒙古鄂尔多斯羊绒集团有限责任公司	内蒙古	1 230 480
6	259	维科控股集团股份有限公司	浙江	1 183 817
7	278	波斯登股份有限公司	江苏	1 108 780
8	350	森马集团有限公司	浙江	785 101
9	398	孚日集团股份有限公司	山东	621 169
10	400	青岛即发集团控股有限公司	山东	619 517
11	404	宁波申洲针织有限公司	浙江	610 162
12	420	新郎希努尔集团股份有限公司	山东	568 128
13	452	宁波博洋纺织有限公司	浙江	500 654
14	466	奥康集团有限公司	浙江	480 786
15	494	天龙控股集团有限公司	浙江	423 072
造纸及纸制品业				
1	76	山东大王集团有限公司	山东	3 960 991
2	165	山东晨鸣纸业集团股份有限公司	山东	1 861 696
3	202	华泰集团有限公司	山东	1 514 832
4	215	山东太阳纸业股份有限公司	山东	1 421 828
5	261	山东博汇集团有限公司	山东	1 166 596
6	357	山东泉林纸业有限责任公司	山东	766 885
7	386	湖南泰格林纸集团有限责任公司	湖南	661 356
8	423	胜达集团有限公司	浙江	561 437
生活消费品、家具等轻工产品加工业				
1	179	天津二轻集团（股份）有限公司	天津	1 713 961
2	237	重庆轻纺控股（集团）公司	重庆	1 271 520
3	364	河南黄河实业集团股份有限公司	河南	736 822
4	434	厦门轻工集团有限公司	福建	529 093
5	437	浙江森桥实业集团有限公司	浙江	522 412
6	496	江苏梦兰集团有限公司	江苏	422 910

资料来源：表中信息由中国轻工业信息中心提供。

5 第五部分

标准、专利

农产品加工业部分国家标准（2012 年）

标准号	标准名称	代替标准
GB 18133—2012	马铃薯种薯	GB 18133—2000
GB/T 28660—2012	马铃薯种薯真实性和纯度鉴定　SSR 分子标记	
GB/T 28974—2012	马铃薯 A 病毒检疫鉴定方法　纳米颗粒增敏胶体金免疫层析法	
GB/T 28978—2012	马铃薯环腐病菌检疫鉴定方法	
GB/T 29375—2012	马铃薯脱毒试管苗繁育技术规程	
GB/T 29376—2012	马铃薯脱毒原原种繁育技术规程	
GB/T 29377—2012	马铃薯脱毒种薯级别与检验规程	
GB/T 29378—2012	马铃薯脱毒种薯生产技术规程	
GB/T 29379—2012	马铃薯脱毒种薯贮藏、运输技术规程	
GB/T 28720—2012	淀粉糖分类通则	
GB/T 29343—2012	木薯淀粉	
GB/T 29005—2012	组合米机　耗电量指标及测量方法	
GB/T 29396—2012	水稻细菌性谷枯病菌检疫鉴定方法	
GB/T 29402.1—2012	谷物和豆类储存　第 1 部分：谷物储存的一般建议	
GB/T 29402.2—2012	谷物和豆类储存　第 2 部分：实用建议	
GB/T 29402.3—2012	谷物和豆类储存　第 3 部分：有害生物的控制	
GB/T 28668—2012	粮油储藏　粮食烘干安全操作规程	
GB/T 29374—2012	粮油储藏　谷物冷却机应用技术规程	
GB/T 29405—2012	粮油检验　谷物及制品脂肪酸值测定　仪器法	
GB/T 29006—2012	农用榨油机　耗电量指标及测量方法	
GB 1103.1—2012	棉花　第 1 部分：锯齿加工细绒棉	GB 1103—2007
GB 1103.2—2012	棉花　第 2 部分：皮辊加工细绒棉	GB 1103—2007
GB/T 3242—2012	棉花原种生产技术操作规程	GB/T 3242—1982
GB/T 6097—2012	棉纤维试验取样方法	GB/T 6097—2006
GB/T 6102.2—2012	原棉回潮率试验方法　电阻法	GB/T 6102.2—2009
GB/T 6499—2012	原棉含杂率试验方法	GB/T 6499—2007
GB/T 28642—2012	饲料中沙门氏菌的快速检测方法　聚合酶链式反应（PCR）法	
GB/T 28715—2012	饲料添加剂酸性、中性蛋白酶活力的测定　分光光度法	
GB/T 28717—2012	饲料中丙二醛的测定　高效液相色谱法	
GB/T 28718—2012	饲料中 T-2 毒素的测定　免疫亲和柱净化—高效液相色谱法	
GB/T 29370—2012	柠檬	
GB/T 29395—2012	鳄梨象检疫鉴定方法	
GB/T 29393—2012	柑橘黄龙病菌的检疫检测与鉴定	
GB/T 29394—2012	柑橘溃疡病菌的检疫检测与鉴定	
GB/T 28984—2012	香蕉苞片花叶病毒检疫鉴定方法	
GB/T 29397—2012	香蕉枯萎病菌 4 号小种检疫检测与鉴定	

（续）

标 准 号	标 准 名 称	代替标准
GB/T 28976—2012	草莓潜隐环斑病毒检疫鉴定方法	
GB/T 29429—2012	草莓角斑病菌检疫鉴定方法	
GB/T 29373—2012	农产品追溯要求　果蔬	
GB/T 28982—2012	番茄斑萎病毒 PCR 检测方法	
GB/T 29431—2012	番茄溃疡病菌检疫鉴定方法	
GB/T 29368—2012	银耳菌种生产技术规范	
GB/T 29369—2012	银耳生产技术规范	
GB/T 28977—2012	菊花滑刃线虫检疫鉴定方法	
GB/T 28988—2012	花卉主要刺吸式害虫检测规程	
GB/T 29344—2012	灵芝孢子粉采收及加工技术规范	
GB/T 13738.3—2012	红茶　第 3 部分：小种红茶	
GB/T 18795—2012	茶叶标准样品制备技术条件	GB/T 18795—2002
GB/T 18797—2012	茶叶感官审评室基本条件	GB/T 18797—2002
GB/T 28640—2012	畜禽肉冷链运输管理技术规范	
GB/T 28641—2012	蛋白质微阵列芯片通用技术条件	
GB/T 28740—2012	畜禽养殖粪便堆肥处理与利用设备	
GB/T 29342—2012	肉制品生产管理规范	
GB/T 29387—2012	蛋鸭生产性能测定技术规范	
GB/T 29388—2012	肉鹅生产性能测定技术规范	
GB/T 29389—2012	肉鸭生产性能测定技术规范	
GB/T 29390—2012	夏南牛	
GB/T 29392—2012	普通肉牛上脑、眼肉、外脊、里脊等级划分	
GB/T 28739—2012	餐饮业餐厨废弃物处理与利用设备	
GB/T 29032—2012	片冰制冰机	
GB/T 29284—2012	聚乳酸	
GB/T 29372—2012	食用农产品保鲜贮藏管理规范	
GB/T 29471—2012	食品安全检测移动实验室通用技术规范	
GB 10287—2012	食品添加剂　松香甘油酯和氢化松香甘油酯	
GB 14936—2012	食品添加剂　硅藻土	
GB 28301—2012	食品添加剂　核黄素 5′-磷酸钠	
GB 28302—2012	食品添加剂　辛，癸酸甘油酯	
GB 28303—2012	食品添加剂　辛烯基琥珀酸淀粉钠	
GB 28304—2012	食品添加剂　可得然胶	
GB 28305—2012	食品添加剂　乳酸钾	
GB 28306—2012	食品添加剂　L-精氨酸	
GB 28307—2012	食品添加剂　麦芽糖醇和麦芽糖醇液	

（续）

标 准 号	标 准 名 称	代替标准
GB 28308—2012	食品添加剂　植物炭黑	
GB 28309—2012	食品添加剂　酸性红（偶氮玉红）	
GB 28310—2012	食品添加剂　β-胡萝卜素（发酵法）	
GB 28311—2012	食品添加剂　栀子蓝	
GB 28312—2012	食品添加剂　玫瑰茄红	
GB 28313—2012	食品添加剂　葡萄皮红	
GB 28314—2012	食品添加剂　辣椒油树脂	
GB 28315—2012	食品添加剂　紫草红	
GB 28316—2012	食品添加剂　番茄红	
GB 28317—2012	食品添加剂　靛蓝	
GB 28318—2012	食品添加剂　靛蓝铝色淀	
GB 28319—2012	食品添加剂　庚酸烯丙酯	
GB 28320—2012	食品添加剂　苯甲醛	
GB 28321—2012	食品添加剂　十二酸乙酯（月桂酸乙酯）	
GB 28322—2012	食品添加剂　十四酸乙酯（肉豆蔻酸乙酯）	
GB 28323—2012	食品添加剂　乙酸香茅酯	
GB 28324—2012	食品添加剂　丁酸香叶酯	
GB 28325—2012	食品添加剂　乙酸丁酯	
GB 28326—2012	食品添加剂　乙酸己酯	
GB 28327—2012	食品添加剂　乙酸辛酯	
GB 28328—2012	食品添加剂　乙酸癸酯	
GB 28329—2012	食品添加剂　顺式-3-己烯醇乙酸酯（乙酸叶醇酯）	
GB 28330—2012	食品添加剂　乙酸异丁酯	
GB 28331—2012	食品添加剂　丁酸戊酯	
GB 28332—2012	食品添加剂　丁酸己酯	
GB 28333—2012	食品添加剂　顺式-3-己烯醇丁酸酯（丁酸叶醇酯）	
GB 28334—2012	食品添加剂　顺式-3-己烯醇己酸酯（己酸叶醇酯）	
GB 28335—2012	食品添加剂　2-甲基丁酸乙酯	
GB 28336—2012	食品添加剂　2-甲基丁酸	
GB 28337—2012	食品添加剂　乙酸薄荷酯	
GB 28338—2012	食品添加剂　乳酸 *l*-薄荷酯	
GB 28339—2012	食品添加剂　二甲基硫醚	
GB 28340—2012	食品添加剂　3-甲硫基丙醇	
GB 28341—2012	食品添加剂　3-甲硫基丙醛	
GB 28342—2012	食品添加剂　3-甲硫基丙酸甲酯	
GB 28343—2012	食品添加剂　3-甲硫基丙酸乙酯	
GB 28344—2012	食品添加剂　乙酰乙酸乙酯	

（续）

标 准 号	标 准 名 称	代替标准
GB 28345—2012	食品添加剂　乙酸肉桂酯	
GB 28346—2012	食品添加剂　肉桂醛	
GB 28347—2012	食品添加剂　肉桂酸	
GB 28348—2012	食品添加剂　肉桂酸甲酯	
GB 28349—2012	食品添加剂　肉桂酸乙酯	
GB 28350—2012	食品添加剂　肉桂酸苯乙酯	
GB 28351—2012	食品添加剂　5-甲基糠醛	
GB 28352—2012	食品添加剂　苯甲酸甲酯	
GB 28353—2012	食品添加剂　茴香醇	
GB 28354—2012	食品添加剂　大茴香醛	
GB 28355—2012	食品添加剂　水杨酸甲酯（柳酸甲酯）	
GB 28356—2012	食品添加剂　水杨酸乙酯（柳酸乙酯）	
GB 28357—2012	食品添加剂　水杨酸异戊酯（柳酸异戊酯）	
GB 28358—2012	食品添加剂　丁酰乳酸丁酯	
GB 28359—2012	食品添加剂　乙酸苯乙酯	
GB 28360—2012	食品添加剂　苯乙酸苯乙酯	
GB 28361—2012	食品添加剂　苯乙酸乙酯	
GB 28362—2012	食品添加剂　苯氧乙酸烯丙酯	
GB 28363—2012	食品添加剂　二氢香豆素	
GB 28364—2012	食品添加剂　2-甲基-2-戊烯酸（草莓酸）	
GB 28365—2012	食品添加剂　4-羟基-2，5-二甲基-3（2*H*）呋喃酮	
GB 28366—2012	食品添加剂　2-乙基-4-羟基-5-甲基-3（2*H*）-呋喃酮	
GB 28367—2012	食品添加剂　4-羟基-5-甲基-3（2*H*）呋喃酮	
GB 28368—2012	食品添加剂　2，3-戊二酮	
GB 28401—2012	食品添加剂　磷脂	
GB 28402—2012	食品添加剂　普鲁兰多糖	
GB 28403—2012	食品添加剂　瓜尔胶	
GB 29201—2012	食品添加剂　氨水	
GB 29202—2012	食品添加剂　氮气	
GB 29203—2012	食品添加剂　碘化钾	
GB 29204—2012	食品添加剂　硅胶	
GB 29205—2012	食品添加剂　硫酸	
GB 29206—2012	食品添加剂　硫酸铵	
GB 29207—2012	食品添加剂　硫酸镁	
GB 29208—2012	食品添加剂　硫酸锰	
GB 29209—2012	食品添加剂　硫酸钠	

（续）

标 准 号	标 准 名 称	代替标准
GB 29210—2012	食品添加剂　硫酸铜	
GB 29211—2012	食品添加剂　硫酸亚铁	
GB 29212—2012	食品添加剂　羰基铁粉	
GB 29213—2012	食品添加剂　硝酸钾	
GB 29214—2012	食品添加剂　亚铁氰化钠	
GB 29215—2012	食品添加剂　植物活性炭（木质活性炭）	
GB 29216—2012	食品添加剂　丙二醇	
GB 29217—2012	食品添加剂　环己基氨基磺酸钙	
GB 29218—2012	食品添加剂　甲醇	
GB 29219—2012	食品添加剂　山梨糖醇	
GB 29220—2012	食品添加剂　山梨醇酐三硬脂酸酯（司盘 65）	
GB 29221—2012	食品添加剂　聚氧乙烯（20）山梨醇酐单月桂酸酯（吐温 20）	
GB 29222—2012	食品添加剂　聚氧乙烯（20）山梨醇酐单棕榈酸酯（吐温 40）	
GB 29223—2012	食品添加剂　脱氢乙酸	
GB 29224—2012	食品添加剂　乙酸乙酯	
GB 29225—2012	食品添加剂　凹凸棒粘土	
GB 29226—2012	食品添加剂　天门冬氨酸钙	
GB 29227—2012	食品添加剂　丙酮	
GB 2763—2012	食品中农药最大残留限量	
GB 14880—2012	食品营养强化剂使用标准	
GB/T 28843—2012	食品冷链物流追溯管理要求	
GB 4789.5—2012	食品生物学检验　志贺氏菌检验	GB/T 4789.5—2003
GB 4789.13—2012	食品微生物学检验　产气荚膜梭菌检验	GB/T 4789.13—2003
GB 4789.34—2012	食品微生物学检验　双歧杆菌的鉴定	GB/T 4789.34—2008
GB 4789.38—2012	食品微生物学检验　大肠埃希氏菌计数	GB/T 4789.38—2008
GB/T 28695—2012	离心机转鼓强度计算规范	
GB/T 28696—2012	离心机　分离机转鼓平衡　检验规范	
GB/T 29015—2012	装盒机通用技术条件	
GB/T 29016—2012	直线式粘流体灌装机	
GB/T 29017—2012	连续式喷码机	
GB/T 29018—2012	软管灌装封尾机	
GB/T 29019—2012	透明膜折叠式裹包机	
GB/T 29249—2012	电子称量式烘干法水分测定仪	
GB/T 29250—2012	远红外线干燥箱	
GB/T 29251—2012	真空干燥箱	
GB/T 29346—2012	卧式枕型接缝式裹包机	
GB/T 29335—2012	爪式旋开盖	

（续）

标准号	标准名称	代替标准
GB 11677—2012	易拉罐内壁水基改性环氧树脂涂料	GB 11677—1989
GB/T 28764—2012	包装容器密闭性检测方法　超声波法	
GB/T 28765—2012	包装材料　塑料薄膜、片材和容器的有机气体透过率试验方法	
GB/T 29345—2012	包装容器　铝易开盖钢制两片罐	
GB/T 16716.6—2012	包装与包装废弃物　第6部分：能量回收利用	
GB/T 16716.7—2012	包装与包装废弃物　第7部分：生物降解和堆肥	
GB/T 28837—2012	木质包装检疫处理服务质量要求	
GB/T 28838—2012	木质包装热处理作业规范	
GB/T 24218.11—2012	纺织品　非织造布试验方法　第11部分：溢流量的测定	
GB/T 28463—2012	纺织品　装饰用涂层织物	
GB/T 28464—2012	纺织品　服用涂层织物	
GB/T 29257—2012	纺织品　织物褶皱回复性的评定　外观法	
GB 28937—2012	毛纺工业水污染物排放标准	
GB 28938—2012	麻纺工业水污染物排放标准	
GB/T 17780.1—2012	纺织机械　安全要求　第1部分：通用要求	GB/T 17780—1999
GB/T 17780.2—2012	纺织机械　安全要求　第2部分：纺纱准备和纺纱机械	GB/T 17780—1999
GB/T 17780.3—2012	纺织机械　安全要求　第3部分：非织造布机械	GB/T 17780—1999
GB/T 17780.4—2012	纺织机械　安全要求　第4部分：纱线和绳索加工机械	GB/T 17780—1999
GB/T 17780.5—2012	纺织机械　安全要求　第5部分：机织和针织准备机械	GB/T 17780—1999
GB/T 17780.6—2012	纺织机械　安全要求　第6部分：织造机械	GB/T 17780—1999
GB/T 17780.7—2012	纺织机械　安全要求　第7部分：染整机械	GB/T 17780—1999
GB/T 19382.1—2012	纺织机械与附件　圆柱形条筒　第1部分：主要尺寸	GB/T 19382.1—2003
GB/T 19382.2—2012	纺织机械与附件　圆柱形条筒　第2部分：弹簧托盘	GB/T 19382.2—2003
GB/T 18916.5—2012	取水定额　第5部分：造纸产品	GB/T 18916.5—2002
GB/T 29282—2012	格拉辛纸	
GB/T 29283—2012	水转移印花底纸	
GB/T 29285—2012	纸浆　实验室湿解离　机械浆解离	
GB/T 29286—2012	纸浆　保水值的测定	
GB/T 29287—2012	纸浆　实验室打浆　PFI磨法	
GB/T 28992—2012	热处理实木地板	
GB/T 28994—2012	木质楼梯	
GB/T 28995—2012	人造板饰面专用纸	
GB/T 28996—2012	涂装水泥刨花板	
GB/T 28997—2012	舞台用木质地板	
GB/T 28998—2012	重组装饰材	
GB/T 28999—2012	重组装饰单板	
GB/T 29406.1—2012	木材防腐工厂安全规范　第1部分：工厂设计	
GB/T 29406.2—2012	木材防腐工厂安全规范　第2部分：操作	
GB/T 29408—2012	废弃木质材料分类	

农产品加工业农业行业标准（2012 年）

标 准 号	标 准 名 称	代替标准
NY/T 2121—2012	东北地区硬红春小麦	
NY/T 2283—2012	冬小麦灾害田间调查及分级技术规范	
NY/T 2289—2012	小麦矮腥黑穗病菌检疫检测与鉴定方法	
NY/T 2156—2012	水稻主要病害防治技术规程	
NY/T 2202—2012	碾米成套设备　质量评价技术规范	
NY/T 2285—2012	水稻冷害田间调查及分级技术规范	
NY/T 2287—2012	水稻细菌性条斑病菌检疫检测与鉴定方法	
NY/T 2284—2012	玉米灾害田间调查及分级技术规范	
NY/T 2291—2012	玉米细菌性枯萎病监测技术规范	
NY/T 2114—2012	大豆疫霉病菌检疫检测与鉴定方法	
NY/T 2115—2012	大豆疫霉病监测技术规范	
NY/T 2159—2012	大豆主要病害防治技术规程	
NY/T 875—2012	食用木薯淀粉	NY/T 875—2004
NY/T 2210—2012	马铃薯辐照抑制发芽技术规范	
NY/T 2261—2012	木薯淀粉初加工机械　碎解机　质量评价技术规范	
NY/T 2264—2012	木薯淀粉初加工机械　离心筛　质量评价技术规范	
NY/T 2153—2012	空心莲子草综合防治技术规程	
NY/T 1756—2012	饲料中孔雀石绿的测定	NY/T 1756—2009
NY/T 2130—2012	饲料中烟酰胺的测定　高效液相色谱法	
NY/T 2131—2012	饲料添加剂　枯草芽孢杆菌	
NY/T 2195—2012	饲料加工成套设备能耗限值	
NY/T 2218—2012	饲料原料　发酵豆粕	
NY/T 2297—2012	饲料中苯甲酸和山梨酸的测定　高效液相色谱法	
NY/T 2203—2012	全混合日粮制备机　质量评价技术规范	
NY/T 2162—2012	棉花抗棉铃虫性鉴定方法	
NY/T 2163—2012	棉盲蝽测报技术规范	
NY/T 2206—2012	液压榨油机　质量评价技术规范	
NY/T 2120—2012	香蕉无病毒种苗生产技术规范	
NY/T 2160—2012	香蕉象甲监测技术规程	
NY/T 2251—2012	香蕉花叶心腐病和束顶病病原分子检测技术规范	
NY/T 2255—2012	香蕉穿孔线虫香蕉小种和柑橘小种检测技术规程	
NY/T 2258—2012	香蕉黑条叶斑病原菌分子检测技术规范	
NY/T 2265—2012	香蕉纤维清洁脱胶技术规范	
NY/T 353—2012	椰子　种果和种苗	NY/T 353—1999
NY/T 2161—2012	椰子主要病虫害防治技术规程	
NY/T 590—2012	芒果　嫁接苗	NY 590—2002

（续）

标 准 号	标 准 名 称	代替标准
NY/T 2257—2012	芒果细菌性黑斑病原菌分子检测技术规范	
NY/T 2281—2012	苹果病毒检测技术规范	
NY/T 2157—2012	梨主要病虫害防治技术规程	
NY/T 2282—2012	梨无病毒母本树和苗木	
NY/T 2249—2012	菠萝凋萎病病原分子检测技术规范	
NY/T 2253—2012	菠萝组培苗生产技术规程	
NY/T 2136—2012	标准果园建设规范　苹果	
NY/T 2252—2012	槟榔黄化病病原物分子检测技术规范	
NY/T 2256—2012	热带水果非疫区及非疫生产点建设规范	
NY/T 2260—2012	龙眼等级规格	
NY/T 2276—2012	制汁甜橙	
NY/T 2117—2012	双孢蘑菇冷藏及冷链运输技术规范	
NY/T 2118—2012	蔬菜育苗基质	
NY/T 2119—2012	蔬菜穴盘育苗　通则	
NY/T 2135—2012	蔬菜清洗机洗净度测试方法	
NY/T 2171—2012	蔬菜标准园建设规范	
NY/T 2151—2012	薇甘菊综合防治技术规程	
NY/T 2277—2012	水果蔬菜中有机酸和阴离子的测定　离子色谱法	
NY/T 2278—2012	灵芝产品中灵芝酸含量的测定　高效液相色谱法	
NY/T 2280—2012	双孢蘑菇中蘑菇氨酸的测定　高效液相色谱法	
NY/T 2286—2012	番茄溃疡病菌检疫检测与鉴定方法	
NY/T 2288—2012	黄瓜绿斑驳花叶病毒检疫检测与鉴定方法	
NY/T 864—2012	苦丁茶	NY/T 864—2004
NY/T 2172—2012	标准茶园建设规范	
NY/T 2122—2012	肉鸭饲养标准	
NY/T 2123—2012	蛋鸡生产性能测定技术规范	
NY/T 2124—2012	文昌鸡	
NY/T 2125—2012	清远麻鸡	
NY/T 2169—2012	种羊场建设标准	
NY/T 2200—2012	活塞式挤奶机　质量评价技术规范	
NY/T 2219—2012	超细羊毛	
NY/T 2220—2012	山羊绒分级整理技术规范	
NY/T 2221—2012	地毯用羊毛分级整理技术规范	
NY/T 2152—2012	福寿螺综合防治技术规程	
NY/T 2165—2012	鱼、虾遗传育种中心建设标准	
NY/T 2170—2012	水产良种场建设标准	
NY/T 273—2012	绿色食品　啤酒	NY/T 273—2002

（续）

标 准 号	标 准 名 称	代替标准
NY/T 285—2012	绿色食品　豆类	NY/T 285—2003
NY/T 288—2012	绿色食品　茶叶	NY/T 288—2002
NY/T 289—2012	绿色食品　咖啡	NY/T 289—1995
NY/T 421—2012	绿色食品　小麦及小麦粉	NY/T 421—2000
NY/T 426—2012	绿色食品　柑橘类水果	NY/T 426—2000
NY/T 435—2012	绿色食品　水果、蔬菜脆片	NY/T 435—2000
NY/T 437—2012	绿色食品　酱腌菜	NY/T 437—2000
NY/T 654—2012	绿色食品　白菜类蔬菜	NY/T 654—2002
NY/T 655—2012	绿色食品　茄果类蔬菜	NY/T 655—2002
NY/T 657—2012	绿色食品　乳制品	NY/T 657—2007
NY/T 743—2012	绿色食品　绿叶类蔬菜	NY/T 743—2003
NY/T 744—2012	绿色食品　葱蒜类蔬菜	NY/T 744—2003
NY/T 745—2012	绿色食品　根菜类蔬菜	NY/T 745—2003
NY/T 746—2012	绿色食品　甘蓝类蔬菜	NY/T 746—2003
NY/T 747—2012	绿色食品　瓜类蔬菜	NY/T 747—2003
NY/T 748—2012	绿色食品　豆类蔬菜	NY/T 748—2003
NY/T 749—2012	绿色食品　食用菌	NY/T 749—2003
NY/T 752—2012	绿色食品　蜂产品	NY/T 752—2003
NY/T 753—2012	绿色食品　禽肉	NY/T 753—2003
NY/T 840—2012	绿色食品　虾	NY/T 840—2004
NY/T 841—2012	绿色食品　蟹	NY/T 841—2004
NY/T 842—2012	绿色食品　鱼	NY/T 842—2004
NY/T 1040—2012	绿色食品　食用盐	NY/T 1040—2006
NY/T 1048—2012	绿色食品　笋及笋制品	NY/T 1048—2006
NY/T 2140—2012	绿色食品　代用茶	
NY/T 2209—2012	食品电子束辐照通用技术规范	
NY/T 2211—2012	含纤维素辐照食品鉴定　电子自旋共振法	
NY/T 2212—2012	含脂辐照食品鉴定　气相色谱分析碳氢化合物法	
NY/T 2213—2012	辐照食用菌鉴定　热释光法	
NY/T 2214—2012	辐照食品鉴定　光释光法	
NY/T 2215—2012	含脂辐照食品鉴定　气相色谱质谱分析 2-烷基环丁酮法	
NY/T 2175—2012	农作物优异种质资源评价规范　野生稻	
NY/T 2176—2012	农作物优异种质资源评价规范　甘薯	
NY/T 2177—2012	农作物优异种质资源评价规范　豆科牧草	
NY/T 2178—2012	农作物优异种质资源评价规范　苎麻	
NY/T 2179—2012	农作物优异种质资源评价规范　马铃薯	
NY/T 2180—2012	农作物优异种质资源评价规范　甘蔗	

（续）

标准号	标准名称	代替标准
NY/T 2181—2012	农作物优异种质资源评价规范　桑树	
NY/T 2182—2012	农作物优异种质资源评价规范　莲藕	
NY/T 2183—2012	农作物优异种质资源评价规范　茭白	
NY/T 2184—2012	农作物优异种质资源评价规范　橡胶树	
NY/T 2246—2012	农作物生产基地建设标准　油菜	
NY/T 2224—2012	植物新品种特异性、一致性和稳定性测试指南　大麦	
NY/T 2229—2012	植物新品种特异性、一致性和稳定性测试指南　百合	
NY/T 2231—2012	植物新品种特异性、一致性和稳定性测试指南　梨	
NY/T 2232—2012	植物新品种特异性、一致性和稳定性测试指南　玉米	
NY/T 2233—2012	植物新品种特异性、一致性和稳定性测试指南　高粱	
NY/T 2234—2012	植物新品种特异性、一致性和稳定性测试指南　辣椒	
NY/T 2235—2012	植物新品种特异性、一致性和稳定性测试指南　黄瓜	
NY/T 2236—2012	植物新品种特异性、一致性和稳定性测试指南　番茄	
NY/T 2237—2012	植物新品种特异性、一致性和稳定性测试指南　花生	
NY/T 2238—2012	植物新品种特异性、一致性和稳定性测试指南　棉花	
NY/T 2239—2012	植物新品种特异性、一致性和稳定性测试指南　甘蓝型油菜	
NY/T 2113—2012	农产品等级规格标准编写通则	
NY/T 2137—2012	农产品市场信息分类与计算机编码	
NY/T 2138—2012	农产品全息市场信息采集规范	
NY/T 2149—2012	农产品产地安全质量适宜性评价技术规范	
NY/T 2150—2012	农产品产地禁止生产区划分技术指南	
NY/T 2242—2012	农业部农产品质量安全监督检验检测中心建设标准	
NY/T 2243—2012	省级农产品质量安全监督检验检测中心建设标准	
NY/T 2244—2012	地市级农产品质量安全监督检验检测机构建设标准	
NY/T 2245—2012	县级农产品质量安全监督检测机构建设标准	
NY/T 228—2012	天然橡胶初加工机械　打包机	NY 228—1994
NY/T 338—2012	天然橡胶初加工机械　五合一压片机	NY/T 338—1998
NY/T 381—2012	天然橡胶初加工机械　压薄机	NY/T 381—1999
NY/T 735—2012	天然生胶　子午线轮胎橡胶加工技术规程	NY/T 735—2003
NY/T 2185—2012	天然生胶　胶清橡胶加工技术规程	
NY/T 924—2012	浓缩天然胶乳　氨保存离心胶乳加工技术规程	NY/T 924—2004
NY/T 2166—2012	橡胶树苗木繁育基地建设标准	
NY/T 2167—2012	橡胶树种植基地建设标准	
NY/T 2250—2012	橡胶树棒孢霉落叶病监测技术规程	
NY/T 2259—2012	橡胶树主要病虫害防治技术规范	
NY/T 2263—2012	橡胶树栽培学　术语	
NY/T 2290—2012	橡胶南美叶疫病监测技术规范	

（续）

标 准 号	标 准 名 称	代替标准
NY/T 261—2012	剑麻加工机械 纤维压水机	NY/T 261—1994
NY/T 341—2012	剑麻加工机械 制绳机	NY/T 341—1998
NY/T 342—2012	剑麻加工机械 纺纱机	NY/T 342—1998
NY/T 1108—2012	液体肥料 包装技术要求	NY/T 1108—2006
NY/T 2222—2012	动物纤维直径及成分检测 显微图像分析仪法	
NY/T 2254—2012	甘蔗生产良好农业规范	
SC/T 1008—2012	淡水鱼苗种池塘常规培育技术规范	SC/T 1008—1994
SC/T 1115—2012	剑尾鱼 RR-B系	
SC/T 1116—2012	水产新品种审定技术规范	
SC/T 2003—2012	刺参 亲参和苗种	
SC/T 2009—2012	半滑舌鳎 亲鱼和苗种	
SC/T 2016—2012	拟穴青蟹 亲蟹和苗种	
SC/T 2025—2012	眼斑拟石首鱼 亲鱼和苗种	
SC/T 2042—2012	斑节对虾 亲虾和苗种	
SC/T 2043—2012	斑节对虾亲虾和苗种	
SC/T 2054—2012	鮸状黄菇鱼	
SC/T 3120—2012	冻熟对虾	
SC/T 3121—2012	冻牡蛎肉	
SC/T 3202—2012	干海带	SC/T 3202—1996
SC/T 3204—2012	虾米	SC/T 3204—2000
SC/T 3209—2012	淡菜	SC/T 3209—2001
SC/T 3217—2012	干石花菜	
SC/T 3306—2012	即食裙带菜	
SC/T 5051—2012	观赏渔业通用名词术语	
SC/T 5052—2012	热带观赏鱼命名规则	
SC/T 5101—2012	观赏鱼养殖场条件 锦鲤	
SC/T 5102—2012	观赏鱼养殖场条件 金鱼	
SC/T 7016.1—2012	鱼类细胞系 第1部分：胖头鳂肌肉细胞系（FHM）	
SC/T 7016.2—2012	鱼类细胞系 第2部分：草鱼肾细胞系（CIK）	
SC/T 7016.3—2012	鱼类细胞系 第3部分：草鱼卵巢细胞系（CO）	
SC/T 7016.4—2012	鱼类细胞系 第4部分：虹鳟性腺细胞系（RTG-2）	
SC/T 7016.5—2012	鱼类细胞系 第5部分：鲤上皮瘤细胞系（EPC）	
SC/T 7016.6—2012	鱼类细胞系 第6部分：大鳞大麻哈鱼胚胎细胞系（CHSE）	
SC/T 7016.7—2012	鱼类细胞系 第7部分：棕鮰细胞系（BB）	
SC/T 7016.8—2012	鱼类细胞系 第8部分：斑点叉尾鮰卵巢细胞系（CCO）	
SC/T 7016.9—2012	鱼类细胞系 第9部分：蓝腮太阳鱼细胞系（BF-2）	
SC/T 7016.10—2012	鱼类细胞系 第10部分：狗鱼性腺细胞系（PG）	

（续）

标 准 号	标 准 名 称	代替标准
SC/T 7016.11—2012	鱼类细胞系　第11部分：虹鳟肝细胞系（R1）	
SC/T 7016.12—2012	鱼类细胞系　第12部分：鲤白血球细胞系（CLC）	
SC/T 7017—2012	水生动物疫病风险评估通则	
SC/T 7216—2012	鱼类病毒性神经坏死病（VNN）诊断技术规程	
SC/T 9403—2012	海洋渔业资源调查规范	
SC/T 9406—2012	盐碱地水产养殖用水水质	
SC/T 9407—2012	河流漂流性鱼卵、仔鱼采样技术规范	

农产品加工业林业行业标准（2012年）

标 准 号	标 准 名 称	代替标准
LY/T 2033—2012	油茶籽	
LY/T 2034—2012	油茶果采后处理技术规程	
LY/T 2035—2012	杏李生产技术规程	
LY/T 2036—2012	油橄榄栽培技术规程	
LY/T 2038—2012	橄榄丰产栽培技术规程	
LY/T 2040—2012	北方杏鲍菇栽培技术规程	
LY/T 2042—2012	九叶青花椒丰产栽培技术规程	
LY/T 2043—2012	寿竹笋用林栽培技术规程	
LY/T 2044—2012	葛根栽培技术规程	
LY/T 2017—2012	养鹿场良好管理规范	
LY/T 1284—2012	木材防腐剂对软腐菌毒性实验室试验方法	LY/T 1284—1998
LY/T 1286—2012	刨花干燥机节能监测方法	LY/T 1286—1998
LY/T 1287—2012	人造板热压机节能监测方法	LY/T 1287—1998
LY/T 1529—2012	胶合板生产综合能耗	LY/T 1529—1999
LY/T 2053—2012	木材的近红外光谱定性分析方法	
LY/T 2054—2012	锯材机械加工性能评价方法	
LY/T 2073—2012	浸渍纸层压木质地板生产综合能耗	
LY/T 2074—2012	竹材胶合板生产综合能耗	

农产品加工业内贸行业标准（2012年）

标 准 号	标 准 名 称	代替标准
SB/T 240—2012	饼干成型机型号编制方法	
SB/T 241—2012	冲印式和辊切式饼干成型机技术条件	
SB/T 242—2012	辊印式饼干成型机技术条件	
SB/T 243—2012	饼干成型机型式与主要参数	

（续）

标 准 号	标 准 名 称	代替标准
SB/T 10127—2012	和面机技术条件	
SB/T 10649—2012	大豆蛋白制品	
SB/T 10686—2012	大豆食品工业术语	
SB/T 10687—2012	大豆食品分类	
SB/T 10652—2012	米饭、米粥、米粉制品	
SB/T 10694—2012	面包醒发箱	
SB/T 10696—2012	商用豆浆机	
SB/T 10697—2012	商用电汽两用蒸饭柜	
SB/T 10710—2012	酒类产品流通术语	
SB/T 10711—2012	葡萄酒原酒流通技术规范	
SB/T 10712—2012	葡萄酒运输、贮存技术规范	
SB/T 10713—2012	白酒原酒及基酒流通技术规范	
SB/T 10752—2012	马铃薯雪花全粉	
SB/T 10065—2012	豆芽菜生长机技术条件	
SB/T 10714—2012	芹菜流通规范	
SB/T 10715—2012	胡萝卜贮藏指南	
SB/T 10716—2012	甜椒冷藏和运输指南	
SB/T 10717—2012	栽培蘑菇冷藏和冷藏运输指南	
SB/T 10751—2012	豆芽生产 HACCP 应用规范	
SB/T 10753—2012	沙拉酱	
SB/T 10754—2012	蛋黄酱	
SB/T 10755—2012	芥末酱	
SB/T 10756—2012	泡菜	
SB/T 10788—2012	茄子流通规范	
SB/T 10789—2012	西葫芦流通规范	
SB/T 10790—2012	果蔬真空预冷机	
SB/T 10654—2012	茶馆经营服务规范	
SB/T 10293—2012	乳猪肉	
SB/T 10294—2012	腌猪肉	
SB/T 10363—2012	猪屠宰分割安全产品质量认证评审准则	
SB/T 10364—2012	牛屠宰分割安全产品质量认证评审准则	
SB/T 10365—2012	羊屠宰分割安全产品质量认证评审准则	
SB/T 10366—2012	禽屠宰分割安全产品质量认证评审准则	
SB/T 10373—2012	胶原蛋白肠衣	
SB/T 10381—2012	真空软包装卤肉制品	
SB/T 10651—2012	咸鸭蛋黄	
SB/T 10656—2012	猪肉分级	

（续）

标准号	标准名称	代替标准
SB/T 10657—2012	生猪无害化处理操作规范	
SB/T 10658—2012	生猪副产品加工人员技能要求	
SB/T 10659—2012	畜禽产品包装与标识	
SB/T 10660—2012	屠宰企业消毒规范	
SB/T 10661—2012	屠宰企业消毒人员技能要求	
SB/T 10746—2012	猪肉及猪副产品流通分类与代码	
SB/T 10747—2012	牛肉及牛副产品流通分类与代码	
SB/T 10748—2012	羊肉及羊副产品流通分类与代码	
SB/T 10749—2012	禽肉及禽副产品流通分类与代码	
SB/T 10757—2012	牛肉汁调味料	
SB/T 10680—2012	肉类蔬菜流通追溯体系编码规则	
SB/T 10681—2012	肉类蔬菜流通追溯体系信息传输技术要求	
SB/T 10682—2012	肉类蔬菜流通追溯体系信息感知技术要求	
SB/T 10683—2012	肉类蔬菜流通追溯体系管理平台技术要求	
SB/T 10684—2012	肉类蔬菜流通追溯体系信息处理技术要求	
SB/T 10718—2012	鲜（冻）畜禽产品专卖店管理规范	
SB/T 10728—2012	易腐食品冷藏链技术要求　果蔬类	
SB/T 10729—2012	易腐食品冷藏链操作规范　果蔬类	
SB/T 10730—2012	易腐食品冷藏链技术要求　禽畜肉	
SB/T 10731—2012	易腐食品冷藏链操作规范　畜禽肉	
SB/T 10131—2012	冲印式硬糖成型机技术条件	
SB/T 10132—2012	糖果机械型号编制方法	
SB/T 10184—2012	糖果拉条机技术条件	
SB/T 10204—2012	糖果拉白机技术条件	
SB/T 10263—2012	连续真空熬糖机技术条件	
SB/T 10276—2012	酥糖成型机技术条件	
SB/T 10650—2012	冰淇淋筒	
SB/T 10670—2012	坚果与籽类食品　术语	
SB/T 10671—2012	坚果炒货食品　分类	
SB/T 10672—2012	熟制松籽和仁	
SB/T 10673—2012	熟制扁桃（巴旦木）核和仁	
SB/T 10291.1—2012	食品机械术语　第1部分：饮食机械	
SB/T 10291.2—2012	食品机械术语　第2部分：糕点加工机械	
SB/T 10678—2012	主食冷链配送良好操作规范	
SB/T 10679—2012	主食加工配送中心良好生产规范	
SB/T 10750—2012	主食加工配送中心产品质量检测室技术规范	
SB/T 10648—2012	冷藏调制食品	

（续）

标准号	标准名称	代替标准
SB/T 10695—2012	商用电热铛	
SB/T 10699—2012	速冻食品生产管理规范	
SB/T 10791—2012	熟食品真空冷却机	
SB/T 10792—2012	冷饮预调机	
SB/T 10793—2012	冷饮现调机	
SB/T 10794.1—2012	商用冷柜　第1部分：术语	
SB/T 10794.2—2012	商用冷柜　第2部分：分类、要求和试验条件	
SB/T 10794.3—2012	商用冷柜　第3部分：饮料冷藏陈列柜	

农产品加工业机械行业标准（2012年）

标准号	标准名称	代替标准
JB/T 5279—2012	振动流化床干燥机	JB/T 5279—1998
JB/T 8714—2012	离心式喷雾干燥机	JB/T 8714—1998
JB/T 9022—2012	振动筛设计规范	JB/T 9022—1999
JB/T 10176—2012	旋转闪蒸干燥机	JB/T 10176—2000
JB/T 10207—2012	耙式真空干燥机	JB/T 10207—2000
JB/T 10279—2012	滚筒干燥机	JB/T 10279—2001
JB/T 11281—2012	沸腾制粒机	
JB/T 11282—2012	喷雾冷却制粒机	
JB/T 11283—2012	沸腾干燥机	
JB/T 11359—2012	带式干燥机	
JB/T 11360—2012	管束干燥机	
JB/T 11361—2012	空心桨叶干燥机	
JB/T 11362—2012	螺旋振动干燥机	
JB/T 11363—2012	热风循环烘箱	
JB/T 11364—2012	双锥回转真空式干燥机	
JB/T 11365—2012	真空干燥机	
JB/T 11397—2012	热板式连续真空干燥机	
JB/T 11409—2012	压力式喷雾干燥机	
JB/T 20015—2012	湿法混合制粒机	JB 20015—2004
JB/T 20025—2012	全自动硬胶囊充填机	JB 20025—2004
JB/T 20032—2012	药用真空冷冻干燥机	JB 20032—2004
JB/T 11299—2012	饲料机械　产品涂装通用技术条件	
JB/T 11300—2012	饲料机械　振动分级筛	
JB/T 11301—2012	饲料机械　产品使用说明书	
JB/T 20075—2012	振动式药物超微粉碎机	JB/T 20075—2005

（续）

标 准 号	标 准 名 称	代替标准
JB/T 20144—2012	药用冻干机在线取样装置	
JB/T 20145—2012	药用冻干机无框式自动进出料装置	
JB/T 20146—2012	药用液氮制冷真空冷冻干燥机	
JB/T 20147—2012	玻璃输液瓶真空充氮灌装机	
JB/T 20151—2012	塑料安瓿制瓶灌装封口一体机	
JB/T 20152—2012	行星式混合机	
JB/T 20154—2012	药用双管板换热器	

农产品加工业轻工行业标准（2012 年）

标 准 号	标 准 名 称	代替标准
QB/T 1237—2012	电炒锅	QB/T 1237—1991
QB/T 1506—2012	烟用香精	QB/T 1506—2004
QB/T 2571—2012	饮料混合机	QB/T 2571—2002
QB/T 2588—2012	制酒饮料机械　卸箱机	QB/T 2588—2003
QB/T 2589—2012	制酒饮料机械　装箱机	QB/T 2589—2003
QB/T 2642—2012	麦芽酚	QB/T 2642—2004
QB/T 4313—2012	食品工具和工业设备用酸性清洗剂	
QB/T 4314—2012	食品工具和工业设备用碱性清洗剂	
QB/T 4321—2012	L-阿拉伯糖	
QB/T 4356—2012	黄酒中游离氨基酸的测定　高效液相色谱法	
QB/T 4402—2012	饮水机内胆技术要求	
QB/T 4406—2012	商用豆浆机	
QB/T 4407—2012	煎烤机	
QB/T 4408—2012	电炖锅及类似器具	
QB/T 4441—2012	含果肉饮料二次灌装生产线	
QB/T 1050—2012	纸与纸板撕裂度仪	QB/T 1050—1998
QB/T 1051—2012	纸板挺度测定仪	QB/T 1051—1998
QB/T 1664—2012	纸板戳穿强度测定仪	QB/T 1664—1998
QB/T 1667—2012	纸与纸板透气度测定仪	QB/T 1667—1998
QB/T 4320—2012	鲜花包装纸	
QB/T 4378—2012	蜂窝纸板	
QB/T 4379—2012	手提纸袋	
QB/T 4380—2012	无碳复写纸原纸	
QB/T 4381—2012	吸尘器集尘袋内层纸	
QB/T 1193—2012	羽绒羽毛被	QB/T 1193—1991
QB/T 1194—2012	羽绒羽毛床垫	QB/T 1194—1991

（续）

标准号	标准名称	代替标准
QB/T 1195—2012	羽绒羽毛睡袋	QB/T 1195—1991
QB/T 1196—2012	羽绒羽毛枕、垫	QB/T 1196—1991
QB/T 1262—2012	毛皮 验收、标志、包装、运输和贮存	QB/T 1262—1991 等
QB/T 1263—2012	毛皮 缺陷的测量和计算	QB/T 1263—1991
QB/T 1266—2012	毛皮 物理和机械试验 试样的准备和调节	QB/T 1266—1991
QB/T 1267—2012	毛皮 化学、物理和机械、色牢度试验 取样部位	QB/T 1267—1991
QB/T 1268—2012	毛皮 物理和机械试验 厚度的测定	QB/T 1268—1991
QB/T 1269—2012	毛皮 物理和机械试验 抗张强度和伸长率的测定	QB/T 1269—1991 等
QB/T 1271—2012	毛皮 物理和机械试验 收缩温度的测定	QB/T 1271 1991
QB/T 1272—2012	毛皮 化学试验样品的准备	QB/T 1272—1991
QB/T 1273—2012	毛皮 化学试验 挥发物的测定	QB/T 1273—1991
QB/T 1274—2012	毛皮 化学试验 总灰分的测定	QB/T 1274—1991
QB/T 1275—2012	毛皮 化学试验 氧化铬（Cr_2O_3）的测定	QB/T 1275—1991
QB/T 1276—2012	毛皮 化学试验 四氯化碳萃取物的测定	QB/T 1276—1991
QB/T 1277—2012	毛皮 化学试验 pH 的测定	QB/T 1277—1991
QB/T 1279—2012	毛皮 物理和机械试验 透水汽性的测定	QB/T 1279—1991
QB/T 4361—2012	皮革洁亮膏	
QB/T 4366—2012	貉子毛皮	
QB/T 4369—2012	家具（板材）用蜂窝纸芯	
QB/T 4370—2012	家具用软质阻燃聚氨酯泡沫塑料	
QB/T 4371—2012	家具抗菌性能的评价	
QB/T 4372—2012	家具表面涂覆 溶剂型木器涂料施工技术规范	
QB/T 4373—2012	家具表面涂覆 水性木器涂料施工技术规范	
QB/T 4374—2012	家具制造 木材拼板的作业和工艺	

农产品加工业出入境检验检疫行业标准（2012 年）

标准号	标准名称	代替标准
SN/T 3075—2012	香蕉肾盾蚧检疫鉴定方法	
SN/T 3277—2012	鳄梨日斑类病毒检疫鉴定方法	
SN/T 3279—2012	富士苹果磷化氢低温检疫熏蒸处理方法	
SN/T 3287—2012	棉花皱叶病毒分子检疫鉴定方法	
SN/T 3288—2012	柠檬干枯病菌检疫鉴定方法	
SN/T 3289—2012	苹果果腐病菌检疫鉴定方法	
SN/T 3290—2012	苹果异形小卷蛾检疫鉴定方法	
SN/T 2905.3—2012	出口食品质量安全控制规范 第 3 部分：肠衣	
SN/T 3179—2012	食品接触材料检测方法 纸和纸板 感官分析 气味	

（续）

标准号	标准名称	代替标准
SN/T 3229—2012	食品消毒剂和防腐剂杀菌效果评价方法	
SN/T 3254—2012	出口调味品质量安全控制规范	
SN/T 3260—2012	供港澳冰鲜猪肉检验检疫规程	
SN/T 3262—2012	进出口酱油检验规程	SN/T 0548—1996
SN/T 3274—2012	出境河蟹现场检疫监管规程	
SN/T 2854.2—2012	出口宠物食品检验检疫监管规程　第2部分：烘干禽肉类	
SN/T 3197—2012	出口动物及动物源性食品残留监控技术规范	
SN/T 3201—2012	出境水生动物中转包装场建设要求	
SN/T 3225.1—2012	纺织品　三氯生的测定　第1部分：高效液相色谱法	
SN/T 3225.2—2012	纺织品　三氯生的测定　第2部分：气相色谱法	
SN/T 3225.3—2012	纺织品　三氯生的测定　第3部分：气相色谱-质谱法	
SN/T 3225.4—2012	纺织品　三氯生的测定　第4部分：气相色谱/串联质谱法	
SN/T 3226—2012	纺织品与皮革制品中尼泊金酯类防腐剂的测定	
SN/T 3227—2012	进出口纺织品中9种致癌染料的测定　液相色谱-串联质谱法	
SN/T 3228—2012	进出口纺织品中有机磷阻燃剂的检测方法	
SN/T 3236—2012	纺织纤维鉴别试验方法　拉曼光谱法	
SN/T 3238.1—2012	进出口纺织机械检验规程　第1部分：通用要求	
SN/T 3238.2—2012	进出口纺织机械检验规程　第2部分：织袜机	
SN/T 3272.1—2012	出境干果检疫规程　第1部分：通用要求	
SN/T 3272.2—2012	出境干果检疫规程　第2部分：苦杏仁	
SN/T 3272.3—2012	出境干果检疫规程　第3部分：山核桃	
SN/T 3272.4—2012	出境干果检疫规程　第4部分：板栗	
SN/T 3273.1—2012	出境鲜果检疫规程　第1部分：番石榴	
SN/T 3273.2—2012	出境鲜果检疫规程　第2部分：李	
SN/T 3273.4—2012	出境鲜果检疫规程　第4部分：枇杷	
SN/T 3273.5—2012	出境鲜果检疫规程　第5部分：桃	
SN/T 3273.6—2012	出境鲜果检疫规程　第6部分：西瓜	
SN/T 3273.7—2012	出境鲜果检疫规程　第7部分：杏	
SN/T 3273.8—2012	出境鲜果检疫规程　第8部分：杨桃	
SN/T 3273.9—2012	出境鲜果检疫规程　第9部分：樱桃	
SN/T 3275—2012	出口竹制品溴甲烷熏蒸处理规程	

农产品加工业烟草行业标准（2012年）

标准号	标准名称	代替标准
YC/T 145.1—2012	烟用香精　酸值的测定	YC/T 145.1—1998
YC/T 145.2—2012	烟用香精　相对密度的测定	YC/T 145.2—1998

（续）

标准号	标准名称	代替标准
YC/T 145.3—2012	烟用香精　折光指数的测定	YC/T 145.3—1998
YC/T 145.9—2012	烟用香精　挥发性成分总量通用检测方法	YC/T 145.9—1998
YC/T 145.11—2012	烟用香精　复杂样品的前处理方法	YC/T 145.11—1998
YC/T 164—2012	烟用香精	YC/T 164—2003
YC/T 198.1—2012	卷烟品牌合作生产质量保障规范　第1部分：总则	YC/T 198—2006
YC/T 198.2—2012	卷烟品牌合作生产质量保障规范　第2部分：写实评估	YC/T 198—2006
YC/T 198.4—2012	卷烟品牌合作生产质量保障规范　第4部分：评价与改进	YC/T 198—2006
YC/Z 204—2012	烟草行业信息化标准体系	YC/Z 204—2006
YC/T 270—2012	烟草机械常用材料	YC/T 270—2008
YC/T 427—2012	烟草及烟草制品　灰分的测定	
YC/T 428—2012	卷烟机剔除梗签物中含丝量的测定	
YC/T 429—2012	叶丝滚筒干燥设备　工艺性能测试规程	
YC/T 432—2012	卷烟工业企业能源计量器具配备与管理通则	
YC/T 433—2012	打叶复烤生产过程产品安全卫生保障通则	
YC/T 434.1—2012	烟草机械验收　第1部分：卷烟卷制质量综合判定	
YC/T 434.2—2012	烟草机械验收　第2部分：卷烟盒、条包装质量综合判定	
YC/T 435—2012	烟草病虫害预测预报工作规范	
YC/T 436—2012	香料烟　调制技术规程	
YC/T 437—2012	烟蚜茧蜂防治烟蚜技术规程	
YC/T 438—2012	烟草商业企业卷烟物流配送车辆管理规范	
YC/T 439—2012	烟草商业企业卷烟送货服务规范	
YC/T 440—2012	片烟贮存养护　异常情况处理通用技术指南	
YC/T 441—2012	烟用添加剂禁用成分　硫脲的测定　高效液相色谱法	
YC/Z 441—2012	烟用包装材料交验抽样导则	
YC/T 443—2012	烟用拉线	
YC 444—2012	烟草工业用水卫生要求	
YC/T 446—2012	卷烟吸阻和滤棒压降检测设备通用技术条件	
YC/T 449—2012	烟叶　片烟大小及其分布的测定　叶面积法	
YC/T 450—2012	卷烟工业企业知识分类与编码	
YC/T 451.1—2012	烟草行业数据中心人力资源数据元　第1部分：数据元目录	
YC/T 451.2—2012	烟草行业数据中心人力资源数据元　第2部分：代码集	

农产品加工业纺织行业标准（2012年）

标准号	标准名称	代替标准
FZ/T 01032—2012	织物及制品缝纫损伤的试验方法	FZ/T 01032—1993
FZ/T 01033—2012	绒毛织物单位面积质量和含（覆）绒率的试验方法	FZ/T 01033—1993

（续）

标准号	标准名称	代替标准
FZ/T 01054—2012	织物表面摩擦性能的试验方法	FZ/T 01054.2—1999
FZ/T 01057.8—2012	纺织纤维鉴别试验方法　第8部分：红外光谱法	FZ/T 01057.8—1999
FZ/T 01057.9—2012	纺织纤维鉴别试验方法　第9部分：双折射率法	FZ/T 01057.10—1999
FZ/T 01113—2012	织物小变形剪切性能的试验方法	
FZ/T 01114—2012	织物低应力拉伸性能的试验方法	
FZ/T 01115—2012	织物表面粗糙性能的试验方法	
FZ/T 01116—2012	纺织品　磁性能的检测和评价	
FZ/T 01117—2012	纺织品　防穿刺性能的测定　有刃刀具法	
FZ/T 01118—2012	纺织品　防污性能的检测和评价　易去污性	FZ/T 10012—1998
FZ/T 12030—2012	转杯纺棉色纺纱	
FZ/T 12031—2012	紧密纺棉色纺纱	
FZ/T 12032—2012	纯棉竹节本色纱	
FZ/T 12033—2012	纯棉竹节色纺纱	
FZ/T 12036—2012	精梳棉与羊毛混纺色纺纱线	
FZ/T 13025—2012	精梳棉粘混纺本色布	
FZ/T 20010—2012	毛织物尺寸变化的测定　温和式家庭洗涤法	FZ/T 20010—1993
FZ/T 20013—2012	防虫蛀毛纺织产品	FZ/T 20013—1996
FZ/T 20015.1—2012	毛纺产品分类、命名及编号　精梳毛织品	FZ/T 20015.1—1998
FZ/T 20015.2—2012	毛纺产品分类、命名及编号　粗梳毛织品	FZ/T 20015.2—1998
FZ/T 20015.3—2012	毛纺产品分类、命名及编号　驼绒	FZ/T 20015.3—1998
FZ/T 20015.4—2012	毛纺产品分类、命名及编号　造纸毛毯	FZ/T 20015.4—1998 等
FZ/T 20015.5—2012	毛纺产品分类、命名及编号　毛毡	FZ/T 20015.5—1998
FZ/T 20021—2012	织物经汽蒸后尺寸变化试验方法	FZ/T 20021—1999
FZ/T 20024—2012	羊毛条毡缩性测试　洗涤法	
FZ/T 22006—2012	超高支精梳羊毛机织纱	
FZ/T 22007—2012	超高支精梳羊绒机织纱	
FZ/T 24016—2012	超高支精梳毛织品	
FZ/T 24017—2012	超高支精梳纯羊绒织品	
FZ/T 24018—2012	精梳毛麻织品	
FZ/T 24019—2012	印花羊绒针织品	
FZ/T 25001—2012	工业用毛毡	FZ/T 25001—1992
FZ/T 25002—2012	造纸毛毯试验方法	FZ/T 25002.4—1993
FZ/T 25003—2012	机织造纸毛毯	FZ/T 25002.2—1993
FZ/T 25004—2012	针刺造纸毛毯	FZ/T 25002.3—1993
FZ/T 25005—2012	底网造纸毛毯	FZ/T 25002.5—2000
FZ/T 32014—2012	转杯纺大麻本色纱	
FZ/T 32015—2012	大麻涤纶混纺本色纱	

（续）

标准号	标准名称	代替标准
FZ/T 33014—2012	亚麻（或大麻）涤纶混纺本色布	
FZ/T 34001—2012	苎麻印染布	FZ/T 34001—2003
FZ/T 34004—2012	涤麻（苎麻）混纺印染布	FZ/T 34004—2003
FZ/T 34009—2012	亚麻（或大麻）棉混纺印染布	
FZ/T 43008—2012	和服绸	FZ/T 43008—1998
FZ/T 42011—2012	色纺桑蚕筒装绢丝	
FZ/T 60032—2012	被、被套规格	
FZ/T 60033—2012	家用纺织品　毛巾不均匀水洗尺寸变化的测定	
FZ/T 61007—2012	家用纺织品　超细纤维毯	
FZ/T 62020—2012	家用纺织品　经编间隔床垫	
FZ/T 62022—2012	家用纺织品　窗纱	
FZ/T 62023—2012	家用纺织品　枕垫类产品荞麦皮填充物质量要求	
FZ/T 63017—2012	全棉薄型机织带	
FZ/T 64030—2012	棉型芯垫肩衬	
FZ/T 70008—2012	毛针织物编织密度系数试验方法	FZ/T 70008—1999
FZ/T 70014—2012	针织 T 恤衫规格尺寸系列	
FZ/T 72014—2012	针织色织提花天鹅绒面料	
FZ/T 72016—2012	针织复合服用面料	
FZ/T 73018—2012	毛针织品	FZ/T 73018—2002
FZ/T 73020—2012	针织休闲服装	FZ/T 73020—2004
FZ/T 73022—2012	针织保暖内衣	FZ/T 73022—2004
FZ/T 73043—2012	针织衬衫	
FZ/T 73044—2012	针织配饰品	
FZ/T 92016—2012	精梳毛纺环锭细纱锭子	FZ/T 92016—1992
FZ/T 92019—2012	棉纺环锭细纱机牵伸下罗拉	FZ/T 92019—2004
FZ/T 92061—2012	普通轧车用不锈钢轧辊	FZ/T 92061—1998
FZ/T 92062—2012	普通轧车用橡胶轧辊	FZ/T 92062—1998
FZ/T 92080—2012	纺织用回转式水过滤器	
FZ/T 93001—2012	粗纺梳毛机	FZ/T 93001—1991
FZ/T 93013—2012	精梳毛纺环锭细纱机	FZ/T 93013—1992
FZ/T 93079—2012	转杯纺纱机　减震套	
FZ/T 93080—2012	转杯纺纱机　压轮轴承	
FZ/T 93082—2012	半精纺梳理机	
FZ/T 93043—2012	棉纺并条机	FZ/T 93043—1997
FZ/T 97017—2012	针织横机针床通用技术条件	FZ/T 97017—1999
FZ/T 97026—2012	针织横机三角通用技术条件	

农产品加工业发明专利（2011年）

［2011年农产品加工业（含加工制品、加工技术与设备）部分专利选摘］

申请或批准号	发 明 名 称	申请人	通 讯 地 址	发明人
201120023616.2	多筒螺旋冷面机	李志国	（133000）吉林省延吉市移动小区7号楼1单元702室	李志国
201120039086.0	自动卷面皮机	陈齐明	（214000）江苏省无锡市新区旺庄镇春丰村秦巷居民组90号	陈齐明
201120179410.9	手动面条加工机	孟凡宁	（116000）辽宁省大连市金石滩陈家村汪庄屯	孟凡宁
201120237936.8	一种带有持续振动装置的油炸方便面生产线	周德利	（100029）北京市朝阳区华严北里39号院2门901号	周德利
201120273649.2	一种洗面皮机	耿军正	（737200）甘肃省金昌市永昌县文昌路宝河苑2号楼402号	耿军正
201120306245.9	回皮压面机	司军伟	（610000）四川省成都市温江区公平花都大道西段588号5栋1单元7号	司军伟
201120399911.8	多功能即时计量挤面条机	徐际长	（200080）上海市虹口区四川北路四川里41号207室	徐际长
201120431309.8	一种新型自动和面机	王朝民；王战浩	（461500）河南省长葛市益民街西段	王朝民；王战浩
201120478006.1	夹心面条机	高 凡	（266300）山东省青岛市胶州市泸州路397号水寨七公司北区3-2-302号	高 凡
201120499935.0	削面机	何宏祥	（037036）山西省大同市西花园东华家属院8楼4门3号	何宏祥
201120513334.0	一种新型刀削面机	刘志杰	（450000）河南省郑州市高新技术开发区石佛镇兰寨村南一街3号	刘志杰
201120536945.7	混宽面式压面机切面刀	王应科	（830000）新疆维吾尔自治区乌鲁木齐市沙依巴克区揽秀园西街15号	王应科
201120169195.4	单螺旋馒头机	刘 军	（253000）山东省平原县经济开发区光明东大街29号1号楼2单元502号	刘 军
201120418269.3	一种烤鸭卷饼压饼机	杨凤英	（101399）北京市顺义区北小营镇前鲁各庄村吉祥街4号	杨凤英
201120495875.5	自动烙饼机	张权伟	（050031）河北省石家庄市金马西区腾达园12号	张权伟
201120112794.2	一种三角肉燕饺成型机	祝华园	（350000）福建省福州市晋安区连潘村秀坂路141号	祝华园
201120289851.4	压皮式饺子机	孙占礼	（055150）河北省邢台市任县邢家湾镇孙家庄村	孙占礼；王建伟
201120435391.1	一种饺子皮机	孙宁军	（714302）陕西省渭南市潼关县代字营乡代字营村九组	孙宁军

（续）

申请或批准号	发明名称	申请人	通讯地址	发明人
201120556473.1	连续式自动翻转两面烙饼机	王凯新；王洪新	（110024）辽宁省沈阳市铁西区奖工南街35号	王凯新；王洪新
201120259113.5	全自动多功能包子机	刘宪敏	（274415）山东省菏泽市曹县苏集镇刘辛庄行政村刘辛庄42号	刘宪敏
201120289834.0	液压供面式包子机	孙占礼	（055150）河北省邢台市任县邢家湾镇孙家庄村	孙占礼；王建伟
201120449120.1	一种双层面皮包子生产设备	高 柱	（200090）上海市杨浦区长阳路1568号四季广场23号	高 柱
201120016283.0	露馅馄饨	郭建忠	（116023）辽宁省大连市沙河口区锦泉南园13号楼1-401号	郭建忠
201120194400.2	一种全自动横向切开面包注馅机	董凤彪	（214000）江苏省无锡市北塘区黄巷街道庄前社区陈巷373号	董凤彪
201220032506.7	一种调温型烤面包机	励彩玲	（315725）浙江省象山县新桥镇外香村1组73号	励彩玲
201120017782.1	烘干粉皮机	李东彬	（273100）山东省济宁市曲阜市校场路9号7号楼3单元105室	李东彬
201120078196.8	面疙瘩加工设备	赵 凯	（110000）辽宁省沈阳市于洪区黄山路23号522室	赵 凯
201120471451.5	全自动蛋糕机	任军杰	（300120）天津市滨海新区塘沽江苏路593号塘沽上海道小学	任军杰
201120134525.6	磨牙饼干	史伟立	（315725）浙江省象山县新桥镇石柱外村9组11号	史伟立
201120271863.4	一种托盘式曲奇机	刘锐华	（528300）广东省佛山市顺德区北滘镇碧桂园海景19街28号	刘锐华
201120061157.7	豆皮包馅卷类食品自动卷成机	杨瑛玉	（361004）福建省厦门市思明区祥滨路81号301	杨瑛玉
201120137829.8	豆腐干制作配份器	陈东彩	（364200）福建省上杭县振兴东路东方明珠A1602	陈东彩
201120140589.7	一种太阳能蒸汽炒豆沙馅装置	林 皓	（317500）浙江省温岭市太平街道长大楼路69号	林 皓
201120209754.X	一种豆腐、豆腐脑和豆浆一体机	李军生	（528305）广东省佛山市顺德区容桂文海花园豪翠轩C座506号	李军生
201120514409.7	豆腐管道一体成型机	李荣新	（512000）广东省韶关市武江区省利民药厂宿舍173号	李荣新
201120542683.5	一种多功能家用豆腐机	曾盛华	（421600）湖南省祁东县步云桥镇岳塘村5组	曾盛华
201120560395.2	一种剥豆壳机	潘嘉阳	（310015）浙江省杭州市拱墅区湖墅南路427号	潘嘉阳

（续）

申请或批准号	发明名称	申请人	通讯地址	发明人
201120048597.9	一种合金元素豆浆机	马汉堡	（241000）安徽省芜湖市镜湖区文化路银苑小区13栋2单元102室	马汉堡
201120073594.0	新型豆浆机	王建平	（321000）浙江省金华市金东区澧浦镇春和路25号	王建平
201120078047.1	无线控制豆浆机	卓懋百	（315500）浙江省奉化市锦屏街道锦屏南路3号	卓懋百
201120078067.9	带加热装置的豆浆机	卓懋百	（315500）浙江省奉化市锦屏街道锦屏南路3号	卓懋百
201120095546.1	全自动现磨豆浆贩卖机	吴　锋	（510620）广东省广州市天河区天河路104号	吴　锋
201120186374.9	一种新型豆浆机	王剑斌	（525000）广东省茂名市茂南区为民路99号大院1号802房	王剑斌
201120400891.1	一种家用豆浆机	衡　涛；任伯敏	（621001）四川省绵阳市游仙区小枧沟场镇利民街58号附237号	衡　涛；任伯敏
201120459516.4	改进的多用途豆浆机	罗德九	（650224）云南省昆明市盘龙区小坝麻线营小区昆明第12幼儿园罗德芬转	罗德九
201120034413.3	立式粮食烘干塔	赵如月	（234010）安徽省蚌埠市怀远县城关镇永平街农机一厂东巷4里2号	赵如月
201120037283.9	一种粮食烘干机	汪永辉	（241300）安徽省芜湖市南陵县籍山镇桃花园小区8幢2单元501室	汪永辉
201120040755.6	多功能谷物风干机	齐春喜	（150800）黑龙江省哈尔滨市方正县方正镇松花江街223号	齐春喜
201120051041.5	温室储热型太阳能热风谷物干燥装置	康树人	（150090）黑龙江省哈尔滨市南岗区红旗大街180号创业中心26号楼330室	康树人；蔺保华等
201120052597.6	一种立体粮食烘干机	郭法耀	（524200）广东省湛江市雷州市龙门镇火炬农场5队宿舍082号	郭法耀
201120107959.7	热风烘焙机	刘　洪；吴智彪	（518000）广东省深圳市龙岗区葵涌奔康工业区11栋4楼	刘　洪；吴智彪
201120141593.5	一种粮食晒收机	付雪金	（336400）江西省宜春市上高县锦江镇墒上村墒上19号	付雪金
201120175869.1	一种粮食烘干机	任永平	（226236）江苏省启东市近海镇杨香圃村6组223号	任永平
201120199945.2	混流式粮食烘干机	曹云飞	（236500）安徽省界首市福通路97号界首市云龙粮机配套工程有限公司	曹云飞；曹鹏飞
201120272361.3	粮食烘干机	刘永年	（723007）陕西省汉中市汉台区铺镇新正街东方机械制造厂	刘永年
201120304162.6	新型低温粮食干燥机	姜少华	（110034）辽宁省沈阳市于洪区白山路18-3号	姜少华

（续）

申请或批准号	发明名称	申请人	通讯地址	发明人
201120319288.0	稻谷烘干机	胡国雄	（311800）浙江省诸暨市东江路25号帝景苑12幢1单元801室	胡国雄
201120380794.0	循环粮食烘干机	郭法耀	（524200）广东省湛江市雷州市龙门镇火炬农场5队宿舍082号	郭法耀
201120396801.6	热风烘烤机	杨永中	（550002）贵州省贵阳市南明区电力巷17号2幢3单元4号	杨永中
201120397008.8	烘焙机	杨　蛟	（553304）贵州省毕节地区纳雍县维新镇盐井村和平组	杨　蛟
201120431446.1	烘稻机	汪　浩	（243000）安徽省马鞍山市雨山区马向路安徽工业大学东校区	汪　浩
201120507895.X	双向通风粮食风干仓	孙秀海	（028400）内蒙古自治区通辽市开鲁县街基镇大兴村	孙秀海
201120281503.2	浆渣分离机	高树聪；高树满	（101116）北京市通州区台湖镇西下营工业区9号	高树聪；高树满
201120477037.5	木薯渣压干机	冯水珑	（537500）广西壮族自治区玉林市容县自良镇古济村新安1队12号	冯水珑；冯　琪
201120560176.4	一种多功能无油旋风电烤炉	林日光	（518000）广东省深圳市宝安区龙华龙城派出所代管户	林日光
201120026101.8	一种超声波粮食保湿调质机	刘　陆	（236500）安徽省界首市颍南办事处牛行街300号	刘　陆
201120032099.5	一种橄榄球式爆米花机	龚晓苹	（315300）浙江省慈溪市浒山街道城东新村西区134号楼201室	龚晓苹
201120207238.3	洗米器	丁长生	（132000）吉林省吉林市高新区光明新村10号楼2单元7楼	丁长生
201120412516.9	一种车载式爆米花机	龚晓苹	（315300）浙江省慈溪市孙塘北路1498号慈溪市易商电器有限公司	毛柏生
201120553039.8	一种糙米发芽机	朴香淑	（133000）吉林省延边朝鲜族自治州延吉市新兴街兴旺委7组	黄晓苑
201120140929.6	糠粕的生产装置	胡黎明	（330800）江西省宜春市高安市高安大道339号	胡黎明
201120027058.7	便捷颗粒饲料加工机	楚惠民	（272031）山东省济宁市任城区济岱路9号济宁市农业科学研究院	楚惠民
201120038479.X	腰形轧辊式饲料粉碎机	宣伯民	（310009）浙江省杭州市上城区小营街道大学路燕子弄9幢3单元703室	宣伯民
201120046291.X	自吸式饲料粉碎混合机	马　龙	（110005）辽宁省沈阳市和平区砂川街40-1号	马　龙；马永久
201120151293.5	一种饲料加工粉碎机	任仲斌	（226125）江苏省海门市麒麟镇双河村5组28号	任仲斌

（续）

申请或批准号	发明名称	申请人	通讯地址	发明人
201120182127.1	改进的颗粒饲料机	沈忠萍	（226200）江苏省启东市向阳镇向阳村2组268号	沈忠萍
201120241433.8	双风强力饲料粉碎机	毛如全	（652100）云南省昆明市宜良县匡远镇李毛营村汝全农机修造厂内	毛如全
201120244579.8	常压蒸汽饲料熟化机	杨改松；杨建国	（451460）河南省郑州市中牟县刘集乡西杨庄村	杨改松；杨建国
201120278010.3	罐状节能高效全混合日粮饲料混合机	刘金波	（255100）山东省淄博市淄川区淄城东路9号法院宿舍北楼2单元102室	刘金波
201120407260.2	味精常压结晶设备	张吉浩	（110021）辽宁省沈阳市铁西区小五路54号	张吉浩
201120530566.7	蚕用饲料切片机	韩益飞	（226400）江苏省南通市如东县掘港镇通海路42号蚕桑指导站	韩益飞
201120513055.4	对虾生物饲料生产制造系统	郭　伟；张善财	（537400）广西壮族自治区北流市城西1路0180号	郭　伟；郭　坤
201120017447.1	花生取油留仁液压榨油机	李连娟	（065007）河北省廊坊市广阳区万庄新区	李连娟
201120069658.X	带除尘装置的花生剥壳机	周元令	（264117）山东省烟台市牟平区沁水工业园中凯路258号	周元令；周健强
201120075897.6	一种新型榨油机	刘　魁	（528400）广东省中山市小榄镇民安北路工业区A区91号	刘　魁
201120134610.2	酱油发酵装置	黄东焕	（133001）吉林省延吉市建工街天信小区22号楼7单元402号	黄东焕
201120385483.3	一种高效酱油酿造系统	毛立光	（256651）山东省滨州市滨城区滨北办事处庵头村375号	毛立光
201120502260.0	油脱水过滤器	史长伟	（617067）四川省攀枝花市东区向阳村攀枝花钢钒有限公司能源动力中心	史长伟
201120108033.X	番茄红素食用油的生产系统	钱志武；陈联伟	（213000）江苏省常州市天宁区翠竹新村115-7幢	钱志武
201120019899.3	植物根茎清洗装置	文子良	（610031）四川省成都市高新西区合作街道清江68号4幢4单元8号	文子良
201120023065.X	多功能节能式竹笋蒸汽烘干保温加工设备	邓德才	（646400）四川省泸州市叙永县龙凤乡四坪村3社45号	邓德才
201120026659.6	块茎类果实清洗装置	颜丙新	（157400）黑龙江省宁安市宁安镇十九委8组	颜丙新
201120038622.5	大蒜分瓣机	邱敬恩	（272200）山东省金乡县卜集乡邱洼村中心街15巷8号	邱敬恩
201120047249.X	金银花的微波加热干燥设备	兰金宝	（100021）北京市朝阳区华威西里7号楼金鸭都烤鸭店	兰金宝

（续）

申请或批准号	发 明 名 称	申请人	通 讯 地 址	发明人
201120071648.X	一种挤压式原汁榨汁机	邹传保	(441300) 湖北省随州市府河镇拱桥河村2组	邹传保
201120077522.3	一种能连续为香菇定位传送的装置	黄郑魏；柯旦蕾	(310018) 浙江省杭州市下沙高教园区中国计量学院08机械2班	黄郑魏；柯旦蕾
201120090363.0	番茄籽皮分离机	刘 哲	(730050) 甘肃省兰州市七里河区龚家坪1号（兰州工业高等专科学校）	刘 哲；徐创文
201120114779.1	一种用等离子杀菌的洗菜机	崔美娟	(266041) 山东省青岛市李沧区永年路12号3号楼2单元702户	崔美娟；覃江碧
201120196377.0	食用菌烘干、灭菌装置	龙文奎	(636700) 四川省通江县陈河乡陈家坝村4社64号	龙文奎
201120212951.7	全自动蔬菜脱水机	段作武	(274000) 山东省菏泽市牡丹区沙土镇段庄村	段作武；李效存
201120218921.7	一种大蒜去皮机	蔡仁宝	(226215) 江苏省启东市合作镇杨同村1组72号	蔡仁宝
201120219767.5	洗菜机	蔡 飚	(100079) 北京市丰台区光彩路68号院东区2-2-12A04	蔡 飚
201120295346.0	电控果蔬脱水保鲜烘干机	韩松旺	(848000) 新疆维吾尔自治区和田地区和田市塔乃依北路9号	韩松旺
201120313976.6	水流冲击式洗菜机	梁祖顺	(528325) 广东省佛山市顺德区杏坛镇西北新基大街5巷1号	梁祖顺
201120317202.0	一种易于储存的白灵菇	付德臣	(100055) 北京市宣武区马连道路78号院1号楼1903室	付德臣
201120331987.7	去瓤洗籽机	姬忠勇	(272000) 山东省济宁市任城区李营工业园济宁耐特食品有限公司	姬忠勇
201120339248.2	辣椒切蒂机	王以权	(733300) 甘肃省民勤县三雷镇北街2号楼152号	王以权
201120354492.6	果蔬保鲜釜	张庆国	(028000) 内蒙古自治区通辽市56102信箱邹芳德转	张庆国
201120364942.X	家用切菜机	曾奇中	(422000) 湖南省邵阳市大祥区戴家路85号6栋2单元302号	曾奇中
201120387852.2	径流式榨菜腌制撒盐机	朱贤华	(408003) 重庆市涪陵区江东团结路35号长江师范学院	朱贤华；朱 麟
201120434645.8	一种蔬菜清洗机	王树森	(271019) 山东省泰安市泰山区岱宗大街223号山东科技大学	王树森
201120483449.X	多功能全自动洗碗洗菜一体机	李 钢	(510000) 广东省广州市海珠区前进路36号401房	李 钢

（续）

申请或批准号	发 明 名 称	申请人	通 讯 地 址	发明人
201120517216.7	有利于鲜玉米保鲜的装置	钱振亚	（226000）江苏省南通市崇川区濠西园42-603号	钱振亚
201120578125.4	一种蔬菜甩干机	陈纪旭	（313000）浙江省湖州市吴兴区飞英街道现代广场3幢1215号	陈纪旭
201120003882.9	家用多功能纳豆机	梁 璟	（200333）上海市普陀区杨柳青路735弄5号302室	梁 璟
201120028351.5	红枣制干机	严积业	（839000）新疆维吾尔自治区哈密生产建设兵团农13师哈密火箭农场	严积业
201120044129.4	野枣洗核机	王 聪	（272512）山东省济宁市汶上县苑庄镇大秦村新安路052号	王 聪；王传代
201120075997.9	高级自动枣核脱出机	纪执军	（061000）河北省沧州市北环中路三塑新宿舍南楼中单501号	纪执军
201120510724.2	一种新型的蜜枣加工装置	杜宝纪	（050600）河北省行唐县安香乡笔尾村进才巷27号	杜宝纪
201120534620.5	全自动红枣去核机	王侯贵	（033211）山西省吕梁市临县丛罗峪镇大王家塔村042号	王侯贵
201120222992.4	板栗分级挤搓式脱苞机	高 迟	（271100）山东省莱芜市高新区凤凰路北首001号莱芜职业技术学院	黄晓波；韩照波
201120400942.0	一种高效安全板栗切口机	俞碧锋	（221000）江苏省徐州市泉山区中国矿业大学南湖校区桃五A5041	俞碧锋；艾静等
201120414614.6	板栗开口机	张先文	（277600）山东省济宁市微山县赵庙乡曹庄村	张先文
201120495940.4	锥栗剥刺壳装置	陈朝周	（353131）福建省南平市建瓯市小桥镇西边村折历13号	陈朝周
201120436426.3	一种核桃烘干装置	马明军	（672600）云南省大理白族自治州永平县博南镇曲硐村	马明军
201120437362.9	樱桃去核机	罗 丹	（625302）四川省雅安市汉源县九襄镇交通东路25号	罗 丹
201120216423.9	胡柚果浆生产线	徐春根	（310030）浙江省杭州市西湖区振华路206号西港新界8号楼C座903室	徐春根；熊耀康
201120229691.4	双刀式自动菠萝去皮去果眼机	杨李益	（510640）广东省广州市天河区五山华南理工大学北区科技园2号楼213室	杨李益；李丙章
201120426733.3	电动式莲蓬脱粒机	黄小从	（342700）江西省抚州市石城县东城南大道542号附9号	黄小从
201120032100.4	双桶双磨打浆机	赵晓江；何莉蓉	（621000）四川省绵阳市仙人路一段30号绵阳师范学院创新学院	赵晓江；何莉蓉

（续）

申请或批准号	发明名称	申请人	通讯地址	发明人
201120063220.0	一种水果保鲜装置	龙运来	(417500) 湖南省冷水江市沙塘湾办事处木杉居委会5组025号	龙运来
201120069775.6	一种剥壳机	陆　燕	(226133) 江苏省海门市临江镇坚平村5组36号	陆　燕
201120064304.6	微波漂烫多级连轧果蔬制浆机	邓海波	(435000) 湖北省黄石市杭州路88号黄石市人大常委会老干部处	邓海波
201120089422.2	电加热自动分离式滚筒炒货机	王德章	(266400) 山东省青岛胶南市泰山西路607号	王德章
201120119165.2	加热榨汁机	钟　颖	(315300) 浙江省宁波市海曙区薜萝巷4号502室	钟　颖
201120127890.4	一种多功能炒菜机	张毅蔚	(528000) 广东省佛山市禅城区绿景1路40号玫瑰名园2号楼503房	张毅蔚
201120231717.9	蔬菜水果臭氧水处理设备	任庆利	(132000) 吉林省吉林市吉林大街55号军官小区A楼5单元402号	任庆利；任　军
201120244538.9	低温理化保鲜机	谢博义	(213105) 江苏省常州市武进区洛阳镇马池村谢家头18号	谢博义
201120315242.1	滚杠式果实烘干机	伊晓峰	(750021) 宁夏回族自治区银川市西夏区北京西路西夏小区54-1-601	伊晓峰
201120335344.X	坚果食品入味处理烘干装置	卢春贵	(311322) 浙江省杭州市临安市龙岗镇无他村18号	卢春贵
201120442029.7	一种便捷榨汁机	张明浩	(116011) 辽宁省大连市西岗区保健街42号	张明浩
201120443037.3	立体加热多功能炒锅	周林斌；欧广宏	(528300) 广东省佛山市禅城区惠景1街24号408房	周林斌；欧广宏
201120462343.1	一种新型的榨汁机	孔刘坤	(342700) 江西省赣州市石城县琴江镇桂花巷63号4栋1单元401室	孔刘坤
201120466874.8	自助果汁果肉现榨装置	孙永健	(110031) 辽宁省沈阳市皇姑区湘江街13号3-4-2	孙永健
201120478141.6	一种剥壳机	任坤民；陈荣军	(312352) 浙江省上虞市东关街道金鸡山村建平陈家31号	任坤民；陈荣军
201120518750.X	一种简易坚果破壳器	韩一鹤	(274000) 山东省菏泽市单县舜师路东段单县一中新校	韩一鹤
201120555215.1	一种带切丝装置的削皮刀	钟鸿雁	(430073) 湖北省武汉市东湖新技术开发区南湖大道182号	钟鸿雁
201120577826.6	自动果汁机	刘智恩	(300457) 天津市滨海新区塘沽区晓园街9号国际学校	刘智恩

（续）

申请或批准号	发明名称	申请人	通讯地址	发明人
201120016895.X	整体式全自动制茶机	徐跃进	（231440）安徽省安庆市桐城市金神镇草原村神树村民组27号	徐跃进
201120030218.3	一种新型茶叶液压造粒成型机	郑柏坚	（362600）福建省永春县胡洋镇美莲村239号	郑柏坚
201120034665.6	一种茶叶初步成形装置	苏添文；苏金火	（350000）福建省泉州市安溪县剑斗镇双洋村下洋山44-2号	苏添文；苏金火
201120040932.0	一种茶叶或者陈皮的纯化装置	叶贤忠	（528000）广东省佛山市禅城区汾江中路74号1903房	叶贤忠
201120041149.6	一种全自动茶叶压缩成型机	庄劲松	（362000）福建省泉州市晋江市青阳莲屿西宫334号	庄劲松
201120066647.6	风干式茶叶烘干机	吴结明	（246620）安徽省安庆市岳西县温泉镇解放村	吴结明
201120066657.X	带发热膜的茶叶烘干机	吴结明	（246620）安徽省安庆市岳西县温泉镇解放村	吴结明
201120070517.X	仿手工茶叶杀青机	汪兴林	（242544）安徽省宣城市泾县茂林镇铜山村群丰组	汪兴林
201120075954.0	茶叶发酵设备	林清矫	（362400）福建省泉州市安溪县凤城镇中山路166-702号	林清矫
201120109904.X	一种电磁加热自动出料茶叶理条机	吴骥炯	（312400）浙江省嵊州市三界镇振兴南路138号	吴骥炯
201120132521.4	一种真空厌氧处理茶鲜叶设备	周红杰	（650201）云南省昆明市黑龙潭云南农业大学普洱茶学院转	周红杰；黄云战
201120227812.1	一种揉茶机	苏钦祥；苏凤溪	（362400）福建省泉州市安溪县剑斗镇东阳村洋尾22号	苏钦祥
201120225407.6	碧螺春茶制作工艺的专用设备	黄开平	（215112）江苏省苏州市吴中区金庭镇东蔡村秉汇（1）东汇1号	黄开平；顾林平
201120264019.9	针形茶固形机	封　雯	（324000）浙江省衢州市北门外航头街浙江绿峰机械有限公司	封　雯；倪德江
201120289723.X	一种珠茶炒干机	程玉明	（324000）浙江省衢州市经济开发区凯旋南路8号	程玉明；赵祖光等
201120298324.X	茶叶加工设备	钱树国	（265100）山东省烟台市海阳市东村街道前辛治村	钱树国
201120417123.7	一种新型泡茶机	丘学钺；罗新元	（523087）广东省东莞市南城区沿河东山路宏景中心A13号	丘学钺；罗新元
201120461122.2	一种奶茶加工机	谢炳光	（430074）湖北省武汉市洪山区鲁磨路388号中国地质大学（武汉）工程学院	谢炳光；胡涛等

（续）

申请或批准号	发明名称	申请人	通讯地址	发明人
201120478289.X	一种具有泡茶结构的咖啡机	王晓俊	（528313）广东省佛山市顺德区龙江镇文华花园B3幢204号	王晓俊
201120528492.3	一种茶饮机	易蔚明	（410016）湖南省长沙市芙蓉区马王堆中路蔚蓝天空大厦写字楼9楼	易蔚明
201120051078.8	食品烟熏机	曾善标	（325406）浙江省平阳县南雁镇东蛟街228号	周丽雪；曾善标
201120070629.5	自动烫毛机	苏泽华	（611900）四川省彭州市致和镇独柏2组35号附1号	苏泽华
201120089380.2	畜禽电动脱毛机	彭果德	（650300）云南省昆明市安宁市华西市场2-3号	彭果德
201120120227.1	一种灌肠机	田德文	（271000）山东省泰安市泰山区奈河西路66号	田德文
201120138703.2	骨粉蒸制器	王中华	（476000）河南省商丘市神火大道南段488号	王中华
201120179194.8	凤爪高速切割机	钟文勇	（641400）四川省简阳市简城镇白塔路特1号	钟文勇
201120183808.X	一种用于脱除鸡毛的生产线	马庆建	（253700）山东省德州市庆云县东辛店乡汾水马村188号	马庆建
201120234546.5	板鸭热脱脂装置	唐生智	（353100）福建省南平市建瓯市三门工业园区盛洲食品有限公司	唐生智
201120234548.4	板鸭热脱脂用热量回收装置	唐生智	（353100）福建省南平市建瓯市三门工业园区盛洲食品有限公司	唐生智
201120293397.X	禽类骨肉精细分离机	张百冬	（161005）黑龙江省齐齐哈尔市龙沙区三合村双龙路666号	张百冬；王中秋等
201120202792.2	低温熏肉装置	卢生华	（400039）重庆市九龙坡区陈家坪金冠大厦2-63	卢生华
201120375597.X	一种家禽屠宰电麻机	刘和勇	（241300）安徽省芜湖市南陵县籍山镇金都路金都花园A20幢205室	刘和勇
201120394869.0	一种家禽内脏清理操作台	申　健	（241300）安徽省芜湖市南陵县烟墩镇街道221号	申　健
201120395592.3	鸡头清洗机	冷雪莲	（125027）辽宁省葫芦岛市南票区九龙街道兴北社区南江街13号	冷雪莲
201120419509.1	禽类脱毛装置	孙凡汝	（256216）山东省滨州市邹平县明集镇工业园	孙凡汝
201120427828.7	猪蹄清洗机	代安材	（402678）重庆市潼南县新胜镇三星村4组18号	代安材

（续）

申请或批准号	发明名称	申请人	通讯地址	发明人
201120551601.3	一种多功能肉制品加工设备	徐衍胜	（261061）山东省潍坊市胜利东街88号山东畜牧兽医职业学院	徐衍胜
201120482187.5	刮鱼鳞器	吕晓楠	（116001）辽宁省大连市西岗区北京街71号大连市第一中学	吕晓楠
201120393886.2	田螺清洗机	冯莉莉	（235000）安徽省淮北市黎苑新村34栋1单元202室	冯莉莉
201120393868.4	田螺去壳机	冯莉莉	（235000）安徽省淮北市黎苑新村34栋1单元202室	冯莉莉
201120342855.4	一种改进的海鲜清洗机	茅赛男	（226257）江苏省南通市启东市东海镇兴垦村21组52号	茅赛男
201120370339.2	海鲜类切肉机	钱洪珍	（226134）江苏省南通市海门市三阳镇振阳北路15号	钱洪珍
201120406517.2	去刺鱼茸机	王　佩	（400030）重庆市沙坪坝区五灵观24号附11号	王　佩
201120246517.0	一种鱼类开肚去脏装置	彭德权	（524200）广东省湛江市雷州市西湖大道95号	彭德权
201120246074.5	一种鱼鳞收集箱	陈亚梅	（214153）江苏省无锡市惠山区钱胡公路809号	陈亚梅
201120167276.0	一种方便的刮鱼鳞器	杨禄璐	（250100）山东省济南市历城区董家镇843号科技创新办公室	杨禄璐
201120137610.8	泥鳅宰杀机	石　勇	（314502）浙江省桐乡市濮院镇凯旋路1135号	石　勇
201120150954.2	泥螺去沙设备	陈　建	（226400）江苏省南通市如东县掘港镇日晖西路如东县职业教育中心校	陈　建
201120235893.X	自动鱿鱼切花机	彭德权	（524200）广东省湛江市雷州市西湖大道95号	彭德权
201120026241.5	一种鱼鳞内脏加工装置	周明全	（430070）湖北省武汉市洪山区珞狮南路517号国家农业科技园创业中心	周明全
201120345330.6	一种海鲜烘干装置	沈永兴	（226257）江苏省南通市启东市东海镇戴祥村17组1225号	沈永兴
201120345509.1	一种贝类海鲜烟熏机	方乾坤	（226200）江苏省南通市启东市合作镇兴隆村13组112号	方乾坤
201120535752.X	一种海藻类物料加工用取饼装置	王行安	（222100）江苏省连云港市赣榆县青口镇万隆步行街B-6号	王行安；王岱绪
201120570175.8	一种即食海蜇漂洗装置	李亚有	（524500）广东省湛江市吴川市海滨博茂坡吴川市天然食品加工有限公司	李亚有；陈亚汉等

（续）

申请或批准号	发明名称	申请人	通讯地址	发明人
201120024906.9	多功能预热式饮水机	李　韧	（510075）广东省广州市环市东路东环大厦 2607 房	李　韧；江修焯
201120066573.6	一种带压力调节装置的汽水机	宋　宁	（528729）广东省江门市鹤山市址山镇东溪工业区 B 区伊克加塑料五金厂	宋　宁
201120117065.6	一种投币式饮水机	励土峰	（315725）浙江省宁波市象山县新桥镇东溪村 4 组 75 号	励土峰
201120206167.5	多功能空气制水饮水机	姚振镜；李光明等	（314000）浙江省嘉兴市越秀南路 520 弄 3 幢 508 室	姚振镜；李光明等
201120226089.5	一种直热式饮水机	梁锦欢	（529000）广东省开平市长沙街道办事处幕沙路 88 号 3 幢 203 房	梁锦欢
201120477394.1	太阳能饮水机	杨富军	（442300）湖北省十堰市竹溪县水坪镇中心学校	杨富军；童明聪
201120032906.3	一种改进型方便粉粒状食品	杨俊新	（300070）天津市和平区卫津路 127 号财富大厦 1 号楼 701	杨俊新
201120131211.0	用于制备食品的装置	李晓梅	（234331）安徽省宿州市泗县丁湖镇汤湖村大李庄 046 号	丁　杰
201120141497.0	一种气动式食品自动注料机	陈玉熙	（200093）上海市杨浦区内江路 384 弄 12 号 303 室	陈玉熙；唐美丽
201120158376.7	一种自动消除泡沫的食品煮制设备	邱于正	（621701）四川省绵阳市江油市长城新村一号南苑 3 幢 4 单元 501 室	邱于正
201120293506.8	食品烘干装置	刘建华	（675400）云南省楚雄彝族自治州大姚县金碧镇城北路 140 号	刘建华
201120441679.X	一种省油型油炸锅	李文庆	（518126）广东省深圳市宝安区西乡桃源居 3 区 2 栋 3 座 306 房	李文庆
201120443426.6	食品加热装置	吴延飞	（322000）浙江省金华市义乌市稠城街道绣湖西路 8 号	吴延飞
201120443450.X	具有保温功能的食品加热装置	吴延飞	（322000）浙江省金华市义乌市稠城街道绣湖西路 8 号	吴延飞
201120445963.4	一种休闲食品	卢永成	（528000）广东省佛山市顺德区龙江镇江边大街华贵巷 1 号	卢永成
201120530311.0	一种家用食品粉碎机	衡　涛	（621001）四川省绵阳市游仙区小枧沟场镇利民街 58 号附 237 号	衡　涛
201120011614.1	一种带有搅拌功能的电烤炉	胡启康	（528000）广东省佛山市顺德区均匀镇豸浦村马山路 4 号	胡启康
201120075714.0	一种沾料器及具有该沾料器的电动炒货机	任得前	（237000）安徽省六安市大井拐巷 58 号	任得前

（续）

申请或批准号	发 明 名 称	申请人	通 讯 地 址	发明人
201120149881.5	一种微型冰激凌机	吴金潮	（315470）浙江省余姚市泗门镇楝树下村下庙山路7队	吴金潮
201120193154.9	植物精华提取机	高连波；祁 鲲	（050011）河北省石家庄市长安区光华路安联清晖园6号2单元201室	高连波；祁 鲲
201120231710.7	多用途立式烘干机	曾文正	（530001）广西壮族自治区南宁市西乡塘区明秀东路238号49栋2单元101号	曾文正
201120246661.4	多功能咖啡研磨机	邓志明	（528322）广东省佛山市顺德区勒流镇黄连拱桥大道16号	邓志明
201120295480.0	一种快速运行并高效消毒的紫外消毒装置	何志明	（528500）广东省佛山市高明区沧江工业园东园明城镇城七路	何志明
201120409097.3	一种节能烧烤装置	沈鸿飞	（530100）广西壮族自治区南宁市武鸣县文江路15号机耕队	沈鸿飞
201120418559.8	雪条式组合硬糖	李德礼	（518105）广东省深圳市宝安区松岗镇大田洋工业区（勇顺公司）	李德礼
201120426792.0	一种螺旋风的新型炸锅	张光泰；周岳先	（315324）浙江省慈溪市周巷镇云城村昌字地	张光泰；周岳先
201120441113.7	太阳能旋转式烘干机	赵志毅	（157100）黑龙江省牡丹江市海林市海林镇交通局综合楼5门202号	赵志毅

第六部分

大 事 记

1 月

9～10 日 “全国粮食局长会议”在北京召开。会议总结交流 2011 年粮食流通工作，分析当前面临的新形势，研究部署 2012 年粮食流通各项工作。国家粮食局局长、党组书记聂振邦在会上作了题为《稳定市场，提升产业，大力推动粮食行业科学发展》的工作报告。聂振邦指出，粮食部门要抓住主题把握主线，把思想和行动统一到中央经济工作会议强调的稳中求进的工作总基调和稳增长、控物价、调结构、惠民生、抓改革、促和谐的精神上来，贯彻好中央农村工作会议提出的强生产保供给、强科技保发展、强民生保稳定的要求，落实好全国发展和改革工作会议关于加强重要商品特别是生活必需品的产运销衔接、充实粮油库存、合理安排粮油收储和投放的部署，紧紧围绕保障国家粮食安全和服务“三农”工作大局，加快推进粮食流通发展方式转变，加强粮食流通设施建设，创新流通方式，完善市场调控，切实保证粮食稳定均衡供给，大力推动粮食行业科学发展。会议提出做好 2012 年粮食流通工作的总体要求：深入贯彻落实科学发展观，按照中央经济工作会议、中央农村工作会议的要求以及全国发展和改革工作会议的部署，加快推进粮食流通发展方式转变、结构调整和科技创新，坚持“为耕者谋利，为食者造福”的服务理念，以“稳市场保供给、强产业促发展”为中心任务，以“抓好收购促增收、加强调控保安全、深化改革转方式、提升产业惠民生、科学管粮上水平”为工作目标，切实做好各项粮食流通工作，为保障国家粮食安全和促进国民经济平稳较快发展作出新的贡献。要重点抓好以下六项工作：一是组织好粮食收购工作，促进粮食增产农民增收；二是加强宏观调控，保持粮食市场稳定；三是加快科技创新，推进现代粮食流通产业发展；四是完善体制机制，推动国有粮食企业改革和发展；五是推进依法管粮，切实维护正常粮食流通秩序；六是加强行业建设，进一步提高行业素质。各省、自治区、直辖市、计划单列市及新疆生产建设兵团粮食局和黑龙江省农垦总局、大型国有粮食企业、部分粮食院校主要负责同志参加了会议。中央、国务院有关部门和单位的有关负责同志应邀出席了会议。

10 日 国家质检总局召开了“全国质检系统食品安全监管工作电视电话会议”。国家质检总局副局长、党组副书记杨刚主持会议。国家质检总局局长、党组书记支树平，副局长、党组成员蒲长城出席会议并讲话。支树平指出，全系统团结奋战，经过艰苦努力，在扭转食品安全的被动局面上已初见成效。他通过“四个主动”高度概括了食品安全监管工作取得的突出成绩。一是主动加强了食品安全的风险管理；二是主动加大了食品安全的规范整治；三是主动应对了各类食品安全突发事件；四是主动加强了食品安全保障能力的建设。支树平要求，2012 年食品安全监管工作要继续深入贯彻“抓质量、保安全、促发展、强质检”的工作方针，主动抓好食品质量的提升，抓好食品安全的监管，抓好食品产业发展的服务，抓好食品安全保障能力的建设。特别是要继续搞好风险管理，搞好专项整治和对违法行为的打击，搞好督察，搞好宣传。强调要给自己信心，给老百姓信心。要强化“保安全就是保民生”理念，树立起做好食品安全监管工作的信心，树立消费者对食品质量安全的信心。蒲长城副局长充分肯定了 2011 年国内生产加工和进出口食品安全监管的工作成效，分析了当前面临的严峻形势，并就全面做好 2012 年食品安全监管工作提出要求。他指出，质检系统各级部门要进一步增强食品安全工作的责任感和紧迫感，从完善机制抓质量、严格监管保安全、服务经济促发展、提升能力强质检“四个方面”，深入贯彻“抓质量，保安全，促发展，强质检”十二字方针，加大工作力度，确保各项重点工作圆满完成。

13～14 日 “2012 年全国卫生系统食品安全与卫生监督工作会议”在北京召开。会议主题是深入贯彻党的十七大、十七届五中、六中全会和 2011 年中央经济工作会议精神，认真落实 2012 年全国卫生工作会议要求，全面回顾总结 2011 年全国食品安全与卫生监督工作情况，部署 2012 年重点工作。卫生部部长陈竺、副部长陈啸宏出席会议并作重要讲话。陈竺部长充分肯定了食品安全与卫生监督工作取得的成效。2011 年，各地围绕保障和改善民生，依法履行监管职责，深入开展打击违法添加非食用物质专项行动，查处“问题乳粉”、“瘦肉精”、“地沟油”等案件，积极应对“台湾塑化剂”事件，及时开展“日本福岛核电事故”放射性污染应急监测，为维护群众健康利益、促进经济发展发挥了重要作用。陈竺强调，卫生系统食品安全与卫生监督工作关系到人民群众身体健康，是基本公共卫生服务的重要内容，是重大的民生问题，要切实增强做好工作的责任感和紧迫感，不断推进食品安全与卫生监督工作。陈啸宏副部长做了工作报告。2011 年，各地在地方党委和政府领导下，扎实工作，加大监督执法力度，全国共监督检查各类监管对象 253 万多户次，监督抽检 43 万件样品，行政处罚案件 4 万余件，罚款金额近 6000 万元。卫生部审查通过食品安全国家标准 124 项、公布实施 21 项，成立国家食品安全风险评估中心，建立食品添加剂等6个国家食品安全风险监测参比实验室。建立覆盖32个省级、244个地市级和716个县级的全国食品安全风险监测网络，在110个地市和620个县建立近2万个饮用水监测点，职业病哨点监测网络由72个增加到120个。陈啸宏强调，2012年卫生系统食品安全与卫生监督工作要切实抓好以下几个方面：一是做好食品安全工作，认真做好食品安全国家标准的清理整合和跟踪评价工作，进一步加强食品安全风险监测、评估与预警工作，依职责做好食品安全事故调查处理工作，加大食品安全宣传和风险交流工作。二是做好职业病防治工作，认真学习贯彻《职业病防治法》，规范职业病诊断与鉴定，完成职业健康状况调查工作，加强职业病防治机构能力建设。三是深入开展饮用水卫生监督监测工作。四是大力推进卫生监督协管服务工作。深入推进卫生监督系统文化建设，大力加强惩防体系建设和纠风工作，深入开展为民服务创先争优活动。五是加强卫生监督体系建设。加大公共场所卫生、放射卫生、传染病防治和学校卫生监督力度，打击非法行医和非法采供血行为。

2 月

10日 商务部、工业和信息化部、财政部、环境保护部、农业部、卫生部、国家工商总局、国家质检总局和国家食品药品监管局联合召开电视电话会议，落实贯彻国务院食品安全委员会第四次会议精神，部署生猪定点屠宰资格审核清理工作。商务部副部长姜增伟、环境保护部副部长李干杰、农业部国家首席兽医师于康震、工商总局副局长甘霖、质检总局总工程师刘卓慧、食品药品监管局副局长边振甲以及工业和信息化部、财政部、卫生部、国务院食品安全办相关司局负责同志到会并讲话，会议由商务部部长助理房爱卿主持。姜增伟指出，做好生猪定点屠宰资格审核清理工作，是保障肉品质量安全的重要措施。《生猪屠宰管理条例》发布以来，各地通过审核把关，取消生猪定点屠宰资格3497家，责令3748家屠宰企业限期整改，保留屠宰企业18150家，提高了屠宰企业的集中度和管理水平。但是，从总体上看，目前全国生猪定点屠宰企业小而散的局面依然普遍存在，相当一部分小屠宰企业在生产设施、人员设备、检验检疫、环保要求上不达标，屠宰企业违法违规行为甚至向定点屠宰企业蔓延。这次审核清理工作的要求，就是要严格按照法定条件和标准要求，对所有定点屠宰企业进行审核，对那些违法设立、违规生产的屠宰企业进行清理。姜增伟强调，各地要制定明确的审核清理工作方案，严格按照从企业自查到县（区）级、地（市）级、省级主管机关逐级审核的程序，按照法律法规规章规定的条件和标准进行审核，小型屠宰场点也要进行严格审核清理。为保障审核清理工作取得预期成效，各地要加强组织领导，建立完善部门协作机制。要严格执行审核清理相关法律法规和标准，认真组织召开辖区内定点屠宰企业审核清理工作动员会，提高认识。要强化责任追究，加强抽查和联合督查。同时，要充分发挥群众和媒体监督作用。李干杰就环境保护部门加强与相关部门协作、严格审查生猪屠宰企业环保条件提出了要求。于康震就畜牧兽医部门依法履行监管职责、强化生猪定点屠宰场所动物防疫条件审查工作进行了部署。甘霖就工商部门加强猪肉市场监管、配合做好生猪定点屠宰资格审核清理工作提出了要求。刘卓慧就质监部门加强监管、确保肉制品生产加工质量安全相关工作做了安排。边振甲就食品药品监管部门加强监督检查与部门协作、落实餐饮服务单位主体责任提出了要求。各省、自治区、直辖市、计划单列市及新疆生产建设兵团商务、工业和信息化、财政、环境保护、农业、卫生、工商、质监和食品药品监管等部门负责同志以及屠宰企业代表在各地分会场参加会议。

14～15日 农业部在河南郑州召开“农产品定点市场工作会议”，总结交流和研究部署农产品市场流通工作。针对当前农产品市场流通存在的基础设施总体薄弱、营销促销手段不足、“菜篮子”市长负责制落实不到位、农产品品牌建设滞后等突出问题，农业部副部长陈晓华强调要重点抓好四个方面工作：一是稳步推进国家级专业批发市场建设。按照“十二五”规划纲要关于建设一批国家级重点大型农产品批发市场要求，抓紧完善总体布局，有序推进国家级专业批发市场建设。积极争取当地政府支持，帮助市场解决在土地利用、规划审批、税费减免、贷款贴息等方面面临的困难和问题，引导社会资金和信贷资金投入市场建设。研究制定国家级农产品专业批发市场建设指南和评价指标体系，为市场建设提供指导服务。二是努力提高优势产区市场流通能力。加强部门沟通协调，加强对新建或迁建批发市场的规划，保证农产品流通和城乡居民消费需要，避免资源浪费和防止恶性竞争。支持批发市场建设加工配送、冷藏冷冻、分等分级、包装仓储、检验检测、信息处理和电子结算等配套设施。大力发展现代流通方式，积极推进生产者与批发市场、农贸市场、超市、宾馆饭店、学校和企业食堂等直接对接，支持生产基地、农民专业合作社在城市社区增加直供直销网点，探索扩大农产品网上交易规模。三是切实加强农产品营销促销服务。大力发展农业会展经济，支持开展农业展会分类认定，着力培育一批具有全国性和地方特色农业展会品牌，推动农业展会从展示为主向营销为主转变、从行政推动向市场拉动转变。建立健全预警机制，定期研判鲜活农产品产销形势，多形式、多渠道加强信息发布，发挥信息对农产品生产流通的引导作用。四是深入推进新一轮“菜篮子”工程建设。研究制定“菜篮子”市长负责制考核办法，加强“菜篮子”工作监督检查，推动地方严格落实“菜篮子”市长负责制。充分发挥“菜篮子”工程联席会议作用，加强部门沟通协调，推动出台实施细则或具体办法，推动将已经明确的各项支持政策落到实处。及时总结各地推进“菜篮子”工程的典型做法，加强对鲜活经验的深入挖掘和宣传报道，为“菜篮子”工程实施创造良好的舆论和外部环境。会议由农业部党组成员张玉香主持。

21～22日 商务部在江苏无锡召开“全国肉类蔬菜流通追溯体系建设试点工作座谈会”，并对无锡市肉类蔬菜流通追溯体系建设工作进行初步评估。商务部市场秩序司常晓村司长出席会议并讲话，李振中副巡视员主持会议。常晓村指出，目前，上海、成都、杭州、宁波、无锡、青岛等首批城市追溯体系已投入试运行，并与中央平台对接，上传数据2600多万条，第二批城市已陆续开始项目招标，济南市完成了软件开发及系统集成招标。国内贸易、蔬菜产业、食品安全监管体系等多个国家级“十二五”规划，以及2012年中央1号文件和《国务院办公厅关于加强鲜活农产品流通体系建设的意见》等重要文件中，都将追溯体系建设作为一项重点工作。各试点城市也将追溯体系列入政府为民办实事项目，落实了配套的建设和运行维护资金。常晓村指出，适应“十二五”经济社会发展趋势，服务小康社会建设大局，是开展肉菜追溯工作必须牢牢把握的基本要求。“十二五”期间，随着小康社会进程的推进，人民群众生活水平逐步改善，对食品安全的要求也会越来越高，同时，城镇化将加速发展，流通基础设施建设力度也将不断加大，这都是肉菜追溯工作面临的有利条件，应该很好地把握，趁势而上。争取到“十二五”末，建立起完善的追溯制度标准体系，全面提升肉类蔬菜经营规范化、现代化水平；基本建成以中央、省、市三级平台为主体，全国互联互通、协调运作的追溯管理网络；初步建成覆盖全国百万人口以上城市及大型产地或集散地批发市场，生产与流通有效衔接的肉类蔬菜流通追溯体系，并逐步扩展到其他农产品。常晓村强调，各地要围绕“十二五”肉菜追溯工作总体目标，切实抓好2012年重点工作。要加大工作力度，确保两批城市全面完成试点任务，其中首批城市要在6月底通过考核验收，第二批城市要在10月底通过验收。视情况再选择十来个城市开展第三批试点，争取覆盖有条件的直辖市、计划单列市和省会城市，初步形成与全国大市场、大流通格局相适应的网络架构。完善运行考核管理制度，建立健全追溯管理工作体系，形成一支稳定的运行维护队伍，强化追溯体系运行管理。加强部门协作，推进产地准出和销地市场准入对接，探索推进全过程追溯体系建设。组织制定配套的部门规章或地方性法规规章及相关标准，为追溯体系建设运行提供有效支撑。

3 月

14～15日 “2012年国家食品安全风险监测工作会议”在江苏省南京市召开。会议的主题是贯彻落实国务院食品安全委员会第四次全体会议精神和国务院2012年食品安全重点工作安排，部署2012年全国食品安全风险监测，并对做好卫生系统食品安全重点工作进行再动员和再部署。卫生部副部长陈啸宏同志出席会议并作重要讲话，江苏省副省长何权同志出席开幕式并致辞。陈啸宏副部长传达了国务院食品安全委员会第四次全体会议精神和国务院2012年食品安全重点工作安排，今年食品安全的主要任务是坚持标本兼治、着力治本、主动出击，继续深化食品安全治理整顿，切实解决影响人民群众食品安全的突出问题；进一步完善食品安全监管体制机制和法规、制度、标准体系等长效机制；努力提高食品安全监管能力，促进食品安全水平不断提高。国务院要求进一步加强食品安全标准制定、监测评估体系建设和应急处置能力建设，并作为夯实食品安全监管基础的重要内容。陈啸宏强调，卫生部承担的各项食品安全职责是食品安全的基础性工作，是食品安全监管的重要技术依据，是构建长效机制的重要方面。这些工作政策性强，跨部门、跨环节，直接关系人民群众生命健康，全社会高度关注，有关方面高度重视，始终是整个食品安全工作的热点和难点。会议要求卫生系统全体同志要以对人民群众高度负责的态度，进一步提高对食品安全工作重要性的认识，增强责任感和紧迫感，按照国务院的整体部署，突出重点，扎实做好2012年的食品安全工作：一是加强食品安全风险监测工作。各地要认真落实2012年国家食品安全风险监测计划，进一步加强食源性疾病主动监测，加快技术机构建设，深入开展技术培训，加强质量控制和监测结果通报。二是加强食品安全标准体系建设。制定实施食品安全国家标准“十二五”规划，各地要建立健全地方标准制定公布和企业标准备案制度，积极参与食品安全标准制定，认真组织学习食品安全国家标准，做好企业标准备案和食品标准跟踪评价工作。三是加强食品安全事故流行病学调查能力建设。要努力提高技术水平，完善事故流行病学调查协调机制，积极做好信息收集和通报工作。四是加强食品安全风险交流工作。要增强风险交流意识，注重宣传方式方法，做好主动宣传。陈啸宏要求各级卫生行政部门一定要进一步加强领导、落实责任，明确分工、狠抓落实，注重建设、夯实基础。会议由卫生部食品安全综合协调与卫生监督局局长苏志主持。

23日 农业部在京召开“农产品质量安全风险评估实验室建设启动会”，向首批65家农业部农产品质量安全风险评估实验室进行授牌，全面启动了农产品质量安全风险评估实验室建设工作，标志着农产品质量安全风险评估工作迈出了重要一步。会议指出，对农产品质量安全实施风险评估是国际通行做法，是法律赋予农业部门的一项重要职能，也是中央1号文件提出的明确要求，必须有计划、有步骤、有重点地加快推进农产品质量安全风险评估工作。一是加快构建体系。抓紧组建国家农产品质量安全风险评估机构，全面加强风险评估实验室建设，加快规划建立一批主产区农产品风险评估实验站点，建立上下贯通的风险评估体系。二是打牢工作基础。强化经费支持，继续加大经费投入力度，把风险评估工作做实做透；强化硬件建设，把风险评估实验室建设成设备、条件、能力达到国际一流水平的实验室；强化制度建设，将农产品质量安全风险评估纳入规范化的管理范围，保证风险评估工作的有序开展。三是认真做好风险评估工作，不断扩大风险评估范围，将“米袋子”、“菜篮子”主要产品全部纳入风险评估监测计划，全面摸清危害因子的品种、范围和危害程度。要认真抓好落实，一丝不苟、保质保量地完成各项风险评估任务。四是强化风险交流，依托风险评估结果主动做好热点问题解读和科普宣传，加强生产指导和消费引导，增强公众消费信心，努力实现农产品质量安全的科学管理、明白生产、放心消费。加强与美国、欧盟等发达国家食品安全风险评估机构的交流与合作，构建符合我国国情的风险评估模式，提升我国农产品质量安全国际信誉和影响力。会议还对2012年农产品质量安全风险评估工作做出部署和安排。

24～25日 “全国生鲜乳质量安全暨奶业处长工作会议”在天津召开，分析当前生鲜乳质量安全形势，部署加强生鲜乳质量安全监管和促进奶业生产发展的重点任务。会议指出，2011年全国奶业发展形势总体平稳，奶业生产加快恢复，生鲜乳价格保持稳定，奶牛养殖效益不断向好，生鲜乳质量安全水平大幅提高，乳品市场稳定、产销两旺。我国奶业经过3年的整顿和振兴，逐步摆脱了婴幼儿奶粉事件的严重影响，产业素质不断提升，已站在新的起点上。会议强调，奶业发展是第一要务，生鲜乳质量安全是第一责任，2012年，奶业发展将按照“保安全、保供给、转方式、促发展”的要求，重点做好三项工作：一是进一步加强生鲜乳收购站和运输车监管。全面实施生鲜乳质量安全监测计划，加大抽检力度，生鲜乳违禁物质监测实现两个“全覆盖”，即抽检覆盖全国1.3万个奶站，覆盖国家公布的三聚氰胺、碱类物质、皮革水解蛋白、β-内酰胺酶和硫氰酸钠等所有违禁添加物。深入开展生鲜乳质量安全专项整治，坚决打击各种违法行为。推进生鲜乳收购站标准化管理，完善基础设施和机械设备，推进机械挤乳，提高卫生条件和规范操作水平。二是加快奶业生产方式转变。加快奶牛品种改良和种公牛培育，提高奶牛单产水平。大力推进奶牛标准化规模养殖，加强奶源基地建设。做好奶牛生产性能测定工作，提高“测奶科学养牛”水平。三是实施“振兴奶业苜蓿发展行动”。抓好全国3.33万hm^2高产优质苜蓿示范片区建设，重点支持推行苜蓿良种化、标准化生产技术、改善生产条件和提升苜蓿质量等方面，提高苜蓿生产专业化、标准化、规模化和集约化水平，为奶业发展提供优质苜蓿产品，从源头上保证生鲜乳质量安全。各省、自治区、直辖市及黑龙江省农垦总局、新疆生产建设兵团奶业主管部门负责人和质检机构负责人等参加了会议。

4 月

19日 “2012年国际食品安全论坛”在京举行，卫生部部长陈竺出席论坛开幕式并致辞。陈竺表示，卫生部主要承担食品安全国家标准制定和风险监测评估等职责，《食品安全法》实施以来开展了大量工作，建立健全管理制度，制定“十二五”规划，大力推进标准清理整合，逐步建立食品安全风险监测评估体系，积极开展风险评估工作，及时回应社会关切。截至目前，经过清理整合我国已制定公布了乳品安全标准、食品真菌毒素限量、食品添加剂等基础标准和其他食品安全国家标准185项，全国共设置食品污染物、食源性致病微生物监测点1196个，覆盖了100%的省份、73%的市和25%的县，在465家医疗机构主动监测食源性异常病例或健康事件。陈竺指出，卫生部门还加强标准的宣传解读和释疑解惑，通过多种方式向公众介绍食品安全标准知识和制修订情况。“十二五”期间，卫生部将进一步完善标准工作程序，提高标准制定工作的公开透明度，并健全公众参与标准工作的制度机制。同时，还将继续扩大食品安全风险监测的覆盖范围，建立健全覆盖省（自治区、直辖市）、市、县并延伸到农村的风险监测体系，重点开展与标准制定密切相关的风险评估工作，加强风险交流和预警。另据卫生部食品安全综合协调和卫生监督局有关负责人介绍，卫生部在 2012 年至 2013 年将全面清理分散于 15 部门的 5000 多条标准，将其中与食品安全相关的强制性内容整合为食品安全国家标准。本次论坛的主题为“保障食品安全，迎接全球挑战”，由国际食品科技联盟和中国食品科学技术学会主办，卫生部、农业部、科技部、国家食品安全委员会办公室、中国科协等部门和世界卫生组织、联合国粮农组织等国际组织作为论坛支持单位。论坛将就食品安全的科学认知、科技与创新在食品安全标准中的作用、产业链食品安全控制、乳品安全等话题进行讨论。来自国内外的食品科技界、企业界和政府及相关机构的国内外专家、学者和管理人员共 300 余位嘉宾参加论坛。

19 日 “中国粮食行业协会四届四次理事会暨中国粮食经济学会六届四次理事会”在京召开。国家粮食局党组书记、局长任正晓出席会议并作重要讲话，中国粮食行业协会会长白美清主持会议。来自全国各地的理事及应邀参会的粮油企业家、专家学者等共 350 余人参加了会议。任正晓指出，多年来，中国粮食行业协会、中国粮食经济学会以及全国各级粮食行业协会、粮食经济学会认真贯彻党中央、国务院关于粮食工作的方针政策，紧紧围绕粮食流通中心工作，充分发挥职能作用，在加强政府与企业以及企业之间的联系、沟通市场信息、衔接粮食产销、推广先进技术、促进经贸合作、维护市场秩序和提供政策建议、开展咨询服务等方面做了大量的工作，特别是在实施“放心粮油”工程、开展重大问题研究等方面取得了可喜的成绩，为保障和维护国家粮食安全、推进粮食行业和粮油企业科学发展作出了重要贡献。任正晓强调，“十二五”时期是我国全面建设小康社会的关键时期，是深化改革开放、加快经济发展方式转变的攻坚时期，也是粮食行业发展的重要战略机遇期。粮食工作将面临新形势、新任务，协会、学会工作也将面临新机遇、新挑战。各级粮食行业协会、粮食经济学会要深入贯彻落实科学发展观，紧密围绕主题主线和粮食流通工作中心任务，更好地发挥桥梁纽带作用，履行好服务、自律、协调、监督职能，为推进粮食行业健康发展、实现“十二五”规划目标做出新的更大贡献。会上，中国粮食行业协会还发布了《粮油企业社会责任指引》和 2011 年度重点粮油企业专项调查结果，并为“2011 年度中国粮油企业 100 强”等企业颁发了证书。

24～25 日 国家食品药品监督管理局在宁夏回族自治区召开了“全国餐饮服务食品安全监督量化分级管理工作推进会议”。国家食品药品监督管理局食品安全监管司就餐饮服务食品安全监督量化分级管理工作进行了部署，对监督量化分级管理工作具体内容进行了详细解读；部分省、自治区、直辖市交流了监督量化分级管理工作和餐饮服务食品安全管理人员培训考核工作的经验。会议指出，实施餐饮服务食品安全监督量化分级管理制度是国家食品药品监督管理局根据餐饮服务食品安全监管新形势要求推出的一项重要举措，是在总结过去管理制度基础上，根据餐饮业发展特点，结合监管需要提出的一项新的工作要求。既是餐饮服务食品安全监管工作本身的需要，也是社会对餐饮服务食品安全需求的必然结果，更是餐饮服务单位落实食品安全第一责任人的法律要求。会议要求，各地食品药品监管部门要深化对餐饮服务食品安全监督量化分级管理制度重要性的认识。实施监督量化分级管理制度是落实科学监管理念的重要举措，有利于监督检查行为的规范化、监督检查标准的统一化、监督检查结果的公开化、监督检查的效能化。实施监督量化分级管理制度是加强和创新餐饮服务食品安全社会管理工作的重要体现，有助于落实餐饮服务单位的食品安全主体责任、推动地方政府强化食品安全管理、引导公众理性消费。会议指出，当前各地正在按照国家食品药品监督管理局有关要求，加强领导、积极行动、着力推进监督量化分级管理工作的开展。各地实施方案中明确了工作原则、目标、任务、措施、进度，以及评定程序、评定内容、公示样式、检查频次等相关内容。监督量化分级管理培训和评定工作已陆续展开，正在有效、有力、有序推进。

5 月

15～16 日 工业和信息化部消费品工业司在重庆市召开了“全国纺织产业转移工作交流会”。部党组成员总工程师朱宏任、中国纺织工业联合会会长王天凯、重庆市人民政府副市长童小平等领导出席了会议。会议由消费品工业司副司长王伟主持。各省、自治区、直辖市、计划单列市工业和信息化主管部门、行业协会、重点产业园区、骨干企业的代表参加了会议。朱宏任总工程师在会上作了重要讲话，他高度评价了近年来纺织工业转移工作取得的成绩。在各方共同努力下，纺织产业转移的重要意义和必要性得到普遍认同，现已形成各方联合推动纺织产业转移的良好氛围。目前，中西部地区纺织产业规模快速增长，运行质量有所改善，园区发展初具规模，优势特色产业得到加强，推进纺织产业转移成效已经显现。各地在产业转移过程中，形成了龙头企业带动、产业链异地再造、依托专业市场等各具特色的有益探索。尽管纺织产业转移取得了一定成效，但也存在产业趋同、承诺政策难落实、产业链及市场配套不完整等问题，需要在今后的工作中进一步完善。朱宏任强调，在今后工作中，要通过强化规划落实和政策保证、立足产业升级推动产业转移、提高工业园区发展水平、加强协调形成合力等方式，进一步提升纺织产业转移工作的水平，为促进区域协调发展和纺织工业转型升级作出新贡献。中国纺织工业联合会会长王天凯、重庆市人民政府副市长童小平等领导也在会上就纺织产业转移作了重要讲话。

21～22 日 国家食品药品监督管理局在广西壮族自治区南宁市召开了“全国餐饮服务食品安全检验工作会议”。各省、自治区、直辖市及新疆生产建设兵团食品药品监督管理局，北京市卫生局、福建省卫生厅有关负责人参加了会议。会议总结了全国食品药品监管系统在餐饮服务食品安全检验工作中取得的成绩，深入分析了当前餐饮安全检验工作的形势，提出“十二五”期间加强餐饮安全检验工作的总体思路，部署了 2012 年餐饮安全检验工作的重点。会上，与会代表交流了餐饮安全检验工作经验，研讨了工作中遇到的实际问题，交换了工作思路，会议达到了预期目标。会议提出，各级地方政府要积极落实食品安全责任，加大对食品安全检验和监管工作的投入力度。各级食品药品监管部门要深入分析餐饮安全监管工作面临的新形势、新任务，要抓住难得的历史机遇，促进餐饮服务食品安全检验工作再上新台阶。会议强调，各级食品药品监管部门要以科学监管、确保安全为主线，以完善监管体系、创新监管机制、提升监管能力为重点，全面加强行政监管、技术支撑和社会监督工作，努力实现餐饮安全监管由传统监管向现代监管转变，不断提升监管工作的科学化和现代化水平。会议要求，各级食品药品监管机构要高度重视餐饮安全检验工作，对行政监管、技术支撑和社会监督三大体系要统筹兼顾、协调发展；要深入研究餐饮安全检验工作的内在规律，以确保检验质量和效率为核心，加强餐饮安全检验体系、制度、能力和队伍建设；要大力推进食品药品检验机构食品安全检验资质认定，为依法行政提供强有力的技术支撑保障；要大力加强检验能力培训，高度重视人才建设；要大力加强信息化建设，推进餐饮安全检验信息化和规范化；要大力推进检验文化建设，弘扬以“监管为民”为核心价值的监管文化，提高检验队伍的凝聚力和战斗力，不断提高餐饮服务食品安全检验的科学性和公信力，以确保公众饮食安全。

30～31 日 “全国粮油加工业暨主食产业化工作会议”在河南郑州召开。会议围绕“转方式、调结构、稳中求进，保安全、增实效、惠及民生”的主题，总结了近年来粮油加工业和主食产业化工作进展，研究部署推动粮油加工业转型升级、全面推进主食产业化的各项工作。国家粮食局党组书记、局长任正晓在会上作了《进一步推进主食产业化，全面提升口粮供应保障水平》的重要讲话，吴子丹副局长作了《转方式调结构，加快推进粮油加工业转型升级》工作报告。河南省人民政府刘满仓副省长出席会议并介绍了河南省粮食部门牵头推进主食产业化的做法和经验。国家发展和改革委有关负责同志作了对食品工业“十二五”发展的思考专题报告。国家粮食局流通与科技发展司负责同志对《全面推进主食产业化增强口粮供应保障能力的实施意见》、《稻谷加工产业政策》等征求意见稿进行了说明。任正晓局长在讲话中强调，主食产业化是在我国全面放开粮食购销市场、实行粮食市场化改革的大背景下逐步形成、发展起来的，已取得显著成效。推进主食产业化是粮食部门践行“为耕者谋利、为食者造福”行业理念的具体体现，是对传统粮油加工业发展方式和传统粮食供应保障方式的深刻变革，是粮食行业提升口粮供应能力、保障和改善民生、促进小康社会建设的行业使命。他要求，各级粮食行政管理部门和广大粮食企业必须从惠民生、保安全、增实效、强产业的高度出发，把推进主食产业化作为调整粮油加工产业结构的突破口，稳健实施，全面推进。一要明确工作思路，坚持规划引领；二要积极争取支持，形成发展合力；三要壮大龙头企业，实现行业联动；四要推进科技创新，强化质量安全。河南、黑龙江、江苏、湖北、山东、安徽 6 个省粮食局和中粮集团作了主食产业化、园区建设、结构调整、行业管理、做大做强骨干企业等典型经验交流。与会代表参观了河南兴泰科技实业有限公司、郑州三全食品股份有限公司、郑州博大面业有限公司、郑州思念食品有限公司等主食产业化企业。

6 月

14 日 工业和信息化部在京召开了“全国食品工业‘十二五’发展交流会”。“十二五”期间，我国食品工业将以满足人民群众不断增长的食品消费和营养健康需求为目标，着力构建质量安全、绿色生态、供给充足的中国特色现代食品工业。工业和信息化部部长苗圩出席交流会并强调，食品工业要坚定不移地走新型工业化道路，紧紧围绕主题、主线加快转型升级，要积极贯彻扩大内需特别是消费需求战略，大力推进诚信建设，提高信息化管理水平，构建食品安全长效机制，努力保障食品质量安全。会议提出，“十二五”期间食品工业科学发展要重点做好以下几方面的工作。一是加快制定和完善重点食品行业产业政策和准入条件，明确食品加工企业在原料基地、生产规程、产品标准、质量控制等方面的必备条件，着力完善食品安全体系。二是引导和推动优势企业兼并重组，大力培育新兴食品产业，促进食品工业集群集聚发展，着力推进行业结构调整。三是加快建设科技创新与服务平台，推进关键技术自主创新与产业化，着力增强自主创新能力。四是持续推进企业质量管理提升和食品安全措施改进，支持企业诚信体系必备的基础设施建设，着力推进食品工业企业诚信建设。五是推进食品安全可追溯体系建设，逐步实现对全程的关键信息采集、管理和监控，着力提升两化融合水平。会议强调，诚信是食品质量安全的治本之策，更是食品企业发展的立企之本，要把食品企业诚信体系建设作为新时期加强食品行业管理的切入点和重要抓手，全力推进落实。会议要求，各地工业和信息化主管部门要正确处理好发展速度与质量、规模化与特色发展、法制建设与道德建设等方面的关系，明确分工，落实责任，加强协调和政策落实，狠抓质量安全、结构调整、节能减排等关键环节，认真组织实施好食品工业“十二五”发展规划。

20日 商务部在成都召开“2012年全国肉菜流通追溯体系建设现场会”。商务部副部长姜增伟出席会议并讲话，商务部部长助理房爱卿代表商务部与第三批试点城市代表签署肉菜流通追溯体系建设试点协议。姜增伟指出，食品安全是重大的民生问题，关系人民群众身体健康和生命安全，关系社会和谐稳定。与各城市联手，大力推进肉菜追溯体系建设，是运用信息化手段解决食品安全问题的有益尝试，是一项便民利民的伟大事业，是一件政府关心、媒体关注、百姓受益的大好事。启动肉菜流通追溯体系建设两年来，大部分试点城市初步建成追溯体系，运行良好。该体系改善了流通条件，提升了企业食品安全管理能力，同时也提振了消费信心，促进了诚信经营，提高了肉菜质量和安全水平。姜增伟对今后进一步落实肉菜流通追溯体系建设，做出了进一步的部署与要求。一是要着力突破重点难点，加快建成追溯体系。抓紧研发攻关，突破技术难点。加大流通设施改造力度，满足追溯体系建设需要。加快实施进度，尽快完成追溯体系建设任务。二是要严格执行统一标准，确保追溯管理平台互联互通。抓紧对本地执行相关标准情况进行评估，发现与商务部标准不一致的，要立即进行升级改造。抓好城市平台与中央平台对接，形成完整的管理体制。切实改进招标工作，强化项目实施过程质量控制。三是坚持政府指导、市场化运作，发挥企业主体作用。加大动员力度，加强与企业的沟通对话，让企业充分认识追溯体系建设的重要意义。要有专门的激励和督导措施，发挥对企业的示范引导作用。四是适时向源头延伸，打造全链条追溯体系。完善市场准入和产销对接制度，提高流通行业管理水平。五是大力强化日常运行管理，拓展追溯体系功能。抓紧将运行维护经费列入政府财政预算。建立专门的工作队伍，落实运维责任。细化评价指标，完善评价机制和奖惩措施，不断提高刷卡率和数据上传率。不断拓展城市平台功能，最大限度发挥追溯体系效用。六是要切实发挥领导小组作用，形成各方协同推进局面。各试点城市要抓紧成立强有力的组织领导机构和管理机制，切实做到组织领导到位、责任落实到位、资金配套到位。

28日 “农业部农产品加工标准化技术委员会成立大会暨第一届一次工作会议”在山东济南召开。农业部农产品加工局副局长欧阳海洪、农产品质量安全监管局标准处处长董洪岩、农产品加工局农产品加工处调研员姜倩等出席会议，来自全国百余家科研院所、大专院校、加工企业的123名委员参加会议。会议由农业部农产品加工局农产品加工处处长杨泽钊主持。董洪岩宣读了农业部关于成立农业部农产品加工标准化技术委员会（以下简称“标委会”）的批文。标委会归口管理部门为农业部农产品加工局，秘书处挂靠单位为中国农业科学院农产品加工研究所，第一届标委会共设立粮食、油料、果品、蔬菜、肉蛋、乳品、茶叶、特色和加工装备等9个分委会。大会向标委会全体委员颁发了聘书。欧阳海洪指出，农产品加工标准化工作是现代农产品加工业发展的重要标志之一，标委会的成立对充分发挥农产品加工科研、教学和监督、检验等单位的作用，切实提高我国农产品的质量安全水平，加强农产品加工标准化工作具有重大意义。他强调，要充分利用标委会这个平台，不断提高农产品加工技术标准的质量和水平，真正发挥标准在农产品加工业发展中的技术支撑和引领作用，全面提高农产品加工的标准化水平，增强我国农产品加工业在国际上的竞争力。他希望标委会在今后的工作中加快建立和完善农产品加工标准体系，加强农产品加工标准的宣贯工作，积极参与国际标准化活动，推动我国农产品加工标准化工作全面开展。随后，标委会第一届一次工作会议还对标委会章程、标准体系建设规划、标准体系表等进行了分组讨论。

7 月

12 日 农业部在北京召开“优质农产品开发座谈会”，分析我国优质农产品开发形势，研究加快优质农产品开发思路和措施。农业部副部长余欣荣在会上强调，要把加快优质农产品开发摆上重要位置，大力发展现代农业建设，促进农业发展方式转变，全面提高农产品质量水平，推进优质农产品开发上规模上水平，努力提升我国农产品市场竞争力，实现农业增产增效。余欣荣指出，当前我国农业生产已进入一个数量与质量并重的发展阶段，经济发展和收入水平提高，消费者对优质农产品需求持续旺盛，社会对农产品质量安全的要求越来越高。要不断创新思路，加大工作力度，紧紧依靠科技进步，大力发展优质农产品，把我国农业资源优势、生产优势和产品优势，转化为质量优势、品牌优势和效益优势，努力提高我国优质农产品的市场竞争力和供给能力。余欣荣强调，优质农产品开发是一个系统工程，是一个不断推进的过程，要坚持以科学发展观为指导，以转变农业发展方式为核心，以推进现代农业发展为目标，加快构建政府推动、企业主导、市场运作、社会参与的机制，大力推进优质农产品开发规模化、标准化、品牌化、产业化，不断提升农产品市场竞争力，促进农业增效、农民增收。余欣荣要求，要突出抓好四项重点工作：一是制定健全规范的标准，重点完善优质农产品的质量标准、制定分等定级标准、规范品牌的评价标准。二是大力培育一批自主创新能力强、加工水平高、处于行业领先地位的大型龙头企业，创响一批质量好、影响大的知名品牌。三是切实加强全程质量监管，加强生产过程的投入品的监管，推进生产过程标准化，确保农产品质量安全，维护品牌信誉，维护消费者利益。四是大力推进科技创新，加快选育一批适宜不同区域、不同用途的优质农产品品种，加快配套技术和栽培模式推广，提高生产的科技水平。

18 日 中国粮食行业协会在贵阳市召开“全国放心粮油进农村进社区经验交流会”，国家粮食局副局长张桂凤出席会议并讲话。张桂凤指出，各级粮食行政管理部门、粮食行业协会要充分认识放心粮油工程的重要意义，本着对人民健康高度负责的精神，把放心粮油工程作为一项重要任务，继续抓紧抓好，务求更大实效。一是要继续大力开展食品安全法律法规宣传贯彻和科普宣传工作，搞好每年的放心粮油宣传日活动，进一步增强粮油企业的质量意识、安全意识、诚信意识和服务意识，增强消费者的自我保护能力，为放心粮油工程营造良好的社会氛围。二是要继续认真搞好放心粮油示范企业创建工作，推广放心粮油示范企业质量管理规则和经营服务规范，努力在全国创建一大批工艺合理、设备先进、管理科学、质量可靠的示范加工企业，大力创建一批连锁配送、规范服务、便民利民的示范销售店以及示范性的主食厨房、配送中心、成品粮批发市场等，带动和引领其他粮油企业，共同构建连结产销、覆盖城乡的放心粮油产销服务体系。三是要继续加强诚信体系建设，认真总结开展食品安全信用体系建设试点工作和企业信用评价试点工作的经验，不断探索加强信用体系建设的有效方法和措施，不断提高粮油企业的诚信意识和信用管理水平。四是要继续深入推进放心粮油进农村、进社区，特别是要进“老少边穷”地区，加强放心粮油销售服务网点建设，开展便民服务，把放心粮油送进城乡千家万户，真正让广大城乡居民放心消费、安全消费、健康消费。贵州省副省长禄智明在会上致辞，中国粮食行业协会会长白美清作了工作报告。

24 日 由农业部和内蒙古自治区人民政府主办，农业部农业贸易促进中心、内蒙古自治区农牧厅、呼和浩特市人民政府承办的“2012 中国国际薯业博览会”在内蒙古自治区呼和浩特市隆重开幕。农业部总经济师杨绍品出席开幕式并讲话，自治区人民政府副主席王玉明在开幕式上致欢迎辞，内蒙古自治区党委副书记李佳、自治区人大副主任赵忠、自治区政协副主席韩志然等领导出席了开幕式。杨绍品在讲话中指出，薯类作物适应性广、产量高、营养丰富，是世界第四大粮食作物；薯类作物在我国种植面积大、产品种类多，对确保粮食安全、加快扶贫开发具有重要作用。近年来，中国政府高度重视马铃薯等薯类产业的发展，在薯类生产、加工和产业升级等各个方面给予了越来越多的关注和支持，有效促进了薯业的健康发展。王玉明强调，内蒙古自治区是农牧业大省，也是我国马铃薯三大主产省区之一，近年来自治区大力推进马铃薯新品种选育和产业化开发，培育形成了一批特色马铃薯生产基地和加工龙头企业，形成了产业化、特色化、机械化、规模化的发展格局，有力地促进了农业增效、农民增收。本次薯博会展览面积达 8 000余 m^2，来自比利时、荷兰、德国、法国、爱尔兰、瑞典、美国、泰国、新加坡等 9 个国家和国内 22 个省（自治区）的 260 余家企业参展，展会期间还举办了“马铃薯产业发展论坛”、“中荷马铃薯行业研讨会”、“中泰木薯贸易洽谈会”、“马铃薯加工与仓储技术对接会”等活动。甘肃、贵州、宁夏、四川等薯类主产区在内的全国 26 个省政府或农业厅（委）组团参展或参观。本届薯博会及同期活动将全面展示薯类作物科研、生产、加工、储运、销售等各个环节的最新产品和技术，来自国际国内薯业行业管理机构的有关领导、科研单位知名专家学者和企业家将交流薯业相关政策、技术和产业发展趋势，探讨中外薯业合作，这将有效地促进薯类产品、技术、信息的对接，对促进我国薯业产业整合和国内外市场整合、加强我国薯业国际交流与合作、提升我国薯业技术水平和产业化发展水平起到积极的推动作用。

8 月

9～10 日 “全国餐饮服务食品安全监督管理工作座谈会”在吉林省延边召开。会议深入学习了《国务院关于加强食品安全工作的决定》和《国家食品安全监管体系“十二五”规划》，传达落实 2012 年全国食品药品监督管理工作座谈会精神，深入分析了当前监管工作面临的形势，研究探讨了创新监管机制和方式方法。国家食品药品监管局边振甲副局长出席座谈会并作重要讲话。边振甲指出，要科学把握当前餐饮服务食品安全监管工作面临的形势。近年来，各级党委政府高度重视食品安全工作，将食品安全工作作为保障和改善民生的基础性工作；全社会对食品安全关注度、参与度不断提高，对食品安全寄予更多的期待；餐饮业蓬勃快速发展，形成了经营业态多样化、经营方式多元化、品牌建设特色化的局面。在全系统的共同努力下，餐饮服务食品安全行政监管、技术支撑和社会监督体系不断强化，监管基础更加巩固，餐饮服务经营秩序逐步规范，餐饮服务食品安全形势稳中向好。与此同时，必须清醒认识到餐饮服务食品安全监管工作形势依然严峻。餐饮服务食品安全风险复杂，监管工作还存在薄弱环节。全系统必须进一步增强食品安全责任意识、忧患意识和风险意识，把思想和行动统一到国务院有关加强食品安全工作的要求上来，统一到全国食品药品监督管理工作座谈会议精神上来。边振甲要求，要全面排查餐饮服务食品安全隐患。认真细致地查找漏洞和不足，不断完善监管体系，改进监管方法，进一步提高餐饮服务食品安全监管水平。深化对餐饮服务食品安全风险的认识。要深刻认识餐饮服务食品安全风险具有累积性、显现性和群发性等特征，深入分析研究餐饮服务食品安全风险规律，科学确定风险控制方法；要将风险管理融入餐饮服务食品安全日常监管。积极主动应用风险管理方法，提高风险管理意识，努力实现风险控制关口前移，及早识别发现潜在风险，及时控制排除风险，防控食物中毒事故发生；要全面排查餐饮服务食品安全风险和隐患。重点对餐饮服务环节易发多发的、群众反映强烈的、影响范围较大的突出问题和薄弱环节开展风险隐患大排查。

24～26 日 “中国乳制品工业协会第十八次年会暨第十二次乳品技术精品展示会”在杭州召开。来自国内外乳业专家、企业家、供应商以及媒体等 3000 多人参加了会议。会议全面深入地分析了国内外乳制品行业的发展形势，探讨行业面临的机遇和挑战，研讨促进我国乳业振兴发展的措施。工业和信息化部党组成员总工程师朱宏任、浙江省副省长郑继伟、中国轻工业联合会会长步正发等领导出席了大会；朱宏任总工程师发表了重要讲话。朱宏任指出，近年来，乳制品行业在党中央、国务院的关心和社会各界的支持下，着力提升运行质量，行业面貌有了较大改变，行业发展呈现良好局面。一是安全水平不断提升；二是基地建设不断加强；三是产业结构不断调整；四是市场消费不断增长。朱宏任指出，与可持续发展的要求和广大人民群众的期望相比，我国乳制品行业发展还存在着一些突出问题：一是乳品质量安全水平与人民群众的期望相比仍有差距；二是企业自建奶源基地比例较低；三是违规建设现象仍然存在。当前，要围绕促进健康发展要重点做好六个方面的工作：一是以规划落实为契机，着力营造良好发展环境；二是以质量安全为目标，着力完善食品安全体系；三是以科技创新为依托，着力提高技术装备水平；四是以结构优化为途径，着力推进产业结构调整；五是以诚信建设为抓手，着力建设安全长效机制；六是以行业协会为支撑，着力做好行业自律工作。中国乳制品工业协会第四届理事会理事长宋昆冈在大会上作了题为《新乳业新思路》的报告。本次年会期间，还举办了“中国乳业经济发展论坛”、“国际乳品新技术新资源及市场发展趋势论坛”、“全球婴幼儿配方奶粉科学与营养发展论坛”以及“国际乳品质量安全检测新技术论坛”，受到参会代表的极大关注。本次大会由第四届理事会常务副理事长牟静君致开幕词；协会副理事长兼秘书长刘美菊主持。

27～29 日 商务部市场建设司在云南昆明召开“2012 年农产品产销链条建设和农批对接工作推进会”，交流了近年来各试点地区开展农产品产销链条建设和农批对接工作的经验，研究、分析了当前农产品流通模式创新中取得的进展和存在的问题，开展了主产区省份与主销区省份农产品产销链条建设项目的洽谈对接。会议通过搭建对接平台，共享特色农产品供求信息，深化产销两地的投资合作，进一步提高了农产品产销链条建设项目的对接效率，推动了农超对接、农批对接等多种形式的具有利益纽带作用的、相对稳定的产销衔接模式发展，增强了“南菜北运”、“西果东送”等农产品现代流通综合试点工作的针对性及有效性。一是信息共享、产销两地企业实现市场化对接。会议通过举办试点省份推介会、销地对接专场推介会、“南菜北运”、“西果东送”试点企业主题展示、产销对接合作洽谈专场及实地考察农产品龙头流通企业等活动，为产销两地企业搭建了业务对接平台，实现了投资需求与招商意愿的信息共享，促进了资源的整合和有效利用，也为长期的互利共赢奠定了良好基础。在市场既有销售渠道基础上，云南元谋、广西田阳、海南屯昌等特色农产品主产区与北京新发地、上海江桥、广州江南果菜等销地大型批发市场进行了充分的洽谈交流，增强了跨区域农产品产销链条的市场活力。二是搭建平台、“南菜北运”等试点项目发挥一链多能作用。近年来，通过开展“南菜北运”、“西果东送”等工作，试点省份在跨区域、长距离产销链条建设方面取得了积极成效，产销两地企业以投资为纽带打造的产销链条不断优化，功能逐渐完善，已由承载单向流通向双向互利模式发展，初步实现了一链多能。本次会议，借助“南菜北运”产销链条，广东金岭糖业拟投资建设5个销地配送专区，形成区域辐射带动功能；云南保山映山红、通海汪家富等产地企业通过与大型农产品批发市场、连锁超市、流通企业投资合作的形式，实现了向销售端的业务延伸；陕西欣绿、北京华联等销地企业则通过与产地生产企业签订战略合作协议等形式，将经营范围向生产领域拓展，进一步固化了产期稳定的产销合作关系。三是虚实结合，网上交易助力农产品流通方式创新。农产品流通方式创新成为本次会议的焦点，特别是在产销区农产品批发市场闭环内（线上线下并行）开展的农产品电子批发交易模式，在主销地开展的以社区零售网点为基础的农产品网上零售模式，得到参会代表的普遍认可。随着农产品批发市场逐步完成单体市场的电子结算，农产品网上展示、网上洽谈和网下配送等业务不断拓展，将对我国农产品流通方式创新起到积极的推动作用。

9 月

6日 农业部在河南省驻马店市举行“全国主食加工业提升行动启动仪式”。农业部总经济师杨绍品、河南省副省长张广智以及国家粮食局流通与科技发展司副司长王莉蓉等领导出席了启动仪式。同期还举行了主食加工技术、装备、产品展示和观摩考察等系列活动。杨绍品在讲话中说，近年来，随着人民生活水平逐步提高，生活节奏不断加快以及户均人口逐步减少，城乡居民食物消费结构和消费方式发生了快速的变化，对主食品工业化生产和社会化供应的要求日益迫切。农业部决定在“十二五”期间实施主食加工业提升行动，以进一步满足人民群众对主食消费的新要求和新期待。杨绍品指出，在主食消费方式发生快速变化的今天，方便、快捷、营养、安全、卫生成为主食消费的基本要求，千百年来我国传统主食以家庭自制为主的格局正在发生巨大的变化，总体呈现出主食生产工业化、主食供应社会化、主食营养多样化、主食消费便利化的趋势。杨绍品要求，全国农产品加工、乡镇企业系统要通过实施主食加工业提升行动，进一步凝聚共识、整合资源，在全社会逐步树立现代主食加工及消费理念，营造良好发展环境；要加强政府推动，引导社会主体参与，促进规范化、标准化、现代化建设，力争在优势农产品产地，培育主食加工产业集群，建成一批水平高、带动力强的主食加工示范企业和主食加工产业集聚区，尽快形成一批主食加工精品、名品；在主食加工产学研领域，研发、推广、应用一批技术创新成果，提高我国主食加工业的技术装备水平；在主食产加销领域，促进各主体的互动和对接，尽快形成一批主食加工业战略合作联盟。据农业部农产品加工局局长张天佐介绍，一个大型速冻主食品加工企业（年产28万t），每年加工消耗的农产品原料，可以带动2.7万多hm^2的种植规模、60万头的生猪饲养规模，相当使40万农民年均增收500～800元；企业可直接吸纳农村劳动力近万人就业，人均年收入可达2万元左右。

6～8日 农业部与河南省人民政府在河南省驻马店市联合举办“2012年全国农产品加工业投资贸易洽谈会”。农业部总经济师杨绍品、农产品加工局局长张天佐、河南省省长郭庚茂和副省长张广智等领导出席了开幕式。来自全国27个省、自治区、直辖市和国内外161个代表团、4 500多个企业、近17 000多人参会，其中国内500强及港澳台和境外100多个企业参会参展，展出总面积达2万多m^2。据统计，这次会议共签约188个项目，其中亿元以上项目83个，协议总投资479.8亿元。中国农业科学院、中国农业大学、南京农业大学、华中农业大学、西北农林科技大学等61所科研院校参加会议并开展科技成果推介发布，共达成科研成果转化意向300多项。东盟国际贸易投资商会在会议期间举行了东盟农产品市场中国推介活动。杨绍品在讲话中指出，本届“农洽会”以“合作、绿色、科技、发展”为主题，以推进农产品加工业转变发展方式为目标，集农产品加工技术装备展示、科技成果发布、投资项目洽谈、发展理论研讨为一体，为广大农产品加工企业建立了一个了解发展趋势、把握投资方向、学习先进技术、掌握市场动态及解决发展问题的重要平台，对形成东中西优势互补、良性互动的区域协调发展机制，促进我国农产品加工业转型升级和区域协调发展发挥了重要的推动作用。本届“农洽会”是自 1998 年以来，农业部与河南省政府成功举办的第十五届全国农产品加工业投资贸易洽谈会，在会议组织上更加注重多部门合作协作，特别注重发挥和调动行业协会、商会、科研单位和大专院校的参会积极性；在办会方式上积极学习借鉴先进的办会理念和经验，不断探索市场化办会的新思路；在会议内容上做实农产品加工技术及装备的展示、科技成果发布、专利技术转让、投资贸易洽谈、农产品加工制品商超对接、发展理论研讨，同时更加注重围绕解决当前农产品加工业存在的难点问题，不断增强投资贸易、成果转化和信息交流的针对性和有效性；在对外交流上加强与有关国际组织、行业协会、商会合作，积极引导我国农产品加工企业拓展国际市场。

27～30 日 由农业部主办，国家发展和改革委员会、财政部、商务部、北京市人民政府等协办的“第十届中国国际农产品交易会”在全国农业展览馆举行。中共中央政治局委员、国务院副总理回良玉出席开幕式并宣布交易会开幕，全国人大常委会副委员长乌云其木格、全国政协副主席罗富和、中央农办主任陈锡文、证监会主席郭树清等出席了开幕式。北京市委书记郭金龙、农业部部长韩长赋在开幕式上致辞。来自全国 32 个省、自治区、直辖市（含台湾省）和新疆生产建设兵团共 33 个展团以及部分外国商（协）会和企业参展。本届农交会继续坚持“展示成果、推动交流、促进贸易”的宗旨和“精品、开放、务实”的办展原则，以“加快现代农业建设、推进三化同步发展”为主题，集中展示各地在发展现代农业、探索中国特色农业现代化道路和推进社会主义新农村建设中取得的新成果、新进展，进一步推动农业的交流与合作，促进农产品产销对接和国内外贸易，提高农业的综合竞争力．本届农交会包括综合展区、国际展区、专业合作社展区、种子展区、农垦展区、水产展区、农业科技展区和现代农业装备展区八个展区，总展出面积 43 500m^2。其中，农业科技展区、种子展区和农垦展区是新增展区，分别安排相关农业科研院所、高等院校和种子企业、农垦企业参展。回良玉指出，党的十六大以来，党中央、国务院坚持把解决好“三农”问题作为全党工作的重中之重，出台了一系列具有里程碑和划时代意义的强农惠农富农政策，粮食生产实现“八连增”，连续五年稳定在一万亿斤以上，农民增收实现“八连快”，农村社会事业加快发展，现代农业和社会主义新农村建设扎实推进，为经济社会平稳较快发展提供了坚强保障和有力支撑。他强调，今后一个时期，各地区、各有关部门要继续完善强农惠农富农政策，加快农业科技创新，推进现代农业建设，健全农业社会化服务体系，确保粮食等主要农产品有效供给和农民收入稳步提高，再续“三农”事业发展黄金期。

10 月

10 日 “2012 肉类食品产业发展战略大会暨中国肉类产业教产对接与合作大会”在北京亮马河大厦举行。中国肉类协会会长李水龙在会上总结了我国肉类产业基本形势，他指出：一是随着养殖规模化发展，科学饲养水平提高，肉类总产量稳步持续增长。自 1992 年我国肉类总产量达到 3 430 万 t，首次超过美国以来，连续多年稳居世界第一位。2011 年全国肉类总产量达到 7 957.8 万 t，比 2010 年的 7 925.9 万 t 增长 31.9 万 t。蛋产量 2 811.4 万 t，比 2010 年的 2 762.7 万 t 增长 48.7 万 t。二是加快肉类产业结构调整，肉类产业经济规模迅速发展。近年来，我国肉类食品产业加速改革发展步伐，通过多种融资渠道，加大投入力度，一批不同类型的畜禽屠宰和肉制品加工企业陆续建成投产，一批老企业进行改建与扩建、扩大了生产规模，还有一批国外资本迅速进入我国肉类生产流通领域，加速了我国肉类产业现代化进程，生产与市场规模不断扩大，经济效益和社会效益明显提高。三是产业升级逐步完成。进入新世纪以来，我国肉类食品产业现代化步伐加快，具有国际先进水平的技术装备与生产工艺在一大批大中型肉类屠宰加工企业广泛应用，促进了产业结构优化升级。四是国内肉类市场活跃，主要表现在肉类商品交易总量与交易总额的持续增长。2011 年，我国肉类市场交易量达到 9 625 万 t，比 2010 年的 8 222 万 t 增长 1 403万 t，增长比例为 17%。交易额达到 15 098.4 亿元，比 2010 年的 12 396.4 亿元增长 2 702 亿元，增长比例为 21.7%。五是推进质量管理体系建设，肉类产品质量明显改善。肉类产业是产业链延伸较长的产业，加强质量安全工作的任务艰巨而繁重。近几年来，随着国家《食品安全法》《生猪屠宰管理条例》以及有关食品安全标准的贯彻实施，在肉类行业积极开展了食品安全信用体系试点工作，深入进行了食品安全专项治理整顿，各项质量管理体系建设取得突破性进展。过去的一年中，中国肉类行业经受了“瘦肉精”事件带来的冲击和考验。在问题面前，中国肉类协会抱着不护短、不迁就的态度，及时引领行业强化食品安全意识，采取坚决措施积极应对，配合相关部门有效实施了安全监管。在事件漩涡中心的企业，及时整改，提高检验标准，加强食品安全管理，逐渐摆脱了负面影响，走出了危机的阴影。通过此次会议，将进一步建立和完善高等院校和职业教育机构与中国肉类产业的合作机制。并将以此为基础深化校企合作，促进企业人才的有效招聘以及产业高端人才的培养，从而进一步提升商业服务业技能型、应用型人才的从业素质。实施教产对接，也从一个侧面为教育机构拓宽教学领域，尝试和实施新的教学模式搭建了平台，并且能够为教师及学生科研实践提供技术及场地支持。

11～12日 “全国生猪定点屠宰资格审核清理工作现场会暨培训班”在合肥举办，各省、自治区、直辖市、计划单列市及新疆生产建设兵团，以及部分地（市）级商务主管部门相关业务负责人参加了会议。会上，商务部市场秩序司王镇钢副司长，要求各级商务主管部门进一步增强审核清理工作的责任感和紧迫感，切实做好县、市两级联合审核以及省级督查和复核工作，并充分发挥信息统计和工作通报的作用，确保审核清理工作取得实效。山西、安徽、新疆商务主管部门和部分生猪定点屠宰企业分别介绍了审核清理工作的先进经验和做法。山西省政府两次组织召开全省工作会议，建立各相关部门“一把手”会商机制，充分发挥各部门力量，形成工作合力，积极推进审核清理工作。目前，山西全省347个生猪定点屠宰企业已全部完成自查，其中126个通过县、市级审核验收，92个被责令关闭，129个已下达整改通知书。安徽省划拨40万元审核清理专项工作经费，保证审核清理工作顺利开展；将审核清理工作和“放心肉”服务体系建设有机融合，省财政安排1 000万元“放心肉”试点单位支持资金，对审核清理验收达标的试点市、县予以一次性补助；加强宣传引导，及时推广泾县、南陵等地审核清理工作经验，引导乡镇屠宰场点改制重组，转化为生猪收购或肉品分销中心，构建安全肉品供销网络。新疆维吾尔自治区在审核清理中重点抓好“五个结合”，确保审核清理工作顺利完成。一是结合新疆消费习惯，扩大审核清理工作外延，将牛、羊和家禽屠宰企业纳入审核清理范围；二是结合企业年检，严格审核程序，落实地州商务主管部门责任；三是结合诚信建设，倡导守法经营，落实企业第一责任人责任，组织企业签署“诚实守信，依法经营”承诺书；四是结合市场监管体系建设，强化执法力度，营造良好的外部环境；五是结合标准化改造项目，加大政策扶持力度，做到扶优汰劣。哈尔滨大众肉联厂和山东得利斯集团有限公司分别介绍了企业在审核清理自查、重点项目整改的做法和保障肉品质量安全的主要措施。会议期间，代表们还就当前屠宰行业法规标准建设等问题进行了专题研讨。

16～18日 由国家粮食局和山东省人民政府共同主办的“第十二届中国国际粮油产品及设备技术展览会”在山东省济南市举办。国家粮食局党组书记、局长任正晓出席展览会并致辞，国家粮食局党组成员、副局长张桂凤主持开幕式。联合国粮农组织驻华代表伯希？米西卡，农业部党组成员、副部长牛盾，山东省政府副省长张超超，济南市委副书记、市长杨鲁豫，中国粮食行业协会会长白美清出席开幕式。任正晓在致辞中指出，当前我国粮食形势继续稳定向好，夏粮喜获丰收，收购入库进展顺利；秋粮丰收也成定局，收购工作即将全面展开；国家粮食库存充裕，各方面粮食需求得到可靠保障，市场和价格保持平稳态势。粮食生产、市场的好形势，为这次国际粮油产品及设备技术展览会的召开提供了坚实的物质基础和良好的市场环境。任正晓强调，民以食为天，食以粮为先。粮食行业肩负着为广大人民群众提供安全放心粮油产品、保障国家粮食安全的崇高使命。当前，我国粮食行业正处于粮食经济增长方式大转变、粮食产业结构大调整、粮食流通事业大发展的重要时期。粮食行业一定要始终坚持科学发展观，牢牢把握稳中求进的总基调，抓住机遇，加快发展，大力发展粮食产业化经营，全力推进主食产业化工程，努力为城乡居民提供营养、安全、健康、方便的粮油和主食产品，为全体人民提供更为安全可靠的口粮保障，让党和政府更加放心，让人民群众更加满意。任正晓希望广大参展企业充分利用这次展览会，展精品、亮品牌、树形象，学经验、长见识、交朋友，展览发展成果、展出行业风采、展示粮食文化，并以此为契机，大力推进粮食行业科学发展，为帮助种粮农民增产增收、为丰富城乡人民一日三餐、为保障国家粮食安全作出新的更大的贡献。此次展览会有来自全国28个省、自治区、直辖市以及新加坡、瑞士、瑞典、韩国、意大利、法国等国家和地区的1 000多个企业参展，实现交易总金额63.52亿元，其中合同及现场交易22.62亿元，意向交易40.9亿元；实现粮油产品现场零售及合同交易47.8万t，实现粮机设备合同交易217台套。

11 月

6日 国家食品药品监管局食品安全监管司在陕西省西安市召开“餐饮服务食品安全标准研究座谈会”，听取餐饮服务食品安全标准研究项目承担单位工作进展情况汇报，提出了下一步工作意见和建议。会议指出，各项目承担单位必须认真分析餐饮加工过程及餐饮食品的特殊性和差异性，充分考虑其与现有食品安全标准的衔接性和统一性，严格项目资金管理和使用，确保2012年餐饮服务食品安全标准研究项目如期完成。自2009年国家食品药品监管局履行餐饮服务食品安全监管职能以来，经过4年不懈努力，餐饮服务食品安全监管制度基本建立。但在监管执法的过程中，也暴露出餐饮服务食品安全标准缺失、标准采用不够准确等现实问题，影响了餐饮服务食品安全监管能力的进一步提升。为进一步提高餐饮服务食品安全监管能力，真正实现科学监管、有效监管，加强餐饮服务食品安全标准体系建设刻不容缓。会议邀请卫生部食品安全综合协调与卫生监督局领导和食品安全国家标准审评委员会秘书处专家就食品安全标准管理及制修订工作作了专题介绍。食品安全国家标准审评委员会委员和承担2012年餐饮服务食品安全标准研究任务的项目负责人参加了会议。

17日 由工业和信息化部、农业部、国家工商总局、国家质检总局、国家食品药品监督管理局、中国食品工业协会联合主办，以“确保食品安全 构建和谐社会”为主题的“第十届中国食品安全年会”在京开幕。全国人大常委会副委员长周铁农，全国政协副主席白立忱、王志珍，十届全国人大常委会副委员长、中国食品安全年会组委会名誉主任顾秀莲等领导出席开幕式，并向为第十届年会作出突出贡献的单位颁发了年会徽标。王志珍在讲话时指出，食品安全事关人民群众的身体健康和生命安全，事关社会稳定和经济发展，事关国家形象和政府声誉。中共中央、国务院历来高度重视食品安全问题，近年来采取一系列政策措施，切实加强监管，取得了明显成效，但食品安全工作任重道远，仍然需要进一步深化治理整顿，进一步加强监管系统建设和监管力度。第十届中国食品安全年会以科学发展观为指导，广开言路，各抒己见，共同探讨在新时期做好食品安全工作的举措，是贯彻十八大精神的一个具体行动，希望每一位与会者以高度的社会责任感，共商民生大计，同铸食品安全，为全面建成小康社会作出自己应有的贡献。十届全国人大常委会副委员长顾秀莲、农业部副部长陈晓华也在大会发言。开幕式上，与会企业代表表示，始终坚持科学发展，忠诚履行社会责任；坚决遵守政策法规，严格执行行业标准；积极配合政府执法，主动接受社会监督；建立健全诚信体系，执着追求高端品质；模范践行职业道德，自觉固守行业自律；矢志确保食品安全，努力构建和谐社会。

30日 由农业部农产品加工局举办的“农业部主食加工业工作座谈会”在北京召开。来自全国9个省、自治区农产品加工管理部门负责人、主食加工企业代表、行业专家等参加了会议，农业部农产品加工局局长张天佐出席本次会议并讲话。张天佐指出，主食是人类赖以生存的基本需求，随着经济的发展和社会的进步，人们对主食的认识在不断的深化和调整，主食的概念不断被赋予新的时代特征。近年来，随着人民生活水平逐步提高，生活节奏不断加快以及户均人口逐步减少，城乡居民食物消费结构和消费方式发生了快速的变化，对主食品工业化生产和社会化供应的要求日益迫切。但我国主食加工业发展水平还很低，主食加工的标准和技术规程严重缺失，技术及工艺装备落后，产业和产品结构不合理，加工规模难以满足消费需求，亟待用工业化理念规范、引领主食加工业发展，加大结构调整力度，逐步实现主食加工产品的标准化、操作的规范化、技术的现代化、组织的制度化，不断提高发展水平。2012年农业部决定在“十二五”期间实施主食加工业提升行动，以进一步满足人民群众对主食消费的新要求和新期待。发展主食加工业对促进农产品增值和实现农民增收作用十分明显，是解决“三农”问题的现实途径之一。参会各省主管部门、主食加工企业、行业专家纷纷发言讨论，为主食加工业发展献言献策。争取在“十二五”期间加强政府推动，引导社会主体参与，促进规范化、标准化、现代化建设，力争在优势农产品产地，培育主食加工产业集群，建成一批水平高、带动力强的主食加工示范企业和主食加工产业集聚区，尽快形成一批主食加工精品、名品；在主食加工产学研领域，研发、推广、应用一批技术创新成果，提高我国主食加工业的技术装备水平；在主食产加销领域，促进各主体的互动和对接，尽快形成一批主食加工业战略合作联盟。

12 月

12～14日 国务院食品安全委员会办公室在北京召开“全国食品安全委员会办公室主任会议”，国务院副秘书长、国务院食品安全委员会办公室主任张勇作了重要讲话。国务院有关部委、各省食品安全委员会办公室主任、各省省会城市和计划单列市食品安全委员会办公室主任参加会议。会议宣读了中共中央政治局常委、国务院副总理李克强重要批示，国务院副秘书长、国务院食品安全委员会办公室主任张勇作了《深入贯彻落实党的十八大精神，努力开创食品安全工作新局面》重要讲话。会议全面总结了2012年全国食品安全工作，分析研讨了当前食品安全形势，研究部署2013年食品安全重点工作。会议对当前和今后一个时期食品安全工作提出明确要求，在深入贯彻落实党的十八大精神，在部署社会建设任务时，突出强调要改革和完善食品安全监管体制机制。会议充分肯定2012年食品安全工作取得的成效，深刻分析了面临的形势和存在的问题，明确提出2013年食品安全工作要以邓小平理论、"三个代表"重要思想和科学发展观为指导，深入贯彻党的十八大精神，紧紧围绕《国务院关于加强食品安全工作的决定》和《国家食品安全监管体系"十二五"规划》的各项任务，按照深入整治不放松、狠抓基层打基础、健全机制强监管、改革创新促发展的总体思路，明确"两大治理"，即：一是针对违禁超限、假冒伪劣突出问题，深入开展专项整治；二是针对重点行业品种，扎实开展综合治理。"三大建设"，即：大力加强监管制度建设、基层体系建设、基础能力建设的工作任务。

23日 "全国乡镇企业与农产品加工业工作会议"在北京召开。会议的主题是：深入贯彻党的十八大精神，分析形势，明确目标，研究和部署明年重点任务，努力把农村二、三产业工作提高到新水平。农业部总经济师杨绍品出席会议并作讲话。会议认为，在世界经济复苏明显放缓和国内经济下行压力加大的严峻形势下，全国乡镇企业在调整中取得平稳发展，预计全年总产值达到60万亿元，比上年增长9%以上，新增就业人数超过200万人。同时乡镇企业向"农"字号产业回归趋势明显，乡镇企业总产值中，农产品加工业和以休闲农业为主的第三产业分别占到1/4。农产品加工业继续高速增长，巩固了企稳回升的好态势，预计全年规模以上农产品加工企业实现总产值达到15万亿元，增长19%，与农业产值之比达到1.9∶1,比上年提高0.1个百分点，农产品产地初加工补助项目实现了当年建设、当年使用、当年见效，受到农民的广泛欢迎。休闲农业在各级主管部门强力推动和消费需求拉动下，发展持续提速，成为新亮点，营业收入达到2 400亿元，各类休闲农业园区超过3.3万个，全年接待游客超过8亿人次，从业人员超过2 800万人。2012年乡镇企业、农产品加工业、休闲农业的平稳快速发展，有力支撑了农业农村经济发展大局。会议认为，今后8年，要完成到2020年农民人均收入比2010年翻一番目标，乡镇企业、农产品加工业年均增长需保持在10%和15%左右，乡镇企业对农民收入贡献率需保持在35%左右，每年新增就业需保持在200万人以上。会议强调，做好2013年乡镇企业、农产品加工业和休闲农业工作，对于促进农民增收和稳定三农大局具有重要意义。农产品加工业是衡量现代农业的重要标志，要重点在产地初加工、主食加工业、培育领军企业、科技研发和技术推广、监测分析与预警体系建设方面有新的进展，农产品加工业要在现代农业发展中担当重任。农业部乡镇企业局（农产品加工局）局长张天佐主持会议并就重点工作进行了部署。各省、自治区、直辖市乡镇企业、农产品加工业、休闲农业主管部门负责人参加会议。

26日 "国家食品安全风险评估中心（以下简称食品风险评估中心）理事会2012年第二次全体会议"在北京召开。会议由食品风险评估中心理事会（以下简称理事会）理事长、卫生部副部长陈啸宏主持，副理事长、国务院食品安全办副主任刘佩智和15名理事或理事代表参加了会议。会议听取了食品风险评估中心主任刘金峰关于中心2012年工作总结、2013年工作要点、2012年预算管理与执行及2013年预算编制的汇报。食品风险评估中心党委书记侯培森就食品风险评估中心分中心建设方案、发展与创新专用基金管理暂行办法、发展规划（2013—2015，修订稿）向会议做了介绍和说明。食品风险评估中心技术总顾问、中国工程院陈君石院士解读了食品风险评估中心2012年度专题技术报告。会议就以上内容进行了审议和讨论，原则通过了年度工作总结、2013年工作要点和财务预决算管理等相关报告，肯定了食品风险评估中心组建一年来，贯彻"边组建、边工作"的要求，在建立工作机制、加强人才队伍建设、业务能力建设和思想文化建设等方面取得的成绩。与会理事针对2013年工作要点和发展规划进行了充分的讨论，提出了意见和建议。会议认为，食品风险评估中心要学习、消化、吸收国内外先进技术和经验，更主动地开展食品安全风险监测、评估、预警和食品安全标准等核心业务工作，进一步加强自身能力建设，特别要强化食品安全风险预警工作，形成长效机制，要加快基建立项和分中心建设步伐，在事业单位法人治理结构试点工作中积极创新机制体制，探索有益经验，充分发挥理事会决策监督作用，使食品安全技术支撑工作能有效为保护人民健康服务。

第七部分 附录

附录简要说明

1. 本部分统计资料数据主要包括：香港、澳门特别行政区和台湾省相关统计数据；世界和部分国家主要农产品收获面积、单产和总产量，禽畜产品产量；主要国家农业与农产品加工业生产指数；农产品加工业主要经济指标；世界主要国家农、林、畜、禽产品进出口情况；按营业额排序的世界最强500个企业中农产品加工业企业。

2. 本部分统计资料数据主要来源于国家统计局、农业部、2011年联合国粮农组织数据库、2012年联合国工发组织出版的《国际工业统计年鉴》、2012年《国际统计年鉴》、世界银行统计数据。未注明“资料来源”的数据，均采用国家统计局公布的数据。

3. 本部分统计资料中符号使用说明：“空格”表示该项统计指标数据不详或无该项数据；“*”、“①”、“△”表示本表下面有注解。

表 1　部分国家（地区）农业生产指数（2010 年）

（1999—2001 年＝100）

单位：%

国家或地区	农　业	食　品
世界总计	**109**	**110**
埃　及	116	117
南　非	110	110
加拿大	102	102
美　国	105	107
巴　西	116	117
中　国	115	115
印　度	113	113
日　本	98	98
韩　国	108	108
法　国	98	99
德　国	105	105
意大利	96	96
俄罗斯	108	108
英　国	101	101
澳大利亚	101	104

资料来源：表中数据来自 2012 年《国际统计年鉴》。

表 2　我国台湾省农业生产指数（2008—2010 年）

（2006 年＝100）

年　份	总指数	种植业	林　业	畜牧业	渔　业
2008	92.7	93.0	63.4	93.2	91.4
2009	91.0	93.9	64.4	92.9	83.2
2010	92.7	96.2	59.2	93.5	84.6

表 3　部分国家（地区）主要粮食作物总产量（2011 年）

单位：kt

国家或地区	小麦	稻谷	玉米	谷子	高粱
世界总计	**685 614**		**818 823**		
埃　及	8 523		6 600		
南　非			12 050		
加拿大	26 848		9 561		
美　国	60 314		333 011		
巴　西	5 056		51 232		
中　国	115 115		164 108		
印　度	80 680		16 680		
日　本					
韩　国					
法　国	38 332		15 288		
德　国	25 190		4 527		
意大利	6 341		7 878		
俄罗斯	61 740		3 963		
英　国	14 379				
澳大利亚	21 656				

资料来源：表中数据来自 2012 年《国际统计年鉴》。

表 4 部分国家（地区）主要油料作物总产量（2011 年）

单位：kt

国家或地区	大 豆	油菜籽	花 生	芝 麻
世界总计	**223 185**	**61 676**	**36 457**	**3 977**
埃 及	26		210	41
南 非	516	40	100	
加拿大	3 504	11 825		
美 国	91 417	669	1 673	
巴 西	57 345	180	293	16
中 国	14 981	13 657	14 765	623
印 度	10 050	7 201	5 510	657
日 本	230			
韩 国	139			20
法 国	110	5 589		
德 国		6 307		
意大利	468	50		
俄罗斯	944	667		
英 国		1 951		
澳大利亚	80	1 910		

资料来源：表中数据来自 2012 年《国际统计年鉴》。

表 5 美国玉米生产情况（2006—2010 年）

年 份	单 产 (t/hm²)	种植面积 (万 hm²)	产 量 (万 t)	世界总产量 (万 t)	所占比重 (%)
2006	9.36	2 859	26 760	69 686	38.40
2007	9.46	3 501	33 119	71 105	46.58
2008	9.66	3 180	30 719	79 165	38.60
2009	10.34	3 219	33 284	79 150	42.05
2010	9.59	3 296	31 609	79 783	39.62

资料来源：表中数据来自 2012 年《世界农业》第 10 期。

表 6 美国玉米利用情况（2007—2011 年）

单位：万 t、%

年 份	深加工		种 子		饲料加工		出 口		总消耗量
	数量	比重	数量	比重	数量	比重	数量	比重	
2007	11 227	34.7	55	0.17	14 880	45.9	6 190	19.1	32 353
2008	12 708	41.5	56	0.18	13 163	42.9	4 697	15.3	30 623
2009	15 086	45.5	57	0.17	13 018	39.2	5 029	15.2	33 189
2010	16 274	48.3	58	0.17	12 701	37.7	4 661	13.8	33 694
2011	16 224	50.1	60	0.18	11 938	36.8	4 191	12.9	32 412

资料来源：表中数据来自 2012 年《世界农业》第 10 期。

表 7 美国玉米加工应用情况（2007—2011 年） 单位：万 t

年 份	淀粉糖		淀粉	发酵酒精		食品及其他产品	总 量
	高果糖浆	葡萄糖		燃料乙醇	食用酒精		
2007	1 328	650	673	7 745	343	488	11 227
2008	1 242	622	594	9 421	340	488	12 708
2009	1 301	653	635	11 662	340	493	15 086
2010	1 334	686	660	12 751	343	500	16 274
2011	1 334	673	660	12 701	343	513	16 224

资料来源：表中数据来自 2012 年《世界农业》第 10 期。

表 8 世界马铃薯产品主要进口情况（2011 年） 单位：万美元、%

制作或保藏的冷冻马铃薯			马铃薯淀粉			马铃薯细粉及粗粉		
进 口	进口金额	份额	进 口	进口金额	份额	进 口	进口金额	份额
美 国	8 217.41	78.45	德 国	952.34	46.42	美 国	1 018.04	80.24
加拿大	956.52	9.13	荷 兰	416.87	20.32	印 度	136.90	10.79
荷 兰	554.62	5.29	丹 麦	203.33	9.91	荷 兰	71.34	5.62
比利时	515.57	4.92	法 国	185.60	9.05	德 国	40.16	3.16
法 国	130.53	1.25	波 兰	139.22	6.79	埃 及	2.32	0.18

资料来源：表中数据来自 2012 年《农业展望》第 9 期。

表 9 世界马铃薯产品主要出口情况（2011 年） 单位：万美元、%

鲜或冷冻马铃薯（种薯除外）			制作或保藏的冷冻马铃薯			马铃薯淀粉		
出 口	出口金额	份额	出 口	出口金额	份额	出 口	出口金额	份额
马来西亚	1 6975.26	31.28	日 本	2 029.02	79.25	韩 国	488.61	59.29
越 南	5 310.44	25.71	泰 国	223.70	8.74	泰 国	129.95	15.77
俄罗斯	4 363.87	12.77	中国台湾	112.46	4.39	中国香港	52.61	6.38
印度尼西亚	2 167.90	9.71	蒙 古	66.56	2.60	蒙 古	51.26	6.22
泰 国	1 648.89	5.34	巴基斯坦	61.10	2.39	新西兰	24.50	2.97
新加坡	906.27	3.86	韩 国	36.12	1.41	俄罗斯	22.69	2.75
阿拉伯酋长国	655.06	3.09	澳大利亚	16.22	0.63	越 南	12.00	1.46
斯里兰卡	524.91	2.54	俄罗斯	7.24	0.28	其他亚洲国	10.39	1.26
中国香港	431.20	1.33	美 国	6.63	0.26	澳大利亚	9.26	1.12
菲律宾	226.14	0.95	新加坡	1.28	0.05	孟加拉	7.28	0.88

资料来源：表中数据来自 2012 年《农业展望》第 9 期。

表 10 中国马铃薯产品进出口情况（2007—2011 年）

单位：万 t、亿美元、%

年 份	进 口				出 口				净出口额
	进口量	比重	进口额	比重	出口量	比重	出口额	比重	
2007	6.65	0.40	0.62	0.59	43.10	2.42	1.43	1.34	0.81
2008	7.26	0.43	0.69	0.63	38.47	2.34	1.28	1.17	0.59
2009	7.76	0.51	0.63	0.62	42.06	2.51	1.53	1.45	0.90
2010	21.43	1.20	1.43	1.31	29.49	1.54	1.47	1.29	0.03
2011	12.91	1.48	1.42	2.19	41.37	4.69	2.25	3.43	0.83

资料来源：表中数据来自 2012 年《农业展望》第 9 期。

表 11 中国马铃薯产品对世界与东盟出口情况（2000—2011 年）

单位：美元、kg、%

产品	进口国	2000 年		2005 年		2011 年	
		数 量	金 额	数 量	金 额	数 量	金 额
鲜薯	**世 界**	**42 384 396**	**4 897 885**	**244 566 160**	**45 478 945**	**375 276 205**	**171 435 275**
	东 盟	27 553 655	2 972 406	151 712 780	32 254 793	254 466 018	131 692 991
	马来西亚	14 763 499	1 609 607	78 391 480	23 275 362	100 316 971	53 104 383
	越 南	6 387 200	674 001	56 833 852	4 161 464	84 851 634	44 873 900
	新加坡	632 606	676 851	12 217 116	3 747 343	13 213 042	6 550 594
	泰 国			3 695 620	931 684	13 620 916	9 06 733
	印度尼西亚	82 350	11 947	548 712	131 270	39 022 668	16 488 894
	菲律宾			26 000	7 670	3 440 787	1 612 487
全粉	**世 界**	**321 578**	**203 782**	**1 560 534**	**1 515 697**	**3 113 362**	**5 463 032**
	东 盟	10 975	6 859	392 145	315 198	504 024	909 730
	马来西亚	1 455	2 970	298 120	230 702	215 901	313 030
	越 南			34 000	28 806	120 000	232 050
	菲律宾	9 520	3 889	20 825	23 445	125 174	213 467
	新加坡			20 200	17 520	18 000	35 600
	印度尼西亚			19 000	14 725		
淀粉	**世 界**	**3 380 500**	**1 742 956**	**8 873 857**	**4 548 155**	**6 046 802**	**8 241 335**
	东 盟	140 550	48 830	230 000	131 351	1 009 100	1 504 770
	印度尼西亚	120 000	36 990	145 000	87 197	61 000	66 634
	泰 国			84 000	42 985	938 000	1 299 457
	马来西亚			1 000	1 169	20 000	18 579
	菲律宾	20 550	11 840			100	100
	越 南					80 000	12 000
冷冻	**世 界**					**18 048 156**	**25 603 506**
	东 盟					1 979 704	2 249 763
	泰 国					1 972 920	2 236 989
	新加坡					6 784	12 774
东盟进口合计		**27 705 180**	**3 028 095**	**152 334 925**	**32 701 342**	**258 048 846**	**136 357 254**
东盟占世界比重			31		55		65

资料来源：表中数据来自 2012 年《世界农业》第 12 期。

表 12 东盟国家进口鲜薯与冷冻马铃薯情况（2011 年） 单位：美元、%

进口国	鲜薯			冷冻马铃薯		
	出口国	出口额	份额	出口国	出口额	份额
马来西亚	**世 界**	**71 655 436**		**世 界**	**58 640 853**	
	中 国	41 764 969	58	美 国	35 278 440	60
	美 国	7 618 771	11	比利时	10 259 485	17
	孟加拉	7 114 363	10	荷 兰	9 036 119	15
印度尼西亚	**世 界**	**48 786 159**		**世 界**	**15 787 676**	
	中 国	22 494 461	46	美 国	10 1524 68	64
	澳大利亚	8 453 157	17	加拿大	2 433 833	15
	加拿大	7 428 380	15	荷 兰	1 898 511	12
泰 国	**世 界**	**24 056 724**		**世 界**	**29 943 358**	
	加拿大	8 144 277	34	美 国	13 074 848	44
	美 国	4 401 344	18	新西兰	5 880 11	20
	德 国	4 111 113	17	比利时	4 796 180	16
新加坡	**世 界**	**23 828 177**		**世 界**	**30 581 360**	
	中 国	6 326 507	27	美 国	21 664 181	71
	美 国	4 413 065	19	加拿大	4 124 733	13
	印度尼西亚	3 535 456	15	马来西亚	2 566 682	8
越 南	**世 界**	**6 147 040**		**世 界**	**2 344 750**	
	中 国	4 588 530	75	美 国	1 551 580	66
	澳大利亚	680 890	11	比利时	499 520	21
	泰 国	364 120	6	荷 兰	265 330	11
菲律宾	**世 界**	**3 109 114**		**世 界**	**37 876 544**	
	美 国	1 129 443	36	美 国	20 994 343	55
	德 国	1 066 279	34	加拿大	11 539 936	30
	新西兰	515 101	17	比利时	4 020 779	11

资料来源：表中数据来自 2012 年《世界农业》第 12 期。

表 13 东盟国家进口马铃薯淀粉和全粉情况（2011 年） 单位：美元、%

进口国	淀粉			全粉		
	出口国	出口额	份额	出口国	出口额	份额
泰国	**世界**	**18 807 145**		**世界**	**5 979 687**	
	丹麦	6 688 854	36	德国	3 299 824	55
	德国	3 754 784	20	美国	1 158 311	19
	荷兰	2 766 825	15	丹麦	399 384	7
马来西亚	**世界**	**12 379 657**		**世界**	**15 576 225**	
	德国	6 744 298	54	德国	9 189 034	59
	荷兰	1 805 672	15	美国	2 855 812	18
	法国	866 521	7	荷兰	1 867 286	12
印度尼西亚	**世界**	**10 016 349**		**世界**	**5 559 322**	
	荷兰	3 620 486	36	德国	3 403 617	61
	法国	2 563 800	26	美国	1 501 503	27
	德国	2 293 881	23	丹麦	291 137	5
菲律宾	**世界**	**9 157 990**		**世界**	**5 446 468**	
	德国	2 981 136	33	德国	2 800 991	51
	荷兰	2 843 412	31	美国	1 923 343	35
	法国	1 605 376	18	加拿大	214 038	4
新加坡	**世界**	**5 771 184**		**世界**	**796 751**	
	德国	2 644 066	46	美国	485 875	61
	荷兰	1 471 609	25	中国	106 970	13
	法国	531 585	9	德国	68 512	9
越南	**世界**	**4 108 330**		**世界**	**975 150**	
	德国	1 646 600	40	中国	495 050	51
	丹麦	877 110	21	德国	395 420	41
	法国	868 950	21	菲律宾	63 880	13

资料来源：表中数据来自 2012 年《世界农业》第 12 期。

表 14 美国马铃薯生产情况（2006—2010 年）

单位：khm^2、t/hm^2、万 t、亿美元

年份	2006 年	2007 年	2008 年	2009 年	2010 年
收获面积	453.7	454.5	424.8	422.8	408.2
单产	2 238.8	2 260.1	2 108.6	2 197.7	2 053.8
总产量	49.3	49.7	49.6	52.0	50.3
总产值	32.1	33.40	33.7	35.6	37.2

资料来源：表中数据来自 2012 年《世界农业》第 8 期。

表 15 美国马铃薯产品分类销售情况（2006—2010 年） 单位：万 t

产 品	2006 年	2007 年	2008 年	2009 年	2010 年
销售总量	2 064.1	2 089.0	1 953.3	1 980.8	1 905.6
鲜 薯	575.6	563.4	555.8	590.8	545.6
加工产品	1 360.5	1 406.7	1 287.3	1 300.0	1 251.8
其中：冷冻薯片	640.6	704.1	681.3	704.1	688.9
其他冷冻制品	122.1	133.1	99.1	106.7	68.1
薯 片	327.2	275.9	269.1	215.9	277.9
脱水马铃薯	247.9	248.9	206.3	226.1	173.2
种 子	119.9	113.3	106.2	102.6	104.7

资料来源：表中数据来自 2012 年《世界农业》第 8 期。

表 16 美国各类马铃薯产品消费情况（2007—2012 年）

单位：kg/（人・年）

产 品	2007 年	2008 年	2009 年	2010 年	2011 年	2012 年
鲜 薯	17.6	17.1	16.6	16.7	15.9	15.9
加工产品	38.8	36.5	34.8	35.0	35.0	34.9
冷冻马铃薯	24.1	23.4	22.9	22.7	22.4	22.5
薯 片	8.4	7.1	6.2	6.8	7.2	6.7
脱水马铃薯	5.9	5.6	5.4	5.1	5.0	5.4
罐 头	0.4	0.4	0.4	0.3	0.3	0.4
合 计	**56.4**	**53.7**	**51.5**	**51.7**	**50.8**	**50.8**

资料来源：表中数据来自 2012 年《世界农业》第 8 期。

表 17 美国马铃薯产品出口情况（2006—2010 年） 单位：10^6美元、%

产 品		2006 年	2007 年	2008 年	2009 年	2010 年
鲜 薯		5.6	5.9	6.7	11.7	10.3
鲜薯或冷藏薯		128.6	124.2	155.1	137.0	155.6
加工品合计		608.1	912.1	1 025.6	1 020.5	1 079.9
冷冻薯条		466.5	548.8	642.5	635.4	691.8
冷冻薯条出口比例		49.5	52.7	54.1	54.3	55.5
其他冷冻产品		37.4	48.4	61.0	70.6	83.9
薯 片		179.8	171.7	189.9	166.8	138.7
脱水产品		10.0	18.0	16.1	24.0	20.2
雪花粉/颗粒粉		68.6	82.7	66.2	64.3	73.0
罐 头		44.4	39.7	45.6	54.8	87.1
淀 粉		1.5	2.8	4.3	4.7	5.3
出口合计		**942.3**	**1 042.3**	**1 187.4**	**1 169.3**	**1 245.8**
进口国	日 本	251.8	270.1	302.0	339.8	342.2
	加拿大	222.9	239.5	281.7	279.4	304.8
	墨西哥	175.6	152.3	151.9	117.9	136.0

资料来源：表中数据来自 2012 年《世界农业》第 8 期。

表 18 世界主要国家稻米生产、消费和余缺情况（2010 年） 单位：万 t、%

国家	生产		消费		余缺	
	总产量	占世界比重	消费量	占世界比重	产需余缺	占产量比重
中国	127 604.9	30.54	131 957.0	31.39	−4 352.1	3.41
印度	90 222.0	21.57	86 299.6	20.51	3 922.4	4.35
印度尼西亚	35 366.4	8.47	36 682.1	8.72	−1 315.7	3.72
孟加拉国	28 270.7	6.75	29 116.4	6.91	−845.7	2.99
泰国	18 669.0	4.47	9 693.4	2.30	8 975.6	48.08
越南	23 311.6	5.58	18 535.5	4.40	4 776.1	20.49
缅甸	10 474.8	2.51	10 116.7	2.41	358.1	3.42
菲律宾	9 666.6	2.31	11 483.6	2.72	−1 817.0	18.80
日本	7 879.9	1.89	8 346.3	1.99	−466.4	5.92
韩国	4 780.3	1.15	4 846.5	1.15	−66.2	1.38
埃及	4 001.3	0.96	3 378.1	0.80	623.2	15.57
尼日利亚	2 135.2	0.51	3 885.3	0.92	−1 750.1	81.96
巴西	8 134.6	1.95	8 472.7	2.02	−338.1	4.16
美国	6 806.0	1.63	3 940.0	4.49	2 866.0	42.11
澳大利亚	338.9	0.08	351.5	0.08	−12.6	3.72

资料来源：表中数据来自 2012 年《世界农业》第 4 期。

表 19 俄罗斯主要农产品产量（2010—2011 年） 单位：万 t

品种	2010 年	2011 年	同比增长（%）
谷物总产量	6 096	9 130	49.77
小麦	4 174	5 510	32.00
大麦	835	1 620	94.01
燕麦	320		
玉米	310	620	100.00
马铃薯	2 110		
甜菜	4 209	4 630	10.00
蔬菜	1 215	1 470	21.00
番茄和黄瓜	340	412	21.00

资料来源：表中数据来自 2012 年《世界农业》第 4 期。

表 20 秘鲁主要农畜产品产量（2006—2010 年） 单位：万 t

主要农产品产量								
年 份	玉 米	大 米	芦 笋	木 薯	咖 啡	马铃薯	甘 蔗	甘 薯
2006	126.9	236.2	26.0	113.9	27.3	324.8	725.1	19.9
2007	136.8	243.5	28.4	115.8	22.6	338.8	822.9	18.5
2008	148.1	279.4	32.8	117.2	27.4	359.7	939.6	18.9
2009	155.9	299.1	31.4	116.6	24.4	376.5	993.7	26.3
2010	154.1	283.1	33.5	124.0	26.5	381.4	966.1	26.4
主要畜产品产量								
年 份	鸡 肉	牛 肉	猪 肉	山羊肉	绵羊肉	鸡 蛋	牛 奶	羊驼毛
2006	71.0	16.3	10.9	0.69	3.4	24.6	148.3	1.9
2007	77.0	16.3	11.5	0.67	3.4	25.8	145.6	2.1
2008	87.7	16.3	11.5	0.64	3.3	26.7	156.6	2.1
2009	96.4	16.5	11.5	0.62	3.4	26.9	165.2	2.3
2010	102.0	17.2	11.6	0.61	3.4	28.5	167.8	2.3

资料来源：表中数据来自 2012 年《世界农业》第 9 期。

表 21 巴西主要农产品产量（2007—2010 年） 单位：万 t

品 种	2007 年	2008 年	2009 年	2010 年
稻 谷	1 131.6	1 210.4	1153.2	1 262.8
大 豆	5 839.2	5 992.0	6 516.0	6 855.0
小 麦	223.4	603.0	214.2	502.6
玉 米	5 137.0	5 874.0	5 743.0	5 272.3
杂 豆	334.0	304.8	315.8	364.6
棉 花	238.4	160.0	157.8	121.5

资料来源：表中数据由中国驻巴西大使馆经商处、巴西农业供给公司、巴西农牧协会提供。

表 22 韩国主要畜牧业产品产量（1990—2010 年） 单位：万 t

年 份	1990 年	2007 年	2009 年	2010 年
全脂鲜牛奶	175.2	218.8	222.2	210.3
猪 肉	55.0	104.3	100.0	109.7
带壳鸡蛋	39.3	54.5	55.6	57.0
鸡 肉	25.8	51.3	49.8	51.4
牛 肉	12.8	21.9	28.3	30.8
鸭 肉	0.8	5.7	5.5	5.7
牛 皮	1.8	3.7	4.7	4.7
蛋 类	39.7	67.4	59.7	60.2
肉 类	94.9	184.1	184.4	198.3
奶 类	175.4	219.3	222.6	210.7

资料来源：表中数据来自 2012 年《世界农业》第 12 期。

表 23　缅甸主要农产品产量（2006—2010 年）　　单位：万 t

农产品	2006 年	2007 年	2008 年	2009 年	2010 年
木　薯	21.1	28.2	33.4	35.5	32.6
玉　米	101.6	112.8	118.5	122.6	124.9
天然橡胶	4.3	4.5	4.6	4.4	4.4
芭　蕉	67.8	79.5	78.9	82.5	78.5
稻　谷	3 092.4	3 145.1	3 257.3	3 268.2	3 320.4
甘　蔗	803.9	967.7	990.1	971.5	971.5
红　薯	5.6	5.7	5.8	5.9	6.2
蔬　菜	429.5	427.9	479.9	490.4	504.3
香　蕉	167.7	192.9	154.0	152.8	158.5

资料来源：表中数据来自 2012 年《农业展望》第 11 期。

表 24　柬埔寨主要农产品产量（2006—2010 年）　　单位：万 t

农产品	2006 年	2007 年	2008 年	2009 年	2010 年
香　蕉	13.0	13.0	13.0	13.0	15.9
木　薯	218.2	221.5	367.6	349.7	424.7
玉　米	37.7	52.3	61.2	92.4	141.2
芒　果	5.2	5.8	5.9	5.9	5.6
天然橡胶	2.1	1.8	3.2	3.7	3.8
稻　谷	626.4	672.7	317.5	758.6	824.5
甘　蔗	14.2	28.7	38.5	35.0	36.6
蔬　菜	48.1	48.7	46.0	46.9	48.0

资料来源：表中数据来自 2012 年《农业展望》第 11 期。

表 25　老挝主要农产品产量（2006—2010 年）　　单位：万 t

农产品	2006 年	2007 年	2008 年	2009 年	2010 年
香　蕉	4.9	5.4	5.8	6.1	6.1
木　薯	17.4	23.3	26.2	15.3	14.0
咖　啡	2.5	3.3	3.9	4.6	4.7
玉　米	44.9	68.8	110.8	113.4	108.4
稻　谷	266.4	271.0	296.9	314.5	300.6
甘　蔗	21.8	32.4	41.7	43.4	43.4
甘　薯	10.9	12.6	13.4	17.1	17.5
蔬　菜	77.9	87.7	90.6	104.0	105.3

资料来源：表中数据来自 2012 年《农业展望》第 11 期。

表 26　泰国主要农产品产量（2006—2010 年）　　单位：万 t

农产品	2006 年	2007 年	2008 年	2009 年	2010 年
香　蕉	167.7	192.9	154.0	152.8	158.5
木　薯	2 258.4	2 691.6	2 515.6	3 008.8	2 200.6
咖　啡	4.6	5.6	5.0	5.6	4.9
玉　米	391.8	389.0	424.9	461.6	445.4
芒　果	209.4	230.2	237.4	246.9	255.1
天然橡胶	307.1	302.2	316.7	309.0	305.2
油棕榈	671.5	638.9	927.1	816.3	822.3
橙　子	45.1	46.8	41.4	39.6	37.3
凤　梨	270.5	281.5	227.8	189.5	192.5
稻　谷	2 964.2	3 209.9	3 165.1	3 211.6	3 159.7
甘　蔗	4 765.8	6 436.6	7 350.2	6 681.6	6 880.8
蔬　菜	392.0	420.6	401.0	393.1	390.9

资料来源：表中数据来自 2012 年《农业展望》第 11 期。

表 27　越南主要农产品产量（2006—2010 年）　　单位：万 t

农产品	2006 年	2007 年	2008 年	2009 年	2010 年
香　蕉	135.0	135.5	140.0	140.0	148.1
木　薯	778.3	819.3	939.6	855.7	852.2
咖　啡	98.5	125.1	105.6	105.8	110.6
玉　米	385.5	430.3	457.3	437.2	460.7
天然橡胶	55.6	60.6	66.0	71.1	75.4
稻　谷	3 584.9	3 594.3	3 872.9	3 895.0	3 998.9
甘　蔗	1 671.9	1 739.7	1 614.6	1 560.8	1 594.7
红　薯	146.1	143.8	132.6	120.8	131.7
蔬　菜	784.3	803.6	775.0	796.3	832.6

资料来源：表中数据来自 2012 年《农业展望》第 11 期。

表 28　部分国家（地区）籽棉、麻类生产情况（2011 年）

国家或地区	籽　棉			麻　类		
	收获面积（khm^2）	单　产（kg/hm^2）	总产量（kt）	收获面积（khm^2）	单　产（kg/hm^2）	总产量（kt）
世界总计	**32 156**	**2 124**	**6 830**	**35 065**	**811**	**2 844**
埃　及	155	2 435	38	167	885	15
南　非	6	3 477	2			
孟加拉国	14	3 379	5	487	2 515	122
美　国	4 330	2 188	947	4 330	910	394
巴　西	823	3 561	293	1 086	1 187	129
中　国	5 038	1 308	6 590	118	2 498	300
印　度	11 000	1 618	1 780	11 880	635	754
缅　甸	300	667	20	305	233	7
巴基斯坦	2 689	2 120	570	2 691	724	195
土库曼斯坦	640	1 563	100	640	563	36
土耳其	480	2 649	127	480	980	47
哈萨克斯坦	134	1 790	24	134	690	9
乌兹别克斯坦	1 330	2 589	344	1 332	869	116
伊　朗	91	3 554	23	91	791	7
澳大利亚	208	4 508	94	208	1 857	39

表 29 部分国家（地区）烟叶、茶叶生产情况（2011 年）

国家或地区	烟叶			茶叶		
	收获面积（khm^2）	单产（kg/hm^2）	总产量（kt）	收获面积（khm^2）	单产（kg/hm^2）	总产量（kt）
世界总计	**3 980**	**1 787**	**7 114**	**3 124**	**1 446**	**4 518**
印度尼西亚	251	776	195	108	1 391	150
南　非	4	2 819	11	1	1 375	1.4
加拿大	16	2 577	40			
巴　西	446	1 750	781	2.4	7 670	18
中　国	1 461	2 144	3 132	1 645	987	1 623
印　度	460	1 644	756	583	1 700	991
日　本	15	1 953	29	47	1 816	85
韩　国	14	2 936	41	1.2	1 083	1.3
法　国	7	2 544	18			
德　国						
意大利	22	4 500	97			
土耳其	81	679	55	76	3 098	235
伊　朗	10	1 476	14	19	8 510	166
巴基斯坦	56	2 138	119			
美　国	137	2 388	326			

表 30 部分国家（地区）甘蔗、甜菜生产情况（2011 年）

国家或地区	甘蔗			甜菜		
	收获面积（khm^2）	单产（kg/hm^2）	总产量（kt）	收获面积（khm^2）	单产（kg/hm^2）	总产量（kt）
世界总计	**23 777.7**	**69 866**	**1 661 252**	**4 272.1**	**53 172**	**227 158**
埃　及	140.0	121 429	17 000	115.0	44 643	5 134
南　非	314.0	65 287	20 500			
加拿大				10.9	60 367	658
美　国	353.7	77 625	27 456	464.8	57 614	26 779
巴　西	8 514.4	78 854	671 395			
中　国	1 707.6	68 079	116 251	186.4	38 514	7 179
印　度	4 420.0	64 486	285 029			
日　本	23.0			64.5	56 574	3 649
韩　国						
法　国				374.0	93 762	35 067
德　国				383.6	67 568	25 919
意大利				60.6	54 587	3 308
俄罗斯				770.2	32 319	24 892
英　国				119.0	70 000	8 330
澳大利亚	391.3	80 391	31 457			

资料来源：表中数据来自 2012 年《国际统计年鉴》。

表 31 世界葡萄酒主产国前 10 位国家（2011 年） 单位：万 kL

国家或地区	产量（万 KL）	占世界葡萄酒产量的比例（%）
法国	500.0	18.52
意大利	422.0	15.63
西班牙	365.0	13.52
美国	187.0	6.93
阿根廷	155.0	5.74
澳大利亚	119.0	4.41
中国	115.7	4.29
德国	100.0	3.70
南非	92.5	3.43
葡萄牙	58.1	2.15

表 32 中国葡萄酒进口量前 5 位国家分布情况（2010 年）

规格	国家	进口量（kL）
2L 以下包装的	法国	67 736
	澳大利亚	23 765
	意大利	11 239
	智利	10 503
	西班牙	9 484
2L 以上包装的	智利	45 048
	西班牙	37 686
	澳大利亚	32 554
	意大利	8 750
	法国	5 919

资料来源：表中数据来自中国酿酒工业协会葡萄酒分会。

表 33 世界主要葡萄酒消费国消费量（2009—2010 年） 单位：亿 L

国家或地区	消费量	
	2009 年	2010 年
总计	**236.50**	**262.00**
法国	29.90	28.90
美国	27.20	27.30
意大利	24.50	24.60
德国	19.70	19.70
英国	13.66	17.37
中国	8.63	15.85
阿根廷	12.54	14.72
西班牙	11.51	8.04
澳大利亚	6.40	6.14
葡萄牙		5.49

资料来源：表中数据由驻法国大使馆商赞处提供。

表 34 EU-27 葡萄酒产量（2007—2011 年）

单位：万 t

国家或地区	2007 年	2008 年	2009 年	2010 年	2011 年
法 国	456.7	416.4	462.7	456.7	500.4
意大利	425.1	462.5	458.0	467.4	401.2
西班牙	364.1	359.1	360.9	353.5	344.0
德 国	102.6	99.9	92.3	69.1	93.0
葡萄牙	60.7	56.2	58.7	71.3	59.3
罗马尼亚	52.9	51.6	67.0	32.9	54.0
匈牙利	32.2	34.6	31.9	19.7	27.2
希 腊	35.1	38.7	33.7	29.5	24.5
EU-27 其他国	64.8	65.9	53.9	43.4	55.7
总 计	**1 594.3**	**1 584.9**	**1 619.2**	**1 543.4**	**1 559.2**

资料来源：表中数据来自 2012 年《中外葡萄与葡萄酒》第 3 期。

表 35 EU-27 葡萄酒主要出口情况（2009—2011 年）

目的地	出口量（万 t			出口值（亿美元）		
	2009 年	2010 年	2011 年	2009 年	2010 年	2011 年
美 国	42.4	46.5	51.9	24.5	26.1	31.0
中国香港	1.6	2.4	3.0	4.3	7.4	10.8
瑞 士	16.7	16.9	16.9	9.3	9.5	10.7
中 国	7.2	15.9	23.7	2.8	5.1	9.6
加拿大	14.9	16.7	18.2	7.4	8.4	9.6
日 本	11.4	12.1	13.1	6.9	7.2	8.5
俄罗斯	27.1	39.5	40.4	3.8	5.2	6.4
新加坡	0.96	1.2	1.6	2.0	2.6	3.5
挪 威	4.9	5.5	6.2	2.5	2.7	3.5
巴 西	1.9	2.9	3.2	0.96	1.3	1.6

资料来源：表中数据来自 2012 年《中外葡萄与葡萄酒》第 3 期。

表 36 EU-27 葡萄酒主要进口国进口情况（2009—2011 年）

国 家	进口量（万 t）			进口值（亿美元）		
	2009 年	2010 年	2011 年	2009 年	2010 年	2011 年
智 利	29.6	30.3	27.8	7.9	7.6	7.8
澳大利亚	32.5	35.3	34.9	9.0	7.6	7.5
南 非	29.8	28.8	26.9	6.2	5.7	5.4
美 国	20.4	22.8	25.3	3.9	4.1	5.1
新西兰	4.5	5.8	6.6	2.3	2.9	3.3
阿根廷	6.3	6.0	5.5	1.8	1.9	1.9
瑞 士	0.2	0.2	0.2	0.4	0.7	0.9
马其顿	4.0	3.5	4.6	0.3	0.2	0.3
摩尔多瓦	1.0	1.1	1.3	0.2	0.2	0.2
摩洛哥	0.5	0.4	0.5	0.1	0.1	0.1

资料来源：表中数据来自 2012 年《中外葡萄与葡萄酒》第 3 期。

表 37 我国台湾省主要农产品产量（2008—2010 年）

单位：万 t

年 份	稻米	槟榔	菠萝	芒果	甘蔗	茶叶	花生	香蕉
2008	145.7	14.4	45.2	17.7	70.7	1.7	5.5	20.8
2009	157.8	14.3	43.5	14.0	61.3	1.7	5.7	17.3
2010	145.1	13.2	42.0	13.5	66.5	1.7	6.5	28.8

表 38 世界主要林产品产量、贸易量和消费量（2008 年）

国家或地区	工业原木（km³）				锯材（km³）			
	产量	进口量	出口量	消费量	产量	进口量	出口量	消费量
世界总计	**1 541 971**	**119 856**	**117 050**	**1 544 777**	**400 246**	**106 305**	**116 040**	**390 570**
南 非	19 867	60	273	19 654	2 056	488	55	2 488
日 本	17 709	6 766	49	24 426	10 884	6 522	43	17 363
韩 国	2 702	4 896		7 598	4 366	564	8	4 922
印 度	23 192	1 768	14	24 946	14 789	48	40	14 797
法 国	28 366	2 346	3 505	27 207	9 690	3 992	1 077	12 606
德 国	46 806	5 758	7 040	45 524	23 060	6 303	12 928	16 435
意大利	2 994	3 478	33	6 438	1 384	6 733	243	7 874
俄罗斯	136 700	286	36 784	100 202	21 618	23	15 258	6 383
加拿大	132 232	4 608	2 839	134 001	41 548	1 754	24 219	19 083
美 国	336 895	1 430	10 200	328 125	72 869	22 136	3 703	91 303
澳大利亚	27 083	2	1 065	26 020	5 064	575	377	5 262
巴 西	115 390	34	121	115 303	24 987	103	2 102	22 988

国家或地区	人造板（km³）				纸浆（kt）	
	产量	进口量	出口量	消费量	产量	进口量
世界总计	**268 788**	**73 257**	**78 342**	**263 702**	**193 146**	**45 087**
南 非	973	130	42	1 061	1 939	85
日 本	4 609	4 656	42	9 223	10 706	1 916
韩 国	3 689	1 825	37	5 478	536	2 482
印 度	2 592	126	65	2 653	4 048	432
法 国	6 168	2 271	3 065	5 373	2 220	1 972
德 国	14 674	5 284	8 783	11 175	2 909	4 887
意大利	5 136	2 570	997	6 709	664	3 210
俄罗斯	10 665	1 594	2 220	10 039	7 003	80
加拿大	12 220	3 689	6 153	9 756	20 405	337
英 国	35 576	9 195	2 498	42 274	52 244	5 601
澳大利亚	1 662	545	427	1 780	1 195	348
巴 西	8 611	163	2 757	6 017	12 697	330

国家或地区	纸浆（kt）		纸张和纸板（kt）			
	出口量	消费量	产量	进口量	出口量	消费量
世界总计	**47 032**	**191 201**	**389 237**	**114 797**	**115 319**	**188 715**
南 非	195	1 828	3 033	544	974	2 604
日 本	176	12 447	28 360	1 544	1 624	28 280
韩 国		3 018	10 642	804	2 675	8 771
印 度	21	4 459	7 600	1 734	373	8 961
法 国	624	3 568	9 420	6 144	4 932	10 632
德 国	1 002	6 794	22 842	11 139	13 254	20 727
意大利	45	3 828	9 467	5 048	3 389	11 125
俄罗斯	1 875	5 208	7 700	1 478	2 634	6 544
加拿大	9 343	11 399	15 789	2 914	12 289	6 414
英 国	6 826	51 017	80 178	1 3411	11 707	81 882
澳大利亚	10	1 533	2 541	1 490	684	3 347
巴 西	7 057	5 971	8 977	1 268	2 592	7 654

资料来源：表中数据来自 2011 年《中国林业统计年鉴》。

表 39　部分国家（地区）肉类产量（2010—2011 年）

单位：kt

国家或地区	2010 年	2011 年	同比增长（%）
世界总计	**281 559**	**283 887**	**0.83**
埃　及	1525	1 575	3.28
南　非	2 222	2 235	0.59
加拿大	4 477	4 449	−0.63
美　国	41 616	41 643	−0.65
巴　西	22465	22 827	1.61
中　国	78 214	78 172	−0.05
印　度	4 401	4 409	0.18
日　本	3232	3 232	
韩　国	1 852	1 844	−0.43
法　国	5537	5 475	−1.12
德　国	7904	7 838	−0.84
意大利	4 134	4 130	−0.09
俄罗斯	6570	6 570	
英　国	3534	3 533	
澳大利亚	4053	4 070	0.42

资料来源：表中数据来自 2012 年《国际统计年鉴》。

表 40　部分国家（地区）猪肉产量（2007—2011 年）

单位：kt

国家或地区	2007 年	2008 年	2009 年	2010 年	2011 年
世界总计	**94 585**	**98 528**	**100 236**	**101 883**	**103 400**
中　国	42 878	46 205	48 500	50 300	52 500
欧盟 27 国	22 858	22 596	22 000	21 900	22 900
美　国	9 962	10 599	10 446	10 185	10 259
巴　西	2 990	3 015	3 123	3249	3 275
俄罗斯	1910	2 060	2 205	2 290	1 910
越　南	1832	1 850	1 850	1850	1 980
加拿大	1 746	1 786	1 790	1 660	1 700
日　本	1 250	1 249	1 285	1270	1 105
菲律宾	1 250	1 225	1 225	1 225	1 260
墨西哥	1 152	1 161	1 150	1 175	1 184
韩　国	1 043	1 056	1 016	1 009	760
其　他	5714	5 726	5646	5 770	4 567

资料来源：表中数据来自 2012 年《中国畜牧杂志》第 10 期。

表 41 部分国家（地区）猪肉消费量（2007—2011 年） 单位：kt

国家或地区	2007 年	2008 年	2009 年	2010 年	2011 年
世界总计	**94 434**	**98 357**	**100 022**	**101 867**	**101 286**
中 国	42 726	46 412	48 300	50 300	52 580
欧盟 27 国	21 507	21 025	20 800	20 750	21 175
美 国	8 965	8 806	8 925	8 557	8 547
俄罗斯	2 803	3 112	2 954	3 039	2 764
巴 西	2 260	2 390	2 478	2 549	2 646
日 本	2 473	2 487	2 494	2 487	2 522
越 南	1 855	1 880	1 894	1 889	1 995
墨西哥	1 523	1 605	1 664	1 700	1 690
韩 国	1 502	1 519	1 415	1 430	1 487
菲律宾	1 275	1 270	1 267	1 268	1 358
中国台湾	926	945	958	963	894
其 他	6619	6906	6873	6935	6 849

表 42 部分国家（地区）猪肉进口量（2007—2011 年） 单位：kt

国家或地区	2007 年	2008 年	2009 年	2010 年	2011 年
世界总计	**5 087**	**5 915**	**5 323**	**5 412**	**5 645**
日 本	1210	1 267	1 210	1 210	1 157
俄罗斯	894	1 053	750	850	850
墨西哥	451	535	600	685	685
韩 国	447	430	375	380	374
美 国	439	377	373	390	397
中国香港	302	346	345	370	380
乌克兰	82	238	240	120	370
加拿大	171	194	170	200	230
澳大利亚	141	152	170	195	205
中 国	198	430	150	350	550
新加坡	97	91	99	102	
其 他	655	802	841	897	

表 43 部分国家（地区）猪肉出口量（2007—2011 年） 单位：kt

国家或地区	2007 年	2008 年	2009	2010 年	2011 年
世界总计	**5 162**	**6 147**	**5 465**	**5 608**	**6 982**
美　国	1425	2 117	1 887	2 018	2 356
欧盟 27	1 286	1726	1250	1 200	2 204
加拿大	1 033	1129	1 130	1 100	1 197
巴　西	730	625	645	700	584
中　国	350	223	230	240	244
智　利	148	142	142	150	139
墨西哥	80	91	86	95	86
白俄罗斯		54	31	62	78
澳大利亚	54	48	45	48	41
乌克兰				1	17
越　南	19	11	10	11	8
其　他	22	21	15	15	28

表 44 部分国家（地区）猪、牛、羊、禽肉产量（2011 年） 单位：kt

国家或地区	猪　肉	牛　肉	羊　肉	禽　肉
世界总计	**106 326**	**66 165**	**13 236**	**91 982**
埃　及	2	650	66	729
南　非	313	777	131	973
加拿大	1 945	1 255	17	1 212
美　国	10 442	11 891	80	18 953
巴　西	2 924	9 395	110	10 375
中　国	49 874	6 370	3 943	16 415
印　度	481	2 313	719	727
日　本	1 310	517		1 395
韩　国	1 000	283	2	553
法　国	2 004	1 467	90	1 673
德　国	5 265	1 143	39	1 289
意大利	1 588	1 058	41	1 144
俄罗斯	2 170	1 741	183	2 360
英　国	720	850	303	1 652
澳大利亚	324	2 148	676	897

资料来源：表中数据来自 2012 年《国际统计年鉴》。

表 45 俄罗斯主要畜牧业产品产量（2010—2011 年） 单位：万 t

品　种	2010 年产量	2011 年产量	同比增长（%）
牲畜和家禽产品	1 050.0	1 100.0	4.76
禽　肉	277.1	312.8	12.90
牛　奶	3 190.0	3 180.0	−0.31
鸡　蛋（亿个）	431.0	437.9	1.60

资料来源：表中数据来自 2012 年《世界农业》第 4 期。

表 46 新西兰奶牛业发展情况（2006/2007—2010/2011 年度）

年 度	奶牛场（个）	奶牛存栏量（万头）	其中：母牛（万头）	有效饲养面积（万 hm^2）	平均饲养规模（头）	饲养母牛（头/hm^2）
2006/2007	11 630	526.1	391.68	141.29	337	2.77
2007/2008	11 436	557.8	401.29	143.65	351	2.79
2008/2009	11 618	586.1	425.29	151.91	366	2.80
2009/2010	11 691	591.5	439.67	156.35	376	2.81
2010/2011	11 735		452.87	163.87	386	2.81

资料来源：表中数据来自 2012 年《世界农业》第 2 期。

表 47 新西兰牛奶生产情况（2006/2007—2010/2011 年度）

年 度	牛奶产量（亿 L）	乳脂（万 t）	蛋白质（万 t）	乳固体（万 t）	平均单头产量（L/头、kg/头）			
					牛奶产量	乳脂产量	蛋白质产量	乳固体产量
2006/2007	151.34	75.0	56.6	131.6	3 791	175	142	330
2007/2008	147.45	72.2	54.8	127.0	3 567	184	132	307
2008/2009	160.44	79.1	60.2	139.3	3 710	184	139	323
2009/2010	164.83	81.7	62.2	143.8	3 642	181	137	318
2010/2011	173.39	85.9	65.4	151.3	3 829	190	144	334

资料来源：表中数据来自 2012 年《世界农业》第 2 期。

表 48 部分国家（地区）鱼类产量（2009 年） 单位：万 t

国家或地区	鱼类产品产量	其中	
		海 域	内 陆 水 域
世界总计			
埃 及	104.6	11.3	93.3
南 非	50.0	49.7	0.3
加拿大	63.9	59.9	4.0
美 国	344.2	317.5	26.7
巴 西	108.1	51.1	57.0
中 国	3 090.5	970.8	2 119.7
印 度	719.4	279.7	439.7
日 本	325.3	318.8	6.5
韩 国	142.8	140.3	2.5
法 国	38.1	33.7	4.4
德 国	26.8	21.0	5.8
意大利	643.8	637.7	6.1
俄罗斯	379.6	344.0	35.6
英 国	60.1	58.8	1.3
智 利	388.9	386.1	2.8

资料来源：表中数据来自 2012 年《国际统计年鉴》。

表 49 部分国家（地区）牛奶产量（2010—2011 年） 单位：kt

国家或地区	2010 年	2011 年	同比增减（%）
世界总计	**580 482**	**583 402**	**0.50**
埃　及	3 200	3 200	
南　非	3 091	3 091	
加拿大	8 213	8 213	
美　国	85860	85 859	
巴　西	27 579	29 112	5.56
中　国	36 116	35 510	－1.68
印　度	45 140	45 140	
日　本	7 910	7 910	
韩　国	2 200	2 222	1.00
法　国	23 341	23 341	
德　国	28 656	27 938	－2.51
意大利	12 000	12 220	1.83
俄罗斯	32 326	32 326	
英　国	13 237	13 237	
澳大利亚	9388	9 388	

资料来源：表中数据来自 2012 年《国际统计年鉴》。

表 50 世界乳品工业排名前 20 强企业（2011 年） 单位：亿美元

排序	企业名称	国别	年度营业额
1	雀巢 Nestk	瑞士	259
2	达能 Danone	法国	195
3	拉克塔利斯 Lactalis	法国	188
4	恒天然 Fonterra	新西兰	157
5	菲斯朗 Royal Frieslandcampina	荷兰	134
6	美国奶农 Dairy Farmers of America	美国	130
7	迪安食品 Dean Foods	美国	117
8	阿拉乳品公司 Ay/a Foods	丹麦/瑞典	103
9	卡夫食品 Krafe Foods	美国	77
10	明治食品（Meiji）	日本	74
11	联合利华（Unilever）	荷兰/英国	72
12	萨普托公司（Saputo）	加拿大	69
13	诺德胡与纳（DMK）	德国	64
14	索迪雅爱特索（Sodiaal）	法国	61
15	伊利（Yii）	中国	58
16	蒙牛（Mengniu）	中国	58
17	保健然（Bongrain）	法国	55
18	缪勒（Muiier）	德国	46
19	施雷伯食品（Sahreider Foods）	美国	45
20	蓝多湖（Lando lakes）	美国	43

资料来源：表中信息由荷兰合作银行发布。

表 51 部分国家（地区）乳饮料、酸奶和其他发酵乳产量（2008—2010 年）

单位：kt

国家或地区	2008 年	2009 年	2010 年
欧盟 27 国	8 099	8 115	8 171
瑞 士	275	269	262
乌克兰	531	492	479
美 国	1 619	1 738	1 897
加拿大	289	294	312
墨西哥	631	489	532
阿根廷	583	592	556
智 利	209	215	
以色列	170	172	180
中 国	2 593	3 176	3 600
日 本	813	821	841
韩 国	455	446	503

资料来源：表 51 至表 61 中数据来自 2011 年《中国奶业年鉴》。

表 52 部分国家（地区）奶油产量（2008—2010 年）

单位：kt

国家或地区	2008 年	2009 年	2010 年
欧盟 27 国	2 018	1 994	1 968
瑞 士	48	48	49
白俄罗斯	98	116	98
俄罗斯	255	232	207
乌克兰	85	75	80
新西兰	469	515	478
澳大利亚	155	135	132
美 国	746	712	709
加拿大	88	89	83
巴 西	84	76	78
阿根廷	51	49	46
中 国	37	35	50
印 度	3 608	3 855	4 098
日 本	72	81	74

表 53 部分国家（地区）干酪产量（2008—2010 年） 单位：kt

国家或地区	2008 年	2009 年	2010 年
欧盟 27 国	8 299	8 296	8 533
挪威	83	82	84
瑞士	179	178	181
俄罗斯	430	430	433
乌克兰	327	312	286
美国	4 496	4 585	4 742
加拿大	329	336	349
墨西哥	150	193	211
巴西	607	614	648
阿根廷	478	509	530
中国	15	15	17
日本	43	45	46
以色列	119	121	124
澳大利亚	343	350	333
新西兰	295	270	282

表 54 部分国家（地区）炼乳产量（2008—2010 年） 单位：kt

国家或地区	2008 年	2009 年	2010 年
欧盟 27 国	1 150	1 110	1 136
俄罗斯	346	333	332
白俄罗斯	88	84	84
乌克兰	108	96	96
美国	1 047	1 024	1 037
加拿大	41	35	31
秘鲁	389	360	409
巴西	290	300	300
智利	42	33	37
阿根廷	7	6	6
中国	173	160	165
日本	44	46	42
韩国	4	4	4
南非	54	54	54

表 55 部分国家（地区）全脂和半脱脂奶粉产量（2008—2010 年） 单位：kt

国家或地区	2008 年	2009 年	2010 年
欧盟 27 国	834	735	747
瑞 士	18	15	15
白俄罗斯	41	34	45
俄 罗 斯	84	50	47
墨 西 哥	191	199	213
美 国	23	27	32
巴 西	572	473	500
阿 根 廷	200	235	238
新 西 兰	651	790	920
澳大利亚	148	126	158
中 国	1 120	977	1 000
印 度	74	74	90
日 本	14	13	13
南 非	16	15	16

表 56 部分国家（地区）脱脂奶粉产量（2008—2010 年） 单位：kt

国家或地区	2008 年	2009 年	2010 年
欧盟 27 国	987	1 145	1 082
瑞 士	27	37	33
白俄罗斯	63	82	62
俄 罗 斯	92	66	63
乌 克 兰	95	67	65
美 国	895	782	824
加 拿 大	90	83	72
巴 西	128	125	130
阿 根 廷	25	47	51
新 西 兰	265	360	363
澳大利亚	227	203	244
印 度	339	364	393
日 本	158	167	156

表 57 世界乳制品主要生产国家（地区）出口情况（2008—2010 年） 单位：kt

主要出口国家（地区）	2008 年	2009 年	2010 年
全脂奶粉			
世界合计	**2 034**	**1 939**	**2 065**
欧盟	484	463	446
阿根廷	136	154	145
乌拉圭	35	56	61
新西兰	590	811	948
澳大利亚	141	133	115
新加坡	62	58	64
脱脂奶粉			
世界合计	**1 191**	**1 305**	**1 461**
欧盟	179	231	379
美国	391	248	384
新西兰	242	408	343
澳大利亚	126	167	132
白俄罗斯	61	80	61
瑞士	6	25	22
乌克兰	44	27	14
黄油			
世界合计	**788**	**879**	**804**
欧盟	151	148	155
美国	80	28	56
新西兰	326	451	395
澳大利亚	48	84	58
干酪			
世界合计	**1 761**	**1 852**	**2 008**
欧盟	554	678	676
瑞士	61	62	64
乌克兰	77	77	79
白俄罗斯	102	121	119
澳大利亚	158	162	160
新西兰	247	290	265
美国	128	108	174

表 58 世界乳制品主要进口国家（地区）进口量（2008—2010 年） 单位：kt

主要进口国家（地区）	2008 年	2009 年	2010 年
全脂奶粉			
世界合计	**2 034**	**1 939**	**2 065**
中国	70	176	326
阿尔及利亚	160	169	167
巴西	23	57	121
委内瑞拉	306	156	110
新加坡	73	74	83
斯里兰卡	57	57	67
阿联酋	53	88	63
沙特阿拉伯	103	82	59
阿曼	74	73	56
埃及	19	13	42
孟加拉国	18	29	34
菲律宾	37	36	32
脱脂奶粉			
世界合计	**1 191**	**1 305**	**1 461**
墨西哥	153	187	166
印度尼西亚	77	104	132
俄罗斯	63	52	117
菲律宾	80	112	110
阿尔及利亚	105	93	98
中国	55	70	89
马来西亚	78	84	87
新加坡	54	61	62
泰国	61	50	59
越南	36	46	51
埃及	37	26	45
黄油			
世界合计	**788**	**879**	**804**
欧盟	64	61	38
俄罗斯	141	125	134
埃及	46	37	82
摩洛哥	34	27	27
墨西哥	41	47	24
伊朗	50	50	59
中国	14	28	23
沙特阿拉伯	40	41	38
新加坡	25	21	23
菲律宾	14	20	23
干酪			
世界合计	**1 761**	**1 852**	**2 008**
欧盟	84	83	79
瑞士	41	44	47
俄罗斯	350	353	421
美国	136	163	138
墨西哥	68	73	81
日本	187	184	199
沙特阿拉伯	79	92	91
澳大利亚	68	65	76
埃及	20	30	68

表 59　部分国家（地区）液体乳消费量（2008—2010 年）

国家或地区	消费总量（kt）			人均消费量（kg）		
	2008 年	2009 年	2010 年	2008 年	2009 年	2010 年
欧盟 27 国	32 315	32 413	32 541	64.8	64.8	64.8
丹　　麦	497	493	507	90.6	89.3	91.4
德　　国	4 511	1 425	4 332	54.9	54.1	53.0
法　　国	3 657	3 583	3 672	58.9	57.4	58.5
意 大 利	3 248	3 399	3 439	54.5	56.6	56.7
爱 尔 兰	625	618	621	141.3	138.6	135.0
荷　　兰	991	999	990	60.3	60.4	59.6
西 班 牙	4 110	4 130	4 160	89.2	88.4	88.5
英　　国	6 351	6 454	6 658	103.4	104.4	107.0
挪　　威	419	418	414	88.4	86.2	84.8
瑞　　士	671	650	630	85.8	82.4	79.0
美　　国	25 011	25 168	24 798	82.2	82.0	79.9
墨 西 哥	4 263	4 290	4 360	40.1	40.0	40.4
加 拿 大	2 806	2 821	2 738	84.2	83.6	80.3
巴　　西	10 684	10 895	11 234	56.6	57.5	58.9
阿 根 廷	1 678	1 745	1 745	42.2	43.5	43.5
澳大利亚	2 296	2 348	2 383	105.7	105.1	105.0
新 西 兰	325	335	350	76.1	77.6	79.7
中　　国	10 662	12 538	12 809	8.0	9.4	9.6
日　　本	4 370	4 173	4 173	34.2	32.7	32.7
韩　　国	1 702	1 702	1 641	35.0	34.9	33.6
埃　　及			4 830			60.0
南　　非			1 297			25.9

表 60　部分国家（地区）奶油消费量（2008—2010 年）

国家或地区	消费总量（kt）			人均消费量（kg）		
	2008 年	2009 年	2010 年	2008 年	2008 年	2010 年
欧盟 27 国	1 778	1 810	1 809	3.6	3.6	3.6
丹　　麦	10	10	10	1.8	1.8	1.8
德　　国	506	477	488	6.2	5.8	6.0
法　　国	468	480	471	7.5	7.7	7.5
爱 尔 兰	11	11	11	2.5	2.5	2.4
意 大 利	145	150	142	2.4	2.5	2.3
荷　　兰	54	56	57	3.3	3.4	3.4
西 班 牙	22	22	23	0.5	0.5	0.5
英　　国	169	183	198	2.8	3.0	3.2
挪　　威	19	19	19	4.0	3.9	3.9
瑞　　士	43	42	42	5.5	5.4	5.4
俄 罗 斯	399	356	316	2.8	2.5	2.2
加 拿 大	89	94	90	2.7	2.8	2.6
美　　国	689	694	693	2.3	2.3	2.2
阿 根 廷	81	81	82	2.0	2.0	2.0
澳大利亚	87	86	87	4.0	3.9	3.8
新 西 兰	16	16	17	3.7	3.7	3.8
日　　本	78	78	78	0.6	0.6	0.6

表 61　部分国家（地区）干酪消费量（2008—2010 年）

国家或地区	消费总量（kt）			人均消费量（kg）		
	2008 年	2009 年	2010 年	2008 年	2009 年	2010 年
欧盟 27 国	8 337	8 410	8 539	16.7	16.8	17.0
芬　兰	106	110	115	20.0	20.7	21.3
法　国	1 670	1 694	1 608	26.9	27.1	25.6
德　国	1 825	1 827	1 861	22.2	22.3	22.8
爱尔兰	27	28	33	6.1	6.3	7.2
意大利	1 236	1 266	1 334	20.7	21.1	22.0
荷　兰	337	347	352	20.5	21.0	21.2
西班牙	345	385	436	7.5	8.2	9.3
瑞　典	170	175	174	18.5	18.9	18.5
英　国	721	673	696	11.7	10.9	11.2
挪　威	82	82	85	17.3	16.9	17.4
瑞　士	165	167	169	21.1	21.4	21.6
俄罗斯	779	789	861	5.5	5.6	6.1
美　国	4 480	4 557	5 642	14.7	14.8	15.0
加拿大	418	422	432	12.5	12.5	12.7
墨西哥	251	309	311	2.4	2.9	2.9
阿根廷	451	503	503	11.3	12.5	12.5
澳大利亚	266	266	269	12.3	11.9	11.9
新西兰	26	26	27	6.1	6.0	6.1
日　本	223	237	237	1.7	1.9	1.9
韩　国	72	72	89	1.5	1.5	1.8

表 62　部分国家（地区）蛋类产品产量（2011 年）

单位：万 t

国家或地区	蛋类产量		其中：鸡蛋产量	
	产　量	占世界比重（%）	产　量	占世界比重（%）
世界总计	**6 803.4**	**100.00**	**6 284.0**	**100.00**
中　国	2 777.3	40.82	2 363.4	37.61
美　国	534.9	7.86	534.9	8.53
日　本	250.5	3.68	250.5	3.99
墨西哥	236.0	3.47	236.0	3.76
俄罗斯	221.0	3.25	219.5	3.49
印　度	320.0	4.70	320.0	5.09
巴　西	201.4	2.96	192.2	3.06
印度尼西亚	130.6	1.92	105.9	1.69
法　国	91.8	1.35	91.8	1.46
德　国	69.8	1.03	69.8	1.11
意大利	81.3	1.19	81.3	1.29
荷　兰	60.0	0.88	60.0	0.95
土耳其	86.5	1.27	86.5	1.38
乌克兰	92.8	1.36	91.3	1.45
英　国	61.3	0.90	60.0	0.95
泰　国	97.0	1.43	57.7	0.92
伊　朗	77.5	1.14	77.5	1.23

资料来源：表中数据来自 2012 年《国际统计年鉴》。

表 63 部分国家（地区）蜂蜜产量（2010—2011 年）

单位：t

国家或地区	2010 年	2011 年	同比增减（%）
世界总计	**1 511000**	**1 511 000**	**100.00**
中国	401000	367 000	－8.48
印度	65 000	65 000	
美国	65 000	65 000	
阿根廷	81 000	81 000	
墨西哥	55 000	55 000	
土耳其	82 000	82 000	
乌克兰	74 000	74 000	
澳大利亚	18 000	18 000	
巴西	38 000	38 000	
法国	16 000	16 000	
德国	18 000	18 000	
俄罗斯	54 000	54 000	
西班牙	30 000	30 000	
加拿大	29 000	29 000	
伊朗	36 000	36 000	
韩国	26 000	26 000	

资料来源：表中数据来自 2012 年《国际统计年鉴》。

表 64 部分国家（地区）羊毛产量（2010—2011 年）

单位：kt

国家或地区	2010 年	2011 年	同比增减（%）
世界总计	**2 080.0**	**2 044.0**	**－1.73**
埃及	8.0	8.0	
南非	45.0	35.0	－22.22
加拿大	2.0	1.0	－50.00
美国	14.0	14.0	
巴西	12.0	9.0	－25.00
中国	368.0	364.0	－1.09
印度	46.0	40.0	－13.04
日本			
韩国			
法国	22.0	9.0	－59.09
德国	15.0	15.0	
意大利	9.0	9.0	
俄罗斯	55.0	55.0	
英国	62.0	65.0	4.84
澳大利亚	371.0	371.0	—

资料来源：表中数据来自 2012 年《国际统计年鉴》。

表 65 中国主要农产品产量居世界位次（1949—2010 年）

项 目	1949 年	2008 年	2009 年	2010 年
谷 物		1	1	1
肉 类	3	1	1	1
棉 花	4	1	1	1
大 豆	2	4	4	4
花 生	2	1	1	1
油菜籽	2	2	1	1
甘 蔗		3	3	3
茶 叶	3	1	1	1
水 果*		1	1	1

注：*不包括瓜类。

资料来源：表中数据来自 2012 年《国际统计年鉴》。

表 66 中国农产品对韩国出口情况（2011 年） 单位：万 t、亿美元

出口农产品	出口数量与金额		同比增长（%）	
	数 量	金 额	数 量	金 额
出口总额		**28.7**		18.3
谷 物	26.8	2.1	17.4	34.4
水产品	50.2	15.9	11.7	19.4
蔬 菜	93.7	8.2	14.1	15.1
油 籽	20.1	2.5	39.3	39.1

资料来源：表中数据来自 2012 年《世界农业》第 4 期。

表 67 新西兰主要农畜产品对外贸易情况（2007—2011 年） 单位：亿新元

主要农畜产品	2007 年	2008 年	2009 年	2010 年	2011 年
活体动物	1.57	1.77	1.92	1.92	2.18
肉类总产量	49.53	45.65	56.35	52.62	56.27
黄油、混合奶油和奶油制品	11.21	13.90	16.81	17.47	24.01
奶 酪	12.38	14.22	16.00	13.31	13.54
全脂奶粉	22.89	32.38	33.18	35.55	50.79
脱脂奶粉、乳酪粉等	12.09	15.73	14.29	15.08	16.68
酪蛋白等蛋白质产品	14.99	16.60	19.03	13.05	15.04
其他乳制品	10.47	11.85	14.12	11.16	11.86
羊毛总产量	9.44	8.44	7.84	7.39	9.08
农产品	161.00	177.75	198.61	218.87	254.41
农业和林业产品	220.14	238.19	265.01	271.52	315.30

资料来源：表中数据来自 2012 年《世界农业》第 2 期。

表 68　中国与拉美国家农产品贸易情况（2010 年）　单位：亿美元

主要进口国家	进口额	主要出口国家	出口额
巴　西	107.3	巴　西	5.2
阿根廷	57.0	墨西哥	4.5
秘　鲁	11.2	哥伦比亚	0.9
智　利	8.2	智　利	0.9
乌拉圭	7.8	委内瑞拉	0.6
古　巴	2.3	多米尼加	0.5
墨西哥	1.1	秘　鲁	0.4
合　计	194.9	合　计	13.0
占从拉美进口农产品的比重（%）	99.6	占向拉美出口农产品的比重（%）	78.3

资料来源：表中数据来自 2012 年《世界农业》第 1 期。

表 69　中国主要粮食产品进出口情况（2007—2011 年）　单位：万 t

年　份	玉　米		小　麦		大　米		大　豆	
	出　口	进　口	出　口	进　口	出　口	进　口	出　口	进　口
2007	291.8	3.5	307.3	10.1	134.3	48.7	47.5	3 082.1
2008	27.3	5.0	31.0	4.3	97.2	33.0	48.4	3 743.6
2009	13.0	8.4	24.5	90.4	78.6	35.7	35.6	4 255.2
2010	12.7	157.3		123.1	62.2	38.8	48.4	5 480.0
2011	13.6	175.4	3.9	125.8	51.6	59.8	20.9	5 264.0

资料来源：表中数据来自 2012 年《农业展望》第 2 期。

表 70　世界饲料加工企业排行榜（2010 年）　单位：万 t

排　名	企　业　名　称	国　别	产　量
1	正大集团 Charoen Pokphand（Cp Group）	泰　国	2 320
2	嘉吉/农标 Cargill/Agribrands	美　国	1 590
3	新希望（New Hope Group）	中　国	1 300
4	蓝多湖	美　国	1010
5	泰森食品（Tyson Foods）	美　国	1 000
6	巴西食品（Brasil Foods）	巴　西	990
7	泰高（Nutreco）	荷　兰	870
8	全农（Zen-Nohco-Operative）	日　本	750
9	东方新希望（East Hope Group）	中　国	650
10	湖南唐人神（Hunan Tangrenshan Group）	中　国	490
11	英国联合农产品集团（ABAgri）	英　国	470
12	广东温氏（Guangdong Wen's Group）	中　国	410
13	格伦山德（Glon Sanders）	法　国	360

资料来源：表中数据来自 2011 年《中国畜牧》第 4 期。

表 71 欧洲各国（地区）饲料产量（2009—2011 年） 单位：kt

国家或地区＼年份	2009 年	2010 年	2011 年
合 计	**174 567**	**178 726**	**180 281**
欧盟 27 国	147 824	151 141	148 874
英 国	13 798	14 578	14 222
法 国	21 236	21 478	21 433
德 国	20 875	22 019	22 106
意大利	13 860	14 265	14 210
荷 兰	14 108	14 319	14 289
比利时	6 185	6 446	6 482
丹 麦	4 588	4 525	4 513
爱尔兰	3 656	3 737	3 626
希 腊	2 100	2 100	2 010
葡萄牙	3 410	3 386	3 366
西班牙	21 102	20 526	20 437
瑞 典	1 967	1 961	1 964
奥地利	1 306	1 395	1 409
芬 兰	1 275	1 350	1 361
塞蒲路斯	296	296	296
波 兰	7 255	7 640	7 533
匈牙利	4 070	3 870	3 798
捷 克	2 840	2 761	2 668
斯洛伐克	655	661	665
斯洛文尼亚	477	477	466
爱沙尼亚	230	230	230
拉脱维亚	325	341	345
立陶宛	364	412	415
罗马尼亚	3 072	3 317	3 321
保加利亚	874	904	911
克罗地亚	610	597	601
俄罗斯	13 750	14 617	16 985
冰 岛	99	99	98
塞尔维亚	752	834	839
瑞 士	1 497	1 506	1 509
挪 威	3 100	3 158	3 162
乌克兰	4 835	4 921	5 011

资料来源：表 71 至表 76 中数据来自 2012 年《中国畜牧业》第 11 期。

表 72 世界主要饲料生产国（地区）饲料产量（2009—2011 年） 单位：kt

国家或地区	2009 年	2010 年	2011 年
欧盟 27 国	147 824	151 141	148 874
中　　国	106 960	108 940	110 210
美　　国	148 800	153 100	155 200
巴　　西	60 230	62 300	66 000
墨 西 哥	27 300	28 100	27 689
日　　本	23 906	24 473	24 329

表 73 北美洲饲料产量（2009—2011 年） 单位：kt

国家或地区	2009 年	2010 年	2011 年
合　　计	**169 200**	**173 000**	**174 700**
美　　国	148 800	153 100	155 200
加 拿 大	20 400	19 900	19 500

表 74 拉丁美洲饲料产量（2009—2011 年） 单位：kt

国家或地区	2009 年	2010 年	2011 年
合　　计	**112 702**	**115 897**	**119 653**
巴　　西	58 300	61 400	64 300
墨 西 哥	27 300	28 100	27 689
阿 根 廷	6 390	6 522	6 576
委内瑞拉	3 510	3 513	3 516
智　　利	3 433	3 512	3 565
哥伦比亚	4 047	4 108	4 097
秘　　鲁	2 488	2 496	2 845
危地马拉	1 703	1 733	1 745
洪都拉斯	889	892	888
厄瓜多尔	831	822	819
哥斯达黎加	622	631	641
乌 拉 圭	493	497	501
玻利维亚	488	489	487
巴 拉 圭	278	282	284

表 75 中东和非洲地区饲料产量（2009—2011 年） 单位：kt

国家或地区	2009 年	2010 年	2011 年
合　　计	**38 426**	**38 996**	**41 065**
土 耳 其	9 419	9 480	11 501
沙特阿拉伯	7 405	7 450	7 662
南　　非	10 400	10 800	10 910
伊　　朗	2 903	2 907	2 786
以 色 列	2 799	2 809	2 798
摩 洛 哥	1 353	1 366	1 359
突 尼 斯	1 100	1 200	1 177
阿尔及利亚	1 005	1 100	1 198
尼日利亚	737	788	739
约　　旦	502	505	506
津巴布韦	430	210	50
肯 尼 亚	303	311	309
伊 拉 克	70	70	70

表 76 亚太地区饲料产量（2009—2011 年）

单位：kt

国家或地区	2009 年	2010 年	2011 年
合 计	**215 481**	**220 180**	**222 190**
中 国	106 960	108 940	110 210
日 本	23 906	24 473	24 329
韩 国	16 148	16 239	15 589
泰 国	11 864	11 987	12 120
印 度	10 890	10 978	11 209
越 南	9 503	10 956	11 322
澳大利亚	8 226	8 299	8 310
印度尼西亚	9 250	9 735	10 300
中国台湾	7 139	7 144	7 151
马来西亚	4 666	4 698	4 727
缅 甸	2 440	2 410	2 335
菲律宾	1 888	1 766	1 982
巴基斯坦	1 698	1 678	1 681
新西兰	903	877	925

表 77 世界主要农畜产品最大生产国（2011 年）

农畜产品	第一位国家	产量（kt）	第二位国家	产量（kt）	第三位国家	产量（kt）
谷 物	中 国	519 394	美 国	401 700	印 度	234 910
小 麦	中 国	117 401	印 度	80 710	美 国	60 100
稻 谷	中 国	201 001	印 度	120 620	印度尼西亚	66 410
玉 米	美 国	316 170	中 国	192 781	巴 西	56 060
大 豆	印 度	4 870	巴 西	3 200	缅 甸	3 030
甘 蔗	巴 西	719 160	印 度	277 750	中 国	114 434
甜 菜	法 国	31 910	美 国	28 940	德 国	23 858
油菜籽	中 国	13 426	加拿大	11 866	印 度	6 410
棉 花	印 度	17 797	美 国	9 474	巴基斯坦	5 770
茶 叶	中 国	1 623	印 度	991	肯尼亚	399
烟 叶	中 国	3 132	巴 西	781	印 度	756
麻 类	印 度	7 544	美 国	3 942	巴基斯坦	1 949
薯 类	尼日利亚	72 850	印 度	45 730	中 国	32 731
水 果	中 国	227 682	印 度	84 790	巴 西	39 290
花 生	中 国	16 046	印 度	5 640	尼日利亚	2 640
肉 类	中 国	79 578	美 国	42 170	巴 西	21 333
蛋 类	中 国	28 114	美 国	5412	印 度	3 414
牛 奶	美 国	85 859	印 度	45 140	中 国	35 510
鱼 类	中 国	34 188	印 度	8 595	印度尼西亚	6 233
蜂 蜜	中 国	367	土耳其	82	阿根廷	81

资料来源：表中数据来自 2012 年《中国农村统计年鉴》和 2012 年《国际统计年鉴》。

表 78 香港特别行政区工业生产指数（2008—2011 年）

（2008 年＝100）

工业组别	2008 年	2009 年	2010 年	2011 年
所有制造行业	100.0	91.7	95.0	95.7
其中：食品、饮品及烟草制品业	100.0	99.1	105.3	112.8
纺织制品业	100.0	77.8	71.3	61.9
成衣	100.0	70.2	61.6	55.3
纸制品及印刷业	100.0	92.0	93.3	94.6

表 79 香港特别行政区食品、饮品、烟草制品业与纸制品、印刷业基本情况（2010 年）

行　业	企业数（个）	就业人数（人）	销售及其他收益（万港元）	盈余总额（万港元）	增加值（万港元）
食品、饮品及烟草制品业	782	27 337	3 159 500	403 600	804 800
纸制品、印刷业及记录媒体复制	2 980	19 419	1 812 400	215 200	522 200

资料来源：表中数据由中国轻工业协会信息中心提供。

表 80 澳门特别行政区食品及饮食业与出版印刷业基本情况（2010 年）

单位：万澳元

行　业	企业数（个）	员工人数（人）	工业产值	增加值	固定资本总额
食品及饮食业	247	3 559	91 933.5	37 150.5	4 748.3
出版及印刷业	143	1 470	46 784.7	18 013.8	24 543.4

资料来源：表中数据由中国轻工业协会信息中心提供。

表 81 我国台湾省农产品加工业主要产品产量（2007—2011 年）

年　份	食　品（万 t）	饮　料（万 L）	饲　料（万 t）	各种成衣（万打）	纸　板（万 t）	合成纤维（万 t）
2007	45.4	30 286.9	510.9	920.6	340.6	240.1
2008	43.8	28 402.4	516.5	744.5	291.0	194.8
2009	46.8	31 055.4	523.0	606.0	277.5	201.4
2010	47.0	29 709.9	526.1	660.6	285.0	216.6
2011	49.0	31 010.1	533.6	547.6	293.1	187.1

表 82 我国台湾省出口与进口商品分类（2008—2011 年）

单位：亿美元

年　份	出　口				进　口			
	出口额	农产品	农产加工品	工业产品	进口额	资本设备	原材料	消费品
2008	2 556.3	5.4	21.7	2 529.2	2 404.5	315.1	1 908.7	180.7
2009	2 036.7	5.0	18.5	2 013.3	1 743.7	247.8	1 325.1	170.8
2010	2 746.0	7.5	21.7	2 716.8	2 512.4	406.4	1 895.7	210.2
2011	3 082.6	9.0	26.7	3 046.9	2 814.4	393.5	2 172.9	247.9

表 83 我国台湾省在大陆投资总量（2007—2011 年） 单位：万美元、%

年份	所有投资	农林渔牧业	食品制造业	饮料制造业	皮革、毛皮及其制造业	木竹制品制造业	涉农小计	涉农所占比例
2007	997 055	1 710	6 362	803	5 629	329	14 833	1.5
2008	1 069 139	1 556	18 875	5 147	2 722	2 119	30 420	2.8
2009	714 259	719	33 696	2 871	3 759	4 746	45 790	6.4
2010	1 461 787	756	19 822	904	8 269	902	30 652	2.1
2011	1 437 662	448	20 294	6 352	15 474	140	42 706	3.0

资料来源：表中数据来自 2012 年《台湾农业探索》第 5 期。

表 84 世界前 10 位稻米进口国和出口国情况（2001—2010 年）

单位：万 t、%

国　家	稻米出口国		国　家	稻米进口国	
	数　量	占世界比重		数　量	占世界比重
泰　国	8 726.9	29.21	菲律宾	1 778.2	6.43
越　南	5 006.9	16.68	尼日利亚	1 747.0	6.31
印　度	4 128.1	14.01	印度尼西亚	1 446.4	5.22
美　国	3 357.2	11.30	伊　朗	1 219.4	4.42
巴基斯坦	2 788.4	9.27	沙特阿拉伯	1 136.0	4.15
中　国	1 190.9	4.07	伊拉克	999.8	3.62
乌拉圭	763.4	2.55	孟加拉国	835.7	2.96
埃　及	723.5	2.45	塞内加尔	769.4	2.80
缅　甸	472.6	1.59	科特迪瓦	767.9	2.78
阿根廷	401.3	1.32	南　非	758.5	2.75

资料来源：表中数据来自 2012 年《世界农业》第 4 期。

表 85 中国海峡两岸农产品贸易情况（2005—2009 年）

单位：亿美元、%

年份	台湾农产品进口总值	自大陆农产品进口值	大陆农产品进口比例	台湾农产品出口总值	对大陆农产品出口值	大陆农产品出口比例
2005	93.55	5.68	6.07	35.82	3.61	10.08
2006	94.28	5.63	5.97	32.99	4.30	13.04
2007	104.56	7.12	6.81	34.33	4.31	12.55
2008	121.21	7.18	5.92	38.49	4.36	11.34
2009	100.46	5.49	5.47	32.07	3.64	11.35

资料来源：表中数据来自 2012 年《台湾农业探索》第 2 期。

表 86 东盟三国谷物贸易总体情况（2005—2009 年）

单位：万美元

年　份	泰　国		菲律宾		马来西亚	
	出　口	进　口	出　口	进　口	出　口	进　口
2005	303 818.54	62 110.23	8 768.50	124 071.98	38 829.74	126 189.80
2006	351 651.80	62 018.90	9 900.31	137 533.77	45 406.17	139 718.30
2007	460 196.11	74 622.23	10 364.82	145 412.09	54 294.66	182 919.14
2008	754 927.51	105 266.89	12 228.30	311 113.61	77 629.83	263 171.55
2009	656 803.61	94 655.76	11 755.31	235 979.18	74 922.80	212 758.17

资料来源：表中数据来自 2012 年《台湾农业探索》第 2 期。

表 87 中国出口韩国主要农产品情况（2002—2010 年）

单位：万美元、%

序号	主要农产品	出口到韩国的金额			占中国出口总额的比重		
		2002 年	2006 年	2010 年	2002 年	2006 年	2010 年
1	水产品	69 836	113 847	133 407	15	12	10
2	蔬菜	14 286	39 579	71 359	5	7	7
3	其他	11 076	24 266	44 657	8	9	8
4	油籽	8 851	13 155	18 278	14	14	15
5	谷物	68 846	38 552	15 281	40	33	22
6	粮食制品	6 771	12 016	13 589	14	13	9
7	畜产品	3 651	12 998	8 552	1	3	2
8	药材	3 554	4 999	8 133	17	16	13
9	饮品类	1 682	11 272	7 246	2	6	3
10	糖料及糖	937	3 338	6 770	4	7	6
11	水果	2 468	5 684	6 339	3	2	1
12	饼粕	4 598	1 514	5 217	19	13	11
13	干豆	1 111	1 385	4 870	3	3	6
14	坚果	494	2 795	3 047	2	5	3
15	棉麻丝	5 792	2 326	2 589	13	9	7
16	花卉	167	950	1 897	4	9	10
17	植物油	497	1 074	1 688	6	4	10
18	调味香料	251	354	241	5	5	2
19	薯类	23	62	123	4	7	7
20	精油	32	100	60	0	1	0

资料来源：表中数据来自 2012 年《世界农业》第 3 期。

表 88 中国进口韩国主要农产品情况（2002—2010 年）

单位：万美元、%

序号	主要农产品	进口到中国的金额			占中国进口总额的比重		
		2002 年	2006 年	2010 年	2002 年	2006 年	2010 年
1	水产品	4 106	8 387	16 158	2	2	2
2	糖料及糖	3 097	6 393	10 663	11	10	10
3	其他	1 639	2 642	5 408	2	1	1
4	饮品类	428	1 242	3 163	2	2	1
5	坚果	878	1 929	1 609	14	16	3
6	粮食制品	432	609	1 459	4	2	2
7	蔬菜	461	534	944	4	4	3
8	畜产品	895	417	736	0	0	0
9	水果	59	236	648	0	0	0
10	药材	97	223	584	2	14	9
11	花卉	203	194	264	6	3	3
12	植物油	31	24	230	0	0	0
13	谷物	113	221	158	0	0	0
14	棉麻丝	200	131	68	1	0	0
15	调味香料	17	108	40	2	23	7

资料来源：表中数据来自 2012 年《世界农业》第 3 期。

表 89 世界主要农产品国家在海湾 6 国市场情况（2007—2010 年）

单位：%

国家	2007 年		2008 年		2009 年		2010 年	
	市场占有率	排名	市场占有率	排名	市场占有率	排名	市场占有率	排名
印度	9.1	1	13.4	1	12.7	1	15.0	1
美国	7.6	3	4.3	4	5.1	3	7.3	2
巴基斯坦	2.7	8	3.6	5	3.1	6	6.1	3
澳大利亚	4.6	4	6.4	3	4.8	4	5.1	4
马来西亚	2.0	15	2.5	11	1.5	17	3.9	5
德国	2.9	7	3.3	7	2.9	9	3.9	6
加拿大	1.6	19	2.3	13	3.6	5	3.4	7
巴西	8.4	2	8.4	2	10.2	2	3.2	8
荷兰	3.5	5	3.0	8	2.9	8	2.9	9
英国	1.9	16	1.0	23	1.1	23	2.7	10
法国	3.0	6	2.7	9	2.0	13	2.7	11
西班牙	2.0	14	1.1	21	1.3	20	2.5	12
中国	2.2	12	1.4	17	1.3	19	2.3	13

资料来源：表中数据来自 2012 年《世界农业》第 3 期。

表 90 中国出口海湾 6 国的主要农产品（2009 — 2010 年）

单位：亿美元、%

主要农产品	出口额		占农产品出口总额的比重	
	2009 年	2010 年	2009 年	2010 年
食用蔬菜及块茎	1.2	2.1	19.8	27.2
蔬菜、水果等或植物其他部分制品	1.0	1.2	17.0	16.1
油子、子仁、工业或药用植物、饲料	0.7	0.9	11.5	12.2
食用水果及坚果、甜瓜等水果的果皮	1.0	0.9	16.2	12.2
咖啡、茶及调味香料	0.6	0.9	9.7	11.8
肉及使用杂碎	0.3	0.5	5.3	6.0
糖及糖食	0.2	0.3	3.8	4.5
合计	**5.0**	**6.8**	**83.3**	**90.0**

资料来源：表中数据来自 2012 年《世界农业》第 3 期。

注：海湾 6 国指沙特阿拉伯、阿曼、苏丹、科威特、卡塔尔、巴林。

表 91 中国与东盟主要国家农产品贸易情况（2006—2010 年）

单位：亿美元

主要国家	2006 年	2007 年	2008 年	2009 年	2010 年
菲律宾	6.0	6.8	7.5	9.2	11.5
马来西亚	25.4	40.4	52.1	41.8	50.7
泰国	15.8	17.9	18.3	25.2	34.9
新加坡	4.6	5.3	6.8	8.4	10.2
印度尼西亚	17.9	26.3	33.8	32.3	45.9
越南	6.9	9.0	11.6	16.6	20.5

资料来源：表中数据来自 2012 年《世界农业》第 6 期。

表 92 中国与南非渔业贸易情况（2006—2010 年） 单位：万美元、%

进出口	项目	2006 年	2007 年	2008 年	2009 年	2010 年
南非出口中国	贸易额	731.1	454.9	420.0	710.5	1 609.9
	占出口世界之比	2.0	1.0	0.9	1.8	3.5
	冻鱼类	157.2	214.3	241.4	175.9	59.1
	甲壳动物类	369.2	224.5	128.3	505.0	1 529.5
南非进口中国	贸易额	857.3	1 153.9	1 013.5	632.2	893.4
	占进口世界之比	8.6	10.0	9.7	6.5	8.6
	鱼片类	243.8	397.8	179.7	89.7	193.9
	软体动物类	481.9	490.3	562.7	360.9	529.7

资料来源：表中数据来自 2012 年《世界农业》第 7 期。

表 93 中国与 GMS 其他国家农产品贸易概况（2007—2011 年）

单位：万美元

年份	农产品出口情况				
	泰国	越南	老挝	缅甸	柬埔寨
2007	51 593.5	4 7 233.2	141.2	6 834.9	1 989.0
2008	73 259.2	71 365.4	258.3	6 340.7	2 348.0
2009	85 507.0	94 476.8	627.7	7 624.1	1 425.7
2010	118 857.6	134 927.3	1 497.3	9 943.7	2 202.9
2011	173 728.8	207 783.9	1 054.1	12 816.3	2 963.9
年份	**农产品进口情况**				
	泰国	越南	老挝	缅甸	柬埔寨
2007	135 706.0	46 240.3	1 187.3	7 527.0	423.5
2008	48 366.2	118 953.4	1 679.1	22 181.1	341.8
2009	73 545.4	176 398.4	2 938.8	16 851.4	640.4
2010	243 460.6	73 714.5	3 025.6	25 645.5	422.6
2011	292 395.9	128 777.3	2 550.3	16 051.8	1 243.8

资料来源：表中数据来自 2012 年《农业展望》第 10 期。

表 94 中国与阿根廷农产品贸易情况（2007—2011 年）

年份	进口额（亿美元）	同比增长（%）	出口额（万美元）	同比增长（%）	贸易额（亿美元）	同比增长（%）	逆差（亿美元）
2007	51.6	114.2	2 371.3	74.8	51.8	114.0	－51.4
2008	84.2	63.2	2 620.7	10.5	84.5	63.0	－83.9
2009	34.9	－58.9	2 449.6	－6.5	35.1	－58.4	－34.6
2010	57.0	63.5	3 995.3	63.1	57.4	63.5	－56.6
2011	54.3	－4.7	5 046.3	26.3	54.9	－4.5	－53.8

资料来源：表中数据来自 2012 年《世界农业》第 9 期。

表 95　韩国畜产品进口情况（2007—2011 年）　单位：千美元

进口产品	2007 年	2008 年	2009 年	2010 年	2011 年
活动物	52 097	45 248	8 797	0 810	76 045
肉　类	2 015 526	2 031 302	1 677 873	2 071 243	3 454 801
牛　肉	939 400	559 992	797 106	1 080 403	1 522 001
猪　肉	862 851	823 467	672 472	664 314	1 438 401
羊　肉	12 516	14 760	13 508	18 643	27 267
禽肉及杂碎	79 213	115 647	108 797	165 200	223 318
奶制品	360 700	400 365	325 973	448 685	748 356
蛋　类	6 704	5 589	4 054	6 044	8 089
羊毛及其他	202 530	195 622	171 625	233 474	306 673

资料来源：表中数据来自 2012 年《世界农业》第 12 期。

表 96　世界主要国家（地区）棉花产量（2010　2011 年）　单位：万 t,%

年份	全 球	中 国	美 国	印 度	巴基斯坦	巴 西	乌兹别克斯坦	土耳其	中国占
2010	2 487.5	684.9	394.1	504.9	201.9	196.0	100.0	38.0	27.5
2011	2 687.4	639.9	342.4	552.4	190.7	210.2	110.0	45.0	23.8

表 97　世界和中国纺织纤维产量（2008—2010 年）　单位：万 t

年份	世界纤维产量				中国纤维产量			
	总计	天然纤维	化学纤维		总计	天然纤维	化学纤维	
			小计	合成纤维			小计	合成纤维
2008	7 095.0	2 538.8	4 556.2	4 311.7	3 273.1	842.6	2 430.5	2 267.8
2009	7 175.4	2 383.4	4 792.0	4 474.4	3 456.8	723.3	2 733.5	2 552.2
2010	8 067.0	2 694.3	5 372.7	5 010.2	3 836.9	679.2	3 157.7	2 947.2

表 98　世界主要国家（地区）化纤产量（2008—2010 年）　单位：万 t、%

年份	全球	中国	美国	西欧	中国台湾	韩国	日本	印度	中国占
2008	4 556.2	2 430.5	309.9	322.5	221.1	148.4	101.6	308.2	53.3
2009	4 792.2	2 733.5	267.6	289.1	234.3	152.9	81.2	343.4	57.0
2010	5 372.3	3 157.7	298.6	317.8	249.1	171.7	97.4	358.9	58.8

表 99　世界主要国家（地区）合成纤维产量（2008—2010 年）

单位：万 t、%

年份	全球	中国	美国	西欧	中国台湾	韩国	日本	印度	中国占
2008	4 311.7	2 267.8	307.6	355.0	210.5	147.6	94.7	278.1	52.6
2009	2 544.0	2 552.2	265.6	253.1	223.5	152.9	75.7	310.6	56.2
2010	5 010.2	2 947.2	296.1	273.2	239.4	171.7	91.2	324.0	57.8

表 100　世界棉花供求情况（2010/2011—2011/2012 年度）　单位：万 t

年　度	总产量	进口量	出口量	消费量	期末库存
2010/2011	2 520	771	765	2 490	980
2011/2012	2 679	840	836	2 374	1 230

表 101 世界主要国家棉花耗用量（2007—2011 年）

单位：万 t

国家	耗用量	2007 年	2008 年	2009 年	2010 年	2011 年
全球	耗用量	2 638.7	2 309.5	2 461.1	2 462.9	2 472.0
	占总（%）	100.0	100.0	100.0	100.0	100.0
中国	耗用量	1 089.8	899.8	1 010.1	1 002.3	974.0
	占总（%）	41.3	39.0	41.0	40.7	39.4
美国	耗用量	100.2	78.4	75.4	73.8	83.0
	占总（%）	3.8	3.4	3.1	3.0	3.4
印度	耗用量	401.0	382.6	422.1	456.0	449.0
	占总（%）	15.2	16.6	17.2	18.5	18.2
巴基斯坦	耗用量	257.4	245.2	230.7	220.0	224.0
	占总（%）	9.8	10.6	9.4	8.9	9.1
土耳其	耗用量	135.0	114.0	130.0	125.0	147.0
	占总（%）	5.1	4.9	5.3	5.1	5.9
日本	耗用量	12.5	10.3	7.5	6.4	
	占总（%）	0.5	0.4	0.3	0.3	
巴西	耗用量	99.6	93.7	100.2	104.1	103.0
	占总（%）	3.8	4.1	4.1	4.2	4.2

表 102 中国纺织品、成衣出口额占全球份额（2008—2010 年）

单位：亿美元

年份	纺织品出口			成衣出口		
	全球	中国	中国占（%）	全球	中国	中国占（%）
2008	2 484.1	653.7	26.3	3 636.2	1 204.0	33.1
2009	2 098.2	598.2	28.5	3 155.2	1 072.6	34.0
2010	2 506.5	769.0	30.7	3 514.6	1 298.4	36.9

表 103 世界纺织品、成衣出口国（地区）前 10 强（2010 年）

单位：亿美元

排序	国家或地区	合计	纺织品	成衣	占世界（%）
	世界总计	**6 021.1**	**2 506.5**	**3 514.6**	**100.0**
1	中国	2 067.4	769.0	1 298.4	34.3
2	欧盟 27 国	430.6	207.5	223.1	3.7
3	中国香港	353.6	113.1	240.5	5.9
4	印度	241.2	128.7	112.5	4.0
5	土耳其	217.2	89.6	127.6	3.6
6	孟加拉国	169.2	12.6	156.6	2.8
7	美国	168.6	121.7	46.9	2.8
8	越南	135.0	26.6	108.4	2.2
9	韩国	125.8	109.7	16.1	2.1
10	巴基斯坦	117.8	78.5	39.3	2.0

表 104　世界纺织品、成衣进口国（地区）前 10 强（2010 年）

单位：亿美元

排序	国家或地区	合计	纺织品	成衣	占世界（%）
	世界总计	**6 326.3**	**2 652.4**	**3 673.9**	**100.0**
1	欧盟 27 国	1 142.7	266.8	875.9	18.1
2	美　国	1 053.2	233.8	819.4	16.6
3	日　本	340.7	72.0	268.7	5.4
4	中国香港	279.1	112.7	166.4	4.4
5	中　国	201.8	176.7	25.1	3.2
6	加拿大	124.6	41.5	83.1	2.0
7	俄罗斯	109.7	37.8	71.9	1.7
8	土耳其	93.8	65.4	28.4	1.5
9	韩　国	92.7	48.3	44.4	1.5
10	墨西哥	74.4	51.5	22.9	1.2

表 105　进口纺织品、成衣前 5 名供应国（地区）（2010 年）

单位：亿美元

美国进口纺织品、成衣前 5 名供应国（地区）

	纺织品进口			成衣进口		
	国家（地区）	金额	占总（%）	国家（地区）	金额	占总（%）
	总　额	233.8	100.0	总　额	819.4	100.0
1	中　国	87.3	37.4	中　国	335.0	40.9
2	印　度	26.3	11.2	越　南	62.1	7.6
3	欧盟 27 国	24.0	10.3	印度尼西亚	47.7	5.8
4	巴基斯坦	15.9	6.8	孟加拉	41.5	5.1
5	墨西哥	15.4	6.6	墨西哥	37.8	4.6
合计		**168.8**	**72.2**	**合计**	**524.1**	**64.0**

欧盟（27 国）进口纺织品、成衣前 5 名供应国（地区）

	纺织品进口			成衣进口		
	国家（地区）	金额	占总（%）	国家（地区）	金额	占总（%）
	总　额	730.4	100.0	总　额	1 642.2	100.0
1	欧盟 27 国	463.6	63.5	欧盟（27 国）	766.3	46.7
2	中　国	86.9	11.9	中　国	399.9	24.4
3	土耳其	43.1	5.9	土耳其	104.4	6.4
4	印　度	29.1	4.0	孟加拉	76.4	4.7
5	巴基斯坦	20.9	2.9	印　度	61.7	3.8
合计		**643.6**	**88.1**	**合计**	**1 408.7**	**85.8**

日本进口纺织品、成衣前 5 名供应国（地区）

	纺织品进口			成衣进口		
	国家（地区）	金额	占总（%）	国家（地区）	金额	占总（%）
	总　额	72.0	100.0	总　额	268.7	100.0
1	中　国	42.2	58.6	中　国	220.8	82.2
2	欧盟 27 国	5.4	7.5	越　南	12.1	4.5
3	印度尼西亚	4.2	5.8	欧盟 27 国	11.8	4.4
4	中国台湾	3.8	5.3	泰　国	3.6	1.3
5	韩　国	3.8	5.2	韩　国	2.4	0.9
合计		**59.3**	**82.4**	**合计**	**250.7**	**93.3**

表 106　中国纺织品、成衣在三大进口市场中所占份额（2010 年）

单位：%、亿美元

国家（地区）	总进口额			从中国进口额			中国占（%）
	总　计	纺织品	成　衣	总　计	纺织品	成　衣	
美　国	1 053.2	233.8	819.4	422.3	87.3	335.0	40.1
欧盟 27 国	1 142.7	266.8	875.9	486.8	86.9	399.9	42.6
日　本	340.7	72.0	268.7	263.0	42.2	220.8	77.2

资料来源：表 96 至表 106 中数据出自《2011/2012 年中国纺织工业发展报告》。

表 107　世界 20 大纸与纸板生产公司（2010 年）　单位：亿美元

名　次	生产公司	所在国别	主营业务收入
1	Internationalpaper	美　国	233.66
2	Kimberly-Clark	美　国	191.15
3	SvenskaCellulosa	瑞　典	150.06
4	Ojipaper	日　本	146.21
5	Nipponpaper	日　本	139.58
6	StoraEnso	芬　兰	128.25
7	UPm－kymmene	芬　兰	110.68
8	Amcor	澳大利亚	88.41
9	Smurfit kappaGroup	爱尔兰	86.85
10	Mondi	英国/南非	75.37
11	PaperlinX	澳大利亚	63.79
12	Itelimited	印　度	60.87
13	MeadWestvaeo	美　国	60.49
14	Seguana	法　国	58.61
15	Rengo	日　本	56.92
16	Smurfit Stone Container	美　国	55.74
17	Weyerhaeuser	美　国	55.28
18	Domtar	加拿大	54.65
19	Daio PaPer	日　本	53.92
20	Sappi	南　非	53.69

资料来源：表中信息来自 2011 年《中华纸业》第 17 期。

表 108　世界与中国纸浆、纸及纸板生产与消费情况（2009—2010 年）

单位：万 t

项　　目		2009 年	2010 年	同比增长（%）
世　界	纸浆总产量	17 796		
	纸浆总消费量	17 900		
	纸和纸板总产量	37 069		
	纸和纸板总消费量	37 074		
	纸和纸板人均年消费量（kg）	575		
中　国	纸浆总产量	6732	7 318	8.70
	纸浆总消费量	7 980	8 461	6.03
	纸和纸板总产量	8 640	9 270	7.29
	纸和纸板总消费量	8 569	9 173	7.05
	纸和纸板人均年消费量（kg）	64	68	6.25

资料来源：表中数据来自 2011 年《中国造纸年鉴》。

表 109 我国台湾省主要纸品产销量情况（2011 年） 单位：万 t

主要产品	产 量	同比（%）	销售量	同比（%）	内销量	同比（%）	外销量	同比（%）
1. 纸张总计	120.74	−0.9	120.88	−0.8	92.34	1.7	28.52	−8.1
印刷书写纸	64.44	−3.5	64.87	−1.6	45.62	4.3	19.25	−13.3
其中：铜版纸	23.74	−9.1	23.68	−10.1	13.54	4.3	10.14	−24.1
道林纸	32.52	−0.4	32.98	4.9	25.29	4.1	7.69	7.7
模造纸	5.33	−4.0	5.41	−5.2	4.17	1.2	1.24	−21.9
家庭用纸	20.53	3.7	20.20	0.9	18.53	−0.7	1.67	23.5
2. 纸板总计	293.11	2.8	287.55	0.4	189.81	−3.7	97.74	9.6
其中：牛皮纸板	111.22	4.5	108.69	2.2	73.54	−3.4	35.15	16.5
瓦楞芯纸	87.00	2.8	85.40	0.1	62.74	−5.0	22.66	17.4
白纸板	60.18	−0.3	59.62	−1.5	25.20	−3.2	34.42	−0.2
纸与纸板总计	**413.85**	**1.7**	**408.43**	**0.1**	**282.15**	**−2.0**	**126.28**	**5.0**

资料来源：表中数据来自 2012 年《中华纸业》第 8 期。

表 110 世界纸和纸板产量排名前 10 位的国家（2010 年）

排 序	国 家	产量（万 t）	同比增长（%）
1	中 国	9 270.0	7.3
2	美 国	7 584.9	5.9
3	日 本	2 728.8	3.9
4	德 国	2 312.2	10.8
5	加 拿 大	1 278.7	−1.2
6	芬 兰	1 178.9	11.2
7	瑞 典	1 141.0	4.4
8	韩 国	1 112.0	6.2
9	印度尼西亚	995.1	6.3
10	巴 西	979.6	3.9

资料来源：表中数据来自 2011 年《造纸信息》第 11 期。

表 111 世界纸浆产量排名前 10 位的国家（2010 年）

排序	国 家	产量（万 t）	同比增长（%）
1	美 国	4 924.0	1.9
2	中 国	2 005.0	16.2
3	加拿大	1 854.0	8.5
4	巴 西	1 406.0	2.4
5	瑞 典	1 188.0	3.5
6	芬 兰	1 051.0	16.7
7	日 本	939.0	10.4
8	俄罗斯	742.0	3.1
9	印度尼西亚	628.0	5.1
10	智 利	411.0	−17.7

资料来源：表中数据来自 2011 年《造纸信息》第 11 期。

表 112　世界纸浆主要净进口和净出口前 5 位的国家（2010 年）　单位：万 t

纸浆主要净进口国			纸浆主要净出口国		
排序	国家	净进口量	排序	国家	净出口量
1	中国	1 129.0	1	加拿大	900.0
2	德国	421.0	2	巴西	797.0
3	意大利	323.0	3	智利	336.0
4	韩国	243.0	4	瑞典	266.0
5	日本	129.0	5	俄罗斯	167.0

资料来源：表中数据来自 2011 年《造纸信息》第 11 期。

表 113　世界纸和纸板消费量与人均消费量前 5 位的国家（2010 年）

纸和纸板消费量（万 t）			纸和纸板人均消费量（kg/人）		
排序	国家	消费量	排序	国家	人均消费量
1	中国	9 173	1	比利时	330
2	美国	7 525	2	芬兰	281
3	日本	2 787	3	奥地利	264
4	德国	1 976	4	德国	243
5	意大利	1 083	5	美国	240

资料来源：表中数据来自 2011 年《造纸信息》第 11 期。

表 114　世界部分国家废纸回收量及进出口量（2010 年）　单位：万 t、%

国家	回收量	回收率	利用率	出口量	进口量	废纸用量
美国	4 676	62.1	36.9	1 882	71.2	2 799
日本	2 166	79.3	63.9	491	4.4	1 679
德国	1 558	78.7	70.4	290	363	1 627
英国	803	76.4	87.5	439	12	376
法国	702	70.7	59.8	262	88	528
意大利	632	58.3	56.8	162	49	519
中国	4 016	43.8	71.5	0.08	2 435	6 631

资料来源：表中数据来自 2011 年《造纸信息》第 11 期。

表 115　世界部分国家或地区纸和纸板净出口量和净进口量（2010 年）

单位：万 t

纸和纸板净出口量			纸和纸板净进口量		
排序	国家或地区	净出口量	排序	国家或地区	净进口量
1	芬兰	1 031	1	英国	622
2	瑞典	940	2	墨西哥	251
3	加拿大	650	3	土耳其	250
4	印度尼西亚	386	4	意大利	168
5	德国	336	5	印度	155
6	奥地利	284	6	比利时	147
7	韩国	169	7	中国香港	109
8	俄罗斯	104	8		

资料来源：表中数据来自 2011 年《造纸信息》第 11 期。

表 116　世界十二大印刷产业国的营业额（2009—2010 年）

单位：亿美元

国　家	2009 年	2010 年	同比增长（%）
美　国	1 862	1 803	－3.17
日　本	1 010	881	－12.77
中　国	592	1 001	69.09
德　国	374	336	－10.16
英　国	271	275	1.48
法　国	235	244	3.83
意大利	228	218	－4.39
加拿大	182	176	－3.30
印　度	159	241	51.57
巴　西	150	207	38.00
西班牙	135	135	
墨西哥	119	176	47.90

资料来源：表中数据来自 2011 年《今日印刷》第 9 期。

表 117　世界主要国家（地区）合成橡胶产量（2009—2011 年）

单位：万 t

国家或地区	2009 年	2010 年	2011 年
世界总计	**1 238.5**	**1 408.2**	**1 511.5**
加拿大	10.7	13.6	14.9
美　国	196.2	232.2	249.8
巴　西	38.5	41.6	41.7
中　国	285.6	310.0	349.0
中国台湾	60.6	63.9	63.2
印　度	10.4	10.9	11.0
日　本	130.3	159.5	161.6
韩　国	114.9	121.9	136.9
法　国	46.5	56.8	61.1
德　国	71.6	80.9	85.0
意大利	20.0	23.7	23.5
俄罗斯	112.5	137.9	146.0
英　国	24.8	23.8	22.9
墨西哥	16.4	19.0	20.4
比利时	10.4	13.0	12.6

资料来源：表中数据来自 2012 年《中国橡胶》第 13 期。

表 118　世界主要国家天然橡胶产量（2009—2011 年）

单位：万 t

国家或地区	2009 年	2010 年	2011 年
世界合计	**960.2**	**948.4**	**1 026.2**
泰　国	308.6	307.2	344.0
印度尼西亚	253.5	285.2	308.0
马来西亚	85.6	93.9	99.6
印　度	81.7	84.6	89.9
中　国	63.0	64.7	68.7
越　南	72.4	75.1	81.2
科特迪瓦	20.6	22.6	24.0
斯里兰卡	13.3	14.3	14.8
菲律宾		9.7	10.2
象牙海岸		22.7	23.8
巴　西	12.3	10.4	13.2

资料来源：表中数据来自 2012 年《中国橡胶》6 期。

表 119　我国台湾省橡胶工业产值情况（2007—2010 年）

单位：亿元新台币

年 份	轮　胎	其他橡胶制品	总 产 值	增长率（%）
2007	434.7	261.1	855.4	7.71
2008	413.3	270.9	857.7	0.26
2009	362.9	221.4	720.5	−15.99
2010	451.1	254.5	903.8	25.44

资料来源：表中数据来自 2011 年《中国橡胶工业年鉴》。

表 120　我国台湾省合成橡胶产量与天然橡胶进口量（2006—2010 年）

单位：万 t

产品名称	2006 年	2007 年	2008 年	2009 年	2010 年
合成橡胶产量	57.5	62.8	58.9	60.6	63.9
天然橡胶进口量	10.6	11.9	10.2	9.3	11.8

资料来源：表中数据来自 2011 年《中国橡胶工业年鉴》。

表 121　世界橡胶机械生产厂商前 10 名排序（2011 年）

单位：百万美元

排序	企 业 名 称	国　别	销售收入	增长率（%）
1	H-F公司	德　国	362.9	33.76
2	青岛软控	中　国	354.3	55.39
3	神户制钢	日　本	312.0	−5.45
4	飞　迈	荷　兰	262.0	2.83
5	三菱 重工	日　本	247.0	147.00
6	大连橡塑	中　国	133.3	55.72
7	益阳橡机	中　国	128.8	18.17
8	拉森特博洛	印　度	103.0	11.96
9	特罗埃斯得	德　国	93.7	21.53
10	桂林橡机	中　国	92.4	2.67

资料来源：表中数据来自 2012 年《中国橡胶》第 9 期。

表 122　世界各区域市场橡胶机械销售收入情况（2009—2011 年）

单位：万美元

国家或地区	2009 年	2010 年	2011 年		
			销售收入	占世界份额（%）	增长率（%）
世界总计	**295 200**	**332 300**	**386 350**	**100.00**	**16.3**
西　　欧	43 300	45 400	50 400	13.00	11.0
中　　欧	32700	32 100	38 680	10.00	18.0
中东及非洲	5300	5 200	6 680	1.70	26.0
北 美 洲	32 000	32 100	38 890	10.10	21.0
南 美 洲	15 200	15 300	13 370	3.50	−13.0
东 南 亚	52 200	68 600	53 470	13.80	−22.0
印　　度	29 700	32 000	39 000	10.10	22.0
中　　国	73 500	89 400	121 580	31.50	36.0
日　　本	10 000	9 300	21 940	5.70	135.0
澳大利亚	1 800	2 000	2 330	0.60	16.0

资料来源：表中数据来自 2012 年《中国橡胶》第 9 期。

表 123　部分国家（地区）农产品进出口额（2010 年）

单位：亿美元

国家或地区	进口额	出口额
世界总计	**11 966.7**	**11 688.5**
埃　及	91.8	28.2
南　非	47.3	66.8
加拿大	284.4	436.4
美　国	1 007.5	1 195.8
巴　西	82.1	576.6
中　国	766.2	408.8
印　度	140.6	166.6
日　本	676.6	78.9
韩　国	210.9	71.6
法　国	581.4	637.8
德　国	964.9	777.5
意大利	516.4	361.0
英　国	581.3	259.8
澳大利亚	97.9	234.5

资料来源：表中数据来自 2012 年《国际统计年鉴》。

表 124　按营业额排序的世界最强 500 个企业中农产品加工企业（2011 年）

企业名称	国家或地区	营业额位次	营业额（百万美元）
一、食品业			
雀巢	瑞　士	42	105 267
CVSCarermarK	美　国	57	96 413
麦德龙	德　国	65	89 081
特易购	英　国	61	94 185
克罗格.	美　国	76	82 189
阿彻丹尼尔斯米德兰公司	美　国	122	61 682
沃尔格林	美　国	104	67 420
永旺	日　本	133	58 983
邦基	美　国	182	45 707
西夫韦	美　国	208	41 050
SuperValu	美　国	230	37 534
卡夫食品	美　国	167	49 542
皇家阿藿德	荷　兰	219	39 111
Wesfarmers	澳大利亚	183	45 659
西斯科	美　国	232	37 244
沃尔沃斯	澳大利亚	184	45 622
森宝利（桑斯博里）	英　国	283	32 811
艾德卡	德　国	324	29 392
联合博姿	瑞　士	300	31 998
乔治威斯顿	加拿大	310	31 073
德尔海兹集团	比利时	349	27 615
泰森食品	美　国	337	28 430
中粮集团	中　国	366	26469
CHS	美　国	384	25268
来德爱	美　国	385	25215
Publix supermarkees	美　国	383	25 328
威廉莫里斯超市	英　国	382	25 406
丰益国际	新加坡	317	30 378
MIGROS	瑞　士	404	24 024
麦当劳	美　国	403	24 075
达能集团	德　国	433	22 529
JBS 公司	巴　西	307	31 279
华润总公司	中　国	346	27 820
二、饮食服务			
康帕斯集团	英　国	432	22 530

（续）

企 业 名 称	国家或地区	营业额位次	营业额（百万美元）
索迪斯集团	法 国	470	20 794
三、饮料业			
百事公司	美 国	137	57 838
安海斯—布希英博	比利时	243	36 297
可口可乐公司	美 国	256	35 119
可口可乐企业	美 国	404	21 645
麒麟公司	日 本	466	20 916
喜力公司	荷 兰	448	21 684
四、服装业			
克里斯叮迪奥	法 国	344	27 977
耐克	美 国	453	19 176
五、造纸、纸制品、印刷出版业			
国际纸业	美 国	367	25 179
金柏利公司	美 国	494	19 746
大日本印刷	日 本	500	17 053
六、橡胶和塑料制品业			
布里奇斯通	日 本	287	32 613
米其林	法 国	411	23 696
七、烟草业			
菲里浦曼里斯	美 国	356	27 208
帝国烟草	英 国	413	23 386
英美烟草	英 国	424	22989
日本烟草	日 本	426	22 844
八、肥皂与化妆品业			
宝洁	美 国	80	79 689
欧莱雅	法 国	378	25 821
九、综合			
沃尔玛公司	美 国	1	421 849
家乐福	法 国	32	120 297
联合利华	英国/荷兰	136	58 623
欧尚	法 国	142	56 279

资料来源：表中数据来自 2012 年《国际统计年鉴》。

图书在版编目（CIP）数据

中国农产品加工业年鉴．2012/科学技术部农村科技司等编．—北京：中国农业出版社，2013.6
ISBN 978-7-109-17947-9

Ⅰ.①中… Ⅱ.①科… Ⅲ.①农产品加工－加工工业－中国－2012－年鉴 Ⅳ.①F326.5-54

中国版本图书馆 CIP 数据核字（2013）第 118836 号

中国农业出版社出版
（北京市朝阳区农展馆北路 2 号）
（邮政编码 100125）
责任编辑 孟令洋

北京通州皇家印刷厂印刷 新华书店北京发行所发行
2013 年 6 月第 1 版 2013 年 6 月北京第 1 次印刷

开本：787mm×1092mm 1/16 印张：33.5
字数：1 100 千字
定价：240.00 元